Medien

Auf der CD-ROM finden Sie Multimedia-Elemente, 3-D-Molekülmodelle, weiterführende Texte, Experimentieranleitungen, ein Lexikon, eine Gefahrstoffliste und ein interaktives Periodensystem der Elemente. Diese Mediensammlung bietet Ihnen gemeinsam mit dem Internet-Angebot von *Chemie im Kontext* vielfältige Möglichkeiten der Recherche von Themen und fachlichen Inhalten.

Basiskonzepte

Die Basiskonzepte strukturieren und vernetzen die Inhalte der Chemie und unterstützen Sie beim nachhaltigen Lernen von Chemie.

Die Körperfarben unserer Umwelt entstehen dadurch, dass ein Teil der Quanten absorbiert und der Rest reflektiert bzw. durchgelassen wird. In einem Fotometer kann gemessen werden, welche Quanten bzw. welche Wellenlängen durch einen Stoff absorbiert und welche reflektiert werden. Das Spektrum des Stoffes kann wichtige Aufschlüsse über seine Struktur liefern.

13.1 | Simulation: Additive und subtraktive Farbmischung

Resümee

Licht kann als elektromagnetische Welle oder als Strom kleiner Energiepakete (Quanten) aufgefasst werden (Welle-Teilchen-Dualismus des Lichts).
Weißes Licht enthält elektromagnetische Wellen aller wahrnehmbaren Wellenlängenbereiche. Stoffe und Gegenstände wirken farbig, wenn sie Wellenlängenbereiche des weißen Lichts absorbieren.

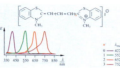

Absorptionskurven von Thiacyaninen unterschiedlicher Kettenlängen

Anregung von Elektronen. Was geschieht mit den absorbierten Quanten? Wo bleibt die aufgenommene Energie? Um das zu klären, müssen wir uns näher mit der Struktur der Farbstoffmoleküle beschäftigen. Elektronen, die nicht frei in einem Elektronenstrahl fliegen, sondern durch die Atomkerne in einem Atom oder Molekül festgehalten werden, können nur ganz bestimmte Energieniveaus annehmen. Es wird von **Energieniveaus** gesprochen, die Elektronen einnehmen können (Energiestufenmodell).
Die möglichen Energieniveaus werden nacheinander mit Elektronen besetzt. Nach dem Pauli-Prinzip kann jedes Energieniveau in einem Atom oder Molekül nur von maximal zwei Elektronen mit entgegengesetztem Spin besetzt werden. Wenn die Energiedifferenz zwischen den höchsten besetzten Niveaus (Highest Occupied Molecular Orbital, HOMO) und den niedrigsten unbesetzten Niveaus (Lowest Unoccupied Molecular Orbital, LUMO) von der Größenordnung der Quantenenergie ist, können Elektronen Quanten **absorbieren**, kurzzeitig deren Energie zusätzlich speichern und so auf ein höheres noch unbesetztes Energieniveau angehoben werden (Abb. 9a). Das Atom oder Molekül ist vom **Grundzustand** in den **angeregten Zustand** übergegangen. Der angeregte Zustand bleibt nicht lange bestehen. Innerhalb einer Picosekunde (10^{-12} s) gibt das Elektron die

Aufgaben

1. Erklären Sie, warum farbige Gegenstände im Dämmerlicht grau erscheinen.
2. Der tschechische Physiologe JOHANNES E. PURKINJE (1787 bis 1869) entdeckte das nach ihm benannte Phänomen: Blaue Partien eines Bildes erscheinen bei sehr geringem Licht heller und sind in ihren Umrissen besser zu erkennen als rote, obwohl bei normalem Tageslicht beide gleich hell erscheinen. Begründen Sie. Beachten Sie die spektrale Empfindlichkeit der Rezeptortypen.
3. In welchem Wellenlängenbereich absorbiert ein roter Farbstoff?
4. Welche Farbe hat jeweils das absorbierte Licht der Thiacyanine und in welchen Farben erscheinen die Farbstoffe (Abb. 8)?

Energiestufenmodelle eines Quants bei Absorption, strahlungsloser Desaktivierung, Fluoreszenz und Phosphoreszenz

aufgenommene Energie wieder ab, die als Bewegungs- oder Schwingungsenergie durch Stöße auf benachbarte Teilchen übertragen wird. Das Elektron ist damit auf sein ursprüngliches Energieniveau zurückgekehrt. Auf diese Weise wird Lichtenergie in thermische Energie umgewandelt (strahlungslose Desaktivierung, Abb. 9b). Schwarze Stoffe, die alle Lichtsorten absorbieren, erwärmen sich deshalb besonders stark bei Belichtung. Weiße Stoffe, die das meiste Licht reflektieren, bleiben kühler.
Die durch Lichtabsorption aufgenommene Energie kann ein Molekül so stark in Schwingungen versetzen, dass Elektronenpaarbindungen in ihm brechen. Dies wird als **fotochemische Reaktion** bezeichnet. So bleichen bei Bildern, die dem Sonnenlicht ausgesetzt sind, zuerst die roten und gelben Farbtöne aus, weil diese Farbstoffe die besonders energiereichen blauen und violetten Anteil des Spektrums absorbieren und dadurch zerstört werden. Das Bild wirkt blaustichig.

Eine andere Möglichkeit für das angeregte Elektron, in den Grundzustand zurückzukehren, ist die Aussendung eines Quants. Der Stoff strahlt also seinerseits Licht aus, er **emittiert** elektromagnetische Strahlung. Dieser Vorgang wird **Fluoreszenz** genannt (Abb. 9c). Da diese Form der Energieabgabe innerhalb einer Nanosekunde (10^{-9} s) erfolgt, endet die Lichtemission mit dem Ende der Anregung. Fluoreszenz tritt häufig bei Farbstoffmolekülen auf, die über ein recht starres Kohlenstoffgerüst verfügen, das Molekülschwingungen behindert (Abb. 10).

Länger anhaltendes Nachleuchten wird als **Phosphoreszenz** bezeichnet (Abb. 9d). Es wird dadurch erklärt, dass das Elektron nach geringer Energieabgabe in Form von Wärme eine Spinumkehr erfährt und so in einen metastabilen Zustand gerät. Eine Rückkehr in den Grundzustand durch Abgabe eines Quants erfordert eine erneute Spinumkehr, da nur Elektronen entgegengesetzten Spins auf einem Energieniveau aufhalten dürfen (Pauli-Prinzip). Die Rückkehr in den Grundzustand ist daher erschwert und geschieht langsamer. So kann es längere Zeit dauern, bis alle angeregten Elektronen in den Grundzustand zurückgekehrt sind und die Phosphoreszenz abklingt.
Phosphoreszenz tritt bei manchen Verbindungen auf, wenn ihre Moleküle in einem Feststoff, z. B. einem Kunststoff, so eingelagert sind, dass Eigenbewegungen und Schwingungen behindert werden.

13.2 | Fotolumineszenz

Strukturformel von Fluorescein

In der „Berliner Unterwelt", den Bunkeranlagen, wurde phosphoreszierende Farbe auf die Wände aufgebracht, damit bei Stromausfall keine völlige Dunkelheit eintritt.

Aufbau der Basiskonzepte

Beispielrechnungen helfen Ihnen chemische Berechnungen nachzuvollziehen.
Experimente werden mit Durchführung und Ergebnissen beschrieben, sodass eine Auswertung auch ohne reale Durchführung möglich ist.
Ausführliche Experimentalanleitungen finden Sie auf der CD-ROM.
Im *Resümee* werden wichtige Begriffe und Aussagen zusammenfassend dargestellt.
Exkurse erweitern den fachlichen Inhalt um fächerübergreifende, historische oder anwendungsorientierte Bezüge.

Im Buch verwendete Symbole

Lexikon
Im Artikel des *Lexikons* werden Fachinhalte und Fachtermini dargestellt,
die zur Erarbeitung eines Themas notwendig sind.

Zahlen und Fakten
In *Zahlen und Fakten* werden ausgewählte Sachverhalte als Tabelle
oder in einem Kurztext dargestellt.

Weitergedacht (Aufträge)
Aufträge in *Weitergedacht* regen zur vertiefenden Erarbeitung an.

Quellen und Berichte
Quellen und Berichte beinhaltet Texte,
die sowohl aktuelle als auch historische Bezüge zum Thema herstellen.

Prozesse und Verfahren
In *Prozesse und Verfahren* werden Experimente oder Verfahren
in ergebnisorientierter Form aufgeführt.

Verweis auf ein Buchkapitel
Dieses Symbol deutet auf einen Verweis
in ein thematisch relevantes Kontext- oder Basiskonzeptkapitel hin.

↗ S. 246   Seitenverweis
Diese Angabe im Text verweist auf eine Seite innerhalb desselben Kapitels.

Verweis auf das Multimedia-Angebot
Dieses Symbol führt zu dynamischen und textbasierten Medien auf der CD-ROM.

Chemie im Kontext

Gymnasium
Luckau

Das ausgeliehene Buch ist schonend
zu behandeln und am Schuljahresende
an den Klassenlehrer zurückzugeben.
Bei vorsätzlicher oder fahrlässiger
Beschädigung und bei Verlust des
Buches muß Ersatz geleistet werden.

Schuljahr	Name	Klasse
07/08	Robert Krüger	11 Ma

Herausgegeben von

Reinhard Demuth

Ilka Parchmann

Bernd Ralle

Chemie im Kontext

Sekundarstufe II

Autoren:
*Jürgen Baur, Jörg Behrens, Dr. Andreas Brink, Prof. Dr. Reinhard Demuth,
Dr. Christoph Eisenhardt, David-S. Di Fuccia, Winfried Greber, Dr. Ingrid Hoffmann,
Lars Hollensen, Friederike Keil-Laske, Achim Krebber, Dr. Bodo Krilla,
Christian Meierotte, Dr. Jürgen Menthe, Prof. Dr. Ilka Parchmann, Dr. Antje Paschmann,
Dr. Heike Pöpken, Prof. Dr. Bernd Ralle, Prof. Dr. Sascha Schanze, Dieter Schmidt,
Volker Schmidt, Michael A. Stein, Dr. Bianca Steinhoff, Petra Wlotzka*

Herausgeber:
*Prof. Dr. Reinhard Demuth
Prof. Dr. Ilka Parchmann
Prof. Dr. Bernd Ralle*

Unter Planung und Mitarbeit der Verlagsredaktion: *Astrid Koch, Volkmar Kolleck,
Dr. Sabine Schröder, Dr. Claudia Seidel, Dr. Ulrich Strunk*
Bildrecherche: *Kathrin Kretschmer*

Illustration: *Joachim Gottwald*
Grafik: *Marina Goldberg, Karin Mall*
Umschlaggestaltung: *Wolfgang Lorenz*
Layout und technische Umsetzung: *Wladimir Perlin*

www.cornelsen.de/chemie-im-kontext
Unter dieser Adresse befinden sich multimediale Zusatzangebote.
Die Buchkennung ist: CHIK031130

www.cornelsen.de

Die Internetadressen und -dateien, die in diesem Lehrwerk angegeben sind,
wurden vor Drucklegung geprüft. Der Verlag übernimmt keine Gewähr
für die Aktualität und den Inhalt dieser Adressen und Dateien oder solcher,
die mit ihnen verlinkt sind.

1. Auflage, 3. Druck 2007/06

Alle Drucke dieser Auflage sind inhaltlich unverändert
und können im Unterricht nebeneinander verwendet werden.

© 2006 Cornelsen Verlag, Berlin

Das Werk und seine Teile sind urheberrechtlich geschützt.
Jede Nutzung in anderen als den gesetzlich zugelassenen Fällen bedarf der
vorherigen schriftlichen Einwilligung des Verlages.
Hinweis zu §52a UrhG: Weder das Werk noch seine Teile dürfen ohne eine
solche Einwilligung eingescannt und in ein Netzwerk eingestellt werden.
Dies gilt auch für Intranets von Schulen und sonstigen Bildungseinrichtungen.

Druck: Firmengruppe APPL, aprinta druck, Wemding

ISBN 978-3-06-014250-7

 Inhalt gedruckt auf säurefreiem Papier aus nachhaltiger Forstwirtschaft.

Inhalt

Kontexte

1.	**Tausendsassa Alkohol**	**11**
1.1	Die Herstellung von Wein – ein altbekanntes Geheimnis	12
1.2	Vom Brauen und Brennen	14
1.3	Alkohol im Alltag – ein Problem?	16
1.4	Alkohol – zum Trinken viel zu schade?	18
1.5	Unser Trinkalkohol ist nur ein Alkohol unter vielen	20
1.6	Neue Stoffe aus Alkoholen	22
1.7	Aromastoffe – Fruchtiges aus Alkoholen	24
1.8	Für Experten	26

2.	**Reinigen und Pflegen**	**27**
2.1	Aus „grauer" Vorzeit	28
2.2	Welcher Reiniger für welchen Schmutz?	30
2.3	Seifen und moderne Tenside	32
2.4	Wasser ist zum Waschen da	34
2.5	Waschpulver und Co.	36
2.6	Nach der Wäsche kommt die Pflege	38
2.7	Cremes – mehr als Wasser und Öl	40
2.8	Für Experten	42

3.	**Treibstoffe in der Diskussion**	**43**
3.1	Benzin hat Geschichte gemacht	44
3.2	Benzin aus Erdöl – raffiniert	46
3.3	Benzin nach Maß – für jeden Bedarf das richtige	48
3.4	Autoabgase und Umwelt	50
3.5	Auf der Suche nach alternativen Treibstoffen	52
3.6	Benzin enthält Energie	54
3.7	Treibstoffe im energetischen Vergleich	56
3.8	Für Experten	58

4.	**Kohlenstoffdioxid im Blickpunkt**	**59**
4.1	Kohlenstoffdioxid – ein Gas mit vielen Vorkommen	60
4.2	Kohlenstoffdioxid in der Atmosphäre – natürlich gut?	62
4.3	Beschreibung der Realität durch Modelle	64
4.4	Die Ozeane – geheimnisvoll und unerforscht?	66
4.5	Gigantische Wasserfälle und Schneefall in den Ozeanen	68
4.6	Aus Wasser zu Stein – Kalk	70
4.7	Stabile Systeme – Puffersysteme	72
4.8	Für Experten	74

5.	**Rost ohne Rast**	**75**
5.1	Dem Rost auf der Spur	76
5.2	Rosten – ein erstaunlicher Vorgang	78
5.3	Was rostet, das kostet	80
5.4	Für Experten	82

7.	**Steinzeit – Eisenzeit – Plastikzeit**	**99**
7.1	Kunststoffe unter der Lupe	100
7.2	Kunststoffe machen mobil	102
7.3	Chemie macht Kleidung	104
7.4	Clevere Fasern	106
7.5	Kunststoffe in der Medizin	108
7.6	Unsichtbare Helfer	110
7.7	Alleskönner – Silicone	112
7.8	Für Experten	114

6.	**Mobile Energiequellen für eine mobile Welt**	**83**
6.1	Strom für unterwegs	84
6.2	Batterie ist nicht gleich Batterie	86
6.3	Batterie leer, was nun?	88
6.4	Durchstarten dank Bleiakku	90
6.5	Batterien und Akkus für jeden Zweck	92
6.6	Mit der Brennstoffzelle in die Zukunft?	94
6.7	Neue Märkte für Brennstoffzellen	96
6.8	Für Experten	98

8.	**Müll wird wertvoll**	**115**
8.1	Vom Nutzen zur Sorge	116
8.2	Ein Haufen Plastik – was nun?	118
8.3	Aus Alt wird Neu	120
8.4	Computerschrott – Thema von morgen?	122
8.5	Alte Rechner neu entdeckt	124
8.6	Kupfer – eiskalt zurückgewonnen	126
8.7	Leiterplatten – Kupfererz einmal anders	128
8.8	Für Experten	130

9.	**Nahrung für 8 Milliarden?**	**131**		**11.**	**Wunder der Medizin**	**163**
9.1	Die Erde – eine Vorratskammer?	132		11.1	Ein Medikament mit Vergangenheit und Zukunft	164
9.2	Was Pflanzen zum Leben brauchen	134		11.2	Von der Salicylsäure zum Aspirin®	166
9.3	Ammoniak – der erste Schritt zum Düngemittel	136		11.3	Coffein – Droge oder Medizin?	168
9.4	Vom Stickstoff zum Düngemittel und zurück	138		11.4	Coffein – natürlich und synthetisch	170
9.5	Düngung um jeden Preis?	140		11.5	Die Entschlüsselung des genetischen Materials	172
9.6	Bodyguards für Pflanzen	142		11.6	DNA-Rekombinationstechniken und DNA-Analytik	174
9.7	Pestizide – wie gefährlich sind sie?	144		11.7	DNA-Analytik in der modernen Medizin	176
9.8	Für Experten	146		11.8	Für Experten	178

10.	**Chemie im Menschen**	**147**		**12.**	**Ein Mund voll Chemie**	**179**
10.1	Fett – Leidensdruck und Lebensgarant	148		12.1	Die Bewohner der Mundhöhle	180
10.2	Kohlenhydrate – unsere Erfolgsquelle	150		12.2	Die Mundhöhle, ein Chemielabor en miniature	182
10.3	Geschmackstuning durch Aminosäuren	152		12.3	Der Zahn und seine Pflege	184
10.4	Proteine – Makromoleküle in vielen Formen	154		12.4	Karies – eine Zivilisationskrankheit	186
10.5	Gelatine – vielseitig und in aller Munde	156		12.5	Quecksilber in aller Munde	188
10.6	Nervenzellen in Erregung	158		12.6	Zahnfüllungen – eine Vielfalt an Materialien	190
10.7	Insulin – „Bote von einer merkwürdigen Insel"	160		12.7	Zahnästhetik	192
10.8	Für Experten	162		12.8	Für Experten	194

13.	**Die Welt ist bunt**	**195**
13.1	Farben sehen	196
13.2	Licht im Dunkeln	198
13.3	Farbe bekennen	200
13.4	Mit Farben gestalten	202
13.5	Buntes Haar – schönes Haar?	204
13.6	Bunte Welt der Pflanzen	206
13.7	Das Auge isst mit	208
13.8	Für Experten	210

7

Basiskonzepte

| A | **Stoff-Teilchen-Konzept** | 211 |

A-1 Von Stoffbetrachtungen zu Atommodellen ___ 212
  − Vorwissenschaftliche Vorstellungen von den Stoffen ___ 212
  − Die Entdeckung wichtiger Gesetze der Chemie ___ 214
  − Das Atommodell nach DALTON ___ 216
  − Das Kern-Hülle-Modell ___ 218
  − Das Bohr-Sommerfeldsche Atommodell ___ 222
  − Das Orbitalmodell (das wellenmechanische Atommodell) ___ 226

A-2 Atombau und Periodensystem der Elemente ___ 230
  − Das Periodensystem der Elemente ___ 230
  − Periodizität der Eigenschaften der Elemente ___ 231
  − Umwandlung von Atomkernen ___ 234

A-3 Modelle der chemischen Bindung ___ 237
  − Elektronenpaarbindung ___ 238
  − Beschreibung der Elektronenpaarbindung mit dem Orbitalmodell ___ 240
  − Beschreibung der Elektronenpaarbindung mit dem Elektronenpaar-Abstoßungs-Modell ___ 245
  − Ionenbindung ___ 248
  − Metallbindung ___ 249
  − Chemische Bindungen in Stoffen ___ 251

A-4 Zwischenmolekulare Wechselwirkungen ___ 252

Im Überblick ___ 254

| B | **Struktur-Eigenschaften-Konzept** | 255 |

B-1 Struktur und Eigenschaften von anorganischen Stoffen ___ 256
  − Metalle ___ 258
  − Ionenverbindungen ___ 260
  − Anorganische Molekülsubstanzen ___ 262

B-2 Struktur und Eigenschaften von organischen Kohlenstoffverbindungen ___ 272
  − Gesättigte und ungesättigte Kohlenwasserstoffe ___ 273
  − Aromatische Kohlenstoffverbindungen ___ 279
  − Organische Stoffe mit funktionellen Gruppen ___ 284
  − Alkohole und Ether ___ 284
  − Aldehyde und Ketone ___ 288
  − Carbonsäuren und Ester ___ 290
  − Fette ___ 295
  − Amine und Nitroverbindungen ___ 297
  − Kohlenhydrate − Monosaccharide und Disaccharide ___ 298
  − Aminosäuren und Dipeptide ___ 303

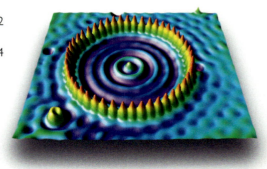

B-3	Methoden der Strukturaufklärung	308	C	**Energie-Konzept**	**401**
	– Chromatografie	308			
	– Qualitative und quantitative Elementaranalyse organischer Stoffe	311	C-1	Das Phänomen Energie	402
	– Massenspektrometrie	316	C-2	Der 1. Hauptsatz der Thermodynamik	407
	– Infrarotspektroskopie	318			
	– NMR-Spektroskopie	320	C-3	Energetische Betrachtungen bei chemischen Reaktionen	409
B-4	Reaktionsmechanismen in der organischen Chemie	324	C-4	Energetische Betrachtungen zu chemischen Bindungen	418
	– Additionsreaktionen	326			
	– Substitutionsreaktionen	331	C-5	Der 2. Hauptsatz der Thermodynamik	423
	– Eliminierungsreaktionen	341			
B-5	Struktur und Eigenschaften von makromolekularen Stoffen	342	C-6	Enthalpie, Entropie und chemische Reaktionen	427
	– Polysaccharide	342		Im Überblick	430
	– Polypeptide und Proteine	345			
	– Nucleinsäuren – DNA und RNA	350			
	– Kunststoffe	352			
	– Siliciumdioxid, Glas und Silicone	362			
B-6	Struktur und Eigenschaften von Tensiden	364			
	– Seifen und Tenside	364			
	– Waschmittelzusatzstoffe	371			
B-7	Struktur und Eigenschaften der Farbstoffe	374			
	– Licht als elektromagnetische Strahlung	374			
	– Farbstoffklassen	383			
	– Färben von Textilien	387			
B-8	Struktur und Eigenschaften von Komplexverbindungen	390			
	Im Überblick	399			

D	**Konzept der Kinetik und des chemischen Gleichgewichts**	**431**
D-1	Geschwindigkeit von Reaktionen – Bestimmung und Beschreibung	432
D-2	Stoßtheorie und Übergangszustand	444
D-3	Beeinflussung der Reaktionsgeschwindigkeit	448
D-4	Das chemische Gleichgewicht – ein dynamisches System	452
D-5	Das Massenwirkungsgesetz – Berechnungen zum chemischen Gleichgewicht	456
D-6	Die Verschiebung des chemischen Gleichgewichts	460
D-7	Gleichgewichtseinstellung bei natürlichen und technischen Prozessen	470
D-8	Katalyse und katalytische Reaktionen in Natur und Technik	475
	Im Überblick	486

E	**Donator-Akzeptor-Konzept**	**487**
E-1	Redoxreaktionen sind Elektronenübergänge	488
E-2	Säure-Base-Reaktionen nach BRÖNSTED sind Protonenübergänge	497
E-3	Elektronenübergänge mathematisch erfasst	506
	– Elektrodenpotenziale	507
	– Zellspannung	510
E-4	Elektronenübergänge außerhalb der Standardbedingungen	516
E-5	Protonenübergänge – pH-Werte mathematisch erfasst	527
	– Starke und schwache Säuren und Basen	527
	– Säurekonstante und Basekonstante	529
	– Der pH-Wert	532
	– Titration	540
E-6	Puffersysteme weisen den pH-Wert in seine Schranken	545
	Im Überblick	550

Anhang	**551**
Gefahrensymbole, Gefahrenhinweise	552
Entsorgung von Gefahrstoffabfällen	554
Liste von Gefahrstoffen	555
Register	561

Tausendsassa Alkohol

Alkohol ist ein Stoff, den Sie sicher kennen. Schon die Römer bauten Wein an. Wissen Sie, wie Wein, Bier oder Schnaps hergestellt werden? Bestimmt haben Sie bereits über die Gefahren eines übermäßigen Alkoholkonsums gelesen oder gehört.

Alkohol befindet sich jedoch nicht nur in alkoholischen Getränken. Die Alkohole umfassen in der Chemie neben dem Trinkalkohol (Ethanol) auch eine ganze Stoffklasse. Sie liefern wichtige Ausgangsstoffe für zahlreiche Anwendungen in der chemischen Industrie.

Eine Vielzahl neuer Stoffe, wie z. B. Essig oder Aromastoffe, lassen sich ausgehend von Alkoholen herstellen. Dadurch sind Alkohole zu einer der meistverwendeten Stoffklassen überhaupt geworden.

1.1 | Herstellung eines Apfelweins | Bedingungen der alkoholischen Gärung

1

Tausendsassa Alkohol

Die Herstellung von Wein – ein altbekanntes Geheimnis

Kann aus Wasser Wein entstehen, so wie es im Johannes-Evangelium erzählt wird? Aus unserer heutigen, von den Naturwissenschaften geprägten Sicht suchen wir schlüssige Erklärungen für solche wundersamen Geschichten. Um dieser Frage auf den Grund zu gehen, müssen wir uns mit der Weinherstellung beschäftigen. Wie und woraus wird Wein hergestellt?

Aus Most wird Wein. Bis heute beginnt in jedem Jahr am Ende des Sommers oder zum Herbstanfang in den Weinanbaugebieten die Weinlese. Von den geernteten Weintrauben gelangt jedoch nur ein kleiner Teil in die Obsttheken der Supermärkte. Der größere Teil der Trauben wird für die Herstellung von Wein angebaut. Bis aber aus den frisch geernteten Trauben Wein geworden ist, bedarf es einiger Zeit und mancher Arbeitsschritte. Zunächst werden die Beeren nach der Lese zerkleinert und der Saft aus ihnen herausgepresst. Der Most wird anschließend in Gärungsbehälter, heute meist Edelstahltanks, überführt. Die Gärung setzt von alleine ein, da sich bereits natürliche Hefen im Most befinden. Dieser Vorgang ist aber meist unerwünscht, weil er nicht kontrollierbar ist

 Die Hochzeit zu Kana

In dem Dorf Kana in Galiläa wurde eine Hochzeit gefeiert. Maria, die Mutter Jesu, war dort, und auch Jesus war mit seinen Jüngern eingeladen. Während des Festes stellte sich heraus, dass der Wein nicht ausreichte. Da sagte Maria zu ihrem Sohn: „Es ist kein Wein mehr da!" […] Nun gab es im Haus sechs steinerne Wasserkrüge für die vom jüdischen Gesetz geforderten Waschungen. Jeder von ihnen fasste 80 bis 120 Liter. Jesus forderte die Leute auf: „Füllt diese Krüge mit Wasser!" Und sie füllten die Gefäße bis zum Rand. Dann ordnete er an: „Jetzt bringt dem Küchenchef eine Probe davon!" Dieser probierte den Wein, der vorher Wasser gewesen war. Da rief er den Bräutigam zu sich und sagte vorwurfsvoll: „Jeder bietet doch zuerst den besten Wein an! Und erst später, wenn alle schon genug getrunken haben, kommt der billigere Wein auf den Tisch. Aber du hast den besten Wein bis jetzt zurückgehalten!"
Dieses Wunder geschah in Kana. Dort in Galiläa zeigte Jesus zum ersten Mal seine göttliche Macht. Und seine Jünger glaubten an ihn.

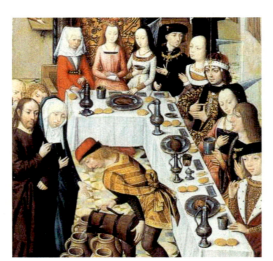

Unbekannter flämischer Künstler: Die Hochzeit zu Kana. Die Familie der Burgunder ließ sich gerne mit diesem Motiv abbilden.

und in der Regel nicht zu wohlschmeckenden Weinen führt. Daher werden dem Most gezüchtete Hefekulturen zugesetzt. Diese Reinzuchthefen setzen sich aufgrund ihrer größeren Menge gegenüber allen anderen Mikroorganismen im Most durch und garantieren ein kontrolliertes Vergären. Die Hefen wandeln dabei Traubenzucker (Glucose) in Ethanol, den Trinkalkohol, um. Gleichzeitig entstehen Kohlenstoffdioxid und Wärme.
Nach 8 bis 14 Tagen ist der Gärungsprozess beendet. Der Jungwein wird filtriert und zentrifugiert, um Hefe und Trübstoffe zu entfernen. Zur weiteren Reifung wird der Wein in Fässern oder in Edelstahltanks gelagert und anschließend in Flaschen abgefüllt. Die Lagerzeit ist je nach Wein unterschiedlich lang. Die Herstellung von Weißwein und Rotwein unterscheidet sich in einigen Punkten. Die wesentlichen Produktionsschritte sind jedoch bei allen Weinen gleich. Wein enthält einen Volumenanteil von etwa 10 bis 14 % Ethanol. Dies wird auf Etiketten mit z. B. 12 % Vol. angegeben.

B-2 | Alkohole

1.1 | Rotwein für ein längeres und gesünderes Leben? | Alkoholgehalt einer vergorenen Zuckerlösung

Die alkoholische Gärung. Bei der alkoholischen Gärung werden Kohlenhydrate (u. a. Mono- und Disaccharide) abgebaut. Dabei entstehen Ethanol und Kohlenstoffdioxid. Für diese Reaktion ist der Einsatz von Hefeenzymen notwendig. Ein weiterer wichtiger Punkt ist, dass die alkoholische Gärung nur unter anaeroben Bedingungen (ohne Sauerstoff) stattfinden kann.

Bei der Herstellung von Wein werden Glucose und Weinhefen vergoren. Zur Herstellung von Bier wird die Stärke des Getreides verzuckert und dann durch Bierhefe vergoren.

Durch alkoholische Gärung kann ein maximaler Ethanolanteil von ca. 18 % Vol. entstehen.

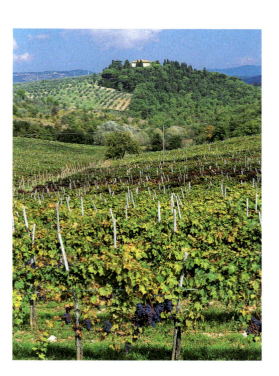

1.1
Die Herstellung von Wein – ein altbekanntes Geheimnis

1. Diskutieren Sie, ob in der biblischen Erzählung bei der Verwandlung von Wasser in Wein tatsächlich ein Wunder geschehen ist. Wenden Sie dabei auch Ihre Kenntnisse über den Gärungsprozess an.
2. Aus welchen pflanzlichen Erzeugnissen lässt sich Alkohol durch Gärung gewinnen? Was haben diese gemeinsam? Finden Sie eine sinnvolle Einteilung.
3. Recherchieren Sie, worin sich die Herstellungsverfahren von Rot- und Weißwein unterscheiden.
4. Es gibt verschiedene Sorten von Fruchtweinen, von Fruchtbieren ist jedoch kaum die Rede. Wodurch unterscheidet sich Bier von Wein?
5. Recherchieren Sie Aussagen zur Gesundheitsförderung durch Rotwein.

 Fruchtweine

Wein lässt sich nicht nur aus Traubensaft, sondern auch aus verschiedenen Fruchtsäften herstellen. Bekanntester Vertreter ist der Apfelwein, der in Frankreich Cidre heißt und als typisches Getränk der Normandie gilt. Hierzulande erhält man beispielsweise Weine aus Erdbeeren, Pflaumen oder Heidelbeeren. Alle Fruchtweine enthalten etwa 10 % Vol. Ethanol, nur der französische Cidre enthält 2 bis 5 % Vol. Ethanol.

 Schützt Rotwein vor Herz-Kreislauf-Erkrankungen?

Viele Krankheiten können durch eine „Verklumpung" des Blutes hervorgerufen werden, z. B. Schlaganfall, Herzinfarkt, Nierenfunktionsstörungen. Die Blutplättchen (Thrombozyten) sind an dieser Gerinnung des Blutes beteiligt. Eine Steigerung ihrer Aktivität beobachtet man z. B. durch den Konsum von fettreicher Nahrung oder Nikotin. Der Umstand, dass Rotwein die Aktivität dieser Blutplättchen vermindert, war Forschern schon länger bekannt. Deshalb untersuchte eine Arbeitsgruppe um C. SERRANO am Instituto do Cora in São Paulo (Brasilien), ob der Genuss von Rotwein Ablagerungen in Blutgefäßen verhindern kann. Ein Teil der Versuchstiere wurde mit fettreicher Nahrung, der andere mit fettreicher Nahrung und zusätzlich mit Rotwein gefüttert. Es zeigte sich, dass die Tiere mit ausschließlich fettreicher Diät in 60 % der Fälle an der Oberfläche ihrer Hauptschlagadern Ablagerungen hatten. Der Anteil bei den zusätzlich mit Rotwein ernährten Versuchstieren lag dagegen lediglich bei 38 %.

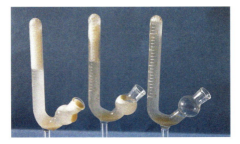
Gäransätze mit verschiedenen Zuckerlösungen

1.2 | Bierbrauen | Spirituosen der Welt | Wassernachweis im Destillat

Vom Brauen und Brennen

1

Tausendsassa Alkohol

Bier. Bier ist das Nationalgetränk der Deutschen, so heißt es zumindest im Ausland. Das Münchener Oktoberfest wird z. B. im Französischen „La fête de la bière" genannt. In Deutschland werden etwa 6 000 unterschiedliche Sorten Bier gebraut, häufig in kleinen Gasthausbrauereien. Die meisten davon sind Pils- oder Weißbiersorten. Bekanntere lokale Sorten sind z. B. Alt, Kölsch oder Berliner Weiße.

Der Prozess des Bierbrauens

Gerste wird zum Keimen gebracht. Die enthaltene Stärke wird dabei in Malzzucker (Maltose) umgewandelt. Anschließend werden die Körner getrocknet (gedarrt), zerkleinert (geschrotet) und mit Wasser gemischt (gemaischt). Die Mischung aus Wasser und Gerstenschrot wird filtriert (geläutert). Die erhaltene Lösung heißt Würze und der feste Rückstand Treber. Die Würze wird kurze Zeit aufgekocht und anschließend mit Hopfen versetzt. Nach einiger Zeit werden die festen Bestandteile wieder filtriert (Würzklärung). Die Würze wird auf etwa 10 °C gekühlt und danach mit Hefe versetzt. Die Kühlung ist notwendig, da die Hefekulturen bei Temperaturen über 50 °C absterben würden. Während des etwa eine Woche dauernden Gärungsprozesses wird der Malzzucker zu Ethanol vergoren. Da in diesem Bier noch Trübstoffe enthalten sind, wird es noch drei Wochen bei 0 bis 1 °C gelagert, damit sich die Trübstoffe absetzen können (Reifung). Schließlich wird das Bier noch einmal filtriert und dann in Fässer oder Flaschen abgefüllt. Bier enthält etwa 4 bis 6 % Vol. Ethanol.

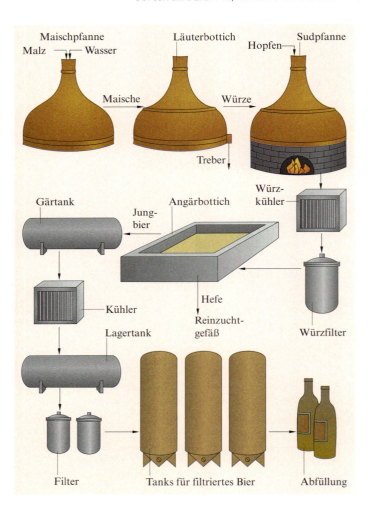

Läuterbottich einer Bierbrauerei

Das älteste Lebensmittelgesetz. Das deutsche Reinheitsgebot von 1516 sieht vor, dass Bier nur aus Hopfen, Gerste und Wasser gebraut wird. Nachträglich wurde die Verwendung von Weizen statt Gerste und der Zusatz von Hefe erlaubt, was zu den Hefe-Weizen-Bieren führte. Heute tragen Biere das Siegel „Gebraut nach dem deutschen Reinheitsgebot" nur noch als Qualitätsmerkmal. Bis 1987 war es in Deutschland nicht gestattet, Bier entgegen den Vorschriften dieses Reinheitsgebots zu brauen oder zu verkaufen. Der Europäische Gerichtshof gab 1987 jedoch der Klage einer französischen Brauerei statt, deren Verkauf ihres Bieres in Deutschland bis dahin untersagt war.

1.2 | Bestimmung des Ethanolgehalts

Branntwein. Mit der alkoholischen Gärung kann bei alkoholischen Getränken nur ein begrenzter Anteil an Ethanol erzielt werden. In der Regel wird ein Volumenanteil erreicht, der nicht über 10 bis 14 % hinausgeht. Bekannt sind jedoch eine Reihe von Getränken wie Kognak, Whisky, Weizenkorn oder Rum, die einen deutlich höheren Ethanolanteil aufweisen. Der höhere Ethanolanteil wird durch Destillation (das so genannte Brennen, daher kommt auch der Begriff Branntwein) gewonnen. Diese durch Destillation gewonnenen alkoholischen Getränke werden unter dem Oberbegriff „Spirituosen" zusammengefasst.

Schnapsbrennen – ein Landwirt erzählt

Obstbrennereien sind bei uns ein Nebenbetrieb für die arbeitsarme Zeit im Winter. Obst wird eingemaischt und von der Hefe vergoren. Dabei entsteht aus dem in den Früchten enthaltenen Zucker das Ethanol.
Das anschließende Destillieren geschieht unter Aufsicht des Zollamts. Durch das Erhitzen im Wasserbad entstehen die Ethanoldämpfe. Diese müssen durch drei Fraktionen aufsteigen, um zum Kühler zu gelangen. Nach der sorgfältigen Abscheidung des Vorlaufs erhalten wir als Destillat unseren berühmten Obstler. Der Nachlauf wird ebenfalls abgeschieden. Das Destillat enthält ca. 80 % Vol. Ethanol. Damit der Obstler getrunken werden kann, verdünnen wir ihn mit Wasser auf 40 % Vol. Ethanol. Die gesamte Ausbeute liegt zwischen 5 und 7 % der Maische.

1.2
Vom Brauen und Brennen

Destillation

Eine Destillation (lat. destillatio – Das Herabträufeln) ist ein Verfahren zur Trennung verschiedener Flüssigkeiten. Bei der Destillation von z. B. Wein werden Ethanol und Aromastoffe vom Wasser abgetrennt. Dafür wird die Ausgangsflüssigkeit erhitzt. Im entstehenden Dampf sind Ethanol und Aromastoffe enthalten. Das Wasser bleibt als Destillationsrückstand zurück. Der Dampf kondensiert an einem Kühler und wird als flüssiges Kondensat (Destillat) aufgefangen. In den meisten Fällen muss die Ausgangsflüssigkeit zwei- bis dreimal destilliert werden, um einen möglichst hohen Ethanolanteil im Destillat zu erreichen.

 B-2 | Alkohole

[...]

1. Recherchieren Sie die Funktionen von Hopfen und Malz bei der Bierherstellung.
2. Entwickeln Sie ein Rezept zur eigenen Bierherstellung.
3. Um den Ethanolanteil vor dem Schnapsbrennen zu erhöhen, schlägt ein Winzer vor, dem Most einfach mehr Zucker zuzusetzen. Dies würde das lästige Konzentrieren durch Destillieren ersparen. Diskutieren Sie diesen Vorschlag.
4. Klären Sie die Ihnen unbekannten Begriffe in der Beschreibung des Schnapsbrennens.
5. Entwickeln Sie Experimente zur Gewinnung von hochprozentigem Ethanol aus Traubensaft.
6. Wie lässt es sich weitgehend verhindern, dass beim Brennen von Gäransätzen Methanol in das zum Trinken bestimmte Destillat gelangt?

Not macht erfinderisch – die Geschichte des Armagnac

Im 17. Jahrhundert suchten holländische Händler die französische Atlantikküste nach Wein für den heimischen Markt ab. Da sich die Engländer schon die Weinanbaugebiete rund um Bordeaux gesichert hatten, segelten die Holländer über die Garonne ins Landesinnere von Südwestfrankreich und landeten in der Gascogne. Leider durften sie mit den mit Gascogne-Wein gefüllten Fässern den Rückweg über die Garonne nicht antreten, weil Bordeaux den Fluss für die Ausfuhr von Weinen aus den Nachbarregionen sperrte. Also wurde der Wein gebrannt und ausgeführt um so die Barriere geschickt zu umgehen.

Destillationsanlage zum Schnapsbrennen

Alkohol im Alltag – ein Problem?

1 Tausendsassa Alkohol

Blutalkoholgehalt. Bier mit etwa 6 % Vol. und Wein von etwa 12 % Vol. Ethanol gehören zu den Getränken mit einem mittleren Ethanolanteil. Trinkt ein etwa 75 kg schwerer Mann ein Glas Wein (0,25 l), so steigt sein Blutalkoholgehalt auf ca. 0,5 ‰. Trinkt eine etwa 60 kg schwere Frau eine Flasche Bier, so steigt ihr Blutalkoholgehalt auf ca. 0,7 ‰.

Wie wirkt Alkohol auf unseren Körper?

w(Ethanol) in ‰	Symptome
0,2	Sorglosigkeit, Wärmegefühl
0,25	Redseligkeit
0,3	Selbstzufriedenheit
0,2–0,4	Euphorie
0,4	messbare Veränderungen der Aktivität des Gehirns
ab 0,5	Fahruntüchtigkeit
1,0	deutliche motorische Koordinationsprobleme
1,5	Versagen der Hell-Dunkel-Anpassung des Auges
2,0	Trunkenheit
ab 2,0	Gedächtnislücken
3,0	Volltrunkenheit
ab 3,0	Koma
4,0–5,0	Atemstillstand

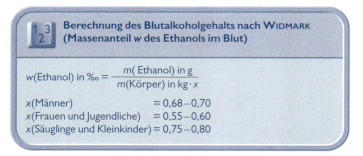

Berechnung des Blutalkoholgehalts nach WIDMARK (Massenanteil w des Ethanols im Blut)

$$w(\text{Ethanol}) \text{ in } ‰ = \frac{m(\text{Ethanol}) \text{ in g}}{m(\text{Körper}) \text{ in kg} \cdot x}$$

x(Männer) = 0,68–0,70
x(Frauen und Jugendliche) = 0,55–0,60
x(Säuglinge und Kleinkinder) = 0,75–0,80

Bei allen genannten Werten handelt es sich um Durchschnittswerte, die aus statistischen Erhebungen hervorgegangen sind. Sie müssen nicht für jede Person so zutreffen. Es kann durchaus auch eine kleinere Menge Alkohol ausreichen, um bestimmte körperliche Symptome hervorzurufen.

Zum Atemalkoholwert

In den Lungenbläschen kommt es zu einem Übergang des Alkohols vom Blut in die eingeatmete Frischluft, sodass beim Ausatmen Alkohol abgegeben wird. Der Anteil des Alkohols in der Ausatemluft entspricht dabei 1/2000 des Anteils an Alkohol im Blut.
Zur Teilnahme am Straßenverkehr hat der Gesetzgeber einen Atemalkoholgrenzwert definiert, der entsprechend den Blutalkoholgrenzwerten mit Strafen belegt ist. Danach werden 0,25 mg Alkohol pro Liter Ausatemluft einem Blutalkoholgehalt von 0,5 ‰ juristisch gleichgesetzt. Ab diesem Wert darf man nicht mehr aktiv ein Kraftfahrzeug im Straßenverkehr führen.

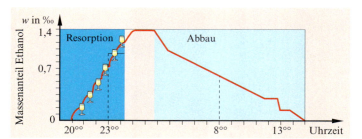

Alkoholabbau im menschlichen Körper.
Auch wenn der Alkoholabbau beim Menschen schon während der Resorptionsphase beginnt, benötigt der Körper meist länger als eine Nacht für den vollständigen Abbau des aufgenommenen Ethanols.

1.3 | Qualitative Elementaranalyse von Ethanol | Quantitative Kohlenstoffbestimmung bei Ethanol

Nachweismethoden von Ethanol im Blut

Die ersten Messgeräte, die seit den 1930er Jahren und noch bis vor Kurzem als Vorprobe im Gebrauch waren, beruhten auf der Reaktion von Kaliumdichromat mit Alkoholen zu den entsprechenden Aldehyden, was an Farbänderungen abzulesen war. Zurzeit werden zur Vorprobe neue Messgeräte nach physikalischen bzw. physikalisch-chemischen Methoden mit einem Halbleiterdioden-Gassensor benutzt, die mit einer digitalen Anzeige einen umgerechneten Blutalkoholgehalt wiedergeben. Andere Messgeräte, die nach dem Prinzip der Infrarotabsorption arbeiten, können die Blutprobe jedoch nicht ersetzen, weil diese Geräte für die Umrechnung des Ergebnisses auf den Blutalkoholgehalt nicht eichfähig sind.
Die neueste Generation der Atemalkoholmessgeräte arbeitet nach beiden Verfahren mit zwei unabhängigen Atemproben, die kurz aufeinanderfolgen. Dadurch sind Fehlerquellen wie Mundrestalkohol, Manipulation der Atemtechnik oder eventuelle Querempfindlichkeit für andere Stoffe wie Aceton nahezu ausgeschlossen. Wenn beide Verfahren übereinstimmende Werte ergeben, wird der Befund direkt in mg Ethanol je Liter Ausatemluft ausgegeben. Geräte dieser Art werden in Deutschland flächendeckend eingesetzt. Unterhalb der 1-Promille-Grenze kann damit auf die Blutprobenentnahme verzichtet werden. Bei höheren Blutalkoholgehalten, und wenn absolute Genauigkeit gefordert wird, ist die Entnahme einer Blutprobe aber unumgänglich.

 B-2 | Aldehyde und Ketone

Aldehyde und Ketone

Aldehyde und Ketone werden durch partielle Oxidation der Alkohole gebildet. Wichtige Vertreter der Aldehyde sind Formaldehyd (Methanal) und Acetaldehyd (Ethanal). Aceton (Propanon) ist ein bedeutendes Keton.

Abhängigkeit. Während ein einzelner Rausch und die damit verbundenen Folgen vom Einzelnen recht schnell überwunden werden, stellt für viele Menschen der regelmäßige Alkoholkonsum ein großes persönliches Problem dar: Sie sind süchtig. Alkoholabhängigkeit gilt als Krankheit, die medizinisch behandelt werden muss. Menschen, die unter Alkoholabhängigkeit leiden, können ohne ein Minimum an Alkohol im Körper ihr Leben nicht „normal" führen. Manche benötigen einen konstanten Blutalkoholgehalt, andere trinken in regelmäßigen Abständen größere Mengen Alkohol (Quartalstrinker).

Aber auch wenn sich keine Sucht eingestellt hat, kann ein übermäßiger Genuss von Alkohol gesundheitliche Probleme verursachen. Neben schweren Leberschäden können Schädigungen des Nervensystems, Herz-Kreislauf-Erkrankungen oder auch Krebs verursacht werden. Die volkswirtschaftliche Problematik wird deutlich, wenn man sich klar macht, dass täglich 6,5 Millionen Menschen so viel Alkohol zu sich nehmen, dass Fachleute von einem „schädlichen Gebrauchsmuster" sprechen. Die Deutsche Hauptstelle für Sucht (DHS) in Berlin schätzt die volkswirtschaftlichen, durch Alkohol bedingten Schäden auf ca. 20 Milliarden Euro.

1.3

Alkohol im Alltag – ein Problem?

1. Es gibt qualitative und quantitative Alkoholnachweise. Worin liegt der Unterschied? Welche wurden in diesem Kapitel vorgestellt?
2. Prüfen Sie verschiedene Alltagsprodukte auf das Vorhandensein von Ethanol.
3. Wie kommen die unterschiedlichen Faktoren in der Widmark-Formel zustande? Begründen Sie, warum die Widmark-Formel für Menschen aus unterschiedlichen Kulturkreisen angepasst werden muss.
4. Informieren Sie sich, wie die offizielle Definition von Alkoholismus lautet und wie die Abhängigkeit diagnostiziert wird.
5. Mithilfe von spektroskopischen Methoden, z. B. IR-Spektroskopie, können Stoffe identifiziert und charakterisiert werden. Vergleichen und interpretieren Sie die IR-Spektren von Ethanol und Ethanal.

17

1.4 | Ethanol als Lösemittel | Synthese von Ethanol

Alkohol – zum Trinken viel zu schade?

1 Tausendsassa Alkohol

Durch einen einfachen Blick auf das Etikett lässt sich feststellen, dass Alkohole in zahlreichen Produkten unseres Alltags enthalten sind. Ethanol wird in Lebensmitteln verwendet, sogar in solchen, in denen wir es nicht vermuten würden, wie z. B. in manchen Süßigkeiten. Undeklariert ist das Vorkommen von Ethanol in Fruchtsäften. Hier kann es durch natürliche Gärung entstehen, wenn die Säfte nicht steril abgefüllt wurden.

Alkohol in Medikamenten. Arzneimittel aus Pflanzenextrakten wie auch andere flüssige Medikamente haben häufig einen hohen Ethanolanteil. Dabei ist Ethanol zugleich Konservierungs- und Lösemittel.

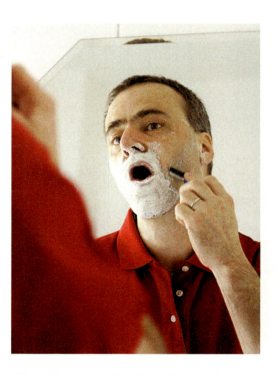

Alkohol in Medikamenten

Medikament	Anwendung	φ (Ethanol) in %
Iberogast®	pflanzliches Medikament gegen Magen-Darm-Beschwerden	31
Metavirulent® Tropfen	homöopathisches Medikament gegen grippale Infekte und Fieber	37
Silomat® Tropfen	Medikament gegen Reizhusten	12

Alkohol in Kosmetika. Ethanol ist in vielen Kosmetika enthalten. Es ist dann meist als „Alc. denat." auf der Verpackung deklariert. Seine Verwendung ist jedoch nicht unumstritten, weil unsere Haut darauf empfindlich reagieren kann. In einigen Kosmetika wie Rasierwasser, Gesichtswasser oder Haarwasser kann auf Ethanol als Inhaltsstoff wegen seiner desinfizierenden und belebenden Wirkung nicht verzichtet werden. Ethanol, das nicht zur Verwendung als Getränk bestimmt ist, kann nicht nur durch alkoholische Gärung, sondern auch auf der Basis von Erdölprodukten hergestellt werden.

2.6 | Dufte Männer

18

1.4 | Bestimmung der Brennbarkeit von Alkoholen

1.4
Alkohol – zum Trinken viel zu schade?

Alkohole als Reinigungsmittel. Alkohole werden verschiedenen Reinigungsmitteln zugesetzt. Dabei sind es die schmutz- und fettlösenden Eigenschaften des Alkohols, die hier zur Anwendung kommen. So lässt sich z. B. in Haushaltsratgebern nachlesen, dass sich Fettflecken aus der Kleidung entfernen lassen, wenn sie mit einem in Spiritus getränkten Baumwolllappen abgerieben werden. Spiritus ist 96 % Vol. Ethanol, das durch Zusätze ungenießbar gemacht wurde. Dadurch unterliegt es nicht der Branntweinsteuer und kann günstiger abgesetzt werden.

Alkohole sind brennbar. Diese Eigenschaft von Alkoholen nutzen wir im Alltag, wenn wir Alkohole als Brennstoff in Spiritusbrennern einsetzen, z. B. beim Erhitzen eines Fonduetopfs mithilfe eines Spiritusrechauds.

Alkohole als Treibstoffe. In Ländern, in denen sehr viel Ethanol produziert wird, fahren Autos mit einem hohen Ethanolanteil im Benzin. Dies ist z. B. in Brasilien der Fall, wo durch den hohen Zuckerrohranbau eine hinreichende Basis für die alkoholische Gärung in großem Maßstab gegeben ist. Das Benzin in Brasilien enthält etwa 40 % Vol. Ethanol. In viele Ländern wird aufgrund begrenzter Erdölressourcen darüber nachgedacht, Ethanol als Treibstoff bzw. als Treibstoffzusatz zu verwenden. Auch unserem Benzin wird Ethanol zugesetzt, bislang allerdings nur in sehr geringen Mengen (< 1 % Vol.).

Der Alkohol Methanol kann auf verschiedene Weise als Kraftstoff eingesetzt werden:
- in einer elektrischen Brennstoffzelle
- durch die direkte Verbrennung von Methanol; dabei hat Methanol gegenüber dem Erdgas den Vorteil, dass es als Flüssigkeit gut speicher- und transportfähig ist
- durch Veresterung von Methanol mit Rapsöl, wodurch Biodiesel gewonnen wird
- mit dem MTG-Verfahren (Methanol to Gasoline), durch das Erdgas über das Zwischenprodukt Methanol zu hochoctanigen Kraftstoffen umgesetzt wird

 3.5 | **Bioalkohol und Methanol**

1. Ein Tipp der Verbraucherberatung: „Verwenden Sie zum Fensterputzen anstelle von Seifenwasser eine Mischung aus Wasser und Spiritus im Verhältnis 2 : 1. Sie werden sehen, es bleiben keine Streifen auf der Scheibe zurück." Diskutieren Sie diesen Vorschlag.
2. Welche Vor- und Nachteile werden beim Thema „Alkohol als Treibstoff" diskutiert?
3. Recherchieren Sie die industrielle Synthese von Ethanol.

Ernte von Zuckerrohr, dem Ausgangsprodukt für die alkoholische Gärung

Tausendsassa Alkohol

Unser Trinkalkohol ist nur ein Alkohol unter vielen

Das als Trinkalkohol bekannte Ethanol ist nur eine Verbindung aus der Stoffklasse der Alkohole. Alkohole werden zu den unterschiedlichsten Zwecken verwendet.

Tiermehl – sinnvoll genutzt

Hunderttausende Tonnen von Tier- und Schlachtabfällen, die ansonsten als Sondermüll entsorgt werden müssten, können trotz einer Seuche wie BSE sinnvoll genutzt werden, denn aus Tiermehl kann Methanol gewonnen werden. Dafür wird das Tiermehl bei hohem Druck und über 1 700 °C im Gasreaktor in Kohlenstoff und Wasserstoff aufgespalten. In einem weiteren chemischen Prozess kann daraus Methanol synthetisiert werden, das für die Herstellung von Lacken, Polituren, Antiklopfmitteln, Pharmazeutika usw. genutzt wird. Aus 1 t Tiermehl kann 1 t Methanol erzeugt werden.

Verwendung von Methanol. Methanol wird als Energieträger der Zukunft gehandelt, weil aus ihm relativ leicht Wasserstoff gewonnen werden kann, der dann für den Betrieb einer Brennstoffzelle eingesetzt wird, z. B für den Antrieb eines Autos.

 ↗ 6.6 | Methanol statt Wasserstoff

Alkohole im Auto. Isopropanol (2-Propanol) wird insbesondere im Winter dem Wasser der Scheibenwaschanlagen unserer Autos zugesetzt. Das Isopropanol setzt den Gefrierpunkt des Wassers herab und verhindert so, dass das Wasser in der Scheibenwaschanlage einfriert. Für das Kühlwasser hingegen wird Glykol (1,2-Ethandiol) verwendet, der einfachste zweiwertige Alkohol. Gefrierschutzmittel werden auch bei Warmwasserheizungen eingesetzt.

 ↗ B-2 | Isomere

Feuchthaltemittel in Zahnpasta und Kaugummi. Damit Zahnpasta in der Tube nicht eintrocknet, kann Glycerin (1,2,3-Propantriol) zugesetzt werden. Glycerin ist der einfachste dreiwertige Alkohol. Als Feuchthaltemittel kann aber auch der sechswertige Alkohol Sorbitol (D-Glucitol, früher auch Sorbit genannt) eingesetzt werden. Eine weitere Eigenschaft des Sorbitols ist sein süßer Geschmack. Daher wird es auch als Zuckeraustauschstoff in Diabetikersüßwaren verwendet, u. a. in zuckerfreien Kaugummis. Hier sorgt Sorbitol gleichzeitig dafür, dass der Kaugummi süß schmeckt und nicht austrocknet.

Schnee und Eisregen sorgen in der Winterzeit dafür, dass die Flugzeuge vor dem Start mit einer Mischung aus Alkoholen enteist werden müssen. Vereisen die Tragflächen, so kann der für den Auftrieb wichtige Luftstrom abreißen und das Flugzeug abstürzen.

In Zahnpasta ist Glycerin enthalten.

1.5 | Gefährlicher Rausch | Frostschutz mit Glykol

Kopfschmerzen nach Alkoholgenuss

In alkoholischen Getränken befinden sich als Nebenprodukte der alkoholischen Gärung auch Fuselalkohole wie z. B. 3-Methyl-1-butanol (Amylalkohol), Methanol, Propanol und Butanol. Je nach Ausgangsprodukt, Gärungsführung, Hefearten, Lagerdauer, Zuckerzusatz und anderen Einflüssen finden sich in Bier, Wein, Sekt und Spirituosen mehr oder weniger dieser unerwünschten Alkohole.

Diese und deren Abbauprodukte rufen Kopfschmerzen hervor, die sich nach dem Genuss von alkoholischen Getränken einstellen können. Außerdem scheidet der Körper nach Alkoholgenuss in erhöhtem Maß Mineralstoffe aus, was ebenfalls zu Kopfschmerzen führt. Um dies zu verhindern, ist es ratsam, nicht zu viel Alkohol zu trinken und beim Alkoholgenuss zwischendurch unbedingt nichtalkoholische Getränke zu sich zu nehmen. Wichtig ist auch, dass man dem Körper am nächsten Tag möglichst viele Mineralstoffe und Wasser zuführt, um den Mineralstoffverlust auszugleichen.

Weitere Verwendungsmöglichkeiten für Glycerin. Glycerin wird zur Tabakbefeuchtung, in der Kosmetik zur Hautpflege und in der Kunststoffindustrie zur Herstellung von Alkydharzen und Polyurethanen verwendet.

Durch das Nitrieren von Glycerin erhält man eine ölige, schwach gelbliche Flüssigkeit, das Glycerintrinitrat (Nitroglycerin). Da es sehr leicht explodiert, wird es nur in Mischungen mit pulverisierten Stoffen (Dynamit) oder in Lösungen (max. 5 % Vol.) transportiert.

Glycerintrinitrat wirkt, durch die Mundschleimhaut aufgenommen, erweiternd auf die Gefäße. Es wird daher medizinisch bei akuten Herzanfällen (Angina pectoris) eingesetzt.

1.5
Unser Trinkalkohol ist nur ein Alkohol unter vielen

1. Bauen Sie die Modelle der ersten vier Glieder der homologen Reihe der Alkohole und ihrer Isomere.
2. Wenn man in die Scheibenwaschanlage reines Frostschutzmittel einfüllt, kann es sein, dass man bei frisch gestreuten Straßen kaum noch durch die Scheibe sehen kann. Was ist eine mögliche Ursache dafür?
3. Glykol ist der einfachste mehrwertige Alkohol. Was wird unter Mehrwertigkeit verstanden? Erläutern Sie dies auch an weiteren Beispielen.
4. Ermitteln Sie die Strukturformeln von 3-Methyl-1-butanol und weiterer Fuselalkohole.

Als Sprengstoff wird u. a. Dynamit verwendet, das aus dem dreiwertigen Alkohol Glycerin hergestellt wird.

1.6 | Experiment von PRIESTLEY | Oxidationszahlen

Neue Stoffe aus Alkoholen

1 Tausendsassa Alkohol

Historisches. Nicht nur die Alkohole selbst, sondern auch eine Reihe von direkt aus ihnen herstellbaren chemischen Verbindungen spielen im täglichen Leben der Menschen schon seit langer Zeit eine Rolle. So sind chemische Reaktionen von Ethanol bereits im 18. Jahrhundert recht präzise beschrieben worden. Der holländische Naturforscher JAN INGENHOUSZ (1730 bis 1799) schilderte im Jahre 1767 beispielsweise, wie er Ethanol mit Schwefelsäure in einer Retorte erhitzte und dabei – neben anderen Stoffen – eine „brennende Luft" erhielt. Im Laufe der Zeit wurde über diese Reaktion immer mehr herausgefunden. So zeigte es sich, dass sie in ihrem Verlauf entscheidend von der Reaktionstemperatur abhängt. Während bei hoher Temperatur in erster Linie das brennende Gas erhalten wird, entsteht bei tieferer Reaktionstemperatur vorwiegend ein flüssiges Reaktionsprodukt, das später als Diethylether identifiziert wurde. Diethylether wurde 1846 erstmalig als Narkosemittel eingesetzt. Allerdings waren erhebliche Nebenwirkungen (Schwindel, Erbrechen, Unruhe) zu beobachten, sodass Diethylether nicht lange für diesen Zweck verwendet wurde.

 B-2 | Ether

Aus Wein wird Essig. Viel länger bekannt als die chemische Reaktion von Ethanol mit Schwefelsäure ist die Oxidation von Ethanol zu Essigsäure. Schon im antiken Griechenland und China war Essig bekannt.
Ein beliebtes Getränk bei den Römern war eine Mischung aus Essig und Wasser (Posca). Der in der Bibel erwähnte Essigschwamm, den römische Soldaten Jesus am Kreuz reichten, war damit getränkt.
Die Entdeckung der Herstellung von Essig ist wahrscheinlich dem Zufall zu verdanken. In warmem Klima reagiert Wein, wenn er länger an der Luft steht, durch Oxidation allmählich zu Essig. Auslöser dafür sind im Wein enthaltene Essigsäurebakterien. Sie bilden nach einiger Zeit an der Oberfläche des Weins eine Haut (Essigmutter). Dieses Oberflächengärverfahren wird auch Orleans-Verfahren genannt. Man erhält dadurch sehr aromatischen Essig. Wegen des hohen Zeitaufwands werden aber nur sehr hochwertige Essige nach diesem Verfahren hergestellt. Das Submersverfahren ist heute das gängigste Verfahren zur Herstellung von Essigsäure aus Ethanol.

Auf ihren Feldzügen führten die römischen Soldaten Posca (Essigwasser) mit sich, um sich zu erfrischen. Der Essig machte das Wasser haltbarer und überdeckte auch den Geschmack von qualitativ schlechtem Wasser.

 B-2 | Carbonsäuren

1.6 | Essig und die „Essigsäuregärung" | Nachweis von Aldehyden mit Schiffs Reagenz

1.6
Neue Stoffe aus Alkoholen

Das Submersverfahren zur Herstellung von Essig

In großen Stahlbehältern, den Acetatoren, werden Essigsäurebakterien in der alkoholischen Lösung verteilt. Von unten wird ein Luftstrom durch den Behälter geblasen. Dieses Verfahren ist nicht nur am schnellsten, es lassen sich auch die äußeren Bedingungen wie z. B. die Temperatur sehr einfach kontrollieren, um optimale Lebensbedingungen für die Essigsäurebakterien zu schaffen.

In diesem Acetator wird Essig gewonnen.

Zitronen enthalten Citronensäure.

Carbonsäuren. Essigsäure gehört zu der Stoffklasse der Carbonsäuren. Ihr systematischer Name lautet Ethansäure. Primäre Alkohole lassen sich zu den korrespondierenden Carbonsäuren oxidieren.

Die bekanntesten Carbonsäuren gehen aber zumeist nicht aus den einfachen Alkoholen hervor. Sie besitzen eine komplexere Molekülstruktur. Einige davon werden als Konservierungsstoffe für Lebensmittel (z. B. in Ketchup, Wurstartikeln, Mayonnaise und Erfrischungsgetränken) verwendet.

Wenn Butter zu lange an der Luft stehen bleibt, bemerkt man einen ranzigen Geruch. Dieser stammt von der Buttersäure (Butansäure), die sich gebildet hat. Analog zu diesem Vorgang ist Milchsäure auch nicht von Anfang an in der Milch enthalten. Sie entsteht erst durch Gärung aus dem in der Milch enthaltenen Milchzucker (Maltose) – die Milch wird sauer. Auch in unserem Körper produzieren wir Milchsäure, hier allerdings beim Abbau von Traubenzucker (Glucose). Milchsäure entsteht vermehrt bei großer körperlicher Anstrengung infolge eines anaeroben Stoffwechsels.

[...]

1. Der Engländer JOSEPH PRIESTLEY (1733 bis 1804) leitete im Jahre 1783 Dämpfe von Ethanol durch ein heißes Tonpfeifenrohr. Es bildetete sich ein gasförmiges Reaktionsprodukt, das bereits INGENHOUSZ erhalten hatte. Erläutern Sie die chemische Reaktion.
2. Stellen Sie die Reaktionsgleichung für den im Text beschriebenen Versuch von INGENHOUSZ auf.
3. Informieren Sie sich über Anleitungen, Essig selbst herzustellen, und formulieren Sie eine Vorschrift für ein entsprechendes Experiment.
4. Die Herstellung von Essig aus Ethanol wird auch als Essiggärung bezeichnet. Begründen Sie, warum dieser Begriff fachlich nicht zutreffend ist.
5. Vergleichen Sie die alkoholische Gärung und die Milchsäuregärung.
6. Die chemischen Reaktionen von Alkoholen zu anderen Produkten sind in der Regel Redoxreaktionen. Zeigen Sie dies an einigen Beispielen.

Ausschnitt aus der Liste zugelassener Konservierungsstoffe

E200 – Sorbinsäure
E210 – Benzoesäure
E236 – Ameisensäure
E260 – Essigsäure
E270 – Milchsäure
E280 – Propionsäure

↗ E-1 | Oxidationszahlen

1.7 | Bildung eines Esters – eine „unvollständige" Reaktion | Reaktionsmechanismus Esterbildung/Esterspaltung

Fruchtiges aus Alkoholen – Aromastoffe

1 Tausendsassa Alkohol

Aromatisierte Lebensmittel. Unter Aroma versteht man den spezifischen Geschmack und Geruch, der durch einzelne chemische Verbindungen oder Stoffgemische verursacht wird.
Solche Aromastoffe sind von Natur aus in Lebensmitteln enthalten, werden aber auch bei der Herstellung zugefügt. Ein Beispiel hierfür ist Tee, der in zahlreichen Geschmacksrichtungen angeboten wird.
Aber auch in Produkten, bei denen Sie eine zusätzliche Aromatisierung weniger vermuten würden, finden sich diese Aromastoffe. Die Gesetzgebung erlaubt das Hinzufügen von Aromastoffen zu Lebensmitteln, verlangt allerdings, dass sie auf der Verpackung deklariert werden. Im Gegensatz zu anderen Lebensmittelzusatzstoffen, denen eine eigene E-Nummer zugeteilt wurde, reicht hier der einfache Hinweis „Aroma" auf der Zutatenliste.
Unterschieden wird zwischen natürlichen, naturidentischen und künstlichen Aromen.

 B-2 | Carbonsäureester

Aromastoffe und ihre assoziierten Gerüche

Aromastoff	Geruch
Propansäureethylester	mild ätherisch, nach Rum
Essigsäure-3-methylbutylester	süßlich, fruchtig, mild, nach Birne, Ananas
Buttersäuremethylester	fruchtig, nach Apfel
Buttersäureethylester	fruchtig, nach Ananas
Essigsäurebutylester	fruchtig, nach Banane
Benzaldehyd	süßlich, nach Marzipan
4-Hydroxy-3-methoxybenzaldehyd	nach Vanille

D-4 | Unvollständigkeit und Umkehrbarkeit chemischer Reaktionen
D-5 | Massenwirkungsgesetz

Natürliche, naturidentische und künstliche Aromastoffe

Natürliche Aromen werden aus pflanzlichen oder tierischen Rohstoffen gewonnen. Apfelaroma wird z. B. aus Äpfeln extrahiert.
Bei naturidentischen Aromastoffen werden die Aromen chemisch synthetisiert. Die enthaltenen Stoffe müssen aber mit den natürlich gewonnenen übereinstimmen. So muss synthetisch hergestelltes Apfelaroma mit der Hauptkomponente, die sich aus Äpfeln isolieren lässt, genau übereinstimmen.
Künstliche Aromastoffe haben dagegen kein „Vorbild" in der Natur. Sie assoziieren dennoch bei uns den Eindruck eines spezifischen Geruchs. Weil sie in der Natur nicht vorkommen, müssen sie auf chemischem Weg hergestellt werden. Auf diese Weise können auch neue Düfte und Geschmacksrichtungen kreiert werden. Aromastoffe findet man in verschiedenen chemischen Stoffklassen, z. B. bei Aldehyden, Ketonen und Estern.

Natürliche Aromen sind keine Reinstoffe, sondern Stoffgemische aus teilweise über hundert unterschiedlichen Stoffen. Bei der Herstellung von naturidentischen Aromen wird versucht, sich an den Leitsubstanzen der Stoffgemische – also an den Stoffen, die die charakteristischen Aromen ausmachen – zu orientieren. Es werden somit nur die für den Geruchseindruck wichtigsten Stoffe gemischt, sodass naturidentische Aromen meistens eine viel geringere Komplexität in ihrer Zusammensetzung aufweisen als natürliche Aromen. Umso erstaunlicher ist es, dass trotzdem manchmal ein einziger Stoff ausreicht, um die Assoziation eines bestimmten Duftes hervor zu rufen. Dies ist insbesondere bei Fruchtaromen der Fall.

 Ester

Bei der chemischen Reaktion zwischen einem Alkohol und einer Säure bildet sich unter Abspaltung von Wasser ein Ester. So entsteht z. B. aus Ethanol und Essigsäure Essigsäureethylester. Eine Reihe von Aromastoffen werden aus Carbonsäuren synthetisiert.

1.7 | Spaltung eines Esters – vom Ester zum Alkohol und zur Säure | Extraktion von Aromen | Fruchtaroma im Reagenzglas

1.7 Fruchtiges aus Alkoholen – Aromastoffe

Herstellen von Essigsäureethylester

In einem Rundkolben werden Ethanol, Essigsäure und etwas Schwefelsäure miteinander erhitzt. Das Produkt wird destilliert. Es bildet sich Essigsäureethylester.

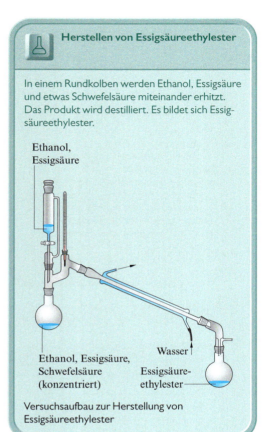

Versuchsaufbau zur Herstellung von Essigsäureethylester

Bei einem Qualitätswettbewerb wurde Jogurt u. a. auf sein Aroma geprüft.

Bei dieser „Duft-CD-ROM" wird die Oberfläche mit einem Aroma – hier Erdbeeraroma – versiegelt. Wenn der Nutzer über die Oberfläche reibt, wird das Erdbeeraroma frei.

[...]

1. Nehmen Sie an, Sie haben für die Synthese von Essigsäureethylester als Ausgangsstoff ausschließlich Ethanol zur Verfügung. Wie gehen Sie vor?
2. Guter Essig wird noch einige Jahre gelagert, bevor er verzehrt wird. Dabei sinkt der Restalkoholgehalt deutlich. Erklären Sie diesen Vorgang.
3. Im Gegensatz zu ihren Ausgangsstoffen besitzen Ester eine schlechte Löslichkeit in Wasser. Geben Sie hierfür eine Erklärung.
4. Wie muss ein Ester hergestellt werden, der nach Bananenaroma riecht? Erläutern Sie Ihre Vorgehensweise und führen Sie den Versuch durch.
5. Auch anorganische Säuren bilden mit Alkoholen Ester. Nennen Sie Beispiele.

Erdbeeraroma – natürlich oder aus dem Labor?

Erdbeerjogurt schmeckt das ganze Jahr über gleich, weil der Erdbeergeschmack nicht von den Früchten hervorgerufen wird, sondern von Aromastoffen herrührt. Diese Aromastoffe sind nötig, weil für den Erdbeergeschmack aus natürlichen Früchten mehr Erdbeeren benötigt würden, als überhaupt in einen Jogurtbecher hineinpassen.
Der Entwurf eines Aromas geschieht am Computer. Dort wird ein virtueller Geschmack entworfen. Die verschiedenen Komponenten – für das Erdbeeraroma sind dies über 40 – werden miteinander kombiniert. Für sich allein schmeckt dagegen keine einzige Komponente nach Erdbeeren. Außerdem variiert das Erdbeeraroma je nach Land bzw. nach Verbrauchergeschmack des jeweiligen Landes, in das der Jogurt geliefert wird. Bevor die eigentliche Produktion beginnen kann, wird das neue Aroma vorgekostet. 1 g Aromamasse reicht für 1 kg Fruchtzubereitung des Jogurts aus.

25

1.8 | IR-Spektren von Phenol und von Alkoholen | Reaktionsmechanismus elektrophile Substitution

Für Experten

1 Tausendsassa Alkohol

1. Vor der Flockung (3 cm Sichttiefe)
2. Nach der Flockung mit Eisen(III)-chlorid
3. Phytoplanktonentwicklung nach Nährstoffzusatz von Phosphat
4. Klarwasserstadium nach Zooplanktonfraß (3 m Sichttiefe)

Aromatische Verbindungen

Phenole gehören zu den aromatischen Verbindungen. Diese sind ringförmige Moleküle mit einem Kohlenwasserstoffgerüst. Sie besitzen ein Bindungssystem, bei dem einige Elektronen zwischen den im Ring gebundenen Atomen frei beweglich (delokalisiert) sind. Diese Eigenschaft bestimmt die chemischen Reaktionen der Aromaten. Manche aromatischen Verbindungen sind Aromastoffe, z. B. 4-Hydroxy-3-methoxybenzaldehyd.

 ↗ B-2 | Struktur des Benzolmoleküls | Hückel-Regel – aromatischer Zustand

Giftmüllsee wird wieder sauber

Die Trebnitzer Dorfbewohner in Sachsen-Anhalt können im wahrsten Sinne des Wortes wieder aufatmen. Jahrelang ist phenolhaltiges Abwasser aus der Braunkohlenverarbeitung in einen stillgelegten Tagebau gepumpt worden. Dabei sammelten sich im Laufe der Zeit 2 Mio. m³ einer stinkenden braunen Brühe an. Um das Wasser zu reinigen, wurden Bakterien eingesetzt. Diese konnten zahlreiche Schadstoffe abbauen. Lediglich das Tiefengewässer ist immer noch phenolhaltig, stellt aber zurzeit kein größeres Umweltproblem dar.

Vorkommen einiger Phenolderivate

Beispiel	Vorkommen
Vanillin	Vanilleschote
Thymol	Pfefferminzöl
Anethol	Anisöl
m-Digallussäure	Gerbstoff
Quercetin	gelber Blütenfarbstoff

Der Phenolsee vor und nach der Sanierung

1. Vergleichen Sie das IR-Spektrum von Phenol (Hydroxybenzol) mit dem von Cyclohexanol und Hexanol.
2. Welchen pH-Wert haben wässrige Lösungen von Ethanol, Phenol und Cyclohexanol?
3. Recherchieren Sie die vorgenommenen Maßnahmen bei der begonnenen Sanierung des Phenolsees in der Nähe von Trebnitz und erläutern Sie diese.

26

Reinigen und Pflegen

Was ist Schmutz?
Diese Frage scheint auf den ersten Blick leicht beantwortbar zu sein: Etwas ist schmutzig, wenn es nicht mehr sauber ist, und Schmutz ist der Stoff, der dies verursacht.
Aber ist dies wirklich so? Bei Schmutz handelt es sich um einen nicht klar definierten Stoff. Klar ist nur, dass Schmutz an dem Ort, an dem er sich befindet, unerwünscht ist. Der Aspekt „zur falschen Zeit am falschen Ort" ist eine charakteristische Eigenschaft von Schmutz: Rotwein auf dem Hemd anstatt im Glas, Erde auf der Hose anstatt im Blumentopf, Öl auf der Herdplatte anstatt im Salat.
Im Werbefernsehen wird deutlich gezeigt, was wir unter Schmutz verstehen sollen. Das Kind, das Fußball gespielt hat, kommt mit seiner schmutzigen Kleidung nach Hause. Teller, die nach dem Essen womöglich einige Zeit gestanden haben, sind schmutzig verkrustet. Auch zählen jegliche Arten von Flecken auf Kleidung und Teppich zu Schmutz – genauso wie Fettspritzer auf dem Herd. So vielfältig, wie diese Szenarien sind, so vielfältig sind auch die Arten von Schmutz.
Daher sind auch die Mittel zur Beseitigung der unterschiedlichen Arten von Schmutz ausgesprochen vielfältig. Die Produkte haben sich im Vergleich zu früher deutlich verändert: Neben der Schmutzentfernung wird heute auch gleichzeitig der Pflege große Aufmerksamkeit gewidmet - insbesondere der Pflege der Haut.

Aus „grauer" Vorzeit

Hygiene in der Geschichte. Die Menschen betreiben seit jeher die Reinigung und Pflege ihrer natürlichen und ihrer „künstlichen" Haut. Zunächst genügte kaltes Wasser, später wurde dann u. a. Seife benutzt. Und aus der Seife wurden Anfang des 20. Jahrhunderts die ersten Waschmittel entwickelt.

↗ B-6 | Seifen

Körperpflege. Die europäische Körperpflege wurde maßgeblich von den Römern beeinflusst, die die Pflegekultur der Griechen weiter entwickelten. So errichteten sie öffentliche Badeanstalten mit Dampfbädern und Schwimmbecken, die mit dem Verfall des römischen Reiches allerdings zunehmend in Vergessenheit gerieten. Während der Pestepidemien im 16. Jahrhundert wurden die damaligen Badeanstalten geschlossen, weil befürchtet wurde, dass die Pesterreger durch kleine, von Wasser und Hitze verursachte Risse in der Haut in den Körper eindringen könnten. Nach dem Einsatz von Puder und Parfüm im 17. Jahrhundert zur Überdeckung von Schmutz und Gerüchen, entstand mit dem Abklingen der Pestwellen ab der Mitte des 18. Jahrhunderts eine neue Badekultur des Hochadels, obwohl Wasser als Reinigungsmittel immer noch misstrauisch betrachtet wurde. Insbesondere kaltem Wasser wurde jedoch eine heilende Wirkung zugesprochen. Erst im 19. Jahrhundert empfahl man den Gebrauch von Seife. Außerdem wurde statt kaltem nun lauwarmes Wasser benutzt. Ab Mitte des 19. Jahrhunderts kam es vermehrt zur Einrichtung von öffentlichen Wasch- und Badeanstalten für die ärmeren Bevölkerungsschichten. Nachdem gegen Ende des 19. Jahrhunderts zum ersten Mal unsichtbare Krankheitserreger in die Diskussion gerieten, boten sich Baden und Waschen nun als Möglichkeit zur Desinfektion an. Ein Beispiel dafür ist die Empfehlung zum häufigen Waschen der Hände. In der Schule lernten Kinder, dass ihnen gesundheitliche Gefahren drohen, wenn sie mit den Fingern in der Nase bohren oder mit der Zunge eine Wunde berühren.

Mittelalterliche Badestube

Hygienemaßnahmen im Haushalt

Bakterien und Pilze benötigen zum Wachstum eine feuchte, warme und nährstoffreiche Umgebung. Diese finden sie z. B. in feuchten Waschlappen, Handtüchern, auf den Armaturen in Küche und Bad oder auf feuchten Oberflächen. Deshalb ist es wichtig, vor allem in Räumen wie Bad und Küche auf trockene und saubere Böden und Oberflächen zu achten.

Kleiderpflege. Neben den eingesetzten Reinigungs- und Waschmitteln hat sich auch die technische Reinigung der Kleidung im Laufe der Zeit verändert. Bei den Ägyptern stampften die Männer die Wäsche mit ihren Beinen im Wasser, bis diese ihnen sauber erschien. Ab dem 10. Jahrhundert wurde die Wäsche mit dem Wäscheschläger geschlagen oder auf einem Waschbrett gerieben. Im Mittelalter kam es zur Errichtung von Waschhäusern, in denen die Wäsche gewaschen und vor allem auch mithilfe von Maschinen ausgewrungen wurde. Als die industrielle Revolution einsetzte, wurden in den neuen großen Mietshäusern Waschküchen eingerichtet. Das Waschen war mühsam und zeitaufwändig und konnte nicht wie heute nebenher erledigt werden.

Erst mit der Einführung der elektrischen Haushaltswaschmaschinen wurde das Waschen wesentlich erleichtert. Die Waschmaschinen der 1960er Jahre waren zwar noch sehr einfach, aber sie nahmen dem Menschen den Waschvorgang mit der Hand ab. Außerdem konnte der Weg zur Waschküche gespart werden. Die übrigen Tätigkeiten wie Trocknen, Glätten, Bügeln, Sortieren und Einräumen waren aber immer noch mühsam. Erleichterung brachten hier zunächst pflegeleichte Textilien wie z. B. Nylonhemden oder später die Erfindung des Wäschetrockners. Im Jahr 2003 besaß bereits mehr als ein Drittel aller Haushalte ein solches Gerät.

Der römische Wäscher

In Rom gab es den Berufsstand des Wäschers. Dieser legte die zumeist aus Wolle bestehende Wäsche in einen Trog mit gefaultem Urin und trat sie dann kräftig mit den Füßen. Mit diesem „anrüchigen" Gewerbe wurden die Wäscher sehr reich.

2.1
Aus „grauer" Vorzeit

Waschen in der Waschküche

Wäscheschläger

Wringmaschine

1. In der Vergangenheit gab es verschiedene Vorstellungen zu Körper- und Kleidungspflege.
   a) Wo finden sich Einflüsse auf unsere heutigen Vorstellungen und Gepflogenheiten?
   b) Stellen Sie sich vor, Sie wären ein Historiker im Jahre 3000. Wie würden Sie unsere heutigen Praktiken der Körperpflege beschreiben?
2. Recherchieren Sie die Entwicklung des Waschvorgangs in Deutschland seit den 1950er Jahren. Stellen Sie Vor- und Nachteile unter ökologischen und ökonomischen Gesichtspunkten zusammen.
3. Entwickeln Sie einen praktisch durchzuführenden Test, um die Güte unterschiedlicher Waschmittel und Waschmethoden zu vergleichen.

↗ 2.2 | Chemisches Gleichgewicht auf Teilchenebene | Untersuchung von WC-Reinigern

Welcher Reiniger für welchen Schmutz?

So viele Arten von Schmutz es auch gibt, für jeden scheint ein Reiniger im Supermarkt erhältlich zu sein. Für knifflige Fälle gibt es eine Menge Hausrezepte, die eine erfolgreiche Säuberung versprechen. Eine Vielzahl der Reiniger lässt sich in fünf Kategorien einordnen. Hierdurch wird es einfacher, die Übersicht zu behalten.

2 Reinigen und Pflegen

 Wirkt doppelt besser?

Der Einsatz von zwei unterschiedlichen Reinigern kann sich unangenehm auswirken. Werden z. B. Abflussreiniger und pulverförmiger WC-Reiniger gleichzeitig verwendet, so heben sich diese in ihrer Reinigungswirkung nicht nur gegenseitig auf, sondern reagieren im Wasser heftig miteinander. Dabei kann die Temperatur derart ansteigen, dass Wasser zu sieden beginnt und Teile der aggressiven Reiniger im Raum verspritzt werden.
Der gleichzeitige Einsatz von Essigreiniger mit Chlorreiniger kann durch die Reaktion der Inhaltsstoffe miteinander zu Vergiftungen durch das freiwerdende Chlor führen.

Saurer Reiniger

 ↗ E-1 | Oxidation und Reduktion

Universalreiniger. Es ist erstaunlich, dass es Reiniger geben soll, die fast jeden Schmutz entfernen können. Ältester Vertreter dieser Kategorie ist die Schmierseife. Dass diese tatsächlich funktioniert, ist eine alltägliche Erfahrung. Universalreiniger besitzen so genannte waschaktive Substanzen (Tenside). Modernen Universalreinigern sind neben den Tensiden häufig noch weitere Hilfsmittel, wie z.B. Enzyme, zugesetzt. Es stellt sich die Frage, woher die Seife eigentlich weiß, was der Schmutz ist.

 ↗ B-6 | Waschwirkung von Tensiden

Saure Reiniger. Zu dieser Kategorie gehören sowohl der in Pulverform oder flüssig angebotene WC-Reiniger, als auch der bekannte Essigreiniger. Sie erzielen ihre Wirkung aufgrund der in ihnen enthaltenen Säuren. Eingesetzt werden neben Essigsäure auch Ameisen- oder Citronensäure. Häufig werden ihnen ebenfalls Tenside zugesetzt.

 Hausfrau mischte WC-Reiniger: Fast vergiftet

Die Vermischung zweier handelsüblicher Sanitärreiniger hätte einer 48jährigen Hausfrau aus Philippsthal (Kreis Hersfeld-Rotenburg) fast das Leben gekostet. Die Frau vergiftete sich nach Mitteilung der Polizei mit Dämpfen, die Chlor enthielten. Diese hatten sich bei der Säuberung des Badezimmers mit der Reinigermischung entwickelt. Die Kripo nahm diesen Fall zum Anlass, die Benutzer solcher Reinigungsmittel auf die aufgedruckten Hinweise und Gebrauchsanweisungen aufmerksam zu machen.

Alkalischer Reiniger

2.2 Welcher Reiniger für welchen Schmutz?

Alkalische Reiniger. Sie enthalten basische Bestandteile wie z. B. Natriumhydroxid oder Ammoniak und bilden daher im Wasser starke Basen (Laugen). Ein bekannter Vertreter dieser Kategorie ist der Salmiakgeist.

↗ E-2 | Säuren und Basen

Scheuermittel. Früher wurde gerne Scheuerpulver für besonders hartnäckigen Schmutz genutzt, der sich nicht mithilfe eines Universalreinigers entfernen ließ. Die Wirkung der Scheuermittel beruht auf mechanischen Prinzipien. Der Schmutz wird mithilfe von kleinen Putzkörpern von der zu reinigenden Oberfläche losgescheuert. Als Putzkörper werden Marmormehl, Quarzmehl oder Kreide eingesetzt. Zusätzlich können Tenside, Bleichmittel und in flüssigen Scheuermitteln auch Alkohole enthalten sein.

Bleich- und Oxidationsmittel. Diese Reiniger haben weniger die Aufgabe sichtbaren Schmutz zu entfernen, als vielmehr nicht sichtbare Bakterien, Viren oder Schimmelpilze zu beseitigen. Manche Reiniger dieser Kategorie, wie z. B. Chlor- oder Sauerstoffreiniger, haben zusätzlich eine bleichende Wirkung. Teilweise lässt sich diese gezielt zum Entfernen von Flecken einsetzen.

Auf das Etikett geschaut. Nicht jeder Reiniger ist für alle Aufgaben zu verwenden. Manchmal ist ein Reiniger für einen bestimmten Schmutz einfach ungeeignet, aber in bestimmten Fällen kann ein falscher Reiniger sogar Schäden verursachen. Schon lange wird daher z. B. auf dem Etikett von Essigreinigerflaschen vor dem Einsatz auf empfindlichen Flächen, wie Chromarmaturen oder Marmor, gewarnt. Diese Empfindlichkeit ist umso erstaunlicher, da wir beispielsweise verdünnten Apfelessig ohne Probleme trinken können. Das Getränk weist dabei sogar eine deutlich höhere Konzentration an Essigsäure auf als üblicherweise verwendetes Putzwasser.

↗ E-5 | Stärke von Säuren und Basen

1. Ordnen Sie die folgende Liste von Reinigern einer der oben angeführten Kategorien zu und begründen Sie Ihre Zuordnung: Zitronenreiniger, Abflussreiniger, Scheuermilch, Neutralseife, Topfreiniger. Finden Sie weitere Reiniger und ordnen Sie diese zu.
2. Welche Arten von Schmutz lassen sich mit welchem Reiniger bekämpfen? Erläutern Sie genauer, nach welchem Prinzip die einzelnen Reiniger funktionieren.
3. Recherchieren Sie, auf welcher chemischen Basis Reiniger mit aktiviertem Sauerstoff funktionieren.
4. Erläutern Sie die ablaufenden chemischen Reaktionen von Essigreiniger mit einem Chlorreiniger bzw. Abfluss- mit WC-Reiniger.
5. Obwohl Sie Essig in verdünnter Form trinken können, darf eine Essiglösung nicht für Chromarmaturen oder Marmor verwendet werden. Welche Rolle spielen die Einwirkungszeit und die Konzentration der Essiglösung?
6. Die Reinigungswirkung von Geschirrspülmitteln ist abhängig vom pH-Wert. Untersuchen Sie diese Aussage und nehmen Sie Stellung dazu.
7. Was wird unter antimikrobiellen Wirkstoffen verstanden? Nennen Sie Beispiele und ordnen Sie sie verschiedenen Stoffklassen zu.

Alkalischer Reiniger

2.3 | Seifenherstellung aus Fett | Herstellung von Alkylpolyglucosiden

Seife und moderne Tenside

Aus Fett und Asche wird Seife. Seifen gehören zu den ältesten chemischen Produkten, die Menschen hergestellt haben. Allerdings wurden sie lange Zeit nicht zur Körperpflege, sondern nur zum Wäschewaschen eingesetzt. Verwendet wurden dabei in Pflanzenasche enthaltene Natrium- oder Kaliumverbindungen sowie Fette oder fette Öle. Aufgrund der vorhandenen Rohstoffe bildete sich im Mittelalter vor allem in den Mittelmeerräumen das Handwerk der Seifensieder aus.

Heute werden Seifen durch Sieden von Natron- oder Kalilauge mit pflanzlichen oder tierischen Fetten und fetten Ölen hergestellt. Mit Natronlauge bildet sich dabei feste Kernseife, mit Kalilauge weiche oder zähflüssige Schmierseife. Seifen sind die Salze der jeweils verwendeten Fettsäuren.

 B-2 | Fette

Veredelung. Seifen kommen heute nicht mehr nur als Produkt aus Alkalilauge und Fettsäure auf den Markt. Wir legen Wert darauf, gut zu riechen, also werden Seifen verschiedene natürliche oder synthetisch hergestellte Duftstoffe, wie z. B. Rosen- oder Sandelholzöl, hinzugefügt. Außerdem gibt es Seifen in nahezu allen Farben – natürliche oder synthetisch hergestellte Farbstoffe werden dem Produkt beigemischt. Die Hautreizung stellt vor allem beim häufigen Händewaschen ein größeres Problem dar. Da Seifenlösungen alkalisch reagieren, wird durch Zusätze darauf geachtet, dass die Seife einen ähnlichen pH-Wert wie die Haut aufweist. Um die fettlösende Wirkung der Seife auf der Haut zu mindern, werden ihr außerdem rückfettende Stoffe zugesetzt.

Seifen sind bifunktionale Verbindungen. Sie haben einen polaren und einen unpolaren Molekülteil und gehören zu den Tensiden. Im Gegensatz zu früher kommen Seifen in Waschmitteln heute kaum noch zum Einsatz. Moderne Tenside, die die heutigen Ansprüche beim Wäschewaschen erfüllen, haben die Seifen verdrängt.

Eigenschaften von Tensiden. Die Waschwirkung von Tensiden besteht darin, zwischen dem Waschwasser und den Schmutzteilchen „vermitteln" zu können. Dabei dringen die unpolaren Teile der Tensidmoleküle in den Schmutz ein, bis die Schmutzteilchen von allen Seiten von Tensidmolekülen umgeben sind. Es bilden sich kugel- oder hantelförmige Gebilde, die Micellen. Der polare Teil der Moleküle weist dabei nach außen, sodass sich die einzelnen Micellen in Wasser lösen und so vom zu säubernden Untergrund entfernt werden können.

 B-6 | Waschwirkung von Tensiden

Seifenherstellung im Mittelalter

Schmierseife

Kernseife

Anionische Tenside

Kationische Tenside

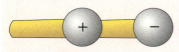
Zwitterionische Tenside

Nichtionische Tenside

Tensidgruppen

 Tenside

Tenside sind waschaktive Substanzen. Ihre Moleküle sind wie die Moleküle der Seifen bifunktional aufgebaut.
Der unpolare Teil des Moleküls ist in der Regel eine lineare Kohlenwasserstoffkette mit acht bis 20 Kohlenstoffatomen. Spezielle Tenside besitzen stattdessen Siloxan- oder perfluorierte Kohlenwasserstoffketten.
Der andere Teil des Moleküls, die Kopfgruppe, ist polar. Sie kann ionisch oder nichtionisch aufgebaut sein.

2 Reinigen und Pflegen

2.3 | Reaktionsmechanismus Esterbildung/Esterspaltung | Schaumbildung

2.3 Seife und moderne Tenside

Tenside aus Palmöl und Zucker

Tenside aus ausschließlich nachwachsenden Rohstoffen sind die Alkylpolyglucoside (APG). So wird z. B. aus dem Kokosöl der Kokospalme ein Kokosalkohol hergestellt. Aus der Saccharose des Zuckerrohrs oder der Stärke des Mais wird Glucose gewonnen. Kokosalkohol und Glucose reagieren zu einem hautverträglichen Tensid.

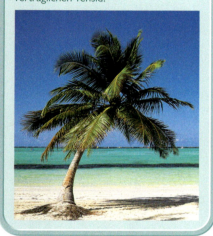

↗ B-6 | Bau und Eigenschaften verschiedener Tensidgruppen

Damit die Waschwirkung optimal ist, sollten Tenside folgende Eigenschaften aufweisen:
Die Oberflächenspannung des Wassers muss herabgesetzt werden, damit das Tensid den Schmutz von der Wäsche ablösen kann. Ein Tensid muss zudem ein hohes Schmutztragevermögen besitzen. Tenside verursachen Schaum, der zwar bei einigen Anwendungen, wie der Pflege von Wolle, erwünscht ist, bei einem Vollwaschmittel für die Waschmaschine jedoch stört. Neben diesen technischen Eigenschaften sollten Tenside in modernen Waschmitteln auch weitere Kriterien erfüllen: Sie sollten z. B. biologisch abbaubar sowie ökologisch verträglich sein.

1. Stellen Sie Seife her und erläutern Sie die chemische Reaktion.
2. Welche Bedeutung hat der Begriff „hautneutral" in der Werbung? Setzen Sie ihn zu dem Begriff „neutraler pH-Wert" in Beziehung.
3. Recherchieren Sie, welche negativen Eigenschaften Seife im Gegensatz zu modernen Waschmitteln besitzt, die zu ihrer Verdrängung geführt haben.
4. Erklären Sie die Schaumbildung in wässrigen Tensidlösungen.
5. Recherchieren und erläutern Sie die unterschiedliche Verteilung von Tensiden in wässriger Lösung, die von der Konzentration des Tensids in der Lösung abhängig ist.
6. Nennen Sie zu jeder Tensidgruppe ein bis zwei Beispiele und geben Sie ihre spezifische Verwendung an.
7. Fettalkohole eignen sich zur Herstellung umweltfreundlicher Tenside. Beschreiben Sie anhand von Reaktionsgleichungen die Herstellung und den biologischen Abbau.

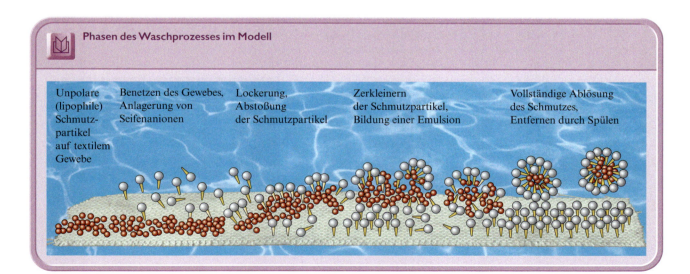

Phasen des Waschprozesses im Modell

Unpolare (lipophile) Schmutzpartikel auf textilem Gewebe | Benetzen des Gewebes, Anlagerung von Seifenanionen | Lockerung, Abstoßung der Schmutzpartikel | Zerkleinern der Schmutzpartikel, Bildung einer Emulsion | Vollständige Ablösung des Schmutzes, Entfernen durch Spülen

↗ 2.4 | Oberflächenspannung von Wasser | Bestimmen der Gesamthärte nach BOUTRON/BOUDET

2 Reinigen und Pflegen

Wasser ist zum Waschen da

Kein Leben ist ohne Wasser möglich. Pflanzen, Tiere und Menschen sind gleichermaßen auf Süßwasser angewiesen. Dennoch verbrauchen wir es nicht nur als Nahrungsmittel, sondern auch als Reinigungs-, Löse- und Transportmittel. Da unsere Süßwasservorräte auf der Erde begrenzt sind, ist ein bedenkenloser Gebrauch von Süßwasser kritisch zu sehen.

Wassermoleküle halten zusammen. Wasser besitzt eine ganze Reihe ungewöhnlicher Eigenschaften. So müsste Wasser eigentlich aufgrund seiner molaren Masse gasförmig sein. Die größte Dichte erreicht Wasser bei 4 °C. Ein Glas mit Wasser lässt sich – ohne Überlaufen – ein wenig über den Rand hinaus füllen. Wasser perlt mit kugelrunden Tropfen aus dem Hahn und ein Wasserläufer kann mühelos über eine Wasseroberfläche spazieren. Diese für Lebewesen wichtigen Eigenschaften sind für den Waschvorgang eher hinderlich. Denn das Wasser zieht aufgrund des Zusammenhalts der Wassermoleküle nicht in die Faser ein, sondern perlt daran ab. So kann der Schmutz nicht von der Kleidung abgelöst werden. Eine wichtige Eigenschaft von Seifen und modernen Tensiden in Waschmitteln ist deshalb die Herabsetzung dieser Oberflächenspannung.

Verwendung von Trinkwasser in Deutschland	
Verwendungsart	Volumenanteile in %
Baden, Duschen, Körperpflege	36
Toilettenspülung	27
Wäschewaschen	12
Geschirrspülen	6
Raumreinigung, Autopflege, Garten	6
Essen und Trinken	4
Kleingewerbeanteil	9

Der Wasserläufer kann auf einer Wasseroberfläche laufen.

 ↗ B-1 | Oberflächenspannung des Wassers

 Herabsetzung der Oberflächenspannung von Wasser

Füllen Sie ein großes Gefäß mit Wasser und legen Sie vorsichtig eine Büroklammer auf die Wasseroberfläche. Geben Sie nun vorsichtig einen Tropfen Spülmittel hinzu. Die Büroklammer sinkt zu Boden.

Wasser benetzt die Faser nicht.

34

2.4 | Vergleich von weichem und hartem Wasser | Wasserenthärtung

Kalkablagerungen auf den Heizstäben der Waschmaschine

Wasser enthält Kalk. Ursache dafür sind verschiedene Salze, die im Wasser gelöst sind, vor allem aber Calcium- und Magnesium-Ionen sowie Hydrogencarbonat-Ionen. Wird Wasser erhitzt, so können sich Calcium- und Magnesiumcarbonat bilden, zwei schwerlösliche Verbindungen, die sich ablagern.

2.4 Wasser ist zum Waschen da

Wird Waschwasser nicht enthärtet, so können sich mit den im Wasser gelösten Erdalkalimetall-Ionen und einigen Tensiden im Waschmittel unlösliche Salze bilden, die die Waschwirkung des Tensids herabsetzen und auf der Wäsche hässliche Flecken hinterlassen. Außerdem besteht die Gefahr, dass die Heizstäbe der Waschmaschine verkalken. Aus diesem Grund werden den Waschmitteln Enthärter zugesetzt, die die Calcium- und Magnesium-Ionen binden und so aus der Lösung entfernen.

Ausfallen von Kalkseifen

↗ 4.6 | Härte des Wassers
↗ D-6 | Wasser und Kohlenstoffdioxid

Wasserenthärtung durch Zeolith A

Zeolith A ist ein Natriumaluminiumsilicat. Das Kristallgitter enthält als Teilstruktur Kubo-Oktaeder, die miteinander verknüpft sind. In wässriger Lösung können Natrium-Ionen gegen Calcium- und Magnesium-Ionen ausgetauscht werden. Diese werden dann in das Kristallgitter fest eingebunden und bilden dadurch mit den Tensiden keine schwerlöslichen Salze mehr.

↗ B-6 | Enthärter

[...]

1. Erläutern Sie, wie es zu den besonderen Eigenschaften des Wassers kommt.
2. Begründen Sie, warum es mithilfe von Tensiden gelingt, die Oberflächenspannung des Wassers herabzusetzen.
3. Erarbeiten Sie die Begriffe Ionenaustauscher und Komplexbildung.
4. Welche der in diesem Kapitel genannten Reaktionen lassen sich mithilfe des chemischen Gleichgewichts erklären?
5. Diskutieren Sie verschiedene Typen von Wasserenthärtern.
6. Kalkflecken entstehen beim Verdunsten von Wasser. Warum ist Wasser kein Reinigungsmittel für Kalkflecken?

Wasserenthärtung im Wandel der Zeit

Schon Anfang des 20. Jahrhunderts wurde den Waschmitteln zum Enthärten von Wasser Soda zugesetzt. Soda entfernt die Erdalkalimetall-Ionen durch Fällungsreaktion. Bis 1960 war diese Methode üblich. Die folgenden 30 Jahre wurden Phosphate verwendet, die mit den Calcium- und Magnesium-Ionen Komplexe bilden. Allerdings ist der Verbleib von Phosphaten im Abwasser ein großes ökologisches Problem, weil Phosphate ein begrenzender Faktor für das Wachstum von Algen und anderen Pflanzen sind und eine erhöhte Phosphatzufuhr zu vermehrtem Wuchs führt. Der durch die Verrottung der Algen und anderen Pflanzen erhöhte Sauerstoffbedarf führte in der Vergangenheit teilweise zum Umkippen von Gewässern. Deshalb wurden Phosphate durch Ionenaustauscher ersetzt, die bis heute in Waschmitteln zum Einsatz kommen.

↗ B-8 | Struktur und Eigenschaften von Komplexverbindungen

2.5 | Bleichmittelzusätze | Emulgiervermögen von Tensidlösungen | Suspendiervermögen von Tensidlösungen

Waschpulver und Co.

Reinigen und Pflegen

„Der Kunde möchte saubere Wäsche und wir möchten unsere Produkte verkaufen. Daher müssen wir dafür sorgen, dass sich der Kunde seine Wünsche mit unseren Produkten schnell, sicher und problemlos erfüllen kann."
So oder so ähnlich wird von Herstellern der Waschmittelbranche argumentiert. Eine Vielzahl von Waschmitteln ist auf dem Markt, die zu jeweils unterschiedlichen Zwecken angeboten werden. Es gibt Vollwaschmittel, Colorwaschmittel, Feinwaschmittel, Wollwaschmittel und spezielle Waschmittel für schwarze oder weiße Wäsche.
Jede dieser Varianten ist zumeist als Pulver, in Form von Perlen, als Tabs oder flüssig erhältlich. Flüssigwaschmittel gibt es auch als Konzentrat. Hier den Überblick zu behalten fällt schwer. Dem Verbraucher stellen sich dabei einige Fragen: Ist ein flüssiges Feinwaschmittel verträglicher für die Wäsche als ein Pulver? Wird bei einem Flüssigwaschmittel letztlich nur das in Wasser gelöste Pulver verkauft? Enthält ein Konzentrat lediglich

Wirkung von Proteasen auf Proteinflecken

Rezeptur eines Vollwaschmittels 1907 und 2004

Stoff	w in % (1907)	w in % (2004)
moderne Tenside	0	18
Seife	32	1
Enthärter	24	50
Bleichmittel	9	17
Enzyme	0	< 1
Hilfsstoffe (optische Aufheller, Duftstoffe, Farbstoffe usw.)	0	ca. 8
Natriumsilicat	3	1
Wasser	32	ca. 5

Waschmittelkunde

Produkt	Produktmerkmale	Leistungsspektrum
Vollwaschmittel (Pulver, Tabs)	enthält Bleichmittel, optische Aufheller, Enzyme, Hilfsstoffe	für alle Temperaturen geeignet; stark verschmutzte und weiße Wäsche
Colorwaschmittel (Pulver, Tabs)	frei von Bleichmitteln und optischen Aufhellern; enthält Verfärbungsinhibitoren und Cellulasen	für alle Temperaturen geeignet; für farbige Wäsche
flüssiges Voll- oder Colorwaschmittel	spezielle Tensid- und Enthärtertypen	geeignet für Temperaturbereich 30–60 °C; farbige und mit Fett verschmutzte Wäsche
Fein- und Buntwaschmittel	frei von Bleichmitteln und optischen Aufhellern	geeignet für Temperaturbereich 30–60 °C; farbige und empfindliche Wäsche
Wollwaschmittel	frei von Bleichmitteln, optischen Aufhellern, Enzymen; pH-neutral	für Textilien aus Wolle

weniger Wasser im Vergleich zum normalen Waschmittel? Wodurch unterscheiden sich die einzelnen Sorten? Ist ein Vollwaschmittel universell einsetzbar oder nur für unempfindliche Wäsche?

Moderne Zusatzstoffe. Neben den Tensiden und Enthärtern kommen heute eine Menge von Zusatzstoffen im Waschmittel vor. Bleichsysteme enthalten ein Bleichmittel, das nur oberhalb von 60 °C ausreichend wirksam ist. Um auch bei niedrigeren Temperaturen eine gute Bleichwirkung zu erzielen, werden Bleichaktivatoren zugesetzt. Außerdem soll der Zerfall des Bleichmittels bei längerer Lagerung verhindert werden. Hierfür sorgt ein Bleichstabilisator.
Enzyme wie Proteasen, Amylasen, Lipasen oder Cellulasen sorgen für die Entfernung von protein-, stärke- oder fetthaltigem Schmutz, glätten Baumwollfasern und erhalten die Farbbrillanz. Außerdem enthalten moderne Waschmittel Duft- und Farbstoffe sowie optische Aufheller und weitere Zusatzstoffe, die die Wäsche weißer erscheinen lassen.

↗ B-6 | Waschmittelzusatzstoffe

2.5 Waschpulver und Co.

Waschen und Umwelt. 640 000 t Waschmittel wurden im Jahr 2004 allein in Deutschland verbraucht. Die in den Waschmitteln enthaltenen Stoffe gelangen quasi direkt über das Abwasser in die Umwelt. Der Pro-Kopf-Verbrauch an Waschmitteln sollte daher möglichst gering sein. Mitte der 1990er Jahre kam es zu einem deutlichen Rückgang des Waschmittelverbrauchs. Dies ist ein Ergebnis besserer Dosierungspraxis und neuester Forschung auf dem Gebiet der waschaktiven Substanzen. Zudem ist heute gesetzlich vorgeschrieben, dass die eingesetzten Tenside biologisch abbaubar sein müssen. Eine gute Abbaubarkeit sowie eine sinnvolle Dosierbarkeit zeichnen ein modernes Waschmittel aus.

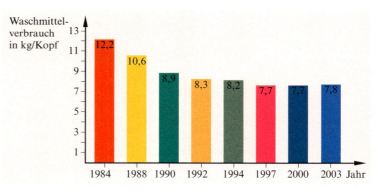
Waschmittelverbrauch in Deutschland

Wirkung von Bleichmitteln

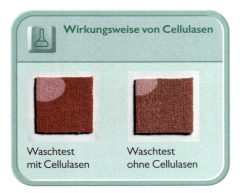

1. Finden Sie durch eine Umfrage (Mitschüler, Lehrer oder auf der Straße) heraus, wie fundiert das Wissen der Befragten über Waschmittel ist.
2. Vergleichen Sie die Rezepturen der Waschmittel von 1907 und 2004. Was soll durch die Veränderungen erreicht werden?
3. Vergleichen Sie die Zusammensetzung eines festen mit einem flüssigen Vollwaschmittel.
4. Informieren Sie sich darüber, welche Komponenten in einem Waschmittel für welche Art von Schmutz in Frage kommen.
5. Recherchieren Sie: Was wird unter „Soil Release Polymere" verstanden und wozu werden sie eingesetzt?
6. Zur Vermeidung von Verfärbungen beim Waschen gibt es Verfärbungsinhibitoren. Wie funktioniert diese Methode? Begründen Sie, warum das Sortieren der Wäsche damit nicht überflüssig wird.
7. Nicht jedes Waschmittel ist für jede Faser geeignet. Recherchieren Sie die Molekülstrukturen verschiedener Textilien und erläutern Sie an einem Beispiel, welche Waschmittel nicht geeignet sind.

2 Reinigen und Pflegen

Nach der Wäsche kommt die Pflege

Statt zu heiß gebadet zu viel geduscht? In den 1970er und 1980er Jahren wurde in Deutschland propagiert, dass einem Bad in der Wanne eine Dusche vorzuziehen sei. Beabsichtigt wurde damit vor allem eine Reduzierung des Trinkwasserverbrauchs. Im Schnitt sollte beim Duschen nur ein Viertel bis die Hälfte der Wassermenge benötigt werden, die beim Baden erforderlich ist.
Leider war die Folge, dass häufig und lang geduscht wurde und der Wasserverbrauch stieg. Seitdem wird zusätzlich empfohlen, nur zwei- bis dreimal pro Woche zu duschen. Unterstützt wird diese Forderung von Hautärzten, die betonen, dass zu häufiges Waschen die Schutzfunktion der Haut schwächt. Sie verliert so einen Teil ihrer natürlichen Barrierefunktion, sodass Fremdstoffe leichter in sie eindringen können.
Den Schutz der Haut – den Säureschutzmantel – hat die Werbeindustrie besonders in den Mittelpunkt gerückt. Produkte werden mit dem Slogan „hautneutral" angeboten. Das Stichwort „hautneutral" ist jedoch kein genormter Begriff, sodass je nach Produkt seine Bedeutung auch unterschiedlich sein kann.

 Hautpflege in der Geschichte

Während in der Antike die Griechen ihre Haut vorwiegend mit reinem Öl einrieben, soll bei den Römerinnen die Verwendung von Milch zur Körperpflege üblich gewesen sein.
In den folgenden Jahrhunderten wird zwar vom kosmetischen Einsatz von Cremes berichtet, doch bestanden diese überwiegend aus Fett. Mit den heute verwendeten Cremes, die aus einer emulgierten Mischung aus Öl und Wasser bestehen, hatten diese wenig gemeinsam.

Körperpflege im alten Griechenland

2.6 | Untersuchen von Körperpflegemitteln | Creme selbst gemacht

Eucerit. Öl und Wasser trennen sich sofort wieder, wenn sie durch Rühren oder Schütteln miteinander vermischt werden. Der gemischte Zustand wird Emulsion genannt. Stoffe, die in der Lage sind, die Entmischung zu verhindern, also die Emulsion stabilisieren, werden Emulgatoren genannt. 1911 wurde der erste Wasser-in-Öl-Emulgator gewonnen. Ausgangspunkt war dabei Wollfett (Lanolin). Es ist in der Lage, Wasser aufzunehmen und wurde daher bereits für cremeartige Pflegeprodukte verwendet. Auch heute noch ist es als Inhaltsstoff in manchen Cremes zu finden. Der aus Wollfett gewonnene Emulgator wurde von seinen Entdeckern Eucerit (griech. eu – gut, schön; lat. cereus – aus Wachs, weiß, wie Wachs) genannt, weil er die Erstellung einer schönen weißen Creme ermöglichte.

 ↗ B-6 | Tenside verringern die Grenzflächenspannung

2.6 Nach der Wäsche kommt die Pflege

 Auf meine Haut lasse ich nur Wasser und Öl!

Tragen Sie neben einem Tropfen Öl (z. B. Massageöl, Babyöl oder auch Speiseöl) einen Tropfen Creme auf ihre Handoberfläche auf und beobachten Sie, wie unterschiedlich schnell diese in die Haut einziehen. Sie können auch zusätzlich einen Tropfen Wasser auftragen.

 Dufte Männer

Durch die Rasur wird die Haut angegriffen und ihr Feuchtigkeit entzogen. An ein Aftershave werden daher einige Anforderungen gestellt. Neben einem guten Geruch soll es auch die Haut beruhigen und ihr die Feuchtigkeit wieder zurückgeben. Je nach Bedürfnis und Empfindlichkeit der Haut gibt es flüssige, gel- und cremeartige Aftershaves zu kaufen.
Ein einfaches Rasierwasser können Sie auch selbst herstellen: Zu Ethanol (50 % Vol.) sind verschiedene Kräuter und Aromastoffe wie z. B. Rosmarin, Zimt, Mandelöl oder Rosenwasser zuzugeben. Die Mischung lassen Sie mehrere Wochen ziehen. Danach können Sie die Lösung filtrieren und in einem kleinen Fläschchen aufbewahren.

Von den üblichen Hautproblemen. Sanfte und glatte Haut macht nicht automatisch schön, aber ohne sie scheint Schönheit nicht erreichbar zu sein. Leider tut uns unsere Haut nicht immer den Gefallen, sich den aktuellen Beauty-Trends anzupassen. Sie bekommt Pickel, dunkle Flecken und wirft Falten. Ihr Teint ist – je nach Auffassung – zu hell oder zu dunkel. Wer seine Haut unattraktiv blass findet, der benutzt Selbstbräunungscreme oder begibt sich ins Sonnenstudio und riskiert bei unsachgemäßer Benutzung Hautschäden bis hin zum Hautkrebs. Aus Afrika und Asien wird berichtet, dass manche Menschen ihre Haut mit dubiosen Bleichmitteln aufhellen, was teilweise zu massiven gesundheitlichen Schäden führen kann. Weniger drastisch sind die Maßnahmen, die in der Jugend gegen Hautunreinheiten und später gegen Fältchen ergriffen werden. Von der Kosmetikindustrie werden gerade für die altersbedingten Hauptprobleme zahlreiche Produkte angeboten, die eine Besserung versprechen. Kaum ein Jahr vergeht, in dem nicht ein neuer Wirkstoff entdeckt und in zahlreichen Cremes oder anderen Pflegeprodukten integriert wird.

1. Erkundigen Sie sich, welche Emulgatoren heute Verwendung finden. Stellen Sie eine Liste zusammen und teilen Sie die Stoffe in Kategorien ein.
2. Werden Sie selbst tätig.
   a) Stellen Sie eine Wasser-in-Öl und eine Öl-in-Wasser-Emulsion her. Wie können Sie zeigen, dass Sie tatsächlich eine Emulsion der gewünschten Sorte hergestellt haben?
   b) Stellen Sie eine Bodylotion her. Worin unterscheidet sich diese von den Cremes?
   c) Vergleichen Sie Ihre eigenen mit käuflichen Produkten.
3. Vor einer häufigen Anwendung von Cremes und Bodylotion wird von manchen Experten gewarnt. Ähnlich wie beim zu häufigen Waschen würde die Haut durchlässiger für Fremdstoffe. Nehmen Sie zu dieser Behauptung Stellung.

Cremes – mehr als Wasser und Öl

Moderne Cremes enthalten neben Wasser und Öl eine Vielzahl weiterer Stoffe. Neben Konsistenzgebern, mit denen die Festigkeit einer Creme bestimmt wird, und Konservierungsstoffen, sind dies auch etliche Wirkstoffe, bei denen die Werbung Resultate verspricht, die aber wissenschaftlich nicht nachgewiesen sind.

Wirkstoffe. Die Benennung von Wirkstoffen, die kosmetischen Produkten zugesetzt werden, muss nach geltendem europäischem Recht nach der **I**nternational **N**omenclature of **C**osmetic **I**ngredients (INCI) erfolgen. Dabei kann es vorkommen, dass ein Name der INCI für mehrere chemische Substanzen steht oder auch ein Gemisch bezeichnet.
Über den Sinn und Unsinn von verschiedenen Wirkstoffen als Zusätze in Kosmetika ist viel geschrieben worden. Die Meinungen liegen sehr weit auseinander. Zum einen sind da die Hersteller von Kosmetika. Sie preisen ihre Produkte als hochwirksam an und untermauern ihre Argumente, indem sie auf klinische Studien verweisen. Viele Skeptiker zweifeln diese Wirkung jedoch pauschal an. Für sie gilt, dass die Wirkung einer Creme in erster Linie auf die Hauptbestandteile Fett, Öl und Wasser zurückzuführen ist und nicht auf die zusätzlichen Stoffe.
Eine dritte Gruppe vertritt dagegen häufig eine differenziertere Meinung. Sie betrachtet jeden Wirkstoff einzeln und fällt keine pauschalen Urteile.

Proteine. Schon KLEOPATRA wird nachgesagt, in Eselsmilch gebadet zu haben. Die Werbung verspricht, dass die der Creme zugesetzten Proteine unsere Haut verjüngen und die Falten beseitigen. Kollagen, das wichtigste Protein der Haut, galt lange Zeit als besonderes Heilmittel gegen jegliche Alterserscheinungen. Allgemein wird heute aber bezweifelt, dass Kollagen, das manchen Cremes zugesetzt wird, durch die Haut dringen kann, um die Haut von innen her zu erneuern. Dementsprechend wäre es auch nicht in der Lage, das menschliche Kollagen zu ersetzen. Nicht bezweifelt wird, dass Kollagen die Haut geschmeidiger macht, nur wird dies auf Oberflächeneffekte zurückgeführt.

 B-5 | Polypeptide und Proteine

Wirkstoffe in Cremes

Wirkstoff	erwünschte Wirkung
Proteine	Reparieren und Verjüngen der Haut
Hydrolysate	Unterstützung der Proteinwirkung
Vitamine	unklar
Kräuterextrakte	Heilung von Wunden, Entzündungen, Brandwunden
ätherische Öle	angenehmer Geruch

Inhaltsstoffe von Cremes

Herstellung einer Hautcreme

In einem Becherglas werden Sojaöl, Tegomuls (Emulgator) und Cetylalkohol (Verdickungsmittel) unter Rühren auf 70 °C erwärmt. In einem zweiten Becherglas wird Wasser auf 80 °C erhitzt. Das heiße Wasser wird unter Rühren mit der warmen Fettphase versetzt. Die Emulsion lässt man auf ca. 50 °C abkühlen und rührt dabei gelegentlich um. Danach gibt man wenige Tropfen D-Panthenol oder Aloe Vera (Hautpflegemittel), einen Tropfen Heliozimt (Konservierungsmittel) sowie ggf. ein paar Tropfen Parfümöl hinzu. Nach ein paar Minuten weiteren Rührens ist die Creme fertig und kann in einem geschlossenen Gefäß aufbewahrt werden.

Ubichinone. Zur Klasse der Enzyme gehören die Ubichinone. Ubichinone, insgesamt auch Coenzym Q genannt, sind Stoffwechselbausteine, die von jeder Zelle für die Bereitstellung von Energie benötigt werden. Ihren Namen verdanken die Ubichinone der Tatsache, dass sie überall – ubiquitär – vorkommen, also in fast allen Zellen von Lebewesen. Ausnahmen davon sind lediglich einige Bakterien.

2.7
Cremes – mehr als Wasser und Öl

Coenzym Q 10

Im Jahr 1956 isolierte die Arbeitsgruppe von Prof. GREEN (Wisconsin) Q 10 aus Rinderherzen. Da tierische Organe als Quelle für Q 10 aber viel zu teuer waren, gelang der kommerzielle Einsatz erst mit den Arbeiten einiger japanischer Wissenschaftler in den 1970er Jahren. Sie betrieben die Isolierung aus Tabakpflanzen, später folgte die biotechnologische Herstellung. Mittlerweile wird auch synthetisch hergestelltes Material auf dem Markt angeboten.

Kräuterextrakte und ihre Wirkung

Kräuterextrakt	Wirkung
Brunnenkresse	gegen fettige, unreine Haut
Sonnenhut	heilt Wunden, Sonnenbrand, gegen Insektenstiche
Brennnessel	fördert die Durchblutung, gegen Hautjucken
Salbei	leicht straffend, gegen Bakterien
Ringelblume	tötet Bakterien, heilend, gegen unreine Haut

Salbei

Man findet Coenzym Q zum Beispiel in Fleisch, Fisch, Soja, Walnüssen, Mandeln oder Spinat. Ubichinone sind jedoch nicht essenziell, da der menschliche Organismus in der Lage ist das Coenzym Q 10 aus den Aminosäuren Tyrosin und Phenylalanin herzustellen.

1. Informieren Sie sich über die Stoffklasse der Proteine, ihre Struktur und ihre Synthese. Recherchieren Sie den Grundaufbau von Kollagen.
2. Zu welcher Stoffklasse gehören die Ubichinone? Worin unterscheiden sich die Vertreter?
3. Erläutern Sie die chemische Reaktion, die zur Synthese von Ubichinon Q 10 im menschlichen Körper führt.
4. Was wird unter Hydrolysaten verstanden? Wie werden Kollagenhydrolysate hergestellt?

Ubichinone gelten als Radikalfänger, da die Moleküle einen hohen Anteil an konjugierten Doppelbindungen haben. Radikale werden für bestimmte Alterungsprozesse in den Zellen verantwortlich gemacht. Deshalb glaubt die Kosmetikbranche mit dem Coenzym Q 10 einen weiteren Wirkstoff zur Verfügung zu haben, der sie dem Ziel, die jugendlichen Eigenschaften der Haut länger zu erhalten oder uns gepflegt älter werden zu lassen, einen kleinen Schritt näher bringt.

↗ B-8 | Biokatalysatoren

Für Experten

Sommer, Sonne, Haut. Sobald die ersten Sonnenstrahlen im Frühling für warmes Wetter sorgen, zieht es Sonnenhungrige nach draußen zum Sonnenbaden. Sonnenlicht ist tatsächlich zunächst einmal gesund. Es stärkt unsere Abwehrkräfte, entspannt, regt den Stoffwechsel an und wirkt in der richtigen Dosierung sogar heilend. Unsere Haut muss jedoch vor zu viel Sonne und vor allem vor UV-Strahlen geschützt werden. Um länger in der Sonne bleiben zu können, als es unsere Haut ohne Schutz vertragen könnte, und dennoch keinen Sonnenbrand zu bekommen, sind Sonnenschutzmittel entwickelt worden.

Seit einigen Jahren gibt es aber eine zusätzliche Gefahrenquelle. Während die UV-A-Strahlen schon immer weitgehend ungefiltert zur Erde gelangen konnten, wurde der größte Teil der energiereicheren UV-B-Strahlen durch die Ozonschicht von der Erde abgehalten. Durch die Ausdünnung des Ozons in der Stratosphäre gelangen nun vermehrt auch UV-B-Strahlen bis zur Erde. Aufgrund dieser UV-B-Strahlung können Bindehautentzündungen und Hautkrebs beim Menschen verstärkt auftreten.

B-2 | Halogenalkane

1. Untersuchen Sie verschiedene Sonnencremes auf ihre Zusammensetzung und ihre angegebene Schutzwirkung.
2. Erläutern Sie den Unterschied zwischen UV-A- und UV-B-Strahlen. Wie wirken sie auf der Haut?
3. Die Ausdünnung der Ozonschicht wird u. a. durch Halogenalkane hervorgerufen. Recherchieren Sie Herstellung und Verwendung dieser Stoffklasse sowie die chemischen Reaktionen in der Stratosphäre, die zum Ozonabbau führen.

Kapitel 3

Treibstoffe in der Diskussion

„Glückwunsch zur bestandenen Führerscheinprüfung!"

Vielleicht haben Sie bereits einen Roller oder träumen davon, endlich die Unabhängigkeit und Bequemlichkeit eines Autos genießen zu können. Doch wie wird das dafür nötige Benzin hergestellt, woraus ist es zusammengesetzt und wie treibt es einen Motor an? In diesem Kapitel werden dazu zwei Bereiche der Chemie angesprochen. Zum einen wird es um verschiedene Treibstoffe gehen, zum anderen um den Energieumsatz bei der Verbrennung von Treibstoffen.

Möglicherweise haben Sie auch bereits über die Vor- und Nachteile bei der Verwendung von Benzin und die Entwicklung anderer Treibstoffe gehört oder gelesen. Für welchen Treibstoff würden Sie sich nach der Beschäftigung mit diesem Kapitel entscheiden?

Benzin hat Geschichte gemacht

Vom Nebenprodukt zum Bestseller. Am Anfang des 19. Jahrhunderts entstand das leichtflüchtige Benzin als Nebenprodukt bei der Herstellung des Petroleums für die damals verwendeten Öllampen. Das Schattendasein des Benzins fand ein Ende, als 1876 Nikolaus Otto (1832 bis 1891) den Verbrennungsmotor erfand und wenig später die ersten Autos von Carl Benz (1844 bis 1929) gefertigt wurden. Von da an machten die drei Komponenten Auto – Motor – Benzin eine rasante Entwicklung durch.

Nikolaus Otto   Carl Benz

Kohlenwasserstoffe

Kohlenwasserstoffe sind organische Verbindungen, deren Moleküle nur aus Kohlenstoff- und Wasserstoffatomen bestehen. Wichtige Vertreter sind die Alkane, deren kettenförmige Moleküle mit Wasserstoffatomen gesättigt sind. Andere Vertreter, wie z. B. Alkene, Alkine, Cycloalkane, unterscheiden sich jeweils in ihren Molekülstrukturen.

Benzin

Benzin ist ein Gemisch aus ca. 150 Kohlenwasserstoffen, deren Moleküle aus fünf bis zwölf Kohlenstoffatomen und entsprechend vielen Wasserstoffatomen bestehen. Es handelt sich in erster Linie um Alkane, neben denen auch noch wechselnde Anteile von Alkenen, Cycloalkanen und Cycloalkenen und Aromaten enthalten sein können.

Die erste Autofernfahrt der Welt

In ihren Sommerferien 1888 überreden Eugen und Richard ihre Mutter Bertha Benz, eine kleine Reise mit dem neuen dreirädrigen „Patent-Motorwagen" zu unternehmen und ihre Großmutter in dem 90 km entfernten Pforzheim zu besuchen. Der Vater Carl Benz soll davon zu-

Der Patentmotorwagen von Carl Benz

nächst nichts erfahren, da er es ohnehin nicht erlauben wird. Während Carl Benz noch schläft, begibt sich das wagemutige Trio mit der von „teuflischen Kräften" bewegten Fahrmaschine zum ersten Mal auf eine öffentliche Straße. Zahlreiche Pannen müssen gemeistert werden. Einmal ist die Benzinzufuhr verstopft – doch da leistet Mutters Hutnadel gute Dienste. Ein anderes Mal springen die Antriebsketten von den Zahnrädern – hier hilft ein Schmied, sie zu reparieren. Und das Benzin? Die „erste Tankstelle der Welt" ist eine Apotheke in Wiesloch, denn Benzin kann nur in Apotheken gekauft werden. Schließlich telegrafieren die drei noch am selben Abend nach Hause, dass sie glücklich angekommen sind und die erste Fernfahrt mit dem Motorwagen erfolgreich überstanden haben.

Mobil dank Benzin. Die 1888 zum ersten Mal als Kraftstoff verwendete Flüssigkeit aus verschiedenen Kohlenwasserstoffen diente ursprünglich als Reinigungsmittel und wurde erst später Benzin genannt. Dieser Kraftstoff unterschied sich in seiner Qualität sehr von der heutiger Kraftstoffe. Heute werden in Raffinerien dem ursprünglichen

3.1 | Wie kommt das Benzin in den Motor? | Funktionsprinzip eines Ottomotors

Gemisch zur Verbesserung noch weitere Stoffe zugefürt. Drei verschiedene Benzinsorten werden mittlerweile hergestellt: Normalbenzin, Super und SuperPlus. Jeder Motor erhält sein Benzin nach Maß.

Wie entstand der Ottomotor? NIKOLAUS OTTO stellte 1876 der Weltöffentlichkeit seinen Einzylinder-Viertaktmotor vor. Dabei dachte er zunächst gar nicht daran, seinen Motor zum Antrieb von Fahrzeugen zu nutzen. Er sollte Maschinen in kleinen Fabriken antreiben. Dieser Motor lief auch noch nicht mit Benzin, sondern mit einem brennbaren Gas. Im Jahre 1883 entwarfen daraufhin OTTOS ehemalige Mitarbeiter GOTTLIEB DAIMLER (1834 bis 1900) und WILHELM MAYBACH (1846 bis 1929) den ersten Einzylinder-Benzinmotor, der nach dem Viertaktprinzip arbeitete. Seit 1899 werden Vierzylindermotoren gebaut. Da die Arbeitsweise des ursprünglich von OTTO entwickelten Motors im Prinzip immer noch der der gegenwärtigen Motoren entspricht, werden diese Verbrennungsmotoren auch heute noch als Ottomotoren bezeichnet.

OTTOS Zylinder-Experiment

NIKOLAUS OTTO, eigentlich Kaufmann von Beruf, beschäftigte sich in seiner Freizeit mit Technik. Als er mit 30 Jahren seinen Beruf aufgab, widmete er sich ganz der Erfindung seines Motors. Ein entscheidender Durchbruch bei der Entwicklung war ein Experiment mit einem eng anliegenden Kolben in einem Zylinder aus Messing. Als sich das Gas im Zylinder unter dem Kolben nicht zünden ließ, füllte er den Zylinder neben Gas auch noch mit Luft. Wieder betätigte er seine Zündung, und mit gewaltigem Knall flog der Kolben aus dem Zylinder.

↗ D-3 | Explosionen

3.1
Benzin hat Geschichte gemacht

Anforderungen an das Benzin. Warum funktioniert OTTOS Erfindung anstelle von Gas auch mit flüssigem Benzin? Dieser Umstand ist der leichten Flüchtigkeit des Benzins zu verdanken. Durch diese Eigenschaft verdunstet das Benzin schon bei niedrigen Temperaturen, sodass ein Gas vorliegt. Das gasförmige Benzin ist bei gleichzeitiger Luftzufuhr brennbar. Die bei dieser Explosionsreaktion umgesetzte Energie ist so groß, dass der Kolben im Zylinder heftig in Bewegung gesetzt wird.

Explosionsgrenzen einiger brennbarer Gase in der Luft

Treibstoff	Explosionsgrenzen in der Luft, Volumenanteil φ in %
Benzin	0,6 – 7,6
Diesel	0,6 – 6,5
Erdgas	4,1 – 16,5
Ethanol	3,5 – 15,0
Methan	5,0 – 15,0
Methanol	5,5 – 31,0
Wasserstoff	4,0 – 75,6

Unter den Explosionsgrenzen wird der obere und untere Wert des Volumenanteils eines brennbaren Gases in Mischung mit Luft verstanden, zwischen denen das Gas-Luft-Gemisch durch Erhitzen oder Funken zur Explosion gebracht werden kann.

PKW-Bestand 1960 – 2004 in Deutschland

Jahr	PKW-Bestand in Mio.
1960	4,5
1970	13,9
1975	19,8
1980	25,9
1985	29,2
1990	35,5
1995	40,4
2000	42,8
2003	44,7
2004	45,4

1. Formulieren Sie Fragen, die sich für Sie aus dem Text „Die erste Autofernfahrt der Welt" ergeben.
2. Seit über 100 Jahren werden Ottomotoren mit Benzin betrieben. Welche Veränderungen hat es seitdem beim Motor und beim Benzin gegeben?
3. Nennen und begründen Sie alle Eigenschaften, die ein Treibstoff für den Ottomotor Ihrer Meinung nach besitzen müsste.
4. Beschreiben Sie das Funktionsprinzip eines Ottomotors.

3.2 | Rohöldestillation | Nachweis der Oxidationsprodukte von Erdöl | Verbrennungsanalyse von Benzin | Chromatografie

3

Treibstoffe in der Diskussion

Benzin aus Erdöl – raffiniert

Erdöl – schwarzes Gold? Das Auto wurde im Laufe der Jahre zum beliebtesten Fortbewegungs- und Transportmittel der Welt. Dafür musste jedoch auch der Kraftstoff in immer größeren Mengen bereitgestellt werden. Das bedeutete wiederum, dass der Rohstoff zu einem sehr begehrten Stoff wurde. Ist Erdöl so wertvoll wie Gold?

Ölkrise 1973: vier autofreie Sonntage

 Ein Chemiker aus einer norddeutschen Raffinerie berichtet

Den größten Teil unseres Rohöls erhalten wir von den Bohrinseln in der Nordsee vor Norwegen. Zunächst wird es entwässert und entsalzt. Anschließend wird das gereinigte Rohöl in den Ofen und von dort in den Destillationsturm geleitet. Hier wird es auf 370 °C erhitzt. Über 385 °C würde sich das Rohöl zersetzen. Der Destillationsturm ist 64 m hoch und enthält 43 Böden. Außen ist er natürlich sehr gut isoliert, denn er läuft das ganze Jahr ohne Pause durch. Über unser Prozessleitsystem, das rund um die Uhr im Einsatz ist, überwachen wir alles, z. B. ob die Temperatur und die Abflussmengen an den einzelnen Stellen richtig sind.

Vom Erdöl zum Benzin. Erdöl und Erdgas sind fossile Brennstoffe, die im Laufe der letzten 200 Mio. Jahre aus abgestorbenen Pflanzen und Tieren entstanden sind. Das Erdöl wird aus tief gelegenen Erdschichten durch Bohrung gefördert. Ein Teil der Verunreinigungen, wie z. B. Sand, wird sofort entfernt. Das gewonnene Rohöl bleibt als Produkt übrig. Mithilfe von Pipelines oder Tankschiffen wird das Rohöl zu den Raffinerien befördert. Hier findet eine fraktionierende Destillation statt. Der heiße Rohöldampf strömt dabei in einem von durchlöcherten Glockenböden und Rückflussröhren unterteilten Turm von unten nach oben, wobei die enthaltenen Stoffe entsprechend ihrer Siedetemperaturen in den nach oben kälter werdenden Zonen kondensieren. Durch die Rückflussröhren wird das Gemisch mehrfach destilliert, sodass eine bessere Auftrennung gelingt. Dieses Verfahren wird als Rektifikation bezeichnet. Schließlich befinden sich in den verschiedenen Ebenen Teilgemische, die Fraktionen. Im oberen Bereich, in dem die Temperatur zwischen 30 und 150 °C liegt, sammeln sich die Benzine, in der Mitte kondensiert bei 150 bis 250 °C das Petroleum, weiter unten bei 250 bis 350 °C das Gasöl. Am oberen Ende werden die Gase aufgefangen, ganz unten bleibt ein Rückstand übrig.

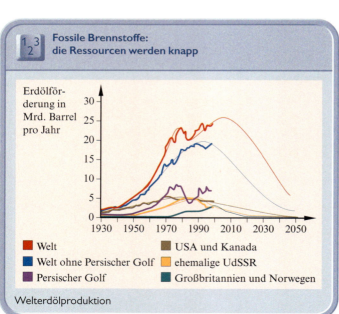

Welterdölproduktion

46

Rohöl aus verschiedenen Fördergebieten

Kaukasus — Australien — Nordsee

Sumatra

Benzin aus Erdöl – raffiniert

 Untersuchung von Benzin

Benzin ist ein Stoffgemisch, das sich z. B. mithilfe der Gaschromatografie auftrennen lässt. Bei diesem Verfahren wird eine kleine Portion Benzin in eine Trennsäule gespritzt. Aufgrund der unterschiedlichen Löslichkeit werden die einzelnen Bestandteile des Benzins voneinander getrennt und treten am Ende der Säule nach unterschiedlicher Verweildauer schnell aus. Die dabei entstehenden Signale werden als Diagramm (Gaschromatogramm) aufgenommen und mit Chromatogrammen bekannter Stoffe verglichen. Anhand der Peaks (Kurvengipfel) können der Stoff und seine Menge bestimmt werden.

Erdöl – Energieträger und Rohstoff. Aus Erdöl werden nicht nur Energieträger wie Benzin, Diesel, Kerosin oder Heizöl hergestellt. Erdöl ist auch ein wichtiger Rohstoff für die chemische Industrie. So werden aus bestimmten Stoffen einer Benzinfraktion z. B. auch Plastiktüten, Jogurtbecher oder Feinstrumpfhosen hergestellt.

 ↗ B-3 | Gaschromatografie

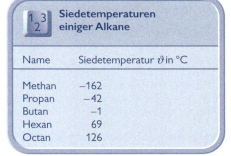

Siedetemperaturen einiger Alkane

Name	Siedetemperatur ϑ in °C
Methan	−162
Propan	−42
Butan	−1
Hexan	69
Octan	126

[...]

1. Recherchieren Sie die Entstehung des Erdöls und formulieren Sie eine kurze Zusammenfassung.
2. Erläutern Sie die prinzipiellen Stoffströme in der Glockenbodenkolonne.
3. Erklären Sie die Siedetemperaturen der in der Tabelle aufgeführten Alkane anhand des Struktur-Eigenschaften-Konzepts.

 ↗ B-2 | Gesättigte und ungesättigte Kohlenwasserstoffe

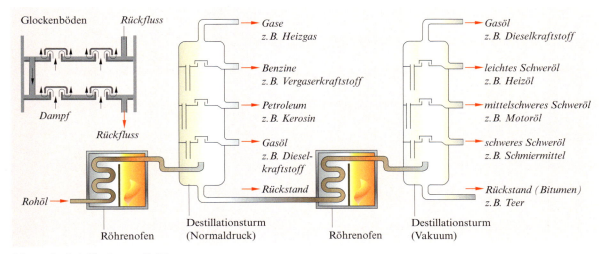

Schema der Rektifikation von Erdöl

3.3 | Octanzahl und Klopfen | Cracken | Reformieren

Benzin nach Maß – für jeden Bedarf das richtige

3 Treibstoffe in der Diskussion

Heute gibt es allein für den Ottomotor drei verschiedene Treibstoffsorten. Neben dem Ottokraftstoff werden Diesel für den Dieselmotor, Flugzeugbenzin und Raketentreibstoff hergestellt. Jeder Motor beansprucht seinen speziellen Kraftstoff. Aber auch nach langer, kalter Winternacht soll der Motor morgens anspringen. Wie gelingt es, Treibstoffe für verschiedene Außentemperaturen und unterschiedliche Motoren herzustellen, damit diese optimale Leistung bringen können?

Klopfen und Octanzahl. Benzin darf sich im Motor nicht schon in der Verdichtungsphase selbst entzünden, was eine Stoßwelle und damit ein klopfendes Geräusch hervorriefe, sondern erst präzise gesteuert durch den Zündfunken. Deshalb wird die Zusammensetzung der Benzinfraktion aus der Rektifikation in den Raffinerien so verändert, dass der damit entstehende Ottokraftstoff eine verbesserte Eigenschaft, die Klopffestigkeit, erhält. Dadurch verbrennt er nicht unkontrolliert durch Selbstentzündung. Als Maß für die Klopffestigkeit eines Stoffes wurde die Octanzahl (OZ) eingeführt. Dem klopffesten iso-Octan (2,2,4-Trimethylpentan) wurde die Octanzahl 100, dem klopffreudigen Heptan die Octanzahl 0 zugeordnet. Superbenzin mit der Octanzahl 95 verhält sich demnach in einem Prüfmotor wie ein Gemisch aus 95 % iso-Octan und 5 % Heptan.

 Verfahren zur Benzinherstellung

Bei der Herstellung von Ottokraftstoff muss klopffestes Benzin in ausreichender Menge zur Verfügung gestellt werden. Mit zunehmender Verzweigung der Moleküle nimmt die Klopffestigkeit zu und mit zunehmender Kettenlänge ab. Durch den Prozess des Reformierens wird aus der Schwerbenzinfraktion der Rektifikation Reformatbenzin hergestellt. Dabei entstehen u. a. aus linearen Alkanmolekülen verzweigte Alkanmoleküle mit gleicher Summenformel. Dieser Vorgang wird als Isomerisierung bezeichnet.
Daneben fällt der zähe, klebrige Rückstand der Rohöldestilliation in größeren Mengen an als benötigt. Deshalb wird mit diesem eine Vakuumdestillation durchgeführt. Dadurch entstehen weitere flüssige Schwerölfraktionen neu.
Um den erhöhten Benzinbedarf zu decken, wird diese Schwerölfraktion anschließend dem Cracken (engl. to crack – spalten, zerbrechen) unterworfen. Hierbei werden die langen Kohlenwasserstoffmoleküle des Schweröls in kürzere Moleküle, so wie sie im Benzin vorkommen, gespalten. Es entsteht Crack-Benzin.

 Antiklopfmittel

Antiklopfmittel sind Stoffe, die dem Benzin als Zusatzstoffe (Additive) zugesetzt werden, um seine Octanzahl zu erhöhen, z. B. **M**ethyl**t**ertiär**b**utyl**e**ther (MTBE, OZ: 118), Ethanol (OZ: 110–130), Methanol (OZ: 112–133).

Octanzahlen einiger Kohlenwasserstoffe und der Ottokraftstoffe (ROZ: Research-Octanzahl)

Kohlenwasserstoff (6 Kohlenstoffatome)	ROZ	Kohlenwasserstoff (8 Kohlenstoffatome)	ROZ	Ottokraftstoff	ROZ
n-Hexan	25	n-Octan	17	Normalbenzin	> 91
Cyclohexan	83	2,2-Dimethylhexan	73	Super	> 95
Benzol	ca. 99	2,3,3-Trimethylpentan	106	SuperPlus	> 98

B-2 | Gesättigte und ungesättigte Kohlenwasserstoffe | Benzol

3.3 | Vergleich von Winter- und Sommerbenzin | Synthese von MTBE im Labor

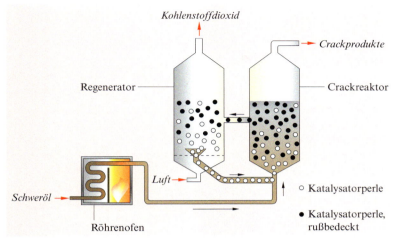

Schema des katalytischen Crackens

3.3
Benzin nach Maß – für jeden Bedarf das richtige

Die Mischung macht's. Je nach Bedarf wird der gewünschte Ottokraftstoff aus unterschiedlichen Mengen an Benzin und weiteren Zusatzstoffen wie Antiklopfmittel oder Korrosionsinhibitoren gemischt. Auf diese Weise wird für jeden Motor und auch für jede Jahreszeit das Benzin nach Maß hergestellt. Das Benzin muss im Winter leichter flüchtig sein als im Sommer. Entscheidend ist, dass die Mischung so zubereitet wird, dass der ganze Prozess der Herstellung des Benzins wirtschaftlich bleibt.

Auftanken in der Luft

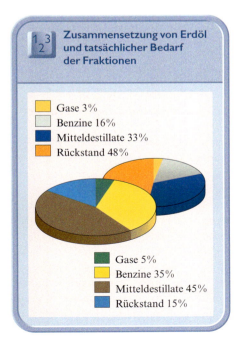

[...]

1. Recherchieren Sie die Verfahrensweisen des Reformierens, der Vakuumdestillation und des Crackens. Erklären Sie, weshalb nach dem Reformieren der Schwerbenzinfraktion die Siedetemperaturen der entstandenen Stoffe im Siedebereich der Leichtbenzinfraktion liegen.
2. Ein Chemiker der Raffinerie erhält den Auftrag, die Zusammensetzung des Benzins den kälteren Temperaturen des kommenden Winters anzupassen. Erläutern Sie Ihre Vermutung zur Zusammensetzung des Winterbenzins im Gegensatz zum Sommerbenzin und beschreiben Sie deren Herstellung.
3. Recherchieren Sie, weshalb früher nur mit „verbleitem Benzin" gefahren wurde, heute größtenteils mit „bleifreiem".
4. Formulieren Sie mögliche Reaktionsprodukte des Crackens von n-Dodecan.
5. Welche Anforderungen werden an Diesel, Flugzeugbenzin und Raketentreibstoff gestellt? Recherchieren Sie die Herstellung und Zusammensetzung.

49

3.4 | Saurer Regen | Aufbau und Abbau von Ozon | Bestimmung von Ozon | Modellversuch zum Autoabgaskatalysator

Autoabgase und Umwelt

3 Treibstoffe in der Diskussion

Wasserdampf und Kohlenstoffdioxid sind Treibhausgase. Bei der Verbrennung des Benzins im Motor entstehen vor allem die ungiftigen Gase Wasserdampf und Kohlenstoffdioxid. Beide Gase gelten aber als die wichtigsten Treibhausgase vor Methan und Ozon. Wasserdampf ist zu einem großen Teil für den natürlichen Treibhauseffekt verantwortlich; die aus der Verbrennung von Benzin erzeugte Menge ist aber nicht klimarelevant. Kohlenstoffdioxid ist dagegen als Verursacher des anthropogenen Treibhauseffekts wesentlich mehr zu beachten.

4.2 | Kohlenstoffdioxid in der Atmosphäre – natürlich gut?

Smog

Unter Smog (engl. smoke – Rauch, fog – Nebel) werden starke Anreicherungen von Luftverunreinigungen in Ballungsgebieten verstanden. Smog kann z. B. bei austauscharmen Wetterlagen (Inversionswetterlagen) entstehen, wenn die in der Luft enthaltenen Schadstoffe nicht mehr in die höheren Luftschichten entweichen können.

Smog über Kairo (Ägypten)

Saurer Regen

Unter saurem Regen werden Niederschläge verstanden, deren pH-Werte unter 5,6 liegen. Er entsteht durch Stickstoffoxide und Schwefeldioxid, die bei der Verbrennung von fossilen Brennstoffen in die Atmosphäre abgegeben werden und mit dem Wasserdampf der Luft fein verteilte Säure-Luft-Gemische (Aerosole) bilden. Beim Regnen werden diese ausgewaschen, sodass der Niederschlag als saure Lösung fällt. Heute ist dieses Umweltproblem aber weitgehend durch verschiedene technische Verfahren gelöst.

Schadstoffgrenzwerte in PKW-Abgasen von Ottomotoren in g je km Fahrleistung

Abgasnorm	Kohlen-wasserstoffe	Kohlenstoff-monooxid	Stickstoffoxide
Euro 1 (1992)		3,16	
Euro 2 (1996)		2,2	
Euro 3 (2000)	0,2	1,5	0,15
Euro 4 (2005)	0,1	1,0	0,08
D 3 (2000)	0,17	1,5	0,14
D 4 (2005)	0,08	0,7	0,07

Stickstoffoxide und Kohlenwasserstoffe – Luftschadstoffe. Durch die hohen Temperaturen im Zylinder des Ottomotors reagieren die Hauptbestandteile der Luft, Stickstoff und Sauerstoff teilweise zu giftigen Stickstoffoxiden. Diese sind gesundheits- und umweltgefährdend, z. B. reizen sie die Atemwege und senken den pH-Wert des Regens. Ein Teil der Kohlenwasserstoffe des Benzins wird gar nicht verbrannt, sondern nur zu anderen umweltschädlichen Kohlenwasserstoffen umgewandelt. Durch unvollständige Verbrennung entsteht außerdem das Atemgift Kohlenstoffmonooxid.

Ozon am Boden. Eine Durchsage im Radio warnt davor, in der sommerlichen Mittagszeit im Freien Sport zu treiben: Die Ozonwerte seien zu hoch. Die Menschen werden gebeten, nicht mit dem PKW, sondern mit öffentlichen Verkehrsmitteln zu fahren. Was ist geschehen?
Treffen bei höheren Außentemperaturen Stickstoffoxide und Kohlenwasserstoffe zusammen, wird die bodennahe Ozonbildung begünstigt. Diese Art von Smog wird auch als Sommersmog (Los-Angeles-Smog) bezeichnet. Während also Stickstoffoxide in der Stratosphäre das dort wichtige Ozon eher abbauen, sorgt stickstoffdioxidhaltige Luft in der Troposphäre bei intensiver Sonnenstrahlung für die Bildung von Ozon am Boden.

So lebenswichtig Ozon in der Stratosphäre ist, in der Troposphäre schädigt es die Atemwege von Menschen und Tieren und zerstört bei Pflanzen das Chlorophyll.

Katalysator

Ein Katalysator ist ein Stoff, der eine Reaktion beschleunigt, ohne dabei selbst in einen anderen Stoff umgewandelt zu werden. Er setzt die Aktivierungsenergie der Reaktion herab.

3.4
Autoabgase und Umwelt

Der Autoabgaskatalysator

Seit 1986 werden Autos mit einem Katalysator ausgerüstet, der sich im Anschluss an den Motor im mittleren Auspuffrohr befindet. Mit dem geregelten Dreiwegekatalysator (G-KAT) können die Schadstoffe zu mehr als 90 % aus dem Abgas beseitigt werden. Dabei beschleunigt ein Platin-Rhodium-Katalysator folgende Reaktionen:
Die unverbrannten Kohlenwasserstoffe reagieren mit Sauerstoff nahezu vollständig zu Kohlenstoffdioxid und Wasser. Kohlenstoffmonooxid und Stickstoffmonooxid werden größtenteils zu Kohlenstoffdioxid und Stickstoff umgesetzt. Diese Reaktionen benötigen jedoch eine exakte Einstellung des Sauerstoffgehalts, der von der Lambdasonde im unmittelbaren Motorabgas gemessen und an ein elektronisches Steuergerät gesendet wird. Es regelt eine optimale Kraftstoff-Luft-Gemischbildung für den Motor im Verhältnis 1 : 14. Eine einwandfreie Funktion des Abgaskatalysators ist bei ca. 600 °C gegeben. Unmittelbar nach einem Kaltstart oder bei zu hohen Katalysatortemperaturen ist die Schadstoffemission größer. Insgesamt sind durch den Abgaskatalysator die Schadstoffkonzentrationen in der Luft in den letzten zehn Jahren leicht zurückgegangen.

1. Recherchieren Sie die Entstehung von Luftschadstoffen durch Autoabgase und die getroffenen Maßnahmen zu deren Reduzierung.
2. Erdöl enthält einen natürlichen Anteil an Schwefel. Bei dessen Verbrennung würde sich somit umweltschädliches Schwefeldioxid bilden. Informieren Sie sich über das Entschwefelungsverfahren von Erdöl.
3. Regenwasser reagiert auch ohne den Einfluss von Luftschadstoffen leicht sauer (pH = 5,6). Formulieren Sie die Reaktionsgleichungen für die Entstehung des natürlichen Säuregehalts von Regen und die für die Bildung des sauren Regens.
4. Erläutern Sie die ablaufenden Reaktionen in einem Abgaskatalysator.
5. Recherchieren Sie im Internet die Bildungsreaktion des Ozons am Boden aus stickstoffdioxidhaltiger Luft.

↗ D-3 | Beeinflussung der Reaktionsgeschwindigkeit
↗ D-8 | Katalyse und katalytische Reaktionen in Natur und Technik

3.5 | Herstellung von Biodiesel aus Rapsöl | Dieselmotor | Viskosität von Rapsöl, Biodiesel und Diesel | Erdgas

Auf der Suche nach alternativen Treibstoffen

3 Treibstoffe in der Diskussion

Biodiesel – der Treibstoff von der Sonne? Im Frühsommer fallen die wunderschönen gelben Rapsfelder sofort auf. Aus den Rapssamen wird durch Extraktion das Rapsöl gewonnen. Dieses wird auch als Speiseöl verwendet, denn es besteht aus fetten Ölen, die wertvolle ungesättigte Fettsäuren enthalten. Dennoch wird der größte Anteil des Rapsöls mithilfe von Methanol in Rapsölmethylester, den Biodiesel, umgewandelt. Dieser ist jedoch viel zähflüssiger, also viskoser als Benzin. Er lässt sich nicht so leicht verdampfen und kann daher keinen Ottomotor, dafür aber einen Dieselmotor antreiben.

Da Biodiesel aus nachwachsenden Rohstoffen hergestellt wird, gehört er zu den erneuerbaren (regenerativen) Energieträgern. Bei seiner Verbrennung entsteht das Treibhausgas Kohlenstoffdioxid. Während bei den fossilen Brennstoffen das zum Wachstum der Pflanzen benötigte Kohlenstoffdioxid schon vor Jahrmillionen aus der Luft aufgenommen wurde, wurde es beim Wachsen der Rapspflanzen in der Jetztzeit aus der Atmosphäre gebunden. Allerdings wird zur Herstellung von Biodiesel zusätzlich Energie verbraucht, wodurch ebenfalls Kohlenstoffdioxid gebildet wird. Bei der Produktion von Biodiesel entsteht aber insgesamt weniger Kohlenstoffdioxid als bei der Produktion von Mineralöldiesel.

Viskosität

Viskosität ist ein Maß für die Zähigkeit einer Flüssigkeit. So sind z. B. Stoffe, die aus langkettigen Molekülen aufgebaut sind, viskoser als die aus kurzkettigen.

Bioalkohol und Methanol. Sowohl Ethanol als auch Methanol sind leichtflüchtig und bilden mit Luft explosive Gemische. Sie eignen sich daher zum Antrieb von Ottomotoren. Zudem weisen beide Stoffe hohe Octanzahlen auf. Die Alkanole verbrennen zwar wie Benzin zu Wasser und Kohlenstoffdioxid, da jedoch die Verbrennungstemperatur im Motor geringer ist, entstehen weniger Stickstoffoxide.

Ethanol wird durch alkoholische Gärung aus Zuckerrohr oder Mais hergestellt, sodass auch von Bioalkohol gesprochen wird. Allein in Brasilien werden durch Vergärung von Zuckerrohr fast 40 % des weltweiten Ethanolabsatzes produziert. Hier wird als Kraftstoff hauptsächlich Bioalkohol verwendet. Der verstärkte Zuckerrohranbau führt jedoch dazu, dass nicht mehr genügend Landwirtschaftsflächen für die Nahrungsmittelproduktion zur Verfügung stehen. Aus diesem Grund muss Brasilien heute Grundnahrungsmittel importieren.

Methanol wird großtechnisch aus Erdgas gewonnen und kann auch aus Biogas hergestellt werden. Seit kurzem wird diskutiert, die Autos mit Methanol zu betanken und daraus an Bord Wasserstoff für die Brennstoffzelle herzustellen.

 B-2 | Alkohole

Abfackeln von Erdgas bei der Erdölförderung

Auf der Suche nach alternativen Treibstoffen

Erdgas – „Abfall" wird wertvoll. Lange Zeit wurde das bei der Erdölförderung zutage tretende Erdgas abgefackelt. Heute gilt es als alternativer Energieträger, denn es verbrennt schadstoffarm, rußfrei und vollständig. Erdgas gehört jedoch zu den fossilen Energieträgern und ist somit nicht unbegrenzt vorhanden. Die Reserven reichen aber noch länger als die des Erdöls. Damit es als Treibstoff eingesetzt werden kann, muss es entweder bei 200 kPa komprimiert (CNG – Compressed Natural Gas) oder bei –160 °C und 2 kPa verflüssigt (LNG – Liquefied Natural Gas) werden. Aufgrund seiner Eigenschaften, wie z. B. der Explosionsfreudigkeit mit Luft und der hohen Klopffestigkeit (OZ: 125), kann es in entsprechend umgerüsteten Ottomotoren verwendet werden.

Wasserstoff – der Treibstoff für die Zukunft? Neben der Nutzung von Erdgas wird heute in erster Linie die Nutzung von Wasserstoff als Treibstoff erforscht. Der Vorteil ist offensichtlich: Es entstehen bei der Verbrennung von reinem Wasserstoff praktisch nur Wasser und so gut wie keine Schadstoffe.
Da Wasserstoff-Luft-Gemische explosiv sind, können Verbrennungsmotoren angetrieben werden. Andererseits reagiert dieses Gemisch kontrolliert ebenso in einer Brennstoffzelle, wobei die erzeugte elektrische Energie einen Elektromotor antreiben kann.

 ↗ 6.6 | Mit der Brennstoffzelle in die Zukunft?

Flammtemperatur (Flammpunkt)

Die Flammtemperatur (Flammpunkt) ist die niedrigste Temperatur, bei der sich aus einer Flüssigkeit unter Normbedingungen genügend Dämpfe entwickeln, sodass sie mit der über der Flüssigkeit stehenden Luft ein durch Fremdzündung entflammbares Gemisch ergeben. Sie ist ein Maß für die Verdunstungsfähigkeit (Flüchtigkeit) und Feuergefährlichkeit eines Stoffes.

---

1. Rapsöl zeigt eine größere Viskosität als Rapsölmethylester. Erklären Sie diese Eigenschaft mithilfe des Basiskonzepts Struktur – Eigenschaften unter der Annahme, dass Rapsöl nur aus Triölsäureglycerinester und Biodiesel nur aus Ölsäuremethylester bestehen.
2. Vergleichen Sie die Herstellungsverfahren von Diesel und Biodiesel.
3. Diskutieren Sie, ob bei Biodiesel bzw. Bioalkohol von Kohlenstoffdioxidneutralen Treibstoffen gesprochen werden kann.
4. Formulieren Sie die Reaktionsgleichung für die Verbrennung von Ethanol.
5. Erklären Sie anhand der Eigenschaften von Ethanol und Methanol deren gute Verwendbarkeit als Ottokraftstoffe.

Flammtemperaturen verschiedener Brennstoffe

Brennstoff	Flammtemperatur in °C
Benzin	< –21
Ethanol	12
Diesel	> 55
Biodiesel	> 110
Rapsöl	> 220

3 Treibstoffe in der Diskussion

Benzin enthält Energie

Wie kommt die Energie in das Benzin? Wird die Herstellung des Benzins bis zum Erdöl zurückverfolgt und dessen Entstehung zurück zu den grünen Pflanzen, so steht am Anfang der Energiekette die Sonne, die das Wachstum der Pflanzen ermöglichte. Somit ergibt sich eine Kette von Energieumwandlungen von der Sonne bis zum Benzin.

Energieumwandlungen im Auto. Die Energie, die in einem Stoff wie z. B. Benzin gespeichert ist, wird als chemische Energie bezeichnet. Geht im Motor Energie verloren? Können wir von „Energieverlust" sprechen, wenn in jedem geschlossenen System doch nur Energieumwandlungen stattfinden? Um eine Energieumwandlung objektiv

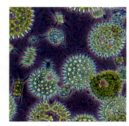

Energiekette: Sonne – Phytoplankton – Faulschlamm – Erdöl

beschreiben zu können, müssen das jeweilige System und seine Umgebung klar definiert sein.

 C-1 | Das Phänomen Energie

Betrachten wir den Ottomotor mit 1. Ansaugtakt, 2. Verdichtungstakt, 3. Arbeitstakt und 4. Auspufftakt. Im dritten Takt, dem Arbeitstakt, sind das Einlass- und das Auslassventil geschlossen. Das Benzin-Luft-Gemisch ist stark komprimiert und wird jetzt durch die Zündkerze zur Reaktion gebracht. Die dabei frei werdende Wärme dehnt die entstehenden Gase so stark aus, dass der Kolben nach unten bewegt wird. Die chemische Energie des Benzin-Luft-Gemisches wird also in kinetische Energie des Kolbens und in Wärme umgewandelt. Da hierbei kein Stoffaustausch mit

Die Sonne als unerschöpfliche Energiequelle für die Erde

Die in der Sonne ablaufenden Reaktionen sind Kernfusionen (Kernverschmelzungen), wobei Kernenergie in elektromagnetische Strahlung umgewandelt wird. Vereinfacht gesagt, fusionieren jeweils vier Wasserstoffkerne (Protonen) zu einem Heliumkern. Die bei einer einzigen Reaktion frei werdende Strahlungsenergie beträgt 26,2 MeV, das entspricht $4,2 \cdot 10^{-12}$ J. In der Sonne verschmelzen jedoch in jeder Sekunde 567 Mio. t Wasserstoffkerne zu 562,8 Mio. t Helium. Die Sonne wird also in jeder Sekunde um 4,2 Mio. t leichter. Diese Beobachtung hat ALBERT EINSTEIN (1879 bis 1955) mit dem Massendefekt anhand seiner Masse-Energie-Gleichung erklärt. Die Sonnenstrahlung, die schließlich die Erde erreicht, entspricht einer Leistung von $2 \cdot 10^{17}$ $J \cdot s^{-1}$. Es wird vermutet, dass der Wasserstoffvorrat erst in einigen Milliarden Jahren aufgebraucht sein wird und die Sonne erlischt.

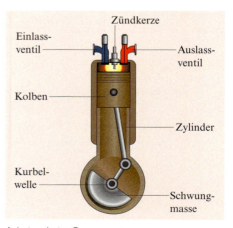

Arbeitstakt im Ottomotor

Primärenergieträger – Sekundärenergieträger

Die in der Natur vorkommenden Primärenergieträger wie z. B. Erdöl, Erdgas oder Biomasse sind nicht für den Fahrzeugantrieb nutzbar. Sie müssen erst durch Energieumwandlungsschritte in Sekundärenergieträger wie z. B. Benzin, CNG oder Ethanol verarbeitet werden.

3.6 | Alkoholkraftstoffe

der Umgebung stattfinden kann, wird von einem geschlossenen System gesprochen. Die Wärme wird jedoch zum Teil durch den nicht isolierten Zylinder an die Umgebung abgegeben, es erfolgt also ein Energieaustausch.

Im vierten Takt öffnet sich das Auslassventil, sodass sowohl ein Stoffaustausch als auch ein Energieaustausch mit der Umgebung erfolgt. Solche Systeme werden als offene Systeme bezeichnet. Insgesamt stellt der Ottomotor ein offenes System dar. Sowohl im ersten als auch im vierten Takt sind die Ventile geöffnet.

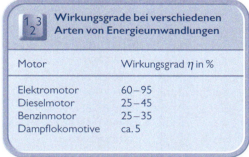

Wirkungsgrade bei verschiedenen Arten von Energieumwandlungen

Motor	Wirkungsgrad η in %
Elektromotor	60–95
Dieselmotor	25–45
Benzinmotor	25–35
Dampflokomotive	ca. 5

3.6
Benzin enthält Energie

Energieentwertung und Wirkungsgrad. Ein Teil der im Benzin gespeicherten Energie kann bei der Verbrennung im Motor nicht in die gewünschte kinetische Energie umgewandelt werden, sondern geht als Abwärme verloren. Sprechen wir also im Alltag von „Energieverlust", so meinen wir, dass die gespeicherte Energie nicht vollständig in die neue Energieform umgewandelt werden kann. Bei jeder Energieumwandlung wird ein Teil als Wärme abgegeben, die nicht genutzt werden kann. Dieses Phänomen wird als Energieentwertung bezeichnet. Um die Energieentwertung verschiedener Energieumwandlungen vergleichen zu können, wurde der Wirkungsgrad eingeführt. Dieser bezeichnet den Quotienten aus genutzter und zugeführter Energie. Der benzinbetriebene Motor weist z. B. einen Wirkungsgrad von ca. 26 % auf.

↗ C-1 | Energieerhaltung – Energieverlust | Wirkungsgrad

Die Energie einer Kilowattstunde

Eine Kilowattstunde liefert genug Energie, um 2 Minuten warm zu duschen, mit einer 60-W-Glühlampe einen Raum knapp 17 Stunden zu beleuchten oder mit einem PKW vom Typ VW Lupo Diesel 4 km weit zu fahren.

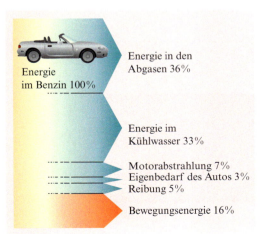

Energiebilanz eines PKW

1. Beschreiben Sie die Energieumwandlungen von der Sonne bis zum Benzin.
2. Erklären Sie für die vier Takte des laufenden Ottomotors jeweils das vorliegende System und die stattfindende Energieumwandlung des 3. Taktes.
3. Erläutern Sie anhand der Abbildung „Energiebilanz eines benzinbetriebenen PKW" die Energieentwertung beim Auto.
4. Das benzinbetriebene Auto einer bestimmten PKW-Klasse verbraucht pro 100 km gefahrener Strecke 9 Liter Benzin, das Dieselfahrzeug der gleichen Klasse hingegen nur 6 Liter Dieselkraftstoff. Vergleichen Sie die Energiebilanzen beider Fahrzeuge.

Treibstoffe im energetischen Vergleich

Energieinhalt von Treibstoffen. Für die Beurteilung eines Treibstoffs ist es von entscheidender Bedeutung, wie weit mit einer Tankfüllung gefahren werden kann (Reichweite). Unter der Voraussetzung, dass jeweils gleiche Treibstoffmengen eingesetzt werden und gleiche Wirkungsgrade gegeben sind, kann mit einem Kraftstoff, dessen Anteil an chemischer Energie höher ist, weiter gefahren werden als mit einem, der einen geringeren Energieinhalt aufweist. Es gilt also zu untersuchen, wie viel Energie in einem Treibstoff steckt. In der Technik wurden zu diesem Zweck die Begriffe Heizwert und Brennwert eingeführt.

↗ C-1 | Innere Energie von Stoffen

Heizwert und Brennwert. Bei der Verbrennung von Treibstoffen sind die Produkte in der Regel die gleichen, vor allem nämlich Wasser und Kohlenstoffdioxid. Grundlage der Ermittlung von Heiz- bzw. Brennwerten sind die experimentellen oder errechneten Werte der Enthalpien von der jeweiligen Verbrennungsreaktion. Die Energie, die bei der Verbrennung von 1 kg (bei Flüssigkeiten 1 l, bei Gasen 1 m³) eines Brennstoffs frei wird, wird in der Technik Heizwert genannt. Heizwert und Brennwert unterscheiden sich darin, ob das Reaktionsprodukt Wasser nach der Verbrennung in gasförmiger Form (Heizwert) oder in flüssiger Form (Brennwert) vorliegt. Der Brennwert eines Stoffes ist größer als der Heizwert, weil durch die Kondensation des Wassers noch zusätzliche Energie frei wird.

↗ C-3 | Heizwert – Brennwert

Heizwerte und molare Verbrennungsenthalpien einiger Brennstoffe

Brennstoff	Heizwert H_u in MJ·kg⁻¹	Molare Verbrennungsenthalpie H in kJ·mol⁻¹
Methan	50	−889
Butan	46	−2874
Hexan	45	−4158
Octan	44	−5464
Methanol	20	−725
Ethanol	27	−1364
Wasserstoff	122	−286

Brennwerte H_o einiger Nahrungsmittel

Nahrungsmittel	H_o in kJ·100 g⁻¹
Rapsöl	3839
Kartoffeln	318
Traubenzucker	1611

Heizwerte H_u einiger Brennstoffe

Brennstoff	H_u in MJ·kg⁻¹	Brennstoff	H_u in MJ·l⁻¹	Brennstoff	H_u in MJ·m⁻³
Holz, trocken	15	Benzin	32–38	Erdgas	19–54
Steinkohle	30	Diesel	35–38	Stadtgas	18
Torf	15	Flugbenzin	45	Wasserstoff	11

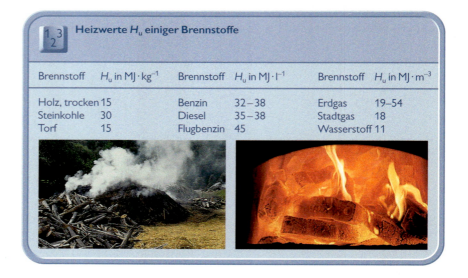

3.7 | Auswertung der kalorimetrischen Bestimmung der Heizwerte von flüssigen und gasförmigen Brennstoffen

Mehr oder weniger Energie gespeichert? Worauf ist es zurückzuführen, dass Brennstoffe, z. B. die Alkane, unterschiedliche Anteile an Energie gespeichert haben? Welche Rolle spielt dabei die Struktur der Moleküle? Alle reinen Brennstoffe besitzen immer dieselbe stoffspezifische chemische Energie. Bei Brennstoffgemischen wird dagegen ein Mittelwert gebildet.
Der Anteil der gespeicherten Energie hängt nicht direkt von der Masse des jeweiligen Brennstoffs ab. Stattdessen ist er auf die Art der Bindungen, die in den Molekülen des Brennstoffs enthalten sind, und die gebildeten Verbrennungsprodukte angewiesen.

Wasserstoffreiche und wasserstoffarme Energieträger. Worauf ist der Unterschied bezüglich der molaren Verbrennungsenthalpien zwischen den Alkanen und Alkoholen gleicher Kettenlänge zurückzuführen? Offensichtlich spielt auch der Wasserstoffgehalt der Moleküle eine Rolle. Je weniger Wasserstoffatome pro Kohlenstoffatom im Molekül enthalten sind, desto weniger Energie wird bei der Oxidation frei.

 C-3 | Molare Verbrennungsenthalpie

3.7
Treibstoffe im energetischen Vergleich

 Enthalpie

Die Enthalpie *H* ist eine Größe zur energetischen Beschreibung eines Systems. Die Enthalpie eines Systems ist die Summe der inneren Energie und dem Produkt aus Druck und Volumen dieses Systems; ihre Einheit ist das Joule (J). Ermittelt wird die Änderung der Enthalpie bei chemischen Reaktionen, z. B. Verbrennungsreaktionen, oder Zustandsänderungen, z. B. Aggregatzustandsänderungen.

 Speichern Sie lieber Fett oder Kohlenhydrate?

Freuen Sie sich, dass Ihr Körper nicht den Stoffwechsel einer Kartoffel hat. Sonst wäre Ihr Körpergewicht um einiges höher. Während nämlich der Mensch die Energie in Form von Fett speichert, bevorratet die Kartoffel ihre Energie in Form von Stärke. Für die gleiche Energie muss jedoch in Form von Fett nur halb so viel Masse wie in Form von Stärke gespeichert werden.

Nährstoff	Energieinhalt in kJ · g^{-1}
Fette	39
Kohlenhydrate	17
Proteine	17

 [...]

1. Antoine Laurent Lavoisier (1743 bis 1794) erkannte, dass die Körperwärme auf die langsame Verbrennung der Nahrung zurückzuführen ist. Berechnen Sie mithilfe des Brennwerts von Traubenzucker die Enthalpie (in kJ), die bei der Verbrennung von einem Teelöffel (5 g) Traubenzucker frei wird.
2. Ist Wasserstoff, Methan oder Butan der bessere Brennstoff? Ermitteln Sie anhand der tabellarischen Heizwerte, welcher – bezogen auf das gleiche Volumen – der beste Brennstoff ist, und erläutern Sie den Befund.
3. Begründen Sie, weshalb bei Benzin keine molare Verbrennungsenthalpie berechnet werden kann.

3.8 | Ökobilanzen | Erdgas

Für Experten

Ökobilanzen. Welchen Treibstoff werden Sie wohl in 40 Jahren tanken? Diskussionen um einen möglichen Klimawandel und die Knappheit der Ressourcen erzwingen in zunehmendem Maße, Treibstoffe auf ihre Umweltbelastung sowie ihren Rohstoffverbrauch hin zu untersuchen. Dabei müssen im Wesentlichen zwei Aspekte berücksichtigt werden: die ökologische Verträglichkeit und der energetische Nutzen. In Fallstudien werden Energie-, Ressourcen- und Emissionsbilanzen ermittelt. Diese sind eng miteinander verknüpft.

Ist z. B. die Herstellung eines Treibstoffs mit einem großen Energieaufwand verbunden, so wirkt sich das gleichzeitig auf die Kohlenstoffdioxidbilanz aus. Die Beurteilung eines Treibstoffs gelingt also nur unter Berücksichtigung mehrerer Fallstudien, die in einer Ökobilanz zusammengefasst sind. Die Ökobilanz eines Produkts ist die Zusammenstellung und Beurteilung der Input- und Outputflüsse und der potenziellen Umweltwirkungen des Produkts im Verlauf seines Lebenswegs mit dem Ziel, umweltorientierte Entscheidungen zu treffen.

Sauberer Treibstoff hat Zukunft. Bei der Bewertung eines Treibstoffs spielen auch der ökonomische und soziale Aspekt eine Rolle. Diese müssen jedoch in Zukunft im Einklang mit den Ökobilanzen stehen. Mittelfristig könnte Erdgas (CNG bzw. LNG) als Übergangslösung verwendet werden. Langfristig wird Wasserstoff zum Treibstoff der Zukunft erklärt. Daneben wird auch der Hybridantrieb diskutiert, bei dem unterschiedliche Treibstoffe in einem Fahrzeug verwendet werden können.

3
Treibstoffe in der Diskussion

Bewerten Sie CNG als Kraftfahrzeugtreibstoff unter sämtlichen Gesichtspunkten. Verwenden Sie dazu alle Informationen dieses Kapitels und informieren Sie sich zusätzlich im Internet.

Fahrzeug mit Holzvergaser

Erdgasauto

Kohlenstoffdioxid im Blickpunkt

Der Ursprung der Kreidefelsen von Rügen liegt 70 Millionen Jahre vor unserer Zeit in einem warmen, flachen Meer. Im Plankton dieses Meeres lebten marine Einzeller, die aus den im Meerwasser gelösten Stoffen Kalkschalen aufbauten. Ihre Kalkskelette bildeten nach dem Absterben der Organismen auf dem Meeresgrund eine Kalk-Schlammschicht. Über mehrere Jahrmillionen hinweg wuchs die Schicht auf rund 100 Meter an. Starker Druck und Wasserentzug führten dazu, dass sich der abgelagerte Schlamm am Grund des Meeres zu Kreide verfestigte. Ende der letzten Eiszeit wurde die Kreideschicht durch den Druck des Eises verformt und über die Meeresoberfläche gehoben, sie ist noch heute als landschaftliches Wahrzeichen an der Nordküste Rügens zu bewundern.

Die Entstehung der Kreidefelsen beruht auf chemischen Reaktionen und Prozessen, bei denen die Reaktion von Kohlenstoffdioxid mit Wasser eine wichtige Rolle spielt. Ein scheinbar trivialer Vorgang, der jedoch viele interessante Facetten hat, wie Sie auf den folgenden Seiten erfahren werden.

4.1 | Reaktion von Kohlenstoffdioxid mit Wasser

4
Kohlenstoffdioxid im Blickpunkt

Kohlenstoffdioxid – ein Gas mit vielen Vorkommen

Was hat die Klimadiskussion mit der Herstellung von Mineralwasser im eigenen Haushalt zu tun? Warum sprudelt junger Wein, obwohl er nicht verschlossen ist, kräftig, während offen stehende Erfrischungsgetränke nach kurzer Zeit nicht mehr sprudeln und schnell schal schmecken? Und haben Sie schon einmal darüber nachgedacht, warum Tropfsteine aus dem in Höhlen sickernden Wasser entstehen, aber umgekehrt sich nicht wieder durch Wasser auflösen?

Die Antworten auf diese Fragen haben alle mit Kohlenstoffdioxid zu tun. Erkunden Sie also die besonderen Eigenschaften von Kohlenstoffdioxid bei der Recherche von Vorkommen und Verwendung dieses Gases.

Entdeckung des Kohlenstoffdioxids

Die Entdeckung des Gases Kohlenstoffdioxid ist untrennbar mit der Entdeckung der Gase überhaupt verbunden. Während seit PARACELSUS (1493 bis 1541) Gase als Sammelbegriff für verschiedene „Luftarten" herhalten mussten, beschrieb um 1640 JOHANN BAPTIST VAN HELMONT (1579 bis 1644) das Gas, das bei der Verbrennung von Holz oder als Produkt der Gärung entsteht, als einen „mit der Luft nicht identischen Stoff". Diese neue „Luftart", das Kohlenstoffdioxid, war bereits im Altertum vielfach beobachtet worden (z. B. beim Übergießen von Kreide mit Essig), ohne dass jedoch seine stoffliche Natur erkannt wurde.

An der Entstehung von Tropfsteinen ist Kohlenstoffdioxid beteiligt.

Kohlenstoffdioxid in der Klimadiskussion

„Möglicherweise wird es bald so warm werden wie noch nie, seit es Menschen gibt." HARTMUT GRASSL, REINER KLINGHOLZ in: Wir Klimamacher – Auswege aus dem globalen Treibhaus, 1990.

Mineralwasser – der erfrischende Durstlöscher. Die meisten Menschen verbinden die erfrischende Wirkung des Mineralwassers mit dem prickelnden, säuerlichen Geschmack. Dabei ist der Anteil an gelöstem Kohlenstoffdioxid in verschiedenen Mineralwässern vom Ort seiner Quelle abhängig. Der Volumenanteil an Kohlenstoffdioxid ist bei deutschen Mineralwässern im Vergleich zu ausländischen Marken relativ hoch: Quellen entspringen in Deutschland häufig in der Nähe von vulkanischem Gestein. Enthält das Mineralwasser ausschließlich Kohlenstoffdioxid aus den quellnahen Gesteinsschichten, so wird es als „quelleigene Kohlensäure" gekennzeichnet. Soll ein höherer als der natürliche Kohlenstoffdioxidanteil erzielt werden, kann das Mineralwasser mit zusätzlichem Kohlenstoffdioxid versetzt werden. Das dafür verwendete Prinzip ist auch von Sodasprudlern im Haushalt bekannt.

Können Sie erklären, warum auf Mineralwasserflaschen zwar zu lesen ist „kohlensäurehaltig", unter den Inhaltsstoffen aber nur „Hydrogencarbonat" und nicht etwa Kohlensäure zu finden ist? Welche Prozesse und Reaktionen laufen ab, wenn man Kohlenstoffdioxid in Wasser einleitet?

↗ D-6 | Prinzip vom kleinsten Zwang

4.1 | Brausetabletten und Backpulver

2002 wurden in Deutschland über 8 Milliarden Liter Mineralwasser verkauft.

„Ein Werk des Teufels" – Schaumwein.

Nicht nur in Mineralwasser, sondern auch in alkoholischen Getränken kann Sprudeln bedingt durch Kohlenstoffdioxid beobachtet werden. Als Entdecker des schäumenden Champagners gilt der Benediktinermönch Dom Pérignon (1639 bis 1715). Er war Kellermeister im Kloster Hautvillers sur Marne (Frankreich). Die Weine der Champagne wurden üblicherweise früh von der Hefe abgezogen und in Flaschen gefüllt. Durch Nachgärung oder durch bakteriellen Säureabbau entwickelten die Weine in der Flasche zusätzlich Kohlenstoffdioxid.

 ↗ 1.1 | Aus Most wird Wein

Doch die damaligen einfachen Verschlüsse hielten einer stärkeren Gasentwicklung nicht stand. Das Verdienst des Dom Pérignon lag darin, dass er die zuckerhaltigen Jungweine rechtzeitig auf Flaschen füllte, Korkstopfen benutzte und diese mit Bindfäden an der Flasche befestigte. So konnte der Jungwein seine prickelnde, fruchtige Art bewahren. Von der Kirche wurde Schaumwein jedoch wegen der Nebenwirkungen des Alkohols und der Neigung der Flasche zum Explodieren als ein Werk des Teufels angesehen.

4.1
Kohlenstoffdioxid – ein Gas mit vielen Vorkommen

Löslichkeit von Kohlenstoffdioxid

Ein mit abgekochtem, destilliertem Wasser (Raumtemperatur) gefüllter Messzylinder wird mit der Öffnung nach unten in eine mit Wasser gefüllte pneumatische Wanne gestellt. Eine Brausetablette wird unter den Messzylinder gebracht und das entstehende Gasvolumen gemessen. Anschließend wird eine zweite Brausetablette unter den Messzylinder gebracht und erneut das Gasvolumen bestimmt.

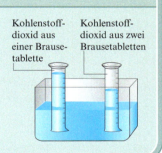

Kohlenstoffdioxid aus einer Brausetablette — Kohlenstoffdioxid aus zwei Brausetabletten

---

 [...]

1. „Erfrischungsgetränke beleben durch die enthaltene Kohlensäure." Diskutieren Sie die Aussage und erläutern Sie diese unter Verwendung der chemischen Fachsprache. Formulieren Sie die Reaktionsgleichungen für die Reaktion von Kohlenstoffdioxid und Wasser.
2. Führen Sie das Experiment „Löslichkeit von Kohlenstoffdioxid" durch und werten Sie es aus. Erläutern Sie das Entstehen unterschiedlicher Gasvolumina.
3. Stellen Sie dar, welche chemische Reaktion während der alkoholischen Gärung abläuft. Welche Organismen bewirken Gärungsprozesse?
4. Informieren Sie sich über andere Stoffe des täglichen Lebens, aus denen durch chemische Reaktionen Kohlenstoffdioxid freigesetzt wird. Beschreiben Sie aus chemischer Perspektive deren Verwendung.

61

Kohlenstoffdioxid in der Atmosphäre – *natürlich gut?*

Verändert die Freisetzung von Kohlenstoffdioxid durch menschliche Aktivitäten das Klima der Erde, wie in einigen Aussagen behauptet wird? Oder ermöglichen Wasserdampf, Kohlenstoffdioxid und andere Spurengase erst ein menschliches Leben auf der Erde, wie es der schwedische Chemiker

In künstlichen Biosphären simulieren Kunststoffkuppeln die schützende Atmosphäre.

Die Erdatmosphäre, vom Weltraum aus gesehen

SVANTE ARRHENIUS (1859 bis 1927) und der englische Physiker JOHN TYNDALL (1820 bis 1893) bereits vor über 100 Jahren behauptet haben? Die Beurteilung beider Aussagen erfordert eine Reihe von Überlegungen und Untersuchungen, die Naturwissenschaftler verstärkt in den letzten 30 Jahren unternommen haben und die entscheidende Auswirkungen auf Politik und Gesellschaft erkennen lassen (z. B. weltweite Klimakonferenzen).

Dem Klima auf der Spur. Welche Möglichkeiten gibt es, die Bedeutung steigender Kohlenstoffdioxidkonzentrationen in der Atmosphäre festzustellen? Tatsächlich führen wir zurzeit durch menschliche Aktivitäten ein „Real-Experiment" durch, dessen Folgen nicht gesichert vorhergesagt werden können. Wissenschaftler sind damit beschäftigt, auf verschiedenen Wegen Informationen über mögliche Klimaveränderungen in Abhängigkeit von der Zusammensetzung der Atmosphäre zu gewinnen: (1) Sie betrachten Klima und Atmosphären anderer Planeten. (2) Sie erforschen die Zusammensetzung der Erdatmosphäre und das Klima der Erde in der Vergangenheit. (3) Sie versuchen, das Klimasystem in Abhängigkeit verschiedenster Faktoren mithilfe von Berechnungen und Modellen zu simulieren.

„Is the mean temperature of the ground in any way influenced by the presence of heat-absorbing gases in the atmosphere?", SVANTE ARRHENIUS in: Philosophical Magazine and Journal of Science, 1896.

Zusammensetzung der Atmosphären und Temperaturen von verschiedenen Planeten

	Volumenanteile verschiedener Gase in der Atmosphäre in %			Mittlere Dichte der Atmosphäre in g·m^{-3}	Mittlere Temperatur an der Oberfläche in °C
	Kohlenstoffdioxid	Stickstoff	Sauerstoff		
Venus	96,5	3,5	–	65,00	464
Erde	0,03	78,1	20,9	1,22	15
Mars	95,3	2,7	0,1	0,02	−63

4.2 | Infrarotspektrum von Kohlenstoffdioxid

Was hält unsere Erde warm? Heute ist bekannt, dass der größte Teil der Strahlung der Sonne die Planeten in Form von kurzwelliger, sichtbarer Strahlung erreicht. Sie dringt bis zum Boden vor, wird dort absorbiert und erwärmt die Oberfläche. Die so erwärmte Oberfläche sendet langwellige, infrarote Strahlung (IR-Strahlung, „Wärmestrahlung") aus, die nicht vollständig in den Weltraum entweicht. Bestimmte Stoffe in der Atmosphäre, die so genannten treibhauswirksamen Gase, können IR-Strahlung absorbieren und zum Teil wieder zum Erdboden emittieren. Dadurch erhöhen sich die Oberflächentemperatur und die Temperatur der Atmosphäre.

Infrarotspektrum

Werden die Moleküle eines Stoffes durch IR-Strahlung angeregt, so kann der Bereich der Absorption der elektromagnetischen Strahlung in einem Infrarotspektrum abgelesen werden. Die Peaks (engl. peak – Spitze) eines Spektrums zeigen die Wellenlänge der elektromagnetischen Strahlung an, die von dem untersuchten Stoff absorbiert wird.

 ↗ B-3 | Infrarotspektroskopie

4.2 Kohlenstoffdioxid in der Atmosphäre – natürlich gut?

Treibhausgase – Beitrag zum natürlichen Treibhauseffekt

Treibhausgas	Beitrag zur Durchschnittstemperatur
Wasserdampf	21 °C
Kohlenstoffdioxid	7 °C
Distickstoffmonooxid	≈ 2,4 °C
Ozon	≈ 2,4 °C
Methan	0,8 °C

Der natürliche Treibhauseffekt

Die globale Durchschnittstemperatur der Erde wird mit 15 °C angegeben. Sie wird u. a. bedingt durch die Eigenschaft der Atmosphäre, Strahlung der Sonne (hauptsächlich sichtbares Licht) durchzulassen und von der Erde ausgehende IR-Strahlung in großen Teilen zu absorbieren. Hauptverursacher dieses natürlichen Treibhauseffekts ist der Wasserdampf. Ohne die für die Erde spezifische Atmosphäre läge die Temperatur Berechnungen zufolge bei etwa −18 °C. Der natürliche Treibhauseffekt begründet deshalb das Klima auf der Erde und ermöglicht dadurch vielfältige Lebensformen.

Ohne natürlichen Treibhauseffekt wäre die Erde vermutlich von Eis bedeckt.

[...]

1. Informieren Sie sich darüber, wie J. TYNDALL die Eigenschaften der in der Atmosphäre vorkommenden Stoffe experimentell untersucht hat.
2. Diskutieren Sie die Bedeutung der Zusammensetzung der Atmosphäre eines Planeten für seinen Wärmehaushalt.
3. Recherchieren Sie im Internet Informationen zum Stichwort „Treibhauseffekt" und stellen Sie in einer Tabelle übereinstimmende und widersprüchliche Aussagen aus verschiedenen Quellen zusammen. Welche Anhaltspunkte haben Sie, um diese Aussagen auf ihre Seriosität und Gültigkeit hin zu überprüfen?
4. Die Hauptbestandteile der Luft, Stickstoff und Sauerstoff, tragen nicht zum Treibhauseffekt bei, andere Bestandteile wie Wasserdampf und Kohlenstoffdioxid dagegen schon. Erklären Sie, unter welchen Bedingungen ein Stoff Infrarotstrahlung absorbiert.

Welche Auswirkung hat also die natürliche Konzentration von Gasen, z. B. Kohlenstoffdioxid, in unserer Atmosphäre und welche Auswirkung hat die durch menschliche Aktivitäten, also anthropogen bedingte Konzentrationserhöhung? Führen erhöhte Kohlenstoffdioxidemissionen zu einem verstärkten Treibhauseffekt und damit zu einem Anstieg der globalen Durchschnittstemperatur?

63

4.3 | Eiskernbohrungen

Beschreibung der Realität durch Modelle

Der unten stehenden Grafik ist zu entnehmen, dass sich das Klima der Erde auch in der Vergangenheit ganz natürlich fortwährend verändert hat. Diese Veränderungen gehen zwar z. B. einher mit unterschiedlichen Konzentrationen an Kohlenstoffdioxid, ebenso aber auch mit Veränderungen anderer Parameter, etwa der Sonneneinstrahlung oder der Konzentration an Aerosolen. Ein einfacher Zusammenhang zwischen der Konzentration bestimmter Gase und der Temperatur der Atmosphäre ist demnach wohl in einem Modellexperiment gegeben, nicht aber in der Realität.

Messungen. Zur Einschätzung der Klimawirkung eines Stoffes in der Atmosphäre sind zahlreiche Faktoren und Wechselwirkungen zu beachten. So ist beispielsweise nicht nur von Bedeutung, ob ein Stoff IR-Strahlung absorbiert, sondern auch in welchem Wellenlängenbereich die Absorption

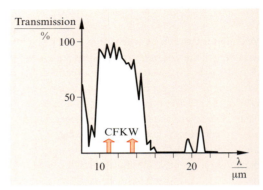

Atmosphärisches Fenster. Durchlässigkeit für IR-Strahlung als Folge der Absorption verschiedener Treibhausgase. Die Pfeile kennzeichnen die Wellenlängenbereiche, an denen CFKW absorbieren.

erfolgt. Liegt diese im Bereich der Absorption des Wasserdampfs, so wird bereits ein Großteil dieser Strahlung absorbiert, weitere Absorptionen wirken sich nur geringfügig aus. Konzentrationsveränderungen von Spurenstoffen, die im „atmosphärischen Fenster" Strahlung aufnehmen, haben dagegen gravierendere Auswirkungen. Ein Beispiel dafür sind Chlorfluorkohlenwasserstoffe (CFKWs), deren Vorkommen in der Atmosphäre ausschließlich auf menschliche Aktivitäten zurückzuführen sind. Auch für Kohlenstoffdioxid muss die Überlegung angestellt werden, in welchem Ausmaß weitere Konzentrationserhöhungen eine verstärkte Absorption und damit Veränderungen des Strahlungshaushalts bewirken könnten.

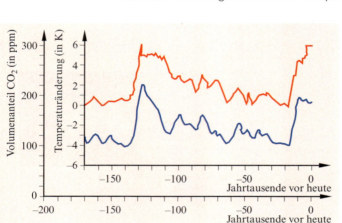

Atmosphärischer Volumenanteil an Kohlenstoffdioxid (rot) und Temperaturänderung (blau) der letzten 170 000 Jahre

Der Blick in die Vergangenheit bringt eine weitere Frage mit sich: Wie ist es möglich, Klima und Atmosphäre vergangener Zeiten viele hundert Jahre später zu bestimmen?

Im Eis der Pole ist die Klimageschichte vergangener Jahrhunderttausende eingefroren. In der Antarktisstation Vostok wurden durch mehrere tausend Meter tiefe Bohrungen Eiskerne gewonnen. Das Eis und die darin eingeschlossene Luft analysierten Wissenschaftler im Hinblick auf Einschlüsse (Staub, Aerosole, Spurenelemente) sowie auf das Verhältnis stabiler Isotope, z. B. der Sauerstoff-Isotope ^{16}O und ^{18}O. Dadurch konnte die Zusammensetzung der Atmosphäre in den vergangenen 400 000 Jahren rekonstruiert werden.

Eiskerne aus über 3 000 m Tiefe erzählen die Klimageschichte der vergangenen 400 000 Jahre.

4 Kohlenstoffdioxid im Blickpunkt

4.3 | Atmosphärisches Fenster | Kohlenstoffkreislauf

Modelle – Kohlenstoffkreisläufe der Erde.
Es ist äußerst schwierig und komplex, Modelle über die Veränderung eines Klimasystems auf Grundlage der verschiedenen Messungen zu erstellen und zu interpretieren. Dazu sind nicht nur detaillierte Kenntnisse und Annahmen über Wechselwirkungen zwischen Strahlung und Materie notwendig, sondern ebenso über Quellen, Senken und Transportprozesse einzelner Stoffe in der Atmosphäre.

Was passiert mit Kohlenstoffdioxid, wenn es z. B. durch Verbrennungsprozesse emittiert wurde? Die gesamte Kohlenstoffbilanz der Erde wird u. a. durch die Prozesse der Fotosynthese, Atmung, Kalkbildung und die Entstehung fossiler Kohlenstoffverbindungen – fein verteilt in den Sedimenten oder angereichert in Erdöl, Erdgas oder Kohle – bestimmt. Für die Kohlenstoffgehalte in den unterschiedlichen Kompartimenten (Atmosphäre, Biosphäre, Ozeane, Böden, Sedimente und Gesteine) sowie für die Prozesse selbst können Größenordnungen und Flussraten berechnet und angegeben werden.

Verglichen mit natürlichen Austauschraten erscheint der Anteil des durch menschliche Aktivitäten freigesetzten Kohlenstoffdioxids vernachlässigbar gering. Können die Diskussionen und Maßnahmen zur Reduktion der Kohlenstoffdioxidemissionen demnach als übertrieben oder gar unangemessen bewertet werden? Nicht ohne weiteres, denn auch geringfügige Veränderungen können ein empfindliches Kreislaufsystem spürbar beeinflussen. Menschliche Eingriffe wirken sich vor allem dort aus, wo ein über einen langen Zeitraum stabiles Gleichgewicht verändert wird. Die Verbrennung fossiler Energieträger setzt Kohlenstoffdioxid frei, das unter natürlichen Bedingungen über Jahrmillionen Umwandlungsprozessen entzogen gewesen wäre.

Wird zusätzliches Kohlenstoffdioxid in die Atmosphäre abgegeben, so steigt dort die Konzentration an. Da aber innerhalb eines Systems alle Teilbereiche miteinander verbunden sind, verändern sich ebenso die Gehalte in den übrigen Kompartimenten und die Flussraten.

 ↗ 3.4 | Autoabgase und Umwelt

4.3
Beschreibung der Realität durch Modelle

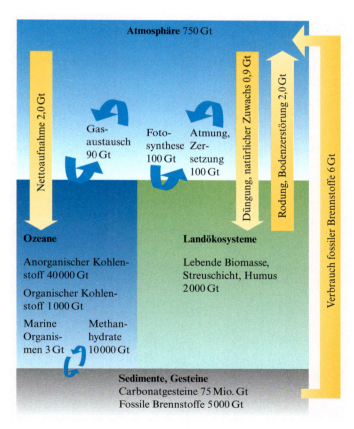

Globaler Kohlenstoffkreislauf mit den wichtigsten Kompartimenten und Flüssen. Alle Flüsse sind in Gt ($1 \cdot 10^9$ t) Kohlenstoff pro Jahr angegeben.

[…]

1. Vergleichen Sie die IR-Spektren von Wasserdampf, Kohlenstoffdioxid, Methan und Trichlorfluormethan. Erörtern Sie die möglichen Auswirkungen von Konzentrationserhöhungen unter Beachtung der Zusammensetzung der Atmosphäre sowie des atmosphärischen Fensters im Strahlungshaushalt.
2. Recherchieren Sie weitere Indikatoren, die auf Klima- und andere Umweltdaten hinweisen.

4.4 | Vertikale Dichteverhältnisse in den Ozeanen

Die Ozeane – geheimnisvoll und unerforscht?

Der Blaue Planet

4

Kohlenstoffdioxid im Blickpunkt

„Es fällt schwer, sich eine Wissenschaft vorzustellen, die mehr Aspekte des menschlichen Lebens berührt als die Ozeanographie." Tjeerd van Andel, Geologe und Ozeanograph, 1983.

Die Ozeanographie wurde gegen Ende des 19. Jahrhunderts begründet, zu einer Zeit, als sich andere Zweige der Naturwissenschaften längst entfaltet hatten. Dies ist erstaunlich, wenn man bedenkt, dass die Ozeane in vielerlei Hinsicht essenziell für das Leben auf unserem Planeten sind. Auch im Klimageschehen unseres Planeten spielen sie eine entscheidende Rolle.

Kohlenstoffdioxidsenken. In den Ozeanen ist fünfzigmal mehr Kohlenstoff gespeichert als in der Atmosphäre. Sie nehmen als größtes Kohlenstoffreservoir, das in einem aktiven Kohlenstoffaustausch mit der Atmosphäre steht, eine zentrale Stellung im globalen Kohlenstoffkreislauf ein. Derzeit wird von den Ozeanen ein großer Teil des durch menschliche Aktivitäten freigesetzten Kohlenstoffdioxids aufgenommen. Die komplexen Zusammenhänge, die diese Aufnahme steuern, sowie jene, die das Klima der Erde beeinflussen, sind allerdings längst nicht hinreichend bekannt. Seit Mitte der 1980er Jahre versuchen Meeresforscher aus der ganzen Welt Genaueres über den Kohlenstoffkreislauf im Ozean und dessen Bedeutung im Klimageschehen herauszufinden. Sowohl chemische als auch biologische, physikalische und geologische Faktoren nehmen Einfluss darauf, wie viel Kohlenstoff (in Form von verschiedenen Verbindungen) zwischen den einzelnen Speichern ausgetauscht wird.

Ozeane sind riesige, langfristige Kohlenstoffdioxid-Reservoire.

Wälder gelten als ebenfalls bedeutende, jedoch nur kurzzeitige Kohlenstoffdioxidsenken.

Man weiß heute, dass nur knapp die Hälfte des durch anthropogene Tätigkeiten freigesetzten Kohlenstoffdioxids in der Atmosphäre verbleibt. Ein weiterer Teil wird von den Wäldern der nördlichen Hemisphäre aufgenommen, die ein verstärktes Wachstum aufweisen. Der Verbleib eines beachtlichen Teils an Kohlenstoffdioxid ist jedoch bis heute ungeklärt, er „verschwindet" in einer bislang unbekannten Senke. Als gesichert gilt aber, dass der weitaus größte Teil des durch anthropogene Tätigkeiten zusätzlich emittierten Kohlenstoffdioxids von den Ozeanen aufgenommen wird. Doch welche Mechanismen sind dabei von Bedeutung?

Anteile verschiedener Gase im Ozeanwasser

$\frac{\varphi}{\text{in } ‰}$

Gas	Anteil
Sauerstoff	~5
Stickstoff	~9
Kohlenstoffdioxid	~45

4.4 | Einfluss des pH-Werts auf das Gleichgewichtssystem | Salzgehalt und Gleichgewichtssystem

Faktoren der Gaslöslichkeit und der chemischen Reaktion. Bei der Aufnahme in Wasser wird gasförmiges Kohlenstoffdioxid zunächst gelöst (hydratisiert). Ein Teil des hydratisierten Kohlenstoffdioxids reagiert mit Wasser zu Hydrogencarbonat-Ionen, die wiederum mit Wasser unter Bildung von Carbonat-Ionen reagieren. Dies geschieht in drei ineinander greifenden Gleichgewichtsreaktionen.
Der Stoffmengenanteil des hydratisierten Kohlenstoffdioxids sowie der Hydrogencarbonat-Ionen und Carbonat-Ionen ist von verschiedenen Faktoren abhängig, z. B. vom pH-Wert der Lösung.

↗ D-6 | Verschiebung des chemischen Gleichgewichts

Die Löslichkeit von Kohlenstoffdioxid ist in „reinem" Wasser keineswegs identisch mit der des Ozeanwassers. Neben dem pH-Wert von 7,8 bis 8,2 sind weitere Faktoren von Bedeutung. So ist z. B. der Luftdruck Schwankungen unterlegen. Temperatur und Salzgehalt variieren sowohl im örtlichen Oberflächenwasser als auch mit zunehmender Tiefe.

Gasabsorptionsgleichgewicht

Die Stoffmengenkonzentration c eines gelösten Gases ist proportional zum Partialdruck p des Gases über der Lösung (HENRY-Gesetz). Dieses Gesetz gilt näherungsweise auch für die im Oberflächenwasser der Ozeane gelösten atmosphärischen Gase.

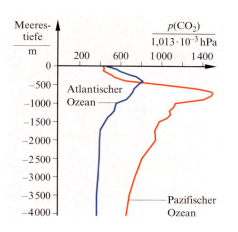

Partialdruck p von Kohlenstoffdioxid im Meerwasser in Abhängigkeit von der Meerestiefe (exemplarische Messwerte)

Thermohaline Schichtung. Der Partialdruck des Kohlenstoffdioxids im Ozean variiert in Abhängigkeit von der Gewässertiefe stark. Im Oberflächenwasser sind die Werte aufgrund der hohen Fotosyntheserate relativ gering. Als Folge der Produktion von Kohlenstoffdioxid durch Atmung und Zersetzung nehmen sie bis zu einer Tiefe von 1000 m zu.

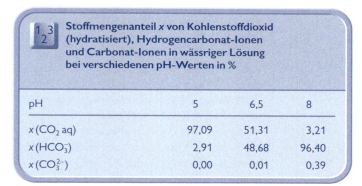

Stoffmengenanteil x von Kohlenstoffdioxid (hydratisiert), Hydrogencarbonat-Ionen und Carbonat-Ionen in wässriger Lösung bei verschiedenen pH-Werten in %

pH	5	6,5	8
$x(CO_2\ aq)$	97,09	51,31	3,21
$x(HCO_3^-)$	2,91	48,68	96,40
$x(CO_3^{2-})$	0,00	0,01	0,39

↗ E-5 | Der pH-Wert

4.4
Die Ozeane – geheimnisvoll und unerforscht?

Die unterschiedlichen Temperatur- und Salzkonzentrationsverhältnisse führen zu vertikalen variierenden Werten der Dichte (thermohaline Schichten; griech. thermos – warm, hals – Salz). So ruht die Oberflächenschicht der Ozeane auf einer tieferen Wasserschicht, die eine höhere Dichte aufweist. Ein Stoffaustausch zwischen diesen Schichten ist dadurch behindert, sodass Kohlenstoffdioxid durch Diffusion kaum in tiefere Ozeanbereiche gelangt.
Dennoch haben Messungen ergeben, dass über 95 % des Kohlenstoffdioxids im Mittel- und Tiefenwasser des Ozeans zu finden sind. Es müssen weitere Vorgänge existieren, die Kohlenstoffdioxid in die Tiefsee transportieren.

[...]

1. Begründen Sie die gute Löslichkeit von Kohlenstoffdioxid in Wasser und verdeutlichen Sie diese Eigenschaft anhand der Molekülstrukturen von Kohlenstoffdioxid und Wasser.
2. Holen Sie Informationen über Kohlensäure ein. Erläutern Sie, warum Kohlensäure in wässrigen Lösungen instabil ist.
3. Entwickeln Sie ein Modellexperiment, mit dem die Temperaturschichtung in den Ozeanen simuliert werden kann.

4.5 | Physikalische Kohlenstoffpumpe | Marines Förderband der Weltmeere

Gigantische Wasserfälle und Schneefall in den Ozeanen

Die physikalische Kohlenstoffpumpe. Der Golfstrom, der für das gemäßigte Klima Europas verantwortlich ist, ist Teil eines ungeheuren Strömungssystems, das wie ein Förderband das gesamte Weltmeer durchzieht. Er transportiert warmes, aus den Äquatorregionen stammendes Wasser polwärts. Ein Teil dieser Wassermassen verdunstet auf dem Weg nach Norden, sodass der Salzgehalt stetig zunimmt. Weit im Norden trifft der Golfstrom, inzwischen durch arktische Winde abgekühlt, auf zwei weitere Strömungen. Die eine fließt entlang der Ostküste Grönlands, die andere entlang der Küste Labradors vor Nordkanada. Beide sind kalt und salzarm, da sie durch geschmolzenes Eis, das vom Festland stammt, gespeist werden. Treffen diese Strömungen mit dem salzhaltigen Golfstrom zusammen, so bilden sich Wassermassen niedriger Temperatur und hohen Salzgehalts, die somit eine höhere Dichte aufweisen als die darunter befindlichen Wasserschichten. Das Wasser sinkt in die Tiefe und durchbricht die thermohaline Schichtung.

Der Golfstrom

„Es gibt einen Fluss im Ozean: Selbst bei schlimmster Dürre versiegt er nie, und nie quillt er über, auch nicht bei den mächtigsten Fluten; seine Ränder und sein Bett sind aus kaltem Wasser, während er selbst warm strömt; der Golf von Mexiko ist sein Quell, und seine Mündung liegt in den Gewässern der Arktis. Man nennt ihn den Golfstrom."
MATTHEW FONTAINE MAURY, 1855

Aufgrund der hohen Löslichkeit von Kohlenstoffdioxid in kaltem Wasser enthält der abgekühlte Wasserkörper einen hohen Anteil an hydratisiertem Kohlenstoffdioxid. Das Volumen des herabstürzenden Wassers ist ungeheuer groß: Es wird mit ca. 17 Mio. Kubikmetern pro Sekunde rund zwanzigmal höher geschätzt als das Wasservolumen, das alle Flüsse der Erde zusammengenommen transportieren. Tatsächlich wird rund ein Viertel des Transports von anthropogenem Kohlenstoffdioxid von der Atmosphäre in das Tiefenwasser der Ozeane auf diesen Prozess zurückgeführt, der als physikalische Kohlenstoffpumpe bezeichnet wird. Durch den hohen Druck, den ein paar tausend Meter Wassersäule in der Tiefe des Ozeans ausüben, bleibt das Kohlenstoffdioxid dort erst einmal gespeichert. In 2 000 bis 3 000 Metern Meerestiefe bildet sich nun eine kalte Tiefenwasserströmung, die in entgegengesetzter Richtung des Golfstroms fließt.

Salzlaugenkanäle in gefrorenem Meerwasser. Im Jahre 1985 entdeckten Forschergruppen zwischen Grönland und Spitzbergen einen weiteren Prozess, der ebenfalls die physikalische Kohlenstoffpumpe in Gang hält. Dabei kommt es jeden Winter zu folgendem Effekt: Durch die tiefen Temperaturen erstarrt das Wasser an der Ozeanoberfläche zu Eis. Die Ionen der im Meerwasser gelösten Salze werden dabei nicht in die Struktur der Eiskristalle eingebaut. Die Lücken im Kristallgitter sind kleiner als die Natrium-, Magnesium- und

Salzlaugenkanäle in gefrorenem Meerwasser, mikroskopische Aufnahme

4 Kohlenstoffdioxid im Blickpunkt

68

4.5 | Biologische Kohlenstoffpumpe | Aussagen von Klimaforschern

Algen entziehen durch Fotosynthese dem Oberflächenwasser des Ozeans Kohlenstoffdioxid.

Chlorid-Ionen des Meerwassers. Es kommt zur Ausbildung von Salzlaugenkanälen, durch die das Salz mit wenig Flüssigkeit nach unten ausgepresst wird. Die Sole sammelt sich unter dem Eis, bis auch hier die Dichte des Wassers so hoch ist, dass es in die Tiefe sinkt und sich dem Tiefseestrom in Richtung Süden anschließt.

Das marine Förderband. Im Südpolarmeer der Antarktis wird eine weitere Tiefenwasserströmung erzeugt. Hier entsteht sie hauptsächlich durch die Bildung von Meereis. Die Tiefenwasserströmungen treffen sich im Südatlantik und fließen gemeinsam weiter ostwärts. Im Indischen und Pazifischen Ozean steigt das Wasser wieder an die Oberfläche und kehrt von dort aus zurück in den Atlantik. Mit einer Durchschnittsgeschwindigkeit von

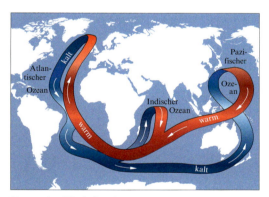

Das marine Förderband

100 Metern pro Tag tritt der abgesunkene Wasserkörper allerdings erst nach ungefähr tausend Jahren wieder an die Oberfläche. Für diesen Zeitraum bleibt auch das Kohlenstoffdioxid, das auf diesem Weg in die Tiefsee gelangt, im Ozean gespeichert.

Die biologische Kohlenstoffpumpe. Durch die Fotosynthese des Phytoplanktons wird dem Oberflächenwasser das darin gelöste Kohlenstoffdioxid entzogen und zum Aufbau von Biomasse verwendet. Weltweit macht dieser Vorgang derzeit mehr als die Hälfte der Primärproduktion aus. Das Phytoplankton ist die Nahrungsgrundlage für alle anderen Meeresbewohner. Beim Abbau dieser organischen Substanz wird in den Oberflächenschichten wiederum Kohlenstoffdioxid freigesetzt. Es wird jedoch nicht die gesamte Biomasse in den oberen Wasserschichten abgebaut; ein sehr kleiner Teil sinkt kontinuierlich in die Tiefe. Dieser Niederschlag wird auch als mariner Schnee bezeichnet. Er besteht aus Kot und abgestorbenem Material von Tieren und Pflanzen. Ein Teil gelangt in tiefere Ozeanschichten, wo Bakterien einen Teil dieser organischen Reste zu Kohlenstoffdioxid abbauen. Aufgrund des hohen Drucks und der niedrigen Temperatur löst sich das entstandene Kohlenstoffdioxid dort sehr gut.

Mit Computermodellen dem Klima auf der Spur. Die globale Erwärmung könnte zu einer drastischen Verlangsamung oder gar zum Versiegen des Nordatlantikstroms führen. Die Temperaturen in ganz Europa würden erheblich sinken. Solche Klimasprünge sind in den letzten 200 000 Jahren mehrmals aufgetreten. Auch hier versuchen Forscher heute, mithilfe von Computermodellen Vorhersagen zu treffen. Da verschiedene Kreisläufe ineinander greifen, ist das Klimageschehen äußerst komplex und entsprechend schwer in Modellen abzubilden.

4.5
Gigantische Wasserfälle und Schneefall in den Ozeanen

1. Arbeiten Sie die wesentlichen Aussagen verschiedener Klima- und Ozeanforscher heraus und diskutieren Sie diese.
2. Kopieren Sie aus einem Atlas eine Weltkarte. Markieren Sie die Stellen, an denen die Ozeane als Kohlenstoffsenken fungieren, sowie diejenigen, an denen Kohlenstoff an die Atmosphäre abgegeben wird.
3. Entwickeln Sie ein Experiment, das die physikalische Kohlenstoffpumpe demonstriert.

4.6 | Wasserhärte | Korallenriffe | Tropfsteinhöhlen

Aus Wasser zu Stein – Kalk

Das Phänomen ist bekannt: An Armaturen im Badezimmer, im Wasserkocher, selbst am Duschvorhang sind häufig deutliche weiß-graue Ablagerungen eines festen Stoffes zu erkennen, obwohl doch nur Leitungswasser mit diesen Gegenständen in Berührung gekommen ist. Durch welche Prozesse entstehen diese als Wasser- oder Kesselstein bezeichneten Ablagerungen?

Wie weiches Wasser hart wird. Um die „Kalkablagerungen" im Haushalt verstehen zu können, ist ein Blick in die Natur hilfreich. Kalkstein ist eines der häufigsten Sedimentgesteine – ganze Gebirge sind aus diesem Mineral aufgebaut.

4 Kohlenstoffdioxid im Blickpunkt

 Härte des Wassers

Die Härte des Wassers (Gesamthärte) gibt den Anteil der in der Wasserprobe enthaltenen Calcium- und Magnesiumsalze (Chloride, Sulfate, Hydrogencarbonate) an. Sie wird quantitativ in mmol · l^{-1} Erdalkalimetall-Ionen angegeben. Eine frühere Angabe (z. T. heute noch verbreitet) ist der Deutsche Härtegrad: 1 °d entspricht $\beta(CaO) = 10$ mg · l^{-1} bzw. entspricht $c(Ca^{2+}) = 0{,}178$ mmol · l^{-1}.

Härtebereiche des Wassers

Härtebereich	I (weich)	II (mittelhart)	III (hart)	IV (sehr hart)
Härte in mmol · l^{-1}	<1,25	1,25 bis 2,49	2,50 bis 3,74	>3,74
Härtegrad in °d	<7	7 bis 14	15 bis 21	>21

Welche chemischen Reaktionen sind beteiligt, wenn „aus Wasser Stein wird"?
Das Regenwasser in der Natur ist so genanntes „weiches" Wasser. An der Luft, vor allem aber durch das Versickern im Boden kommt es in Kontakt mit Kohlenstoffdioxid. Dieses reagiert zunächst mit dem Wasser und weiter mit im Boden enthaltenen Mineralen wie Kalkstein oder Gips zu löslichem Calciumhydrogencarbonat oder Magnesiumhydrogencarbonat. Die gelösten Calcium- und Magnesiumsalze führen zu der umgangssprachlichen Bezeichnung „hartes Wasser". Doch im Wasser gelöste Stoffe allein können die eingangs erwähnte

Kalksinterterrassen in Pamukkale, Türkei

70

4.6 | Technischer Kalkkreislauf

Steinkorallen sind leistungsstarke Baumeister.

Bildung von Kesselstein nicht erklären. Deshalb muss hier die Richtung der ablaufenden chemischen Reaktion betrachtet werden. Beim Verdunsten oder Erhitzen von „hartem Wasser" reagiert Calciumhydrogencarbonat unter Abgabe von Kohlenstoffdioxid und Wasser zu Calciumcarbonat, was als Ablagerung von Kalkstein sichtbar wird.

↗ D-6 | Wasser und Kohlenstoffdioxid …

4.6
Aus Wasser zu Stein – Kalk

Gebirge aus Algen, Mollusken, Korallen?
Kalkschlämme und Kalksteingebirge sind zum überwiegenden Teil biogenen Ursprungs, aber auch durch chemische und physikalische Prozesse entstanden. Marine Organismen wie Muscheln, Schnecken und bestimmte Einzeller (z. B. Foraminiferen) bauen durch Calcifikation Carbonat-

Die Dolomiten – durch tektonische Aktivität aufgeworfene Kalksteinsedimente

[...]

1. Verdeutlichen Sie, unter welchen Bedingungen Kesselstein gebildet wird. Welche Aussagen zur Reaktion können getroffen werden, wenn die Härte des untersuchten Wassers bekannt ist?
2. Auf Waschmittelverpackungen sind unterschiedliche Dosierungen in Abhängigkeit von der Härte des Wassers vermerkt. Nehmen Sie als Chemiker bzw. Chemikerin dazu Stellung.
3. Das rasche Wachstum von riffbildenden Korallen selbst in der Brandungszone eines Korallenriffs ist erstaunlich. Wissenschaftler erklären es mit der vergesellschafteten Lebensweise mit Algen. Erläutern Sie diesen Sachverhalt. Berücksichtigen Sie dabei, dass Algen Fotosynthese treibende, also Kohlenstoffdioxid fixierende Organismen sind.
4. Recherchieren Sie die Verwendung von Kalk in der Industrie. Informieren Sie sich über den technischen Kalkkreislauf. Stellen Sie den Prozess mithilfe von Reaktionsgleichungen dar.
5. Kalksedimente unterliegen durch klimatische Einflüsse auch abbauenden Prozessen. Erläutern Sie den Vorgang der Kalksteinverwitterung unter Verwendung von Reaktionsgleichungen.

Die Gehäuse von Foraminiferen (Kammerlinge) bestehen aus Calciumcarbonat.

skelette auf, die nach dem Absterben der Organismen auf den Grund der Meere sinken und in Jahrmillionen mächtige Sedimente bilden. Durch tektonische Verformungen entstanden schließlich die mehrere tausend Meter hohen Auffaltungen der Kalksteingebirge.
Bei der chemisch-physikalischen Entstehung sind das Löslichkeitsprodukt des Calciumcarbonats und äußere Faktoren der Umgebung wie Temperatur, Salinität und pH-Wert von Bedeutung.

↗ E-5 | Vorhersagbarkeit von Säure-Base-Reaktionen

Doch damit ist der Kreislauf noch nicht geschlossen. Als verbindendes Glied bei den Kalk aufbauenden und abbauenden Prozessen kann Kohlenstoffdioxid identifiziert werden. Kohlenstoffdioxid ist an allen chemischen Reaktionen des natürlichen Kalkkreislaufs beteiligt. Bezieht man auch die Vorgänge der Assimilation und Dissimilation in der Biosphäre mit ein, so wird der Kreislauf des Kohlenstoffdioxids in der Natur deutlich.

4.7 | Pufferwirkung von Meerwasser

Stabile Systeme – Puffersysteme

Pufferwirkung der Ozeane. Die Eigenschaft der Ozeane, von äußeren Veränderungen weitgehend unbeeinflusst zu bleiben, ist essenziell für die Lebensgemeinschaften und die kontinuierliche Evolution der Organismen. Eine wichtige Eigenschaft ist z. B. der pH-Wert der Ozeane, der seit Millionen von Jahren konstant im leicht alkalischen Bereich liegt (etwa pH = 8). Wie ist eine solche Konstanz trotz zahlreicher wechselnder äußerer Einflüsse zu erklären? Steht dies nicht im Widerspruch zu der Tatsache, dass jährlich etwa 90 Gt ($90 \cdot 10^{12}$ kg) atmosphärisches Kohlenstoffdioxid in den Weltmeeren gebunden werden?

4
Kohlenstoffdioxid im Blickpunkt

Pufferwirkung von Meerwasser

Meerwasser (V = 200 ml) wird unter Rühren mit Salzsäure (c = 0,1 mol · l^{-1}) in einem Erlenmeyerkolben titriert. Nach jedem Zusatz der Säureportionen (V = 0,5 ml) wird der pH-Wert der Lösung gemessen und protokolliert. Als Kontrolle wird destilliertes Wasser in gleicher Weise mit Salzsäure titriert.

Die Ursache für nahezu gleich bleibende pH-Werte sind die in den Ozeanen enthaltenen Puffersysteme. Der pH-Wert der Ozeane wird in erster Linie durch die Gleichgewichtssysteme Kohlenstoffdioxid/Hydrogencarbonat bzw. Hydrogencarbonat/Carbonat (verkürzt als Carbonatpuffersystem bezeichnet) bestimmt. Daneben existieren weitere, wie z. B. das Phosphatpuffersystem.

↗ E-6 | Puffersysteme weisen den pH-Wert in seine Schranken

Puffer, Puffersysteme, Pufferlösungen

In Analogie zu mechanischen Vorrichtungen bezeichnet der chemische Begriff Puffer ein System, das einen zusätzlichen Eintrag von Säure oder Base abzufangen (zu „puffern") vermag, dabei verändert sich der pH-Wert des Puffersystems nur geringfügig. Pufferlösungen sind Lösungen schwacher Säuren bzw. Basen und dem Salz der Säure bzw. Base, die mit den zugegebenen Hydronium- bzw. Hydroxid-Ionen reagieren.

Ausgangslösung: Acetatpufferlösung (pH = 4,75)

Acetatpufferlösung nach Zugabe von 0,5 ml Natronlauge (c = 0,2 mol · l^{-1})

Saure Lösung (pH = 4,75) ohne Puffer. Farbumschlag nach Zugabe von Natronlauge

Farbumschläge von gepufferten und ungepufferten Lösungen, Indikator: Lackmus

Wirkung verschiedener Pufferlösungen im Vergleich zu reinem Wasser

Zu 990 ml der angegebenen Pufferlösungen (Konzentration der Säure und des Salzes je c = 1 mol · l^{-1}) bzw. Wasser werden 10 ml Salzsäure (c = 1 mol · l^{-1}) gegeben und es wird der pH-Wert gemessen.

	pH-Wert der Ausgangslösung	pH-Wert nach Zugabe von Salzsäure	pH-Wert-Differenz
Carbonatpuffer*	9,82	9,81	0,01
Phosphatpuffer**	7,12	7,11	0,01
Wasser, dest.	7,00	2,00	5,00

Puffersysteme:
* HCO_3^-/CO_3^{2-}
** $H_2PO_4^-/HPO_4^{2-}$

72

4.7 | Pufferlösungen

Ozeane sind ein Teil eines bemerkenswerten Puffersystems. Säuren bzw. Salze der Säuren sind nicht – wie in anderen Puffersystemen – permanent in Lösung. Auch die Atmosphäre, Carbonatskelette und -gesteine sind Kompartimente des Puffersystems Ozean.

Die Atmosphäre in der Frühzeit der Erde bestand neben Methan, Wasserstoff und anderen Gasen zu etwa 35 % aus Kohlenstoffdioxid. In dieser Zeit (vor ca. 4 bis 2 Milliarden Jahren) löste sich daher viel Kohlenstoffdioxid in den Meeren. Ein großer Teil davon reagierte nach und nach mit Calcium- und Magnesium-Ionen zu schwer löslichem Kalk und wurde so in Form von Kalkgestein abgelagert. Eine Folge davon war die Verringerung der Kohlenstoffdioxidkonzentration der Atmosphäre.

Wenn der Organismus sauer reagiert – Azidose

JANA F. (17) hatte zum wiederholten Mal versucht, ihr Wunschgewicht zu erreichen. Verschiedene Diäten hatten nicht den erwünschten Erfolg gebracht. Deshalb beschloss Jana, von heute auf morgen eine Nulldiät zu beginnen, sie stellte das Essen vollständig ein. In den ersten Tagen fühlte sie sich „nur" ein wenig schlapp und nicht leistungsfähig. Doch nach 10 Tagen wurde aus dem Unwohlsein Ernst: Beim Sportunterricht brach Jana zusammen. Kurz bevor sie das Bewusstsein verlor, klagte sie über rasende Kopfschmerzen. Obwohl sie regungslos dalag, fiel den Mitschülern ihre schnelle und tiefe Atmung auf. Im Krankenhaus wurde durch die Analyse des Blutes ein erniedrigter pH-Wert von 7,2 festgestellt. Der Arzt erklärte Jana, dass sie durch den Säureüberschuss im Blut (medizinische Bezeichnung: Azidose) in einen lebensbedrohlichen Zustand geraten war.

Höchste körperliche Anstrengung, wie z. B. bei einem Marathonlauf, kann zu Azidose führen.

[...]

1. Stellen Sie die Reaktionsgleichungen für ein selbst gewähltes Puffersystem auf. Erklären Sie anhand dieser Gleichungen die Wirkung von Puffersystemen.
2. Sie haben die Reaktionssysteme von Kohlenstoffdioxid / Hydrogencarbonat sowie Hydrogencarbonat / Carbonat in diesem Kapitel kennen gelernt. Erläutern Sie die Komplexität des Systems „Erde" an diesen Reaktionssystemen.
3. Diskutieren Sie vor dem Hintergrund der Pufferfunktion der Ozeane, ob eine Entsorgung von Kohlenstoffdioxid durch Einleiten dieses Stoffes in die Ozeane sinnvoll wäre. Informieren Sie sich in diesem Zusammenhang über tatsächlich geführte Diskussionen und geplante Vorhaben.
4. Begründen Sie die lebenswichtige Bedeutung der Puffersysteme im Blut und in anderen Körperflüssigkeiten.

4.7
Stabile Systeme – Puffersysteme

Stabilisierung des pH-Werts im menschlichen Organismus. Nicht nur in Ozeanen, auch in Lebewesen übernehmen Puffersysteme wichtige Funktionen. Durch Nahrungsaufnahme und Verdauung entsteht z. B. im menschlichen Organismus bei der Dissimilation, also dem biochemischen Umsatz von Nährstoffen, laufend Kohlenstoffdioxid, das sich in den Körperflüssigkeiten löst. Ohne Regulierungsmechanismen bestünde die Gefahr eines ständig absinkenden pH-Werts, was zu Zellschädigungen bis hin zum Tod führen würde. Um einer gesundheitsschädigenden pH-Wert-Verschiebung vorzubeugen, regulieren Nieren und Lunge den Säure-Base-Haushalt des Körpers. Spitzenwerte werden durch die in den Körperflüssigkeiten enthaltenen Pufferlösungen abgefangen. Im Blut, das einen durchschnittlichen pH-Wert von 7,36 bis 7,44 aufweist, sorgt ebenfalls das Carbonatpuffersystem für annähernd konstante pH-Werte. Die im Blut vorhandenen Hydrogencarbonat-Ionen reagieren mit Hydronium-Ionen. Als Reaktionsprodukte entstehen Wasser und Kohlenstoffdioxid, das ausgeatmet wird. Puffersysteme tragen weiterhin zur Gesundheit der Haut („Säureschutzmantel") und des Mundes (Puffersystem im Speichel) bei.

↗ D-7 | Puffersysteme – Gleichgewichtsreaktionen stabilisieren den pH-Wert
↗ 12.2 | Speichel

Für Experten

Die Katastrophe vom Nyossee. Die Idylle trügt – der Nyossee in Kamerun birgt eine tödliche Gefahr: Am 22. August 1986 erstickten binnen weniger Minuten 1800 Menschen und unzählige Tiere nach einer gewaltigen Explosion in dem Kratersee.
Was war geschehen?

1. Erläutern Sie unter Verwendung der chemischen Fachsprache die einzelnen Phasen der Katastrophe von der Gasanreicherung im See bis zur Ausbreitung der Gaswolke. Gehen Sie bei Ihren Ausführungen auf die Vorkommen und Eigenschaften von Kohlenstoffdioxid ein.
2. Sie sind Mitglied der Expertenkommission zur Verhinderung einer erneuten Katastrophe am Nyossee. Entwickeln Sie auf der Grundlage Ihrer Kenntnisse über Kohlenstoffdioxid Maßnahmen, die zum Schutz der Bevölkerung ergriffen werden können.

Der Nyossee liegt in einem vulkanisch aktiven Gebiet und ist etwa 200 m tief. Sein kaltes Wasser wird am Grund des Sees durch unterirdische Quellen gespeist und reichert große Mengen an Kohlenstoffdioxid an. In jener Nacht kam es zu einer plötzlichen Eruption, Wasserfontänen schossen in die Höhe und eine riesige Wolke von Kohlenstoffdioxid tötete alles Leben in den Tälern im Umkreis von 25 km. Die Kohlenstoffdioxidwolke hatte 1986 etwa ein Volumen von 80 Millionen Kubikmetern. Bereits 15 Jahre später hatten sich im kalten Wasser in der Tiefe des Sees wieder 300 Millionen Kubikmeter Kohlenstoffdioxid angesammelt. Die nächste Katastrophe schien unausweichlich.

Kapitel 5

Rost ohne Rast

Selten wird Rost so positiv bewertet wie hier in der Kunst. Haben Sie sich nicht auch schon einmal über Roststellen an Ihrem Fahrrad oder Auto geärgert? Neben der ästhetischen Beeinträchtigung kann Rost aber auch zu gefährlichen Situationen führen, z. B. wenn Rohrleitungen undicht werden oder Seilzüge von Bremsen reißen. In Deutschland entsteht allein durch das Rosten der Bewehrungen von Brücken jährlich ein volkswirtschaftlicher Schaden in Höhe von 200 Mio. Euro. Was ist Rost für ein Stoff? Wie entsteht er und auf welche Weise lassen sich Werkstoffe gegen Rost schützen? Sind andere Metalle genauso gefährdet wie Eisen? Viele Fragen und Beurteilungen zum Thema „Rost ohne Rast" lassen sich nur klären, wenn wir den chemischen Reaktionen dieses Phänomens näher auf die Spur kommen: Rosten ist ein erstaunlicher Vorgang.

5.1 | Bedingungen des Rostens | Beim TÜV: Das Ende von Ulis Wagen | Untersuchungen zur Rostzusammensetzung

Dem Rost auf der Spur

Bedingungen für das Rosten. Wenn Sie sich in Ihrer Umgebung umsehen, so werden Ihnen immer wieder Gegenstände auffallen, die Roststellen aufweisen. Etwa ein Drittel der jährlichen Eisenproduktion dient lediglich dazu, die Verluste durch Rosten auszugleichen. Die ersten schriftlichen Aufzeichnungen über Rost stammen von PLATON (427 bis 347 v. Chr.). Für ihn stellte Rost das Erdige dar, das sich aus dem Metall ausscheidet. Während der Laie sich in der Regel auf Eisen bezieht, wenn er von Rost spricht, redet der Fachmann allgemein von Korrosion und meint damit die Reaktion eines Werkstoffs mit seiner Umgebung, die zu einem Korrosionsschaden führen kann (lat. corrodere – zerfressen, zernagen). Demnach können auch andere Metalle und Kunststoffe korrodieren.

Rost aus Eisen – Eisen aus Rost. Die Bedingungen, unter denen Eisen besonders stark rostet, geben bereits einige Hinweise auf die Zusammensetzung von Rost. Eine genaue Betrachtung von unterschiedlich alten Roststellen führt uns noch weiter.

Zweijähriges Kind auf Spielplatz schwer verletzt: Rost hatte die Halterung eines Spielgeräts zerstört.

5
Rost ohne Rast

Korrosion eines Kupferdachs

In Deutschland entstehen jährlich 25 Mrd. Euro Verlust am Bruttosozialprodukt durch Rost.

Was ist Rost?

Als Rosten wird gewöhnlich die Korrosion von Eisen oder Stahl an der Luft oder in wässrigen Lösungen bezeichnet. Dabei entstehen Eisenoxide und -hydroxide. Sie fallen durch ihre charakteristische gelbrote bis -braune Färbung auf. Bei Rost handelt es sich nicht um eine einheitliche Oxidverbindung. Erstes Produkt des Rostprozesses ist Eisenhydroxid, das in Gegenwart von Sauerstoff nicht stabil ist und über verschiedene Zwischenstufen in das stabilere rotbraune Eisenoxidhydroxid übergeht. Frischer Rost ist voluminös und rötlich orange. Alter, trockener Rost oder unter Sauerstoffmangel entstandener Rost enthält vermehrt dunkler gefärbtes, grauschwarzes Eisenoxid (Magnetit).

Rost – das Ende von Ulis Wagen

Uli berichtet: „Mein alter Ford muss dringend zum TÜV, aber wahrscheinlich fallen große Reparaturen an, die einiges kosten werden. Im letzten Winter bin ich mit meiner alten Karre bei Glatteis in einen Zaun gerutscht, wobei mein Auto ordentlich Lack gelassen hat. Und durch die permanent gestreuten Straßen haben sich die Roststellen während dieser Zeit stark ausgebreitet. Na ja, wenn ich den Wagen nicht durch den TÜV bekomme, muss ich eben warten, bis ich mir einen neuen leisten kann. Die neueren Autos sollen jedenfalls besser gegen Rost geschützt sein."

Einzelne Fehlfunktionen können ganze Ketten von Unfällen auslösen. Eisen ist das in der Technik am häufigsten verwendete Metall.

5.1 | Zusammensetzung von Rost

Durch das Rosten werden viele Gebrauchsgegenstände unbrauchbar und landen auf dem Schrottplatz. Und dann? Lässt sich mit dem korrodierten Alteisen noch etwas anfangen oder belastet es jetzt dauerhaft unsere Umwelt? Aus Eisen, Sauerstoff und Wasser entsteht unter bestimmten Bedingungen Rost: ein Gemisch aus Eisenoxidhydroxid und Eisenoxiden. Ließe sich dieser Prozess umkehren, so würde einsatzfähiges Eisen entstehen. Aber wie kann aus Eisenoxidhydroxid wieder Eisen gewonnen werden?

Eisen entsteht beim Hochofenprozess

Im Hochofen wird aus natürlich vorkommenden Eisenerzen (Eisenoxiden) und Eisenschrott (mehr oder weniger verrostetes Eisen) reines Eisen gewonnen. Dieses wird anschließend weiter zu Stahl verarbeitet. Tatsächlich bestehen die Gegenstände Ihres Alltags meistens aus Stahl und nicht aus reinem Eisen, weil dieses viel zu weich und zudem unbeständig wäre. Stahl rostet bekanntlich deutlich langsamer als reines Eisen. Hier verhindern Zusatzstoffe die schnelle Oxidation.

Ausgießen von Stahl bei der Stahlerzeugung

 E-1 | Redoxreaktionen sind Elektronenübergänge

1. Untersuchen Sie, unter welchen Bedingungen Eisen besonders schnell rostet.
2. Informieren Sie sich über die verschiedenen erwähnten Eisenoxide und -hydroxide. Notieren Sie deren chemische Formeln und Farben.
3. Untersuchen Sie einige Eigenschaften von Rost.
4. Eisen und Stahl gelten als voll recycelbare Werkstoffe. Recherchieren Sie, welche Prozesse beim Recycling im Hochofen ablaufen. In diesem Zusammenhang müssen Sie die Begriffe Oxidation und Reduktion wiederholen. Für die Formulierung der Reaktionsgleichungen benötigen Sie Oxidationszahlen.
5. Informieren Sie sich über die Zusammensetzung von Stahl.

 E-1 | Oxidationszahlen

Außenkorrosion an einem erdverlegten Öltank zieht eine große Umweltkatastrophe nach sich.

5.1

Dem Rost auf der Spur

Korrosion an schlecht zubereitetem Stahlbeton führt zum Einsturz eines Hauses.

77

Rosten – ein erstaunlicher Vorgang

Alltägliches genau beobachtet. Wenn Sie einige verrostete Gegenstände Ihres Alltags einmal genau unter die Lupe nehmen, werden Sie in den meisten Fällen eine ungleichmäßige Rostverteilung beobachten. Es bilden sich vereinzelt Löcher, Mulden oder Risse. Deshalb wird auch von Lochfraßkorrosion gesprochen. Warum bildet sich der Rost häufig nicht gleichmäßig? Warum rostet Eisen in Gegenwart von Salz oder Säure schneller?

Zur Klärung der vielen noch offenen Fragen sind genaue Kenntnisse über den Rostprozess erforderlich. An den Stellen, an denen sich die Löcher bilden, passiert offensichtlich etwas mit dem elementaren Eisen.

Der Vorgang des Rostens – plausibel erklärt. Alle Beobachtungen weisen darauf hin, dass sich auf dem Eisen Bereiche bilden, an denen Eisenatome oxidiert werden. In anderen Bereichen werden Sauerstoffatome reduziert und reagieren gemeinsam mit vorhandenem Wasser zu Hydroxid-Ionen. Der Rost bildet sich schließlich an den Stellen, an denen Hydroxid-Ionen und Eisen-Ionen aufeinander treffen. Wie kommt es zu der Ausbildung der verschiedenen Bereiche? Gründe dafür sind mechanisch unterschiedlich beanspruchte Stellen des Eisens, z. B. durch Beschädigungen, verschiedene Sauerstoffkonzentrationen oder eine unterschiedliche Verteilung von Wasser auf dem Eisen.

Der Agar-Versuch

Ein neuer und ein geknickter Eisennagel befinden sich in einem Geliermittel, dem Phenolphthalein und rotes Blutlaugensalz zugefügt wurde. Eisen-Ionen bilden mit den Teilchen des Blutlaugensalzes einen blauen Stoff (Berliner Blau). Andere Stellen färben sich pink. Der Indikator weist an diesen Stellen Hydroxid-Ionen nach. Der Versuch zeigt, dass Oxidation und Reduktion räumlich getrennt voneinander ablaufen und dazwischen die Elektronen fließen. Rosten ist ein elektrochemischer Vorgang.

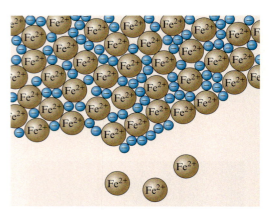

Atomverband an einer beschädigten Stelle im Nagel

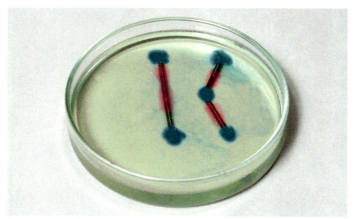

Der Agar-Versuch

An mechanisch beanspruchten Stellen des Eisens gehen bevorzugt elektrisch positiv geladene Eisen-Ionen in Lösung. An diesen Stellen bleibt ein Überschuss an Elektronen im Nagel zurück. Es bildet sich eine elektrochemische Doppelschicht aus. An mechanisch weniger beanspruchten Bereichen gehen deutlich weniger Eisen-Ionen in Lösung. Es kommt zu einer elektrochemischen

5.2 | Die elektrochemische Doppelschicht | Spannung entsteht | Korrosion: ein Redoxprozess

Potenzialdifferenz zwischen beiden Stellen, die auch als Plus- und Minuspol eines Korrosionselements bezeichnet werden können. Der Stromfluss kommt allerdings erst dann in Gang, wenn eine Reduktion von Sauerstoffatomen möglich wird. So erstaunlich diese Erklärung auf den ersten Blick scheinen mag – der Elektronenfluss kann in einer geeigneten Anordnung mit einem Strommessgerät nachgewiesen werden.

 ↗ E-3 | Elektrochemische Doppelschicht

1. Führen Sie den Versuch „Vom rostenden Nagel zur Spannungsquelle" mit den beiden Eisennägeln durch. Verändern Sie die Versuchsparameter (Beschädigung eines Nagels, Sauerstoffkonzentrationen, Elektrolyte), messen Sie Stromstärken und Spannungen und erklären Sie Ihre Beobachtungen. Erläutern Sie, warum die hier vorgestellte Spannungsquelle nur geringe Spannungen und Stromstärken liefert.
2. Eine weitere Versuchsvariante ist der Coladosen-Versuch. Führen Sie den Versuch durch und vergleichen Sie ihn mit dem vorangegangenen.
3. Erläutern Sie, was unter der elektrochemischen Doppelschicht verstanden wird und wie sie zustande kommt.
4. Erläutern Sie, wie eine elektrische Spannung entsteht.
5. Interpretieren Sie die Bedingungen für unterschiedlich schnelles Rosten. Formulieren Sie Reaktionsgleichungen für die Säurekorrosion. Beachten Sie, dass hierbei keine Sauerstoffatome reduziert werden.

 Vom rostenden Nagel zur Spannungsquelle

Das Fließen von Elektronen beim Korrosionsvorgang lässt sich durch das Messen eines elektrischen Stromes nachweisen, wenn die Prozesse der Oxidation und Reduktion räumlich getrennt werden. Werden zwei unterschiedlich stark korrodierte Nägel in eine Natriumchloridlösung gestellt und über ein Strommessgerät miteinander verbunden, so kann ein geringer Stromfluss gemessen werden. An dem stärker korrodierten Eisennagel werden weitere Eisenatome oxidiert. Am anderen Nagel werden die frei gewordenen und in den Leiter transportierten Elektronen auf die Sauerstoffatome des im Wasser gelösten Sauerstoffs übertragen. Die Sauerstoffatome werden dabei reduziert. Eine solche Anordnung wird als galvanische Zelle bezeichnet.

 Die galvanische Zelle

In einer galvanischen Zelle sind zwei Elektroden in zwei Halbzellen über ein Strom- oder ein Spannungsmessgerät elektrisch leitend miteinander verbunden. Die Elektrode, von der die Elektronen in den Leiterdraht „geschoben" werden, wird als Minuspol bezeichnet. Die Elektrode, an der die Elektronen vom Leiterdraht aufgenommen werden, ist der Pluspol. Ein gemeinsamer Elektrolyt, in dem sich die beiden Elektroden befinden, ermöglicht einen Ladungsausgleich.

Korrosion in neutralen Lösungen wie Wasser unter Beteiligung von Sauerstoff wird als Sauerstoffkorrosion bezeichnet. Das Korrodieren unter Säureeinfluss wird dagegen unter dem Begriff Säurekorrosion geführt.

 ↗ E-3 | Kombination zweier Halbzellen – die galvanische Zelle

5.2

Rosten – ein erstaunlicher Vorgang

Was rostet, das kostet

Auto beim Aufsprühen von Lack – dies ist auch eine Möglichkeit für einen passiven Korrosionsschutz

5

Rost ohne Rast

Technische Elektrolyse

Wie funktioniert das Galvanisieren? – Astrid berichtet

„Beim Galvanisieren wird das Werkstück, z. B. eine Schraube, in einen Elektrolyten getaucht und an den Minuspol einer Gleichstromquelle angeschlossen. Das Metall, das auf dem Werkstück abgeschieden werden soll, z. B. Zink, wird dort ebenfalls mit eingetaucht und mit dem Pluspol der Gleichspannungsquelle verbunden. Galvanisieren beruht auf dem Prinzip der Elektrolyse. Der Elektrolyt enthält vor allem ein gelöstes Salz des Metalls, das auf dem Werkstück abgeschieden werden soll, in diesem Fall z. B. Zinksulfat. Wenn jetzt eine Gleichspannung angelegt wird, „wandern" die elektrisch positiv geladenen Ionen des Überzugmetalls zum Minuspol (Werkstück) und werden entladen. Es bildet sich eine Schicht aus Zinkmetall. Die Masse der Zinkelektrode nimmt dabei ab. Der Pluspol muss aus dem Überzugsmetall bestehen, damit die Konzentration der Ionen im Elektrolyten konstant bleibt, denn es gehen genauso viele Ionen in Lösung über wie am Minuspol abgeschieden werden. Damit die Metallüberzüge gleichmäßig werden, sollte sich eine möglichst gleich bleibende Menge langsam abscheiden. Beim Galvanisieren müssen daher auch die abgeschiedenen Schichtdicken überprüft werden. Entscheidend dafür ist die pro Zeiteinheit durch den Elektrolyten geflossene Ladung. Auch die Ladung der Ionen spielt eine Rolle. Diese Zusammenhänge werden durch die Faraday-Gesetze näher beschrieben."

↗ E-4 | Elektrolyse – eine erzwungene Redoxreaktion

Anode und Kathode

Die Anode ist die Elektrode, an der die Oxidation stattfindet. Bei der Kathode handelt es sich um die Elektrode, an der die Reduktion stattfindet.

Passiver Korrosionsschutz. Die einfachste Möglichkeit, Eisen vor Korrosion zu bewahren, beruht darauf, es vor der Reaktion mit Sauerstoff und Wasser zu schützen. Zu diesem Zweck werden Schutzschichten auf das Metall aufgebracht, z. B. durch das Lackieren oder den Überzug mit anderen Metallen. Werden Metallschichten elektrolytisch aufgebracht, spricht man vom Galvanisieren. So werden Radkappen verchromt, Bestecke versilbert oder Schrauben verzinkt.

Aktiver Korrosionsschutz

Bei Beschädigung eines Überzugs aus Zink wird Eisen auch weiterhin vor Korrosion geschützt. Beide Metalle stehen in direktem Kontakt zueinander (Lokalelement). Bei Anwesenheit eines Elektrolyten wird Zink oxidiert, weil es das unedlere Metall ist. Am Eisen findet dagegen die Reduktion statt.

5.3 | Zink schützt Eisen | Opferanoden aus Magnesium

Aktiver Eingriff in den Rostvorgang. Autohersteller versprechen zwölf Jahre Durchrostgarantie. Wie ist dies möglich? Autos werden durch verschiedene Verfahren vor Rost geschützt, z. B. durch Zinküberzüge. Was passiert aber, wenn das Fahrzeug in einen Unfall verwickelt wird und die Zinküberzüge Schaden erleiden? Dann müsste das Auto doch rosten – oder? Gleiches gilt für Schrauben, Nägel und andere Handwerksmaterialien. Auch in diesem Bereich ist Qualitätsware verzinkt, kann aber leicht bei der Verarbeitung beschädigt werden. Interessant ist, dass die verschiedenen Überzugsmetalle nicht nur Eisen vor einer Reaktion schützen, sondern selbst reagieren.

Aktiver Korrosionsschutz kommt in vielen Bereichen zur Anwendung, z. B. bei Schiffen, Pipelines und Warmwasserbereitern. Alle drei Gegenstände bestehen aus Eisen und kommen in Kontakt mit Feuchtigkeit. Sie haben ein gemeinsames Problem: Rost.
An eisernen Schiffsrümpfen, besonders in der Nähe der Schraube, werden Zinkplatten elektrisch leitend als so genannte Opferanoden (Minuspol) angebracht. Auch Pipelines können durch Zinkdrähte vor Korrosion geschützt werden. In Warmwasserbereitern befinden sich ebenfalls Opferanoden, allerdings aus Magnesium.

5.3
Was rostet, das kostet

Opferanoden aus Warmwasserbereitern

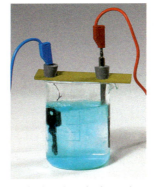

Ein Schlüssel wird galvanisch verkupfert.

Konservendosen bestehen häufig aus Weißblech (verzinntes Eisen). Zinn ist billig und bildet eine stabile Schutzschicht auf dem Eisen, die auch durch Fruchtsäuren nicht angegriffen wird. Weist die Zinnschicht aber Beschädigungen auf, so rostet die Dose sehr schnell. Darin liegt ein grundsätzlicher Unterschied etwa zu verzinktem oder durch Opferanoden geschütztem Eisen.

 E-3 | Elektrochemische Korrosion – Bildung von Lokalelementen

 Verbraucherberatung

„Ich genieße oft Essen aus der Dose. Wenn ich aber nur die Hälfte brauche, kann ich dann die andere Hälfte in der Dose lassen? Freunde sagen nein, ich soll den Inhalt umfüllen. Es können sich Ionen bilden, die zu ungesundem Rost führen. Wie kann sich denn in meiner Konservendose der Rost bilden?"
K. Steinhoff, Berlin

 [...]

1. Verzinken und verkupfern Sie galvanisch verschiedene Eisenteile.
2. Von grundlegendem Interesse bei technischen Elektrolysen ist die Frage, welche Stoffmengen sich unter bestimmten Bedingungen abscheiden. Untersuchungen zu diesem Problem hat zuerst MICHAEL FARADAY (1791 bis 1867) im Jahre 1833 durchgeführt. Erarbeiten Sie diese.
3. Vergleichen Sie die Verzinkung und Verzinnung von Eisen vor dem Hintergrund des Korrosionsschutzes. Wann ist welche Maßnahme sinnvoll?
4. Überprüfen Sie experimentell, auf welche Weise Opferanoden aus Zink bzw. Magnesium das Eisen schützen.
5. Weisen Sie experimentell nach, warum Eisen in Kombination mit Zinn besonders schnell rostet.
6. Diskutieren Sie den Einsatz von Rostumwandlern.

5.4 | Spannungsmessung im Reiterstandbild | Aluminium in verschiedenen Lösungen

Für Experten

5 Rost ohne Rast

 Reiterstatuen werden restauriert

Das knapp 120 Jahre alte Reiterstandbild der zwei Braunschweiger Herzöge KARL WILHELM FERDINAND (1735 bis 1806) und FRIEDRICH WILHELM (1771 bis 1815) muss voraussichtlich für mehrere hunderttausend Euro restauriert werden. Die Sanierung ist nötig, da elektrochemische Korrosion den beiden Herzögen stark zugesetzt hat. Das Kondenswasser auf dem Gerüst aus Kupfer und Eisen verursacht einen elektrochemischen Zersetzungsprozess.

Die Freiheitsstatue besteht aus einem Eisengerüst und Kupfer. Durch Korrosion drohte sie deshalb 1980 einzubrechen. Seitdem wird in Restaurierungsarbeiten jeder Eisenstab einzeln durch hochwertigen Stahl ersetzt.

Die Verarbeitung verschiedener Metalle in einem Werkstück ist nicht selten. In Autos wird neben Stahl insbesondere ein hoher Anteil an Leichtmetallen wie Aluminium und Magnesium verwendet. Ein Blick auf die elektrochemische Spannungsreihe ermöglicht die Vorhersage, welches Metall besonders geschützt werden muss. In der Spannungsreihe sind Standard-Elektrodenpotenziale tabelliert, die sich immer auf das Potenzial der Standard-Wasserstoffelektrode als Bezugselektrode beziehen. Die Standard-Elektrodenpotenziale für Aluminium und Magnesium sind im Vergleich zu anderen Metallen beispielsweise sehr niedrig. Beide Stoffe sollten sich verhältnismäßig unedel verhalten. Dann allerdings wären sie für viele Zwecke kaum nutzbar. Denn wer möchte schon eine korrodierte Alufolie verwenden? Wie lässt sich dieser Widerspruch erklären?

 E-3 | Das Standardpotenzial einer Halbzelle

1. Untersuchen Sie experimentell, welches Metall beim Reiterstandbild korrodiert.
2. Führen Sie Untersuchungen durch, um verschiedene Metalle aufgrund ihres edlen oder unedlen Charakters in eine Reihenfolge zu bringen.
3. Untersuchen Sie das Verhalten von Aluminium in verschiedenen Lösungen.
4. Was wird unter Passivierung verstanden? Informieren Sie sich über die Passivierung von Eisen.

Mobile Energiequellen für eine mobile Welt

Mitten im Download gibt Ihr Laptop seinen Geist auf. Anstelle des Anlassergeräuschs lässt das Auto nur ein müdes Hüsteln hören. Der aktuelle Hit tönt verfremdet aus dem Walkman, die Stimme wird tiefer und die Musik leiert. Alle drei Phänomene haben die gleiche Ursache: Der Akku ist leer, der Autobatterie ist die Power ausgegangen, die Batterien haben „keinen Saft mehr". Zugleich verdeutlichen diese Beispiele: Mobile Energiequellen sind aus unserem mobilen Zeitalter nicht mehr wegzudenken. Angesichts dieser Probleme träumen die Menschen von Batterien mit unerschöpflichem Energievorrat.

Was bedeutet es eigentlich, wenn eine Batterie erschöpft oder „leer" ist? Wie kommt es dazu? Und wie ist es zuvor möglich, dass Batterien oft über erstaunlich lange Zeit den benötigten elektrischen Strom liefern können? Sie lernen die gängigen Arten von Batterien und Akkumulatoren sowie ihre Vor- und Nachteile kennen. Mit diesen und anderen Fragen beschäftigt sich das folgende Kapitel.

↗ 6.1 | Aufsägen einer Rundzelle

Strom für unterwegs

Gerätebatterien. Kaum ein technisches Gerät kommt heutzutage ohne elektrischen Strom aus. Damit Fotoapparate, Uhren, Telefone und andere Geräte überall und nicht nur in Steckdosennähe zu benutzen sind, werden Batterien als mobile Energiequellen benötigt. Für deren Anwendung kommen in der Regel so genannte Gerätebatterien zum Einsatz.

6 — Mobile Energiequellen für eine mobile Welt

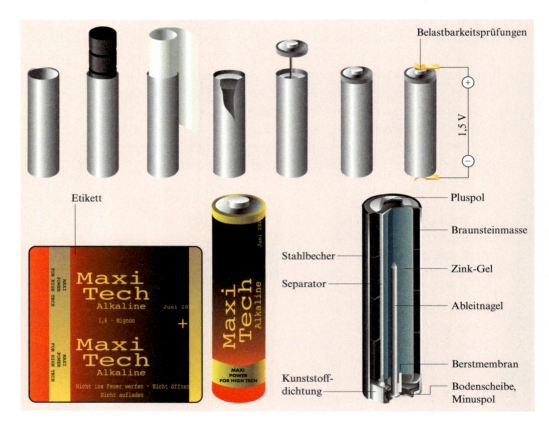

Angesichts der großen Auswahl unterschiedlicher Batteriearten stellt sich dem Käufer die Frage: Welche Batterie ist die richtige für mich? Die richtige Batteriegröße (Bauform) ist meist durch das Gerät festgelegt. Die gebräuchlichsten Bauformen sind die Monozellen, die Babyzellen, die Mignonzellen, die Mikrozellen (Rundzellen) und die 9-Volt-Blockbatterien. Aber selbst bei bekannter Batteriegröße gibt es weitere wesentliche Unterschiede. Zwei Fragen ergeben sich für den Käufer: Welchen Anforderungen muss die gesuchte Batterie genügen, und wie findet er heraus, welche Batterie diese optimal erfüllt? Erste Informationen über Aufbau und Inhaltsstoffe einer Batterie erhalten Sie bereits, wenn Sie sich aufmerksam die Beschriftungen auf den Batterien anschauen.

 „Freiheit – Unabhängigkeit – Komfort"
Versprechen der Produktwerbung für Batterien

„Unsere neu entwickelte Produktpalette ermöglicht es Ihnen, die Vorzüge des mobilen Zeitalters jederzeit und in vollen Zügen genießen zu können. Unsere Batterien sind ausdauernd und extrem zuverlässig. Sie lassen sich über lange Zeiträume lagern, sind auslaufsicher und dabei superleicht. Außerdem enthalten sie keine giftigen Schwermetalle (0 % Quecksilber, 0 % Cadmium) und sind daher sehr umweltfreundlich. Und das Beste: Modernste Fertigungstechnik erlaubt es uns, diese Qualität zu einem sehr attraktiven Preis anzubieten!"

Taucher beim Telefonieren

6.1 | Aktivmassen als Energieträger

Aufbau einer Rundzelle. Die gängigsten und zugleich einfachsten Gerätebatterien sind die Rundzellen. Sie bestehen aus nur einer elektrochemischen Zelle und liefern normalerweise eine Spannung von 1,5 Volt. Was versetzt diese kleinen „Kraftwerke" in die Lage, elektrische Energie zu liefern? Um diesem Geheimnis auf die Spur zu kommen, reicht es nicht, sich die Batterie von außen anzuschauen.

Im Innern einer Batterie befinden sich zwei Stoffe, die Aktivmassen, die chemisch miteinander reagieren und bei deren Reaktion Energie, die in den Stoffen gespeichert ist, freigesetzt wird. Würden die Stoffe einfach miteinander vermischt und die Reaktion damit in Gang gesetzt werden, würde diese Energie in Form von Wärme frei werden. Um aus der Reaktion elektrische Energie zu gewinnen, müssen die reagierenden Stoffe durch einen speziellen Batterieaufbau voneinander getrennt werden.

Wenn Sie selbst eine Batterie aufgeschnitten haben, fällt es Ihnen vermutlich leicht, die einzelnen Bestandteile denen in der schematischen Darstellung einer aufgeschnittenen Batterie zuzuordnen. Die Abbildung lässt auch erkennen, wie die direkte Reaktion der beiden Aktivmassen verhindert wird. Welche chemische Reaktion läuft nun in der Batterie ab?

↗ E-3 | Batterien – mobile Spannungsquellen

> **Elektrische Spannung**
>
> Die elektrische Spannung U ist definiert als die verrichtete Arbeit W beim Transport der Ladung Q in einem elektrischen Feld. Sie wird in der Einheit V (Volt) angegeben: $1\,V = 1\,J \cdot 1\,C^{-1}$. Die Spannung bezeichnet die Potenzialdifferenz, die zwischen zwei Energiezuständen einer Ladung Q besteht. Eine Spannung wird zwischen zwei Polen, z. B. den beiden Anschlüssen einer Batterie, gemessen.

> **Batterie**
>
> Das Wort Batterie ist ursprünglich vom französischen Wort „Bataillon" abgeleitet und bedeutet „Gefechtsverband, aus mehreren Geschützen bestehende Artillerieeinheit". Übertragen auf die Batterie bedeutet dies eine aus mehreren elektrochemischen Zellen bestehende Stromquelle. Heute wird die Bezeichnung Batterie aber auch für Stromquellen verwendet, die nur aus einer einzigen elektrochemischen Zelle bestehen.

Energieumwandlung durch Batterien. Zwischen den beiden Aktivmassen der Batterie findet eine spontan und freiwillig ablaufende Elektronenübertragungsreaktion statt. Diese in Batterien ablaufende Reaktion wird als Redoxreaktion bezeichnet. Kennzeichen einer solchen Reaktion ist, dass ein Reaktionspartner Elektronen abgibt, die der andere Reaktionspartner aufnimmt. Auf diese Weise entsteht zwischen den Aktivmassen ein Ladungsfluss, also ein elektrischer Strom.

↗ E-3 | Kombination zweier Halbzellen

> [...]
>
> 1. Sammeln und benennen Sie wesentliche Eigenschaften, die eine Batterie Ihrer Meinung nach aufweisen sollte. Notieren Sie fachliche Hintergrundinformationen, die beschreiben, durch welche Vorgänge die gewünschte Eigenschaft bei der Batterie realisiert wird.
> 2. Wiederholen Sie die Begriffe Oxidation und Reduktion. Überlegen Sie, welcher der Stoffe in der abgebildeten Batterie reduziert und welcher oxidiert wird. Folgern Sie daraus, welche der Aktivmassen den Minuspol und welche den Pluspol darstellt.
> 3. Haltbarkeitsangaben sind meist nur bei Lebensmitteln bekannt. Begründen Sie, warum auch Batterien mit einer solchen Angabe versehen werden.

↗ C-1 | Das Phänomen Energie

6.1
Strom für unterwegs

> **Aktivmassen**
>
> Aktivmassen sind die in den Elektroden der Batterie enthaltenen Stoffe, die während der Ladung oder Entladung zu anderen Stoffen reagieren. Sie sind die Energiespeicher der Batterie.

Batterie ist nicht gleich Batterie

Historisches Leclanché-Element

Schon seit Jahrhunderten versuchen Wissenschaftler leistungsfähige Batterien herzustellen. Einer der Pioniere dieser Disziplin war der italienische Forscher Graf ALESSANDRO VOLTA (1745 bis 1827), von dessen Name sich die Einheit der elektrischen Spannung, das Volt, ableitet.
Von den unzähligen erforschten elektrochemischen Zellen ist die Zink-Braunstein-Zelle die technisch wichtigste. Die erste industriell bedeutende Zink-Braunstein-Zelle wurde im 19. Jahrhundert von dem französischen Forscher GEORGES LECLANCHÉ (1839 bis 1882) entwickelt. Zwischen der Zink- und der Braunsteinelektrode bildet sich eine Potenzialdifferenz aus. Um die beiden Elektroden leitend miteinander verbinden zu können, taucht in die Braunsteinmasse ein Kohlestift ein. Als Elektrolyt dient eine 20%ige Ammoniumchloridlösung.

In leicht abgeänderter Form wird diese Zelle, die wegen der Kohleelektrode auch als Zink-Kohle-Batterie bezeichnet wird, bis heute hergestellt. Die Zink-Kohle-Zelle wird meist als Trockenbatterie eingesetzt. Die Bezeichnung Trockenbatterie weißt darauf hin, dass der Elektrolyt mithilfe von Quellmitteln eingedickt (getrocknet) wird.

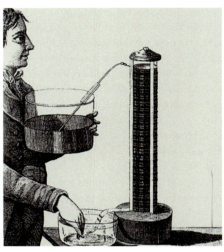

Historisches Volta-Element

Zink-Kohle-Zelle versus Alkaline. Vielleicht kennen Sie noch den Werbespruch „… Diese halten wesentlich länger durch als herkömmliche Zink-Kohle-Batterien". Die so angepriesene Batterie ist die in den letzten 40 Jahren entwickelte Alkaline-Zelle (oder auch Alkali-Mangan-Zelle). Sie stellt eine Weiterentwicklung der Zink-Kohle-Zelle dar. Da die Alkaline-Zelle teurer ist, stellt sich die Frage, ob sich ihr Kauf lohnt.

Primärzelle

Primärzellen sind galvanische Zellen, die nach einmaliger Entladung nicht erneut aufgeladen werden können (irreversible chemische Reaktion). Einwegbatterien sind Primärzellen.

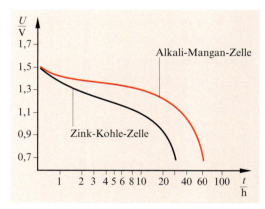

Ein wesentlicher Gesichtspunkt ist das in der Werbung angepriesene längere Durchhaltevermögen. Dies kann durch die Entladekurven beider Batterien überprüft werden.

Stromstärke

Die Stromstärke I beziffert die Ladungsmenge Q in C (Coulomb), die je Zeitintervall zwischen zwei elektrischen Polen fließt. Sie trägt die Einheit A (Ampere): $1\,A = 1\,C \cdot 1\,s^{-1}$.

↗ 6.2 | Vergleich von Arbeits- und Ruhespannung

An einer Taschenlampe können Sie leicht beobachten, was geschieht, wenn sich die Lebensdauer einer Batterie dem Ende nähert. Das Licht geht nicht plötzlich aus, sondern wird langsam schwächer und erlischt erst nach einiger Zeit ganz. Obwohl erst gegen Ende der Lebensdauer durch Abnahme der Lichtstärke zu beobachten ist, dass die Spannung der Batterie langsam absinkt, zeigen die Entladekurven, dass dies während der gesamten Stromentnahme der Fall ist. Der deutsche Chemiker WALTHER NERNST (1864 bis 1941) hat sich mit diesem Phänomen befasst und eine später nach ihm benannte Gleichung aufgestellt, mit der diese Beobachtung theoretisch gedeutet werden kann.

 ↗ E-4 | Die Nernst-Gleichung

Ruhe- und Arbeitsspannung. Bei Batterien wird zwischen Arbeitsspannung und Ruhespannung unterschieden. Die Arbeitsspannung bezeichnet die von der Batterie „unter Last" gelieferte Spannung – also während diese elektrischen Strom liefert. Als Ruhespannung wird dagegen die Spannung im stromlosen Zustand bezeichnet.

Eine Batterie ist nur brauchbar, wenn die Spannung unter Last nicht zu stark abfällt. Deshalb werden in der Praxis Elektroden mit möglichst großen reaktiven Oberflächen verwendet. So kann eine große Zahl von Teilchen der Aktivmassen gleichzeitig reagieren. Auf diese Weise ist es möglich, dass auch größere Stromstärken zur Verfügung gestellt werden können. Zugleich wird durch die kurzen Wege sichergestellt, dass stets genug Edukte nachgeliefert werden, um die elektrochemische Reaktion (und damit Spannung und Stromfluss) aufrechtzuerhalten.
Besonders bei höheren Stromstärken sind Alkaline-Zellen gegenüber Zink-Kohle-Zellen im Vorteil. Diese Überlegenheit basiert auf vier Veränderungen in der Bauweise:
Verwendung von Zinkgel anstelle eines Zinkbechers, Verwendung eines flüssigen Elektrolyten, hoher pH-Wert des Elektrolyten sowie ein Überschuss an Braunstein.

Spannungsmessung

Die am leichtesten zugängliche und zugleich für den Betrieb elektrischer Geräte wichtigste Kenngröße einer Batterie ist die Spannung. Mit einem Spannungsmessgerät (Voltmeter) lässt sie sich leicht ermitteln.

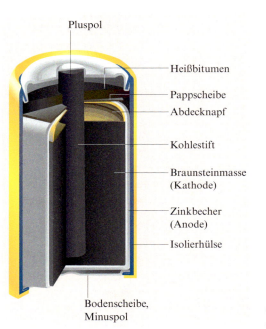

Querschnitt einer Zink-Kohle-Zelle

6.2
Batterie ist nicht gleich Batterie

1. Vergleichen Sie den Aufbau einer Alkali-Mangan-Zelle mit dem einer Zink-Kohle-Zelle. Begründen Sie, warum die Veränderungen die Eigenschaften der Zelle verbessern.
2. Erklären Sie mithilfe der Nernst-Gleichung, wieso a) die Spannung einer Batterie infolge des Fortschreitens der chemischen Entladereaktion sinkt, b) die Arbeitsspannung einer Batterie geringer ist als die Ruhespannung.
3. Begründen Sie anhand der Entladekurven, für welche Geräte Zink-Kohle-Zellen ausreichen.
4. Auch die meisten 9-Volt-Blockbatterien arbeiten auf der Basis von Zink und Braunstein. Wie ist es möglich, dass diese Batterien statt der üblichen 1,5 Volt satte 9 Volt Spannung erzielen?
5. In Fotoapparaten finden Sie gelegentlich Lithium-Batterien. Informieren Sie sich über diese Batterien und erläutern Sie Vor- und Nachteile gegenüber Zink-Kohle-Zellen und Alkali-Mangan-Zellen.

6.3 | Wohin mit den leeren Batterien? | Wie funktioniert ein Nickel-Cadmium-Akkumulator?

Batterie leer, was nun?

Das Display des Taschenrechners zeigt keine Werte an und spiegelt damit den Zustand der Batterie wider: Sie ist „leer". Aber nur in ungünstigen Fällen ist eine Batterie dann wirklich leer, z. B. weil sie ausgelaufen ist. Meist ist einfach die elektrochemische Reaktion beendet. Die Aktivmassen haben miteinander reagiert und die Ausgangsstoffe sind weitgehend aufgebraucht. Die Reaktion ist so langsam geworden, dass die erzeugte Spannung für den Betrieb elektrischer Geräte nicht mehr ausreicht (Geräteabschaltspannung).

Batterien gehören nicht in den Hausmüll!
Primärzellen sind nach der Entladung unbrauchbar und müssen entsorgt werden. Das „Gemeinsame Rücknahme System Batterien", kurz GRS, stellt hierzu in Geschäften, die Batterien verkaufen – auf Anfrage aber auch an anderen gut zugänglichen Orten, – Sammelbehälter zur Verfügung. Die gesammelten Batterien werden ordnungsgemäß entsorgt oder recycelt.

Akkumulatoren. Akkumulatoren lassen sich nach dem Gebrauch wieder aufladen. Die Anschaffungskosten können sich bei häufiger Nutzung schnell bezahlt machen. Die zurzeit gebräuchlichste Sekundärzelle, der Nickel-Metallhydrid-Akkumulator (NiMH-Akkumulator), ist eine Weiterentwicklung des mittlerweile weitgehend verdrängten Nickel-Cadmium-Akkumulators (NiCd-Akkumulator). Beide elektrochemischen Systeme arbeiten mit dem gleichen Pluspol. Unterschiede bestehen im Aufbau des Minuspols. Die eigentliche Aktivmasse ist beim NiMH-Akkumulator gasförmiger Wasserstoff, was diesen Akkutyp wesentlich umweltfreundlicher macht.

> **Energiedichte**
>
> Die Energiedichte w ist die Energie, die pro Volumeneinheit in einer Batterie oder einem Akkumulator gespeichert ist. Ihre Einheit lautet $J \cdot cm^{-3}$. Bei Batterien und Akkumulatoren erfolgt die Angabe in $W \cdot h \cdot l^{-1}$.
>
> | Akkumulator | Energiedichte in $W \cdot h \cdot l^{-1}$ | Wirkungsgrad in % |
> |---|---|---|
> | Bleiakkumulator | 80–120 | 60–70 |
> | Nickel-Cadmium | 120–170 | 70 |
> | Nickel-Metallhydrid | 150–250 | 70 |
> | Lithium-Ionen | 200–350 | 80 |

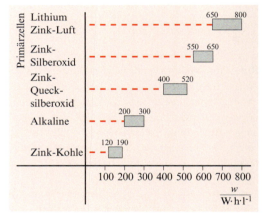

> **Wirkungsgrad**
>
> Der Wirkungsgrad η ist der Quotient aus der nutzbaren Energie und der aufgewendeten Energie.

> **Aus einem Werbespot: „Aus leer mach voll"**
>
> „Geld sparen und die Umwelt schonen? Nichts leichter als das. Mit unserem Powerpack – zwölf leistungsstarke Akkus inklusive Ladegerät – sind Sie nicht länger auf Einwegbatterien angewiesen. Und Sie entlasten damit nicht nur Ihr Gewissen, sondern auch Ihren Geldbeutel!"

> **Sekundärzellen**
>
> Sekundärzellen sind Zellen, in denen eine reversible (umkehrbare) chemische Reaktion stattfindet. Die Entladereaktion lässt sich durch Zufuhr von elektrischer Energie rückgängig machen. Sie werden als Akkumulatoren (umgangssprachlich „Akkus") bezeichnet.

 E-3 | Akkumulatoren

6 Mobile Energiequellen für eine mobile Welt

6.3 | Von Gästen und Wirten: Einlagerungsverbindungen | Lithium-Ionen-Akkumulator

Handy explodiert

Rom – Direkt am Ohr einer Frau (33) ist in Rom ein Handy explodiert. Zuvor war das Telefon auf den Boden gefallen und ausgegangen. Als die Frau es wieder einschaltete, ging es in Flammen auf. Ein Sprecher der Herstellerfirma erklärte, der Brand sei vom Akku ausgelöst worden.

Der „alternde" Akkumulator. Viele Akkumulatoren tragen die Aufschrift: „Bis zu 1 000-mal wieder aufladbar". In der Praxis wird diese enorme Zahl von Lade- und Entladezyklen allerdings eher selten realisiert. Verschiedene Faktoren führen dazu, dass Akkumulatoren im Praxiseinsatz früher „altern" und sich der maximale Energieinhalt mit der Zeit verringert. Einige Alterungseffekte sind unabwendbar und prinzipieller Natur, auf andere kann der Benutzer durch „gute Pflege" seiner Akkumulatoren Einfluss nehmen. Was für einen Akkumulator gut ist, hängt dabei maßgeblich vom Typ ab. So sollten einige Akkumulatoren stets ganz entladen werden, andere werden gerade beim vollständigen Entladen besonders beansprucht.

Spitzenleistung – der Lithium-Ionen-Akkumulator. Akkumulatoren von Handys, Camcordern oder Laptops haben wenig Ähnlichkeit mit den Formen typischer Gerätebatterien. Ein Blick auf die Beschriftung zeigt, dass der Unterschied nicht nur äußerlich ist. Moderne, tragbare Geräte mit hohem Stromverbrauch benötigen besonders leistungsfähige Energiequellen. Gegenwärtig kommt hier vor allem der Lithium-Ionen-Akkumulator zum Einsatz.

Die Funktionsweise des Lithium-Ionen-Akkumulators unterscheidet sich deutlich von der der bisher vorgestellten Akkumulatoren. Der Lade- und Entladevorgang besteht in der (reversiblen) Einlagerung von Lithium-Ionen in andere chemische Verbindungen. Gegenwärtig werden als Einlagerungsverbindungen für den Pluspol Lithium-Graphitverbindungen und als Minuspol Lithium-Verbindungen, z. B. Lithiummanganat(III) oder Lithiumcobaltat(III) verwendet. Lithium-Ionen-Akkumulatoren haben einen sehr hohen Wirkungsgrad von 80 %.

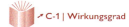

↗ C-1 | Wirkungsgrad

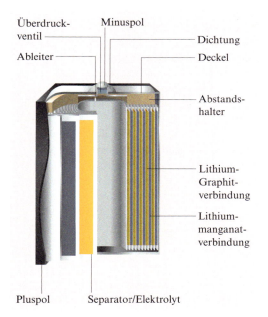

Querschnitt eines Lithium-Ionen-Akkumulators

6.3
Batterie leer, was nun?

Qrio skatet mit Lithium-Ionen-Akkus.

1. Erklären Sie an einem Beispiel das Batterierecycling.
2. Informieren Sie sich über die aktuellen Preise von Primär- und Sekundärzellen mit Ladegerät. Schätzen Sie ab, wann sich die Anschaffung eines Akkumulators lohnt.
3. Erläutern Sie die Vor- und Nachteile des NiMH-Akkumulators gegenüber dem NiCd-Akkumulator.
4. Erläutern Sie die Funktionsweise des Lithium-Ionen-Akkumulators. Welche Eigenschaften haben die Lithium-Einlagerungsverbindungen?
5. Begründen Sie, warum Primärzellen nicht wieder aufladbar sind.

89

6.4 | Temperaturabhängigkeit des Bleiakkumulators | Knallgaserzeugung in der Autobatterie

Durchstarten dank Bleiakku

Oliver war bis vier Uhr auf einer Party. Jetzt möchte er nur noch sicher und bequem nach Hause kommen. Draußen ist es bitterkalt – zum ersten Mal in diesem Jahr. Er dreht den Zündschlüssel herum und vernimmt das müde Scheppern des Anlassers, das langsam verstummt. „Ich versteh das nicht. Das ganze Jahr über funktioniert das gute alte Auto tadellos, und sobald es draußen kalt wird, beginnt die Batterie zu mucken."

Vielleicht kennen Sie solche Probleme aus eigener Erfahrung. Springt das Auto nicht an, ist meistens die Auto- oder Starterbatterie, ein Bleiakkumulator, schuld. Aber was sollten Minusgrade einem Bleiakkumulator anhaben können? Um das zu beantworten, müssen Sie zunächst verstehen, wie ein Bleiakkumulator funktioniert.

Bei den bisher behandelten Primär- und Sekundärzellen waren stets zwei unterschiedliche Elemente in den Aktivmassen vorhanden, zwischen denen Elektronen ausgetauscht wurden. Der Bleiakkumulator enthält neben Blei dagegen kein weiteres Metall als Aktivmasse. Die Besonderheit des Bleiakkumulators ist, dass Blei und Bleioxid für die beiden Elektroden eingesetzt werden, sodass die Elektronenübertragung nicht zwischen verschiedenen Metallen stattfindet. Als Elektrolyt wird beim Bleiakkumulator Schwefelsäure verwendet.

Heutzutage sind fast alle Bleiakkumulatoren „wartungsfrei". Das war nicht immer so. Früher musste der Autobesitzer regelmäßig den Flüssigkeitsstand in den einzelnen Kammern überprüfen und gegebenenfalls destilliertes Wasser nachfüllen, weil der Akkumulator durch das „Gasen" (elektrolytische Zersetzung von Wasser) Flüssigkeit verlor. Das Phänomen des Gasens trat interessanterweise nur am Ende des Ladevorgangs auf. In modernen Akkumulatoren verhindert eine exakt geregelte Ladespannung das Überladen und damit das Gasen der Batterie.

↗ E-3 | Akkumulatoren

6
Mobile Energiequellen für eine mobile Welt

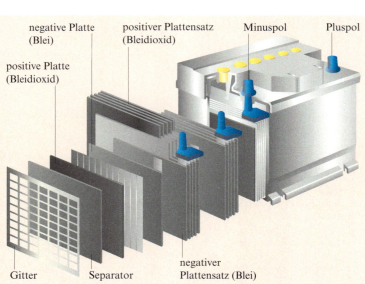

Querschnitt eines Bleiakkumulators

6.4 | Wie viel Energie steckt in einer Batterie?

Wie viel Energie steckt in der Zelle? Da die Aktivmassen einer Starterbatterie wesentlich mehr Masse aufweisen als die einer Mignonzelle, ist es leicht einsichtig, dass eine Starterbatterie wesentlich mehr chemische Energie gespeichert hat. Aber wie viel mehr Energie lässt sich der Starterbatterie eigentlich entnehmen? Und wie kann der Käufer erfahren, welcher Akkumulator wie viel Energie liefern wird?

Elektrische Energie und Ladung von Zellen

Die physikalische Größe Energie E bezeichnet die Fähigkeit eines Systems, Arbeit zu verrichten. Die Einheit lautet J (Joule): $1\,J = 1\,W \cdot s$. Die elektrische Energie kennzeichnet die Fähigkeit, innerhalb einer bestimmten Zeit t eine bestimmte Spannung U (in V) bei einer bestimmten Stromstärke I (in A) aufrechtzuerhalten: $1\,J = 1\,V \cdot A \cdot s$.

Unter der elektrischen Ladung Q wird die gespeicherte und unter Normbedingungen aus der Primär- bzw. Sekundärzelle bereitgestellte Ladung verstanden. Bei gegebener Spannung ist sie proportional zur in der Zelle gespeicherten Energie. Ihre Einheit ist C (Coulomb): $1\,C = 1\,A \cdot s$. Auf Batterien und Akkumulatoren findet sich meist die Angabe mAh. Bei bekannter Spannung ergibt sich daraus in guter Näherung die maximal von der Sekundärzelle bereitgestellte Energie. Diese wird umgangssprachlich auch häufig als „Kapazität" einer Batterie oder eines Akkumulators bezeichnet.

Fernseher im Batteriebetrieb

Laut Aufdruck lässt sich aus einem NiMH-Akkumulator die Ladungsmenge $Q = 2200\,mAh = 2{,}2\,Ah$ entnehmen. Die Spannung U während der Entladung des Akkus beträgt ca. 1,2 V. Die zur Verfügung gestellte Energie E ergibt sich als Produkt der Spannung U und der geflossenen Ladung Q.
Wie lange könnte ein kleiner Fernseher mit einer Leistung von $P = 70\,Watt$ mit dem NiMH-Akku betrieben werden?

Gesucht: E Gegeben: U, Q
Lösung: $E = U \cdot Q = 1{,}2\,V \cdot 2{,}2\,A \cdot h = 2{,}64\,V \cdot A \cdot h = 2{,}64\,W \cdot h$

Gesucht: t Gegeben: E, P
Lösung: $E = P \cdot t \quad t = \dfrac{E}{P} = \dfrac{2{,}64\,W \cdot h}{70\,W} = 0{,}038\,h = 2{,}28\,min$

Nach etwa 2 Minuten wäre der Akku leer.

6.4
Durchstarten dank Bleiakku

Die in Datenblättern oder auf den Akkumulatoren angegebenen Werte sind in der Regel größer als die real zur Verfügung stehende Ladungsmenge. Ursache der Differenz ist, dass unter realen Entladebedingungen nur Teile der Aktivmassen tatsächlich miteinander reagieren. So führt z. B. die plötzliche Entnahme großer Stromstärken dazu, dass Teile der Aktivmassen den Kontakt zu den Elektroden verlieren und so für die elektrochemische Reaktion nicht mehr zur Verfügung stehen. Auf Primärzellen sind nur in seltenen Fällen Angaben über die bereitgestellte Ladung zu finden, weil die Abhängigkeit der zu entnehmenden Ladung von den Entladebedingungen hier besonders ausgeprägt ist. Die Gesamtmenge der elektrischen Energie, die in Batterien und Akkumulatoren gespeichert ist, hängt von den Stoffmengen der Aktivmassen ab, die das System enthält. Wird elektrische Energie entnommen, reagieren diese Aktivmassen so, dass Oxidations- und Reduktionsprozesse ablaufen.

1. Erläutern Sie, inwieweit sich die Temperatur auf den Stromfluss und damit auf die Leistungsfähigkeit des Akkumulators auswirken könnte.
2. Formulieren Sie die Reaktionsgleichung der Reaktion im Bleiakkumulator und bestimmen Sie die Oxidationsstufen des Bleis.
3. Beschäftigen Sie sich mit den chemischen Reaktionen, die zum „Gasen" eines Bleiakkumulators führen. Erklären Sie, wie der Flüssigkeitsverlust in wartungsfreien Akkumulatoren unterbunden wird.
4. Nennen Sie verschiedene Ursachen der Alterung von Bleiakkus.
5. Begründen Sie, welche Akkumulatoren neben dem Bleiakkumulator bei Kälte ebenfalls weniger leistungsfähig sind.
6. Berechnen Sie, wie lange der Fernseher mit Ihrem Handy-Akku betrieben werden könnte – die benötigten Angaben finden sie auf dem Akku.

Batterien und Akkus für jeden Zweck

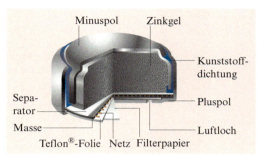

Querschnitt einer Zink-Luft-Zelle

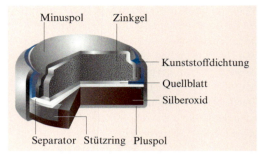

Querschnitt einer Zink-Silberoxid-Zelle

Platz sparende Energiespeicher. Miniaturisierung ist schon seit vielen Jahren das Leitmotiv der Elektronikindustrie. Parallel dazu sollen auch die Batterien immer weiter schrumpfen. Schon seit langer Zeit werden für Kleinverbraucher Knopfzellen verwendet. Die ersten Knopfzellen wurden bereits in den 1950er Jahren entwickelt und verrichteten ihren Dienst zunächst hauptsächlich in Armbanduhren.

In den bisher behandelten Zellen waren stets zwei Aktivmassen in der Batterie enthalten. In manchen Knopfzellen hingegen finden Sie keine zweite Aktivmasse. Stattdessen sehen Sie kleine Luftlöcher im Batterieboden. Bei der zweiten Aktivmasse handelt es sich um den Sauerstoff der Luft.

Der Trend zur Miniaturisierung ist ungebrochen und folglich versuchen sich Forscherteams auf der ganzen Welt weiter an der Optimierung leistungsstarker, Platz sparender Batterien. Verbesserungen lassen sich dabei nicht nur hinsichtlich der Energiedichte erzielen, sondern auch bezüglich der Raumausnutzung. Die bisher vorherrschenden zylindrischen Bauformen (Rundzellen) sind bei näherem Hinsehen unvorteilhaft, denn der Raum zwischen den Batterien und oft auch zu den Wänden bleibt ungenutzt.

Neue Lithium-Zellen. Besonders flexibel und auf das Gerät abzustimmen sind die Lithium-Polymer-Zellen, weil sich mit ihnen aufgrund ihres Gehäuses aus Aluminium- oder metallisierten Kunststofffolien beliebige Formen realisieren lassen. Lithium-Papierzellen sind dagegen extrem dünn (0,4 mm). Deshalb werden mit ihnen die Mikrochips mit integriertem Display in Smart-Cards betrieben. Die von ihnen bereitgestellte Energie ermöglicht die Transponder-Funktion der Smart-Cards.

Lithium-Papierzelle

Autos ohne Auspuff. In einer anderen Gewichtsklasse sind die Batterien für Elektroautos angesiedelt. Elektroautos haben den Vorteil, dass sie während der Fahrt keine Abgase erzeugen. Diese entstehen andernorts, beispielsweise in Kraftwerken. Die Umwandlung von elektrischem Strom in kinetische Energie ist zudem sehr effektiv (hoher Wirkungsgrad). Daher wird der Elektroantrieb gelegentlich als Alternative für den Verbrennungsmotor diskutiert.

6.5 | Moderne Batterien im Miniformat

Damit Elektroautos eine alltagstaugliche Reichweite erzielen, sind große, leistungsstarke Akkumulatoren nötig. Das wiederum hat einige negative Folgen. Aufgrund der benötigten Größe der Energiespeicher spielen die Kosten je gespeicherte Kilowattstunde (anders als z. B. bei einem Handyakkumulator) eine beträchtliche Rolle. Aus dem gleichen Grund kommen nur Akkumulatoren infrage, die eine ausgeprägte Zyklenfestigkeit aufweisen. Die Kosten für den regelmäßigen Austausch des Energiespeichers wären untragbar. Schließlich spielt das Gewicht des Akkumulators eine große Rolle. Die Auswahl eines geeigneten Akkumulators ist letztlich ein Kompromiss aus Kosten, Masse, Langlebigkeit und Umweltverträglichkeit.

Herz unter Strom. Höchste Anforderungen werden an Batterien im medizinischen Bereich gestellt. Die Kosten spielen eine relativ geringe Rolle. Dafür sind Zuverlässigkeit, Ungefährlichkeit und eine lange Lebensdauer von entscheidender Bedeutung. Auch die Energiedichte ist wichtig, denn die Batterie nimmt fast die Hälfte des Volumens eines Herzschrittmachers ein.
Am häufigsten finden heute Lithium-Batterien in Herzschrittmachern Verwendung. Sie liefern eine Ruhespannung von 2,8 V, die bereitgestellte Ladung beträgt 1 000 mAh und sie halten durchschnittlich 7 bis 8 Jahre, ohne dass sich die Spannung nennenswert verändert. In regelmäßigen Nachsorgeuntersuchungen überprüft der Arzt die Funktionstüchtigkeit des Herzschrittmachers und damit auch den Ladezustand der Batterie. Dies geschieht mithilfe eines EKGs. Ist erkennbar, dass die Batterie nahezu entladen ist, wird der komplette Herzschrittmacher samt Batterie ersetzt.

Herzschrittmacher mit Lithium-Batterie

6.5
Batterien und Akkus für jeden Zweck

[..]
1. Tragen Sie die Funktionsweise von verschiedenen Knopfzellen zusammen und erläutern Sie diese.
2. Informieren Sie sich über die gegenwärtig auf dem Markt befindlichen Elektroautos und die dort verwendeten Arten von Akkumulatoren.
3. Stellen Sie die verschiedenen Arten von Batterien und Akkumulatoren zusammen und begründen Sie, welche Systeme welche Anforderungen am ehesten erfüllen.

Zyklenfestigkeit

Ein Akkumulator besitzt eine hohe Zyklenfestigkeit, wenn er nach vielen Lade- und Entladezyklen noch die gleiche chemische Energie speichern kann wie zu Beginn der Anwendung.

Gibt es die ideale Energiequelle? Zu Beginn dieses Kapitels wurden zwei Fragen aufgeworfen. Zum einen die Frage nach Ihren Wünschen an eine ideale Batterie, zum anderen die Frage, wie Sie kompetent durch den Dschungel der im Handel verfügbaren Batterien finden können. In der Zwischenzeit haben Sie sich viele neue Kenntnisse rund um das Thema „mobile Energie" angeeignet. Es liegt auf der Hand, dass es die ideale Energiequelle, die für alle denkbaren Anwendungen gleichermaßen geeignet und zugleich preiswert ist, (noch?) nicht gibt. Dennoch sind die verschiedenen im Handel erhältlichen Arten von Batterien und Akkumulatoren in unterschiedlichem Maße geeignet, in bestimmten Anwendungen ihren Dienst zu versehen.

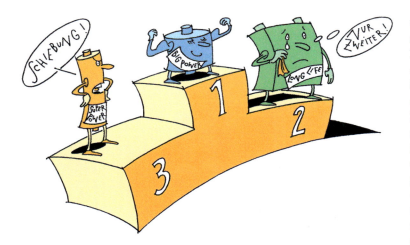

6.6 | Funktionsweise der Brennstoffzelle

Mit der Brennstoffzelle in die Zukunft?

Wasserstoff als neuer Rohstoff

In einem gemeinsamen Strategiepapier aus dem Umwelt- und dem Verkehrsministerium heißt es: „Die jetzt vorliegenden Projektergebnisse zeigen, dass Wasserstoff langfristig der Kraftstoff mit den besten Chancen ist. Im Verlauf der bisherigen Projektarbeiten hat sich herausgestellt, dass Wasserstoff die Hauptkriterien Rohstoffverfügbarkeit und gleichzeitige Kohlenstoffdioxid-Reduzierung am besten erfüllt, obwohl diese Alternative derzeit noch sehr teuer ist."

6 Mobile Energiequellen für eine mobile Welt

Gegenwärtig dominieren Benzin- und Dieselmotoren den Straßenverkehr. Wahrscheinlich wird das aber in einigen Jahrzehnten ganz anders aussehen, denn die Erforschung neuer Treibstoffe, wie z. B. Wasserstoff, ist auf dem Vormarsch. Wasserstoff kann entweder wie Benzin direkt in Verbrennungsmotoren eingesetzt werden oder als Energieträger für Brennstoffzellen dienen, wobei insbesondere in letztere Technologie große Erwartungen gesetzt werden.

In einer Brennstoffzelle wird die durch Oxidation der Brennstoffe entstandene chemische Energie direkt in elektrische Energie umgewandelt. Im Unterschied zu den aktiven Massen in den Batterien sind die Ausgangsstoffe aber nicht Teil der Brennstoffzelle, sondern werden ständig von außen zugeführt. Die Brennbarkeit des zugeführten Brennstoffs Wasserstoff hat der Zelle ihren Namen gegeben. Aber brennt da wirklich etwas? Wie wird hier elektrischer Strom erzeugt? Moderne Brennstoffzellen haben wenig Ähnlichkeit mit der historischen Zelle, die von WILLIAM GROVE (1811 bis 1896) entwickelt worden ist. Die gegenwärtig technisch wichtigste Brennstoffzelle ist die PEMFC. PEM steht dabei für (engl.) **P**olymer **E**lektrolyte **M**embrane – dem Herzstück dieses Brennstoffzellentyps – und FC für (engl.) **F**uel **C**ell. Die Polymerfolie trennt die beiden Reaktionsräume voneinander, ist aber zugleich durchlässig für die als Ladungsausgleich wandernden Protonen. Per Saldo laufen aber in der PEMFC die gleichen elektrochemischen Reaktionen ab wie in der von GROVE beschriebenen Zelle. Ihr Wirkungsgrad beträgt 55–60 %.

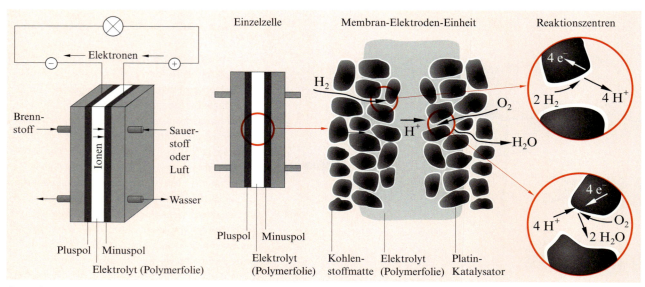

Querschnitt einer PEMFC

94

6.6 | Polymer-Elektrolyt-Membran-Brennstoffzelle (PEMFC)

Die Zukunft hat begonnen. Erste Anwendungen von Brennstoffzellen haben die Testlabore verlassen. So sind seit September 2003 mehrere mit Brennstoffzellen versehene Busse im Hamburger Linienbusverkehr im Einsatz. Nach Meinung der Experten ist dies erst der Anfang. Dennoch sind eine Reihe praktischer Fragen bislang ungelöst.

Wie wird Wasserstoff gespeichert? Die Explosion des voll besetzten Zeppelins „Hindenburg" hat sehr eindrücklich die Gefahren bei der Handhabung von Wasserstoff demonstriert. Die sichere und effiziente Speicherung des Wasserstoffs ist noch immer eines der zentralen Probleme der Brennstoffzellentechnologie. Vor allem drei Alternativen der möglichen Speicherung werden in diesem Zusammenhang diskutiert: Hydridspeicher, Tieftemperatur-Flüssiggasspeicher und Hochdrucktanks.

1. Erläutern Sie die genaue Funktionsweise der PEMFC einschließlich der ablaufenden Halbzellenreaktionen.
2. PEM-Folien enthalten einen Katalysator. Woraus besteht dieser Katalysator und welche Bedeutung hat er während des Betriebs der Brennstoffzelle?
3. Noch sind unterschiedliche Brennstoffe und Wege zu ihrer Speicherung für die Brennstoffzelle in der Diskussion. Informieren Sie sich über den aktuellen Stand der Forschung. Diskutieren Sie Vor- und Nachteile.
4. Vergleichen Sie die Brennstoffzelle mit einer Batterie. Welche Vorteile haben Brennstoffzellen, welche Vorzüge haben Batterien?
5. Welche anderen Rohstoffe als Wasserstoff und Methanol können in Brennstoffzellen eingesetzt werden?

 ↗ E-3 | Brennstoffzelle

6.6
Mit der Brennstoffzelle in die Zukunft?

Brennstoffzelle mit Hydridspeicher für den Langzeitbetrieb

Methanol statt Wasserstoff? Angesichts der Probleme mit der Speicherung des Wasserstoffs werden Technologien interessant, die auf anderen Brennstoffen basieren. Vorteilhaft wäre ein bei Normbedingungen flüssiger Energieträger, weil so die vorhandene Tankstelleninfrastruktur weiter genutzt werden könnte, was die Umstellungskosten senken würde. Methanol wäre ein solcher Brennstoff. Es konkurrieren derzeit zwei Varianten, um Methanol in Fahrzeugen mit Brennstoffzellen zu nutzen. Zum einen gibt es die Direkt-Methanol-Brennstoffzelle (engl. **D**irect **M**ethanol **F**uel **C**ell, DMFC) und zum anderen das Reformingverfahren, bei dem aus Methanol im Fahrzeug Wasserstoff erzeugt wird.

 ↗ 3.5 | Auf der Suche nach alternativen Treibstoffen

Einsatz alkalischer Brennstoffzellen. Für Raumfahrt und Rüstungsindustrie wurden alkalische Brennstoffzellen (engl. **A**lkaline **F**uel **C**ell, AFC) entwickelt. So wurden bei den Apollo-Projekten Brennstoffzellen mit 75%iger Kalilauge als Elektrolyt und Edelmetall beschichtete Elektroden verwendet. Wasserstoff und Sauerstoff müssen bei dieser Zelle absolut rein sein. Alkalische Brennstoffzellen haben einen Wirkungsgrad von 60%. Ihr Betrieb ist allerdings sehr teuer, weshalb sie im zivilen Bereich keinen Einsatz finden.

Antrieb eines Bootes mit einer PEMFC

Entwicklung der Brennstoffzelle

Obwohl Brennstoffzellen erst in jüngerer Zeit einer breiten Öffentlichkeit bekannt geworden sind, liegt die Entdeckung schon einige Zeit zurück. Bereits 1839 gelang es GROVE durch eine „Gaskette" Strom zu erzeugen, indem er mit Sauerstoff und Wasserstoff umspülte Platinelektroden in Schwefelsäure in Reihe schaltete.

95

Neue Märkte für Brennstoffzellen

Wasser statt Kohle?

„Was werden wir später einmal statt Kohle verbrennen?", fragte der Seemann. „Wasser", antwortete Smith. „Wasserstoff und Sauerstoff werden für sich oder zusammen zu einer unerschöpflichen Quelle von Wärme und Licht werden, von einer Intensität, die die Kohle überhaupt nicht haben könnte; das Wasser ist die Kohle der Zukunft." JULES VERNE in: „Die geheimnisvolle Insel", 1874.

6 Mobile Energiequellen für eine mobile Welt

Brennstoffzellen sind längst nicht mehr nur für den Straßenverkehr interessant. Wo immer mobile Geräte mit hohem Stromverbrauch verwendet werden, stellen sie eine in Betracht zu ziehende Alternative zu herkömmlichen Batterien dar. Neben dem Ziel, höhere Energiedichten zu erreichen und somit Gewicht und Platz zu sparen, ist vor allem der Gedanke reizvoll, schnell und unabhängig vom Stromnetz Wasserstoff „nachtanken" zu können. Wenn also in Geräten anstelle von Akkumulatoren Brennstoffzellen genutzt werden, könnten bei Verwendung mehrerer Tankpatronen lange Zeiträume ohne Steckdose überbrückt werden.

Erste Prototypen solcher „Kleinstbrennstoffzellen" sind bereits der Öffentlichkeit vorgestellt worden. Wie im Automobilbereich konkurrieren auch hier wasserstoff- und methanolbasierte Technologien. Moderne PKW haben dank Klimaanlage, Bordelektronik und gegebenenfalls Standheizung einen sehr hohen Strombedarf, dem Bleiakkumulatoren immer weniger gewachsen sind. Daher ist es gut möglich, dass die Markteinführung von Brennstoffzellen als Stromquelle für die Bordelektronik und andere Verbraucher schneller gelingt als beim Fahrzeugantrieb.

Brennstoffzellen als Kraftwerke. Neben der Verwendung in Fahrzeugen und Kleingeräten sollen Brennstoffzellen auch vermehrt im Kraftwerksbereich eingesetzt werden. Zurzeit werden Brennstoffzellen in Kleinkraftwerken bis 30 kW elektrischer Leistung sowie in Blockkraftheizwerken bis 5 000 kW elektrischer Leistung erprobt. Vorstellbar ist auch die Energieversorgung eines Einfamilienhauses auf Brennstoffzellenbasis. Brennstoffzellenkraftwerke können wegen ihrer kompakten Bauweise verbrauchsnah aufgestellt werden, was die sinnvolle Nutzung der Abwärme ermöglicht. Das Zusammenspiel von Heizung und Kraftwerk wird „Kraft-Wärme-Kopplung" genannt und ist bei erdgasbetriebenen Anlagen bereits Standard. Solche Blockheizkraftwerke haben einen sehr hohen Gesamtwirkungsgrad. Ein Vorteil von Brennstoffzellen im Kraftwerksbereich beruht auf der Möglichkeit, diese gezielt im Bedarfsfall – also zu Zeiten der höchsten Stromentnahme – zuzuschalten. Kohle- und erst recht Kernkraftwerke sind dagegen nur im kontinuierlichen 24-Stunden-Betrieb wirtschaftlich einsetzbar. Auch Windkraftwerke liefern nur elektrischen Strom, wenn Wind vorhanden ist. Um eine verlässliche Energieversorgung zu gewährleisten, wird flexibel einsetzbaren, hocheffizienten Kleinkraftwerken wachsende Bedeutung zukommen. Es werden unterschiedliche Typen von Brennstoffzellen für diesen Einsatz erprobt.

Taschenlampe mit Brennstoffzellensystem als Ersatz für herkömmliche Batterien

6.7 | Erneuerbare Energien | Fotovoltaik

Wasserstoff für das Wasserstoffzeitalter. Was zunächst wie die Wunderlösung zukünftiger Abgas- und Energieprobleme klingt, ist bei näherem Hinsehen vor allem eine Verlagerung des Problems. Neben einigen ungelösten technischen Fragen bleibt die zentrale Frage, wo die Energie zur Herstellung von Wasserstoff herkommen soll. Gegenwärtig wird Wasserstoff vor allem aus fossilen Energieträgern, hauptsächlich durch Reformierung von Erdgas, gewonnen.
Andere Verfahren der Wasserstofferzeugung setzen Kohle oder Erdöl als Rohstoffe ein. Dadurch wird das Rohstoffproblem jedoch auch nicht gelöst, denn das Wasserstoffzeitalter soll dann beginnen, wenn die fossilen Brennstoffe nicht mehr zur Verfügung stehen.

 ↗ 3.5 | Auf der Suche nach alternativen Treibstoffen

Die solare Wasserstoffwirtschaft. Wasserstoff aus Wasser herzustellen ist einfach. Sie müssen nur die in der Brennstoffzelle ablaufende Reaktion umkehren. Dieser Vorgang wird als Elektrolyse bezeichnet. Wasser ist nahezu unbegrenzt verfügbar. Elektrolysen laufen jedoch nur unter Energiezufuhr ab. Daher bleibt die Frage offen, wie in Zukunft die Energie für die Elektrolyse von Wasser zur Erzeugung von Wasserstoff gewonnen werden kann. Eine Möglichkeit stellt die Solartechnik (Fotovoltaik) dar, bei der die Strahlungsenergie der Sonne in elektrische Energie umgewandelt wird.

 ↗ E-4 | Elektrolyse – eine erzwungene Redoxreaktion

1. Die Entwicklung von Kleinstbrennstoffzellen, Kraftwerken oder dem Autoantrieb geht weiter. Informieren Sie sich über die Anwendungsfelder und den aktuellen Stand der Markteinführung der Brennstoffzellentechnologie.
2. Die Vision der solaren Wasserstoffwirtschaft basiert auf Stoff- und Energiekreisläufen. Entwerfen Sie ein Modell eines solchen Kreislaufs und beschreiben Sie die einzelnen Schritte.
3. „Wirkungsgrad" und „Ökobilanz" sind zentrale Begriffe in der Diskussion um eine nachhaltige Energieversorgung. Welche Vorteile bieten Wasserstoff- und Brennstoffzellentechnologie diesbezüglich? Welche anderen Energiespeicher- und Transporttechniken gibt es?

Fotovoltaik

6.7

Neue Märkte für Brennstoffzellen

Brennstoffzellen

Brennstoffzellentyp	Temperatur in °C	Marktanteil (ca.) in %	Einsatzgebiet	Wirkungsgrad in %
AFC	80	5	Raumfahrt, U-Boote	60
PEMFC	80	72	Kleinkraftwerke, Verkehr	55–60
DMFC	110	7	Verkehr, Kleinanwendungen	40
PAFC*	200	9	Kraftwerke (50 kW bis 10 MW)	40–50
MCFC**	650	1	Kraftwerke (200 kW bis 10 MW)	48–65
SOFC***	750–1000	5	Kraftwerke (1 kW bis 10 MW)	50–65

* **P**hosphoric **A**cid **F**uel **C**ell   ** **M**olten **C**arbonate **F**uel **C**ell   *** **S**olid **O**xide **F**uel **C**ell

↗ 6.8 | Stromausfälle – der Preis des Preiskampfs? | Wie schützt man sich gegen Stromausfälle?

Für Experten

6 Mobile Energiequellen für eine mobile Welt

Blackout in New York

Auch Stunden nach dem schlimmsten Stromausfall in der Geschichte Nordamerikas am 16. 8. 2003 haben Manhattan und weitere Bezirke der Acht-Millionen-Metropole New York weiter im Dunkeln gelegen. Tausende Menschen warteten am Bahnhof Grand Central Station und an Bushaltestellen auf eine Möglichkeit, nach Hause zu kommen. Hunderttausende Menschen saßen zunächst in U-Bahnen und Fahrstühlen fest. In New York konnten aber, nach Angaben von Bürgermeister BLOOMBERG, alle Menschen befreit werden. Auf den Flughäfen, die zum Teil zeitweise geschlossen waren, kam es trotz Notstromversorgung zu Verspätungen. Die meisten Krankenhäuser konnten ihren Betrieb mit Notstrom fortsetzen, berichtete BLOOMBERG. In einer Klinik in Brooklyn sei der Strom allerdings ausgefallen.

Notstromversorgung. „Blackouts" wie der beschriebene sind in den letzten Jahren gehäuft aufgetreten. Zugleich ist die Abhängigkeit von elektrischer Energie stetig gewachsen. Allerorten sind die Menschen heutzutage auf eine stabile, unterbrechungsfreie Stromversorgung angewiesen. Anders als bei Engpässen in der Wasserversorgung ist es nicht möglich, elektrischen Strom auf Vorrat zu produzieren. Elektrischer Strom lässt sich nicht speichern, er muss ständig neu erzeugt und sofort verbraucht werden. Das macht es so schwierig, gegen Stromausfälle Vorsorge zu betreiben. Zugleich gibt es viele Bereiche (Krankenhäuser, Verkehr, EDV), in denen Stromausfälle dramatische Konsequenzen haben können. Bislang sind wir hierzulande von solchen Katastrophen verschont geblieben. Dies ist unter anderem darauf zurückzuführen, dass elektrischer Strom in Deutschland vergleichsweise dezentral hergestellt wird. Italien hingegen importiert gegenwärtig fast ein Fünftel seines elektrischen Stromes aus dem Ausland. Folglich wird der elektrische Strom über große Entfernungen durch das Stromnetz geleitet. Das Netz ist dadurch störungsanfälliger und Störungen wirken sich großflächiger aus. Die Blackouts in Italien von 2003 unterstreichen dies.

Wie sollte demnach eine stabile, nachhaltige Stromversorgung aussehen? Welche Rolle könnten dabei die in diesem Kapitel vorgestellten Technologien spielen?

Stromausfälle werden nie mit Sicherheit ausgeschlossen werden können. Sicherheitsmaßnahmen für Krankenhäuser, Feuerwehr und EDV-Abteilungen sind daher unverzichtbar. Entwickeln Sie Lösungsvorschläge zur Notstromversorgung eines Krankenhauses. Nutzen Sie dazu Ihre neuen Kenntnisse über Energiespeicher und deren Beurteilung.

Kapitel 7

Steinzeit – Eisenzeit – Plastikzeit

Wenn Sie sich in Ihrem Unterrichtsraum einmal umsehen, werden Sie feststellen, dass die meisten Gegenstände Kunststoffe enthalten oder sogar vollständig daraus hergestellt sind: Fenster, Mobiliar, Fußboden, Kleidung, Brillen, Handys, Kugelschreiber oder auch die CD in diesem Buch sind nur einige Beispiele dafür.
Warum aber werden traditionelle Materialien immer häufiger durch Kunststoffe ersetzt? Dieses Kapitel nimmt Sie mit in die Welt des Alleskönners „Kunststoff" und lässt Sie einen Blick auf die vielseitigen Eigenschaften dieser Stoffgruppe werfen.

7.1 | Verwendung von Ethen als petrochemischer Rohstoff | Dehnbarkeit eines Elastomers beim Erwärmen

Kunststoffe unter der Lupe

Aus **P**oly**e**thylen**t**erephthalat (PET) hergestellte Verpackungen

7

Steinzeit –
Eisenzeit –
Plastikzeit

Aus **P**oly**s**tyrol (PS) hergestellte CD-Hüllen

Seit Beginn der industriellen Herstellung von Kunststoffen haben diese einen enormen Siegeszug angetreten.

Eine Plastiktüte muss flexibel und reißfest sein, damit wir unsere Einkäufe sicher nach Hause tragen können. Müsliverpackungen sollen hingegen knistern, um die Knusprigkeit des Inhalts zu signalisieren. Diese Folie ist zwar steifer, reißt aber leicht ein.
Ein Fahrradschlauch oder Gummibänder sollen nachgeben und elastisch sein. Nur so können sie ihre Funktion erfüllen. Diese Eigenschaften wären wiederum beim Fahrradhelm fatal, weil er bei Unfällen Stöße abfangen und dadurch den Kopf schützen soll.

Der Grund für diese Vielfältigkeit an Eigenschaften von Kunststoffen liegt in den unterschiedlichen chemischen Strukturen ihrer Moleküle. Kunststoffe werden eingeteilt in Thermoplaste, Elastomere und Duroplaste.

Rohstoffe für Kunststoffe. Es gibt verschiedene Rohstoffe, aus denen Kunststoffe hergestellt werden können. So lässt sich eine Reihe von Gebrauchspolymeren heute bereits aus nachwachsenden Rohstoffen wie z. B. Rapsöl, Stärke oder Milchsäure herstellen. Die wichtigste Rohstoffquelle ist allerdings nach wie vor das Erdöl. Das aus Erdöl durch Destillation gewonnene Benzin wird durch thermische Spaltprozesse (Cracken) in Ethen, Propen, Buten und andere Kohlenwasserstoffverbindungen gespalten. Diese kleineren Kohlenwasserstoffmoleküle, die Monomere, können auf verschiedene Art und Weise zu Polymeren, den Kunststoffen, verknüpft werden. Der Chemiker spricht hier von Polymerisation. Die Eigenschaften der Polymere unterscheiden sich deutlich von denen der Monomere.

 3.3 | Benzin nach Maß

Abkürzungen gängiger Kunststoffe	
PUR	Polyurethan
PMMA	Polymethylmethacrylat
PET	Polyethylenterephthalat
PS	Polystyrol
PTFE	Polytetrafluorethen
PA	Polyamid
PE	Polyethen
PP	Polypropen
PVC	Polyvinylchlorid
PC	Polycarbonat

100

7.1 | Polyurethanschaum aus der Dose | Struktur-Eigenschaften-Beziehungen bei Kunststoffen

Kunststoffe in Form bringen. Die unterschiedliche chemische Struktur der Kunststoffe und die damit einhergehenden Eigenschaften bedingen verschiedene Verarbeitungsverfahren. So müssen z. B. Duroplaste und Elastomere bereits während ihrer Synthese in ihre endgültige Form gebracht werden, weil sie nach dem Aushärten nicht mehr plastisch gemacht werden können. Bei Thermoplasten bieten sich hingegen sehr vielfältige Verarbeitungsmethoden an.

↗ B-5 | Kunststoffe

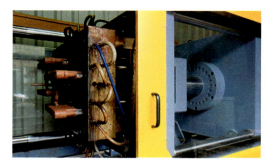
Spritzgussverfahren

Faser ist nicht gleich Faser. Fasern aus Kunststoffen können unterschiedliche Eigenschaften aufweisen. Ob sich eine Teppichfaser schnell wieder aufrichtet, eine Füllfaser ein gutes Rückbildungsvermögen hat, ein Dämmmaterial Geräusche fern hält oder ein Filter mit hoher Effektivität arbeitet – all das hängt zu einem hohen Grad von der Wahl des geeigneten Faserquerschnitts und von der Art des Kunststoffs ab. Dem Geheimnis ihrer vielfältigen Anwendung und Verbreitung kommen wir ein wenig auf die Spur, wenn wir die Querschnitte der Fasern betrachten. Um den verschiedenen Anwendungen gerecht zu werden und der Natur möglichst nahe zu kommen, wurde eine Vielzahl ganz neuer Faserquerschnitte entwickelt. Je nach Produktionsverfahren entstehen z. B. bohnen- oder nierenförmige oder gezackte Querschnitte. Diese so genannten Profilfasern weisen z. B. in Bezug auf Glanz, Farbwirkung, Elastizität und Griff erheblich verbesserte Eigenschaften gegenüber herkömmlichen Fasern auf.

7.1
Kunststoffe unter der Lupe

Folienblasen

Verarbeitung von thermoplastischen Kunststoffen	
Verarbeitungsverfahren	Beispiel
Spritzgießen	Karosserien
Folienblasen	Verpackungsfolie
Spinnverfahren	Textilfasern
Formpressen	Jogurtbecher
Verschäumen	Isomatten
Tiefziehen	Jogurtbecher
Extrusionsblasformen	Gießkannen
Kalandrieren	Planen

1. Erstellen Sie je ein Infoplakat über die Eigenschaften und die grundlegenden chemischen Strukturen von Thermo- und Duroplasten sowie von Elastomeren.
2. Wird ein Jogurtbecher in einem Schnellkochtopf mit Wasser auf über 100 °C erhitzt, so entsteht eine Kunststoffplatte. Wie erklären Sie sich diese Beobachtung?
3. Was wird unter Polymerisation, Polykondensation und Polyaddition verstanden? Geben Sie für jede Art der chemischen Reaktion zwei Beispiele von Kunststoffen an, die auf diese Weise hergestellt werden.
4. Recherchieren Sie die verschiedenen Verarbeitungsverfahren für Kunststoffe und erläutern Sie zwei ausgewählte Beispiele ausführlich.

7.2 | Allgemeine Eigenschaften von Kunststoffen | Zersetzungsverhalten von Kunststoffen

Kunststoffe machen mobil

Mobilität spielt in unserer Gesellschaft eine wesentliche Rolle. Ob zu Fuß, mit dem Fahrrad, dem Auto oder dem Flugzeug: In allen Bereichen sind Kunststoffe heute nicht mehr wegzudenken. Dass die Eigenschaften der Kunststoffe für vielfältige Einsatzgebiete überzeugen, zeigt sich z. B. in der Tatsache, dass ihr Anteil in Fahrzeugen stetig wächst. Derzeit liegt er bei durchschnittlich 15 %. Es ist davon auszugehen, dass er als Ersatz für Eisen, Stahl und auch Glas weiter ansteigen wird. Für den Einsatz von Kunststoffen gibt es eine ganze Reihe von Gründen, z. B. erhöhter Komfort, mehr Sicherheit, weniger Gewicht, weniger Treibstoffverbrauch oder ein besseres Design.

Auch für Sicherheitstests bei Automobilen wird Acrylglas verwendet. In diesem Fall wird in dem Projekt „Unfallfreier Straßenverkehr" anhand eines Glaskuppeldachs aus Polyacryl getestet, welchen Sichtbedarf ein Autofahrer hat.

Was sind Kunststoffe?

Kunststoffe sind Materialien mit makromolekularer Struktur, die synthetisch oder durch Abwandlung von Naturprodukten entstehen. Die Herstellung erfolgt durch Verknüpfung kleiner Moleküle (Monomere) zu Makromolekülen (Polymere). Die Struktur der Makromoleküle ist verschieden. Man unterscheidet lineare und kettenförmige, verzweigte und räumlich vernetzte Polymere.

B-5 | Kunststoffe

Ein Auto ohne Kunststoffe? Stellen Sie sich vor, aus Ihrem Familienauto verschwänden nach und nach alle Kunststoffe. Sie würden schnell feststellen, dass Ihr Auto damit nicht nur Einbußen im gefälligen Aussehen erleidet, sondern auch, dass es nicht mehr fahrtüchtig ist. Bezüge und Polsterung der Sitze, Armaturenbrett, Ablagen, Kunststoffüberzüge am Lenkrad und Teppichboden, Sicherheitsgurte und viele andere Teile im Innern des Autos bestehen aus Kunststoffen. Aber auch im Außenbereich der Karosserie finden sich viele Elemente aus polymeren Werkstoffen. Autoreifen sollen elastisch und zugleich abriebfest sein. Sie werden aus einer gezielt auf die Witterungsbedingungen und den Straßenbelag abgestimmten Kautschukmischung hergestellt – beispielsweise aus Polybutadien. Sollten die Reifen das Auto doch nicht rechtzeitig zum Stehen bringen, schützen beim Aufprall Stoßstangen aus steifem **P**oly**p**ropen (PP).

Poly**ur**ethan (PUR) ist ein Kunststoff, der je nach Herstellung weich und elastisch oder hart und spröde sein kann. Wegen seiner Vielseitigkeit wird er in Sitzpolstern, Stoßstangen und Verkleidungen häufig verwendet. Pro Fahrzeug werden durchschnittlich 18 kg Polyurethan eingesetzt. Mit weltweit jährlich ca. 1 Mio. t im Fahrzeugbau ist dies eine der meistverwendeten Gruppen von Kunststoffen.

7

Steinzeit –
Eisenzeit –
Plastikzeit

7.2 | Brennverhalten von Kunststoffproben | Technische Daten von PKW der Jahre 1955 und 2005 | Mechanische Eigenschaften von Kunststoffen

Modell des Airbus A380 – auf zwei Decks finden zwischen 481 und 656 Passagiere Platz.

Faserverbundwerkstoffe

Faserverbundwerkstoffe sind Kunststoffe, in denen extrem strapazierfähige Fasern – bei hohen Ansprüchen auch als Gewebe – eingebettet sind. Die mechanischen Eigenschaften werden dabei um ein Vielfaches verbessert.

7.2 Kunststoffe machen mobil

Rückleuchten und Reflektoren bestehen heute meist aus dem Kunststoff **P**oly**m**ethyl**m**eth**a**crylat (PMMA). Man bevorzugt den Einsatz anstelle von Pressglas, um Qualitätsverbesserung, Freiheit der Formgebung und des Designs, Kostensenkung und Gewichtsreduzierung zu erreichen. Untersuchungen der Automobilindustrie belegen, dass durch eine Gewichtsreduzierung von 100 kg pro PKW der Kraftstoffverbrauch um 0,4 l bis 0,6 l pro 100 km fällt.

Kunststoffe auf Höhenflug. Das erste Segelflugzeug mit glasfaserverstärkten Kunststoffen wurde bereits 1958 gefertigt. Schon 1980 flog der erste Airbus mit einem kohlefaserverstärkten Leitwerk. Nach und nach verdrängen heute spezielle Kunststoffe, eine Verbindung aus Glasfasern und Kohlefasern, das Aluminium im Flugzeugbau. Selbst große Passagiermaschinen enthalten Kunststoff in der Außenhaut. So besteht das derzeit größte Flugzeug der Welt, der Airbus A 380, bereits zu etwa 40 % aus Kunststoffen. Durch diesen hohen Anteil an Werkstoffen mit vergleichsweise geringer Dichte ist es möglich, dass bei gleicher Baugröße mehr Passagiere oder Nutzlast befördert werden können. Dennoch ist der voll getankte Airbus insgesamt das derzeit mit 550 t schwerste Flugzeug der Welt.

In der Freizeit mobil. Bei Scootern, Kickboards oder Inlineskates sind gute Rollen extrem wichtig. Vor allem auf den Rebound, den Abprall, kommt es an, d. h. neben der Abriebfestigkeit und Langlebigkeit der Rollen besonders auf die Elastizität des Materials. Hierfür wird ebenfalls Polyurethan als Werkstoff genutzt.

1. Ein Auto ist umso umweltfreundlicher, je mehr Metalle durch Kunststoffe ersetzt werden. Ist diese Aussage richtig? Diskutieren Sie.
2. Zweiliterautos sind in der Diskussion. Die entsprechende Technik ist bereits vorhanden. Setzen Sie sich mit den unterschiedlichen Gründen für und gegen diese Entwicklung auseinander. Versetzen Sie sich dabei in die Rolle verschiedener Interessenvertreter.
3. Recherchieren Sie die besonderen Eigenschaften faserverstärkter Kunststoffe. Wie unterscheiden sich kohlefaser- (CFK) und glasfaserverstärkte Kunststoffe (GFK)?
4. Informieren Sie sich über die unterschiedliche Herstellung von Hart- und Weichschäumen aus Polyurethan.

7.3 | Von der Grundlagenforschung zur Textilfaser | Seide oder Nylon® – die Qual der Wahl?

Chemie macht Kleidung

Naturfaser und Kunstfaser

Bei den Naturfasern wird zunächst zwischen pflanzlichen und tierischen Fasern unterschieden. Lediglich Baumwolle und Leinen werden heute noch als pflanzliche Fasern für Kleidung verwendet. Beide bestehen aus Cellulose. Wolle und tierischen Naturfasern wie z. B. Tierhaaren liegt das Protein Keratin zugrunde. Rohseidefasern – sie bestehen ebenfalls aus einem Protein – werden von der Raupe des Maulbeerseidenspinners versponnen.
Viskose, Acetatseide und Kupferseide zählen zu den Kunstseidefasern. Weitere Kunstfasern sind z. B. Polyester, Polyamid, Polyacrylnitril und Elastan.

 B-5 | Polykondensation

Helga Grosskurth, Miss Berlin 1952, im Warenlager einer Strumpffabrik

7

Steinzeit – Eisenzeit – Plastikzeit

Die Erfolgsstory des Nylons®. WALLACE HUME CAROTHERS (1896 bis 1937) folgt nach seinem Chemiestudium und Erwerb des Doktortitels einem Angebot als Dozent an die Havard-Universität.
Als sich die Beziehungen zwischen den USA und Japan Ende der 1920er Jahre verschlechtern und Seide in den Vereinigten Staaten immer knapper wird, gelingt es dem amerikanischen Chemiekonzern DuPont, den erfolgreichen CAROTHERS von der Universität Harvard abzuwerben. Der junge Wissenschaftler konzentriert sich bei DuPont auf die Forschung an synthetischen Fasern. Zusammen mit seinen Mitarbeitern kann er 1935 erstmals Adipinsäure und Hexamethylendiamin polykondensieren. Damit ist einer der bedeutendsten Kunststoffe gefunden. Das entstandene Produkt erhält den Namen Nylon®. Fünf Jahre später kommen die ersten Nylon®-strümpfe in die Geschäfte, von denen bereits am ersten Tag fünf Millionen Paare verkauft werden. Auch Fallschirme lassen sich aus diesem Material herstellen. Im Zweiten Weltkrieg wird diese Verwendung von Nylon® von besonderer Bedeutung für die USA. Nylon®-strümpfe werden während des Krieges kaum hergestellt. Am Tag des ersten Nachkriegsverkaufs in San Francisco warten jedoch bereits 10 000 Frauen vor den Geschäften.

Nylon®-strumpf in guter Qualität (gedehnt, links) und in billiger Qualität (semigedehnt, rechts). Bei guter Qualität wird durch Kombination von spiralförmigen Faserbündeln mit glatten Fasern auch bei dünnen Geweben eine hohe Elastizität erreicht. Bei billiger Qualität wird diese Elastizität durch eine lockere Bündelung vieler einzelner Fasern erzielt, die Haltbarkeit der guten Qualität wird aber nicht erreicht.

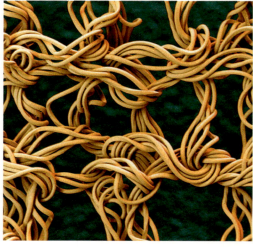

104

7.3 | Synthese eines Nylon®-Fadens

Das Schmelzspinnverfahren

Synthetische Fasern, die z. B. bei der Herstellung von Sportkleidung Verwendung finden, werden nach dem Spinnverfahren hergestellt. Im Falle der Polyamide, also auch des Nylons®, handelt es sich um das Schmelzspinnverfahren. Dabei wird der Kunststoff geschmolzen und im flüssigen Zustand durch Spinndüsen gepresst. Beim Verlassen der Spinndüsen werden die Kunststofffäden mit Luft abgekühlt und erstarren wieder.

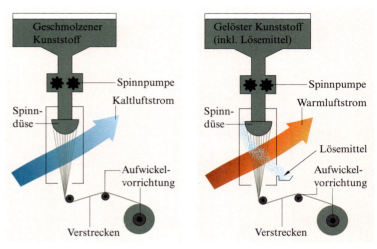

Schmelzspinnverfahren und Trockenspinnverfahren

Elastische Fasern. Hochelastische synthetische Chemiefasern spielen heute in der Bekleidungsindustrie eine wichtige Rolle. Strümpfe, Handschuhe, Mützen und Pullover bestehen zum Teil aus Fasern, die sich auf das 6- bis 8fache ihrer Ausgangslänge dehnen lassen und nach Aufhebung der Spannung wieder vollständig in die Ausgangsform zurückkehren. Die hohe elastische Dehnung ermöglicht den Tragekomfort. Sie hat ihre Ursache in dem besonderen Aufbau der Kettenmoleküle, die aus weichen und harten Segmenten bestehen. Die so genannten Elastanfasern bestehen zu etwa 85 % aus segmentiertem Polyurethan. Sie werden meist im Trockenspinnverfahren hergestellt und in Kombination mit anderen Fasern zu Textilien verarbeitet.

7.3 Chemie macht Kleidung

[...]

1. Welche Gründe könnten CAROTHERS bewogen haben, sich auf die Entwicklung von Polyamiden zu konzentrieren? Finden Sie heraus, was Nylon® und Seide gemeinsam haben. Stellen Sie selbst einen Nylonfaden her.
2. Informieren Sie sich über die Herstellung und Verwendung von elastischen Fasern.
3. Im Anschluss an die Herstellung durch ein Spinnverfahren werden synthetische Fasern auf ein Vielfaches ihrer Länge verstreckt. Erklären Sie, weshalb sich die Festigkeit der Faser durch den Vorgang des Verstreckens erhöht.

Was ist zäh an Viskose?

Viskose wird aus Cellulose hergestellt. Zellstoff, der aus Cellulose besteht, wird mit Natronlauge versetzt. Dadurch zerbrechen die Cellulosemoleküle in kleine Einheiten; es entsteht Natriumcellulose. Bei der nachfolgenden Umsetzung mit Schwefelkohlenstoff bildet sich eine viskose orangegelbe Lösung (Cellulosexanthogenat), die als „Viskose" bezeichnet wird. Diese Lösung wird in ein Fällbad aus Schwefelsäure und Salzen gepresst. Der feste Viskosefaden entsteht.

Clevere Fasern

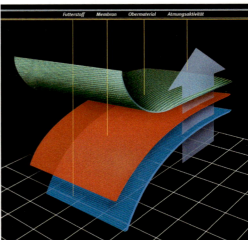

Aufbau von Funktionskleidung mit Sympatex®-Membran

Regenbekleidung – außen trocken, innen nass? Wer hat noch nicht diese Erfahrung gemacht: Der Wetterbericht kündigt Regen an, und um sich vor dem kühlen Nass zu schützen, wird eine Regenjacke angezogen. Doch trotz der getroffenen Maßnahmen ist das T-Shirt pitschenass, weil die beim Schwitzen entstandene Feuchtigkeit die Regenjacke nicht passieren kann. Moderne Regenjacken und auch Windschuhe zeigen diese unangenehmen Effekte nicht mehr. Hier ist in den Stoff eine Kunststoffmembran eingearbeitet, die die Körperfeuchtigkeit zwar nach außen, den Regen jedoch nicht nach innen lässt.

Fit für draußen. Seit Jahrzehnten ist der Kunststoff Teflon® (**P**oly**t**etra**fluor**ethen, PTFE) als Antihaftbeschichtung für Töpfe und Pfannen bekannt. Wer weiß schon, dass PTFE nicht nur das Ansetzen des Spiegeleies in der Pfanne verhindert, sondern dass mit diesem Kunststoff eine ganz neue Klasse von Bekleidungsmaterialien begründet wurde. Polytetrafluorethengewebe sind als Membran mit sehr kleinen Poren unter dem Namen Gore-Tex® bekannt. Bei allen Aktivitäten im Freien wie Wandern, Wintersport, Klettern oder beim Wassersport kann man heute dieses atmungsaktive Gewebe finden.
Teflon® ist extrem wasserabweisend (hydrophob), sodass ein Wassertropfen die feinen Poren der Membran nicht durchdringen kann. Anders verhält es sich mit der Körperfeuchtigkeit, die in Form von Wasserdampf abgegeben wird. Einzelne Wassermoleküle sind wesentlich kleiner als die Poren der Membran und können diese deshalb ungehindert passieren.

> **Eine Erfindung von Bob Gore**
>
> 1958 gründet der amerikanische Chemiker Bob Gore eine Firma, in der Isolierungen von Drähten und Kabeln auf der Basis von Teflon® (PTFE) hergestellt werden. Das Isoliermaterial hat große Vorteile gegenüber den bislang verwendeten Materialien. Später bemerkt Gore, dass Teflon® weitere interessante Eigenschaften aufweist. Im Jahr 1969 erfindet er ein spezielles Verfahren für die Verarbeitung dieses Kunststoffs, indem er PTFE durch einen mechanischen Reckprozess zu einer Membran verarbeitet, die unzählige Poren von etwa 0,000 2 mm Durchmesser aufweist. Die luftige Gitternetzstruktur der Membran ermöglicht es, sie als Gewebevlies in Kleidung einzubringen. Die Gore-Tex®-Kleidung ist geboren. 1976 kommt PTFE erstmals als „Gore-Tex®" in Textilien zur Anwendung. 1981 tragen die Astronauten der NASA Space Shuttle Mission Raumanzüge aus diesem Material.

Pullover denkt mit – „intelligente" Fasern. T-Shirts mit Lichtschutzfaktor, Unterwäsche gegen Neurodermitis, hautpflegende Strümpfe – in der Textilbranche gibt es viele neue Entwicklungen dieser Art. Diese „intelligenten" Fasern erobern den Markt und spielen mehr und mehr im Alltag der Menschen eine Rolle.

Bei Kleidung, die vor UV-Strahlung schützen soll, gibt es unterschiedliche Funktionsweisen. Einige Hersteller weben die Fasern einfach nur enger, um dadurch die Strahlung besser abschirmen zu können. Andere Textilfirmen arbeiten Titandioxid in feinster Verteilung in Polyamidfasern ein. Dieses Pigment reflektiert das Sonnenlicht besonders gut. Eine dritte Möglichkeit, Kleidung mit Lichtschutzfaktor auszurüsten, ist das Auftragen eines „UV-Adsorbers".

↗ 2.8 | Sommer, Sonne, Haut

Diese Unterwäsche ist speziell für Personen mit Neurodermitis entwickelt worden. Das versilberte Spezialtextil reduziert den Bakterienbefall der Haut. Dadurch wird der Juckreiz eingedämmt und die Haut kann sich erholen.

1. Stellen Sie Vor- und Nachteile von Kunst- und Naturfasern gegenüber. Recherchieren Sie dafür im Internet.
2. Materialien aus Sympatex® erzielen einen ähnlichen Effekt wie die aus Gore-Tex®, sind aber anders aufgebaut. Vergleichen Sie die Membranen miteinander.
3. Warum sollten Jacken aus Gore-Tex® nicht in den Tropen verwendet werden?
4. Cyclodextrine gehören zur Stoffgruppe der Kohlenhydrate. Wie werden Cyclodextrine hergestellt?

7.4
Clevere Fasern

Gerüche – absorbiert und abgegeben

Nach dem Diskothekenbesuch ist die Wäsche in der Regel reif für die Waschmaschine. Tabak- und Schweißgeruch sind unangenehme Begleiter des Vergnügens. Häufig sind die Kleider jedoch noch gar nicht so schmutzig, dass sie gewaschen werden müssten. Cyclodextrine in Textilien bieten hier eine Lösung an. Bei ihnen handelt es sich um ringförmige Moleküle, die als Abbauprodukte der Stärke gewonnen werden. Etwas flapsig werden sie auch als „molekulare Zuckertüten" bezeichnet, weil sich die Anwendungsmöglichkeiten der Cyclodextrinmoleküle im Wesentlichen aus ihrer Eigenschaft ergeben, mit Gastmolekülen so genannte Wirt-Gast-Komplexe bilden zu können. Moleküle der Cyclodextrine, die auf Textilien aufgebracht sind, können so Geruchsmoleküle aufnehmen und binden. Diese werden bei der nächsten Wäsche wieder ausgewaschen. Umgekehrt können aber auch gezielt Cyclodextrine, beladen mit Duftstoffen, insektenabweisenden Mitteln, UV-Absorbern oder anderen Wirkstoffen, auf Textilien aufgebracht werden. Dort geben die Moleküle ihre Gastmoleküle langsam über einen längeren Zeitraum ab.
Ihre Speichereigenschaften haben die Cyclodextrine bereits auf Gardinen, Kleidung und Teddybären unter Beweis gestellt.
Sollen Cyclodextrine dauerhaft auf Kleidungsstücke aufgebracht werden, müssen die Moleküle allerdings in geeigneter Weise chemisch an die Fasern der Stoffe gebunden werden.

Cyclodextrine

Cyclodextrine gehören zu den Oligosacchariden und werden aus Abbauprodukten der Stärke gewonnen. Es handelt sich um ringförmige Moleküle mit einem Hohlraum im Innern, der geeignete Gastmoleküle aufnehmen kann.

↗ B-5 | Polysaccharide

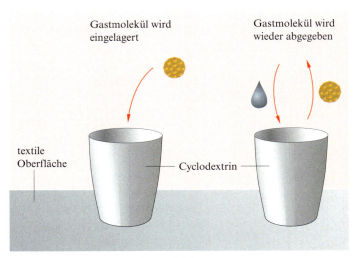
Einlagerung und Abgabe von Gastmolekülen

107

7.5 | Verzögerte Freisetzung von Arzneimitteln | Polylactid als resorbierbares Polymer

Kunststoffe in der Medizin

Kunststoffe sind in der Medizin allgegenwärtig und lebenswichtig. Aus Polymeren entstehen hauchdünne Handschuhe, Einmalspritzen, Schläuche, Sonden, Herzklappen, künstliche Hüftgelenke, Kontaktlinsen oder Trägersubstanzen für Wirkstoffe.

Der Einsatz von Kunststoffen in der Medizin eröffnet damit Möglichkeiten für viele neue Therapien. So wird z. B. der Einsatz von Polymeren in der Krebstherapie erforscht. Kapseln aus maßgeschneiderten Kunststoffen können etwa tumoraktive Wirkstoffe einschließen und diese gezielt und dosiert über einen längeren Zeitraum abgeben.

Resorbierbare und nicht resorbierbare Fäden

Es gibt sie in Violett, Braun oder elfenbeinfarben. Aber für den Benutzer ist die Farbe unwesentlich, denn es handelt sich um resorbierbare Fäden, die zum Nähen von Gewebe wie z. B. bei der Geburts- und Frauenheilkunde oder der Urologie verwendet werden. Hergestellt werden sie z. B. aus Polyglykolsäure. Die Verträglichkeit ist je nach Faden unterschiedlich gut. Die Resorption im Körper hängt von der Nahtstelle und dem verwendeten Faden ab.
Nicht resorbierbare Fäden werden für Hautnähte der plastischen Chirurgie oder der Herz- und Gefäßchirurgie verwendet. Das Material besteht beispielsweise aus Seide, Polyamid oder Polypropen.

Implantierbare Axialpumpe für ein menschliches Herz

7

Steinzeit –
Eisenzeit –
Plastikzeit

Werden „Ersatzteile" für den menschlichen Körper benötigt, z. B. Teile von Blutgefäßen oder Herzklappen, so ist Kunststoff oft das Material der Wahl, weil es vom Körper selten abgestoßen wird und keinen Verschleiß zeigt. Mehreren Mio. Menschen konnte bereits mit Blutgefäßimplantaten aus Teflon® geholfen werden. Auch die Entwicklung eines künstlichen Herzens für den Menschen ist ohne die Verwendung von speziellen Kunststoffen nicht denkbar.

In anderen Fällen ist ein gezielter Abbau des Polymers gerade erwünscht. Solche Kunststoffe spielen im medizinischen Bereich eine große Rolle. Sie werden im Körper durch Reaktion mit Wasser (Hydrolyse) in kleinere, nicht toxische Fragmente abgebaut und ausgeschieden. So werden heute nicht nur OP-Fäden, sondern sogar Schrauben und Platten aus resorbierbaren Polymeren hergestellt.

Anwendung von Kunststoffen in der Medizin

Medizinbereich	Kunststoff
Brillengläser	PC
Chirurgiefäden; nicht resorbierbar	PA, PP
Chirurgiefäden; resorbierbar	Polyglykolsäure
Schläuche, Behälter, Röhren, Injektionsspritzen	PE, PP, PVC
Kunstherzen	PUR
Zahnfüllungen, Zahnersatz	PMMA

Auch Kontaktlinsen werden aus Kunststoff angefertigt.

B-5 | Kunststoffe

108

Filmüberzüge bei Tabletten. Viele Medikamente bereiten dem Patienten das Problem, dass sie wegen ihrer chemischen Eigenschaften die Magenschleimhaut reizen. Andere Arzneimittel können an Wirksamkeit verlieren, wenn sie mit dem Magensaft oder bestimmten Enzymen des Verdauungstrakts in Kontakt kommen. Um diese und andere mögliche Begleiterscheinungen bei der Einnahme von Medikamenten zu umgehen, arbeiten Pharmafirmen heute mit Tablettenüberzügen aus polymeren Materialien. Die Einkapselung von Wirkstoffen in Polymere ermöglicht eine kontrollierte Freisetzung des Wirkstoffs. Die Geschwindigkeit, mit der dieser Stoff freigesetzt wird, ist dabei u. a. abhängig von der Zersetzungsgeschwindigkeit des umhüllenden Polymers.

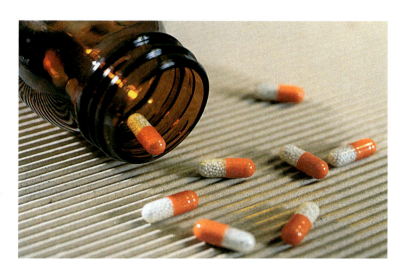

Reaktionskunststoff

Reaktionskunststoffe sind z. B. Kunstharze, die bei der Anwendung aus mehreren flüssigen oder pastösen Komponenten gemischt werden. Nach dem Mischvorgang werden sie verarbeitet und härten anschließend durch chemische Reaktion aus.

7.5 Kunststoffe in der Medizin

Optimierung chirurgischer Eingriffe durch Kunstharz

Operationen an Personen mit Schädel- oder Kieferdeformationen, die angeboren, durch Verletzungen oder Tumore entstanden sind, können noch besser vorbereitet werden. In der plastischen Chirurgie werden Kunstharze eingesetzt, um eine individuelle Operationsplanung beispielsweise am Schädel vornehmen zu können. Zunächst werden durch Computertomografie Aufnahmen vom Schädelknochen gemacht. Mit einem Laser wird anschließend ein dreidimensionales Modell konstruiert, das aus Kunstharz gefertigt wird. An diesem Modell können die Chirurgen die Operation üben und sich dadurch noch optimaler auf den Eingriff vorbereiten.

1. Vergleichen Sie ein Medikament mit und ohne polymeren Schutzüberzug.
2. Das Produkt Cetebe® wird angepriesen als ein Mittel, das durch „Zeitperlen" Vitamin C portionsweise freisetzt. Entwickeln Sie Ideen zur Funktionsweise solcher Perlen.
3. Setzen Sie sich genauer mit dem chemischen Prozess der Resorption von Operationsfäden auseinander.
4. Sind biologisch abbaubare Kunststoffe die Lösung für das globale Müllproblem? Diskutieren Sie.

Unsichtbare Helfer

Sie sind unauffällig, häufig unsichtbar und dennoch gehören sie zu unserem täglichen Leben: funktionale Kunststoffe, die als Zusätze und Hilfsmittel mit geringsten Mengen große Effekte erzielen. Diese Kunststoffe werden gezielt auf besondere Eigenschaften maßgeschneidert und in vielen verschiedenen Produkten eingesetzt.

In Babywindeln werden Kunststoffe mit enormer Saugkraft benötigt. Dafür werden superabsorbierende Polymere kreiert: wasserunlösliche vernetzte Polyacrylsäuren, die in der Lage sind, große Mengen an wässriger Flüssigkeit zu binden. Dabei quellen sie enorm auf und bilden ein Gel, das auch unter Druck das Wasser nicht freisetzt. Polyacrylsäure wird durch radikalische Polymerisation von Acrylsäure (Propensäure) hergestellt. Diese Säure und ihre Natriumsalze sind gut wasserlöslich. Um aber ein Gel zu erhalten, werden die Polyacrylsäuremoleküle über eine Copolymerisation mit quervernetzenden Molekülen zur Reaktion gebracht. Art und Konzentration des Quervernetzers sind dabei entscheidend für die Quellfähigkeit des entstandenen superabsorbierenden Polymers. Je stärker die Quervernetzung ist, desto geringer sind die Porengröße des Polymernetzwerks und damit die Möglichkeiten zum Quellen.

 ↗ B-5 | Radikalische Polymerisation

Fast 80 % der gesamten Produktion von Superabsorbern werden für Windeln verwendet. Sie können auch in anderen Bereichen hilfreich sein: Bei der Verpackung von Fleisch und Geflügel werden sie eingesetzt, um die austretenden Flüssigkeiten schnell zu absorbieren und zu speichern. Beim Transport von Frischfisch und Muscheln können die Polymere zudem noch zur Aufnahme von schmelzendem Kühleis eingesetzt werden.

Copolymere

Copolymere bestehen nicht nur aus einer Art von Monomeren wie z. B. Polyacryl oder Polyethen, sondern aus zwei oder sogar mehreren Monomeren. Durch diese Kombination werden unterschiedliche Eigenschaften in einem einzigen Kunststoff vereint. Zur Synthese werden dementsprechend zwei oder mehr Arten von Monomeren verwendet. So lässt sich z. B. das Monomer Styrol mit vielen anderen Monomeren verknüpfen. Der Chemiker hat mit der Copolymerisation ein ideales Instrument an der Hand, um Kunststoffe mit unterschiedlichsten Eigenschaften zu erzeugen.

Leitfähig oder nicht leitfähig – das ist hier die Frage. Kunststoffe sind im Allgemeinen nicht elektrisch leitfähig und werden deshalb als Schutzummantelung für Kabel benutzt. Umso erstaunlicher ist z. B. der Einsatz von Kunststoffen in Bereichen, die eine elektrische Leitfähigkeit des Materials erfordern: Polymere in Lithium-Ionen-Akkumulatoren für MP3-Player und Handys. Lithium-Ionen-Akkumulatoren zeugen davon, dass Kunststoffe zunehmend Einzug halten in Anwendungen, die ihnen noch bis vor kurzer Zeit verschlossen waren. Lithium-Ionen-Akkumulatoren sind identisch mit der Lithium-Ionen-Zelle, mit Ausnahme des Elektrolyten. Verwendet werden polymere Festelektrolyte oder, um die elektrische Leitfähigkeit zu erhöhen, leitende Gelelektrolyte

↗ 7.6 | Kunststoffe als Flockungs- und Dispergiermittel | Elektrisch leitfähige Feststoffe im Vergleich | Herstellung eines leitfähigen Polymers

aus Polymeren. Der Polymerelektrolyt dient außer zum Ionentransport auch als Separator (Trennung der elektrisch positiv und der negativ geladenen Elektrode) und als flexibles Verbundmaterial. Lithium-Ionen-Akkumulatoren sind heutigen Batterien im Hinblick auf ihre Leistungsfähigkeit und ihre Sicherheit weit überlegen. Außerdem sind sie weitgehend ungiftig und gut zu recyceln.

 ↗ 6.3 | Spitzenleistung – Lithium-Ionen-Akkumulator

In den Polymeren werden Ionen weitergeleitet. Tatsächlich gibt es auch Kunststoffe, in denen Elektronen transportiert werden können.
Zu diesen intrinsisch leitfähigen Polymeren zählen die jeweils positiv geladenen Polymere der Moleküle von Thiophen, Pyrrol und Anilin. Die Anwendungen dieser neuartigen Materialklasse sind vielfältig und reichen von der Antistatikbeschichtung über organische Transistoren und die Verwendung als Elektrodenmaterial in Kondensatoren bis hin zu organischen Leuchtdioden (OLEDs, **O**rganic **L**ight **E**mitting **D**iodes). OLEDs können zur Entwicklung sehr leuchtkräftiger Monochrom- und Farbdisplays führen, beispielsweise für Handys oder Computerbildschirme. Sie verfügen im Gegensatz zur bisher verwendeten LCD-Technik über einige deutliche Vorteile wie den geringeren Stromverbrauch bei gleichzeitig höherer Leuchtkraft und besserem Kontrast oder die Unabhängigkeit vom Blickwinkel.
Auch im Bereich flexibler Displays größerer Abmessungen wird dieser Technologie ein hohes Potenzial beigemessen.

Organische Leuchtdioden

Auf einer transparenten Anode aus Indium-Zinn-Oxid wird ein leitfähiges organisches Polymer dünn aufgetragen. Auf diese Schicht werden unedlere Metalle, z. B. Aluminium oder Magnesium, aufgedampft. Beim Anlegen einer Spannung fließt Strom durch das Polymer. Dabei gibt es elektromagnetische Strahlung ab und leuchtet. Derzeit wird diese Technik für Displays bei Handys, Digitalkameras und Computerbildschirmen genutzt.

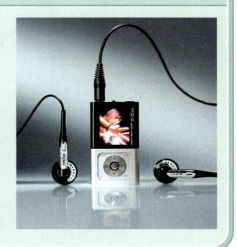

7.6
Unsichtbare Helfer

Mächtig geladen. Beim Auf- und Entrollen von Filmspulen können sich elektrostatische Ladungen bilden, die durch unkontrollierte Entladungen zu weißen Flecken auf den Fotos führen. Wenn die Filme mit einer hauchdünnen elektrisch leitfähigen Schicht aus PEDOT (**P**oly**e**thylen**di**o**xyt**hiophen) beschichtet werden, wird dieser unerwünschte Effekt verhindert. Auch Folien zur Verpackung von Elektronikbauteilen können so antistatische Eigenschaften erhalten.

1. Untersuchen Sie experimentell die Eigenschaften von funktionalen Kunststoffen. Gehen Sie dabei besonders auf den Einfluss von Superabsorbern, auf das Flockungs- und Dispergiervermögen und auf den Einsatz als Akkumulator ein.
2. Zeichnen Sie ein mögliches Molekül, das sich zur Vernetzung linearer Polyacrylsäuremoleküle eignet.
3. Erklären Sie die elektrischen Leitfähigkeiten von leitenden Polymeren und vergleichen Sie sie mit anderen elektrischen Leitern.

7.7 | Hydrophobieren von Papier | Herstellung von Silicontrennpapieren | Struktur-Eigenschaften-Beziehungen bei Siliconen

Alleskönner – Silicone

„Ein kleiner Schritt für mich, aber ein großer Sprung für die Menschheit", – sagte Neil Armstrong (geboren 1930), der Kommandant der Mondlandefähre am 21. Juli 1969, nachdem er als erster Mensch den Mondboden betrat. Die Sohlen der Stiefel, die diese historischen Spuren hinterließen, waren aus Siliconkautschuk, einem Material, das speziell für die Bedürfnisse in dieser extremen Umgebung modifiziert wurde. Welcher andere Werkstoff wäre bei der Kälte elastisch geblieben, welcher hätte der Hitze und UV-Strahlung standgehalten?

Auch an anderer Stelle in der Raumfahrt haben Siliconprodukte ihre Anwendung erfahren. Siliconlacke sind wegen ihrer hohen Beständigkeit besonders für Objekte geeignet, die hohen Temperaturen standhalten müssen. Gerade hier muss der Lack unbrennbar sein sowie in allen Temperaturbereichen eine ausreichende Haftung aufweisen. Dies gilt für Öfen und Grills ebenso wie für Weltraumraketen.

7

Steinzeit – Eisenzeit – Plastikzeit

Silicone

Silicone sind makromolekulare Siliciumverbindungen, in denen Siliciumatome mit Sauerstoffatomen und mit Alkylgruppen verbunden sind. Sie werden aus der Reaktion siliciumorganischer Hydroxylverbindungen mit Halogenalkanen und der anschließender Hydrolyse der dabei entstandenen Alkyl-Silicium-Verbindungen hergestellt. Insofern nehmen sie eine Zwischenstellung zwischen anorganischen und organischen Verbindungen ein. Das typische Merkmal der Silicone ist die Siloxanbindung Si-O-Si, weswegen auch die Bezeichnung Polysiloxane häufig verwendet wird. Ihren organischen Charakter erhalten die Silicone durch die an die Siliciumatome gebundenen Kohlenwasserstoffgruppen – hauptsächlich Methylreste.

 B-5 | Silicone

Challenger explodiert!

28. Januar 1986. Nur 73 Sekunden nach ihrem Start vom Weltraumstützpunkt Cape Canaveral explodierte die US-Raumfähre Challenger in 17 km Höhe. Dabei starben alle sieben Personen an Bord: sechs Berufsastronauten und eine Lehrerin. Als Unglücksursache wurde ein zersetzter Silicondichtungsring ausgemacht. Die Ingenieure der Raketenherstellung hatten noch in der Nacht vor dem Start Sicherheitsbedenken angemeldet und versucht, den Start zu verschieben. Da die US-Weltraumbehörde NASA nicht auf diese Bedenken eingegangen ist, wird ihr nun Fahrlässigkeit im Umgang mit der Besatzung vorgeworfen.

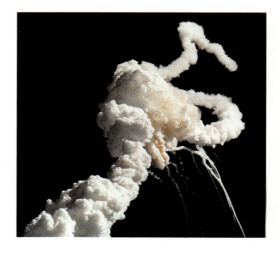

Wenn sich ein Fahrgast in der Tür eines ICE-Zuges einklemmt, sorgt ein elektrisch leitfähiger Siliconkautschuk dafür, dass sich die Tür wieder öffnet.

112

Mit Siliconen Kunst retten. Korrodierende Dübel, die nach dem Krieg beim Wiederaufbau benutzt wurden, zerstören den berühmten um 170 v. Chr. geschaffenen Pergamonaltar im Berliner Pergamonmuseum. Der Gips, mit dem die Dübellöcher zugeschmiert wurden, ist stark wasseranziehend. Dieses Wasser gelangt zu dem im Marmor verborgenen Eisen. Die Dübel rosten, die Korrosionsschicht vergrößert das Volumen und sprengt den Marmor. Artemis, die Göttin des Mondes und der Jagd, zerfiel deshalb beim Herabnehmen in mehr als 60 Stücke.

Die zerstörten Reliefstücke werden zur Restaurierung sorgfältig wieder zusammengesetzt und -geklebt. Danach werden Abdrucke mit Siliconkautschuk gefertigt, mit deren Hilfe Gipsabgüsse entstehen. In Italien werden dann aus Kalksteinplatten passgenaue Ergänzungen herausgemeißelt. Diese ersetzen als Hintergrund den Zement, der vor 100 Jahren benutzt wurde. Damals war man sehr stolz auf den modernen Werkstoff, bedachte aber nicht, dass Zement sich bei Wärme anders als Marmor ausdehnt.

Pergamonaltar

Weitere Einsatzmöglichkeiten von Siliconen. Um der Zerstörung von alten Fassaden entgegenzuwirken, wird oftmals zum Schutz gegen Feuchtschäden ein wasserabweisender Anstrich aufgetragen. Damit wird die Wassersaugfähigkeit der Baustoffe herabgesetzt und gleichzeitig aber eine Durchlässigkeit des Wasserdampfs nicht blockiert. Auch hierfür werden Siliconharze eingesetzt.

7.7

Alleskönner – Silicone

Sticker und selbstklebende Etiketten sollen erst dann kleben, wenn die richtige Stelle dafür gefunden wurde. Deshalb ist das Etikett auf einem Träger angebracht, auf dem es leicht abzuziehen ist. Das Trägermaterial für die Sticker ist mit Silicon beschichtet, damit die Klebstoffschicht besonders beim Ausstanzen gut geschützt wird.

> **Silicone im Menschen**
>
> Für die Brustimplantate aus Silicon werden mit Silicongel gefüllte Siliconbeutel benutzt. Doch nicht nur dafür wird das Material beim Menschen verwendet. Künstliche Herzklappen, Herzschrittmacher, Hautcremes, Gleitmittel für Spritzen und anderes mehr werden auch aus Silicon hergestellt. Silicone besitzen gegenüber kohlenstoffbasierten Kunststoffen den großen Vorteil, dass das menschliche Immunsystem selten auf sie reagiert.

1. Erklären Sie, wie sich die Oberfläche von Papier und Baumwolle verändern muss, um wasserabweisend zu werden.
2. Begründen Sie das unterschiedliche Verhalten von Siliconkautschuk und Gummi auf molekularer Ebene.
3. Untersuchen Sie experimentell die Beständigkeit verschiedener Elastomere. Begründen Sie das unterschiedliche Verhalten auf molekularer Ebene.

113

7.8 | Bindungsstärken und Bindungsenthalpien | Klebstofftypen und Abbindevorgänge | Kleben in der Automobilindustrie

Für Experten

Champions der Klebehaftung. Was haben Käfer und Geckos mit Kunststoffen zu tun? Mühelos können sie glatte Wände hinaufklettern oder kopfüber an der Decke entlanglaufen. Ihre Füße sind so konstruiert, dass sie eine erstaunliche Haftkraft aufweisen. Je schwerer das Tier ist, desto zahlreicher und dünner sind die Härchen an den Füßen, die wegen ihrer größeren Oberfläche an der Wand oder Decke kleben bleiben. Verantwortlich für die Haftung sind Van-der-Waals-Kräfte, die zwischen den Härchen und der Oberfläche wirksam werden. Während Käfer etwa 10 000 Haarspitzen pro mm^2 Fußfläche haben, besitzen Fliegen etwa 100 000 und Geckos sogar bis zu 10 Mio. Haarspitzen.

 B-5 | Silicone

Diesen Hafteffekt versuchen Forscher nun bei der Entwicklung eines Klebestreifens nachzubauen, der ebenfalls viele dünne Härchen an der Oberfläche aufweist. Dabei haben sie ein zur Flüssigkeit erhitztes Polymer, das Polyvinylsiloxan, in eine Form mit winzigen Löchern gegossen, sodass beim Erstarren extrem dünne Härchen entstanden sind. Ein so hergestellter Klebestreifen, der die Größe eines Fingernagels besitzt, kann an der Wand einen Gegenstand von 40 g und an der Decke einen von 20 g halten. In Zukunft ist es denkbar, mit solchen Klebestreifen Bilder an die Wand zu hängen, ohne Hammer und Nagel zu gebrauchen. Außerdem sind solche Klebestreifen immer wiederverwendbar.

7

Steinzeit –
Eisenzeit –
Plastikzeit

1. Erklären Sie den Hafteffekt, der von den Füßen bei Käfern und Geckos hervorgerufen wird.
2. Recherchieren Sie über die Herstellung und Verwendung von Polyvinylsiloxan.
3. Informieren Sie sich über weitere Klebstoffe, die aus Kunststoffen hergestellt werden, und fertigen Sie eine Übersicht über die chemischen Stoffe und deren Verwendung an.

Bei diesem Fuß eines Geckos sind die zahlreichen Härchen gut zu sehen.

Kapitel 8

Müll wird wertvoll

Aus unserem Alltag ist eine Vielzahl moderner Produkte nicht mehr wegzudenken. Dazu gehören zahlreiche Gegenstände aus verschiedenen Kunststoffen oder auch Computer. Doch wie lange nutzen wir diese Produkte eigentlich? Verpackungen aus Kunststoff werden häufig sofort weggeworfen, Computer sind nach spätestens drei Jahren veraltet und landen auf dem Müll. Können wir uns das in Zeiten knapper werdender Rohstoffe und zunehmenden Umweltbewusstseins noch leisten?
Wer weiß eigentlich so genau, welche Schadstoffe die Kunststoffe und die verschiedenen anderen Materialien, aus denen Computer zusammengesetzt sind, enthalten?
Dieses Kapitel soll Wege aufzeigen, wie aus gebrauchten Kunststoffen allgemein und speziell aus alten Computern wieder neue, moderne Rohstoffe gewonnen werden können.

Vom Nutzen zur Sorge

Jeder, der schon einmal an einer Mülldeponie vorbeigefahren ist, kann verstehen, dass niemand eine solche Anlage in seiner unmittelbaren Umgebung haben möchte. Der Gestank des Mülls ist kaum erträglich und die Anwohner plagt – neben den Müllwagen, die täglich vorbeifahren – die Angst vor Ungeziefer. Auch ist die Sorge um das Grundwasser, das durch die Deponierung des Mülls gefährdet werden könnte, nicht aus den Köpfen der Menschen zu verbannen. Ist es unvermeidlich, dass wir so viel Müll produzieren?

Wachsende Müllberge. Ein großer Teil des anfallenden Mülls besteht aus den Verpackungen von Lebensmitteln und Gütern, die wir jeden Tag verbrauchen. Pro Jahr fallen hierbei im Durchschnitt bei jedem von uns allein 82 kg Verpackungen an. So entstehen pro Jahr insgesamt ungefähr 28 Mio. t Hausmüll, von denen ein nicht unerheblicher Teil aus Kunststoffen besteht. Diese haben an unserem Hausmüll einen Massenanteil von 7 %. Wird zudem berücksichtigt, dass Kunststoffe eine relativ geringe Dichte besitzen, so wird klar, welche Berge an Kunststoffmüll pro Jahr anfallen. Auf der einen Seite produzieren wir also viel Müll, auf der anderen Seite haben wir aber nicht unbegrenzt Deponiefläche zur Verfügung – und in unserer Nähe wollen wir den Müll schon gar nicht haben.

↗ 7.1 | Kunststoffe unter der Lupe

Einweg- und Mehrwegpfandsysteme. Am besten wäre es, wenn die anfallende Abfallmenge stark reduziert werden könnte. Ein gutes Beispiel für die Verhinderung von Müll ist die Einrichtung von Mehrwegpfandsystemen. Hierbei werden die genutzten Verpackungen des Verbrauchers nach dem Gebrauch zum Hersteller zurückgebracht, der sie reinigt und anschließend neu befüllt. Im Bereich der Getränkeverpackungen aus Glas und Kunststoff wird dieses System schon seit Jahren praktiziert.

Bei Mehrwegverpackungen kommt ein weiterer Gesichtspunkt hinzu: Neben dem Rücktransport zum Hersteller sind Mehrwegverpackungen nur sinnvoll, wenn sie lange im Umlauf bleiben, also möglichst häufig wieder verwendet werden können. Deshalb müssen sie zum einen besonders stabil gebaut werden, wodurch sie in der Regel schwerer werden als vergleichbare Einwegverpackungen. Zum anderen müssen sie nach jeder Verwendung energieaufwendig gereinigt werden. So wird der „ökologische Gewinn", der durch die Vermeidung von Abfall erzielt werden sollte, leicht wieder verspielt.

Bei Einwegpfandsystemen werden die Verpackungen im Rahmen des Dualen Systems ebenfalls zurückgenommen. Sie werden recycelt, um danach aus ihrem Material neue Produkte zu gewinnen. Trotz einer Reihe von Problemen mit Verpackungen, die aus mehreren Komponenten bestehen, ist die Idee, mit der auf diese Weise Abfall vermieden werden soll, bestechend. Die Verpackungen werden in einem Kreislauf geführt: Alte Verpackungen werden zu neuen Produkten – Müll wird wertvoll.

↗ 8.1 | Kunststoffadditiva

Wir können die Abfallmenge verringern, wenn es uns gelingt, auch für andere Verpackungen als Papier, Glas und Metalle Kreislaufprozesse zu entwickeln. Doch wie lassen sich die Kunststoffe, die in großer Menge als Verpackungsmaterial dienen, wiederverwerten?

Recycling

Unter Recycling wird die Gewinnung von Rohstoffen aus verbrauchten Produkten und Abfällen verstanden. Sie werden in den Wirtschaftskreislauf zurückgeführt und zu neuen Produkten verarbeitet. Dazu müssen die jeweiligen Stoffe in sortenreiner Form vorliegen.
Bei Kunststoffen wird zwischen dem werkstofflichen und dem rohstofflichen Recycling unterschieden. Bei dem werkstofflichen Recycling bleiben die chemischen Strukturen der Kunststoffmoleküle erhalten, beim rohstofflichen Recycling werden die Kunststoffmoleküle gespalten.

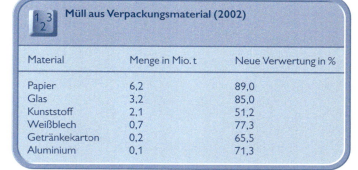

Müll aus Verpackungsmaterial (2002)

Material	Menge in Mio. t	Neue Verwertung in %
Papier	6,2	89,0
Glas	3,2	85,0
Kunststoff	2,1	51,2
Weißblech	0,7	77,3
Getränkekarton	0,2	65,5
Aluminium	0,1	71,3

Aus Getränkekartons neu hergestellte Produkte

8.1

Vom Nutzen zur Sorge

1. Recherchieren Sie, wie viel Müll durch die Mehrwegpfandsysteme in Deutschland pro Jahr vermieden wird, und informieren Sie sich kritisch über den so erzielten ökologischen Gewinn.
2. Informieren Sie sich über den Aufbau einer modernen Hochmülldeponie. Welche Maßnahmen werden zum Schutz der Bevölkerung und der Umwelt getroffen?
3. Recherchieren Sie, welche Alternativen es zur Deponierung von Müll gibt. Diskutieren Sie in diesem Zusammenhang besonders die Vor- und Nachteile von Einweg- und Mehrwegpfandsystemen und einer Müllverbrennung.
4. Informieren Sie sich, welche Substanzen als Additiva in Kunststoffen vorkommen und welchem Zweck sie dienen.
5. Recherchieren Sie, welche verschiedenen Kunststoffsorten im Hausmüll anfallen. Berechnen Sie, wie viele Tonnen der verschiedenen Verpackungsmaterialien im Jahr 2002 deponiert werden mussten.

Abkürzungen einiger recycelfähiger Kunststoffe (Auswahl)

Nr.	Abkürzung	Name
1	HDPE	High-Density-Polyethen
2	LDPE	Low-Density-Polyethen
3	PP	Polypropen
4	PS	Polystyrol
5	PVC	Polyvinylchlorid
6	PET	Polyethylenterephthalat

 ↗ B-5 | Kunststoffe

In den folgenden Kapiteln wollen wir Lösungen aufzeigen, wie das Kunststoffmüllproblem in den Griff zu bekommen ist. Dabei sollen auch die komplizierten Kunststoffe, die durch Zusatzstoffe (Additiva) für spezielle Anwendungsbereiche designt wurden, nicht aus den Augen verloren werden.

117

Ein Haufen Plastik – was nun?

Altkunststoffe liegen nur selten in sortenreiner Form vor. Auch unseren Hausmüll führen wir nur grob vorsortiert der Wiederverwertung zu, denn niemand von uns ist in der Lage, seinen Kunststoffabfall in die unterschiedlichen Kunststoffarten zu sortieren.

Die Kunststoffverwertungsindustrie bekommt somit eine Mischung aus zahlreichen unterschiedlichen Verpackungskunststoffen und steht nun vor der Aufgabe, diese voneinander zu trennen. Eine Sortierung von Hand wäre für eine solche Menge an Kunststoffabfall gar nicht möglich, zumal auch hierbei nur Kunststoff sortiert werden kann, der mit einer Identifizierungsmarke versehen ist. Menschen können die meisten Kunststoffarten mit dem Auge nicht auseinander halten.

Windsichter der Sortec 3.1 sortiert Plastiktüten aus.

Sortec 3.1. Um bei den großen Müllmengen einen möglichst effizienten Ablauf beim Recycling zu gewährleisten, werden heute vollautomatisierte Anlagen eingesetzt. Eines dieser Systeme ist die „Sortec 3.1 Sortier-, Aufbereitungs- und Veredlungsanlage". In einem ersten Schritt werden in einem Trommelsieb unterschiedlich große Verpackungsmaterialien voneinander geschieden. Das Sieben ist nötig, weil nur die größeren Verpackungsteile auf dem anschließenden Sortierweg voneinander getrennt werden können. In einem nächsten Schritt werden in einem Windsichter die Folien und der Papieranteil von den restlichen Verpackungsstoffen separiert, weil sich diese Verpackungsmaterialien wegen ihrer – im Vergleich zu ihrer Oberfläche – geringen Masse durch einen Luftstrom gut von den schwereren Verpackungsanteilen trennen lassen. In der zurückgebliebenen Schwerfraktion lassen sich die Eisenanteile, die neben den Kunststoffbestandteilen zusätzlich noch im Verpackungsmüll enthalten sind, mit einem Magneten aus dem Verpackungsgemisch aussortieren.

Nahinfrarotspektroskopie. Nach der Vorsortierung der Kunststoffabfälle durch Sieben, Windsichten und Magnetabscheiden folgt als letzter Schritt das Sortieren der Schwerfraktion durch die Nahinfrarotspektroskopie (NIR). Dieses Verfahren macht sich zunutze, dass jeder Kunststoff andere Anteile des Lichtes im Nahinfrarotbereich absorbiert oder reflektiert. Eine Kunststoffprobe wird mit Licht unterschiedlicher Wellenlänge aus dem Nahinfrarotbereich bestrahlt und die Intensität der reflektierten oder durchgelassenen Strahlung gemessen. Dadurch wird ein Spektrum erhalten, das für jeden Kunststoff eindeutig ist. Wird dieses Verfahren mit Kunststoffen durchgeführt, deren Zusammensetzung bekannt ist, so ergeben sich Musterspektren, mit denen die Spektren, die bei einem unbekannten Kunststoff gemessen werden, zu vergleichen sind.

> **Sortenreine Verwertung von Kunststoffen**
>
> Unter werkstofflichem Recycling wird im Allgemeinen die sortenreine Verwertung des jeweiligen Materials verstanden. So sollen Plastiktüten aus Polyethen wieder Ausgangsmaterial für neue Produkte aus Polyethen darstellen. Diese werkstoffliche Verwertung nicht mehr benötigten Materials stellt die beste Recyclingmöglichkeit dar, weil die Energie, die zur Herstellung des Kunststoffs aus Rohöl aufgewandt wurde, in den Kunststoffen gespeichert ist.
> In der Praxis ist eine solche werkstoffliche Verwertung allerdings deshalb schwierig, weil Restkunststoffe in der Regel nicht sortenrein vorliegen. Die bisherige Sortierung per Hand konnte aber nicht die nötige Sortenreinheit garantieren. Durch den Einsatz der Nahinfrarotspektroskopie ist es jetzt möglich, eine genaue und schnelle Identifikation der verschiedenen Kunststoffe im Abfall zu erlangen und somit eine sortenreine Verwertung zu gewährleisten.

8.2 | Identifizierung verschiedener Kunststoffe

Auf diese Weise lassen sich die meisten Kunststoffproben sicher identifizieren. Es ist sogar häufig möglich, innerhalb eines Kunststoffs etwaige Flammschutzmittel (Brandhemmer) und andere Additiva zu bestimmen. Theoretisch lassen sich mit diesem Verfahren fast alle Kunststoffsorten identifizieren und danach voneinander trennen. Die modernen Sortierstraßen der Sortec 3.1 werden bisher nur dazu genutzt, aus dem Kunststoffstrom PET und Getränkekartons abzutrennen. Diese werden durch die oben beschriebene Analyse identifiziert und durch Luftdruckdüsen in die passenden Sammelbehälter geblasen. In Zukunft wird sich dieses Verfahren aber auch auf das Sortieren aller gängigen Kunststoffsorten innerhalb der Schwerfraktion ausweiten lassen.

↗ B-3 | Infrarotspektroskopie

Die Zentrifuge der Sortec 3.1 trennt Kunststoffe nach ihrer Dichte.

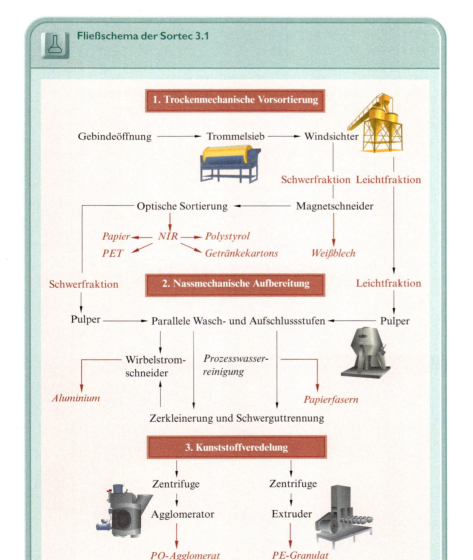

Durch das NIR-Verfahren werden die Kunststoffe voneinander getrennt.

8.2
Ein Haufen Plastik – was nun?

[..]

1. Informieren Sie sich über das Prinzip der Nahinfrarotspektroskopie.
2. Welche anderen Arten der Spektroskopie sind Ihnen bekannt und welche Rückschlüsse lassen diese jeweils auf die Struktur der zu untersuchenden Substanz zu?
3. Betrachten Sie das Nahinfrarotspektrum von Polyethylenterephthalat (PET) und identifizieren Sie die Charakteristika.

Aus Alt wird Neu

Recycling durch Einschmelzen. Sortenreines Glas und sortierte Metalle lassen sich zu neuen Produkten einschmelzen und so auf eine wirklich einfache Art und Weise wieder verwerten. Bestünde die Möglichkeit, mit unseren sortierten Kunststoffabfällen ebenso zu verfahren, wäre die Kunststoffwiederverwertung weniger problematisch. Bei Thermoplasten ist dieses Verfahren prinzipiell möglich, denn sie lassen sich schmelzen und bilden dabei eine viskose Masse, die nach dem Erstarren weitgehend wieder das gleiche Verhalten aufweist wie die Ausgangsprodukte. Daher sollten sie sich durch Einschmelzen in eine neue Form bringen und so recyceln lassen. Beispiele für Thermoplaste sind Polyethen, Polystyrol, Polyethylenterephthalat und Polymethylenmethacrylat. Allerdings wird diese Methode nicht so häufig genutzt, weil den Thermoplasten oft Farbstoffe und Additiva zugesetzt sind, sodass sich der recycelte Stoff nur zu wenigen neuen Produkten verarbeiten lässt.

Neben thermoplastischen Kunststoffen gibt es noch die Gruppen der Duroplaste und Elastomere. Da sie sich nicht schmelzen lassen, müssen sie auf andere Weise recycelt werden. Dies kann durch eine Pyrolyse geschehen, bei der die Kunststoffe unter Luftabschluss quasi „gecrackt" werden. Auch die meisten Thermoplaste werden durch eine Pyrolyse recycelt.

 B-5 | Thermoplaste

Recycling durch Pyrolyse. Wird ein Gemisch aus Polyethen, Polypropen und Polystyrol bei einer Temperatur von 400 °C bis 800 °C in einem Wirbelschichtreaktor zersetzt, so entstehen Ethen und Propen, aus denen wieder Polyethen und Polypropen gewonnen werden können. Darüber hinaus entstehen Methan, 1,3-Butadien, Benzol und weitere chemische Stoffe.

Diese unterschiedlichen Verbindungen sind wichtige Rohstoffe für die chemische Industrie, sie werden heute fast ausschließlich aus Rohöl gewonnen. Aus dem bei der Pyrolyse erhaltenen Gemisch lassen sie sich mithilfe einer Destillationskolonne abtrennen und den unterschiedlichen Einsatzbereichen in der chemischen Industrie als Rohstoffersatz zuführen.

Ob sich diese Art des Kunststoffrecyclings durchsetzen wird, scheint zweifelhaft, weil die Kosten im Vergleich zur Gewinnung der Rohstoffe aus Rohöl momentan noch zu hoch sind. In Ebenhausen bei Ingolstadt wird seit dem Jahr 2000 eine Pilotanlage mit einem Umsatz von 10 000 t Kunststoffmüll pro Jahr betrieben, an der wirtschaftliche und umweltrelevante Daten eines solchen Verwertungsverfahrens gesammelt werden sollen.

Ein Thermoplast schmilzt auf einer heißen Herdplatte.

Aus recyceltem PET hergestellte Decke

8.3 | Dioxinbildung bei der Kunststoffverbrennung | Reduktion von Metalloxiden mit Kunststoffabfällen

Kunststoff als Erdölersatz? Kunststoffe besitzen einen ähnlich hohen Heizwert wie Erdöl. Deshalb liegt der Gedanke nahe, Kunststoffe auch anstelle von Erdöl einzusetzen.
In der Tat werden Kunststoffabfälle zum Beispiel beim Hochofenprozess oder bei der Zementherstellung anstelle von Erdöl als Brennstoff eingesetzt.

 ↗ E-1 | Technische Herstellung von Eisen im Hochofen

Einblasen von Synthesegas aus umgewandelten Altkunststoffen in den Hochofen

[...]

1. Erläutern Sie anhand der Ihnen bekannten Struktur eines Thermoplasts sein Verhalten bei Erwärmung. Stellen Sie fest, durch welche strukturellen Besonderheiten die thermoplastischen Eigenschaften zerstört werden, und geben Sie Beispiele für solche Kunststoffe an.
2. Vergleichen Sie alle Ihnen bekannten Herstellungsreaktionen für Kunststoffe und untersuchen Sie diese auf ihre Umkehrbarkeit. Welche Folgen ergeben sich daraus für das Kunststoffrecycling?
3. Überlegen Sie, ob die dem Hochofenprozess zugesetzten Kunststoffe noch andere Funktionen erfüllen als die des Energielieferanten.
4. Informieren Sie sich über die Zementherstellung. Wozu werden die großen Energiemengen benötigt?
5. Begründen Sie, warum Kunststoffabfälle nicht als Brennstoff für heimische Öfen verwendet werden können.

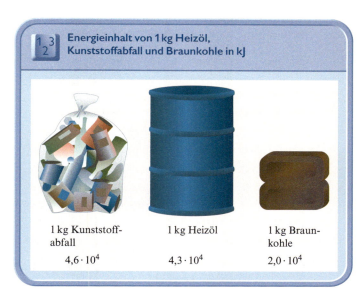

Energieinhalt von 1 kg Heizöl, Kunststoffabfall und Braunkohle in kJ

1 kg Kunststoffabfall	1 kg Heizöl	1 kg Braunkohle
$4{,}6 \cdot 10^4$	$4{,}3 \cdot 10^4$	$2{,}0 \cdot 10^4$

Heizwerte verschiedener Kunststoffe

Kunststoff	Heizwert H_u in MJ·kg^{-1}
Polystyrol	46
Polyethen	46
Polypropen	44
PVC	19

 ↗ C-3 | Heizwert – Brennwert

8.3
Aus Alt wird Neu

Kunststoffgranulat zur Wiederverwendung

Computerschrott – Thema von morgen?

Heute neu – morgen alt. In fast jedem Haushalt in Deutschland gibt es inzwischen einen Computer. Doch viele Computerbesitzer stehen vor einem großen Problem: Durch neue technologische Entwicklungen, größere Speicherkapazitäten, neue Zusatzgeräte und neue Programme sind die Computer schnell veraltet. Während seine durchschnittliche Nutzungsdauer um 1960 bei etwa zehn Jahren lag, wird heute davon ausgegangen, dass ein normaler Computer nach etwa drei Jahren nicht mehr modern ist.

Doch wohin mit den alten Geräten? Häufig werden Bausteine des alten Rechners irgendwo im Keller gelagert, defekte Grafikkarten landen in einer Kiste und alte Computermäuse verschwinden in Schubladen. Trotzdem fielen im Jahr 2001 allein in Deutschland etwa 110 000 t Computerschrott an, z. B. alte Rechner, aber auch Drucker oder Scanner. Werden Handys, Waschmaschinen, elektrische Zahnbürsten und andere Elektrogeräte hinzugerechnet, so ergibt sich ein Müllberg mit einem Gewicht von ca. 1,8 Mio. t und dem Volumen von vier Cheopspyramiden. Weil neue Entwicklungen in immer größerer Zahl und immer schneller auf den Markt drängen, können wir nicht davon ausgehen, dass diese Geräte, vor allem auch die Computer, in Zukunft länger im Einsatz bleiben werden.

8

Müll wird wertvoll

Die Cheopspyramide ist neben der Chinesischen Mauer das größte von Menschen errichtete Bauwerk. Selbst sie nimmt nur ein Viertel des im Jahr 2001 angefallenen Volumens unseres Elektronikschrotts ein.

Rohstoffe aus China

Die „Tagesthemen" wiesen in einem Bericht vom 12.3.2002 auf die Problematik des Exports von Elektronikschrott nach China hin. Dort klauben Tagelöhner die Rohstoffe aus dem Hightechschrott. Da sie sich nicht gegen schädliche Stoffe, die im Abfall enthalten sind, schützen, sind sie großen gesundheitlichen Risiken ausgesetzt.

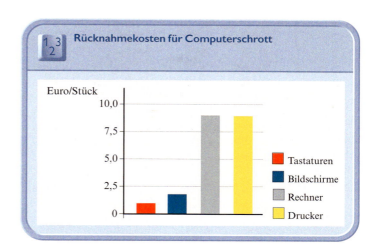

Rücknahmekosten für Computerschrott

Das Umweltbundesamt rechnet deswegen z. B. damit, dass allein die jährlich anfallende Menge an Computerschrott in den nächsten zehn Jahren um 5 bis 10 % pro Jahr anwachsen wird. Für den europäischen Bereich bedeutet dies nahezu eine Verdopplung der Menge an Computerschrott bis zum Jahr 2012. Der Elektronikschrott wird dann nach Schätzungen der Europäischen Kommission 8 % des gesamten Hausmülls ausmachen.

Computerschrott ist Sondermüll. Warum ist es eigentlich so bedenklich, wenn in Zukunft immer mehr Computer auf dem Müll landen? Abgesehen davon, dass der Platz auf Mülldeponien knapp und damit teuer ist, ist Computerschrott auch nicht so harmlos, wie er aussieht. Würden in nicht speziell dafür ausgelegten Verbrennungsanlagen Computer verbrannt werden, so wäre dies eine beträchtliche Gefährdung unserer Umwelt. Aus den Additiva der in den Rechnern verbauten Kunststoffe würden hochgiftige Furane und Dioxine entstehen und in der Asche blieben Schwermetalle wie Blei oder Cadmium zurück. Ein handelsüblicher Computer enthält zwischen 700 und 3 500 verschiedene Stoffe, von denen viele giftig oder zumindest problematisch für die Umwelt sind, sodass ein Computer als Ganzes letztendlich als Sondermüll behandelt werden muss.

8.4
Computerschrott – Thema von morgen?

1. Recherchieren Sie die Maße der Cheopspyramide und errechnen Sie so das Volumen des in Deutschland pro Jahr anfallenden Elektronikschrotts.
2. Informieren Sie sich über den aktuellen Stand der europäischen und bundesdeutschen Gesetzgebung zum Thema Elektro- und Elektronikschrott.
3. Recherchieren Sie, wie viel Energie und welche Rohstoffe bei der Produktion eines Computers aufgewendet werden müssen.
4. Informieren Sie sich über die Struktur und die chemischen Eigenschaften von Dioxinen und Furanen.
5. Recherchieren Sie, welche Kunststoffadditiva für die Dioxinbildung bei der Verbrennung von Kunststoffen verantwortlich sind.
6. Dioxine werden häufig auch „Sevesogift" genannt. Zeigen Sie anhand des Unfalls in Seveso die Auswirkungen von Dioxinen auf den menschlichen Körper auf.
7. Recherchieren Sie, welchen Einfluss Schwermetalle auf Organismen haben können. Weisen Sie diesen Einfluss in einem Experiment nach.

Ungünstige Ökobilanz. Doch die Probleme, die der Umwelt durch den Computer drohen, fangen nicht erst an, wenn wir ihn wegwerfen. So entstehen Belastungen für unseren Lebensraum bereits bei der Produktion dieser Geräte. Da ein Computer sehr viele verschiedene Substanzen enthält und die moderne Technik besondere Anforderungen an die Reinheit der Materialien stellt, ist die Gewinnung der entsprechenden Ausgangssubstanzen, ihr Transport und ihre Reinigung mit großem Aufwand verbunden. So wird das Zinnerz, das zum Bau eines Computers benötigt wird, beispielsweise extra aus Malaysia importiert. Betrachten wir insgesamt die Auswirkungen von Herstellung, Betrieb und Entsorgung eines Computers auf die Umwelt, so erhalten wir eine ungünstige Ökobilanz.

3.8 | Ökobilanzen

Alte Rechner neu entdeckt

Das Gehäuse. Bei der Entsorgung eines Computers müssen wir, bevor wir uns mit der Verwertung des Innenlebens befassen können, zuerst sein Gehäuse so verarbeiten, dass ein möglichst großer Teil der Materialien neu genutzt werden kann. Das Gehäuse besteht bei den meisten Computern aus zum Teil lackierten Eisen- und einigen Kunststoffteilen. Weil zahlreiche Kunststoffe aber brennbar sind und sich der Computer beim Betrieb erhitzen kann, sind vielen Kunststoffen in Computergehäusen Flammschutzmittel zugegeben. Sie verhindern, dass sich der Kunststoff entzündet, und sorgen dafür, dass er im Fall eines Brandes dem Feuer möglichst wenig Nahrung liefert.

Wohin mit dem Eisenschrott? Im Gegensatz zu den Kunststoffteilen stellen die Eisenanteile am Gehäuse beim Recycling kein so großes Problem dar. Ähnlich wie anderer Eisenschrott kann er dem Hochofenprozess zur Gewinnung von Eisen aus Eisenerz einfach wieder zugeführt werden. Dabei werden die vorhandenen Verunreinigungen automatisch entfernt. Das im Gehäuse von Computern verbaute Eisen wird wieder in reines Eisen umgewandelt.

 E-1 | Technische Herstellung von Eisen im Hochofen

Ansicht eines Computergehäuses

> **Wertstoffhöfe**
>
> In zentralen Sammelstellen werden Abfälle entgegengenommen, die nicht von der Müllabfuhr abgeholt werden, weil sie als Sondermüll gelten. Das Konzept eines Wertstoffhofs beruht auf einem Bringsystem: Der Verbraucher transportiert seine Abfälle zum Wertstoffhof, wo dieser in getrennten Containern gesammelt wird. Auch Elektro- und Elektronikschrott werden hier angenommen.
> Eine EU-Richtlinie aus dem Jahr 2003 sieht vor, dass der Verbraucher seine Geräte kostenlos an Rücknahmestellen abgeben darf. Die Kosten der Erfassung, Behandlung und Entsorgung tragen die Hersteller.

Reduktionsverfahren von Eisenerz und Eisenschrott

Die Laufwerke. Nachdem das Gehäuse unseres Computers entfernt wurde, wenden wir uns jetzt seinem Innenleben zu. Betrachten wir das offene Gerät, so sehen wir zunächst die Laufwerke, die einen Großteil der Masse eines Computers ausmachen. Zahlreiche Teile der Verkleidung von Festplatten, Disketten- oder CD-ROM-Laufwerken bestehen dabei aus einem silbrigweißen, etwas matt scheinenden Metall – Aluminium.

Festplatte eines Computers

1. Recherchieren Sie, welche chemischen Verbindungen als Flammschutzmittel zum Einsatz in Computern kommen und warum diese ein Recycling von Kunststoffen erschweren.
2. Eine Möglichkeit des Eisenrecyclings ist die „erneute Herstellung" von Eisen mithilfe des Hochofenprozesses. Informieren Sie sich über die Vorgänge beim Hochofenprozess. Formulieren Sie die zugrunde liegenden Reaktionsgleichungen und stellen Sie die Funktion des Altmetalls beim Prozess heraus.
3. Informieren Sie sich über das Verfahren der Aluminiumgewinnung aus Bauxit. Warum wird bei diesem Verfahren so viel Energie benötigt?
4. Recherchieren Sie das Verfahren der Drehrohrpyrolyse und beschreiben Sie es detailliert.
5. Stellen Sie die Aluminiumgewinnung aus Bauxit der Drehrohrpyrolyse gegenüber und diskutieren Sie Vor- und Nachteile.

Drehrohrpyrolyse. Gerade wegen des hohen Anteils an Aluminium im Innenleben eines Computers ist es notwendig, für dieses Metall einen geeigneten Recyclingweg ausfindig zu machen: Denn auch im normalen Hausmüll findet sich Aluminium, so z. B. bei Deckeln von Jogurtbechern oder Alufolien.

Im Gegensatz zum Eisen ist es nicht sinnvoll, Aluminium durch erneute Herstellung zu recyceln, weil bei der Aluminiumherstellung außerordentlich viel Energie benötigt wird. Mit der Drehrohrpyrolyse zum Recycling von Aluminium wurde dagegen ein spezielles Verfahren gefunden, das nur etwa 10 % der Energie der Aluminiumherstellung benötigt und deshalb besonders die Ressourcen schont.

Heute werden schon etwa 30 % des Aluminiumbedarfs in Deutschland durch recyceltes Aluminium gedeckt.

8.5
Alte Rechner neu entdeckt

Durch Drehrohrpyrolyse zurückgewonnenes Aluminium

Kupfer – eiskalt zurückgewonnen

Die Kabel. Nachdem das Gehäuse und die Laufwerke bereits entfernt und recycelt wurden, fällt der Blick als Nächstes auf die Kabel, die – ebenso wie bei vielen anderen Elektronikgeräten – einen weiteren Hauptbestandteil des Innenlebens unseres Computers darstellen.
Kabel bestehen aus einem Kupferdraht, dem Kupferleiter, der mit Kunststoff, meist PVC, als Isolierung ummantelt ist. Kupfer ist gerade für die Herstellung moderner Computer und anderer Elektronikgeräte ein besonders wichtiger Rohstoff. Daher ist die Rückgewinnung von Kupfer aus Kabelresten sehr gewinnbringend und seine Verwertung von besonderem Interesse.
Das in den Kabeln als Leiter verwendete Kupfer ist selbst in den alten Geräten von so hoher Reinheit, dass es direkt und ohne weitere Behandlung wieder verwendet werden kann.

Entfernen der Kunststoffisolierung. Für die Wiederverwendung muss der Kupferleiter zunächst von seiner Kunststoffisolierung getrennt werden. Jeder, der schon einmal versucht hat, die Isolierung eines ganz neuen Kabels zu entfernen, hat sicher bemerkt, dass das gar nicht so einfach ist. Ist das Kabel aber schon älter, so gelingt es besser, weil der Kunststoff spröde geworden ist und leicht bricht.
Beim industriellen Verfahren wird dieses Versprödung durch Einfrieren der Kabel mit flüssigem Stickstoff erreicht, der durch das Linde-Verfahren gewonnen wird. Die Isolierung lässt sich danach abschlagen, und der Kupferleiter, der direkt weiterverwendet werden kann, wird auf diese Weise freigelegt.

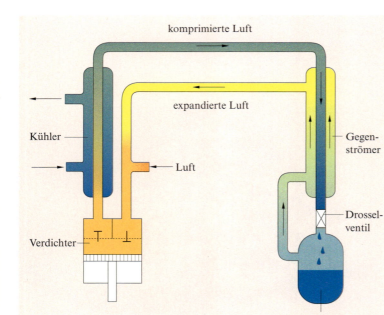

Prinzip des Linde-Verfahrens

8.6 | Trennungsgang von Kationen

Die Platinen. Nun sind von unserem Computer lediglich die Platinen übrig geblieben. Schon mit bloßem Auge lässt sich erkennen, dass das Recycling problematisch wird, weil auf diesen Leiterplatten viele verschiedene Materialien eingesetzt werden. Da gibt es goldfarbene Anschlüsse, silbrigmatte Verbindungen, Leiterbahnen unter einer grünlich durchsichtigen Schicht, vielerlei verschiedene elektronische Bauteile, wie z. B. Kondensatoren, Prozessoren oder Speicherchips, und nicht zuletzt das Material der Platine selbst. Bevor die Leiterplatinen recycelt werden, werden die noch brauchbaren Speicherchips einer neuen Verwendung zugeführt.

Wird eine Leiterplatte durchgebrochen, so sehen wir, dass die Leiterbahnen aus Metall nur hauchdünn sind. Sie werden durch eine grünlich durchsichtige Kunststoffschicht geschützt, die in der Regel aus Epoxidharz besteht. Lacke aus Epoxidharz sind in fast allen bekannten Lösemitteln unlöslich und hier, wie viele andere Kunststoffe im Computer auch, mit Flammschutzmitteln behandelt worden. An der durchgebrochenen Platine erkennen wir zudem, dass ihr Trägermaterial hauptsächlich aus Glasfasern besteht.

Wird zusätzlich ein bisschen von der schützenden Lackierung abgekratzt, so stellen wir fest, dass die Leiterbahnen auf den Platinen aus Kupfer bestehen. Dieses wiederzugewinnen ist rentabel, weil dabei auch die verschiedenen auf den Platinen verarbeiteten Edelmetalle zurückgewonnen werden können.

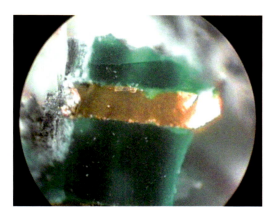

Leiterplatte unter dem Mikroskop

8.6

Kupfer – eiskalt zurückgewonnen

 Thermisches Verwertungsverfahren von Platinen

Die Norddeutsche Affinerie in Hamburg verwertet die bestückten Platinen, die aus Kunststoffen, elektronischen Bauteilen und metallischen Leiterbahnen bestehen, mithilfe des thermischen Verwertungsverfahrens. Hierbei werden die Leiterplatten sozusagen als Kupfererz angesehen und dem pyrometallurgischen Verfahren zur Kupfergewinnung als zusätzliches Ausgangsmaterial zugesetzt. Das Unternehmen verwertet auf die hier beschriebene Art und Weise mehr als 1 000 t Leiterplatten im Jahr.

1. Speicherchips werden auf der Basis von Silicium hergestellt. Recherchieren Sie, weshalb Speicherchips der Wiederverwendung zugeführt werden und wo diese gebrauchten Chips zum Einsatz kommen.
2. Recherchieren Sie die Herstellung, die Eigenschaften und die Verwendung von flüssigem Stickstoff.
3. Informieren Sie sich über Eigenschaften und Aufbau von Epoxidharzen.
4. Überlegen Sie, wie die Stoffe, die auf einer Platine verarbeitet wurden, identifiziert werden könnten.

Die Platinen werden für das Recycling wie Kupfererz behandelt und der regulären pyrometallurgischen Kupfergewinnung aus Kupfererzen mit hinzugegeben. Ebenso wie beim Eisen geschieht die Wiederverwertung hier also durch „erneute Herstellung" des Rohstoffs. Dabei wirkt sich das Trägermaterial der Platinen – die Glasfasern – sogar noch positiv auf den Gesamtprozess aus.

127

Leiterplatten – Kupfererz einmal anders

Die pyrometallurgische Kupfergewinnung. Anders als beim Recycling des in den Kabeln verwendeten Kupfers, das ohne weitere Behandlung wieder verwendet werden kann, werden die Kupferanteile in den Platinen genauso behandelt wie normales Kupfererz. Die wichtigsten Ausgangsstoffe für die pyrometallurgische Kupfergewinnung sind sulfidische und oxidische Kupfererze.

In einem ersten Schritt wird das Erz mit Heißluft, die auf einen Volumenanteil an Sauerstoff von 65 % angereichert wird, in einen Schwebeschmelzofen eingeblasen. Dort findet eine Teilröstung statt, also eine teilweise Oxidation der sulfidischen Erze. Die oxidischen Erze reagieren hingegen nicht. Da dieser Prozess exotherm verläuft, schmilzt schließlich das entstandene Gemisch, Kupferstein genannt, aus Kupferoxid, weiteren oxidischen Kupfererzen und noch nicht oxidierten sulfidischen Erzen.

Der Kupferstein wird nun zusammen mit zugegebenem Sand einem Konverter zugeführt, in dem er verblasen wird. Dabei wird mit Sauerstoff angereicherte Luft mit hohem Druck in die Schmelze eingeblasen, wodurch das sulfidische Kupfererz in Kupferoxid umgewandelt wird, das wiederum mit weiterem Kupfersulfid zu metallischem Kupfer reagiert.

Vorgänge im Konverter. Im Konverter kommen neben anderem Altkupfer aus dem herkömmlichen Recycling nun auch Leiterplatten zum Einsatz. Sie werden geschreddert und dann schnell und unter hohem Druck in den geschmolzenen Kupferstein eingeblasen.

Dabei schmelzen die metallischen Bestandteile der Leiterplatten sofort. Die Kunststoffanteile verbrennen wegen der hohen Temperaturen und des hohen Sauerstoffgehalts der eingeblasenen Luft vollständig, sodass auch aus den Flammschutzmitteln keine Dioxine entstehen können. Und was geschieht mit den Glasfasern, dem Hauptträgermaterial der Platinen? Bei Glasfasern handelt es sich wie bei Sand um Siliciumdioxid. Sie tragen zur Bildung der Schlacke bei.

Als Endprodukt des Konvertierens entsteht ein wegen der eingeschlossenen Gasblasen „Blisterkupfer", ein Gemisch aus Rohkupfer und Kupferoxid. Letzteres entsteht, weil die Oxidation beim Konvertieren nicht genau gesteuert werden kann.

Herstellung von Rohkupfer. Im nächsten Schritt wird das Blisterkupfer nun im Anodenofen raffiniert. Dabei muss das beim Konvertieren entstan-

↗ E-1 | Redoxreaktionen sind Elektronenübergänge

Gießen von Kupferanoden

Gegossene Vierkantbarren aus Kupfer

dene Kupferoxid wieder zu metallischem Kupfer reduziert werden. Dazu werden reduzierende Gase, z. B. Erdgas, in das Blisterkupfer eingeblasen. Das so erhaltene Rohkupfer hat einen Kupfergehalt von ca. 99,6 %. Aus diesem Rohkupfer werden rechteckige Kupferanoden mit einer Masse von ca. 400 kg gegossen, die dann einer Raffinationselektrolyse unterzogen werden. Diese dient dazu, die anderen noch im Kupfer enthaltenen Metalle wie Eisen, Zink, Palladium, Platin, Silber oder Gold zu entfernen.

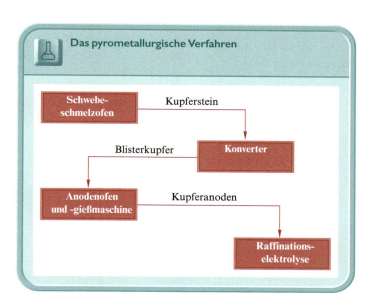

Das pyrometallurgische Verfahren

Raffinationselektrolyse. Bei der Raffinationselektrolyse werden die Anodenplatten aus Kupfer (Pluspol) gegen einen Minuspol aus reinem Kupfer oder Edelstahl in einem Elektrolysebad aus schwefelsaurer Kupfersulfatlösung einer Elektrolyse unterzogen. Die Reinheit des so gewonnenen Kupfers beträgt 99,99 %.

 ↗ E-4 | Elektrolyse – eine erzwungene Redoxreaktion

8.7
Leiterplatten – Kupfererz einmal anders

1. Formulieren Sie für jeden Schritt der pyrometallurgischen Kupfergewinnung die Reaktionsgleichungen und identifizieren Sie den jeweiligen Reaktionstyp.
2. Recherchieren Sie, wie Altkupfer im Rahmen der pyrometallurgischen Kupfergewinnung recycelt werden kann.
3. Welche Funktionen besitzen die nichtmetallischen Bestandteile der Leiterplatten im pyrometallurgischen Verfahren?
4. Kupfer wird mithilfe einer Raffinationselektrolyse gereinigt. Informieren Sie sich über die Einzelheiten des Verfahrens und diskutieren Sie das Verhalten metallischer Verunreinigungen.
5. Informieren Sie sich über alternative Kupferherstellungsverfahren und prüfen Sie, ob sich diese ebenfalls als Recyclingverfahren eignen. Berücksichtigen Sie dabei insbesondere „nasschemische" Verfahren.

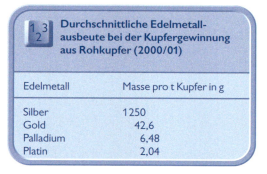

Durchschnittliche Edelmetallausbeute bei der Kupfergewinnung aus Rohkupfer (2000/01)

Edelmetall	Masse pro t Kupfer in g
Silber	1250
Gold	42,6
Palladium	6,48
Platin	2,04

Für Experten

Schon bei der Produktentwicklung an das Recycling denken. Seit Jahren wurde auf nationaler und europäischer Ebene an einer IT-Altgeräte-Verordnung gearbeitet, die die Hersteller von Elektronikgeräten zur Rücknahme und ordnungsgemäßen Verwertung ihrer Altgeräte seit 2006 verpflichtet.

1. Tragen Sie zusammen, welche Neuentwicklungen es beim Aufbau von Computern und beim Recycling von Altgeräten gibt.
2. Zurzeit werden große Bemühungen unternommen, einen „bleifreien" Computer herzustellen.
    a) Informieren Sie sich, wo im Computer Blei verwendet wird.
    b) Recherchieren Sie, welche Folgen Blei für Mensch und Umwelt haben kann.
    c) Finden Sie heraus, auf welche Weise die Computerhersteller das Blei ersetzen wollen und wie groß die Fortschritte in diesem Bereich inzwischen sind.

Dieses Vorhaben führt zu umfangreichen Reaktionen. Eine Computerfirma hat ein Computergehäuse entwickelt, bei dem die Komponenten überhaupt nicht mehr am Gehäuse befestigt, sondern in zwei passgenauen Kunststoffschalen gelagert sind. Dadurch werden 95 % der Verschraubungen eines herkömmlichen Rechners überflüssig, die Montagezeit halbiert sich und die Demontage des Rechners benötigt sogar nur ein Zehntel der Zeit. Die Kunststoffe sowie die Gehäuseteile enthalten überhaupt keine halogenierten Flammschutzmittel, der Rahmen des Rechnergehäuses besteht aus unlackiertem Edelstahl.

Ein weiteres Forschungsprojekt ist der Ersatz der starren Leiterplatten durch Siliconfolien. Ein Fernsehhersteller forscht in dieser Richtung. Das flexible Material mit seinen eingelassenen Kupferleitungen kann sich jeder beliebigen Form anpassen und dadurch Platz und Material sparen helfen. Zudem leiten diese Folien auch die Hitze der elektronischen Bauteile besser ab, sodass der Einsatz von Flammschutzmitteln eingeschränkt werden könnte.

Kapitel 9

Nahrung für 8 Milliarden?

Hungersnöte und Fehlernährung gehören heute zu den größten Problemen der Menschheit. Daher ist die Frage, wie möglichst viele pflanzliche Nahrungsmittel auf möglichst kleiner Fläche umweltverträglich produziert werden können, von großem gesamtgesellschaftlichem Interesse. Gerade im Bereich der pflanzlichen Nahrungsmittelproduktion ist die Chemie deshalb besonders gefragt. Zum einen wird von ihr ein wichtiger Beitrag zum Umweltschutz erwartet, zum anderen kann sie aber auch dafür sorgen, dass die hungernden Menschen auf der Welt eine Chance auf bessere Versorgung haben. Welche Vorgänge hinter diesen beiden, sich scheinbar widersprechenden Zielen stecken, soll in diesem Kapitel beleuchtet werden. Im Mittelpunkt stehen dabei das Element Stickstoff und seine chemischen Verbindungen. Diese werden heute als Mineraldünger in großem Ausmaß zur Verbesserung des Pflanzenwachstums eingesetzt. Die intensiv betriebene Landwirtschaft und der zum Teil übermäßige Einsatz an Düngemitteln und Pflanzenschutzmitteln sind allerdings nicht immer unproblematisch für unsere Umwelt und unsere Gesundheit.

9.1 | Futtertrog Erde | Ökologische Pyramiden

Die Erde – eine Vorratskammer?

Wachsende Weltbevölkerung und Hunger. Die Zahl der Menschen auf unserem Planeten nahm 2004 pro Tag um etwa 220 000 zu, allein in den letzten 25 Jahren stieg sie um 2,1 Mrd. an. Wir müssen heute davon ausgehen, dass die Zahl der Menschen auf der Erde im Jahr 2010 bei etwa 7 Mrd. liegt.

Die exponentiell wachsende Weltbevölkerung hat dramatische Folgen. 2003 hungerten auf der Erde schätzungsweise 800 Mio. Menschen und die Ernährungslage droht sich durch den extremen Bevölkerungszuwachs vor allem in den Entwicklungsländern weiter zu verschärfen.

Im Jahr 1995 betrug die Weltgetreideproduktion 1,9 Mrd. t. Die Abteilung Food and Agriculture Organization (FAO) der Vereinten Nationen setzt sich zum Ziel, die Zahl der Hungernden trotz wachsender Bevölkerung im Jahr 2010 auf 680 Mio. Menschen zu reduzieren. Dazu müsste die Weltgetreideproduktion auf 2,3 Mrd. t anwachsen. Um im Jahr 2020 alle Menschen ernähren zu können, wäre ein Zuwachs der Weltgetreideproduktion um etwa 60 % des Werts von 1995 nötig. Gleichzeitig wäre eine Verbesserung des Transports und der Verteilung der Nahrung nötig. Eine Entspannung der Situation ist allerdings nur möglich, wenn auch weniger Getreide vor der Ernte durch Schädlingsbefall verloren geht.

Ressourcen der Nahrungsmittelproduktion. Der wachsenden Weltbevölkerung stehen immer weniger Ressourcen zur Nahrungsmittelproduktion zur Verfügung. Wir sind deshalb vor eine Reihe von Aufgaben gestellt, die in den nächsten Jahren gelöst werden müssen.

Zugang der Weltbevölkerung zu Trinkwasser in %

Wasservorräte werden knapp

1995: 92 %, 5 %, 3 %
2050: 58 %, 24 %, 18 %

■ Ausreichende Wasservorkommen
■ Wasserknappheit
■ Wassermangel

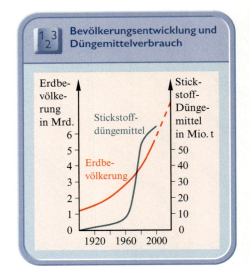

Bevölkerungsentwicklung und Düngemittelverbrauch

9 — Nahrung für 8 Milliarden?

Pro Kopf verfügbare Energie aus Nahrungsmitteln in kJ/Tag

Länder	1969–71*	1990–92*	2010**
93 Entwicklungsländer	8 918	10 551	11 430
darunter Afrika, südlich der Sahara	8 960	8 541	11 430
Naher Osten / Nordafrika	9 965	12 393	13 063
Ostasien	8 583	11 179	12 728
Südasien	8 625	9 630	10 258
Lateinamerika / Karibik	10 509	11 472	12 351
Entwickelte Länder	13 314	13 942	14 529
Welt insgesamt	10 216	11 346	11 974

* Dreijahresdurchschnitt
** Vorhersage

Die weltweiten Wasservorräte zur Bewässerung der landwirtschaftlichen Nutzflächen sind äußerst knapp. Zusätzlich gehen Ackerflächen durch Bodenerosion, Versteppung und Wüstenbildung sowie durch unangepasste Bewirtschaftungspraktiken verloren. Insbesondere beim Problem der zunehmenden Wüstenflächen auf der Erde wird die enge Beziehung zwischen Klimaproblematik und Welternährungslage deutlich. Nach Schätzungen von Experten werden die Möglichkeiten zur Steigerung des Weltnahrungsmittelaufkommens durch Vergrößerung der landwirtschaftlichen Nutzfläche immer geringer. Mit großem Aufwand könnten in den Entwicklungsländern zwar bis etwa 2020 zusätzlich 90 Mio. ha Nutzfläche gewonnen werden, mit insgesamt 850 Mio. ha wäre dann aber die Grenze des Flächenzuwachses erreicht.

Die besondere Herausforderung der modernen Landwirtschaft besteht darin, bei gleich bleibender oder womöglich knapper werdender landwirtschaftlicher Nutzfläche immer mehr Menschen mit Nahrung zu versorgen. Dabei müssen die Erfordernisse der Ressourcenschonung, wie z. B. die Erhaltung der Süßwasservorräte, berücksichtigt werden. Nicht zuletzt deswegen werden der Umweltschutz, der ökologische Landbau sowie gesundheitliche Aspekte zunehmend in das Zentrum des öffentlichen Interesses rücken.

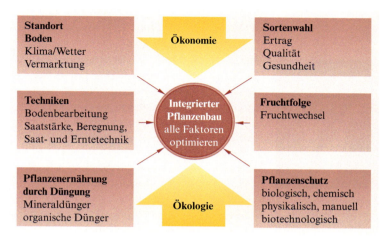

Nachhaltig produzieren

Wüste

Nachhaltigkeit. Heute werden Fragen zur Landwirtschaft auch unter dem Gesichtspunkt der Nachhaltigkeit diskutiert. Ökonomische und ökologische Aspekte müssen dabei so berücksichtigt werden, dass eine Optimierung aller Faktoren gelingt. Die Chemie kann bei folgenden Aspekten einen entscheidenden Beitrag leisten: Hilfe bei der optimalen Pflanzenernährung und Schutz der Pflanzen vor Schädlingen.

9.1

Die Erde – eine Vorratskammer?

1. Recherchieren Sie, von welchen Faktoren der Ernteertrag eines beliebigen Landwirtschaftsprodukts grundsätzlich abhängt.
2. Nehmen Sie an, dass sich überall auf der Welt derselbe Hektarertrag an Getreide realisieren ließe wie derzeit in Deutschland für Winterweizen. Berechnen Sie, wie groß unter dieser Hypothese die zusätzlich zu bewirtschaftende Fläche sein müsste, um die Weltbevölkerung 2020 ausreichend mit Getreide zu versorgen.
3. Begründen Sie, welche der Annahmen, die Sie für Ihre Berechnungen in Aufgabe 2 verwendet haben, unrealistisch sind.
4. Am 22. 8. 2002 veröffentlichte das Bundesministerium für Verbraucherschutz, Ernährung und Landwirtschaft unter Bezug auf die FAO der Vereinten Nationen in einer Presseerklärung Folgendes: „Es wird weltweit im Jahre 2030 trotz weiteren Bevölkerungswachstums genügend Nahrungsmittel geben." Diskutieren Sie diese Aussage vor dem Hintergrund dieses Kapitels und informieren Sie sich, welche Überlegungen ihr zugrunde liegen.

Was Pflanzen zum Leben brauchen

Verringertes Wachstum durch Stickstoffmangel bei Mais

Gelbe, funktionsuntüchtige Blätter durch Magnesiummangel bei Wein

Pflanzennährstoffe. Zweifellos lässt sich eine Erhöhung des landwirtschaftlichen Ertrags nur erreichen, wenn die angebauten Nutzpflanzen optimale Wachstumsbedingungen auf dem Acker vorfinden. Die in den Pflanzen vorkommenden chemischen Elemente können in drei Gruppen eingeteilt werden:
– die Elemente Kohlenstoff, Wasserstoff und Sauerstoff zum Aufbau des Grundgerüsts organischer Stoffe;
– die Hauptnährstoffe Stickstoff, Phosphor, Kalium, Calcium und Magnesium;
– die Spurenelemente Eisen, Kupfer, Mangan, Zink, Bor, Molybdän, Chlor, Selen und Schwefel.

Für ein optimales Pflanzenwachstum müssen alle benötigten Stoffe in ausreichendem Maß vorhanden sein. Der Engpass der Pflanzenernährung liegt fast immer bei den Hauptnährstoffen, die die Pflanzen dem Boden entziehen.

Die Höhe des Pflanzenertrags richtet sich nach dem in geringster Menge vorhandenen Nährstoff.

Vergleich des Wachstums zwischen gedüngten Pflanzen (vorne) und ungedüngten Pflanzen (hinten)

9 Nahrung für 8 Milliarden?

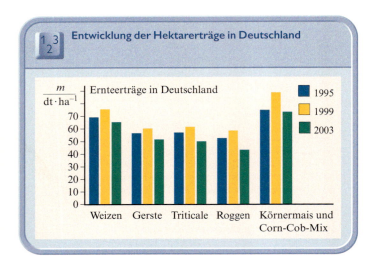

Minimumgesetz. Den Zusammenhang zwischen Pflanzenertrag und Nährstoffangebot formulierte bereits der deutsche Chemiker Justus von Liebig (1803 bis 1873) als Gesetz vom Minimum. Um den Ertrag an Nutzpflanzen zu optimieren, müssen dem Boden die entzogenen Nährstoffe künstlich durch Düngung zugeführt werden. Die Mineraldünger enthalten in der Regel die benötigten Hauptnährstoffe und Spurenelemente in Form von wasserlöslichen Salzen. Nach dem Gesetz von Liebig ist es dabei nötig, vor dem Düngen eine genaue Bodenanalyse durchzuführen. Es ist nicht sinnvoll, ungezielt Nährstoffe zuzuführen, denn der Überschuss eines Pflanzennährstoffs kann den Mangel eines anderen nicht ausgleichen.

Stickstoff. Einer der wichtigsten Nährstoffe der Pflanze ist der Stickstoff. Elementarer Stickstoff ist mit einem Volumenanteil von 78,1 % Hauptbestandteil der Luft. Aber nur einige Pflanzen, nämlich die Leguminosen (Hülsenfrüchtler), können diesen Vorrat an elementarem Stickstoff direkt mithilfe von bestimmten Bakterien nutzen. Bei dieser biologischen Stickstofffixierung sorgen Mikroorganismen dafür, dass die Aktivierungsenergie der Reduktion von Stickstoff zu Ammonium-Ionen durch enzymatische Katalyse herabgesetzt wird.

Mikroorganismen, die Stickstoff durch enzymatische Katalyse reduzieren, sind z. B. Knöllchenbakterien, die in Symbiose mit Leguminosen leben. Warum ist es für viele andere Pflanzen nun so schwer, den Stickstoff direkt aus der Luft zu verwerten?

Der Stickstoff kommt in der Luft molekular vor: In jedem Stickstoffmolekül sind zwei Atome Stickstoff durch drei Elektronenpaare miteinander verbunden. Damit die Pflanze den Stickstoff für sich verwerten kann, muss die Bindung zwischen den Stickstoffatomen gespalten werden. Die Energie, die zur Aufspaltung dieser Dreifachbindung benötigt wird, ist sehr hoch. Nur durch hohe Temperaturen (z. B. in der Natur durch Blitze) lässt sie sich aufbringen.

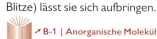
↗ B-1 | Anorganische Molekülverbindungen
↗ C-4 | Energetische Betrachtungen zu chemischen Bindungen

Da Pflanzen auch ohne Düngung, wenn auch mit geringerem Ertrag, wachsen, muss der Stickstoff in der Natur noch in anderen, insbesondere wasserlöslichen Formen im Boden vorkommen. Dies sind stickstoffhaltige Mineralien wie z. B. Nitrate, Nitrite und Ammoniumsalze. Da diese Stickstoffverbindungen in der Natur aber nicht in ausreichendem Maß vorkommen, müssen sie hergestellt und den Pflanzen zugeführt werden.

↗ A-3 | Modelle der chemischen Bindung
↗ B-1 | Ionenverbindung

Handelsübliche Düngemittel

Name des Düngemittels	Enthaltene Ionen
Kalisalpeter	K^+, NO_3^-
Natronsalpeter	Na^+, NO_3^-
Kalkammonsalpeter	NH_4^+, NO_3^-, Ca^{2+}
Ammoniumsulfat	NH_4^+, SO_4^{2-}
Nitrophoska	NH_4^+, NO_3^-, K^+, Ca^{2+}, PO_4^{3-}

Stickstoffhaltige Stoffe

Mineralien: Chilesalpeter, Calciumnitrat, Kaliumnitrat, Ammoniumchlorid

Organische Stoffe: Proteine, Nucleinsäuren

9.2
Was Pflanzen zum Leben brauchen

---

1. Formulieren Sie die Reaktionsgleichung der enzymatisch katalysierten Reduktion von Stickstoff.
2. Vergleichen Sie die Bindungsenthalpie der Bindung im Stickstoffmolekül mit den Bindungsenthalpien anderer Ihnen bekannter Verbindungen. Wie hoch müsste die Temperatur sein, damit die Dreifachbindung im Stickstoffmolekül durch die thermische Energie gespalten werden könnte?
3. Erläutern Sie den Begriff Symbiose.

Ammoniak – der erste Schritt zum Düngemittel

Die Pioniere der Ammoniaksynthese. Der wichtigste Ausgangsstoff für die Herstellung von Düngemitteln ist das Ammoniak. Um wachstumsfördernde und ertragssteigernde Substanzen herstellen zu können, ist es zunächst notwendig, einen Weg zu finden, Ammoniak technisch zu einem vernünftigen Preis zu produzieren. Dies war lange Zeit nicht möglich. Dem deutschen Chemiker Fritz Haber (1868 bis 1934) gelang es 1910 schließlich, Ammoniak aus den Elementen Wasserstoff und Stickstoff herzustellen.

Um bei dieser Reaktion allerdings überhaupt brauchbare Ausbeuten an Ammoniak erzielen zu können, mussten außergewöhnliche Anforderungen an Druck, Temperatur und nicht zuletzt an die technischen Anlagen selbst gestellt werden. Daher war es schwierig, die von Haber vorgeschlagene Synthese in großem Stil zu realisieren. Es hat auch noch einige Jahre gedauert, bis die ersten Ideen zur großtechnischen Umsetzung einer Ammoniaksynthese verwirklicht werden konnten.

Zu verdanken ist dies Carl Bosch (1874 bis 1940), dem die Überführung der Ammoniakgewinnung vom Labormaßstab zu einer industriellen Anwendung gelungen ist. Die BASF („Badische Anilin- und Soda-Fabrik") nahm die erste großtechnische Ammoniaksynthese nach dem Haber-Bosch-Verfahren 1913 in Betrieb. Die Tageskapazität betrug 30 t Ammoniak.

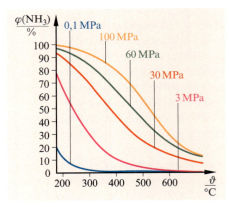

Die Ausbeute an Ammoniak ist von den Reaktionsbedingungen abhängig.

Fritz Haber

Fritz Haber, Professor für Chemie in Karlsruhe, erhielt für die Entwicklung der Ammoniaksynthese 1918 den Nobelpreis.

Carl Alexander Bosch

Carl Bosch, Neffe des Gründers der noch heute existierenden Firma Robert Bosch, erhielt 1931 gemeinsam mit F. Bergius den Nobelpreis für die Verdienste um die Entwicklung chemischer Hochdruckverfahren.

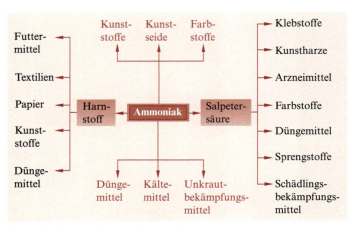

Technische Verwendung von Ammoniak

Ausgangsstoffe. Stickstoff steht als Hauptbestandteil der Luft für die Synthese in unbegrenzter Menge zur Verfügung. Er wird nach dem Linde-Verfahren aus der Luft isoliert. Der benötigte Wasserstoff wird heute hauptsächlich durch Steam-Reforming aus Erdgas (Methan) gewonnen.

 8.6 | Prinzip des Linde-Verfahrens

Die großtechnische Ammoniaksynthese

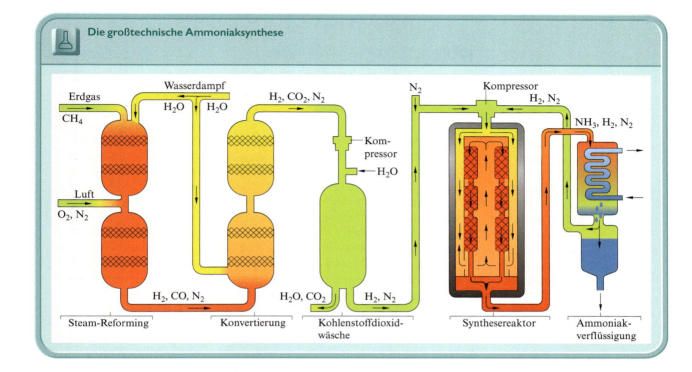

1. Erläutern Sie die chemischen Reaktionen und Reaktionsbedingungen der Ammoniaksynthese.
2. Recherchieren Sie, welche Faktoren Einfluss auf ein chemisches Gleichgewicht haben, und beschreiben Sie die Auswirkungen von Änderungen dieser Faktoren auf die Gleichgewichtslage.
3. Schlagen Sie auf der Basis Ihrer Erkenntnisse vor, unter welchen Bedingungen die Ammoniaksynthese ablaufen sollte, und vergleichen Sie Ihre Vorschläge mit der realen Umsetzung nach dem HABER-BOSCH-Verfahren.
4. Informieren Sie sich über das Leben und die Arbeit von FRITZ HABER. Diskutieren Sie anhand ihrer Ergebnisse allgemein die Frage der ethischen und moralischen Verantwortung von Wissenschaft.

Reaktion. Um eine optimale Ausbeute zu erzielen, müssen die verschiedenen Verfahrensstufen so reguliert werden, dass ein stöchiometrisches Gemisch von Wasserstoff und Stickstoff, das Synthesegas, resultiert. Nach Vorwärmen und Komprimieren wird es im Synthesereaktor zu Ammoniak umgesetzt.

9.3
Ammoniak – der erste Schritt zum Düngemittel

Die Reaktion findet an porösen Katalysatorkörnern aus Eisen statt. Moderne Reaktoren mit einer Tagesleistung von bis zu 1 500 t Ammoniak können bis zu 100 t dieses Katalysators aufnehmen. Im Reaktor kommt das Synthesegas mit dem Katalysator nur etwa 30 s in Kontakt.
Da sich in dieser kurzen Zeit kein Gleichgewicht einstellen kann, entstehen nur 15 bis 20 Volumenprozent Ammoniak.
Das Synthesegas wird deshalb im Kreislauf geführt und im Reaktor erneut zur Reaktion gebracht. Das entstandene Ammoniak wird durch Kühlung als Flüssigkeit abgeschieden.

↗ D-4 | Das chemische Gleichgewicht
↗ D-6 | Die Verschiebung des chemischen Gleichgewichts
↗ D-8 | Katalyse und katalytische Reaktionen …

137

9.4 | Eine Schnecke düngt die Wüste

Vom Stickstoff zum Düngemittel und zurück

Die Herstellung von Ammoniak ist nur der erste Schritt auf dem Weg zum Düngemittel. Es gibt zwar einige Mineraldünger, die Ammoniumverbindungen enthalten, in den meisten Düngemitteln liegt der Stickstoff aber in Form von Nitraten vor.

Ostwald-Verfahren. Nitrate sind die Salze der Salpetersäure. Daher wird ein effizientes Verfahren zur Herstellung von Salpetersäure benötigt. Zeitweilig wurde ein natürliches Verfahren kopiert: Durch einen Blitz beim Gewitter werden nämlich Stickstoff und Sauerstoff direkt unter Bildung von Stickstoffoxiden zur Reaktion gebracht. Dementsprechend nutzten Länder, denen preiswerte elektrische Energie zur Verfügung stand, ein Verfahren, bei dem aus Sauerstoff und Stickstoff im elektrischen Lichtbogen Stickstoffoxide entstehen.

Durchgesetzt hat sich schließlich aber ein Verfahren des Leipziger Chemikers WILHELM OSTWALD (1853 bis 1932), bei dem Salpetersäure durch katalytische Verbrennung von Ammoniak gewonnen wird.

Bei diesem Verfahren wird ein Ammoniak-Luft-Gemisch – mit Luft im Überschuss – zu Stickstoffmonooxid umgesetzt. Beim Abkühlen reagiert das Stickstoffmonooxid mit weiterem Sauerstoff zu Stickstoffdioxid. Dieses dimerisiert zu Distickstofftetraoxid, das zusammen mit überschüssigem Sauerstoff durch Rieseltürme geleitet wird. Dort reagiert es mit Wasser zu Salpetersäure.

 D-8 | Technische Herstellung von Salpetersäure

Das Ostwald-Verfahren ist technisch von großer Bedeutung. Pro Jahr werden etwa 30 Mio. t Salpetersäure hergestellt. Ein Großteil der so gewonnenen Säure wird dann tatsächlich zur Produktion von Düngemitteln verwendet.

 WILHELM OSTWALD

WILHELM OSTWALD (1853 bis 1932) war Professor für Chemie in Dorpat, Riga und Leipzig. Er entdeckte 1888 das Verdünnungsgesetz für organische Säuren und erhielt 1909 den Nobelpreis für Chemie.

Dimerisierung

Eine Reaktion, bei der zwei identische Moleküle miteinander reagieren, heißt Dimerisierung.

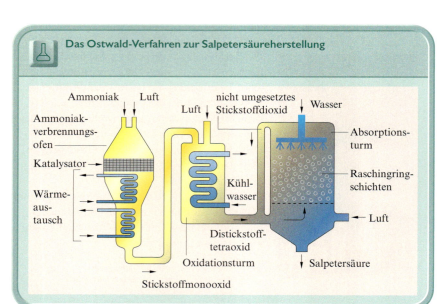

Salpetersäureanlage

9.4 | Disproportionierung | Nachweis von Stickstoffoxiden in Autoabgasen

Der natürliche Stickstoffkreislauf. Stickstoff wird der Atmosphäre auf verschiedenen Wegen entnommen und wieder zugeführt. Diese Vorgänge bilden gemeinsam den Stickstoffkreislauf. Künstlich wird der Luft Stickstoff durch das Linde-Verfahren entzogen, um daraus Düngemittel herzustellen und in den Boden einzubringen. Der Boden enthält zum einen die wasserlöslichen Stickstoffverbindungen, die der anorganischen Chemie zugeordnet werden. Er enthält aber auch Stickstoff, der in abgestorbenen organischen Materialien gebunden ist.

Zwischen diesen beiden Vorkommen können Bakterien vermitteln. Ist ausreichend Sauerstoff vorhanden, können organische Stickstoffverbindungen in anorganische umgewandelt werden. Dazu überführen Bakterien die organischen Stickstoffverbindungen zunächst in Ammoniumverbindungen (Mineralisierung), um diese dann zu Nitraten zu oxidieren (Nitrifikation).

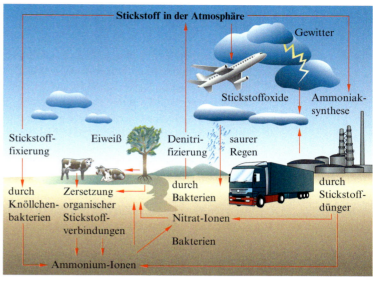

Der Stickstoffkreislauf

Bei Sauerstoffmangel können diese Prozesse auch in die andere Richtung verlaufen. Bei dieser Denitrifikation werden anorganische Stickstoffverbindungen in elementaren Stickstoff oder gasförmige Stickstoffoxide umgewandelt. Ein Stickstoffverlust des Bodens kann auch darauf zurückzuführen sein, dass lösliche Stickstoffverbindungen aus dem Boden ausgewaschen werden und ins Grundwasser gelangen, bevor sie von Pflanzen aufgenommen werden konnten.

Der Stickstoff, der in den Pflanzen gebunden vorliegt, wird wieder freigesetzt, wenn die Pflanzen verrotten oder in die Nahrungskette gelangen.

1. Geben Sie die Lewis-Formeln aller hier angesprochenen Substanzen wieder und erläutern Sie, warum Stickstoffdioxid zur Dimerisierung neigt.
2. Beim Einleiten von Distickstofftetraoxid in Wasser entstehen Salpetersäure und salpetrige Säure. Letztere zerfällt weiter zu Salpetersäure und Stickstoffmonooxid. Formulieren Sie die Reaktionsgleichungen dieser „Disproportionierungsreaktionen".
3. Beschreiben Sie genau die Wege eines Stickstoffmoleküls des Luftgemischs durch den Stickstoffkreislauf. Notieren Sie dazu die chemischen Formeln der einzelnen Verbindungen und charakterisieren Sie die Arten der chemischen Reaktionen.
4. Informieren Sie sich, ob es für andere Stoffe oder chemische Elemente ähnliche Kreisläufe gibt.
5. Diskutieren Sie die Arten und Folgen der menschlichen Eingriffe in den Stickstoffkreislauf.

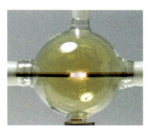

Verbrennung von Stickstoff im elektrischen Lichtbogen

9.4

Vom Stickstoff zum Düngemittel und zurück

 Disproportionierung

Eine Reaktion, bei der ein bestimmtes Atom einer Verbindung von einer mittleren Oxidationsstufe gleichzeitig in eine höhere und eine niedrigere Oxidationsstufe übergeht, heißt Disproportionierung.

Düngung um jeden Preis?

Gesunde Ernährung. Eine gesunde Ernährung ist für unser Wohlbefinden von großer Bedeutung. Allerdings hören und lesen wir in der letzten Zeit immer wieder, dass Obst und Gemüse, das wir täglich zu uns nehmen, möglicherweise Stoffe enthält, die entweder die Qualität unserer Nahrungsmittel herabsetzen oder aber unserer Gesundheit direkt schaden können.

Immer häufiger werden Ökoprodukte angeboten, die aus kontrolliertem Anbau stammen und bei deren Produktion keine Zusatzstoffe wie Mineraldünger oder Pflanzenschutzmittel zum Einsatz gekommen sind.

In der Tat ist der Einsatz von Dünge- und Pflanzenschutzmitteln in der Landwirtschaft seit geraumer Zeit in der Diskussion. Welche Auswirkungen hat ihr Einsatz auf die Qualität unserer Nahrung?

Nitrate in Nahrungsmitteln. Forschungsergebnisse belegen, dass nicht die Verwendung dieser Stoffe selbst, sondern meistens das unkontrollierte Ausmaß des Einsatzes Probleme bereitet. Am Beispiel des Nitratgehalts verschiedener Pflanzen kann dies verdeutlicht werden. Naturgemäß variiert der Nitratgehalt in den verschiedenen Gemüsesorten. Durch übermäßigen Einsatz nitrathaltigen Mineraldüngers steigt der Nitratgehalt in Gemüse und Obst an. Gleichzeitig setzt nitrathaltiger Mineraldünger den Vitamin-C-Gehalt der mit seiner Hilfe produzierten Nahrungsmittel herab. Eine mangelnde Versorgung mit dem Vitamin hat negative Auswirkungen auf unseren Organismus, vor allem in Bezug auf die körperlichen Abwehrkräfte und die Infektionshäufigkeit.

Kunstdünger zersetzt Vitamine

Die Agrarwissenschaftlerin Sharon B. Hornick vom Agricultural Research Service in Beltsville, US-Bundesstaat Maryland, wies nach, dass der massive Einsatz von nitrathaltigem Kunstdünger den Vitamin-C-Gehalt von Kohl, grünen Bohnen und Mangold senkt. In einer ihrer Testreihen untersuchte die Forscherin den Vitamingehalt von Mangoldblättern, die von organisch gedüngten und nitratgedüngten Pflanzen stammten. Ihr Ergebnis lautete, dass 100 g der Ökoblätter 81,4 mg Vitamin C enthielten, die gleiche Menge der künstlich gedüngten lediglich 54 mg.

Grenzwerte von Nitrat in Trinkwasser, Massenkonzentration β in mg/l (Trinkwasserverordnung 2003)

Wasser	Verwendung	Massenkonzentration
Leitungswasser	Getränk	50
Leitungswasser	Zubereitung von Babynahrung	10
Mineralwasser	Getränk	50

Nitratgehalt von Lebensmitteln

hoch (1 000 – 4 000 mg pro kg)	mittel (500 – 1 000 mg pro kg)	niedrig (unter 500 mg pro kg)
Chinakohl	Auberginen	grüne Bohnen
Feldsalat	Blumenkohl	Erbsen
Kopfsalat	Möhren	Paprika
Radieschen	Rotkohl	Kartoffeln
Spinat	Sellerie	Tomaten

9.5 | Nachweis von Ammonium-Ionen | Eutrophierung

Zu hohe Konzentrationen von Nitraten in Lebensmitteln sind in zweierlei Hinsicht bedenklich: Zum einen ist zu befürchten, dass der Vitamin-C-Gehalt in Lebensmitteln sinkt. Zum anderen entstehen aus Nitraten im Magen Verbindungen wie Nitrite oder Nitrosamine, die unserer Gesundheit direkt schaden.

1. Nennen Sie die chemische Reaktion, die die Umwandlung von Nitraten zu Nitriten beschreibt.
2. Informieren Sie sich über die Eigenschaften von Nitrosaminen.
3. Erstellen Sie eine Tabelle, die die Gründe für den Einsatz von Nitraten den damit verbundenen Gefahren gegenüberstellt.
4. Recherchieren Sie, unter welchen Bedingungen Obst und Gemüse für Babynahrung angebaut werden.
5. Bringen Sie in Erfahrung, wie der Nitratgehalt von Lebensmitteln bestimmt werden kann.

Düngemittel in Gewässern. Auch in der Umwelt wirkt sich ein übermäßiger Einsatz von nitrathaltigen Düngemitteln problematisch aus. Er führt zu einem höheren Gehalt an Nitraten im Grundwasser und in den Oberflächengewässern. Eine Schwierigkeit im Umgang mit Düngemitteln besteht darin, dass sie sich nur sehr schwer dosieren lassen. Um bedarfsgerecht düngen zu können, müsste nämlich der Nährstoffgehalt des Bodens sowie auch der Nährstoffbedarf der Pflanzen und der verschiedenen Bodenorganismen bekannt sein. Da diese Einflussgrößen aber nur schwer über lange Zeit zu bestimmen sind, kann es dazu kommen, dass zu viel Düngemittel eingesetzt wird. Besonders bei lang andauernden Niederschlägen gelangt dann das leicht wasserlösliche Nitrat in Oberflächengewässer und Grundwasser und so in die Flüsse und Seen.
Dies führt dort schließlich zum Zustand einer Eutrophierung, die an vermehrtem Algenwachstum und sinkendem Sauerstoffgehalt in tieferen Wasserschichten erkennbar ist.
Vielfältige Bemühungen haben einen Rückgang des Nitrateintrags in Oberflächengewässer in den letzten 20 Jahren um fast die Hälfte bewirkt.

9.5
Düngung um jeden Preis?

 ↗ B-2 | Amine und Nitroverbindungen

9.6 | Wirkungsweise von Herbiziden

Bodyguards für Pflanzen

Gefahren für die wachsende Pflanze. Ist die Nährstoffversorgung der Pflanzen z. B. durch Düngung ausreichend gesichert, so heißt das noch nicht, dass der Ernteertrag auch entsprechend groß wird. Neben der mangelnden Versorgung mit Nährstoffen bestehen noch weitere Gefahren für die heranwachsende Pflanze. Schädlinge, z. B. Insekten, Pilze oder Bakterien, aber auch Wildkräuter, die mit den Nutzpflanzen konkurrieren, können dem Landwirt Probleme bereiten. Um eine große Ernte erzielen zu können, müssen die Pflanzen vor diesen Gefahren geschützt werden.

1952 – Rettung der japanischen Reisernte

Mitte der 1930er Jahre fand GERHARD SCHRADER (1903 bis 1990) das erste systemisch wirkende Insektizid der Welt, einen Phosphorsäureester. Legendär ist die Rettung der japanischen Reisernte vor dem Reisstengelbohrer im Jahre 1952.

Insektizide. Die meisten tierischen Pflanzenschädlinge sind Insekten. Die Insektenlarven oder die adulten Insekten verursachen durch Fressen oder Saugen unterschiedliche Schäden an Pflanzen. Die bei Pflanzen gegen einen Insektenbefall eingesetzten Mittel werden nach ihrer Wirkung in Kontaktgifte, Fraßgifte und Atemgifte eingeteilt. Manche im Handel befindlichen Substanzen vereinen diese drei Wirkmechanismen. Diese systemischen Mittel werden von den Pflanzen aufgenommen und im Saftstrom mitgeführt. So erreichen sie auch versteckt sitzende Schädlinge.

Stoffklassen gebräuchlicher Insektizide

- Synthetische Pyrethroide
- Carbamate
- Phosphorsäureester
- Chlorierte Kohlenwasserstoffe

9

Nahrung für 8 Milliarden?

1. Recherchieren Sie, welche chemischen Verbindungen als Pflanzenschutzmittel genutzt werden und wer sie herstellt.
2. Informieren Sie sich, welche Schadorganismen in unseren Breiten eine besondere Gefahr für die Ernte darstellen.
3. Finden Sie Beispiele für die im Text genannten verschiedenen Insektizidarten.
4. Neben Insekten und Pilzen ist auch Unkraut für Ernteverlust verantwortlich. Die gegen Unkraut eingesetzten Substanzen heißen Herbizide. Informieren Sie sich, welche chemischen Verbindungen zum Einsatz kommen und wie sie wirken.
5. Was wird unter biologischem Pflanzenschutz verstanden?

142

9.6 | Pheromone – natürliche Repellents | Umweltgefährdung durch Fungizide

Fungizide. Die Wirkstoffe, die Pflanzen vor Pilzkrankheiten schützen, werden Fungizide genannt. Bei einer Infektion führen Sporen des Pilzes oder eindringende Pilzfäden zur Bildung eines Pilzmycels im Pflanzenkörper, wodurch die Pflanze geschwächt wird. Als Fungizide kommen u. a. chemische Verbindungen aus dem Bereich der metallorganischen Chemie zur Anwendung. Mit Quecksilberverbindungen behandeltes Saatgetreide war 1971/72 Ursache für eine Massenvergiftung der irakischen Bevölkerung. Außerdem reichern sich diese Stoffe in der Nahrungskette an. Die Verwendung von Quecksilberverbindungen ist deshalb weltweit rückläufig. Arsenverbindungen werden noch in begrenztem Maß als Fungizide eingesetzt, doch werden sie zunehmend von Zinnverbindungen verdrängt. Diese sind bei ähnlicher Wirkung wesentlich besser abbaubar, wobei sie in für Menschen unschädliche Stoffe übergehen.

Folgen für die Umwelt. Auf das Umweltverhalten der Pflanzenschutzmittel wird in der öffentlichen Diskussion intensiv eingegangen. Unter Umweltverhalten wird verstanden, welche zusätzlichen Auswirkungen Pflanzenschutzmittel neben ihrer gewünschten Wirkung in der Natur haben. Pflanzenschutzmittel können sich als Rückstände in Wasser, Boden, Luft oder aber auch in Organismen, die die Pflanzen als Nahrung verwenden, anreichern. Das Umweltverhalten von Pflanzenschutzmitteln hängt also vor allem von ihrer biologisch-chemischen Abbaubarkeit, ihrer Löslichkeit, ihrem Dampfdruck und ihrer Fähigkeit zur Adsorption an verschiedene Bestandteile des Bodens ab.

9.6
Bodyguards für Pflanzen

 Tee statt Kaffee

Um die Mitte des 19. Jahrhunderts war die britische Kronkolonie Ceylon – das heutige Sri Lanka – einer der bedeutendsten Kaffee-Exporteure der Welt. Fast 160 000 ha Land waren mit Kaffeeplantagen bepflanzt. Das Land erlebte einen großen wirtschaftlichen Aufschwung.
Es war ein Pilz, der diesen Reichtum zunichte machte: der Kaffeerost. Anfang der 1870er Jahre verbreitete sich diese Krankheit immer schneller in den riesigen Kaffeeplantagen. Für Ceylon war die Wirkung katastrophal. Innerhalb von 15 Jahren raffte der Rost sämtliche Kaffeebäume dahin, der Export brach vollkommen zusammen. Der Versuch, die Bäume ähnlich wie Reben durch Spritzen mit Schwefelkalkbrühe zu retten, gelang nicht. So blieb den ceylonesischen Kaffeebauern nichts anderes übrig, als ihre verwüsteten Kaffeeplantagen mit Tee zu bepflanzen, dem der Pilz nichts anhaben konnte. Dieser Umstellung ist es möglicherweise zu verdanken, dass in England heute nicht Kaffee, sondern Tee das Nationalgetränk ist.

Pestizide – wie gefährlich sind sie?

Gerade bei der Verwendung von Pflanzenschutzmitteln ist es wichtig, dass den Menschen beim Verzehr von pflanzlichen Nahrungsmitteln durch die Aufnahme der Wirkstoffreste keine Schäden entstehen. Daher müssen die Grenzwerte für den Einsatz solcher Stoffe sorgfältig bestimmt werden.

ADI-Wert. Soll für einen Wirkstoff X der ADI-Wert (Acceptable Daily Intake) festgelegt werden, so wird durch einen mehrjährigen Fütterungsversuch an verschiedenen Versuchstieren die Dosis ohne Wirkung für das jeweilige Versuchstier bestimmt.

Die Dosis ohne Wirkung ist diejenige Menge des Stoffes X, die das Tier täglich ein Leben lang aufnehmen kann, ohne dass bei ihm selbst oder der nachfolgenden Generation Schäden oder Beeinträchtigungen auftreten. Diese Dosis ohne Wirkung ist der ADI-Wert für dieses entsprechende Tier. Er wird in mg Wirkstoff pro kg Tier angegeben.

Da Experimente am Menschen unzulässig sind, muss aus den ADI-Werten für die Tiere nun ein ADI-Wert für den Menschen bestimmt werden. Dabei ist festgelegt worden, dass als ADI-Wert für den Menschen ein Hundertstel des ADI-Werts des empfindlichsten Versuchstiers gewählt wird, um eine Gefährdung des Menschen mit großer Wahrscheinlichkeit auszuschließen.

An Tieren wird nach wie vor das Gefahrenpotenzial von Pflanzenschutzmitteln getestet.

Dieser ADI-Wert gibt nun an, wie viel des Stoffs X der Mensch pro Tag aufnehmen darf. Daraus ergibt sich eine Höchstmenge an X in einzelnen Nahrungsmitteln, die vom Gewicht des Menschen und dem täglichen Verzehr eines Nahrungsmittels, das X enthält, abhängt. Der Höchstwert an X in den einzelnen Nahrungsmitteln wird so bestimmt, dass der Mensch auch bei Verzehr mehrerer Nahrungsmittel, die den Wirkstoff X enthalten, seinen ADI-Wert nicht überschreitet.

Berechnung der Höchstmenge des Pflanzenschutzmittels Y in einem Nahrungsmittel

ADI (Ratte)

Eine 200 g schwere Ratte kann täglich 25 g Futter fressen, das 0,5 mg eines Wirkstoffs X enthält, der aus dem Pflanzenschutzmittel Y stammt, ohne dass es ihr schadet.

m (Ratte) = 0,2 kg

Wirkstoff X = 0,5 mg · Tag^{-1}

ADI (Ratte) = 0,5 mg · Tag^{-1} / 0,2 kg
   = 2,5 mg · kg^{-1} · Tag^{-1}

ADI (Mensch)

Beim Menschen wird zur Sicherheit der ADI-Wert des Versuchstiers durch den Faktor 100 geteilt.

ADI (Ratte) = 2,5 mg · kg^{-1} · Tag^{-1}

Sicherheitsfaktor = 0,01

ADI (Mensch) = 2,5 mg · kg^{-1} · Tag^{-1} · 0,01
   = 0,025 mg · kg^{-1} · Tag^{-1}

Höchstmenge des Pflanzenschutzmittels Y

Zur weiteren Sicherheit werden z. B. folgende Werte angenommen:

m (Mensch) = 60 kg

Nahrungsmittel, das das Pflanzenschutzmittel Y enthält = 0,4 kg · Tag^{-1}

Höchstmenge Y

$= \dfrac{\text{ADI (Mensch)} \cdot \text{Körpermasse (Mensch) in kg}}{\text{Nahrungsmittel in kg} \cdot \text{Tag}^{-1}}$

$= \dfrac{0{,}025 \text{ mg} \cdot \text{kg}^{-1} \cdot \text{Tag}^{-1} \cdot 60 \text{ kg}}{0{,}4 \text{ kg} \cdot \text{Tag}^{-1}} = 3{,}75 \text{ mg} \cdot \text{kg}^{-1}$

Pflanzenschutzmittel in der öffentlichen Diskussion. Die Frage, ob und in welchem Umfang Pflanzenschutzmittel zum Schutz der Ernte eingesetzt werden sollen, wird in der Öffentlichkeit kontrovers diskutiert. Auf der einen Seite zerstören Schädlinge ungefähr ein Drittel der Welternte, leiden viele Menschen an Krankheiten, die durch Insekten übertragen werden, und hungern ca. 800 Mio. Menschen. Auf der anderen Seite sorgen sich viele um die Folgen, die der Einsatz von Pflanzenschutzmitteln auf ihre eigene Gesundheit und das ökologische Gleichgewicht der Erde hat. Die Wissenschaft Chemie kann den Verantwortlichen die moralische Entscheidung über einen Einsatz von Schädlingsbekämpfungsmitteln nicht abnehmen. Durch die Entwicklung neuer, umweltschonender Pflanzenschutzmittel und der genauen Erforschung der Folgen für Mensch und Umwelt kann sie aber ihren Beitrag dazu leisten, diesen Konflikt in Zukunft zu minimieren.

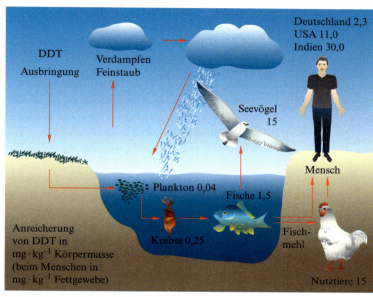

DDT reichert sich in der Nahrungskette an.

1. Finden Sie heraus, wie groß etwa der Ernteverlust durch Schadorganismen ist, und schätzen Sie ab, wie viele Menschen zusätzlich mit Nahrung versorgt werden könnten, wenn dieser Verlust verhindert werden würde.
2. Neben den herkömmlichen Arten des Pflanzenschutzes sind in letzter Zeit zunehmend Pflanzen gentechnisch so verändert worden, dass sie gegenüber Schadorganismen widerstandsfähiger sind. Informieren Sie sich, welche Pflanzen dies sind, ob sie im Handel sind und wie sie verändert wurden.
3. Recherchieren Sie die Strukturformel von DDT sowie die Problematik des intensiven Einsatzes dieses Insektizids.

Malaria in Ceylon (Sri Lanka)

In Ceylon wurde gegen die Malaria übertragende Anopheles-Mücke von 1946 bis 1963 DDT eingesetzt. In der Zeit von 1963 bis 1967 wurde der Einsatz von DDT eingestellt, 1968 dann aber wieder aufgenommen.

Jahr	Malariafälle
1946	2 800 000
1961	110
1962	31
1968/69	2 500 000

9.7
Pestizide – wie gefährlich sind sie?

DDT

DDT (**D**ichlor**d**iphenyl-**t**richlorethan) ist das erste synthetisch hergestellte Insektizid. Es ist höchstwirksam als Kontakt- und Fraßgift für Insekten und auch für den Menschen toxisch.

9.8 | Phosphat-Bestimmung durch Titration

Für Experten

Phosphor – ein wichtiger Pflanzennährstoff. Wie der Stickstoff ist auch der Phosphor ein für die Pflanzen essenzieller Hauptnährstoff. Phosphor wird im pflanzlichen ebenso wie im tierischen Organismus zum Aufbau einer Reihe von Verbindungen wie z. B. Adenosintriphosphat (ATP), verschiedenen Coenzymen und auch den Nucleinsäuren benötigt. Auch Phosphor muss in der gleichen Weise wie Stickstoff den Pflanzen in löslicher Form zugeführt werden. Ganz analog zum Stickstoff werden daher die Salze der Phosphorsäure, die Phosphate, verwendet. Diese sind in der Natur weit verbreitet, ihre Wasserlöslichkeit ist aber gering. Um sie dennoch nutzen zu können, müssen sie mithilfe chemischer Reaktionen in eine nutzbare Form überführt werden. Dies geschieht beispielsweise bei der Herstellung von Superphosphaten. Der Einsatz von Phosphaten kann sich, ebenso wie der von nitrathaltigen Düngemitteln, auf die Qualität des Grundwassers und der nahen Fließgewässer auswirken. Dies wurde in der Vergangenheit auch im Zusammenhang mit Phosphaten in Waschmitteln diskutiert.

1. Informieren Sie sich über Vorkommen und Verwendung von Phosphorverbindungen.
2. Recherchieren Sie die Zusammensetzung und Herstellung von Superphosphat.

9

Nahrung für 8 Milliarden?

Kapitel 10

Chemie im Menschen

Der menschliche Körper funktioniert, ohne dass wir darüber nachdenken. Dabei laufen Tag und Nacht eine Vielzahl chemischer Reaktionen in unserem Körper ab. Stoffe werden auf- und abgebaut, passgenau geformte Moleküle werden produziert, im Körper transportiert und an der richtigen Stelle eingebaut. Informationen werden an die dafür vorgesehenen Schaltzentralen übermittelt, entschlüsselt und führen zu neuen Befehlen. Der Körper gewinnt aus Nahrungsmitteln die Energie, die ihm seine Leistungsfähigkeit ermöglicht.
Auf den folgenden Seiten werden Sie einige Stoffe und deren Stoffklassen kennen lernen, die für sehr unterschiedliche chemische Prozesse im Körper verantwortlich sind.

↗ 10.1 | Iodzahl | Verseifungszahl | Omega-Fettsäuren | 3-D-Molekülmodelle | Schokolade, süße Verführung, fette Beute

Fett – Leidensdruck und Lebensgarant

In jedem Jahr treten Millionen Menschen zum Kampf gegen die Pfunde an. Schlanksein steht in vielen Kulturen für jung, gesund, schön und erfolgreich.

Schönheitsideale im Wandel. Welche Proportionen bei einer Frau als schön empfunden werden, ist gesellschafts- und zeitabhängig. Die Venus als eine üppige Schöne, wie sie von PETER PAUL RUBENS (1577 bis 1640) gemalt wurde, entsprach der prallen Sinnlichkeit, die zur Zeit des Barock (1600 bis 1720) als schön galt. Das Schönheitsideal des Mannes hat sich dagegen kaum geändert. Seit der Antike gelten harmonische Körperproportionen mit gut ausgebildeten Muskeln an Armen, Beinen und Bauch als erstrebenswert. Im 21. Jahrhundert ist RUBENS Venus für Frauen ein Ideal aus vergangenen Zeiten. Was heute zu zählen scheint, ist eine schlanke Silhouette. Zurzeit wiegen die Supermodels etwa 23 % weniger als der Durchschnitt der Frauen. Diäten werden in Kauf genommen, um dem gesellschaftlich anerkannten Schönheitsideal möglichst nahe zu kommen. Ob dies gesundheitlich wirklich erstrebenswert ist, ist eine andere Frage.

PETER PAUL RUBENS: Die Toilette der Venus (1614/15)

 Fette, fette Öle, Fettsäuren

Die Moleküle der Fette und fetten Öle besitzen denselben chemischen Aufbau. Es wird von fetten Ölen gesprochen, wenn das Fett bei Raumtemperatur flüssig vorliegt. Ein Fettmolekül besteht aus dem dreiwertigen Alkohol Glycerin, der mit drei Fettsäuren verestert ist.
Die Fettsäuren sind langkettige, unverzweigte, gesättigte oder ungesättigte Carbonsäuren. Die drei Fettsäuren eines Fettmoleküls können sich sowohl in ihrer Länge als auch in ihrem Sättigungsgrad unterscheiden. Der chemische Aufbau der Fettmoleküle erklärt die unpolaren und hydrophoben Eigenschaften der Fette und fetten Öle.

Fett ist nicht überflüssig. Nahrungsfette sind im Körper der „Rohstoff" sowohl für die Synthese körpereigener Speicher- und Reservefette als auch für eine bedeutende Gruppe ähnlicher Substanzen. Diese Substanzen und die Fette werden in der Biochemie unter dem Begriff der Lipide zusammengefasst. Die Moleküle der Fette, die im menschlichen Körper Energie speichern, haben prinzipiell den gleichen chemischen Aufbau wie die Moleküle von Speisefetten oder Speiseölen. Es handelt sich um Glycerinester. Die Moleküle der am Aufbau von Biomembranen, Hormonen oder Vitaminen beteiligten Stoffe sind komplexer.

 ↗ B-2 | Carbonsäureester | Fette

10 – Chemie im Menschen

Unterscheidung von Lipiden

Gruppe	Beispiel	Einsatz im Körper
Fett	Triacylglycerin	Energielieferant, Synthese zahlreicher körpereigener Verbindungen
Phospholipid	Lecithin	Biomembranbaustein, Synthese anderer Stoffe
Carotinoid	Vitamin A	Zellwachstum, Baustein von Sehpurpur

148

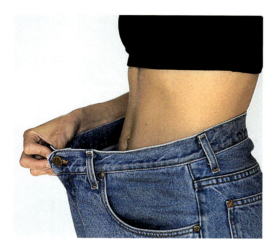

 Cholesterin ist lebensnotwendig

Cholesterin stabilisiert die Biomembranen menschlicher Körperzellen und dient der Synthese anderer Stoffe, wie z. B. der von Sexualhormonen, Vitamin D und Gallensäure. Im Blut muss Cholesterin wegen seiner hydrophoben Eigenschaften durch Lipoproteine transportiert werden. Es gibt zwei bekannte Arten der Cholesterin transportierenden Lipoproteine: LDL (**L**ow-**D**ensity-**L**ipoproteins) und HDL (**H**igh-**D**ensity-**L**ipoproteins). Als gesundheitsschädlich wird das LDL-Cholesterin eingestuft. Es fördert Gefäßablagerungen und erhöht damit das Risiko für Herzerkrankungen. HDL dagegen senkt das Risiko, denn es transportiert Cholesterin in die Leber, wo es dann verarbeitet und abgebaut wird.

Das „Sattmacherhormon". Das menschliche Fettgewebe trägt dazu bei, den Appetit zu hemmen, denn Fettzellen produzieren das Hormon Leptin (griech. leptos – dünn). Leptin wird in die Blutbahn freigesetzt und teilt dem zentralen Nervensystem die Menge des gespeicherten Fettes mit. Werden die Fettdepots bei einer Diät reduziert, so reduziert sich auch die Menge an Leptin im Blut. Diese geringere Menge an Leptin bleibt auch nach der Diät im Blutkreislauf erhalten. Isst der Mensch nach der Diät wieder normal, so führt die geringere Menge an Leptin zu einem vermehrten Appetit. Der Mensch isst mehr als vor der Diät. Deshalb haben Diäten oft einen so genannten Jo-Jo-Effekt.

 Fettiger Fisch ist gut für das Auge

Die Wissenschaftlerin CATHY WILLIAMS von der Universität in Bristol hat herausgefunden, dass Sardinen und Thunfisch Docosahexaensäure in besonders hoher Konzentration enthalten. Dies ist eine essenzielle Fettsäure, die die Entwicklung der Sehfähigkeiten fördert.

 Essenzielle Fettsäuren

Einen besonderen Stellenwert für eine ausgewogene Ernährung haben diejenigen Fette und fetten Öle, die essenzielle Fettsäuren enthalten. Essenziell bedeutet in diesem Zusammenhang, dass der Mensch diese Fettsäuren nicht selbst synthetisieren kann und daher auf externe Zufuhr angewiesen ist. Kennzeichen essenzieller Fettsäuren ist, dass ihre Moleküle ungesättigt sind, also eine oder mehrere Doppelbindungen enthalten. Vor allem Pflanzenfette und Fischöle besitzen in der Regel einen hohen Anteil an essenziellen Fettsäuren.

 [...]

1. Welche chemischen Eigenschaften besitzen alle Fettmoleküle? Erklären Sie die typischen Fetteigenschaften auf der Teilchenebene.
2. Worin unterscheiden sich tierische Fette chemisch und physikalisch von pflanzlichen fetten Ölen?
3. Informieren Sie sich über Omega-3-Fettsäuren. Das Molekül der Docosahexaensäure besitzt 22 Kohlenstoffatome und enthält 6 Doppelbindungen, die sich an den Kohlenstoffatomen 4, 7, 10, 13, 16 und 19 befinden. Formulieren Sie die Strukturformel dieser Omega-3-Fettsäure.
4. Was wird unter dem Begriff „Brennwert" verstanden und wie wird der Brennwert von Fett bestimmt?
5. Wie lässt sich der Jo-Jo-Effekt, also die Erhöhung des Ausgangsgewichts nach einer Diät erklären?

10.1

Fett – Leidensdruck und Lebensgarant

C-2 | Energie und Ernährung

10.2 | Qualitative Analysen von Mono- und Disacchariden | Quantitative Glucosebestimmung

Kohlenhydrate – unsere Erfolgsquelle

Kohlenhydrate sind die bevorzugte Energiequelle für körperliche und geistige Leistungen. Dabei ist die Glucose das einzige von allen Zellen verwertbare Kohlenhydrat. Im Muskelgewebe wird die Glucose, die nicht verbraucht wird, in Glykogen umgewandelt und gespeichert. Sportmediziner gehen von einer Masse an Glykogen von ungefähr 15 g pro kg Muskelmasse aus.

 Kohlenhydrate

Die Kohlenhydrate erhielten ihren Namen aufgrund ihrer chemischen Zusammensetzung, da ihre Summenformeln oft der allgemeinen Formel $C_n(H_2O)_m$ folgen. Die Bezeichnung „Kohlen" ist die Abkürzung für Kohlenstoff.

Einteilung der Kohlenhydrate

Name	Beispiel	Natürliche Vorkommen
Monosaccharide	Glucose Fructose	Trauben, Honig Obst, Honig
Oligosaccharide	Saccharose Maltose Dextrine	Haushaltszucker Milch entsteht beim Brotbacken aus Stärke
Polysaccharide	Stärke Glykogen Cellulose	Kartoffel, Reis Leber, Muskelfleisch pflanzliche Zellwände

Kohlenhydrate, die Sportlerernährung. Skandinavische Forscher haben die unterschiedlichen Ernährungsbedingungen auf die Energiebereitstellung im Muskel untersucht. Aus den Ergebnissen sind Empfehlungen zur Ernährung der Sportler für die Ausübung ihrer speziellen Sportart abgeleitet worden.

10 Chemie im Menschen

Empfehlung für die Nahrungszusammensetzung bei unterschiedlichen Sportarten pro Tag

Sportart	Beispiele	Energiebedarf pro kg Körpermasse in kJ	Zusammensetzung der Nährstoffe in %		
			Kohlenhydrate	Fette	Proteine
Ausdauer	Schwimmen, Langstreckenlauf	314	60	25	15
Ballsport	Basketball, Fußball, Handball	293	54	28	18
Kraftsport	Gewichtheben, Wurfdisziplinen	318	42	36	22
Schnellkraftsport	Sprint, alpiner Skisport	276	52	30	18

150

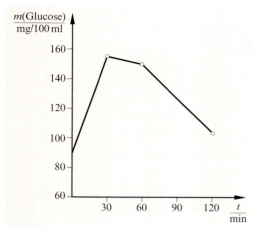

Der Glucosegehalt im Blut von Läufern bei einem 30 km Marathonlauf

Leistungssteigerung durch Kohlenhydrate.
Marathonläufern wurde eine Zuckerlösung gegeben, bei der 100 g Zucker in 600 ml Wasser gelöst waren. Die Kohlenhydratzugabe erfolgte in jeweils gleichen Mengen vor einem 30-km-Marathonlauf sowie nach 10 km und nach 20 km der Laufstrecke. Eine Kontrollgruppe erhielt jeweils mit Süßstoff abgeschmecktes Wasser. Von den Läufern der Kontrollgruppe mussten drei den Testlauf wegen auftretender Übelkeit und Schwindel aufgeben.

1. Zeigen Sie anhand der Abbildungen, dass es bei Ausdauersportarten sinnvoll sein kann, zuckerhaltige Getränke während der Belastung zu sich zu nehmen. Gehen Sie dabei auf die Zellatmung ein.
2. Recherchieren Sie, wie der Blutzuckergehalt früher bestimmt wurde, heute bestimmt wird und morgen bestimmt werden könnte.
3. Stellen Sie Unterscheidungsmerkmale für verschiedene Kohlenhydrate zusammen.
4. Informieren Sie sich über Süßstoffe und Zuckeraustauschstoffe. Vergleichen Sie die Molekülstrukturen gängiger Süßstoffe und Zuckeraustauschstoffe mit denen von Zucker. Begründen Sie die gleiche süßende Wirkung von Zuckeraustauschstoffen und Zucker.
5. Weisen Sie Glucose und Fructose experimentell nach und erklären Sie die Reaktion. Führen Sie beide Nachweise auch mit Saccharose durch.

↗ B-2 | Kohlenhydrate …
↗ B-5 | Polysaccharide …

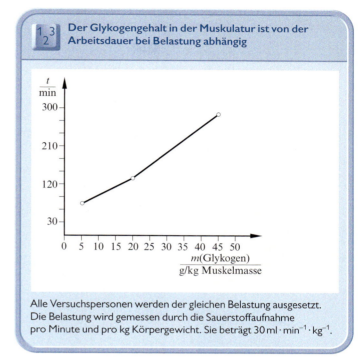

Der Glykogengehalt in der Muskulatur ist von der Arbeitsdauer bei Belastung abhängig

Alle Versuchspersonen werden der gleichen Belastung ausgesetzt. Die Belastung wird gemessen durch die Sauerstoffaufnahme pro Minute und pro kg Körpergewicht. Sie beträgt $30\,\mathrm{ml}\cdot\mathrm{min}^{-1}\cdot\mathrm{kg}^{-1}$.

10.2
Kohlenhydrate – unsere Erfolgsquelle

Der Einfluss der Muskelglykogenmasse auf die Leistungsfähigkeit wurde vielfach untersucht. Wird drei Tage lang eine mit Kohlenhydraten angereicherte Kost gewählt, erhöht sich der Glykogengehalt in der Muskulatur und kann einen doppelt so hohen Wert annehmen wie bei einer Normalkost. Eine Erhöhung um das Doppelte wird insbesondere dann erreicht, wenn eine intensive Ausdauerbelastung der dreitägigen kohlenhydratreichen Kost vorangegangen ist.

10.3 | 3-D-Molekülmodelle | Aminosäuren – bifunktionelle Verbindungen | Geruch wie bei Bocuse | Geschmackstuning

Geschmackstuning durch Aminosäuren

Lebensmittelchemikern stehen heutzutage umfangreiche Möglichkeiten zur Verfügung, Lebensmittel in ihren Eigenschaften zu verändern und auf die Bedürfnisse und den Geschmack der Verbraucher zuzuschneiden. So wird durch Zusatzstoffe gezielt der Geschmack von Lebensmitteln verändert.

Natriumglutamat – der Verursacher des „Chinarestaurant-Syndroms" – ist das Salz der Glutaminsäure (Glu). Diese gehört zu den 20 wichtigen proteinogenen Aminosäuren.

10 Chemie im Menschen

Glutamatgehalt in Lebensmitteln in Prozent

Lebensmittel	Masse an Glutamat in %
Bohnen (Konserve)	0,14
Champignons (Konserve)	0,24
Wurst (Rind)	0,54
Pizza	0,27
Salzgebäck	0,20
Würzsoße	2,06
Tütensuppe	3,78

Diese Lebensmittel enthalten Natriumglutamat.

Rory zeigt das Chinarestaurant-Syndrom

Der Computerspezialist Rory aus Neuseeland arbeitete als Computerberater und war deshalb den größten Teil seiner Zeit geschäftlich unterwegs. Häufig aß er in Fast-Food- und Chinarestaurants. Nach einigen arbeitsreichen Wochen begann Rory an Migräne zu leiden, an den Wochenenden war er dagegen vollkommen beschwerdefrei – bis er eines Tages mit Freunden ein chinesisches Restaurant besuchte. Nach dem Essen erlitt er einen so schlimmen Anfall, dass er sich ärztlich behandeln lassen musste. Dabei wurde eine Empfindlichkeit auf Natriumglutamat festgestellt. Rory blieb danach beschwerdefrei, bis er in einer kleinen Pension in wöchentlichem Abstand drei weitere Attacken erlebte. Die Wirtin hatte an den besagten Abenden das Essen vorbereitet und war dann zum Bingospiel gegangen. Ihr Mann richtete später die Speisen für die Gäste an. Am nächsten Bingo-Abend ging Rory sicherheitshalber auswärts essen. Bei seiner Rückkehr entdeckte er im Mülleimer der Küche die leere Flasche einer Soßenwürze. Der Wirt hatte offensichtlich nachgewürzt.

Struktur von Aminosäuren

Das Molekülgerüst der Aminosäuren zeichnet sich durch das gleichzeitige Vorhandensein einer Carboxylgruppe und einer Aminogruppe aus. Chemisch gesehen bilden Aminosäuren Zwitterionen. Die Aminogruppe reagiert basisch, die Carboxylgruppe sauer. Aminosäuremoleküle benötigen daher für eine Säure-Base-Reaktion keinen Reaktionspartner, sondern können innermolekular reagieren. Dabei wird die Carboxlgruppe deprotoniert und die Aminogruppe zum Ammonium-Ion protoniert. Aminosäuren sind somit gleichzeitig Anion und Kation.

B-2 | Aminosäuren und Dipeptide

↗ 10.3 | Titration von Glycin | Löslichkeit von Tyrosin

Aus einer Patentschrift des Jahres 1961

1 Teil Ribose wird mit 0,4–2 Teilen Cystein in 15–25 Teilen Wasser bei 100–130 °C und einem pH-Wert von 3 bis 6 über mehrere Stunden (bis 60) erhitzt. Es resultiert Schweinefleischaroma. Werden drei weitere Aminosäuren (außer Phe oder Met) in 2–3 Teilen hinzugefügt, so entsteht Rindfleischgeschmack.

Geschmacksverstärker. Wenn einzelne freie Aminosäuren in höherer Konzentration in der Nahrung vorkommen, so beeinflussen sie deren Geschmack erheblich. Natriumglutamat gilt beispielsweise als Geschmacksverstärker, der die Geschmacksempfindung für salzige, herzhafte Speisen stark intensivieren kann. Manche Menschen reagieren allerdings auf Natriumglutamat ähnlich empfindlich wie Rory.
Auch die Verursacher weiterer Geschmacksempfindungen wurden von Lebensmittelchemikern nach und nach erkannt. Bereits in den 1960er Jahren wurden die Inhaltsstoffe des Fleisches in niedermolekulare und hochmolekulare Bestandteile unterteilt. Es stellte sich heraus, dass die hochmolekularen Anteile nur eine geringe Bedeutung für den Geschmack hatten. Wurden jedoch die niedermolekularen Bestandteile alleine erhitzt, so schmeckte das Fleisch nach dem entsprechenden Bratenaroma.
Weitere Nachforschungen brachten die Erkenntnis, dass in allen niedermolekularen Anteilen immer die Aminosäure Cystein (Cys) und das Monosaccharid Ribose vorhanden waren.
Ob schließlich die feinen Nuancen eines Hühner-, Schweine- oder Rinderbratens zu schmecken sind, liegt an der zusätzlichen Anwesenheit weiterer freier Aminosäuren. Beim Zusetzen dieser Komponenten kann der Geschmack beeinflusst und sogar völlig verändert werden.

Herstellung von Kartoffelchips

Geschmacksdesign. Alle großen Nahrungsmittelproduzenten haben Food-Designer eingestellt. Sie erforschen systematisch die geschmacklichen Vorlieben der Verbraucher einerseits und andererseits auch die technischen Möglichkeiten, Nahrungsmittel durch Beimischen von Zusatzstoffen dem Verbrauchergeschmack entsprechend künstlich anzupassen. So gelingt es beispielsweise, pflanzlichen Produkten Fleischgeschmack zu geben oder Kartoffelchips mit Braten-, Käse- oder Speckaroma herzustellen.

10.3

Geschmackstuning durch Aminosäuren

Aromen von Aminosäuren

Aroma	Aminosäuren
Fleisch	Cys, CySS, Gly, Glu, Ala
Brot, Kekse	Pro, Lys, Arg, Val, His
Kakao, Schokolade	Leu, Phe, Val, (Thr)
Honig	Phe
Sahne, Butter	Pro
Nuss	Leu, Val
Kartoffel	Met
Tabak	Asn, Arg, GABA, Gln

1. Informieren Sie sich über die Molekülstruktur der 20 wichtigsten Aminosäuren und teilen Sie diese in verschiedene selbst zu bestimmende Klassen ein.
2. Klären Sie die Bedeutung der Abkürzungen der Aminosäuren.
3. Natriumglutamat gehört zu den zugelassenen Zusatzstoffen, denen in der Europäischen Union eine E-Nummer zugewiesen wurde. Finden Sie diese E-Nummer heraus und stellen Sie fest, ob weitere Aminosäuren in dieser Liste enthalten sind.
4. Klären Sie auf, welche Zusatzstoffe für den „Bacongeschmack" von Kartoffelchips verantwortlich sind.

Proteine – Makromoleküle in vielen Formen

Prionen

Prionen sind Proteinverbindungen, die aus den Membranen von Nervenzellen stammen. PrP^c (Proteinaceous infectious particle) ist ein Prion, das zur natürlichen Ausstattung des menschlichen Organismus gehört. PrPS^c ist ein ähnliches Prion, das die Symptome der neuen Form der Creutzfeldt-Jakob-Krankheit auslöst.

BSE

BSE (**B**ovine **S**pongiforme **E**nzephalopathie) ist eine schwammartige Veränderung des Hirnes beim Rind und wird auch als „Rinderwahnsinn" bezeichnet. Ansteckung geschieht über die Nahrungskette.

Proteine sind makromolekulare Stoffe, die aus den 20 proteinogenen Aminosäuren zusammengesetzt sind und in allen Zellprozessen eine entscheidende Bedeutung haben. Je nachdem, welche Struktur die Moleküle besitzen, variiert ihre Funktion. Lang gestreckte und seilartig verdrillte Moleküle bestimmen die Eigenschaften des Stützgewebes und der Haut. Moleküle mit einer kugelförmigen Gestalt sind in Membranen eingelagert und auf Signale ausgerichtet, die sie aus der nicht zellulären Umgebung empfangen.

 B-5 | Polypeptide und Proteine

Enzyme. In Zellen werden fast alle chemischen Reaktionen durch spezifische Proteine, die Enzyme, beschleunigt. In der Regel erhöhen sie die Geschwindigkeit chemischer Reaktionen millionenfach. Die Enzyme binden die Moleküle, die zur Reaktion gebracht werden sollen, an spezifische Stellen ihrer dreidimensionalen Struktur, katalysieren die Reaktion und entlassen die neu entstandenen Produkte zur weiteren Verarbeitung in die Zelle.

Kommunikationsgenies. Die bemerkenswerte Bandbreite der Funktionen von Proteinen zeigt sich auch im Rahmen der Kommunikation der Zellen untereinander. Als Signalstoffe kreisen sie in der Blutbahn und senden Informationen an passende Rezeptoren auf den Zelloberflächen. Fallen allerdings Rezeptoren aus, die die verschlüsselte Nachricht empfangen sollen, gibt es Missverständnisse in der interzellulären Kommunikation. Es kommt zu Störungen im geregelten Ablauf, was nicht selten zu Krankheiten führt.

Prionen. Die Funktion von Proteinen ist unmittelbar mit der dreidimensionalen Struktur ihrer Moleküle verbunden. Verändern Proteinmoleküle ihre räumliche Struktur, so ist ihre Funktion nicht mehr gewährleistet. Beispielsweise ist die Anreicherung des Proteins PrPS^c im kranken Großhirn ein Hauptmerkmal aller Prionenerkrankungen. PrPS^c ist eine abgewandelte Form des zelleigenen Proteins PrP^c, das von allen Wirbeltieren gebildet wird und an der Zelloberfläche von Nervenzellen gehäuft vorkommt.

Schweizer Forschern gelang es, die Struktur eines krankheitserregenden Prions und seiner harmlosen Varianten aufzuklären. Im gesunden Organismus zeigt sich das Prionmolekül in einer räumlichen Struktur, in der ungeordnete Ketten mit schraubenartig aufgedrillten Kettenteilen abwechseln. Die chemische Zusammensetzung sowohl des natürlich auftretenden Prionmoleküls als auch des krank machenden Prionmoleküls ist gleich. Lediglich die räumliche Faltung ist unterschiedlich. Damit wird das krankheitserregende Prion nicht vom Immunsystem erkannt, und der infizierte Körper behandelt das Fremdprotein wie ein körpereigenes Protein. Die veränderte Form des Prions führt dazu, dass es nicht abgebaut werden kann. Es bilden sich Proteinklumpen, die faserförmige Strukturen enthalten und sich an den Nervenzellmembranen anhäufen.

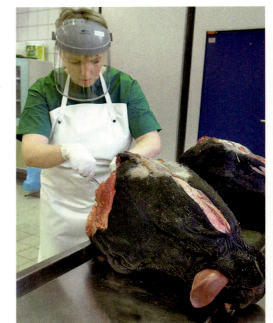

Der Hirnstamm dieses Rindes wird im Landesveterinär- und Lebensmitteluntersuchungsamt Stendal auf BSE getestet.

Zoe Jeffries – an Creutzfeldt-Jakob-Krankheit gestorben

Zoe war ein fröhliches, sportliches Mädchen. Doch eines Morgens wachte sie auf, blieb teilnahmslos und bewegte sich ab diesem Moment kaum noch. Nach einigen Wochen konnte sie nicht mehr richtig laufen und verlor ihr Gleichgewichtsgefühl. Ein Neurologe stellte die Diagnose, dass Zoe sich eine neue Form der Creutzfeldt-Jakob-Krankheit zugezogen hatte. Einige Monate später starb sie.

EPO – Hormone zum Verwechseln ähnlich.
Das Hormon Erythropoetin (EPO) ist ein zu mehr als 90 % in den Nieren gebildetes Protein, das die Bildung von roten Blutkörperchen (Erythrozyten) fördert.
Eine Erhöhung der Anzahl roter Blutkörperchen im Blut und damit die Steigerung von Ausdauer und Leistungsfähigkeit kann legal durch Höhentraining erreicht werden. Der verminderte Sauerstoffpartialdruck in großen Höhen führt im Zuge der Höhenanpassung des Organismus zu einer verstärkten Ausschüttung von EPO und damit zu einem Anstieg von roten Blutkörperchen um mehr als 10 %. Dies lässt sich bereits nach zwei Tagen Aufenthalt in 4 500 m Höhe nachweisen. Der gleiche Effekt kann auch durch die unerlaubte Einnahme von gentechnisch hergestelltem EPO bewirkt werden. Es imitiert das Höhentraining auf simple Art. Durch den erhöhten Anteil an roten Blutkörperchen im Blut steigt allerdings auch die Gefahr von Blutgerinnseln mit tödlichen Folgen. Es wird vermutet, dass gentechnisch produziertes EPO immer häufiger als Dopingmittel in Wettkämpfen genutzt wird, in denen große Ausdauerleistungen verlangt werden.

1. Informieren Sie sich über die aktuelle Zahl von BSE-Fällen in Deutschland. Schätzen Sie das Risiko ein, sich derzeit in Deutschland mit Prionen zu infizieren.
2. Wie können sich krankheitserregende Prionen im menschlichen Körper vermehren?
3. Begründen Sie, ob der Verzehr von Gelatine eine potenzielle Gefahr darstellt, sich mit der infiziösen Form der Prionen anzustecken.
4. Informieren Sie sich über die Wirkungsweise der BSE-Schnelltests.
5. Bei Medikamenten, die Erythropoetin enthalten, werden als Nebenwirkungen angegeben: Blutdrucksteigerung, zentralnervöse Störungen und Krämpfe. Informieren Sie sich über EPO und Bluthochdruck. Warum kann eine unsachgemäße Einnahme von EPO gerade bei Hochleistungssportlern zum Tod führen?
6. Informieren Sie sich über die Methode der Elektrophorese. Worauf beruht die Trennung von Proteinen mit dieser Methode?

10.4
Proteine – Makromoleküle in vielen Formen

 ↗ B-2 | Aminosäuren und Dipeptide (Elektrophorese)

 Dopingnachweis von EPO im Urin

Die Moleküle von körpereigenem und gentechnisch produzierten EPO unterscheiden sich nur geringfügig in ihren Strukturen, besitzen jedoch unterschiedliche isoelektrische Punkte. Diese Unterscheidung reicht aus, um bei einer Urinprobe beide Formen von EPO durch Elektrophorese zu trennen. Nach der Fixierung werden die EPO-Banden mithilfe einer Chemolumineszenzreaktion sichtbar gemacht. Nun kann die Dopingprobe ausgewertet werden.

Dieses Medikament enthält den Wirkstoff Erythropoetin.

Gelatine – vielseitig und in aller Munde

Lebensmittel, die Gelatine enthalten

 Liebigs Fleischextrakt

Als Justus von Liebig (1803 bis 1873) im Jahre 1854 bei Familie Muspratt zu Gast war, erkrankte deren Tochter Emma an Typhus und konnte keine Nahrung mehr schlucken. In dieser Not zerhackte Liebig 2 kg mageres Rindfleisch und erwärmte dieses in 2 l mit etwas Salzsäure versetztem Wasser auf 70 °C. Nach einigen Stunden war ein Fleischextrakt entstanden, den Emma löffelweise zu sich nehmen konnte.

Rindfleisch in Aspik (Fleischgelee), Gummibärchen, Sülzen und Snacks – ob feine Küche oder Süßwarenherstellung, nichts geht ohne Gelatine. Gelatine ist ein Lebensmittelzusatzstoff, der z. B. als Aromaträger und Verdickungsmittel Verwendung findet. Medizinisch wird er als Mittel gegen Osteoporose und Arthritis empfohlen. Der positive Einfluss auf Haare und Nägel ist seit langem bekannt. Gelatine ist für den menschlichen Organismus eine Proteinquelle, frei von Fett, Zucker und Cholesterin.

Aber nicht nur in der Nahrungsmittelindustrie erfreut sich das tierische Produkt nachhaltiger Beliebtheit. Auch als Kapselüberzug, Nährlösung für Mikroben und als Filmmaterial wird Gelatine eingesetzt. Die quellende und emulgierende Wirkung von Gelatine kommt auch bei der Beimischung in pharmazeutischen und kosmetischen Produkten zum Tragen. Bereits vor 3 500 Jahren wurde sie in Ägypten als Glutin zum Leimen von Hölzern verwendet. Selbst in der Geschichte machte Gelatine zu Beginn des 19. Jahrhunderts Schlagzeilen, als Napoleon während der englischen Blockade Gelatine produzieren ließ, um den Eiweißmangel der Franzosen zu beheben.

Gelieren. Beim Kochen bestimmter Fleischsorten wie Huhn oder Kalbfleisch werden Substanzen in die Kochflüssigkeit abgegeben, die sie beim Abkühlen steif machen (Gelieren). Das dabei entstehende Gelee enthält überwiegend Gelatine, die aus dem Bindegewebsanteil des Fleisches stammt. Lukullische Kreationen wie Kalbsfüße in Aspik und Huhn in Gelee sind dieser Eigenschaft zu verdanken.

Aufbau von Kollagen. Den Grundbaustein der Kollagene – einer Proteinfamilie – bildet eine Polypeptidkette, die aus mehr als 1 000 Aminosäuren besteht. Die Reihenfolge (Sequenz) der Amino-

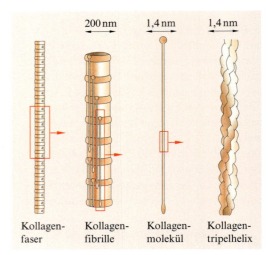

Kollagenfaser | Kollagenfibrille | Kollagenmolekül | Kollagentripelhelix

 Kollagen

Kollagen gehört zu den Skleroproteinen. Proteinmoleküle des Kollagentyps enthalten elf verschiedene Aminosäuren, davon etliche essenzielle Aminosäuren. Das sind solche, die vom Körper nicht selbst aufgebaut werden können. Hauptbestandteile sind Glycin (Gly), Prolin (Pro) und Hydroxyprolin (Hyp), wobei Gly, Pro und Hyp eine typische Tripeptideinheit (Gly-Pro-Hyp) bilden.

10 Chemie im Menschen

Entnahme einer sterilen Probe von Gelatinegel vor dem Trocknen

säuren in der gesamten Kette wird als Primärstruktur bezeichnet. Die Polypeptidkette ist nicht gradlinig, sondern wie eine rechtsgängige Schraube gewunden (Alpha-Helix-Struktur oder Sekundärstruktur des Proteins).
Drei Polypeptidketten sind im Kollagen jeweils in Form eines starren Seiles umeinander gewunden. So lagern sich drei dieser Ketten zu einer Tripelhelix zusammen. Durch das regelmäßige Auftreten des räumlich kleinen Glycinrests an jeder 3. Position wird die Ausbildung einer eng gewundenen Tripelhelix begünstigt. Durch Zusammenlagerung vieler Tripelhelices entstehen Kollagenfibrillen, die durch Quervernetzungen stabilisiert werden und ein dreidimensionales Netzwerk bilden. Hierdurch bedingt ist Kollagen nicht wasserlöslich.

 ↗ B-5 | Polypeptide und Proteine

Gewinnen von Gelatine. Gelatine kann durch Erhitzen von kollagenhaltigen Rohstoffen wie Häuten, Knochen und Sehnen mit Wasser gewonnen werden. Dabei schieben sich die Wassermoleküle zwischen die Makromoleküle des Kollagens. Die einzelnen Helices und Polypeptidstränge werden voneinander getrennt. Kleinere Einheiten spalten sich ab. Teilweise werden auch Bindungen innerhalb einzelner Polypeptidketten gespalten (hydrolysiert). Die so gewonnene Gelatinelösung, Sole genannt, erstarrt unterhalb von 30 °C zu Gel, wobei eingelagerte Wassermoleküle zwischen den Ketten stabilisierend wirken.

10.5
Gelatine – vielseitig und in aller Munde

1. Recherchieren Sie Herstellung, Gebrauch und Bedeutung von Glutinleim.
2. Ende des 19. Jahrhunderts kam es zu einer Steigerung der Gelatineproduktion. Informieren Sie sich über die Hintergründe.
3. Proteine können auch eine charakteristische Tertiär- und Quartärstruktur haben. Klären Sie die Begriffe am Beispiel des Hämoglobins.
4. Prüfen Sie, ob die in Aufgabe 3 genannten Begriffe auf Kollagen und/oder Gelatine anwendbar sind.
5. Weisen Sie experimentell Aminosäuren in Gelatine nach.

Großtechnische Produktion

Bei der großtechnischen Umwandlung von im Wasser unlöslichem Kollagen in wasserlösliche Gelatine haben sich zwei Verfahren bewährt. Schweineschwarten werden durch Zugabe von Säuren vorbehandelt, Rinderspalt und Knochen durch Basenzusätze. Nach Entfernung unerwünschter Komponenten des Bindegewebes wird das Rohmaterial von Säure- und Basenresten befreit und mit heißem Wasser gereinigt, extrahiert und sterilisiert. Zum Schluss wird das erstarrte Gel in einem Extruder zu Gelatinefäden geformt. In Granulat- oder Blattform kommt es dann in den Handel. Die Qualität der Gelatine wird anhand von Viskosität, Farbe und Klarheit beurteilt. Weltweit werden jährlich ca. 270 000 t Gelatine produziert.

10.6 | Sulzer bringt Volta auf den Geschmack | Otto Loewis nächtlicher Geistesblitz | Membranpotenzial der Zelle

Nervenzellen in Erregung

 Elektrizität bei der Muskelbewegung

„Um aber die Sache besser klar zu legen, habe ich mit dem größten Erfolge den Frosch auf eine nicht leitende Platte, nämlich aus Holz oder Harz, gelegt und bald einen leitenden, bald einen ganz oder nur zum Theil nicht leitenden Bogen angewendet und mit dessen einem Ende den in das Rückenmark geheftenten Haken und mit dem anderen entweder die Schenkelmuskeln oder die Füsse berührt. Bei den Versuchen sahen wir bei der Anwendung des leitenden Bogens Contractionen eintreten, dann aber bei der Anwendung des Theils nicht leitenden Bogens ausbleiben. Der leitende Bogen bestand aus einem Eisendraht, der Haken aber aus einem Messingdraht." Luigi Galvani in: Abhandlung über die Kräfte der Elektrizität bei der Muskelbewegung, 1799.

Luigi Galvani (1737 bis 1798) war Anatom in Bologna. Er zeigte, dass Nervenerregung ein elektrisches Phänomen ist. Fälschlicherweise meinte er jedoch, er habe eine spezielle tierische Elektrizität nachgewiesen. Er erkannte nicht, dass er selbst eine Spannung erzeugt hatte, auf die der Frosch lediglich reagierte.

Dies zeigte kurze Zeit später allerdings sein Landsmann Alessandro Volta. In Galvanis Experiment trat durch den Kontakt von zwei unterschiedlichen Metallen – Eisen und Kupfer – mit der Körperflüssigkeit eine elektrische Spannung auf, die den Schenkelmuskel reizte und die Kontraktion auslöste.

Ruhepotenzial einer Nervenzelle. Dennoch hatte Galvani mit seiner Vorstellung nicht ganz Unrecht. Mit der Verbesserung elektrischer Messgeräte war es möglich nachzuweisen, dass zwischen dem Innern der Nervenzellen und ihrer Umgebung eine elektrische Spannung besteht. Wird eine Messelektrode in eine Nervenzelle eingestochen und die Spannung gegenüber der Umgebung gemessen, so zeigen die Messinstrumente eine Spannung von etwa –70 mV an. Diese Spannung wird Ruhepotenzial einer Nervenzelle genannt. Zelle und Umgebung verhalten sich also, vereinfacht betrachtet, wie eine Batterie.
Um der Ursache der Spannung auf die Spur zu kommen, analysierten Biochemiker die Innen- und die Umgebungsflüssigkeit von Nervenzellen und bestimmten die darin enthaltenen Ionen. Sie fanden große Verteilungsunterschiede: eine hohe Natrium-Ionenkonzentration in der Umgebung und eine hohe Kalium-Ionenkonzentration im Innern der Nervenzelle.

Im Ruhezustand ist die Nervenzelle an ihrer Innenseite mit negativen, an ihrer Außenseite mit positiven elektrischen Ladungen besetzt. Wie kommt es zu dieser Ladungsverteilung? Dazu tragen vor allem positiv geladene Kalium-Ionen und negativ geladene organische Anionen bei, die im Gegensatz zu den Kalium-Ionen wegen ihrer Größe die Zellmembran nicht passieren können. Die Zellmembran ist im Ruhezustand durch geöffnete Kaliumkanäle gut durchlässig für Kalium-Ionen, während sie für alle anderen Ionen nahezu undurchlässig ist. Aufgrund des Konzentrationsunterschieds diffundieren daher Kalium-Ionen aus der Zelle, wodurch innen ein Mangel an positiv geladenen Ionen und somit ein Überschuss an elektrisch negativer Ladung entsteht, da innen die organischen Anionen zurückbleiben. Die Folge ist der Aufbau eines negativen Membranpotenzials. Dieses Potenzial begrenzt gleichzeitig den weiteren Ausstrom von Kalium-Ionen und verhindert damit, dass Kalium-Ionen bis zum Konzentrations-

10 Chemie im Menschen

Historischer Versuch von Galvani

Ionenkonzentrationen innerhalb der Nervenzelle und in ihrer Umgebung

Ionensorte	Konzentration (innen) in mmol · l⁻¹	Konzentration (außen) in mmol · l⁻¹
Na⁺	12	145
K⁺	150	4
Cl⁻	4	120
Organische Anionen	158	0

158

ausgleich nach außen wandern. Bei einem Membranpotenzial von etwa −70 mV tritt ein Gleichgewichtszustand ein, bei dem der Netto-Kalium-Ionenstrom zum Erliegen kommt. Deshalb wird auch vom Kalium-Gleichgewichtspotenzial gesprochen. Dies kann messtechnisch erfasst, aber auch mithilfe der Nernst-Gleichung berechnet werden, wenn die Zelle und ihre Umgebung als galvanisches Kalium-Konzentrationselement betrachtet wird. Das Kalium-Gleichgewichtspotenzial bestimmt maßgeblich das Ruhepotenzial der Nervenzelle, da die Membran für Kalium-Ionen erheblich besser als für Natrium-Ionen permeabel ist. Weil jedoch wenige Natrium-Ionen in die Zelle eindringen, leistet auch dieses Ion seinen Beitrag zum Ruhepotenzial der Nervenzelle. Um die beschriebenen Konzentrationsunterschiede dauerhaft aufrechtzuerhalten, verfügt sie in ihrer Membran über Natrium-Kalium-Pumpen, die unter Energieverbrauch Natrium-Ionen aus der Zelle heraus- und Kalium-Ionen in die Zelle hineintransportieren.

↗ E-3 | Elektrodenpotenziale
　 E-4 | Die Nernst-Gleichung

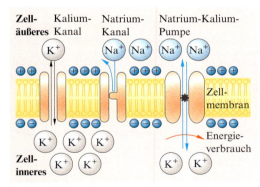
Nervenzellmembran im Ruhezustand

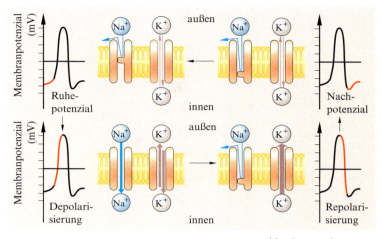
Vorgänge an der Nervenzellmembran während eines Aktionspotenzials

Aktionspotenzial. Wird die Zelle gereizt (erregt), wie es beispielsweise GALVANI getan hat, so ändert die Zellmembran ihre Eigenschaften. Plötzlich öffnen sich Kanäle für Natrium-Ionen, die Durchlässigkeit steigt und Natrium-Ionen strömen aufgrund des Konzentrationsunterschieds in die Nervenzelle. Durch die eindringenden Natrium-Ionen wird das Membranpotenzial positiv (Depolarisierung). Etwa eine Millisekunde später sinkt die Durchlässigkeit der Natrium-Ionen, während die für Kalium-Ionen kurzfristig steigt. Die Folge ist ein vermehrter Ausstrom von Kalium-Ionen. Das Membranpotenzial wird wieder negativ (Repolarisierung). Durch diese zeitversetzten Ionenströme wird eine lokal begrenzte Spannungsänderung an der Nervenzellmembran verursacht, die Aktionspotenzial genannt wird. Das Membranpotenzial der Zellregion, an der sich gerade das Aktionspotenzial befindet, ist im Unterschied zu den Nachbarstellen positiv. Dies wirkt wie ein Reiz auf die noch in Ruhe befindliche Nachbarregion der Zelle. Das Aktionspotenzial breitet sich dorthin aus. Nach wiederholter Verschiebung kommt es schließlich am Ende der Zelle an. So können sich Nervenimpulse über weite Strecken fortpflanzen.

10.6
Nervenzellen in Erregung

1. Erläutern Sie mithilfe der Spannungsreihe, wieso bei den Experimenten von GALVANI eine Spannung entstand und welche Elektrode der Plus- bzw. der Minuspol war.

2. Erarbeiten Sie mithilfe der Simulation das Ruhepotenzial und den Spannungsverlauf des Aktionspotenzials. Stellen Sie dabei die Bedeutung der Natrium- und Kalium-Ionen heraus.

3. Beschreiben Sie die Weiterleitung des Aktionspotenzials. Erweitern Sie den bisher beschriebenen Mechanismus anhand der Animation. Erarbeiten Sie Merkmale der saltatorischen Leitung.

10.7 | Wie funktioniert ein Zuckerteststreifen? | Die Regelung des Blutzuckerspiegels | Chemischer Steckbrief des Insulins

Insulin – „Bote von einer merkwürdigen Insel"

Ich bin zuckerkrank!

„Damals war ich 30 Jahre alt. Die ersten Anzeichen waren Durst. Ich trank mehr als sonst, in der Nacht meistens 1–2 Glas Wasser, und danach musste ich gleich auf die Toilette. Ich schob alles auf das sommerliche Wetter. In kurzer Zeit wurde das Durstgefühl aber immer größer. Ich hatte das Gefühl, innerlich zu vertrocknen, meine Zunge verfärbte sich bräunlichschwarz und ich konnte kaum noch sprechen. Im Laufe von wenigen Tagen hatte ich stark abgenommen und war leistungsmäßig am Ende. Mein Leben bestand nur noch aus Trinken und danach sofort auf Toilette gehen. Irgendwie lief das Wasser durch mich durch".
Bericht einer Diabetikerin. Aus: *Erfahrungswelt Diabetes*

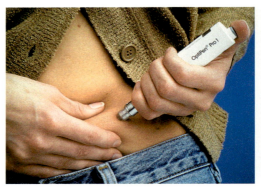

Diabetiker beim Spritzen von Insulin

Der Name „Diabetes mellitus" (griech. diabetes – Durchfluss, lat. mellitus – mit Honig versüßt) bezieht sich auf den süßen Geschmack des Urins von Zuckerkranken, der erstmalig im 17. Jahrhundert von dem englischen Mediziner und Naturphilosophen Thomas Willis (1621 bis 1675) beschrieben wurde. Das Schmecken des Urins war zu dieser Zeit die übliche Art, die Krankheit zu diagnostizieren.

Bei den betroffenen Patienten wird ein Blutzuckergehalt von deutlich über einem Gramm Glucose pro Liter Blut gemessen, während beim Gesunden die Werte zwischen 0,8 und 1 g pro Liter liegen. Für die Funktionsfähigkeit des Körpers muss dieser Konzentrationsbereich unbedingt eingehalten werden. Eine krankheitsbedingte Unterschreitung wie auch eine Überschreitung führen zu verschiedenen körperlichen Symptomen.

Natürliches Gleichgewicht des Blutzuckerspiegels. Der Blutzuckerspiegel ist natürlichen Einflüssen unterworfen, die ausgeglichen werden müssen. So wird durch körperliche Aktivität in den Muskeln Glucose verbraucht und dem Blut entzogen und somit der Blutzuckerspiegel gesenkt. Durch Aufnahme von zuckerhaltiger Nahrung wird umgekehrt der Blutzuckerspiegel angehoben. In beiden Fällen muss der Körper gegensteuern, um die normale Blutzuckerkonzentration aufrechtzuerhalten.

Bei Überschreitung der Obergrenze des Blutzuckergehalts wird Insulin aus der Bauchspeicheldrüse ins Blut ausgeschüttet. Insulin gelangt mit dem Blut in die Leber und die Muskeln, wo es die Zellen zur Aufnahme von Glucose und zum Einbau von Glucosebausteinen in das Makromolekül Glykogen veranlasst. So wird der Blutzuckerspiegel gesenkt. Ganz ähnlich reagiert die Bauchspeicheldrüse auch bei Unterversorgung mit Glucose. Jetzt wird jedoch Glucagon ans Blut abgegeben. Es bewirkt gegensätzliche Vorgänge: Abbau von Glykogen und Freisetzung von Glucose.

10 Chemie im Menschen

Symptome bei Unter- oder Überzuckerung

Unterzuckerung	Überzuckerung
Schwitzen	Durstgefühl
Verwirrtheit	starker Harndrang, auch nachts
Schwindel	Muskelkrämpfe
Herzrasen	Erbrechen
Sprachstörungen	Bauchschmerzen
Kopfschmerzen	Schwäche
Zittern	Acetongeruch des Atems
Sehstörungen	Sehstörungen
Übelkeit	Übelkeit
Benommenheit	Benommenheit
Bewusstlosigkeit	Bewusstlosigkeit

10.7 | Gentechnische Insulinherstellung heute

Störung im Hormonhaushalt. Im Bedarfsfall werden die Hormone Insulin oder Glucagon ins Blut ausgeschüttet, durch den Blutstrom im Körper verteilt und so zu ihrem Zielort transportiert. Nur dort entfalten sie ihre spezielle Wirkung. Durch Hormone werden Informationen von einem Bildungsort zu einem Wirkungsort – z. B. der Leber – übertragen. Sie sind somit gleichzeitig Boten- und Wirkstoffe. Nicht nur die Blutzuckerregulation, sondern auch viele andere Körperfunktionen (z. B. Wachstums- und Entwicklungsfunktionen) werden ebenfalls durch Hormone gesteuert. Andere bekannte Hormone sind die Geschlechtshormone Östrogen und Testosteron. Der Diabetes mellitus beruht auf einer Störung der Hormonbildung oder der Hormonwirkung. Ist der Körper nicht mehr in der Lage, ausreichend Insulin zu bilden, so führt das zu einer dauernden Überzuckerung. Wenn die Krankheit unbehandelt bleibt, ist der Tod die unausweichliche Folge. Die Erkenntnis dieser Zusammenhänge war wissenschaftsgeschichtlich besonders interessant und lieferte erste Behandlungsmöglichkeiten für die betroffenen Patienten.

Insulin und Glucagon

Insulin und Glucagon gehören zu den Hormonen (griech. horman – in Bewegung setzen), so genannten Botenstoffen, die in speziellen Organen gebildet und gespeichert werden. Bei Insulin handelt es sich um ein Polypeptid, dessen Moleküle aus zwei Peptidketten bestehen, die über Disulfidbrücken miteinander verbunden sind. Glucagon ist ebenfalls ein Polypeptid. Beide gehören somit zur Gruppe der Peptidhormone.

↗ B-5 | Polypeptide und Proteine

Langerhans-Inseln

Paul Langerhans (1847 bis 1888) begann 1869 mit der Erforschung der Bauchspeicheldrüse. Durch Einfärbung hatte er unter dem Mikroskop unterschiedliche Zellgruppen erkannt, die, in inselartigen Gruppen angeordnet, über die ganze Drüse verteilt auftraten. Diese Zellgruppen wurden später nach ihrem Entdecker Langerhans-Inseln genannt. Ihre Aufgabe erkannte er allerdings nicht.

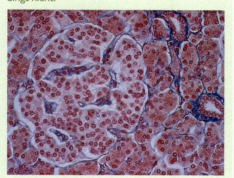

Langerhans-Inseln

Entdeckung der Wirkung von Insulin

Joseph Freiherr von Mering und Oskar Minkowski entfernten 1889 einem Hund operativ die Bauchspeicheldrüse und erzeugten auf diese Weise künstlich einen Diabetes. 1921 gelang es Sir Frederick G. Banting, Charles H. Best und John J. R. Macleod ein Extrakt aus den Langerhans-Inseln (Insulin) zu gewinnen und dieses einem anderen Hund, dem zuvor die Bauchspeicheldrüse operativ entfernt worden war, zu injizieren. Die Symptome des Diabetes verschwanden. Die Rolle von Insulin als Senker des Blutzuckerspiegels war erkannt. Im Jahre 1923 erhielten Banting und Macleod hierfür den Nobelpreis für Physiologie oder Medizin.

10.7

Insulin – „Bote von einer merkwürdigen Insel"

1. Informieren Sie sich über aktuelle Behandlungsmöglichkeiten des Diabetes mellitus.
2. Recherchieren Sie die Aufklärung der Insulinstruktur durch Frederick Sanger.
3. Auf welchem Weg wird Insulin heute hergestellt?
4. Recherchieren Sie verschiedene Modelle des Insulinmoleküls und beschreiben Sie die dreidimensionale Struktur.
5. Warum muss Insulin dem Körper mindestens eine halbe Stunde vor den Mahlzeiten verabreicht werden?

Für Experten

Ohne Energie keine Leistung. Wenn im alltäglichen Leben bereits ständig eine Vielzahl von chemischen Prozessen in unserem Körper abläuft, ist dies beim Hochleistungssportler noch um Wesentliches gesteigert. Ob Fußball, Marathon oder Reiten – unser Körper ist darauf angewiesen, dass die Prozesse dann besonders gut funktionieren. Da der Mensch zum richtigen Zeitpunkt eine große Leistung bringen muss, benötigt er Energieträger, die ihm helfen, in möglichst kurzer Zeit viel Energie zur Verfügung gestellt zu bekommen. Er muss außerdem oft schnell reagieren können. Zahlreiche Informationen müssen also in kürzester Zeit übermittelt und entschlüsselt werden. Kurz: Der Mensch muss durchtrainiert sein, um im Wettkampf zu bestehen und vielleicht sogar zu gewinnen.

Zweikampf zwischen THOMAS GRAVESEN und XAVI MORÉ in Madrid

1. Was wird unter aerober und anaerober Energiebereitstellung verstanden? Begründen Sie, bei welchen Sportarten eher eine aerobe, bei welchen eher eine anaerobe Energiebereitstellung notwendig ist.
2. Welche Kriterien sind bei der Ernährung eines Sportlers –
   a) eines Kraftsportlers,
   b) eines Marathonläufers zu berücksichtigen?
3. Recherchieren Sie Inhaltsstoffe von Sportgetränken und diskutieren Sie diese.
4. Weisen Sie verschiedene Inhaltsstoffe in Sportgetränken experimentell nach.

BEEZIE MADDEN auf Authentic bei den Olympischen Spielen 2004 in Athen

Wunder der Medizin

„Hauptsache gesund!?"
Die Nase läuft, eine Wunde schmerzt oder der Fuß ist gebrochen. Wie wichtig die Gesundheit für uns ist, merken wir meistens erst dann, wenn ein Körperteil nicht mehr richtig funktioniert. Dabei sind wir es gewohnt, dass diese Wehwehchen schnell wieder verschwinden. Gesundheit empfinden wir als wichtigen Faktor unserer Lebensqualität. Manche Krankheiten sind jedoch bereits angeboren. Auch junge Menschen können unter chronischen oder unheilbaren Krankheiten leiden.

Seit alters gab es in allen Kulturen Riten und Praktiken, um Krankheiten zu heilen. Vielfach wurden heilende Kräuter eingesetzt. So war die schmerzstillende Wirkung von Schlafmohn schon sehr früh bekannt. Die systematische Entwicklung von Medikamenten wurde von der Chemie erst Ende des 19. Jahrhunderts eingeleitet. Damit konnten Krankheiten gezielt bekämpft werden. Neben den erwünschten Wirkungen eines Medikaments stellten sich aber auch unerwünschte Nebenwirkungen ein. Die Abhängigkeit von Arzneimitteln ist beispielsweise eine davon. Wie sind Nebenwirkungen einzuschätzen und wann sind sie zu tolerieren?

Mit den Forschungsergebnissen der neueren Medizin und der Gentechnolgie beginnt der Traum vom maßgeschneiderten Medikament. Außerdem könnten unheilbare Kranke endlich gesund werden. Doch mit dem Forschungsfortschritt mehren sich auch ethische Bedenken: Gesundheit um jeden Preis?

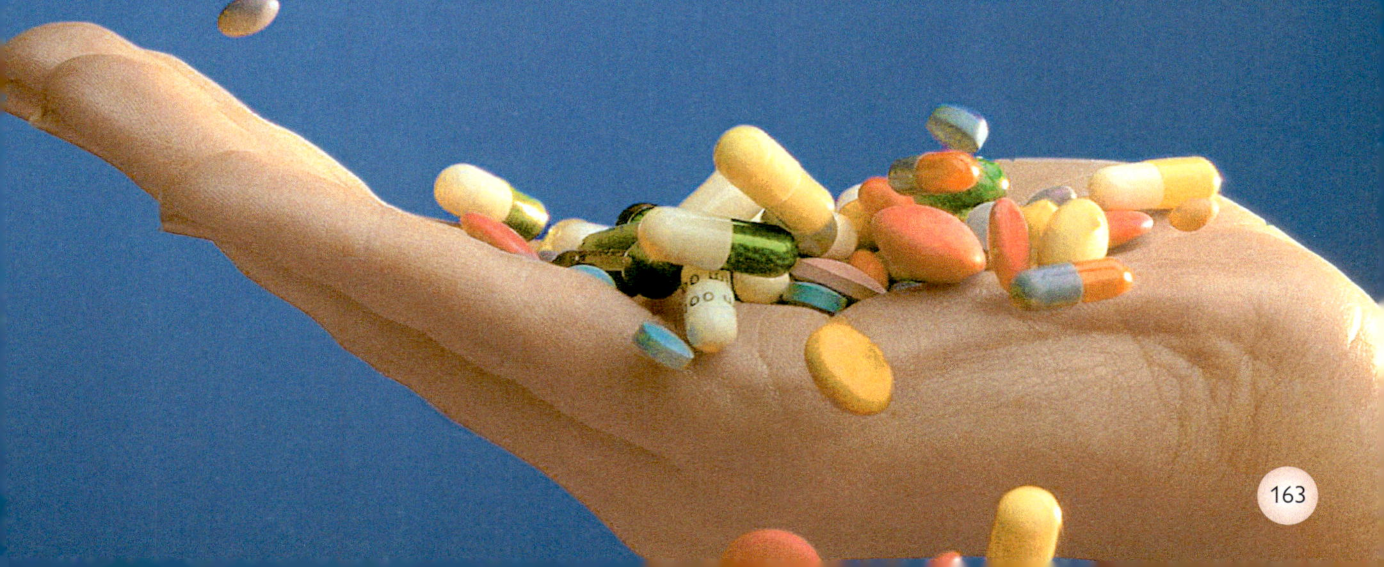

11.1 | Herstellung von Salicylsäuremethylester | Spektroskopie von Acetylsalicylsäure und Salicylsäure

Ein Medikament mit Vergangenheit und Zukunft

Acetylsalicylsäure ist ein Abkömmling eines vor mehr als 2 000 Jahren verwendeten Naturprodukts. Es handelt sich dabei um den in manchen Pflanzen wie zum Beispiel der Silberweide, dem Mädesüß oder der Teebeere vorkommenden Stoff Salicylsäure.
Schon HIPPOKRATES VON KOS (460 bis 377 v. Chr.) erkannte die schmerzlindernde Wirkung eines Saftes, der aus der Rinde der Silberweide gewonnen wurde.

Mittelalterlicher Kräutergarten, Handillustration zu dem „Roman de la Rose" 1400

Im Mittelalter gerieten diese und auch andere Kenntnisse der – wie man heute sagen würde – Naturheilkunde bei den Ärzten mehr und mehr in Vergessenheit. Nur in der Volksheilkunde gewannen die traditionellen Rezepte immer mehr an Bedeutung. Kräutersammler und Botaniker boten die bitter schmeckenden Auszüge schmerzgeplagten Menschen an.

Aus der Silberweide wird Salicylsäure gewonnen.

Carbonsäuren und Phenole

Die Carboxylgruppe –COOH ist die charakteristische Gruppe der Carbonsäuren. Als Phenole bezeichnet man Alkohole, bei denen die –OH-Gruppe direkt an einen Benzolring gebunden ist.

Salicylsäure aus Weidenbaumrinde

Durch Auskochen der Rinde eines Weidenbaums wurde früher ein Extrakt gewonnen, der Salicylsäure enthielt. Dazu wurden ungefähr 25 g zerkleinerte Rinde in 500 ml Wasser gegeben, aufgekocht und anschließend filtriert. Ungefähr 25–40 ml dieser Flüssigkeit stellte eine Dosis dar. Alternativ wurde ein Teelöffel der gepulverten Wurzel in ein Glas mit gesüßtem Wasser gegeben und dieses dann getrunken.

Salicylsäure – eine Carbonsäure

Mit einfachen Experimenten lassen sich charakteristische Eigenschaften von Salicylsäure und auch von Acetylsalicylsäure ermitteln. Genauere Informationen über den molekularen Aufbau eines Stoffes erhält man allerdings erst mit moderneren spektroskopischen Methoden. Die wichtigsten sind die **M**assenspektrometrie (MS), die **I**nfrarotspektroskopie (IR) und die NMR-Spektroskopie.
Die IR-Spektroskopie ermöglicht Aussagen über das Vorhandensein bestimmter funktioneller Gruppen, in diesem Fall der Carboxyl- und Hydroxylgruppe. Mithilfe der Massenspektrometrie lässt sich die Molmasse und unter bestimmten Bedingungen die exakte Summenformel ermitteln. Die Kombination dieser beiden Methoden ergibt, dass im Salicylsäuremolekül jeweils eine Hydroxyl- und eine Carboxylgruppe an einen Benzolring gebunden sind. Die NMR-Spektroskopie gibt Aufschluss über die Stellung dieser Gruppen. Salicylsäure ist als 2-Hydroxybenzoesäure identifiziert.

11 Wunder der Medizin

↗ B-2 | Carbonsäuren und Ester

164

11.1 | Nachweis von Salicylsäure mit Eisen(III)-chlorid

Erst im 18. Jahrhundert begann die systematische Suche nach dem Wirkstoff. In ganz Europa wetteiferten Wissenschaftler und Ärzte darum, das Geheimnis des Wundermittels mit dem Namen Salicin zu lüften. Franzosen, Italiener und Deutsche setzten das Puzzle Stück für Stück zusammen und identifizierten schließlich die Salicylsäure als natürlichen Wirkstoff.

Trotz der Erfolge dieser Substanz, die mittlerweile auch industriell gewonnen und an der Berliner Charité zur Therapie von Gelenkrheumatismus eingeführt wurde, war ihre glanzvolle Zukunft nicht vorherzusehen. Der widerliche Geschmack und die unangenehmen Nebenwirkungen der die Magenschleimhaut verätzenden Säure schienen einer Erfolgsstory eher im Weg zu stehen. Doch die moderne Chemie nahm sich dieses Problems an und verhalf dem Medikament zu einer fast märchenhaften Karriere.

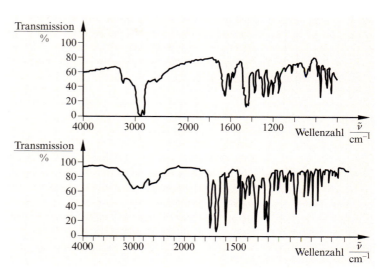

IR-Spektren von Acetylsalicylsäure (oben) und Salicylsäure (unten)

➚ B-3 | Infrarotspektroskopie

Nachweise im Labor

In zwei Bechergläsern werden Salicylsäure und zwei Tabletten Aspirin® jeweils in etwas Wasser gelöst. Zunächst wird der pH-Wert der beiden Lösungen ermittelt.
Danach wird zu beiden Lösungen etwas Eisen(III)-chloridlösung gegeben und beobachtet. Zum Vergleich wird eine frische Lösung aus etwas Aspirin und Wasser mindestens 1 min lang aufgekocht und dann mit Eisen(III)-chloridlösung versetzt.
Salicylsäure und Acetylsalicylsäure zeigen die allgemeinen Eigenschaften von Säuren. Durch Überprüfung des pH-Werts einer wässrigen Lösung kann die Carboxylgruppe, durch Reaktion mit Eisen(III)-chloridlösung die Phenolgruppe nach Aufkochen der Lösung im Molekül nachgewiesen werden. Die Lösung färbt sich dunkelviolett. Die Säuren reagieren zudem mit Alkoholen (z. B. Ethanol) zu Estern. Diese Stoffklasse riecht im Allgemeinen blumig oder auch fruchtig.

➚ B-2 | Säurewirkung der Hydroxylgruppe – induktiver Effekt

[...]

1. Die Hausmittel unserer Großeltern kehren zunehmend in die medizinische Therapie von Erkrankungen zurück. Stellen Sie eine Liste solcher Mittel und deren jeweilige Wirkung zusammen. Nennen Sie Gründe für diesen Trend.
2. Informieren Sie sich über spektroskopische Methoden zur Analyse von Stoffen. Werten Sie die verschiedenen Spektren von Salicylsäure und Acetylsalicylsäure aus und erklären Sie die Peaks.
3. Erklären Sie die chemischen Reaktionen der Nachweise von Salicylsäure und von Acetylsalicylsäure im Labor.
4. Begründen Sie die unterschiedlichen Säurestärken von Salicylsäure und Acetylsalicylsäure anhand von Strukturformeln.

11.1
Ein Medikament mit Vergangenheit und Zukunft

11.2 | Herstellung von Acetylsalicylsäure | pH-Wert-Bestimmung von Acetylsalicylsäure

Von der Salicylsäure zum Aspirin®

Der erste Meilenstein. Der Nachteil von Naturprodukten war und ist oftmals ihre begrenzte Haltbarkeit und ihre nur saisonale Verfügbarkeit. Dieses gilt insbesondere für pflanzliche Produkte. Der Nutzen von Salicylsäure als schmerz- und fiebersenkendes Mittel war jedoch unverkennbar. Die Nachfrage war groß, und so wurde versucht, Salicylsäure auf synthetischem Wege, also künstlich, zu gewinnen.

Organische Naturstoffe sind häufig nur über aufwendige mehrstufige Synthesen herzustellen. Die Grundkomponente der Salicylsäure, das Phenol, war jedoch bereits zu einem frühen Zeitpunkt der pharmazeutischen Industrie bekannt und außerdem preiswert herzustellen. Mit den Kenntnissen über die Struktur des Salicylsäuremoleküls musste nun nur noch die funktionelle Carboxylgruppe an das Phenolmolekül gebunden werden. Der deutsche Chemiker Felix Hoffmann (1868 bis 1946) löste dieses Problem als Erster und schuf mit der technischen Herstellung der Salicylsäure einen Meilenstein auf dem Weg zum Medikament Aspirin®.

> **Der Name Aspirin®**
>
> Das Mädesüß (*Spiraea ulmaria*), aus dem 1835 erstmals reine Salicylsäure gewonnen wurde, gab seinen Namen für das erste Medikament mit dem Wirkstoff Acetylsalicylsäure, das Aspirin®. Das „A" steht dabei für „Acetyl" und das „Spirin" für „Spirinsäure". Aspirin® wurde 1899 mit einem Patent von der Firma Bayer geschützt und trat von dort seinen Siegeszug um die Welt an.

Mädesüß

11 Wunder der Medizin

Felix Hoffmann entwickelte die Acetylsalicylsäure. Leider bewirkt Salicylsäure einige unangenehme Nebenwirkungen im menschlichen Körper und so musste eine Alternative gefunden werden. Wieder gelang Felix Hoffmann der entscheidende Durchbruch. Er synthetisierte 1897 aus der Salicylsäure in einem einfachen Schritt die Acetylsalicylsäure, den heutigen Wirkstoff in Schmerzmitteln wie Aspirin®. Der Chemiker experimentierte mit Variationen der Salicylsäure und testete dabei sogar die Wirkung dieser Produkte an seinem an Rheuma erkrankten Vater.

11.2 | Anteil von Acetylsalicylsäure in einer Aspirintablette | Analgetika

Wirkung. Aspirin® lindert offenbar nicht nur Fieber und Kopfschmerzen, sondern schützt auch vor Herzinfarkt, Schlaganfällen und möglicherweise auch vor Krebs. Trotz dieser enormen Bandbreite war lange Zeit nicht viel über den Wirkmechanismus bekannt.

Erst Anfang der 1970er Jahre begann sich das Wirkspektrum zu offenbaren. Dabei wurde entdeckt, dass Acetylsalicylsäure die Bildung bestimmter Gewebshormone, Prostaglandine, im Körper des Erkrankten hemmt. Diese Prostaglandine werden vermehrt bei Schädigungen des Gewebes (Verletzungen) oder bei Entzündungen gebildet. Acetylsalicylsäure hemmt vermutlich nach der Einnahme die Produktion der Prostaglandine und senkt so die Konzentration des Hormons im Blut und im Gewebe herab. Da Prostaglandine die Blutgerinnung fördern, lässt sich auch die hemmende Wirkung der Blutgerinnung des Medikaments erklären. Aspirin® verhindert das Verkleben von Blutplättchen und somit die Bildung eines Thrombus, also eines Blutgerinnsels innerhalb der Gefäße. Die Verstopfung von Blutgefäßen ist die häufigste Ursache von Herzinfarkten und Schlaganfällen. Ärzte verordnen deshalb vorbeugend Acetylsalicylsäure in geringer Dosierung. Da Prostaglandine auch eine Rolle bei Krebserkrankungen spielen, wird in Zukunft auch hier ein mögliches Anwendungsgebiet erwartet.

Die Wirkung eines Arzneimittels hängt allerdings immer auch von den individuellen Voraussetzungen des Erkrankten ab. Diese sind z. B. Größe und Gewicht, aber ebenso der jeweilige Stoffwechselumsatz. Zudem ist bei Verwendung jeglicher Medizin zu berücksichtigen, dass keine Wirkung ohne gewisse Nebenwirkungen zu erzielen ist.

Mögliche unerwünschte Nebenwirkungen von Aspirin®

Magen	Reizungen der Magenschleimhaut, Sodbrennen, Druck- oder Schmerzgefühl, Magengeschwüre mit inneren Blutungen
Niere und Leber	bei längerer Einnahme Anreicherung von Acetylsalicylsäure im Organ mit noch unbekannten Nebenwirkungen
Lunge	bei Asthmapatienten Verengungen der Atemwege
während einer Operation	Blutungen
stillende Frauen	Rückstände von Acetylsalicylsäure in der Muttermilch
Kinder mit Viruserkrankungen	schwere Komplikationen bei Kombination mit anderen Medikamenten möglich
Blut	Blutgerinnung gehemmt, verlängerte Blutungszeit

[...]

1. Felix Hoffmann experimentierte mit verschiedenen Derivaten (chemische Abkömmlinge) der Salicylsäure. Vermuten Sie, um welche Verbindungen es sich gehandelt haben könnte.
2. Ermitteln Sie experimentell den Gehalt von Acetylsalicylsäure in einer herkömmlichen Aspirin®-Tablette.
3. Chemiker und Pharmazeuten haben mehrere Wirkstoffklassen schmerzlindernder Medikamente (Analgetika) entwickelt, die bereits Anwendung gefunden haben. Stellen Sie unterschiedliche Wirkstoffgruppen zusammen.
4. Formulieren Sie mithilfe von Strukturformeln die Reaktionsgleichungen für die Reaktion zu Acetylsalicylsäure ausgehend vom Phenol.
5. Welche Möglichkeiten bestehen, um eine Übersäuerung des Magens bei Einnahme von Aspirin® zu verhindern?
6. Woraus besteht die Ummantelung von Retardtabletten?

11.2

Von der Salicylsäure zum Aspirin®

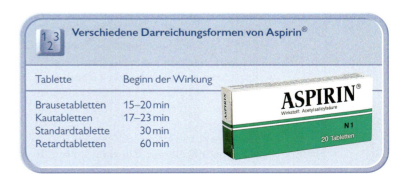

Verschiedene Darreichungsformen von Aspirin®

Tablette	Beginn der Wirkung
Brausetabletten	15–20 min
Kautabletten	17–23 min
Standardtablette	30 min
Retardtabletten	60 min

Coffein – Droge oder Medizin?

CHARLES LINDBERGH (1902 bis 1974) startete am 20. Mai 1927 zum ersten Nonstopflug über den Atlantik von New York nach Paris. Die Aufregung hatte ihn die ganze Nacht nicht schlafen lassen. Für die lange Reise von 33,5 Stunden standen ihm kaum Lebensmittel und nur wenig Kaffee zur Verfügung, denn das Flugzeug durfte nicht zu schwer sein.

LINDBERGH berichtete später, dass der Kampf gegen die Müdigkeit sein größtes Problem gewesen sei und er die Entscheidung, so wenig Kaffee an Bord zu haben, bitter bereute.

Was ist eine Droge?

Pharmazeutisch wird zwischen Arzneidrogen und Rauschdrogen (Suchtmittel) unterschieden. Arzneidrogen sind getrocknete Pflanzenteile, die entweder der Herstellung eines arzneilich wirksamen Tees oder Extrakts dienen oder in der Industrie für die Gewinnung natürlicher Arzneimittel verwendet werden. Bei Rauschdrogen werden die getrockneten Pflanzenteile für die Erzeugung von Rauschzuständen missbraucht.

CHARLES LINDBERGH am 21. 5. 1927 in Le Bourget bei Paris nach seinem legendären Flug

Wirkung von Coffein auf den Menschen.
Coffein gehört zu den psychoaktiven Substanzen, also Stoffen mit Wirkung auf die menschliche Psyche. Dazu gehören z. B. auch Suchtmittel wie LSD, Heroin und Kokain. Coffein stand bis 2003 auf der Liste der verbotenen Dopingmittel des Internationalen Olympischen Komitees. Allerdings zieht das Trinken von Kaffee in normalen Mengen im Gegensatz zu den Suchtmitteln keine schwerwiegende Abhängigkeit oder Entzugserscheinungen nach sich.

In Deutschland ist Kaffee das beliebteste aller nichtalkoholischen Getränke. Das liegt sicher nicht allein am Geschmack, sondern auch an der Wirkung des im Kaffee enthaltenen Coffeins. Es wirkt anregend, sogar etwas euphorisierend und kann dadurch die Aufmerksamkeit erhöhen und die intellektuelle Informationsverarbeitung verbessern.

Auffälligerweise enthalten auch beliebte Erfrischungsgetränke Coffein. Wie wirkt Coffein im Körper?

Getränkekonsum in Deutschland (2002)

Getränk	Verbrauch in l pro Person und Jahr
Kaffee	159
Bier	121
Mineralwasser	117
Erfrischungsgetränke	100
Fruchtsaft, Nektar	57
Cola-Getränke	38
Wein	20
Getränke, die Tee oder Kaffee enthalten	15
Spirituosen	10
Summe	584

Coffeingehalt verschiedener Pflanzen

Pflanze	Verwendung	w(Coffein) in %
Coffea arabica	Kaffee	0,9 – 1,5
Coffea canephora	Kaffee	2 – 4,5
Paullina cupana	Guaranaextrakt	5
Lex paraguarensis	Matetee	1,5
Thea migra folium	Schwarztee	1,9 – 3
Thea migra folium	grüner Tee	2,6 – 3,5

Abhängigkeit von Coffein

Wenn Coffein täglich genossen wird, kann es zu einer leichten Abhängigkeit kommen. Dies äußert sich bei Entzug beispielsweise durch auftretende Kopfschmerzen. Coffeindosen über 300 mg verursachen Händezittern, Blutandrang zum Kopf und Druck in der Herzgegend. Die letale Dosis liegt bei 10 g.

Coffeingehalt in Getränken

Getränk	m(Coffein) in mg
Tasse Filterkaffee (5 g Bohnen)	50 – 100
Tasse Schwarztee (0,5 g Blätter)	ca. 40
Glas Cola-Getränk	20 – 60
Tasse Kakao	ca. 10

Cocablätter

Im allgemeinen Sprachgebrauch wird der Begriff Droge synonym zum Begriff Rauschgift verwendet. Nach dem pharmazeutischen Verständnis ist aber nicht der Stoff Coffein, sondern sind die Pflanzenteile, die ihn enthalten, als Droge zu bezeichnen. So war z. B. Coca-Cola® ursprünglich als Kopfschmerzmittel entwickelt worden, das die beiden Drogen Cocablätter und Samen des Kolabaums enthielt.

[...]

1. Untersuchen Sie die anregende Wirkung von Coffein durch Messung von Pulsfrequenz und Blutdruck z. B. an Mitschülern vor und nach dem Genuss von coffeinhaltigen Getränken.
2. Gewinnen Sie Coffein aus Tee. Ermitteln Sie einige Stoffeigenschaften von Coffein experimentell (z. B. Löslichkeit, Schmelztemperatur). Vergleichen Sie Ihre Ergebnisse mit den recherchierten Daten.
3. Suchen Sie nach Medikamenten und pharmazeutischen Produkten, die Coffein enthalten. Stellen Sie Vermutungen zur Funktion des Zusatzes von Coffein in den Produkten an.
4. Informieren Sie sich über die Begriffe „Dosis", „Tagesdosis" und „LD50-Werte". Beurteilen Sie, ob Coffein für Kinder gefährlich ist.

Die Wirkung des Coffeins tritt nach ca. 15 min ein und hält infolge des langsamen Abbaus etwa 5 – 6 Stunden an. Coffein wird im Körper nicht angereichert. Eine Dosis von etwa 100 mg regt Herztätigkeit, Stoffwechsel und Atmung an, steigert den Blutdruck und erhöht die Körpertemperatur. Sie bewirkt eine Blutgefäßverengung in den Eingeweiden, während sie im Gehirn eine Erweiterung der Blutgefäße hervorruft. Die Folge ist eine bessere Durchblutung im Gehirn, die mit „Verscheuchung" von Müdigkeit, einer vorübergehenden Verbesserung der Arbeitsleistung und Hebung der Stimmung verbunden ist. Auch zur Verbesserung der sportlichen Leistung kann Coffein beitragen.

11.3

Coffein – Droge oder Medizin?

Coffein – natürlich und synthetisch

Der Weltbedarf an Coffein beläuft sich auf etwa 10 000 – 12 000 t. Davon gehen ca. 80 % in die Getränkeindustrie. 30 % des Weltbedarfs werden durch natürliches Coffein gedeckt, das als Nebenprodukt der Entcoffeinierung von Kaffee bzw. zum kleineren Teil durch Extraktion aus Teeabfällen anfällt. Der bestehende Mehrbedarf wird durch synthetisches Coffein gedeckt.

Da derzeit versucht wird, coffeinfreie Kaffeepflanzen zu züchten, wird die Bedeutung von synthetisch hergestelltem Coffein zunehmen. Der Vorteil von coffeinfreien Pflanzen wäre, dass die Kosten für das Entcoffeinieren entfielen und das Kaffeearoma voll erhalten bliebe.

Synthese von Coffein

Bei der Synthese von Coffein werden zunächst Cyanessigsäure und Dimethylharnstoff in zwei voneinander getrennten Vorreaktionen hergestellt. Aus diesen beiden Stoffen entsteht danach über mehrere Reaktionsschritte Coffein.

Analytik von Coffein. Coffein nachzuweisen ist gar nicht einfach und war insbesondere bei der Dopingkontrolle besonders wichtig. Die mengenmäßige Bestimmung spielt auch in der Kaffeeindustrie (entcoffeinierter Kaffee) eine große Rolle.

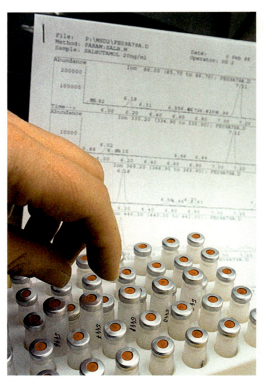

Fotometrische Coffeinbestimmung

Zu einer zuvor hergestellten Coffeinlösung aus einem Kaffeeaufguss mit unbekannter Stoffmengenkonzentration Coffein wird Iodlösung gegeben. Es bildet sich ein gelber Niederschlag aus Coffeinperoxid. Dieser wird in Methanol gelöst und mit dem Fotometer bei $\lambda = 480$ nm gemessen. Zur Erstellung der Eichkurve werden Coffeinlösungen verschiedener bekannter Stoffmengenkonzentrationen hergestellt und das Coffein mit einer eingestellten Iodlösung gefällt. Der Niederschlag wird ebenfalls in Methanol gelöst und fotometrisch gemessen.
Nun kann anhand der Eichkurve die Stoffmengenkonzentration von Coffein des Kaffeeaufgusses bestimmt werden.

Mithilfe eines Massenspektrometers werden im Institut für Dopinganalytik und Sportbiochemie in Kreischa bei Dresden Dopingkontrollen vorgenommen.

11.4 | Amphetamine | Fotometrische Bestimmung von Coffein

Sollte Coffein in Lebensmitteln verboten werden? Coffein beeinflusst aufgrund seiner Molekülstruktur das Empfinden und vermutlich auch das Verhalten des Menschen. Dies geschieht aber auch bei anderen Stoffen. Psychopharmaka wirken gegen Niedergeschlagenheit, Pheromone erzeugen Gefühle der Zuneigung und Liebe und Alkohol bewirkt bei vielen Menschen Ausgelassenheit.

 Warnung vor dem Schwein

1992 kam ein mysteriöser Fall in die Schlagzeilen Englands. Eines Tages verfolgte ein Schwein, das den Namen Doris trug, den Zeitungsboten eines englischen Dorfes und jagte ihn die Straße hinunter. Dieser wusste sich nicht anders zu helfen, als Schutz in einer Telefonzelle zu suchen. Erst die zur Hilfe gerufene Polizei konnte ihn von der Zwei-Zentner-Sau befreien. Der Zeitungsbote dünstete Androsteron aus, den Sexuallockstoff der Keiler, der bei Sauen Paarungsbereitschaft hervorruft.

1. Coffein gehört zu einer Klasse von Naturstoffen, die als „Alkaloide" bezeichnet werden. Informieren Sie sich über die Gemeinsamkeiten dieser Naturstoffe, ihr Vorkommen, ihre Wirkung und ihre Bedeutung.
2. Psychoaktive Stoffe nehmen Einfluss auf die Psyche des Menschen, indem sie Vorgänge im Gehirn beeinflussen. Informieren Sie sich über die Funktion von Nervenzellen sowie die Wirkung von psychoaktiven Stoffen.
3. Ist der Mensch eine chemische Maschine, bei der Fühlen, Denken und Wollen nur die Folge chemischer Reaktionen sind? Informieren Sie sich in einem Philosophiebuch über das mechanistische Weltbild von THOMAS HOBBES (1588 bis 1679) und ISAAC NEWTON (1643 bis 1727) sowie über die Argumente der Gegner dieser Weltanschauung.
4. Führen Sie eine fotometrische Bestimmung verschiedener coffeinhaltiger Proben durch.

Ein und dieselbe Substanz kann ebenso wünschenswerte wie unerwünschte Reaktionen bewirken. Ob ein Verhalten erwünscht ist oder nicht, kann ein Chemiker nicht beantworten. Daher lässt sich chemisch nicht entscheiden, ob Coffein in Lebensmitteln sinnvoll ist, aber die Chemie liefert mit ihren Erkenntnissen wichtige Argumente über Höchstgrenzen der Dosierung. Der Gesetzgeber reagiert auf ambivalente (zwiespältige) Inhaltsstoffe in Lebensmitteln, wie z. B. auch Taurin oder Chinin, mit der Festlegung von Grenzwerten. Sie werden so ausgelegt, dass bei normalem Verzehr des Lebensmittels eine gesundheitsgefährdende Dosis nicht erreicht wird. Gegen Missbrauch vermag eine solche Gesetzgebung natürlich nicht zu schützen.

11.4

Coffein – natürlich und synthetisch

Die Entschlüsselung des genetischen Materials

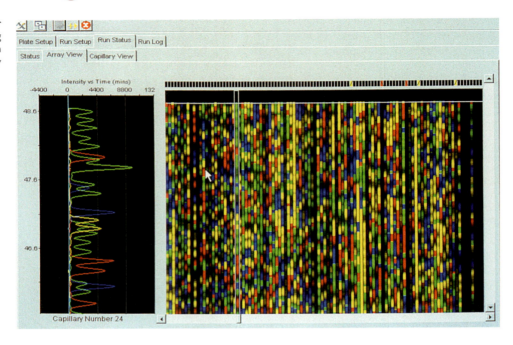

Ergebnis einer DNA-Sequenzierung auf einem Computerdisplay

11 Wunder der Medizin

Am 26. Juni 2000 fand im Weißen Haus in Washington D. C. eine feierliche Pressekonferenz statt. Der damalige US-Präsident BILL CLINTON (geb. 1946) gab gemeinsam mit dem per Videobild zugeschalteten britischen Premierminister TONY BLAIR (geb. 1953) und den Leitern von zwei konkurrierenden Wissenschaftlerteams – FRANCIS COLLINS (geb. 1928) und CRAIG VENTER (geb. 1946) – die nahezu vollständige Entschlüsselung des menschlichen Genoms bekannt. In seiner Rede verwies der amerikanische Präsident darauf, dass die Wissenschaftlerteams „fast 3 Milliarden Buchstaben unseres geheimnisvollen genetischen Codes entschlüsselt haben": "Today, we are learning the language in which God created life." Aus welchen chemischen Buchstaben besteht diese Sprache und wie wird sie durch biochemische Analytik entschlüsselt?

Der Stoff, aus dem die Gene sind. Um 1869 entdeckte der Schweizer FRIEDRICH MIESCHER (1844 bis 1895) das Nuclein, einen Bestandteil der Zellkerne. Es wurde herausgefunden, dass Nuclein aus Proteinen und einer als Säure reagierenden Komponente besteht. Diese Nucleinsäure enthält als Bauelement vier verschiedene Nucleotide. Jedes Nucleotid ist aus dem Zucker Desoxyribose und einer Phosphorsäureeinheit aufgebaut. Außerdem ist jedes Zuckermolekül mit einem der vier Basemoleküle Adenin, Thymin, Guanin und Cytosin verbunden. 1944 gelang es, erbliche Eigenschaften durch gereinigte, proteinfreie Desoxyribonucleinsäure (DNA) von einer Bakterienzelle auf andere Bakterienstämme zu übertragen. Dies war der entscheidende Hinweis auf die Natur des Erbmoleküls.

Entdeckung des Nucleins

Die Inhaltsstoffe eines Zellkerns untersuchte FRIEDRICH MIESCHER um 1869. Als Quelle für die Zellkerne wählte er weiße Blutkörperchen aus, die er aus Eiter von gebrauchten Wundverbänden gewann. Aus den Zellkernen isolierte er eine Substanz, die er Nuclein nannte.

Die Isolierung von DNA

DNA lässt sich mithilfe einfacher Küchenchemikalien aus verschiedenen Früchten (z. B. Tomaten) isolieren. Etwas aufwendiger, dafür aber besonders faszinierend ist die Isolierung von körpereigener DNA aus Zellen der Mundschleimhaut.

11.5 | Biosynthese von Proteinen | Sequenzierung von DNA

James Watson und Francis Crick am maßstabgerechten Molekülmodell der DNA

1. Welche Hoffnungen und Erwartungen werden mit der Sequenzierung des menschlichen Genoms verbunden?
2. Welche Strukturelemente der Doppelhelix tragen zu dem typischen Röntgenbeugungsbild bei?
3. Warum legt die von Watson und Crick vorgeschlagene Struktur der DNA einen Kopiermechanismus nahe? Informieren Sie sich über den Vorgang der DNA-Replikation.
4. Welche Moleküle übernehmen Boten- und Adapterfunktion bei der Biosynthese von Proteinen? Wie werden die Peptidbindungen geknüpft? Vergleichen Sie dies mit der Peptidsynthese im Labor.
5. Informieren Sie sich über das Kettenabbruchverfahren zur DNA-Sequenzierung. Wie lässt sich diese Methode automatisieren?

Informationsspeicherung mit vier Buchstaben. 1944 wurde bei der Untersuchung von DNA aus den Zellen verschiedener Lebewesen entdeckt, dass jeweils der relative Anteil von Adenin und Thymin einerseits sowie von Guanin und Cytosin andererseits gleich ist. Diese „Chargaff-Äquivalenzregel" war bereits bekannt, als der junge amerikanische Biologe James Watson (geb. 1928) zusammen mit dem Physikochemiker Francis Crick (1916 bis 2004) das Strukturmodell einer Doppelhelix entwickelte. Sie werteten Röntgenbeugungsbilder für die Kristallstrukturanalyse aus und arbeiteten mit maßstabgerechten Molekülmodellen. Watson stellte fest, dass sich die Basen Adenin und Thymin sowie Guanin und Cytosin aufgrund ihrer Molekülgeometrie über zwei oder drei Wasserstoffbrückenbindungen zusammenlagern können, und zwar so, wie die Sprossen einer Leiter, die zwei Holme aus Zucker-Phosphat-Ketten zusammenhalten.

 ↗ B-5 | Nucleinsäuren – DNA und RNA

Die Biosynthese von Proteinen. Francis Crick formulierte als Erster, dass die genetische Information von der DNA abgelesen, durch ein Botenmolekül weitergegeben und zur Synthese von Proteinen verwendet wird.

 ↗ B-5 | Polypeptide und Proteine

Das Human Genome Project. In den 1990er Jahren traten zwei Forscherteams an, die es sich zum Ziel setzten, die Sequenz der etwa 3 Milliarden Basenpaare der menschlichen DNA zu bestimmen, die 30 000–40 000 Gene des Menschen zu identifizieren und effiziente Methoden für die Sequenzanalyse zu entwickeln. Beiden Sequenzanalyseverfahren lag eine Methode zugrunde, die der britische Biochemiker Frederick Sanger (geb. 1918) entwickelt hatte.
Bei diesem Kettenabbruchverfahren wird das zu sequenzierende DNA-Stück als Vorlage verwendet, um komplementäre Polynucleotide unterschiedlicher Länge enzymatisch aufzubauen. Diese so entstandenen unterschiedlich langen Polynucleotide werden mithilfe der Gelelektrophorese aufgetrennt und bestimmt.

Forscher entziffern pro Sekunde tausend Genbuchstaben

Fünf Jahre eher als geplant wurden die Wissenschaftler mit der Sequenzierung des menschlichen Genoms fertig. Ein Genom, für das Mitte der 1990er Jahre noch ein Jahr zur Sequenzierung benötigt wurde, kann heute in wenigen Stunden entziffert werden. 1995 brauchte ein Computer für die Auswertung der Daten noch etwa elf Tage, 2005 schafft er gleiche Datenmengen in fünf Minuten. Pro Sekunde können Forscher tausend Genbuchstaben entziffern.

Das Genom

Das Genom ist der komplette Satz der in einem Organismus vorkommenden DNA mit der darin verschlüsselten genetischen Information.

11.5

Die Entschlüsselung des genetischen Materials

DNA-Rekombinationstechniken und DNA-Analytik

Im November 1973 wurde die Geburtsstunde einer Technik eingeläutet, die es ermöglicht, die DNA verschiedener Spezies miteinander zu kombinieren (DNA-Rekombinationstechnik). In der amerikanischen Wissenschaftszeitschrift Science erschien ein Artikel mit der Überschrift „Konstruktion biologisch funktionaler Plasmide im Reagenzglas". Seit dieser Zeit sind viele neue Techniken entwickelt worden, um natürliche DNA zu analysieren, zu verändern und in lebende Organismen einzuschleusen.

Klonierung ist „molekulare Landwirtschaft". Diabetes mellitus galt lange Jahre als Krankheit mit wahrscheinlicher Todesfolge. Durch Isolierung von Schweine- und Rinderinsulin aus den Bauchspeicheldrüsen geschlachteter Tiere kann die Medizin heute das fehlende körpereigene Insulin ersetzen und ein Leben mit der Krankheit möglich machen. Das aus der Bauchspeicheldrüse von Schweinen und Rindern isolierte Insulin unterscheidet sich jedoch in einer Aminosäure vom Humaninsulin. Dadurch kann es zu Unverträglichkeiten beim Spritzen von tierischem Insulin kommen. Dem Biochemiker stellen sich deshalb folgende Fragen: Kann Humaninsulin synthetisch hergestellt werden? Lässt sich tierisches Insulin in Humaninsulin umwandeln? Ist es möglich, die genetische Information zur Herstellung von Humaninsulin in einen einfachen Organismus, z. B. ein Bakterium, einzuschleusen und sich anschließend die Proteinbiosynthese nutzbar zu machen?

 ↗ 10.7 | Insulin …

 Restriktionsenzyme

Restriktionsenzyme sind solche Enzyme, die die hydrolytische Spaltung der Bindungen von Phosphorsäureestern zwischen den Desoxyriboseanteilen zweier aufeinanderfolgender Nucleotide katalysieren. Sie schneiden DNA-Stränge an bestimmten von der Basensequenz vorgegebenen Stellen.

 Die Geburtsstunde der DNA-Rekombinationstechnik

1973 gelang es STANLEY COHEN (geb. 1922) von der University of California und HERBERT BOYER (geb. 1936) von der Stanford University mithilfe von hochspezifischen Restriktionsenzymen je ein Gen von verschiedenen Bakterienstämmen in einem neuen, rekombinanten DNA-Molekül zu vereinigen. Diese künstlichen, in der Natur so nicht vorkommenden DNA-Moleküle schleusten sie in einen anderen Bakterienstamm ein. Die so hergestellten genetisch veränderten Bakterien hatten die Eigenschaften von beiden Ausgangsstämmen in sich vereint. Es war also möglich, durch Einbringen von chemisch aufbereiteten DNA-Fragmenten in lebende Organismen diese genetisch zu verändern.
Ende der 1970er Jahre wurde die genetische Information zur Biosynthese von Humaninsulin in ein Bakterium eingeschleust. Die Bakterien vermehrten sich in einem Kulturmedium und produzierten tatsächlich menschliches Insulin. Da Bakterien in Laborversuchen zunächst auf Nährböden in Petrischalen heranwachsen und Kolonien (Klone) bilden, wird die biosynthetische Herstellung von Stoffen in rekombinanten Organismen Klonierung genannt. Das erste, 1982 in den USA zugelassene Humaninsulin trug den Handelsnamen Humulin.

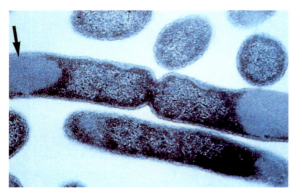

Insulin-Einschlusskörper in gentechnisch veränderten *Escherichia coli*-Bakterien

11.6 | Typisierung von DNA – der genetische Fingerabdruck

Biochemie ganz persönlich. Die kriminaltechnische Untersuchung arbeitet heute in vielen Fällen mit der Methode des genetischen Fingerabdrucks. Dabei wird aus der Mundschleimhaut der Probanden DNA gewonnen und mit der DNA aus einem Täterhaar oder Ähnlichem verglichen. Dieses DNA-Bandenmuster ist für jede Person (außer eineiigen Zwillingen) so einzigartig wie ein normaler Fingerabdruck von der Haut der Fingerkuppen. Es ähnelt verblüffend einem Barcode auf Verpackungen, den eine Scannerkasse lesen kann. Im größten Teil des menschlichen Genoms (ca. 90 %) liegen keine Gene und damit keine für die Zellen ablesbaren Informationen vor. Ein Teil dieser genetisch nicht aktiven DNA besteht aus sich häufig wiederholenden Sequenzmotiven von bestimmten Basenabfolgen. 1985 stellte der britische Wissenschaftler ALEC JEFFREYS (geb. 1950) von der Universität Leicester fest, dass sich die Anzahl solcher Wiederholungen von Sequenzmotiven von Individuum zu Individuum unterscheidet (**R**estriktions**f**ragment-**L**ängen**p**olymorphismen, RFLP). Wird die DNA eines Menschen mit Restriktionsenzymen geschnitten, so entstehen viele verschiedene DNA-Fragmente, die nach ihrer Länge mithilfe der Gelelektrophorese analytisch aufgetrennt werden können (DNA-Typisierung).

Insulin zum Inhalieren

1999 wurde die Grundsteinlegung für die weltweit größte Insulinanlage in Frankfurt-Hoechst vorgenommen. Hier wird ein neuartiges Insulin produziert, das inhaliert werden kann. Der dazu entwickelte Insulin-Inhalator soll Menschen mit der Erkrankung an Diabetes mellitus helfen, das mehrmals tägliche Spritzen von Insulin zu reduzieren oder zu ersetzen.

Die Gelelektrophorese

Die Gelelektrophorese ist ein analytisches Verfahren zur Trennung und Identifizierung von elektrisch geladenen Makromolekülen. Moleküle der Nucleinsäuren liegen unter Elektrophoresebedingungen als Polyanionen vor. Sie wandern in Richtung des elektrisch positiv geladenen Pols des Elektrophoresegeräts. Die Wanderungsgeschwindigkeit und damit die Laufstrecke der einzelnen Polynucleotidmoleküle hängt von deren Länge und Form ab. Die entstandenen DNA-Banden können nach Abschluss der elektrophoretischen Trennung z. B. durch Einfärben des Gels sichtbar gemacht werden.

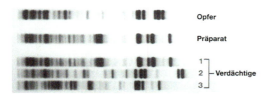
DNA-Typisierung von Verdächtigen mithilfe des genetischen Fingerabdrucks (Fingerprint-Technik)

11.6
DNA-Rekombinationstechniken und DNA-Analytik

Gelelektrophorese von DNA-Fragmenten

1. Erläutern Sie die Synthese von Polypeptiden im Labor. Kann Insulin auf diese Weise hergestellt werden?

2. Wie werden Restriktionsfragment-Längenpolymorphismen zur DNA-Typisierung eingesetzt?

175

11.7 | Polymerase-Kettenreaktion | Sequenzierung von DNA mithilfe der Kettenabbruchmethode

DNA-Analytik in der modernen Medizin

Für die DNA-Typisierung mithilfe der Fingerprint-Technik werden verhältnismäßig kleine DNA-Mengen (5 – 10 mg) benötigt. Dennoch ist manchmal nicht einmal so viel Material vorhanden. Auch für diese Fälle gibt es heute einen Ausweg. Die Methode **P**olymerase-**C**hain-**R**eaction (PCR) vervielfältigt geringste Spuren vorhandener DNA-Fragmente identisch durch eine hochspezifische enzymatische Synthese.

Auf der Suche nach Krankheitsgenen. Die Vervielfältigung von DNA-Stücken durch die PCR wird auch in der modernen medizinischen Diagnostik eingesetzt, wenn es darum geht, genetisch bedingte Krankheiten frühzeitig zu erkennen. Morbus Huntington (Chorea Huntington) ist eine schwere neurologische Erkrankung. Die Patienten zeigen erst zwischen dem 35. und 40. Lebensjahr erste Symptome. Die Anlage für diese Krankheit ist erblich. Das entsprechende Huntigtin-Gen wurde 1993 von einer internationalen Forschergruppe auf dem Chromosom 4 entdeckt. Dabei wurde ein zuvor noch nicht bekanntes Mutationsprinzip erkannt. Innerhalb des Huntingtin-Gens kommen Wiederholungen von immer drei Basen, Basentripletts, vor. Das Basentriplett CAG wiederholt sich innerhalb von nicht krankhaften Genen 10- bis 35-mal. Liegt die Wiederholungsrate höher (36- bis 100-mal), wird die Krankheit Morbus Huntington im Alter zwischen 35 und 40 Jahren ausbrechen. Krankheitssymptome sind charakteristische Bewegungsstörungen, Persönlichkeitsveränderungen und geistiger Verfall.

DNA-Sonden sind „molekulare Spione".
Etwa jedes zweihundertste Kind wird mit einer Chromosomenveränderung geboren. Die häufigsten chromosomal bedingten Anomalien bei Neugeborenen sind die Trisomien. Hierbei kommt ein Chromosom – und das in ihm verpackte Erbmaterial – dreimal statt wie üblich zweimal in jedem Zellkern vor.

> **Hauptsache gesund?**
>
> Mithilfe vorgeburtlicher Diagnostik kann frühzeitig festgestellt werden, ob das Kind im Mutterleib gesund ist. Allerdings ergeben sich aus dem Ergebnis Konsequenzen, die sich Ärzte wie Eltern vorher bewusst machen müssen. Bei einem negativen Ergebnis ist eine individuelle Beratung nötig. Deshalb muss die vorgeburtliche Diagnostik auch insgesamt gesellschaftlich weiter diskutiert werden.

Um mögliche Chromosomenanomalien frühzeitig zu erkennen, wird im Rahmen der vorgeburtlichen (pränatalen) Diagnostik üblicherweise eine Chromosomenuntersuchung von embryonalen Zellen des Fruchtwassers durchgeführt. Grundlage für einen neuartigen Test, der innerhalb von zwei bis drei Tagen ausgewertet werden kann, bildet ein biochemisches Prinzip, das die Basenpaarung und die Fähigkeit zur Doppelstrangbildung der DNA ausnutzt – die DNA-Hybridisierung. Dazu werden kurze einsträngige DNA-Stücke eingesetzt, die aufgrund ihrer zu einer Ziel-DNA komplementären Basensequenz dort andocken können. Diese chemischen Sonden tragen einen Fluoreszenzfarbstoff, der bei der chemischen Synthese der Sonden-DNA an bestimmte Nucleotidbausteine geknüpft wird. Wird eine DNA-Probe unter einem Fluoreszenzmikroskop bestrahlt, die zuvor mit einer Sonden-DNA hybridisiert wurde, dann zeigt sich an den Stellen, an denen die Sonden-DNA sitzt, eine z. B. rote Fluoreszenz (FISH-Test). Die Sonde verrät damit einen bestimmten DNA-Abschnitt der „Ziel-DNA", der zu der Sonde komplementär ist.

11

Wunder der Medizin

> **KARY B. MULLIS** (geb. 1944), amerikanischer Biochemiker: **Eine Nachtfahrt und die Polymerase-Kettenreaktion**
>
> „In einer Nacht auf einer mondbeschienenen Bergstraße sann ich über das Experiment nach, mit dem ich DNA-Sequenzen bestimmen wollte. Mein Plan war zielstrebig. Zunächst wollte ich die interessierende DNA durch Erwärmen in Einzelstränge zerlegen und dann ein Oligonucleotid mit einer komplementären Sequenz in einem der Stränge hybridisieren lassen. Die Stränge der fraglichen DNA und der verlängerten Oligonucleotide hatten ja wechselseitig die gleiche Basensequenz. Alles in allem würde sich durch die Leerlaufreaktion die Zahl der analysierbaren DNA-Moleküle in meinem Ansatz verdoppeln! – Plötzlich nahm ich den Duft nicht mehr wahr, nicht mehr die aufleuchtenden Blüten, nicht mehr die Frühlingsnacht."

↗ **B-5 | Nucleinsäuren – DNA und RNA**

11.7 | DNA-Chips | Chemischer Test auf die Aktivität von Genen

Individuell hergestellte Medizin für jeden Patienten – das Medikament der Zukunft?

DNA-Chips. Könnte so die Arznei der Zukunft aussehen? Ein Medikament, das genau auf die individuellen, genetischen Eigenheiten einer Person ausgerichtet ist, hochwirksam und nebenwirkungsfrei? Was ist die Voraussetzung für eine personalisierte Medizin? Das Medikament der Zukunft gibt den Hinweis: ein Gencheck. Wie aber lässt sich die Aktivität von vielen Tausenden von Genen mit biochemischen Methoden analysieren, um z. B. die Wirkung eines Medikaments zu testen? Ein kleines Unternehmen in Santa Clara, Kalifornien, hatte vor einigen Jahren eine bahnbrechende Idee. Die Firma Affymetrix konstruierte DNA-Chips, die Tausende von verschiedenen DNA-Fragmenten in Form von kleinen Punkten (Durchmesser: 20–100 μm) enthalten.

DNA-Chip

Herstellung eines DNA-Chips

Die verschiedenen DNA-Stücke werden durch chemische Reaktionsschritte direkt auf einem Träger aus Glas synthetisiert. Das erste Nucleotid eines DNA-Stückes wird mit einer Schutzgruppe versehen und über ein Ankermolekül an die Glasoberfläche geknüpft. Die Schutzgruppe verhindert, dass weitere Nucleotide angekoppelt werden und so eine unkontrollierte Sequenz entsteht. Erst nach Abspaltung der fotolabilen Schutzgruppe durch Belichtung kann ein weiteres Nucleotid chemisch angeknüpft werden. Welche Moleküle ihre Schutzgruppe verlieren und damit weiterwachsen dürfen, wird mit einer feinen Lochblende über dem Glasträger gesteuert, die an bestimmten Stellen Licht hindurchlässt.

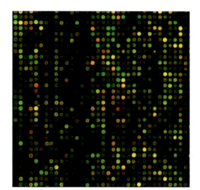

Das Fluoreszenzmuster eines DNA-Chips (links) zeigt indirekt die Aktivität von Genen an (Genexpressionsanalyse), so wie die nächtliche Fassade eines Bürohochhauses (rechts) verrät, in welchen Räumen gearbeitet wird.

11.7
DNA-Analytik in der modernen Medizin

1. Informieren Sie sich über die PCR-Methode. Wie lässt sich mithilfe der PCR das Huntingtin-Gen analysieren?
2. Wie wird sich das Protein, das von dem krankhaften Gen gebildet wird, vom normalen Protein unterscheiden?
3. Wie werden DNA-Fragmente auf einem DNA-Chip synthetisiert?
4. Wie verläuft eine Genexpressionsanalyse?

Für Experten

Antibiotika – „gegen das Leben"? Freuen Sie sich über Schimmelpilze? In den meisten Fällen ist das Vorhandensein von Schimmel eher ärgerlich. 1928 löst aber die Verunreinigung einer Bakterienkultur durch den Schimmelpilz *Penicillum notatum* allerdings bei ALEXANDER FLEMING (1881 bis 1955) Freude aus.

1. Erstellen Sie eine Liste über verschiedene bakterielle Infektionskrankheiten und deren Verlauf.
2. Recherchieren Sie die verschiedenen Penicillinderivate, ihre Synthese und ihren Wirkmechanismus auf Bakterien.
3. Begründen Sie, warum keine bakteriostatischen Antibiotika zusammen mit Penicillin verabreicht werden dürfen.
4. Auch Sulfonamide werden teilweise als Antibiotika eingesetzt. Recherchieren Sie über diese Stoffgruppe und tragen Sie Ihre Ergebnisse zusammen.
5. Heute gibt es genveränderte Pflanzen, die gegen Antibiotika resistent sind. Tiere werden teilweise mit Antibiotikazusätzen gemästet. Diskutieren Sie die Problematik unserer modernen Ernährung.

„Der dritte Mann"

Harry Lime handelt in der Nachkriegszeit auf dem Schwarzmarkt in Wien mit gestrecktem Penicillin. Durch diese skrupellose Tat sterben zahlreiche Menschen oder werden zu Pflegefällen. Um der Justiz zu entgehen, täuscht Lime seinen Tod vor. Als sein Freund diesen Schwindel entdeckt, beginnt eine abenteuerliche Jagd durch die Kanalisation.

Das Wachstum der Bakterien wird durch ein Stoffwechselprodukt der Pilze gehemmt. Die Bakterien sterben ab. Ein Jahr später veröffentlicht FLEMING seine Entdeckung und deutet an, dass die Substanz Penicillin eventuell als Medikament gegen bakterielle Infektionen eingesetzt werden könnte. Aber erst 1939 wird die medikamentöse Wirkung des Penicillins erforscht und 1941 das erste Mal bei einer Blutvergiftung eingesetzt. Obwohl das Medikament anschlägt, stirbt der Patient, weil der Vorrat an Penicillin nach einigen Tagen zu Ende ist.

Im Zweiten Weltkrieg wird Penicillin großtechnisch von den Amerikanern und Kanadiern produziert, um verwundete Soldaten behandeln zu können. Nach Kriegsende besteht ein großer Bedarf an Penicillin in der Bevölkerung, der vor allem in Europa nicht gedeckt werden kann. Der Schwarzmarkthandel blüht. Nach einer kurzen Erfolgsgeschichte des Medikaments stellen sich jedoch die ersten Negativmeldungen ein: Bakterien werden gegen Penicillin resistent. Neue Derivate des ursprünglichen Penicillins müssen entwickelt und produziert werden. Über 50 000 Abkömmlinge werden auf halbsynthetische Weise hergestellt. Einige von ihnen sind hochwirksame neue Antibiotika. Aber nicht nur Pilze, sondern auch manche Bakterienstämme können während ihres Stoffwechsels Antibiotika produzieren. Mithilfe der modernen Biotechnologie wird versucht, durch Genveränderungen in den Bakterien neue wirksame Antibiotika herzustellen. Der Wettlauf gegen die schnelle Resistenz von Bakterienstämmen, die Infektionen auslösen können, wird die Menschen auch in Zukunft beschäftigen. Die chemische Forschung spielt darin eine entscheidende Rolle.

Kapitel 12

Ein Mund voll Chemie

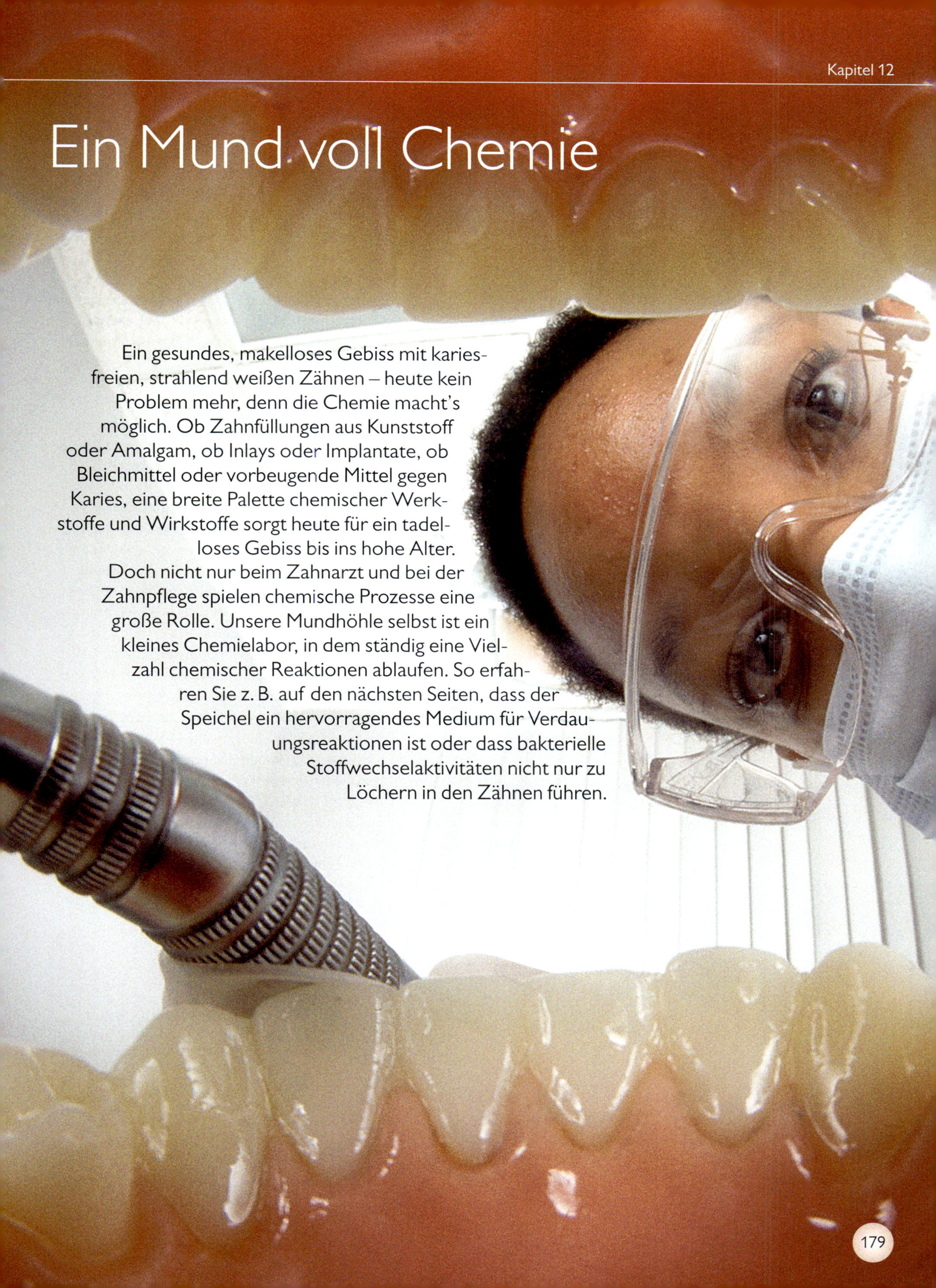

Ein gesundes, makelloses Gebiss mit karies-
freien, strahlend weißen Zähnen – heute kein
Problem mehr, denn die Chemie macht's
möglich. Ob Zahnfüllungen aus Kunststoff
oder Amalgam, ob Inlays oder Implantate, ob
Bleichmittel oder vorbeugende Mittel gegen
Karies, eine breite Palette chemischer Werkstoffe und Wirkstoffe sorgt heute für ein tadel-
loses Gebiss bis ins hohe Alter.
Doch nicht nur beim Zahnarzt und bei der
Zahnpflege spielen chemische Prozesse eine
große Rolle. Unsere Mundhöhle selbst ist ein
kleines Chemielabor, in dem ständig eine Vielzahl chemischer Reaktionen ablaufen. So erfahren Sie z. B. auf den nächsten Seiten, dass der
Speichel ein hervorragendes Medium für Verdau-
ungsreaktionen ist oder dass bakterielle
Stoffwechselaktivitäten nicht nur zu
Löchern in den Zähnen führen.

Die Bewohner der Mundhöhle

Bakterieller Zahnbelag

Die Mundhöhle ist von einer Vielzahl verschiedener Bakterien und Pilze besiedelt. Mehr als 300 Arten leben auf dem Zahnschmelz, in den Zahnzwischenräumen und auf den Schleimhäuten. Etwa 100 Mrd. Bakterien wachsen täglich zwischen Lippen und Rachen heran und ernähren sich von Stoffen im Speichel und Speiseresten. Die Zusammensetzung der Mikroorganismen ist stark von den Ernährungsgewohnheiten abhängig und variiert deshalb von Mensch zu Mensch.
So gibt es verschiedene Bakterien, z. B. *Streptococcus mutans* oder einige Arten der Lactobazillen, die Zucker oder Stärke aus der Nahrung zu organischen Säuren umsetzen, die dann den Zahnschmelz angreifen.
Andere Bakterien, z. B. *Porphyromonas gingivalis* oder *Treponema denticola,* ernähren sich von Proteinen (Eiweißen) und leben bevorzugt in den Vertiefungen des Zungenrückens. Sie produzieren beim Eiweißabbau schwefelhaltige Verbindungen, die unangenehm riechen und den ungeliebten Mundgeruch verursachen.
In einer gesunden Mundhöhle herrscht ein Gleichgewicht zwischen den verschiedenen Mikroorganismen. Sie alle tragen zur Selbstregulierung des Systems bei. Selbst kariogene (Karies erzeugende) Keime erfüllen in einer intakten Mundflora eine nützliche Aufgabe, denn sie hemmen das Wachstum verschiedener Erreger wie z. B. von Diphtherie oder Scharlach. Erst wenn es zu einem vermehrten Auftreten einzelner Bakterien- oder Pilzarten kommt, kann dies, bedingt durch deren Stoffwechselprodukte, pathologische Effekte nach sich ziehen.

Plaquebildung

Auf einer sauberen Zahnoberfläche bildet sich in relativ kurzer Zeit durch die spezifische Anlagerung von Glykoproteinen (Verbindungen aus Zuckern und Proteinen) des Speichels ein Schutzfilm (Pelikel). Auf diesem Schutzfilm können sich im Laufe weniger Tage Bakterien ansiedeln und sich an die Glykoproteine binden. Je weiter die Plaquebildung fortschreitet, desto häufiger vermehren sich in den sauerstoffarmen tieferen Plaqueschichten vor allem Mikroorganismen mit vorwiegend anaerobem Stoffwechsel. Durch ihre säurehaltigen Stoffwechselprodukte verschieben sie den pH-Wert der Plaque in den sauren Bereich, sodass hier nur noch säurebildende und säuretolerante Arten überleben können.

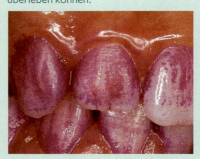

Plaquenachweis auf den Zähnen

↗ E-5 | Der pH-Wert

Plaque

Plaque (franz. plaque – Schild, Plakette) bezeichnet den fast unsichtbaren Zahnbelag, der sich an den Zahnoberflächen festsetzt. Sie besteht aus einer zähen Substanz, die im Wesentlichen aus Bestandteilen des Speichels und zuckerhaltiger Nahrungsmittel sowie lebender und abgestorbener Bakterien gebildet wird. Bleibt die Plaque über einen längeren Zeitraum an den Zähnen, kann durch Einlagerungen Zahnstein entstehen.

↗ B-2 | Kohlenhydrate – Monosaccharide und Disaccharide
↗ B-5 | Polysaccharide | Polypeptide und Proteine

12.1 | Bakterielle Nitritbildung in der Mundhöhle

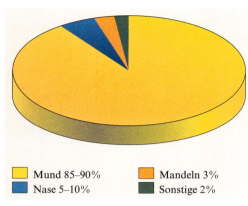

- Mund 85–90%
- Nase 5–10%
- Mandeln 3%
- Sonstige 2%

Quellen schlechten Atems

Aktuelles aus der Wissenschaft

Ein häufiges, von den Betroffenen meist unerkanntes Problem ist Mundgeruch oder Halitose, das sich sozial höchst nachteilig auswirkt. Seit kurzem wird Halitose von Forschern qualitativ und quantitativ analysiert. Dabei entdeckten sie in der Mundhöhle zahlreiche Bakterienarten, die übel riechende Stoffwechselprodukte ausscheiden.

Von Mundbakterien produzierte Verbindungen und ihr Geruch sind:

Schwefelwasserstoff	faule Eier
Methylmercaptan	Fäkalien
Skatol	Fäkalien
Cadaverin	Leichen
Putrescin	faules Fleisch
Isovaleriansäure	Schweißfüße

Nitritbakterien in der Mundhöhle. Einige im Speichel lebende Bakterienarten sind in der Lage, unter anaeroben Bedingungen ihre Stoffwechselenergie durch die „Nitratatmung" zu gewinnen. Statt Sauerstoff nutzen sie Nitrat, das über die Speicheldrüsen durch einen körpereigenen Nitratkreislauf in die Mundhöhle gelangt, als Oxidationsmittel (Wasserstoffakzeptor). Dabei entsteht das gesundheitsschädliche Nitrit. Ca. 6 % der täglich aufgenommenen Nitratmenge werden so in der Mundhöhle zu Nitrit reduziert (endogene Nitritbildung).

 E-1 | Redoxreaktionen sind Elektronenübergänge

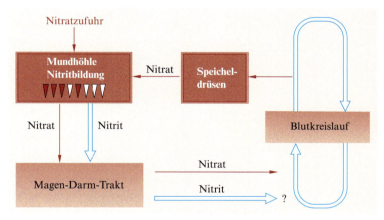

Endogene Nitritbildung

1. Beurteilen Sie die Zweckmäßigkeit einer Antibiotikatherapie zur Bekämpfung kariogener Keime. Nennen Sie Alternativen.
2. Informieren Sie sich über die Mechanismen, die es den Mikroorganismen im Mund ermöglichen, sich an den Zahnoberflächen festzusetzen.
3. Informieren Sie sich über die chemischen Verbindungen, die den Mundgeruch verursachen. Zu welchen chemischen Stoffgruppen gehören sie?
4. Erläutern Sie am Beispiel des Schwefelwasserstoffs die Wirkung des Chlordioxids auf übel riechende Schwefelverbindungen.
5. Erstellen Sie eine Reaktionsgleichung für die Nitratreduktion bei der Nitratatmung.

Behandlung von Mundgeruch

Zur Behandlung von Mundgeruch werden spezielle Mundwässer, die geringe Konzentration an Chlordioxid enthalten, eingesetzt. Chlordioxid reduziert die Anzahl der anaeroben, geruchsbildenden Bakterien und wandelt übelriechende Schwefelverbindungen in geruchsneutrale Stoffe um.

12.1

Die Bewohner der Mundhöhle

Die Mundhöhle, ein Chemielabor en miniature

Der menschliche Speichel

w (Wasser)	99,4 %
w (andere Bestandteile)	0,6 %
ϱ (Speichel)	1,002 – 1,008 g · ml^{-1}
durchschnittlicher pH-Wert	6,7
Spannweite des pH-Wertes	6,2 – 7,5

Hauptbestandteile des Speichels

Organische Stoffe in mg · 100 ml^{-1}		Ionen in mg · 100 ml^{-1}	
Gesamtprotein	200	K^+	80
Amylase	38	Cl^-	50
Lysozym	11	HCO_3^-	31
Antikörper	21	$H_2PO_4^-/HPO_4^{2-}$	17
		Na^+	15
		Ca^{2+}	6

Speicheldiagnostik

Speicheltests können u. a. dazu beitragen, das individuelle Kariesrisiko zu bestimmen. Dabei werden folgende Parameter untersucht:
- Art und Ausmaß der Besiedlung der Mundhöhle mit kariogenen Keimen wie *Streptococcus mutans* und *Lactobacillus acidophilus*
- die Speichelflussrate (sie sollte mindestens 1 ml pro Minute betragen)
- der pH-Wert (er sollte bei 7 oder höher liegen)
- die Pufferkapazität des Speichels

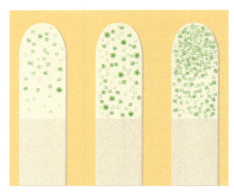

Bei der Speicheldiagnostik wird die Anzahl der Karies verursachenden Mikroorganismen pro ml Speichel bestimmt.

Speichel. In der Mundhöhle laufen ständig eine Vielzahl chemischer Reaktionen ab. Dabei spielt der Speichel eine große Rolle. Er besteht größtenteils aus Wasser und enthält außerdem Proteine, Elektrolyte, Fette, Kohlenhydrate, Enzyme und Antikörper. Die Zusammensetzung der Stoffe variiert. So sind im Ruhespeichel im Vergleich zum stimulierten Speichel weniger Ionen und Enzyme gelöst.

Die Aufgaben des Speichels sind vielfältig. Er sorgt dafür, dass die Schleimhäute nicht austrocknen, hilft bei der Kohlenhydratverdauung und der Immunabwehr. Er hält durch seine verschiedenen Puffersysteme den pH-Wert in der Mundhöhle weitgehend konstant. Er verdünnt kariogene Substrate und Säuren und transportiert sie gemeinsam mit einer großen Anzahl Bakterien aus der Mundhöhle in den Magen-Darm-Trakt. Die in ihm gelösten Elektrolyte haben eine wichtige Funktion bei der Remineralisierung der Zähne. Die Glykoproteine und Polysaccharide (langkettige Zucker) bilden eine Schutzschicht für den Zahnschmelz.

Der Speichel wird aus den großen Speicheldrüsen (Ohrspeicheldrüsen, Unterzungendrüsen, Unterkieferdrüsen) und einer großen Anzahl kleiner Speicheldrüsen in Wange, Gaumen, Zunge und Lippen abgegeben. Als Mittelwert der Speichelsekretion gelten 20 ml/h, bei einer Stimulierung steigt der Speichelfluss jedoch durchschnittlich auf 120 ml/h.

↗ E-6 | Pufferlösungen

12 Ein Mund voll Chemie

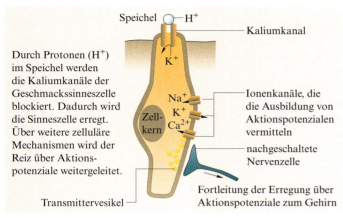

Durch Protonen (H⁺) im Speichel werden die Kaliumkanäle der Geschmackssinneszelle blockiert. Dadurch wird die Sinneszelle erregt. Über weitere zelluläre Mechanismen wird der Reiz über Aktionspotenziale weitergeleitet.

Sinneszelle im Zungenepithel für die Geschmacksqualität „sauer"

Bitterblocker – Neues aus der Geschmacksforschung

Amerikanische Wissenschaftler haben bestimmte Moleküle (Nucleotide) entdeckt, die die Geschmackswahrnehmung „bitter" verhindern. Diese Bitterblocker könnten zukünftig Fertigprodukten, bei denen bisher zur Verdeckung des bitteren Geschmacks viel Salz und Zucker zugesetzt wurden, beigefügt werden, um die Menge dieser Zusätze zu verringern.

Der Geschmackssinn. Auch beim Schmecken hat der Speichel eine wichtige Funktion. Damit eine bestimmte Geschmacksempfindung entsteht, müssen die betreffenden Substanzen im Speichel gelöst werden, danach zu den Geschmackssinneszellen gelangen und dort als Reiz wirken. Unser Geschmackssinn unterscheidet fünf Grundqualitäten: süß, sauer, salzig, bitter und umami. Bei salzigen und sauren Stoffen wird die Geschmacksempfindung durch die beteiligten Ionen (salzig: Na^+; sauer: H^+) ausgelöst. Die elektrisch positiv geladenen Ionen wandern durch spezielle Ionenkanäle in das Innere der Zelle bzw. verändern die Durchlässigkeit der Zellmembran so, dass die Sinneszelle erregt wird. Über die Ausbildung von Aktionspotenzialen wird die Erregung über die nachgeschalteten Nervenzellen an das Gehirn weitergeleitet.

Bei den Geschmacksqualitäten süß, bitter und umami dringen die entsprechenden Stoffe nicht in die Sinneszelle ein, sondern binden sich an spezielle Proteinmoleküle auf der Zelloberfläche. Diese Bindung löst eine Kaskade weiterer Reaktionen aus, an deren Ende wiederum die Ausbildung von Aktionspotenzialen steht, die für die Weiterleitung der Erregung zum Gehirn verantwortlich sind.

↗ 10.6 | Nervenzellen in Erregung

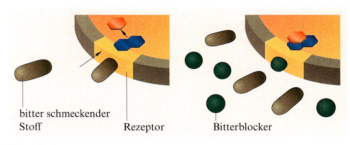

Bitterblocker

1. Informieren Sie sich über die Funktion der Enzyme Amylase und Lysozym im Speichel.
2. Was wird unter Remineralisation der Zähne verstanden? Welche Elektrolyte spielen dabei eine Rolle?
3. Entwickeln Sie eine Versuchsvorschrift zur Messung der Pufferkapazität des Speichels.
4. Beschreiben Sie das Zustandekommen der Geschmackswahrnehmung „sauer".
5. Informieren Sie sich über weitere aktuelle Forschungsschwerpunkte der Geschmacksforschung.

12.2

Die Mundhöhle, ein Chemielabor en miniature

Der Zahn und seine Pflege

Aufbau eines Zahnes. Der Zahn ist mehrschichtig aufgebaut und besteht aus verschiedenen Substanzen.

Der Zahnschmelz bedeckt die Zahnkrone und dient dem Schutz des Zahninnern. Er ist die härteste Substanz des menschlichen Körpers. Er besteht zu 95 % der Gesamtmasse aus anorganischem, kristallinem Material (Hydroxylapatit), wenigen Proteinen und ca. 4 % Wasser (zum Vergleich: Knochen bestehen zu 25 % der Gesamtmasse aus Wasser).

Das Zahnbein oder Dentin stellt die Hauptmasse des Zahnes dar und wird in seinem sichtbaren Teil vom Schmelz, im Wurzelbereich vom Zement bedeckt. Es besteht zu zwei Dritteln aus Hydroxylapatit und zu einem Drittel aus dem Protein Kollagen und Wasser. Dadurch ist Dentin weicher und somit anfälliger für Karies als der Zahnschmelz. Das Dentin wird von vielen kleinen Kanälen durchzogen, in denen sich Nervenfasern und Zellfortsätze befinden, die bis ins hohe Alter Dentin immer wieder neu synthetisieren.

Die Pulpa ist ein Hohlraum im Innern des Dentins. In ihr befinden sich Blutgefäße, Nervenbahnen, Bindegewebe und die Zellen zur Dentinbildung. Die Blutgefäße versorgen von hier aus das Dentin mit Nährstoffen, die Nervenzellen leiten Reize wie z. B. Schmerzen oder Temperatur zum Gehirn weiter.

Der Zahnzement bedeckt die Zahnwurzel und ähnelt in seiner Zusammensetzung dem Knochengewebe. Er ist durch Faserbündel mit dem Kieferknochen verbunden und stellt so das Bindeglied zwischen Zahn und Knochen dar.

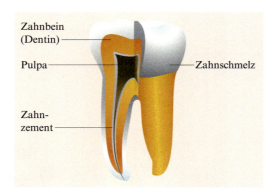

Aufbau eines Zahnes

Ein Mund voll Chemie

Hauptinhaltsstoffe der Zahn- und Mundpflegeprodukte

Inhaltsstoff	Funktion
Schleif- und Schmirgelstoffe (Putzkörper)	mechanische Reinigung der Zahnoberfläche
Waschaktive Substanzen (Tenside)	Emulgieren schlecht löslicher Partikel wie Speisereste und Plaque
Fluorverbindungen	Vorbeugung gegen Karies; Remineralisierung des Zahnschmelzes
Antibakterielle Wirkstoffe	Wachstumshemmung oder Abtöten von Bakterien
Entzündungshemmende Wirkstoffe (Kräuterauszüge, ätherische Öle, Vitamine)	Verbesserung der Durchblutung des Zahnfleisches; Heilung von Entzündungen
Zahnsteinhemmende Wirkstoffe	hemmen das Kristallwachstum, vermindern dadurch die Zahnsteinbildung
Farbstoffe	Färben des Pflegeprodukts
Süßungsmittel	Geschmackverbesserung

↗ 12.3 | Pufferwirkung von carbonathaltiger Zahnpasta | Nachweis von Calcium- und Phosphat-Ionen in Zähnen

Mittel zur Mund- und Zahnpflege. Zur Mund- und Zahnpflege werden Zahnpasten, Zahngele und Mundspüllösungen eingesetzt. Die Hauptaufgabe der Zahnpasten besteht in der mechanischen Entfernung bakterieller Beläge von den Zahnoberflächen. Fluoridhaltige Zahngele und Mundspüllösungen werden zur intensiven Kariesprophylaxe genutzt. Medizinische Mundspüllösungen haben bakterienabtötende Wirkung und werden zur Behandlung gegen Mundgeruch sowie bei Zahnfleischerkrankungen eingesetzt.

Zahnbrecher beim Ziehen eines Zahnes im 14. Jahrhundert

 Kurze Geschichte der Zahnmedizin

In Babylon (ca. 2000 v. Chr.) herrschte der Glaube, der „Zahnwurm" sei die Ursache der Zahnschmerzen. Deshalb wurde versucht, ihn mit einer Vielzahl von Beschwörungsformeln zu bekämpfen. Mehr als 3 500 Jahre lang war die Wurmtheorie geltende Lehrmeinung.
Noch im Mittelalter wurde eine Räucherung mit Bilsenkraut gegen den Zahnwurm empfohlen. Besonders beliebt war in dieser Zeit auch der Aderlass, sodass die „fauligen Säfte, die vom Kopf herabsteigen", abfließen konnten. Für Barbiere wurde das Entfernen eines Zahnes mit dem Pelikan, einem hakenförmigen Instrument, zum einträglichen Geschäft. Bis in das 18. Jahrhundert hinein übten Zahnreißer und -brecher auf Jahrmärkten und Marktplätzen ihre Tätigkeit aus. Erst die neuen Entwicklungen in Naturwissenschaft und Technik im 19. Jahrhundert brachten für die Behandlung von Zahnerkrankungen den entscheidenden Durchbruch. Mit der Entwicklung von Narkosemitteln wie z. B. Lachgas (1776) und modernen Bohrmaschinen (1871) war erstmals eine entspannte Behandlung möglich.
In dieser Zeit setzte sich in Europa auch die routinemäßige Zahnpflege zur Vorbeugung von Zahnerkrankungen durch. Während im Orient schon seit dem 6. Jahrhundert Holzstäbchen und in China bereits seit 1498 einfache Zahnbürsten zur Zahnreinigung benutzt wurden, diente in unseren Breiten, wenn überhaupt, ein Leinenläppchen der allmorgendlichen Zahnreinigung.

 Mundwasser selbst gemacht

4 ml Krauseminzöl
4 ml Lavendelöl
2 ml Pfefferminzöl
2 ml Teebaumöl
2 Tropfen LV 41 (Emulgator)

Die Öle werden mit dem Emulgator vermischt und einige Tropfen des fertigen Mundwassers in die Munddusche oder ins Gurgelwasser gegeben.

Zahnarztpraxis in Dänemark um 1900

1. Informieren Sie sich über die Inhaltsstoffe der Zahnpasta, die Sie täglich benutzen. Ordnen Sie den einzelnen Inhaltsstoffen ihre Funktion zu.
2. Welche Wirkstoffe enthalten Antizahnstein-Zahnpasten? Wie wirken sie?
3. Das Rezept des Mundwassers besteht im Wesentlichen aus vier ätherischen Ölen. Welche Wirkung haben die verschiedenen Öle?
4. Bei Rauchern, Kaffee- und Teetrinkern bilden sich kosmetisch störende bräunlich gelbe Beläge auf den Zähnen. Recherchieren Sie, welche Möglichkeiten es zur Entfernung dieser Beläge gibt. Beurteilen Sie die verschiedenen Methoden.

12.3

Der Zahn und seine Pflege

Karies – eine Zivilisationskrankheit

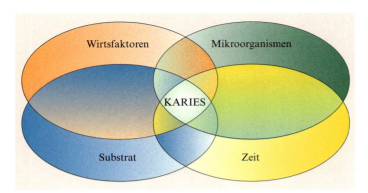

Kariesentstehung

Karies

Unter Karies (lat. caries – Morschheit, Fäulnis) wird der akute oder chronische Zerfall der harten Zahnsubstanz verstanden.

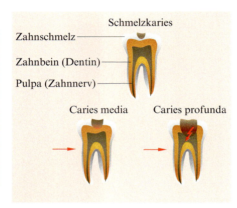

Stadien von Karies

Entstehung von Karies. Grundvoraussetzung für die Kariesentstehung ist die Anwesenheit von säurebildenden Bakterien, z. B. *Streptococcus mutans* oder *Lactobacillus acidophilus*. Diese Bakterien bilden auf der Zahnoberfläche klebrige Beläge.

Sie benötigen für ihren Stoffwechsel stärke- oder zuckerhaltige Nahrungsmittel (Substrate), die sie zu organischen Säuren abbauen. Diese Säuren reagieren mit dem Apatit des Schmelzes und lösen ihn auf. Der kritische pH-Wert, unterhalb dessen sich der Schmelzapatit auflöst, liegt bei etwa 5,5. Solange ausschließlich die äußeren Schmelzschichten von der Demineralisierung durch die Säuren betroffen sind, kann dieser Prozess mit geeigneten Maßnahmen (Fluoridtherapie) zum Stillstand gebracht werden. Findet jedoch im weiteren Verlauf über kleinste Lücken und Spalten in den Zähnen eine Tiefenentkalkung statt, so gelangen Bakterien

Verbreitung von Karies in der deutschen Bevölkerung

In der Deutschen Mundgesundheitsstudie von 1997 (DMS III) wurde der Zustand gesunder und kariöser Zähne in verschiedenen Altersgruppen ermittelt.

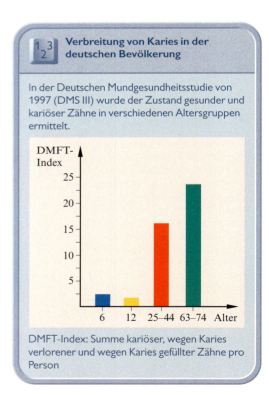

DMFT-Index: Summe kariöser, wegen Karies verlorener und wegen Karies gefüllter Zähne pro Person

12 Ein Mund voll Chemie

Kosten

1997, im Jahr der Studie, wurden in Deutschland ca. 18,6 Mrd. Euro (entspricht 0,95 % des damaligen Bruttosozialprodukts) für die zahnmedizinische Versorgung ausgegeben.
70 % dieser zahnmedizinischen Leistungen entfielen auf die Behandlung kariesbedingter Schäden. Damit ist Karies in Deutschland die teuerste ernährungsabhängige Einzelerkrankung.

12.4 | Wirkung eines Fluoridgelees (Eiertest)

und Säuren in das Dentin. Dort breiten sich die Schädigungen zunächst entlang der Schmelz-Dentin-Grenze aus und folgen schließlich den Dentinkanälchen bis in die Pulpahöhle. Die Infektion der Pulpahöhle führt im Endstadium zum Vitalitätsverlust des Zahnes und kann eine Quelle für weitere und gefährlichere Infektionen sein.

↗ D-4 | Das chemische Gleichgewicht
↗ D-7 | Löslichkeitsgleichgewichte
↗ E-5 | Protolyse von Salzen

Fluoridtherapie. Die wichtigsten Wirkstoffe zur Kariesprophylaxe stellen die Fluoridverbindungen dar. Zahlreiche Untersuchungen haben in den letzten Jahren herausgestellt, dass Fluoride in erster Linie durch direkten Kontakt mit Zahnsubstanzen karieshemmend wirken.

Fluorid-Ionen werden in das Kristallgitter des Schmelzapatits eingebaut und erhöhen so die Wiederstandsfähigkeit des Schmelzes gegen Säuren.

Fluoride verbessern die Remineralisierung des Schmelzes, indem sie mit Mineralien aus dem Speichel neue Apatitkristalle bilden.

Fluorid-Ionen hemmen sehr wirksam Enzyme des Kohlenhydratstoffwechsels der Bakterien und wirken dadurch antibakteriell.

Fachinformation zu Fluoridtabletten

Anwendungsgebiete:
Kariesprophylaxe bei Säuglingen, Kindern, Jugendlichen und Erwachsenen mit erhöhtem Kariesrisiko oder bei Personen, die keine fluoridhaltige Zahnpasta benutzen und Fluoride nicht in ausreichenden Mengen über die Nahrung aufnehmen

Dosierung der Masse an Fluorid in mg nach den Empfehlungen der Deutschen Gesellschaft für Zahn-, Mund- und Kieferheilkunde vom 27. 3. 2000:

Alter	Fluoridkonzentration im Trinkwasser in mg · l^{-1}		
	< 0,3	0,3 – 0,7	> 0,7
0–6 Monate	–	–	–
1–3 Jahre	0,25	–	–
3–6 Jahre	0,50	0,25	–
> 6 Jahre	1,0	0,5	–

[…]

1. „Karies ist keine Fluoridmangelerkrankung, sondern eine ernährungsbedingte Erkrankung." Begründen Sie diese Aussage.
2. Stellen Sie die chemischen Zusammenhänge der Entstehung von Karies dar und leiten Sie daraus Regeln zur wirkungsvollen Kariesprophylaxe ab.
3. Erklären Sie den Demineralisierungsprozess des Zahnschmelzes unterhalb eines pH-Werts von 5,5.
4. Diverse Süßigkeiten werden durch ein besonderes Logo als „zahnfreundliche Süßwaren" gekennzeichnet. Wie unterscheiden sich diese Süßwaren von den normalen Süßigkeiten?
5. In den USA und in der Schweiz wird zur Kariesprophylaxe seit vielen Jahren die „Trinkwasserfluoridierung" durchgeführt. Beurteilen Sie die Zweckmäßigkeit dieser Maßnahme.

Fluorid – pro und kontra

Fluorid zählt zu den Spurenelementen. Im menschlichen Körper befindet es sich im Zahnschmelz (0,1 – 0,3 g · kg^{-1}), Dentin (0,2 – 0,7 g · kg^{-1}), Knochen (0,9 – 2,7 g · kg^{-1}) und Blut (0,18 mg · l^{-1}). Kinder benötigen für den Knochen- und Zahnschmelzaufbau ungefähr 1 mg Fluorid pro Tag. Geringere Mengen können zu Kariesanfälligkeit und Schäden am Knochengerüst führen.
Überhöhte Fluoridaufnahmen über längere Zeit führen zu Erkrankungen des Skeletts (Osteosklerose, Osteroporose) und der Zähne (Dentalfluorose). Aufgrund der enzymhemmenden Wirkung des Fluorids kann es zu Schädigungen von Organen (vor allem der Nieren und der Schilddrüse) kommen.

12.4
Karies – eine Zivilisationskrankheit

↗ 12.5 | Bestimmung von Potenzialen in künstlichem Speichel | Toxizität von Quecksilber und Quecksilberverbindungen

Quecksilber in aller Munde

 Steckbrief Quecksilber

Eigenschaften: Quecksilber ist bei Raumtemperatur ein flüssiges, silbrig glänzendes Metall. Es hat einen hohen Dampfdruck. Es verdampft also schon unter Normbedingungen in größeren Mengen. Chemisch ähnelt es den Edelmetallen. Es ist an Luft sehr beständig und reagiert nicht mit verdünnten Säuren.
Toxizität: Quecksilber und organische Quecksilberverbindungen lagern sich bevorzugt im Fettgewebe, Gehirn, in der Niere und der Leber ab. In den Zellen der betreffenden Organe verändern sie die Tertiärstruktur der Proteine und blockieren so lebenswichtige Enzyme. In den Gehirnzellen verhindern sie die Bildung des Energieträgers ATP (Adenosintriphosphat) und hemmen dadurch die Ernährung der Nervenzellen.
Vorkommen: Quecksilber ist ein relativ seltenes Element und kommt am häufigsten als Quecksilbersulfid (Zinnober) vor.
Verwendung: In Reinform wird Quecksilber zur Füllung von Thermometern, Barometern und Hygrometern und in Quecksilberdampflampen eingesetzt. Große Mengen werden beim Amalgamverfahren zur Goldgewinnung oder der Chlor-Alkali-Elektrolyse verwertet. Quecksilberamalgamverbindungen sind ein wesentliches Füllmaterial der Zahntechnik. Quecksilbersulfid ist auch heute noch ein wichtiges rotes Farbpigment.

relative Atommasse A_r	200,59
Schmelztemperatur ϑ	−39 °C
Siedetemperatur ϑ	357 °C
Dichte ρ	13,55 g · cm^{-1}

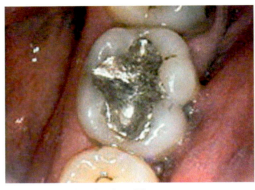

Nicht mehr intakte Amalgamfüllung

Amalgam. Wird ein Zahn durch Karies angegriffen, so muss die Stelle vom Zahnarzt entfernt und das entstandene Loch gefüllt werden. Aus Kostengründen werden dafür hauptsächlich Amalgame verwendet.
Amalgame sind Legierungen aus Quecksilber und weiteren Metallen. Sie wurden zum ersten Mal im 7. Jahrhundert in China als Füllmaterial für Zähne eingesetzt. In Europa wurde erstmalig 1528 eine Rezeptur eines Kupfer-Amalgams notiert. Als Füllmaterial für Zähne setzte es sich aber erst im 19. Jahrhundert durch, als ein Franzose aus Quecksilber und Silbermünzen eine Paste herstellte und damit Löcher in Zähnen ausfüllte.
Heute werden in der Zahnmedizin in der Regel Silber-Zinn-Kupfer-Amalgame eingesetzt, die direkt vor der Verwendung hergestellt werden. Dazu wird ein Legierungspulver aus Silber-Zinn-Kupfer mit flüssigem Quecksilber im Verhältnis 1 : 1 gemischt. Es entsteht eine plastisch verformbare Paste, die sich gut in die Zahnlöcher pressen lässt. Sie wird auf eine isolierende Unterschicht aus Phosphatzement aufgebracht und verfestigt sich innerhalb von 10 bis 20 Minuten. Nach einer Stunde ist sie bissfest und nach 24 Stunden hat sie ihre Endhärte erreicht. Die Amalgamfüllungen sind lange haltbar, haben eine hohe Druckfestigkeit und ein gleiches Temperaturausdehnungsverhalten wie der Zahnschmelz. Außerdem sind sie schnell und leicht zu verarbeiten und vor allem preiswert.

 ↗ B-1 | Metalle

12 Ein Mund voll Chemie

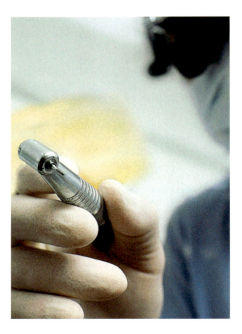

12.5 | Chlor-Alkali-Elektrolyse nach dem Amalgamverfahren

Zusammensetzung des Legierungspulvers bei Amalgamen

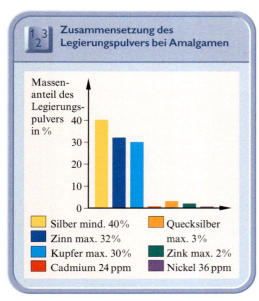

- Silber mind. 40%
- Zinn max. 32%
- Kupfer max. 30%
- Cadmium 24 ppm
- Quecksilber max. 3%
- Zink max. 2%
- Nickel 36 ppm

1. Wenn Sie mit einer Amalgamfüllung auf ein Stück Alufolie beißen, so können Sie stechende Zahnschmerzen bekommen. Warum?
2. Informieren Sie sich über die Verwendung von Quecksilber bei der Chlor-Alkali-Elektrolyse und dem Amalgamverfahren zur Goldgewinnung.
3. Informieren Sie sich über Ursache und Symptome der Minamata-Krankheit.
4. Was wird unter einem Chelatbildner verstanden? Zeichnen Sie den DMPS-Hg-Chelatkomplex.
5. Bei einer DMPS-Therapie wird die zusätzliche Einnahme von Mineralstoffen und Spurenelementen empfohlen. Warum?

Ausleitungstherapie

Zur Behandlung akuter und chronischer Quecksilbervergiftungen werden Medikamente wie Dimaval®, Mercuval® oder DMPS-Heyl® eingesetzt. Der Wirkstoff in diesen Medikamenten ist der Komplexbildner DMPS (Natriumsalz der 2,3-Dimercapto-1-propansulfonsäure). Er ist hydrophil und bildet mit verschiedenen Schwermetall-Ionen wasserlösliche Komplexe, die über die Niere ausgeschieden werden.

 ↗ B-8 | Struktur und Eigenschaften von Komplexverbindungen

Anforderungen an eine ideale Füllmasse

- ausreichende Härte und Abriebfestigkeit
- keine Schrumpfung beim Aushärten
- gleiches Temperaturverhalten wie der Zahnschmelz
- säurebeständig
- nicht gesundheitsschädlich
- ähnliche Färbung wie der Zahnschmelz
- lange haltbar
- leicht verarbeitbar
- preiswert

Geschätzte tägliche Quecksilberaufnahme in µg pro Tag

Quelle	Quecksilberdampf	Anorganische Quecksilberverbindung	Methylquecksilber
Luft	0,030 (0,024)*	0,002 (0,001)	0,008 (0,006)
Nahrung	0	4,200 (0,292)	2,4 (2,3)
Wasser	0	0,050 (0,004)	0
Amalgamfüllungen	3,8–21 (3–17)	0	0
Summe	3,9–21 (3,1–17)	4,3 (0,3)	2,42 (2,31)

* Die Zahlenwerte in Klammern beziehen sich auf die im Körper verbleibende Quecksilbermenge.

12.5 Quecksilber in aller Munde

Zahnfüllungen – eine Vielfalt an Materialien

Trotz der vielen Vorteile erfüllen Amalgamfüllungen nicht alle Anforderungen an eine ideale Füllung. Neben der auffälligen silbernen Farbe ist es vor allem der hohe Quecksilberanteil in der Legierung, der für eine kritische Haltung gegenüber diesem Füllmaterial sorgt. Als Alternativen kommen hauptsächlich Komposite und Glas-Ionomer-Zement (plastische Füllungen) oder Gold und Keramik (Einlagefüllungen) zum Einsatz.

Komposite

Der Name Komposite kommt von der angloamerikanischen Bezeichnung „composite resin material" und leitet sich von verschiedenen lateinischen Begriffen ab (lat. componere – zusammensetzen; resina – Harz; materia – Stoff). Komposite sind Verbundwerkstoffe, die aus makromolekularen organischen Verbindungen und anorganischen Füllstoffen bestehen. Die anorganischen Stoffe werden zugemischt, um die Festigkeit der Kunststofffüllung zu erhöhen und die unerwünschte Polymerschrumpfung bei der Aushärtung zu reduzieren. Als Mono- bzw. Comonomere werden meist Dimethacrylate eingesetzt, die durch radikalische Polymerisation zum entsprechenden Kunststoffmaterial reagieren. Dabei kann die Polymerisation entweder durch Licht (Fotopolymerisation) oder durch Mischen zweier Komponenten, die jeweils einen Initiator bzw. Akzelerator enthalten (Autopolymerisation), ausgelöst werden.

↗ B-5 | Kunststoffe

Zusammensetzung von Kompositen

Phase	Inhaltsstoffe
Organische Phase	Monomere Comonomere Inhibitoren/Akzeleratoren Stabilisatoren
Anorganische Phase	Füllstoffe (Quarzglas, Silicate, Oxide) Pigmente
Haftvermittler	Silane Phosphate Carboxylate

Adhäsivtechnik (früher Säure-Ätz-Technik)

Mit der Adhäsivtechnik wird ein Verbund zwischen der Zahnhartsubstanz (Schmelz, Dentin) und dem Füllmaterial (Komposite) hergestellt. Dazu wird zunächst die Zahnoberfläche mithilfe einer Säure (w (Phosphorsäure) = 30–40 %) angeätzt und aufgeraut. Auf diese vorbereitete Oberfläche wird der so genannte Haftvermittler, ein niederviskoser Kunststoff, aufgebracht, der nach dem Aushärten mit dem eigentlichen Füllmaterial eine Bindung eingeht.
Mithilfe der Haftvermittler lassen sich selbst Zahnteile wieder an Zähne „ankleben".

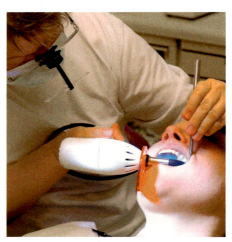

Kunststoffhärtung mit einer UV-Lampe

12.6 | Adhäsivtechnik | Polymerisationsschrumpfung

Materialien für Inlays, Kronen, Zahnersatz

Name	Material	Anmerkungen
Gold	Legierung aus 60–90 % Gold mit Platin, Silber, Indium	keine
Keramik	Silicium-, Aluminium-, Natrium- und Titanoxide	sehr gute Ästhetik, da zahnfarben
NEM-Legierung	Stahllegierung aus Chrom, Cobalt, Molybdän oder aus Palladium, Zinn, Cobalt, Kupfer	umstritten, da die Legierungsbestandteile, vor allem Palladium, im Verdacht stehen, Erkrankungen auszulösen

Ormocere. Ormocere bestehen aus einer Kombination von anorganischen und organischen Materialien (Keramik und **Or**ganically **mo**dified **Cer**amic) und wurden vom Fraunhofer Institut für Silikatforschung entwickelt.

Im Gegensatz zu den Kompositen handelt es sich um ein anorganisches Polymer, ein Siliconharz, in in dessen Molekülstruktur spezielle organische vernetzbare Molekülgruppen eingebaut sind. Das daraus entstehende anorganisch-organische Hybridpolymer vereint die harten, spröden Eigenschaften der anorganischen Keramik mit den weichen, elastischen Eigenschaften der organischen

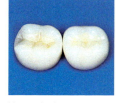
Keramikinlays

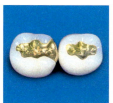
Goldinlays

Polymere und eignet sich deshalb auch als Füllmaterial für Zähne.

Die Vorteile im Vergleich zu den Kompositen bestehen in:
- gute Bioverträglichkeit
- geringere Schrumpfung beim Aushärten
- hohe Kaufestigkeit
- Anpassung an die Zahnfarbe
- ähnliche Wärmeausdehnung wie die Zahnhartsubstanz

Ein neues Wundermittel sind Ormocere jedoch nicht, denn die unerwünschte Polymerisationsschrumpfung ist zwar geringer als bei den Kompositen (bis zu 4 Volumenanteile), beträgt aber immer noch ungefähr 2 %.

Glas-Ionomer-Zemente (GIZ)

GIZ bestehen aus ungesättigten Polycarbonsäuren und fluoridhaltigen Aluminiumsilicatgläsern. Der Name leitet sich von der Reaktion der Gläser mit den Polycarbonsäuren ab. Das Glas gibt Ionen ab, die das Polymer aushärten.
Zwischen dem GIZ und der Zahnhartsubstanz (Dentin, Schmelz) entsteht durch den Austausch von Ionen eine feste Haftung. Aufgrund ihrer geringen Abriebfestigkeit werden GIZ lediglich für provisorische Füllungen z. B. in Milchzähnen und als Befestigungszement für Inlays, Einzelkronen und kleinere Brücken genutzt.

[…]
1. Prüfen Sie, ob die angegebenen Füllmaterialien die Anforderungen an eine ideale Füllmasse erfüllen.
2. Erläutern Sie die einzelnen Schritte zur Herstellung einer Zahnfüllung aus Kompositen. Welche Rolle spielt dabei das UV-Licht?
3. Informieren Sie sich über weitere Verwendungsmöglichkeiten von Ormoceren.
4. Welche chemische Reaktion bewirkt die Aushärtung der GIZs?

12.6

Zahnfüllungen – eine Vielfalt an Materialien

Zahnästhetik

Der Wunsch nach einem makellosen Gebiss gewinnt auch in Deutschland immer mehr an Bedeutung. Nach einer Umfrage des Emnid-Instituts halten 92 % der Befragten ein schönes Gebiss für sehr wichtig oder wichtig. Zahnärzte und Zahnkliniken, die sich auf Zahnästhetik spezialisiert haben, erfreuen sich deshalb immer größerer Beliebtheit.

Bleaching. Weiße Zähne wie ein Filmstar, das Bleaching (Bleichen der Zähne) macht's möglich. Die von Natur aus unterschiedlich gefärbten

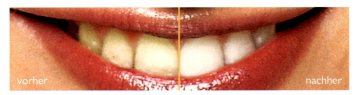

Bleaching

Zähne (weiß bis ocker) dunkeln mit zunehmendem Alter nach. Auch Farbstoffe aus Speisen und Genussmitteln, wie z. B. aus Tee, Tabak oder Rotwein, können in den Schmelz eindringen und zu Verfärbungen führen. Medikamente, wie z. B. bestimmte Antibiotika, oder Krankheiten führen ebenfalls zu Änderungen der Zahnfarbe. In solchen Fällen können die Zähne mit einem Bleichgel aufgehellt werden. In der Regel enthalten diese Gele Carbamidperoxid als Bleichmittel. Das aus dem Carbamidperoxid freigesetzte Wasserstoffperoxid diffundiert in das Dentin und zerstört dort die störenden Farbstoffmoleküle.
Das Bleaching kann sowohl vom Zahnarzt (In-Office-Bleaching) als auch, nach vorbereitenden Maßnahmen des Zahnarztes, zu Hause (Home-Bleaching) durchgeführt werden.

 Aufhellung mit Whitestrips®

Ein medizinisches Produkt zur einfachen, sicheren und wirksamen Aufhellung der natürlichen Zähne sind Whitestrips. Die flexiblen, transparenten Kunststoffstreifen bestehen aus Polyethen und besitzen eine Beschichtung mit einem Aufhellungsgel. Sobald die Streifen an den Zähnen angebracht sind, beseitigt der aufhellende Wirkstoff des Gels durch Oxidation auch tief liegende Verfärbungen unterhalb der Zahnoberfläche. Das Aufhellungsprodukt ist für den Zahnschmelz und das Zahngewebe medizinisch unbedenklich.

 E-3 | Vorhersagbarkeit von Redoxreaktionen

Veneers. Bei lokalen Verfärbungen im Frontzahnbereich empfiehlt es sich, den betroffenen Zahn nicht zu bleichen, sondern mit einer dünnen Keramikschale von etwa 0,5 mm, einem Veneer, abzudecken. Veneers bestehen aus einem zahnfarbenen, lichtdurchlässigen Keramikmaterial, das mithilfe der Adhäsivtechnik auf den Zahn aufgeklebt wird. Sie sind auch geeignet, dicke Füllungen oder leichte Zahnfehlstellungen im Frontzahnbereich zu kaschieren. Allerdings sind Veneers aufgrund ihrer Herstellung sehr teuer.

 Home-Bleaching mit einem Aktivator-Gel

Nach dem gründlichen Zähneputzen wird der Aktivator (Natriumchlorit) mit einem Schwämmchen aufgetragen. Danach wird das Bleichgel (enthält Citronensäure) auf ein Mundstück, das zuvor dem Gebiss angepasst wurde, aufgebracht und für etwa 10 min getragen. Anschließend werden die Zähne noch einmal gründlich geputzt. Die Anwendung erfolgt zweimal täglich für drei Wochen. Zähne werden dadurch um zwei bis drei Nuancen heller.

Zahnschmuck. Schmuckstücke auf Zähnen liegen im Trend und erfreuen sich besonders bei Jugendlichen großer Beliebtheit. Dabei werden Figuren aus 18-karätiger Goldfolie (Dazzlers und Twinkles) oder Glaskristalle (Skyces), in seltenen Fällen sogar echte Brillanten mithilfe der Adhäsivtechnik auf die Zähne aufgeklebt. Gesundheitlich ist der aufgeklebte Zahnschmuck nicht unbedenklich, da die gesunde Zahnoberfläche dafür angeätzt werden muss. Außerdem ist es wichtig, auf eine gute Mundhygiene zu achten, da der Schmuck für Bakterien ideale Nischen bietet und es so schneller zu Karies kommen kann. Der Schmuck hält ca. 1–2 Jahre und kann problemlos wieder entfernt werden.

Neben aufklebbarem Zahnschmuck gibt es auch Kappen, die über die Zähne gestülpt werden können. Da es beim Tragen und Entfernen der Zahncaps zu erheblichen Schäden an den Zähnen und am Zahnfleisch kommen kann, ist davon dringend abzuraten.
Gesundheitlich unbedenklich hingegen sind die aus den USA kommenden Billy-Bob-Teeth, ein Partygag aus Polyacryl. Diese Zahngebisse werden auf die Zähne aufgesteckt und mit einer Siliconmasse individuell an das Gebiss des Trägers angepasst.

Steckbrief Titan

- Dichte: $\varrho = 4{,}5\,\mathrm{g\cdot cm^{-3}}$
- silberglänzendes Metall
- vergleichsweise hart
- sehr elastisch und gleichzeitig dehnbar
- schlechte Wärmeleitfähigkeit
- sehr korrosionsbeständig
- röntgentransparent

Implantate. Hat jemand durch einen Unfall, durch Gewalteinwirkung oder durch Krankheit Zähne verloren, so lassen sich heutzutage die unansehnlichen Lücken durch Zahnimplantate schließen. Dabei handelt es sich um künstliche Zahnwurzeln aus Titan, die in den Kieferknochen geschraubt werden. Sie verwachsen mit dem Knochen und übernehmen die Haltefunktion für den Zahnersatz. Abgesehen von der Ästhetik bieten Implantate eine Reihe weiterer wichtiger Vorteile wie z. B. eine lange Haltbarkeit, den Erhalt des Kieferknochens und die Schonung der gesunden Zähne.

1. Erklären Sie die chemischen Vorgänge beim Bleichen mit Wasserstoffperoxid.
2. Erläutern Sie die Wirkung des Home-Bleachings auf der Basis von Natriumchlorit.
3. Beschreiben Sie die nötigen Verfahrensschritte zum Aufkleben von Zahnschmuck mit der Adhäsivtechnik.
4. Begründen Sie, warum Titan ein geeigneter Werkstoff für Implantate ist.

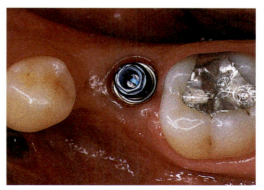

Implantat

12.7 Zahnästhetik

12.8 | Wirkung eines Zahnpflegekaugummis auf den pH-Wert des Speichels | pH-Wert-Messung in der Plaque

Für Experten

Zahnpflegekaugummis – eine wirksame Kariesprophylaxe. Spezielle Zahnpflegekaugummis sind seit etwa zehn Jahren auf dem Markt und werden von der Werbung als Zahnpflege für zwischendurch empfohlen. Über die Wirkung dieser Kaugummis liegen inzwischen etliche Untersuchungen vor, die bestätigen, dass durch das Kauen der zuckerfreien Kaugummis das Kariesrisiko gesenkt wird. Allerdings wurde bereits in den 1980er Jahren von Wissenschaftlern in einer groß angelegten Studie festgestellt, dass sich durch das Kaugummikauen schon nach 10 min der Quecksilbergehalt im Speichel bei Testpersonen mit Amalgamfüllungen verdoppelt bis verdreifacht.

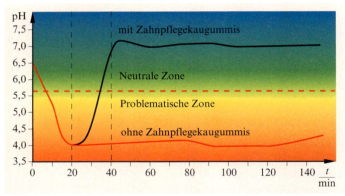

pH-Verlauf im Mund nach dem Essen mit und ohne Zahnpflegekaugummi

 E-6 | Pufferlösungen

1. Vergleichen Sie die Inhaltsstoffe eines normalen Kaugummis mit denen eines Zahnpflegekaugummis.
2. Erläutern Sie die Karies vorbeugende Wirkung des Zahnpflegekaugummis.
3. Werten Sie das pH-Diagramm aus und beurteilen Sie es aus chemischer Sicht.
4. Sie sind Mitarbeiter der Verbraucherberatung. Informieren Sie sich ausführlich über das Für und Wider von Zahnpflegekaugummis und erstellen Sie eine fachlich versierte Informationsschrift für interessierte Verbraucher.

12 Ein Mund voll Chemie

Inhaltsstoffe von Zahnpflegekaugummis

Inhaltstoffe		Funktion
Gum Base	Elastomere	bildet den Kaukörper
Zuckeraustauschstoffe	Sorbit	verbessert die Kaueigenschaften
	Xylit	antikariogene Wirkung
	Isomalit	ähnliches Geschmacksprofil wie Zucker
	Mannit	unterstützt die Freisetzung von Aromen
Aromastoffe	Pfefferminzöl, Menthol	für frischen Atem und angenehmen Geschmack
Farbstoffe		geben eine ansprechende Farbe
Süßstoffe		unterstützen die Süßkraft der Zuckeraustauschstoffe

Kapitel 13

Die Welt ist bunt

Überall ist Farbe: Rot, Grün, Blau, Gelb – unsere Welt erscheint kunterbunt. An einem hellen Sonnentag leuchten diese Farben besonders kräftig, an einem trüben Regentag dagegen wirken viele Farben fad und unauffällig. Licht und Farbe beeinflussen unser Wohlbefinden erheblich. Deswegen wählen viele Menschen Farben gezielt aus, um sich ins rechte Licht zu setzen. Sie färben sich beispielsweise die Haare, wählen bestimmte Kleiderfarben aus, schminken sich oder lackieren die Fingernägel.
Doch wie hängen Licht und Farbe zusammen? Welche Wirkung haben Farben auf uns? Was sind Farbstoffe und wie können sie zum Färben eingesetzt werden? Und: Gibt es beim Gebrauch von Farbstoffen gesundheitliche Risiken?

Farben sehen

„Nachts sind alle Katzen grau." Beim Sehvorgang treffen die ins Auge einfallenden Lichtstrahlen auf die Netzhaut unseres Auges und regen die etwa 6 Mio. Zapfen und die etwa 20-mal häufigeren Stäbchen an. Stäbchen und Zapfen sind die Sehzellen der Netzhaut. Die wesentlich lichtsensibleren Stäbchen reagieren auf die Helligkeit des Lichts und ermöglichen dadurch das Schwarz-Weiß-Sehen im Dunkeln, während die Zapfen auf Farbe im Wellenlängenbereich zwischen 400 und 750 nm ansprechen. Daher werden bei geringer Helligkeit nur noch die Stäbchen gereizt. Selbst im Mondlicht können wir keine Farben mehr wahrnehmen. Das obige Sprichwort stimmt also, weil bei Dunkelheit nur der Reiz von unterschiedlichen Grautönen über den Sehnerv zum Sehzentrum des Gehirns geleitet werden kann.

Farbe signalisieren. Die Zapfen in der Netzhaut sind auf die drei Primärfarben Rot, Blau und Grün spezialisiert. Beobachten wir Fregattvögel beim Balzverhalten, so fällt der Kehlsack des Männchens nicht nur durch seine ballonartige Größe, sondern auch durch die knallrote Farbe auf. Beim Betrachten des Kehlsacks wird vor allem der Rotrezeptor auf der Netzhaut angeregt und im Sehzentrum des Betrachters entsteht der Eindruck der Signalfarbe Rot.
Bei Farben wie Rosarot, Orange oder Gelb werden mehrere Zapfentypen angesprochen. So entsteht Rosarot, wenn die Blau- und Rotrezeptoren gleichermaßen angeregt werden. Jede Farbe des einfallenden Lichts führt daher zu einer bestimmten Erregung aller drei Zapfentypen.

 ↗ **B-7 | Licht als elektromagnetische Strahlung**

Die fotochemische Reaktion im Auge

Sowohl Stäbchen als auch die drei Zapfenarten enthalten als lichtempfindliche Moleküle Rhodopsine, die aus dem Farbträger 11-*cis*-Retinal bestehen, das an ein Proteinmolekül (Opsin) gebunden ist. Die Empfindlichkeit der Stäbchen und Zapfen auf unterschiedliche Wellenlängen wird dadurch hervorgerufen, dass es sich bei den Opsinproteinen um jeweils verschiedene Moleküle handelt. 11-*cis*-Retinal ist ein gewinkeltes Molekül, das sich bei einem Lichtreiz in ein lang gestrecktes Molekül – das all-*trans*-Retinal – umwandelt (isomerisiert). Dadurch kann die Bindung zum Opsinprotein nicht mehr bestehen bleiben und bricht innerhalb von 10^{-15} s auf. Diese Veränderung löst eine Signalkette aus, deren Information über die Nerven bis zum Gehirn geleitet werden. Es entsteht der Eindruck von Licht und Farbe.

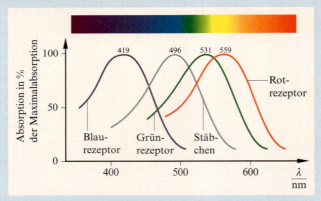

Lichtabsorption der Stäbchen und der drei Zapfentypen des Menschen

Männliche Fregattvögel blasen ihren roten Kehlsack während der Balz ballonartig auf.

Blattfarbstoffe

Chlorophyll absorbiert sowohl langwelliges, energiearmes rotes als auch kurzwelliges, energiereiches UV-Licht. Die Energie beider Wellenlängenbereiche nutzt die Pflanze zur Fotosynthese. Da Chlorophyll weitere Blattfarbstoffe wie z. B. einige Carotinoide überdeckt, werden diese erst im Herbst beim Zerfall des Chlorophylls sichtbar. Die Blätter werden bunt. Manche Carotinoide im Blatt tragen im Wellenlängenbereich zwischen 450 und 500 nm durch Energieübertragung auf das Chlorophyll mit zur Fotosynthese bei.

13 Die Welt ist bunt

13.1 | Herstellung einfacher Künstlerfarben | Mehrfarbendruck

Durch das Zusammenwirken der einzelnen Bildpunkte entsteht infolge der Farbaddition die gewünschte Farbe auf dem Fernsehbildschirm.

Mathematik der Farben. Beim Farbfernseher ist jeder Bildpunkt des Gesamtbilds zu je einem Drittel in einen roten, einen blauen und einen grünen Abschnitt aufgeteilt. Mit diesen drei Primärfarben lassen sich alle Farben erzeugen. Wie lässt sich das erklären?

Wird das Licht einer grünen Lampe mit dem einer roten Lampe gemischt, so entsteht gelbes Licht (Yellow). Auf gleiche Weise entsteht Magenta,

Subtraktive Farbmischung durch Magenta, Yellow und Cyan

Die Sonne als Energiequelle. Ohne die Energie der Sonne wäre Leben auf unserer Erde unmöglich. Im Zentrum der Sonne finden Kernfusionsreaktionen bei extrem hohem Druck und Temperaturen von ca. 15 Mio. K statt. Die dabei freigesetzte Energie gelangt an die Sonnenoberfläche, die immer noch ca. 6 000 K heiß ist. Wie der Draht einer Glühbirne, der wegen des elektrischen Stroms aufgeheizt wird, so strahlt die Sonne unser Sonnenlicht ab.

Das weiße Licht der Sonne ist ein Mischlicht aus unterschiedlichen Farben, was sich am Phänomen des Regenbogens beobachten lässt. Durch die Regentropfen wird das weiße Sonnenlicht in die Spektralfarben Rot – Orange – Gelb – Grün – Blau – Violett zerlegt. Diese Spektralfarben ergeben zusammen das Spektrum des Sonnenlichts.

1. Überlegen Sie, wie Sie mithilfe der Farbaddition oder der Farbsubtraktion folgende Farben herstellen können: Weiß, Schwarz, Gelb, Violett, Grün und Orange.
2. Erläutern Sie das Verfahren eines Farbtintenstrahldruckers.
3. Erklären Sie die Beobachtungen des in „Prozesse und Verfahren" beschriebenen Experiments.

wenn Rot und Blau gemischt werden. Diese Art, verschiedenfarbiges Licht zu mischen, wird Farbaddition genannt. In der Bildröhre liegen die Farbpunkte sehr dicht nebeneinander, weshalb der Betrachter nur die gemischte Farbe der Bildpunkte sieht. Der umgekehrte Fall einer Farbsubtraktion liegt vor, wenn aus Mischlicht eine Farbe herausgefiltert (absorbiert) wird. Daher wird in diesem Fall von Lichtabsorption gesprochen. Die grünen Blätter eines Baumes erscheinen nur deshalb grün, weil der rote und der blaue Anteil des weißen Sonnenlichts von dem Blattfarbstoff Chlorophyll absorbiert werden. Die verbleibenden farbigen Anteile des Lichts mischen sich additiv zur Komplementärfarbe Grün. Auf gleiche Weise lässt sich die Eigenfarbe aller Gegenstände um uns herum erklären.

Sind grüne Smarties wirklich grün?

Lösen Sie mit einem Esslöffel Wasser die Farbe von acht grünen Smarties. Entnehmen Sie die farblosen Smarties und stellen Sie in die Lösung ein in der Mitte längs geknicktes Filterpapier.
Als Ergebnis erhalten Sie die Aufspaltung der grünen Mischfarbe in ihre Einzelkomponenten.

13.1 Farben sehen

 B-3 | Chromatografie

Licht im Dunkeln

Fotolumineszenz. Ein Euroschein beginnt unter einer UV-Lampe an bestimmten Stellen zu leuchten. Dort sind fluoreszierende Streifen auf den Schein aufgebracht, die wir im normalen Tageslicht nicht wahrnehmen können. So kann an Einkaufskassen geprüft werden, ob der Schein echt oder gefälscht ist.
Eine Uhr mit Leuchtzifferblatt leuchtet auch noch einige Zeit im Dunkeln weiter. Es ist mit einem phosphoreszierenden Stoff beschichtet.
Fluoreszenz und Phosphoreszenz sind beides Fotolumineszenzen, die durch Lichteinwirkung auf den jeweiligen Stoff hervorgerufen werden.
Bei der Phosphoreszenz handelt es sich um das Nachleuchten einer Substanz nach Lichteinwirkung, das einige Stunden oder sogar Tage andauern kann. Der Name stammt von dem Leuchten des weißen Phosphors im Dunkeln, obwohl es sich hierbei eigentlich um eine Chemolumineszenz handelt.
Bei der Fluoreszenz endet das Leuchten sofort nach der Bestrahlung. Die Bezeichnung leitet sich von dem Mineral Fluorit ab, bei dem das Phänomen der Fluoreszenz zuerst beschrieben wurde.

Pyrotechnik. Feuerwerke sind seit Jahrhunderten beliebt und werden gerne bei verschiedenen Festlichkeiten eingesetzt. Bei professionellen Feuerwerken plant ein Pyrotechniker heute jeden Lichteffekt ganz genau.
Damals wie heute laufen bei pyrotechnischen Mischungen Redoxreaktionen ab. Da eine pyrotechnische Mischung selten aus nur zwei Komponenten besteht, sind die chemischen Reaktionen recht komplex. Für die Farben des Feuerwerks sind Verbindungen verschiedener Metalle verantwortlich. Werden die Stoffe auf bestimmte Temperaturen erhitzt, so werden Elektronen angeregt, die dann wieder in ihren Grundzustand zurückfallen. Die dabei frei werdende Energie wird als Lichterscheinung einer charakteristischen Farbe ausgesendet, die die Flamme des Feuerwerks färbt. Bei diesem Phänomen wird von Lichtemission gesprochen.

↗ B-7 | Anregung von Elektronen
↗ A-1 | Entstehung von Atomspektren

13

Die Welt ist bunt

Metallverbindungen beim Feuerwerk

Farbe	Metall bzw. Metallverbindung
Weiß	Aluminium, Magnesium, Titan
Gelb	Natrium, Ultramarin
Goldgelb	Eisen
Gelborange	Kryolith
Orangerot	Calcium
Rot	Lithium, Strontium
Blau	Kupfer
Grün	Barium

198

13.2 | Kryolith und Ultramarin – zwei ähnliche Minerale | Weißmacher in Waschmitteln

Lumineszenz

Unter Lumineszenz werden Lichterscheinungen verstanden, die durch angeregte Elektronen hervorgerufen werden, wenn diese in ihren Grundzustand zurückkehren (Lichtemission). Da Lumineszenz nicht durch Erhitzen bis zum Glühen hervorgerufen wird, sprechen wir vom „kalten Leuchten". Es werden je nach Art der Anregung verschiedene Lumineszenzen unterschieden.

Chemolumineszenz. Unter Chemolumineszenz wird das kalte Leuchten verstanden, das durch chemische Reaktionen hervorgerufen wird. Finden diese in Organismen statt, wird von Biolumineszenz gesprochen.

Ein bekanntes Beispiel für Chemolumineszenz sind die Knicklichter, die zum Angeln benutzt werden. In einer Kunststoffhülle befinden sich eine Oxalsäureesterlösung und ein Farbstoff. Außerdem schwimmt in der Flüssigkeit eine Glasampulle, die Wasserstoffperoxid enthält. Beim Knicken zerbricht die Glasampulle und es kommt zu einer chemischen Reaktion, bei der der Farbstoff für mehrere Stunden charakteristisch zu leuchten beginnt. Aber Vorsicht: Da die verwendeten Stoffe gesundheitsschädlich sein können, sollten Knicklichter nicht im Mund zerbissen werden.

Die Fluoreszenz optischer Aufheller, wie sie z. B. in Waschmitteln zu finden sind, beruht darauf, dass sie für uns unsichtbares UV-Licht absorbieren. Das von der Wäschefaser reflektierte Licht hat dadurch einen verstärkten Blauanteil und die Wäsche erscheint weißer, weil ihre Gelb- und Graustiche übertönt werden. Eine UV-Lampe macht die bläuliche Fluoreszenz sichtbar. Dieser Effekt wird oft in Diskotheken mithilfe von Schwarzlichtlampen genutzt, sodass weiße Kleidungsstücke zu leuchten beginnen. Da der Apatit der Zähne ebenfalls fluoresziert, künstliche Zähne dagegen nicht, macht Diskolicht allerdings auch falsche und fehlende Zähne für den Betrachter sichtbar.

Diese Rippenqualle lebt weltweit nahe an der Wasseroberfläche.

Auch Tiere und Pflanzen können kaltes Leuchten produzieren. Dies geschieht durch eine biochemische Reaktion zwischen einer organischen Säure und einem Enzym direkt im Organismus. So wird die Biolumineszenz häufig von Tiefseebewohnern benutzt, die durch Licht in der sonst dunklen Umwelt auf sich aufmerksam machen wollen. Bekannter ist die Biolumineszenz bei den Leuchtkäferweibchen (Glühwürmchen), die durch das Leuchten die Männchen anlocken. Aber auch einige Pilz- und Bakterienarten benutzen Biolumineszenz.

1. Recherchieren Sie Inhaltsstoffe von Feuerwerken und überlegen Sie, welche Redoxreaktionen beim Abbrennen stattfinden.
2. Welche Verbindungen stehen hinter den Namen Kryolith und Ultramarin und welches Metall ist für die Flammenfärbung verantwortlich?
3. Wo werden Lumineszenzen im Alltag und in der Forschung verwendet?
4. Informieren Sie sich über Elektrolumineszenz und ihre Anwendung bei LED-Anzeigen.

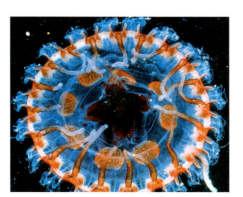
Die Tiefseequalle Atolla kann 4 000 m tief tauchen und ihr Licht bei Bedarf einschalten.

13.2 Licht im Dunkeln

13.3 | Lippenstift – Schönheit und Schutz zugleich | Farbpsychologie

Farbe bekennen

Purpurschnecken

Ausdruck durch Farbe. Wir gestalten unser Leben farbig. Farben haben auf uns eine bestimmte Wirkung, sie beeinflussen unsere Psyche. Sie können aggressiver oder entspannter, dynamischer oder ruhiger machen. Mit Farben setzen wir Kontraste oder wir erzeugen Harmonie. Daneben haben Farben in den verschiedenen Kulturen einen erheblichen Symbolcharakter. Feuerwehrfahrzeuge sind bei uns z. B. rot, geheiratet wird in Weiß, Arbeiter tragen einen Blaumann.

Farbe als Statussymbol. Der Symbolcharakter der Farbe durchzieht auch unsere Geschichte. Über Jahrhunderte hinweg waren teure Farbstoffe wie das Rot der Purpurschnecken oder das Blau der Indigopflanze nur Königen und Mitgliedern der oberen Schichten vorbehalten. Beide Farben waren sehr teuer und sollten auf den Reichtum des Auftraggebers hinweisen.
Auch in der Malerei besitzen Farben Symbolcharakter. In der Renaissancemalerei (15. und 16. Jahrhundert) ist die Madonna stets an ihrem ultramarinblauen Gewand, andere wichtige Schlüsselfiguren sind an purpurroten festlichen Kleidern zu erkennen.

Symbolcharakter von Farben

Farbe	Bedeutungen (Auswahle)	Farbtemperatur ϑ in Kelvin
Rot	Liebe, Macht, Wut	ca. 3 000
Orange	Wärme	ca. 3 800
Gelb	Licht, Macht, Heiligkeit – aber auch Krankheit, Tod	ca. 5 000
Weiß	Licht, Reinheit, Unschuld, Weisheit	ca. 5 600
Blau	Unendlichkeit, Klarheit	ca. 25 000

Buddhistische Mönche

Giovanni Bellini (ca. 1430 bis 1516): Maria mit Kind

Farbtemperatur

Jeder Farbe kann ein physikalischer Temperaturwert zugeordnet werden. Dieser wird aus der Temperatur ermittelt, auf die theoretisch ein schwarzer Gegenstand erhitzt werden müsste, um die entsprechende Farbe abzustrahlen. Eine Farbe mit niedriger Farbtemperatur empfinden wir als warm, eine mit hoher Farbtemperatur als kalt.

Arthur von Ramberg (1819 bis 1875): Der Hof Friedrichs II. zu Palermo

13
Die Welt ist bunt

Indigo macht Geschichte. Das Jeansblau Indigo ist ein Farbstoff, der mit der Zeit ausgewaschen oder abgerieben wird oder aber im Sonnenlicht ausbleicht. Zunächst galt er als Statussymbol reicher Leute, weil er mit hohen Kosten herzustellen war. Deshalb waren die ersten Jeans nicht blau gefärbt, da der natürliche Indigofarbstoff aus der Indigopflanze für eine preiswerte Färbung der Jeans zu teuer war. Erst die Entwicklung des synthetischen Farbstoffs Indigo 1878 durch ADOLF VON BAEYER (1835 bis 1917) ermöglichte die preiswerte Produktion und Blaufärbung von Jeansstoffen. Wegen seiner unbeständigen und deshalb mangelnden Qualität kam er zunächst nicht in der Modeindustrie zum Einsatz, sondern wurde zum Färben von Arbeits- oder Militärkleidung verwendet. Heute ist gerade die Auswaschbarkeit von Indigo ein wichtiges Merkmal einer guten Jeans.

 B-7 | Naturfarbstoffe

Küpenfärbung mit Indigo. Beim Färben mit Indigo müssen die Chemiker einen Trick anwenden. Der Farbstoff Indigo ist wasserunlöslich. Daher ist das direkte Färben einer Jeans im wässrigen Färbebad nicht möglich. Indigo wird zunächst zu der wasserlöslichen, gelblichen Leukoform (griech. leukos – weiß, hell) reduziert. Dieses Färbebad heißt Küpe (lat. cupa – Tonne, Fass). Je nach gewünschter Farbtiefe muss der Stoff dort einige Zeit verweilen.

In der reduzierten Form kann Indigo gut in die Baumwollfaser eindringen. Beim Trocknen an der Luft wird die Leukoform des Indigofarbstoffs oxidiert und der Farbstoff wieder blau. Da dieser Vorgang in früheren Zeiten einen Tag in Anspruch nahm, konnten die Färber den Trockentag „blaumachen". Dieser Tag war meistens ein Montag (blauer Montag), weil die Verweildauer der Jeans in der Küpe das Wochenende beanspruchte. Der einfache Kunstgriff von Reduktion und Oxidation wird heute wie vor 150 Jahren beim Färben von Blue Jeans angewendet.

 B-7 | Färben von Textilien

> **Zur Geschichte der Blue Jeans**
>
> Die Blue Jeans hat bayerische Wurzeln. LEVI STRAUSS (1829 bis 1902), der 1848 aus Bayern in die USA ausgewandert war, schneiderte sie in den 1850er Jahren für Goldsucher. Seine erste Kollektion bestand aus brauner Zeltplane, die zwar strapazierfähig, aber auch sehr unbequem war. Später griff Strauss auf einen blauen Stoff aus Nîmes zurück (de Nîmes – Markenname Denim). Beim Schnitt erinnerte er sich an Matrosenhosen aus Genua. Im Sprachgewirr der Goldsucher und Einwanderer wurde in den 1920er Jahren aus dem französischen Bleu de Gênes die Bezeichnung Blue Jeans. Das Ausreißen der Taschen verhinderte Strauss durch Nietenverstärkung, was in der heutigen Jeansmode noch immer aktuell ist. In Europa wurde die Jeans erst in den 1950er Jahren durch amerikanische Soldaten und Filmidole dieser Zeit, wie MARLON BRANDO (1924 bis 2004) oder JAMES DEAN (1931 bis 1955), bekannt.
>
>
> JAMES DEAN und LIZ TAYLOR in: Giganten (1955)

---

1. Recherchieren Sie weitere Einsätze von Farben in der Kunst, Mode oder Raumgestaltung und deren Bedeutung und Wirkung. Informieren Sie sich auch über Farbtypberatung, Farbtherapie und Farblichtsauna.
2. Recherchieren Sie die Zusammensetzung eines Lippenstifts.
3. Welche Bedeutung hatte der Indigo in Deutschland im Mittelalter und während der Industrialisierung?
4. Dibromindigo ist der rote Farbstoff der Purpurschnecke. Überlegen Sie anhand der Strukturformeln von 6,6′-Dibromindigo und Indigo, wie die Farbänderung von Purpur zum Indigoblau zustande kommt.

Mit Farben gestalten

Farben zum „Anmalen". Die Gestaltung mit Farben spielte schon immer eine große Rolle in der Menschheitsgeschichte. Bereits in der Steinzeit waren die Erdfarben – Pigmente vor allem aus Eisenoxiden – bekannt, mit denen Töne von Rostbraun bis ins Grün hinein erzielt wurden. Durch Brennen wurden diese Farbpigmente noch dunk-

1. Fertigen Sie eine Liste gebräuchlicher anorganischer und organischer Pigmente an. Was haben alle anorganischen Pigmente gemeinsam? Welche Farbstoffklassen gibt es vorwiegend bei den organischen Pigmenten?
2. Begründen Sie, weshalb Künstler nicht mit Farben aus Sulfiden und gleichzeitig mit Chromgelb (Bleichromat) arbeiten sollten.
3. Die Nanotechnologie ist ein aktuelles Forschungsgebiet der Naturwissenschaften. Stellen Sie in einer Mindmap „Nanotechnologie am Auto" dar, welche Forschungsrichtungen der Nanotechnologie beim Bau eines Autos umgesetzt werden.
4. Erläutern Sie den Ablauf einer Autolackierung.

Farbmittel, Farbstoffe und Pigmente

Alle farbgebenden Stoffe werden als Farbmittel bezeichnet. Zu ihnen gehören die Farbstoffe und die Pigmente. Farbstoffe sind lösliche organische Farbmittel. Pigmente sind anorganische oder organische Farbmittel, die immer wasserunlöslich und bunt oder unbunt sein können. Daneben gibt es auch noch Pigmente mit Spezialeffekten, z. B. Glanzpigmente.

Anorganische Farbpigmente in frühen und antiken Hochkulturen

Farbe	Name	Chemische Zusammensetzung	Vorkommen	Verwendung
Blau	Azurit	basisches Kupfercarbonat	Sinaihalbinsel, Mittelmeerraum, Mitteleuropa	Wandmalereien der Ägypter, Maya
Grün	Malachit	basisches Kupfercarbonat	Europa, Sinaihalbinsel	Wandmalereien der Römer, Ägypter
Rot	Zinnober	Quecksilbersulfid	Europa, Süd- und Mittelamerika, Asien	Wandmalereien der Hebräer, Assyrer, Ägypter, Chinesen

ler. Mineralfarben sind Pigmente von Schwermetallverbindungen. Viele dieser Farbpigmente sind grün oder blau. Die Kupferverbindungen waren schon in der Antike sehr beliebt, allerdings auch sehr wertvoll und teuer. Bei der Gestaltung von Räumen und Kunstwerken werden heute viele Farbmittel verwendet. Zahlreiche Produkte der Kosmetikindustrie beinhalten Farbpigmente.

Bestandteile verschiedener Farbmittel

Farben müssen auf ihrem Malgrund haften. Daher bestehen sowohl Anstrichfarben, Künstlerfarben oder auch Kosmetika prinzipiell aus drei Grundkomponenten: dem farbgebenden Pigment, dem Bindemittel, das die Haftung auf dem Malgrund ermöglicht, sowie einem Lösemittel, das beim Trocknen verdampft.

Nilpferd in „Ägyptischblau"

13 Die Welt ist bunt

13.4 | Schrecktinte und andere Geheimtinten | Zur Farbigkeit anorganischer Pigmente

 Farbforschung

Lange Zeit glaubten die Wissenschaftler, dass die Skulpturen der Antike aus naturbelassenem Marmor bestanden hätten. Im 18. Jahrhundert, dem Zeitalter des Klassizismus, nahmen sich Künstler die griechische Kultur zum Vorbild. In der Bildhauerei stellte der weiße unbemalte Marmorstein das Schönheitsideal dar. Heute wissen wir jedoch, dass in der Antike Marmorstein mit Naturpigmenten bemalt wurde, die auf der glatten Oberfläche gut aufgetragen werden konnten und durch den Marmorstein erst richtig zu leuchten begannen. Bis 500 v. Chr. wurden die Skulpturen mit unvermischten Naturpigmenten bemalt. Später gab es auch Farbmischungen, bei denen hellere und dunklere Farbwerte erzielt werden konnten. Dadurch wurde es möglich, Bewegungen der Figuren in wirklichkeitsnaher Perspektive darzustellen.

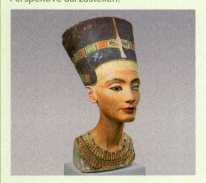

Büste der NOFRETETE um 1340 v. Chr.

 Herstellung einer Eitemperafarbe

Eitemperafarbe wurde im Mittelalter entwickelt und wird heute noch für die Ikonenmalerei verwendet. Um sie herzustellen, benötigen Sie zwei gleich große Glasgefäße. Schlagen Sie in das eine Glasgefäß zwei Eier. Geben Sie in das andere so viel Wasser, dass es dem Volumen der beiden Eier entspricht. Geben Sie das gleiche Volumen Leinöl zu dem Wasser und schütten Sie die Eier zu dem Öl-Wasser-Gemisch. Fügen Sie ein Pigment Ihrer Wahl dazu. Mit dieser Mischung können Sie jetzt malen oder Wände streichen.

HENRI MATISSE: Rote Harmonie (1908)

Anstrichfarbe. Farben spielen in der Wohnraumgestaltung eine große Rolle. In dem oben gezeigten Gemälde hat HENRI MATISSE (1869 bis 1954) die Gestaltung von Tischdecke und Tapete bewusst vereinheitlicht. Er hat Farben und Formen einander in Bezug gesetzt, um ein harmonisches Ganzes zu gestalten.
Farbige Wände, Gardinen, Gemälde oder Grafiken verändern Räume. Auch heutzutage versuchen Menschen auf diese Weise ihre Wohnung behaglich einzurichten.

An die Farbmittel werden dabei hohe Ansprüche gestellt. Auf lange Sicht gesehen sollen sie licht-, wetter- und hitzebeständig sowie abwaschbar sein. Außerdem soll die Farbe schnell trocknen. Leicht verdunstende Lösemittel führen jedoch zu Geruchsbelästigungen, manchmal sogar zu Kopfschmerzen und Übelkeit. Neu entwickelte Lacke, die aufgrund der so genannten Nanotechnologie entwickelt werden, ermöglichen einen guten Anti-Graffiti-Schutz von Außen- und Zugwänden. Die Forscher haben hierbei der Natur auf die Finger geschaut. Schon jedes Kind kann beobachten, dass Wasser von Blättern abperlt. Dieses Phänomen wurde von den Forschern auf die neu entwickelten Anstrichfarben übertragen.
Für die Qualität der Farben ist die Deckkraft mit entscheidend. Hier eignen sich anorganische Pigmente besser, wogegen organische Pigmente leuchtende, reine Farben ergeben.

13.4

Mit Farben gestalten

13.5 | Die Architektur des Haares

Buntes Haar – schönes Haar?

Der Wunsch vieler Menschen nach einer anderen Haarfarbe ist nach wie vor modern. Schon im Römischen Reich war das Blond der Germanen und Gallier populär. Der Schönheitsdrang ließ Frauen mit allen möglichen Erfolg versprechenden Mitteln experimentieren. Als Aufhellungsmittel für Haare galten in der Antike Hennabrei, Kalk oder Mixturen aus Meerwasser, Kamillenextrakt und Eigelb. Besonders viel Geduld erforderten das Ausbleichen durch die Sonne und die Dauerwaschungen des Haares mit Birkenasche.

Tönung. Das Prinzip der Tönung beruht auf der Anlagerung von Farbstoffmolekülen an das Haar. Im Keratin des Haares befinden sich elektrisch negativ geladene Aminosäurerestgruppen. Die im Tönungsmittel enthaltenen Farbstoffmoleküle sind elektrisch positiv geladen und werden dadurch von den negativ geladenen Gruppen im Haar angezogen. Sie lagern sich an der oberen Haarschicht an und bilden so einen farbigen Film um das Haar, der jedoch mit Shampoo wieder abgewaschen werden kann. Zusätzlich zu den großen Farbstoffmolekülen werden Nitrofarbstoffe eingesetzt, die sich tiefer im Haar einlagern können und die Haltbarkeit der Tönung verbessern. Die ursprüngliche Haarfarbe und die Farbe des Tönungsmittels ergeben zusammen die neue Haarfarbe.

↗ B-7 | Färben von Wolle

Intensivtönung. Wie bei der Tönung werden bei der Intensivtönung die natürlichen Haarpigmente nicht verändert. Durch einen geringen Wasserstoffperoxidanteil im Färbemittel können die Farbstoffe jedoch tiefer ins Haar eindringen und werden dadurch wesentlich besser fixiert.

Coloration. Colorationsmittel enthalten hauptsächlich Ammoniaklösung, Wasserstoffperoxidlösung und Farbstoffvorprodukte, die farblos sind. Die basische Ammoniaklösung lässt das Haar quellen. Wasserstoffperoxid dringt in das Haar ein und führt zu einer Aufhellung der natürlichen Haarpigmente durch oxidative Zerstörung. Die Moleküle der Farbstoffvorstufen dringen in das aufgequollene Haar ein und reagieren im Keratin des Haares miteinander zu großen Farbstoffmolekülen, die nur äußerst schwer auswaschbar sind. Diese durch Oxidation entstandenen Farbstoffmoleküle liegen in feinster Form verteilt im Keratin des Haares vor. Das Zusammenspiel der neu eingelagerten Farbstoffpigmente mit den aufgehellten natürlichen Pigmenten ergibt den neuen Farbton des Haares.

Aufbau eines Haares

Das Haar besteht aus der Haarwurzel und dem Haarschaft, den wir als Haar bezeichnen. In der Haarwurzel, die sich in der Haut befindet, finden Zellteilungen und Stoffwechselprozesse statt, was zum Längenwachstum des Haares führt. Der tote Haarschaft ragt aus der Haut heraus und ist verhornt. Die Haarsubstanz besteht zu etwa 90 % aus dem Protein Keratin.

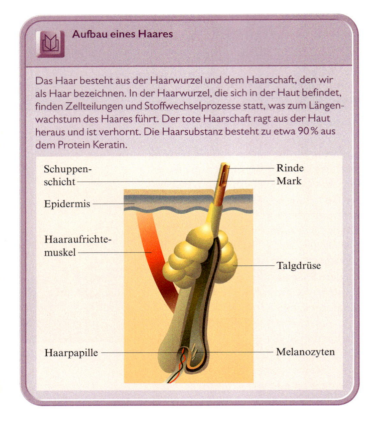

Mephistopheles warnt Faust

„Nimm dich in acht vor ihren schönen Haaren, vor diesem Schmuck, mit dem sie einzig prangt. Wenn sie damit den jungen Mann erlangt, so lässt sie ihn so bald nicht wieder fahren."
JOHANN WOLFGANG VON GOETHE in: Faust I.

13
Die Welt ist bunt

204

13.5 | „Haariger Inhalt": Die Inhaltsstoffe von Haarfärbemitteln

Intensitätsstufen von Haarfärbemitteln

Stufe	Intensität	Haltbarkeit
1	Tönung	ca. 8 Haarwäschen
2	Intensivtönung	ca. 4 bis 6 Wochen
3	Coloration	dauerhafte Färbung

1. Begründen Sie, ob es sich bei der Tönung von Haaren um eine subtraktive oder eine additive Farbmischung handelt.
2. Finden Sie eine Erklärung für das Quellen der Haare in basischer Lösung.
3. Welche Wirkung hat die Spülung des Haares mit Speiseessig nach der Haarwäsche?
4. Informieren Sie sich, wie beim Colorieren der Farbstoff chemisch aus den Farbvorstufen gebildet wird.

Blondieren. Anders als beim Färben werden beim Blondieren die natürlichen Haarpigmente weitgehend entfernt. Dazu wird beim Blondieren eine Mischung aufgetragen, die als wesentliche Bestandteile Blondierpulver (Peroxosulfate, Peroxide), Wasserstoffperoxid und als Quellkomponente einen basischen Stoff wie Ammoniaklösung enthält. Im Haar werden die Melaninpartikel vollständig abgebaut und hinterlassen daher winzige Löcher in der Haarstruktur. Bei unvollständiger Blondierung, besonders bei sehr dunkler Ausgangshaarfarbe, ergibt sich unter Umständen ein gelber bis orangefarbener Farbton, der nur durch eine nachträgliche Färbung kompensiert werden kann.

Macht Haarefärben krank? Das Haar wird beim Färben und Blondieren erheblich strapaziert, sodass eine Nachbehandlung unbedingt erforderlich ist. Nur mit ihrer Hilfe können die Entquellung des Haares herbeigeführt und die aggressiven Chemikalienreste beseitigt werden. Zusätzlich enthält ein hochwertiges Nachbehandlungsmittel Wirkstoffe, die die Haaroberfläche wieder schließt und glättet, wodurch das Haar einen besonders schönen Glanz erhält. Wegen diverser Allergien, die die Haarfärbemittel auslösen können, und der unerwünschten Verfärbung von Fingern und Nägeln ist das Tragen von Handschuhen Pflicht. Kommt etwas von der Mixtur auf die Kopfhaut, können gesundheitlich problematische Stoffe in den Organismus gelangen. Schwangere und stillende Frauen sollten daher auf das Färben der Haare verzichten. Sicher ist, dass die Chemikalien über die Kopfhaut der Mutter aufgenommen werden und sowohl in der Muttermilch als auch im Fettgewebe des Säuglings nachweisbar sind. Hinweise auf die Schädigung des Kindes gibt es bisher nicht.

 Natürliche Haarfarbe

Unsere natürliche Haarfarbe wird durch die in der Rinde des Haarschafts eingestreuten schwarzbraunen und gelbroten Melaninpigmente verursacht, die im unteren Teil der Haarwurzel von Melanozyten gebildet werden. Diese Zellen wandeln körpereigene Aminosäuren enzymatisch in diese zwei verschiedenen Melaninpigmente um. Entscheidend für die Haarfarbe ist die Art und die Anzahl der beiden Pigmente sowie deren genauer Ort im Haarschaft. Je mehr Schwarzbraunpigment vorhanden ist, desto dunkler ist das Haar. Das Gelbrotpigment ist für blassgelbe bis rote Farbtöne verantwortlich. Wenn ein Mensch älter wird, verringert sich die Anzahl der Melanozyten. Dadurch können weniger Pigmente gebildet werden und das Haar ergraut.

13.5
Buntes Haar – schönes Haar?

205

Bunte Welt der Pflanzen

Pflanzenfarbstoffe. Die Farbenpracht in der Natur lässt sich auf das Vorhandensein weniger Stoffklassen zurückführen, deren Molekülaufbau immer nach dem gleichen Prinzip für die Farbigkeit der Pflanzen verantwortlich ist. Wichtige Stoffklassen sind die Carotinoide, die Gelb- und Rottöne erzeugen, und die Flavonoide, die helle Gelbtöne oder auch Rot- und Blautöne hervorrufen.

Carotinoide und Flavonoide

Stoffklasse		Beispiel	Vorkommen	Farbe
Carotinoide	Carotine	β-Carotin	Karotte	gelb
	Carotine	Lycopin	Tomate	rot
	Xanthophylle	Lutein	Grünkohl	gelb
	Xanthophylle	Zeaxanthin	Mais	gelb
Flavonoide	Flavonole	Quercetin	Zwiebel	hellgelb
	Flavone	Luteolin	Paprika	hellgelb
	Anthocyane	Cyanidin	Kirsche	rot

Kirschen enthalten Cyanidin.

Carotine. In der Natur ist die Stoffklasse der Carotinoide mit über 600 Vertretern sehr verbreitet. Zu ihnen gehören die Carotine. Viele Pflanzen und Früchte haben aufgrund ihres Carotingehalts eine gelbe oder rote Farbe. In grünen Blättern überdeckt das Grün des Chlorophylls das Gelborange der verschiedenen Carotine. Sie schützen die Pflanzen vor schädlichem UV-Licht, indem sie es absorbieren.

Lycopin ist ein Carotin, das für die rote Farbe von reifen Tomaten verantwortlich ist. Zunächst wird sie ebenfalls vom Grün des Chlorophylls überdeckt. Wenn das Chlorophyll während des Reifeprozesses zerfällt, wird die durch das Lycopinmolekül hervorgerufene rote Farbe sichtbar.

13 Die Welt ist bunt

13.6 | Extraktion und Chromatografie von Blattfarbstoffen

1. Recherchieren Sie die biologischen Funktionen von Carotinoiden und Flavonoiden bei Menschen und Tieren.
2. Beschreiben Sie die intramolekularen Vorgänge im Cyanidinmolekül bei Änderung des pH-Werts der Lösung von pH 3 nach ph > 11.
3. Warum kann es bei Kühen zu Hautentzündungen kommen, wenn sie Johanniskraut, das das Flavonoid Hypericin enthält, gefressen haben?

Xanthophylle. Wichtige Vertreter der Xanthophylle – einer weiteren Untergruppe der Carotinoide – sind das Lutein und das Zeaxanthin. Beide kommen zusammen im gelben Fleck des menschlichen Auges vor. Sie schützen ihn vor altersbedingter Degeneration. Zurzeit wird erforscht, ob über die verstärkte Nahrungsaufnahme beider Stoffe die eintretende Degeneration verhindert oder verzögert werden kann. Ein weiteres Xanthophyll ist das Astaxanthin, das z. B. Krebsen und Garnelen die rosarote Farbe verleiht. Ein chemisch ähnlich aufgebauter Stoff – das Canthaxanthin – gibt roten Flamingos ihre charakteristische Farbe. Wenn diese Vögel in der Gefangenschaft zu wenig Garnelen fressen oder keinen Carotinoidzusatz im Futter erhalten, verlieren sie mit der Zeit die rote Farbe.

Flavonoide. Flavonoide kommen vor allem in den äußeren Schichten von Obst und Gemüse vor. Oft sind die Moleküle mit verschiedenen Zuckermolekülen verbunden. Für die Farbgebung ist neben der Bindung an die Zuckermoleküle unter anderem auch der Säuregehalt der Umgebung verantwortlich.
Cyanidin ist hierfür ein gutes Beispiel. Rotkohl ist in roher Form dunkelviolett. Wird er gekocht und mit Essig angemacht, so ändert sich die Farbe nach Rot, in basischer Lösung ist er dagegen blau (Blaukraut). Deshalb kann Rotkohlsaft auch als Indikator für Säuren und Basen verwendet werden.

 ↗ E-5 | Indikatoren sind korrespondierende Säure-Base-Systeme

Chromophore natürlicher Farbstoffe

Carotinoide und Flavonoide besitzen eine Molekülstruktur, die sich durch lange Ketten aus Kohlenstoff- und Wasserstoffatomen auszeichnet. Die Kohlenstoffatome sind die abwechselnd durch Einfach- und Doppelbindung (konjugierte Doppelbindungen) miteinander verbunden sind. Dadurch absorbiert das Molekül Licht einer bestimmten Wellenlänge.
Flavonoide besitzen zusätzlich auch noch aromatische Systeme in ihren Molekülen, die ebenfalls die Lichtabsorption ermöglichen. Atomgruppen, die die Lichtabsorption eines Moleküls entscheidend beeinflussen, werden Chromophore genannt.

 ↗ B-7 | Absorption von Licht aufgrund der Molekülstruktur

Sekundäre Pflanzenstoffe. Carotinoide und Flavonoide zählen zu den sekundären Pflanzenstoffen. Zu dieser Gruppe gehören über 100 000 verschiedene Stoffe, von denen wir bisher nur von wenigen wissen, welche Bedeutung sie für unsere Gesundheit haben. Wir können sie nicht selbst produzieren und müssen sie deshalb mit der Nahrung aufnehmen. Carotinoide und Flavonoide besitzen eine antioxidative Wirkung. Sie sind Radikalfänger, die in unserem Körper aggressive Teilchen abfangen und dadurch unschädlich machen. Das Risiko von Krankheiten kann durch eine gesunde Ernährung mit reichlich Obst und Gemüse vermindert werden. Einige Carotinoide sind auch für die Bildung von Provitamin A verantwortlich, das für die Synthese von 11-*cis*-Retinal benötigt wird. Eine zu geringe Aufnahme dieser wichtigen Stoffe kann zu Nachtblindheit führen.
Die Aufnahme muss allerdings wie bei allen Carotinoiden und Flavonoiden zusammen mit etwas Fett erfolgen, da alle Substanzen dieser Stoffklassen nur fettlöslich sind.

13.6 Bunte Welt der Pflanzen

Das Auge isst mit

Lebensmittelfarbstoffe – Augenwischerei?
Untersuchungen zeigen, dass vielen Menschen ein farblich blasses Lebensmittel unwillkürlich fader schmeckt als ein knallbuntes. Wenn Nahrungsmittel von Natur aus nicht bunt genug sind, kann mit Farbzusätzen nachgeholfen werden, um durch leuchtende Farben z. B. Qualität und Frische vorzutäuschen. Umgekehrt beeinflussen falsche oder ungewöhnliche Farben das Konsumentenverhalten oft negativ. Beispielsweise schlug der Versuch fehl, farblose, klare Cola auf den Markt zu bringen. Auch blau gefärbte Speisen und Getränke werden von vielen Menschen nicht konsumiert, weil sie unnatürlich erscheinen.

> Auf Lanzarote fallen große Feigenkakteenfelder auf. Diese werden wegen der Cochenillelaus angelegt, die dort als Parasit lebt und aus der der rote Farbstoff Karminrot gewonnen wird.

Natürlich, künstlich oder naturidentisch. Die Farben der Gummibärchen stammen von färbenden Auszügen (Extrakten) aus Früchten und Pflanzen. Sie sind also natürlicher Herkunft. Von diesen natürlichen Farbstoffen unterscheiden sich die naturidentischen. Beide haben die gleiche Strukturformel, jedoch wird der naturidentische Farbstoff durch chemische Synthese im Labor und nicht durch Biosynthese in der Natur gewonnen. Zum Beispiel kann der gelbe Farbstoff Riboflavin, der zum Färben von Vanillepudding eingesetzt wird, natürlich oder naturidentisch sein, je nachdem, ob er aus Bierhefe extrahiert oder synthetisch gewonnen wird. Keine natürlichen Vorbilder haben die künstlichen Farbstoffe wie z. B. Brillantblau oder der Azofarbstoff Gelborange S. Sie werden stets synthetisch hergestellt.

Verschlüsselte Informationen – die E-Nummern

Bei den E-Nummern (E für Europa) auf der Lebensmittelverpackung sind für die Lebensmittelfarbstoffe die Nummern E 100 bis E 180 reserviert.

E-Nummer	Name
101	Riboflavin
110	Gelborange S
120	Echtes Karmin
133	Brillantblau
140	Chlorophyll
160 a–f	Carotinoide
160 a	β-Carotine
161	Xanthophylle
161 b	Lutein
162	Betanin
163	Anthocyane

Mit dem Farbstoff der Cochenille-Schildläuse gefärbter Campari.

13 Die Welt ist bunt

13.7 | Echter oder falscher Lachs? | Metabolismus der Azofarbstoffe

Sind Lebensmittelfarbstoffe unbedenklich?
Lebensmittelzusatzstoffe müssen in Deutschland in einem amtlichen Verfahren zugelassen werden, in dem auch die gesundheitliche Unbedenklichkeit nachzuweisen ist. Einige künstliche Farbstoffe, vor allem aus der Gruppe der Azofarbstoffe, sind wegen möglicher allergischer und krebserregender Reaktionen ins Gespräch gekommen. Nahezu gefahrlos sind dagegen alle natürlichen Farbstoffe. Eine Ausnahme bildet der natürliche Farbstoff Echtes Karmin, der allergische Reaktionen auslösen kann. Er wird aus weiblichen Cochenille-Schildläusen gewonnen – der einzige Lebensmittelfarbstoff aus Tieren.

 **B-7 | Farbstoffklassen**

Hämoglobin – der Farbstoff im Blut. Seine Farbe verdankt das Blut dem Blutfarbstoff Hämoglobin. Dieser besteht aus Globin, einer Proteinkomponente, die sich in vier Polypeptiduntereinheiten mit je einer Farbstoffkomponente Häm untergliedert. Eine Häm-Gruppe wird aus einem ringförmigen Molekülkomplex bestehend aus Porphyrin und einem zweifach positiv geladenen Eisen-Ion gebildet, an das ein Sauerstoffmolekül reversibel gebunden werden kann. Nach der Sauerstoffaufnahme in der Lunge befördert der Blutkreislauf das so genannte Oxi-Hämoglobin in sauerstoffarmes Körpergewebe, wie z. B. die arbeitende Muskulatur, wo der Sauerstoff abgegeben wird. Dabei verändert sich die Farbe des Blutfarbstoffs. Oxi-Hämoglobn ist hellrot und wird nach Sauerstoffabgabe dunkelrot.

 **B-8 | Chelatkomplexe**

Myoglobin – der Farbstoff im Muskelfleisch.
Beim Fleischer sieht das oben aufliegende Stück Fleisch manchmal gräulichbraun aus. Die rote Farbe des Muskelfleisches und damit auch der Wurst- und Fleischerzeugnisse stammt vor allem vom Myoglobin, das ebenfalls Häm enthält. Im Muskel speichert Myoglobin den Sauerstoff, den das Hämoglobin anliefert (Oxi-Myoglobin). Beim Lagern des Fleisches an der Luft nimmt das dunkelrote Myoglobin Sauerstoff auf. Bei der anschließenden Oxidation der zweifach positiv geladenen Eisen-Ionen zu dreifach positiv geladenen Eisen-Ionen geht Oxi-Myoglobin in das gräulichbraune Met-Myoglobin über.
Um dies zu verhindern, werden viele Fleischprodukte gepökelt. Durch das Nitritsalz entsteht eine Verbindung, die dem Fleisch an der Luft eine dauerhafte rote Farbe verleiht, die auch beim Braten und Kochen erhalten bleibt.

 Echter und falscher Lachs

Kleine Stückchen von echtem Lachs bzw. Lachsersatz (Seelachs) werden in je ein Reagenzglas gegeben, mit Spiritus übergossen und kräftig geschüttelt. Falscher Lachs färbt die Spiritusschicht rotorange. Wird diese nun mit Benzin überschichtet und erneut geschüttelt, so bleibt der Farbstoff in der Spiritusschicht. Lachsersatz wird mit Gelborange S oder mit Cochenillerot A gefärbt.

 Hämoglobingehalt im Blut

Jeder Mensch verfügt über ca. 750 g Hämoglobin im Blut, bei Frauen sind es ca. $145\,g \cdot l^{-1}$, bei Männern ca. $153\,g \cdot l^{-1}$.
1 l Blut transportiert ca. 210 ml Sauerstoff. Kohlenstoffmonooxid bindet etwa 200-mal stärker an das Eisen-Ion als Sauerstoff.

1. Recherchieren Sie die in Deutschland für Lebensmittel zugelassenen Azofarbstoffe mit ihren Strukturformeln.
2. Erläutern Sie, warum Wale sehr lange tauchen können.
3. Bereits 0,4 Volumenprozent Kohlenstoffmonooxid können in der Atemluft tödlich sein. Begründen Sie.

Das Auge isst mit

Gepökeltes Kassler bleibt rot.

13.8 | Gelbfärbung von verschiedenen Fasern | 3-D-Molekülmodelle

Für Experten

Ein farbloses Kleidungsstück Ihrer Wahl soll gelb gefärbt werden.
1. Recherchieren Sie die Farbstoffe, die für die Farbe Gelb infrage kommen. Stellen Sie Vor- und Nachteile zusammen.
2. Wählen Sie Farbstoff und Färbetechnik aus, die bei Ihrem Kleidungsstück möglich sind, und erläutern Sie die chemischen Abläufe des Färbevorgangs.

Färbetechniken. Stellen Sie sich vor, bis zum heutigen Datum stünde uns für Textilien nur die Küpenfärbung mit Indigo zur Verfügung. Während sich die Natur farbenprächtig gestaltet, würden wir alle in blauen Kleidern einen menschlichen Einheitslook darstellen. Glücklicherweise ist dies nicht der Fall. Eine Vielzahl von synthetischen Farbstoffen und Färbetechniken wird heute verwendet, sodass wir Kleidungsstücke mit jeder denkbaren Farbe kaufen können.

Synthetische Farbstoffe müssen einigen Anforderungen genügen. Der Farbstoff soll die Eigenschaften lichtecht, waschecht und reibungsfest aufweisen. Er darf nicht gesundheitsschädlich sein. Er soll sich nicht durch Schweiß vom Stoff ablösen, sondern gut an der Faser haften und trotz allem preiswert zu produzieren sein. Eine nicht ganz leichte, aber lösbare Aufgabe.

Färbetechniken

Textilfaser	Färbetechnik
Wolle	Direktfärberei mit sauren Farbstoffen, Metallkomplexfärberei mit Metallkomplexfarbstoffen, Beizenfärberei mit Farblacken
Seide	Direktfärberei mit sauren und basischen Farbstoffen, Beizenfärberei mit Farblacken
Cellulose, Baumwolle	Direktfärberei mit Reaktivfarbstoffen, Küpenfärbung mit Küpenfarbstoffen, Entwicklungsfärbung mit einer Kupplungs- und einer Diazotierungskomponente, Beizenfärberei mit basischen Farbstoffen
Polyesterfaser	Direktfärberei mit Dispersionsfarbstoffen
Polyamid	Direktfärberei mit sauren Farbstoffen, Metallkomplexfärberei mit Metallkomplexfarbstoffen
Polyacryl	Beizenfärberei mit basischen Farbstoffen

 B-7 | Farbstoffklassen | Färben von Textilien

13 Die Welt ist bunt

Stoff-Teilchen-Konzept

Die Chemie befasst sich mit Stoffen und ihren Veränderungen. Basis für die Bearbeitung aller Fragen, die sich mit den stofflichen Veränderungen von Materie beschäftigen, ist dabei die Erkenntnis, dass alle Materie aus kleinsten Teilchen, den Atomen, aufgebaut ist. Im Folgenden können Sie sich mit den Vorstellungen, den experimentellen Untersuchungen und den empirischen Erkenntnissen auseinandersetzen, die die Naturwissenschaften zu den heutigen Vorstellungen vom Aufbau der Materie geführt haben.
So gibt es keine Zweifel mehr an der Existenz von Atomen, jenen kleinsten Teilchen aller Materie.
Atome zeichnen sich durch einen gleichen Grundaufbau aus und können sich in verschiedenen Verbänden anordnen und zusammenlagern.
Inwieweit unsere heutigen Vorstellungen vom Aufbau der Materie auch in einigen Jahrzehnten oder Jahrhunderten noch tragfähig sind, kann damit natürlich nicht vorhergesagt werden.

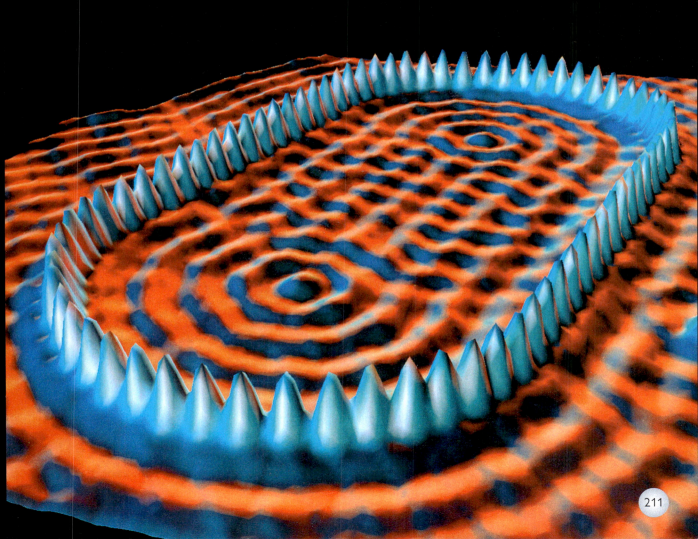

Von Stoffbetrachtungen zu Atommodellen

A Stoff-Teilchen-Konzept

1 DEMOKRIT (460 bis 371 v. Chr.)

Vorwissenschaftliche Vorstellungen von den Stoffen

Teilbarkeit von Stoffen. Sind winzigste Teilchen von Kohle immer noch Kohle? In einem Gedankenexperiment zerschlagen wir ein Stück Kohle mit einem Hammer zunächst grob, dann zerkleinern wir die Stücke durch Schläge weiter. Der entstehende Grus wird weiter zu feinstem Kohlenstaub gemahlen. Ein Körnchen des Staubes ist, unter dem Mikroskop betrachtet, immer noch ein Stück Kohle, das mit feineren Apparaten gewiss weiter und weiter geteilt werden kann. Lässt sich das Stück Kohle bis ins Unendliche weiter teilen, oder hört die Möglichkeit des Teilens einmal grundsätzlich auf? Gibt es Teile der Materie, die selbst keine Teile mehr haben?

Atomvorstellungen in der Antike und im Mittelalter. Diese hier aufgeworfene Frage ist eine sehr alte Frage. Die Ersten, von denen wir wissen, dass sie sich mit ihr beschäftigt haben, waren LEUKIPP (5. Jh. v. Chr.) und DEMOKRIT (460 bis 371 v. Chr.).
Wir besitzen kaum unmittelbar überlieferte Schriften dieser beiden Philosophen, aber zahlreiche Kommentare anderer, anhand derer wir uns heute über LEUKIPPS und DEMOKRITS Vorstellungen ein ziemlich genaues Bild machen können.
In ähnlicher Form wie bei ARISTOTELES (➚ Exkurs 1) wurden die Gedanken DEMOKRITS und LEUKIPPS von zeitgenössischen und späteren Philosophen aufgenommen und kommentiert. Manche Philosophen stimmten ihnen zu, die meisten verwarfen ihre Gedanken. Einer derjenigen, der sich mit den Ideen der beiden Atomisten aus-

---

Exkurs 1
Atomvorstellungen von LEUKIPP und DEMOKRIT

ARISTOTELES gibt die Gedanken von LEUKIPP und DEMOKRIT zur Teilbarkeit von Materie so wieder:
„Wenn ein Körper absolut teilbar ist – nehmen wir an, diese Teilung sei tatsächlich ausgeführt –, was bleibt dann über? Eine Größe? Dies ist nicht möglich; sie wäre ja etwas, was nicht geteilt worden wäre. Der Körper war aber doch absolut teilbar!
Aber auch wenn kein Körper und keine Größe übrig bleibt, eine Teilung (ins Unendliche) jedoch besteht, dann bestünde die Materie entweder aus Punkten und würde sich aus ausdehnungslosen Bestandteilen zusammensetzen, oder aus überhaupt nichts, sodass sie aus nichts entstehen und sich zusammensetzen würde; das ganze All wäre somit nichts anderes als ein Scheingebilde. Ebenso unsinnig wäre es, wenn ein Körper aus Punkten bestände; er hätte keine Ausdehnung. Denn immer wenn diese Punkte sich berührten und miteinander eine Einheit bildeten, würden sie das Ganze um nichts größer machen …
Es ist widersinnig, dass Größen aus Nicht-Größen entstehen …
Folglich, wenn es unmöglich ist, dass Größen aus Berührungen oder Punkten bestehen, muss es unteilbare Körper und Größen geben …"

einandersetzte und sie weiterentwickelte, war EKPHANTOS VON SYRACUS (etwa 400 v. Chr.). Er glaubte, dass die Grundbestandteile der Welt unteilbare Körperchen seien, die sich durch Größe, Form und Kraft – heute würden wir hierzu Energie sagen – unterscheiden. Die Anzahl der Atomarten hielt EKPHANTOS für begrenzt.

Es ist nicht verwunderlich, dass diese Überlegungen nicht von allen geteilt wurden, fehlte es doch an einem „sichtbaren Beweis" für diese Teilchen. ARISTOTELES selbst hat diese Vorstellungen nicht übernommen. Nach seinen Überlegungen waren die Stoffe bis ins Unendliche teilbar und bauten sich aus vier Grundstoffen – den „Elementen" Feuer, Wasser, Erde und Luft – auf. Diese „Elemente" verkörperten bestimmte Eigenschaften: Feuer galt als „warm" und „trocken", Wasser als „kalt und „feucht", Erde als „kalt" und „trocken" und Luft als „warm" und „feucht". Durch Kombination dieser „Elemente" würden alle uns bekannten Stoffe entstehen.

Im christlichen Altertum und im Mittelalter gab es kaum Zweifel an der Richtigkeit der Vorstellungen von ARISTOTELES – sie waren allgemein akzeptiert und die Basis der chemischen Untersuchungen, die von den Alchimisten in Laborexperimenten, so z. B. in Versuchen zur Herstellung des Edelmetalls Gold, gipfelten.

2 ARISTOTELES
(384 bis 322 v. Chr.)

A-1

Von Stoffbetrachtungen zu Atommodellen

Exkurs 2
Alchimisten und die Anfänge einer wissenschaftlichen Chemie

Häufig verbindet man die Bezeichnung „Alchimist" mit der Vorstellung von mehr oder weniger klugen Leuten, die sich in obskuren chemischen Laboratorien auf die Suche nach einem Weg zur Herstellung von Gold begeben hatten. Diese Vorstellung ist so nicht richtig: Alchimisten waren in der Regel Gelehrte wie Theologen oder Juristen. Ihr Ziel war es, Erkenntnisse über Gesetzmäßigkeiten bei der Umwandlung von Stoffen zu gewinnen. Auf sie geht die Entwicklung wichtiger chemischer Arbeitstechniken wie etwa Filtrieren, Sublimieren, Destillieren und die Entwicklung der entsprechenden Apparaturen zurück.

Die theoretische Grundlage für ihre Arbeiten war die Annahme, dass alle Körper aus einem Urstoff gebildet werden, dem verschiedene „Qualitäten" eingepflanzt werden können, sodass man so zu der ganzen Vielfalt der Stoffe gelangen könne. Bei Gold und Silber galt die Farbe als die ausschlaggebende Qualität. Bei den Versuchen zur Metallverwandlung versuchte man zunächst, die eingesetzten Metalle in einem Prozess des „Schwärzens" in den Urzustand zurückzuführen und ihnen dann in einem „Färbeprozess" die Farbe „Weiß" als die Farbe des Silbers oder „Gelb" als die Farbe des Goldes zu verleihen.

Resümee

Die Vorstellung, dass alle Stoffe aus kleinsten, nicht mehr teilbaren Grundbausteinen bestehen, gab es schon in der Antike. Allerdings wurden bis in das Mittelalter überwiegend die Vorstellungen von ARISTOTELES geteilt, wonach alle Stoffe bis ins Unendliche teilbar sind.

A

Stoff-Teilchen-Konzept

Die Entdeckung wichtiger Gesetze der Chemie

Wichtige Gesetze in der Chemie. Die Entwicklung der heutigen Atomvorstellungen ist untrennbar mit der quantitativen Untersuchung von chemischen Reaktionen verbunden. Die Erkenntnisse aus diesen quantitativen Untersuchungen halfen, die heutigen Atommodelle zu entwickeln.

Unabhängig voneinander stellten 1744 der russische Naturforscher MICHAIL W. LOMONOSSOW (1711 bis 1765) und 1785 der französische Chemiker ANTOINE LAURENT LAVOISIER (1743 bis 1794) fest, dass bei chemischen Reaktionen „nichts verschwindet", sondern die Gesamtmasse der beteiligten Stoffe erhalten bleibt. Die beiden Forscher können daher als die Entdecker des **Gesetzes von der Erhaltung der Masse** bezeichnet werden: Bei einer chemischen Reaktion lässt sich keine Veränderung der Gesamtmasse beobachten. Die Summe der Massen aller miteinander reagierenden Ausgangsstoffe ist gleich der Summe der Massen aller Reaktionsprodukte.

3 M. W. LOMONOSSOW (1711 bis 1765)

Exkurs 3
Zur Arbeit mit Modellen in den Naturwissenschaften

In den Naturwissenschaften finden häufig Modelle zur Erklärung von Phänomenen Verwendung. Dies trifft insbesondere auf Naturerscheinungen zu, die auf der submikroskopischen Betrachtungsebene erklärt werden müssen, denn die Vorgänge in diesem Bereich sind einer direkten Beobachtung nicht zugänglich. Vorstellungen vom Aufbau der submikroskopischen Ebene werden als Modell bezeichnet. Die meisten in den Naturwissenschaften verwendeten Modelle sind ideeller Natur, es existiert also nicht ein Modell, wie es z. B. aus dem Eisenbahnmodellbau bekannt ist.

Modelle werden in Abhängigkeit vom zu erklärenden Phänomen entwickelt. Beim Beobachten eines weiteren Vorgangs muss geprüft werden, ob das Phänomen mit bekannten Modellen erklärt werden kann. Ist eine Deutung mit vorhandenen Modellen nicht möglich, muss das Modell so weiterentwickelt werden, dass auch für die neue Beobachtung eine Deutung möglich wird. Manchmal ist es aber auch erforderlich, bisher verwendete Modelle zu verwerfen, und ein neues zu entwickeln.

Exkurs 4
Reaktion von Kupfer mit Schwefel

Kupfer und Schwefel reagieren zu Kupfersulfid. Ganz gleich, welche Masse Kupfer eingesetzt wird, der Massenanteil des gebundenen Kupfers in der gebildeten Verbindung Kupfersulfid beträgt immer 79,9 %, der Anteil des Schwefels immer 20,1 %. Bei der Reaktion

Kupfer + Schwefel → Kupfersulfid

reagiert demnach jedes Mal eine bestimmte Masse Kupfer mit einer entsprechenden Masse an Schwefel. Bei allen untersuchten chemischen Reaktionen fand PROUST diese Gesetzmäßigkeit, die er dann als das Gesetz der konstanten Massenverhältnisse (Gesetz der konstanten Proportionen) formulierte.

Der französische Chemiker und Apotheker JOSEPH LOUIS PROUST (1754 bis 1826) fand zum Ende des 18. Jahrhunderts eine weitere wichtige Gesetzmäßigkeit, die zur heutigen Atomvorstellung hinführte, das **Gesetz der konstanten Massenverhältnisse (Gesetz der konstanten Proportionen)**: In jeder chemischen Verbindung haben die gebundenen Elemente stets ein bestimmtes, konstantes Massenverhältnis.

Der englische Naturwissenschaftler JOHN DALTON (1760 bis 1844) beschrieb im Jahr 1808 das **Gesetz der multiplen Proportionen**: Wenn zwei Elemente A und B mehr als eine Verbindung miteinander bilden, dann stehen die Massen von A, die sich mit einer bestimmten Masse von B verbinden, in einem Verhältnis kleiner ganzer Zahlen zueinander.

Stoffmenge. Bei der Betrachtung chemischer Reaktionen ist es in bestimmten Fällen günstig, eine Vorstellung von der Anzahl der an der chemischen Reaktion beteiligten Teilchen zu erhalten. Die **Stoffmenge n** ist eine physikalische Größe für die Anzahl von Atomen, Molekülen, Ionen, Elektronen und anderen zählbaren Teilchen oder Einzelobjekten. Die Einheit der Stoffmenge ist das Mol. 1 mol ist die Stoffmenge eines Systems, das aus ebenso vielen Einzelobjekten besteht, wie Atome in 12 g des Kohlenstoffnuklids $^{12}_{6}C$ enthalten sind.

Diese Anzahl kann experimentell ermittelt werden: In 12 g Kohlenstoff $^{12}_{6}C$ sind etwa $N = 6{,}022 \cdot 10^{23}$ Kohlenstoffatome enthalten.

Die **Avogadro-Konstante N_A** ist der Proportionalitätsfaktor zwischen der Teilchenzahl N und der Stoffmenge n eines Stoffes $N = N_A \cdot n$. Die Avogadro-Konstante gibt an, wie viele Einzelteilchen in einem Mol eines Stoffes enthalten sind ($N_A = 6{,}022 \cdot 10^{23}\,\text{mol}^{-1}$).

Molare Masse. Eine wichtige Eigenschaft aller Atome ist es, eine Masse zu besitzen. Die Masse eines einzelnen Atoms ist unvorstellbar klein. So beträgt die Masse eines Kohlenstoffatoms des Nuklids $^{12}_{6}C$ gerade einmal $m(1\,^{12}_{6}C) = 1{,}993 \cdot 10^{-23}\,\text{g}$. Üblich ist es, die Atommasse in der **atomaren Masseneinheit u** anzugeben. 1 u ist gleich einem Zwölftel der Masse eines Kohlenstoffatoms des Nuklids $^{12}_{6}C$ (1 u = $1{,}660\,57 \cdot 10^{-24}\,\text{g}$ = $1{,}660\,57 \cdot 10^{-27}\,\text{kg}$). Die Masse eines Kohlenstoffatoms $^{12}_{6}C$ beträgt also, umgerechnet in die atomare Masseneinheit, $m(1\,^{12}_{6}C) = 12\,\text{u}$.

Durch Multiplikation der Masse eines Atoms bzw. eines Teilchens mit der Avogadro-Konstante N_A wird eine weitere wichtige physikalische Größe erhalten – die **molare Masse M** eines Stoffes.

$M(\text{Stoff}) = m(\text{Teilchen eines Stoffes}) \cdot N_A$

Die molare Masse M eines Stoffes ist gleich dem Quotienten aus der Masse m und der Stoffmenge n einer beliebigen Stoffportion dieses Stoffes.

$$M(\text{Stoff}) = \frac{m(\text{Stoffportion})}{n(\text{Stoffportion})}$$

Einheiten: $\text{g} \cdot \text{mol}^{-1}$, $\text{kg} \cdot \text{mol}^{-1}$

Die molare Masse einer Verbindung kann aus dem Periodensystem der Elemente aus den Atommassen aller an der Verbindung beteiligten Elemente ermittelt werden.

$M(C) = 12\,\text{g} \cdot \text{mol}^{-1}$
$M(H_2O) = 18\,\text{g} \cdot \text{mol}^{-1}$

Beispielrechnung 1
Multiple Proportionen
Kupfer bildet mit Sauerstoff schwarzes Kupferoxid (CuO) und rotes Kupferoxid (Cu_2O). Bei der Untersuchung der beiden Verbindungen auf die Anteile an Kupfer und Sauerstoff in ihnen stellt man fest, dass für die Bildung des schwarzen Kupferoxids z. B. 1 g Kupfer mit 0,252 g Sauerstoff reagierte und dass das rote Kupferoxid z. B. aus 1 g Kupfer und 0,126 g Sauerstoff gebildet wurde. Betrachtet man die Massenverhältnisse von Sauerstoff, die mit der gleichen Masse Kupfer (z. B. $m(Cu) = 1\,\text{g}$) reagieren, so ergibt sich ein Verhältnis von 2 : 1.

Stoffmischungen. Lösungen von Gasen, Flüssigkeiten oder Feststoffen in einer Flüssigkeit, Gasgemische und Legierungen sind Mischungen, die uns im Alltag oft begegnen. Um Angaben über die Zusammensetzung von Mischungen zu machen, werden häufig Konzentrationen und Anteile genutzt.

Wichtige Konzentrationen sind die Stoffmengenkonzentration c und die Massenkonzentration β. Darüber hinaus wird auch die Volumenkonzentration σ verwendet.

Häufig genutzte Anteilsgrößen sind der Massenanteil w und der Volumenanteil φ. Selten verwendet wird der Stoffmengenanteil x.

4 A. L. LAVOISIER (1743 bis 1794)

Von Stoffbetrachtungen zu Atommodellen

Stoffmengenkonzentration c

$$c(\text{Stoff}) = \frac{n(\text{Stoff})}{V(\text{Lösung})} \qquad \text{Einheit: } \frac{\text{mol}}{\text{l}}$$

Massenkonzentration β

$$\beta(\text{Stoff}) = \frac{m(\text{Stoff})}{V(\text{Lösung})} \qquad \text{Einheit: } \frac{\text{g}}{\text{l}}$$

Volumenkonzentration σ

$$\sigma(\text{Stoff}) = \frac{V(\text{Stoff})}{V(\text{Lösung})} \qquad \text{Einheit: } \frac{1}{1}$$

Massenanteil w

$$w(\text{Stoff}) = \frac{m(\text{Stoff})}{m(\text{Stoffgemisch})} \qquad \text{Einheit: } 1; \%; \text{ppm}$$

Volumenanteil φ

$$\varphi(\text{Stoff}) = \frac{V(\text{Stoff})}{V(\text{Stoffgemisch})} \qquad \text{Einheit: } 1; \%; \text{ppm}$$

Stoffmengenanteil x

$$x(\text{Stoff}) = \frac{n(\text{Stoff})}{n(\text{Stoffgemisch})} \qquad \text{Einheit: } 1; \%; \text{ppm}$$

Aufgaben

1. Berechnen Sie die Stoffmenge von 2 l Wasserstoff, 2 l Kohlenstoffdioxid und 2 l Methan.
2. Stellen Sie sich vor, Sie würden mit einer sehr schnellen Zählmaschine die Anzahl der Teilchen in 1 mol eines Stoffes zählen können. Pro Sekunde kann die Maschine eine Billion (10^{12}) Teilchen zählen. Berechnen Sie die Dauer des Zählvorgangs für 1 mol Teilchen.

Das Atommodell nach DALTON

Aufbau der Materie nach DALTON. Anfang des 19. Jahrhunderts folgerte DALTON aus den bis dahin bekannten Gesetzen in der Chemie (↗ S. 214), dass die Materie aus kleinsten, nicht mehr weiter teilbaren Teilchen, den Atomen, bestehen muss. Er knüpfte also an die Vorstellungen der alten Griechen DEMOKRIT und LEUKIPP an und stellte sich damit der aristotelischen Lehre entgegen.

DALTONS Theorie besagt im Wesentlichen Folgendes: Alle Materie setzt sich aus Atomen zusammen. Atome sind kleine, kompakte, unteilbare und unzerstörbare Massekugeln.

Alle Atome eines Elements sind sowohl hinsichtlich ihrer Masse als auch in ihren chemischen Eigenschaften identisch. Atome verschiedener Elemente besitzen unterschiedliche Massen und unterschiedliche Eigenschaften, die auch erhalten bleiben, wenn sie in Verbindungen eingebaut werden. Wenn eine Verbindung in Atome zerlegt wird, so sind die gebildeten Atome unverändert und können wieder dieselbe Verbindung bilden.

Atome verschiedener Elemente können sich verbinden, wobei die Atome im Verhältnis kleiner ganzer Zahlen gebunden sind (z. B. 1:2; 2:3; 1:4).

Wesentlich an den Überlegungen DALTONS ist die Tatsache, dass Atome nicht etwa kleinste Portionen eines bestimmten Stoffes sind, sondern Bausteine der Materie. Atome können demnach auch nicht die Eigenschaften eines Stoffes haben, sondern bedingen erst durch ihre Kombination und Anordnung die Vielfalt der Stoffe und die Vielfalt ihrer Eigenschaften.

Für die These, dass sich die Materie aus Atomen zusammensetzt, hatte DALTON keinen direkten Beweis. Mit der Annahme von Atomen konnte er jedoch eine Reihe von Experimenten sehr einfach erklären.

Die Annahmen DALTONS zur Masse und zu den Eigenschaften der Atome ergeben sich als Folgerung aus experimentellen Befunden: Wären nicht alle Atome eines Elements identisch in Masse und chemischen Eigenschaften, so würde bei einer chemischen Reaktion niemals die gleiche Masse eines Elements immer nur eine bestimmte Masse der neuen Verbindung ergeben und diese auch nicht immer die gleichen Eigenschaften zeigen. Die chemische Erfahrung zeigt, dass Abweichungen in der Masse oder anderen Eigenschaften noch niemals beobachtet wurden, sodass die Annahme gleicher Masse und Eigenschaften für die Atome eines Elements zwingend ist.

Gleiches gilt für die Annahme, in welchem Verhältnis die Atome in Verbindungen vorliegen. Wenn man davon ausgeht, dass Atome die kleinsten Teilchen der Elemente sind, so kann sich z. B. im einfachsten Fall ein Atom Magnesium (Mg) mit einem Atom Sauerstoff (O) zu Magnesiumoxid (MgO) verbinden, wobei ein ganz bestimmtes Massenverhältnis realisiert wird. Das kleinste „Teilchen" im Magnesiumoxid setzt sich dann aus einem Atom Magnesium und einem Atom Sauerstoff zusammen. Sind in einer gegebenen Stoffportion Magnesium z. B. 1 000 Magnesiumatome vorhanden und wird in der Verbindung mit Sauerstoff das oben genannte Massenverhältnis erreicht, dann werden zur vollständigen Reaktion des Magnesiums zu Magnesiumoxid auch zwingend 1 000 Atome Sauerstoff benötigt.

A

Stoff-Teilchen-Konzept

Aufgaben

1. In 6 g einer Verbindung sind das Element Sauerstoff und 3 g eines anderen Elements E gebunden. Ermitteln Sie mögliche chemische Formeln $E_m O_n$, wenn die molare Masse von E 32 g/mol beträgt.

2. Berechnen Sie die Stoffmengen von 4 g Wasserstoffatomen, 8 g Kohlenstoffatomen, 32 g Sauerstoffatomen und 60 g Calciumatomen.

3. Ordnen Sie die folgenden Stoffportionen nach steigender Anzahl der Teilchen in der Stoffportion: 2 g Wasser, 2 g Wasserstoff, 2 g Eis, 2 g Helium, 2 g Propan und 2 g Stickstoff.

Experiment 1

Bestimmung der Größe der kleinsten Teilchen eines Öles

Eine saubere, große Glaswanne wird mit kaltem Wasser gefüllt. Auf die Wasseroberfläche sind dünn und gleichmäßig 3 bis 4 Spatelspitzen Bärlappsporen (*Lycopodium*) zu streuen. Drei Tropfen Olivenöl werden in 50 ml Petroleumbenzin gelöst. Mit mehreren (!) Messungen sind die Anzahl der Tropfen in 1 ml Olivenöl und in 1 ml Öl-Petroleumbenzin-Lösung zu ermitteln. Mit einer Pipette wird ein (!) Tropfen der Öl-Petroleumbenzin-Lösung aus geringer Höhe im Zentrum der Glaswanne auf die Wasseroberfläche gebracht. Der sich ausbreitende Tropfen schiebt die Bärlappsporen kreisförmig auseinander. Nach wenigen Minuten hat sich ein Kreis gebildet, dessen Größe sich nicht mehr ändert. In dieser Zeit ist das Petroleumbenzin verdampft.

Auf der Wasseroberfläche befindet sich jetzt ein dünner Ölfilm. Wie dick ist dieser Ölfilm?

Von Stoffbetrachtungen zu Atommodellen

Der Ölfilm hat in etwa die Gestalt eines Kreiszylinders (Abb. 5). Sein Volumen beträgt

$V = \pi \cdot r^2 \cdot h$.

Das Volumen V ist gleich dem Volumen des Olivenöls in einem Tropfen Öl-Petroleumbenzin-Lösung. Der Radius r wird mit einem Lineal ermittelt, sodass die Höhe des Kreiszylinders und damit die Dicke des Ölfilms berechnet werden kann.

Ein Versuch lieferte die folgenden Daten:
1 ml Olivenöl besteht aus 40 Tropfen Olivenöl. 1 ml Öl-Petroleumbenzin-Lösung besteht aus 52 Tropfen Lösung. 50 ml Öl-Petroleumbenzin-Lösung enthalten 3 Tropfen Olivenöl, also 3/40 ml Olivenöl. Der Durchmesser d der Grundfläche des Kreiszylinders beträgt 160 mm.

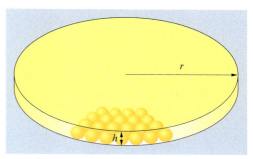

5 Der Ölfilm als Kreiszylinder

Gegeben: $V(\text{Öl-Petroleumbenzin-Lösung}) = 50\,\text{ml}$

$V(3\text{ Tropfen Öl}) = \dfrac{3}{40}\,\text{ml}$

$V(1\text{ Tropfen Lösung}) = \dfrac{1}{52}\,\text{ml}$

$r = \dfrac{d}{2} = 80\,\text{mm}$

Rechnung: $V(\text{Ölfilm}) = V(\text{Öl in 1 Tropfen Lösung})$

$= \dfrac{V(3\text{ Tropfen Öl}) \cdot V(1\text{ Tropfen Lösung})}{V(\text{Öl-Petroleumbenzin-Lösung})}$

$= \dfrac{3/40\,\text{ml} \cdot 1/52\,\text{ml}}{50\,\text{ml}}$

$V(\text{Ölfilm}) = 2{,}9 \cdot 10^{-5}\,\text{ml}$

$V = \pi \cdot r^2 \cdot h$

$h(\text{Ölfilm}) = \dfrac{V(\text{Ölfilm})}{\pi \cdot r^2} = \dfrac{2{,}9 \cdot 10^{-2}\,\text{mm}^3}{\pi \cdot 6400\,\text{mm}^2}$

$h(\text{Ölfilm}) = 1{,}4 \cdot 10^{-6}\,\text{mm}$

Die Dicke des Ölfilms beträgt etwa $1{,}4 \cdot 10^{-9}\,\text{m}$ oder $1400\,\text{pm}$.

Bisher hat man noch nie dünnere Ölfilme feststellen können, sodass man annehmen kann, dass der Ölfilm nur *ein* Molekül hoch ist, also nicht mehrere Molekülschichten übereinander liegen. Damit ist h auch angenähert der Durchmesser eines Ölmoleküls, wenn man vereinfachend annimmt, die Ölmoleküle liegen wie kleine Kugeln nebeneinander. Mit etwa 1 000 pm befindet man sich in der Größenordnung der atomaren Dimensionen, sodass dieser einfache Versuch ein überzeugendes Ergebnis für die Größe eines Moleküls liefert.

A

Stoff-Teilchen-Konzept

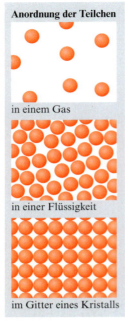

Anordnung der Teilchen

in einem Gas

in einer Flüssigkeit

im Gitter eines Kristalls

6 Verdeutlichung der Aggregatzustände

Verständnis der Aggregatzustände mithilfe der Atomvorstellungen DALTONS. Mit dem Dalton-Atommodell lassen sich z. B. der Aufbau der Feststoffe, die Aggregatzustände fest, flüssig und gasförmig sowie das Mischen von Stoffen und die Gegebenheiten in Mischungen gut erklären.

Für die Erklärung der Aggregatzustände sind noch einige weitere Annahmen erforderlich: So müssen zwischen den Teilchen eines Stoffes immer Anziehungskräfte wirken und die Teilchen eines Stoffes müssen immer eine Eigenbewegung ausführen.

In Feststoffen nimmt jedes Teilchen einen bestimmten Platz ein, um den es in alle Richtungen schwingt. Zwischen den Teilchen wirken sehr starke Anziehungskräfte, durch die die Teilchen an ihren Plätzen gehalten werden. In kristallinen Feststoffen, z. B. in Metallen und Salzen, sind die Teilchen regelmäßig in einem so genannten Gitter (Atomgitter, Metallgitter, Ionengitter) angeordnet.

In Flüssigkeiten haben die Teilchen keine festen Plätze. Die Eigenbewegung der Teilchen ist so stark, dass die Anziehungskräfte zwischen den Teilchen nicht mehr ausreichen, die Teilchen wie in den Feststoffen an festen Plätzen zu halten. Die Anziehungskräfte zwischen den Teilchen sind aber noch so stark, dass die Teilchen in der Flüssigkeit verbleiben.

Die Teilchen gasförmiger Stoffe bewegen sich so heftig, dass die Anziehungskräfte zwischen den Teilchen nicht mehr ausreichen, sodass die Teilchen in einer kondensierten Phase verbleiben können. Die Teilchen verteilen sich gleichmäßig in dem zur Verfügung stehenden Raum. Zwischen ihnen wirken nur noch schwache Anziehungskräfte.

Aufgabe

1. Im Experiment zur Bestimmung der Größe der kleinsten Teilchen eines Öles (Experiment 1, S. 217) wurde der Durchmesser eines Ölmoleküls mit $d \approx 1{,}4 \cdot 10^{-9}$ m bestimmt. Berechnen Sie die Anzahl der Teilchen in 1 ml Öl.

Resümee

Nach DALTON muss alle Materie aus kleinsten, nicht mehr weiter teilbaren Teilchen, den Atomen, bestehen. Die Atome eines Elements sind sowohl in ihrer Masse als auch in ihren chemischen Eigenschaften identisch. Atome verschiedener Elemente besitzen verschiedene Massen und verschiedene Eigenschaften. Nach DALTON sind Atome kleine, kompakte, unzerstörbare Kugeln. Mithilfe des Atommodells von DALTON können Phänomene wie das Verhalten von Gasen, die Mischung von Stoffen oder die Aggregatzustände von Stoffen gut beschrieben werden.

Das Kern-Hülle-Modell

Die Entdeckung elektrisch geladener Teilchen. In das Ende des 19. Jahrhunderts fällt die Entdeckung von Teilchen, die kleiner als die von DALTON postulierten Atome sein mussten.

Die Entdeckung eines dieser Teilchen gelang Sir JOSEPH JOHN THOMSON (1846 bis 1940) beim Experimentieren mit Gasentladungsröhren. Eine Gasentladungsröhre ist eine Röhre, aus der das Gas fast vollständig herausgepumpt wurde und an deren beiden Enden sich jeweils eine Elektrode befindet. Legt man an die beiden Elektroden einer Gasentladungsröhre (Abb. 7) eine hohe Spannung an, treten aus dem Minuspol, der elektrisch negativ geladenen Kathode, kleinste Teilchen aus. Die Teilchen bewegen sich mit hoher Geschwindigkeit in Richtung der elektrisch positiv geladenen Anode. Diese Teilchenstrahlung wird als **Kathodenstrahlung** bezeichnet. Durch die Bestimmung der Ablenkung der Kathodenstrahlung unter der Wirkung elektrischer und magnetischer Felder konnten Geschwindigkeit und Masse der elektrisch negativ geladenen Teilchen bestimmt werden. Die Masse eines solchen Teilchens beträgt etwa 1/2000 der Masse eines Wasserstoffatoms. Die elektrisch negativ geladenen Teilchen werden als **Elektronen** bezeichnet.

Mit einer modifizierten Gasentladungsröhre, bei der die elektrisch negativ geladene Kathode mit feinen Kanälen durchbohrt ist, können noch andere Teilchen beobachtet werden. Diese Teilchen bewegen sich von der Anode, dem Pluspol, weg in Richtung der elektrisch negativ geladenen Kathode. Durch die feinen Kanälchen in der Kathode gelangen diese Teilchen in den Raum hinter der Kathode, weshalb diese Teilchenstrahlung **Kanalstrahlung** genannt wird.

Wegen ihrer Bewegung in Richtung der Kathode müssen die Teilchen der Kanalstrahlung elektrisch positiv geladen sein. Sie entstehen, wenn die Elektronen der Kathodenstrahlung auf Gasteilchen treffen und aus den Gasteilchen Elektronen herausschlagen. Im Gegensatz zur Kathodenstrahlung, die nur aus Elektronen besteht, konnte durch die Wirkung elektrischer und magnetischer Felder festgestellt werden, dass die Kanalstrahlung aus unterschiedlichen elektrisch positiv geladenen Teilchen besteht. Das kleinste Kanalstrahlteilchen hat angenähert die Atommasse 1 u und trägt eine positive Elementarladung, es ist das **Proton**.

Mithilfe der Experimente mit den Gasentladungsröhren konnte die Existenz von Protonen und Elektronen als Teile der Atome nachgewiesen werden. Allgemein werden Protonen und Elektronen auch als **Elementarteilchen** bezeichnet.

Die elektrische Elementarladung. Der britische Naturforscher Sir HUMPHRY DAVY (1778 bis 1829) und sein Schüler MICHAEL FARADAY (1791 bis 1867) untersuchten Anfang bis Mitte des 19. Jahrhunderts die Wirkungen des elektrischen Stromes auf chemische Verbindungen. Dies führte u. a. zu der Erkenntnis, dass alle natürlich vorkommenden Ladungen ganzzahlige Vielfache einer kleinsten Ladung sein müssen, die man **elektrische Elementarladung** nannte. Diese elektrische Elementarladung beträgt: $e = 1{,}602 \cdot 10^{-19}$ C.

Von Stoffbetrachtungen zu Atommodellen

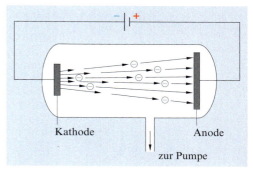

7 Gasentladungsröhre zur Erzeugung von Kathodenstrahlen

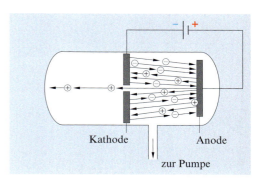

8 Gasentladungsröhre zur Erzeugung von Kanalstrahlen

> **Resümee**
>
> Die Versuche zur Erzeugung von Kathodenstrahlen und Kanalstrahlen zeigten gegen Ende des 19. Jahrhunderts, dass die Atome teilbar sind; elektrisch positiv geladene Protonen und elektrisch negativ geladene Elektronen müssen Teil der Atome sein.

A
Stoff-Teilchen-Konzept

Exkurs 5
Bestimmung der elektrischen Elementarladung mit dem Millikan-Versuch (1909 bis 1913)

In einem von ROBERT ANDREWS MILLIKAN (1868 bis 1953) durchgeführten Experiment konnte erstmals die elektrische Elementarladung direkt bestimmt werden. MILLIKAN zerstäubte Öl sehr fein, brachte die Öltröpfchen in einen Raum zwischen zwei Kondensatorplatten und bestrahlte diesen Raum mit Röntgenstrahlung (↗ Abb. 9). Die Röntgenstrahlung ionisiert die Gasmoleküle der Luft. Die dabei freigesetzten Elektronen werden auf die Öltröpfchen übertragen, die damit elektrisch negativ geladen werden. MILLIKAN wählte die elektrische Spannung zwischen den Kondensatorplatten so, dass die Abstoßungskraft zwischen den Öltröpfchen und der elektrisch negativ geladenen Kathode gerade die Gravitationskraft kompensierte und das Öltröpfchen zwischen den Kondensatorplatten in der Schwebe blieb. Verschiedene Öltröpfchen wiesen unterschiedliche elektrische Ladungen auf, doch MILLIKAN fand, dass diese immer nur als ganzzahlige Vielfache einer kleinsten Ladung – der elektrischen Elementarladung – auftreten.

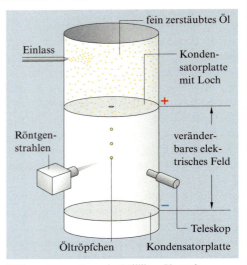

9 Versuchsanordnung im Millikan-Versuch

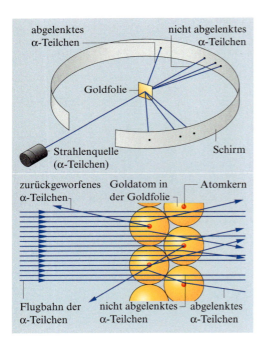

10 Streuversuch von RUTHERFORD: Apparatur und modellhafte Deutung

Streuversuch von RUTHERFORD. Ein entscheidender Schritt zu Entschlüsselung der Geheimnisse der Atome gelang 1911 dem britischen Physiker ERNEST RUTHERFORD (1871 bis 1937) mit seinen Mitarbeitern HANS WILHELM GEIGER (1882 bis 1945) und ERNEST MARSDEN (1889 bis 1970). Sie führten einen Streuversuch ähnlich dem Versuch von PHILIPP EDUARD ANTON LENARD (1862 bis 1947) unter Verwendung von α-Strahlung durch (Abb. 10). Einige radioaktive Stoffe (↗ S. 234) senden diese α-Strahlung aus, eine Strahlung aus den so genannten elektrisch positiv geladenen α-Teilchen.

In ihrem Streuversuch beschossen RUTHERFORD und seine Mitarbeiter eine ganz dünn ausgewalzte Goldfolie mit α-Teilchen. Sie beobachteten, dass die meisten α-Teilchen fast ungehindert durch die Goldfolie hindurchtraten. Einige wenige α-Teilchen wurden aber in ihrer Flugbahn abgelenkt, ganz selten auch eines zurückgeworfen. Aufgrund der Ergebnisse von LENARDS Experiment hatten die Forscher das ungehinderte Hindurchtreten der α-Teilchen durch die Folie erwartet, nicht aber die Ablenkung oder sogar die Reflexion einiger α-Teilchen. RUTHERFORD schloss aus den Versuchen, dass ein Atom aus dem Atomkern im Zentrum und der Atomhülle, die den Atomkern umgibt, bestehen muss. Der Atomkern enthält elektrisch positiv geladene Protonen. Elektrisch negativ geladene Elektronen bilden die Atomhülle. Mit den Protonen ist fast die gesamte Masse des Atoms im elektrisch positiv geladenen Atomkern vereinigt, während die elektrisch negativ geladene Atomhülle fast das gesamte Volumen des Atoms einnimmt. Berechnungen ergaben, dass bei einem Atomdurchmesser von etwa 10^{-10} m der Hauptteil der Materie im Atom auf einem Raum mit einem Durchmesser von nur etwa 10^{-14} m konzentriert ist.

Die Anzahl der Protonen im Atomkern und die Anzahl der Elektronen in der Atomhülle sind in den Atomen eines chemischen Elements immer gleich.

Aufgaben

1. Schätzen Sie den Durchmesser eines Atoms ab, wenn der Atomkern die Größe einer Erbse hätte. Nennen Sie ein mögliches Vergleichsobjekt.
2. Wie lassen sich verschiedene Isotope unterscheiden, wie können sie getrennt werden? Erläutern Sie.

Dieses von RUTHERFORD entwickelte Atommodell wird als **Kern-Hülle-Modell** bezeichnet.

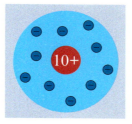

11 Kern-Hülle-Modell eines Neonatoms

Von Stoffbetrachtungen zu Atommodellen

> **Resümee**
>
> Durch Streuversuche mit α-Teilchen an Goldfolie entdeckten LENARD und RUTHERFORD, dass Atome aus einem kompakten, elektrisch positiv geladenen Atomkern (aus Protonen und Neutronen) und einer durchlässigen, elektrisch negativ geladenen Atomhülle aus Elektronen bestehen.

Isotope. Bei seinen weiteren Experimenten zur Kanalstrahlung (↗ S. 219) entdeckte JOSEPH JOHN THOMSON 1913, dass das Element Neon aus zwei Atomsorten bestehen muss. Durch die Wirkung elektrischer und magnetischer Felder bestimmte er die Massen der Neonatome zu 20 u und 22 u. Dieses überraschende Phänomen widersprach den gültigen Atomvorstellungen, nach denen jedes chemische Element aus gleichen Atomen aufgebaut ist. Eine Erklärung konnte zu diesem Zeitpunkt noch nicht gefunden werden. Die Atome eines chemischen Elements mit unterschiedlicher Masse bezeichnete man als **Isotope**. Im Ergebnis dieser und weiterer Erkenntnisse wurde die Existenz eines weiteren Elementarteilchens postuliert.

Dieses Elementarteilchen wurde dann 1932 von Sir JAMES CHADWICK (1891 bis 1974) entdeckt und nachgewiesen. CHADWICK setzte leichte Elemente wie Lithium, Beryllium und Bor einer energiereichen α-Strahlung aus. Er beobachtete dann die Emission einer Materie durchdringenden Teilchenstrahlung, die aus ungeladenen und daher damals schwer nachweisbaren Teilchen bestand. CHADWICK nannte die von ihm gefundenen Teilchen **Neutronen**. Ein Neutron ist ein elektrisch neutrales Teilchen mit etwa der gleichen Masse wie ein Proton. Der Atomkern besteht aus Protonen und Neutronen. Beide Teilchenarten werden daher auch als **Nukleonen** (lat. nucleus – Kern) bezeichnet.

Allgemein wird jede Atomart, Atomkern einschließlich der Atomhülle, auch **Nuklid** genannt. Jedes Nuklid ist durch die Protonen- und die Neutronenanzahl charakterisiert. Zur Bezeichnung der Nuklide können die Nukleonenanzahl und die Protonenanzahl am Elementsymbol angegeben werden ($^{\text{Nukleonenanzahl}}_{\text{Protonenanzahl}}$Elementsymbol). So existieren vom chemischen Element Wasserstoff drei Nuklide: das Nuklid Wasserstoff $^{1}_{1}$H mit keinem, das Deuterium $^{2}_{1}$D mit einem und das Tritium $^{3}_{1}$T mit zwei Neutronen im Atomkern.

Isotope sind Atomsorten eines chemischen Elements mit unterschiedlicher Neutronenanzahl. Stoffproben eines chemischen Elements, die jeweils nur aus einem Nuklid aufgebaut sind, zeigen identische chemische Eigenschaften. Sie unterscheiden sich lediglich in ihrer molaren Masse.

> **Resümee**
>
> Atomkerne sind aus Protonen und Neutronen aufgebaut. Isotope sind Nuklide mit gleicher Anzahl von Protonen, aber unterschiedlicher Anzahl von Neutronen im Atomkern.

> **Exkurs 6**
> **Anwendung von Isotopen**
>
> In vielen Bereichen finden Isotope wichtige Anwendungen. Medizin, Analytik und die Aufklärung von Reaktionsmechanismen sind Beispiele hierfür.
> In der Medizin werden Iod-Isotope sowohl in der Diagnostik als auch in der Therapie eingesetzt.
> Das Iod-Isotop $^{123}_{53}$I ist ein β-Strahler mit einer Halbwertszeit von etwa 13 Stunden. Zum Prüfen der Schilddrüsenfunktion wird dem Patienten ein mit $^{123}_{53}$I angereichertes Iod-Präparat verabreicht. Über das Ermitteln der Verteilung des radioaktiven Iods in der Schilddrüse kann die Iod-Aufnahme durch dieses Organ festgestellt werden. Dadurch lassen sich Fehlfunktionen der Schilddrüse erkennen. Wegen der kurzen Halbwertszeit des $^{123}_{53}$I ist die Strahlenbelastung gering.
> Das Iod-Isotop $^{131}_{53}$I ist ebenfalls ein β-Strahler, allerdings mit einer Halbwertszeit von etwa 8 Tagen. Dieses Iod-Isotop wird zur Therapie eingesetzt, da die β-Strahlung dieses Isotops Tumorgewebe zerstören kann.
> In der Analytik ist die Altersbestimmung von Proben mithilfe der so genannten Radiokarbon-Methode von besonderer Bedeutung. In der Atmosphäre bildet sich laufend durch kosmische Strahlung aus dem Stickstoff-Isotop $^{14}_{7}$N das radioaktive Kohlenstoffisotop $^{14}_{6}$C, ein β-Strahler mit einer Halbwertszeit von 5 730 Jahren. Das Verhältnis zwischen dem radioaktiven Kohlenstoffisotop $^{14}_{6}$C und dem stabilen Isotop $^{12}_{6}$C beträgt in der Atmosphäre etwa 1 : 10^{12}. In diesem Verhältnis bauen Pflanzen $^{14}_{6}$C über die Fotosynthese in die pflanzliche Biomasse ein. Stirbt die Pflanze, wird kein neuer Kohlenstoff $^{14}_{6}$C mehr eingebaut. Der zu diesem Zeitpunkt vorhandene Kohlenstoff $^{14}_{6}$C zerfällt mit der Halbwertszeit von 5730 Jahren. Zur Altersbestimmung einer Probe wird der Anteil an Kohlenstoff $^{14}_{6}$C in dem Material ermittelt.

Stoff-Teilchen-Konzept

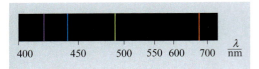

12 Linienspektrum des Wasserstoffatoms

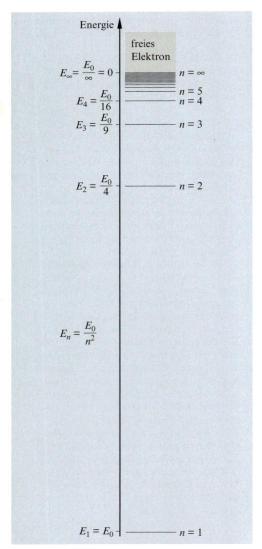

13 Energieniveau-Modell für das Wasserstoffatom

Das Bohr-Sommerfeldsche Atommodell

Linienspektren von Atomen. Das Experimentieren mit Gasentladungsröhren führte zur Entdeckung der Elektronen und Protonen (↗ S. 218 f.). Beim Anlegen einer elektrischen Spannung wird dem Gas in der Gasentladungsröhre Energie zugeführt und das Gas beginnt zu leuchten. Beim Betrachten des ausgesendeten Lichtes durch ein Spektroskop stellt man fest, dass in dem Licht nicht alle Wellenlängenbereiche des sichtbaren Lichtes vorhanden sind. In Abhängigkeit vom Gas wird eine unterschiedliche Anzahl farbiger Linien, ein **Linienspektrum**, beobachtet. Diese Spektren werden auch als **Atomspektren** bezeichnet. Glühende Festkörper senden im Gegensatz dazu ein Licht aus, in dem alle Spektralfarben des sichtbaren Lichtes vertreten sind. Sie leuchten in einem **kontinuierlichen Spektrum**.

↗ B-7 | Anregung von Elektronen

Das Bohrsche Atommodell (Schalenmodell). Die Linienspektren ließen sich mit dem Rutherfordschen Atommodell nicht erklären. Der dänische Physiker NIELS BOHR (1885 bis 1962) beschrieb 1913 ein Atommodell, mit dem zunächst das Linienspektrum des Wasserstoffs (Abb. 12) befriedigend erklärt werden konnte. NIELS BOHR nahm an, dass sich die Elektronen in unterschiedlichen Kreisbahnen um den Atomkern bewegen, die in ganz bestimmten Entfernungen vom Kern liegen. Er stellte für die Atomhülle eine energetische Ordnung auf.

NIELS BOHR postulierte für sein Atommodell, dass es in der Atomhülle einige kreisförmige Bahnen gibt, auf denen sich die Elektronen ohne Energieverlust um den Atomkern bewegen können. Jede dieser erlaubten Bahnen entspricht jeweils einer bestimmten Energie des Elektrons. Die Bahn, auf der das Elektron die niedrigste Energie besitzt, ist die erlaubte Bahn mit dem kleinsten Radius. Erlaubte Bahnen mit größeren Radien entsprechen jeweils einer größeren Energie des Elektrons. Die Energie eines Elektrons auf einer erlaubten Bahn (bzw. in einem erlaubten Zustand) wird durch die so genannte Quantenzahl n charakterisiert, die nur ganzzahlige Werte annehmen kann (n = 1, 2, 3, …).

Führt man einem Atom Energie zu, werden Elektronen angeregt. Dabei nehmen die Elektronen diese Energie auf und „springen" auf Bahnen höherer Energie. Elektronen können dabei die Energie nur in ganz bestimmten „Paketen", so genannten Energiequanten, aufnehmen, die der Energiedifferenz zwischen den jeweiligen Bahnen entsprechen. Auf den Bahnen höherer Energie verbleiben die Elektronen nur sehr kurz; sie fallen unter Energieabgabe wieder auf einen energetisch niedrigeren Zustand zurück.

Für das Wasserstoffatom können die Radien der erlaubten Elektronenbahnen und die Energie der Elektronen auf diesen Bahnen berechnet werden (Abb. 13). Der kleinste erlaubte Bahnradius im Wasserstoffatom beträgt a_0 = 5,29 · 10^{-11} m = 52,9 pm. Dieser Radius wird als Bohr-Radius a_0 bezeichnet. Die Radien der erlaubten Bahnen im Wasserstoffatom r_n berechnen sich nach

$$r_n = n^2 \cdot a_0.$$

Die Energie des Elektrons auf der kernnächsten erlaubten Bahn im Wasserstoffatom beträgt $E_0 = -2{,}18 \cdot 10^{-18}$ J. Die Energie eines Elektrons auf einer erlaubten Bahn im Wasserstoffatom E_n berechnet sich nach:

$$E_n = \frac{E_0}{n^2}$$

Das Atommodell von NIELS BOHR erweiterte die Vorstellungen von RUTHERFORD, indem es sie mit den Atomspektren des Wasserstoffs und mit der Quantelung der Energie nach MAX PLANCK (1858 bis 1947) verband. Die Annahmen (BOHRs Postulate) standen allerdings im Gegensatz zu grundlegenden Gesetzen der klassischen Physik: Ein im elektrischen Feld des Atomkerns kreisendes Elektron muss nach den Gesetzen der Elektrodynamik elektromagnetische Strahlung abgeben. Nach diesen Gesetzen verliert es damit ständig an Energie und muss auf einer Spiralbahn in den Atomkern fallen. Dies geschieht jedoch offensichtlich nicht. BOHR konnte dieses Verhalten nicht erklären. Er konnte nur postulieren, dass die Gesetze der klassischen Elektrodynamik für den atomaren Bereich offensichtlich nicht gelten. Darüber hinaus versagte das Bohrsche Atommodell bei der Erklärung der Linienspektren schwerer Elemente.

Von Stoffbetrachtungen zu Atommodellen

Exkurs 7
Entstehung von Atomspektren

Die Elektronenbahnen (Kugelschalen) eines Atoms werden auch mit Großbuchstaben, beginnend mit K, bezeichnet ($n = 1$: K-Schale; $n = 2$: L-Schale; $n = 3$: M-Schale usw.). Ein Atom befindet sich im **Grundzustand**, wenn die Elektronen in der Atomhülle den Zustand kleinstmöglicher Energie einnehmen. Für ein Wasserstoffatom bedeutet das, dass das Elektron die K-Schale besetzt.
Bei Energiezufuhr springen Elektronen auf Bahnen höherer Energie. Durch Energieaufnahme gelangt ein Atom in einen **angeregten Zustand**. Das Elektron eines Wasserstoffatoms besetzt im angeregten Zustand die L-, M- oder auch eine Schale noch höherer Energie. Atome verbleiben nur sehr kurze Zeit in einem angeregten Zustand. Elektronen springen von einer Schale höherer auf eine Schale niedrigerer Energie. Dabei wird ein Lichtquant ausgestrahlt, dessen Energie der Energiedifferenz ΔE zwischen den beiden Schalen entspricht. Mit der Planck-Konstante h und der Lichtgeschwindigkeit im leeren Raum c_0 kann die Wellenlänge λ und die Frequenz ν der diesem Elektronenübergang zugeordneten Spektrallinie berechnet werden.

$$\lambda = \frac{h \cdot c_0}{\Delta E} \qquad \nu = \frac{\Delta E}{h}$$

Elektronen müssen beim Springen auf eine Schale niedrigerer Energie nicht sofort in einem Schritt bis auf die K-Schale springen. Das Erreichen des Grundzustands kann in mehreren Schritten erfolgen, wobei das Atom bei jedem Schritt einen Lichtquant aussendet.
So entstehen die sichtbaren Spektrallinien im Atomspektrum des Wasserstoffs beim Elektronenübergang von einer Schale höherer Energie auf die L-Schale. Diese Linien bilden die so genannte Balmer-Serie. Die Spektrallinien des Elektronenübergangs auf die K-Schale befinden sich im ultravioletten Lichtbereich. Diese Linien bilden die Lyman-Serie.

Aufgaben

1. Aus der Abb. 13 ist für das Wasserstoffatom als niedrigste Energie der Betrag von $-1\,310$ kJ $\cdot$ mol^{-1} zu entnehmen.
   Berechnen Sie die Energie eines Elektrons auf der L- und M-Schale.
   Weshalb ist die Energie auf der L-Schale niedriger als auf der M-Schale?
2. Für die Radien der Schalen im Bohrschen Atommodell gilt die Beziehung

   $r_n = n^2 \cdot a_0$.

   Berechnen Sie das Verhältnis, in dem die Radien der K-, L-, M- und N-Schale zueinander stehen.

Stoff-Teilchen-Konzept

Die Erweiterung des Bohrschen Atommodells zum Bohr-Sommerfeldschen Atommodell. In den Atomspektren der Atome mit mehr als einem Elektron treten mehr Spektrallinien auf, als aus den möglichen Übergängen nach dem Bohrschen Atommodell zu erwarten wären. Die Theorie der Feinstruktur von Spektrallinien des deutschen Physikers ARNOLD SOMMERFELD (1868 bis 1951) konnte diese Beobachtungen erklären. Mithilfe dieser Theorie erweiterte SOMMERFELD 1916 das Bohrsche Atommodell zum so genannten **Bohr-Sommerfeldschen Atommodell**.

SOMMERFELD erkannte, dass sich in einem Atom mit mindestens zwei Elektronen aufgrund von Wechselwirkungen zwischen den Elektronen die Anzahl der möglichen Energiezustände vervielfacht. Er schlussfolgerte, dass die Energiezustände der Elektronen nicht allein durch die Quantenzahl n beschrieben werden können. Zur Charakterisierung dieser Energiezustände führte SOMMERFELD neben der bereits von BOHR eingeführten **Hauptquantenzahl n** noch drei weitere Quantenzahlen ein. Im Bohr-Sommerfeldschen Atommodell sind nicht nur kreisförmige, sondern auch elliptische Elektronenbahnen möglich. Die **Nebenquantenzahl l** charakterisiert die Form der Elektronenbahn. Elliptische Elektronenbahnen können im Atom unterschiedliche Orientierungen haben. Diese unterschiedlichen Orientierungen werden durch die **magnetische Quantenzahl m** beschrieben. Darüber hinaus wird jedem Elektron eine Eigenrotation, die in gleicher oder entgegengesetzter Richtung zur Bahnbewegung erfolgen kann, zugeordnet. Diese Eigenrotation wird als **Elektronenspin** bezeichnet, die zugehörige Quantenzahl als **Spinquantenzahl s**. Durch diese vier Quantenzahlen ist der energetische Zustand eines Elektrons im Atom eindeutig charakterisiert.

Auswahlregeln für die Kombination der Quantenzahlen. Die Quantenzahlen zur Beschreibung des energetischen Zustands der Elektronen in den Atomen können nicht jeden beliebigen Wert annehmen. Für die Quantenzahlen gelten bestimmte **Auswahlregeln**.
Die Hauptquantenzahl n kann ganzzahlige Werte $n \geq 1$ ($n = 1, 2, 3, \ldots$) annehmen.

Zu jeder Hauptquantenzahl n gehören insgesamt n Energiezustände mit einer Nebenquantenzahl l. Die Nebenquantenzahl l kann dabei ganzzahlige Werte mit $0 \leq l \leq n-1$ annehmen.
Durch die Nebenquantenzahl l werden benachbarte Energieniveaus einer Schale unterschieden. Diese Energieniveaus bezeichnete man auch mit den Buchstaben **s** (**s**harp), **p** (**p**rinciple), **d** (**d**iffuse) und **f** (**f**undamental), wobei diese Kennzeichnung historisch aus der Interpretation von Linienspektren stammt. Der Buchstabe s steht für die Nebenquantenzahl $l = 0$, p für $l = 1$, d für $l = 2$ und f für $l = 3$.
Zu jeder Nebenquantenzahl l gehören jeweils $(2l+1)$ Energiezustände mit einer magnetischen Quantenzahl m. Die Werte der magnetischen Quantenzahl m sind ganzzahlig, wobei $-l \leq m \leq +l$ gilt.
Für die Spinquantenzahl s sind jeweils nur die zwei Werte $s = -\frac{1}{2}$ und $s = +\frac{1}{2}$ zugelassen.
Aufgrund der Auswahlregeln sind für jede Hauptquantenzahl n und damit für jede Elektronenschale jeweils $2n^2$ Kombinationen möglich (Tab. 1).

Tab. 1 Mögliche Kombinationen der Quantenzahlen für die Hauptquantenzahlen $n = 1$, $n = 2$ und $n = 3$

Hauptquantenzahl n	Nebenquantenzahl l	magnetische Quantenzahl m	Spinquantenzahl s	Anzahl der Kombinationen $2n^2$
1	0	0	$-½, +½$	2
2	0	0	$-½, +½$	8
	1	-1	$-½, +½$	
		0	$-½, +½$	
		$+1$	$-½, +½$	
3	0	0	$-½, +½$	18
	1	-1	$-½, +½$	
		0	$-½, +½$	
		$+1$	$-½, +½$	
	2	-2	$-½, +½$	
		-1	$-½, +½$	
		0	$-½, +½$	
		$+1$	$-½, +½$	
		$+2$	$-½, +½$	

Von Stoffbetrachtungen zu Atommodellen

Resümee

Das Bohr-Sommerfeldsche Atommodell geht davon aus, dass sich die Elektronen in der Atomhülle ohne Energieverlust auf bestimmten Bahnen bewegen, die nur in definierten Abständen möglich sind und bestimmten Energiezuständen des Elektrons entsprechen. Diese Energiezustände lassen sich mit den vier Quantenzahlen n, l, m und s genau und vollständig beschreiben.

Das Orbitalmodell
(das wellenmechanische Atommodell)

Welle-Teilchen-Dualismus. Einen Meilenstein in der Entwicklung der modernen Vorstellungen vom Aufbau der Atome stellen die Entdeckungen dar, die in den Jahren von 1924 bis 1927 gemacht wurden und die die Vorstellungen über die Natur der Elektronen völlig veränderten. Ergebnisse sorgfältig durchgeführter Experimente belegen, dass Elektronen sowohl als Teilchen als auch als Welle beschreibbar sind.

Fällt energiereiche Strahlung (z. B. Licht) auf die Oberfläche eines geeigneten Metalls, können daraus Elektronen „herausgeschlagen" werden (fotoelektrischer Effekt), vergleichbar mit dem Herausschießen einer Billardkugel aus einer Ansammlung von Billardkugeln durch das Auftreffen einer gestoßenen Kugel von außen. Dieser Effekt spricht für die **Teilchennatur** des Elektrons.

In weiteren Experimenten konnte beobachtet werden, dass ein Elektronenstrahl, der durch einen engen Spalt geschickt wird, hinter dem Spalt Beugungsmuster erzeugt, so wie man dies von Wellen, z. B. von Wasserwellen, kennt. Dieses Verhalten widerspricht explizit der Teilchennatur des Elektrons und spricht für seine Natur als **Welle**.

1924 veröffentlichte der französische Physiker LOUIS DE BROGLIE (1892 bis 1987) die Gleichung:

$$\lambda = \frac{h}{m_e \cdot v}$$

λ = Wellenlänge (De-Broglie-Wellenlänge)
v = Geschwindigkeit
m_e = Masse des Elektrons
h = Planck-Konstante

Mithilfe dieser Gleichung ist es möglich, für das „Teilchen" Elektron mit der Masse m_e und der Geschwindigkeit v die Wellenlänge λ der „Welle" Elektron zu berechnen. Die De-Broglie-Gleichung stellt die Verknüpfung der Teilchen- mit den Welleneigenschaften des Elektrons her.

Exkurs 8
Welle oder Teilchen?

Die Anwendung der De-Broglie-Gleichung auf unterschiedliche Objekte führt zu einem interessanten Ergebnis. Für ein Elektron mit der Masse $m_e = 10^{-30}$ kg und der (Licht-)Geschwindigkeit $v = 3 \cdot 10^6$ m/s erhält man mit der De-Broglie-Gleichung eine De-Broglie-Wellenlänge $\lambda \approx 2 \cdot 10^{-10}$ m. Bei Beugungsexperimenten mit Elektronenstrahlen konnten solche Wellenlängen nachgewiesen werden. Auch für alle anderen Elementarteilchen, z. B. Protonen und Neutronen, lassen sich De-Broglie-Wellenlängen berechnen, die experimentell bestätigt werden konnten.
Die De-Broglie-Wellenlänge für ein Teilchen, z. B. eine Stahlkugel, mit der Masse $m = 1$ g und der

Geschwindigkeit $v = 100$ m/s beträgt $\lambda \approx 7 \cdot 10^{-33}$ m. Eine solche Wellenlänge, die wesentlich kleiner als die Größe der Atome (10^{-10} m) ist, lässt sich nicht nachweisen und ist damit ohne jegliche physikalische Bedeutung. Die „Wellennatur" makroskopischer Objekte lässt sich bei einer so kleinen Wellenlänge nicht nachweisen – und es ist auch nicht sinnvoll, von einer „Wellennatur" zu sprechen.
Die „Teilchennatur" prägt die Eigenschaften makroskopischer Objekte, wie es der Erfahrung entspricht. Die „Wellennatur" von Objekten tritt erst bei submikroskopischen Objekten mit sehr kleiner Masse in Erscheinung.

Besetzung der Orbitale mit Elektronen. Durch die Besetzung der Orbitale eines Atoms mit Elektronen erhält man die **Elektronenkonfiguration** des Atoms, wobei die Besetzung der Orbitale bestimmten Regeln unterliegt.

Ein wichtiges Prinzip fand 1924 der schweizerisch-amerikanische Physiker österreichischer Herkunft WOLFGANG PAULI (1900 bis 1958). Das nach ihm benannte **Pauli-Prinzip** besagt, dass in einem Atom keine zwei Elektronen mit gleichem Energiezustand vorkommen können. Das bedeutet, dass sich die Energiezustände der Elektronen in einem Atom jeweils zumindest in einer Quantenzahl unterscheiden müssen. Damit kann ein Orbital nur mit maximal zwei Elektronen mit entgegengesetztem Spin besetzt sein.

Für die Besetzung der Orbitale mit Elektronen gilt auch das **energetische Aufbauprinzip**. Danach werden die Orbitale in der Reihenfolge steigender Energie mit Elektronen besetzt. Die Besetzung beginnt mit dem Orbital mit der niedrigsten Energie, dem 1s-Orbital. Die energetische Reihenfolge der Orbitale folgt nicht immer der Abfolge steigender Haupt- und Nebenquantenzahlen. So ist die Energie des 4s-Orbitals niedriger als die des 3d-Orbitals: Das 4s-Orbital wird vor dem 3d-Orbital mit Elektronen besetzt. Eine Abschätzung der energetischen Reihenfolge kann mit der Summe von Haupt- und Nebenquantenzahl $n+l$ erfolgen. Für das 3d-Orbital beträgt $n+l = 3+2 = 5$, für das 4s-Orbital gilt dagegen $n+l = 4+0 = 4$. Bei gleicher Summe $n+l$ ist das Orbital mit der kleineren Hauptquantenzahl das mit der niedrigeren Energie.

Der deutsche Physiker FRIEDRICH HUND (1896 bis 1997) formulierte 1926 die **Hund-Regel**. Diese Regel besagt, dass Orbitale mit gleicher Energie (Orbitale mit gleicher Haupt- und Nebenquantenzahl) zunächst jeweils mit Elektronen mit gleichem (parallelem) Spin, also ohne Spinpaarung, besetzt werden. Erst wenn alle energiegleichen Orbitale jeweils mit einem Elektron besetzt sind, erfolgt die Auffüllung mit einem Elektron mit entgegengesetztem Spin.

Die Darstellung der Elektronenkonfiguration eines Atoms erfolgt häufig in einem **Kästchenschema**. Jedes Kästchen symbolisiert dabei ein Orbital, das mit maximal zwei Elektronen besetzt werden kann. Um die Elektronen in einem Orbital entsprechend ihrer Spinquantenzahl s unterscheiden zu können, werden die Elektronen im Kästchenschema durch die Symbole ↑ und ↓ beschrieben (Abb. 21).

Eine weitere Möglichkeit, die Elektronenkonfiguration eines Atoms anzugeben, besteht darin, nach den Orbitalbezeichnungen jeweils die Anzahl der Elektronen in den Orbitalen durch eine hochgestellte Zahl anzugeben (Abb. 22).

Von Stoffbetrachtungen zu Atommodellen

Ordnungszahl	Elementsymbol	Kästchenschreibweise nach PAULING
1	H	1s ↑ 2s ☐ 2p ☐☐☐
2	He	1s ↑↓ 2s ☐ 2p ☐☐☐
3	Li	1s ↑↓ 2s ↑ 2p ☐☐☐
4	Be	1s ↑↓ 2s ↑↓ 2p ☐☐☐
5	B	1s ↑↓ 2s ↑↓ 2p ↑☐☐
6	C	1s ↑↓ 2s ↑↓ 2p ↑ ↑ ☐
7	N	1s ↑↓ 2s ↑↓ 2p ↑ ↑ ↑
8	O	1s ↑↓ 2s ↑↓ 2p ↑↓ ↑ ↑
9	F	1s ↑↓ 2s ↑↓ 2p ↑↓ ↑↓ ↑
10	Ne	1s ↑↓ 2s ↑↓ 2p ↑↓ ↑↓ ↑↓

21 Kästchenschemata für die Elektronenkonfigurationen der Elemente der 1. und 2. Periode des Periodensystems der Elemente

Sauerstoffatom O: **$1s^2\,2s^2\,2p^4$**

22 Elektronenkonfiguration des Sauerstoffatoms

Resümee

Das Orbitalmodell nimmt Abstand von der Festlegung des Elektrons als „Teilchen" und von der Beschreibung der Elektronenbewegung auf einer konkreten Bahn. Elektronen werden als Wellen beschrieben; man spricht daher auch von einer wellenmechanischen Beschreibung der Elektronen in einem Atom. Der Aufenthaltsort der Elektronen wird als ein Raum, dem Atomorbital, beschrieben, in dem sich die Elektronen mit hoher Wahrscheinlichkeit aufhalten.

Atombau und Periodensystem der Elemente

A

Stoff-Teilchen-Konzept

Das Periodensystem der Elemente

Chemische Elemente. Der heute gebräuchliche Elementbegriff geht auf den englischen Naturforscher Sir ROBERT BOYLE (1627 bis 1691) zurück. Er bezeichnete im Jahr 1661 als „Element" eine einfache, nicht mehr in andere Stoffe auftrennbare Substanz. DALTON war in der Lage, diese prinzipiell richtige Aussage weiter zu präzisieren: Elemente bestehen aus gleichartigen, unteilbaren Atomen.

Heute weiß man, dass Atome durchaus „teilbar" sind, sodass nunmehr chemische Elemente Stoffe sind, deren Atome durch die gleiche Protonenanzahl (gleiche Kernladungszahl) charakterisiert sind.

Diese Definition des chemischen Elements weist auch darauf hin, dass heute eine Vielzahl von Atomsorten bekannt ist, deren Atome zwar die gleiche Anzahl von Protonen und damit auch Elektronen, aber eine unterschiedliche Anzahl von Neutronen enthalten. Man bezeichnet diese Elemente als **Isotope** (↗ S. 221).

Der Weg zum Periodensystem der Elemente. Seit dem Beginn des 19. Jahrhunderts gibt es Bemühungen, zwischen den damals bekannten chemischen Elementen eine Ordnung herzustellen. Der deutsche Naturforscher JOHANN WOLFGANG DÖBEREINER (1780 bis 1849) vermutete bereits 1817 eine Zusammengehörigkeit der Elemente Calcium, Strontium und Barium, wobei er sich vornehmlich auf die Dichte der Carbonate dieser Elemente stützte. 1829 wies er auf die Verwandtschaftsbeziehungen anderer Elemente hin. DÖBEREINERS Triaden (Tab. 1) bildeten die Grundlage für nachfolgende, umfassendere Anordnungen.

Erst die Anordnung der chemischen Elemente nach dem Atomgewicht (der Atommasse) führte – bei Berücksichtigung der Eigenschaften der chemischen Elemente – zu dem heute benutzten Periodensystem der Elemente. Der deutsche Chemiker JULIUS LOTHAR MEYER (1830 bis 1895) und insbesondere der russische Chemiker DMITRI IWANOWITSCH MENDELEJEW (1834 bis 1907) entwickelten 1869 unabhängig voneinander dieses System, in dem die chemischen Elemente in **Perioden** (Zeilen) und **Gruppen** (Spalten) angeordnet sind.

Der Aufbau des Periodensystems der Elemente. Heute verstehen die Chemikerinnen und Chemiker das Periodensystem der Elemente als ein System, in dem die chemischen Elemente entsprechend ihrer Elektronenkonfiguration angeordnet sind. Chemische Elemente, deren Atome die gleiche Anzahl besetzter Elektronenschalen haben, stehen in derselben Periode. In einer Gruppe sind dagegen Elemente mit Atomen ähnlicher Anordnung der äußeren Elektronen zusammengefasst. Bei den Gruppen wird zwischen Haupt- und Nebengruppen unterschieden.

Tab. 1 Die Triaden von J. W. DÖBEREINER (1829)

Gruppen von je drei Elementen				
Li	Ca	S	Cl	Os
Na	Sr	Se	Br	Ir
K	Ba	Te	I	Pt

1 Notizen von D. I. MENDELEJEW

Nummerierung der Gruppen im Periodensystem der Elemente

Heute ist es üblich, die Gruppen im Periodensystem der Elemente durchzunummerieren, ohne dabei zwischen Haupt- und Nebengruppen zu unterscheiden. Die Gruppennummern laufen dabei von 1 bis 18. Da die Eigenschaften von Haupt- und Nebengruppenelementen häufig getrennt voneinander betrachtet werden, verwendet man der Einfachheit halber die alten Hauptgruppennummern von 1 bis 8 für die Hauptgruppenelemente. Die alten Nummern für die Nebengruppen spielen in der Schule praktisch keine Rolle mehr.

Als **Hauptgruppenelemente** werden die chemischen Elemente bezeichnet, deren Atome als energetisch höchstes besetztes Orbital ein s- oder p-Orbital haben. Dabei ist zu berücksichtigen, dass z. B. die 3d-Orbitale ein höheres Energieniveau als das 4s-Orbital besitzen. Die chemischen Elemente einer Hauptgruppe enthalten in ihren Atomen die gleiche Anzahl **Valenzelektronen**, wobei die Anzahl der Valenzelektronen gleich der Hauptgruppennummer ist.

Nebengruppenelemente werden die chemischen Elemente genannt, deren energetisch höchstes besetztes Orbital ein d-Orbital ist.

Bei den Atomen der Lanthanoiden und Actinoiden werden f-Orbitale mit Elektronen aufgefüllt.

Aufgabe

1. Erläutern Sie, mit welcher Berechtigung J. L. MEYER und D. I. MENDELEJEW gemeinsam als Begründer des Periodensystems der Elemente gelten.

Atombau und Periodensystem der Elemente

Periodizität der Eigenschaften der Elemente

Periodizität der Änderung chemischer Eigenschaften. Die Anzahl der Elektronen in der Valenzschale bestimmt die chemischen Eigenschaften eines chemischen Elements.

Die Atome der chemischen Elemente in einer Periode unterscheiden sich in der Anzahl ihrer Valenzelektronen. Darauf sind die großen Unterschiede der chemischen Eigenschaften der Elemente einer Periode zurückzuführen.

In den einzelnen Gruppen bewirkt die gleiche Anzahl an Valenzelektronen ähnliche chemische Eigenschaften der Elemente dieser Gruppe. Das führt dazu, dass sich die chemischen Eigenschaften der chemischen Elemente entsprechend der Anordnung im Periodensystem periodisch ändern. Dies ist für den Bereich der anorganischen Chemie von großer Bedeutung.

Zwei sich periodisch ändernde Eigenschaften stellen die Änderung des Metall- und des Nichtmetallcharakters der Hauptgruppenelemente dar. Die typischen Eigenschaften der **Metalle** sind an das Vorhandensein von Valenzelektronen gebunden, die relativ leicht abgegeben werden können. Typische **Nichtmetalle** dagegen weisen keinerlei Tendenz zur Elektronenabgabe auf, im Gegenteil: Sie nehmen Elektronen auf oder benutzen Elektronen unter Ausbildung einer Elektronenpaarbindung mit Bindungspartnern gemeinsam, um die Oktettkonfiguration zu erreichen. Die ähnlichen Eigenschaften der **Übergangsmetalle**, der Nebengruppenelemente, sind darauf zurückzuführen, dass ihre Atome jeweils zwei Valenzelektronen in einem s-Orbital besitzen und die Besetzung mit Elektronen in d- bzw. f-Orbitalen erfolgt.

↗ B-1 | Metalle | Anorganische Molekülverbindungen

Periodizität der Atom- und Ionenradien. Die Größe von Atomen und Ionen ist für die Anordnung der Teilchen in Atom- und Ionengittern von großer Bedeutung und hat daher einen unmittelbaren Einfluss auf die physikalischen und chemischen Eigenschaften der Elemente. Innerhalb einer Gruppe steigt mit jeder Periode die Anzahl der Elektronenschalen. Deshalb nehmen auch die Atomradien der Elemente innerhalb einer Gruppe mit steigender Periodennummer zu (Abb. 2, 3). Gleiches gilt auch für die Ionen der Elemente einer Gruppe, wobei es sinnvoll ist, nur die Ionen der Elemente einer Gruppe mit gleicher elektrischer Ladung zu vergleichen. Die

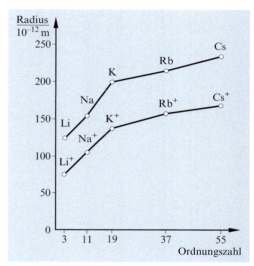

2 Atom- und Ionenradien der Elemente der 1. Hauptgruppe (1. Gruppe)

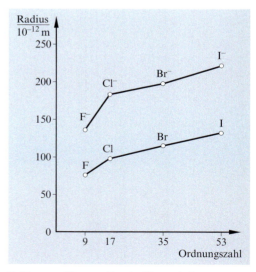

3 Atom- und Ionenradien der Elemente der 7. Hauptgruppe (17. Gruppe)

↗ Werkzeuge | Periodensystem der Elemente – Diagramme

231

A Stoff-Teilchen-Konzept

elektrisch positiv geladenen Ionen (Kationen) sind immer kleiner als die jeweiligen Atome, da auf die Elektronen eine höhere elektrische Anziehungskraft als im Atom wirkt. Auf die Elektronen eines elektrisch negativ geladenen Ions (Anion) wirkt dagegen eine geringere elektrische Anziehungskraft als im Atom. Die Radien von Anionen sind deshalb immer größer als die Radien der jeweiligen Atome.

Innerhalb einer Periode erhöht sich bei den Atomen der Elemente die Anzahl der Protonen und die Anzahl der Elektronen. Wegen der steigenden Kernladungszahl wächst auch die auf die Elektronen wirkende elektrische Anziehungskraft, sodass die Atomradien der Elemente abnehmen (Abb. 4).

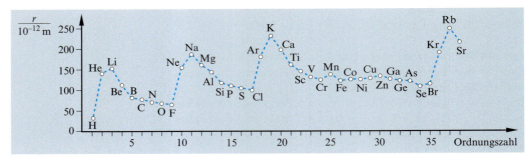

4 Periodizität der Atomradien

 E-1 | Warum bilden sich überhaupt Ionen?

Periodizität der Ionisierungsenergien und Elektronenaffinitäten. Kein Atom gibt ein Elektron „freiwillig" ab, hierzu ist immer eine bestimmte Energie erforderlich. Die Energie, die erforderlich ist, um ein Elektron aus einem Atom eines Stoffes im gasförmigen Aggregatzustand abzuspalten, wird als **Ionisierungsenergie**, genauer als 1. Ionisierungsenergie, bezeichnet. Um aus dem gebildeten Kation weitere Elektronen abzuspalten, müssen die 2., 3. … Ionisierungsenergie zugeführt werden.

Nimmt ein Atom dagegen ein oder mehrere Elektronen auf, so ist dies in der Regel mit einer Energieabgabe verbunden. Unter **Elektronenaffinität** versteht man die Energie, die auftritt, wenn aus einem Atom eines Stoffes im gasförmigen Aggregatzustand ein Anion gebildet wird.

Bei den Elementen innerhalb einer Gruppe des Periodensystems sinkt die 1. Ionisierungsenergie der Atome mit steigender Periodennummer, weil die Valenzelektronen ein jeweils höheres Energieniveau besetzen. Innerhalb einer Periode steigt bei den Atomen der Elemente die 1. Ionisierungsenergie. Die kleinste Ionisierungsenergie haben jeweils die Atome der Alkalimetalle, die höchste jeweils die Atome der Edelgase.

Die Elektronenaffinitäten sind in der Regel negativ, d. h., dass bei der Aufnahme eines Elektrons Energie frei wird. Die niedrigsten Elektronenaffinitäten besitzen die Halogenatome. Dies erklärt die Eigenschaft der Halogenatome, besonders leicht elektrisch negativ geladene Halogenid-Ionen zu bilden. Positive Elektronenaffinitäten zeigen die Atome der Erdalkalimetalle. Es muss also Energie zugeführt werden, um z. B. einfach elektrisch negativ geladene Magnesium-Ionen zu bilden.

Periodizität der Elektronegativitäten. Die Elektronegativität EN (↗ S. 239) ist definiert als ein relatives Maß für die Eigenschaft eines Atoms, in einer Verbindung das Elektronenpaar der Atombindung an sich heranzuziehen. Innerhalb der Gruppen und Perioden korreliert die Elektronegativität mit dem Radius der Atome: Je kleiner der Radius eines Atoms ist, desto größer ist seine Elektronegativität. Die Elektronegativität der Atome steigt also innerhalb einer Periode und verkleinert sich innerhalb einer Gruppe.

Oxidationszahlen. Aus der Elektronenkonfiguration eines Elements lassen sich auch Aussagen über mögliche **Oxidationszahlen** dieses Elements ableiten. Bei Hauptgruppenelementen entspricht die höchstmögliche (positive) Oxidationszahl der Anzahl der Valenzelektronen und damit der Hauptgruppennummer. Häufig treten bei den Hauptgruppenelementen auch um zwei Zähler niedrigere (positive) Oxidationszahlen auf. Dies lässt sich verstehen, wenn berücksichtigt wird, dass ein mit zwei Elektronen besetztes s-Orbital energetisch günstig ist. Die niedrigste (negative) Oxidationszahl ergibt sich aus der Differenz der Hauptgruppennummer des Elements und der Hauptgruppennummer der Edelgase (Hauptgruppennummer = 8). Kleinere Oxidationszahlen als −4 treten nicht auf. Darüber hinaus sind neben der bei allen Elementen auftretenden Oxidationszahl 0 auch noch weitere Oxidationszahlen möglich.

Die Besetzung der äußeren d- und s-Orbitale mit Elektronen bestimmt im Wesentlichen die chemischen Eigenschaften der Nebengruppenelemente. Durch die geringen Energieunterschiede der d- und s-Orbitale treten bei den Nebengruppenelementen viele Oxidationszahlen auf, die bei einer chemischen Reaktion auch leicht und oft verändert werden. Es sind bei den Nebengruppenelementen Oxidationszahlen von 0 bis +7 möglich.

↗ E-1 | Oxidationszahl

↗ B-2 | Säurewirkung der Hydroxylgruppe – induktiver Effekt

Atombau und Periodensystem der Elemente

Tab. 2 Elektronegativitäten nach PAULING

Elementsymbole und Elektronegativitäten								
H 2,1							He –
Li 1,0	Be 1,5	B 2,0	C 2,5	N 3,0	O 3,5	F 4,0	Ne –
Na 0,9	Mg 1,2	Al 1,5	Si 1,8	P 2,1	S 2,5	Cl 3,0	Ar –
K 0,8	Ca 1,0	Ga 1,6	Ge 1,8	As 2,0	Se 2,4	Br 2,8	Kr –
Rb 0,8	Sr 1,0	In 1,7	Sn 1,8	Sb 1,9	Te 2,1	I 2,5	Xe –
Cs 0,7	Ba 0,9	Tl 1,8	Pb 1,8	Bi 1,9			

Resümee

Das Periodensystem der Elemente ist eine Tabelle, in der die chemischen Elemente auf der Grundlage ihres Atombaus angeordnet sind. Es ist ein wichtiges Arbeitsmittel in der Chemie.
Durch die Kenntnis der sich periodisch ändernden Eigenschaften der Elemente stellt das Periodensystem eine wichtige Orientierungshilfe bei der Beschreibung von Elementeigenschaften dar. Solche sich periodisch ändernden Eigenschaften sind z. B. die metallischen und nichtmetallischen Eigenschaften, die Atom- und Ionenradien, die Ionisierungsenergien, die Elektronenaffinitäten und die Elektronegativitäten.

Aufgabe

1. Erläutern Sie die Periodizität der Ionisierungsenergien mithilfe der Abb. 5.

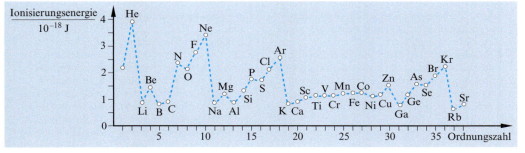

5 Ionisierungsenergien der Elemente

Umwandlung von Atomkernen

Stoff-Teilchen-Konzept

Radioaktivität. Bei der Entdeckung der Elementarteilchen spielten Kathodenstrahlen und Kanalstrahlen eine entscheidende Rolle (↗ S. 219). Diese Strahlen sind unsichtbar, sie schwärzen jedoch eine unbelichtete Fotoplatte und können dadurch leicht nachgewiesen werden. 1896 entdeckte Antoine Henri Becquerel (1852 bis 1908) durch Zufall, dass bestimmte Uranerze eine Strahlung aussenden, die ebenfalls eine Fotoplatte schwärzt. Das Ehepaar Marie (1867 bis 1934) und Pierre Curie (1859 bis 1906) untersuchte Stoffe mit derartigen Eigenschaften systematisch. Marie Curie, eine Schülerin Becquerels, prägte für diese Eigenschaft von Stoffen den Begriff **Radioaktivität**. Ihrem Mann gelang der Nachweis, dass die so genannte **radioaktive Strahlung** nicht einheitlich ist. Doch erst Ernest Rutherford (1871 bis 1937) konnte die verschiedenen Arten radioaktiver Strahlung unterscheiden und identifizieren.

Die **α-Strahlung** besteht aus elektrisch positiv geladenen Heliumatomkernen, den **α-Teilchen** $^{4}_{2}$He. Senden Atome Heliumkerne aus, gehen sie dabei in die Atome eines Elements mit einer um 2 niedrigeren Protonenanzahl über ($^{238}_{92}$U → $^{234}_{90}$Th + $^{4}_{2}$He). Die Massenzahl verkleinert sich um 4.

Als weitere Teilchenstrahlung tritt bei der Radioaktivität die **β-Strahlung** auf. Diese Strahlung besteht aus elektrisch negativ geladenen Elektronen, den **β-Teilchen** $^{0}_{-1}$e oder β$^-$. β-Strahlung entsteht, wenn sich Neutronen in den Atomkernen eines Elements unter Freisetzung jeweils eines Elektrons in Protonen umwandeln. Es bilden sich Atomkerne eines Elements mit einer um 1 größeren Protonenanzahl. Die Massenzahl verändert sich nicht ($^{234}_{90}$Th → $^{234}_{91}$Pa + $^{0}_{-1}$e).

Eine weitere radioaktive Strahlung ist die **γ-Strahlung**. Bei dieser handelt es sich im Gegensatz zu α- und β-Strahlung um eine elektromagnetische Strahlung, die **Röntgenstrahlung**.

Die Radioaktivität tritt bei Elementen auf, deren Atomkerne Neutronen in einer deutlich höheren Anzahl als Protonen enthalten. Die Atomkerne aller Elemente sind ständig Veränderungen unterworfen. Laufend wandeln sich die Protonen und Neutronen in allen Atomkernen ineinander um. Bei einer deutlich größeren Neutronen-

Aufgaben

1. Warum kann man aus der Schwärzung einer Fotoplatte, auf der eine radioaktive Substanz liegt, auf die Teilbarkeit der Atome schließen?
2. Informieren Sie sich, aus welchen Bestandteilen die Strahlung bei der (natürlichen) Radioaktivität besteht.
3. Erläutern Sie, wie die unterschiedlichen radioaktiven Strahlungen experimentell unterschieden werden können?
4. Beim Verschlucken radioaktiven Materials geht von α-Strahlern die größte schädigende Wirkung aus. Erläutern Sie, woran das liegt.

Exkurs 1
Reichweite der radioaktiven Strahlung

α-Strahlen werden als elektrisch positiv geladene Heliumatomkerne im elektrischen Feld eines Kondensators zur elektrisch negativ geladenen Platte abgelenkt. Sie haben in Luft nur eine Reichweite von einigen Zentimetern. Durch ein Blatt Papier werden sie vollständig abgeschirmt.

β-Strahlen werden als Elektronen im elektrischen Feld eines Kondensators zur elektrisch positiv geladenen Platte abgelenkt. Sie haben in Luft eine Reichweite von wenigen Metern. In Feststoffe dringen β-Strahlen nur wenige Zentimeter ein.

γ-Strahlen werden als Röntgenstrahlen im elektrischen Feld eines Kondensators nicht abgelenkt; sie sind nur schwer völlig abzuschirmen, z. B. durch eine Bleiplatte oder durch eine etwa 2 m dicke Betonwand.

Die Betrachtung der Reichweite radioaktiver Strahlung ist für die Beurteilung der gesundheitlichen Gefährdung dieser Strahlung von großer Bedeutung. Vergleicht man die Reichweiten der unterschiedlichen Strahlungen in Luft miteinander, so wird klar, dass von einem α-Strahler, der sich in einem Abstand von 1 m befindet, keinerlei Gefahr ausgeht, ganz anders dagegen von einem radioaktiven Element, das γ-Strahlen aussendet.

anzahl gegenüber der Protonenanzahl ist die gegenseitige Umwandlung von Protonen und Neutronen im Atomkern nicht mehr vollständig möglich, der Atomkern wird instabil. Unter Aussendung von radioaktiver Strahlung zerfällt der Atomkern.

Beim Zerfall eines radioaktiven Nuklids bildet sich nicht immer gleich ein stabiles Nuklid. Häufig ist der gebildete Atomkern auch instabil und zerfällt ebenfalls. Erst am Ende einer **Zerfallsreihe** bildet sich ein stabiles Nuklid. So entsteht am Ende der Zerfallsreihe des in der Natur vorkommenden Urannuklids $^{238}_{92}U$ das stabile Bleinuklid $^{206}_{82}Pb$.

$$^{238}_{92}U \rightarrow {}^{234}_{90}Th + {}^{4}_{2}He \rightarrow \ldots \rightarrow {}^{206}_{82}Pb$$

Künstliche Kernumwandlungen. Im Jahre 1919 entdeckte ERNEST RUTHERFORD, dass sich **Radionuklide** auch künstlich herstellen lassen. Er führte eine Kernumwandlung experimentell herbei, indem er Stickstoff einer α-Strahlung aussetzte. Stickstoffatomkerne und Heliumatomkerne verschmolzen zu einem instabilen Fluoratomkern ($^{18}_{9}F^*$), der unter Aussendung eines Protons ($^{1}_{1}p$) einen Sauerstoffatomkern bildete.

$$^{14}_{7}N + {}^{4}_{2}He \rightarrow {}^{18}_{9}F^* \rightarrow {}^{17}_{8}O + {}^{1}_{1}p$$

Heute kennt man eine Vielzahl künstlicher Kernumwandlungen (Kernreaktionen). Zum Auslösen der künstlichen Kernreaktionen werden Atomkerne mit α-Teilchen, Neutronen, Protonen oder auch mit größeren Atomkernen beschossen. Während bei den natürlichen Kernumwandlungen nur α-, β- und γ-Strahlung auftreten, emittieren die bei künstlichen Kernreaktionen durch den Beschuss gebildeten instabilen Radionuklide auch Protonen, Neutronen ($^{1}_{0}n$) und Positronen (β$^+$ oder e$^+$). In der Gleichung für eine künstliche Kernreaktion werden die durch den Beschuss gebildeten Radionuklide häufig nicht geschrieben.

$$^{27}_{13}Al + {}^{1}_{0}n \rightarrow {}^{24}_{11}Na + {}^{4}_{2}He$$

 ↗ A-4 | Radioaktivität

Kernspaltung. 1938 entdeckten der deutsche Chemiker und Physiker OTTO HAHN (1879 bis 1968) und der deutsche Chemiker FRIEDRICH WILHELM STRASSMANN (1902 bis 1980) beim Beschuss einer Uranverbindung mit langsamen (energiearmen) Neutronen eine weitere Form von Atomkernumwandlungen, die **Kernspaltung**. Es stellte sich heraus, dass sich aus den langsamen Neutronen und dem Urannuklid $^{235}_{92}U$, dessen Anteil im natürlichen Isotopengemisch 0,7 % beträgt, das instabile Urannuklid $^{236}_{92}U$ bildet. Dieser Atomkern beginnt in sich zu schwingen und verformt sich dabei so stark, dass er sich in zwei meist unterschiedliche Teile spaltet. Häufig ist dabei eine Kernspaltung in die Nuklide $^{138}_{56}Ba$ und $^{95}_{36}Kr$. Hierbei werden drei Neutronen sowie γ-Strahlung emittiert.

$$^{235}_{92}U + {}^{1}_{0}n \rightarrow {}^{138}_{56}Ba + {}^{95}_{36}Kr + 3\,{}^{1}_{0}n + \gamma$$

Bei der Kernspaltung des instabilen Urannuklids $^{236}_{92}U$ treten über 100 verschiedene Nuklide auf, die ihrerseits fast alle radioaktiv sind.

A-2

Atombau und Periodensystem der Elemente

Exkurs 2
Die Halbwertszeit

Eine wichtige Naturkonstante aller radioaktiven Nuklide ist die Halbwertszeit $t_{1/2}$ (↗ S. 442). Die Halbwertszeit des Kohlenstoffisotops $^{14}_{6}C$ beträgt 5 730 Jahre und wird zur Altersbestimmung nach der Radiokarbon-Methode genutzt. Diese Methode wurde 1947 von dem amerikanischen Chemiker WILLARD FRANK LIBBY (1908 bis 1980) gemeinsam mit seinen Mitarbeitern entwickelt. Mit dieser Methode kann das Alter von ehemals lebenden Organismen (Pflanzen, Tiere) bis maximal 50 000 Jahren bestimmt werden. Bei älteren Fundstücken ist der Anteil des Kohlenstoffnuklids $^{14}_{6}C$ durch den radioaktiven Zerfall so gering, dass eine Altersbestimmung mit einer hinreichenden Genauigkeit nicht mehr möglich ist. Die Radiokarbon-Methode basiert darauf, dass in der Atmosphäre durch die kosmische Strahlung ständig aus dem in den Stickstoffmolekülen vorhandenen Stickstoffnukliden $^{14}_{7}N$ radioaktive Kohlenstoffnuklide $^{14}_{6}C$ gebildet werden. Diese Kohlenstoffatome reagieren noch in der Atmosphäre mit Sauerstoff zu Kohlenstoffdioxid, das von den Pflanzen bei der Fotosynthese in die pflanzliche Biomasse eingebaut wird. Über Nahrungsketten gelangen die Kohlenstoffnuklide $^{14}_{6}C$ in alle Organismen, in denen zu Lebzeiten etwa jedes billionste Kohlenstoffatom dieses Kohlenstoffnuklid ist. Nach dem Tod erfolgt nur noch der radioaktive Zerfall dieser Nuklide.

$$^{14}_{6}C \rightarrow {}^{14}_{7}N + {}^{0}_{-1}e \qquad t_{1/2} = 5\,730\,a$$

Zur Bestimmung des Alters ehemals lebender Organismen wird bei der Radiokarbon-Methode der Anteil des Kohlenstoffnuklids $^{14}_{6}C$ in der Probe bestimmt und daraus das Alter der Probe berechnet.

 ↗ D-1 | Halbwertszeit

Stoff-Teilchen-Konzept

Kernfusion. Bei den auf der Sonne ablaufenden Atomkernumwandlungen handelt es sich dagegen um **Kernfusionen**, bei denen zwei Atomkerne zu einem neuen Atomkern verschmelzen. Auf der Sonne verschmelzen nacheinander insgesamt vier Wasserstoffatomkerne zu einem Heliumatomkern unter Emission von zwei Positronen.

$$4\,{}^{1}_{1}H \rightarrow {}^{4}_{2}He + 2\beta^+$$

Der Massendefekt. Die Kernfusion auf der Sonne stellt durch die Freisetzung von Energie eine Grundlage für das Leben auf der Erde dar. Deshalb interessierte auch die Frage, wie es zur Freisetzung der enormen Energie kommt. Ein Vergleich der Masse von vier Wasserstoffatomen mit der Masse eines Heliumatoms zeigt, dass die Masse des Heliumatoms kleiner ist.

$$\Delta m = m(He) - 4\,m(H) = 4{,}003\,u - 4 \cdot 1{,}008\,u = -0{,}029\,u = -4{,}8 \cdot 10^{-29}\,kg$$

Bei der Kernfusion „verschwindet" die Masse $m = 0{,}029\,u$. Dieses Phänomen wird als **Massendefekt** bezeichnet. Nach einer von ALBERT EINSTEIN (1879 bis 1955) gefundenen Größengleichung entspricht diese Masse der Energie, die bei der Kernfusion frei wird.

$$E = m \cdot c^2 = -4{,}8 \cdot 10^{-29}\,kg \cdot (3 \cdot 10^8\,m \cdot s^{-1})^2 = -4{,}3 \cdot 10^{-12}\,J$$

Diese Energie entspricht der „Bindungsenergie" des Heliumatomkerns. Bei der Bildung von 1 mol Heliumatomen ($m = 4$ g) durch Kernfusion wird die Energie $E = -2{,}6 \cdot 10^6$ MJ frei. Dies entspricht der Energie, die man gewinnt, wenn man etwa 100 t Steinkohle verbrennt.

Auch bei der Kernspaltung tritt ein Massendefekt auf, durch den bei der Kernspaltung Energie frei wird.

Die Kernspaltung wird heute zur Erzeugung von elektrischem Strom friedlich genutzt, wobei diese Nutzung nicht unumstritten ist. Die Erkenntnisse zu Kernspaltung und Kernfusion führten zum Bau von Atom- und Wasserstoffbomben. Heute wird ein Teil der Forschungskapazitäten dafür verwendet, die technischen Probleme bei der Nutzung der Kernfusion zur Erzeugung von elektrischem Strom zu lösen.

Aufgaben

1. Informieren Sie sich über die Zerfallsreihe des in der Natur vorkommenden Urannuklids ${}^{238}_{92}U$. Notieren Sie die Zerfallsreihe.
2. Berechnen Sie den Massendefekt und die Energie bei der Kernreaktion von ${}^{235}_{92}U$ zu ${}^{138}_{56}Ba$ und ${}^{95}_{36}Kr$.
3. Stellen Sie mithilfe der Abb. 6 über den Verlauf der Kernbindungsenergie fest, bei welchen Elementen eine Kernspaltung, bei welchen eine Kernfusion einen Energiegewinn bringen würde.

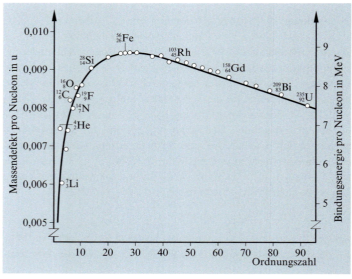

6 Massendefekt und Kernbindungsenergie von Nukleonen

Modelle der chemischen Bindung

1 Kupfer

2 Natriumchlorid

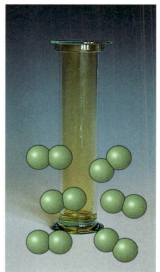

3 Chlor

Betrachtet man verschiedene Stoffe, so fällt auf, dass sich diese in ihren Eigenschaften in vielfacher Hinsicht unterscheiden. Stoffe können z. B. bei Raumtemperatur fest, flüssig oder auch gasförmig vorliegen. Es gibt Stoffe, die in Wasser löslich sind, und solche, die unlöslich sind, Stoffe, die den elektrischen Strom leiten, und solche, die dies nicht tun und als Isolatoren fungieren. Viele Stoffe können ohne Probleme bei unterschiedlicher Temperatur in jeweils einem der drei Aggregatzustände vorliegen. Bei anderen Stoffen – manchen chemischen Verbindungen – ist dies unter normalen Bedingungen nicht möglich, weil sie sich bei Temperaturerhöhung leicht zersetzen.

Diese unterschiedlichen Eigenschaften lassen sich auf die Anordnung der Elektronen in den Teilchen der Stoffe zurückführen. Die uns bekannten Stoffe – Elemente und Verbindungen – existieren mit Ausnahme der Edelgase, die atomar vorkommen, nur in größeren Aggregaten. In diesen Aggregaten sind die einzelnen Atome miteinander verbunden. In welcher Weise dies geschieht, ist von der Atomsorte und von den jeweiligen Bindungspartnern abhängig. Für die Ausbildung einer **chemischen Bindung** sind aber nicht alle Elektronen eines Atoms maßgebend, sondern nur die Elektronen auf der äußersten besetzten Schale, die **Valenzelektronen** (Außenelektronen), da nur sie Einfluss auf das Zustandekommen einer chemischen Bindung haben.

Die Vielfalt der Stoffe und die ihnen zugrunde liegenden chemischen Bindungen kann man auf drei Grenztypen der chemischen Bindung zurückführen. Wir bezeichnen diese Grenztypen als **Elektronenpaarbindung**, **Ionenbindung** und **Metallbindung**.

A

Stoff-Teilchen-Konzept

Elektronenpaarbindung

Elektronenpaarbindung und Oktettregel. In Molekülen halten die einzelnen Atome nach der Theorie des amerikanischen Physikochemikers GILBERT NEWTON LEWIS (1875 bis 1946) durch die **Elektronenpaarbindung (Atombindung)** zusammen. Diese Bindung ist durch mindestens ein **gemeinsames Elektronenpaar** zwischen jeweils zwei Atomen gekennzeichnet. Das gemeinsame Elektronenpaar kann auch als **bindendes Elektronenpaar** bezeichnet werden, die Bindung als **kovalente Bindung**. Bindende Elektronenpaare werden den verbundenen Atomen gemeinsam zugerechnet. Dadurch erreichen die Atome in den Molekülen meist eine Elektronenkonfiguration, die der eines Edelgasatoms entspricht. Da die meisten Edelgasatome – ausgenommen die Heliumatome – acht Außenelektronen besitzen, wird dieses Bestreben der Atome **Oktettregel** genannt. Im Tetrachlorkohlenstoffmolekül CCl_4 erreichen das Kohlenstoffatom die Elektronenkonfiguration des Neonatoms und die Chloratome jeweils die des Argonatoms. Um eine Edelgaskonfiguration zu erreichen, sind nicht nur **Einfachbindungen**, sondern auch **Doppelbindungen** wie im Kohlenstoffdioxidmolekül und **Dreifachbindungen** wie im Stickstoffmolekül möglich.

Nicht alle Moleküle lassen sich mithilfe der Oktettregel erklären. Betrachtet man z. B. die Verbindung Bortrichlorid BCl_3 und bestimmt die Elektronenkonfigurationen, so ergeben sich für das Boratom nur 6 Elektronen und für die Chloratome jeweils 8 Elektronen. Die Chloratome erreichen eine Edelgaskonfiguration, das Boratom dagegen nicht. Bei Atomen ab der 3. Periode gilt die Oktettregel nur dann, wenn an der chemischen Bindung nur s- und p-Elektronen beteiligt sind, nicht aber bei der Beteiligung von d-Orbitalen an der chemischen Bindung. So verfügt das Schwefelatom im Schwefelsäuremolekül H_2SO_4 über insgesamt 12 Elektronen.

Nach LEWIS lassen sich die Außenelektronen eines Atoms als Punkte am Elementsymbol und die Elektronenpaare auch als Striche darstellen (Abb. 4).

Auch in den Lewis-Formeln können die Elektronen und Elektronenpaare auf diese Weise dargestellt werden (Abb. 5). Die nicht an einer Elektronenpaarbindung beteiligten Elektronen und Elektronenpaare werden als freie Elektronen bzw. freie Elektronenpaare bezeichnet.

In einem Wasserstoffmolekül sind zwei Wasserstoffatome durch eine Elektronenpaarbindung miteinander verbunden. Während das Elektron in einem einzelnen Wasserstoffatom diesem eindeutig zugeordnet werden kann, ist dies für die Elektronen, die im Wasserstoffmolekül das gemeinsame Elektronenpaar bilden, nicht mehr möglich. Die Elektronen des bindenden Elektronenpaares müssen beiden an der Elektronenpaarbindung beteiligten Atomen zugeordnet werden. Quantenmechanische Berechnungen zeigen, dass sich der Raum mit der höchsten Aufenthaltswahrscheinlichkeit dieser beiden Elektronen zwischen den Atomkernen befindet. Die elektrisch negativ geladenen Elektronen und die elektrisch positiv geladenen Atomkerne ziehen sich an, wobei die Elektronen gleichzeitig die elektrostatische Abstoßung zwischen den Atomkernen verringern.

Die Elektronenpaarbindung ist eine gerichtete Bindung. Sie besteht nur in Richtung der Kernverbindungslinie der gebundenen Atome.

H·, ·Ċ·, :Ċ̈l· oder |Cl·

4 Außenelektronen am Elementsymbol nach LEWIS

H··H oder H—H
|Cl̈|··|Cl̈| oder |Cl̈|—|Cl̈|
⟨O::C::O⟩ oder ⟨O=C=O⟩

5 Lewis-Formeln für das Wasserstoff-, das Chlor- und das Kohlenstoffdioxidmolekül

↗ B-1 | Anorganische Molekülverbindungen

Polare Elektronenpaarbindung und Dipolmoleküle. Besteht ein Molekül wie das Wasserstoffmolekül aus gleichartigen Atomen, wirken von den Wasserstoffatomkernen auf das bindende Elektronenpaar Anziehungskräfte gleicher Stärke. Die elektrische Ladung des bindenden Elektronenpaares ist symmetrisch zwischen den Wasserstoffatomen verteilt.

In Molekülen wie dem Chlorwasserstoffmolekül sind jedoch unterschiedliche Atome in einem Molekül gebunden. Auf das bindende Elektronenpaar wirken dann Anziehungskräfte unterschiedlicher Stärke. Im Chlorwasserstoffmolekül wird das bindende Elektronenpaar stärker vom Chloratom angezogen und zu diesem hin verschoben (Abb. 6a). Aufgrund dieser Elektronenverschiebung hat das Chloratom eine elektrisch negative Partialladung (Teilladung), das Wasserstoffatom eine elektrisch positive Partialladung. In einer Abbildung werden die Partialladungen mit δ– und δ+ gekennzeichnet. Die unsymmetrische Verteilung des bindenden Elektronenpaares führt zu einer **polaren Elektronenpaarbindung** (polare Atombindung).

Moleküle mit mindestens einer polaren Elektronenpaarbindung sind meist **Dipolmoleküle**. In ihren Molekülen bilden die Ladungsschwerpunkte der negativen und der positiven Teilladung die beiden Pole des Dipols. In einem Dipolmolekül sind die Ladungsschwerpunkte ständig vorhanden, man spricht daher von permanenten Dipolmolekülen.

In einem Molekül mit nur einer polaren Elektronenpaarbindung befinden sich die Ladungsschwerpunkte jeweils bei den Atomen mit den unterschiedlichen Teilladungen. Liegen in einem Molekül dagegen mehrere polare Elektronenpaarbindungen vor, so müssen die Ladungsschwerpunkte aus den Teilladungen ermittelt werden. Im Wassermolekül ist der Ladungsschwerpunkt der negativen Teilladung beim Sauerstoffatom lokalisiert, während sich der Ladungsschwerpunkt der positiven Teilladung zwischen den Wasserstoffatomen befindet (Abb. 6b). Das Dipolmoment des Wassermoleküls ergibt sich aus der vektoriellen Addition der beiden Ladungsschwerpunkte. Bei symmetrisch gebauten Molekülen wie dem Kohlenstoffdioxidmolekül fallen die Ladungsschwerpunkte der beiden Teilladungen zusammen. Das Kohlenstoffdioxidmolekül ist trotz seiner polaren Elektronenpaarbindungen kein Dipolmolekül (Abb. 6c).

Elektronegativität. Um die Anziehungskräfte von Atomen unterschiedlicher chemischer Elemente auf bindende Elektronenpaare vorhersagen zu können, ordnete LINUS PAULING (1901 bis 1994) den Elementen **Elektronegativitäten** (EN) zu. Die Elektronegativität eines Atoms ist ein Maß für die Fähigkeit, Elektronen eines bindenden Elektronenpaares anzuziehen. Fluor ist das Element mit der höchsten Elektronegativität, ihm wurde willkürlich die Elektronegativität EN = 4,0 zugeordnet. Caesium ist mit einer Elektronegativität EN = 0,7 das Element mit der kleinsten Elektronegativität (↗ S. 232 f.). Die Differenz zwischen den Elektronegativitäten der an einer Elektronenpaarbindung beteiligten Atome ist ein Maß für die Polarität dieser chemischen Bindung. Bei geringer Differenz der Elektronegativitäten tragen die Atome nur kleine Teilladungen, die Moleküle sind nur wenig polar. Bei sehr großer Differenz der Elektronegativitäten der an einer Verbindung beteiligten Atome bilden sich keine Moleküle, sondern Ionengitter (↗ S. 248).

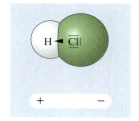
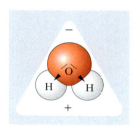
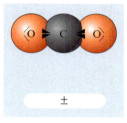

6 Ladungsschwerpunkte in Molekülen mit polaren Elektronenpaarbindungen: a) Chlorwasserstoffmolekül, b) Wassermolekül, c) Kohlenstoffdioxidmolekül

Modelle der chemischen Bindung

↗ B-1 | Bau und Eigenschaften von anorganischen Wasserstoffverbindungen

Aufgabe

1. Zeichnen Sie die Strukturformel von Schwefelsäure und bestimmen Sie die Elektronenkonfiguration aller beteiligten Atome.

Stoff-Teilchen-Konzept

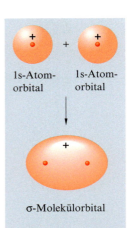

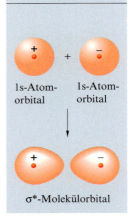

7 Bildung des bindenden σ-Molekülorbitals und des antibindenden σ*-Molekülorbitals im Wasserstoffmolekül

Beschreibung der Elektronenpaarbindung mit dem Orbitalmodell

Molekülorbitale. Die Beschreibung der Elektronenpaarbindung nach dem Konzept von LEWIS gestattet es, die Zusammensetzung und die Bindungsverhältnisse von Molekülen vorherzusagen. Über die Molekülstruktur, dass z. B. das Wassermolekül eine gewinkelte Form hat, können keine Aussagen abgeleitet werden. Es kann auch nicht erklärt werden, warum die Bildung von gemeinsamen Elektronenpaaren zu einer Energieabgabe führt, wodurch die Atome in einem Molekül gebunden bleiben.

Durch die Weiterentwicklung der Atommodelle zum Orbitalmodell (↗ S. 226 ff.) konnten auch die Modelle der chemischen Bindung weiterentwickelt werden. Einen wesentlichen Anteil an der Entwicklung des **wellenmechanischen Bindungsmodells** hatte der amerikanische Chemiker LINUS CARL PAULING (1901 bis 1994).

Dieses Modell geht davon aus, dass bei der Bildung eines Moleküls aus Atomen die Atomorbitale zu neuen Orbitalen im Molekül, den **Molekülorbitalen**, kombinieren. Es zeigte sich, dass es für die Beschreibung der chemischen Bindung ausreicht, nur die mit Elektronen besetzten Atomorbitale der Valenzschale zu berücksichtigen. Die Atomorbitale innerer Schalen können vernachlässigt werden.

Zur Bildung von Molekülorbitalen müssen sich die Atomorbitale räumlich so weit annähern, dass sich die Atomorbitale ausreichend überlappen (durchdringen). Die Atomorbitale müssen dabei bezüglich der Kernverbindungslinie die gleiche Symmetrie aufweisen und sie müssen energetisch ähnlich sein. Bei der Kombination von Atomorbitalen zu Molekülorbitalen werden aus n Atomorbitalen (AO) grundsätzlich n Molekülorbitale (MO) gebildet. Das heißt, zwei Atomorbitale kombinieren zu zwei Molekülorbitalen – einem **bindenden Molekülorbital** und einem **antibindenden Molekülorbital**.

In der mathematischen Beschreibung des wellenmechanischen Bindungsmodells erfolgt eine Kombination der Wellenfunktionen ψ der Elektronen der beiden Atome A und B. Die Addition der Wellenfunktionen ψ_A und ψ_B führt zur Wellenfunktion der Elektronen, die das bindende Molekülorbital besetzen. Die Subtraktion der Wellenfunktionen ψ_A und ψ_B liefert dagegen die Wellenfunktion der Elektronen, die das antibindende Molekülorbital besetzen.

$$\psi_{bindend} = \psi_A + \psi_B \qquad \psi_{antibindend} = \psi_A - \psi_B$$

Die Elektronenpaarbindung im Wasserstoffmolekül. Jedes Wasserstoffatom besitzt ein Elektron im 1s-Atomorbital. Bei der Bildung eines Wasserstoffmoleküls kombinieren die 1s-Atomorbitale der beiden Wasserstoffatome zu Molekülorbitalen. Da die 1s-Atomorbitale rotationssymmetrisch zur Kernverbindungslinie sind, weisen auch die gebildeten Molekülorbitale eine rotationssymmetrische Elektronenverteilung zu dieser Linie auf. Solche Molekülorbitale werden als **σ-Molekülorbital** bezeichnet. Eine auf diese Weise entstandene Bindung heißt **σ-Bindung**. Im bindenden σ-Molekülorbital ist die Elektronendichte zwischen den beiden Atomkernen am größten. Im antibindenden **σ*-Molekülorbital** ist die Elektronendichte zwischen den beiden Atomkernen dagegen kleiner (Abb. 7).

Die chemische Reaktion von zwei Wasserstoffatomen zu einem Wasserstoffmolekül ist eine exotherme Reaktion. Das wellenmechanische Bindungsmodell ist in der Lage, dies zu erklären. Das durch Kombination zweier Atomorbitale gebildete bindende σ-Molekülorbital liegt energetisch tiefer als die beiden Atomorbitale, das antibindende σ*-Molekülorbital dagegen energetisch höher (Abb. 8). Die Summe der Energien bleibt dabei gleich. Die beiden Elektronen im Wasserstoffmolekül besetzen nach dem energetischen Aufbauprinzip (↗ S. 229) das bindende Molekülorbital. Das antibindende σ*-Molekülorbital bleibt leer. Dies führt zur Energieabgabe bei der Bildung eines Wasserstoffmoleküls.

Modelle der chemischen Bindung

Die Elektronenpaarbindung im Chlormolekül. In einem Chlormolekül sind zwei Chloratome miteinander verbunden. Die Elektronenkonfiguration eines Chloratoms lautet: $1s^2\ 2s^2\ 2p^6\ 3s^2\ 3p^5$ (Abb. 9). Eine Elektronenpaarbindung kommt in einem Chlormolekül zustande, wenn die jeweils mit einem Elektron besetzten 3p-Atomorbitale kombinieren. Die 3p-Atomorbitale müssen dabei so orientiert sein, dass sie rotationssymmetrisch zur Kernverbindungslinie sind (Abb. 10). Die aus den 3p-Atomorbitalen gebildeten Molekülorbitale weisen dann auch eine rotationssymmetrische Elektronenverteilung zu dieser Linie auf. Es bilden sich ein bindendes σ-Molekülorbital und ein antibindendes σ*-Molekülorbital. Nur das energetisch tiefer liegende bindende σ-Molekülorbital ist mit zwei Elektronen besetzt.

Um die unterschiedlichen σ-Molekülorbitale im Wasserstoff- und im Chlormolekül unterscheiden zu können, gibt man im Namen des Molekülorbitals auch die Art der Atomorbitale an, aus denen das Molekülorbital gebildet wurde. Das bindende Molekülorbital im Wasserstoffmolekül heißt folglich **s-s-σ-Molekülorbital**, die Bindung **s-s-σ-Bindung**, und im Chlormolekül **p-p-σ-Molekülorbital**, die Bindung **p-p-σ-Bindung**.

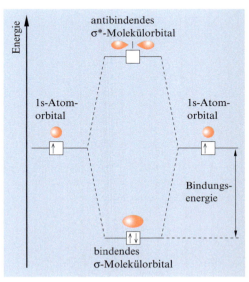

8 Energieniveauschema der Molekülorbitale (MO-Schema) für das Wasserstoffmolekül

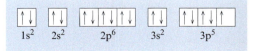

9 Elektronenkonfiguration des Chloratoms

10 Bildung des bindenden p-p-σ-Molekülorbitals im Chlormolekül

Resümee

In Molekülen sind die Atome durch Elektronenpaarbindung gebunden. Diese chemische Bindung ist durch mindestens ein gemeinsames Elektronenpaar zwischen den gebundenen Atomen gekennzeichnet. Eine Elektronenpaarbindung kommt durch die Überlappung von Atomorbitalen unter Bildung von Molekülorbitalen zustande. n Atomorbitale kombinieren dabei immer zu n Molekülorbitalen. Bei der Kombination von zwei Atomorbitalen bilden sich zwei Molekülorbitale – ein bindendes und ein antibindendes Molekülorbital. Das bindende Molekülorbital liegt energetisch tiefer als die Atomorbitale, aus denen es gebildet wurde. Das antibindende Molekülorbital hat dagegen eine höhere Energie als die Atomorbitale. Die Summe der Energien der Atomorbitale und die Summe der Energien der Molekülorbitale sind gleich.

Stoff-Teilchen-Konzept

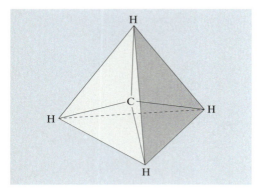

12 Modell des Methanmoleküls

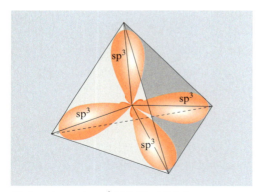

13 Anordnung der sp³-Hybridorbitale im Kohlenstoffatom

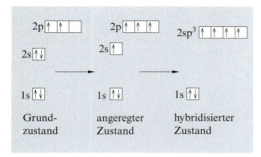

14 Energieniveauschema des Kohlenstoffatoms bei der Bildung von sp³-Hybridorbitalen

Exkurs 2
Die Elektronenpaarbindung in einem Heliummolekül He₂?

Wie wäre die chemische Bindung in einem (hypothetischen) Heliummolekül He₂ zu beschreiben? Ein Heliummolekül besitzt ein bindendes s-s-σ- und ein antibindendes s-s-σ*-Molekülorbital, entstanden durch Kombination der 1s-Atomorbitale der Heliumatome (Abb. 11). Besetzt man die Molekülorbitale nun mit 4 Elektronen, sind das bindende und das antibindende Molekülorbital mit jeweils zwei Elektronen besetzt. Die Verteilung der Elektronen im Heliummolekül ist damit, energetisch betrachtet, nicht günstiger als die Elektronenverteilung in den Heliumatomen. Eine chemische Bindung kommt nicht zustande. Ein Heliummolekül He₂ existiert deshalb nicht.

11 MO-Schema für das Heliummolekül He₂

Die Elektronenpaarbindung im Methanmolekül – Hybridisierung. Im Methanmolekül CH_4 erfolgt die chemische Bindung zwischen dem Kohlenstoffatom und den Wasserstoffatomen durch Elektronenpaarbindung. Es war bekannt, dass diese vier Elektronenpaarbindungen völlig gleich sind: Bindungslänge und Bindungsenergie der vier Elektronenpaarbindungen stimmen genau überein. Der Bau des Methanmoleküls entspricht darüber hinaus dem eines regulären Tetraeders, wobei sich die Wasserstoffatome in den Ecken und das Kohlenstoffatom im Mittelpunkt des Tetraeders befinden (Abb. 12). Diese Beobachtungen widersprechen dem Bild, das man nach dem Orbitalmodell vom zentralen Kohlenstoffatom erhält. Das Kohlenstoffatom besitzt im Grundzustand in der L-Schale ein mit zwei Elektronen besetztes 2s-Atomorbital, zwei mit jeweils einem Elektron besetzte 2p-Atomorbitale und ein leeres 2p-Atomorbital. Die Energien dieser Atomorbitale sind nicht gleich und die Atomorbitale sind auch nicht nach den Ecken eines Tetraeders ausgerichtet.

Deshalb folgerte man, dass es bei der Bildung eines Methanmoleküls zu Veränderungen der Atomorbitale des Kohlenstoffatoms kommen muss (Abb. 14). Durch Energieaufnahme geht das Kohlenstoffatom zunächst in einen angeregten Zustand über, wodurch eines der beiden 2s-Elektronen in das leere 2p-Atomorbital springt. Danach erfolgt die **Hybridisierung** des 2s- und der drei 2p-Atomorbitale zu vier sp³-Hybridorbitalen. Bei der Hybridisierung erfolgt eine Umwandlung von Atomorbitalen unterschiedlicher Energieniveaus und unterschiedlicher Form in **Hybridorbitale**. Die gebildeten Hybridorbitale sind Atomorbitale mit gleichem Energieniveau und gleicher Form (gleicher Aufenthaltswahrscheinlichkeit der Elektronen). Im Fall der Bildung von vier sp³-Hybridorbitalen sind diese nach den Ecken eines Tetraeders ausgerichtet (Abb. 13).

Bei der Hybridisierung bilden sich immer aus *n* Atomorbitalen auch *n* Hybridorbitale. Aus der Bezeichnung eines Hybridorbitals sind die Art und die Anzahl der Atomorbitale erkennbar, die an der Hybridisierung beteiligt waren. Die Anzahl der beteiligten Atomorbitale steht jeweils als hochgestellte Ziffer beim Symbol für das Atomorbital. Ein s- und drei p-Atomorbitale hybridisieren deshalb zu vier sp^3-Hybridorbitalen.

Bei der Bildung eines Methanmoleküls kombiniert jeweils ein sp^3-Hybridorbital des Kohlenstoffatoms mit dem 1s-Atomorbital jeweils eines Wasserstoffatoms zu einem bindenden und einem antibindenden Molekülorbital. Die Elektronenverteilung der gebildeten Molekülorbitale ist rotationssymmetrisch zur jeweiligen Kernverbindungslinie. Die chemische Bindung im Methanmolekül erfolgt durch vier sp^3-s-σ-Molekülorbitale.

Die Elektronenpaarbindung im Ethenmolekül – Doppelbindung. Die Struktur eines Ethenmoleküls gibt die Strukturformel (Abb. 15) wieder, wobei alle Atome des Ethenmoleküls in einer Ebene liegen. Bei Vorliegen einer sp^3-Hybridisierung der 2s- und 2p-Atomorbitale der Kohlenstoffatome würde sich aber eine gewinkelte Struktur ergeben.

Im Ethenmolekül hybridisieren nur jeweils das 2s- und zwei der drei 2p-Atomorbitale der Kohlenstoffatome zu drei sp^2-Hybridorbitalen. Das dritte 2p-Atomorbital verändert sich nicht (Abb. 16). Jeweils zwei der sp^2-Hybridorbitale bilden einen Winkel von 120°. Die drei sp^2-Hybridorbitale liegen in einer Ebene, zu der das unveränderte 2p-Atomorbital senkrecht steht.

Im Ethenmolekül liegen zwischen den Kohlenstoff- und den Wasserstoffatomen jeweils sp^2-s-σ-Molekülorbitale vor. Zwischen den beiden Kohlenstoffatomen erfolgt die chemische Bindung durch ein rotationssymmetrisches sp^2-sp^2-σ-Molekülorbital und ein weiteres Molekülorbital, das sich bei der Überlappung der 2p-Atomorbitale bildet. Da die 2p-Atomorbitale senkrecht zur Kernverbindungslinie der beiden Kohlenstoffatome stehen, sind das sich durch Überlappung dieser Atomorbitale bildende bindende und auch das antibindende Molekülorbital nicht rotationssymmetrisch zu dieser Linie. Solche Orbitale heißen **π-** bzw. **π*-Molekülorbital**. Eine durch ein π-Molekülorbital zustande kommende chemische Bindung wird **π-Bindung** genannt. Zwischen den beiden Kohlenstoffatomen im Ethenmolekül liegen σ-Bindung und π-Bindung gleichzeitig vor. Es handelt sich um eine **Doppelbindung**.

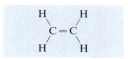

15 Strukturformel des Ethenmoleküls

Modelle der chemischen Bindung

Aufgaben

1. Erläutern Sie, weshalb zwischen zwei in einem Molekül gebundenen Atomen nur eine σ-Bindung möglich ist.
2. Beschreiben Sie die Elektronenpaarbindung im Chlorwasserstoffmolekül.
3. Beschreiben Sie die Bindungsverhältnisse im Wassermolekül. Gehen Sie dabei davon aus, dass das Sauerstoffatom im Wassermolekül sp^3-hybridisiert vorliegt.

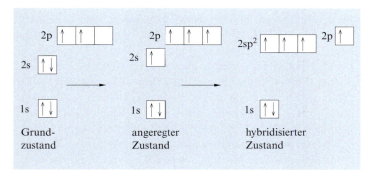

16 Energieniveauschema des Kohlenstoffatoms bei der Bildung von sp^2-Hybridorbitalen

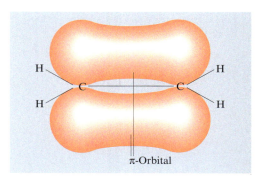

17 Das bindende p-p-π-Molekülorbital im Ethenmolekül

Stoff-Teilchen-Konzept

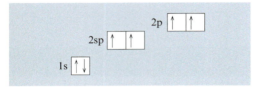

18 Energieniveauschema (Kästchenschema) für die sp-Hybridisierung beim Kohlenstoffatom

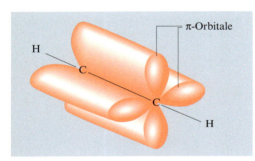

19 Die bindenden p-p-π-Molekülorbitale im Ethinmolekül

Die Überlappung der p-Atomorbitale in einer π-Bindung ist wegen der räumlichen Gegebenheiten nicht so stark wie die Überlappung der Atomorbitale in einer σ-Bindung. Die Bildung einer σ-Bindung ist deshalb energetisch günstiger als die Bildung einer π-Bindung. Bei der Bildung einer σ-Bindung wird mehr Energie als bei der Bildung einer π-Bindung frei.

Die Elektronenpaarbindung im Ethinmolekül – Dreifachbindung. Beim Ethinmolekül handelt es sich um ein linear gebautes Molekül mit der Strukturformel H–C≡C–H. Die lineare Anordnung der Atome im Molekül ist weder mit einer sp^3- noch mit einer sp^2-Hybridisierung an den Kohlenstoffatomen erklärbar.
Im Ethinmolekül hybridisieren jeweils das 2s- und lediglich eins der drei 2p-Atomorbitale der Kohlenstoffatome zu zwei sp-Hybridorbitalen. Zwei 2p-Atomorbitale verändern sich nicht (Abb. 18). Die beiden sp-Hybridorbitale bilden einen Winkel von 180° und liegen auf einer Geraden, zu der die beiden unveränderten 2p-Atomorbitale senkrecht stehen.
Im Ethinmolekül liegen zwischen den Kohlenstoff- und den Wasserstoffatomen jeweils sp-s-σ-Molekülorbitale vor. Zwischen den beiden Kohlenstoffatomen erfolgt die chemische Bindung durch ein sp-sp-σ-Molekülorbital und zwei p-p-π-Molekülorbitale, die sich bei der Überlappung von jeweils zwei 2p-Atomorbitalen bilden. Die Kohlenstoffatome sind über eine σ-Bindung und zwei π-Bindungen gebunden. Es handelt sich um eine **Dreifachbindung**.

Weitere Hybridisierungen. Bei den Elementen ab der 3. Periode sind auch Hybridisierungen unter Beteiligung der d-Orbitale möglich. So hybridisieren z. B. im Phosphorpentafluorid PF_5 ein s-, drei p- und ein d-Orbital zu fünf sp^3d-Hybridorbitalen, die trigonal bipyramidal angeordnet sind, und z. B. im Schwefelhexafluorid SF_6 ein s-, drei p- und zwei d-Orbital zu sechs sp^3d^2-Hybridorbitalen mit oktaedrischer Anordnung.

Aufgaben

1. Es treten in einer Verbindung vier Atome zusammen, die jeweils drei Atomorbitale zur Bindung betätigen. Wie viele Molekülorbitale gibt es im neu gebildeten Molekül?
2. Konstruieren Sie das MO-Schema für das Sauerstoffmolekül und beschreiben Sie auf dieser Basis die Bindungsverhältnisse im Sauerstoffmolekül. Informieren Sie sich auch über die Begriffe Diamagnetismus und Paramagnetismus.

Resümee

Die Hybridisierung ist eine Modellvorstellung zur Erklärung der Elektronenpaarbindung, wenn unterschiedliche Atomorbitale am Zustandekommen der chemischen Bindung beteiligt sind. Bei der Hybridisierung wandeln sich Atomorbitale mit unterschiedlicher Energie und unterschiedlicher Form in Hybridorbitale um. Die gebildeten Hybridorbitale sind Atomorbitale mit gleichem Energieniveau und gleicher Form. Es können unterschiedliche Atomorbitale eines Atoms hybridisieren. Aus n Atomorbitalen bilden sich immer n Hybridorbitale.
Die chemische Bindung in Molekülen erfolgt durch σ- und π-Bindungen. Eine σ-Bindung kommt durch ein bindendes σ-Molekülorbital und ein antibindendes $σ^*$-Molekülorbital zustande, wobei das bindende σ-Molekülorbital mit mehr Elektronen als das antibindende $σ^*$-Molekülorbital besetzt ist. Analog kommt eine π-Bindung durch ein bindendes π-Molekülorbital und ein antibindendes $π^*$-Molekülorbital zustande, wobei das bindende π-Molekülorbital mit mehr Elektronen als das antibindende $π^*$-Molekülorbital besetzt ist.

Beschreibung der Elektronenpaarbindung mit dem Elektronenpaar-Abstoßungs-Modell

Das Elektronenpaar-Abstoßungs-Modell. Das **Elektronenpaar-Abstoßungs-Modell** (**EPA-Modell**, Valence-Shell Electron-Pair Repulsion Theory, VSEPR-Theory) geht in seinen Ansätzen auf Vorschläge der britischen Chemiker NEVIL VINCENT SIDGWICK (1874 bis 1952) und HERBERT M. POWELL von 1940 zurück. Publiziert wurde das Modell 1957 vom kanadischen Chemiker RONALD J. GILLESPIE und vom britischen Chemiker Sir RONALD SYDNEY NYHOLM (1917 bis 1971).

Das Elektronenpaar-Abstoßungs-Modell beruht auf nur wenigen Voraussetzungen: der Heisenbergschen Unschärferelation, dem Pauli-Prinzip, der Hundschen Regel und der Coulomb-Anziehung bzw. -Abstoßung. Es dient vor allem der Beschreibung der räumlichen Gestalt von – in der Regel – einfachen Molekülen mit der allgemeinen Summenformel AB_x und einfachen Ionen. Es lässt sich aber auch auf etwas komplizierter aufgebaute Moleküle anwenden. Das Elektronenpaar-Abstoßungs-Modell nimmt als gedachte Aufenthaltsräume für Elektronen kugelförmige Ladungswolken an, die mit maximal zwei Elektronen mit entgegengesetztem Spin besetzt werden können. Um die räumliche Gestalt eines Moleküls beschreiben zu können, ist es ausreichend, nur die Ladungswolken der Valenzelektronen in der unmittelbaren Umgebung des zentralen Atoms zu berücksichtigen. Zu diesen Valenzelektronen zählen auch freie Elektronenpaare am zentralen Atom und die Elektronen, die aufgrund einer Elektronenpaarbindung dem zentralen Atom zugerechnet werden können. So sind beim Bortrifluoridmolekül BF_3 sechs Valenzelektronen (drei Elektronenpaare), beim Methanmolekül CH_4 acht Valenzelektronen (vier Elektronenpaare) und beim Ammoniakmolekül NH_3 ebenfalls acht Valenzelektronen (vier Elektronenpaare) am jeweiligen zentralen Atom zu berücksichtigen (Abb. 20). Die räumliche Gestalt eines Moleküls wird nun auf die abstoßenden Kräfte zwischen den Ladungswolken zurückgeführt. Die elektrisch negativ geladenen kugelförmigen Ladungswolken werden so im Raum um den Atomkern des zentralen Atoms angeordnet, dass die Ladungswolken möglichst weit voneinander entfernt sind und einen möglichst großen Raum um den Atomkern einnehmen können.

Die Art der Anordnung der Ladungswolken ergibt sich direkt aus der Anzahl der Ladungswolken. Zwei Ladungswolken ordnen sich in gegenüberliegenden Räumen an. Sie bilden mit dem Atomkern des zentralen Atoms einen Winkel von 180°. Drei Ladungswolken richten sich nach den Eckpunkten eines gleichseitigen Dreiecks aus. Der Winkel am Atomkern des zentralen Atoms zwischen zwei Ladungswolken beträgt 120°. Vier Ladungswolken zeigen in die Eckpunkte eines Tetraeders. Die Winkel am Atomkern des zentralen Atoms betragen hierbei 109,5°. Fünf Ladungswolken ordnen sich nach den Eckpunkten einer trigonalen Bipyramide an. Die Winkel am Atomkern des zentralen Atoms betragen hier 120° bzw. 90°. Sechs Ladungswolken zeigen in die Eckpunkte eines Oktaeders mit Winkeln von 90° am Atomkern des zentralen Atoms (Abb. 21).

Modelle der chemischen Bindung

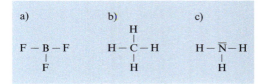

20 Valenzstrichformeln des Bortrifluorid- (a), des Methan- (b) und des Ammoniakmoleküls (c)

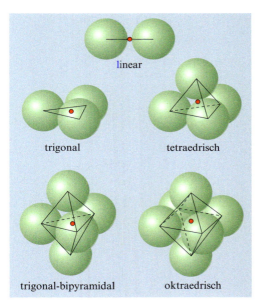

21 Anordnung von Ladungswolken um den Atomkern des zentralen Atoms

Aufgabe

1. Basteln Sie mithilfe der Anweisung auf dem Arbeitsblatt (↗ CD, A-3, Elektronenpaar-Abstoßungs-Modell) Modelle für die Anordnung von 2, 3, 4, 5 und 6 Ladungswolken (Elektronenpaaren) um den Atomkern des zentralen Atoms. Beschreiben Sie die sich ausbildenden Strukturen.

Stoff-Teilchen-Konzept

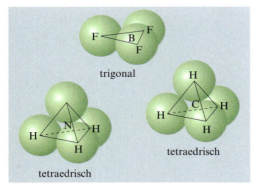

22 Anordnung der Ladungswolken im Bortrifluorid-, im Methan- und im Ammoniakmolekül

Die Ladungswolken im Bortrifluoridmolekül sind demzufolge nach den Eckpunkten eines gleichseitigen Dreiecks, die Ladungswolken im Methan- und im Ammoniakmolekül nach den Eckpunkten eines Tetraeders ausgerichtet (Abb. 22).

Aus den bisher dargelegten Modellvorstellungen würden sich Bindungswinkel von 109,5° am Kohlenstoffatom im Methanmolekül und am Stickstoffatom im Ammoniakmolekül ergeben. Für das Methanmolekül kann dieser Winkel auch experimentell bestätigt werden, der Bindungswinkel im Ammoniakmolekül beträgt aber 107°. Das Elektronenpaar-Abstoßungs-Modell erklärt diese Abweichung durch den verschiedenen Raumbedarf unterschiedlicher Ladungswolken.

Auf eine Ladungswolke, die die Elektronenpaarbindung zwischen dem Stickstoffatom und einem Wasserstoffatom bildet, wirken die Anziehungskräfte des Stickstoff- und des Wasserstoffatomkerns. Auf die Ladungswolke des freien Elektronenpaars am Stickstoffatom wirkt dagegen nur die Anziehungskraft des Stickstoffatomkerns. Diese Ladungswolke befindet sich deshalb näher am Stickstoffatomkern und hat einen größeren Raumbedarf als die Ladungswolken zwischen dem Stickstoff- und den Wasserstoffatomkernen. Dadurch verkleinert sich der Bindungswinkel am Stickstoffatom. Der Raumbedarf der Ladungswolke eines freien Elektronenpaars ist größer als der Raumbedarf der Ladungswolke eines Bindungselektronenpaars.

Wenn in einem Molekül Doppel- oder auch Dreifachbindungen auftreten, wird angenommen, dass die Elektronen einer solchen Bindung einen gemeinsamen Aufenthaltsraum – eine gemeinsame Ladungswolke – haben. Es werden dann Ladungswolken betrachtet, die doppelt bzw. dreifach – also mit zwei bzw. drei Elektronenpaaren – besetzt sind. Bei der Ermittlung der räumlichen Anordnung der Ladungswolken zählt eine doppelt bzw. dreifach besetzte Ladungswolke dann auch nur als eine Ladungswolke. Der Raumbedarf einer solchen Ladungswolke ist wegen der größeren Elektronendichte dieser Ladungswolke größer als der Raumbedarf einer Ladungswolke, die eine Einfachbindung darstellt.

Empirisch konnte eine Reihenfolge für den Raumbedarf der unterschiedlichen Ladungswolken festgestellt werden.

Raumbedarf der Ladungswolke für ein freies Elektronenpaar > Raumbedarf der Ladungswolke für eine Dreifachbindung > Raumbedarf der Ladungswolke für eine Doppelbindung > Raumbedarf der Ladungswolke für eine Einfachbindung

Struktur von Molekülen. Die Struktur eines Moleküls kann mithilfe des Elektronenpaar-Abstoßungs-Modells aus der einfachen Betrachtung der Anzahl der Ladungswolken um ein zentrales Atom und deren symmetrischer Verteilung abgeleitet werden.

Im Ethenmolekül (Abb. 23) müssen an jedem Kohlenstoffatom drei Ladungswolken berücksichtigt werden: zwei Ladungswolken für die Einfachbindungen zu den Wasserstoffatomen und eine doppelt besetzte Ladungswolke für die Doppelbindung zum jeweils anderen Kohlenstoffatom. Zunächst ergibt sich hieraus eine Ausrichtung der Ladungswolken nach den Eckpunkten eines gleichseitigen Dreiecks mit einem Bindungswinkel von 120°. Wegen des höheren Raumbedarfs der Ladungswolke für die Doppelbindung verkleinert sich der Bindungswinkel zwischen den Wasserstoffatomen am Kohlenstoffatom auf 116,8°. Die Kohlenstoff-Kohlenstoff-Wasserstoff-Bindungswinkel betragen dann 121,6° (Abb. 24).

Aussagekraft des Elektronenpaar-Abstoßungs-Modells. Am Beispiel des Ethenmoleküls wurde die Leistungsfähigkeit des Elektronenpaar-Abstoßungs-Modells bei der Gewinnung von Aussagen über die räumliche Gestalt von Molekülen verdeutlicht. Mithilfe des Elektronenpaar-Abstoßungs-Modells lassen sich präzisere Aussagen über die räumliche Gestalt von Molekülen und auch von einfachen Ionen treffen, als dies z. B. durch die Beschreibung der Elektronenpaarbindung mithilfe des Orbitalmodells möglich wäre.

Für das Verständnis chemischer Reaktionen sind in den meisten Fällen Kenntnisse über die räumliche Gestalt der Moleküle bzw. Ionen der an der chemischen Reaktion beteiligten Stoffe erforderlich. Auch werden häufig Kenntnisse über die Anordnung freier Elektronenpaare in den Molekülen und Ionen benötigt. Durch Anwendung des Elektronenpaar-Abstoßungs-Modells lassen sich diese Informationen schnell und einfach gewinnen.

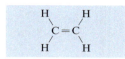

23 Valenzstrichformeln des Ethenmoleküls

A-3

Modelle der chemischen Bindung

24 Bindungswinkel im Ethenmolekül

Resümee

Das Elektronenpaar-Abstoßungs-Modell dient der Beschreibung der räumlichen Gestalt einfacher Moleküle und Ionen. Es nimmt kugelförmige Ladungswolken als gedachte Aufenthaltsräume von Elektronen in den Teilchen an. Die elektrisch negativ geladenen Ladungswolken ordnen sich so um den Atomkern des zentralen Atoms des Moleküls bzw. Ions an, dass sie einen größtmöglichen Raum um den Atomkern einnehmen können. Der Raumbedarf einer Ladungswolke ist davon abhängig, welches und wie viele Elektronenpaare die Ladungswolke darstellt.

Aufgaben

1. Beschreiben Sie mithilfe des Elektronenpaar-Abstoßungs-Modells die Struktur des Stickstofftrifluoridmoleküls NF_3, des Tetrachlorkohlenstoffmoleküls CCl_4, des Ethinmoleküls C_2H_2 und des Sulfat-Ions SO_4^{2-}.
2. Der Bindungswinkel im Wassermolekül beträgt 104,5°. Erläutern Sie die Struktur des Wassermoleküls mithilfe des Elektronenpaar-Abstoßungs-Modells.
3. Erläutern Sie die Struktur des Ammoniakmoleküls und die Bindungswinkel am Stickstoffatom.

A

Stoff-Teilchen-Konzept

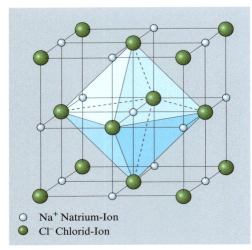

○ Na⁺ Natrium-Ion
● Cl⁻ Chlorid-Ion

25 Ionengitter im Natriumchloridkristall

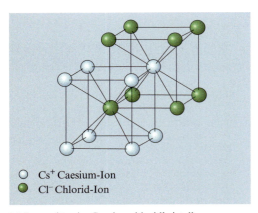

○ Cs⁺ Caesium-Ion
● Cl⁻ Chlorid-Ion

26 Ionengitter im Caesiumchloridkristall

Aufgabe

1. In Abbildung 29 (S. 251) ist die Verteilung der Elektronendichte im Kochsalzkristall dargestellt. In wie weit stützt dieser experimentelle Befund die Vorstellung, dass die Ionenbindung „ungerichtet" ist?

↗ B-1 | Ionenverbindungen

Ionenbindung

Ionenbindung und Oktettregel. Praktisch zeitgleich mit GILBERT NEWTON LEWIS, der 1916 die Elektronenpaarbindung beschrieb (↗ S. 238), erfolgte durch den deutschen Physiker WALTHER KOSSEL (1888 bis 1956) die Beschreibung einer weiteren wichtigen Bindungsart, der **Ionenbindung**. Gemeinsam ist beiden Ansätzen die Erkenntnis, dass die an einer chemischen Bindung beteiligten Atome bestrebt sind, eine Edelgaskonfiguration zu erreichen (Oktettregel; ↗ S. 238). In einer **Ionenverbindung** erreichen die beteiligten Atome eine Edelgaskonfiguration durch Abgabe oder Aufnahme von Elektronen, wobei Ionen gebildet werden. Durch Elektronenabgabe bilden sich elektrisch positiv geladene Kationen, durch Elektronenaufnahme elektrisch negativ geladene Anionen. Die Ionenbindung beruht auf den elektrostatischen Anziehungs- und Abstoßungskräften zwischen den Anionen und Kationen.

Eine typische Ionenverbindung ist das Natriumchlorid NaCl. Bei der Bildung aus den Elementen geben die Natriumatome jeweils ein Elektron ab und bilden elektrisch positiv geladene Natrium-Ionen (Kationen) mit der Elektronenkonfiguration des Edelgases Neon. Die Chloratome nehmen jeweils ein Elektron auf und bilden elektrisch negativ geladene Chlorid-Ionen (Anionen) mit der Elektronenkonfiguration des Argons. Aus den reaktionsfreudigen Natrium- und Chloratomen sind die reaktionsträgen Ionen geworden, die den Stoff Natriumchlorid, unser Kochsalz, bilden. Natrium- und Chlorid-Ionen sind im Natriumchlorid durch Ionenbindung gebunden.

Ionengitter. Kationen und Anionen ziehen sich aufgrund ihrer ungleichnamigen elektrischen Ladung an, während sich die Kationen und die Anionen jeweils untereinander wegen ihrer gleichnamigen elektrischen Ladung abstoßen. Diese Anziehungs- und Abstoßungskräfte wirken in alle Richtungen des Raums. Ionenverbindungen bestehen daher nicht aus isolierten Ionenpaaren. Vielmehr ordnen sich die Ionen in einem **Ionenkristall** regelmäßig an. Als Modell für die regelmäßige räumliche Anordnung dient das **Ionengitter**. Kationen und Anionen besetzen die Gitterplätze alternierend. So ist im Natriumchloridkristall jedes Natrium-Ion von sechs Chlorid-Ionen und jedes Chlorid-Ion von sechs Natrium-Ionen umgeben (↗ S. 260). Die Anzahl benachbarter Ionen ist für Natrium- und für Chlorid-Ionen jeweils sechs. Diese Anzahl wird als **Koordinationszahl** bezeichnet. Die Koordinationszahl der Ionen im Ionengitter des Natriumchlorids beträgt 6. Weitere häufige Koordinationszahlen sind 4 (z. B. im Zinksulfid) und 8 (z. B. im Caesiumchlorid).

Resümee

Die Ionenbindung ist eine chemische Bindung, die auf den elektrostatischen Anziehungs- und Abstoßungskräften zwischen Kationen und Anionen beruht. Anziehungs- und Abstoßungskräfte wirken in alle Richtungen des Raumes. Die Ionenbindung ist eine ungerichtete Bindung. Die Ionen einer Ionenverbindung ordnen sich in einem Ionenkristall regelmäßig an und bilden ein Ionengitter.

Metallbindung

Metallbindung und Oktettregel. Charakteristisch für Metallatome ist ihre Eigenschaft, relativ leicht ihre Valenzelektronen abzugeben. So erreichen die Atome der Alkalimetalle durch die Abgabe eines Elektrons und die Atome der Erdalkalimetalle durch die Abgabe von zwei Elektronen eine Edelgaskonfiguration (Oktettregel, ↗ S. 238). Auf diesen Überlegungen beruht das **Elektronengasmodell** als Modell für die **Metallbindung**.

Modelle der chemischen Bindung

Das Elektronengasmodell. Bereits um 1900 wurde eine Modellvorstellung über die chemische Bindung in Metallen – das Elektronengasmodell – entwickelt. Es wird angenommen, dass in einem Verband von Metallatomen elektrisch positiv geladene **Atomrümpfe** vorliegen. Die Atomrümpfe sind Metall-Ionen, gebildet aus Metallatomen durch Abgabe der Valenzelektronen. Sie weisen eine Edelgaskonfiguration auf und sind in einem **Metallgitter** regelmäßig angeordnet. Die von den Metallatomen abgegebenen Valenzelektronen bewegen sich im gesamten Metallgitter frei zwischen den Atomrümpfen. Sie bilden das **Elektronengas**. Das Elektronengas kompensiert die elektrostatische Abstoßung der Atomrümpfe und bewirkt dadurch den Zusammenhalt der Atomrümpfe im Metallgitter.
Mit dem Elektronengasmodell lassen sich viele Eigenschaften der Metalle gut erklären (↗ S. 258).

Das Energiebändermodell. Bei der Erklärung der elektrischen Leitfähigkeit von Metallen wie Silicium und Germanium, die als Halbleiter bekannt sind, versagt das Elektronengasmodell. Hier hilft das Energiebändermodell – ein Modell zur Erklärung der elektrischen Leitfähigkeit von Metallen, Halbleitern und Isolatoren.
Das Energiebändermodell beruht auf dem wellenmechanischen Bindungsmodell, bei dem Atomorbitale zu Molekülorbitalen kombinieren (↗ S. 240).
Die Metallatome in einem Metallkristall haben alle die gleiche Elektronenkonfiguration. Die Atomorbitale mit gleicher Bezeichnung aller Metallatome sind energetisch gleich. Alle 1s-Atomorbitale, alle 2s-Atomorbitale usw. haben jeweils die gleiche Energie. Durch Kombination aller energetisch gleichen 1s-Atomorbitale, 2s-Atomorbitale usw. ergeben sich Molekülorbitale, die sich jeweils über den gesamten Metallkristall erstrecken. Bei der Kombination von zwei Atomorbitalen bilden sich zwei Molekülorbitale mit unterschiedlicher Energie. Kombinieren jeweils x Atomorbitale der x Metallatome eines Metallkristalls, so bilden sich x Molekülorbitale mit unterschiedlicher Energie. Die Energiedifferenzen zwischen den Molekülorbitalen sind aber so gering, dass die Molekülorbitale zu einem Energieband zusammengefasst werden. Die Energiebänder werden nach den Atomorbitalen bezeichnet, aus denen das jeweilige Energieband gebildet wurde. So kombinieren die 1s-Atomorbitale zu Molekülorbitalen in einem Energieband, das als 1s-Energieband bezeichnet wird. Die Besetzung der Energiebänder erfolgt nach dem Pauli-Prinzip. In einem Lithiumkristall ist das 1s-Energieband vollständig mit Elektronen besetzt, das 2s-Energieband ist dagegen nur halb besetzt.

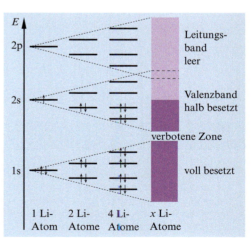

27 Das Energiebändermodell der Metallbindung am Beispiel des Lithiums

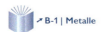

↗ B-1 | Metalle

249

Stoff-Teilchen-Konzept

Erklärung der elektrischen Leitfähigkeit mit dem Energiebändermodell. Entscheidend für die elektrische Leitfähigkeit eines festen Stoffes sind das energiereichste mit Elektronen besetzte Energieband – das **Valenzband** –, das energieärmste unbesetzte Energieband – das **Leitungsband** – und die Energiedifferenz zwischen diesen beiden Energiebändern. Nach dem Energiebändermodell leitet ein fester Stoff den elektrischen Strom, wenn es in einem Energieband unbesetzte Energieniveaus gibt. Die unbesetzten Energieniveaus werden dabei für den Elektronenfluss über den gesamten Feststoff genutzt. Ein voll besetztes Energieband leitet den elektrischen Strom nicht.

Im Lithiumkristall ist das Valenzband das nur halb mit Elektronen besetzte 2s-Energieband. Dieses Energieband überlappt im Lithiumkristall mit dem unbesetzten 2p-Energieband, dem Leitungsband. Bereits im Valenzband stehen dem Lithiumkristall viele unbesetzte Energieniveaus für den Elektronenfluss zur Verfügung. Durch die Überlappung von Valenz- und Leitungsband können von den Elektronen auch leicht die unbesetzten Energieniveaus des Leitungsbandes genutzt werden.

Bei den Erdalkalimetallen ist das Valenzband vollständig mit Elektronen besetzt. Im Magnesiumkristall überlappen Valenz- und Leitungsband, sodass durch die unbesetzten Energieniveaus des Leitungsbandes das Magnesium elektrische Leitfähigkeit besitzt. Für den Übergang der Elektronen vom Valenz- in das Leitungsband ist praktisch keine Energiezufuhr erforderlich.

Durch die Überlappung von Valenz- und Leitungsband bei den meisten Metallen sind diese daher gute elektrische Leiter.

Bei Halbleitern wie Silicium und Germanium überlappen Valenz- und Leitungsband nicht. Das Valenzband ist jeweils vollständig mit Elektronen besetzt, sodass elektrische Leitfähigkeit erst nach dem Übergang in das Leitungsband erreicht wird. Der Elektronenübergang vom Valenzband in das Leitungsband über die kleine verbotene Zone E_V erfordert bei Halbleitern Energiezufuhr. Bei Zimmertemperatur befinden sich nur wenige Elektronen im Leitungsband, durch Temperaturerhöhung gehen weitere Elektronen in das Leitungsband über. Durch Temperaturerhöhung steigt deshalb die elektrische Leitfähigkeit von Halbleitern.

Bei Isolatoren ist die verbotene Zone E_V so groß, dass ein Elektronenübergang vom Valenzband in das Leitungsband nicht stattfinden kann. Isolatoren leiten den elektrischen Strom nicht.

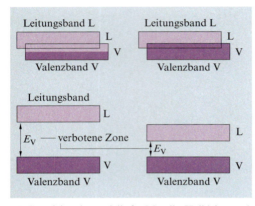

28 Energiebändermodelle für Metalle, Halbleiter und Isolatoren

Aufgabe

1. Metalle zeigen charakteristische Eigenschaften wie elektrische und thermische Leitfähigkeit, leichte Verformbarkeit und metallischen Glanz. Erläutern Sie, welche Eigenschaften mit dem Elektronengasmodell und welche mit dem Energiebändermodell erklärt werden können.

Resümee

Die chemische Bindung in Metallen kann gut mit dem Elektronengasmodell erklärt werden. Nach diesem Modell bilden elektrisch positiv geladene Atomrümpfe (Metall-Ionen) ein Metallgitter, in dem sich die Valenzelektronen als Elektronengas frei bewegen. Das Elektronengas kompensiert die elektrostatische Abstoßung der Atomrümpfe und gewährleistet den Zusammenhalt des Metallgitters.

Die elektrische Leitfähigkeit fester Stoffe lässt sich gut mithilfe des Energiebändermodells erklären.

Chemische Bindungen in Stoffen

Grenztypen der chemischen Bindung. Elektronenpaarbindung, Ionenbindung und Metallbindung werden nicht nur als die Grundtypen, sondern auch als die Grenztypen der chemischen Bindung bezeichnet. Alle Bindungsmodelle stellen lediglich Vereinfachungen und Idealisierungen der beobachteten Verhältnisse dar.

So treten reine Elektronenpaarbindungen nur zwischen den Atomen eines Elements auf. Da sich die Elektronegativitäten verschiedener Elemente unterscheiden, enthält die Elektronenpaarbindung zwischen den Atomen verschiedener Elemente immer auch Anteile einer Ionenbindung. Dem wird durch eine Beschreibung als polare Elektronenpaarbindung Rechnung getragen.

Bei Metallen stellt man durch die Bestimmung der Elektronendichte im Metallkristall fest, dass die Metallatome ihre Valenzelektronen nicht vollständig an das Elektronengas abgeben, sondern nur zu einem großen Teil. So beträgt die Elektronendichte z. B. im Magnesium zwischen den Atomrümpfen nicht wie erwartet 2 sondern nur 1,8 Elektronen pro Atomrumpf. Die ermittelten Elektronendichten stützen aber wegen der gleichmäßig hohen Elektronendichte zwischen den Atomrümpfen das Modell des Elektronengases (Abb. 29 a).

Im Ionenkristall des Natriumchlorids findet sich die höchste Elektronendichte jeweils in der Umgebung der Ionen. Zwischen den Ionen sinkt die Elektronendichte stark ab, erreicht aber erstaunlicher Weise selbst genau zwischen den Ionen nicht Null (Abb. 29 b).

Im Diamantkristall ist die höchste Elektronendichte, die zwischen den Kohlenstoffatomen festgestellt werden kann, im Bereich der Kernverbindungslinie lokalisiert (Abb. 29 c). Dies entspricht völlig dem Bild einer gerichteten chemischen Bindung.

Rastertunnelelektronenmikroskopie. Durch moderne Methoden, z. B. die Rastertunnelelektronenmikroskopie (REM), kann man heute auch ein „Abbild" von Atomen erhalten (↗ Abb. 30). Bei den durch Rastertunnelelektronenmikroskopie erhaltenen Abbildungen handelt es sich nicht um ein fotografisches Abbild der Atome.

A-3

Modelle der chemischen Bindung

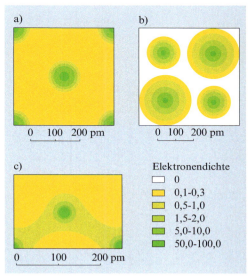

29 Elektronendichteverteilung in festen Stoffen mit a) Metallbindung (Magnesium), b) Ionenbindung (Natriumchlorid) und c) Elektronenpaarbindung (Diamant)

Exkurs 3
Rastertunnelmikroskopie

Dem deutschem Physiker GERD BINNIG (*1947) und dem schweizer Physiker HEINRICH ROHRER (*1933) gelang Anfang der achtziger Jahre des letzten Jahrhunderts die Entwicklung des so genannten Rastertunnelmikroskops, das es ermöglicht, Oberflächen in atomarer Auflösung abzubilden. Für diese Entwicklung erhielten die beiden Forscher im Jahr 1986 gemeinsam den Nobelpreis für Physik.

Das Prinzip des von ihnen entdeckten Verfahrens ist recht einfach: Bei der Rastertunnelekronenmikroskopie benutzt man eine Nadel, die an ihrer Spitze so fein wie nur irgend möglich zuläuft. Diese Nadel wird in einem Abstand von nur wenigen millionstel Millimetern über die abzubildende Oberfläche geführt. Bei dem kleinen Abstand wirken zwischen Nadelspitze und Oberfläche besondere Kräfte, die so genannte Tunnelströme hervorrufen. Durch deren Messung kann man auch die kleinsten Unebenheiten auf der Oberfläche sichtbar machen. Tastet die Spitze der Nadel die Oberfläche systematisch ab, lassen sich mithilfe eines Computers die erhaltenen Daten zu einem Bild zusammenfügen. Die fertigen Bilder werden häufig eingefärbt, um die gefundenen Strukturen besser erkennen zu können.

30 Rastertunnelelektronenmikroskopische Abbildung einer Aluminiumoberfläche

Stoff-Teilchen-Konzept

↗ B-1 | Bau und Eigenschaften von anorganischen Wasserstoffverbindungen
↗ B-5 | Polypeptide und Proteine

Zwischenmolekulare Wechselwirkungen

Mithilfe der Kenntnisse über die chemische Bindung in Ionenverbindungen und Metallen lassen sich die Eigenschaften dieser Stoffe erklären. Für die aus Molekülen aufgebauten Stoffe reichen dagegen die Kenntnisse über die Elektronenpaarbindung allein noch nicht dafür aus. So deuten die Schmelz- und die Siedetemperatur des Wassers auf Anziehungskräfte hin, die zwischen den Molekülen wirken. Auch bilden viele aus Molekülen aufgebaute Stoffe im festen Aggregatzustand **Molekülgitter**, in denen die Moleküle regelmäßig angeordnet sind. Als Ursache für diese Eigenschaften wurden **Wasserstoffbrückenbindungen** und **Van-der-Waals-Kräfte** als zwischenmolekulare Wechselwirkungen erkannt.

Wasserstoffbrückenbindungen. In Molekülen treten zwischen Atomen von Elementen mit unterschiedlichen Elektronegativitäten polare Elektronenpaarbindungen auf. So handelt es sich bei der chemischen Bindung zwischen einem Wasserstoffatom und einem Atom eines stark elektronegativen Elements, z. B. einem Fluor- oder Sauerstoffatom, um eine polare Elektronenpaarbindung. Das Wasserstoffatom trägt hierbei eine elektrisch positive Partialladung $\delta+$. Zwischen einem solchen Wasserstoffatom und einem anderen Atom mit einer elektrisch negativen Partialladung $\delta-$, das über mindestens ein freies Elektronenpaar verfügen muss, kann es nun zur Ausbildung einer Wasserstoffbrückenbindung kommen. Für die Wasserstoffbrückenbindung stellt dabei das Atom mit der elektrisch negativen Partialladung ein freies Elektronenpaar zur Verfügung. Wasserstoffbrückenbindungen gibt es zwischen Wasserstoffatomen mit elektrisch positiver Partialladung auf der einen und Fluor-, Sauerstoff-, Stickstoff- bzw. Schwefelatomen als Atome stark elektronegativer Elemente auf der anderen Seite.

Wasserstoffbrückenbindungen sind zwischen einem Wasserstoffatom und dem Atom eines stark elektronegativen Elements eines anderen Moleküls, aber auch innerhalb eines Moleküls möglich. Diese Wechselwirkungen werden als inter- bzw. als intramolekulare Wasserstoffbrückenbindungen bezeichnet.

Bei Proteinen führen intramolekulare Wasserstoffbrückenbindungen zu einer Helixstruktur und intermolekulare Wasserstoffbrückenbindungen zu einer Faltblattstruktur (↗ S. 347).

1 Intermolekulare Wasserstoffbrückenbindungen zwischen Wassermolekülen

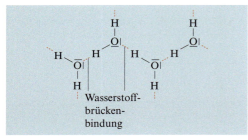

3 Wasserstoffbrückenbindung zwischen den Molekülen des Fluorwasserstoffs und der Essigsäure

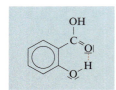

2 Intramolekulare Wasserstoffbrückenbindung im Salicylsäuremolekül

Van-der-Waals-Kräfte. Aber auch zwischen anderen Molekülen mit polaren Elektronenpaarbindungen treten zwischenmolekulare Wechselwirkungen auf. Polare Elektronenpaarbindungen führen zu positiven und negativen Partialladungen von Atomen in einem Molekül. Bei unterschiedlichen Ladungsschwerpunkten im Molekül liegt dann ein Dipolmolekül vor. Die Wechselwirkungskräfte zwischen Dipolmolekülen werden nach ihrem Entdecker, dem niederländischen Physiklehrer und Physiker JOHANNES DIDERIK VAN DER WAALS (1837 bis 1923), als Van-der-Waals-Kräfte bezeichnet.

Zwischenmolekulare Wechselwirkungen

Dipolmoleküle, die aufgrund polarer Elektronenpaarbindungen ständig unterschiedliche Ladungsschwerpunkte besitzen, werden auch permanente Dipolmoleküle genannt. Zwischen den Dipolmolekülen wirken aufgrund der ungleichnamigen Partialladungen elektrostatische Wechselwirkungskräfte. Durch diese **Dipol-Dipol-Kräfte** richten sich die Dipolmoleküle im flüssigen und vor allem im festen Aggregatzustand entsprechend ihrer Ladungsschwerpunkte aus (Abb. 4).

Aber auch zwischen unpolaren Molekülen und selbst zwischen den Atomen der Edelgase treten Van-der-Waals-Kräfte auf, wenn die Stoffe im festen bzw. flüssigen Aggregatzustand vorliegen. Ursache dafür sind kurzzeitige Elektronenverschiebungen in den Molekülen bzw. Atomen. Die Elektronenverschiebungen stören die symmetrische Ladungsverteilung. Dadurch entsteht ein temporärer Dipol, der in benachbarten Molekülen bzw. Atomen weitere Dipole induziert (Abb. 3, S. 257). Zwischen den Dipolen, den **induzierten Dipolen**, wirken elektrostatische Wechselwirkungskräfte, die als **Dispersionskräfte** oder London-Kräfte – nach dem deutsch-amerikanischen Physiker FRITZ WOLFGANG LONDON (1900 bis 1954) – bezeichnet werden. Die Dispersionskräfte bewirken u. a., dass sich Gase bei tiefer Temperatur und bzw. oder hohem Druck verflüssigen und verfestigen.

Dispersionskräfte sind deutlich schwächere Wechselwirkungskräfte als die Dipol-Dipol-Kräfte. Diese beiden Van-der-Waals-Kräfte wiederum sind in ihrer Wirkung deutlich schwächer als Wasserstoffbrückenbindungen.

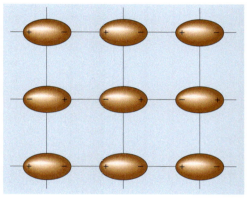

4 Anordnung permanenter Dipolmoleküle durch Dipol-Dipol-Kräfte

↗ 7.8 | Champions der Klebehaftung
↗ B-1 | Edelgase
↗ B-2 | Physikalische Eigenschaften gesättigter und ungesättigter Kohlenwasserstoffe

Resümee

Zwischenmolekulare Wechselwirkungen sind schwache Wechselwirkungskräfte zwischen Molekülen und Atomen. Sie haben einen Einfluss auf die Eigenschaften von aus Molekülen und Atomen aufgebauten Stoffen. Sie bewirken die Ausbildung von Molekülgittern und den Zusammenhalt von Molekülen und Atomen in Flüssigkeiten. Zu den zwischenmolekularen Wechselwirkungen zählen die Wasserstoffbrückenbindung und die Van-der-Waals-Kräfte.

Aufgaben

1. Stellen Sie die Wasserstoffbrückenbindungen zwischen Ammoniakmolekülen dar. Entscheiden Sie, ob es sich um intra- oder intermolekulare Wasserstoffbrückenbindungen handelt.
2. Nennen Sie mindestens fünf Stoffe, bei denen Van-der-Waals-Kräfte zwischen den Molekülen auftreten. Kennzeichnen Sie die Van-der-Waals-Kräfte als Kräfte zwischen permanenten oder induzierten Dipolmolekülen.
3. Zwischen Wassermolekülen wirken Wasserstoffbrückenbindungen und Van-der-Waals-Kräfte. Entscheiden Sie, welche dieser zwischenmolekularen Wechselwirkungen einen stärkeren Einfluss auf die Eigenschaften des Wassers hat.

A
Stoff-Teilchen-Konzept

Stoff-Teilchen-Konzept im Überblick

Atommodelle
Atommodelle veranschaulichen den Bau der Atome. Die unterschiedlichen Atommodelle spiegeln den jeweiligen Erkenntnisstand der Forschung zum Aufbau der Atome wider.

Atommodell	Beschreibung des Modells	Nutzung des Modells
Atommodell nach DALTON	Atome sind kleine, kompakte, unzerstörbare Kugeln.	Beschreibung des Verhaltens von Gasen und der Mischung sowie der Aggregatzustände von Stoffen
Kern-Hülle-Modell (Rutherfordsches Atommodell)	Atome bestehen aus einem elektrisch positiv geladenen Atomkern und den elektrisch negativ geladenen Elektronen in der Atomhülle.	derzeit wenig genutzt
Bohr-Sommerfeldsches Atommodell	Atome bestehen aus einem elektrisch positiv geladenen Atomkern und den elektrisch negativ geladenen Elektronen, die eine bestimmte Energie haben und sich ohne Energieverlust in der Atomhülle auf bestimmten Bahnen bewegen können.	Erklärung von Atomspektren
Orbitalmodell (wellenmechanisches Atommodell)	Elektronen werden als Wellen beschrieben. Atomorbitale beschreiben die Aufenthaltsorte der Elektronen in der Atomhülle als Räume, in denen sich die Elektronen entsprechend ihres Energiezustands mit hoher Wahrscheinlichkeit aufhalten.	Beschreibung der Elektronenpaarbindung in Molekülen

Umwandlungen von Atomkernen
Umwandlungen von Atomkernen erfolgen spontan oder durch äußere Einwirkungen, z. B. durch den Beschuss von Atomkernen mit radioaktiver Strahlung. Durch Atomkernumwandlungen bilden sich meist Atomkerne neuer Elemente.

Kernumwandlung	Kennzeichen der Kernumwandlung	Beispiel
Radioaktivität	spontane Atomkernumwandlung von Radionukliden unter Aussendung radioaktiver Strahlung (α-, β- und γ-Strahlung).	α-Strahlung: $^{238}_{92}U \rightarrow {}^{234}_{90}Th + {}^{4}_{2}He$ β- und γ-Strahlung: $^{234}_{90}Th \rightarrow {}^{234}_{91}Pa + {}^{0}_{-1}e + \gamma$
Kernspaltung	Atomkernumwandlung, bei der ein schwerer Atomkern in zwei oder mehrere mittel schwere Atomkerne gespalten wird.	$^{235}_{92}U + {}^{1}_{0}n \rightarrow {}^{138}_{56}Ba + {}^{95}_{36}Kr + 3{}^{1}_{0}n + \gamma$
Kernfusion	Verschmelzen von zwei oder mehr Atomkernen	$4{}^{1}_{1}H \rightarrow {}^{4}_{2}He + 2\beta^{+}$

Chemische Bindungen

chemische Bindung	Modelle und Methoden zur Beschreibung der chemischen Bindung
Elektronenpaarbindung	Beschreibung mit dem Orbitalmodell, Molekülorbital-Methode, Beschreibung mit dem Elektronenpaar-Abstoßungs-Modell
Ionenbindung	Beschreibung durch elektrostatische Wechselwirkungen
Metallbindung	Beschreibung mit dem Elektronengasmodell, Beschreibung mit dem Energiebändermodell

Zwischenmolekulare Wechselwirkungen
Schwache Wechselwirkungskräfte zwischen Molekülen und Atomen

Struktur-Eigenschaften-Konzept

Stoffe unterscheiden sich durch ihre physikalischen und chemischen Eigenschaften. Aber worauf sind die unterschiedlichen Schmelz- und Siedetemperaturen, die Kristallstrukturen und Farben, die Reaktionsfähigkeiten und die Art der Reaktionen zurückzuführen?

Für die Eigenschaften eines Stoffes können nicht nur die Atomsorten, aus denen er zusammengesetzt ist, verantwortlich sein. Diamant und Graphit bestehen beide ausschließlich aus Kohlenstoffatomen, weisen aber sehr verschiedene Eigenschaften auf. Auch das Atomzahlverhältnis ist für die Stoffeigenschaften allein nicht ausschlaggebend. Viele Stoffe mit gleicher Verhältnisformel besitzen ganz unterschiedliche Eigenschaften, wie z. B. das bei Raumtemperatur flüssige Ethanol und der gasförmige Dimethylether.

In dem folgenden Kapitel wird sich zeigen: Neben der atomaren Zusammensetzung sind vor allem die Art und Weise der Verknüpfung, der Wechselwirkung und des Zusammenhalts zwischen den Teilchen, d. h. die Struktur eines Stoffes, für seine Eigenschaften entscheidend.

Struktur-Eigenschaften-Konzept

Struktur und Eigenschaften von anorganischen Stoffen

1 Ein Stoff – zwei Modifikationen: Die Art der chemischen Bindung bestimmt Struktur und Eigenschaften des Kohlenstoffs im Diamanten (links) und im Graphit (rechts).

Zentraler Untersuchungsgegenstand der Chemie sind die Eigenschaften der Materie, die Eigenschaften der verschiedenen Stoffe (Abb. 1).

Um die Eigenschaften der Stoffe zu verstehen, hat es sich als unerlässlich erwiesen, die makroskopisch sichtbare Ebene zu verlassen und die submikroskopische Ebene der Atome, der Moleküle und Ionen zu betrachten.

Wir werden untersuchen, wie sich Atome verändern, wenn sie sich zu größeren Aggregaten, also Metall- und Ionenkristallen und zu Molekülen verbinden und welche Kräfte dafür verantwortlich sind. Auch zwischen Molekülen wirken Kräfte, die ihren Zusammenhalt in den Stoffen gewährleisten und die von der Molekülstruktur abhängig sind. Wir werden feststellen, welchen Einfluss diese zwischenmolekularen Kräfte auf die physikalischen Stoffeigenschaften ausüben. Schließlich werden wir die chemischen Eigenschaften studieren, weil das Verhalten verschiedener Stoffe zueinander ebenfalls von der Struktur der Moleküle abhängig ist.

Edelgase

Edelgase als Elemente der VIII. Hauptgruppe nehmen in Bezug auf ihre Struktur unter den Elementen eine Sonderstellung ein, weil die Teilchen der Edelgase einzelne Atome sind: Aufgrund ihrer abgeschlossenen äußeren Elektronenschale vereinigen sich die Atome der Edelgase unter normalen Bedingungen nicht zu größeren Aggregaten, sondern bleiben unverbunden. Alle anderen Gase liegen in Form von Molekülen vor.

Schmelz- und Siedetemperaturen der Edelgase. Genauso wie sich die Teilchen aller Elemente und vieler Verbindungen bei ausreichend hoher Temperatur voneinander trennen, um in den gasförmigen Aggregatzustand überzugehen, lassen sich umgekehrt alle Gase verflüssigen oder durch Abkühlung und hohen Druck in den festen Zustand überführen. Dabei treten die einzelnen Atome miteinander in Wechselwirkung. Wie kann es zu einem Zusammenhalt der Teilchen kommen?

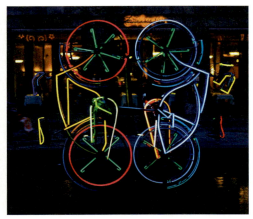

2 Edelgase werden in Leuchtröhren zur Erzeugung farbigen Lichtes verwendet.

Tab. 1 Schmelz- und Siedetemperaturen der Edelgase

Edelgas	Helium	Neon	Argon	Krypton	Xenon	Radon
Formel	He	Ne	Ar	Kr	Xe	Rn
Atommasse in u	4	20	40	84	131	222
Schmelztemperatur ϑ_S in °C	–270	–249	–189	–157	–112	–71
Siedetemperatur in ϑ_V in °C	–269	–246	–186	–152	–108	–62

Struktur und Eigenschaften von anorganischen Stoffen

Schwache elektrostatische Wechselwirkungskräfte zwischen den Edelgasatomen, die Van-der-Waals-Kräfte, bewirken den Zusammenhalt der Moleküle in Flüssigkeiten und die Eigenschaften von realen Gasen.

 ↗ A-4 | Van-der-Waals-Kräfte

Die Edelgasatome können vorübergehend zu einem temporären Dipol werden. Kommt ein Edelgasatom im Zustand eines temporären Dipols einem anderen nahe genug, so tritt es mit ihm in Wechselwirkung, indem es dessen Elektronenhülle polarisiert und damit einen weiteren Dipol induziert (Abb. 3). Je elektronenreicher die Edelgasatome sind und je größer ihre Oberfläche ist, auf der die Elektronen verteilt werden können, desto leichter lassen sie sich polarisieren. Deshalb nimmt die Stärke der Van-der-Waals-Kräfte mit der Größe der Edelgasatome zu. Da die Anzahl der Elektronen der Anzahl der Protonen entspricht, gilt die Aussage: Die Stärke der Van-der-Waals-Kräfte nimmt mit der Teilchenmasse zu. Dadurch sind die unterschiedlichen Schmelz- und Siedetemperaturen der Edelgase zu erklären (Tab. 1). Sie entsprechen der Stärke der Van-der-Waals-Kräfte zwischen ihren Atomen.

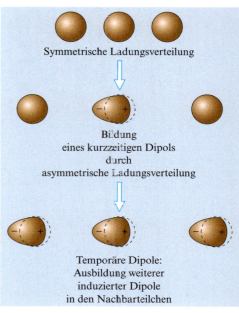

3 Induzierte Dipole, Zusammenhalt zwischen den Teilchen durch Van-der-Waals-Kräfte (Dispersionskräfte)

Exkurs 1
Edelgasverbindungen

Lange Zeit glaubte man, dass die Edelgase keine chemischen Verbindungen bilden. Erst 1962 gelang die Herstellung der Verbindungen von Krypton und Xenon mit Fluor, dem einzigen Element, mit dem Edelgase direkt reagieren. Allerdings muss auch für diese chemische Reaktion das Fluor z. B. durch Erhitzen oder Bestrahlen in den atomaren Zustand überführt werden. Mit Krypton(II)-fluorid KrF_2, dem stärksten aller bisher bekannten Oxidationsmittel, konnte erstmals eine Goldverbindung hergestellt werden. Jedoch kommen Edelgasverbindungen in Industrie und Technik nur sehr beschränkt zum Einsatz.

Resümee

Aufgrund der abgeschlossenen äußeren Elektronenschale vereinigen sich die Atome der Edelgase unter normalen Bedingungen nicht zu Aggregaten. Die schwachen Van-der-Waals-Kräfte zwischen den Edelgasatomen führen erst bei niedrigen Temperaturen zur Verflüssigung. Die Stärke der Van-der-Waals-Kräfte wächst mit der Größe bzw. Masse der Atome.

Aufgaben

1. Begründen Sie aus dem Bau der Atome, warum Edelgase in einer Gruppe im Periodensystem der Elemente stehen.
2. Informieren Sie sich über die wirtschaftliche Bedeutung der Edelgase (Abb. 2).

Metalle

Bau und Eigenschaften der Metalle. Metalle sind mit Ausnahme der Legierungen aus gleichartigen Atomen aufgebaut. Die Bildung eines **Kristalls mit Metallgitter** (Metallkristall; Abb. 4) aus isolierten Metallatomen wird durch das Modell der Metallbindung beschrieben.

Der Metallkristall ist aus elektrisch positiv geladenen Metall-Ionen und zwischen ihnen frei beweglichen Elektronen aufgebaut (Elektronengasmodell). Er kann als Riesenmolekül aufgefasst werden und wird durch ungerichtete elektrostatische Kräfte zusammengehalten. Die Metall-Ionen ordnen sich nach dem Modell der Kugelpackung an (Abb. 5).

4 Mikroskopische Aufnahme eines Metallkristalls

B
Struktur-Eigenschaften-Konzept

↗ A-3 | Metallbindung   ↗ B-1 | Modell der Kugelpackung

Die typischen Metalleigenschaften finden durch das Elektronengasmodell eine schlüssige Erklärung: Die gute **elektrische Leitfähigkeit** der Metalle wird durch die leichte Beweglichkeit der freien Elektronen im Metallgitter bedingt. Wandern am Minuspol einer Stromquelle Elektronen in einen Draht, werden dessen Elektronen in Bewegung gesetzt und am anderen Ende des Drahtes treten entsprechend viele Elektronen in den Pluspol der Stromquelle ein (Abb. 6).

Auch die gute **Wärmeleitfähigkeit** der meisten Metalle wird durch die Beweglichkeit der Elektronen bewirkt. Sie nehmen die Wärme als kinetische Energie (Bewegungsenergie) auf und transportieren sie durch das Metall, indem sie die Energie auf das jeweils benachbarte Elektron übertragen.

Die **Verformbarkeit** (Duktilität) der Metalle kann dadurch erklärt werden, dass die Schichten des Metallgitters gegeneinander verschoben werden können, ohne dass sich die Wechselwirkungen zwischen Nachbarteilchen ändern. Die Metallbindung bleibt erhalten (Abb. 7). Das Metallstück ändert seine Form, zerbricht aber im Gegensatz zu den spröden Salzkristallen nicht (Abb. 10).

Werden Metalle verdampft, so verändern sich ihre Struktur und auch ihre Eigenschaften. Metalldämpfe bestehen aus Atomen oder Molekülen – Natriumdampf enthält z. B. Natriumatome und Natriummoleküle Na_2.

Der Übergang vom flüssigen Metall zum Metalldampf erfordert viel Energie, weil die elektrostatischen Kräfte zwischen den positiv geladenen Metall-Ionen und den Elektronen überwunden werden müssen. Deshalb haben Metalle hohe Siedetemperaturen.

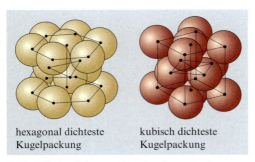

hexagonal dichteste Kugelpackung   kubisch dichteste Kugelpackung

5 Modelle der dichtesten Kugelpackung der Atome im Magnesium (links) und der Atome im Kupfer (rechts). In beiden Gittertypen ist die Koordinationszahl der Metall-Ionen 12.

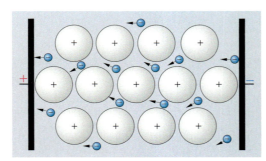

6 Beim Anlegen einer elektrischen Spannung an ein Metall bewegen sich die Elektronen zum Pluspol.

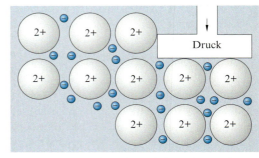

7 Verschieben der Gitterebenen beim Walzen und Verformen eines Metalls

8 Stahl (links) und Bronze (rechts) sind Legierungen.

Legierungen. Schon vor 5000 Jahren wurde dem weichen Metall Kupfer das ebenfalls recht weiche Zinn beigemischt, um seine Gebrauchseigenschaften zu verbessern. Man erhielt eine feste Lösung, die **Bronze**, eine Legierung, die sich gießen ließ und sehr viel härter und fester war als die Reinstoffe (Abb. 8). Die Methode, Metalle untereinander oder mit anderen Elementen zu mischen, zu legieren, um ihre Eigenschaften bestimmten Verwendungszwecken anzupassen, wird bis heute angewandt.

Das reine Metall Eisen hat eine sehr hohe Schmelztemperatur und ist sehr reaktionsfreudig. An der Luft rostet es sehr schnell. Die Schmelztemperatur von Roheisen ist durch einen im Hochofen aufgenommenen Kohlenstoffanteil von 3 bis 4 % stark herabgesetzt, was den Herstellungsprozess vereinfacht. Andererseits ist dieses **Gusseisen** sehr spröde und auch durch Schmieden nicht verformbar, weil es beim Erhitzen nicht weicher und duktiler wird, sondern sehr plötzlich schmilzt.

Um den verformbaren Werkstoff **Stahl** zu erhalten, wird der Kohlenstoffanteil des Roheisens auf meist weniger als 1 % herabgesetzt. Zusätze an anderen Metallen wie Chrom, Nickel, Silicium und Mangan erhöhen die Härte, die Zähigkeit und die Korrosionsbeständigkeit des Stahls.

Ursache für die erhöhte Härte und die Zähigkeit des Stahls ist der Einbau der Fremdatome in das Metallgitter, der das Gleiten der Gitterebenen beeinträchtigt.

 ↗ 12.5 | Amalgam

B-1

Struktur und Eigenschaften von anorganischen Stoffen

Tab. 2 Zusammensetzung und Verwendung einiger Legierungen

Name	Zusammensetzung; Verwendung
Rotmessing	Kupfer ($w > 80\%$), Zink (Rest); unechte „Vergoldung" (Talmi)
Gelbmessing	Kupfer ($w = 60–80\%$), Zink (Rest); Maschinenteile
Bronzen	Kupfer-Zinn-Legierungen Kupfer ($w = 70–90\%$), Zinn (Rest); Maschinenteile, Armaturen, Kirchenglocken
Weißgold	Gold ($w = 60–75\%$), Rest: Kupfer, Nickel, Silber; Schmuckmetall, medizinische Geräte
Neusilber	Kupfer ($w = 50–65\%$), Nickel ($w = 8–26\%$) Zink (Rest); feinmechanische Geräte
Lötzinn	Blei ($w = 60\%$), Zinn (Rest); Löten von elektronischen Bauteilen

Resümee

Der Metallkristall besteht aus Metall-Ionen und frei beweglichen Elektronen, die durch elektrostatische Kräfte zusammengehalten werden. Die Metall-Ionen ordnen sich nach dem Modell der dichtesten Kugelpackung an. Die typischen Eigenschaften der Metalle, wie die elektrische Leitfähigkeit, die Wärmeleitfähigkeit und die Verformbarkeit, werden durch das Elektronengasmodell erklärt. In Legierungen werden die Eigenschaften von Metallen durch das Mischen mit anderen Metallen oder Elementen verändert, indem Fremdatome in das Metallgitter eingebaut werden.

Aufgaben

1. Erklären Sie mit dem Elektronengasmodell für die Metallbindung den typischen metallischen Glanz der Metalle.
2. Die elektrische Leitfähigkeit der Metalle ändert sich bei Erhöhung der Temperatur. Begründen Sie diesen Sachverhalt und führen Sie aus, ob die Leitfähigkeit bei Temperaturerhöhung steigt oder sinkt.
3. Die Legierung Amalgam wird in der Zahnmedizin als Zahnfüllung verwendet. Stellen Sie die Zusammensetzung und Eigenschaften von Amalgam dar und beschreiben Sie an diesem Beispiel Legierungen als feste Lösungen.

Ionenverbindungen

Ionenverbindungen – Salze und salzartige Stoffe. Die typische Stoffgruppe der Ionenverbindungen sind die Salze. Salze sind kristalline chemische Verbindungen und entstehen u. a. bei Reaktionen zwischen Metallen und Nichtmetallen, z. B. durch Halogenidbildung (Tab. 3). Ein typischer Vertreter der Salze ist das Natriumchlorid NaCl (Kochsalz), bei dem eine reine Ionenbindung vorliegt.

 ↗ A-3 | Ionenbindung

Andere Salze wie z. B. das Blei(II)-chlorid $PbCl_2$ besitzen keine reine Ionenbindung, sondern weisen zusätzlich einen Anteil von Elektronenpaarbindung auf. Die korrekte Bezeichnung für diese Stoffe lautet deshalb **salzartige Stoffe**. Vereinfachend hat sich allerdings die allgemeine Bezeichnung „Salze" durchgesetzt.

Bau und Eigenschaften von Ionenverbindungen. Ionenverbindungen sind aus Ionen aufgebaute Kristalle, in denen zwischen einem Ion und allen seinen entgegengesetzt geladenen Nachbar-Ionen starke elektrostatische Bindungskräfte vorhanden sind. Diese Anziehungskräfte wirken allseitig in den Raum, wobei eine dreidimensionale, nach allen Seiten theoretisch unbegrenzte Struktur, das **Ionengitter**, entsteht (Abb. 9). Ein Ionenkristall kann deshalb als Riesenmolekül aufgefasst werden.

Ionenverbindungen sind Feststoffe von großer Härte. Beim Einwirken einer Kraft auf den Ionenkristall verschieben sich die Ionen entlang einer bestimmten Gitterebene. Dabei können sich Ionen entgegengesetzter elektrischer Ladung sehr nahe kommen. Es kommt zur Abstoßung und zur Spaltung des Ionenkristalls (Abb. 10). Ionenkristalle sind daher spröde, hart und nicht verformbar.

Bei Raumtemperatur sind Ionen auf ihren Gitterplätzen nur wenig beweglich. Daher zeigen Ionenverbindungen im festen Zustand keine elektrische Leitfähigkeit. In Schmelzen von Ionenverbindungen verlassen die Ionen ihre festen Gitterplätze, werden frei beweglich und können als elektrische Ladungsträger den elektrischen Strom leiten.

Bei der Bildung von Ionenverbindungen aus den Elementen wird Energie frei, die als **Gitterenthalpie** $\Delta_G H$ bezeichnet wird. Sie ist berechenbar, indem die Reaktion in Teilschritte zerlegt und die jeweiligen Reaktionsenthalpien gemessen und addiert werden.

 ↗ C-4 | Enthalpieänderung bei der Bildung von Ionenverbindungen

B
Struktur-Eigenschaften-Konzept

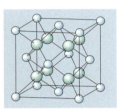

9 Fluorit und Modell des Calciumfluoridgitters

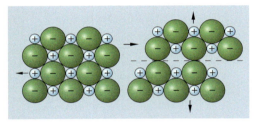

10 Verschieben der Gitterebenen eines Ionenkristalls durch Einwirken einer Kraft, Abstoßung

Tab. 3 Salze und salzartige Stoffe

Bildung	Beispiel	Charakter, chemische Bindung
Halogenidbildung: Metall + Halogen → Metallhalogenid	$2\,Na + Cl_2 \rightarrow NaCl$	Salz, Ionenbindung
Sulfidbildung: Metall + Schwefel → Metallsulfid	$Fe + S \rightarrow FeS$	salzartig, Anteile von Ionen- und Elektronenpaarbindung
Oxidbildung: Metall + Sauerstoff → Metalloxid	$2\,Ca + O_2 \rightarrow 2\,CaO$	salzartig, Anteile von Ionen- und Elektronenpaarbindung

Tab. 4 Eigenschaften einiger Ionenverbindungen

Stoff	Formel	Molare Gitterenthalpie $\Delta_G H_m$ in kJ·mol^{-1} ($\vartheta = 25\,°C$)	Schmelztemperatur ϑ_S in °C	Ionenabstand in pm	Löslichkeit in Wasser
Natriumchlorid	NaCl	−780	800	276	gut
Natriumiodid	NaI	−699	662	311	gut
Kaliumchlorid	KCl	−710	770	314	gut
Kaliumiodid	KI	−643	682	349	gut
Magnesiumoxid	MgO	−3 929	2 800	212	schlecht

B-1

Struktur und Eigenschaften von anorganischen Stoffen

Die molare Gitterenthalpie $\Delta_G H_m$ kennzeichnet die Stärke der Bindung zwischen den Ionen im Ionengitter. Sie ist vom Abstand der Ionen, ihrer Ladung und vom Gittertyp abhängig. Der Betrag der Gitterenthalpie ist bei Ionenverbindungen im Allgemeinen sehr groß. Er muss beim Schmelzen aufgebracht werden, um die Ionen voneinander zu trennen. Die Schmelz- und Siedetemperaturen (Tab. 4) und Eigenschaften wie Härte und Löslichkeit der Ionenverbindungen sind von der Gitterenthalpie abhängig.

Beim Lösen eines Ionenkristalls müssen die Anziehungskräfte zwischen den Ionen ebenfalls überwunden werden. Es muss also Energie zugeführt werden. Beim Lösen einer Ionenverbindung in einem polaren Lösemittel wie Wasser wird diese Energie durch die **Hydratationsenthalpie** $\Delta_H H$ aufgebracht. Die Ionen werden von einer Hülle von Wassermolekülen umgeben (↗ Hydrathülle Abb. 34, S. 271). Dieser als **Hydratation** bezeichnete Vorgang wird durch die Wechselwirkungskräfte zwischen den Ionen und den Dipolmolekülen des Wassers verursacht (↗ Wasser als Lösemittel S. 270). Ist die molare Gitterenthalpie eines Stoffes größer als die molare Hydratationsenthalpie, so ist dieser Stoff in Wasser nur wenig löslich. Ionenverbindungen mit einer hohen molaren Gitterenthalpie wie Magnesiumoxid zählen deshalb zu den schwer löslichen Stoffen (Tab. 4).

Einige Ionenverbindungen lösen sich unter Erwärmung der Lösung. Dann ist die molare Gitterenthalpie kleiner als die molare Hydratationsenthalpie. Ist die Gitterenthalpie dagegen etwas größer, so kühlt sich die Lösung ab (↗ Lösungsenthalpie S. 271).

Wässrige Lösungen der Ionenverbindungen sind aufgrund der Beweglichkeit der Ionen elektrisch leitfähig.

Aufgaben

1. Werten Sie Tab. 3 aus. Vergleichen Sie die molaren Gitterenthalpien der Stoffe und deuten Sie sie im Hinblick auf den Ionenabstand.
2. Natriumchlorid und Bariumoxid weisen den gleichen Ionenabstand von 276 pm auf. Ihre Schmelztemperaturen sind jedoch sehr verschieden: $\vartheta_S(NaCl) = 800\,°C$, $\vartheta_S(BaO) = 1\,920\,°C$. Erklären Sie den Unterschied.
3. Ionenkristalle lassen sich leicht entlang der Gitterebenen spalten. Erklären Sie diese Tatsache anhand von Abb. 10.
4. Metallkristalle und Ionenkristalle sind als Riesenmoleküle zu beschreiben. Nennen Sie Gemeinsamkeiten und Unterschiede.

Resümee

Typische Ionenverbindungen werden von Ionen der Metalle und Nichtmetalle gebildet. Sie werden durch elektrostatische Anziehungskräfte zusammengehalten und bilden den Ionenkristall. Die molare Gitterenthalpie kennzeichnet die Stärke der Bindung zwischen den Ionen im Ionenkristall. Die Eigenschaften der Ionenverbindungen wie hohe Schmelztemperaturen, große Härte und Löslichkeit in polaren Lösemitteln sind von der Gitterenthalpie abhängig. Ionenkristalle leiten den elektrischen Strom nicht. Schmelzen und Lösungen von Ionenverbindungen leiten den elektrischen Strom, weil die Ionen beweglich werden.

B
Struktur-
Eigenschaften-
Konzept

Anorganische Molekülsubstanzen

Die Atome von Nichtmetallelementen mit Ausnahme der Edelgase haben aufgrund ihres Atombaus das Bestreben, zu zwei- oder mehratomigen Molekülen zusammenzutreten oder auch Makromoleküle (griech. makro – groß) zu bilden, deren Teilchenanordnung sich theoretisch nach allen Seiten fortführen ließe, sodass polymere Stoffe (griech. poly – viel, meros – Teil) entstehen. Wir bezeichnen diese Gruppe von Stoffen als **anorganische Molekülsubstanzen**.

Die chemische Bindung, die den Zusammenhalt zwischen den Atomen bewirkt, ist die **Elektronenpaarbindung** (Atombindung, kovalente Bindung). Bei der Elektronenpaarbindung nutzen die beteiligten Atome je Bindung zwei Elektronen gemeinsam, sodass jedes im Molekül gebundene Atom eine voll besetzte Elektronenschale erreicht. Elektronenpaarbindungen können als Einfach-, Doppel- oder Dreifachbindung zwischen zwei Atomen vorliegen.

↗ A-3 | Elektronenpaarbindung

Bau der Moleküle von Wasserstoff, Stickstoff, Sauerstoff und Halogenen. Wasserstoff-, Stickstoff-, Sauerstoff- und Halogenatome bilden aufgrund von Elektronenpaarbindungen zweiatomige Moleküle und erreichen auf diese Weise Edelgaskonfiguration.

Im Wasserstoffmolekül wird aus dem einen Elektron jedes der beiden Wasserstoffatome das gemeinsame Elektronenpaar gebildet. Die Zahl der Elektronen auf der Valenzschale ist damit die gleiche wie beim Edelgas Helium. Im Chlormolekül (Abb. 11) steuert jedes Chloratom ein Elektron seiner sieben Außenelektronen zu einem gemeinsamen Elektronenpaar bei. Damit wird für jedes der beiden Atome die **Oktettregel** erfüllt. Beim Sauerstoffmolekül (Abb. 12) ist die Edelgaskonfiguration durch zwei gemeinsame Elektronenpaare der beiden Sauerstoffatome zu erreichen, was zu einer Doppelbindung führt. Beim Stickstoffmolekül (Abb. 14) ergibt sich durch drei gemeinsame Elektronenpaare der beiden Stickstoffatome eine Dreifachbindung.

Die Stärke der chemischen Bindung nimmt mit der Zahl der bindenden Elektronenpaare zu. Die höchste Bindungsenergie finden wir im Stickstoffmolekül, was auch die Reaktionsträgheit des Stickstoffs erklärt. Erst bei sehr hohen Temperaturen, wie wir sie z. B. im elektrischen Lichtbogen finden, können sich die beiden Atome des Stickstoffmoleküls trennen, um Bindungen mit anderen Atomen einzugehen.

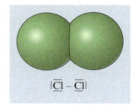

11 Molekülmodell und Lewis-Formel von Chlor

12 Molekülmodell und Lewis-Formel von Sauerstoff

13 Molekülmodell der Sauerstoffmodifikation Ozon

14 Molekülmodell und Lewis-Formel von Stickstoff

Modifikation von Sauerstoff. Vom Sauerstoff ist eine weitere Form mit völlig anderen Eigenschaften bekannt, das Ozon.

Ozon besteht aus Molekülen, die sich aus je drei Sauerstoffatomen zusammensetzen (Abb. 13) und sehr leicht in Sauerstoffmoleküle und Sauerstoffatome zerfallen. Darauf beruht seine hohe Reaktionsfähigkeit. Man bezeichnet verschiedene Erscheinungsformen von Stoffen, die die gleiche chemische Zusammensetzung besitzen, als **Modifikationen**. Die Erscheinungsformen werden durch eine unterschiedliche Struktur bedingt.

Schmelz- und Siedetemperaturen von Wasserstoff, Stickstoff, Sauerstoff und Halogenen. Wasserstoff, Stickstoff, Sauerstoff und die Halogene Chlor und Fluor sind bei Raumtemperatur gasförmig. Wie bei den Edelgasatomen wirken auch zwischen den zweiatomigen Molekülen von Wasserstoff, Stickstoff, Sauerstoff und den Halogenen zwischenmolekulare Kräfte. Schmelz- und Siedetemperaturen entsprechen den mit wachsender Masse bzw. Elektronenzahl ansteigenden Van-der-Waals-Kräften. Brom ist bei Raumtemperatur flüssig, Iod sogar fest (Tab. 5).

Bau der Moleküle von Kohlenstoff, Phosphor und Schwefel. Die Nichtmetalle Kohlenstoff, Phosphor und Schwefel bilden im festen Zustand keine zweiatomigen Moleküle. Kohlenstoffatome müssten, um Edelgaskonfiguration im Zweierverband zu erreichen, eine Vierfachbindung eingehen, was aufgrund der tetraedrischen Anordnung der äußeren Elektronenwolken aus geometrischen Gründen unmöglich ist. Schwefel- und Phosphoratome könnten zwar wie ihre Nachbarelemente der zweiten Periode Edelgaskonfiguration durch Zwei- bzw. Dreifachbindung erreichen, die Radien ihrer Atomrümpfe sind aber viel größer als die der Sauerstoff- und Stickstoffatome, sodass die bindenden Elektronenwolken nicht optimal überlappen können. Dies würde lediglich zu schwachen Bindungen führen.
Die Ausbildung von größeren Molekülen oder aber von Makromolekülen ist energetisch günstiger. In diesen verbinden sich die Atome durch Einfachbindungen miteinander. Von allen drei Elementen sind mehrere Modifikationen bekannt, die sich in ihren Eigenschaften erheblich unterscheiden.

Modifikationen des Kohlenstoffs – Bau und Eigenschaften. Graphit und Diamant – unterschiedlicher können sich zwei Stoffe der gleichen Atomsorte kaum darstellen. Der Graphit ist schwarz, weich, elektrisch leitfähig – der Diamant dagegen klar, durchsichtig, funkelnd im Licht, ein Sinnbild der Härte und Beständigkeit, elektrisch ein Isolator (Abb. 1, S. 256). Allerdings sind beide Stoffe brennbar. Sie verbrennen an der Luft ohne Rückstand zu Kohlenstoffdioxid. Beide sind demnach ausschließlich aus Kohlenstoffatomen aufgebaut (Tab. 6).

Struktur und Eigenschaften von anorganischen Stoffen

Tab. 5 Schmelz- und Siedetemperaturen einiger anorganischer Molekülsubstanzen

Stoff	Formel	Molare Masse M in g·mol^{-1}	Schmelztemperatur ϑ_S in °C	Siedetemperatur ϑ_V in °C
Sauerstoff	O_2	32	−219	−183
Ozon	O_3	48	−193	−111
Stickstoff	N_2	28	−210	−196
Fluor	F_2	38	−220	−188
Chlor	Cl_2	71	−101	−35
Brom	Br_2	160	−7	59
Iod	I_2	254	114	183
Astat	At_2	420	302	335

B Struktur-Eigenschaften-Konzept

Tab. 6 Eigenschaften der Kohlenstoffmodifikationen

Stoff	Graphit	Diamant	Fulleren (C_{60})
Dichte ϱ in g·cm^{-3} ($\vartheta = 25\,°C$)	2,26	3,51	1,65
Ritzhärte nach Mohs	1	10	nicht bestimmbar, sehr weich
Elektrische Leitfähigkeit	ja	nein	Halbleiter
Löslichkeit in Wasser	unlöslich	unlöslich	unlöslich
Löslichkeit in Toluol	unlöslich	unlöslich	löslich
Farbe	grau-schwarz, Metallglanz	farblos, durchsichtig, stark lichtbrechend	schwarze, glänzende Kristalle

Dieses Beispiel zeigt besonders deutlich, dass die Eigenschaften eines Stoffes nicht nur von der Atomsorte, sondern vor allem auch von der Art der Verknüpfung der Teilchen abhängig ist.

Im **Diamanten** ist jedes Kohlenstoffatom von vier weiteren Kohlenstoffatomen tetraedrisch umgeben und mit ihnen durch Elektronenpaarbindungen verbunden (Abb. 15). Der Bindungswinkel beträgt etwa 109°. Ein Diamantkristall kann demzufolge als ein Makromolekül aufgefasst werden, das theoretisch nach allen Seiten unbegrenzt fortgeführt werden könnte. Die Bindungsabstände sind mit 154 pm zwischen den Atomen alle gleich. Diese starre, lückenlose Anordnung bedingt die außergewöhnliche Härte des Diamanten und seine relativ große Dichte. Da alle Außenelektronen der Kohlenstoffatome in Elektronenpaarbindungen festgelegt (lokalisiert) sind, zeigt der Diamant keine elektrische Leitfähigkeit.

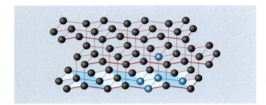
15 Struktur von Diamant

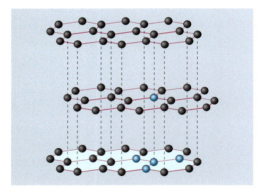
16 Struktur von Graphit

Der **Graphit** ist zwar ebenfalls ein polymerer Stoff, aber er besteht aus locker miteinander verbundenen Schichten, in denen die Kohlenstoffatome in ebenen, regelmäßigen Sechsecken angeordnet sind (Abb. 16). Jedes Atom hat drei direkte Nachbarn (Bindungswinkel: 120°), mit denen es durch Elektronenpaarbindungen verbunden ist (Bindungsabstand: 142 pm). Zwischen den Schichten (Abstand: 335 pm) herrschen nur relativ schwache Van-der-Waals-Kräfte. Die Schichten können leicht gegeneinander verschoben und voneinander getrennt werden. Aufgrund seiner geringen Härte wird Graphit als Schmiermittel und zur Herstellung von Bleistiftminen verwandt (Abb. 17).

Nur drei der jeweils vier Außenelektronen eines Kohlenstoffatoms werden für lokalisierte Elektronenpaarbindungen benutzt. Die übrigen Elektronen sind innerhalb der Schichten frei beweglich (delokalisiert) und bewirken die elektrische Leitfähigkeit parallel zu den Schichten, die schwarze Farbe und den metallischen Glanz des Graphits. Senkrecht zu den Schichten, die jeweils als ein Makromolekül betrachtet werden können, wirkt ein Graphiteinkristall dagegen nahezu als Isolator. Ähnlich wie bei den Metallen wird von einem Elektronengas zwischen den Atomen einer Schicht gesprochen, das die Atome einer Schicht zusätzlich verbindet.

17 Graphitabrieb

↗ A-3 | Metallbindung

264

Im Jahr 1985 wurde eine dritte Modifikation des Kohlenstoffs entdeckt, die unter dem Begriff **Fullerene** zusammengefasst wird. Die Teilchen der Fullerene sind Moleküle mit eindeutig begrenzter Anzahl an Kohlenstoffatomen, daher müssen die Fullerene trotz der großen Moleküle zu den Molekülsubstanzen gerechnet werden. Jedes Molekül umschließt dabei einen Hohlraum (Abb. 20).

Das bekannteste Fulleren ist das C_{60}-Fulleren mit 60 Kohlenstoffatomen im Molekül, die in 12 Fünfecken und 20 Sechsecken angeordnet sind und zusammen eine fußballähnliche Hohlkugel bilden. Das C_{60}-Fulleren wird auch Buckminster-Fulleren genannt (Abb. 21). Die Kristalle des C_{60}-Fullerens bilden oktaedrische Doppelpyramiden, in denen die kugelförmigen Moleküle durch Van-der-Waals-Kräfte zusammengehalten werden. Sie sind daher weich und leicht spaltbar. In unpolaren Lösemitteln ist diese Kohlenstoffmodifikation gut löslich (Abb. 19). Ab $\vartheta = 600\,°C$ geht der Stoff, ohne zu schmelzen, in den Gaszustand über (Sublimation).

Die technische Bedeutung der Hohlkugelmoleküle ist noch gering. Durch Einschluss anderer Stoffe in den Hohlraum wird jedoch versucht, neue Eigenschaften für die Anwendung in der Medizin oder Elektrotechnik zu erzeugen.

19 Verschiedene Fullerene in Lösung

B-1

Struktur und Eigenschaften von anorganischen Stoffen

Exkurs 2
Nanomaterialien

Die Forschung im Bereich der Nanotechnologie beschäftigt sich mit den kleinsten Partikeln, aus denen sich Werkstoffe zusammensetzen. Das genaue Wissen um ihren Aufbau bietet die Möglichkeit, Werkstoffe exakt auf die Anforderungen ihres Verwendungszwecks zuzuschneiden: Nanomaterialien schützen Autos vor dem Zerkratzen, sanitäre Anlagen vor Schmutz und Menschen vor UV-Strahlung. Herkömmliche Materialien, die wir als Werkstoffe kennen, verdanken ihre Eigenschaften, wie z. B. die Härte oder die elektrische Leitfähigkeit, dem Verbund von sehr vielen Atomen. Isolierte Atome weisen diese Eigenschaften natürlich nicht auf. Nanopartikel, deren Größe im Bereich von Nanometern $(1 \cdot 10^{-9}\,m)$ liegt, bestehen aus relativ wenigen Atomen. Damit nehmen sie eine Art Zwischenstellung zwischen dem einzelnen Atom und dem aus einem Verbund von sehr vielen Atomen bestehenden Feststoff ein. Die Folge davon sind ungewöhnliche Eigenschaften, die Nanomaterialien zeigen. Ein Grund dafür ist, dass in den Nanopartikeln dieser Materialien im Vergleich zu den Teilchenstrukturen der normalen Feststoffe sehr viel mehr Atome an der Oberfläche liegen. Sie weisen daher eine höhere chemische Reaktivität oder katalytische Aktivität als ihre Nachbarn im Innern auf.

Bei der Forschung an Fullerenen entdeckten Wissenschaftler winzige Röhrchen aus Kohlenstoff mit einem Durchmesser von etwa 100 μm, die aber bis in den Bereich von Zentimetern lang sein können. Sie besitzen die Festigkeit von Diamant, sind bis zu einer Temperatur von 2 800 °C stabil und unvergleichlich druck- und zugfest. Kunststoffen als Füllstoff beigegeben, erhöhen sie deren Festigkeit bei geringerer Masse. Nanoröhren sind inzwischen mit Erfolg auf ihre Eignung als elektronische Bauteile oder Speichermaterialien für Wasserstoff getestet worden.

18 Nanoröhren aus Kohlenstoff

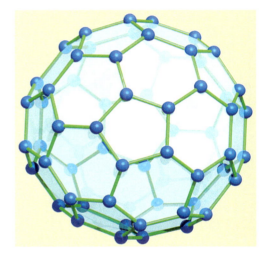

20 C_{60}-Fulleren, Molekülmodell

21 Geodätische Kuppel von FULLER. Der Name Buckminster-Fulleren wurde dem neu entdeckten Stoff zu Ehren des Architekten RICHARD BUCKMINSTER FULLER (1895 bis 1983) verliehen, der für die Weltausstellung 1967 in Montreal einen Kuppelbau konstruierte, dessen Struktur aus Fünf- und Sechsecken ähnlich dem C_{60}-Fulleren zusammengesetzt ist.

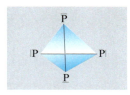

22 Tetraederstruktur der P$_4$-Moleküle des weißen Phosphors

Struktur-Eigenschaften-Konzept

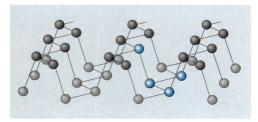

23 Schwarzer Phosphor, Gitterstruktur

Modifikationen des Phosphors – Bau und Eigenschaften. Auch Phosphor kommt in verschiedenen Modifikationen vor (Tab. 7). Im **weißen Phosphor** ist ein Phosphoratom mit je drei weiteren zu tetraederförmigen P$_4$-Molekülen verbunden (Abb. 22). Unter hohem Druck kann aus weißem Phosphor die bei Raumtemperatur stabilste Form des Phosphors, **schwarzer Phosphor**, gewonnen werden. Seine Struktur ähnelt der des Graphits. Wie die Kohlenstoffatome im Graphit ist jedes Phosphoratom im schwarzen Phosphor mit drei Nachbaratomen durch Elektronenpaarbindung verbunden. Die sich bildenden Sechsecke sind jedoch nicht eben, sondern gewellt (Abb. 23). Die nicht an der Bindung beteiligten Außenelektronen sind delokalisiert, sodass auch schwarzer Phosphor elektrisch leitfähig ist.

Wird weißer Phosphor unter Luftabschluss belichtet oder erhitzt, bildet sich **roter Phosphor**. Die Bindungen der Tetraedermoleküle brechen auf und zwischen den Molekülen bilden sich neue Elektronenpaarbindungen. Es entsteht ein unregelmäßiges, dreidimensionales Netzwerk aus Ringen und Ketten, das weitgehend amorph bleibt, sich also nicht zu regelmäßigen Kristallen ordnet. Damit sind aus den P$_4$-Molekülen Makromoleküle geworden.

Leicht zu überwindende Van-der-Waals-Kräfte halten die P$_4$-Moleküle in den Kristallen des weißen Phosphors zusammen. Die Eigenschaften (niedrige Schmelz- und Siedetemperatur, gute Löslichkeit in unpolaren Lösemitteln) entsprechen diesem Bauplan. Beim roten Phosphor liegen Makromoleküle mit entsprechend hohen Van-der-Waals-Kräften vor. Die Schmelztemperatur des roten Phosphors ist demnach größer als die des weißen, wird aber nur noch unter erhöhtem Druck erreicht. Unter Normdruck brechen die meisten Elektronenpaarbindungen schon bei $\vartheta = 417\,°C$ auf und der rote Phosphor verdampft, ohne zu schmelzen, in Form von P$_4$-Molekülen, die als weißer Phosphor kondensieren.

Tab. 7 Eigenschaften der Phosphor- und Schwefelmodifikationen

Stoff	Phosphor, weiß	Phosphor, rot	Phosphor, schwarz	α-Schwefel, rhombisch	γ-Schwefel, monoklin	μ-Schwefel, plastisch
Formel	P$_4$	P$_\infty$	P$_\infty$	S$_8$	S$_8$	S$_\infty$
Löslichkeit in Wasser	unlöslich	unlöslich	unlöslich	unlöslich	unlöslich	unlöslich
Löslichkeit in Kohlenstoffdisulfid	löslich	unlöslich	unlöslich	löslich	löslich	unlöslich
Molare Masse M in g·mol^{-1}	124	Makromolekül	Doppelschichten	256	256	Makromolekül
Schmelztemperatur in ϑ_S in °C	44	sublimiert	sublimiert	113	119	–
Siedetemperatur in ϑ_V in °C	280	sublimiert	sublimiert	445	445	445
Dichte ϱ in g·cm^{-3}	1,82	2,1	2,67	2,07	1,96	2,01

24 Rhombischer Schwefel   25 Monokliner Schwefel   26 Plastischer Schwefel

B-1

Struktur und Eigenschaften von anorganischen Stoffen

Modifikationen des Schwefels – Bau und Eigenschaften. Die Atome des Schwefels bilden gewellte S_8-Ringe (Abb. 27), die sich zu zwei unterschiedlichen Kristallstrukturen anordnen können (Tab. 7). Bis $\vartheta = 95{,}6\,°C$ ist der **α-Schwefel** mit rhombischer Kristallform stabil (Abb. 24). Oberhalb dieser Temperatur wandeln sich die Doppelpyramiden des α-Schwefels langsam in die Nadeln des monoklinen **γ-Schwefels** um (Abb. 25). Wird noch stärker erhitzt, so entsteht eine hellgelbe, dünnflüssige Schmelze, die sich bei weiterer Temperaturerhöhung zunehmend dunkler färbt und immer zähflüssiger wird. Ab $\vartheta = 160\,°C$ brechen die S_8-Ringe auf, verknäulen sich und verbinden sich schließlich zu langkettigen Makromolekülen.

Wenn die Schwefelschmelze in diesem hochviskosen Zustand sehr schnell abgekühlt wird, entsteht eine nicht kristalline, plastische Form, der **μ-Schwefel** (Abb. 26), der sich bei Raumtemperatur langsam zunächst in γ-Schwefel und dann in α-Schwefel zurückverwandelt.

Weiteres Erhitzen lässt die Makromoleküle schließlich zerfallen, es bildet sich ein Gemisch von kleineren Molekülen, das bei $\vartheta = 444\,°C$ siedet.

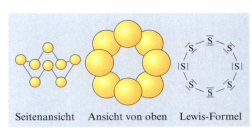

27 Anordnung der Schwefelatome im S_8-Molekül, Molekülmodelle und Lewis-Formel

Resümee

Stoffeigenschaften werden nicht nur durch die Art der aufbauenden Atome, sondern auch durch deren Anordnung bestimmt.
Atome der Nichtmetallelemente erreichen durch gemeinsame Elektronenpaare die besonders stabile Edelgaskonfiguration. Durch diese Elektronenpaarbindung werden sie zu kleineren Molekülen (niedermolekulare Stoffe) oder größeren Molekülen (makromolekulare Stoffe) verknüpft. Zweiatomige Moleküle bilden Wasserstoff, Stickstoff, Sauerstoff und die Halogene. Von Kohlenstoff, Schwefel und Phosphor existieren sowohl Modifikationen, deren Moleküle abgeschlossene geometrische Körper aus wenigen Atomen darstellen (Ringe, Tetraeder, Kugeln), als auch solche, deren Atome zwei- oder dreidimensional vernetzte, theoretisch nach allen Seiten erweiterbare Makromoleküle bilden.
Die zwischen den Makromolekülen wirkenden starken Van-der-Waals-Kräfte führen zu hohen Siede- und Schmelztemperaturen.

Aufgaben

1. Gibt man flüssige Luft in ein Becherglas mit warmem Wasser und deckt das Glas mit einem Uhrglas ab, so entweicht der Tülle ein starker Gasstrahl, der die Flamme eines brennenden Spans löscht. Die flüssige Luft schwimmt auf dem Wasser. Nach einiger Zeit sinken von der Wasseroberfläche große Tropfen flüssiger Restluft nach unten. Der Gasstrahl aus der Tülle entzündet jetzt einen glimmenden Span zu heller Flamme. Erläutern Sie die Beobachtungen.
2. Erklären Sie, warum ein Graphitkristall den elektrischen Strom nur in einer Richtung, nämlich parallel zu den Molekülschichten, leitet. Warum ist eine Graphitelektrode in jeder Richtung elektrisch leitfähig?
3. Begründen Sie, warum sich für roten und schwarzen Phosphor keine Schmelztemperaturen angeben lassen.
4. Weißer Phosphor schmilzt und siedet bei erheblich niedrigeren Temperaturen als monokliner und rhombischer Schwefel. Begründen Sie.
5. Schildern Sie die Vorgänge beim Erhitzen von Schwefel. Begründen Sie, dass die Schmelztemperaturen von rhombischem und monoklinem Schwefel etwas unterschiedlich sind, die Siedetemperatur aber gleich ist.

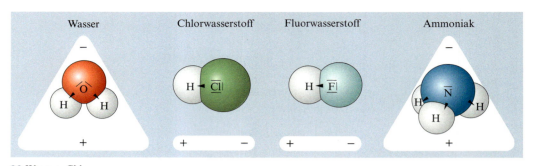

B

Struktur-
Eigenschaften-
Konzept

28 Wasser-, Chlorwasserstoff-, Fluorwasserstoff-, Ammoniakmoleküle sind permanente Dipole.

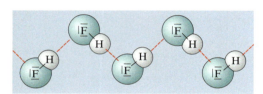

29 Wasserstoffbrückenbindungen zwischen Fluorwasserstoffmolekülen

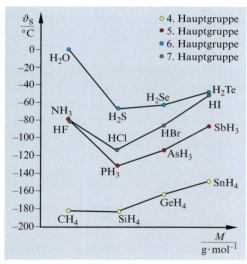

30 Schmelztemperaturen von Wasserstoffverbindungen

Bau und Eigenschaften von anorganischen Wasserstoffverbindungen.
Bisher betrachteten wir Moleküle der elementaren Stoffe, die nur aus Atomen eines Elements bestehen (z. B. Wasserstoff, Kohlenstoff, Schwefel). Die weitaus größere Zahl der anorganischen Molekülverbindungen ist jedoch aus Atomen unterschiedlicher Elemente aufgebaut.

Im **Wassermolekül** H_2O sind zwei Wasserstoffatome über jeweils eine Elektronenpaarbindung an ein Sauerstoffatom gebunden. Aufgrund der Elektronegativitätsdifferenz der an der Bindung beteiligten Wasserstoff- und Sauerstoffatome sind die Elektronenpaarbindungen im Wassermolekül polar. Das Wassermolekül ist ein permanenter Dipol, weil die Schwerpunkte der positiven und der negativen Ladungen im Molekül nicht in einem Punkt zusammenfallen (Abb. 28).

Auch die Moleküle von Verbindungen wie **Chlorwasserstoff** HCl, **Fluorwasserstoff** HF oder auch **Ammoniak** NH_3 sind permanente Dipole (Abb. 28).

↗ A-3 | Polare Elektronenpaarbindung und Dipolmoleküle

Die positiv polarisierten Wasserstoffatome treten mit den Atomen hoher Elektronegativität wie z. B. Stickstoff-, Sauerstoff- und Fluoratomen in elektrostatische Wechselwirkung. Es bilden sich **Wasserstoffbrückenbindungen** (Abb. 29).

↗ A-4 | Wasserstoffbrückenbindung

Die Wasserstoffbrückenbindungen zwischen den Molekülen wirken sich auf die Eigenschaften der Stoffe aus: Die Schmelz- und Siedetemperaturen der Wasserstoffverbindungen von Sauerstoff, Stickstoff und Fluor sind auffallend hoch (Abb. 30, 31). Das Sauerstoffatom besitzt die zweithöchste Elektronegativität und kann im Wassermolekül mit zwei freien Elektronenpaaren und zwei Wasserstoffatomen von Nachbarmolekülen in elektrostatische Wechselwirkung treten. Wasser hat mit Abstand die höchste Siede- und Schmelztemperatur. Dem Fluoratom im Fluorwasserstoffmolekül kommt zwar die höhere Elektronegativität und der Besitz von drei freien Elektronenpaaren zu, doch kann nur jeweils ein Wasserstoffatom mit den benachbarten Fluoratomen in Wechselwirkung treten. Der Zusammenhalt der Fluorwasserstoffmoleküle und damit die Schmelz- und Siedetemperatur sind daher bei Fluorwasserstoff geringer als bei Wasser. Nur den dritten Platz belegt Ammoniak trotz seiner drei Wasserstoffatome im Molekül, weil dem Stickstoffatom nur ein freies Elektronenpaar für elektrostatische Wechselwirkungen zur Verfügung steht. Hinzu kommt die geringere Elektronegativität des Stickstoffatoms, was insgesamt zu einer geringeren Anziehungskraft zwischen den Ammoniakmolekülen führt.

Die Werte der Schmelz- und Siedetemperaturen der übrigen Wasserstoffverbindungen der Elemente der IV. bis VII. Hauptgruppe des Periodensystems der Elemente steigen in der Regel mit zunehmender molarer Masse, weil die Van-der-Waals-Kräfte der molaren Masse der Stoffe proportional sind.

Weitere besondere Eigenschaften des Wassers. Nicht nur die extrem hohe Schmelz- und Siedetemperatur des Wassers, sondern auch die Dichteanomalie und die hohe Wärmekapazität des Wassers lassen sich mit dem Dipolcharakter der Wassermoleküle und ihrem gewinkelten Bau erklären.

Wasser gehört zu den wenigen Stoffen, deren Dichte mit fallender Temperatur nicht ständig abnimmt (Tab. 8). Die größte Dichte weist Wasser bei $\vartheta = 3{,}98\,°C$ auf. Wird Wasser auf höhere Temperaturen erwärmt, nimmt die Dichte genauso wie auch bei anderen Stoffen ab. Wird es aber unter 3,98 °C weiter abgekühlt, so nimmt die Dichte ebenfalls ab. So kommt es, dass das Eis auf dem Wasser schwimmt. Diese besondere Eigenschaft des Wassers wird als **Anomalie des Wassers** bezeichnet. Sie ist von erheblicher Bedeutung für das Leben auf der Erde. Kühlt Oberflächenwasser der Seen oder der Ozeane auf rund 4 °C ab, so besitzt es die größte Dichte und sinkt folglich auf den Grund des Gewässers, bis der gesamte Wasserkörper die Temperatur von 4 °C angenommen hat. Wird die Luft über dem Gewässer kälter, bleibt tiefer abkühlendes Wasser an der Oberfläche und gefriert schließlich zu Eis, das an der Oberfläche bleibt. Da seine Wärmeleitfähigkeit sehr gering ist, schützt es die tieferen Wasserschichten vor weiterer Abkühlung. Auf diese Weise dringt die Eisschicht nur langsam und von der Oberfläche in die Tiefe vor. Um zu überleben, bleibt Pflanzen und Tieren in der Regel genügend Raum in flüssigem Wasser, dessen Temperatur gleich bleibend 3,8 °C beträgt. Da erstarrendes Wasser mit abnehmender Dichte im Volumen zunimmt, kann es im Winter zu platzenden Wasserrohren kommen. Auch der sogenannte Spaltenfrost, der für die Verwitterung von Gebäuden aus Beton und natürlichen Gebirgen sorgt, ist hierauf zurückzuführen.

Wasser besitzt außerdem eine große **spezifische Wärmekapazität**, die die aller anderen festen und flüssigen Stoffe übertrifft.

Aufgrund dieser großen Wärmekapazität des Wassers ist das Klima an den Meeresküsten wesentlich ausgeglichener als auf dem Kontinent. Im Sommer bleibt das Wasser im Vergleich zum Land kühl, weil es viel Energie in Form von Wärme (pro Masseneinheit) aufnehmen kann, ohne dass seine Temperatur wesentlich steigt. Im Winter gibt es die gespeicherte Energie als Wärme nur langsam wieder ab und behält länger als das rasch auskühlende Land höhere Temperaturen. Auch die Zentralheizung im Haus und der Golfstrom, die „Zentralheizung Europas", verdanken dieser Eigenschaft des Wassers ihre wärmende Wirkung.

↗ 4.5 | Der Golfstrom

B-1

Struktur und Eigenschaften von anorganischen Stoffen

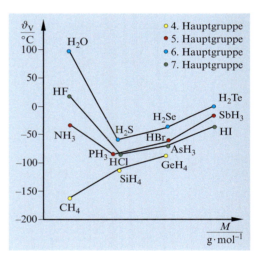

31 Siedetemperaturen von Wasserstoffverbindungen

Tab. 8 Dichte des Wassers zwischen 0 °C und 20 °C

Aggregatzustand	Temperatur ϑ in °C	Dichte ρ in $g \cdot cm^{-3}$
fest	0	0,9168
flüssig	0	0,9998
flüssig	3,98	1,0000
flüssig	10	0,9997
flüssig	20	0,9982

A-3 | Beschreibung der Elektronenpaarbindung mit dem Elektronenpaar-Abstoßungsmodell

B

Struktur-
Eigenschaften-
Konzept

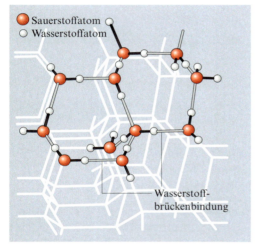

32 Gitterstruktur im Eiskristall

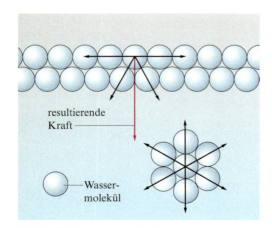

33 Oberflächenspannung des Wassers, Modellvorstellung

Bau des Eises. Die gewinkelten Wassermoleküle mit den positiven Teilladungen an den zwei Wasserstoffatomen und den zwei freien Elektronenpaaren am Sauerstoffatom mit negativer Teilladung bauen im **Eiskristall** eine sehr regelmäßige Gitterstruktur auf (Abb. 32). Jedes Sauerstoffatom ist darin tetraedrisch von vier Wasserstoffatomen umgeben, von denen zwei durch Elektronenpaarbindung und die beiden anderen durch Wasserstoffbrückenbindung gebunden sind. Die Bindungswinkel betragen je 104,5°. Zwischen den Atomen erstrecken sich kanalartige Hohlräume, die die relativ geringe Dichte des Eises bedingen. Steigt die Temperatur, bricht diese regelmäßige Struktur nach und nach zusammen. Abgetrennte Moleküle und Molekülgruppen gelangen in die Hohlräume, sodass die Dichte steigt. Ab etwa 4 °C ist die Eisstruktur nicht mehr erkennbar. Die regelmäßigen Hohlräume sind zusammengebrochen.

Die Moleküle bewegen sich einzeln oder in Gruppen und brauchen durch ihre steigende Bewegungsgeschwindigkeit zunehmend mehr Raum. Die Flüssigkeit dehnt sich aus und die Dichte nimmt ab. Die Bewegung der Wassermoleküle kann aber nur schneller werden, d. h., die Temperatur kann nur steigen, wenn immer mehr Wasserstoffbrücken zu den Nachbarmolekülen gebrochen werden. Dazu ist zusätzliche Energie erforderlich – der Grund für die hohe spezifische Wärmekapazität des Wassers.

Oberflächenspannung des Wassers. In allen Flüssigkeiten wirken zwischen den Teilchen Anziehungskräfte (Kohäsionskräfte). Besonders stark sind diese Kräfte beim Wasser, dessen Moleküle durch Wasserstoffbrückenbindungen verbunden sind. Im Innern des Wasserkörpers wirken diese Kräfte allseitig auf ein Molekül ein. Ihre Wirkungen heben sich daher gegenseitig auf. Auf die Moleküle an der Grenzfläche zur Luft wirken aber nach außen nur die wesentlich geringeren Anziehungskräfte der Luftmoleküle, sodass sich für Oberflächenteilchen eine resultierende Kraft in Richtung auf das Innere der Wasserportion ergibt (Abb. 33). Die Summe aller dieser Kräfte ist die **Oberflächenspannung** des Wassers, die zu einer möglichst starken Verkleinerung der Oberfläche führt und dem Wasser eine elastische Spannung gibt. Sie erklärt die Kugelgestalt eines Wassertropfens in der Luft und auf einem gut gewachsten Autolack.

Wasser als Lösemittel. Die Löslichkeit von Stoffen ineinander hängt ebenfalls von der Art der Wechselwirkung zwischen den Teilchen ab. Im **polaren Lösemittel** Wasser können sich viele andere polare Stoffe lösen. Wieder sind es die Dipoleigenschaften der Wassermoleküle, die diese Eigenschaft begründen. Lösen heißt, die Teilchen einer Stoffportion voneinander zu trennen und sie gleichmäßig im Lösemittel zu verteilen. Sowohl das Trennen der Teilchen als auch das Verteilen erfordern Energie, die aufgebracht werden muss.

Beim Lösen von z. B. Salzen in Wasser müssen die elektrostatischen Anziehungskräfte der Ionen im Ionenkristall überwunden werden, wobei es zum Abbau des Ionengitters kommt (Abb. 34). Dazu wird Energie benötigt. Aber auch zwischen den Molekülen des Lösemittels muss Raum geschaffen werden, um die Ionen aufnehmen zu können. Auch hierzu ist im Fall von Wasser wegen der Wasserstoffbrückenbindungen zwischen den Wassermolekülen relativ viel Energie nötig. Der Energiebedarf wird durch die Hydratationsenthalpie ΔH_H ausgeglichen, die durch die elektrostatischen Wechselwirkun-

Tab. 9 Molare Lösungsenthalpien einiger Salze bei $\vartheta = 25\,°C$

Salz	$\Delta_L H_m$ in kJ·mol^{-1}	$\Sigma\Delta_H H_m$ in kJ·mol^{-1}	$\Delta_G H_m$ in kJ·mol^{-1}
LiF	4,6	−1 029,5	−1 034,1
NaF	2,5	−911,0	−913,5
KF	−17,8	−832,9	−815,1
RbF	−24,3	−798,4	−774,1

Lösungsenthalpie

$\Delta_L H_m = \Sigma\Delta_H H_m - \Delta_G H_m$

Der Lösevorgang ist **exotherm**, wenn $|\Sigma\Delta_H H_m| > |\Delta_G H_m|$. Das Salz löst sich unter Freisetzung von Lösungswärme.
Der Lösevorgang ist **endotherm**, wenn $|\Sigma\Delta_H H_m| < |\Delta_G H_m|$. Das Salz löst sich unter Aufnahme von Wärme aus der Umgebung, wobei sich die Lösung abkühlt.

↗ D-7 | Löslichkeitsgleichgewichte

Struktur und Eigenschaften von anorganischen Stoffen

gen zwischen den elektrisch positiv und negativ geladenen Ionen und den Dipolmolekülen des Wassers frei wird. Jedes Ion wird dabei mit einer Hydrathülle aus Wassermolekülen umgeben (Hydratation, Abb. 34). Aus der Differenz zwischen der Summe der Hydratationsenthalpien der Ionen und der Gitterenthalpie ΔG_H des Salzes ergibt sich die **Lösungsenthalpie** ΔL_H (Tab. 9). Ist die Lösungsenthalpie positiv, kann ein Salz schwer oder sogar unlöslich sein.

Stoffe, deren Moleküle Hydroxylgruppen aufweisen, können sich ebenfalls in Wasser lösen, weil die benötigte Energie zur Auftrennung ihrer Wasserstoffbrücken durch Bildung neuer Wasserstoffbrückenbindungen mit den Lösemittelmolekülen kompensiert wird. Zucker und kurzkettige Alkohole lösen sich daher in Wasser gut.

Lösemittel, die aus unpolaren Molekülen bestehen, wie Benzin, Benzol oder Hexan, mischen sich wenig oder gar nicht mit polaren Lösemitteln. Ihre Moleküle sind zwar leicht zu trennen, weil sie nur durch schwache Van-der-Waals-Kräfte zusammengehalten werden. Die durch Wasserstoffbrücken verbundenen Moleküle polarer Lösemittel lassen jedoch keinen Raum zwischen sich und drängen die unpolaren Moleküle aus ihrem Verband. Es entstehen zwei Lösemittelphasen. Unpolare Stoffe mischen sich untereinander dagegen gut, da bei beiden Partnern nur schwache Van-der-Waals-Kräfte zu überwinden sind, die zudem durch neue Wechselwirkungen zwischen den Molekülen ausgeglichen werden.

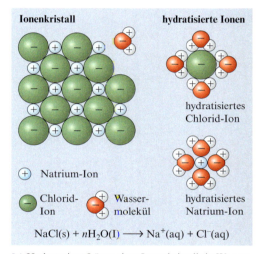

34 Hydratation: Lösen eines Ionenkristalls in Wasser

Aufgaben

1. Werten Sie Abb. 30 und 31 aus und erläutern Sie, wie es zu den steigenden Schmelz- und Siedetemperaturen der dargestellten Wasserstoffverbindungen kommt. Begründen Sie die besonders hohen Werte von Wasser, Fluorwasserstoff und Ammoniak. Vergleichen Sie diese mit den Werten von Methan.
2. In kalten Spätfrostnächten schützen die Obstbauern ihre knospenden oder blühenden Bäume vor Frostschäden, indem sie sie mit kaltem Wasser besprühen, das auf den Knospen und Blüten gefriert. Erklären Sie die Wirkung dieser Maßnahme.
3. Zur Entfernung von Fetten, die aus unpolaren Molekülen bestehen, werden andere Lösemittel als Wasser verwendet. Schlagen Sie unter Verwendung des Kapitels B-2 geeignete Lösemittel vor und erklären Sie den Lösevorgang.
4. Das Lösen von Ammoniumchlorid ist ein endothermer Vorgang. Stellen Sie qualitativ die Energiebilanz dar. Welche Versuchsbeobachtung vermuten Sie?
5. Die molaren Hydratationsenthalpien von Natrium- und Chlorid-Ionen betragen $\Delta_H H_m(Na^+) = -400$ kJ·mol^{-1} und $\Delta_H H_m(Cl^-) = -380$ kJ·mol^{-1}; die molare Gitterenthalpie von Natriumchlorid hat einen Wert von $\Delta_G H_m(NaCl) = -780$ kJ·mol^{-1}. Berechnen Sie die molare Lösungsenthalpie und entscheiden Sie, ob ein exo- oder endothermer Vorgang vorliegt.

Resümee

Fluorwasserstoff, Wasser und Ammoniak zeichnen sich durch ungewöhnlich hohe Schmelz- und Siedetemperaturen aus. Diese besonderen Eigenschaften sind ebenso wie die Anomalie des Wassers, seine hohe Wärmekapazität und seine Lösemitteleigenschaften durch Wasserstoffbrückenbindungen zwischen den Molekülen zu erklären.

Struktur und Eigenschaften von organischen Kohlenstoffverbindungen

B Struktur-Eigenschaften-Konzept

Sonderstellung der organischen Kohlenstoffverbindungen. Die Einteilung der Chemie in die **organische Chemie** als Chemie des Kohlenstoffs und seiner Verbindungen und in die **anorganischen Chemie** als Chemie aller übrigen Elemente (inklusive der Kohlenstoffoxide, der Kohlensäure, der Carbonate sowie der Carbide und von ihnen abgeleitete Verbindungen) ist historisch gewachsen und hat sich bis heute erhalten. Ursprünglich war der Begriff organisch an die Vorstellung gebunden, dass organische Stoffe nur in Tieren oder Pflanzen erzeugt werden können. Diese Vorstellungen sind seit FRIEDRICH WÖHLER (1800 bis 1882) widerlegt, dem es gelang, das „Tierprodukt" Harnstoff auch im Labor herzustellen. Trotz der Beschränkung auf das Element Kohlenstoff sind mehr als zwei Drittel von den heute bekannten über sechs Millionen chemischen Verbindungen der organischen Chemie zuzurechnen.
Woher kommt diese Vielfalt?

Vielfalt der organischen Verbindungen. Die Vielfalt der organischen Verbindungen ist ursächlich an die besonderen Eigenschaften des Kohlenstoffatoms und seiner Verbindungen geknüpft. Dies sind insbesondere:
– die mittlere Elektronegativität, die es dem Kohlenstoffatom erlaubt, mit Atomen der Elemente der 2. bis 7. Periode Elektronenpaarbindungen auszubilden;
– die hohe Bindungsenergie in Verbindungen zwischen den Kohlenstoffatomen selbst, die die Ausbildung langer Kohlenstoff-Kohlenstoff-Ketten ermöglicht;

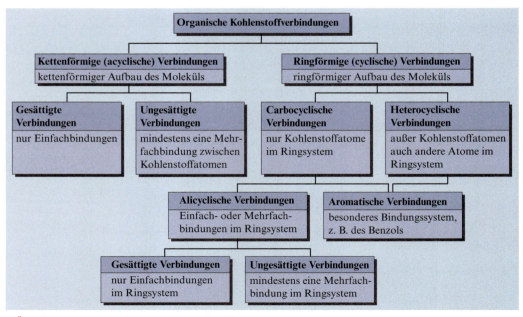

1 Übersicht über die organischen Kohlenstoffverbindungen

- die Eigenschaft des Kohlenstoffatoms, wegen seiner geringen Größe Verbindungen mit Kohlenstoff-Kohlenstoff-Mehrfachbindungen auszubilden;
- die fast unpolare Bindung zwischen Kohlenstoffatomen und Wasserstoffatomen, die zu nahezu unpolaren Kohlenwasserstoffverbindungen führt.

Nach der Pauling-Skala beträgt die Elektronegativität von Kohlenstoff 2,5, die von Wasserstoff 2,1. In Kohlenwasserstoffverbindungen ist das Kohlenstoffatom ganz leicht negativ polarisiert, aber wegen dieser Polarisierung gegen einen Angriff durch das negativ polarisierte Sauerstoffatom des Wassermoleküls vollkommen geschützt. Kohlenwasserstoffverbindungen reagieren daher mit Wasser nicht. Die große Vielfalt der organischen Verbindungen ist durch die Arten der Verknüpfungsmöglichkeiten der Kohlenstoffatome untereinander und mit anderen Atomen bedingt (Abb. 1).

Gesättigte und ungesättigte Kohlenwasserstoffe

Alkane – gesättigte Kohlenwasserstoffe. Alkane sind die Hauptbestandteile des Erdöls. Sie werden durch Erdölraffination in Benzin und andere Erdölprodukte umgewandelt. Die Bezeichnung **gesättigte Kohlenwasserstoffe** weist darauf hin, dass in den Molekülen der Alkane alle Kohlenstoffatome mit der größtmöglichen Anzahl an Wasserstoffatomen verbunden sind.

In den Molekülen der Alkane bestehen zwischen den Kohlenstoffatomen nur Einfachbindungen. Alle Kohlenstoffatome sind sp^3-hybridisiert.

 ↗ A-3 | Beschreibung der Elektronenpaarbindung mit dem Orbitalmodell

Die Anordnung der Kohlenstoffatome kann sowohl kettenförmig als auch ringförmig sein. Die Moleküle der **kettenförmigen Alkane** (acyclische Alkane) können sowohl unverzweigte als auch verzweigte Ketten bilden (Abb. 2). Alle kettenförmigen Alkane besitzen die allgemeine **Summenformel C_nH_{2n+2}**. Die Kohlenstoffketten in den Molekülen der Alkane ab dem Propan sind wegen des Tetraederwinkels von 109,5° an den Kohlenstoffatomen zickzackförmig gewinkelt.

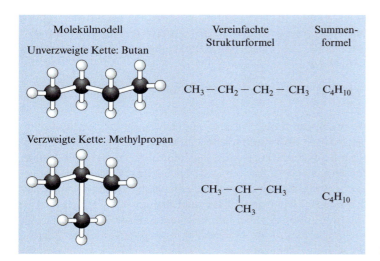

Nomenklatur der Alkane
- Die systematischen Namen aller Alkane enden auf die Silbe **-an**.
- Die Alkane mit eins bis vier Kohlenstoffatomen im Molekül tragen Trivialnamen (Methan, Ethan, Propan, Butan).
- Die Namen aller weiteren Alkane beziehen sich auf die Zahl der Kohlenstoffatome im Molekül und leiten sich von griechischen oder lateinischen Zahlwörtern ab: Pentan, Hexan, Heptan usw.

Struktur und Eigenschaften von organischen Kohlenstoffverbindungen

Formelschreibweisen der organischen Kohlenstoffverbindungen

Summenformel
- gibt die Zusammensetzung der Verbindung an, gibt jedoch keinen Hinweis auf die Struktur der Moleküle.

C_4H_9OH Butanol
C_4H_8 Buten

Strukturformel
- zeigt alle Bindungen zwischen den einzelnen Atomen an; zusätzlich können bei der Elektronenformel auch die freien Elektronenpaare angegeben werden.

$$\begin{array}{c} H\ \ H\ \ H\ \ H \\ |\ \ \ |\ \ \ |\ \ \ | \\ H-C-C-C-C-\overline{\underline{O}}-H \\ |\ \ \ |\ \ \ |\ \ \ | \\ H\ \ H\ \ H\ \ H \end{array}$$

$$\begin{array}{c} H\ \ H\ \ H \\ |\ \ \ |\ \ \ | \\ H-C-C-C=C \\ |\ \ \ | \\ H\ \ H \end{array}\!\!\begin{array}{c} H \\ \\ H \end{array}$$

Vereinfachte Strukturformel
- zeigt wichtige Bindungen und funktionelle Gruppen an.

$CH_3–CH_2–CH_2–CH_2–OH$ 1-Butanol oder
$CH_3–(CH_2)_3–OH$
$CH_3–CH_2–CH=CH_2$ 1-Buten

Skelettformel
- zeigt stark vereinfacht den räumlichen Bau des Kohlenstoffskeletts und die funktionellen Gruppen. Wasserstoffatome, C–H-Bindungen und freie Elektronenpaare werden weggelassen.

2 Kettenförmige Alkane mit der Summenformel C_4H_{10}

273

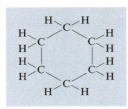

3 Strukturformel des Cyclohexanmoleküls

Struktur-
Eigenschaften-
Konzept

Ringförmige gesättigte Kohlenwasserstoffe heißen **Cycloalkane** und besitzen die allgemeine **Summenformel C_nH_{2n}** (Abb. 3).

Chemische Eigenschaften der Alkane. Aufgrund der unpolaren Elektronenpaarbindung zwischen den Kohlenstoff- und Wasserstoffatomen sind Alkane reaktionsträge Stoffe. Verbrennungsreaktionen, bei denen eine chemische Bindung zwischen Kohlenstoff- und Sauerstoffatomen ausgebildet wird, sind jedoch energetisch begünstigt. Dies begründet die große Bedeutung von Erdgas und Erdöl als wichtigste Energieträger unserer Zeit. Bei der **vollständigen Verbrennung** (Oxidation) der Alkane entstehen als Reaktionsprodukte Kohlenstoffdioxid und Wasser.

$C_3H_8(g) + 5\,O_2(g) \rightarrow 3\,CO_2(g) + 4\,H_2O(l) \qquad \Delta_r H_m = -2\,222\,kJ \cdot mol^{-1}$

Ist nicht genügend Sauerstoff vorhanden, kommt es zur **unvollständigen Verbrennung** (Oxidation) und es entsteht neben Wasser Kohlenstoffmonooxid oder reiner Kohlenstoff (Ruß).

$C_3H_8(g) + 3{,}5\,O_2(g) \rightarrow 3\,CO(g) + 4\,H_2O(l) \qquad \Delta_r H_m = -1\,373\,kJ \cdot mol^{-1}$
$C_3H_8(g) + 2\,O_2(g) \rightarrow 3\,C(s) + 4\,H_2O(l) \qquad \Delta_r H_m = -1\,040\,kJ \cdot mol^{-1}$

Neben der Verbrennung ist der charakteristische Reaktionstyp der Alkane die Substitution (↗ Substitutionsreaktionen S. 331 ff.).

Homologe Reihe. Das einfachste Alkanmolekül ist das Methanmolekül mit der Summenformel CH_4. Mit jedem weiteren Kohlenstoffatom vergrößert sich das Kohlenstoffgerüst der Moleküle um eine CH_2-Gruppe: Ethan CH_3–CH_3, Propan CH_3–CH_2–CH_3, Butan CH_3–CH_2–CH_2–CH_3 usw. Diese Reihe kann nahezu beliebig fortgeführt werden. Man bezeichnet eine solche Reihe chemischer Verbindungen, deren Moleküle sich nur um eine CH_2-Gruppe unterscheiden, als **homologe Reihe** (Tab. 1). Alle Verbindungen dieser Reihe zeigen infolge der gemeinsamen Strukturmerkmale ähnliche chemische Eigenschaften. Die unterschiedliche Molekülgröße und die Struktur der Verbindungen einer homologen Reihe haben jedoch unterschiedliche physikalische Eigenschaften zur Folge (Tab. 3, S. 277).

Derivate und organische Reste. Werden in den Molekülen von organischen Kohlenstoffverbindungen ein oder mehrere Wasserstoffatome durch ein oder mehrere Fremdatome oder Atomgruppen ersetzt, so erhält man **Derivate** (lat. derivare – ableiten) des Ausgangsstoffs. Der dazugehörige Reaktionstyp ist die Substitution (↗ Substitutionsreaktionen S. 331 ff.).

$\underset{\text{Ethan}}{C_2H_6(g)} + Br_2(g) \rightarrow \underset{\text{Bromethan}}{C_2H_5Br(g)} + HBr(g)$

Atomgruppen, die ein Wasserstoffatom weniger als die entsprechenden Kohlenwasserstoffmoleküle besitzen, werden als **organische Reste** bezeichnet. Ihre Namen sind durch die Endung **-yl** am Namen des abgeleiteten Kohlenwasserstoffmoleküls gekennzeichnet. Organische Reste, die sich z. B. von Alkanmolekülen ableiten lassen, heißen demnach Methylrest –CH_3 und Ethylrest –CH_2–CH_3 usw.
Das allgemeine Symbol für organische Reste, die nicht näher benannt werden, ist **R**. Verschiedene organische Reste werden als R^1, R^2, R^3 usw. gekennzeichnet.

Tab. 1 Homologe Reihe der Alkane

Alkan	Vereinfachte Strukturformel
Methan	CH_4
Ethan	CH_3–CH_3
Propan	CH_3–CH_2–CH_3
Butan	CH_3–CH_2–CH_2–CH_3
Pentan	CH_3–CH_2–CH_2–CH_2–CH_3
Hexan	CH_3–CH_2–CH_2–CH_2–CH_2–CH_3

Tab. 2 Zahl der möglichen Isomere in Abhängigkeit von der Zahl der Kohlenstoffatome im Molekül

Zahl der C-Atome im Molekül	Anzahl der Isomere
4	2
5	3
6	5
7	9
8	18
9	35
20	366 319
30	4 111 846 763

Isomere. Alkanmoleküle mit mehr als drei Kohlenstoffatomen können nicht nur unverzweigte, sondern auch verzweigte Ketten bilden (Abb. 2, S. 273). Chemische Verbindungen, die bei gleicher Zusammensetzung in unterschiedlichen Strukturen vorkommen, heißen **Isomere** (griech. isos – gleich, meros – Teil). Alkane, deren Moleküle unverzweigte Ketten besitzen, werden als **n-Alkane** bezeichnet, Alkane deren Moleküle verzweigte Ketten aufweisen, werden als **iso-Alkane** bezeichnet.

Unterschieden werden außerdem Konstitutionsisomere und Stereoisomere: Eine **Konstitutionsisomerie** liegt vor, wenn in den Molekülen von Verbindungen die Atome in unterschiedlicher Reihenfolge miteinander verbunden sind. Die räumliche Anordnung, die **Konfiguration**, bleibt dabei unberücksichtigt. Butan und Methylpropan sind Konstitutionsisomere (Abb. 2). Verbindungen, in deren Molekülen die Atome bei gleicher Konstitution unterschiedlich angeordnet sind, heißen **Stereoisomere**. Stereoisomerie kommt z. B. bei den Alkenen vor (↗ cis-trans-Isomerie S. 276). Isomere Stoffe haben unterschiedliche Eigenschaften (↗ S. 277 f.). Mit wachsender Kohlenstoffanzahl nimmt die Zahl möglicher Isomere erheblich zu (Tab. 2).

Konformationsisomerie. Atome und Atomgruppen eines Moleküls sind um eine Einfachbindung frei drehbar. Daraus ergeben sich bei identischer Konstitution bei Drehung um eine Einfachbindung unterschiedliche räumliche Anordnungen, die **Konformere**. Die Energieinhalte der **Konformationsisomere** unterscheiden sich aber in der Regel so wenig, dass sie sich leicht ineinander umwandeln. Beim Ethanmolekül treten theoretisch unendlich viele Konformere auf, die aber wegen der geringen Energieunterschiede nicht zu isolieren sind (Abb. 4). Die verdeckte Konformation (die Wasserstoffatome stehen sich direkt gegenüber) ist am energiereichsten und instabil, weil die C–H-Einfachbindungen miteinander in Wechselwirkung treten. Die gestaffelte Konformation ist energieärmer und stabil. Die Energieinhalte aller anderen Möglichkeiten liegen dazwischen.

Auch cyclische Verbindungen wie z. B. Cyclohexan können Konformationsisomere bilden (Abb. 4). Die Sessel-Konformation ist stabil, die Wannen-Konformation instabil.

Nomenklatur. Für die Vielzahl der organischen Verbindung ist es nötig, systematische Namen zu vergeben, die die Zusammensetzung und Struktur der Verbindung eindeutig angeben (Abb. 5).

Regeln zur Nomenklatur von Kohlenwasserstoffen:
1. Die längste Kohlenstoffkette im Molekül ergibt den Stammnamen der Verbindung: **-hexan**.
2. Die Seitenketten werden als Alkylgruppe benannt, ihre Namen werden in alphabetischer Reihenfolge vor den Stammnamen gesetzt: **-methyl**hexan.
3. Gleichartige Seitenketten werden nur einmal genannt. Ihre Anzahl wird durch griechische Zahlwörter gekennzeichnet und der Seitenkette vorangestellt: **Di**methylhexan.
4. Die Kette wird so durchnummeriert, dass die Verzweigungsstellen möglichst kleine Zahlenwerte erhalten. Die Nummern der Kohlenstoffatome, die die Verzweigungen tragen, werden vorangestellt: **2,4**-Dimethylhexan.
5. Sind unterschiedliche Seitenketten vorhanden, werden sie in alphabetischer Reihenfolge genannt: 4-**E**thyl-3-**m**ethylheptan.

Struktur und Eigenschaften von organischen Kohlenstoffverbindungen

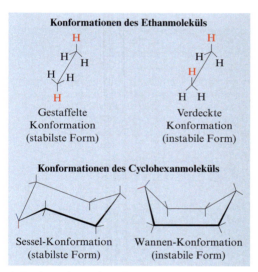

4 Konformationen des Ethans und Cyclohexans

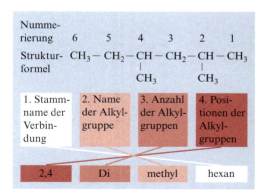

5 Benennung verzweigter Isomere. Die *International Union of Pure and Applied Chemistry (IUPAC)* legt die Richtlinien zur Nomenklatur der Verbindungen fest.

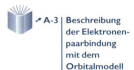

6 cis-trans-Isomere des 2-Butens

B
Struktur-Eigenschaften-Konzept

↗ A-3 | Beschreibung der Elektronenpaarbindung mit dem Orbitalmodell

Experiment 1

Reaktion von Ethen mit Brom
In ein mit Ethen gefülltes Reagenzglas wird Brom gegeben. Das Reagenzglas wird mit einem Stopfen verschlossen und geschüttelt. Eine Entfärbung der braunen Bromdämpfe wird beobachtet (Abb. 7): Brom wird in elektrophiler Reaktion an das Ethen addiert.
Es bildet sich 1,2-Dibromethan.

$C_2H_4(g) + Br_2(g) \rightarrow C_2H_2Br_2(g)$

7 Addition von Brom an Ethen

↗ B-2 | Animation: Reaktionsmechanismus Addition

Alkene und Alkine – ungesättigte Kohlenwasserstoffe. Verbindungen, in deren Molekülen mindestens eine Mehrfachbindung zwischen den Kohlenstoffatomen besteht, heißen **ungesättigte Kohlenwasserstoffe**, da ihre Moleküle weniger Wasserstoffatome enthalten, als sie aufgrund der möglichen Anzahl an Elektronenpaarbindungen binden könnten.

Die Moleküle der **Alkene** besitzen mindestens eine C–C-Doppelbindung, die an der Doppelbindung beteiligten Kohlenstoffatome sind sp^2-hybridisiert. Die Moleküle der **Alkine** besitzen mindestens eine C–C-Dreifachbindung, die an der Dreifachbindung beteiligten Kohlenstoffatome sind sp-hybridisiert.

Die Alkene bilden wie die Alkane eine homologe Reihe. Die allgemeine **Summenformel der Alkene** lautet C_nH_{2n}. Die Namen der Alkene lassen sich von denen der Alkane ableiten, an die Stelle der Endsilbe -an tritt bei den Alkenen die Endsilbe **-en**.
Bei ungesättigten Kohlenwasserstoffen mit mehr als vier Kohlenstoffatomen im Molekül muss die Stellung der Mehrfachbindung angegeben werden. Der systematische Name der Alkene erhält die Nummer des ersten an der Doppelbindung beteiligten Kohlenstoffatoms, z. B. 2-Buten. Sind mehrere Doppelbindungen im Molekül vorhanden, wird ihre Anzahl durch griechische Zahlwörter in der Endung angegeben. Die entsprechenden Endungen lauten dann: -dien, -trien usw. Mit Nummern werden die an der Doppelbindung beteiligten Kohlenstoffatome angegeben, z. B. 1,3-Butadien.
Entsprechende Nomenklaturregeln wie für die Alkene gelten auch für die Alkine (Endsilbe der Alkine: -in). Die **Summenformel** der **Alkine** lautet C_nH_{2n-2}.

Isomerie bei Alkenen. Bei mehrfach ungesättigten Alkenen ergeben sich Konstitutionsisomere in Bezug auf die Lage der Doppelbindungen im Molekül. Diese werden als **kumulierte Doppelbindungen** bezeichnet, wenn sie direkt aufeinanderfolgen, z. B. –CH=C=CH–. Bei alternierender Abfolge der C–C-Einfachbindungen und C–C-Doppelbindungen, z. B. –CH=CH–CH=CH–, spricht man von **konjugierten Doppelbindungen**. **Isolierte Doppelbindungen** sind durch mindestens zwei C–C-Einfachbindungen voneinander getrennt.
Die Moleküle der Alkene besitzen eine ebene Struktur, wobei die Doppelbindung die freie Drehbarkeit der Kohlenstoffatome gegeneinander verhindert. Daraus resultieren stereoisomere Verbindungen. Man bezeichnet Stereoisomere, bei denen die Substituenten auf der gleichen Seite liegen, als cis-Isomere, bei gegenüberliegenden Substituenten spricht man von trans-Isomeren. Diese Art der Stereoisomerie wird als **cis-trans-Isomerie** bezeichnet (Abb. 6).

Chemische Eigenschaften der ungesättigten Kohlenwasserstoffe. Im Gegensatz zu den reaktionsträgen Alkanen weisen die ungesättigten Kohlenstoffverbindungen aufgrund der in den Molekülen enthaltenen Mehrfachbindungen eine hohe Reaktionsfähigkeit auf. So ist Ethen der am häufigsten verwendete Grundstoff für organische Synthesen in der industriellen Chemie. Aufgrund der hohen Elektronendichte in der C–C-Mehrfachbindung reagieren Alkene und Alkine leicht unter Addition zu einer Vielzahl von Verbindungen. Die Reaktion von Brom mit Alkenen und Alkinen dient als Nachweis der Mehrfachbindung (Exp. 1; ↗ Additionsreaktionen S. 326 ff.).

Tab. 3 Eigenschaften verschiedener isomerer Kohlenwasserstoffe

Stoff	Vereinfachte Strukturformel	Schmelz-temperatur ϑ_S in °C	Siede-temperatur ϑ_V in °C	Molare Masse M in g·mol^{-1}
Methan	CH$_4$	−182,5	−161,4	16
Ethan	CH$_3$–CH$_3$	−183,2	−88,5	30
Propan	CH$_3$–CH$_2$–CH$_3$	−187,1	−42,1	44
Butan	CH$_3$–(CH$_2$)$_2$–CH$_3$	−135,0	−0,5	58
2-Methylpropan	CH$_3$–CH(CH$_3$)–CH$_3$	−145	−11,7	58
n-Pentan	CH$_3$–(CH$_2$)$_3$–CH$_3$	−129,7	36,2	72
2-Methylbutan	CH$_3$–CH(CH$_3$)–CH$_2$–CH$_3$	−159,9	27,9	72
2,2-Dimethylpropan	CH$_3$–C(CH$_3$)$_2$–CH$_3$	−16,6	9,5	72
2-cis-Penten	CH$_3$–CH=CH–CH$_2$–CH$_3$	−151,4	36,9	70
2-trans-Penten	CH$_3$–CH=CH–CH$_2$–CH$_3$	−140,2	36,4	70

B-2

Struktur und Eigenschaften von organischen Kohlenstoff-verbindungen

Physikalische Eigenschaften gesättigter und ungesättigter Kohlenwasserstoffe. Kohlenwasserstoffmoleküle sind aufgrund der geringen Elektronegativitätsdifferenz der Kohlenstoff- und Wasserstoffatome unpolare Moleküle. Sie sind daher in polaren Lösemitteln wie z. B. Wasser unlöslich (↗ Wasser als Lösemittel S. 270 f.). Sie werden deshalb als **hydrophobe** (griech. hydro – Wasser, phobos – Furcht) Stoffe bezeichnet. In anderen **unpolaren Lösemitteln**, z. B. Alkanen wie Hexan, sind sie dagegen löslich. Mit Fetten sind die unpolaren ungesättigten Kohlenwasserstoffe gut mischbar und zählen deshalb zu den **lipophilen** (griech. lipos – Fett, philein – lieben) Stoffen.

Die unterschiedlichen Schmelz- und Siedetemperaturen sowohl der homologen Verbindungen als auch der Isomere der Kohlenwasserstoffe sind wiederum durch zwischenmolekulare Kräfte begründet. Auch in den Kohlenwasserstoffen werden die Moleküle durch Van-der-Waals-Kräfte zusammengehalten. Obwohl Kohlenwasserstoffmoleküle unpolare Moleküle sind, können sich doch temporäre Dipole ausbilden.

Für die Stärke der Van-der-Waals-Kräfte und damit die Höhe der **Schmelz- und Siedetemperaturen** der Stoffe sind die Größe und die Struktur der Kohlenwasserstoffmoleküle entscheidend. Die Siedetemperatur nimmt bei den homologen Kohlenwasserstoffen mit wachsender Kettenlänge zu (Tab. 3). Bei den isomeren Kohlenwasserstoffen wirkt sich die Größe der möglichen Kontaktflächen zwischen den Teilchen auf die Höhe der Siedetemperatur aus: Je verzweigter die Moleküle sind, desto tiefer liegt die Siedetemperatur. Dies kann am Beispiel der Pentane (Abb. 8) verdeutlicht werden. Das aus unverzweigten Molekülen bestehende n-Pentan siedet bei 36,2 °C, während das aus verzweigten Molekülen bestehende 2-Methylbutan bei 27,9 °C siedet. 2,2-Dimethylpropan, dessen Moleküle fast kugelförmige Gestalt aufweisen, ist bei Raumtemperatur gasförmig und hat die niedrigste Siedetemperatur von 9,5 °C.

Die gleichen Strukturmerkmale wirken sich auf die Schmelztemperaturen anders aus. Sperrige, unsymmetrische Verzweigungen erschweren die Zusammenlagerung der Moleküle zu regelmäßigen

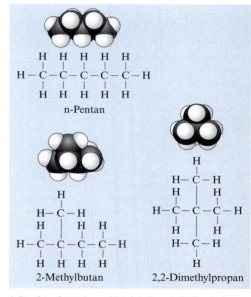

8 Strukturformeln und Molekülmodelle der drei Isomere des Pentans

↗ A-4 | Van-der-Waals-Kräfte

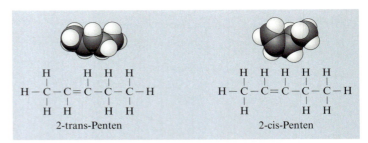

9 Strukturformeln und Molekülmodelle der Isomere des Pentens

Kristallen. Aus dem geringen Zusammenhalt im Festkörper resultieren niedrige Schmelztemperaturen. So hat erwartungsgemäß das 2-Methylbutan mit –159,9 °C die geringste und das kugelförmige 2,2-Dimethylpropan mit –16,6 °C die höchste Schmelztemperatur. Die Schmelztemperatur von n-Pentan beträgt –129,7 °C. Ebenso lassen sich die niedrigeren Schmelztemperaturen der cis-Isomere (z. B. cis-Penten) gegenüber den trans-Isomeren (z. B. trans-Penten) bei ungesättigten Verbindungen erklären (Tab. 3, Abb. 9).

 ↗ 3.2 | Benzin aus Erdöl – raffiniert

Halogenalkane. Jedes Wasserstoffatom in einem Alkanmolekül kann durch ein Halogenatom (Cl, Br, I, F) ersetzt werden. Chlor- und Bromalkane können direkt durch radikalische Substitution erhalten werden (↗ Radikalische Substitution S. 331).

$$CH_4 + \overset{\delta+}{Cl_2} \overset{\delta-}{} \rightarrow CH_3Cl + HCl$$

 ↗ B-2 | Animation: Reaktionsmechanismus radikalische Substitution

Die Reaktion mit den reaktionsfreudigen Halogenen ist eine Möglichkeit, aus den reaktionsträgen Alkanen wertvolle Ausgangsstoffe für die chemische Industrie zu erzeugen, aus denen z. B. Kunststoffe, pharmazeutische Produkte und Insektizide hergestellt werden. Die elektronegativen Halogenatome polarisieren die Bindung zum Kohlenstoffatom, das dadurch partiell positiv geladen wird. Halogenalkane gehen deshalb mehr Reaktionen als Alkane ein. Mit steigendem Anteil der Halogenatome im Molekül nimmt jedoch die Reaktionsträgheit der Halogenalkane stark zu.

 ↗ A-3 | Polare Elektronenpaarbindung und Dipole

Halogenalkane haben aufgrund ihrer höheren molaren Massen höhere Schmelz- und Siedetemperaturen als die entsprechenden Alkane. Sie sind ebenso wie die Alkane meist unpolare Stoffe und finden deshalb als unpolare Lösemittel, z. B. Dichlormethan CH_2Cl_2, Anwendung. Viele Halogenalkane, wie z. B. Tetrachlormethan CCl_4, sind giftig und/oder krebserregend. Andere, wie z. B. die Chlorfluorkohlenwasserstoffe (CFKWs), sind ungiftige, nicht brennbare Gase mit hoher Dichte. Sie enthalten in ihren Molekülen neben Chlor- auch Fluoratome.

CFKW wurden v. a. in der Vergangenheit als Kältemittel in Kühlschränken und Klimaanlagen oder als Treibmittel in Spraydosen eingesetzt. Obwohl in den meisten Industriestaaten diese Verwendung stark rückläufig ist, tragen sie nach wie vor zum Treibhauseffekt der Erde und zur Schädigung der Ozonschicht bei.

B

Struktur-Eigenschaften-Konzept

Aufgaben

1. Zeichnen Sie die Strukturformeln, vereinfachten Strukturformeln und Skelettformeln der isomeren Hexane.
2. Erläutern Sie mithilfe selbstgewählter Beispiele die Begriffe Konstitutionsisomerie, Stereoisomerie und Konformationsisomerie.
3. Geben Sie jeweils die Strukturformeln von 4-Ethyl-2,3,3-trimethylheptan und 1,3-Dimethylcyclohexan an.
4. Die Schmelztemperatur von n-Octan beträgt $\vartheta_S = -56{,}5\,°C$, die Siedetemperatur $\vartheta_V = 125{,}8\,°C$. Überlegen Sie, ob die Schmelz- und Siedetemperatur von iso-Octan (2,2,4-Trimethylpentan) über oder unter diesen Werten liegen wird. Begründen Sie Ihre Ansicht.
5. Begründen Sie, weshalb man das sehr reaktionsfreudige Metall Natrium in Heptan aufbewahren kann.
6. Begründen Sie die unterschiedlichen Schmelztemperaturen von cis-trans-Isomeren.
7. Ein Stoff hat die Summenformel C_7H_{14} und addiert Brom. Erklären Sie, warum der Stoff zu den Alkenen gehört, aber nicht als bestimmtes Alken identifiziert werden kann.
8. Die Polarität eines Moleküls wird neben der Größe des Alkylrests auch durch die Art der Substituenten beeinflusst. Erklären Sie diesen Zusammenhang am Beispiel von Monochlormethan und Tetrachlormethan.
9. Mit Mineralöl oder Fett verschmutzte Kleidung wurde früher gern mit Tetrachlormethan (Tetrachlorkohlenstoff CCl_4) gereinigt, bis sich dieser Stoff als zu giftig erwies. Auch Benzin wird zu diesem Zweck eingesetzt. Warum hat man mit Wasser bei diesen Verschmutzungen keinen Erfolg?

Resümee

Durch die Ausbildung von Einfach-, Doppel- und Dreifachbindungen zwischen den Kohlenstoffatomen in den Molekülen der Kohlenwasserstoffe entstehen stabile chemische Verbindungen. Gesättigte Kohlenwasserstoffe, in denen die Kohlenstoffatome nur Bindungen mit anderen Kohlenstoffatomen und Wasserstoffatomen ausbilden, sind wegen des unpolaren Charakters der Bindungen im Molekül reaktionsträge. Ungesättigte Kohlenwasserstoffe sind dagegen reaktionsfreudig.

Verbindungen, die bei gleicher Zusammensetzung (gleicher Summenformel) in unterschiedlichen Strukturen vorkommen, heißen Isomere.

Die Isomere der Kohlenwasserstoffe zeigen unterschiedliche physikalische Eigenschaften. Dabei gilt bei Kohlenwasserstoffen die gleiche Regel wie bei den anorganischen Molekülsubstanzen: Je größer die molare Masse der Stoffe ist, desto stärker sind die Van-der-Waals-Kräfte und desto höher liegen Siede- und Schmelztemperatur. Zusätzlich spielt aber die Molekülstruktur eine wichtige Rolle. Je verzweigter ihre Moleküle sind, d. h., je mehr sie sich der Kugelform nähern, desto niedriger liegt ihre Siedetemperatur. Sperrige, unsymmetrische Moleküle lassen sich schwer in regelmäßige Kristallstrukturen einbauen und bewirken daher relativ niedrige Schmelztemperaturen.

Die unpolaren Kohlenwasserstoffe sind in polaren Lösemitteln (z. B. Wasser) unlöslich.

Halogenalkane sind Derivate der Alkane mit mindestens einem Halogenatom als Substituent im Molekül. Sie sind meist reaktionsträge und unpolare Stoffe.

B-2

Struktur und Eigenschaften von organischen Kohlenstoffverbindungen

Aromatische Kohlenstoffverbindungen

Benzol. Der typische Vertreter der aromatischen Kohlenstoffverbindungen ist das **Benzol** (Benzen). Benzol kommt im Erdöl in verschiedenen Anteilen vor und kann auch durch Cracken gewonnen werden. Benzol ist Lösemittel und Ausgangsstoff für Medikamente, Farbstoffe, Pflanzenschutzmittel, Textilfasern und Kunststoffe.

Die Bezeichnung „aromatisch" hat historische Gründe. Viele aus Pflanzen gewonnene, intensiv duftende Substanzen hatten sich als Abkömmlinge des Benzols erwiesen. Deshalb wurde allen Benzolderivaten, später auch anderen Verbindungen, deren Grundstruktur sich vom Benzol ableiten lässt, die Bezeichnung „aromatisch" gegeben.

Struktur des Benzolmoleküls. Im Benzolmolekül mit der **Summenformel C_6H_6** liegen besondere Bindungsverhältnisse vor: Die Bindungswinkel betragen einheitlich 120°, die Bindungen zwischen den Kohlenstoffatomen sind gleich lang (139 pm; Abb. 10). Diese Bindungslänge liegt zwischen der einer Einfachbindung (154 pm) und der einer Doppelbindung (134 pm). Die sechs Kohlenstoffatome sind durch je zwei Einfachbindungen cyclisch miteinander verbunden, der Kohlenstoffring ist eben (planar) gebaut. Eine weitere Einfachbindung besteht jeweils zu den sechs Wasserstoffatomen.

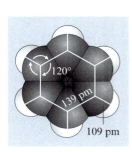

10 Molekülmodell des Benzols, Bindungswinkel und Bindungslängen

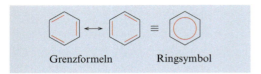

11 Mesomere Grenzformeln des Benzolmoleküls

Struktur-
Eigenschaften-
Konzept

Aufgrund der Vierbindigkeit der Kohlenstoffatome bleibt an jedem Kohlenstoffatom noch ein viertes Bindungselektron übrig. Diese sechs Bindungselektronen sind gleichmäßig über den Kohlenstoffring verteilt, sie sind **delokalisiert** (Abb. 11). Alle sechs C–C-Bindungen im Benzolmolekül sind deshalb völlig gleichartig.

Mesomerie. Die Bindungsverhältnisse der gleichartigen C–C-Bindungen im Benzolmolekül lassen sich gut durch das **Mesomerie-Modell** (griech. mesos – zwischen, meros – Teil) erklären. Delokalisierte Elektronen lassen sich mit Lewis-Formeln nicht darstellen. Deshalb wird die Elektronenverteilung durch hypothetische Grenzformeln angegeben, die den Zustand des Moleküls eingrenzend beschreiben, aber nicht real wiedergeben. Diese Grenzformeln werden als **mesomere Grenzformeln** bezeichnet. Sie werden durch den **Mesomeriepfeil** ↔ verbunden, der nicht mit dem Gleichgewichtspfeil ⇌ verwechselt werden darf. Für das π-Elektronensystem des Benzolmoleküls wurde außerdem ein spezielles Ringsymbol eingeführt (Abb. 11).

Alle Moleküle, für deren Struktur sich mesomere Grenzformeln formulieren lassen, sind besonders energiearm, d. h. energetisch begünstigt. Die Chemiker sprechen davon, dass sie „mesomeriestabilisiert" sind. Chemische Reaktionen mit aromatischen Verbindungen verlaufen bevorzugt so, dass die mesomeriestabilisierte Struktur erhalten bleibt. Die typische Reaktion ist daher die Substitution unter Erhalt des aromatischen Systems (↗ Elektrophile Substitution an Aromaten S. 336).

↗ C-4 | Mesomerieenthalpie des Benzolmoleküls

Beschreibung der Bindungsverhältnisse im Benzolmolekül mit der Molekülorbitaltheorie. Wendet man die **Molekülorbitaltheorie (MO-Theorie)** auf die Bindungsverhältnisse im Benzolmolekül an, so sind die Kohlenstoffatome als sp^2-hybridisiert zu beschreiben, der Kohlenstoffring ist planar gebaut: Zwei Hybridorbitale eines Kohlenstoffatoms bilden durch Überlappung mit dem Hybridorbital der benachbarten Kohlenstoffatome jeweils eine σ-Bindung. Eine dritte σ-Bindung kommt durch die Kombination mit dem s-Orbital eines Wasserstoffatoms zustande. Sechs Kohlenstoff- und sechs Wasserstoffatome bilden das σ-Gerüst des Benzolmoleküls. Die nicht an der Hybridisierung beteiligten p-Orbitale aller sechs Kohlenstoffatome stehen senkrecht zum σ-Gerüst und können optimal überlappen (Abb. 12). Daraus resultieren π-Molekülorbitale, die sich über das gesamte Bindungssystem erstrecken. Die sechs π-Elektronen sind **delokalisiert**, sie sind völlig gleichartig über die sechs C–C-Bindungen verteilt und bilden ein **mesomeres System**, das π-Elektronensystem.

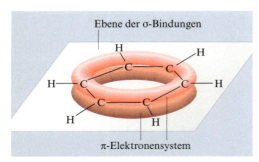

12 Das π-Elektronensystem im Benzolmolekül ist ober- und unterhalb der Ebene der σ-Bindungen angeordnet.

13 Strukturformel von Cyclooctatetraen (Wannenkonformation)

Hückel-Regel – aromatischer Zustand. Es gibt auch andere organische Verbindungen mit cyclischer Struktur und konjugierten Doppelbindungen im Molekül. Cyclooctatetraen ist hierfür ein Beispiel, das im Unterschied zum Benzol die typischen Additionsreaktionen der Alkene zeigt (Exp. 1). Die Strukturformel von Cyclooctatetraen zeigt, dass das Molekül nicht eben gebaut ist (Abb. 13).

ERICH HÜCKEL (1896 bis 1980) konnte außerdem zeigen, dass die Anzahl der π-Elektronen für den aromatischen Zustand entscheidend ist: Im Ringsystem müssen $(4n + 2)$ π-Elektronen ($n = 0, 1, 2, \ldots$) vorhanden sein. Diese Regel wird als **Hückel-Regel** bezeichnet. Entsprechend dieser Regel sind Ringsysteme mit 2, 6, 10 usw. π-Elektronen aromatisch, Ringsysteme wie das Cyclooctatetraenmolekül mit 8 π-Elektronen dagegen nicht.

Die vollständigen Bedingungen für den **aromatischen Zustand** lauten daher: Die Molekülstruktur muss cyclisch, planar und konjugiert sein sowie $(4n + 2)$ π-Elektronen aufweisen.

Nomenklatur der Benzolderivate. Die Wasserstoffatome im Benzolmolekül können durch verschiedene andere Atome oder Atomgruppen substituiert werden. Die Derivate des Benzols erhalten die Bezeichnung -benzol, die Stellung mehrerer Substituenten wird durch Ziffern von 1 bis 6 im Uhrzeigersinn gekennzeichnet (Abb. 14). Der aromatische Rest wird allgemein als **Arylrest (Ar-)** bezeichnet.

Einfache Verbindungen dieser Art haben oft Trivialnamen, z. B. Toluol (Methylbenzol) und Xylol (Dimethylbenzol, Abb. 14). Unlogisch ist dabei die Endung -ol der Namen, die eigentlich den Alkoholen vorbehalten bleiben sollte (↗ Alkohole S. 284). Vielfach wird daher auch die von der IUPAC empfohlene und im englischen Schrifttum übliche Endung -en benutzt: Benzen statt Benzol, Toluen statt Toluol, Xylen statt Xylol.

Nomenklatur der mehrfach substituierten Benzolmoleküle

Bei zwei Substituenten am Benzolmolekül ist neben der Zifferschreibweise die Bezeichnung ortho (o-), meta (m-) und para (p-) möglich. Für die drei isomeren Xylole (Dimethylbenzole) ergeben sich folgende Bezeichnungen:
1,2-Xylol o-Xylol
1,3-Xylol m-Xylol
1,4-Xylol p-Xylol

B-2

Struktur und Eigenschaften von organischen Kohlenstoffverbindungen

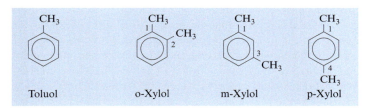

Toluol   o-Xylol   m-Xylol   p-Xylol

14 Strukturformeln von Toluol, o-Xylol, m-Xylol und p-Xylol

Exkurs 1
Geschichte der Entdeckung der Struktur des Benzolmoleküls

Die Strukturformel des Benzols gab den Chemikern des 19. Jahrhunderts viele Rätsel auf. Die Elementaranalyse ergab die Summenformel C_6H_6. Das deutete auf eine ungesättigte Verbindung hin. Doch zeigt Benzol *keine* der typischen Reaktionen aliphatischer oder cyclischer ungesättigter Verbindungen, wie z. B. die Addition von Halogenen (Experiment 1, S. 276). Das Reaktionsverhalten des Benzols ist stattdessen eher das eines gesättigten Kohlenwasserstoffs. Aus der Vielzahl möglicher Strukturformeln, die von verschiedenen Wissenschaftlern vorgeschlagen wurden (Abb. 15), wählte FRIEDRICH AUGUST KEKULÉ (1829 bis 1896) zwei Strukturisomere mit konjugierten Doppelbindungen und forderte ein rasches, ständiges Oszillieren der Doppelbindungen, sodass im Zeitmittel ein Zustand zwischen der linken und der rechten Struktur anzunehmen war (Abb. 16).

Zu dieser Annahme führte ihn neben der Vierbindigkeit der Kohlenstoffatome unter anderem die Tatsache, dass z. B. bei den Chlorverbindungen des Benzols nur ein Monosubstitutionsprodukt und genau drei Disubstitutionsprodukte isoliert werden konnten. Auch zwei verschiedene Substituenten ergaben stets genau drei isomere Stoffe. Das zeigt, dass alle C–H-Gruppen völlig gleichberechtigt sind.

Mit den modernen Methoden der Röntgenstrukturanalyse und der Rastertunnelmikroskopie wurde die Gleichberechtigung der Kohlenstoffatome bestätigt. Die Oszillationstheorie wurde allerdings zugunsten des Mesomerie-Modells aufgegeben. Beide Bilder der Kekulé-Strukturen geben also den wahren Zustand der Elektronenverteilung im Benzolmolekül nicht richtig wieder.

DEWAR (1867)

CLAUS (1867)

LADENBURG (1869)

KEKULÉ (1872)

15 Vorschläge zur möglichen Strukturformel von Benzol

16 Strukturformel des Benzols nach KEKULÉ

Eigenschaften von Benzol und seinen Derivaten. Benzol ist eine farblose, stark lichtbrechende Flüssigkeit mit charakteristischem, aromatischem Geruch. Als völlig unpolarer Stoff ist Benzol ein gutes Lösemittel für Fette und Harze. Es mischt sich nicht mit Wasser und anderen polaren Stoffen. Benzol bildet schon bei Raumtemperatur leicht entzündliche Dämpfe. Bei Aufnahme über die Lunge oder durch die Haut wirkt es stark giftig und krebserzeugend.

Toluol ist weniger giftig als Benzol und kann daher in vielen Fällen Benzol als Lösemittel ersetzen. Durch den elektronenschiebenden Effekt der Methylgruppe im Toluol wird die Elektronendichte im Benzolring erhöht (↗ induktiver Effekt S. 292). Daher ist es etwas polarer als Benzol und mit Alkohol und Aceton, nicht aber mit Wasser mischbar. Beide Stoffe brennen mit leuchtender, sehr stark rußender Flamme.

Für die Aromaten ist die elektrophile Substitution (↗ Elektrophile Substitution am Aromaten S. 336) charakteristisch. Bei Stoffen, deren Moleküle sowohl aromatische als auch aliphatische Anteile enthalten (z. B. Toluol und Ethylbenzol), hängt es bei der Halogenierung von den Reaktionsbedingungen ab, ob am Benzolring eine elektrophile Substitution oder an der Seitenkette eine radikalische Substitution erfolgt.

Polycyclische aromatische Kohlenwasserstoffe. Polycyclische aromatische Kohlenwasserstoffe enthalten mehrere Benzolringe mit gemeinsamen Kohlenstoffatomen in den Molekülen. Die Moleküle weisen ein gemeinsames delokalisiertes π-Elektronensystem auf (Abb. 17). Naphthalin (zwei Ringe und 10 π-Elektronen im Molekül) und Anthracen (drei Ringe und 14 π-Elektronen im Molekül) kommen im Steinkohlenteer vor. Sie werden für die Herstellung von z. B. Farbstoffen und Medikamenten eingesetzt. Die polycyclischen aromatischen Kohlenwasserstoffe sind wasserunlösliche Feststoffe, deren Schmelztemperatur mit der Anzahl der Ringe im Molekül steigt. Viele ihrer Vertreter, z. B. das krebserzeugende Benzopyren, kommen im Tabakrauch und bei der Verbrennung von Kraftstoffen vor.

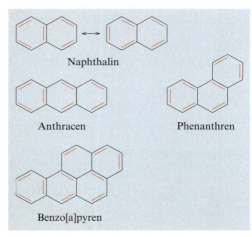

17 Strukturformeln einiger polycyclischer aromatischer Kohlenwasserstoffe

Heterocyclische aromatische Verbindungen. Heterocyclische Verbindungen enthalten im Ringsystem ihrer Moleküle neben Kohlenstoffatomen auch andere Atome (Heteroatome), z. B. Stickstoff-, Sauerstoff- und Schwefelatome. Kann auf diese Verbindungen die Hückel-Regel angewendet werden, so sind sie aromatisch (Abb. 18). Ein einfacher Vertreter ist das 6-Ringsystem Pyridin, bei dem eine =CH-Gruppe des Benzolmoleküls durch ein Stickstoffatom ersetzt ist. Von 5-Ringsystemen leiten sich Pyrrol (Abb. 18), Furan und Thiophen (Abb. 19) ab, die ebenfalls aromatisch sind.

In der Natur kommen zahlreiche dieser Verbindungen vor, z. B. als roter Blutfarbstoff Häm (↗ S. 398) und grüner Blattfarbstoff Chlorophyll. Die Derivate von Pyrimidin und Purin (Abb. 19) haben als Bausteine der Nucleinsäuren besondere Bedeutung (↗ S. 350).

18 Die heterocyclischen Verbindungen Pyrrol und Pyridin bilden ein aromatisches π-Elektronensystem aus.

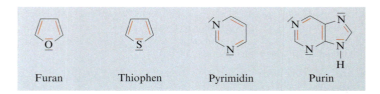

19 Wichtige heterocyclische Verbindungen

Resümee

Die Bindung zwischen den Kohlenstoffatomen im Benzolmolekül wird weder als Einfach- noch als Doppelbindung korrekt beschrieben. Die tatsächliche Elektronenanordnung liegt vielmehr dazwischen und lässt sich durch hypothetische mesomere Grenzformeln beschreiben.

Der aromatische Zustand von Stoffen ist an eine Besonderheit der Elektronenstruktur in den entsprechenden Molekülen gebunden: Im Benzolmolekül sind die sechs Kohlenstoffatome durch Einfachbindungen (σ-Bindungen) miteinander verbunden, der Kohlenstoffring ist eben (planar) gebaut. Senkrecht zur Ringebene stehen sechs p-Orbitale, die sich überlappen und sechs π-Molekülorbitale bilden, die sich über alle sechs Kohlenstoffatome erstrecken. Die drei bindenden Molekülorbitale sind mit insgesamt sechs Elektronen besetzt. Ihre Ladung ist gleichmäßig über den gesamten Kohlenstoffring verteilt.

Aromatische Systeme weisen stets $(4n+2)$ π-Elektronen auf (Hückel-Regel).

Aufgaben

1. Zeichnen Sie die mesomeren Grenzformeln der Moleküle von Anthracen, Phenantren, Benzopyren.
2. Die Moleküle vieler Farb- und Naturstoffe weisen miteinander verbundene aromatische Systeme auf. Finden Sie Beispiele.

B-2

Struktur und Eigenschaften von organischen Kohlenstoffverbindungen

Organische Stoffe mit funktionellen Gruppen

Die Reaktionsträgheit der Alkane kann in mehrfacher Weise überwunden werden, z. B. durch die Ausbildung von Doppel- und Dreifachbindungen in Alkenen und Alkinen. Wenn anstelle der Wasserstoffatome andere Atome oder Atomgruppen an ein Kohlenstoffatom gebunden werden, die eine polare Bindung ausbilden, wird die Reaktionsfähigkeit der Verbindung deutlich erhöht. Das substituierte Kohlenstoffatom wird dabei häufig positiv polarisiert und dadurch für nucleophile Reagenzien (Moleküle mit freiem Elektronenpaar) leicht angreifbar. Solche Atomgruppen in Molekülen, die die chemischen Reaktionen weitgehend bestimmen, werden als **funktionelle Gruppen** bezeichnet (Tab. 4). In den folgenden Abschnitten werden Stoffgruppen, deren Moleküle funktionelle Gruppen enthalten, näher vorgestellt.

Tab. 4 Name und Formel funktioneller Gruppen

Name	Formel	Name	Formel	Name	Formel
Hydroxylgruppe	$-OH$	Aminogruppe	$-NH_2$	Estergruppe	$-C(=O)-O-$
Aldehydgruppe	$-C(=O)H$	Nitrogruppe	$-NO_2$	Peptidgruppe	$-C(=O)-N(H)-$
Carboxylgruppe	$-C(=O)OH$	Ethergruppe	$-O-$	Azogruppe	$-N=N-$
Nitrilgruppe	$-C\equiv N$	Ketogruppe	$>C=O$	Sulfogruppe	$-S(=O)_2-OH$

1.1–1.5 | Tausendsassa Alkohol

B Struktur-Eigenschaften-Konzept

Alkohole und Ether

Alkohole R-OH. Die Stoffbezeichnung Alkohol weist auf das Vorkommen als Bestandteil der „alkoholischen Getränke" hin: Der in Genussmitteln enthaltene Alkohol ist das Ethanol, das durch alkoholische Gärung von Kohlenhydraten wie Glucose unter Beteiligung von Enzymen gebildet wird.

$$C_6H_{12}O_6 \xrightarrow{\text{Enzyme}} 2\,C_2H_5OH + 2\,CO_2$$
Glucose → Ethanol

Die funktionelle Gruppe der Alkoholmoleküle ist die **Hydroxylgruppe –OH**. Von allen homologen Reihen der Kohlenwasserstoffverbindungen leiten sich entsprechende Reihen von Alkoholen ab. Die systematischen Namen dieser Reihen werden gebildet, indem man dem Namen der Grundverbindung die Silbe **-ol** anhängt. Von Alkanen abgeleitete Alkohole mit einer Hydroxylgruppe im Molekül heißen allgemein **Alkanole**, z. B. Methanol als Derivat des Methans. Alle anderen Verbindungen mit einer oder mehreren Hydroxylgruppen im Molekül werden allgemein als **Alkohole** bezeichnet.

Alkanole mit mehr als zwei Kohlenstoffatomen können in isomeren Formen erscheinen. Deshalb muss man 1-Propanol mit endständiger Hydroxylgruppe von 2-Propanol unterscheiden, in dessen Molekülen die Hydroxylgruppe am mittleren Kohlenstoffatom gebunden ist. Von Butanol gibt es vier Isomere, weil schon die Kohlenstoffgerüste unterschiedliche Verzweigungen aufweisen (Abb. 20). Die Nomenklaturregeln entsprechen denen der Kohlenwasserstoffe: Die längste Kohlenstoffkette liefert den Stammnamen mit der Endung -ol. Ihm werden die anhängenden Gruppen mit der Nummer der Verzweigungsstelle und die Nummer des Kohlenstoffatoms vorangestellt, das die Hydroxylgruppe trägt, z. B. 2-Methyl-2-propanol.

Substituenten tragende Kohlenstoffatome werden nach der Anzahl der Bindungen zu benachbarten Kohlenstoffatomen in **primäre** (eine gemeinsame Bindung), **sekundäre** (zwei gemeinsame Bindungen) und **tertiäre** (drei gemeinsame Bindungen) Kohlenstoffatome unterschieden. Entsprechende Bezeichnungen tragen die Stoffe, deren Moleküle solche Strukturen enthalten, z. B.: primäre, sekundäre und tertiäre Alkohole (Abb. 20).

Stoffe, deren Moleküle mehrere Hydroxylgruppen enthalten, werden als **mehrwertige Alkohole** bezeichnet (Abb. 22).

Eigenschaften der Alkohole. Die polare Hydroxylgruppe und der unpolare organische Rest bestimmen die Eigenschaften der Alkanolmoleküle (Tab. 5). Die Hydroxylgruppe ermöglicht Wasserstoffbrückenbindungen, die – verglichen mit Alkanen ähnlicher molarer Masse – zu wesentlich höheren Siede- und Schmelztemperaturen führen. Die ersten vier Vertreter der homologen Reihe der Alkohole sind mehr oder weniger gut mischbar mit Wasser, weil die Hydroxylgruppe polar und hydrophil ist. Bei den längerkettigen Alkanolmolekülen überwiegt der Einfluss des hydrophoben organischen Restes (Abb. 21). Sie mischen sich zunehmend schlechter mit Wasser.

Die starken Dipolkräfte zwischen den Molekülen mehrwertiger Alkohole machen sich in deutlich höheren Siede- und Schmelztemperaturen und in erhöhter Viskosität bemerkbar.

20 Primäre, sekundäre und tertiäre Alkohole: Strukturformeln der isomeren Butanole

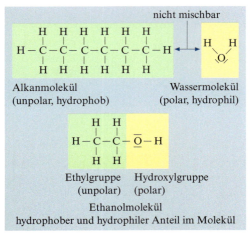

21 Struktur und Mischbarkeit. Ethanol mischt sich aufgrund seiner Struktur gut in polaren und unpolaren Lösemitteln.

Tab. 5 Eigenschaften einiger Alkohole

Alkohol, vereinfachte Strukturformel	Schmelztemperatur ϑ_S in °C	Siedetemperatur ϑ_V in °C	Mischbarkeit mit Wasser	Löslichkeit in Benzin
Methanol $CH_3–OH$	−98	65		
Ethanol $CH_3–CH_2–OH$	−114	78		
1-Propanol $CH_2(OH)–CH_2–CH_3$	−126	97	nimmt ab	unbegrenzt löslich
1-Butanol $CH_2(OH)–(CH_2)_2–CH_3$	−89	117		
1-Pentanol $CH_2(OH)–(CH_2)_3–CH_3$	−79	138		
1,2-Ethandiol $CH_2(OH)–CH_2(OH)$	−13	198	gut	unlöslich
1,2,3-Propantriol $CH_2(OH)–C(OH)–CH_2(OH)$	18	290 (Zersetzung)	gut	unlöslich

B-2

Struktur und Eigenschaften von organischen Kohlenstoffverbindungen

Eine wichtige chemische Reaktion der Alkohole ist die **partielle Oxidation** an der Hydroxylgruppe. Hierbei sind allerdings wesentliche Unterschiede zwischen primären, sekundären und tertiären Alkoholen zu finden.

Die Oxidation eines **primären Alkohols** führt zur Bildung eines **Aldehyds** (Exp. 2). Der Name ist durch die Zusammenfassung der Bezeichnung **Al**coholus **dehyd**rogenatus entstanden, denn die Oxidation entspricht formal einer Dehydrierung (Wasserstoffabspaltung).

$$CH_3 - \overset{-I}{CH_2} - OH + \overset{+II}{CuO} \underset{\text{Hydrierung}}{\overset{\text{Dehydrierung}}{\rightleftharpoons}} \overset{+I}{CH_3 - C} \overset{O}{\underset{H}{\diagup\!\!\!\diagdown}} + H_2O + \overset{0}{Cu}$$

Ethanol   Ethanal

Das Produkt einer weiteren partiellen Oxidation an der funktionellen Gruppe des Aldehyds ist eine Carbonsäure (➹ Carbonsäuren S. 290).

Dass es sich bei der Dehydrierung um eine Oxidation handelt, erkennt man, wenn man das Konzept der Oxidationszahlen anwendet.

➹ E-1 | Oxidationszahlen

Ein **sekundärer Alkohol** wird in einer entsprechenden Reaktion zu einem **Keton** oxidiert (dehydriert):

$$\overset{0}{CH_3} - \underset{OH}{CH} - CH_3 + \overset{+II}{CuO} \underset{\text{Hydrierung}}{\overset{\text{Dehydrierung}}{\rightleftharpoons}} \overset{+II}{CH_3 - \underset{O}{\overset{||}{C}}} - CH_3 + H_2O + \overset{0}{Cu}$$

Propanol   Propanon

Tertiäre Alkohole können an der funktionellen Gruppe nicht partiell oxidiert werden, da ein tertiäres Kohlenstoffatom keine Doppelbindung zum Sauerstoffatom mehr ausbilden kann.

Experiment 2

Oxidation von Ethanol
Ein Kupferdrahtnetz wird stark erhitzt, bis die Oberfläche mit schwarzem Kupferoxid überzogen ist, und heiß in ein Becherglas mit Ethanol getaucht. Es entstehen Ethanal, das mit fuchsinschwefliger Säure nachgewiesen werden kann, und elementares Kupfer.

285

B

Struktur-Eigenschaften-Konzept

$$H_2C-OH$$
$$|$$
$$H_2C-OH$$

1,2-Ethandiol
(Glykol)

$$H_2C-OH$$
$$|$$
$$HC-OH$$
$$|$$
$$H_2C-OH$$

1,2,3-Propantriol
(Glycerin)

22 Mehrwertige Alkohole. Strukturformeln von Glykol und Glycerin

Aufgaben

1. Schreiben Sie die Strukturformeln aller Alkanole mit der Summenformel $C_5H_{11}OH$, benennen Sie die Isomere nach den IUPAC-Regeln. Kennzeichnen Sie primäre, sekundäre und tertiäre Alkohole.
2. Der Zuckeraustauschstoff Sorbit ist ein sechswertiger Alkohol, der sich von n-Hexan ableitet. Es treten keine tertiären Hydroxyl-Gruppen in seinen Molekülen auf. Geben Sie die Strukturformel an.
3. Formulieren Sie die Reaktionsgleichung für die Herstellung von Propanal aus 1-Propanol und für die Herstellung von Propansäure.
4. Alkohole, deren Moleküle kurze Kohlenstoffketten oder viele Hydroxylgruppen aufweisen, mischen sich in jedem Verhältnis mit Wasser. Längerkettige Alkohole mit wenigen Hydroxylgruppen sind mit Wasser nicht mischbar. Erläutern Sie diese Beobachtung.
5. Vergleichen Sie die chemische Reaktion von Wasser mit Natrium mit der Reaktion von Ethanol mit Natrium und begründen Sie das Reaktionsverhalten.

Durch Verbrennung können primäre, sekundäre und tertiäre Alkohole **vollständig oxidiert** werden.

$$CH_3-CH_2-OH + 3\,O_2 \rightarrow 2\,CO_2 + 3\,H_2O$$

Die **Dehydratisierung** von Alkoholen, eine intramolekulare Abspaltung von Wasser, führt zur Ausbildung von **Alkenen** (↗ Eliminierung S. 341):

$$\underset{\text{Ethanol}}{CH_3-CH_2-OH} \rightarrow \underset{\text{Ethen}}{CH_2{=}CH_2} + H_2O$$

Durch **intermolekulare Abspaltung eines Wassermoleküls** (Kondensation) zweier Alkoholmoleküle entstehen **Ether**:

$$\underset{\text{Ethanol}}{CH_3-CH_2-OH} + HO-CH_2-CH_3$$
$$\rightarrow \underset{\text{Diethylether}}{CH_3-CH_2-O-CH_2-CH_3} + H_2O$$

Eine typische Reaktion der Alkohole ist z. B. die Reaktion mit Alkalimetallen, die analog der Reaktion von Wasser mit Alkalimetallen verläuft.

$$2\,\underset{\text{Ethanol}}{CH_3-CH_2-OH} + 2\,Na \rightarrow 2\,\underset{\text{Natriummethanolat}}{CH_3-CH_2-O^-} + 2\,Na^+ + H_2$$

Es werden Ionenverbindungen gebildet, die **Alkoholate**. Mit Wasser reagieren Alkoholat-Anionen zu alkalischen Lösungen.

Mehrwertige Alkohole haben mindestens zwei Hydroxylgruppen in ihren Molekülen (Abb. 22) und sind aufgrund der starken Dipolkräfte zwischen ihren Molekülen viskose Flüssigkeiten oder Feststoffe. Sie haben meist einen süßen Geschmack und sind wasserlöslich. **Glykol** (1,2-Ethandiol) dient wegen seiner hohen Siedetemperatur und seiner unbegrenzten Mischbarkeit mit Wasser als Frostschutzmittel im Kühlwasser von Automobilen. Als Stoff mit zwei funktionellen Gruppen in den Molekülen wird es als Alkoholkomponente bei der Produktion von Polyesterfasern verwendet. **Glycerin** (1,2,3-Propantriol) kommt in der Natur in großen Mengen als Bestandteil aller pflanzlichen und tierischen Fette und Öle vor. Es wird wie Glykol als Frostschutzmittel und in der Kunststoffindustrie verwandt. Daneben findet es z. B. Verwendung bei der Herstellung von Kosmetika, Zahncremes, Salben und Seifen.

Phenole Ar-OH. Eine besondere Klasse von Alkoholen bilden die Phenole, bei denen die Hydroxylgruppen direkt mit einem aromatischen Kohlenstoffwasserstoffrest (Arylrest, Ar-) verbunden sind. Einfachster Vertreter der Stoffklasse ist das **Phenol** (Monohydroxybenzol) selbst. Durch Mesomerie des Benzolrings wird eine starke Polarisierung der Hydroxylgruppe bewirkt, sodass die Phenole in

23 Reaktionen von Phenol

24 Mesomeriestabilisierung des Phenolat-Ions

wässriger Lösung wesentlich saurer wirken als Alkohole und mit alkalischen Lösungen Salze, die Phenolate bilden (Abb. 23). Die Phenolat-Ionen sind außerdem mesomeriestabilisiert (Abb. 24) und neigen daher viel weniger zur Rückreaktion als Alkoholat-Ionen.

Eigenschaften der Phenole. Phenol bildet leicht zerfließende, farblose Kristalle, die sich an der Luft nach einiger Zeit durch Oxidation rötlich färben.

Phenol ist sehr reaktionsfähig (↗ Elektrophile Zweitsubstitution an Aromaten S. 338 f.). Es dient als Grundchemikalie zur industriellen Herstellung von Kunststoffen (Phenoplaste), Schädlingsbekämpfungsmitteln, Farbstoffen und Arzneimitteln.

Die in ortho- bzw. para-Stellung substituierten Diphenole (Abb. 25) **Brenzkatechin** (1,2-Dihydroxybenzol) und **Hydrochinon** (1,4-Dihydroxybenzol) können zu **Benzochinonen** (Abb. 30, S. 289) oxidiert werden und dienen als fotografische Entwickler.

Die typische chinoide Struktur mit konjugierten Doppelbindungen ist nur zwischen Sauerstoffatomen in ortho- oder para-Stellung möglich. **Resorcin** (1,3-Dihydroxybenzol), das meta-Diphenol, kann diese Struktur nicht ausbilden und ist daher nicht ohne Zerstörung der Kohlenstoff-Wasserstoff-Grundstruktur zu oxidieren.

Ether R^1–O–R^2. Ether sind die Reaktionsprodukte von Alkoholen. Durch intermolekulare Abspaltung von Wassermolekülen zwischen zwei Alkoholmolekülen werden Ethermoleküle gebildet. In Ethermolekülen sind gleiche oder verschiedene Alkylreste über eine Sauerstoffbrücke verbunden. Die funktionelle Gruppe ist die **Ethergruppe –O–**. Die Namen werden gebildet, indem die Bezeichnungen für die Alkylreste in alphabetischer Reihenfolge dem Wort -ether vorangestellt werden, also z. B. Ethylmethylether CH_3–O–C_2H_5, Diethylether C_2H_5–O–C_2H_5.

Eigenschaften der Ether. Die Ethermoleküle sind unpolar. Insbesondere können sie keine Wasserstoffbrücken ausbilden. Ether lösen sich daher nicht in Wasser, sind aber selber gute Lösemittel für unpolare Stoffe. Sie haben niedrige Siede- und Schmelztemperaturen: Dimethylether ist bei Raumtemperatur gasförmig, Diethylether eine sehr leichtflüchtige Flüssigkeit ($\vartheta_V = 34{,}5\,°C$). Ether-Luft-Gemische sind explosiv.

Diethylether wird als Löse- und Extraktionsmittel verwendet. Früher diente er in der Medizin als Narkosemittel.

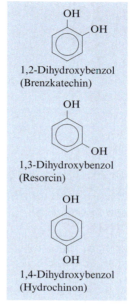

25 Strukturformeln von verschiedenen Diphenolen

Resümee

Die polare Hydroxylgruppe –OH ist die funktionelle Gruppe der Alkohole. Sie bestimmt zusammen mit dem unpolaren organischen Rest die Eigenschaften der Alkoholmoleküle. Die partielle Oxidation führt in Abhängigkeit vom Ausgangsstoff (primärer oder sekundärer Alkohol) zu verschiedenen Reaktionsprodukten. Phenole sind Verbindungen, in deren Molekülen die Hydroxylgruppe direkt an das Ringskelett des Benzolmoleküls gebunden ist. Ether sind Derivate der Kohlenwasserstoffe und werden aus Alkoholen durch intermolekulare Wasserabspaltung gebildet.

Aufgaben

1. Formulieren Sie möglichst viele Strukturformeln isomerer Naphtholmoleküle (Monohydroxynaphthalin).
2. Zeigen Sie, dass sich Resorcin im Gegensatz zu Hydrochinon und Brenzkatechin nicht unzersetzt oxidieren lässt.

Aldehyde und Ketone

Stoffe, die ein über eine Doppelbindung am Kohlenstoffatom gebundenes Sauerstoffatom aufweisen, heißen **Carbonylverbindungen**, die funktionelle Gruppe heißt allgemein Carbonylgruppe. Zu den Carbonylverbindungen gehören die Aldehyde und Ketone.

Aldehyde R–CHO. **Aldehyde** (Alkanale) sind die Produkte der partiellen Oxidation von primären Alkoholen. Die funktionelle Gruppe ihrer Moleküle ist die **Aldehydgruppe** –C(=O)H.

Der systematische Name der Aldehyde wird aus dem Stammnamen der Kohlenwasserstoffverbindung und der Endung **-al** gebildet, z. B. Methanal H–CHO, Ethanal H₃C–CHO usw. (Abb. 26). Daneben finden auch Trivialnamen Anwendung, die aus den lateinischen Trivialnamen der Säuren abgeleitet werden, zu denen sich Alkanale oxidieren lassen, z. B. Formaldehyd von Acidum formicum – Ameisensäure, Acetaldehyd von Acidum aceticum – Essigsäure. Einfachster Vertreter der aromatischen Aldehyde ist Benzaldehyd (Abb. 26).

Eigenschaften der Aldehyde. Die Eigenschaften der Aldehydgruppe werden von drei Strukturmerkmalen bestimmt.
– Die Bindung zwischen Kohlenstoff- und Sauerstoffatom ist stark polar. Daher liegen die Siede- und Schmelztemperaturen höher als bei vergleichbaren Alkanen. Sie erreichen allerdings nicht die Werte der Alkohole, weil ihre Moleküle untereinander keine Wasserstoffbrücken ausbilden. Methanal ist gasförmig, Ethanal eine leicht flüchtige Flüssigkeit, Benzaldehyd eine ölige Flüssigkeit. Die Polarität der Aldehydgruppe erklärt auch die Wasserlöslichkeit der ersten Glieder der homologen Reihe, weil die Aldehydmoleküle mit Wassermolekülen Wasserstoffbrückenbindungen bilden können. Der hydrophile Charakter nimmt jedoch mit wachsender Länge des Alkylrests rasch ab.
– Die Doppelbindung zwischen dem Sauerstoff- und dem Kohlenstoffatom ermöglicht außerdem **Additionsreaktionen**. Diese führen bei Methanal und Ethanal zu **Polymerisationen** (↗ Polymerisation S. 329), bei denen die Moleküle mit sich selbst zu höhermolekularen Produkten reagieren. So entsteht z. B. bei längerem Stehen von Formalin (Methanal in wässriger Lösung) durch Selbstaddition Paraformaldehyd, in dem etwa hundert Methanalmoleküle zu einem kettenförmigen Makromolekül verknüpft sind.
– In der Aldehydgruppe ist (neben dem über eine Doppelbindung gebundenen Sauerstoffatom) ein Wasserstoffatom an das Kohlenstoffatom gebunden. Die Aldehydgruppe kann deshalb oxidiert werden. Stoffe mit Aldehydgruppen in den Molekülen wirken deshalb reduzierend. Darauf beruhen die Nachweisreaktionen nach BERNHARD C. G. TOLLENS (1841 bis 1918) und nach HERMANN VON FEHLING (1812 bis 1885).

Das **Tollens-Reagenz** besteht aus einer alkalischen Silbernitratlösung, in der die Silber-Ionen durch Zusatz von Ammoniak komplex in Lösung gehalten werden (Exp. 3). Bei Zugabe eines Aldehyds werden die Silber-Ionen reduziert. Das elementare Silber bildet an

B

Struktur-
Eigenschaften-
Konzept

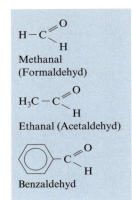

26 Strukturformeln verschiedener Aldehyde

Experiment 3

Nachweis der Aldehydgruppe mit Tollens-Reagenz
Zu 5 ml ammoniakalischer Silbernitratlösung ($w = 2\%$) wird 1 ml Methanallösung ($w = 20\%$; T) in ein Reagenzglas gegeben. Die Lösung wird in einem Wasserbad bei etwa 80 °C erhitzt. An der Gefäßwand bildet sich ein Silberspiegel (Abb. 27).

27 Silberspiegelprobe

Experiment 4

Nachweis der Aldehydgruppe mit Fehling-Lösung
Fehling-Lösung I und II (C) werden zu gleichen Teilen gemischt. Etwa 5 ml dieser Lösung wird mit 5 Tropfen Ethanal (F+, Xn) in einem Reagenzglas bis zum Sieden erhitzt. Es bilden sich rot-braune Niederschläge von Kupfer(I)-oxid (Abb. 28).

28 Fehling-Probe

der Gefäßwand einen Silberspiegel. Die Aldehydgruppe wird zur Carboxylgruppe –COOH oxidiert.

R–CHO + 2 [Ag(NH$_3$)$_2$]$^+$ + 2 OH$^-$
→ R–COOH + 2 Ag + H$_2$O + 4 NH$_3$

Nach dem gleichen Prinzip wirkt die **Fehling-Lösung** (Exp. 4). Kupfer(II)-sulfatlösung wird durch Zusatz von Natronlauge alkalisch gemacht, nachdem die Kupfer-Ionen mithilfe von Kalium-Natrium-Tartrat (Salz der Weinsäure) komplexiert wurden. Die Kupfer(II)-Ionen werden zu Kupfer(I)-Ionen reduziert und fallen als ziegelrotes Kupfer(I)-oxid Cu$_2$O aus.

R–CHO + 2 Cu^{2+} + 4 OH$^-$ → R–COOH + Cu$_2$O + 2 H$_2$O

Ein weiterer, allerdings nicht ganz spezifischer Nachweis ist die Reaktion mit Fuchsinlösung, die durch schweflige Säure H$_2$SO$_3$ entfärbt wurde (Schiffs Reagenz). Bei Zusatz eines Aldehyds färbt sich die Lösung kirschrot.

Ketone R^1–CO–R^2. Die funktionelle Gruppe der **Ketone** (Alkanone) ist die **Ketogruppe** $\ce{>C=O}$. Im Gegensatz zur Aldehydgruppe sind an das Kohlenstoffatom der funktionellen Gruppe zwei organische Reste gebunden.
Die Namen der Ketone werden durch Anhängen der Silbe **-on** an die Bezeichnung der zugrunde liegenden Alkane gebildet. Die Nummer des Kohlenstoffatoms, das das doppelt gebundene Sauerstoffatom trägt, wird dem Namen vorangestellt. Das erste Glied der homologen Reihe ist das Propanon (Aceton, Abb. 29). Sind zwei Ketogruppen am Benzolring gebunden, so werden diese Stoffe als Chinone bezeichnet, z. B. 1,4-(para)-Benzochinon (Abb. 29).

Eigenschaften der Ketone. Die meisten Eigenschaften der Ketone entsprechen wegen der gemeinsamen Carbonylgruppe denen der Alkanale. Da sie jedoch kein Wasserstoffatom an das Kohlenstoffatom der Carbonylgruppe gebunden haben, sind sie an der funktionellen Gruppe nicht partiell oxidierbar. Die Nachweisreaktionen mit Tollens-Reagenz und Fehling-Lösung, die auf der reduzierenden Eigenschaft der Alkanale beruhen, versagen daher bei den Ketonen. Propanon (Aceton) mischt sich sowohl mit polaren wie auch mit unpolaren Stoffen und ist daher als universelles Lösemittel verwendbar.

> **Resümee**
>
> Die polare Aldehydgruppe $-C{\overset{O}{\underset{H}{<}}}$ ist die funktionelle Gruppe der Aldehyde, die polare Ketogruppe $\ce{>C=O}$ die der Ketone.
>
> Aldehyde können partiell oxidiert werden, wobei Carbonsäuren entstehen. Die Doppelbindung zwischen dem Sauerstoff- und dem Kohlenstoffatom der funktionellen Gruppe ermöglicht Additionsreaktionen.

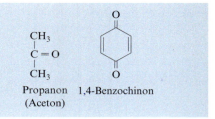

29 Strukturformeln verschiedener Ketone

B-2

Struktur und Eigenschaften von organischen Kohlenstoffverbindungen

↗ 1.7 | Fruchtiges aus Alkoholen – Aromastoffe

Aufgaben

1. Glycerin wird mit Kupfer(II)-oxid zu einer Carbonylverbindung oxidiert. Formulieren Sie die Reaktionsgleichung und geben Sie die Strukturformeln aller möglichen Oxidationsprodukte an.
2. Methanal (Formaldehyd) bzw. seine wässrige Lösung, das Formalin, wurde lange Zeit in der Möbelproduktion eingesetzt, z. B. in Pressspanplatten oder in Teppichen. Informieren Sie sich über diese Verwendung und die daraus entstandenen gesundheitlichen Risiken. Begründen Sie, welche chemischen Eigenschaften sowohl die technische Verwendung als auch die gesundheitsschädigende Wirkung verursachen.
3. Erklären Sie die Eigenschaft des Methanals, zu Paraformaldehyd zu polymerisieren.
4. Je vier Ethanalmoleküle lassen sich zum cyclischen Metaldehydmolekül tetramerisieren. Metaldehyd ist ein fester weißer Stoff, der als Trockenbrennstoff in Campingkochern und als Schneckenvernichtungsmittel verwendet wird. Geben Sie eine Strukturformel an.
5. Geben Sie die Strukturformeln der Reaktionsprodukte einer partiellen Oxidation der isomeren Pentanole (Aufgabe 1, S. 286) an und benennen Sie diese nach den IUPAC-Regeln.
6. Formulieren Sie Isomere des Acetons, benennen Sie diese und geben Sie an, durch welche Eigenschaften man die Stoffe unterscheiden könnte.

Carbonsäuren und Ester

Carbonsäuren R–COOH. Die Aldehydgruppe kann zur **Carboxylgruppe** $-C\underset{OH}{\overset{O}{\lessgtr}}$ oxidiert werden. Durch partielle Oxidation von Aldehyden können also Carbonsäuren (Alkansäuren) gebildet werden.

$$2\,CH_3-\overset{+I}{C}\underset{H}{\overset{O}{\lessgtr}} + \overset{0}{O_2} \longrightarrow 2\,CH_3-\overset{+III}{C}\underset{OH}{\overset{\overset{-II}{O}}{\lessgtr}}$$

Ethanal   Ethansäure

Der Name ist zusammengesetzt aus der Anfangssilbe des Namens **Carb**onylgruppe und der Endsilbe des Namens Hydr**oxyl**gruppe.
Die systematischen Bezeichnungen werden gebildet, indem man an den Namen der zugrunde liegenden Kohlenwasserstoffe den Begriff -säure anhängt, also z. B. Methansäure (Ameisensäure) HCOOH, Ethansäure (Essigsäure) H₃C–COOH, Ethandisäure (Oxalsäure) HOOC-COOH (Abb. 30). Sind mehr als zwei Carboxylgruppen im Molekül vorhanden, wie bei den Tricarbonsäuren, werden die funktionellen Gruppen als Substituenten betrachtet und ihre Stellung am Grundmolekül in gewohnter Weise angegeben. Die Kohlenstoffatome der Carboxylgruppen werden in diesen Fällen nicht zur Stammverbindung gezählt. So muss die Citronensäure nach den Nomenklaturregeln als 2-Hydroxypropan-1,2,3-tricarbonsäure bezeichnet werden (Abb. 30).
Wie die Citronensäure, so haben auch viele andere Carbonsäuren Trivialnamen, die häufig auf ihr natürliches Vorkommen hindeuten.

Eigenschaften der Carbonsäuren. Die Carboxylgruppe gibt den Molekülen der Carbonsäuren schwach saure Eigenschaften. In wässrigen Lösungen kann das Proton abgespalten werden (Protolyse) und es wird ein Carboxylat-Ion gebildet.

$R-COOH + H_2O \rightarrow R-COO^- + H_3O^+$
Carbonsäure   Caboxylat-Ion

↗ E-2 | Die elektrolytische Dissoziation

Aufgrund ihrer Polarität und der Möglichkeit, intermolekulare Wasserstoffbrücken auszubilden, besitzen die Carbonsäuren relativ hohe Schmelz- und Siedetemperaturen. Im festen und sogar im gasförmigen Zustand liegen sie als Doppelmoleküle vor (Abb. 31).
Carbonsäuren mit bis zu acht Kohlenstoffatomen sind Flüssigkeiten. Die ersten drei Glieder der homologen Reihe riechen stechend, die Carbonsäuren mit vier bis acht Kohlenstoffatomen haben einen unangenehm ranzigen oder schweißartigen Geruch. Sind mehr als acht Kohlenstoffatome im Molekül, zeigen die Carbonsäuren bei Raumtemperatur weiche, wachsartige Konsistenz.
Langkettige Carbonsäuren (etwa ab vier Kohlenstoffatomen im Molekül) werden als **Fettsäuren** bezeichnet, weil sie als Ester des dreiwertigen Alkohols Glycerin Bestandteile der Fette sind (↗ S. 295). Die häufigsten in Fetten gebundenen Fettsäuren sind Palmitinsäure, Stearinsäure (Abb. 32) und Ölsäure (Abb. 33).

B
Struktur-Eigenschaften-Konzept

H–C⟨O/OH⟩
Methansäure
(Ameisensäure)

H₃C–C⟨O/OH⟩
Ethansäure
(Essigsäure)

HO⟩C–C⟨O/OH
O⟩
Ethandisäure
(Oxalsäure)

H₂C–COOH
HO–C–COOH
H₂C–COOH
2-Hydroxypropan-1,2,3-tricarbonsäure
(Citronensäure)

30 Strukturformeln von Carbonsäuren

R–C⟨O⋯HO/OH⋯O⟩C–R

31 Carbonsäuren liegen als Doppelmoleküle vor.

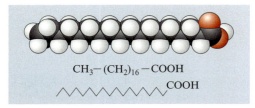

CH₃–(CH₂)₁₆–COOH

32 Molekülmodell und Formeln von Stearinsäure

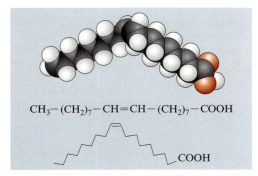

CH₃–(CH₂)₇–CH=CH–(CH₂)₇–COOH

33 Molekülmodell und Formeln von Ölsäure

Tab. 6 Wichtige Fettsäuren

Name	Anzahl der Kohlenstoffatome im Molekül	Skelettformel	Schmelz- temperatur ϑ_S in °C	Vorkommen
Laurinsäure	12	∧∧∧∧∧COOH	44	Kokosfett
Palmitinsäure	16	∧∧∧∧∧∧∧COOH	64	Palmöl
Stearinsäure	18	∧∧∧∧∧∧∧∧COOH	70	Rindertalg
Ölsäure	18	∧∧∧=∧∧∧COOH	4	Olivenöl
Linolsäure	18	∧∧=∧=∧∧COOH	−5	Lebertran
Linolensäure	18	∧=∧=∧=∧∧COOH	−11	Leinöl

B-2

Struktur und Eigenschaften von organischen Kohlenstoffverbindungen

Die ungesättigten Fettsäuren haben niedrigere Schmelztemperaturen als die gesättigten (Tab. 6). Aufgrund der Doppelbindungen im Molekül haben sie eine gewinkelte Gestalt. Die gewinkelte Gestalt der Moleküle erschwert die Ausbildung regelmäßiger Kristalle. Die ungesättigte Ölsäure ist daher bei Raumtemperatur dickflüssig mit einer Schmelztemperatur von 13 °C. Die gesättigte Stearinsäure mit der gleichen Anzahl an Kohlenstoffatomen im Molekül schmilzt dagegen erst bei 69 °C. Beide Fettsäuren sieden unzersetzt nur unter vermindertem Druck bei ähnlichen Temperaturen.

↗ B-2 | 3-D-Molekülmodelle: Fettsäuren

Säurewirkung der Hydroxylgruppe – induktiver Effekt. Alkohole und auch Carbonsäuren enthalten mindestens eine Hydroxylgruppe im Molekül. Während die Hydroxylgruppe der Carbonsäuremoleküle das Proton auf ein Wassermolekül übertragen kann, zeigt die Hydroxylgruppe der Alkohole keine sauren Eigenschaften gegenüber Wassermolekülen. Woran liegt das?
Atome können eine unterschiedliche Wirkung auf die Elektronenverteilung im Rest des Moleküls ausüben. Das am gleichen Kohlenstoffatom wie die Hydroxylgruppe über eine Doppelbindung gebundene Sauerstoffatom verstärkt den Elektronenzug auf die O–H-Bindung und damit die Polarisierung (Abb. 34). Die Carboxylgruppe –COOH wirkt daher gegenüber Wassermolekülen als Säure. Die Wirkung eines Atoms oder einer Atomgruppe auf die Elektronenverteilung im Rest des Moleküls wird allgemein als **induktiver Effekt (I-Effekt)** bezeichnet. Er beruht auf Differenzen zwischen Elektronegativitäten (EN) benachbarter Atome oder Atomgruppen. Der induktive Effekt eines Atoms oder einer Atomgruppe R wird relativ zur Elektronegativität des Wasserstoffatoms beurteilt. Beim **+I-Effekt** wird die Elektronendichte am benachbarten Atom oder an der benachbarten Atomgruppe erhöht, beim **–I-Effekt** erniedrigt.

+I-Effekt: $EN(R) < EN(H)$
–I-Effekt: $EN(R) > EN(H)$

34 Die Polarität der O–H-Bindung ist in der Carboxylgruppe im Vergleich zur Hydroxylgruppe verstärkt.

Struktur-
Eigenschaften-
Konzept

Exkurs 2
Aromatische Carbonsäuren

Aromatische Carbonsäuren (Abb. 35) sind organische Säuren, die mindestens eine Carboxylgruppe als Substituenten am Benzolring tragen. Einfachster Vertreter ist die **Benzoesäure** (entdeckt durch Destillation von Benzoeharz, einem aromatisch riechenden Harz), ein fester, in Wasser wenig löslicher Stoff. Sie kommt z. B. in Preisel- und Vogelbeeren vor. Ihr Salz, das Natriumbenzoat, wird zur Konservierung von Lebensmitteln eingesetzt. **Salicylsäure** (ortho-Hydroxybenzoesäure) und manche ihrer Derivate wirken als Heilmittel gegen Schmerzen und Fieber. Der Essigsäureester der Salicylsäure ist **Acetylsalicylsäure**, die als Wirkstoff in Aspirin® enthalten ist. Die aromatischen Dicarbonsäuren **Phthalsäure** (1,2-Benzoldicarbonsäure) und **Terephthalsäure** (1,4-Benzoldicarbonsäure) besitzen bei der Herstellung von Kunstharzen, Farbstoffen und Kunstfasern große Bedeutung.

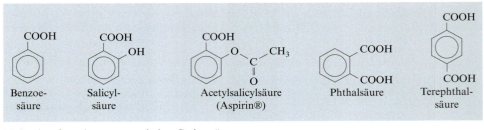

35 Strukturformeln von aromatischen Carbonsäuren

Die Abnahme der Säurestärke in der Reihe Methansäure – Ethansäure – Propansäure wird einem elektronenschiebenden Effekt (+I-Effekt) des Alkylrests zugeschrieben (Tab. 7).

Auch der organische Rest des Carbonsäuremoleküls kann die Säurestärke der entsprechenden Carbonsäuren in vielfältiger Weise beeinflussen. Halogenatome üben beispielsweise aufgrund ihrer hohen Elektronegativität einen elektronenziehenden Effekt (–I-Effekt) auf benachbarte Atomgruppen aus. Dieser Elektronenzug führt zu einer stärkeren Polarisierung der Bindung zwischen dem Sauerstoff- und dem Wasserstoffatom der Hydroxylgruppe und erleichtert damit die Protolyse.

↗ A-2 | Periodizität der Elektronegativitäten
↗ E-5 | Stärke von Säuren und Basen

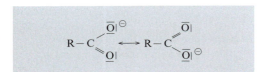

36 Mesomere Grenzformeln des Carboxylat-Ions

Mesomerie beim Carboxylat-Ion. Carboxylat-Ionen R–COO⁻ sind die durch Dissoziation der Carboxylgruppe entstandenen Säurerest-Ionen organischer Säuren. Sie zeigen besondere Bindungsverhältnisse. Nach der üblichen Darstellung würden wir erwarten, dass sich an der Carboxylatgruppe zwei unterschiedlich gebundene Sauerstoffatome befinden: ein über eine Doppelbindung an das Kohlenstoffatom gebundenes Sauerstoffatom mit kürzerer Bindungslänge (ca. 123 pm) wie bei Ketonmolekülen und ein über eine Einfachbindung gebundenes Sauerstoffatom mit etwas längerer Bindung (ca. 143 pm) wie bei Alkoholmolekülen, an dem die negative elektrische Ladung lokalisiert ist.

Untersuchungen der Struktur mit physikalischen Methoden (Röntgenstrukturanalyse und Elektronenbeugung) haben aber ergeben, dass beide Sauerstoffatome völlig gleichartig mit einer Bindungslänge von jeweils 136 pm an das Kohlenstoffatom gebunden sind. Im Carboxylat-Ion liegt zwischen dem Sauerstoff- und dem Kohlenstoffatom also weder eine Einfachbindung noch eine Doppelbin-

Tab. 7 Säurestärke verschiedener Carbonsäuren

Säure	Formel	pK_S	Säurestärke
Methansäure	H–COOH	3,75	abnehmend ↓
Ethansäure	CH$_3$–COOH	4,75	
Propansäure	CH$_3$–CH$_2$–COOH	4,87	
Monochlorethansäure	CH$_2$Cl–COOH	2,86	zunehmend ↓
Dichlorethansäure	CHCl$_2$–COOH	1,1	
Trichlorethansäure	CCl$_3$–COOH	–0,5	

Struktur und Eigenschaften von organischen Kohlenstoffverbindungen

dung vor. Die negative Ladung, die nach der Abgabe des Protons an einem der Sauerstoffatome zurückbleibt, ist nicht allein auf dieses konzentriert. Auch das andere Sauerstoffatom hat Anteil an dieser Ladung. Neben den Bindungselektronenpaaren für die beiden Einfachbindungen gibt es also delokalisierte Elektronen, die gleichmäßig über die beiden Sauerstoffatome und das Kohlenstoffatom der Carboxylatgruppe verteilt sind, was durch zwei energetisch gleichwertige Grenzformeln beschrieben wird (Abb. 36).

Carbonsäureester R^1–COO–R^2. Alkohole und Carbonsäuren reagieren unter dem katalytischen Einfluss von Hydronium-Ionen zu **Carbonsäureestern** (verkürzt als **Ester** bezeichnet) und Wasser (↗ Esterbildung S. 334). Die hydrolytische Spaltung von Carbonsäureestern führt wiederum zu Carbonsäuren und Alkoholen. Die Esterbildung ist eine typische Gleichgewichtsreaktion.

↗ B-2 | Animation: Reaktionsmechanismus Esterbildung/Esterspaltung

$$\underset{\text{Ethansäure}}{CH_3\text{–}COOH} + \underset{\text{Ethanol}}{OH\text{–}C_2H_5} \underset{\text{Esterspaltung}}{\overset{\text{Esterbildung}}{\rightleftharpoons}} \underset{\text{Ethansäureethylester}}{CH_3\text{–}COO\text{–}C_2H_5} + H_2O$$

↗ D-4 | Unvollständigkeit und Umkehrbarkeit chemischer Reaktionen

Ester sind als Derivate der Carbonsäuren aufzufassen. Die funktionelle Gruppe der Ester ist die **Estergruppe**  .

Der Name der Säure wird vorangestellt. Ihm folgen der Name des Alkylrests des Alkohols R^2 und die Bezeichnung -ester (z. B. Ethansäureethylester oder Essigsäureethylester). Eine andere Bezeichnung beginnt mit der Bezeichnung des Alkylrests des Alkohols R^2 und hängt daran den Namen des Säure-Anions (z. B. Methylacetat). Der Ester wird also bezeichnet wie ein Salz aus Alkohol und Säure.
In der Natur kommen vielfach Fette und Wachse bei Pflanzen und Tieren vor. Ester höherer Carbonsäuren mit höheren einwertigen primären Alkoholen werden **Wachse** genannt, Ester höherer Carbonsäuren mit Glycerin heißen **Fette** (↗ S. 295).

Aufgaben

1. Erläutern Sie die sauren Eigenschaften der Carbonsäuremoleküle im Vergleich zu Alkoholmolekülen. Verwenden Sie hierfür die Reaktionen von Carbonsäuren bzw. Alkoholen mit Wasser.
2. Überlegen Sie, wie die sauren Eigenschaften der Carboxylgruppe bei höheren (mehr als 5 Kohlenstoffatome im Molekül) Carbonsäuren gezeigt werden könnte.
3. Erläutern Sie die unterschiedlichen Säurestärken von Propansäure und Milchsäure (2-Hydroxypropansäure, pK_S = 3,86).
4. Formulieren Sie die mesomeren Grenzformeln des anorganischen Carbonat-Ions.

B

Struktur-
Eigenschaften-
Konzept

Aufgaben

1. Es sind auch Ester anorganischer Säuren bekannt.
   a) Formulieren Sie die Reaktion von Glycerin (1,2,3-Propantriol) mit Salpetersäure HNO₃. Welcher Stoff entsteht? Recherchieren Sie Eigenschaften und Verwendung des Reaktionsprodukts.
   b) Zeigen Sie, dass Adenosintriphosphat (↗ ATP S. 463) ein Ester anorganischer Säuren ist.
   c) Zeigen Sie, dass in den Molekülen der Desoxyribonucleinsäure (↗ DNA S. 350) eine Esterbindung vorliegt.
2. Die Esterbildung ist reversibel, d. h. die Esterspaltung verläuft umgekehrt wie die Esterbildung. Stellen Sie die Reaktionsgleichung für die Spaltung eines Esters CH₃–(CH₂)₂–COO–CH₃ unter Angabe der Strukturformeln auf. Benennen Sie Ausgangsstoffe und Reaktionsprodukte.
3. Der Ester aus Salicylsäure (Abb. 35, S. 292) und Methanol hat einen frischen Geruch und wird als „Wintergrünöl" manchen Kaugummis und Mundwässern zugesetzt. Formulieren Sie die Reaktionsgleichung zur Bildung dieses Stoffes.

Eigenschaften der Carbonsäureester. Da die Moleküle der Carbonsäure und der Alkohole bei der Reaktion zum Ester ihre polaren, hydrophilen Hydroxylgruppen verloren haben, sind die Ester nur wenig in Wasser löslich. Die niederen Carbonsäureester (kleiner Alkylrest im Molekül) weisen eine etwas bessere Löslichkeit auf, da deren Moleküle über die Carbonylgruppe Wasserstoffbrücken zu Wassermolekülen ausbilden. Mit wachsendem Alkylrest nimmt dieser Einfluss ab, weil der unpolare Charakter des Alkylrests im Estermolekül überwiegt. Höhere Ester (größerer Alkylrest im Molekül) sind daher lipophil.

Da Estermoleküle untereinander keine Wasserstoffbrückenbindungen ausbilden können, liegen die Siedetemperaturen der Ester tiefer als die vergleichbarer Alkohole und Carbonsäuren. Die niederen Carbonsäureester sind bei Raumtemperatur flüssig, leicht flüchtig und haben einen fruchtartigen Geruch.

↗ 1.7 | Fruchtiges aus Alkoholen – Aromastoffe

Ester anorganischer Säuren. Ester können nicht nur durch Reaktion von Alkoholen mit organischen Säuren gebildet werden. Auch die Reaktion mit anorganischen Säuren wie Schwefelsäure H₂SO₄, Phosphorsäure H₃PO₄ und Salpetersäure HNO₃ führt zu Estern. Schwefelsäureester, z. B. Schwefelsäuremonoethylester, können durch die Umsetzung von Ethanol mit konzentrierter Schwefelsäure erhalten werden. Schwefelsäureester höherer Alkohole, z. B. Fettalkoholsulfate, sind wichtig für die Herstellung von Tensiden (↗ Tensidgruppen S. 368).

Phosphorsäureester sind für Organismen von hoher biologischer Bedeutung und kommen in allen Zellen vor. Adenosintriphosphat (ATP, ↗ S. 463) nimmt im Stoffwechsel die Rolle des Energieüberträgers ein. Die Speicherung der Erbinformation erfolgt durch die Desoxyribonucleinsäure (DNA, ↗ S. 350). Ihre Moleküle bestehen aus vielen Zuckermolekülen, deren Hydroxylgruppen mit Phosphorsäuremolekülen verestert sind.

Resümee

Die funktionelle Gruppe der Carbonsäuren ist die Carboxylgruppe –C(=O)(OH).
Das in der Carboxylgruppe am Kohlenstoffatom doppelt gebundene Sauerstoffatom verstärkt die Polarisierung der Hydroxylgruppe, sodass das Proton in wässriger Lösung abgespalten werden kann. Das durch die Protolyse entstandene Carboxylat-Ion ist mesomeriestabilisiert. Durch Substituenten am organischen Rest des Carbonsäuremoleküls wird die Säurestärke der Carbonsäuren verändert.

Carbonsäureester (Ester) sind Derivate der Carbonsäuren und entstehen durch Reaktion von Alkoholen mit Carbonsäuren. Die funktionelle Gruppe der Ester ist die Estergruppe –C(=O)(O–).

Ester können auch durch Reaktion von Alkoholen mit anorganischen Säuren gebildet werden.

Fette

Im Tier- und Pflanzenreich sind Fette als Reservestoffe weit verbreitet. Fette sind Ester des dreiwertigen Alkohols Glycerin (1,2,3-Propantriol) mit unverzweigten, gesättigten oder ungesättigten höheren Carbonsäuren (Fettsäuren). Die drei Hydroxylgruppen des Glycerinmoleküls sind meist mit verschiedenen Fettsäuremolekülen verestert (Abb. 37), selten kommen einheitliche Glycerinester wie Triolein (Abb. 38) vor. Mit systematischem Namen werden die Fette als **Triacylglycerine** bezeichnet, auch die Bezeichnung als Triglyceride ist gebräuchlich. Die natürlichen Fette sind Gemische aus verschiedenen Glycerinestern.

Fette werden durch Auspressen oder Extrahieren mit lipophilen Lösemitteln aus fetthaltigen Materialen pflanzlicher oder tierischer Herkunft gewonnen. Dabei überwiegt der Anteil flüssiger Fette, der **fetten Öle**. Der Fettanteil der Nahrung der Säuger, also auch des Menschen, muss ausreichend mehrfach ungesättigte Fettsäuren enthalten. Diese als **essenziell** bezeichneten Fettsäuren werden von den Organismen benötigt, können aber nicht selbst synthetisiert werden. Fette Öle sind besonders reich an ungesättigten Fettsäuren.

Um den Bedarf an festen, höher erhitzbaren Fetten zu decken, können fette Öle durch katalytische Wasserstoffanlagerung hydriert und so zu festen Fetten umgewandelt werden (**Fetthärtung**, ↗ Hydrierung S. 330). Dieses Verfahren wird bei der Herstellung von Margarine angewendet.

Unter dem Sammelbegriff der **Lipide** werden neutrale, in Wasser unlösliche Naturstoffe zusammengefasst, zu denen neben den Fetten und Wachsen auch die Phospholipide (Bestandteile der Zellmembranen), die Stereoide (Hormone) und die Carotinoide (Farbstoffe) gehören.

Eigenschaften der Fette. Fette sind weitgehend unpolare Stoffe und daher in Wasser nicht löslich. Sie lösen sich in Lösemitteln wie Diethylether, Benzol und Hexan.

Durch **alkalische Esterspaltung** (alkalische Hydrolyse) werden Fette in ihre Bestandteile zerlegt (Abb. 39). Dabei entstehen neben Glycerin die Alkalisalze der Fettsäuren, die Seifen (↗ Seifen S. 365). Deshalb wird die alkalische Esterspaltung auch als **Verseifung** bezeichnet.

↗ 10.1 | Fett – Leidensdruck und Lebensgarant
↗ 13.6 | Bunte Welt der Pflanzen

↗ B-2 | 3-D-Molekülmodelle: Lipide

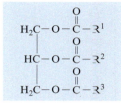

37 Allgemeine Strukturformel eines Fettmoleküls

B-2
Struktur und Eigenschaften von organischen Kohlenstoffverbindungen

38 Strukturformel von Triolein

39 Alkalische Esterspaltung

Die Alkalisalze der Fettsäuren stellen die Grundstoffe der Seifenproduktion dar. Fettsäuren können in Form ihrer Ester mit einwertigen Alkoholen zu Fettalkoholen hydriert werden.

$$CH_3(CH_2)_{14}–COOR + 2\,H_2 \rightarrow CH_3(CH_2)_{14}–CH_2OH + ROH$$

Fettsäureester → Fettalkohol

↗ 2.1 | Aus „grauer" Vorzeit
↗ 3.5 | Biodiesel

B

Struktur-
Eigenschaften-
Konzept

↗ B-2 | Animation: Reaktionsmechanismus Esterbildung/Esterspaltung

Aufgaben

1. Biodiesel wird aus Rapsöl gewonnen, indem die Triglyceride hydrolysiert und die gewonnenen Fettsäuren mit Methanol verestert werden (Umesterung).
   a) Formulieren Sie die Reaktionsgleichungen für die Umesterung eines Triölsäureglycerinesters.
   b) Welche physikalische Stoffeigenschaft ändert sich durch diese Maßnahme wesentlich? Begründen Sie.
2. Rohstoffe für die Margarineproduktion sind pflanzliche und tierische Öle, die vor der Verwendung teilweise durch Hydrieren (Addition von Wasserstoff) chemisch verändert werden.
   a) Begründen Sie diese Maßnahme.
   b) Zeigen Sie durch Angabe von Reaktionsgleichungen Beispiele für mögliche Ausgangsstoffe und Reaktionsprodukte.
3. Recherchieren Sie auf der CD (↗ B-2) die Zusammensetzung und Eigenschaften von Fetten.
   a) Begründen Sie, dass Fette mit hoher Iodzahl sehr niedrige Schmelzbereiche aufweisen.
   b) Kokosfett besitzt trotz sehr niedriger Iodzahl den niedrigsten Schmelzbereich der bei Raumtemperatur festen Fette. Begründen Sie.
   c) Wie erklärt sich die besonders hohe Verseifungszahl von Kokosfett?
4. Welche isomeren Triacylglycerinmoleküle sind möglich, wenn Stearinsäure-, Palmitinsäure- und Ölsäurereste in jedem Molekül enthalten sein sollen?
   a) Berücksichtigen Sie Stellungs- und Stereoisomere.
   b) Untersuchen Sie auch die möglichen Isomere, wenn nur Stearinsäure- und Palmitinsäurereste in den Triacylglycerinmolekülen vorkommen.

Fettalkohole sind Ausgangsstoffe für zahlreiche Produkte, z. B. synthetische Tenside wie Fettalkoholsulfate (FAS, ↗ S. 368), die vielfach bessere Waschwirkung erzielen als die Seifen. Mit Methanol lassen sich Fette zu Fettsäuremethylestern umwandeln (Umesterung), die erheblich niedrigere Siedebereiche aufweisen. So wird aus Rapsöl Rapsölmethylester, der als Kraftstoff (Biodiesel) Verwendung findet.

Die Schmelztemperaturen der Fette lassen sich wie die Schmelztemperaturen der Fettsäuren aus dem Bau ihrer Moleküle erklären. Estermoleküle, die ungesättigte Fettsäuren in ihren Molekülen enthalten, bilden keine regelmäßigen Kristalle. Zwischenmolekulare Kräfte wirken sich so schwächer aus. Demnach sind die flüssigen Pflanzenöle und Fischtrane besonders reich an einfach und mehrfach ungesättigten Fettsäuren, während die bei Raumtemperatur festen Fette einen höheren Anteil an gesättigten Fettsäuren enthalten (Tab. 6). Da Fette Gemische verschiedener Glycerinester darstellen, deren Zusammensetzung auch Schwankungen unterworfen ist, gibt es keine exakten Schmelztemperaturen. Fette schmelzen innerhalb eines Temperaturbereichs, dessen Lage von den im Molekül gebundenen Fettsäuren bestimmt wird.

Bei Anwesenheit von Sauerstoff und bei Lichteinwirkung werden **Fette oxidiert**. Dabei werden besonders die Doppelbindungen in den Molekülen gespalten. Über verschiedene weitere Reaktionen entstehen Carbonsäuren mit geringer Kohlenstoffanzahl sowie Aldehyde und Ketone, die unangenehme Gerüche verursachen. Das Fett ist ranzig geworden.

Zur chemischen Charakterisierung der Fette können die Verseifungszahl und die Iodzahl verwendet werden. Die **Verseifungszahl** (VZ) ist ein Maß für die in Fetten gebundenen Fettsäuren. Sie gibt die Masse an Kaliumhydroxid in Milligramm an, die benötigt wird, um sämtliche in einem Gramm Fett enthaltenen Triacylglycerine zu hydrolysieren und etwa vorhandene freie Fettsäuren zu neutralisieren. Die Verseifungszahl ist abhängig von der molaren Masse der Fette. Damit kann die Verseifungszahl zur Reinheitsprüfung der Fette und auch zur Ermittlung der Kettenlänge der in den Fettmolekülen enthaltenen Fettsäuremoleküle verwendet werden. Je kürzerkettig die Fettsäuren sind, desto höher ist die Verseifungszahl.

Die **Iodzahl** (IZ) ist ein Maß für den ungesättigten Charakter der in den Fetten gebundenen Fettsäuren. Mit der Anzahl der Doppelbindungen in den Fettsäuremolekülen steigt die Iodzahl. Sie gibt die Masse an Iod in Gramm an, die von 100 g Fett addiert wird. Da Iod selbst nicht mit ungesättigten Fettsäuren reagiert, wird im Experiment Brom verwendet, der ermittelte Wert aber auf Iod bezogen.

Resümee

Fette bestehen aus Triestern des Glycerins mit meist verschiedenen gesättigten und ungesättigten Fettsäuren. Feste Fette enthalten einen hohen Anteil gesättigter Fettsäuren, flüssige Öle einen hohen Anteil ungesättigter Fettsäuren. Durch alkalische Lösungen werden Fette gespalten, und es entstehen neben Glycerin Fettsäuresalze, die als Seifen bezeichnet werden.

Amine und Nitroverbindungen

Amine R–NH₂. Stickstoffhaltige organische Verbindungen, die von Ammoniak NH₃ abgeleitet werden können, heißen **Amine**. Die funktionelle Gruppe heißt **Aminogruppe –NH₂**. In den Molekülen der Amine (Abb. 40) können ein oder mehrere Wasserstoffatome des Ammoniakmoleküls durch Alkylreste substituiert worden sein. Man unterscheidet daher primäre Amine R–NH₂ mit einem Alkylrest im Molekül, sekundäre Amine R₂–NH mit zwei und tertiäre Amine R₃–N mit drei Alkylresten im Molekül.

Vorkommen und Verwendung einiger Amine. Als **biogene Amine** werden die in Menschen und Tieren vorkommenden natürlichen Amine bezeichnet. Dazu gehören Hormone, z. B. Histamin, und Botenstoffe (Transmitter) im Nervensystem, z. B. Serotonin. Die Moleküle der biogenen Amine können aus Aminosäuremolekülen (↗ S. 303 f.) durch Abspaltung von Kohlenstoffdioxidmolekülen (Decarboxylierung) gebildet werden. Außerdem findet man Derivate der Amine als organische Basen in der Desoxyribonucleinsäure (DNA, ↗ S. 350 f.).
Nitrosamine sind krebserregende Substanzen, die durch Reaktion von sekundären Aminen mit Nitriten entstehen. Durch die Aufnahme von eiweißhaltigen Lebensmitteln, die mit Nitritpökelsalz haltbar gemacht werden, ist eine Bildung von Nitrosaminen im menschlichen Magen möglich: Sie entstehen, wenn das Eiweiß mit dem Nitritpökelsalz reagiert. Dabei bilden Nitrite wie Natriumnitrit NaNO₂ in Anwesenheit von Säuren zunächst salpetrige Säure HNO₂. Diese spaltet sich nach Anlagerung eines Protons in Nitrosyl-Kationen NO⁺ und Wassermoleküle auf. Mit sekundären Aminen reagieren Nitrosyl-Kationen zu Nitrosaminen.

HNO₂ + H⁺ ⇌ H₂NO₂⁺

H₂NO₂⁺ → NO⁺ + H₂O

R₂NH + NO⁺ → R₂N–NO + H⁺
                      Nitrosamin

Aminobenzol (Anilin), in dessen Molekülen die Aminogruppe am Benzolmolekül substituiert ist, ist eine wichtige Ausgangsverbindung für viele Azofarbstoffe (↗ Azofarbstoffe S. 385).

Nitroverbindungen R–NO₂. Nitroverbindungen sind Derivate der Kohlenwasserstoffe, die eine oder mehrere **Nitrogruppen –NO₂** im Molekül enthalten (Abb. 41).
Die wichtigste Verbindung der Nitroaromaten ist das Nitrobenzol C₆H₅–NO₂, bei der die Nitrogruppe am Benzolmolekül substituiert ist. Nitrobenzol kann zu Aminobenzol reduziert werden.
Zu den bekanntesten Vertretern der Nitroaromaten gehört der Sprengstoff Trinitrotoluol (TNT). Ebenso wie das aliphatische Glycerintrinitrat (Nitroglycerin) entfaltet es seine explosiven Eigenschaften nach der Zündung in einer stark exothermen Reaktion, bei der durch Reduktion der Nitrogruppe große Mengen an gasförmigem Stickstoff und Stickstoffoxiden entstehen.
Nitroaromaten sind außerdem Ausgangsstoffe für die Kunststoffindustrie und finden auch als Farbstoffe und pharmazeutische Produkte Verwendung.

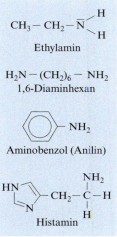

B-2

Struktur und Eigenschaften von organischen Kohlenstoffverbindungen

40 Strukturformeln verschiedener Amine

↗ 9.5 | Düngung um jeden Preis?

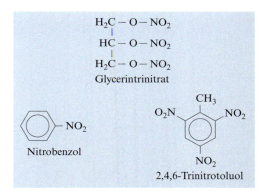

41 Strukturformeln verschiedener Nitroverbindungen

Aufgaben

1. Das biogene Amin Histamin wird aus der Aminosäure Histidin (Tab. 9, S. 304) gebildet.
   a) Stellen Sie die Reaktionsgleichung für die Bildung von Histamin auf.
   b) Informieren Sie sich über die Wirkungen von Histamin im Organismus.
2. Auch die Aufnahme von nitratreichen Lebensmitteln kann zur Bildung von Nitrosaminen führen, weil Nitrate im Organismus zu Nitriten reduziert werden können. Informieren Sie sich, unter welchen Bedingungen dies erfolgen kann.

Struktur-
Eigenschaften-
Konzept

Kohlenhydrate – Monosaccharide und Disaccharide

Einteilung der Kohlenhydrate. Die Kohlenhydrate sind eine Gruppe von Naturstoffen und verdanken den Namen der Zusammensetzung ihrer Moleküle, die neben Kohlenstoffatomen Sauerstoff- und Wasserstoffatome im Verhältnis 1:2 enthalten und deren allgemeine **Summenformel $C_n(H_2O)_m$** lautet. Kohlenhydrate lassen sich nach ihrer Konstitution und die dadurch bedingten physikalischen und chemischen Eigenschaften in drei Gruppen einteilen: Monosaccharide, Oligosaccharide (Di-, Trisaccharide usw., 2 bis 10 Monosaccharidbausteine pro Molekül) und Polysaccharide (mehr als 10 Monosaccharidbausteine pro Molekül; ↗ Polysaccharide S. 342 ff.).

Monosaccharide (griech. monos – allein, saccharon – Zucker) sind Oxidationsprodukte mehrwertiger Alkohole. Ihre Namen enden auf der Silbe **-ose**.

Monosaccharide enthalten in ihren Molekülen als funktionelle Gruppen mindestens eine Hydroxylgruppe sowie eine Carbonylgruppe: Ist in den Molekülen eine Aldehydgruppe gebunden, so werden sie als **Aldosen** bezeichnet, enthalten die Moleküle eine Ketogruppe so heißen sie **Ketosen**.

Nach der Zahl der Kohlenstoffatome in ihren Molekülen unterscheidet man die Gruppen der Triosen (3 Kohlenstoffatome), Tetrosen (4 Kohlenstoffatome), Pentosen (5 Kohlenstoffatome) und Hexosen (6 Kohlenstoffatome). Neben Triosen kommen in der Natur fast ausschließlich Pentosen und Hexosen vor. Die Hexosen Glucose (Traubenzucker) und Fructose (Fruchtzucker) sind im Honig und in zahlreichen Früchten enthalten. Im menschlichen Blut liegt Glucose ebenfalls zu etwa 0,1 % gelöst vor. Die Pentose Ribose ist Baustein der Nucleinsäuren RNA und DNA (↗ S. 350 f.).

Enantiomere. Die einfachste Aldose ist Glycerinaldehyd. Glycerinaldehyd tritt in zwei Konfigurationen auf, da seine Moleküle im Gegensatz zur einfachsten Ketose Dihydroxyaceton ein **asymmetrisches Kohlenstoffatom (C*)**, d. h. ein Kohlenstoffatom mit vier verschiedenen Substituenten enthalten. Die unterschiedliche Anordnung der Substituenten an diesem Kohlenstoffatom führt zu zwei räumlich verschiedenen Molekülen des Glycerinaldehyds, die sich wie Bild und Spiegelbild verhalten (Abb. 42). Man bezeichnet die diesen Molekülen entsprechenden Stoffe als **Enantiomere** (griech. enantion – Gegenteil) oder Spiegelbildisomere. Verbindungen, deren Moleküle als Enantiomere vorkommen, heißen **chirale Verbindungen** (griech. cheir – Hand). Die Moleküle dieser Stoffe können als chirale Moleküle bezeichnet werden, da sie sich mit einer rechten und einer linken Hand vergleichen lassen.

Fischer-Projektion. Zur eindeutigen Projektion chiraler Moleküle in einer Ebene wird nach EMIL FISCHER (1852 bis 1919) ein chirales Molekül wie das Glycerinaldehydmolekül am C* so orientiert, dass die am höchsten oxidierte funktionelle Gruppe (hier: die Aldehydgruppe) nach oben und die CH_2OH-Gruppe nach unten weist. Die Hydroxylgruppe und das Wasserstoffatom werden mit waagerechten Bindungen links und rechts angeordnet. Dabei gilt, dass senkrecht angeordnete Atomgruppen hinter der Bildebene, waagerecht angeordnete Atome oder Atomgruppen vor der Bildebene liegen.

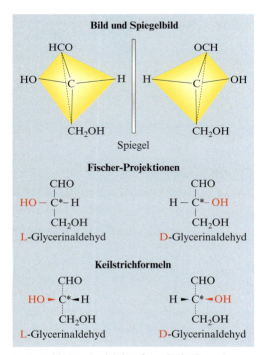

42 Verschiedene Projektionsformeln des L- und D-Glycerinaldehydmoleküls

Diese Darstellung der chiralen Moleküle wird **Fischer-Projektion** genannt (Abb. 42).

Aus den beiden möglichen Stellungen der Hydroxylgruppe am C* des Glycerinaldehydmoleküls resultieren Enantiomere, die den gleichen Namen Glycerinaldehyd tragen, jedoch als **D-** bzw. **L-Form** unterschieden werden (lat. dexter – rechts, laevus – links): Beim D-Glycerinaldehyd zeigt die Hydroxylgruppe nach rechts, beim L-Glycerinaldehyd nach links.

Mithilfe von **Keilstrichformeln** kann die Fischer-Projektion stärker verdeutlicht werden: Dabei wird die räumliche Stellung der Bindungen der Substituenten am C*, die aus der Bildebene herausragen, durch einen Keilstrich ▶ wiedergegeben. Bindungen, die nach hinten gerichtet sind, werden durch einen durchbrochenen Bindungsstrich (----) gekennzeichnet (Abb. 42).

Aus der Triose Glycerinaldehyd können formal durch Einschub weiterer CHOH-Gruppen Tetrosen, Pentosen, Hexosen usw. erhalten werden. Dabei entstehen in den Molekülen weitere C*. Die Monosaccharide, die sich von der Struktur des D-Glycerinaldehyds ableiten lassen, werden als **D-Aldosen** bezeichnet, diejenigen, die auf das L-Glycerinaldehyd zurückzuführen sind, als **L-Aldosen**. Allgemein wird die Zuordnung zur D- oder L-Reihe auf dasjenige asymmetrische Kohlenstoffatom bezogen, das am weitesten von der Aldehydgruppe (bzw. Ketogruppe) entfernt ist (vgl. Glucose Abb. 44, Fructose Abb. 48).

Optische Aktivität. Chirale Verbindungen, also Stoffe die aufgrund des asymmetrischen Kohlenstoffatoms in ihren Molekülen als Enantiomere vorkommen, drehen die Ebene des linear polarisierten Lichtes (Abb. 43). Sie sind optisch aktiv. Die Spiegelbildisomere von z. B. D- und L-Glycerinaldehyd unterscheiden sich nur in dieser einen Eigenschaft: D-Glycerinaldehyd dreht die Ebene des polarisierten Lichtes nach rechts (+), L-Glycerinaldehyd dreht die Ebene des polarisierten Lichtes um den gleichen Betrag nach links (–). Dem Namen kann der Drehsinn beigefügt werden: D(+)-Glycerinaldehyd, L(–)-Glycerinaldehyd. Sie sind **optische Antipoden**.

Die optische Aktivität wird in einem Polarimeter untersucht und die spezifische Drehung α_{sp} als Stoffkonstante ermittelt (Tab. 8). Ein 1 : 1-Gemisch beider Enantiomere ist optisch nicht aktiv. Es wird als **Racemat** bezeichnet.

Zwischen dem Drehsinn der Polarisationsebene und dem Bau der enantiomeren Moleküle besteht kein Zusammenhang. Aus der D- bzw. der L-Konfiguration kann der Drehsinn nicht abgeleitet werden.

B-2

Struktur und Eigenschaften von organischen Kohlenstoffverbindungen

Asymmetrisches Kohlenstoffatom
ein Kohlenstoffatom C*, das vier verschiedene Substituenten R^1, R^2, R^3, R^4 gebunden hat

Enantiomere
Stereoisomere, die sich wie Bild- und Spiegelbild verhalten und nicht zur Deckung gebracht werden können; Voraussetzung: C*

Chirale Verbindung
Verbindung, deren Moleküle als Enantiomere vorkommen

Spezifische Drehung α_{sp}
Stoffkonstante eines optisch aktiven Stoffes; Quotient aus dem Drehwinkel α und dem Produkt aus der Massenkonzentration β und der Länge des Probenrohrs l (Tab. 8)

Tab. 8 Spezifische Drehung einiger Monosaccharide

Stoff	α_{sp} in $ml \cdot g^{-1} \cdot dm^{-1}$
D(+)-Glucose	+52,7
D(–)-Fructose	–92,4
D(+)-Galaktose	+80,2

↗ B-2 | Messung optischer Aktivität

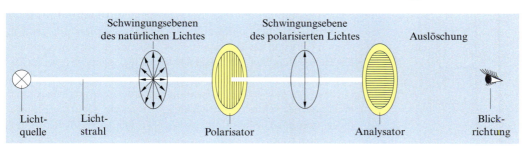

43 Erzeugung und Nachweis von polarisiertem Licht

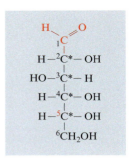

44 D-Glucosemolekül in der Fischer-Projektion

B

Struktur-Eigenschaften-Konzept

B-2 | 3-D-Molekülmodelle: Kohlenhydrate

45 Ketten- und Ringform des D-Glucosemoleküls stehen im Gleichgewicht.

α-D-Glucose ⇌ Kettenform der D-Glucose ⇌ β-D-Glucose

Bau und Eigenschaften der Glucose (Traubenzucker). Das Glucosemolekül besitzt die **Summenformel $C_6H_{12}O_6$**. Seine Struktur entspricht einer D-Aldose, weil die Hydroxylgruppe am fünften C* in D-Stellung gebunden ist. Aufgrund der sechs im Glucosemolekül gebundenen Kohlenstoffatome kann sie auch als D-Aldohexose bezeichnet werden. Glucosemoleküle enthalten fünf Hydroxylgruppen und eine **Aldehydgruppe –CHO** (Abb. 44).

Die Struktur der D-Glucose ist durch die **Kettenform** nicht vollständig zu beschreiben. Vielmehr liegt das Glucosemolekül in wässriger Lösung überwiegend in **Ringform** vor: Durch eine innermolekulare Bindung zwischen der Aldehydgruppe und der Hydroxylgruppe des 5. Kohlenstoffatoms bilden sich **cyclische sechsgliedrige, sesselförmige Ringe**. Das Kohlenstoffatom der Aldehydgruppe des kettenförmigen Glucosemoleküls wird durch die Ringbildung zu einem weiteren asymmetrischen Kohlenstoffatom, das hier als **anomeres Kohlenstoffatom** bezeichnet wird.

Je nach Stellung der Hydroxylgruppe am anomeren Kohlenstoffatom ergeben sich zwei Stereoisomere, α**-D-Glucose** und β**-D-Glucose**. Beide Stereoisomere drehen die Ebene des polarisierten Lichtes unterschiedlich. In wässrigen Lösungen kann sich α-D-Glucose über die Kettenform in β-D-Glucose umwandeln (Abb. 45). Diese als **Mutarotation** bezeichnete Eigenschaft kann als Änderung des Drehwinkels experimentell bestätigt werden. Dabei bildet sich ein Gleichgewicht aus, bei dem der Anteil der Kettenform vernachlässigt werden kann.

Die Struktur des Molekülrings der α- und β-D-Glucose ist mit der des Cyclohexans vergleichbar, wobei ein Kohlenstoffatom im Ring durch ein Sauerstoffatom ersetzt ist. Es ergeben sich verschiedene Konformationen, von denen hier die Sesselform dargestellt ist (Abb. 46).

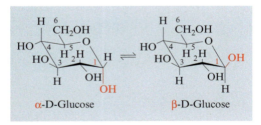

46 Konformationen des D-Glucosemoleküls

47 Haworth-Projektion der D-Glucose

Die Darstellung der von W. N. HAWORTH (1883 bis 1950) eingeführten ebenen Projektion ist anschaulicher. In der **Haworth-Projektion** stellt man sich das ringförmige Molekül als waagerecht liegenden, ebenen Ring vor, bei dem das im Ring gebundene Sauerstoffatom in der rechten hinteren Ecke liegt (Abb. 47). Der Ring wird perspektivisch gesehen, wobei der untere Teil dem Betrachter zugewandt ist. Die vom Ring ausgehenden Bindungen werden senkrecht nach oben und unten gezeichnet, dabei stehen Substituenten, die in der Fischer-Projektion nach rechts (links) weisen, in der Haworth-Projektion nach unten (oben).

Die Aldehydgruppe der Glucose kann mit Fehling-Lösung und Tollens-Reagens nachgewiesen werden.

Glucose besitzt einen süßen Geschmack und bildet den Ausgangsstoff für verschiedene Gärungsprozesse (alkoholische Gärung, Milchsäuregärung). Glucose spielt in der Energieversorgung des Körpers eine bedeutende Rolle, weil sie von den Zellen direkt zur Energiegewinnung genutzt wird.

Bau und Eigenschaften der Fructose (Fruchtzucker). Das Fructosemolekül hat wie das Glucosemolekül die Summenformel $C_6H_{12}O_6$, aber anders als das Glucosemolekül weist das D-Fructosemolekül eine **Ketogruppe** $>C=O$ am zweiten Kohlenstoffatom auf.

Fructose ist eine Ketohexose. Die Kettenform der D-Fructose steht im Gleichgewicht mit zwei cyclischen Formen (Abb. 48), die als Pyranose (6-Ringzucker, Abb. 49) und Furanose (5-Ringzucker) bezeichnet werden.

B-2

Struktur und Eigenschaften von organischen Kohlenstoffverbindungen

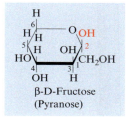

49 In Früchten kommt die Pyranoseform der β-D-Fructose vor.

48 Ketten- und Ringform des D-Fructosemoleküls stehen im Gleichgewicht.

Die Furanosen haben einen Anteil von ca. 31 %, die Pyranosen ca. 69 % am Gleichgewicht. Die Kettenform liegt zu unter 1 % vor. Fructose dreht die Ebene polarisierten Lichtes nach links, in wässriger Lösung erfolgt Mutarotation. Trotz einer Ketogruppe im Molekül gehört die Fructose wie die Glucose zu den reduzierenden Zuckern, sie kann mit Fehling-Lösung und Tollens-Reagenz nachgewiesen werden (↗ S. 289, Exp. 3, 4). Dies ist erstaunlich, denn für diese Reaktion ist eine reduzierende Aldehydgruppe notwendig. Die reduzierende Wirkung der Fructose wird durch die der Ketogruppe benachbarte Hydroxylgruppe hervorgerufen, die sich unter Einwirkung von in den Nachweisreagenzien enthaltenen Hydroxid-Ionen innermolekular zur Aldehydgruppe umlagern kann. Dies wird als **Keto-Enol-Tautomerie** bezeichnet (Abb. 50). Es stellt sich ein Gleichgewicht ein, in dem Glucose überwiegt.

Aufgaben

1. Zeichnen Sie die Strukturformel der Aldopentose D-Ribose (1,2,3,4-Tetrahydroxyl-5-pentanal) in Fischer-Projektion. *Hinweis:* Alle Hydroxylgruppen stehen auf der gleichen Seite.
2. Zeichnen Sie die α-D-Ribose und die β-D-Ribose in der Haworth-Projektion als Furanosen.
3. Die spezifische Drehung der D(−)-Fructose beträgt $\alpha_{sp} = -92{,}4\,ml \cdot g^{-1} \cdot dm^{-1}$. Welchen Wert hat α_{sp} von L(+)-Fructose?

50 Keto-Enol-Tautomerie

B

Struktur-
Eigenschaften-
Konzept

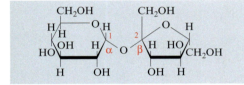

51 Strukturformel der Saccharose

51 Strukturformel der Maltose

Aufgaben

1. Zeichnen Sie die Strukturformel des organischen Reaktionsprodukts der Reaktion von D-Glucose mit Tollens-Reagenz in der Fischer-Projektion.
2. Erläutern Sie, warum Fructose mit Fehling-Lösung reagiert.
3. Lösungen von Saccharose und Maltose unterscheiden sich u. a. in ihrer Reaktion mit Fehling-Lösung und Tollens-Reagenz. Begründen Sie. Sind die Zuckerlösungen optisch aktiv? Lässt sich Mutarotation beobachten?
4. Milchzucker (Lactose) ist ebenfalls ein Disaccharid. In seinen Molekülen ist das Monosaccharid Galaktose β-glycosidisch über eine 1-4-Verknüpfung mit Glucose verbunden. Die Moleküle der Galaktose unterscheiden sich nur am C-Atom 4 von der Glucose.
   Zeichnen Sie ein Molekül des Milchzuckers in der Haworth-Projektion.
   Machen Sie Aussagen über die Reaktion einer Milchzuckerlösung mit Fehling-Lösung und über die Möglichkeit der Mutarotation.

Bau und Eigenschaften der Disaccharide. Die Moleküle der Disaccharide sind aus zwei Monosaccharidbausteinen aufgebaut. Das bekannteste Disaccharid ist die **Saccharose** (Rohzucker), der Haushaltszucker.

Saccharosemoleküle bestehen aus einem D-Glucose- und einem D-Fructosemolekül, die über eine **Sauerstoffbrücke** miteinander verbunden sind. Diese Brücke entsteht durch Reaktion von je einer Hydroxylgruppe zweier Monosaccharidmoleküle unter Abspaltung eines Wassermoleküls (Kondensation).

An der Bildung der Disaccharidmoleküle sind immer besonders reaktionsfähige Hydroxylgruppen (OH-Gruppen) beteiligt. Diese reaktionsfähigen OH-Gruppen befinden sich am asymmetrischen Kohlenstoffatom, das durch die Bildung der Ringform des Monosaccharids entstanden ist. Im Fall des Glucosemoleküls ist dies die OH-Gruppen am Kohlenstoffatom 1, beim Fructosemolekül die am Kohlenstoffatom 2. Die beiden reaktionsfähigen OH-Gruppen heißen **glycosidische OH-Gruppen**, die entstehende Bindung heißt **glycosidische Bindung**. Wird wie bei der Bildung der Saccharose die glycosidische OH-Gruppe am Kohlenstoffatom 1 der Glucose mit einer OH-Gruppe am Kohlenstoffatom 2 der Fructose kondensiert, so liegt eine 1,2-Verknüpfung vor. Die vollständigen Bindungsverhältnisse in der Saccharose werden mit α-1,β-2-glycosidischer Bindung bezeichnet, woraus hervorgeht, dass die beteiligten Monosaccharidbausteine der Saccharose α-D-Glucose und β-D-Fructose sind (Abb. 51).

Durch die glycosidische Bindung sind die reduzierenden Aldehydgruppen geschützt, sodass Saccharose weder mit Fehling-Lösung noch mit Tollens-Reagenz reagiert und auch keine Mutarotation zeigt.

Die Moleküle der Maltose (Malzzucker) sind aus zwei D-Glucosemolekülen aufgebaut, die α-1,4-glycosidisch verknüpft sind (Abb. 52). Aufgrund der freien glycosidischen OH-Gruppe wirkt Maltose reduzierend, reagiert mit Fehling-Lösung und Tollens-Reagenz und zeigt Mutarotation.

Resümee

Nach den in ihren Molekülen enthaltenen funktionellen Gruppen werden die Monosaccharide in Aldosen (die Moleküle enthalten eine Aldehydgruppe) und Ketosen (die Moleküle enthalten eine Ketogruppe) eingeteilt. Die Moleküle enthalten mindestens ein asymmetrisches Kohlenstoffatom C*, das die optische Aktivität der Monosaccharide begründet. Die Zuordnung der Monosaccharide zur D- oder L-Form richtet sich nach der Stellung der Hydroxylgruppe an dem asymmetrischen Kohlenstoffatom, das am weitesten von der Aldehydgruppe (bzw. Ketogruppe) entfernt steht.

Glucose ist eine Aldohexose, Fructose eine Ketohexose. Über Mutarotation stehen die Ringform und die Kettenform der Moleküle miteinander im Gleichgewicht.

Durch Reaktion der glycosidischen Hydroxylgruppen zweier Monosaccharidmoleküle werden unter Abspaltung eines Wassermoleküls Disaccharidmoleküle gebildet.

Aminosäuren und Dipeptide

Proteine (Eiweißstoffe) sind eine sehr große Gruppe von makromolekularen Stoffen, die viele wichtige Funktionen im Organismus erfüllen. Durch Einwirkung von Säure oder durch enzymatische Behandlung werden Proteine in ihre Bausteine zerlegt: Es entstehen **Aminosäuren**, deren Moleküle mindestens zwei funktionelle Gruppen – je eine Amino- und eine Carboxylgruppe – enthalten (Abb. 53, 54). Am Aufbau der Proteine sind etwa 20 Aminosäuren beteiligt, von denen acht nicht vom menschlichen Organismus synthetisiert werden können. Der Mensch muss diese **essenziellen Aminosäuren** mit der Nahrung aufnehmen.

Neben den in Tab. 9 aufgeführten Aminosäuren gibt es noch über hundert weitere Aminosäuren.

Bau der Aminosäuren. Die einfachste Aminosäure ist das Glycin $H_2N–CH_2–COOH$. Seine Moleküle besitzen nur je eine **Aminogruppe $–NH_2$** und eine **Carboxylgruppe $–COOH$**. Die Moleküle ähneln formal denen der Essigsäure (Ethansäure), sie unterscheiden sich nur durch die substituierte Aminogruppe. Bei allen in Proteinen vorkommenden Aminosäuren befindet sich die Aminogruppe am zweiten Kohlenstoffatom, dem α-**Kohlenstoffatom**. Daher werden diese Aminosäuren als α-**Aminosäuren** bezeichnet (Tab. 9). Sie weisen die allgemeine Formel $H_2N–CHR–COOH$ auf, wobei mit R die Seitenkette (der restliche Molekülteil) bezeichnet wird.

Die α-Aminosäuren haben mit Ausnahme des Glycins, bei dem die Seitenkette R gleich einem Wasserstoffatom ist, ein asymmetrisches Kohlenstoffatom C* in ihren Molekülen. Sie sind deshalb chiral (↗ S. 298). So kommt z. B. Alanin in zwei unterschiedlichen Spiegelbildisomeren vor: D- und L-Alanin.

Die Struktur chiraler Aminosäuren wird wie bei den Zuckern entweder durch Projektionsformeln nach FISCHER oder durch Keilstrichformel angegeben. Dabei werden die Moleküle so orientiert, dass die Carboxylgruppe nach oben, die Seitenkette R nach unten und die beiden Substituenten, die Aminogruppe und das Wasserstoffatom, waagerecht orientiert sind (Abb. 53).

Wie bei den Monosacchariden unterscheidet man D-Aminosäuren (die Aminogruppe steht rechts) und L-Aminosäuren (die Aminogruppe steht links). Natürliche Aminosäuren liegen fast vollständig in der L-Form vor.

B-2

Struktur und Eigenschaften von organischen Kohlenstoffverbindungen

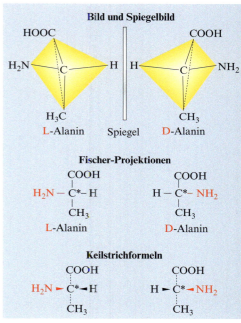

53 Verschiedene Projektionsformeln des L- und D-Alanins

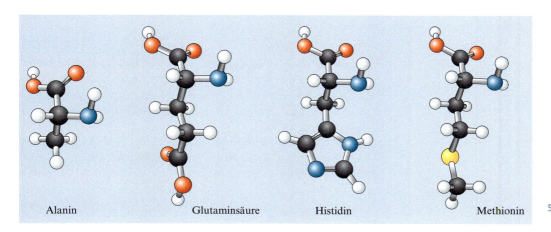

Alanin Glutaminsäure Histidin Methionin

54 Molekülmodelle einiger Aminosäuren

303

Tab. 9 α-Aminosäuren $H_2N–CHR–COOH$
Mit * gekennzeichnete Aminosäuren sind essenziell.

Name	Seitenkette R	Kurzbezeichnung	Eigenschaft
Glycin	–H	Gly	
Alanin	$–CH_3$	Ala	
Valin*	$–CH(CH_3)_2$	Val	
Leucin*	$–CH_2–CH(CH_3)_2$	Leu	
Methionin*	$–CH_2–CH_2–S–CH_3$	Met	
Threonin*	$–CH(OH)–CH_3$	Thr	
Isoleucin*	$–CH(CH_3)_2–C_2H_5$	Ile	
Tyrosin	$–CH_2–C_6H_4–OH$	Tyr	
Phenylalanin*	$–CH_2–C_6H_5$	Phe	
Prolin	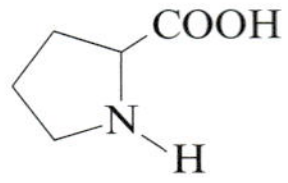	Pro	Neutrale Aminosäure
Serin	$–CH_2–OH$	Ser	
Cystein	$–CH_2–SH$	Cys	
Tryptophan*	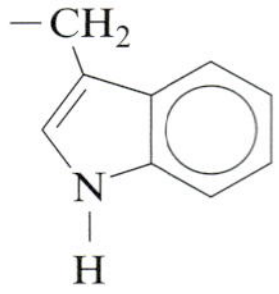	Trp	
Asparagin	$–CH_2–CONH_2$	Asn	
Glutamin	$–CH_2–CH_2–CONH_2$	Gln	
Glutaminsäure	$–CH_2–CH_2–COOH$	Glu	Saure Aminosäure
Asparaginsäure	$–CH_2–COOH$	Asp	
Lysin*	$–(CH_2)_4–NH_2$	Lys	
Arginin	$–(CH_3)_3–NH–C(NH)–NH_2$	Arg	Basische Aminosäure
Histidin	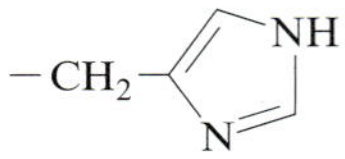	His	

● ↗ B-2 | 3-D-Molekülmodelle: Aminosäuren

Eigenschaften der Aminosäuren. Vergleicht man bestimmte Eigenschaften des Glycins mit denen der Ethansäure, so lassen sich Unterschiede in Bezug auf ihre Erscheinungsformen, Schmelztemperaturen, Säure-Base-Reaktionen und elektrische Leitfähigkeit ihrer Lösungen feststellen.

Glycin ist bei Raumtemperatur ein kristalliner Feststoff (Essigsäure liegt flüssig vor). Beim Erhitzen von Glycin zersetzt es sich bei ca. 230 °C, ohne zu schmelzen (Essigsäure siedet bei 118 °C). Wie ist das zu erklären?

Die chemischen und physikalischen Eigenschaften der Aminosäuren werden durch zwei funktionelle Gruppen bestimmt, Amino- und Carboxylgruppe. Nach den in der Seitenkette R gebundenen Atomen unterscheidet man **unpolare Aminosäuren** (nur Kohlenstoff- und Wasserstoffatome), **polare Aminosäuren** (mindestens ein Heteroatom O, S, N), **neutrale Aminosäuren** (jeweils eine Aminogruppe und Carboxylgruppe), **saure Aminosäuren** (zusätzlich eine Carboxylgruppe) und **basische Aminosäuren** (zusätzlich eine Aminogruppe). Darüber hinaus sind Aminosäuren wie das Glycin aus Ionen aufgebaut, was ihren salzartigen Charakter (kristalliner Feststoff, Zersetzung beim Erhitzen, ohne zu schmelzen) erklärt. Im Unterschied zu den bekannten Ionenverbindungen, z. B. Natriumchlorid, liegen bei den Aminosäuremolekülen jedoch keine einzeln positiv oder negativ elektrisch geladenen Ionen vor, sondern positive und negative Ladungen bestehen gleichzeitig in jedem Aminosäuremolekül. Solche Ionen werden als **Zwitterionen** bezeichnet. Die Carboxylgruppe –COOH kann ein Proton abgeben, die Aminogruppe –NH$_2$ kann ein Proton aufnehmen. In wässriger Lösung reagieren deshalb Aminosäuren mit Hydroxid-Ionen zu Aminosäure-Anionen und Wasser, mit Hydronium-Ionen zu Aminosäure-Kationen und Wasser. Sie bilden ein Säure-Base-Gleichgewicht (Abb. 55).

B-2

Struktur und Eigenschaften von organischen Kohlenstoffverbindungen

Kation pH < 1		Zwitterion pH = 6		Anion pH > 13
H$_3$N$^+$–CH(R)–COOH	$\underset{+H_3O^+,\ -H_2O}{\overset{+OH^-,\ -H_2O}{\rightleftharpoons}}$	H$_3$N$^+$–CH(R)–COO$^-$	$\underset{+H_3O^+,\ -H_2O}{\overset{+OH^-,\ -H_2O}{\rightleftharpoons}}$	H$_2$N–CH(R)–COO$^-$

55 Säure-Base-Reaktionen des Zwitterions des Glycins

 ↗ E-2 | Der Säure-Base-Begriff nach Brönsted

Zwitterionen liegen meist bei einem pH-Wert von etwa 6 vor. Die Titrationskurve einer sauren Glycinlösung mit einer Base belegt diese Eigenschaft (Abb. 56). In saurer Lösung sind zu Beginn der Titration überwiegend Kationen vorhanden. Mit der Zugabe der Base entstehen durch Reaktion mit Hydroxid-Ionen immer mehr Zwitterionen. Bei pH = 2,35 wird ein Wendepunkt erreicht, bei dem die Stoffmengenkonzentrationen der Kationen und der Zwitterionen gleich sind. Am zweiten Wendepunkt der Kurve bei pH = 6,07 hat die Konzentration der Zwitterionen ein Maximum erreicht und die Konzentration der Kationen und Anionen ist gleich: Die Summe der elektrischen Ladungen ist gleich, der dazugehörige pH-Wert wird **isoelektrischer Punkt** einer Aminosäure genannt. Bei weiterer Zugabe der Base nimmt die Konzentration an Zwitterionen wieder ab und die Konzentration der Anionen zu. Ein dritter Wendepunkt kann bei pH = 9,78 festgestellt werden, bei dem die Stoffmengenkonzentrationen der Anionen und der Zwitterionen gleich sind.

Wegen ihrer Eigenschaft, sowohl mit Säuren als auch mit Basen zu reagieren, sind Aminosäuren den **amphoteren Verbindungen** zuzurechnen. Aminosäuremoleküle sind **Ampholyte**.

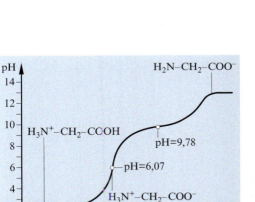

56 Titration von Glycin in saurer Lösung mit Natronlauge ($c = 0,1\ mol \cdot l^{-1}$)

 **↗ E-2 | Ampholyte**

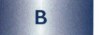

Struktur-
Eigenschaften-
Konzept

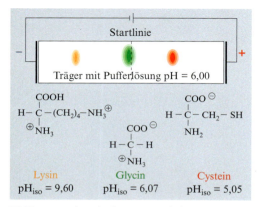

57 Bildung eines Dipeptidmoleküls durch Reaktion von zwei Aminosäuremolekülen und Abspaltung eines Wassermoleküls

Aminosäuren können außer durch chromatografische Verfahren auch durch **Elektrophorese** aufgetrennt werden, wobei geladene Teilchen im elektrischen Feld unterschiedlich wandern (Abb. 58). Wanderungsrichtung und -geschwindigkeit werden von der Art der elektrischen Ladung der Aminosäure-Ionen, aber auch von der Masse der hydratisierten Ionen bestimmt.

Im elektrischen Feld findet am isoelektrischen Punkt keine Wanderung der Aminosäure-Zwitterionen statt. Bei höherem oder niedrigerem pH-Wert überwiegen jeweils die Anionen bzw. Kationen und es erfolgt eine Wanderung der Aminosäure-Ionen im elektrischen Feld. Aminosäuregemische und Gemische von Peptiden und Proteinen können auf diese Weise analytisch aufgetrennt werden.

Bau und Eigenschaften der Peptide. Reagiert die Aminogruppe eines L-Aminosäuremoleküls mit der Carboxylgruppe eines anderen L-Aminosäuremoleküls, so entsteht unter Abspaltung eines Wassermoleküls ein **Dipeptidmolekül** (Abb. 57). Bei dieser Reaktion werden also unterschiedliche Aminosäurebausteine durch eine Kohlenstoff-Stickstoff-Bindung miteinander verknüpft. Die entstehende Atomgruppe $-\overset{\overset{\displaystyle O}{\|}}{C}-\underset{\underset{\displaystyle H}{|}}{N}-$ wird als **Peptidgruppe** oder auch Peptidbindung bezeichnet.

Alle an der Peptidgruppe beteiligten Atome liegen in einer Ebene. Um die C–N-Bindung herrscht keine freie Drehbarkeit. Diese Eigenschaften lassen sich schlüssig erklären, wenn man auf die Peptidgruppe das Mesomerie-Modell anwendet: Der Bindungszustand kann durch zwei mesomere Grenzformeln dargestellt werden (Abb. 59). Ähnlich wie bei den Alkenen liegt an der Doppelbindung eine cis-trans-Isomerie vor. In natürlich vorkommenden Peptiden kommen die Moleküle als trans-Isomere vor.

Durch die Verknüpfung von drei bis zehn Aminosäurebausteinen entstehen Oligopeptide. Bei zehn und mehr Aminosäurebausteinen spricht man von Polypeptiden, bei mehr als hundert Aminosäurebausteinen im Molekül von makromolekularen **Proteinen** (↗ Proteine S. 345 ff.).

58 Trennung eines Aminosäuregemischs durch Elektrophorese (pH$_{iso}$ – isoelektischer Punkt)

59 Mesomere Grenzformeln der Peptidgruppe. Sauerstoff-, Stickstoff-, Wasserstoff- und Kohlenstoffatome liegen in einer Ebene. Die Peptidketten werden in trans-Konfiguration fortgeführt.

Exkurs 3
Aspartam – ein Zuckerersatzstoff

Aspartam ist ein Süßstoff, d. h. ein Zuckerersatzstoff, der etwa 200 mal süßer schmeckt als Saccharose. Zur Erzeugung eines süßen Geschmacks muss deswegen auch nur ein Bruchteil der mit Saccharose vergleichbaren Menge verwendet werden. Infolge dessen ist der Energieinhalt von Aspartam (die zugeführten „Kalorien") zu vernachlässigen. Deshalb wird Aspartam in vielen Diätgetränken als Süßstoff eingesetzt, z. B. in sogenannten Light-Getränken. Chemisch gesehen hat Aspartam nichts mit den Kohlenhydraten gemein. Es ist ein synthetisches Dipeptid, das aus den Aminosäurebausteinen Asparaginsäure und Phenylalanin besteht. Zusätzlich ist der Phenylalaninbaustein mit Methanol verestert. Zum Backen ist der Süßstoff nicht geeignet, weil er beim Erhitzen hydrolysiert wird.

Im Körper wird durch den Stoffwechsel Phenylalanin freigesetzt. Die Verwendung von Aspartam in Lebensmitteln muss auf der Verpackung angegeben werden, weil einige Menschen eine Erkrankung haben, die sich in einer Unverträglichkeit für Phenylalanin äußert. Bei dieser erblichen Stoffwechselkrankheit, der Phenylketonurie, kann Phenylalanin nicht auf normalem Wege abgebaut werden. Neugeborene mit dieser Erkrankung erleiden bei regelmäßiger Aufnahme von Phenylalanin starke Hirnschäden, Erwachsene müssen mit Konzentrationsschwäche, Reaktionsverlangsamung und Muskelkrämpfen rechnen.

60 Strukturformel von Aspartylphenylalaninmethylester (Aspartam)

B-2

Struktur und Eigenschaften von organischen Kohlenstoffverbindungen

---

Resümee

Die Moleküle der Aminosäuren sind durch zwei funktionelle Gruppen, die Aminogruppe und die Carboxylgruppe, gekennzeichnet. Aminosäuremoleküle mit einem asymmetrischen Kohlenstoffatom sind chiral, ihre Enantiomere werden als D- und L-Aminosäuren bezeichnet. Sie liegen als Zwitterionen vor und sind amphotere Verbindungen, die sowohl mit Säuren als auch mit Basen reagieren. In wässriger Lösung wird die maximale Konzentration an Zwitterionen bei dem für jede Aminosäure charakteristischen Punkt, dem isoelektrischen Punkt, erreicht. Weitere funktionelle Gruppen, die Einfluss auf die Eigenschaften der Aminosäuren ausüben, können in der Seitenkette der Aminosäuremoleküle gebunden sein.

Unter Abspaltung eines Wassermoleküls können zwei Aminosäuremoleküle zu Dipeptidmolekülen reagieren.

Aufgaben

1. Erklären Sie, warum die Bezeichnung von D-Glycin sinnlos ist.
2. Zeichnen Sie die Strukturformeln von Leucin und Isoleucin als Keilstrichformel und benennen Sie die Enantiomere.
3. Skizzieren Sie ein Diagramm, in dem der Stoffmengenanteil der verschiedenen Ionen des Glycins in wässriger Lösung gegen den pH-Wert aufgetragen ist. Dabei soll auf der Ordinate der Stoffmengenanteil x in % und auf der Abszisse der pH-Wert von 0 bis 14 abgetragen werden.
4. Begründen Sie, warum bei pH = 6,07 die wässrige Lösung von Glycin die geringste elektrische Leitfähigkeit aufweist.
5. Im Hydrolysat eines Dipeptids lassen sich die Aminosäuren Glycin und Serin nachweisen. Stellen Sie die möglichen Strukturformeln des Dipeptids dar.

B

Struktur-
Eigenschaften-
Konzept

Methoden der Strukturaufklärung

Wir haben in den letzten zwei Kapiteln sehr viel über die Teilchenstrukturen und ihre Bedeutung für die Eigenschaften der Stoffe erfahren. Woher kennen wir eigentlich Strukturen von Teilchen, die submikroskopisch klein, also unsichtbar sind?

Wie in so vielen Fällen in den Naturwissenschaften sind wir auch hierbei auf physikalische Hilfsmittel angewiesen, die uns indirekt Antworten auf unsere Fragen an die Natur geben. Wir müssen uns aber dabei bewusst bleiben, dass es sich bei unserer Interpretation dieser Antworten um Modelle, also von Menschen geschaffene Vorstellungen handelt, die nur so lange Gültigkeit behalten, als sie untereinander widerspruchsfrei sind und zu zutreffenden Vorhersagen über das Verhalten von Stoffen führen.

Chromatografie

Vor der eigentlichen Strukturermittlung muss zunächst entschieden werden, ob der vorliegende Stoff rein vorliegt oder ob er noch Beimengungen anderer Stoffe enthält. Wichtige Entscheidungshilfen liefern die chromatografischen Verfahren, mit denen sich Stoffgemische trennen und ihre Bestandteile identifizieren lassen. Namensgebend für die **Chromatografie** (griech. chroma – Farbe, graphein – schreiben) war die Trennung von (Blatt-)Farbstoffen. Inzwischen hat sich jedoch das Anwendungsspektrum auch auf andere, z. B. gasförmige Stoffe ausgeweitet.

Die verschiedenen chromatografischen Verfahren beruhen alle auf den gleichen Prinzipien, nämlich Adsorption und Verteilung. Unter **Adsorption** wird die Anreicherung von Teilchen aus der Gasphase oder der Lösung an der Oberfläche eines porösen, festen Stoffes verstanden. Dies kann durch Adhäsionskräfte oder aber auch durch chemische Bindung (z. B. Wasserstoffbrückenbindung, Ionenbindung) geschehen. Die **Verteilung** beschreibt die Eigenschaft eines Stoffes, der in einem Lösemittel gelöst vorliegt, bei Kontakt mit einem zweiten Lösemittel an der Phasengrenze in beide Lösemittel übertreten zu können. Dabei stellt sich ein temperaturabhängiges Gleichgewicht zwischen den Konzentrationen des Stoffes in beiden Lösemitteln ein.

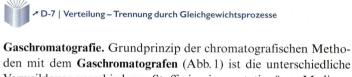

↗ D-7 | Verteilung – Trennung durch Gleichgewichtsprozesse

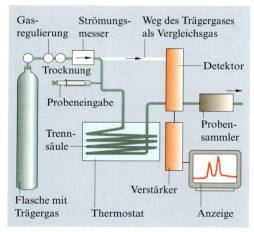

1 Gaschromatograf mit Probensammler (Schema). Die Trennsäule kann beheizt werden, sodass sich flüssige Stoffgemische, die unzersetzt verdampfbar sind, trennen lassen.

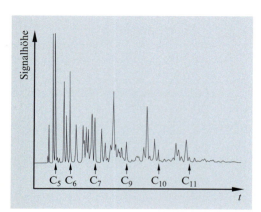

2 Gaschromatogramm von Normalbenzin

Gaschromatografie. Grundprinzip der chromatografischen Methoden mit dem **Gaschromatografen** (Abb. 1) ist die unterschiedliche Verweildauer verschiedener Stoffe in einem stationären Medium, über das das Stoffgemisch mithilfe eines inerten Trägergases („reaktionsträge" von lat. iners – untätig) hinweggeführt wird. Als Trägergas (**mobile Phase**) dient meist Helium, Stickstoff oder Wasserstoff. Die **stationäre Phase** ist eine hochsiedende, viskose Flüssigkeit wie z. B. Silikonöl, mit der ein festes Trägermaterial getränkt wird. Dieses wird dann in die **Trennsäule** gefüllt, ein spiralig gewundenes Kupfer- oder Edelstahlrohr von einigen Millimetern Durchmesser.

Eine Trennsäule kann aber auch aus einer bis zu 200 m langen Kapillare von 0,1 bis 1 mm Durchmesser bestehen, auf deren Innenwand die stationäre Phase als dünner Flüssigkeitsfilm aufgetragen wurde. Das Trägergas wird nun durch die Trennsäule geleitet. In den Trägergasstrom wird die zu analysierende Stoffprobe eingespritzt. Die verschiedenen Stoffe des Stoffgemischs lösen sich in der stationären Phase unterschiedlich gut. Die Komponenten werden von dem nachfolgenden reinen Trägergas wieder herausgelöst. Es stellt sich in jedem Moment ein **Verteilungsgleichgewicht** des Stoffgemischs zwischen mobiler und stationärer Phase ein, das für jeden Stoff bezüglich der stationären Flüssigkeit charakteristisch ist. So verbleiben gut lösliche Stoffe länger in der Säule als schlechter lösliche. Am Ende der Trennsäule erscheinen unterschiedliche Stoffe daher zu unterschiedlichen Zeiten. Sie sind getrennt worden. In dem anschließenden Detektor wird die Wärmeleitfähigkeit des ankommenden Gasstroms mit der von reinem Trägergas verglichen. Enthält das Trägergas Fremdstoffe, so ändert sich die Wärmeleitfähigkeit. Diese Änderung wird in ein elektrisches Signal umgesetzt, verstärkt und auf einen Schreiber oder Bildschirm übertragen. So machen sich die nach und nach erscheinenden Stoffe als Kurvengipfel, die **Peaks** (engl. peak – Spitze), bemerkbar. Die Gesamtheit aller Peaks, die von einer Einspritzung herrühren, wird als **Gaschromatogramm** des eingespritzten Stoffgemischs bezeichnet (Abb. 2).

Retentionszeit. Die **Retentionszeit** (lat. retinere – zurückhalten), d. h. die Zeit, die zwischen Einspritzung der Probe und Erscheinen des Peaks vergeht, ist charakteristisch für einen Stoff. Der Vergleich mit einem Eichchromatogramm, das unter gleichen Bedingungen aufgenommen wurde, kann zu seiner Identifizierung herangezogen werden. Die Länge der Retentionszeit und damit auch die Reihenfolge, in der die Peaks unterschiedlicher Stoffe erscheinen, ist unter anderem vom Material der stationären Phase abhängig. Verwendet man unpolare stationäre Phasen, so erscheinen die Peaks in der Reihenfolge der Siedetemperaturen der eingespritzten Stoffe. Bei polaren stationären Phasen erscheinen die Stoffe in der Reihenfolge steigender Polarität am Detektor.

↗ B-3 | Simulation: Verteilung in der Chromatografie

↗ 3.2 | Untersuchung von Benzin

Anhand der Fläche unterhalb der Peaks können die Anteile der einzelnen Komponenten im Probengemisch ermittelt werden, weil die Fläche unter einem Peak und die Stoffmenge der Komponente bei gleicher Wärmeleitfähigkeit der Komponenten in etwa proportional sind (Abb. 3).

Außer zur Analyse von Gasgemischen wird die Gaschromatografie auch präparativ angewendet, um geringe Mengen hochreiner Substanzen zur weiteren Strukturanalyse zu gewinnen. Zu diesem Zweck wird die ankommende Substanz nach der Detektion direkt einer weiteren Analysemethode (z. B. IR-Spektroskopie oder Massenspektrometrie) unterzogen oder in einem Probensammler vom Trägergas abgetrennt und isoliert.

Methoden der Strukturaufklärung

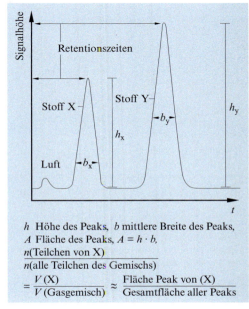

h Höhe des Peaks, b mittlere Breite des Peaks, A Fläche des Peaks, $A = h \cdot b$,

$$\frac{n(\text{Teilchen von X})}{n(\text{alle Teilchen des Gemischs})}$$
$$= \frac{V(X)}{V(\text{Gasgemisch})} \approx \frac{\text{Fläche Peak von (X)}}{\text{Gesamtfläche aller Peaks}}$$

3 Gaschromatogramm eines Feuerzeuggases

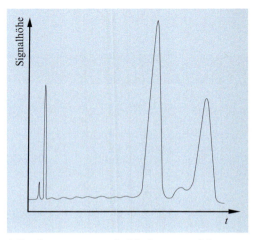

4 Gaschromatogramm der Nitrierungsprodukte von Toluol

B

Struktur-
Eigenschaften-
Konzept

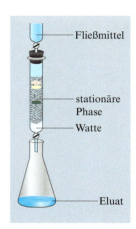

5 Versuchsaufbau zur Säulenchromatografie

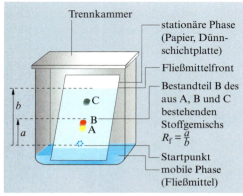

6 Versuchsaufbau zur Papier- und Dünnschichtchromatografie; Auswertung des Chromatogramms des Stoffgemischs aus den Stoffen A, B, C

Papier-, Dünnschicht- und Säulenchromatografie. Die Trennung eines in einer Flüssigkeit gelösten Stoffgemischs erfolgt bei der **Papierchromatografie** an Papier und bei der **Dünnschichtchromatografie** an dünnen Schichten von Kieselgel oder Aluminiumoxid auf Glas- oder Kunststoffplatten (Abb. 6). Die mobile Phase besteht aus einem Lösemittel, z. B. Wasser. Die stationäre Phase ist jeweils das am Trägermaterial, z. B. Papier, adsorbierte Lösemittel, an der das zu trennende Stoffgemisch mit der mobilen Phase vorbeiströmt. Das Papier oder die Dünnschichtplatte wird einige Millimeter tief in das Lösemittel gestellt, das aufgrund der Kapillarität des Trägermaterials nach oben steigt. Knapp oberhalb des Lösemittelspiegels wird das zu trennende Stoffgemisch aufgetragen (Startpunkt). Das Stoffgemisch wird vom aufsteigenden Lösemittel gelöst und weiter mitgeführt. Durch unterschiedliche Verteilung zwischen mobiler und stationärer Phase kommt es zu unterschiedlichen Wanderungsgeschwindigkeiten der Bestandteile und schließlich zur Trennung des Stoffgemischs (Abb. 5). Dabei ist bei gleichen Versuchsbedingungen die Wanderungsgeschwindigkeit für jeden Stoff eine charakteristische Größe. Für viele Stoffe sind R_f-**Werte (Retentionsfaktoren)** tabelliert, die eine Identifizierung der getrennten Stoffe erlauben. Für den R_f-Wert eines Stoffes gilt:

$$R_f = \frac{\text{Entfernung Startpunkt – Stoff}}{\text{Entfernung Startpunkt – Lösemittelfront}}$$

Sind die zu trennenden Stoffe nicht farbig, so müssen sie auf der stationären Phase sichtbar gemacht werden. So kann z. B. die Beschichtung von Dünnschichtplatten einen Indikator enthalten, der farblose Stoffe im UV-Licht anzeigt.

Die **Säulenchromatografie** wird zur Trennung größerer Stoffportionen genutzt. In Trennsäulen, die mit gekörntem Silicagel, Kieselgur oder Cellulosepulver gefüllt und vollständig von dem Lösemittel benetzt sind, wird das gelöste Stoffgemisch oben aufgebracht. Das Lösemittel wird kontinuierlich nachgefüllt. Aus der Säule tritt unten die Lösung, das Eluat (lat. eluere – entfernen), aus und kann in einzelnen Fraktionen gesammelt werden. Anschließend können die Fraktionen mithilfe verschiedener Methoden, z. B. durch Reaktion mit anderen Reagenzien zu farbigen Stoffen, identifiziert werden.

 ↗ 13.1 | Sind grüne Smarties wirklich grün?

Aufgaben

1. Feuerzeuggas wurde bei der quantitativen Elementaranalyse als ein Stoff mit der Summenformel C_4H_{10} identifiziert. Abb. 3 zeigt das Chromatogramm der gaschromatografischen Untersuchung mit einer unpolaren Säule. Welche Stoffe werden durch die beiden Peaks angezeigt?
2. Toluol (Methylbenzol) wurde unter Bedingungen nitriert, die zu einem Isomerengemisch von Mononitrotoluolen führte (↗ Elektrophile Zweitsubstitution an Aromaten S. 338 ff.). Das Produktgemisch wurde an einer polaren Säule chromatografiert (Abb. 4).
Interpretieren Sie das Chromatogramm unter der Annahme, dass auch nicht umgesetztes Toluol im Gemisch enthalten war.

Resümee

Gasförmige oder leicht verdampfbare Stoffgemische lassen sich mithilfe eines Gaschromatografen auftrennen, indem das Stoffgemisch als Dampf oder Gas mit einem Gasstrom über eine flüssige stationäre Phase geleitet wird. Die Art der stationären Phase entscheidet, durch welche Stoffeigenschaften die Trennung herbeigeführt wird.

In Flüssigkeiten gelöste Stoffe werden durch Papier-, Dünnschicht- oder Säulenchromatografie getrennt.

Qualitative und quantitative Elementaranalyse organischer Stoffe

Ist es gelungen, einen bis dahin unbekannten Stoff rein darzustellen, interessiert Chemikerinnen und Chemiker als Nächstes dessen Zusammensetzung aus den Elementen. Eine solche **qualitative Analyse** ist für viele organische Stoffe relativ einfach, da diese Stoffe nur aus wenigen unterschiedlichen Elementen zusammengesetzt sind. Mit der Buchstabenfolge „COHNS" wird die elementare Zusammensetzung der meisten organischen Stoffe beschrieben. Sie enthalten Kohlenstoff C, Sauerstoff O, Wasserstoff H, Stickstoff N und Schwefel S (Tab. 1). Hinzu kommen in manchen Fällen noch Phosphor P und Halogene. Alle anderen Elemente können ebenfalls in organischen Verbindungen vorkommen, sind aber eher selten anzutreffen. Das Grundprinzip der qualitativen Elementaranalyse besteht darin, durch typische chemische Reaktionen das Vorhandensein bzw. die Abwesenheit eines Elements nachzuweisen. Dazu wird die organische Verbindung zunächst in einfachere, meist anorganische Verbindungen umgewandelt.

Nachweis von Kohlenstoff. Das charakteristische Element aller organischen Verbindungen ist Kohlenstoff. Er wird als Kohlenstoffdioxid nachgewiesen, nachdem der zu prüfende Stoff vollständig oxidiert wurde. Leitet man Kohlenstoffdioxid in Kalk- oder Barytwasser ein, so zeigt sich ein typischer weißer Niederschlag von Calcium- bzw. Bariumcarbonat (Abb. 7).

$$Ca^{2+}(aq) + 2\,OH^-(aq) + CO_2(g) \rightarrow CaCO_3(s) + H_2O(l)$$

Nachweis von Wasserstoff. In organischen Stoffen enthaltener Wasserstoff wird bei der vollständigen Oxidation zu Wasser umgesetzt, das z. B. durch seine Reaktion mit blauem Cobaltchloridpapier nachweisbar ist. Ein mit Cobaltchloridlösung getränktes und gut getrocknetes Stück Filterpapier ist blau und ändert bei Kontakt mit Wasser seine Farbe nach rosa (Abb. 8).

Nachweis von Sauerstoff. Um Sauerstoff in organischen Verbindungen nachzuweisen, nutzt man die große Reaktionsfähigkeit des Magnesiums aus. Der zu prüfende Stoff wird erhitzt und seine Dämpfe werden, nachdem sie die Luft aus dem Gefäß verdrängt haben, über glühendes Magnesium geleitet. Enthalten die Dämpfe sauerstoffhaltige Verbindungen, zeigen sich charakteristische weiße Wölkchen von Magnesiumoxid über dem Metall (Abb. 9).
Nicht flüchtige Stoffe werden durch Erhitzen unter Luftabschluss zersetzt. Entsteht dabei Wasser, sind in ihren Molekülen neben Wasserstoff- auch Sauerstoffatome nachgewiesen.

Nachweis von Halogenen. Halogene werden durch die **Beilsteinprobe** nachgewiesen. Hierbei nutzt man die Tatsache, dass Kupferhalogenide leicht flüchtig sind und eine Flamme grün färben. Ein zum Glühen erhitztes Kupferblech wird in den zu prüfenden Stoff getaucht und anschließend in die entleuchtete Bunsenbrennerflamme gebracht. Der organische Stoff zersetzt sich dabei. Falls der Stoff gebundenes Halogen enthält, reagiert dieses mit dem heißen Kupferblech zu Kupferhalogenid, das der Bunsenbrennerflamme eine grüne Färbung verleiht (Abb. 10).

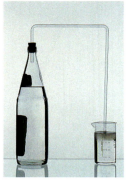

7 Nachweis von Kohlenstoffdioxid

8 Nachweis von Wasser

B-3 Methoden der Strukturaufklärung

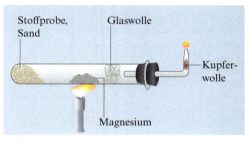

9 Nachweis von Sauerstoff im Experiment

10 Nachweis von Halogenen mit der Beilsteinprobe

Tab. 1 Masse verschiedener Elemente in 100 g Materie

Element	m (Element) in g in 100 g Erdrinde	m (Element) in g in 100 g Rindermuskel
C	0,09	61,00
O	49,00	16,50
H	0,90	8,50
N	0,03	10,30
P	0,09	0,70
Cl	0,20	0,18
Si	25,80	0
Al	7,50	0
S	0,04	0,20
Ca	3,40	0,05

11 Nachweis von Schwefel

B
Struktur-Eigenschaften-Konzept

12 Nachweis von Ammoniak

Nachweis von Schwefel. Viele Schwefelverbindungen erzeugen einen schwarzen Fleck von Silbersulfid, wenn man sie mit Natriumcarbonat verschmilzt und die Masse dann auf ein angefeuchtetes Silberblech gibt (Abb. 11).

Nachweis von Stickstoff. Manche Stickstoffverbindungen zersetzen sich beim Erhitzen in stark alkalischen Lösungen unter Abgabe von Ammoniak, das durch seinen Geruch und durch die Blaufärbung von feuchtem Universalindikatorpapier erkannt wird (Abb. 12).

Mit den beiden letzten Nachweismethoden werden viele, aber nicht alle Stickstoff- und Schwefelverbindungen erfasst. Mit aufwendigeren Methoden können diese aber ebenso wie alle anderen Elemente sicher erkannt werden.

Experiment 1

Quantitative Elementaranalyse von Glucose
In einer wie in Abb. 13 gezeigten Apparatur werden 100 mg wasserfreie Glucose mit einem Spatel Kupfer(II)-oxid (Pulver) in einem schwer schmelzbaren Reagenzglas gut gemischt. Das Reagenzglas wird dann mit Kupferoxid in Drahtform fast gefüllt. Den Abschluss bildet ein Glaswollebausch. Das Reagenzglas wird mit einem durchbohrten Stopfen verschlossen. Ein genau gewogenes Trockenrohr mit gekörntem Calciumchlorid (Xi) und ein Kolbenprober werden angeschlossen.
Zunächst wird das Kupfer(II)-oxid im oberen und mittleren Teil des Reagenzglases stark erhitzt, anschließend auch das Glucose-Kupfer(II)-oxid-Gemisch in der Kuppe des Reagenzglases.
Im Reagenzglas entsteht Kupfer, im Kolbenprober kann Kohlenstoffdioxid nachgewiesen werden. Das entstehende Wasser wird im Trockenrohr durch Calciumchlorid gebunden.

$CaCl_2 + 2 H_2O \rightarrow CaCl_2 \cdot 2 H_2O$

Nach Abkühlen der Apparatur auf Raumtemperatur werden am Kolbenprober das entstandene Volumen abgelesen, Luftdruck und Zimmertemperatur notiert und das Trockenrohr erneut gewogen, um die Masse des entstandenen Wassers zu bestimmen.

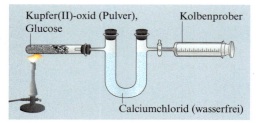

13 Versuchsaufbau

Resümee

Die Zusammensetzung eines Stoffes aus den Elementen lässt sich bestimmen, indem charakteristische Reaktionen durchgeführt werden.

Quantitative Elementaranalyse. Zu einer vollständigen Elementaranalyse gehört natürlich auch das Atomzahlverhältnis, in dem die Elemente im Stoff vorhanden sind. Diese Angaben erhält man durch die quantitative Elementaranalyse. Um in einem ersten Schritt das Massenverhältnis der in einer organischen Verbindung enthaltenen Elemente zu bestimmen, kann in einfachen Fällen wieder die vollständige Oxidation mit Sauerstoff oder Kupfer(II)-oxid herangezogen werden. Aus den Massen an Wasser und Kohlenstoffdioxid, die aus einer bestimmten Masse einer Stoffportion gewonnen werden, errechnet man die Massen an Wasserstoff und Kohlenstoff, die in der Stoffportion enthalten waren (Exp. 1).

Ermittlung der Verhältnisformel. Werden die experimentell ermittelte Masse des Wassers und das Volumen des Kohlenstoffdioxids auf die Masse des analysierten Stoffes bezogen, so kann das **Zahlenverhältnis** der in einem Molekül enthaltenen Atome ermittelt und die **Verhältnisformel** bestimmt werden.

Beispielrechnung

Im Experiment 1 konnten folgende Größen ermittelt werden:
Masse der eingesetzten Glucose $m(Glu) = 0{,}105$ g
Masse des gebildeten Wassers $m(H_2O) = 0{,}059$ g
Volumen des gebildeten Kohlenstoffdioxids $V(CO_2) = 82$ ml
Gemessener Luftdruck $p = 1010$ hPa
Gemessene Raumtemperatur $T = 294$ K
Gaskonstante $R = 8{,}31$ J·(K·mol)$^{-1}$ = 83,1 (l·hPa)·(K·mol)$^{-1}$

Gesucht: Stoffmengen an Kohlenstoff $n(C)$, Wasserstoff $n(H)$, Sauerstoff $n(O)$

Nach der Zustandsgleichung des idealen Gases gilt:

$$p \cdot V = n \cdot R \cdot T \qquad \text{bzw.} \qquad n = \frac{V \cdot p}{R \cdot T}$$

Stoffmenge der Kohlenstoffatome in der Glucoseportion:

$$n(C) = n(CO_2) = \frac{V(CO_2) \cdot p}{R \cdot T}$$

$$n(C) = \frac{0{,}082\,l \cdot 1010\,hPa}{83{,}1\,l \cdot hPa \cdot (K \cdot mol)^{-1} \cdot 294\,K}$$

$$n(C) = 3{,}39 \cdot 10^{-3}\,mol$$

Masse des Kohlenstoffs in der Glucoseportion:

$$m(C) = n(C) \cdot M(C)$$
$$m(C) = 3{,}39 \cdot 10^{-3}\,mol \cdot 12\,g \cdot mol^{-1} = 0{,}0407\,g$$

Masse des Wasserstoffs in der Glucoseportion:

$$\frac{m(H)}{m(H_2O)} = \frac{M(H_2)}{M(H_2O)}$$

$$m(H) = \frac{M(H_2) \cdot m(H_2O)}{M(H_2O)}$$

$$m(H) = \frac{2\,g \cdot mol^{-1} \cdot 0{,}059\,g}{18\,g \cdot mol^{-1}} = 0{,}0066\,g$$

Stoffmenge der Wasserstoffatome in der Glucoseportion:

$$n(H) = \frac{m(H)}{M(H)}$$

$$n(H) = \frac{0{,}0066\,g}{1\,g \cdot mol^{-1}} = 6{,}6 \cdot 10^{-3}\,mol$$

Die Masse an gebundenem Sauerstoff ergibt sich aus der Differenz:

$$m(O) = m(Glu) - [m(C) + m(H)]$$
$$m(O) = 0{,}105\,g - (0{,}0407\,g + 0{,}0066\,g) = 0{,}0577\,g$$

Die Stoffmenge der Sauerstoffatome ist:

$$n(O) = \frac{0{,}0577\,g}{16\,g \cdot mol^{-1}} = 3{,}61 \cdot 10^{-3}\,mol$$

Da die Stoffmenge n proportional zur Teilchenanzahl N ist, können die Zahlenwerte verwendet und durch die kleinste Zahl dividiert werden: $n \sim N$.
Das Stoffmengenverhältnis der Elemente beträgt also:

$$n(C) : n(H) : n(O) = 3{,}39 \cdot 10^{-3}\,mol : 6{,}6 \cdot 10^{-3}\,mol : 3{,}61 \cdot 10^{-3}\,mol$$
$$= 1 : 1{,}95 : 1{,}06 \approx 1 : 2 : 1$$

$$N(C) : N(H) : N(O) = 1 : 2 : 1$$

Das Zahlenverhältnis der in einem Glucosemolekül enthaltenen Atome Kohlenstoff, Wasserstoff und Sauerstoff beträgt 1:2:1. Daraus ergibt sich die Verhältnisformel $C_1H_2O_1$ oder vereinfacht CH_2O.
Die Verhältnisformel gibt das Atomzahlverhältnis der Verbindung an, nicht aber die Zusammensetzung eines Moleküls. Die Summenformel kann ein Vielfaches der Verhältnisformel ausmachen. Sie lautet also vorläufig $(CH_2O)_x$. Der Faktor x kann mithilfe der molaren Masse des analysierten Stoffes berechnet werden.

Methoden der Strukturaufklärung

Aufgaben

1. Die qualitative Elementaranalyse zeigt, dass Ethanol aus den Elementen Kohlenstoff, Wasserstoff und Sauerstoff zusammengesetzt ist. Die quantitative Elementaranalyse von $m = 100\,mg$ Ethanol ergab nach vollständiger Oxidation $m = 191{,}3\,mg$ Kohlenstoffdioxid und $m = 117{,}4\,mg$ Wasser. Bestimmen Sie die Verhältnisformel.
2. Mithilfe des Satzes von Avogadro (↗ S. 315) lassen sich die Summenformeln gasförmiger und leicht verdampfbarer Kohlenwasserstoffverbindungen ermitteln (↗ CD B-3 Summenformel von Feuerzeuggas). Eine gasförmige Kohlenwasserstoffverbindung mit einem Volumen von $V = 10\,ml$ wird mit Kupferoxid vollständig oxidiert. Das Volumen hat sich auf $20\,ml$ Gas verdoppelt, nachdem das entstehende Wasser absorbiert wurde. Am Aluminiumkontakt wird das gleiche Volumen in die Elemente zerlegt. Es entstehen abermals $20\,ml$ Gas.
   a) Bestimmen Sie die Summenformel der Kohlenwasserstoffverbindung und benennen Sie sie.
   b) Formulieren Sie die Reaktionsgleichung für die Oxidation der gesuchten Verbindung.

Resümee

Durch die quantitative Elementaranalyse wird die Verhältnisformel einer organischen Verbindung ermittelt. Eine Stoffprobe wird vollständig oxidiert und die Massen der entstehenden Wasser- und Kohlenstoffdioxidportionen bestimmt. Aus dem Versuchsergebnis können die Stoffmengen der gebundenen Elemente ermittelt bzw. deren Atomzahlverhältnis in der gesuchten Verbindung berechnet werden.

B

Struktur-
Eigenschaften-
Konzept

Bestimmung der molaren Masse durch Gefriertemperaturerniedrigung oder Siedetemperaturerhöhung. Die Bestimmung der molaren Masse eines Stoffes gibt Aufschluss darüber, aus wie vielen Einheiten der Verhältnisformel ein einzelnes Molekül besteht.

Für nicht unzersetzt verdampfbare Stoffe wie Glucose können die Messung der Gefriertemperaturerniedrigung oder der Siedetemperaturerhöhung ihrer Lösungen zur Bestimmung der molaren Masse herangezogen werden. Es hat sich nämlich gezeigt, dass Lösungen des zu untersuchenden Stoffes bei tieferen Temperaturen gefrieren und bei höheren Temperaturen sieden als die reinen Lösemittel. Messungen zeigen, dass bei gleichem Lösemittel die Beträge der **Gefriertemperaturerniedrigung** ΔT_G und der **Siedetemperaturerhöhung** ΔT_S proportional der gelösten Stoffmenge, aber unabhängig von der Art des gelösten Stoffes sind. Diese Aussage wird mithilfe der temperaturunabhängigen Größe **Molalität b** in einer Gleichung ausgedrückt. Die Molalität $b(X)$ eines Stoffes X in einer Lösung ist der Quotient aus der Stoffmenge $n(X)$ des gelösten Stoffes X und der Masse des Lösemittels $m(Lm)$.

$$b(X) = \frac{n(X)}{m(Lm)}$$

Die Gefriertemperaturerniedrigung sowie die Siedetemperaturerhöhung ist der Molalität proportional.

$$\Delta T_G = k_G \cdot b$$
$$\Delta T_S = k_S \cdot b$$

Für die Gefriertemperaturerniedrigung gibt die **kryoskopische Konstante k_G** (griech. kryos – kalt, skopein – betrachten) und für die Siedetemperaturerhöhung die **ebullioskopische Konstante k_S** (lat. ebullire – heraussprudeln) die Temperaturänderung ΔT für eine Lösung an, die 1 mol Teilchen in 1 kg Lösemittel gelöst enthält. Beide Konstanten k_G und k_S sind für viele Stoffe experimentell ermittelt worden und haben für jedes Lösemittel einen charakteristischen Wert (Tab. 2).

Der Zusammenhang zwischen Gefriertemperaturerniedrigung und der molaren Masse ergibt sich aus:

$$\Delta T_G = k_G \cdot \frac{n(X)}{m(Lm)}$$

Mit $n(X) = \frac{m(X)}{M(X)}$ ergibt sich:

$$\Delta T_G = k_G \cdot \frac{m(X)}{m(Lm) \cdot M(X)}$$

Die Berechnung der molaren Masse kann nach

$$M(X) = k_G \cdot \frac{m(X)}{\Delta T_G \cdot m(Lm)}$$

erfolgen. Entsprechende Beziehungen gelten für ΔT_S.

Beispielrechnung

9 g Glucose werden in 100 g Wasser gelöst. Die Lösung zeigt eine Gefriertemperaturerniedrigung von $\Delta T_G = 0{,}92$ K.

$$M(\text{Glucose}) = \frac{1{,}86\,\text{K} \cdot \text{kg} \cdot \text{mol}^{-1} \cdot 0{,}009\,\text{kg}}{0{,}92\,\text{K} \cdot 0{,}1\,\text{kg}}$$

$$M(\text{Glucose}) = 0{,}182\,\text{kg} \cdot \text{mol}^{-1} = 182\,\text{g} \cdot \text{mol}^{-1}$$

Als Verhältnisformel der Glucose wurde $(CH_2O)_x$ ermittelt. Die molare Masse der Formeleinheit CH_2O beträgt:

$$M(CH_2O) = 30\,\text{g} \cdot \text{mol}^{-1}$$

$$M(CH_2O)_x = x \cdot M(CH_2O)$$

$$x = \frac{M(CH_2O)_x}{M(CH_2O)}$$

$$x = \frac{182\,\text{g} \cdot \text{mol}^{-1}}{30\,\text{g} \cdot \text{mol}^{-1}} = 6$$

Mit dem Faktor $x = 6$ lautet die Summenformel der Glucose also

$(CH_2O)_6$ oder $C_6H_{12}O_6$.

Tab. 2 Kryoskopische und ebullioskopische Konstanten k_G und k_S von Lösemitteln

Lösemittel	Schmelztemperatur ϑ_S in °C	k_G in K·kg·mol^{-1}	Siedetemperatur ϑ_V in °C	k_S in K·kg·mol^{-1}
Wasser	0	1,86	100,0	0,52
Cyclohexan	6,5	20,2	80,8	2,79
Eisessig	16,6	3,9	118,1	3,07
Campher	179,5	40,4	204,0	6,09

Bestimmung der molaren Masse durch Dampfvolumenbestimmung.
Für gasförmige und für unzersetzt verdampfbare Stoffe lässt sich die molare Masse M durch eine Bestimmung des Dampfvolumens ermitteln.

Nach AMADEO AVOGADRO (1776 bis 1856) enthalten gleiche Volumina aller Gase unter gleichen Bedingungen gleich viele Teilchen. Dieser Satz gilt unabhängig von der Art des Gases oder der Größe der Teilchen.

In der Praxis bestimmt man die Masse eines genau gemessenen Gasvolumens oder das Volumen, das eine gewogene Portion eines unzersetzt verdampfbaren Stoffes nach dem Verdampfen einnimmt (Exp. 2). Das experimentell ermittelte Volumen eines Stoffes ist auf die Bedingungen des Normzustands V_n mithilfe der Zustandsgleichung des idealen Gases umzurechnen.

$$\frac{p \cdot V}{T} = \frac{p_n \cdot V_n}{T_n}$$

$$V_n = \frac{p \cdot V \cdot T_n}{T \cdot p_n}$$

V Volumen des Gases
T Temperatur des Gases
p Druck des Gases
n Stoffmenge
V_n Normvolumen
T_n Normtemperatur 273,15 K
p_n Normdruck 101,3 kPa

$$V_{m,n} = \frac{V_n}{n} = 22{,}41 \cdot \text{mol}^{-1}$$

Die molare Masse M des Gases kann nun so berechnet werden:

$$n = \frac{m}{M} = \frac{V_n}{V_{m,n}} \qquad M = \frac{V_{m,n} \cdot m}{V_n}$$

Resümee

Zur Bestimmung der molaren Masse eines Stoffes kann man bei nicht flüchtigen Stoffen die Siedetemperaturerhöhung oder die Gefriertemperaturerniedrigung einer Lösung dieses Stoffes (bei bekanntem Anteil des gelösten Stoffes) ermitteln. Bei gasförmigen Stoffen wird die Masse eines bestimmten Volumens gemessen, bei leicht verdampfbaren Stoffen das Volumen einer Stoffportion mit bekannter Masse nach dem Verdampfen bestimmt.

Experiment 2

Bestimmung des Dampfvolumens von Ethanol
Ein großer Saugkolben wird mit einem durchbohrten Stopfen verschlossen, dessen Bohrung mit einer Insulinspritze versehen wird (Abb. 14). Der Boden des Kolbens wird zur Oberflächenvergrößerung mit Glasperlen bedeckt. An den Saugstutzen wird über einen Dreiwegehahn ein Kolbenprober angeschlossen. Der dritte Schenkel des Dreiwegehahns trägt ein U-Rohr-Manometer.

In die Insulinspritze wird Ethanol (wasserfrei; F) gefüllt. Stopfen und Spritze werden gewogen ($m_1 = 12{,}258$ g). Der Stopfen wird auf die Saugflasche gesetzt, die Verbindung zum Kolbenprober hergestellt und ca. 0,1 ml Ethanol in den Kolben gespritzt. Anschließend wird der Kolben vorsichtig geschüttelt, bis sich das Volumen im Kolbenprober nicht mehr ändert. Nach Zuschalten des Manometers wird der Druckausgleich durch Bewegen des Kolbenproberstempels hergestellt.
Luftdruck und Raumtemperatur werden notiert ($p = 102$ kPa, $T = 291$ K), die Zunahme des Volumens am Kolbenprober abgelesen ($V = 30$ ml) und schließlich zur Ermittlung der Masse des Ethanols Stopfen und Spritze zurück gewogen ($m_2 = 12{,}200$ g). Die molare Masse ergibt sich nach nebenstehenden allgemeinen Gleichungen zu $M = 46$ g·mol^{-1}.

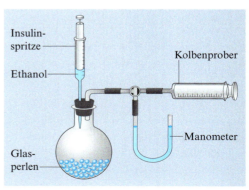

14 Versuchsaufbau

Struktur-
Eigenschaften-
Konzept

Aufgaben

1. Glykol, ein Frostschutzmittel für das Kühlwasser von Pkws, hat die Verhältnisformel $(CH_3O)_x$. Zu 1 Liter Wasser wurden 30 g Glykol zugesetzt. Die Schmelztemperatur der Mischung betrug $\vartheta_S = -0{,}9\,°C$.
   a) Berechnen Sie die Summenformel.
   b) Wie viel Glykol brauchen Sie mindestens pro 1 Liter Wasser, wenn Sie den Frostschutz bis $-15\,°C$ gewährleisten wollen?
   c) Auch Glycerin $C_3H_8O_3$ wird als Frostschutzmittel eingesetzt. Welche Masse müssten Sie für den gleichen Zweck einsetzen?

2. Experimentell wurde das Dampfvolumen von Methanol ermittelt. Die Messgrößen betragen: $m(\text{Methanol}) = 0{,}0072\,g$; $V(\text{Methanol}) = 56\,ml$; $T = 294\,K$; $p = 102{,}3\,kPa$.
   Berechnen Sie zunächst V_n und anschließend die molare Masse M von Methanol.

3. Viele organische Stoffe lösen sich in geschmolzenem Campher. Obwohl Campher schon bei ca. $180\,°C$ fest wird, wurde es früher zur Bestimmung der molaren Masse nach der Gefriertemperaturmethode häufig angewandt. Welcher Grund könnte dafür ausschlaggebend gewesen sein?

Massenspektrometrie

Atom- und Molekülmassen werden heute meist mithilfe eines Massenspektrometers ermittelt (Abb. 16). Mit dieser Methode sind wesentlich genauere Ergebnisse zu erhalten als mit den vorgestellten chemischen Verfahren. Aber auch zur Strukturaufklärung kann die Massenspektrometrie wertvolle Hinweise liefern.

Grundlagen der Massenspektrometrie. In einem Probenbehälter wird eine Stoffprobe durch Unterdruck und Wärme verdampft. Durch eine Düse gelangt der Gasstrom in die **Ionisierungskammer**, in der durch Pumpen ein Hochvakuum erzeugt wird. Mithilfe einer Glühkathode wird nun ein Elektronenstrahl senkrecht zum Gasstrom erzeugt. Bei dem als **Stoßionisation** bezeichneten Prozess werden beim Zusammenstoß der beschleunigten Elektronen mit den Molekülen der Stoffprobe Elektronen herausgeschlagen, sodass aus den vorher neutralen Teilchen positiv elektrisch geladene Ionen entstehen, z. B.

$M + e^- \rightarrow M^+ + 2\,e^-$

Durch elektrische Hochspannung werden die Molekül-Ionen M^+ beschleunigt. Im elektrischen Feld von Kondensatoren werden die Ionen auf gleiche Geschwindigkeit gebracht und zu einem engen Strahl gebündelt, der durch einen Spalt in das **Trennrohr** eintritt. Dieses Trennrohr ist gleichmäßig gebogen und von einem **Magnetfeldgenerator** umgeben, der Magnetfelder variabler Feldstärke erzeugen kann. Bewegte elektrische Ladung, also auch Ionen, erzeugen ein Magnetfeld. Jedes Ion verhält sich dabei wie ein kleiner fliegender Magnet und wird demzufolge von einem äußeren Magnetfeld beeinflusst.

Durch Zusammenwirken der Bewegungsenergie, die das Ion geradeaus treibt, und der senkrecht dazu wirkenden Magnetkraft, werden die Ionen auf eine Kreisbahn gezwungen, deren Radius von der **Stärke des Magnetfelds** und vom Quotienten zwischen Masse m und elektrischer Elementarladung e der Ionen abhängt (m/e). Da den

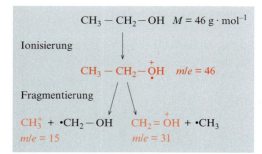

15 Ionisierung und Fragmentierung des Ethanolmoleküls (Auswahl)

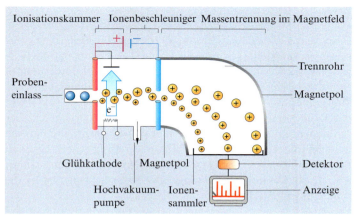

16 Massenspektrometer (Schema)

Teilchen bei der Ionisierung in der Regel nur ein Elektron entfernt worden ist, sind die Ionen meistens einfach positiv geladen. Dadurch ist neben der Stärke des Magnetfelds allein die Masse für ihr Verhalten ausschlaggebend. Nur die Ionensorte, deren Flugbahn der Krümmung des Trennrohrs entspricht, gelangt am Ende des Rohres durch den Austrittsspalt in den Ionensammler des Detektors. Schwerere Ionen werden weniger abgelenkt, leichtere stärker. Beide Sorten treffen auf die Wände des Trennrohrs auf.

Durch Variation der Magnetfeldstärke gelangen jedoch nacheinander alle Ionensorten zum Detektor, wo sie je nach Intensität des Ionenstroms ein **elektrisches Signal** erzeugen, das sich nach Verstärkung auf einem Schreiber durch einen größeren oder kleineren Peak bemerkbar macht. Diese Peaks werden zur Interpretation zu einem **Massenpektrum** (Abb. 17) umgewandelt, indem der Peak der größten Intensität gleich 100 % gesetzt wird und die anderen Intensitäten darauf bezogen werden.

Anwendungen. Die Methode der Massenspektrometrie wurde am Anfang des 20. Jahrhunderts entwickelt, um die Isotopenzusammensetzung der Elemente zu erforschen. Heute wird sie vor allem zur Strukturermittlung organischer Moleküle herangezogen. Es hat sich nämlich gezeigt, dass die Energiezufuhr durch die Stoßelektronen nicht nur zur Ionisierung der Moleküle, sondern auch zum Zerbrechen der Moleküle führt (**Fragmentierung**, Abb. 15). Aus der Masse der Molekülbruchstücke lassen sich vielfach Rückschlüsse auf Strukturelemente und funktionelle Gruppen der unzersetzten Moleküle ziehen.

Resümee

Die Massenspektrometrie ist eine physikalische Methode, um Teilchenmassen exakt zu ermitteln. Durch Analyse der Molekülbruchstücke, die durch den Elektronenbeschuss erzeugt werden, werden Hinweise auf die Molekülstruktur erhalten.

Aufgabe

1. Formulieren Sie die Reaktionen der Fragmentierung des Ethanolmoleküls, die im Massenspektrum von Ethanol für die Peaks bei m/e = 27, 29 und 45 stehen.

B-3

Methoden der Strukturaufklärung

Exkurs 1
Auswertung des Massenspektrogramms von Ethanol

Aus einer Elementaranalyse ist das Atomzahlverhältnis der Verbindung Ethanol bekannt, nämlich Kohlenstoff : Wasserstoff : Sauerstoff = 2 : 6 : 1. Die Verhältnisformel lautet also $(C_2H_6O)_x$. Das Massenspektrum zeigt als höchsten Wert einen Peak bei 46 m/e (Abb. 17). Dieser Wert entspricht der molaren Masse des Ethanols, hervorgerufen durch ein Radikalkation $C_2H_6O^+$, von dem ein Elektron abgespalten wurde. In der Verhältnisformel beträgt der Wert von x also 1. Das Auftreten des größten Peaks bei 31 m/e ist typisch für unverzweigte Alkohole, es steht für das CH_2OH^+-Ion. Das Ion ist durch Bruch der dem Sauerstoffatom benachbarten C–C-Bindung entstanden. Das Methyl-Kation CH_3^+ wird bei 15 m/e angezeigt. Einige Prozesse der Ionisierung und Fragmentierung zeigt Abb. 15. Der kleine Peak bei 47 m/e zeigt, dass Ethanol als Isotopengemisch vorliegt, wobei ein geringer Anteil der Ethanolmoleküle ein ^{13}C-Atom enthält.

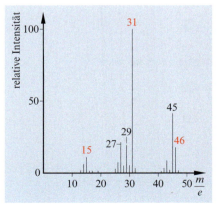

17 Massenspektrum von Ethanol

317

↗ B-2 | Animation: IR-/NIR-Spektroskopie

↗ 4.2 | Was hält unsere Erde warm?
↗ 11.2 | IR-Spektren von Salicylsäure und Acetylsalicylsäure

B

Struktur-
Eigenschaften-
Konzept

Infrarotspektroskopie

Grundlagen der Infrarotspektroskopie (IR-Spektroskopie). Die spektroskopischen Methoden im engeren Sinne beruhen auf der Wechselwirkung von Materie mit elektromagnetischer Strahlung. Dabei wird untersucht, welcher Teil der eingesetzten Strahlung von einer Stoffprobe absorbiert wird.

Die Atome in mehratomigen Molekülen sind nicht starr miteinander verbunden, sondern schwingen in unterschiedlicher Weise um eine mittlere Ruhelage. Dabei ändern sich bei Anregung periodisch durch **Streckschwingungen** (Valenzschwingungen) die Bindungslängen und durch **Deformationsschwingungen** (Beugeschwingungen) die Bindungswinkel (Abb. 18).

Die Frequenz dieser Bewegungen ist von der Bindungsstärke und den Massen der beteiligten Atome oder Atomgruppen abhängig. In größeren Molekülen beeinflussen sich die einzelnen Schwingungen gegenseitig, sodass recht komplizierte Kopplungen entstehen können.

Ein IR-Spektrum wird mit einem Doppelstrahlspektrometer aufgenommen (Abb. 19). Wird eine Stoffprobe mit Infrarotlicht bestrahlt, so absorbieren die Moleküle bestimmte Frequenzen aus dem Gesamtspektrum, wenn sie mit der Eigenfrequenz der Molekülschwingungen übereinstimmen. Dadurch werden diese zu Schwingungen angeregt. Das Prinzip der Infrarotspektroskopie beruht darauf, dass die Intensität des eingestrahlten Lichtes mit der Intensität des durchgelassenen Lichtes verglichen wird. Schwächungen der Intensität in bestimmten Frequenzbereichen machen sich in der Anzeige als Peaks bemerkbar. Durch Messungen an zahlreichen reinen Verbindungen ist ein umfangreiches Erfahrungsmaterial entstanden. Durch Vergleich des Spektrums einer unbekannten Verbindung mit schon bekannten Spektren lassen sich viele Stoffe identifizieren. Aber auch einzelne Molekülabschnitte, z. B. funktionelle Gruppen, weisen ein charakteristisches **Absorptionsspektrum** auf, an dem sie erkannt werden können (Abb. 20).

Charakteristische Größen der IR-Spektroskopie
In IR-Spektren wird meist die **Transmission** (oder die Durchlässigkeit) in % gegen die Wellenzahl $\tilde{\nu}$ aufgetragen.

Die **Wellenzahl** $\tilde{\nu}$ ist der Kehrwert der Wellenlänge λ. Sie gibt die Zahl der Schwingungen pro cm an. Ihre Einheit ist cm^{-1}.

Der Zusammenhang zwischen den Größen Wellenzahl $\tilde{\nu}$, Wellenlänge λ, Frequenz f und Lichtgeschwindigkeit c ist mit

$$\tilde{\nu} = \frac{1}{\lambda} = \frac{f}{c}$$

gegeben.

Alternativ kann im IR-Spektrum auch die Transmission gegen die Wellenlänge λ (in μm) aufgetragen werden.

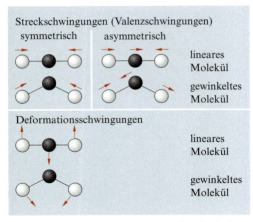

18 Symmetrische und asymmetrische Streckschwingungen sowie Deformationsschwingungen eines linearen und eines gewinkelten Moleküls

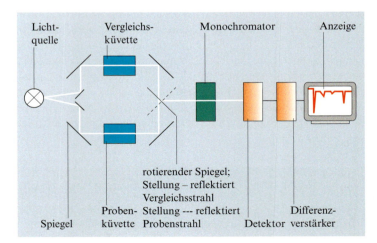

19 Schematischer Aufbau eines Doppelstrahlspektrometers. Die IR-Strahlung wird mithilfe zweier Spiegel in zwei Strahlen geteilt, von denen der eine Strahl durch den zu analysierenden Stoff geht, während der andere durch den Vergleichsstoff geht und unverändert bleibt.

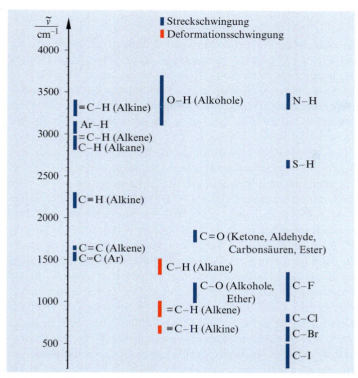

20 Lage der Absorptionsbanden einiger Atomgruppen und funktioneller Gruppen im IR-Spektrum

Methoden der Strukturaufklärung

Aufgabe

1. Ordnen Sie anhand Abb. 20 einige Peaks des IR-Spektrums von Ethanal (Abb. 23) den Atomgruppen zu.

Vergleich von Konstitutionsisomeren. Wir vergleichen die konstitutionsisomeren Stoffe Ethanol und Dimethylether. Aus der Elementaranalyse ergeben sich für beide Stoffe die Summenformeln C_2H_6O. Die IR-Spektralanalyse kann auch Aufschlüsse über die Konstitution der Verbindungen liefern (Abb. 21, 22).

Die Spektren beider Stoffe zeigen eine Absorption durch die Streckschwingungen von Methylgruppen im Wellenzahlbereich von $\tilde{\nu} = 3000$ bis $2800\,\text{cm}^{-1}$. Auch die etwas schwächere Absorption durch die Deformationsschwingungen dieser Gruppe zeigen beide Spektren bei 1470 bis $1370\,\text{cm}^{-1}$. Ein deutlicher Unterschied zeigt sich im Bereich oberhalb von $3000\,\text{cm}^{-1}$. Hier finden wir im IR-Spektrum von Ethanol eine starke Absorptionsbande (3650–$3000\,\text{cm}^{-1}$), die einer Hydroxylgruppe zugeordnet werden kann. Sie fehlt im Spektrum von Dimethylether. Die auffälligen Peaks im Bereich 1260 bis $1070\,\text{cm}^{-1}$ gehören zu Streckschwingungen der C–O-Bindung, die wenn auch in unterschiedlicher Form für beide Verbindungen charakteristisch sind. Die Spektren sind also auch ohne direkten Vergleich mit dem Spektrum eines reinen Stoffes zu identifizieren.

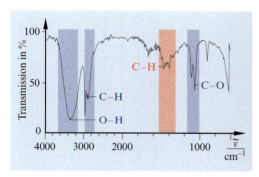

21 IR-Spektrum von Ethanol CH_3CH_2OH

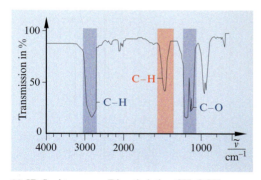

22 IR-Spektrum von Dimethylether CH_3OCH_3

Resümee

Die IR-Spektroskopie misst die Strahlung im IR-Bereich, die von den Molekülen eines Stoffes absorbiert wird. Die Wellenlänge bzw. die Wellenzahl der absorbierten Strahlung ist charakteristisch für bestimmte Atomgruppen, die auf diese Weise identifiziert werden können.

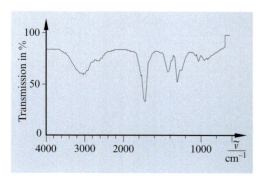

23 IR-Spektrum von Ethanal CH_3CHO

B

Struktur-
Eigenschaften-
Konzept

NMR-Spektroskopie

Grundlagen der NMR-Spektroskopie. NMR ist die Abkürzung für den englischen Ausdruck **n**uclear **m**agnetic **r**esonance, auf Deutsch kernmagnetische Resonanz.

Nicht nur Elektronen, sondern auch die Nucleonen (Protonen und Neutronen) besitzen einen **Spin**, d. h., sie verhalten sich so, als ob sie rotierten. Dadurch erzeugen sie ein **magnetisches Moment**. Bei den meisten Atomkernen kompensieren sich die einzelnen magnetischen Momente ihrer Nucleonen. Einige Atomkerne mit einer ungeraden Summe der Anzahlen von Protonen und Neutronen (z. B. ^{1}H, ^{19}F, ^{13}C) besitzen dagegen ein magnetisches Gesamtmoment. Werden diese Atomkerne in ein äußeres Magnetfeld gebracht, so verhalten sie sich wie kleine Stabmagneten und richten sich **parallel** oder **antiparallel** zu den Feldlinien des Magnetfelds aus (Abb. 24). In paralleler Ausrichtung sind die Atomkerne etwas energieärmer als in der antiparallelen. Atomkerne mit paralleler Ausrichtung des Kernspins können bei geeigneter Energiezufuhr die Ausrichtung wechseln und in den antiparallelen Zustand übergehen. Der Energieunterschied ist sehr gering, daher kann in einem NMR-Spektrometer (Abb. 25) diese Energiezufuhr schon durch Einstrahlung von elektromagnetischen Wellen passender Frequenz aus dem UKW-Bereich (Radiowellen) erfolgen. In einem Empfänger wird die **Schwächung** der Radiowellen registriert, in ein elektrisches Signal umgewandelt und nach Verstärkung auf einen Schreiber übertragen. Die Messung kann auch bei konstanter Sendefrequenz und variabler magnetischer Feldstärke ausgeführt werden.

Die Energiedifferenz zwischen der parallelen und antiparallelen Ausrichtung des Kernspins ist von der Stärke des Magnetfelds abhängig. Je stärker das Magnetfeld ist, desto größer ist die Energiedifferenz zwischen den Ausrichtungen des Kernspins und desto größer ist die eine Kernspinumkehr anregende Frequenz der Radiowellen.

Außer von der Stärke des äußeren Magnetfelds ist die zur Spinumkehr notwendige Energie auch von der „chemischen Umgebung" des Atoms abhängig. Eine große Rolle spielt zunächst die Elektronendichte in der Atomhülle des Atoms. Die sich um den Atomkern bewegenden Elektronen erzeugen nämlich ihrerseits auch ein Magnetfeld, dessen Richtung dem äußeren Magnetfeld entgegengesetzt ist und dieses daher schwächt. Je höher die Elektronendichte, desto stärker ist das lokale durch die Elektronen erzeugte Magnetfeld und desto schwächer ist das auf den Atomkern wirkende Magnetfeld. Der Atomkern ist in Abhängigkeit von der Elektronendichte der Atomhülle „abgeschirmt". Die Frequenz der Radiowellen, die einen Atomkern zur Spinumkehr anregt, ist also bei einem Atom mit großer Elektronendichte kleiner als bei einem Atom mit kleinerer Elektronendichte. Dadurch unterscheiden sich die zur Anregung der Spinumkehr erforderlichen Resonanzfrequenzen für die unterschiedlichen Atome in einem Molekül.

Obwohl auch andere Atome NMR-aktiv sind (z. B. ^{13}C), spielt die Untersuchung der in den organischen Molekülen gebundenen Wasserstoffatome (Protonen) für die Strukturaufklärung die größte Rolle (**^{1}H-NMR-Spektroskopie**, **Protonen-NMR-Spektroskopie**). Die Stärke des äußeren Magnetfelds wird so eingestellt, dass die Anzahl und die Lage der Atomkerne der Protonen sowie die Bindungsart der

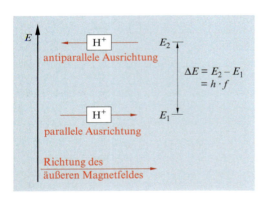

24 Ausrichtung magnetischer Atomkerne zu den Feldlinien

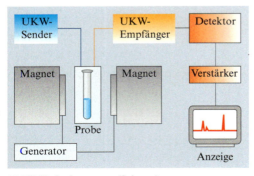

25 NMR-Spektrometer (Schema)

320

Wasserstoffatome im Molekül bei einer Frequenz der Radiowellen $f = 60$ MHz untersucht werden können.

Um eine Umkehr des Kernspins der Protonen zu erreichen, genügt dann eine kleine Frequenzänderung. Unterschiedliche **Abschirmungen** der Protonen im Molekül führen zu unterschiedlichen Signalen. Protonen, die den gleichen Einflüssen unterliegen und deren Elektronendichte deshalb gleich ist, absorbieren auch bei der gleichen Frequenz.

Als Beispiel betrachten wir das ^{1}H-NMR-Spektrum der Essigsäure. Die drei Protonen der Methylgruppe besitzen die gleiche chemische Umgebung. Sie sind chemisch völlig gleich und absorbieren bei der gleichen Frequenz (Abb. 27). Das Proton der Carboxylgruppe unterliegt verstärkt dem elektronenziehenden Einfluss (–I-Effekt) der Sauerstoffatome. Die Elektronendichte und damit auch die Abschirmung dieses Protons sind dadurch kleiner. Dieses Proton absorbiert bei höherer Frequenz.

Chemische Verschiebung. Die Resonanzfrequenz eines Atoms ist von der Stärke des Magnetfelds des Spektroskops abhängig. Kleinste Veränderungen in der Stärke dieses Feldes wirken sich bereits auf die Messergebnisse aus. Deshalb wird zu jeder zu analysierenden Probe eine Bezugssubstanz als interner Standard zur Bestimmung des Nullpunkts gegeben. Als Bezugssubstanz dient **Tetramethylsilan** (TMS, Abb. 26). Im Tetramethylsilanmolekül sind 12 Wasserstoffatome gebunden, die chemisch äquivalent sind und bei der gleichen Frequenz Resonanz zeigen. Die Elektronendichte um die Atomkerne dieser Protonen ist sehr hoch, da Elektronenverschiebungen durch –I-Effekte anderer Atome praktisch nicht auftreten. Die Protonen absorbieren Radiowellen sehr kleiner Frequenz. Für die Auswertung einer NMR-Analyse werden nur noch die Differenzen zwischen der Resonanzfrequenz eines Protons der Probe und der Resonanzfrequenz der Protonen des Tetramethylsilans genutzt. Um darüber hinaus auch von der Stärke des Magnetfelds des Spektroskops und damit von der Frequenz der Radiowellen unabhängig zu sein, dividiert man die Frequenzdifferenz auch durch die Betriebsfrequenz f_0 des NMR-Spektroskops. Die erhaltene Größe wird als **chemische Verschiebung** δ bezeichnet.

$$\delta = \frac{f(\text{Probe}) - f(\text{TMS})}{f_0}$$

Für das ^{1}H-NMR-Spektrum der Essigsäure (Abb. 27) gilt bei einer Betriebsfrequenz des ^{1}H-NMR-Spektroskops $f_0 = 60$ MHz: Die Feldstärke des Magnetfelds des Geräts wurde so eingestellt, dass die Resonanzfrequenz der Protonen des Tetramethylsilanmoleküls $f(\text{TMS}) = 60$ MHz beträgt. Die Resonanzfrequenzen der Protonen der Methylgruppe und des Protons der Carboxylgruppe des Essigsäuremoleküls betragen $f(-CH_3) = 60,00013$ MHz und $f(-COOH) = 60,00069$ MHz. Als chemische Verschiebung dieser Protonen erhält man:

$$\delta(-CH_3) = \frac{f(-CH_3) - f(\text{TMS})}{f_0} = \frac{60,00013\,\text{MHz} - 60\,\text{MHz}}{60\,\text{MHz}}$$

$\delta(-CH_3) = 2,17 \cdot 10^{-6} = 2,17$ ppm

$\delta(-COOH) = 11,5 \cdot 10^{-6} = 11,5$ ppm

26 Strukturformel von Tetramethylsilan (TMS)

B-3

Methoden der Strukturaufklärung

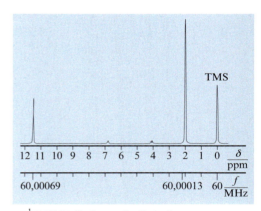

27 ^{1}H-NMR-Spektrum der Essigsäure

Tab. 3 Charakteristische chemische Verschiebung im NMR-Spektrum

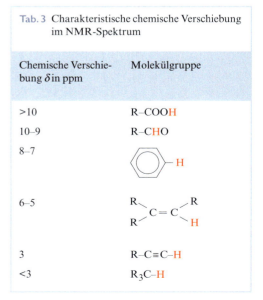

Die Einheit der chemischen Verschiebung δ ist 1. Üblich ist die Angabe der chemischen Verschiebung in ppm (parts per million), wobei ppm für den Faktor 10^{-6} steht ($1 = 10^{-6}$ ppm).

Die chemische Verschiebung der Protonen des Tetramethylsilanmoleküls beträgt immer δ(TMS) = 0 ppm. Da die Protonen anderer organischer Moleküle meist stärker abgeschirmt sind als die Protonen des Tetramethylsilanmoleküls, haben die ^{1}H-NMR-Peaks dieser Moleküle praktisch alle eine größere chemische Verschiebung als der TMS-Peak.

^{1}H-NMR-Spektrum von Ethanol. Das Ethanolmolekül besitzt drei Gruppen unterschiedlich gebundener Protonen: eine CH_3-Gruppe, eine CH_2-Gruppe, die einer OH-Gruppe benachbart ist, und schließlich das Proton, das direkt an den Sauerstoff gebunden ist. Entsprechend enthält das ^{1}H-NMR-Spektrum drei Peaks (Abb. 28). Die drei Protonen der Methylgruppe sind am stärksten abgeschirmt. Ihr Signal zeigt daher die niedrigste chemische Verschiebung gegenüber dem TMS-Signal. Die Elektronen der CH_2-Gruppe werden durch die Nachbarschaft des elektronegativen Sauerstoffatoms beeinflusst und etwas zu diesem herübergezogen. Sie schirmen also die Protonen weniger stark gegen das äußere Magnetfeld ab. Am stärksten ist die elektronenziehende Wirkung des Sauerstoffatoms gegenüber dem Proton der Hydroxylgruppe. Sein Signal erfährt daher auch die stärkste chemische Verschiebung. Die Peakfläche entspricht der Intensität des Signals, d. h. der Anzahl der verursachenden Protonen. Ein automatischer Integrator zeichnet bei modernen Geräten die **Integralkurve** in das Spektrum mit ein, sodass aus der **Sprunghöhe** das **Zahlenverhältnis** äquivalenter Protonen direkt abgelesen werden kann. Beim Ethanol-Spektrum verhalten sich die Sprunghöhen wie 1 : 2 : 3 entsprechend der Anzahl der unterschiedlich gebundenen Protonen.

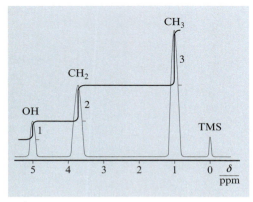

28 ^{1}H-NMR-Spektrum von Ethanol in niedriger Auflösung

B
Struktur-Eigenschaften-Konzept

Resümee

Die ^{1}H-NMR-Spektroskopie erlaubt Rückschlüsse auf die Anordnung der Wasserstoffatome in den Molekülen und gibt damit wertvolle Hinweise zur Gesamtstruktur von Molekülen.
Die Interpretation der erhaltenen Spektren gestaltet sich in der Praxis umso schwieriger, je komplizierter die Moleküle aufgebaut sind. Sie erfordert in der Regel viel Erfahrung und chemisches Verständnis für die ablaufenden Vorgänge. Meist führt erst eine Kombination verschiedener Methoden zur Strukturaufklärung organischer Verbindungen.

Exkurs 2
Kernspintomografie in der medizinischen Diagnostik

Die Kernspintomografie in der medizinischen Diagnostik, bei der der Patient in ein Magnetfeld entsprechender Stärke gebracht wird, beruht auf dem gleichen Prinzip wie die NMR-Spektroskopie: Radiowellen werden durch Atomkerne bzw. Protonen absorbiert. Dabei werden die Protonen der Wassermoleküle in den Organen, im Skelett und in den Körperflüssigkeiten angeregt. In Abhängigkeit vom Wasseranteil in den verschiedenen Geweben bzw. der Protonendichte werden NMR-Signale erhalten. Diese Signale werden mithilfe eines Computers so aufbereitet, dass sich Organe und Knochen des Skeletts dreidimensional darstellen lassen (Abb. 29).

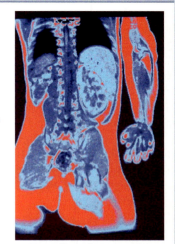

29 Darstellung des menschlichen Körpers mithilfe der Kernspintomografie

Aufgaben

1. Skizzieren Sie das ^{1}H-NMR-Spektrum von Dimethylether.
2. Zwei isomere Stoffe enthalten nur Kohlenstoff (62,04%), Wasserstoff (10,41%) und Sauerstoff.
   a) Bestimmen Sie die Verhältnisformel.
   b) Versuchen Sie durch Interpretation der Massen-, IR- und NMR-Spektren (Abb. 30, 31) die Strukturformeln der Stoffe zu ermitteln.

Methoden der Strukturaufklärung

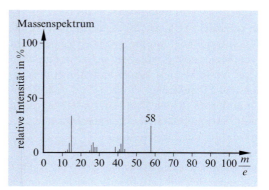
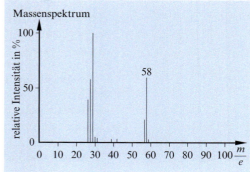
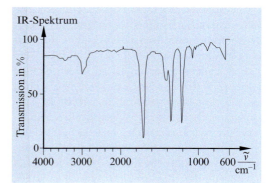
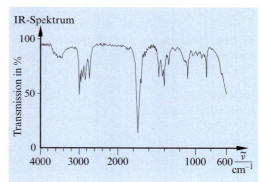
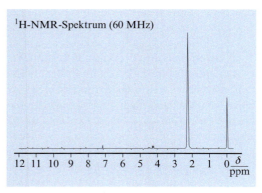
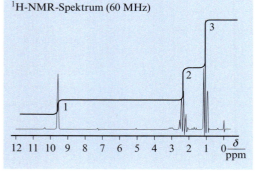

30 Massen-, IR- und ^{1}H-NMR-Spektrum eines unbekanntes Stoffes (Konstitutionsisomer zum Stoff der Spektren in Abb. 31)

31 Massen-, IR- und ^{1}H-NMR-Spektrum eines unbekannten Stoffes (Konstitutionsisomer zum Stoff der Spektren in Abb. 30)

323

Reaktionsmechanismen in der organischen Chemie

Es ist eine vorrangige Aufgabe der forschend arbeitenden Chemiker, die Vielzahl und Vielfalt der organischen Verbindungen zu ordnen und zu systematisieren. Die Frage nach den Gemeinsamkeiten dieser Stoffe im Reaktionsverhalten ist ein wichtiges Ordnungskriterium.

Reaktionstypen in der organischen Chemie. Werden chemische Reaktionen unter dem Gesichtspunkt der Veränderung der reagierenden Teilchen betrachtet, so können die Reaktionen in der organischen Chemie auf wenigstens drei **Reaktionstypen** zurückgeführt werden: **Addition**, **Substitution** und **Eliminierung**. Während mit dem Reaktionstyp nur die Unterschiede in den Teilchen der reagierenden Stoffe beschrieben wird, vermittelt der **Reaktionsmechanismus** eine genauere Vorstellung vom Ablauf der Reaktion.

Modellvorstellungen zum Ablauf einer Reaktion. Der Ablauf einer chemischen Reaktion stellt sich uns als Eigenschaftsänderungen eines vorliegenden Stoffgemischs dar. Diese Änderungen stellen wir direkt durch unsere Sinnesorgane fest (z. B. Farbänderungen, Bildung von Niederschlägen, das Auftreten charakteristischer Gerüche) oder durch Beobachtung von Messinstrumenten, die uns Aufschluss z. B. über Änderung der elektrischen Leitfähigkeit, des pH-Wertes oder anderer chemisch-physikalischer Eigenschaften geben. Auftretende Energieänderungen machen sich u. a. durch Temperaturänderung oder Leuchterscheinungen bemerkbar. Alle geschilderten Phänomene sind aber makroskopische Erscheinungen. Sie sagen nicht direkt etwas über das Geschehen zwischen den reagierenden Teilchen aus. In Bezug auf die molekularen Vorgänge sind wir auf Vermutungen und Modellvorstellungen angewiesen. Solche Modellvorstellungen über den Ablauf einer chemischen Reaktion im Teilchenbereich bezeichnet man als **Reaktionsmechanismus**. Wie alle Modellvorstellungen ist ein Reaktionsmechanismus umso überzeugender, je besser und vollständiger er die makroskopischen Beobachtungen zu erklären vermag und je zuverlässiger er Vorhersagen über Reaktionen zwischen Teilchen mit ähnlicher Struktur ermöglicht. Man muss also bei der Arbeit mit Reaktionsmechanismen beachten, dass sie keine Realitäten, sondern *denkbare Möglichkeiten* darstellen, die nur eine mehr oder weniger große *Wahrscheinlichkeit* für sich beanspruchen können. Dennoch ist die Lehre von den Reaktionsmechanismen eine wertvolle Systematisierungshilfe für die Fülle an Erfahrungen, die Chemiker und Chemikerinnen im Laufe der Jahrhunderte gesammelt haben. Sie trägt dazu bei, die Stoffe und ihre Reaktionsmöglichkeiten zu ordnen und die Reaktionspartner für erwünschte Reaktionen bzw. Reaktionsprodukte gezielt auszuwählen.

Bei der Beschreibung eines Reaktionsmechanismus wird das beteiligte Kohlenstoffatom meist als das angegriffene Teilchen bezeichnet, das Teilchen, das mit dem Kohlenstoffatom eine neue Bindung eingeht, als der Angreifer. Man unterscheidet nach der Art der reagierenden Teilchen **radikalische** und **ionische**, bei letzteren **elektrophile** und **nucleophile** Mechanismen.

Struktur-
Eigenschaften-
Konzept

Reaktionstypen in der organischen Chemie

Addition (A): An die Moleküle eines Ausgangsstoffs mit mindestens einer Mehrfachbindung werden Atome oder Moleküle angelagert.
$CH_2=CH_2 + Br_2 \rightarrow CH_2Br-CH_2Br$

Substitution (S): Ein Atom oder eine Atomgruppe im Molekül des Ausgangsstoffs wird durch ein anderes Atom oder eine andere Atomgruppe ersetzt.
$CH_4 + Cl_2 \rightarrow CH_3-Cl + HCl$

Eliminierung (E): Die Moleküle des Ausgangsstoffs werden jeweils in die Moleküle zweier Reaktionsprodukte aufgespalten, von denen eines mindestens eine Mehrfachbindung besitzt.
$CH_3-CH_2-OH \rightarrow CH_2=CH_2 + H_2O$

Arten der reagierenden Teilchen

Radikale: Teilchen mit ungepaarten Elektronen
H• Wasserstoffradikal
•CH$_3$ Methylradikal

Elektrophile: Teilchen mit Elektronenmangel
H$^+$ Proton
AlCl$_3$ Aluminiumchloridmolekül

Nucleophile: Teilchen mit Elektronenüberschuss
OH$^-$ Hydroxid-Ion
C$_6$H$_6$ Benzolmolekül

Tab. 1 Induktiver Effekt und mesomerer Effekt verschiedener Atome und Atomgruppen

Induktiver Effekt	Stärke des I-Effekts verschiedener Atome oder Atomgruppen
+I-Effekt	–C(CH$_3$)$_3$ > –C$_6$H$_5$ > –C$_2$H$_5$ > –CH$_3$
–I-Effekt	–NO$_2$ > –F > –Cl > –Br > –I > –OH > –NH$_2$
Mesomerer Effekt	Stärke des M-Effekts verschiedener Atome oder Atomgruppen
+M-Effekt	–NH$_2$ > –OH > –Cl > –Br > –I
–M-Effekt	–NO$_2$ > –COOH > –CHO

Reaktions-
mechanismen in
der organischen
Chemie

Die angreifenden Teilchen werden **Radikale** genannt, wenn sie ein oder mehrere ungepaarte Elektronen besitzen. Als **elektrophile Reagenzien** (elektronensuchend; griech. philos – Freund) werden Ionen oder Moleküle mit Elektronenmangel bezeichnet, als **nucleophile Reagenzien** (kernsuchend; lat. nucleus – Kern; griech. philos – Freund) Ionen oder Moleküle mit Elektronenüberschuss, z. B. mit freiem Elektronenpaar, sowie Moleküle von Aromaten oder Alkenen.

Chemische Reaktionen laufen meist in mehreren Teilreaktionen ab, wobei Zwischenprodukte entstehen können. Der Name des Reaktionsmechanismus bezieht sich auf den geschwindigkeitsbestimmenden Schritt, d. h. auf die langsamste Teilreaktion. Häufig ist der energetische Verlauf von Reaktionen eine charakteristische Eigenschaft organischer Reaktionen und kann grafisch durch Energiediagramme verdeutlicht werden (Abb. 11, 13, 16).

↗ D-1 | Elementarreaktionen und Molekularität

Elektronische Effekte in organischen Verbindungen. Die Reaktivität von Molekülen wird stark von elektronischen Effekten beeinflusst, die von den in einem Molekül gebundenen Atomen oder Atomgruppen ausgeübt werden können.

Der **induktive Effekt** (I-Effekt) beschreibt die Wirkung eines Atoms oder einer Atomgruppe auf die Elektronenverteilung im Rest eines Moleküls (↗ Abb. 34, S. 291). In Abhängigkeit von der Stärke der Elektronegativität der beteiligten Atome, kann die Stärke des I-Effekts qualitativ beschrieben werden (Tab. 1).

Der **mesomere Effekt** (**M-Effekt**) ist ebenfalls ein elektronischer Effekt, bei dem ein Heteroatom mit einem oder mehreren freien Elektronenpaaren oder eine Atomgruppe mit Mehrfachbindungen Einfluss auf die Elektronendichteverteilung im Molekül nimmt (Tab. 1). Für das Molekül können **mesomere Grenzformeln**, die Formalladungen aufweisen, formuliert werden (Abb. 1). Der **+M-Effekt** erhöht die Elektronendichte im organischen Rest, der **–M-Effekt** verringert sie. Mesomerieeffekte treten immer an π-Elektronensystemen auf, z. B. am Carboxylat-Ion oder an aromatischen Systemen, wobei ein größeres konjugiertes π-Elektronensystem entsteht, über das die Elektronen delokalisiert sind.

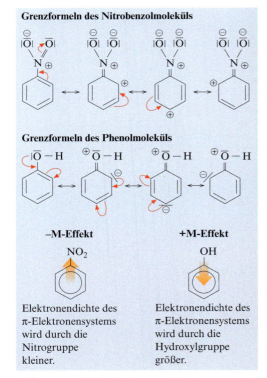

1 Mesomerer Effekt. Einfluss von Substituenten auf die Elektronendichte im Benzolring

B-4 | Animation: Reaktionsmechanismus elektrophile Addition

Struktur-Eigenschaften-Konzept

Additionsreaktionen

Elektrophile Addition (A_E). Die Reaktionsmechanismen werden von reaktionsfähigen Regionen bestimmt, den reaktiven Zentren der beteiligten Moleküle. Sie sind meist durch besondere Ladungsverteilungen charakterisiert. So bieten die Mehrfachbindungen ungesättigter Kohlenwasserstoffverbindungen durch die hohe Elektronendichte an der π-Bindung Angriffsmöglichkeiten für elektrophile Teilchen (Abb. 2).

Die Polarität der angreifenden elektrophilen Moleküle kann unter Umständen sogar durch die Mehrfachbindungen induziert werden. Das geschieht z. B. bei der **elektrophilen Addition A_E** von Brom an Alkene. Bei Annäherung des Brommoleküls an die hohe π-Elektronendichte der Doppelbindung wird das Brommolekül polarisiert, was durch die Kennzeichnung von Partialladungen δ+ und δ− beschrieben wird.

Die nun positive elektrophile Seite tritt mit den Elektronen der Doppelbindung des Alkenmoleküls in Wechselwirkung. Da diese Anlagerung des polarisierten Brommoleküls über die Elektronen der π-Bindung erfolgt, spricht man von einem **π-Komplex**.

Durch heterolytische Spaltung (griech. heteros – verschieden, lyein – lösen, trennen) wird der negativ polarisierte Teil des Brommoleküls als Bromid-Ion abgespalten. Das positiv geladene Brom-Ion bildet mit den beiden Kohlenstoffatomen einen dreigliedrigen Ring, der nur noch σ-Bindungen enthält und daher als **σ-Komplex** bezeichnet wird. Dieses positiv geladene Zwischenprodukt wird **Bromonium-Ion** genannt. Die Endung -onium bezeichnet ein Ion, das durch Anlagerung eines elektrisch positiven Teilchens zum Kation geworden ist (vgl. Ammonium-Ion, Hydronium-Ion). Eines der beiden beteiligten Kohlenstoffatome wird nun von der Rückseite her von einem negativ geladenen Ion (z. B. von einem vorher abgespaltenen Bromid-Ion) oder von dem negativ polarisierten Teil eines Moleküls nucleophil angegriffen und bildet mit ihm eine Elektronenpaarbindung aus. Der Ring bricht auf. Das andere Kohlenstoffatom bleibt mit dem Bromatom verbunden.

2 Elektrophile Addition von Brom an Ethen

Tab. 2 Relative Additionsgeschwindigkeiten bei der Bromaddition an substituierte Alkene

Stoff	Formel	Relative Reaktionsgeschwindigkeit
Ethen	$CH_2{=}CH_2$	1
Propen	$CH_3{-}CH{=}CH_2$	$9{,}6 \cdot 10^1$
cis-2-Penten	$CH_3{-}CH{=}CH{-}CH_2{-}CH_3$	$4{,}6 \cdot 10^3$
2,3-Dimethyl-2-buten	$CH_3{-}C(CH_3){=}C(CH_3){-}CH_2{-}CH_3$	$9{,}3 \cdot 10^5$
Bromethen	$CH_2{=}CHBr$	$3 \cdot 10^{-2}$

B-4

Reaktions-
mechanismen in
der organischen
Chemie

Erfolgt die Reaktion in wässriger Lösung (Bromwasser), so werden wegen ihrer viel höheren Konzentration vor allem Wassermoleküle und keine Bromid-Ionen an die Bromonium-Ionen angelagert. Die Anlagerung erfolgt über ein freies Elektronenpaar des Wassermoleküls. Anschließend wird ein Proton abgespalten (Abb. 3).

3 Elektrophile Addition von Brom an Ethen in wässriger Lösung

Elektrophile Additionen verlaufen erheblich schneller, wenn die mehrfach gebundenen Kohlenstoffatome Alkylgruppen tragen (Tab. 2). Der +I-Effekt dieser Gruppen erleichtert die Addition, weil er zunächst die negative Ladung an der Doppel- bzw. Dreifachbindung verstärkt, zum anderen aber auch das positiv geladene Zwischenprodukt stabilisiert. Folgerichtig verringern Substituenten mit –I-Effekt wie z. B. Halogene die Additionsgeschwindigkeit.

Addition von polaren Verbindungen. Polare Moleküle, z. B. Halogenwasserstoffmoleküle, lassen sich über die elektrophile Anlagerung eines Protons addieren (Abb. 4).
Der russische Chemiker WLADIMIR W. MARKOWNIKOW (1837 bis 1904) entdeckte die nach ihm benannte Regel, dass sich bei asymmetrischen ungesättigten Verbindungen wie z. B. 1-Propen das elektrophil angreifende Proton selektiv an das Kohlenstoffatom mit der höheren Anzahl von Wasserstoffatomen anlagert.

Aufgaben

1. Die Addition von Chlorwasserstoff an Ethin verläuft in zwei Stufen. Nach Addition eines Chlorwasserstoffmoleküls kann die Reaktion unterbrochen werden, um das stabile Zwischenprodukt zu erhalten.
   a) Welches Reaktionsprodukt wird zuerst gebildet? Welche technische Bedeutung hat es?
   b) Welches Reaktionsprodukt entsteht durch Addition eines weiteren Chlorwasserstoffmoleküls? (Beachten Sie die Regel von MARKOWNIKOW.)
   c) Formulieren Sie für beide Reaktionen mögliche Reaktionsmechanismen.
2. Leitet man Ethen bis zur Entfärbung durch Bromwasser, das außerdem noch mit Natriumnitrat gesättigt ist, so erhält man ein in Wasser unlösliches, öliges Produkt, das beim Erhitzen unter Abgabe von braunen nitrosen Gasen (NO, NO_2) zerfällt.
   a) Um welches Produkt kann es sich handeln?
   b) Beschreiben Sie einen möglichen Reaktionsmechanismus und formulieren Sie ihn unter Verwendung von Strukturformeln.
3. Erklären Sie die Beobachtung, dass Additionen von Brom an ungesättigte Verbindungen in polaren Lösemitteln erheblich schneller als in unpolaren ablaufen.

4 Elektrophile Addition von Chlorwasserstoff an Propen (Mechanismus nach MARKOWNIKOW)

Stabilität nimmt ab

5 Energetische Stabilität von Carbokationen

B
Struktur-
Eigenschaften-
Konzept

Aufgabe

1. Auch Wasser lässt sich an ungesättigte Verbindungen addieren. Die Reaktion wird durch anorganische Säuren wie z. B. Schwefelsäure H_2SO_4 katalysiert. Die Hydratisierung von Propen liefert formal zwei mögliche Produkte. Im Experiment entsteht aber nur ein Reaktionsprodukt.
   a) Formulieren Sie mögliche Reaktionsmechanismen.
   b) Benennen Sie die denkbaren Produkte und entscheiden Sie sich unter Angabe der Begründung für eines der beiden.

Man erklärt die **Markownikow-Regel** heute damit, dass das zwischenzeitlich gebildete Carbokation des ersten Weges aufgrund der +I-Effekte der zwei benachbarten Methylgruppen stabiler ist als die andere infrage kommende Struktur, die über den zweiten Weg gebildet würde (Abb. 5).

Nucleophile Addition (A_N). Auch Carbonylverbindungen (Aldehyde und Ketone), deren Moleküle die ungesättigte Carbonylgruppe

$>C=O$

besitzen, können Additionsreaktionen eingehen. Die Gruppen sind stark polar, sodass ein Angriff eines Nucleophils auf das positiv polarisierte Kohlenstoffatom erfolgen kann. Dieser Reaktionstyp wird als **nucleophile Addition A_N** bezeichnet. Katalysiert werden nucleophile Additionen durch Protonen, die bei Anlagerung an das Sauerstoffatom der Carbonylgruppe die positive Ladung des Kohlenstoffatoms noch verstärken. Carbonylverbindungen reagieren mit Alkoholen zu **Halbacetalen** und **Acetalen** (Abb. 6). Monosaccharide wie Glucose bilden durch diese Reaktion ringförmige Strukturen aus, da die Kettenform der Glucose sowohl über Hydroxyl- als auch Aldehydgruppen verfügt (↗ Monosaccharide S. 298).

Radikalische Addition (A_R). Ein Reaktionstyp von besonderer industrieller Bedeutung ist die **radikalische Addition A_R**. Radikale wie z. B. Chloratome entstehen durch homolytische (griech. homos – gleich, lyein – lösen) Spaltung (symmetrische Spaltung) einer Elektronenpaarbindung unter dem Einfluss von z. B. Licht, Wärme oder Radikalbildnern.

$Cl_2 \xrightarrow{h \cdot \nu} Cl\bullet + Cl\bullet$
$\rightarrow Cl\bullet + CH_2=CH_2 \rightarrow CH_2Cl–CH_2\bullet$
$CH_2Cl–CH_2\bullet + Cl_2 \rightarrow CH_2Cl–CH_2Cl + Cl\bullet$

Radikale sind sehr reaktionsfähige Teilchen mit einem ungepaarten Elektron, die in den meisten Fällen nur kurzzeitig existenzfähig sind. Durch den Angriff der Radikale wird die π-Bindung in Alkenen gespalten und durch C–C-Einfachbindungen ersetzt, wobei kettenförmige Makromoleküle entstehen können. Der Mechanismus der radikalischen Addition soll am Beispiel der technisch bedeutsamen Polymerisation dargestellt werden.

6 Nucleophile Addition: Reaktion eines Aldehyds mit einem Alkohol unter Bildung von Halbacetalen und Acetalen

7 Radikalische Poly-merisation von Styrol

B-4

Reaktions-mechanismen in der organischen Chemie

Polymerisation. Die radikalische Addition ist der wichtigste Mecha-nismus der **Polymerisation**. Darunter versteht man Additionsreak-tionen vieler kleiner Moleküle, der **Monomere** (griech. monos – einer, einzig; meros – Teil), zu **Makromolekülen** (griech. makros – lang). Stoffe, die aus solchen Makromolekülen aufgebaut sind, heißen **Polymere**. Zu ihnen gehören viele Natur- und Kunststoffe (↗ S. 342). Ausgangsstoffe für eine Reihe von Kunststoffen sind Vinylverbin-dungen mit der allgemeinen Summenformel $H_2C=CH-R$. Durch radikalische Polymerisation hergestellte Polymere und ihre Monomere sind in Tab. 3, S. 353 aufgeführt.

Radikalische Polymerisationen verlaufen als Kettenreaktionen mit den Stufen Kettenstart, Kettenfortpflanzung und Kettenabbruch (Abb. 7). Bei dem dargestellten Beispiel wird Styrol zu Polystyrol polymerisiert.

Kettenstart durch Erzeugung von Radikalen: Die Reaktion wird zunächst durch einen Initiator (Radikalbildner) gestartet. Als Radi-kalbildner dienen oft organische **Peroxide**. Diese Stoffe bestehen aus Molekülen der Struktur R^1–O–O–R^2, die leicht unter Ausbildung kurzlebiger Radikale zerfallen:

R^1O–O–$R^2 \rightarrow R^1$O• + •O–R^2

Ein Beispiel dafür sind Dibenzoylperoxidmoleküle, die über Ben-zoyloxyradikale zu Kohlenstoffdioxidmolekülen und Phenylradika-len zerfallen.

Kettenfortpflanzung, Verlängerung der Radikalkette: Das Phenyl-radikal greift in einem weiteren Reaktionsschritt die C–C-Doppel-bindung des Styrolmoleküls an, wird an die Doppelbindung addiert und erzeugt so ein neues Radikal.

Das neu entstandene Radikal greift an der C–C-Doppelbindung eines weiteren Styrolmoleküls an, wird addiert und pflanzt so die Radikaleigenschaft fort. In rascher Folge können Tausende von Monomeren an dieser Kettenreaktion teilnehmen und entsprechende Makromoleküle bilden. Aus dem flüssigen Styrol wird so das glasartige Polystyrol, bei anderen Polymerisationen z. B. aus dem Gas Vinylchlorid CH$_2$=CHCl der feste Kunststoff Polyvinylchlorid (PVC).

Kettenabbruch: Bei abnehmender Anzahl der Monomere kommt es schließlich zum Zusammenstoß und zur Vereinigung zweier Radikalketten. Auch die Vereinigung einer Radikalkette mit einem Startradikal kann einen Kettenabbruch hervorrufen.

Da die Abbruchreaktion rein statistisch erfolgt, bilden sich Makromoleküle unterschiedlicher Kettenlänge. Die Länge der Makromoleküle und damit auch die durchschnittliche molare Masse bestimmen wesentlich die Kunststoffeigenschaften. Sie sind von der Art der Monomere aber auch von den Reaktionsbedingungen abhängig. Polymerisationen sind exotherme Reaktionen. Bei der Herstellung von Polymeren muss die entstehende Wärme laufend abgeführt werden, damit die Makromoleküle sich nicht zersetzen. Diese Reaktion wird daher häufig in Flüssigkeiten durchgeführt, in denen die Monomere und Initiatoren gelöst (bzw. emulgiert, dispergiert) sind.

↗ B-2 | Animation: Reaktionsmechanismus radikalische Polymerisation

Hydrierung. Eine weitere wichtige Additionsreaktion ist die Anlagerung von Wasserstoff an ungesättigte Verbindungen, die **Hydrierung**. Sie wird z. B. angewandt, um ungesättigte Pflanzenöle zu gesättigten festen Fetten umzuwandeln (↗ S. 295 f.), die in der Margarineproduktion Verwendung finden.

Die Hydrierung erfolgt unter der katalytischen Wirkung von Metallen wie Platin, Rhodium oder Nickel. Wasserstoffmoleküle und die zu hydrierenden ungesättigten organischen Moleküle werden an der Metalloberfläche adsorbiert. Sowohl die Bindung zwischen den Wasserstoffatomen als auch die Doppelbindung wird gebrochen, sodass sich neue Bindungen zwischen den Kohlenstoff- und den Wasserstoffatomen ausbilden können.

B
Struktur-Eigenschaften-Konzept

Aufgaben

1. Formulieren Sie den Mechanismus der Synthese von Polyvinylchlorid (PVC) mit Dibenzoylperoxid (Abb. 7, S. 329) als Initiator und Monochlorethen als Monomer.
2. Bei radikalischen Polymerisationen können auch Kettenverzweigungen in den Makromolekülen des Reaktionsprodukts auftreten. Zeigen Sie dies anhand einer Reaktionsgleichung. Welche Molekülstrukturen müssen die eingesetzten Monomere aufweisen?
3. In einen mit Ethen gefüllten Standzylinder werden einige Tropfen Brom gegeben und verdampft. Im Tageslicht wird der Bromdampf in kurzer Zeit entfärbt und ölige Tröpfchen setzen sich an der Zylinderwand ab. Ein mit Ammoniaklösung getränkter Wattebausch erzeugt an der Zylinderöffnung nur eine schwache Rauchentwicklung. Ein feuchtes Universalindikatorpapier färbt sich im Gasraum des Standzylinders schwach rötlich.
   a) Formulieren Sie die nach radikalischem Mechanismus ablaufende Hauptreaktion.
   b) Erklären Sie, warum unter den gegebenen Bedingungen keine elektrophile Reaktion abläuft.
   c) Welche Nebenreaktion ist abgelaufen?

Resümee

Additionsreaktionen sind typisch für Moleküle mit Mehrfachbindungen. Bei einer Addition werden mindestens zwei Moleküle der Ausgangsstoffe zu einem neuen Molekül des Reaktionsprodukts vereinigt. Je nach der Art des Teilchens, das die Reaktion einleitet, unterscheidet man elektrophile Addition (Angriff eines Elektrophils auf die hohe π-Elektronendichte einer Doppelbindung), nucleophile Addition (Angriff eines Nucleophils auf ein partiell positiv geladenes Kohlenstoffatom) oder radikalische Addition (Addition, die über Radikale verläuft).
Die Polymerisation ist eine Additionsreaktion, bei der jeweils viele gleiche Moleküle mit Mehrfachbindung unter Bildung eines Makromoleküls zusammentreten.

Substitutionsreaktionen

Radikalische Substitution (S_R). Stoffe, die aus gesättigten, praktisch unpolaren Molekülen bestehen wie z. B. Alkane, sind reaktionsträge. Sie sind nur durch äußerst aggressive Teilchen wie z. B. freie Chloratome (Radikale) angreifbar. Wird ein Gemisch aus Chlor und Methan mit UV-Licht bestrahlt oder durch einen Funken gezündet, so setzen sich die Stoffe zu einem Gemisch verschieden substituierter Chloralkane und Chlorwasserstoff um (Exp. 1).

Die **radikalische Substitution S_R** (lat. substituere – an die Stelle setzen) verläuft als Kettenreaktion in drei Stufen (Abb. 8):

Kettenstart: Zunächst werden durch Energiezufuhr aus Chlormolekülen Chlorradikale (Chloratome) gebildet.

Kettenfortpflanzung: In Methanmolekülen wird je ein Wasserstoffatom durch ein Chloratom ersetzt (substituiert), wobei Chlorwasserstoffmoleküle und Methylradikale entstehen, die ihrerseits mit Chlormolekülen unter Bildung von weiteren Chlorradikalen reagieren können. Damit kann die Kettenreaktion fortgesetzt werden. Im weiteren Verlauf können Monochlormethanmoleküle mit weiteren Chlorradikalen zu höhersubstituierten Produkten reagieren.

Kettenabbruch: Je mehr Radikale im Verlauf der Kettenreaktion entstehen, desto eher kommt es zu Abbruchreaktionen, bei denen sich zwei Radikale vereinen, ohne die Reaktionskette durch Bildung neuer Radikale fortzusetzen.

 ↗ B-2 | Animation: Reaktionsmechanismus radikalische Substitution

Experiment 1

Chlorierung von Methan (S_R)
Ein großes Reagenzglas wird in einem Becherglas durch Verdrängung über gesättigter Kochsalzlösung mit gleichen Volumina von Chlor (T, N) und Methan (F+) gefüllt. (Beide Gase sind in Kochsalzlösung unlöslich.) Das Reagenzglas wird mit einem durchbohrten Stopfen verschlossen, die Bohrung des Stopfens bleibt offen und das Reagenzglas in der Lösung belassen. Anschließend wird das Reagenzglas vorsichtig aus einiger Entfernung mit UV-Licht bestrahlt. Der Reaktionsbeginn macht sich durch intensive Nebelbildung und Abnahme des Gasvolumens bemerkbar. Die Reaktion ist beendet, wenn sich das Volumen nicht mehr ändert und ölige Tröpfchen an der Reagenzglaswand erscheinen.
Chlor und Methan reagieren miteinander unter dem Einfluss des UV-Lichtes zu verschieden substituierten Chlormethanen (F+, T, Xn, N) und Chlorwasserstoff (T, C). Die Abnahme des Volumens ist darauf zurückzuführen, dass sich Chlorwasserstoff in Kochsalzlösung löst. Außerdem kondensiert ein Teil der organischen Reaktionsprodukte.
Aus dem Gasraum wird nun eine Probe entnommen und gaschromatografisch untersucht. Im Gaschromatogramm erscheinen neben einem sehr großen Peak, der nicht umgesetztes Methan und Chlor sowie Spuren von Ethan enthält, vier Peaks, die als Mono-, Di-, Tri- und Tetrachlormethan identifiziert werden (Abb. 9).

B-4

Reaktionsmechanismen in der organischen Chemie

Kettenstart durch Radikalbildung
$|\overline{\underline{Cl}} - \overline{\underline{Cl}}| \xrightarrow{h \cdot \nu} |\overline{\underline{Cl}}\cdot \; + \; \cdot\overline{\underline{Cl}}|$

Kettenfortpflanzung

$H-\overset{\overset{H}{|}}{\underset{\underset{H}{|}}{C}}-H \; + \; \cdot\overline{\underline{Cl}}| \longrightarrow H-\overset{\overset{H}{|}}{\underset{\underset{H}{|}}{C}}\cdot \; + \; HCl$

$H-\overset{\overset{H}{|}}{\underset{\underset{H}{|}}{C}}\cdot \; + \; |\overline{\underline{Cl}} - \overline{\underline{Cl}}| \longrightarrow H-\overset{\overset{H}{|}}{\underset{\underset{H}{|}}{C}}-Cl \; + \; \cdot\overline{\underline{Cl}}|$

Kettenabbruch

$|\overline{\underline{Cl}}\cdot \; + \; \cdot\overline{\underline{Cl}}| \longrightarrow |\overline{\underline{Cl}} - \overline{\underline{Cl}}|$

$H-\overset{\overset{H}{|}}{\underset{\underset{H}{|}}{C}}\cdot \; + \; \cdot\overset{\overset{H}{|}}{\underset{\underset{H}{|}}{C}}-H \longrightarrow H-\overset{\overset{H}{|}}{\underset{\underset{H}{|}}{C}}-\overset{\overset{H}{|}}{\underset{\underset{H}{|}}{C}}-H$

$H-\overset{\overset{H}{|}}{\underset{\underset{H}{|}}{C}}\cdot \; + \; \cdot\overline{\underline{Cl}}| \longrightarrow H-\overset{\overset{H}{|}}{\underset{\underset{H}{|}}{C}}-Cl$

8 Reaktionsmechanismus der radikalischen Substitution von Methan mit Chlor

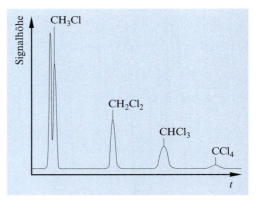

9 Gaschromatogramm der Reaktionsprodukte der radikalischen Substitution von Methan mit Chlor

D-1 | Geschwindigkeitsgesetz und Reaktionsordnung

B

Struktur-
Eigenschaften-
Konzept

Monomolekulare nucleophile Substitution (S_N1). Die Ausgangsstoffe bei nucleophilen Substitutionen weisen in ihren Molekülen Kohlenstoffatome auf, die über eine polare Elektronenpaarbindung elektronegative Substituenten (z. B. Halogenatome) gebunden haben. Werden wie im Experiment 2 einige Tropfen 2-Chlor-2-methylpropan (tert-Butylchlorid) in eine alkalische Lösung gegeben, so sinkt der pH-Wert. Auf Zusatz von Silbernitratlösung fällt ein weißer Niederschlag von Silberchlorid aus.

Das Chloratom, die sogenannte **Abgangsgruppe**, wurde durch die Hydroxylgruppe substituiert (Abb. 10). Weil das angreifende Hydroxid-Ion als Nucleophil nach einer positiven elektrischen Ladung sucht, wird dieser Reaktionsmechanismus als **nucleophile Substitution S_N** bezeichnet. Nucleophile Substitutionen werden nach ihrem Mechanismus und dem geschwindigkeitsbestimmenden Schritt der Reaktion in monomolekulare und bimolekulare Substitution unterschieden.

Geschwindigkeitsgesetz für die Reaktion erster Ordnung

$v = k \cdot c[(CH_3)_3C{-}Cl]$

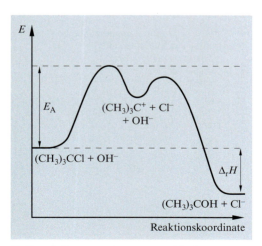

10 Reaktionsmechanismus einer monomolekularen nucleophilen Substitution (S_N1)

Experiment 2

Herstellung eines Alkohols aus einem Halogenalkan (S_N1)
Wasser wird mit einigen Tropfen verdünnter Natronlauge ($w = 2\%$, Xi) schwach alkalisch gemacht und mit Universalindikator versetzt. Nachdem die Mischung auf $\vartheta = 50\,°C$ erwärmt wurde, werden fünf Tropfen 2-Chlor-2-methylpropan (F) zugesetzt, gerührt und der Farbumschlag abgewartet. Das Reaktionsprodukt (F, Xn) wird mit Silbernitratlösung (Xi) versetzt, wobei ein weißer Niederschlag entsteht.
Der Farbumschlag des Indikators zeigt einen sinkenden pH-Wert an, der Nachweis mit Silbernitratlösung lässt auf Silberchlorid schließen.
In der Lösung wurden Hydroxid-Ionen verbraucht und Chlorid-Ionen gebildet. Im 2-Chlor-2-methylpropanmolekül ist das Chloratom abgegeben und durch ein Hydroxid-Ion ersetzt worden.
Folgende Reaktionsgleichung entspricht den Beobachtungen:

$(CH_3)_3CCl + OH^- \rightarrow (CH_3)_3COH + Cl^-$

Einzelheiten des Reaktionsmechanismus lassen sich aus diesem Ergebnis noch nicht ableiten. Dazu bedarf es der experimentellen Bestimmung der Geschwindigkeitskonstanten der Teilreaktionen.

Bei der **monomolekularen nucleophilen Substitution** erfolgen Abspaltung der Abgangsgruppe und Anlagerung des Nucleophils in einer **zweistufigen Reaktion**. In einem ersten Schritt wird durch den +I-Effekt der drei Methylgruppen und den −I-Effekt des Chloratoms das Butylchloridmolekül so stark polarisiert, dass sich in der wässrigen Umgebung in einer langsamen Teilreaktion zunächst als stabiles Zwischenprodukt ein positiv geladenes **Carbokation** und ein Chlorid-Ion bilden (Abb. 10). Das ist der erste, der geschwindigkeitsbestimmende Schritt. Die Reaktionsgeschwindigkeit dieser Reaktion ist nur von der *Konzentration eines Ausgangsstoffs*, der Konzentration des Butylchlorids, abhängig – es ist eine monomolekulare Reaktion. Auch durch Erhöhung der Hydroxid-Ionenkonzentration lässt sich die Reaktion nicht beschleunigen. Die Reaktion folgt demnach einem **Geschwindigkeitsgesetz erster Ordnung**, man spricht deshalb von einer **S_N1-Reaktion**.

11 Energiediagramm einer monomolekularen nucleophilen Substitution S_N1. Das Carbokation ist ein stabiles Zwischenprodukt.

D-1 | Geschwindigkeitsgesetz und Reaktionsordnung/
Elementarreaktionen und Molekularität

332

Im zweiten Reaktionsschritt lagert sich schnell an das positiv geladene Kohlenstoffatom des Carbokations ein Hydroxid-Ion an, als Reaktionsprodukt entsteht tert-Butylalkohol.

Im Energiediagramm ist die Bildung des Carbokations als stabiles Zwischenprodukt zu erkennen (Abb. 11).

Ein S_N1-Mechanismus ist nur möglich, wenn die elektrischen Ladungen der Reaktionsprodukte durch elektronische Effekte der Nachbargruppen (z. B. durch einen +I-Effekt) und durch polare Lösemittel stabilisiert werden.

 ↗ B-2 | Animation: Nucleophile Substitution, monomolekular

Reaktionsmechanismen in der organischen Chemie

Bimolekulare nucleophile Substitution (S_N2). Bei der **bimolekularen nucleophilen Substitution**, z. B. der Hydrolyse von Brommethan, erfolgen Abspaltung der Abgangsgruppe und Angriff des Nucleophils nicht nacheinander, sondern in einer **einstufigen Reaktion**: Bindungsspaltung und Neubildung einer Bindung erfolgen gleichzeitig (Abb. 12).

Im **Übergangszustand** sind die Abgangsgruppe, das Bromatom, und das Nucleophil, die Hydroxylgruppe, an das Kohlenstoffatom gebunden. Die *Konzentrationen beider Reaktionspartner* bestimmen somit die Reaktionsgeschwindigkeit – es ist eine bimolekulare Reaktion. Die Reaktion folgt demnach einem **Geschwindigkeitsgesetz zweiter Ordnung**, man spricht deshalb von einer **S_N2-Reaktion**.

Das Energiediagramm zeigt, dass während der S_N2-Reaktion keine stabilen Zwischenprodukte gebildet werden (Abb. 13). Die Ausgangsstoffe durchlaufen einen Übergangszustand (Energiemaximum im Reaktionsverlauf) und bilden die Reaktionsprodukte.

 ↗ B-2 | Animation: Nucleophile Substitution, bimolekular

 ↗ D-1 | Geschwindigkeitsgesetz und Reaktionsordnung
↗ D-2 | Übergangszustand

Die Reaktion von primären Halogenalkanen wie Brommethan mit Hydroxid-Ionen führt in der Regel nicht nur zu den entsprechenden Alkoholen, sondern auch zu Ethern. Der Grund dafür ist, dass die zunächst entstandenen Alkoholmoleküle mit noch vorhandenen Hydroxid-Ionen schnell zu Methanolat-Ionen und Wassermolekülen reagieren:

$CH_3OH + OH^- \rightleftharpoons CH_3O^- + H_2O$
Methanol   Methanolat-Ion

Weil Methanolat-Ionen stärkere Nucleophile als Hydroxid-Ionen sind, wird das Brommethanmolekül bevorzugt von diesen angegriffen und es kommt zur Bildung eines Dimethylethermoleküls:

$CH_3O^- + CH_3Br \rightleftharpoons CH_3\text{–}O\text{–}CH_3 + Br^-$
Dimethylether

In Abhängigkeit von den Reaktionsbedingungen entstehen bei der Reaktion von Halogenalkanen mit Hydroxid-Ionen unterschiedliche Anteile an Alkoholen und Ethern.

Geschwindigkeitsgesetz für die Reaktion zweiter Ordnung

$v = k \cdot c(CH_3Br) \cdot c(OH^-)$

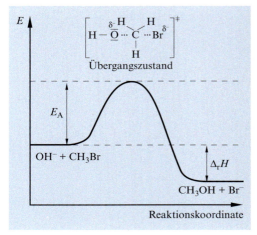

12 Reaktionsmechanismus einer bimolekularen nucleophilen Substitution (S_N2)

13 Energiediagramm einer bimolekularen nucleophilen Substitution S_N2. Der Übergangszustand wird durch eckige Klammern und Doppelkreuz gekennzeichnet.

↗ 1.7 | Fruchtiges aus Alkoholen – Aromastoffe

↗ B-4 | Animation: Reaktionsmechanismus Esterbildung/Esterspaltung

B
Struktur-
Eigenschaften-
Konzept

Wichtige S$_N$-Reaktionen. Alkohol- und Carbonsäuremoleküle reagieren unter Abspaltung eines Wassermoleküls durch bimolekulare nucleophile Substitution zu Estern und Wasser. Dieser Vorgang wird **Esterbildung** (Veresterung) genannt (Abb. 14). Die Reaktion wird durch die Anlagerung eines Protons an ein freies Elektronenpaar des partiell negativ geladenen Sauerstoffatoms der Carboxylgruppe eingeleitet. Das entstandene Kation ist mesomeriestabilisiert. Die positive elektrische Ladung ist wegen der Elektronegativität der Sauerstoffatome bevorzugt am Kohlenstoffatom konzentriert. An das nun partiell positiv geladene Kohlenstoffatom lagert sich ein Alkoholmolekül mit partiell negativ geladenem Sauerstoffatom der Hydroxylgruppe an.

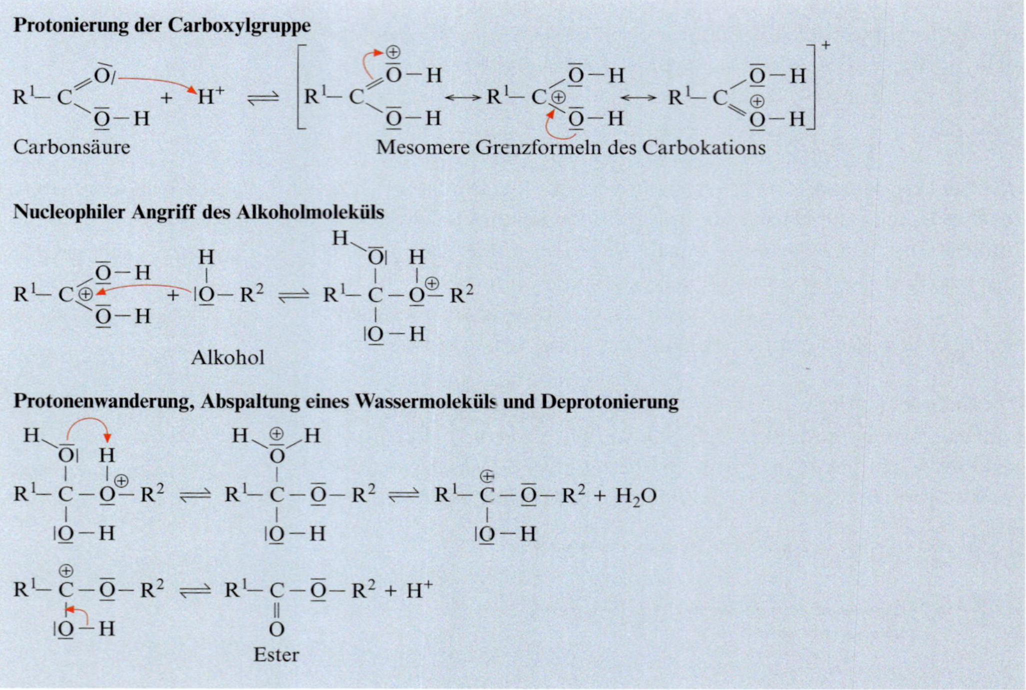

14 Reaktionsmechanismus der Esterbildung (S$_N$2)

Das entstandene Zwischenprodukt ist nicht stabil, da es zwei Hydroxylgruppen an einem Kohlenstoffatom trägt. Es wird durch Abspaltung eines Wassermoleküls und eines Protons stabilisiert. Weil das Proton der zu Beginn eingesetzten Säure wieder zurückgewonnen wird, verläuft diese Reaktion als **Säurekatalyse**. Das Reaktionsprodukt, ein Ester, hat seine polaren Eigenschaften weitgehend verloren und ist dementsprechend kaum in Wasser löslich.

↗ D-8 | Heterogene und homogene Katalyse

Die Reaktionsgeschwindigkeit ist von zwei Ausgangsstoffen abhängig, nämlich von der Konzentration der Säure und der Konzentration des Alkohols. Die Reaktion folgt also einem Zeitgesetz zweiter Ordnung und ist deshalb als S$_N$2-Reaktion zu bezeichnen.

Die Esterbildung und ihre Umkehrung, die Hydrolyse des Esters, sind typische Gleichgewichtsreaktionen. Die einzelnen Reaktionsschritte sind deshalb mit Gleichgewichtspfeilen beschrieben worden. Die Geschwindigkeit der Rückreaktion hängt neben anderen Faktoren vor allem von den Konzentrationen der Säure und des Esters ab.

 ↗ D-4 | Unvollständigkeit und Umkehrbarkeit chemischer Reaktionen

B-4

Reaktionsmechanismen in der organischen Chemie

Resümee

Substitutionen an gesättigten Kohlenstoffatomen können durch Radikale eingeleitet werden. Radikalische Substitutionen verlaufen als Kettenreaktion in drei Stufen.
Im Verlauf der nucleophilen Substitutionen wird eine Abgangsgruppe durch ein angreifendes Nucleophil ausgetauscht. Dabei können zwei unterschiedliche Mechanismen formuliert werden: Die S_N2-Reaktion verläuft in einer einstufigen Reaktion nach einem Geschwindigkeitsgesetz zweiter Ordnung, der nucleophile Angriff und das Ablösen der Abgangsgruppe erfolgen gleichzeitig. Die S_N1-Reaktion verläuft in einer zweistufigen Reaktion nach einem Geschwindigkeitsgesetz erster Ordnung. In einer ersten Teilreaktion trennt sich die Abgangsgruppe langsam ab und wird in einer zweiten, schnellen Teilreaktion durch das Nucleophil ersetzt.

Aufgaben

1. Die Chlorknallgasreaktion, die durch Funken oder Blitzlicht ausgelöste Explosion eines Chlor-Wasserstoff-Gemischs, verläuft nach einem radikalischen Mechanismus. Formulieren Sie Start, Reaktionskette und mögliche Abbruchreaktionen.
2. Die Geschwindigkeit der Reaktion von 2-Brom-2-methylpropan mit Hydroxid-Ionen verringert sich stark, wenn als Lösemittel nicht reines Wasser, sondern ein Aceton-Wasser-Gemisch eingesetzt wird. Begründen Sie.
3. 2-Brom-2-methylpropan reagiert auch mit reinem Wasser, ohne Zusatz von alkalischer Lösung, zu 2-Methyl-2-propanol.
    a) Formulieren Sie einen möglichen Reaktionsmechanismus.
    b) Welches Reaktionsprodukt entsteht neben dem organischen Stoff?
    c) Wie können Sie ihn im Produktgemisch nachweisen?
4. Alkalimetallhydroxide lösen sich in niederen Alkoholen und reagieren dabei teilweise mit den Alkoholmolekülen zu Wasser und Alkoholat-Ionen.

    $CH_3–CH_2–OH + K^+ + OH^- \rightleftharpoons CH_3O^- + K^+ + H_2O$

    Eine Kaliumethanolatlösung wird mit Monoiodethan versetzt und erwärmt. Nach einiger Zeit tritt deutlicher Geruch nach Ether auf. Genauere Untersuchungen zeigen, dass sich die Ausgangsstoffe in einer S_N2-Reaktion zu Diethylether umgesetzt haben.
    Formulieren Sie den Reaktionsmechanismus.
5. Die durch Protonen katalysierte Esterbildung ist reversibel. Sie führt zum chemischen Gleichgewicht. Beschreiben Sie die Rückreaktion und benennen Sie die beteiligten Reaktionsmechanismen.
6. In alkalischer Lösung erfolgt eine quantitative Esterspaltung durch nucleophile Substitution. Der letzte Reaktionsschritt ist eine nicht reversible Protolyse. Formulieren Sie einen Reaktionsmechanismus.

⊙ ↗ B-4 | Animation: Reaktionsmechanismus
elektrophile Substitution

B

Struktur-
Eigenschaften-
Konzept

Exkurs 1
Bindung in AlCl₃Br⁻

Die Bindung im [AlCl₃Br]⁻-Ion, einem anionischen Komplex, ist etwas Besonderes. Mit
$\Delta EN = 1{,}5$ ist die Elektronegativitätsdifferenz
zwischen Aluminium- und Chloratomen zu
gering, um eine echte Ionenbindung zuzulassen. Es handelt sich eher um eine stark polare
Elektronenpaarbindung. Zeichnet man diese in
der üblichen Weise, so erkennt man, dass dem
Aluminiumatom zu einer abgeschlossenen
Außenschale im Sinne der Oktettregel noch
zwei Elektronen fehlen. Man sagt, es hat eine
Elektronenlücke. Diese wird durch ein freies
Elektronenpaar des Bromid-Ions aufgefüllt,
das damit seine negative Ladung auf das gesamte Komplexteilchen überträgt.

Elektrophile Substitution an Aromaten (S_E). Bei Benzol als Vertreter
der aromatischen Verbindungen sind nicht Additionen, sondern
Substitutionen charakteristisch für sein Reaktionsverhalten. Dabei
ermöglicht das π-Elektronensystem des Benzolmoleküls die **elektrophile Substitution (S_E)**. Nur unter speziellen Bedingungen sind auch
radikalische Additionen an Aromaten möglich.

Die Substitution wird – ähnlich einer elektrophilen Addition – durch
die Anlagerung eines elektrophilen Teilchens an das π-Elektronensystem des Benzolmoleküls eingeleitet, wobei sich eine positiv geladene Übergangsverbindung bildet.

Die denkbare Vollendung der Reaktion durch Addition wie bei den
Alkenen würde zur Aufhebung des aromatischen Systems führen.
Dies wird aber durch die besondere energetische Stabilität aromatischer Systeme verhindert. Das aromatische System wird vielmehr
durch die Abspaltung eines Protons zurückgebildet, was insgesamt
einer Substitution entspricht.

Bei der **Bromierung von Benzol** findet beim Zutropfen von Brom zu
Benzol zunächst keine sichtbare Reaktion statt. Es lässt sich allerdings mit physikalischen Methoden zeigen, dass Brommoleküle mit
den π-Elektronen des Benzolmoleküls in Wechselwirkung treten und
eine lockere Bindung eingehen, wobei ein π-Komplex entsteht
(Abb. 15). Die Elektronendichte im Benzolring ist jedoch nicht hoch
genug, um die Brommoleküle zu spalten. Erst der Einsatz eines
Katalysators wie Aluminiumchlorid (oder Eisenbromid) führt
schließlich zur **heterolytischen Spaltung** des Brommoleküls in ein
positiv und ein negativ geladenes Ion. Das positive Brom-Ion verbleibt im π-Komplex, das negative Bromid-Ion bindet sich komplex
an Aluminiumchlorid, d. h., es stellt das bindende Elektronenpaar
dem Aluminiumatom zur Verfügung (Exkurs 1).

$$AlCl_3 + Br^- \rightarrow [AlCl_3Br]^-$$

15 Mechanismus der
elektrophilen Sub-
stitution am Beispiel
der Bromierung von
Benzol (S_E)

Der π-Komplex lagert sich durch Ausbildung einer Elektronenpaarbindung zum σ-Komplex um. Dieses Carbokation hat zwei denkbare Möglichkeiten der Stabilisierung (Abb. 16):
- Entsprechend einer Addition könnte an einem benachbarten Kohlenstoffatom ein Bromid-Ion angelagert werden. Hierzu ist eine relativ hohe Aktivierungsenergie nötig, da die positive Ladung nicht an einem Kohlenstoffatom lokalisiert ist. Außerdem würde das aromatische System des Benzolmoleküls zerstört.
- Entsprechend einer Substitution kann ein Proton abgespalten und so das aromatische System wiederhergestellt werden. Diese Reaktion erfordert weniger Aktivierungsenergie, die zudem bei Weitem durch den Energiegewinn der **Rearomatisierung** aufgewogen wird.

Die Substitution erweist sich also als energetisch begünstigt und wird in der Regel erfolgen. Der Katalysator wird zurückgebildet:

$AlCl_3Br^-\ H^+ \rightarrow AlCl_3 + HBr$

 ↗ D-3 | Beeinflussung der Reaktionsgeschwindigkeit

Auch bei der **Nitrierung von Benzol** bedarf es eines Katalysators um das angreifende elektrophile Teilchen zu erzeugen. Als Katalysator wirkt in diesem Fall konzentrierte Schwefelsäure. In einer Vorreaktion werden in der sogenannten Nitriersäure aus konzentrierter Salpetersäure und konzentrierter Schwefelsäure Nitronium-Ionen NO_2^+ erzeugt, indem Schwefelsäuremoleküle zunächst ein Proton auf die Salpetersäuremoleküle übertragen. Die protonierten Salpetersäuremoleküle sind instabil und spalten in ein Wassermolekül und ein Nitronium-Ion NO_2^+ auf.

$HNO_3 + H_2SO_4 \rightarrow H_2NO_3^+ + HSO_4^-$
$H_2NO_3^+ \rightarrow NO_2^+ + H_2O$

Das elektrophile Nitronium-Ion reagiert mit dem Benzolmolekül zu Nitrobenzol $C_6H_5NO_2$. Auch diese Reaktion läuft nach dem Mechanismus der elektrophilen aromatischen Substitution und unter Säurekatalyse ab.

Reaktionsmechanismen in der organischen Chemie

Resümee

Die typische Reaktion der aromatischen Verbindungen ist die elektrophile (aromatische) Substitution. Im Verlauf der Reaktion wird in den Molekülen ein angreifendes Elektrophil gegen ein Proton unter Erhalt des aromatischen Bindungszustands ausgetauscht. Benzol lässt sich in der Regel nur substituieren, wenn die Aktivierungsenergie durch einen Katalysator herabgesetzt wird.

Aufgaben

1. Formulieren Sie mögliche Reaktionsmechanismen bei der Reaktion von Chlor mit Cyclohexen und Benzol. Stellen Sie Gemeinsamkeiten und Unterschiede heraus.
2. Formulieren Sie für das Salpetersäuremolekül mesomere Grenzformeln.
3. Stellen Sie den Reaktionsmechanismus für die Nitrierung von Benzol dar.

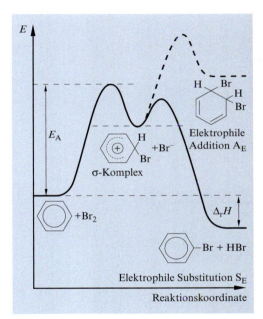

16 Energiediagramm der elektrophilen Substitution. Die gepunktete Kurve zeigt den Verlauf mit einem hypothetischen Additionsmechanismus.

Elektrophile Zweitsubstitution an Aromaten. Elektrophile Teilchen reagieren auch mit bereits substituierten Benzolmolekülen. Dabei beeinflussen die Eigenschaften des **Erstsubstituenten** die Reaktionsgeschwindigkeit und den Ort der **Zweitsubstitution**.

Die Beeinflussung der Reaktionsgeschwindigkeit ist von der Elektronendichte abhängig. Je höher die π-Elektronendichte am Aromaten ist, desto leichter und schneller bildet sich der π-Komplex bei einer elektrophilen Substitution. Da dies der langsamste, d. h. der geschwindigkeitsbestimmende Schritt der gesamten Reaktion ist, beschleunigen Substituenten, die die Elektronendichte im Kern erhöhen, die Reaktionsgeschwindigkeit. Substituenten, die die Elektronendichte dagegen vermindern, verringern die Reaktionsgeschwindigkeit.

Verantwortlich für den Einfluss des Substituenten sind zunächst die **I-Effekte**, die auf der unterschiedlichen Elektronegativität der Atome und Atomgruppen beruhen. Viele Substituenten wie z. B. Halogenatome oder Atomgruppen, die Sauerstoffatome gebunden haben, üben einen –I-Effekte aus (Tab. 1, S. 325). Sie vermindern also die Elektronendichte und die Reaktionsgeschwindigkeit. Alkylgruppen wird ein +I-Effekt zugeschrieben, also die Erhöhung der Elektronendichte bei benachbarten Atomen oder Atomgruppen. Damit steht in Einklang, dass z. B. Toluol (Methylbenzol) auch ohne Katalysator bromiert und nitriert werden kann.

Bei allen Substituenten muss außerdem der **M-Effekt** (Tab. 1, S. 325) berücksichtigt werden. Freie Elektronenpaare von Substituenten mit +M-Effekt erhöhen die Elektronendichte im Ring und beschleunigen daher den elektrophilen Angriff. Substituenten mit –M-Effekt verringern die Elektronendichte, erschweren somit den elektrophilen Angriff und bewirken eine Herabsetzung der Reaktionsgeschwindigkeit. Induktiver und mesomerer Effekt können sich gegenseitig verstärken, aber auch ganz oder teilweise kompensieren.

Für die Stellung des Zweitsubstituenten gibt es drei Möglichkeiten. Nummeriert man die Kohlenstoffatome des Benzolrings beginnend mit dem C-Atom des Erstsubstituenten, so kann der Zweitsubstituent am C-Atom 2 (ortho-Stellung), am C-Atom 3 (meta-Stellung) oder am C-Atom 4 (para-Stellung) erscheinen. Die Stellungen 5 und 6 ergeben keine neuen Produkte (identisch mit Stellungen 2 und 3).

In welchem Verhältnis die Produkte stehen, die aus einer Substitution an ortho-, meta- und para-Stellung bei der Zweitsubstitution hervorgegangen sind, scheint zunächst leicht vorhersagbar zu sein.

Tab. 3 Anteil der durch Nitrierung von Benzolderivaten erhaltenen unterschiedlichen Isomere

Stoff	Formel	Isomere in ortho-Stellung in %	Isomere in meta-Stellung in %	Isomere in para-Stellung in %
Phenol	C_6H_5-OH	40	0	60
Methylbenzol	$C_6H_5-CH_3$	59	4	37
Nitrobenzol	$C_6H_5-NO_2$	6	93	1
Benzoesäure	C_6H_5-COOH	19	80	1
Chlorbenzol	C_6H_5-Cl	30	1	62
Brombenzol	C_6H_5-Br	37	1	62

Wenn alle Kohlenstoffatome des Benzolrings gleichberechtigt sind, sollte sich ein Produktgemisch von ortho : meta : para = 40 % : 40 % : 20 % einstellen, da der ortho- und meta-Stellung doppelt so viele Substitutionsorte zur Verfügung stehen wie der para-Stellung. Die Laborpraxis ergibt ganz andere Ergebnisse (Tab. 3).

Die Substituenten beeinflussen also nicht nur die Reaktionsgeschwindigkeit, sondern auch den Ort der Zweitsubstitution. Substituenten mit +M-Effekt dirigieren den Zweitsubstituenten in ortho- oder para-Stellung. Substituenten mit –M-Effekt führen vorwiegend zu meta-Produkten. Verständlich wird dieser Einfluss, wenn die mesomeren Grenzformeln für die Zwischenstufe der σ-Komplexe betrachtet werden (Abb. 17, 18).

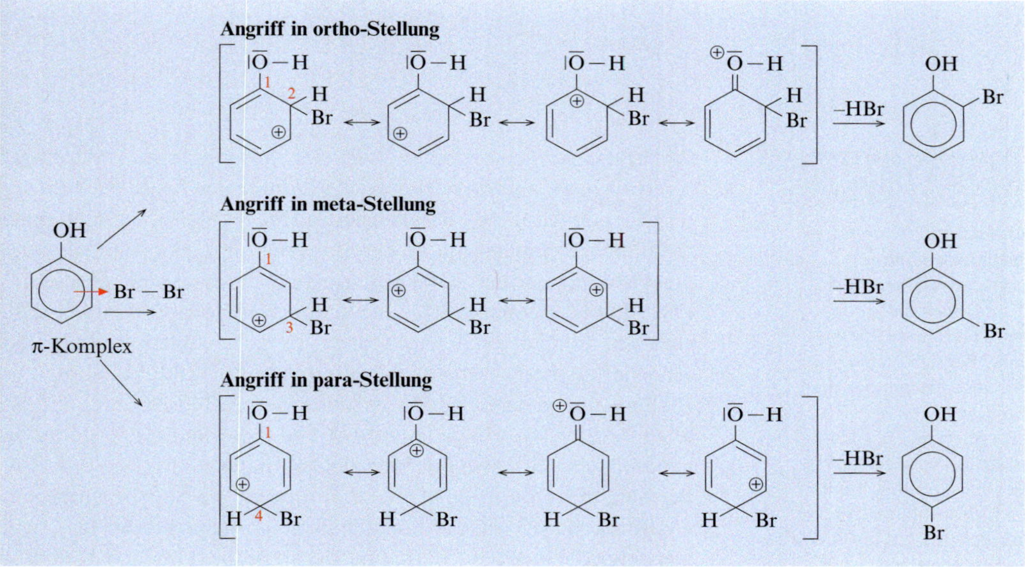

B-4

Reaktions-
mechanismen in
der organischen
Chemie

17 Mesomere Grenz-
formeln für die
σ-Komplexe bei der
Substitution von
Phenol

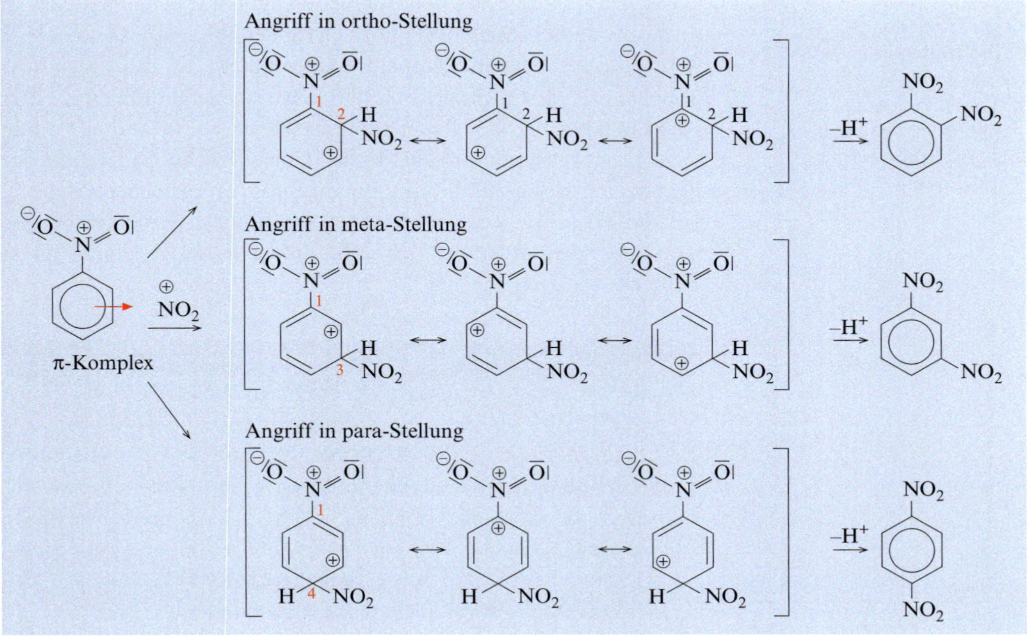

18 Mesomere Grenz-
formeln für die
σ-Komplexe der
Substitution von
Nitrobenzol

Tab. 4 Einflüsse des Erstsubstituenten auf die elektrophile Zweitsubstitution an Aromaten

Erstsubstituent	Effekte	Wirkung auf die Reaktivität	Ort der Zweitsubstitution
$-OH$ $-NH_2$	$-I < +M$	stark aktivierend	ortho/para
$-CH_3$	$+I$	aktivierend	ortho/para
$-Cl$ $-Br$	$-I, +M$	desaktivierend	ortho/para
$-NO_2$ $-CHO$ $-COOH$	$-I, -M$	stark desaktivierend	meta

B

Struktur-
Eigenschaften-
Konzept

Aufgaben

1. Toluol (Methylbenzol) lässt sich mit Aluminium-chlorid als Katalysator leicht bromieren.
   a) Welche Reaktionsprodukte entstehen vorwiegend, wenn man der Einfachheit halber annimmt, dass Brom- und Toluolmoleküle im Verhältnis 1 : 1 reagieren? Begründen Sie Ihre Antwort und stellen Sie auch einen möglichen Reaktionsmechanismus dar.
   b) Arbeitet man bei der Bromierung ohne Katalysator und belichtet stattdessen mit einer UV-Lampe oder erhitzt die Reaktionsmischung, so erhält man andere Reaktionsprodukte. Stellen Sie auch für diesen Fall die Reaktionsprodukte und den Reaktionsmechanismus ausführlich und begründet dar (angenommenes Verhältnis der Reaktionspartner 1 : 1).

2. Zeigen Sie durch Formulieren der mesomeren Grenzformeln, dass die Carbonylgruppe im Benzaldehydmolekül einen –M-Effekt ausübt.

3. Wie würden Sie vorgehen, wenn Sie die Aufgabe hätten, aus Benzol 1-Brom-4-nitrobenzol herzustellen? Begründen Sie Ihre Vorgehensweise mit ausführlichen Reaktionsgleichungen.

Bei Erstsubstituenten mit +M-Effekt wird bei ortho- oder para-Substitution die positive elektrische Ladung der Zwischenstufe auf den Erstsubstituenten delokalisiert (Abb. 17). Das bedeutet einen Stabilitätsgewinn gegenüber der Substitution in meta-Stellung, der diese Möglichkeit der Delokalisierung von Ladung nicht offensteht. Die Aktivierungsenergie für die ortho- bzw. para-Stellung ist also geringer, folglich bilden sich diese Zwischenstufen leichter und schneller als die Zwischenstufen, die zum meta-Produkt führen. Die Bildung des meta-Produkts ist nicht ausgeschlossen, nur erfolgt seine Bildung wesentlich langsamer und dieses Isomer ist daher im Produktgemisch wenig oder gar nicht enthalten.

Bei Substituenten mit –M-Effekt dirigieren die Substituenten mit –M-Effekt den Zweitsubstituenten in meta-Stellung (Abb. 18). Auch hierfür ist die ungleiche Verteilung der Partialladung im σ-Komplex und die daraus folgende Stabilisierung oder Destabilisierung dieses Zwischenzustands verantwortlich. Gelangt der Zweitsubstituent in ortho- oder para-Stellung, ergibt sich für den σ-Komplex jeweils eine Grenzformel, bei der die positive Kernladung der des Erstsubstituenten direkt benachbart ist. Diese Lage ist energetisch ungünstig. Die Grenzformel wird daher zum tatsächlichen Zustand nur wenig beitragen, was wiederum die Möglichkeiten zur Delokalisierung der positiven Ladung einschränkt. Für die Substitution in meta-Stellung gilt diese Beschränkung nicht, sodass die Bildung des meta-Produkts gegenüber dem ortho- bzw. para-Produkt energetisch begünstigt ist (Tab. 4).

Resümee

Ist am Benzolring schon ein Substituent vorhanden, beeinflusst er weitere Substitutionen. Substituenten mit +I- und +M-Effekt erhöhen die Elektronendichte im Benzolring und beschleunigen dadurch weitere Substitutionen. Sie wirken aktivierend. Sie dirigieren den Zweitsubstituenten bevorzugt in ortho- und para-Stellung. Erstsubstituenten mit –I- und –M-Effekt wirken desaktivierend und dirigieren vor allem in meta-Stellung.

Eliminierungsreaktionen

Werden von einem Molekül zwei Atome oder zwei Atomgruppen abgespalten, ohne dass eine Substitution stattfindet, wird von **Eliminierung (E)** gesprochen. Das Reaktionsprodukt weist eine Mehrfachbindung im Molekül auf.

Eine typische Eliminierungsreaktion ist z. B. die Reaktion eines Alkoholmoleküls zum entsprechenden Alkenmolekül durch Abspaltung eines Wassermoleküls unter der katalytischen Wirkung einer starken Säure (Dehydratisierung).

Die Reaktion wird eingeleitet durch die Übertragung eines Protons vom Säuremolekül auf die Hydroxylgruppe des Alkoholmoleküls (Abb. 19). Das so entstandene Oxonium-Ion spaltet ein Wassermolekül ab (Dehydratisierung) und das Carbokation stabilisiert sich durch Abgabe eines Protons, das somit zurückgewonnen wird. Insgesamt ist also von einem Alkoholmolekül ein Wassermolekül abgespalten (eliminiert) worden. Ein Alkenmolekül ist entstanden.

B-4

Reaktionsmechanismen in der organischen Chemie

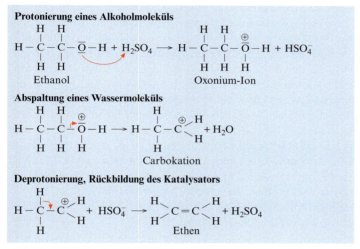

19 Reaktionsmechanismus der Eliminierung

Neben der Dehydratisierung von Alkoholen zu Alkenen sind vor allem Eliminierungen an Alkanen von technischer Bedeutung. Diese können auch nach radikalischem Mechanismus verlaufen.

Dehydrierung zu Alkenen:

$R^1-CH_2-CH_2-R^2 \rightarrow R^1-CH=CH-R^2 + H_2$

Cracken zu Alken-Alkan-Gemischen

$C_{14}H_{30} \rightarrow C_7H_{16} + CH_3-CH=CH_2 + 2\,CH_2=CH_2$

Aufgaben

1. Ethen kann auch durch Erhitzen von 1,2-Dibromethan mit Zink hergestellt werden. Welches weitere Reaktionsprodukt entsteht vermutlich? Formulieren Sie die Reaktionsgleichung.
2. Erklären Sie die katalytische Wirkung der Protonen bei der Dehydratisierung von Alkoholen.
3. Zur Herstellung von Benzin mit hohen Octanzahlen (Reformingverfahren) wird Hexan schrittweise in Benzol umgewandelt. Formulieren Sie unter Verwendung von Strukturformeln die Reaktionsgleichungen für dieses Verfahren.

Resümee

Unter Eliminierung versteht man die Abspaltung von zwei Atomen oder Atomgruppen von einem Molekül unter Bildung einer Kohlenstoff-Kohlenstoff-Doppelbindung.

Struktur und Eigenschaften von makromolekularen Stoffen

B

Struktur-Eigenschaften-Konzept

1 HERMANN STAUDINGER. Für seine wissenschaftlichen Arbeiten an makromolekularen Stoffen erhielt er 1953 den Nobelpreis.

Makromolekulare Stoffe sind durch ihre große Verbreitung in der Natur und auch in der Technik allgegenwärtig. Polysaccharide (z. B. Stärke), Proteine (z. B. das Hormon Insulin) oder die Erbsubstanz DNA sind Beispiele für **natürliche makromolekulare Stoffe**. Kunststoffe wie Polyethen oder Polyvinylchlorid sind dagegen **synthetisch hergestellte makromolekulare Stoffe**.

Der Begriff Makromolekül geht auf HERMANN STAUDINGER (1881 bis 1965, Abb. 1) zurück, dem es in den 1920er Jahren gelang, die Struktur dieser Teilchen aufzuklären. Makromolekulare Stoffe sind Stoffe, die aus „Riesenmolekülen", den **Polymeren** (griech. poly – viel, meros – Teil) aufgebaut sind. Dieser Begriff wird auch auf die Stoffe übertragen, die aus Makromolekülen aufgebaut sind.

Die molaren Massen der Polymere liegen zwischen 10 000 und einigen Millionen g·mol^{-1}. Sie bestehen aus sich wiederholenden Grundeinheiten, den **Monomeren** (griech. monos – einzig, meros – Teil), die durch Elektronenpaarbindungen miteinander verbunden sind. Die Anzahl der in den Makromolekülen gebundenen Monomere ist so hoch, dass sich die Eigenschaften der Polymere durch Hinzufügen oder Abspalten einiger weniger Einheiten nicht wesentlich ändern. Charakteristisch für makromolekulare Stoffe ist, dass sie keine festen Schmelztemperaturen besitzen. Nur recht unscharfe **Schmelztemperaturbereiche** lassen sich ermitteln, wenn der Stoff überhaupt unzersetzt schmelzbar ist. Das liegt daran, dass die Moleküle solcher Stoffe nicht einheitlich groß sind. Die Anzahl der verknüpften Monomere und damit die molaren Massen können innerhalb gewisser Grenzen schwanken.

Makromolekulare Stoffe lassen sich nicht unzersetzt verdampfen. Die Van-der-Waals-Kräfte zwischen den Molekülen sind so hoch, dass beim Erhitzen eher die innermolekularen Elektronenpaarbindungen aufbrechen, als dass sich die Teilchen voneinander trennen. Lösungen makromolekularer Stoffe haben **kolloidalen** Charakter (griech. kolla – Leim, eidos – Form, Aussehen). Obwohl sie unter dem Mikroskop optisch klar erscheinen und normale Filter passieren, zeigen sie den **Tyndall-Effekt**, wobei sich der Weg eines Lichtstrahls durch die Lösung verfolgen lässt (Abb. 2). Die Moleküle sind so groß, dass sie das eingestrahlte Licht zu streuen vermögen.

Experiment 1

Der Tyndall-Effekt

Ein sehr gut gereinigtes Becherglas wird mit Wasser gefüllt und mit einem Lichtstrahl durchleuchtet. Im Wasser ist der Lichtstrahl nicht zu erkennen (Abb. 2 links).
Auch das Lösen einer Spatelspitze Natriumchlorid ändert die Beobachtung nicht.
Man verrührt jetzt einige Tropfen einer Lösung von Styropor® in Aceton mit dem Wasser im Becherglas und durchstrahlt erneut mit Licht.
Die Spur des Lichtstrahls ist durch die ganze Lösung zu verfolgen (Abb. 2 rechts). Der Tyndall-Effekt ist auch bei kolloiden Lösungen von Proteinen, Tensiden und anderen Lösungen makromolekularer Stoffe zu beobachten.

Polysaccharide

Kohlenhydrate wie Stärke, Glykogen und Cellulose, die in großen Mengen von pflanzlichen und tierischen Organismen produziert werden, heißen **Polysaccharide**. Sie zählen zu den **natürlichen Polymeren**. Ihre Monomere sind **Monosaccharidbausteine**, die in unterschiedlicher Weise und in unterschiedlicher Anzahl miteinander verknüpft sind. In einer der Bildung der Disaccharide (↗ S. 302) vergleichbaren Reaktion werden Polysaccharide durch **Kondensation** vieler Moleküle eines Monosaccharids gebildet.

2 Tyndall-Effekt

Bau und Eigenschaften der Stärke. Stärke ist ein Gemisch aus ca. 25% **Amylose** und 75% **Amylopektin**. In Pflanzen dient Stärke als Reservestoff zur Speicherung chemischer Energie.

In **Amylosemolekülen** sind 100 bis 500 D-Glucosebausteine **α-glykosidisch** in **1,4-Stellung** zu einer langen, makromolekularen Kette verbunden (Abb. 4). Aufgrund der Bindungswinkel zwischen den Bausteinen ist die Kette schraubenförmig zu einer Helix mit ca. 6 Bausteinen pro Windung gewunden (Abb. 5). Wasserstoffbrückenbindungen zwischen benachbarten Hydroxylgruppen stabilisieren die Struktur.

In den Hohlraum der Helix können andere Moleküle, z. B. Iod, eingeschlossen werden. Die dabei zu beobachtende typisch blaue Färbung dient als Stärkenachweis (Abb. 3). Amylose ist etwas in Wasser löslich.

3 Stärkenachweis mit Iod

B-5

Struktur und Eigenschaften von makromolekularen Stoffen

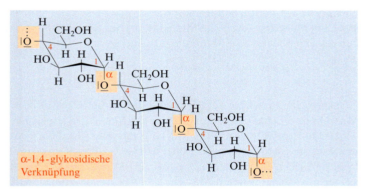

4 Struktur eines Amylosemoleküls mit α-1,4-glykosidischen Verknüpfungen, Ausschnitt

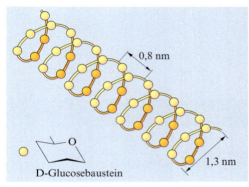

5 Helixstruktur der Amylose, schematisch

Amylopektinmoleküle bestehen ebenfalls aus D-Glucosebausteinen, die **α-glykosidisch** in **1,4-Stellung** und **1,6-Stellung** miteinander verbunden sind und stark verzweigte Makromoleküle bilden (Abb. 6, 7). Nur wenige D-Glucosebausteine befinden sich jeweils zwischen den Verzweigungen. Etwa 1 000 bis 6 000 D-Glucosebausteine sind in einem Amylopektinmolekül verbunden, dessen molare Masse somit

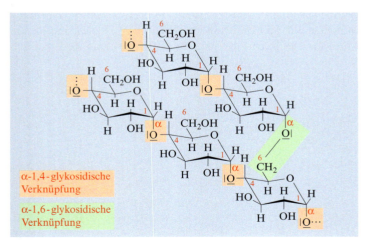

6 Struktur eines Amylopektinmoleküls mit α-1,4- und α-1,6-glykosidischen Verknüpfungen, Ausschnitt

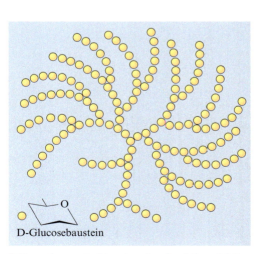

7 Verzweigungsstruktur eines Amylopektinmoleküls, schematisch

etwa zwischen 180 000 und 1 000 000 g·mol⁻¹ liegen kann. Seine stark verzweigte Struktur und seine Größe verhindern die Bildung einer regelmäßigen Helix sowie eine gute Wasserlöslichkeit. Dagegen bildet es durch inter- und intramolekulare Wasserstoffbrückenbindungen große, netzartige, dreidimensionale Aggregate, die durch Aufnahme von Wasser in ihre Strukturlücken aufquellen und ein festes Gel, den Stärkepudding oder Stärkekleister, bilden.

Die verschiedenen Bestandteile der Stärke stellen deshalb typische Speicherstoffe dar, die aufgrund ihrer fehlenden oder nur geringen Wasserlöslichkeit keine osmotische Wirkung in den Zellen der Speicherorgane ausüben.

Die makromolekular aufgebaute Stärke hat eine geringe chemische Reaktivität. An den Hydroxylgruppen der Kohlenstoffatome 2, 3 und 6 der Stärkemoleküle können Ester und Ether gebildet werden, wenn sie durch Quellen oder Lösen in geeigneten Lösemitteln aus den intermolekularen Bindungen des Stoffverbands befreit werden. Die saure oder enzymatische Hydrolyse der Stärke verläuft stufenweise über Dextrine (cyclische Moleküle, die aus 6 bis 12 Glucosebausteinen bestehen) und Maltose zu D-Glucose.

↗ B-6 | 3-D-Moleküle: Kohlenhydrate

Glykogen. Die Moleküle des **Glykogens**, das als tierische Stärke in Muskeln und Leber der Säugetiere und des Menschen gespeichert wird, sind den Molekülen des Amylopektins ähnlich. Glykogenmoleküle sind jedoch erheblich größer und verzweigter als die Amylopektinmoleküle: Sie bestehen aus bis zu 100 000 D-Glucosebausteinen pro Molekül (molare Masse ca. $1·10^6$ bis $1·10^7$ g·mol⁻¹). Die D-Glucosebausteine sind α-1,4- und α-1,6-glykosidisch verknüpft. Glykogen ist das einzige stärkeartige Polysaccharid, das bei Tieren und dem Menschen als Reservestoff vorkommt. Durch enzymatischen Auf- und Abbau des Glykogens wird der Blutzuckerspiegel reguliert. Vor allem nachts wird das Glykogen der Leber zu Glucose abgebaut, um den Energiebedarf der Organe zu decken.

↗ 10.2 | Kohlenhydrate – unsere Erfolgsquelle

Bau und Eigenschaften der Cellulose. Cellulose bildet das Stützgewebe der Pflanzen. Bis zu 10 000 D-Glucosebausteine bauen die Moleküle auf (molare Masse ca. $1·10^6$ g·mol⁻¹). Es sind lineare Moleküle, die keine Helixstruktur aufweisen. Das wird dadurch

---

B

Struktur-
Eigenschaften-
Konzept

Aufgaben

1. Formulieren Sie die Reaktionsgleichung für die Bildung einer α-glykosidischen Bindung zwischen zwei Glucosemolekülen.
2. Wodurch unterscheiden sich α- und β-glykosidische Bindungen?
3. Erklären Sie, weshalb Stärke keinen positiven Nachweis mit Fehling-Lösung ergibt, obwohl die Makromoleküle dieses Stoffes an einem Ende freie glykosidische OH-Gruppen tragen.
4. Durch das Enzym Amylase wird Stärke zu einem Disaccharid abgebaut. Formulieren Sie allgemein die wesentlichen Reaktionen und notieren Sie die Strukturformeln der Reaktionsprodukte.
5. Auch Cellulose lässt sich zu einem Disaccharid, der Cellobiose, hydrolysieren. Geben Sie die Strukturformel der Cellobiose an.

8 Struktur eines Cellulosemoleküls, Ausschnitt

erreicht, dass die Verknüpfung **β-glykosidisch** in **1,4-Stellung** erfolgt (Abb. 8). Jeder zweite β-Glucosebaustein ist gegenüber dem vorhergehenden um 180° gedreht. Verzweigungen treten nicht auf.

Jeweils etwa 30 der lang gestreckten Moleküle werden durch Wasserstoffbrückenbindungen zusammengehalten und bilden eine Elementarfibrille. Mehrere dieser Bündel bilden, seilartig umeinander gewunden, die Mikrofibrillen. Viele Mikrofibrillen vereinigen sich schließlich zur Cellulosefaser, die in die pflanzlichen Zellwände eingelagert wird.

Aufgrund der hohen molaren Masse und der geordneten Struktur ist Cellulose in Wasser und anderen Lösemitteln unlöslich. Enzyme oder Säuren können die glycosidischen Bindungen spalten, wobei sich D-Glucose bildet. Durch chemische Reaktion der Hydroxylgruppen der Cellulosemoleküle werden Celluloseester gebildet, die gut quellbar und löslich sind. Aus Celluloseestern können verschiedene halbsynthetische Polymere hergestellt werden (↗ S. 352).

Neben den genannten Polysacchariden gibt es noch zahlreiche weitere, die große Bedeutung und Verbreitung haben, z. B. das im Außenskelett der Insekten enthaltene Chitin.

B-5

Struktur und Eigenschaften von makromolekularen Stoffen

> **Resümee**
>
> Polysaccharide sind makromolekulare Naturstoffe, die durch Kondensationsreaktionen vieler Monosaccharidmoleküle (z. B. D-Glucosemoleküle) entstehen. Amylose und Amylopektin dienen pflanzlichen Organismen als Reservestoffe, Glykogen ist das Reservekohlenhydrat der Tiere. Cellulose ist wesentlicher Bestandteil der Pflanzenkörper und stellt deren Stützgewebe dar.

Polypeptide und Proteine

Proteine sind natürliche Polymere und erfüllen sehr unterschiedliche Funktionen in den Organismen: Als Enzyme katalysieren sie biochemische Reaktionen in allen Organismen. Das in Sehnen enthaltene Protein Kollagen hält als Bau- und Gerüstsubstanz das Knochengerüst der Wirbeltiere zusammen, deren Bewegung ermöglichen die Proteine der Muskeln. Proteine, z. B. die Keratine der Haut oder der Haare, dienen dem Schutz vor äußeren Einflüssen. Diese unterschiedlichen Aufgaben erfüllen Proteine, weil ihre Strukturen und damit ihre Eigenschaften sehr vielfältig variieren können.

↗ 10.4 | Proteine – Makromoleküle in vielen Formen

Bau von Polypeptiden und Proteinen. Grundbausteine der meisten Proteine sind zwanzig verschiedene **α-Aminosäuren**, die alle **L-Konfiguration** besitzen.

↗ B-5 | 3-D-Molekülmodelle: Aminosäuren

Durch Kondensationsreaktionen reagiert jeweils eine Carboxylgruppe eines L-Aminosäuremoleküls mit der α-ständigen Aminogruppe des nächsten L-Aminosäuremoleküls unter Abspaltung eines Wassermoleküls zu einer **Peptidbindung –CO–NH–** (↗ Aminosäuren S. 303 ff.). So entstehen Dipeptide, Tripeptide usw. (Abb. 9).

9 Ausschnitt aus einem Peptidmolekül

B

Struktur-
Eigenschaften-
Konzept

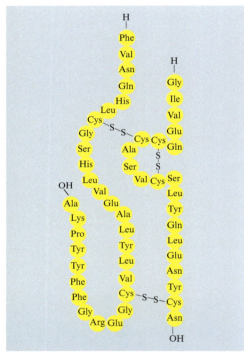

10 Primärstruktur des Insulins (Kurzbezeichnungen der Aminosäuren ↗ Tab. 9, S. 304)

↗ 10.5 | Aufbau von Kollagen
↗ 10.7 | Insulin

Peptide mit bis zu 10 Aminosäurebausteinen nennt man **Oligopeptide** (griech. oligos – wenig, meros – Teil). **Polypeptide** enthalten bis zu 100 L-Aminosäurebausteine. Peptide mit über 100 L-Aminosäurebausteinen heißen **Proteine**. Die Definitionsgrenze zwischen Polypeptiden und Proteinen ist jedoch fließend, denn man zählt z. B. traditionell auch kürzerkettige Peptide wie etwa das **Insulin** mit 51 Aminosäurebausteinen zu den Proteinen (Abb. 10).

Spezielle Eigenschaften der Proteine beruhen auf ihrem „Rückgrat", der Polypetidkette, und auf den unterschiedlichen Resten der Aminosäuren, die von diesem Rückgrat aus in den Raum ragen. Proteinmoleküle sind nie verzweigt, doch es gibt zahlreiche Querverbindungen innerhalb der Moleküle, teilweise aber auch zwischen den Molekülsträngen. Diese Querverbindungen werden von den Seitenketten der Aminosäuren erzeugt und geben dem Gesamtmolekül die charakteristische Struktur, durch die seine Eigenschaften bedingt sind (Abb. 11).

In der Peptidgruppe sind das π-Elektronenpaar der Kohlenstoff-Sauerstoff-Doppelbindung und das freie Elektronenpaar des Stickstoffatoms über die gesamte Gruppe delokalisiert. Die Peptidgruppe ist mesomeriestabilisiert und einschließlich der beiden angrenzenden Kohlenstoffatome in einer Ebene fixiert (↗ S. 306, Abb. 59). Die freie Drehbarkeit des Moleküls um die Kohlenstoff-Stickstoff-Achse der Peptidgruppe ist somit aufgehoben. Die Kohlenstoffatome, die die Reste tragen, sind in trans-Konfiguration angeordnet, sodass sich die teilweise voluminösen Reste nicht gegenseitig behindern (Abb. 9). Sie ragen aus den Ebenen hinaus.

In der **Primärstruktur** ist die **Aminosäuresequenz**, also die Art, Anzahl und Reihenfolge der einzelnen L-Aminosäurebausteine, in der Peptidkette festgelegt (Abb. 10). Die starre, planare Anordnung der Atome der Peptidgruppen erlauben der Peptidkette dennoch, unterschiedliche räumliche Anordnungen (Konformationen) einzunehmen. Die unterschiedlichen Konformationen werden als **Sekundärstrukturen** bezeichnet, die entweder die Form einer Helix- oder einer Faltblattstruktur annehmen.

Bei der **α-Helixstruktur** windet sich die Peptidkette schraubenförmig um ihre Achse, dabei entsteht eine rechtsgängige Spirale. Die Seitenketten sind nach außen gerichtet. Der Abstand zwischen zwei Windungen beträgt 540 pm, genau 3,6 Molkülbausteine entfallen auf eine Windung (Abb. 11). Durch intramolekulare Wasserstoffbrückenbindungen zwischen CO- und NH-Gruppen verschiedener Peptidgruppen wird die α-Helix stabilisiert.

Die **β-Faltblattstruktur** entsteht durch Zusammenlagerung von gestreckten Polypeptidketten in einer Zickzackanordnung. Die Seitenketten der Moleküle befinden sich abwechselnd ober- und unterhalb der Faltblattebene. Die Struktur wird durch intermolekulare Wasserstoffbrückenbindungen zu gegenüberliegenden Peptidketten stabilisiert (Abb. 11).

Beide Konformationen können in demselben Molekül in unterschiedlichen Abschnitten auftreten. Getrennt werden die unterschiedlichen Abschnitte von Schleifen ohne Sekundärstruktur, die als ungeordnetes Knäuel erscheinen.

Wechselwirkungen zwischen den Seitengruppen der Aminosäurebausteine sorgen für die dreidimensionale Anordnung des gesamten Proteinmoleküls im Raum. Sie wird als **Tertiärstruktur** (Abb. 11)

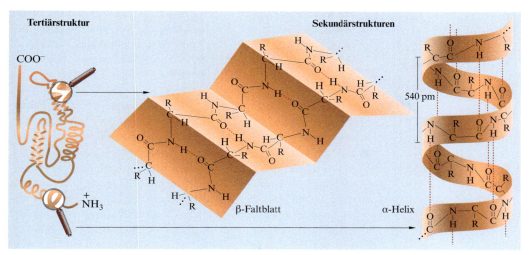

11 Struktur von Peptiden und Proteinen

bezeichnet und hängt sowohl von der Aminosäuresequenz der Kette als auch von äußeren Bedingungen wie pH-Wert und Temperatur ab. Alle Bindungsarten können zur Stabilisierung der Tertiärstruktur beitragen: Wasserstoffbrückenbindungen, Ionenbindungen zwischen Ammonium- und Carboxylatgruppen, Elektronenpaarbindungen in Disulfidbrücken zwischen zwei Cysteinmolekülbausteinen und Van-der-Waals-Kräfte zwischen unpolaren Atomgruppen (Abb. 12).

A-4 | Wasserstoffbrückenbindungen

B-5

Struktur und Eigenschaften von makromolekularen Stoffen

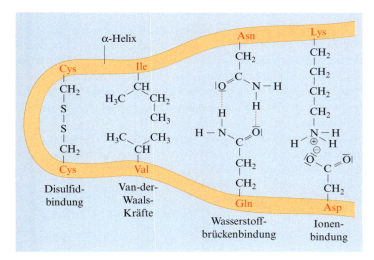

12 Beispiele für chemische Bindungen in einem Peptidmolekül

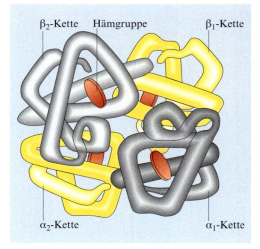

13 Quartärstruktur des Hämoglobins. Hämoglobin besteht aus vier Polypeptidketten (α_1, α_2, β_1, β_2). Über ein Stickstoffatom der Aminosäure Histidin erfolgt die Bindung von jeweils einer Hämgruppe an eine der Polypeptidketten.

In einigen Fällen, z. B. beim roten Blutfarbstoff **Hämoglobin**, vereinigen sich darüber hinaus mehrere Polypeptidketten zu einem Gesamtkomplex. Teilweise können auch Bindungen zu anderen Atomen oder Molekülen bestehen. In solchen Fällen wird von einer **Quartärstruktur** des Proteins gesprochen (Abb. 13).

Die vier Polypetidketten des Hämoglobins enthalten je eine als Häm bezeichnete Gruppe, die aus einem zentralen Eisenatom und einem umgebenden Porphyrinring besteht (↗ S. 398, Abb. 13). Die Hämgruppe ist ein Farbstoffmolekül mit vielen konjugierten Doppelbindungen, die die rote Farbe des Blutes verursacht.

B Struktur-Eigenschaften-Konzept

Enthalten Proteine neben den Aminosäurebausteinen auch andere Molekülbausteine, z. B. Kohlenhydrate, Lipide, Farbstoffe, so werden sie **Proteide** genannt. Der Nicht-Aminosäuremolekülanteil wird als **prosthetische Gruppe** bezeichnet. Biologisch bedeutsame Proteide sind z. B. Glykoproteide, Lipoproteide, Chromoproteide.

Eigenschaften der Proteine. Proteine, die sich in ihrer Primär-, Sekundär-, Tertiär- und Quartärstruktur unterscheiden, haben auch unterschiedliche physikalische und chemische Eigenschaften.

Für die Eigenschaften spielt die Konformation der biologischen Makromoleküle eine entscheidende Rolle. α-Keratin ist das Strukturprotein der Haare. Die Sekundärstruktur ist eine α-Helix (Abb. 11, S. 347). Je zwei α-Keratinmoleküle sind spiralförmig umeinander gewunden und bilden das Protofilament (Abb. 14). Die α-Keratinmoleküle werden durch intermolekulare Disulfidbindungen zwischen den Aminosäurebausteinen zusammengehalten. Acht parallel ausgerichtete Protofilamente bilden eine Mikrofibrille. Aus der Zusammenlagerung vieler Mikrofibrillen entsteht schließlich die Faserschicht der Haare.

Wird das Haar gedehnt, lösen sich die intramolekularen Wasserstoffbrückenbindungen der Helices, die dadurch entspiralisiert und gestreckt werden. Diese Streckung ist reversibel. Die Rückstellkräfte der intermolekularen Bindungen in den übergeordneten Strukturelementen sorgen dafür, dass bei Zugentlastung die alte Helixstruktur der Proteinmoleküle wiederhergestellt wird.

Auch die globulären Moleküle der Enzyme werden durch Bindungen zwischen den Aminosäurebausteinen in bestimmten Konformationen fixiert. Nur in dieser einen Konformation können sie ihre spezifischen Aufgaben erfüllen. Wird durch Energiezufuhr, etwa durch Erhitzen, die Konformation verändert, spricht man von **Denaturierung**, die mit einem Funktionsverlust einhergeht. Auch Säuren und Basen können zur Denaturierung eines Proteins führen, weil der veränderte pH-Wert die Ionenbindungen beeinflusst. Harnstoffmoleküle bilden mit Proteinmolekülen Wasserstoffbrückenbindungen aus und stören damit die Wasserstoffbrückenbindungen der ursprünglichen Tertiärstruktur. Stoffe mit reduzierenden Eigenschaften spalten die Disulfidbrücken der Proteine und führen so ebenfalls zu einem Funktionsverlust.

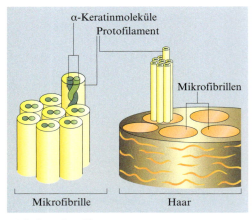

14 Aufbau eines Haares

↗ 10.5 | Gelatine – vielseitig und in aller Munde
↗ 10.7 | Insulin – „Bote von einer merkwürdigen Insel"

Tab. 1 Fibrilläre und globuläre Proteine

Bezeichnung	Bau	Funktion	Eigenschaften	Beispiele
fibrilläre Proteine (Skleroproteine, Gerüstproteine)	Fasern, Fibrillen	Aufbau von Muskeln und Gewebe, Bewegung und Strukturbildung	durch zahlreiche Wasserstoffbrückenbindungen fest, wenig elastisch, meist in Wasser unlöslich	Keratine (Haare, Federn, Nägel), Kollagene (Gewebe von Haut, Knochen, Knorpel), Elastine (Bindegewebe), Fibroin (Naturseidefasern)
globuläre Proteine (Globuline, Albumine)	sphäroide Gestalt, Polypeptidketten annähernd zur Kugel geknäult	Transport, Steuerung und Regelung, Schutz und Abwehr	meist in Wasser kolloid löslich	Hämoglobin, Enzyme (z. B. β-Amylase), Hormone (z. B. Insulin), Fibrinogen, Antikörper

Manche Proteine bilden in Wasser kolloide Lösungen (Sole). Ihre Makromoleküle in Größenordnungen von 10^{-5} bis 10^{-7} cm sind kolloide Partikel, an denen ein Lichtstrahl, der durch die Lösung fällt, gebrochen wird (Tyndall-Effekt). Nach ihrer Löslichkeit unterteilt man **globuläre Proteine** (Tab. 1) mit kugelförmiger Gestalt in **Globuline** (bilden mit Wasser keine kolloide Lösungen, erhöhte Löslichkeit in verdünnten Salzlösungen) und **Albumine** (bilden mit Wasser kolloide Lösungen). Das Löseverhalten der Globuline lässt auf das Vorhandensein von Aminosäurebausteinen mit positiven oder negativen elektrischen Ladungen schließen. Die Ionen der Salzlösung treten an die Stelle der Ladungen der benachbarten Aminosäuregruppen und erleichtern das Ablösen der Proteinmoleküle voneinander. In konzentrierten Salzlösungen flocken die Proteine dagegen aus (Denaturierung).

Die **fibrillären Proteine** (Tab. 1) bestehen aus lang gestreckten Molekülen und sind in Wasser unlöslich, weil die zwischenmolekularen Kräfte sehr groß sind.

Die Moleküle der Proteine sind Zwitterionen und haben deshalb wie die Aminosäuren amphotere Eigenschaften (↗ S. 305). So können sie z. B. im Organismus als Puffersysteme wirken.

 ↗ E-6 | Puffersysteme weisen den pH-Wert in seine Schranken

Proteine lassen sich anhand von Farbreaktionen z. B. durch die Biuret-Reaktion (Exp. 2) und die Xanthoprotein-Reaktion (Exp. 3) nachweisen.

Experiment 2

Biuret-Reaktion
Eiweißlösung (Eiklar) wird mit verdünnter Natronlauge ($w = 10\%$, C) versetzt. Danach werden einige Tropfen Kupfersulfatlösung ($w = 5\%$) zugesetzt.
Die Lösung zeigt eine violettrote Färbung, die auf der Bildung eines Kupferkomplexes beruht (Abb. 15).

B-5

Struktur und Eigenschaften von makromolekularen Stoffen

15 Biuret-Reaktion

Resümee

Proteine werden durch Kondensation aus L-Aminosäuren gebildet. Die Abfolge der Aminosäuremoleküle im Proteinmolekül, die Aminosäuresequenz, heißt Primärstruktur des Proteins. Die Sekundärstruktur eines Proteins beschreibt seine Konformation, die als α-Helix oder β-Faltblatt unterschieden werden. Die dreidimensionale Anordnung der Polypeptidketten wird durch die Tertiärstruktur festgelegt. Besteht ein Protein aus mehreren Polypeptidketten oder bestehen Bindungen zu anderen Atomen oder Molekülen, so entsteht eine Quartärstruktur.
Ihre speziellen Aufgaben im Organismus können Proteine nur mit intakter Primär-, Sekundär-, Tertiär- und Quartärstruktur erfüllen.

Experiment 3

Xanthoprotein-Reaktion
Ein Gemisch aus Eiweißlösung (Eiklar) und verdünnter Salpetersäure ($w = 25\%$, C) wird erwärmt.
Die Proteine zeigen eine gelbe Färbung (Abb. 16), die auf der Nitrierung der Proteine beruht.

16 Xanthoprotein-Reaktion

Aufgaben

1. Formulieren Sie die Reaktionsgleichung für die Hydrolyse eines Proteins.
2. Das Tripeptid Glutathion wird in der Leber durch Verknüpfung von L-Glutaminsäure mit L-Cystein und Glycin synthetisiert (Glu-Cys-Gly, ↗ Formeln S. 304, Tab. 9). Stellen Sie die Strukturformel von Glutathion dar.
3. Zeichnen Sie alle möglichen Strukturformeln der Tripeptide, die aus Glycin und L-Alanin gebildet werden können.
4. Die Sekundärstruktur des Wollkeratins zeigt überwiegend die Form der α-Helix, während das Seidenfibroin β-Faltblattstruktur aufweist. Wolle lässt sich, vor allem in feuchtem Zustand, auf doppelte Länge dehnen, bevor sie reißt. Seide ist kaum dehnbar, aber sehr reißfest. Erklären Sie die Eigenschaften aus den Molekülstrukturen.
5. Zählt Hämoglobin zu den Proteinen oder zu den Proteiden? Begründen Sie.

Nucleinsäuren – DNA und RNA

Bau und Eigenschaften der DNA. Nucleinsäuren (lat. nucleus – Kern) besitzen durch die Struktur ihrer Moleküle die Voraussetzungen zur Speicherung der Informationen über den Bauplan des Organismus.

Die in den Chromosomen der Zellkerne lokalisierte Erbsubstanz wird chemisch als **Desoxyribonucleinsäure (DNA)** bezeichnet. Jedes Chromosom enthält ein Molekül dieser Substanz. Das von JAMES WATSON (geb. 1928) und FRANCIS CRICK (1916 bis 2004) entwickelte Strukturmodell beschreibt das DNA-Molekül als lang gestrecktes Makromolekül, das aus einzelnen Nucleotiden aufgebaut ist.

B
Struktur-
Eigenschaften-
Konzept

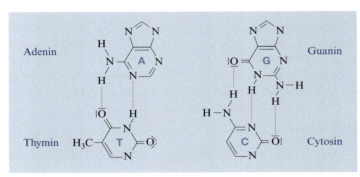

17 Allgemeine Struktur eines Nucleotids (Desoxyribonucleotid)

18 Strukturformeln der in den Nucleotiden vorkommenden vier organischen Basen

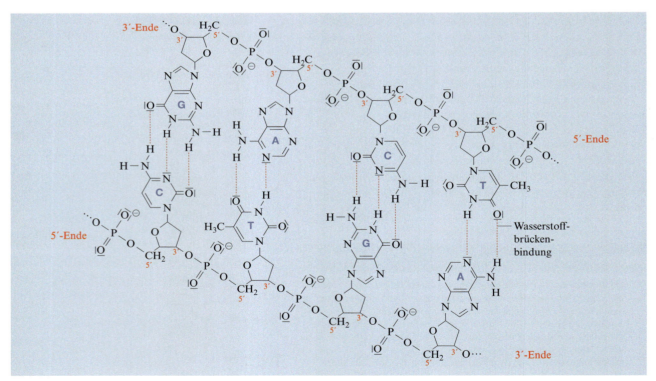

19 Die Zusammenlagerung von zwei DNA-Einzelsträngen zu einem DNA-Doppelstrang erfolgt durch Paarung der komplementären Basen und Ausbildung von Wasserstoffbrückenbindungen. Die beiden Stränge liegen antiparallel, d. h., die 3'- und 5'-Enden der Stränge liegen jeweils an der anderen Seite.

Die Nucleotide der DNA (Abb. 17) bestehen aus einem Zuckerderivat, der Pentose 2-Desoxyribose, deren Hydroxylgruppe am Kohlenstoffatom 5' mit einer Phosphatgruppe verestert ist. (Traditionell werden in der Genetik die Kohlenstoffatome der Pentose mit Ziffern und Strich gekennzeichnet.) Am Kohlenstoffatom 1' ist das Zuckermolekül mit einem Molekül einer ringförmigen organischen Stickstoffbase (kurz: Base) über eine C–N-Bindung verbunden.

Die Nucleotide der DNA unterscheiden sich durch vier verschiedene Basen: **Adenin**, **Thymin**, **Guanin** und **Cytosin** (Abb. 18).

DNA-Moleküle (Abb. 19) sind aus zwei schraubenförmigen Polynucleotidsträngen aufgebaut, die ihrerseits um eine gemeinsame Achse gewunden sind und so eine **Doppelhelix** bilden. Die Nucleotide der einzelnen Stränge werden durch die Phosphatgruppen verknüpft, die jeweils mit den Kohlenstoffatomen 5' und 3' des Zuckermoleküls verestert sind. Das letzte Nucleotid am einen Ende des Stranges behält also eine freie Hydroxylgruppe am Kohlenstoffatom 3', das am anderen Ende eine freie Phosphatgruppe am Kohlenstoffatom 5'.

Die beiden Einzelstränge lagern sich antiparallel aneinander und werden durch Wasserstoffbrückenbindungen zwischen den Basen zusammengehalten (Abb. 19). Aufgrund der räumlichen Struktur der vier verschiedenen Basen können sich nur Adenin und Thymin sowie Guanin und Cytosin aneinanderlagern. Dabei bildet das Paar Adenin/Thymin zwei, das Paar Guanin/Cytosin drei Wasserstoffbrückenbindungen aus. Die Basen der Nucleotide stellen die Buchstaben des genetischen Alphabets dar. Sie kodieren die Erbinformation durch ihre Reihenfolge.

Die Kenntnis über die Erbinformation der Lebewesen ist von hohem Interesse für die Wissenschaft, aber auch z. B. für die Kriminalistik, weil sie zur eindeutigen Identifizierung eines Menschen herangezogen werden kann. Mithilfe der DNA-Sequenzanalyse kann die Erbinformation entschlüsselt werden.

↗ 11.5–11.7 | Entschlüsselung des genetischen Materials / DNA-Rekombinationstechniken / DNA-Analytik

↗ B-5 | DNA-Sequenzanalyse

Die paarweise unterschiedlichen Größen der Basentypen ermöglichen es, dass ein gleichförmig dickes, doppelsträngiges DNA-Molekül entstehen kann. Die DNA hat die Fähigkeit zur **identischen Reproduktion** (**Replikation**) der Erbinformation. Deshalb wird die DNA-Doppelhelix zur Replikation wieder in Einzelstränge getrennt. Durch die Anlagerung neuer Nucleotide entstehen zwei identische Doppelstränge (Abb. 20).

Ribonucleinsäure. In den Zellen kommt neben der DNA noch eine weitere Nucleinsäure vor, die **Ribonucleinsäure (RNA)**. In ihrem Grundbauplan ähnelt sie der DNA. Sie hat jedoch anstelle des Zuckers Desoxyribose den Zucker Ribose gebunden (Abb. 21). Als Base kommt anstelle des Thymins Uracil vor. Außerdem sind die wesentlich kürzeren RNA-Moleküle einsträngig und bilden durch Paarung der Basen Schlaufen.

Aufgaben

1. Beschreiben Sie die Bindungsverhältnisse im DNA-Molekül, die die Ausbildung der charakteristischen Raumstruktur ermöglichen.
2. Vergleichen Sie die biologischen Makromoleküle der Polysaccharide, Polypeptide und Nucleinsäuren im Hinblick auf ihre Eignung als Träger der Erbinformation.

B-5

Struktur und Eigenschaften von makromolekularen Stoffen

20 DNA-Doppelstrang und Öffnung des Doppelstrangs während der Replikation. Die Anlagerung neuer Nucleotide an die Einzelstränge führt zu identischen Doppelsträngen.

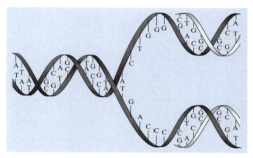

21 Die Ribonucleotide der RNA enthalten den Zucker Ribose.

Resümee

Die DNA besteht aus linearen, unverzweigten Makromolekülen. Durch die Reihenfolge ihrer Monomere, der Nucleotide, kodiert sie die Erbinformation der Organismen. Die zwei Polynucleotidstränge eines DNA-Moleküls sind, durch Wasserstoffbrückenbindungen verbunden, in Form einer Doppelhelix umeinander gewunden.

 7 | Steinzeit – Eisenzeit – Plastikzeit?

Kunststoffe

Als **Kunststoffe** bezeichnet man synthetisch erzeugte makromolekulare Verbindungen (synthetische Polymere).

Halbsynthetische Polymere. In der Entwicklungsgeschichte der Kunststoffe wurde zunächst versucht, Eigenschaften der natürlichen Polymere zu verändern, d. h. dem Bedarf der Verbraucher anzupassen und neue Anwendungsmöglichkeiten zu erschließen. So wurden die Hydroxylgruppen der Cellulose mithilfe von Essigsäureanhydrid oder Nitriersäure verestert. Die Produkte, **Celluloseacetat** bzw. **Cellulosenitrat**, sind in organischen Lösemitteln löslich und können aus der Lösung zu Folien (Cellophan®, Celluloid) verarbeitet werden. Zur Herstellung von „Kunstseide" werden sie zu Endlosfäden versponnen, die aufgrund ihrer Oberflächenstruktur wie Seide glänzen. Substanzen dieser Art werden als **halbsynthetisch** bezeichnet. In ihnen ist die Grundstruktur des Naturstoffs Cellulose erhalten geblieben.

Struktur-Eigenschaften-Konzept

Vollsynthetische Polymere. Mit der Herstellung von vollsynthetischen Polymeren, den Kunststoffen im engeren Sinn, gelingt es, maßgeschneiderte Eigenschaften in Werkstoffen für nahezu alle Anforderungsbereiche herzustellen.

Kunststoffe werden hergestellt, indem viele kleine Monomere einer oder mehrerer Verbindungen zu Makromolekülen reagieren. Dadurch entstehen makromolekulare Stoffe, die Polymere.

$$n\,H_2C{=}CH_2 \rightarrow {+}CH_2{-}CH_2{+}_n$$

Monomer — Polymer — Monomereinheit

Die Monomereinheit ist die größte Struktureinheit, die ein Monomer in ein Makromolekül einbringt. Mit der Anzahl n der Monomereinheiten wird die Größe der Makromoleküle, der **Polymerisationsgrad**, festgelegt. Viele synthetische Polymere bestehen aus Makromolekülen gleicher chemischer Zusammensetzung, aber verschiedenen Polymerisationsgrads.

Die aus einer einzigen Monomereinheit bestehenden Makromoleküle heißen **Homopolymere** (z. B. Polyethen). Werden dagegen verschiedene Arten von Monomereinheiten umgesetzt, so erhält man **Copolymere** (Mischpolymere) wie der aus Acrylnitril, 1,3-**B**utadien und **S**tyrol bestehende Kunststoff **ABS** (Abb. 22, 23).

Als Ordnungsprinzip für die große Vielfalt der möglichen Makromoleküle kann der Reaktionstyp, nach dem die Monomere chemisch miteinander verbunden sind, herangezogen werden: Polymerisation (radikalische und ionische Polymerisation), Polykondensation und Polyaddition (Tab. 2).

Ein weiteres Ordnungsprinzip unterscheidet nach der Struktur und den Werkstoffeigenschaften der Polymere (↗ S. 359, Tab. 4).

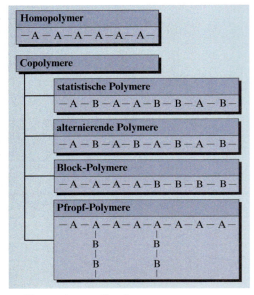

22 Homopolymer – Copolymer

23 Der Werkstoff für Lego®-Bausteine ist ABS, ein Copolymer.

 ↗ 7.6 | Unsichtbare Helfer
↗ 12.6 | Komposite

Radikalische Polymerisation. Strukturelle Voraussetzungen für die Polymerisation der Monomere sind reaktive Mehrfachbindungen in den Monomeren. Zugesetzte Radikalbildner, z. B. organische Peroxide, dienen als **Initiatoren**, die die Startreaktion auslösen und

Aufgabe

1. Die ersten Kunststoffe waren nur chemisch veränderte Naturstoffe. In den Molekülen des Cellulosetriacetats (Handelsname Tricel® oder Arnel®) ist jeder Glucosebaustein mit drei Essigsäuremolekülen verestert. Zeichnen Sie einen Molekülausschnitt mit vier Monomereinheiten.

Tab. 2 Einteilung synthetischer Polymere nach dem Reaktionstyp

	Polymerisation	Polykondensation	Polyaddition
Reaktionstyp	Addition	Kondensation	Addition
Strukturmerkmale in den Monomeren	reaktionsfähige Mehrfachbindungen	zwei oder mehrere funktionelle Gruppen	Mehrfachbindungen und reaktionsfähige Wasserstoffatome
Produkte	Polymerisat ohne Nebenprodukt	Polykondensat und Nebenprodukt (z. B. H_2O)	Polyaddukt ohne Nebenprodukt
Beispiel	Polyethen	Phenoplaste	Polyurethane

B-5

Struktur und Eigenschaften von makromolekularen Stoffen

die homolytische Aufspaltung einer Mehrfachbindung unter Bildung von Radikalen bewirken. Die Makromoleküle wachsen in einer **Kettenreaktion** durch rasch aufeinanderfolgende **Additionen** der Monomere an das aktive Zentrum. Als Reaktionsprodukt werden Kunststoffe erhalten, die auch als Polymerisate bezeichnet werden. Die Polymerisation verläuft in den typischen Phasen **Startreaktion**, **Kettenfortpflanzung** und **Abbruchreaktion** ab (Abb. 24, S. 354; ↗ Polymerisation S. 329 f.).

↗ B-5 | Animation: Radikalische Polymerisation

Tab. 3 Durch radikalische Polymerisation hergestellte Kunststoffe

Monomer	Formel	Polymer	Formel (Ausschnitt)	Verwendung
Ethen (R^1 = H) Propen (R^2 = CH_3)	$H_2C=CHR^{1,2}$	R^1: Polyethen (PE) R^2: Polypropen (PP)	...$R^{1,2}$ $R^{1,2}$ $R^{1,2}$...	Verpackungsmaterial, Folien, Rohre, Flaschen
Styrol	$H_2C=CH$-C_6H_5	Polystyrol (PS)		Isolierungen, Verpackungen, Einweggeschirr, Haushaltsgeräte
Acrylnitril	$H_2C=CH$-$C\equiv N$	Polyacrylnitril (PAN)	...CN CN CN...	Textilfasern (Dralon®), Filter
Chlorethen (Vinylchlorid)	$H_2C=CHCl$	Polyvinylchlorid (PVC)	...Cl Cl Cl...	Verpackungsmaterial, Fasern, Fußbodenbeläge, Rohre, Schläuche, Kabelummantelungen
Methacrylsäuremethylester	$H_2C=C(CH_3)$-$C(=O)$-O-CH_3	Polymethacrylsäuremethylester (PMMA)	...CH_3 CH_3 CH_3... $COOCH_3$ $COOCH_3$ $COOCH_3$	Glasersatz (Plexiglas®)
Tetrafluorethen	$F_2C=CF_2$	Polytetrafluorethen (PTFE)	...F F F F F F F F...	Dichtungen, Isolierungen, Kochgeschirr (Teflon®)

24 Verschiedene Kunststoffe können durch radikalische Polymerisation hergestellt werden.

Kettenstart

R—R ⟶ R• + R•

Kettenfortpflanzung

Kettenabbruch

R• + •R ⟶ R—R

X	Kunststoff
H	PE
CH₃	PP
Cl	PVC
CN	PAN
⬡	PS

Struktur-Eigenschaften-Konzept

7.2 Ein Auto ohne Kunststoffe?

Je nach der Struktur der Monomere können unterschiedliche Kunststoffe erhalten werden. Zu den wichtigsten Kunststoffen gehören Polyethen (PE) und Polypropen (PP), Polyvinylchlorid (PVC), Polytetrafluorethen (PTFE, z. B. Teflon®), Polystyrol (PS) und Polymethacrylsäuremethylester (PMMA, z. B. Plexiglas®). In Tab. 3 (↗ S. 353) sind einige Monomere und die durch radikalische Polymerisation erhaltenen Polymere aufgeführt, Abb. 24 zeigt den Reaktionsmechanismus in allgemeiner Form.

Durch die Reaktionsbedingungen lässt sich die **Kettenlänge** der Polymere in gewissen Grenzen steuern. Hohe Konzentrationen des Initiators und hohe Temperatur lassen zahlreiche Startradikale entstehen, die zu vielen sich rasch bewegenden Ketten heranwachsen. Daraus resultieren häufige Abbruchreaktionen. Kurzkettige Produkte sind die Folge. Geringe Konzentrationen des Initiators führen bei niedriger Temperatur dagegen zu wenigen, langsam, aber stetig wachsenden Ketten und seltenen Abbrüchen. Das Produkt ist demzufolge langkettig.

Auch durch Zusatz geeigneter **Inhibitoren** kann die Kettenlänge begrenzt werden. Als Inhibitoren können Stoffe wie Phenole, Amine oder Chinone eingesetzt werden. Sie bilden relativ stabile und reaktionsträge Radikale, die die wachsende Kette nicht weiter fortpflanzen können.

Ionische Polymerisation. Polymerisationsreaktionen können auch über ionische Zwischenstufen verlaufen, wobei Carbanionen (anionische Polymerisation) bzw. Carbokationen (kationische Polymerisation) entstehen, die die Kettenreaktion fortsetzen.

Ein Beispiel der anionischen Polymerisation ist die von Cyanoacrylsäureester, die bei den **Sekundenklebern** zum Tragen kommt. Das Monomer ist 2-Cyanoacrylsäureester. Durch Luftfeuchtigkeit wird auf das Monomer ein Hydroxid-Ion übertragen. Das entstehende Carbanion ist mesomeriestabilisiert und lagert weitere Monomere an, bis alle Monomere verbraucht sind (Abb. 25).

Abbruchreaktionen zwischen Carbanionen sind hier im Unterschied zur radikalischen Polymerisation nicht möglich, da die wachsenden Ketten gleichnamig geladen sind und sich gegenseitig abstoßen. Nach Verbrauch aller Monomere kann durch Zugabe weiterer Monomere das Kettenwachstum fortgesetzt werden. Solche Makroanionen werden als „lebende" Polymere bezeichnet.

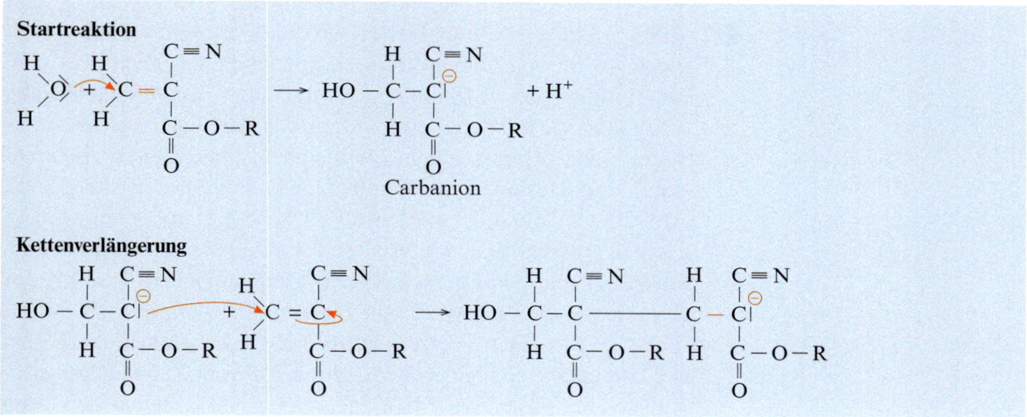

B-5

Struktur und Eigenschaften von makromolekularen Stoffen

Startreaktion

Kettenverlängerung

25 Anionische Polymerisation von 2-Cyanoacrylsäureester

Die kationische Polymerisation wird durch eine starke Säure ausgelöst. Durch elektrophile Addition eines Protons z. B. an ein Alkenmolekül wird ein Carbokation erzeugt, das wiederum mit anderen Alkenmolekülen reagiert und die Kettenreaktion fortführt. Durch kationische Polymerisation wird z. B. Butylkautschuk hergestellt, ein Copolymer aus 2-Methylpropen und 2-Methyl-1,3-butadien.

Polykondensation. Ausgangsstoffe für Polykondensate sind Monomere mit mehreren funktionellen Gruppen oder anderen reaktionsfähigen Zentren im Molekül. Die Reaktion der Monomere erfolgt unter Abspaltung niedermolekularer Kondensationsprodukte, z. B. H_2O, HCl oder NH_3. Oft werden zwei unterschiedliche Ausgangsstoffe in der Polykondensation umgesetzt, z. B. mehrwertige Carbonsäuren mit mehrwertigen Alkoholen.

Zur Herstellung von **Polyestern** werden Dicarbonsäuren und Diole eingesetzt. So wird Terephthalsäure (1,4-Benzoldicarbonsäure) mit Glykol (Ethandiol) zu Polyethylenterephthalat (PET) kondensiert (Abb. 26).

Die vielfache Wiederholung der Veresterung an den funktionellen Gruppen führt unter Abspaltung von Wassermolekülen zu linearen Makromolekülen. Der Polyester wird zu Getränkeflaschen und Folien verarbeitet oder wird unter den Handelsnamen Trevira® und Diolen® als **Textilfaser** verwendet.

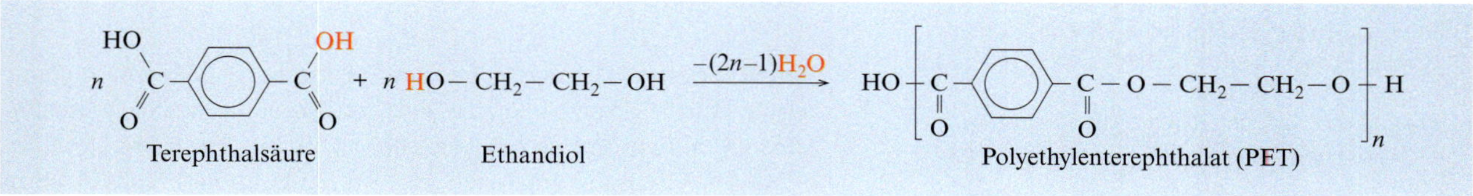

Einige Monomere in der Polykondensation

Ethandiol
$HO–CH_2–CH_2–OH$

Hexamethylendiamin
$H_2N–(CH_2)_6–NH_2$

Terephthalsäure
$HOOC–C_6H_6–COOH$

26 Bildung des Polyesters Polyethylenterephthalat (PET)

$$n\ H-\underset{H}{\underset{|}{N}}-(CH_2)_6-\underset{H}{\underset{|}{N}}-H + n\ H-\overset{\overset{O}{||}}{\underset{\bar{O}}{C}}-(CH_2)_4-\overset{\overset{O}{||}}{C}-\bar{O}-H \xrightarrow{-(2n-1)H_2O} H-\left[\underset{H}{\underset{|}{N}}-(CH_2)_6-\underset{H}{\underset{|}{N}}-\overset{\overset{O}{||}}{C}-(CH_2)_4-\overset{\overset{O}{||}}{C}\right]_n-\bar{O}-H$$

Hexamethylendiamin   Adipinsäure   Nylon®

27 Bildung eines Carbonsäureamids bei der Nylon®-Synthese

B Struktur-Eigenschaften-Konzept

↗ 7.3 | Erfolgsstory des Nylons®

Zu den **Polyamiden** gehören die synthetischen Fasern Nylon® und Perlon®, aus denen Bekleidung, Bodenbeläge und Taue hergestellt werden. Ähnlich wie Polyester werden Polyamide durch Polykondensation von Dicarbonsäuren mit Diaminen hergestellt. Die Verknüpfung der Monomere erfolgt über eine **Amidbindung** –CO–NH–, die mit der Peptidbindung der Proteine baugleich ist.

Nylon®, ein Carbonsäureamid, wird aus Adipinsäure (1,6-Hexandisäure) und Hexamethylendiamin (1,6-Diaminohexan) hergestellt (Abb. 27). Nylonfäden werden durch Schmelzspinnen gewonnen, d. h., das geschmolzene Material wird durch Düsen gedrückt und im Stickstoffstrom gekühlt. Die langen kettenförmigen Moleküle liegen im Faden jetzt als **Knäuel** vor, die wenig Zusammenhalt zeigen (Abb. 27). Mit einem kurzen heftigen Ruck lassen sich die Fäden leicht zerreißen. Bei langsamem, gleichmäßigem Zug dagegen strecken sich die Fäden. Die Moleküle ordnen sich in weiten Bereichen in Längsrichtung an und können zahlreiche intermolekulare Wasserstoffbrücken ausbilden. In diesem „verstreckten" Zustand zeigen die Fäden eine erheblich höhere Zugfestigkeit (Abb. 28).

Polykondensationen mit Monomeren, deren Moleküle an mehr als zwei Positionen reaktiv sind, führen zu **dreidimensional vernetzten Kunststoffen**. Ein Beispiel sind die **Phenoplaste**, die 1909 von LEO BAEKELAND (1863 bis 1944) erfunden wurden und zu den ältesten vollsynthetischen Kunststoffen überhaupt gehören. Preiswerte Ausgangsstoffe und gute Hitze- und Chemikalienbeständigkeit machten das nach seinem Entdecker benannte **Bakelit** zu einem weit verbreiteten Kunststoff. Vor allem Radiogehäuse, Steckdosen und elektrische Isolatoren, aber auch die Karosserie des Pkw „Trabant" wurden daraus hergestellt.

Phenoplaste (Phenol-Formaldehyd-Harze) entstehen durch sauer oder alkalisch katalysierte Substitutions- und Kondensationsreaktionen zwischen Formaldehyd (Methanal) und Phenol oder Resorcin. Die Moleküle der Aromaten reagieren besonders leicht in ortho- und para-Stellung. Elektrophilen Partnern wie Formaldehyd stehen dadurch drei Angriffspositionen zur Verfügung, sodass als Reaktionsprodukt dreidimensional verknüpfte, harte und temperaturbeständige Polymere entstehen (Abb. 29).

Die gelbbraune Färbung der Phenoplaste wirkt für viele Verwendungsgebiete störend. So wird das dafür verantwortliche Phenol durch Harnstoff ersetzt, und man erhält auf diese Weise die als **Aminoplaste** (Abb. 31) bezeichneten Harze, die weiß bis gelblich erscheinen und licht-, hitze- und temperaturbeständig, nicht aber hydrolysebeständig sind.

Dreidimensional vernetzte Kunststoffe lassen sich auch mit ungesättigten Polyestern erzeugen. Ein Polykondensat aus Maleinsäure und einem Diol wird mit Styrol gemischt (Abb. 30). Ein Radikalbildner wird der Mischung zugesetzt, der die radikalische Polymerisation einleitet und zu vernetzten Polymeren führt. Anschließend wird die

langsamer, gleichmäßiger Zug

28 Modell des Verstreckens

Aufgaben

1. Begründen Sie anhand von Strukturformeln, dass sich die Makromoleküle des Nylons® in einem Nylonfaden parallel ausrichten und in Längsrichtung etwas zugelastisch sind.
2. Formulieren Sie die Reaktionsgleichung für die Polykondensation von Formaldehyd HCHO und Harnstoff O=C(NH$_2$)$_2$.
3. Formulieren Sie einen Reaktionsmechanismus für die säurekatalysierte Bildung eines Polyesterharzes.

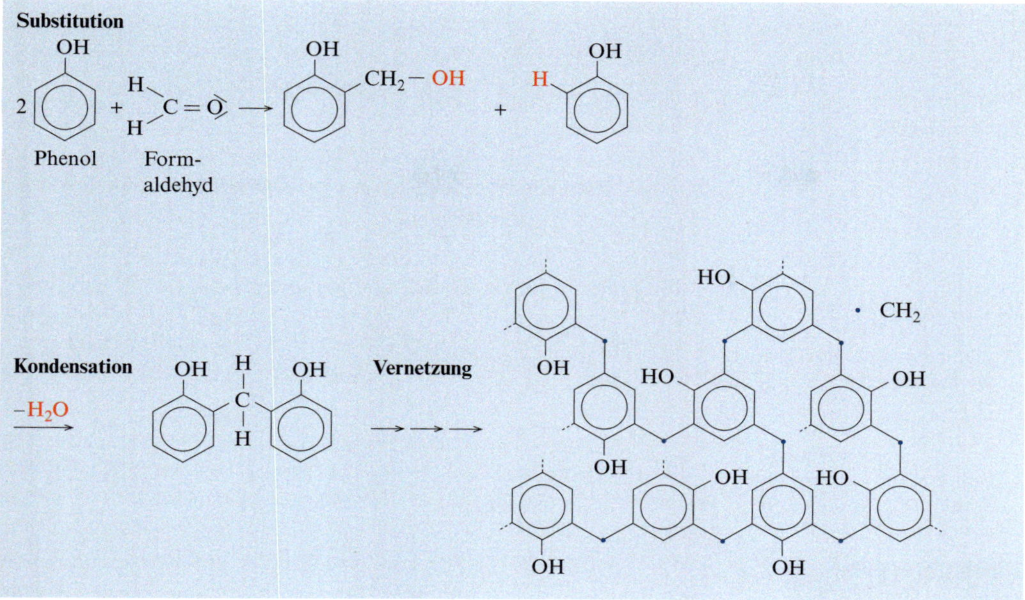

B-5

Struktur und Eigenschaften von makromolekularen Stoffen

29 Reaktionsverlauf bei der Synthese von Phenoplasten

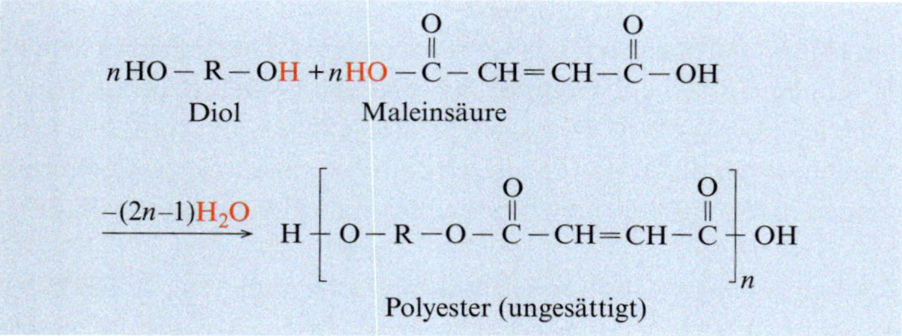

30 Bildung eines ungesättigten Polyesters

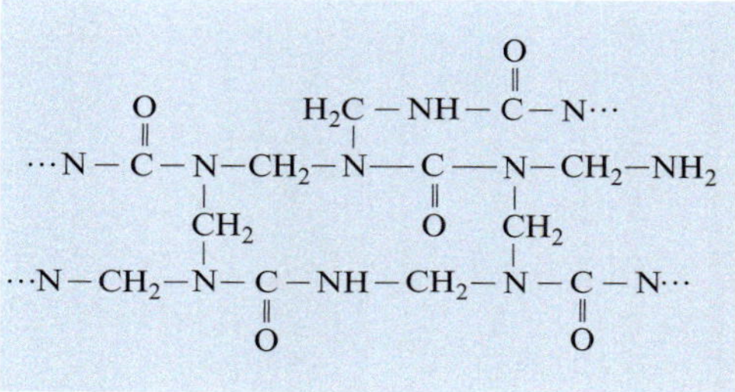

31 Idealisierte Struktur eines Aminoplasts, Ausschnitt

Mischung in Formen gegossen und härtet dort aus. Polyesterharzmischungen, die noch durch Glasfasermatten verstärkt werden, setzt man z. B. im Bootsbau ein.

Auch Silicone (Polysiloxane) sind Polykondensationsprodukte, die je nach Molekülgröße und Vernetzungsgrad als Siliconöle, Siliconharze oder Siliconkautschuk hergestellt werden können (↗ S. 363).

Polyaddition. Als Ausgangsstoffe für die **Polyaddition** zur Herstellung von **Polyaddukten** werden zwei unterschiedliche polyfunktionelle Monomere eingesetzt. Die Moleküle der Monomere sind durch meist polare Mehrfachbindungen gekennzeichnet und besitzen reaktionsfähige Wasserstoffatome. Bei der Polyaddition werden keine Nebenprodukte gebildet.

Wichtige Stoffe, die so hergestellt werden, sind die **Polyurethane (PUR)**. Grundreaktion ist die Addition von Alkoholen an Isocyanate zu Urethanen, den Amiden der Kohlensäure (Abb. 32). Diisocyanate reagieren entsprechend mit Diolen zu **linearen Polyurethanen** (Abb. 33). Der Einsatz von Triisocyanaten bzw. Triolen liefert **vernetzte Polyurethane**, die aber auch durch einen Überschuss an Diisocyanaten erzeugt werden können, da auch die Wasserstoffatome der NH-Gruppen der Urethane reaktionsfähig genug sind, um mit unverbrauchten Isocyanatgruppen zu reagieren.

Einige Monomere in der Polyaddition

Mehrwertige Alkohole
HO–R–OH

Diisocyanate
O=C=N–R–N=C=O

357

$$R^1-CH_2-\overset{\delta^-}{O}\overset{\delta^+}{H} + \overset{\delta^+}{O}=\overset{\delta^-}{C}=N-CH_2-R^2 \longrightarrow R^1-CH_2-O-\overset{\overset{O}{\|}}{C}-NH-CH_2-R^2$$

Alkohol — Isocyanat — Urethan

32 Bildung eines Urethans durch Addition

$$n\,O=C=N-\bigcirc-N=C=O + n\,HO-CH_2-CH_2-OH$$
p-Phenylendiisocyanat — Ethandiol

$$\longrightarrow \left[\overset{O}{\underset{\|}{C}}-NH-\bigcirc-NH-\overset{O}{\underset{\|}{C}}-O-CH_2-CH_2-O \right]_n$$

Urethangruppe

Polyurethan (Ausschnitt)

33 Bildung eines linearen Polyurethans durch Polyaddition

B Struktur-Eigenschaften-Konzept

$$R-N=C=O + \overset{H}{\underset{H}{O}} \longrightarrow \overset{O}{\underset{HO}{C}}\overset{R}{\underset{H}{N}} \longrightarrow NH_2-R + CO_2$$

34 Reaktion von Isocyanat mit Wasser

Mit Wasser reagieren Isocyanate zu Aminen unter Abspaltung von Kohlenstoffdioxid (Abb. 34). Diese normalerweise unerwünschte Reaktion wird ausgenutzt, um Schaumstoffe herzustellen. Der Diolkomponente wird eine definierte Menge Wasser zugesetzt, die mit einem Teil des zugesetzten Isocyanats reagiert. Das sich entwickelnde Kohlenstoffdioxid schäumt den fest werdenden Kunststoff auf (Abb. 35). Die aus dem Isocyanat entstehenden Amine und Diamine können durch die N–H-Gruppen bei der Vernetzung reagieren und werden in das entstehende dreidimensionale Netzwerk eingebaut.

Zusammenhänge zwischen Struktur und Eigenschaften. Je nach der Auswahl der Monomere können durch fast jeden Reaktionstyp (Polymerisation, Polyaddition, Polykondensation) Kunststoffe mit linearen oder vernetzten Molekülen synthetisiert werden (Tab. 4). Die Molekülstruktur hat wesentlichen Einfluss auf die Eigenschaften der Stoffe.

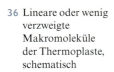

35 Aufschäumen von Polyurethanschaumstoff

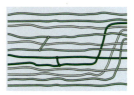

36 Lineare oder wenig verzweigte Makromoleküle der Thermoplaste, schematisch

↗ 7.2 | Ein Auto ohne Kunststoffe?

Thermoplaste. Der Zusammenhalt zwischen den linearen oder wenig verzweigten Molekülen der Thermoplaste (Abb. 36) wird durch zwischenmolekulare Kräfte (Van-der-Waals-Kräfte), teilweise auch durch Wasserstoffbrückenbindungen begründet. Durch entsprechende Lösemittel oder durch Wärmezufuhr lassen sich diese Kräfte schwächen oder ganz aufheben. Diese Stoffe sind deshalb in bestimmten Lösemitteln löslich und schmelzbar. Kunststoffe mit diesen Eigenschaften heißen **Thermoplaste**. Die linearen Moleküle der Thermoplaste liegen z. T. völlig ungeordnet im Zufallsknäuel vor (Abb. 37). Diese Struktur heißt amorph (griech. amorphos – ohne Gestalt). Solche Kunststoffe sind meist glasklar und durchsichtig. Andere Thermoplaste weisen sowohl geordnete (kristalline) als auch ungeordnete (amorphe) Bereiche auf. Kristalline Bereiche werden durch Faltung einzelner Ketten oder aus Molekülabschnitten unterschiedlicher Moleküle gebildet und von amorphen Bereichen abgelöst (Abb. 38).

Innerhalb der amorphen Abschnitte sind die Molekülteile beweglicher als in den kristallinen Bereichen. Dennoch bedarf es zur Umlagerung einer gewissen Energiezufuhr, deren Höhe von der Steifigkeit der Kette und der Stärke der Wechselwirkungen mit den

Aufgabe

1. Harte Thermoplaste können durch Zusatz von Weichmachern flexibel gemacht werden. Erklären Sie dies auf Molekülebene und stellen Sie Vermutungen über die molekulare Struktur von Weichmachern auf.

Tab. 4 Einteilung der Kunststoffe nach ihrer Struktur und dem Reaktionstyp ihrer Synthese

Kunststoffart	Thermoplaste	Duroplaste	Elastomere
Struktur der Makromoleküle	lineare oder wenig verzweigte Makromoleküle	engmaschig vernetzte Makromoleküle	weitmaschig vernetzte Makromoleküle
Durch Polymerisation, Polykondensation oder Polyaddition erzeugte Kunststoffe			
Polymerisate	Polyethen (PE), Polyvinylchlorid (PVC), Polystyrol (PS)		vulkanisierter Naturkautschuk (Gummi), Polybutadien, NBR, SBR
Polykondensate	Polyamid (PA), Polyethylenterephthalat (PET)	vernetzte Polyesterharze, Aminoplaste, Phenoplaste, Polyester	Siliconkautschuk (↗ S. 363)
Polyaddukte	unverzweigte Polyurethane (PUR)	vernetzte Polyurethane (PUR)	vernetzte Polyurethane (PUR)

B-5
Struktur und Eigenschaften von makromolekularen Stoffen

Nachbarketten abhängt. Die Temperatur, bei der die Energiezufuhr für die Beweglichkeit der amorphen Bereiche ausreicht, wird **Glasübergangstemperatur** oder kurz Glastemperatur genannt. Bei dieser Temperatur wird der vorher harte und zähe Thermoplast weich, plastisch und formbar. Nach dem Erkalten nehmen die zwischenmolekularen Kräfte wieder zu und der Kunststoff behält die neue Form. Wird die Temperatur aber weiter erhöht, so trennen sich die Ketten schließlich auch in den geordneten kristallinen Abschnitten. Die Moleküle werden auf ganzer Länge beweglich, der Thermoplast schmilzt. Die viskose Schmelze lässt sich dann in neue Formen gießen. Da die Moleküle keine einheitliche Größe haben, existiert keine scharfe Schmelztemperatur, sondern ein Temperaturbereich, die **Erweichungstemperatur**, in dem die Stoffportion zunehmend weicher wird bis der meist hochviskose flüssige Zustand erreicht ist. Die Temperatur, bei der das geschieht, hängt außer von der durchschnittlichen Molekülgröße auch vom Kristallisationsgrad ab, d. h. vom Anteil kristalliner Bereiche im Verhältnis zum Anteil der amorphen Bereiche. Je größer der Anteil an kristallinen Bereichen ist, desto höher liegen der Erweichungs- und der Schmelztemperaturbereich des Stoffes. In manchen Fällen sind die zwischenmolekularen Kräfte allerdings so groß, dass die Stoffe sich zersetzen, bevor die Schmelztemperatur erreicht wird. Das ist z. B. auch bei den natürlichen polymeren Stoffen wie Stärke, Cellulose und Wolle der Fall.

Das Polymerisat **Polyethen** (PE) gehört zu den häufig verwendeten Thermoplasten. Es kann als hartes, zu etwa 70 % aus kristallinen Bereichen bestehendes **HDPE** (engl. **h**igh **d**ensity – hohe Dichte)

37 Verflochtene, statistische Knäule, Bindfadenmodell

38 Kristalline und amorphe Bereiche, Bindfadenmodell

359

39 Einige Verfahren zur Verarbeitung von thermoplastischen Kunststoffen

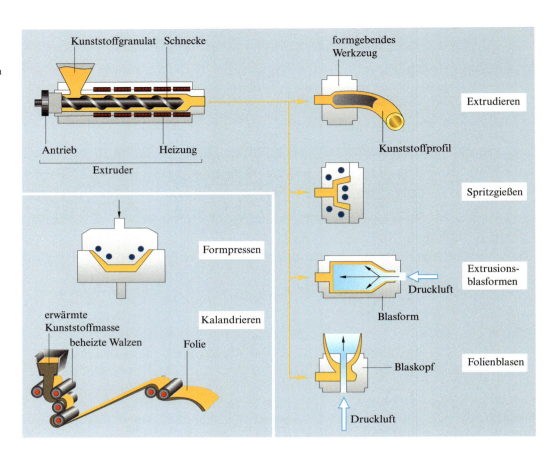

B

Struktur-Eigenschaften-Konzept

Zum Recycling von Kunststoffen

- 7.1 | Kunststoffe unter der Lupe
- 8.2 | Ein Haufen Plastik – was nun?
- 8.3 | Aus Alt wird Neu (Recycling)

oder als weiches, flexibles, zu etwa 45% aus kristallinen Bereichen bestehendes **LDPE** (engl. **l**ow **d**ensity – niedrige Dichte) produziert werden.

Polyvinylchlorid (PVC), ebenfalls ein Polymerisat, ist ein harter Thermoplast. Durch Zusätze, die die molekulare Struktur verändern, sind seine Eigenschaften beeinflussbar: Der Zusatz von Weichmachern erzeugt Weich-PVC. Die Moleküle des Weichmachers verringern die zwischenmolekularen Kräfte zwischen den Makromolekülen, sodass der Kunststoff elastisch und die Erweichungstemperatur herabgesetzt wird. Weitere Beispiele für thermoplastische Kunststoffe können der Tab. 4 (↗ S. 359) entnommen werden.

Zur **Verarbeitung** der Thermoplaste werden die jeweiligen Kunststoffe in Form von Pulver oder Granulat auf die Erweichungstemperatur erwärmt und dann in Abhängigkeit von dem herzustellenden Werkstück in Formen gegossen oder gepresst bzw. durch Druckluft oder Walzen in die gewünschte Form gebracht (Abb. 39), in der sie durch Abkühlen als Festkörper erstarren.

40 Engmaschig vernetzte Makromoleküle in Duroplasten

Duroplaste. Kunststoffe, deren Makromoleküle durch Elektronenpaarbindung engmaschig vernetzt sind, werden als **Duroplaste** (Duromere) bezeichnet (Abb. 40). Sie lassen sich nicht erweichen oder schmelzen und zersetzen sich bei hoher Temperatur. Eine Formung durch Zug bzw. Druck in plastischem Zustand oder durch Guss in flüssigem Zustand ist hier nicht möglich. Die Formgebung bei Duroplasten erfolgt gleichzeitig mit der Vernetzung (Urformung). Anschließend kann eine mechanische Bearbeitung stattfinden. Ausgangsstoffe sind tri- bis multifunktionale Mono- oder

Oligomere. Die Vernetzung kann durch Polykondensation (Amino- und Phenoplaste, z. B. Bakelit, vernetzte Polyesterharze) oder Polyaddition (vernetzte Polyurethane) erfolgen (Tab. 4).

Elastomere. Als Elastomere (Elaste) werden Stoffe bezeichnet, zwischen deren Makromolekülen nur wenige Vernetzungspunkte vorhanden sind (Abb. 41). Sie zeigen bei Zug- und Druckbelastung elastisches, gummiartiges Verhalten (Abb. 42). Die Kettenabschnitte zwischen den Vernetzungspunkten sollen möglichst gut beweglich sein, d. h., die Glastemperatur muss unter der Gebrauchstemperatur liegen. Je weitmaschiger die Vernetzung ist, desto geschmeidiger ist das Material.

Das Elastomer **Gummi** ist vulkanisierter natürlicher Kautschuk (Exkurs 1). Unter **Vulkanisation** wird die Vernetzung der ungesättigten, thermoplastischen Polymere verstanden (Abb. 43). Anstelle von Gummi werden heute vielfach synthetische Kautschuke hergestellt, z. B. Polybutadien (BR), Copolymere aus Styrol und 1,3-Butadien (Styrol-Butadien-Kautschuk, SBR) oder Copolymere aus Acrylnitril und 1,3-Butadien (Nitrilkautschuk, NBR). Wie beim Naturkautschuk wird auch bei Synthesekautschuken meist Schwefel als Vernetzungsmittel gewählt.

41 Weitmaschig vernetzte Makromoleküle in Elastomeren, schematisch

B-5

Struktur und Eigenschaften von makromolekularen Stoffen

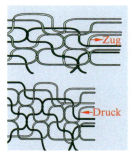

42 Änderung der Struktur eines Elastomers unter Druck bzw. Zug, schematisch

Exkurs 1
Kautschuk

Die Grundlage für die Kautschukherstellung ist Latex, der Milchsaft des Gummibaums, *Hevea brasiliensis.* Schon die Eingeborenen Südamerikas benutzten diesen Saft zum Abdichten ihrer Boote. Der wirksame Inhaltsstoff des Milchsafts, der Kautschuk, wird durch Säuren ausgefällt und nach Waschen mit Wasser als weiße, plastische, etwas klebrige Masse erhalten. Chemisch gesehen handelt es sich um ein Polymerisat von Isopren (2-Methyl-1,3-butadien). Die langen Ketten liegen stark verknäult vor. Dieser Struktur entsprechen seine Eigenschaften: Es ist weich, klebrig, plastisch, aber nicht sehr elastisch. Erst durch intensives Walzen werden die Makromoleküle mehr oder weniger in eine Richtung ausgerichtet. Van-der-Waals-Kräfte können zwischen den Ketten wirksam werden. Es ist Rohkautschuk entstanden, der schon eine gewisse Gummielastizität aufweist. Allerdings ist er nicht sehr reißfest. Die Van-der-Waals-Kräfte werden bei starkem Zug überwunden und die Moleküle gleiten aneinander vorbei.

$$\cdots CH_2-\underset{\underset{CH_3}{|}}{C}=CH-CH_2\cdots$$
$$\cdots CH_2-\underset{\underset{CH_3}{|}}{C}=CH-CH_2\cdots$$

$\xrightarrow{\text{Vulkanisation} \atop (+ \text{ Schwefel})}$

$$\cdots CH_2-\underset{\underset{S}{|}}{\overset{\overset{CH_3}{|}}{C}}-CH-CH_2\cdots$$
$$\underset{\underset{\cdots CH_2-\underset{\underset{S}{\vdots}}{\overset{\overset{|}{C}}{\underset{CH_3}{|}}}-CH-CH_2\cdots}{|}}{S}$$

43 Vulkanisation: Vernetzung von Isopren durch Schwefel

Resümee

Nach der Art der verwendeten Rohstoffe unterscheidet man halbsynthetische und vollsynthetische Polymere (Kunststoffe). Wegen ihrer Eigenschaften können sie als Thermoplaste, Duroplaste und Elastomere geordnet werden.
Thermoplaste bestehen aus linearen oder wenig verzweigten Makromolekülen, Duroplaste aus engmaschig vernetzten Makromolekülen. Elastomere besitzen weitmaschig vernetzte Makromoleküle. Die Reaktionsarten Polykondensation und Polyaddition können bei Wahl entsprechender Monomere zu allen drei Kunststoffarten führen. Durch Polymerisation lassen sich Thermoplaste und Elastomere, aber keine Duroplaste herstellen.

Aufgaben

1. Beschreiben Sie anhand von Abb. 39 verschiedene Verfahren zur Verarbeitung von thermoplastischen Kunststoffen. Stellen Sie gemeinsame und unterschiedliche Merkmale der Verarbeitung dar.
2. Was versteht man unter Vulkanisation? Erläutern Sie die Eigenschaftsänderungen, die durch dieses Verfahren erreicht werden.

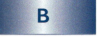

B
Struktur-
Eigenschaften-
Konzept

Siliciumdioxid, Glas und Silicone

Siliciumdioxid (Quarz). Polymere Stoffe finden sich nicht nur unter den organischen, sondern auch bei den anorganischen Stoffen. Siliciumdioxid mit der Verhältnisformel SiO_2 ist als **Quarz** Bestandteil vieler Gesteine. Quarz ist ein polymerer Stoff, denn im Gegensatz zum gasförmigen Kohlenstoffdioxid CO_2 besteht der Quarzkristall aus SiO_4-Tetraedern, die ein sich nach allen Seiten des Raumes ausbreitendes, regelmäßiges Atomgitter bilden. Die Sauerstoffatome bilden „Brücken" zu vier weiteren Siliciumatomen aus (Abb. 44).
Die sich ergebende Raumnetzstruktur ähnelt der des Diamanten (➚ S. 264, Abb. 15). Auch die Eigenschaften des Quarzes – große Härte, hohe Schmelztemperatur, chemisch wenig reaktiv – sind denen des Diamanten ähnlich.

Glas und Glaszustand. Wird eine Siliciumdioxidschmelze schnell unter die Schmelztemperatur von 1705 °C abgekühlt, so entsteht ein amorpher (nicht kristalliner) Feststoff, das **Quarzglas** (Kieselglas). Glas ist eine ohne Kristallisation **erstarrte Schmelze**. Im Glaszustand ist die Struktur anders als im festen (kristallinen) Zustand: Im Gegensatz zum Quarzkristall liegt im Quarzglas ein ungeordnetes Raumnetz mit nur wenigen verknüpften SiO_4-Tetraedern vor.
Anders als kristalline Feststoffe schmilzt Glas nicht bei einer bestimmten Temperatur. Weil bei Gläsern die Bereiche mit intakter Raumnetzstruktur unterschiedlich groß sind, **erweichen** sie allmählich in einem bestimmten **Temperaturbereich** (Quarzglas: ca. 1 500 °C).

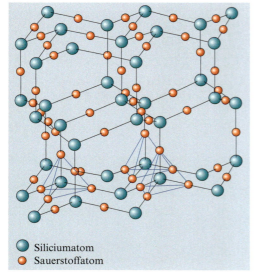

44 Raumnetzstruktur des Quarzes

Bei der Herstellung von **Normalgläsern** (Natron-Kalk-Gläser) wird Natriumcarbonat Na_2CO_3 und Calciumcarbonat $CaCO_3$ in verschiedenen Massenanteilen mit Quarz gemischt und erhitzt.

$$Na_2CO_3 + CaCO_3 + SiO_2 \rightarrow Na_2CaSiO_4 + 2\,CO_2$$

In der Schmelze vermischen sich die Oxide, einige Si–O–Si-Bindungen brechen auf und die Metall-Kationen ordnen sich in die Lücken des Raumnetzes ein (Abb. 45). Durch diese Zusätze von Alkalimetall- oder Erdalkalimetalloxiden wird das Raumnetz weiter verändert und die Erweichungstemperatur wird herabgesetzt (Normalglas: ca. 550 °C, technische Gläser: 400 bis 800 °C).

Durch Zusatz verschiedener Metalloxide können farbige Gläser erhalten werden (Cu^{2+} – rot, Fe^{2+} – grün, Co^{2+} – blau). Der Zusatz von Bortrioxid B_2O_3 oder Aluminiumoxid Al_2O_3 ergibt widerstandsfähige Gläser, die in Glühlampen, Kochgeschirr oder Laborgeräten zum Einsatz kommen.

Kieselsäuren, Silicate und Zeolithe. Vom Siliciumdioxid leitet sich die **Orthokieselsäure** H_4SiO_4 ab, aus der sich durch vielfache Kondensationsreaktionen cyclische oder käfigförmige Polykieselsäuren bzw. polymeres Siliciumdioxid bilden können. Entsprechend vielfältige Strukturen bilden deshalb auch ihre Salze, die **Silicate**. Die Silicate unterscheiden sich nach der Art und den Anteilen der in ihnen gebundenen Metall-Kationen, woraus eine Vielzahl von Silicaten mit sehr variablen Eigenschaften entsteht. Silicate gehören zu der

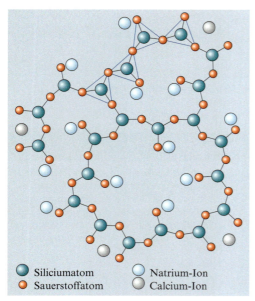

45 Strukturausschnitt von Normalglas

artenreichsten Gruppe der Mineralien, aus der etwa 80 % der Erdkruste bestehen (z. B. Tone, Kaolin, Feldspat).

Zeolithe sind natürliche und synthetische Gerüstsilicate. Ihre Gitter besitzen eine dem SiO_4-Raumnetz vergleichbare Struktur, wobei jedoch einige Siliciumatome durch Aluminiumatome ersetzt wurden. Dadurch entsteht eine Käfigstruktur, die vor allem bei den synthetischen Zeolithen sehr regelmäßige Hohlräume besitzen. In den Hohlräumen können vor allem Kationen festgehalten werden, was ihre Verwendung als Ionenaustauscher begründet (↗ S. 371 f.).

Silicone. Von der Struktur des Quarzes abgeleitet sind **Silicone** (Polysiloxane) synthetische Polymere, die eine hohe Beständigkeit und eine den Kunststoffen vergleichbare Flexibilität aufweisen. Es sind **siliciumorganische Kunststoffe**, in denen die Siliciumatome organische Reste tragen (Abb. 46). Für ihre Herstellung müssen zunächst Organochlorsilane erzeugt werden, die anschließend hydrolysiert werden. Diese Zwischenprodukte können dann in einer Polykondensation zu Siliconen weiterreagieren.

$$2\,CH_3Cl + Si \xrightarrow{Cu} \underset{\text{Dichlordimethylsilan}}{(CH_3)_2SiCl_2}$$

$$n\,\underset{\text{Dichlorsilan}}{R_2SiCl_2} + 2n\,H_2O \xrightarrow{-2n\,HCl} n\,\underset{\text{Silandiol}}{R_2Si(OH)_2} \xrightarrow{-n\,H_2O} \underset{\text{Silicon}}{[SiR_2\text{–}O\text{–}SiR_2\text{–}O]_{n/2}}$$

Dabei kann über die Anzahl der Chloratome im Silanmolekül der Vernetzungsgrad des Polymers variiert werden:
Je nach Molekülgröße und Vernetzungsgrad entstehen hydrophobe **Siliconöle** (lineare Polysiloxane, Monomer z. B. Dimethyldichlorsilan), **Siliconharze** (vernetzte Polysiloxane: Monomer z. B. Methyltrichlorsilan) oder elastische **Siliconkautschuke** (lineare Polysiloxane, die durch Vulkanisation vernetzt wurden).

Silicone zeigen eine für Kunststoffe hohe Temperaturbeständigkeit und tiefe Glasübergangstemperatur, die durch die starken Si–O-Bindungen begründet sind. Sie sind gute Isolatoren und weder durch Strahlung noch durch chemische Stoffe angreifbar. Diese Eigenschaften machen sie für viele Anwendungsbereiche (z. B. Dichtungsmittel, Imprägnierschutz für Textilien, Fassadenschutz, Kosmetikartikel) wertvoll.

↗ 7.7 | Alleskönner Silicone

46 Strukturformel eines linearen Polysiloxans

B-5 Struktur und Eigenschaften von makromolekularen Stoffen

Resümee

Zu den anorganischen polymeren Stoffen gehört Siliciumdioxid (Quarz). Beim schnellen Abkühlen einer Quarzschmelze entsteht eine erstarrte Schmelze, das Glas. Glas ist ein amorpher (nichtkristalliner) Festkörper.
Die Silicone sind siliciumorganische Kunststoffe, die sich von der Struktur des Siliciumdioxids ableiten.

Aufgaben

1. Bereits 5000 v. Chr. stellten Ägypter Glas her. Sie verwendeten dafür Sand (enthält Quarz), Pflanzenasche (enthält Soda) und Kreide (enthält Calciumcarbonat). Beschreiben Sie die Prozesse in der Schmelze und stellen Sie die Reaktionsgleichungen auf.
2. Nehmen Sie zu der Aussage, Normalglas ist eine feste Lösung unterschiedlicher Metalloxide, Stellung.
3. Formulieren Sie die Reaktionsgleichungen für die Synthese von Siliconölen und Siliconharzen unter Verwendung von Strukturformeln.

2.3 | Aus Asche und Fett wird Seife

B

Struktur-
Eigenschaften-
Konzept

Struktur und Eigenschaften von Tensiden

Seifen und Tenside

1 Speiseöl und Wasser – zwei Phasen

2 Mischung und Entmischung zweier Phasen (Speiseöl und Wasser)

Tenside verringern die Grenzflächenspannung. Der Begriff Tensid (lat. tensio – Spannung) ist eine Bezeichnung für Stoffe, die die Grenzflächenspannung herabsetzen. Was aber ist eine Grenzflächenspannung und welche Stoffe können sie beeinflussen?

Unter **Grenzflächen** versteht man die Berührungsflächen zwischen zwei nicht miteinander mischbaren Stoffen, z. B. zwischen Wasser und Öl, zwischen Wasser und Luft oder zwischen Wasser und einer hydrophoben Oberfläche, z. B. einem Blatt. Am Beispiel der Mischung von Speiseöl und Wasser sind die getrennten Schichten, die Phasen, gut zu erkennen (Abb. 1). Durch Rühren werden kurzzeitig kleine Öltröpfchen im Wasser gebildet, die Mischung wird trüb (Abb. 2). Es ist eine aus zwei Phasen bestehende **Öl-in-Wasser-Emulsion** (O/W-Emulsion) entstanden. Einige Zeit später kann eine Entmischung beobachtet werden. Ursache für das beschriebene Phänomen sind die unterschiedlichen **Grenzflächenspannungen** zwischen den flüssigen Stoffen. Besteht die Phasengrenze zwischen einer Flüssigkeit bzw. einem Feststoff einerseits und einem Gas andererseits, so spricht man von **Oberflächenspannung**.

Die Grenzflächenspannung entsteht durch die unterschiedlich starken Anziehungskräfte zwischen den Teilchen innerhalb der Flüssigkeiten (Kohäsionskräfte). Besonders stark sind diese Kräfte beim Wasser, dessen Dipolmoleküle durch Wasserstoffbrückenbindungen verbunden sind (↗ S. 270). Da an den Grenzflächen zwischen den Teilchen der unterschiedlichen Phasen kaum Anziehungskräfte wirksam werden, wirken die Kohäsionskräfte in das Innere der Flüssigkeiten. Ihre Summe bildet die Grenzflächenspannung. Sie trennt die Phasen und hält die Grenzflächen so klein wie möglich (Abb. 3). Die Entmischung von O/W-Emulsionen kann so erklärt werden.

Soll die Emulsion stabilisiert, also die Entmischung verhindert werden, so muss die Grenzflächenspannung verringert werden (Abb. 4). Durch Zugabe von Stoffen, die mit beiden Phasen mischbar sind und die sich an der Grenzfläche anreichern, kann man dies erzielen. Die fremden Teilchen, die die Oberflächen beider Phasen besetzen, gleichen deren Oberflächenspannung aneinander an (Abb. 6). Stoffe mit diesen Eigenschaften sind **Tenside**, sie sind **grenzflächenaktive Stoffe**. Das älteste von Menschen hergestellte Tensid ist die Seife.

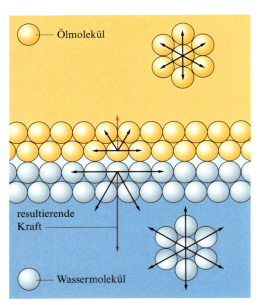

3 Grenzflächenspannung zwischen den Phasen Wasser und Öl

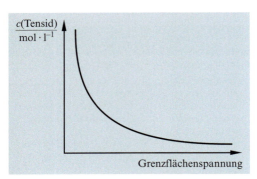

4 Abnahme der Grenzflächenspannung in Abhängigkeit von der Tensidkonzentration

Seifen. Die Alkalimetallsalze der langkettigen Carbonsäuren (↗ Fettsäuren S. 290 f.) heißen **Seifen**. Im Wasser trennen sich die Alkalimetall-Kationen von den Fettsäure-Anionen.

Die Fettsäure-Anionen (auch: Seifen-Anionen) der Seifen bestehen aus der Carboxylatgruppe –COO⁻, die elektrisch negativ geladen und damit hydrophil ist, sowie einem langen unpolaren hydrophoben Alkylrest (Abb. 5). Aufgrund dieser Struktur sind Seifen bifunktionelle Verbindungen: Die gegensätzlichen Eigenschaften – hydrophil und hydrophob (lipophil) – sind nebeneinander im Molekül ausgeprägt.

Seifen können durch **alkalische Hydrolyse** (alkalische Esterspaltung, „Verseifung") aus Fetten gewonnen werden (↗ S. 295). Dabei wird das Fett in Glycerin und die Salze der am Aufbau des Fettes beteiligten Fettsäuren, die Seifen, gespalten. Ein anderes Verfahren beruht auf der hydrolytischen Spaltung von Fetten in heißem Wasserdampf, wobei Glycerin und Fettsäuren gebildet werden. Die Fettsäuren reagieren dann mit Natron- oder Kalilauge zu den entsprechenden Salzen. Die bekannteste Seife, die Kernseife, ist Natriumstearat.

Eigenschaften von Tensiden und Tensidlösungen. Die Moleküle der Tenside haben eine ähnliche Struktur wie die Seifen-Anionen. Sie enthalten einen unpolaren hydrophoben (lipophilen) Teil und einen polaren hydrophilen Teil, die Kopfgruppe.

Werden Tenside in Wasser gelöst, sammeln sich die Tensidmoleküle zunächst in einer monomolekularen Schicht an der Wasseroberfläche, weil die unpolaren hydrophoben Molekülteile aus dem Wasser herausgedrängt werden (Abb. 6). Die hydrophoben Molekülteile ragen in die Luft, die polaren Kopfgruppen werden von Wassermolekülen umgeben. Die Anziehungskräfte zwischen diesen Gruppen und den Wassermolekülen sind geringer als die zwischen den Wassermolekülen in der ungestörten Wasseroberfläche. Folglich resultiert ein geringerer Zug ins Innere des Wasserkörpers: Die Oberflächenspannung des Wassers ist durch die Tensidmoleküle herabgesetzt. Eine Tensidlösung kann sich daher auch leichter auf wasserabstoßenden Flächen ausbreiten, in Gewebe eindringen und dieses benetzen (**Netzwirkung**; Abb. 7).

Wird die Konzentration des Tensids erhöht, finden die Tensidmoleküle auf der Wasseroberfläche keinen Platz mehr und reichern sich im Innern der Lösung an. Die starken Van-der-Waals-Kräfte zwischen den langen hydrophoben Molekülteilen führen dazu, dass sich die Teilchen zu **Micellen** zusammenlagern (Abb. 8). Die unpolaren

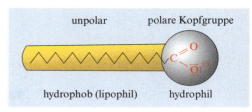

5 Stearinsäure-Anion (Seifen-Anion)

Struktur und Eigenschaften von Tensiden

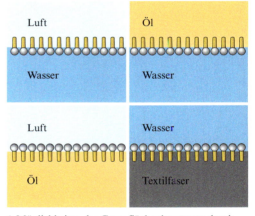

6 Möglichkeiten der Grenzflächenbesetzung durch Tensidmoleküle (Modell)

7 Wasser (links) und Tensidlösung (rechts) auf Samt

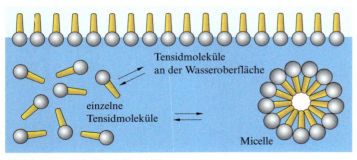

8 Bildung von Micellen in Tensidlösungen

Moleküleile ragen in das Innere einer Kugel, die polaren hydrophilen Kopfgruppen bilden die äußere Schale der Kugel und sind von Wassermolekülen umgeben.

Die Micellen sind so groß, dass Lichtwellen an ihnen gestreut werden. Ein Lichtstrahl, der durch eine Seifenlösung fällt, wird so in der Lösung sichtbar (➚ Tyndall-Effekt S. 342).

Tenside sind Emulgatoren. Die Eigenschaft der Tensidmoleküle, Micellen zu bilden, ist auch Ursache für ihre Eigenschaft als **Emulgatoren** zu wirken. Wird eine Mischung aus Öl und Wasser in Gegenwart eines Tensids geschüttelt, so lagern sich die winzigen Öltröpfchen im Innern der Micellen ein und bilden eine *stabile* O/W-Emulsion, weil die Tensidmoleküle die Grenzflächenspannung herabsetzen.

In **Wasser-in-Öl-Emulsionen** (W/O-Emulsionen) sind kleinste Wassertröpfchen im Öl verteilt, die polaren Gruppen liegen nun im Innern der Micellen, die unpolaren Molekülteile ragen nach außen.

Waschwirkung von Tensiden. Die Netzwirkung einer Tensidlösung führt zunächst zu einer besseren Benetzung und Durchfeuchtung der zu reinigenden Gewebe. Dadurch kommt die Waschlauge in intensiven Kontakt mit dem anhaftenden Schmutz.

In Wasser unlösliche Verschmutzungen bestehen häufig aus fetthaltigen oder anderen festen unpolaren Stoffen, die sich auf der Textilfaser festgesetzt haben. Die grenzflächenaktiven Tensidmoleküle **benetzen** Fasern und Schmutz, dringen nun mit ihren unpolaren lipophilen Molekülteilen in diese Stoffe ein und schieben sich zwischen Faser und Anschmutzung. Durch mechanische Bewegung ent-

Exkurs 1
Schaumbildung bei Tensiden

Eine typische Eigenschaft von Tensidlösungen ist die Ausbildung von Schaumblasen bzw. das Schäumen beim Hineinblasen von Gasen. Um eine Gasportion bildet sich eine Hohlkugel aus Tensidmolekülen, wobei die langen unpolaren Molekülteile in das Gas ragen und die Blase durch die negativ geladenen, von Wassermolekülen umgebenen Kopfgruppen gegen die Vereinigung mit anderen Blasen elektrostatisch abschirmen (Abb. 9). Durchbricht eine solche Blase die mit Tensidmolekülen besetzte Oberfläche der Tensidlösung, so bildet sich eine Tensidmoleküldoppelschicht mit einer isolierenden und verbindenden Mittelschicht aus Wassermolekülen, die Schaumblase. Verdunstet die Wasserschicht, so platzt die Blase, weil sich die polaren Kopfgruppen abstoßen.

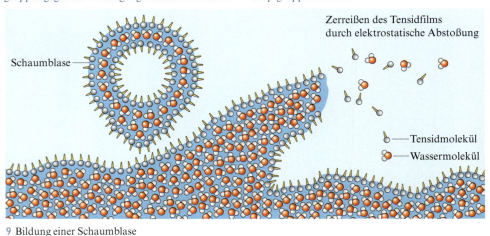

9 Bildung einer Schaumblase

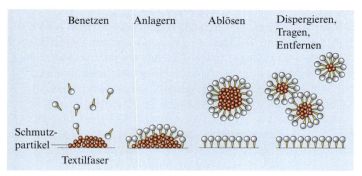

10 Ablösen von der Faser, Dispersion und Emulsion von Schmutz und Fett

B-6

Struktur und Eigenschaften von Tensiden

stehen Spalten und Risse in den Schmutzpartikeln, in die ebenfalls Tensidmoleküle eindringen. Durch die gegenseitige Abstoßung ihrer polaren Kopfgruppen drängen die Tensidmoleküle die Schmutzpartikel auseinander und **lösen** sie von der Faser **ab**. Einmal in die Waschlauge befördert, werden die Fett- und Schmutzpartikel ringsum von Tensidmolekülen eingehüllt und in der Waschlauge getragen (**Dispersionswirkung** bei festen Schmutzpartikeln, **Emulsionswirkung** bei flüssigen Ölen). Die nach außen weisende polare hydrophile Kopfgruppe verhindert eine Wiedervereinigung zu größeren Einheiten und die Wiederanlagerung an die Gewebefasern. So kann der Schmutz mit der Waschlauge abtransportiert werden (Abb. 10).

Nachteile von Seifen. Das Waschen mit Seife ist zwar relativ umweltfreundlich, weil Seife biologisch schnell vollständig abgebaut werden kann. Nachteile entstehen jedoch, wenn das Wasser „hart" ist. Unter Wasserhärte versteht man den Anteil an Calcium- und Magnesium-Ionen, die mit den Seifen-Anionen unlösliche Salze (Kalkseifen) bilden, die sich auf der Wäsche oder in der Waschmaschine ablagern.

$$2\,C_{17}H_{33}COO^-(aq) + Ca^{2+}(aq) \rightarrow Ca(C_{17}H_{33}COO)_2(s)$$
Stearinsäure-Anion   Kalkseife

↗ 4.6 | Härte des Wassers
↗ D-7 | Löslichkeitsgleichgewichte

Eine meist unerwünschte Eigenschaft ist das starke Schaumvermögen der Seife. Bei Verwendung von Seife statt moderner Waschpulver in Waschmaschinen kann es zum Überschäumen kommen.
Ein weiterer Nachteil der Seifen ist für manchen Verwendungszweck die basische Reaktion der Seifenlauge. Carbonsäuren sind relativ schwache Säuren, ihre korrespondierenden Basen sind Anionen wie das Stearinsäure-Anion. Stearinsäure-Anionen reagieren mit Wassermolekülen bis zur Einstellung des Gleichgewichts zu Stearinsäuremolekülen und Hydroxid-Ionen.

$$C_{17}H_{33}COO^-(aq) + H_2O(l) \rightarrow C_{17}H_{33}COOH(s) + OH^-(aq)$$

Basische Waschlaugen führen zum Verfilzen von Wolle und sind daher zur Reinigung von Wolltextilien ungeeignet. Bei der Körperpflege schädigen sie den natürlichen Säuremantel der Haut.
In saurer Lösung reagieren Seifen-Anionen mit Hydronium-Ionen zu Fettsäuremolekülen. Die wasserunlöslichen Fettsäuren können sich als weiße Flecke auf Textilfasern absetzen, wodurch die Textilien grau werden und die Waschaktivität deutlich herabgesetzt wird.

$$C_{17}H_{33}COO^-(aq) + H_3O^+(aq) \rightarrow C_{17}H_{33}COOH(s) + H_2O(l)$$

Aufgaben

1. Erläutern Sie die in Abb. 4 dargestellte Abnahme der Grenzflächenspannung σ in Abhängigkeit von der Konzentration eines Tensids.
2. Stellen Sie die Reaktionsgleichung für die Verseifung eines Fettes auf.
3. Kennzeichnen Sie die folgenden Stoffe als O/W- bzw. W/O-Emulsionen: Butter, Milch, feste Creme, Körperlotion.
4. Erklären Sie das unterschiedliche Verhalten von Wasser einerseits und einer Tensidlösung andererseits:
   a) auf der Haut
   b) auf Textilien
   c) auf einer fettigen Emailoberfläche
5. Beschreiben Sie die dispergierende Eigenschaft von Tensidlösungen an einem selbst gewählten Beispiel.

↗ E-5 | Protolyse von Salzen

▶ B-6 | Biologische Abbaubarkeit von Tensiden

Bau und Eigenschaften verschiedener Tensidgruppen. Um die Nachteile der Seifen zu vermeiden, stellen Chemiker nach dem Vorbild der Seife synthetische Tenside her, die deren Struktur imitieren, ihre Nachteile aber nicht aufweisen. Der Bau des polaren Molekülteils bestimmt die Zuordnung zu einer der folgenden Tensidgruppen:
Die Moleküle der **anionischen Tenside** (**Aniontenside**) haben wie die Seifen-Anionen elektrisch negativ geladene Kopfgruppen (Abb. 11). Durch Veresterung langkettiger Alkohole (↗ Fettalkohole S. 295) mit Schwefelsäure entstehen Schwefelsäuremonoalkylester. Deren Salze, die Monoalkylsulfate, sind grenzflächenaktive Stoffe. Diese Gruppe wird auch als **Fettalkoholsulfate** (FAS) bezeichnet.

$$CH_3-(CH_2)_n-OH + H_2SO_4 \rightarrow CH_3-(CH_2)_n-O-SO_3H$$
Fettalkohol   Schwefelsäuremonoalkylester

$$CH_3-(CH_2)_n-O-SO_3H + NaOH \rightarrow CH_3-(CH_2)_n-O-SO_3^-Na^+$$
                                                                 Monoalkylsulfat

Auch die Gruppe der **Alkylbenzolsulfonate** (ABS) zählen zu den anionischen Tensiden.
Beide Gruppen enthalten die hydrophile SO_3^--Gruppe. Als Anion der starken Schwefelsäure besitzt die SO_3^--Gruppe keine basischen Eigenschaften. Fettalkoholsulfate und Alkylbenzolsulfonate reagieren in wässrigen Lösungen daher neutral. Im Unterschied zu den schwerlöslichen Kalkseifen sind die Calcium- und Magnesiumsalze der Fettalkoholsulfate und Alkylbenzolsulfonate sehr viel besser löslich.
Aniontenside stellen auch heute noch die bedeutendste Tensidklasse in Waschmitteln und Reinigungsmitteln, da ihre Waschwirkung und häufig auch ihre biologische Abbaubarkeit in einem günstigen Verhältnis zu ihren geringen Herstellungskosten stehen.

Die Moleküle der **nichtionischen Tenside** (**Niotenside**) sind zwar nach außen hin polar, besitzen jedoch in ihren Kopfgruppen keine elektrischen Ladungen (Abb. 12).
Der hydrophile Teil der Moleküle z. B eines **Fettalkoholpolyglykolethers** (FAEO) besteht aus einer Reihe von CH_2–CH_2-Gruppierun-

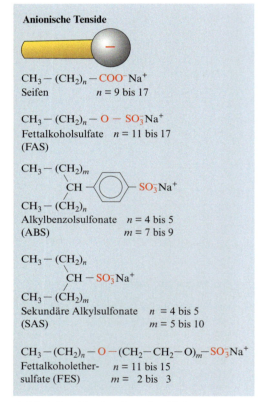

11 Modell und Strukturformeln wichtiger anionischer Tenside

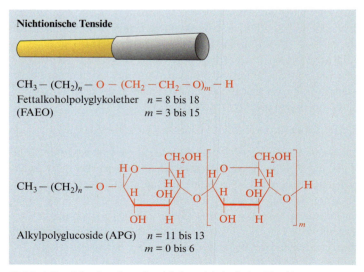

12 Modell und Strukturformeln wichtiger nichtionischer Tenside

gen, die über Sauerstoffbrücken miteinander verknüpft sind, sowie einer endständigen Hydroxylgruppe. Diese Atomgruppen führen zur Ausbildung von Partialladungen in der Kopfgruppe, die die Wasserlöslichkeit bewirken. Den hydrophoben Teil bildet der Alkylrest eines Fettalkoholmoleküls. Niotenside dissoziieren nicht in wässriger Lösung.

Seit einigen Jahren werden verstärkt **Alkylpolyglucoside** (APG) eingesetzt (Abb. 12). Sie werden überwiegend aus natürlichen nachwachsenden Rohstoffen hergestellt.

Niotenside sind unempfindlich gegenüber den Härtebildnern des Wassers. Sie zeigen auch bei niedriger Temperatur und geringer Konzentration gute Wascheigenschaften. In der Herstellung sind sie aber ungefähr doppelt so teuer wie die Aniontenside und werden deshalb meist nur als Zusätze in Waschmitteln eingesetzt.

Kationische Tenside (Kationtenside) sind **quartäre Ammoniumsalze**, in deren Molekülen das Stickstoffatom mit vier organischen Resten verbunden ist (Abb. 13).

Wichtige Kationtenside sind Verbindungen mit zwei langen und zwei kurzen Resten, z. B. das Dimethyldistearylammoniumchlorid oder die biologisch abbaubaren Esterquats, in deren Molekülen die Alkylreste durch Estergruppen ersetzt sind.

Kationtenside zeigen nur geringe Waschkraft, da sich ihre Moleküle mit der positiv geladenen Kopfgruppe an die Fasern anlagern, die häufig negative Partialladungen aufweisen. Der unpolare Alkylrest, der in die Waschlauge ragt, ist eher geeignet, Schmutzteilchen anzuziehen als diese von der Faser zu lösen.

Kationtenside werden als Spülhilfsmittel (Weichspüler) genutzt. Sie verbinden sich mit restlichen Tensid-Anionen und beseitigen so Waschmittelreste im letzten Spülgang, durch die sich die Wäsche nach dem Trocknen sonst hart und rau anfühlen würde. Außerdem setzen sie sich auf den Fasern fest und wirken auch nach dem Trocknen der Wäsche. Sie machen die Wäsche weich, weil sie das Verkleben der Fasern durch elektrostatische Aufladung verhindern. Nachteilig ist, dass durch die hydrophobe Oberfläche, die sie den Fasern verleihen, auch deren Saugfähigkeit herabgesetzt wird (Abb. 14).

2.3 | Tenside aus Palmöl und Zucker

B-6

Struktur und Eigenschaften von Tensiden

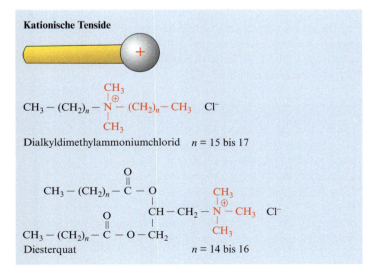

13 Modell und Strukturformeln wichtiger kationischer Tenside

14 Kationische Tensidmoleküle, angelagert auf einer Faser (Modell)

B

Struktur-
Eigenschaften-
Konzept

Tab. 1 Einige Anwendungsgebiete von Tensiden

Einsatzgebiet/Produkt	Wirkung/Verwendung
Waschmittel, Reinigungsmittel	waschaktive Substanzen in Waschmitteln, Geschirrspülmitteln, Reinigungsmitteln (abgestimmt auf Faserbeschaffenheit des Waschguts, Oberflächen des Reinigungsguts), Glätten in Weichspülern
Kosmetische Produkte	waschaktive Substanzen in Duschgels, Badezusätzen, Shampoos, Flüssigseifen, Schaumstabilisatoren, antibakterielle Wirkung; Emulgieren in Cremes, Verteilung von Farbstoffen (z. B. Lippenstift, Make-up)
Nahrungsmittel	Emulgieren in Margarine-, Mayonnaise-, Speiseeisherstellung
Pharmazeutische Produkte	Emulgieren von fettlöslichen und wasserlöslichen Wirkstoffen (z. B. Salben, Cremes)
Farben und Lacke	Dispergieren von Farbpigmenten, Verbessern der Streichfähigkeit
Kunststoffe	Herstellen von Dispersionen bei der Kunststoffherstellung
Metallindustrie	Entfetten der Metalle vor der Verarbeitung, Erreichen eines gleichmäßigen Schmierfilms in Getriebeölen
Textilien	Vorbehandeln von Textilien (z. B. Glätten, antistatische Behandlung)
Brandbekämpfung	in Löschschäumen zur Verbesserung der Benetzung des Löschguts, Stabilisierung des Schaumes

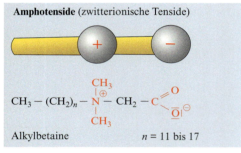

15 Modell und Strukturformel eines Alkylbetains

In den Molekülen der **Amphotenside** (amphotere Tenside, zwitterionische Tenside) sind an den unpolaren Alkylresten als Kopfgruppe Zwitterionen gebunden. Wichtige Vertreter sind die **Alkylbetaine** (Abb. 15).

Amphotenside sind relativ unempfindlich gegen Härtebildner des Wassers und zeichnen sich durch gutes Dispergiervermögen aus. Wegen ihrer guten Haut- und Schleimhautverträglichkeit sowie antibakterieller Eigenschaften eignen sie sich für die Herstellung von kosmetischen Produkten und Spezialwaschmitteln. Für die Verwendung in gewöhnlichen Waschmitteln sind sie in der Herstellung jedoch zu teuer.

Die dargestellten Eigenschaften entfalten Tenside nicht nur in der Waschlauge beim Reinigen von Textilien, sie haben vielmehr ein sehr weites Anwendungsspektrum, das z. B. bei der Kosmetik- und Nahrungsmittelproduktion, in der Kunststoff-, Farbstoff- und Papierindustrie zum Einsatz kommt (Tab. 1).

Aufgaben

1. Nennen Sie die Wirkungsweise sowie Vor- und Nachteile von Seifen als Waschmittel und vergleichen Sie diese mit anderen Aniontensiden.
2. Erläutern Sie die Wirkungsweise von Weichspülern.
3. Zeigen Sie am Beispiel des zu den kationischen Tensiden gehörenden Esterquats, dass das allgemeine Bauprinzip der Tenside auch auf dieses Molekül angewendet werden kann.

Resümee

Die Moleküle aller Tenside zeichnen sich durch eine kurze hydrophile Kopfgruppe und einen langen hydrophoben (lipophilen) Molekülteil aus. Zur Eignung als Waschmittel tragen ihr Netz-, Dispersions- und Emulsionsvermögen bei.

Durch die Entwicklung moderner Tenside gelingt es, die grenzflächenaktive Eigenschaft der Tenside für unterschiedliche Anwendungsbereiche nutzbar zu machen.

Waschmittelzusatzstoffe

Moderne Waschpulver enthalten nur noch höchstens 20% Tenside. Der Rest sind Waschhilfsstoffe mit unterschiedlichen Eigenschaften (Tab. 2).

↗ 2.5 | Waschpulver und Co.

Enthärter. Hauptbestandteil der Waschmittel sind die **Enthärter** (Builder), die der Wasserenthärtung dienen und die außerdem den Waschvorgang unterstützen, indem sie die durch die Tensidmoleküle gebildeten Schmutzmicellen in der Waschflotte tragen. Zwar sind moderne Tenside nicht so härteempfindlich wie Seife, aber bei sehr hartem Wasser können dennoch Niederschläge schwerlöslicher Salze auftreten. Außerdem setzt sich Kalk beim Erhitzen des Waschwassers als Kesselstein vor allem an den Heizstäben, aber auch auf der Wäsche fest, wenn Calcium- und Magnesium-Ionen nicht entfernt werden.

Moderne Waschmittel enthalten einen in Wasser unlöslichen Ionenaustauscher, das Zeolith A mit der Summenformel $Na_{12}(AlO_2)_{12}(SiO_2)_{12}$ (Abb. 16). Zeolith A ist ein Natriumaluminiumsilicat (der engl. Begriff **s**odium **a**luminium **sil**icat ist namensgebend für den Handelsnamen Sasil®), das Calcium- und Magnesium-Ionen des Waschwassers bindet und dafür Natrium-Ionen abgibt. In einem Kristallgitter, in dem ursprünglich jedes Siliciumatom von vier Sauerstoffatomen umgeben war, sind etwa die Hälfte aller Siliciumatome durch Aluminiumatome ersetzt worden. Der nun vorhandene negative Ladungsüberschuss wird durch Natrium-Ionen ausgeglichen.

Zeolith A ist gesundheitlich unbedenklich, hat aber den Nachteil, sich als Schlamm in den Abwasserrohren und im Klärwerk abzusetzen. Außerdem braucht Zeolith A weitere Hilfsstoffe, wie Polyacrylsäure, um das Schmutztragevermögen der Waschflotte zu verbessern, und Soda (Natriumcarbonat Na_2CO_3), um ein schwach alkalisches Milieu zu schaffen, das sich für die Waschvorgänge als günstig erwiesen hat.

Struktur und Eigenschaften von Tensiden

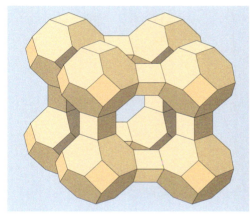

16 Struktur von Zeolith A

Tab. 2 Rahmenrezeptur von Vollwaschmitteln

Inhaltsstoffe	Wirkstoffe (Auswahl)	Massenanteil w in %
Enthärter	Zeolith A, SKS-6	30–40
Bleichmittel	Natriumperborat, Tetraacetylethylendiamin	20–30
waschaktive Substanzen	anionische und nichtionische Tenside	10–20
Stellmittel	Natriumsulfat	2–20
schaumhemmende Stoffe	Siliconöle	1–3
Enzyme	Proteasen, Amylasen, Cellulasen	≤ 1
korrosionshemmende Stoffe	Natriumsilicat	2–7
Vergrauungsinhibitoren	Polyacrylsäure, Carboxymethylcellulose	≤ 2
optische Aufheller	Distyrylbiphenyl	≤ 0,3
Duftstoffe, Farbstoffe	verschiedene	≤ 0,3

B

Struktur-
Eigenschaften-
Konzept

Diese Nachteile hat das neu auf den Markt gekommene Silicat SKS-6 nicht. SKS-6 ist ein Schichtsilicat. Die Struktur dieser Silicate lässt sich vom Aufbau der Orthokieselsäure Si(OH)$_4$ her verstehen. Jedes Siliciumatom ist hier tetraedrisch von vier Hydroxylgruppen umgeben. Unter Abspaltung von Wassermolekülen reagieren diese Einheiten zu Polykondensaten. Je nach dem Ausmaß der Kondensation vereinigen sich die Tetraeder zu Ketten, Bändern oder zwei- bzw. dreidimensionalen Netzen. Bei den Schichtsilikaten ist jeder SiO$_4$-Tetraeder über drei Ecken mit benachbarten Tetraedern verknüpft. Es entstehen zweidimensionale Schichten der Summenformel [Si$_4$O$_{10}$]$^{4-}$ (Abb. 17). In der Abbildung bedeutet jede Tetraederecke ein Sauerstoffatom, das zwei Siliciumatome verbindet, die sich jeweils im Zentrum des Tetraeders befinden. Die zu den Schichtflächen gerichteten freien Tetraederecken stellen einfach gebundene, elektrisch negativ geladene Sauerstoffatome dar. Im SKS-6 werden die elektrischen Ladungen durch Natrium-Ionen kompensiert, die gleichzeitig die Schichten zusammenhalten.

SKS-6 bindet als sehr guter Ionenaustauscher die Calcium- und Magnesium-Ionen des Waschwassers. Sein Vorteil liegt in seiner Wasserlöslichkeit, die Ablagerungen in Rohrsystemen und Klärwerken verhindert. Zudem verfügt der Stoff über gutes Schmutztragevermögen und wirkt leicht basisch. Durch den Ersatz von Zeolith A durch SKS-6 lässt sich die Menge des Enthärters insgesamt herabsetzen.

Bleichmittel. Bleichmittel werden in Vollwaschmitteln eingesetzt, um farbige Flecke z. B. von Tinte, Rotwein, Obst und Gemüse zu entfernen. Sie zerstören die Farbstoffe durch Oxidation. Das am häufigsten eingesetzte Bleichmittel ist Natriumperborat (Abb. 18), das im Wasser zu Natriumborat NaH$_2$BO$_3$ und Wasserstoffperoxid H$_2$O$_2$ zerfällt.

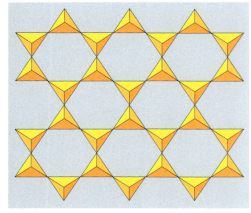

17 Struktur eines Schichtsilicats

18 Strukturformel von Natriumperborat

Na$_2$[B$_2$(O$_2$)$_2$(OH)$_4$] + 2 H$_2$O → 2 NaH$_2$BO$_3$ + 2 H$_2$O$_2$

Mit weiteren Wassermolekülen reagiert Natriumborat weiter zu der sehr schwachen, kaum protolysierten Borsäure. Die Lösung wird dabei alkalisch.

NaH$_2$BO$_3$ + H$_2$O → H$_3$BO$_3$ + Na$^+$ + OH$^-$

Die bleichende Wirkung des Wasserstoffperoxids in alkalischer Lösung setzt bei Temperaturen ab 60 °C ein. Um auch bei niedrigeren Temperaturen wirksam zu sein, wird dem Waschmittel **T**etra**a**cetyl**e**thylen**d**iamin als Aktivator zugesetzt. TAED reagiert mit Wasserstoffperoxid zu Peressigsäure, die schon bei 30 °C ausreichende Bleichwirkung erzielt (Abb. 19).

19 Reaktion von TAED mit Wasserstoffperoxid

Enzyme. Ähnlich wie beim Abbau von eiweiß- und kohlenhydrathaltiger Nahrung durch Enzyme im Verdauungstrakt von Organismen können auch dem Waschmittel zugesetzte Enzyme eiweiß- und kohlenhydrathaltige Verschmutzungen zu wasserlöslichen kleineren Einheiten abbauen. Proteasen spalten Proteine, Amylasen Kohlenhydrate.

In Colorwaschmitteln werden auch Cellulasen eingesetzt, um winzige Cellulosefasern, die sich vom Baumwollgewebe gelöst haben, zu spalten. Damit soll ein frischerer Farbeindruck erzeugt werden. Enzyme werden mithilfe genetisch veränderter Bakterien gewonnen.

Vergrauungsinhibitoren. Vergrauungsinhibitoren sollen verhindern, dass sich schon abgelöster Schmutz wieder auf den Fasern absetzt. Sie werden teilweise von der Faser adsorbiert und schützen sie so vor den schmutztragenden Micellen. Zum Teil beruht ihre Wirkung aber auch darauf, dass sie Wechselwirkungen mit den Micellen eingehen und diese in der Schwebe halten. Als Vergrauungsinhibitoren werden z. B. Polyacrylsäure (Abb. 20) und Carboxymethylcellulose (CMC) eingesetzt. In der Carboxymethylcellulose sind einige der Hydroxylgruppen der Cellulose durch eine OCH$_3$COO$^-$Na$^+$-Gruppe ersetzt worden.

Optische Aufheller. Nach wiederholten Waschvorgängen setzen sich auf weißer Wäsche häufig Ablagerungen fest, die sich auch durch die Waschhilfsstoffe nicht völlig vermeiden lassen. Diese Ablagerungen können verhindern, dass das eingestrahlte weiße Licht vollständig reflektiert wird. Blaues Licht wird absorbiert und die Wäsche bekommt eine gelbliche Färbung, sie vergilbt.

Optische Aufheller (Weißtöner) sind Farbstoffe, die auf die Faser aufziehen und eingestrahltes, absorbiertes UV-Licht durch Fluoreszenz in sichtbares blaues Licht umwandeln, das zusätzlich zum reflektierten Licht zurückgestrahlt wird. Die Wäsche erscheint rein weiß.

Stellmittel (Gerüststoffe). Das als Stellmittel bezeichnete Natriumsulfat Na$_2$SO$_4$ bewirkt, dass ein Waschmittel auch bei langer Lagerung rieselfähig bleibt und nicht verklumpt. Der Massenanteil dieses Stoffes, der für die Waschwirkung selbst ohne Bedeutung ist, kann den Anteil an Tensiden noch übertreffen.

Natriumsulfat ist wasserlöslich und ungiftig. Durch den massenhaften Eintrag trägt es aber zur Versalzung der Gewässer bei. Durch etwas veränderte Herstellungsverfahren ist es gelungen, in den sogenannten Kompaktwaschmitteln auf Stellmittel völlig zu verzichten und die Masse der Waschmittel trotz verbesserter Waschleistung deutlich zu verringern.

> **Resümee**
>
> Moderne Waschmittel sind aus vielen Komponenten zusammengesetzte Produkte, in denen die Tenside als eigentliche waschaktive Substanzen nur noch einen kleinen Anteil haben. Im Laufe der letzten Jahrzehnte ist es gelungen, die Umweltschädlichkeit der Waschmittel in mehreren Stufen durch veränderte Rezepturen deutlich zu vermindern.

Struktur und Eigenschaften von Tensiden

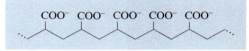

20 Strukturformel eines Polyacrylsäure-Anions

> **Aufgaben**
>
> 1. Was versteht man unter Wasserhärte, und warum muss Waschwasser enthärtet werden? Verwenden Sie zur Bearbeitung auch den Kontext 4.6 „Aus Wasser zu Stein – Kalk".
> 2. Wie hoch ist die Calcium-Ionenkonzentration in Wasser der Härte 10 °d?
> Verwenden Sie folgenden Ansatz:
> 1 °d entspricht β(CaO) = 10 mg · l^{-1} bzw. entspricht c(Ca^{2+}) = 0,178 mmol · l^{-1}.
> 3. Diskutieren Sie Vor- und Nachteile verschiedener Stoffe zur Wasserenthärtung.
> 4. Früher wurde dem letzten Spülwasser ein blauer Farbstoff zugesetzt, der auf die Fasern aufzog und vergilbter Wäsche einen leichten Grauton verlieh, der sie gegenüber unbehandelter Wäsche weiß erscheinen ließ. Erläutern Sie die Wirkung und vergleichen Sie diese mit der von optischen Aufhellern.

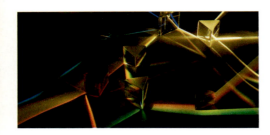

Struktur und Eigenschaften der Farbstoffe

Licht als elektromagnetische Strahlung

Elektromagnetisches Spektrum. Ohne Licht gibt es keine Farbe. Doch was ist Licht?

Licht wird physikalisch als elektromagnetische Welle beschrieben (Exp. 1). Wellen werden durch die Größen **Wellenlänge λ**, **Frequenz f**, d. h. die Anzahl der Schwingungen pro Sekunde, und **Ausbreitungsgeschwindigkeit c** beschrieben. Zwischen den Wellengrößen bestehen mathematische Zusammenhänge. Die Ausbreitungsgeschwindigkeit einer Lichtwelle ist gleich der Wellenlänge multipliziert mit der Frequenz:

$$c = \lambda \cdot f \quad \text{oder} \quad \lambda = \frac{c}{f}.$$

Elektromagnetische Wellen bestehen aus elektrischen und magnetischen Feldern, deren Stärke periodisch schwankt (Abb. 3). Sie stehen senkrecht aufeinander und pflanzen sich wellenförmig fort.

Elektromagnetische Wellen können Wellenlängen von einigen Kilometern (1 km = 10^3 m, langwellige Radiowellen) bis zu einigen Picometern (1 pm = 10^{-12} m, harte Röntgenstrahlung) aufweisen. Noch kurzwelliger ist die kosmische Strahlung im Weltraum. Nur für den kleinen Bereich von 400 bis 750 nm (1 nm = 10^{-9} m) ist der Empfangsapparat unseres Auges, die Netzhaut (Retina) mit ihren Stäbchen und Zapfen, empfindlich (Abb. 4). In diesem Bereich können wir Licht und Farbe wahrnehmen. Er wird daher als **sichtbares Licht** bezeichnet. Jenseits von 800 nm schließt sich der langwellige Bereich der **Infrarotstrahlung (IR-Strahlung)** an, den wir als Wärmestrahlung empfinden. Unter 400 nm beginnt der kurzwellige Bereich mit der **ultravioletten Strahlung (UV-Strahlung)**, die für uns unsichtbar ist, die aber z. B. Bienen sehen. Je nach Wellenlänge des Lichtes, das unsere Augen trifft, empfinden wir unterschiedliche Farben.

 ↗ 13.1 | Farben sehen

Alle elektromagnetischen Wellen pflanzen sich im Vakuum mit Lichtgeschwindigkeit ($c = 2{,}99793 \cdot 10^8$ m · s^{-1}) fort. Dabei transportieren sie Energie, die mit Materie in Wechselwirkung treten kann.

Die transportierte Energie pro Fläche und Zeit wird **Intensität der Strahlung** genannt. Sie ist dem Quadrat der Amplitude proportional. Verschiedene Versuche zeigen, dass die von einzelnen Materieteilchen aufgenommenen Energiemengen nicht von der Intensität der Strahlung, sondern von der Frequenz bzw. der Wellenlänge der Strahlung abhängen. So bleibt auch bei noch so intensiver Infrarotbestrahlung die Haut blass, während bereits eine wenig intensive UV-Strahlung (z. B. im diffusen Licht eines beschatteten Strandes) mit der Zeit eine Hautbräunung bewirkt.

 ↗ 2.8 | Sommer, Sonne, Haut

B
Struktur-Eigenschaften-Konzept

Experiment 1

Beugung von Licht am Spalt
Fällt einfarbiges Licht senkrecht auf einen schmalen Spalt, so entstehen helle und dunkle Streifen (Abb. 1, 2). Das Licht wird am Spalt gebeugt. Wird die Spaltbreite variiert, so ändert sich das Muster. Das Bild, das bei der Beugung am Spalt durch Interferenz der Wellenlänge auftritt, ist ein Beleg für die Welleneigenschaften des Lichtes.

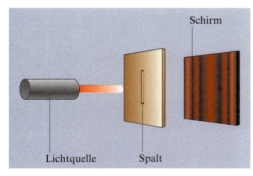

1 Experimentaufbau

2 Beugungsbild hinter einem Spalt

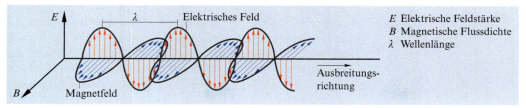

3 Elektromagnetische Welle

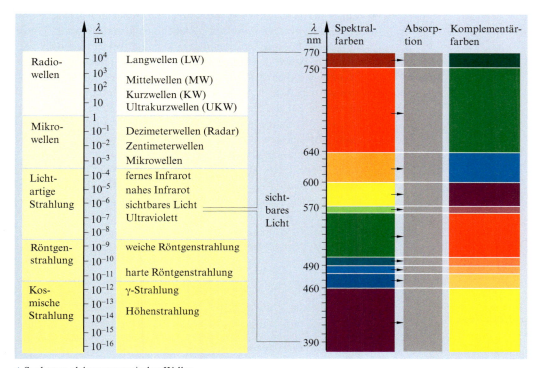

4 Spektrum elektromagnetischer Wellen

Licht als Welle und Teilchen. Genauere physikalische Versuche (z. B. zum lichtelektrischen Effekt) haben einen strengen mathematischen Zusammenhang zwischen übertragbarer Energie und Wellenlänge bzw. Frequenz der Strahlung ergeben. MAX PLANCK (1858 bis 1947), der um 1900 diese Zusammenhänge entdeckte und dafür 1918 den Nobelpreis für Physik erhielt, hat den Zusammenhang als Gleichung formuliert:

$$E = h \cdot f \quad \text{oder} \quad E = h \cdot \frac{c}{\lambda}.$$

Dabei bedeuten E die übertragbare Energie, f die Frequenz der Strahlung und $h = 6{,}626 \cdot 10^{-34}$ J·s eine universelle Naturkonstante, die ihrem Entdecker zu Ehren Planck-Konstante oder auch Planck-Wirkungsquantum genannt wird. Mit der Wellenvorstellung von Licht und elektromagnetischer Strahlung sind diese Ergebnisse allerdings nicht zu deuten. 1905 interpretierte ALBERT EINSTEIN (1879 bis 1955) diese Phänomene und postulierte, dass elektromagnetische Strahlung nicht nur als Wellenvorgang aufgefasst werden kann, sondern auch als Strom von Energiepaketen, die als **Quanten** (Photonen) bezeichnet werden. 1921 erhielt er seinerseits für diese Theorie den Nobelpreis für Physik. Heute wird auch von dem **Welle-Teilchen-Dualismus** der elektromagnetischen Strahlung gesprochen.

B-7

Struktur und Eigenschaften der Farbstoffe

B

Struktur-
Eigenschaften-
Konzept

Licht einer bestimmten Farbe entspricht ein Strom von Quanten bestimmter Energie. Die Quanten des roten Lichtes ($\lambda = 700$ nm) können als Pakete mit einer Energie von jeweils $E = 2{,}84 \cdot 10^{-19}$ J aufgefasst werden. Kurzwelliges violettes Licht ($\lambda = 420$ nm) besteht aus Quanten mit $E = 4{,}72 \cdot 10^{-19}$ J. Violettes Licht ist also energiereicher als rotes. Die Intensität der Strahlung ist proportional zur Anzahl der Quanten pro Fläche und Zeit.

Die wahre Natur des Lichtes bleibt uns verborgen. Unsere Vorstellungskraft ist überfordert, wenn sie eine Erscheinung als Welle und gleichzeitig als Quanten- bzw. Teilchenmenge auffassen soll. Unser an Alltagsphänomenen orientierter Verstand versagt bei dem Versuch, das Wesen der Dinge aus der submikroskopischen Welt der Quanten wirklich zu verstehen, zu „begreifen". Es muss hingenommen werden, dass in Abhängigkeit von dem Phänomen, das gedeutet werden soll, die eine oder die andere Interpretation der Strahlung sinnvoller ist. Nur aus beiden Vorstellungen heraus können zutreffende Vorhersagen über die Eigenschaften des Lichtes und seine Wechselwirkung mit der Materie gemacht werden.

In der Regel treten Quanten nicht einzeln auf. Wie in der Chemie materielle und energetische Eigenschaften der Stoffe auf ein Mol ihrer Teilchen bezogen und damit Größenordnungen erreicht werden, die für uns vorstellbar sind, so wird auch die Energie des Lichtes auf ein Mol Quanten bezogen. Multipliziert mit der Avogadro-Konstante $N_A = 6{,}022 \cdot 10^{23}$ mol^{-1} ergibt sich also für rotes Licht:

$$E = 2{,}84 \cdot 10^{-19} \text{ J} \cdot 6{,}022 \cdot 10^{23} \text{ mol}^{-1}$$
$$= 171\,024{,}8 \text{ J} \cdot \text{mol}^{-1} = 171 \text{ kJ} \cdot \text{mol}^{-1}.$$

Für violettes Licht gilt entsprechend:
$E = 285$ kJ·mol^{-1} (Tab. 1).

↗ A-1 | Linienspektren von Atomen

Tab. 1 Zusammenhang von Wellenlänge, Energie und Farbe

Farbe	$\Delta \lambda$ in nm	E in kJ·mol^{-1}
violett	440–400	271–298
blau	480–440	248–271
grünblau	490–480	243–248
blaugrün	500–490	238–243
grün	560–500	213–238
gelb	595–580	200–206
rot	700–605	170–197

Wahrnehmung von Licht. Licht übt auf die Rezeptoren in unserer Netzhaut einen Reiz aus, der zu einer Erregung der zum Gehirn führenden Nervenzellen führt (Exkurs 1).

↗ 13.1 | Die fotochemische Reaktion

Licht, das von einem Glühdraht oder der Sonne ausgesandt wird, ist aus Quanten unterschiedlicher Energien zusammengesetzt. Betrachten wir einen Körper, der dieses Licht vollständig reflektiert, so erscheint er uns weiß. Absorbiert der Körper sämtliches Licht, so erscheint er uns schwarz. Einen farbigen Eindruck erhalten wir, wenn eine oder mehrere Sorten von Quanten absorbiert werden und nur der restliche Anteil unser Auge erreicht. Wird beispielsweise der Quantenanteil zwischen 300 und 250 kJ·mol^{-1} absorbiert, das entspricht blauem Licht der Wellenlänge $\lambda = 440–480$ nm, so erzeugt die Mischung der restlichen Quanten den Farbeindruck gelb, die **Komplementärfarbe** zu Blau. In der Netzhaut werden nur die Grün- und Rotrezeptoren erregt (Exkurs 1). Unser Lichtsinnesorgan ist nicht in der Lage, diese Quantenmischung von einem rein gelben Licht der Wellenlänge $\lambda = 580–595$ nm zu unterscheiden. Treffen Lichter in Komplementärfarben gleichzeitig auf unsere Netzhaut, ergänzen sie sich immer zu Weiß.

**Exkurs 1
Wie wir sehen**

Lichteindrücke empfangen wir über unser wichtigstes Sinnesorgan, das Auge. Einfallendes Licht übt zunächst auf Fotorezeptoren, die an der Rückseite der Netzhaut liegen, einen Reiz aus (Abb. 5).

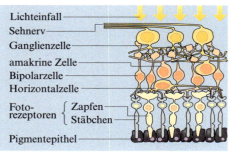

5 Typen von Nervenzellen in der menschlichen Netzhaut (Retina)

Die Fotorezeptoren sind vom einfallenden Licht abgewandt, doch ist die Netzhaut mit 0,1 mm Stärke so dünn, dass das Licht bei seinem Durchgang nicht wesentlich abgeschwächt wird.

Es werden zwei Grundtypen von Fotorezeptoren unterschieden: die Stäbchen, die das Dämmerungssehen ermöglichen, und die Zapfen, die für das Farbensehen zuständig sind. Beide sind anatomisch ähnlich gebaut. Die Membran des äußeren Zellabschnitts ist vielfältig eingefaltet, sodass eine sehr große Oberfläche entsteht.
Stäbchen registrieren nur unterschiedliche Helligkeiten, also Intensitätsunterschiede, aber keine Farben. Sie sind sehr lichtempfindlich, erreichen aber schnell ihre Belastungsgrenze und reagieren nicht mehr auf Helligkeitsunterschiede.
Zapfen treten in drei Typen auf, die sich allerdings nicht anatomisch, sondern nur durch ihre verschiedene Empfindlichkeit für farbiges Licht unterscheiden.
Stäbchen wie Zapfen enthalten als lichtresorbierendes Molekül das 11-cis-Retinal. 11-cis-Retinal ist der Struktur nach ein Polyenal (Abb. 6). Der Aldehyd wird durch Oxidation aus Vitamin A (Retinol) gebildet. In der Stäbchen- bzw. Zapfenmembran ist es an ein Opsinmolekül gebunden. Die Verbindung wird Sehpurpur oder Rhodopsin genannt.

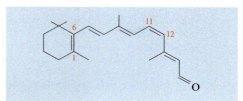

6 Strukturformel von 11-cis-Retinal

Opsine sind Eiweißstoffe (Proteine), die aus ca. 350 Aminosäurebausteinen bestehen. Sie unterscheiden sich geringfügig in ihrer Struktur und modifizieren dadurch die Absorptionsmöglichkeiten des 11-cis-Retinals. Stäbchenrhodopsin absorbiert am stärksten bei $\lambda_{max} = 456$ nm. Die drei Zapfenrhodopsine absorbieren am stärksten im Blaubereich ($\lambda_{max} = 419$ nm), im Grünbereich ($\lambda_{max} = 531$ nm) und im Gelb-Rot-Bereich ($\lambda_{max} = 559$ nm).
Wird 11-cis-Retinal von einem Quant passender Energie getroffen, so kommt es zu einer Fotoisomerisierung. Die Konformation des Moleküls ändert sich, es entsteht all-trans-Retinal (Abb. 7). Dieser Vorgang hat auch eine Konformationsänderung des Opsinmoleküls zur Folge.
Die so aktivierten Rhodopsinmoleküle setzen nun eine ganze Kaskade weiterer chemischer Reaktionen zwischen verschiedenen Enzymen in Gang, durch die schließlich ein elektrisches Signal ausgelöst wird. Dieses Signal ist umso stärker, je mehr Quanten auf die Fotorezeptoren treffen, d. h. je stärker der Lichtreiz ist. Die Signale werden über ein Netzwerk unterschiedlicher Schaltzellen zu den Nervenfasern des Sehnervs geleitet.
Das all-trans-Retinal löst sich vom Opsinmolekül und reagiert über eine Reihe von Zwischenstufen wieder zu 11-cis-Retinal zurück, das sich schließlich wieder an ein neues Opsinmolekül anlagert.
Durch die Nervenfasern des Sehnervs werden die Erregungssignale in das Gehirn geleitet. Hier erfolgt die endgültige Verrechnung der verschiedenen Meldungen von den unterschiedlich erregten Rezeptorgruppen, die schließlich im Großhirn zu einer Wahrnehmung von Farbe führt.

7 Strukturformel von all-trans-Retinal

B-7

Struktur und Eigenschaften der Farbstoffe

Die Körperfarben unserer Umwelt entstehen dadurch, dass ein Teil der Quanten absorbiert und der Rest reflektiert bzw. durchgelassen wird. In einem Fotometer kann gemessen werden, welche Quanten bzw. welche Wellenlängen durch einen Stoff absorbiert und welche reflektiert werden. Das Spektrum des Stoffes kann wichtige Aufschlüsse über seine Struktur liefern.

 ↗ 13.1 | Simulation: Additive und subtraktive Farbmischung

B
Struktur-
Eigenschaften-
Konzept

Resümee

Licht kann als elektromagnetische Welle oder als Strom kleiner Energiepakete (Quanten) aufgefasst werden (Welle-Teilchen-Dualismus des Lichtes).
Weißes Licht enthält elektromagnetische Wellen aller wahrnehmbaren Wellenlängenbereiche. Stoffe und Gegenstände wirken farbig, wenn sie Wellenlängenbereiche des weißen Lichtes absorbieren.

Aufgaben

1. Erklären Sie, warum farbige Gegenstände im Dämmerlicht grau erscheinen.
2. Der tschechische Physiologe JOHANNES E. PURKINJE (1787 bis 1869) entdeckte das nach ihm benannte Phänomen: Blaue Partien eines Bildes erscheinen bei sehr geringem Licht heller und sind in ihren Umrissen besser zu erkennen als rote, obwohl bei normalem Tageslicht beide gleich hell erscheinen. Begründen Sie. Beachten Sie die spektrale Empfindlichkeit der Rezeptortypen.
3. In welchem Wellenlängenbereich absorbiert ein roter Farbstoff?
4. Welche Farbe hat jeweils das absorbierte Licht der Thiacyanine und in welchen Farben erscheinen die Farbstoffe (Abb. 8)?

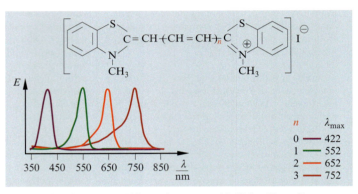

8 Absorptionskurven von Thiacyaninen unterschiedlicher Kettenlängen

 ↗ A-3 | Molekülorbitale

Anregung von Elektronen. Was geschieht mit den absorbierten Quanten? Wo bleibt die aufgenommene Energie? Um das zu klären, müssen wir uns näher mit der Struktur der Farbstoffmoleküle beschäftigen. Elektronen, die nicht frei in einem Elektronenstrahl fliegen, sondern durch die Atomkerne in einem Atom oder Molekül festgehalten werden, können nur ganz bestimmte Energiemengen aufnehmen. Es wird von **Energieniveaus** oder Energiestufen gesprochen, die Elektronen einnehmen können (Energiestufenmodell).
Die möglichen Energieniveaus werden nacheinander mit Elektronen besetzt. Nach dem Pauli-Prinzip kann jedes Energieniveau in einem Atom oder Molekül nur von maximal zwei Elektronen mit entgegengesetztem Spin besetzt werden. Wenn die Energiedifferenz zwischen den höchsten besetzten Niveaus (**H**ighest **O**ccupied **M**olecular **O**rbital, HOMO) und den niedrigsten unbesetzten Niveaus (**L**owest **U**noccupied **M**olecular **O**rbital, LUMO) von der Größenordnung der Quantenenergie ist, können Elektronen Quanten **absorbieren**, kurzzeitig deren Energie zusätzlich speichern und so auf ein höheres noch unbesetztes Energieniveau angehoben werden (Abb. 9 a). Das Atom oder Molekül ist vom **Grundzustand** in den **angeregten Zustand** übergegangen. Der angeregte Zustand bleibt nicht lange bestehen. Innerhalb einer Picosekunde (10^{-12} s) gibt das Elektron die

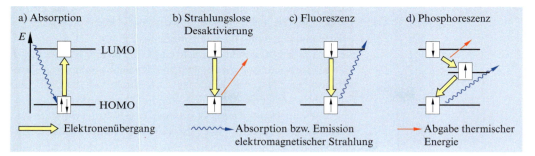

9 Energiestufenmodelle eines Quants bei Absorption, strahlungsloser Desaktivierung, Fluoreszenz und Phosphoreszenz

aufgenommene Energie wieder ab, die als Bewegungs- oder Schwingungsenergie durch Stöße auf benachbarte Teilchen übertragen wird. Das Elektron ist damit auf sein ursprüngliches Energieniveau zurückgekehrt. Auf diese Weise wird Lichtenergie in thermische Energie umgewandelt (strahlungslose Desaktivierung, Abb. 9b). Schwarze Stoffe, die alle Lichtsorten absorbieren, erwärmen sich deshalb besonders stark bei Belichtung. Weiße Stoffe, die das meiste Licht reflektieren, bleiben kühler.

Die durch Lichtabsorption aufgenommene Energie kann ein Molekül so stark in Schwingungen versetzen, dass Elektronenpaarbindungen in ihm brechen. Dies wird als **fotochemische Reaktion** bezeichnet. So bleichen bei Bildern, die dem Sonnenlicht ausgesetzt sind, zuerst die roten und gelben Farbtöne aus, weil diese Farbstoffe die besonders energiereichen blauen und violetten Anteile des Spektrums absorbieren und dadurch zerstört werden. Das Bild wirkt blaustichig.

Eine andere Möglichkeit für das angeregte Elektron, in den Grundzustand zurückzukehren, ist die Aussendung eines Quants. Der Stoff strahlt also seinerseits Licht aus, er **emittiert** elektromagnetische Strahlung. Dieser Vorgang wird **Fluoreszenz** genannt (Abb. 9c). Da diese Form der Energieabgabe innerhalb einer Nanosekunde (10^{-9} s) erfolgt, endet die Lichtemission mit dem Ende der Anregung. Fluoreszenz tritt häufig bei Farbstoffmolekülen auf, die über ein recht starres Kohlenstoffgerüst verfügen, das Molekülschwingungen behindert (Abb. 10).

Länger anhaltendes Nachleuchten wird als **Phosphoreszenz** bezeichnet (Abb. 9d). Es wird dadurch erklärt, dass das Elektron nach geringer Energieabgabe in Form von Wärme eine Spinumkehr erfährt und so in einen metastabilen Zustand gerät. Eine Rückkehr in den Grundzustand durch Abgabe eines Quants erfordert eine erneute Spinumkehr, da sich nur Elektronen entgegengesetzten Spins auf einem Energieniveau aufhalten dürfen (Pauli-Prinzip). Die Rückkehr in den Grundzustand ist daher erschwert und geschieht langsamer. So kann es längere Zeit dauern, bis alle angeregten Elektronen in den Grundzustand zurückgekehrt sind und die Phosphoreszenz abklingt.

Phosphoreszenz tritt bei manchen Verbindungen auf, wenn ihre Moleküle in einem Feststoff, z. B. einem Kunststoff, so eingelagert sind, dass Eigenbewegungen und Schwingungen behindert werden.

↗ 13.2 | Fotolumineszenz

B-7

Struktur und Eigenschaften der Farbstoffe

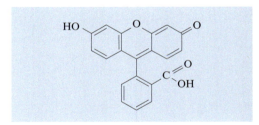

10 Strukturformel von Fluorescein

11 In der „Berliner Unterwelt", den Bunkeranlagen, wurde phosphoreszierende Farbe auf die Wände aufgebracht, damit bei Stromausfall keine völlige Dunkelheit eintritt.

↗ B-7 | 3-D-Molekülmodelle: Farbstoffe

Absorption von Licht aufgrund der Molekülstruktur. Welche Struktureigenschaften ermöglichen es Molekülen, sichtbares Licht zu absorbieren und damit farbig zu erscheinen?

Farbstoffmoleküle zeigen vor allem eine Gemeinsamkeit: Sie enthalten alle mehr oder weniger ausgedehnte Systeme konjugierter Doppelbindungen. Darunter wird das Abwechseln von Einfach- und Doppelbindungen im Molekül verstanden. Besitzen Moleküle konjugierte Doppelbindungen, so kann eine Anregung der π-Elektronen bereits durch geringe Energie, also durch sichtbares Licht erreicht werden. Diese farbgebenden konjugierten π-Elektronensysteme werden als **Chromophore** (griech. chroma – Farbe, pherein – tragen) bezeichnet.

Beim Ethen mit einer Doppelbindung im Molekül ist die Differenz zwischen dem höchsten besetzten und dem niedrigsten unbesetzten Energieniveau relativ hoch. Um Elektronen anzuregen, ist energiereiches Licht aus dem UV-Bereich nötig. Auch die niederen Polyene bis zu einer Zahl von 8 Doppelbindungen im Molekül erscheinen farblos (Tab. 2). Erst bei Verbindungen wie den Carotinoiden mit 10 bis 11 konjugierten Doppelbindungen im Molekül tritt Farbe auf (Abb. 12). Die Energieniveaus haben sich so weit angenähert, dass die Energie sichtbaren Lichtes ausreicht, um Elektronen auf ein höheres Niveau anzuheben. Das β-Carotinmolekül (Abb. 13) mit 11 konjugierten Doppelbindungen absorbiert blaugrünes Licht zwischen 450 und 500 nm und erscheint daher orange. Das Polyenmolekül mit 19 Doppelbindungen absorbiert im grünen Bereich zwischen 500 und 550 nm und erscheint purpurn (Tab. 2).

B

Struktur-
Eigenschaften-
Konzept

↗ 13.6 | Carotine

12 Mais ist durch das Carotinoid Zeaxanthin gelb gefärbt.

13 Strukturformel von β-Carotin

Tab. 2 Absorptionsmaxima von Polyenen und Cyaninen

Polyene			Cyanine		
$CH_3\text{-}(CH=CH)_n\text{-}CH_3$			$R_2N\text{-}(CH=CH)_n\text{-}CH=\overset{+}{N}R_2$		
$\dfrac{\lambda_{max}}{nm}$	Komplementärfarbe	n	$\dfrac{\lambda_{max}}{nm}$	Komplementärfarbe	
180	–	1	313	–	
227	–	2	416	gelbgrün	
263	–	3	519	rot	
299	–	4	625	blaugrün	
326	–	5	735	grün	
352	–	6	848	IR	
412	gelb	9	–	–	
452	orange	11	–	–	
530	purpur	19	–	–	

Mit steigender Anzahl von Doppelbindungen im konjugierten System verschiebt sich die Absorption in den längerwelligen Bereich, wodurch ein farbvertiefender Effekt erzielt wird. Es wird von einer **bathochromen Verschiebung** gesprochen (griech. bathos – Tiefe). Die Farbverschiebung durch die Absorption kürzerer Wellenlängen wird **hypsochrom** genannt (griech. hypsos – Höhe). Der Vergleich von Carotinoiden und Cyaninen zeigt, dass die Länge des Chromophors nicht allein für die Farbtiefe ausschlaggebend ist. Cyanine mit kurzen Chromophoren sind intensiv gefärbte Verbindungen. Nach dem Mesomeriemodell für lineare Farbstoffmoleküle lassen sich einige Regeln aufstellen, nach denen sich die Farbtiefe anhand der Molekülstruktur qualitativ abschätzen lässt.

Regel 1: Je ausgedehnter das Mesomeriesystem ist, desto längerwellig (energieärmer) ist das absorbierte Licht.

Regel 2: Ein Chromophor gegebener Ausdehnung absorbiert umso längerwelligeres Licht, je vollkommener die Mesomerie ausgeprägt ist, d. h. je weniger sich die Grenzformeln in ihrem Energiegehalt unterscheiden.

Mesomerie bei Polyenen und Cyaninen. Polyene wie die Carotinoide sind Verbindungen, für deren Moleküle sich mesomere Grenzformeln formulieren lassen. Die Kohlenstoffatome sind durch gemeinsame Elektronenpaare verbunden. Ein weiteres Elektron pro Atom ist delokalisiert und mehr oder weniger frei im System beweglich. Die Bindungslängen liegen zwischen denen typischer Einfachbindungen und typischer Doppelbindungen. Mit den gewohnten Strukturformeln sind diese Verhältnisse nicht mehr darstellbar. Daher werden Grenzformeln benutzt, zwischen denen der tatsächliche Zustand liegt (Abb. 14). In Bezug auf die Polyene ähnelt dieser eher der ungeladenen Form. Die zwitterionischen Grenzformeln weisen eine Ladungstrennung auf, die einen zusätzlichen Energieaufwand erfordert. Da die Delokalisation unvollkommen ist, sind Einzel- bzw. Doppelbindungen in ihren Bindungslängen deutlich verschieden (Tab. 3).

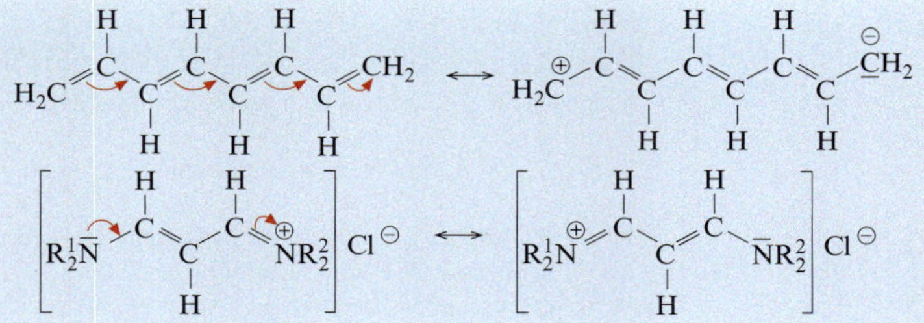

B-7

Struktur und Eigenschaften der Farbstoffe

14 Mesomere Grenzformeln eines Polyens und eines Cyanins

Tab. 3 Bindungslängen zwischen Kohlenstoffatomen bei verschiedenen Stoffgruppen

Alkane / Alkene	Bindungslänge in nm	Polyene	Bindungslänge in nm	Cyanine	Bindungslänge in nm
C–C	1,54	C–C	1,48	C–C	1,38
C=C	1,33	C=C	1,34	C=C	1,36

Struktur-Eigenschaften-Konzept

Bei den **Cyaninen** sorgen die Endgruppen für vollständige Delokalisierung der π-Elektronen. Die mesomeren Grenzformeln werden energetisch gleichwertig, die Bindungen haben im tatsächlichen Zustand etwa die gleiche Länge. Endgruppen, die für verbesserten Bindungsausgleich sorgen, werden als **Auxochrome** (lat. auxilium – Hilfe) bezeichnet. Sie bewirken einen mesomeren Effekt entweder als Elektronenakzeptoren elektronenziehend (–M-Effekt) oder als Elektronendonatoren elektronenliefernd (+M-Effekt). Die ausgleichende Wirkung ist am größten, wenn Auxochrome mit entgegengesetztem Effekt, aber gleicher Stärke an den beiden Enden eines chromophoren Systems sitzen.

Dies wird bei den Cyaninen durch eine **Aminogruppe** $(H_3C)_2\bar{N}-$ als Donator und eine **Immoniumgruppe** $=N^+(CH_3)_2$ als Akzeptor erreicht (Tab. 4). Der Bindungsausgleich führt zu einem weiteren Zusammenrücken der Energieniveaus, also zu einer Verminderung ihrer Energiedifferenz. Um Elektronen aus dem HOMO in das LUMO zu heben, sind nur noch energieärmere Quanten, also längerwelliges Licht nötig. Die Absorption von Licht mit maximaler Wellenlänge ist gegenüber den Carotinoiden mit unvollständigem Bindungsausgleich bei gleicher Chromophorlänge bathochrom verschoben.

Tab. 4 Beispiele für auxochrome Gruppen; die Stärke der M-Effekte nimmt von oben nach unten zu

Donator +M-Effekt	Akzeptor –M-Effekt
$H-\bar{O}-$	$=\overset{\cdot\cdot}{O}$
$H_2\bar{N}-$	$=\overset{\oplus}{N}H_2$
$(CH_3)_2\bar{N}-$	$=\overset{\oplus}{N}(CH_3)_2$
C₆H₅–NH–	=NH–C₆H₅ (⊕)
Benzothiazol-N-C₂H₅	Benzothiazolium-N-C₂H₅ (⊕)

Resümee

Durch Aufnahme der Energie der absorbierten Quanten werden Elektronen kurzzeitig auf ein höheres Energieniveau gehoben. Die Energieerhöhung kann entweder zum Bindungsbruch führen (fotochemische Reaktion) oder in thermische Energie umgewandelt werden bzw. führt zu Fluoreszenz oder Phosphoreszenz.
Nach dem Mesomeriemodell absorbiert ein Chromophor umso langwelliger (energieärmer), je besser der Bindungsausgleich zwischen Doppel- und Einfachbindung in seinem konjugierten System ist.

Aufgaben

1. Stellen Sie die Voraussetzungen dar, die das Auftreten von Farbigkeit erklären können.
2. Fluoreszenz und Phosphoreszenz sind Erscheinungsformen der Lumineszenz.
    a) Beschreiben Sie die beiden Phänomene und geben Sie anschließend eine Definition des Begriffs Lumineszenz.
    b) Recherchieren Sie, was unter Chemolumineszenz und Biolumineszenz verstanden wird. Nennen Sie Beispiele.
3. Was ist ein Chromophor?
   Erklären Sie den Begriff am Beispiel der Cyanine.
4. Erklären Sie die Wirkung auxochromer Gruppen auf ein π-Elektronensystem.

Farbstoffklassen

Triphenylmethanfarbstoffe. Eine Reihe bekannter, sehr brillanter Farbstoffe sind Salze, die sich vom farblosen **Triphenylmethan** ableiten lassen (Abb. 15). Sie dienen vor allem zum Färben von Papier und zur Herstellung von Tinten und Durchschreibesystemen. Einige werden als Kosmetik- und Lebensmittelfarbstoffe eingesetzt. Zur Textilfärbung sind die Triphenylmethanfarbstoffe trotz ihrer lebhaften Farben kaum geeignet, weil sie zu wenig licht- und waschecht sind. In der Chemie werden einige als Säure-Base-Indikatoren genutzt.

↗ 13.7 | Lebensmittelfarbstoffe
↗ E-6 | Indikatoren sind korrespondierende Säure-Base-Systeme

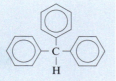

15 Strukturformel von Triphenylmethan

16 Malachitgrün in saurer, neutraler und alkalischer Lösung

B-7

Struktur und Eigenschaften der Farbstoffe

Ein wichtiger Vertreter der Triphenylmethanfarbstoffe ist das **Malachitgrün**. Dieses Farbsalz zeigt zwei Absorptionsmaxima, eines bei $\lambda_1 = 425$ nm und ein weiteres bei $\lambda_2 = 621$ nm. Die resultierende Mischfarbe ist in wässriger Lösung ein blaustichiges Grün (Abb. 16). Den Absorptionsmaxima entsprechen zwei absorbierende Systeme im Molekül (Abb. 17, 18). Eine elektrisch neutrale Dimethylaminogruppe und eine positiv geladene Dimethylimmoniumgruppe als Endgruppen sorgen als symmetrisches Donator-Akzeptor-System für gleichwertige Grenzformeln über zwei Benzolringe und das zentrale Kohlenstoffatom hinweg.

Ein weiteres System zwischen dem dritten Phenylrest und einer Dimethylimmoniumgruppe ist asymmetrisch und führt wegen der gering ausgeprägten Donatoreigenschaft des Phenylrings zu energetisch ungleichen Grenzformeln. Die Absorption bei $\lambda_1 = 621$ nm (rot) ist also dem ersten System, die sehr viel schwächere Absorption bei $\lambda_2 = 425$ nm (violett) dem zweiten System zuzuschreiben. Als Mischfarbe aus den beiden Komplementärfarben Blaugrün und Gelb entsteht das blaustichige Grün der Malachitgrünlösung (Abb. 16). Wegen der senkrecht aufeinanderstehenden Absorptionssysteme spricht man auch von einem **T-Chromophor** (Abb. 17).

In saurer Lösung wirkt das Malachitgrün-Ion als Base. An das freie Elektronenpaar der Dimethylaminogruppe lagert sich ein Proton an. Diese verliert ihre Donatoreigenschaft, das Mesomeriesystem zwi-

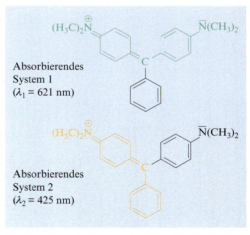

Absorbierendes System 1
($\lambda_1 = 621$ nm)

Absorbierendes System 2
($\lambda_2 = 425$ nm)

17 Absorbierende Systeme des Malachitgrün-Kations

18 Mesomere Grenzformeln des Malachitgrün-Kations (pH = 7)

schen den Stickstoffatomen ist gestört, und die Absorption bei $\lambda = 621$ nm fällt aus. Die saure Lösung zeigt eine gelbe Farbe. In basischer Lösung wird eine Hydroxylgruppe an das zentrale Kohlenstoffatom addiert. Das gesamte Mesomeriesystem wird unterbrochen und auf die Phenylringe reduziert. Die Lösung erscheint farblos.

Ein weiterer Triphenylfarbstoff ist das **Kristallviolett**. Die intensiv violett gefärbte Kristallviolettlösung besitzt nur ein Absorptionsmaximum mit der Wellenlänge $\lambda_{max} = 589$ nm. Die drei Phenylringe tragen in para-Stellung gleiche Substituenten. Es lassen sich also keine unterschiedlichen Absorptionssysteme konstruieren (Abb. 19). Bei leichter Erniedrigung des pH-Wertes schlägt die Farbe der Kristallviolettlösung nach Grün um. Durch Protonierung einer Dimethylaminogruppe entspricht die Molekülstruktur des Farbstoffs der des Malachitgrüns mit zwei unterscheidbaren Chromophorsystemen. Die Spektralanalyse bestätigt das Vorliegen zweier Absorptionsmaxima bei $\lambda_1 = 634$ nm und $\lambda_2 = 450$ nm. In stark saurer Lösung erscheint die Kristallviolettlösung gelb (Abb. 20). Eine weitere Dimethylaminogruppe wird protoniert. Damit ist das System mit energetisch gleichwertigen Grenzformeln blockiert. Die langwellige Absorption verschwindet und nur die kurzwellige Absorption bei λ_2 trägt zum Farbeindruck bei. In basischer Lösung wird Kristallviolett wie Malachitgrün farblos. Die Addition einer Hydroxylgruppe am zentralen Kohlenstoffatom blockiert sämtliche mesomeriefähigen Chromophore.

Auch der Säure-Base-Indikator **Phenolphthalein** gehört zu den Triphenylmethanfarbstoffen. In saurer und neutraler Lösung ist das Absorptionssystem (T-Chromophor) allerdings durch einen Lactonring gestört. Dieser bildet sich aus der Carboxylatgruppe, die mit dem zentralen Kohlenstoffatom einen Ring ausbildet. Die Absorption liegt im UV-Bereich ($\lambda_{max} = 350$ nm), Phenolphthalein erscheint farblos.

In basischer Lösung gibt Phenolphthalein ab pH = 8 die Protonen seiner phenolischen Hydroxylgruppen ab. Der Lactonring öffnet sich und das Absorptionssystem (T-Chromophor) zwischen den beiden Sauerstoffatomen wird gebildet. Der Farbstoff zeigt die bekannte rotviolette Farbe ($\lambda_{max} = 550$ nm, Abb. 21).

Zahlreiche weitere Indikatoren sind mit dem Phenolphthalein chemisch verwandt. Die Carboxylatgruppe ist meist durch eine Sulfonatgruppe ersetzt, die keinen Ring bildet und wegen ihrer geringen Basizität die Wasserlöslichkeit der Indikatoren auch in neutraler und saurer Lösung gewährleistet. Durch Einbau von Substituenten in

B

Struktur-Eigenschaften-Konzept

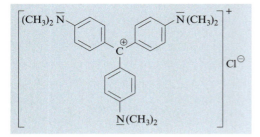

19 Strukturformel von Kristallviolett

20 Kristallviolett in saurer, neutraler und alkalischer Lösung

21 Strukturformeln von Phenolphthalein bei verschiedenen pH-Werten

ortho-Stellung zu den Auxochromen lässt sich deren Säurestärke und damit der Umschlagbereich in weiten Grenzen variieren. Elektronenanziehende Substituenten (z. B. Brom) erhöhen die Acidität, verschieben den Umschlagbereich also zu niedrigen pH-Werten. Umgekehrt führen elektronenliefernde Substituenten zu geringerer Acidität und damit zu Umschlagbereichen bei höheren pH-Werten. Alle Substituenten in ortho-Stellung verschieben die Absorption bathochrom.

Azofarbstoffe. Heute stellen **Azofarbstoffe** die bedeutendste Gruppe der technisch verwerteten Farbstoffe dar. Sie werden zum Färben von z. B. Textilien, Lebensmitteln oder Papierprodukten verwendet. Den Namen haben die Azofarbstoffe wegen der zentralen **Azogruppe** –N=N– im Farbstoffmolekül erhalten. Die Azogruppe verbindet aromatische Reste, z. B. Benzol- oder Naphthalinstrukturen, und erweitert so dort vorhandene π-Elektronensysteme. Mithilfe unterschiedlicher Substituenten ist es möglich, Farbstoffe für alle möglichen Faserarten und verschiedene Färbetechniken zu entwickeln. Die Synthese der Azofarbstoffe erfolgt in drei Schritten (Abb. 23).

In einer vorbereitenden Reaktion wird aus Natriumnitrit $NaNO_2$ und Salzsäure HCl salpetrige Säure HNO_2 freigesetzt. Bei der anschließenden **Diazotierung** reagiert ein primäres aromatisches Amin, z. B. Anilin, zum Diazonium-Ion. Durch elektrophile Substitution (↗ S. 336 ff.) wird schließlich bei der Kupplungsreaktion, der **Azokupplung**, das Diazonium-Ion als Elektrophil mit einem substituierten Aromaten verknüpft. Das Diazonium-Ion stellt dabei die Azobrücke zur Verfügung. Als Kupplungskomponenten sind Aromaten mit Atomgruppen wie –OH, –NH$_2$, –NR$_2$ geeignet, die als Elektronendonatoren wirken.

Durch Variation der Diazokomponenten und der Kupplungskomponenten wird eine sehr große Vielfalt von Farbtönen erzielt.

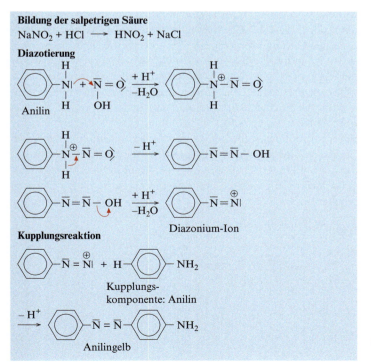

23 Synthese des Azofarbstoffs Anilingelb

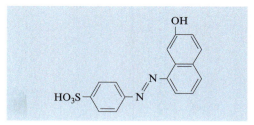

22 Strukturformel des Azofarbstoffs β-Naphtholorange

B-7

↗ 10.7 | Sind Lebensmittelfarbstoffe unbedenklich?

Struktur und Eigenschaften der Farbstoffe

↗ B-7 | 3-D-Molekülmodelle: Farbstoffe

Experiment 2

Herstellen eines Azofarbstoffs
Es werden 5 g Sulfanilsäure (Xi) in 25 ml Natronlauge ($c = 2\,\text{mol} \cdot l^{-1}$, C) und 2 g Natriumnitrit (O, T, N) in 25 ml dest. Wasser gelöst und beide Lösungen auf $\vartheta = 0–5\,°C$ abgekühlt. Die Lösungen werden vereinigt und langsam unter Rühren in ein Becherglas mit 25 ml eisgekühlter Salzsäure ($c = 4\,\text{mol} \cdot l^{-1}$, C) gegossen. Die Temperatur darf 5 °C nicht übersteigen, weil sonst das Diazonium-Ion unter Abspaltung eines Stickstoffmoleküls zerfällt. Zu dieser Mischung, die sich langsam gelb färbt, gibt man eine Lösung von 4 g β-Naphthol (Xn, N) in 50 ml Natronlauge ($c = 2\,\text{mol} \cdot l^{-1}$, C) und lässt die Lösung etwa 30 min stehen, bis die Kupplung abgeschlossen ist. Es fällt der Azofarbstoff β-Naphtholorange aus (Abb. 22).

Resümee

Der Zusammenhang zwischen Struktur und Farbe ist wie bei den Cyaninfarbstoffen auch bei den Triphenylmethanfarbstoffen nach dem Mesomeriemodell gut zu erklären.
Azofarbstoffe gehören zur größten Gruppe der synthetisch hergestellten Farbstoffe. Ihre Darstellung erfolgt durch Diazotierung eines primären aromatischen Amins und anschließende Kupplung des Diazonium-Ions an substituierte Aromaten mit Atomgruppen, die als Elektronendonatoren wirken. Die Azokupplung ist eine elektrophile Substitution.

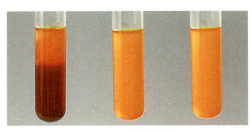

24 Methylorange in saurer, neutraler und alkalischer Lösung

B Struktur-Eigenschaften-Konzept

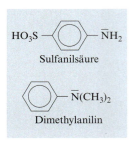

25 Ausgangsstoffe der Synthese von Methylorange

↗ B-7 | 3-D-Molekülmodelle: Farbstoffe

26 Herstellen von Indigo in der Küpe

27 An der Luft oxidiertes Indigo und gefärbte Stoffe

Aufgaben

1. Stellen Sie die Grenzformeln des Kristallvioletts bei verschiedenen pH-Werten dar und erläutern Sie die Farbwechsel.
2. In starker Natronlauge (pH > 13) wird Phenolphthalein wieder farblos. Erklären Sie den Farbwechsel.
3. Der Azofarbstoff Methylorange (Abb. 24) wird durch Kupplung von diazotierter Sulfanilsäure mit Dimethylanilin (Abb. 25) synthetisiert.
   a) Geben Sie den Reaktionsweg zur Herstellung von Methylorange an.
   b) Methylorange dient als Indikator, der in alkalischen bis schwach sauren Lösungen gelb-orange und in stärker saurer Lösung rot ist (Abb. 24). Beschreiben Sie für beide Fälle die mesomeren Grenzformeln und erläutern Sie die Farbunterschiede.
4. Phenolrot unterscheidet sich von Phenolphthalein durch eine Sulfonatgruppe –SO$_3^-$, die die Carboxylatgruppe am dritten Benzolring ersetzt. Machen Sie Aussagen zum Umschlagbereich, zur Wasserlöslichkeit und zu den Farben in saurer, neutraler und alkalischer Lösung.

Naturfarbstoffe. Bereits vor etwa 4000 Jahren wurden in der antiken Kultur Ägyptens, später auch bei den Griechen und Römern Farbstoffe aus Wurzeln, Rinden, Blüten und Blättern von Pflanzen, aber auch aus Tieren gewonnen.

Aus der Wurzel der Färberröte (*Rubia tinctorum*) wurde das **Krapprot** isoliert. Die Wurzeln enthalten als farbgebenden Stoff etwa 1 bis 2% Alizarin (1,2-Dihydroxyanthrachinon), das mit verschiedenen Metallsalzen unterschiedliche Rottöne ergibt.

Gelbtöne konnten z. B. durch Extraktion aus dem in der Gelbwurz (*Curcuma longa*) enthaltenen **Curcuma** erhalten werden. Auch das in den Blättern, Blüten und Samen des Färberwau (*Reseda luteola*) enthaltene **Luteolin** konnte zum Gelbfärben von Textilien verwendet werden.

Einer der berühmtesten Naturfarbstoffe ist **Indigo**, der Farbstoff der blauen Jeanskleidung. Früher wurde es aus der in den Subtropen gedeihenden Indigopflanze (*Indigofera tinctoria*) oder aus dem im Mittelalter auch in Deutschland angebauten Färberwaid (*Isatis tinctoria*) gewonnen. Die Blätter wurden gewässert und anschließend zur Gärung gebracht. Als Produkt wurde eine farblose Vorstufe, das Indoxyl, erhalten, das an der Luft zu blauem Indigo oxidierte (Abb. 26, 27). Heute wird Indigo synthetisch hergestellt. Es gehört zu den Carbonylfarbstoffen, in deren Molekülen zwei Carbonylgruppen durch ein konjugiertes Bindungssystem verbunden sind (Abb. 28).

Ein Verwandter des Indigos ist der aus einer Mittelmeerschnecke gewonnene **Purpur** (Abb. 29), ein ehemals sehr teurer Farbstoff, der dem Färben der Kleidung von Königen vorbehalten war. 12 000 Schnecken mussten verarbeitet werden, um 1 g Purpur zu erhalten.

 ↗ 13.3 | Indigo macht Geschichte

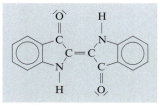

28 Strukturformel von Indigo

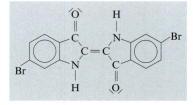

29 Strukturformel von Purpur

386

Färben von Textilien

Nicht jede farbige Substanz ist zum Färben von Textilien, d. h. als **Farbmittel** geeignet. Ein Farbmittel muss bestimmte Eigenschaften aufweisen. Es soll gleichmäßig auf die Faser aufziehen, wasch- und lichtecht sein und sich auch unter dem Einfluss von sauren und basischen Lösungen nicht verändern. Ein rotes Hemd, das seine Farbe in der Wäsche verliert oder sich in der alkalischen Waschlauge blau verfärbt, fände sicher wenig Anklang bei den Verbrauchern. Außerdem muss das Farbmittel in einem Färbebad, möglichst in Wasser, löslich sein, um mit dem Lösemittel in die Faser oder das Gewebe eindringen zu können. Solche löslichen Farbmittel sind meist organische Verbindungen, die als **Farbstoffe** bezeichnet werden.

Bei der Auswahl eines Farbstoffs muss auch die chemische Struktur der zu färbenden Faser berücksichtigt werden.

30 Kongorot in saurer und basischer Lösung

B-7

Struktur und Eigenschaften der Farbstoffe

↗ 13.8 | Färbetechniken

Färben von Cellulosefasern. Baumwolle und andere halbsynthetische Cellulosefasern sind weltweit auch heute noch die wichtigsten Textilfasern. Die Färbung von Cellulosefasern mit **direkt ziehenden substantiven Farbstoffen** ist eine einfache Methode, um farbige Baumwollgewebe zu erhalten. Die Farbstoffmoleküle haften durch Van-der-Waals-Kräfte und Wasserstoffbrückenbindungen zwischen ihren Aminogruppen und den Hydroxylgruppen der Cellulosemoleküle.

Einer der ältesten substantiven Farbstoffe ist der Azofarbstoff **Kongorot** (Abb. 30). Seine gute Wasserlöslichkeit macht die Färbetechnik einfach. Das zu färbende Baumwollmaterial wird in die Farbstofflösung, die Färbeflotte, getaucht und die Farbstoffmoleküle ziehen direkt auf die Fasern auf (Abb. 31). Allerdings ist die Färbung nicht waschecht. Da seine Diazokomponente Benzidin zudem im Verdacht steht, beim Menschen Krebs zu erzeugen, spielt Kongorot in der Textilfärberei heute keine Rolle mehr.

Waschechter als wasserlösliche sind wasserunlösliche Farbstoffe. Um diese auf die Faser zu bringen, werden verschiedene Färbetechniken angewandt.

Viele Carbonylfarbstoffe wie **Indigo-** und **Indanthrenfarbstoffe** sind schwer wasserlöslich. Beim **Küpenfärben** (Abb. 26, 27) mit Indigo werden Cellulosefasern gefärbt, indem der Farbstoff mithilfe von Reduktionsmitteln (z. B. Natriumdithionit $Na_2S_2O_4$) zu dem wasserlöslichen, farblosen Leukoindigo reduziert wird (Abb. 32), das direkt auf die Cellulosefasern aufzieht. Natriumdithionit wird dabei

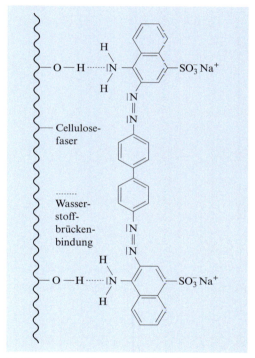

31 Bindung eines Kongorotmoleküls durch Wasserstoffbrücken an eine Cellulosefaser

32 Reduktion von Indigo

33 Heutige Jeans sind nicht mehr einfach „nur" blau. Diverse Textilchemikalien tragen dazu bei, den aktuellen Modetrends gerecht zu werden.

zu Natriumsulfit Na_2SO_3 oxidiert. Der unlösliche blaue Farbstoff Indigo wird durch Oxidation durch den Sauerstoff der Luft gebildet. Eine andere Technik, um unlösliche Farbstoffe aus löslichen Komponenten direkt auf der Faser zu bilden, wird mit **Entwicklungsfarbstoffen** wie den **Naphthol-AS-Farbstoffen** (Abb. 34) genutzt.

Das farblose Naphthol AS löst sich in alkalischer Lösung aufgrund der phenolischen Hydroxylgruppe und zieht aus dieser Flotte substantiv auf Cellulosefasern auf. Die so präparierten Fasern oder Gewebe werden in eine Flotte mit gelösten Diazoniumsalzen (Echtfärbesalze) gegeben, die auf den Fasern mit dem Naphthol AS zu unlöslichem Farbstoff kuppeln. Dieses Verfahren, bei dem der Farbstoff erst durch eine chemische Reaktion auf der Faser entsteht, wird als **Entwicklungsfärben** bezeichnet. Die Kupplungsreaktion läuft direkt auf der Faser ab, der Farbstoff ist an die Faser adsorbiert.

Eine Vielzahl sehr leuchtender, lichtechter Farben lässt sich durch unterschiedliche Kombinationen verschieden substituierter Naphthol-AS- und Diazoniumkomponenten erzeugen. Die Färbungen sind zudem aufgrund der Wasserunlöslichkeit sehr waschecht.

34 Kupplung eines Naphthol-AS-Farbstoffs

Noch fester als durch Van-der-Waals-Kräfte und Wasserstoffbrückenbindungen lassen sich Farbstoffmoleküle durch Elektronenpaarbindung auf der Faser verankern. Farbstoffmoleküle mit reaktiven Gruppen reagieren mit den Hydroxylgruppen der Cellulosemoleküle. Diese besonders waschechten Farbstoffe werden als **Reaktivfarbstoffe** bezeichnet (Abb. 35).

35 Reaktion zwischen einem Reaktivfarbstoff mit Triazingruppe und einem Cellulosemolekül

Färben von Wolle. Die Färbung von Wolle beruht auf einer weiteren Färbetechnik. Wolle besteht aus Proteinmolekülen, die viele elektrisch geladene Carboxylat- und Ammoniumgruppen enthalten. Hier lagern sich anionische (saure) oder kationische (basische) Farbstoffteilchen fest an und bilden Ionenbindungen aus. Saure Eigenschaften erhalten die Farbstoffmoleküle durch den Einbau von Sulfonsäuregruppen. Gleichzeitig erhöhen diese die Wasserlöslichkeit. Um klare, brillante Farbtöne zu erzeugen, werden möglichst kleine Farbstoffmoleküle mit nur einer Säuregruppe ausgewählt. Große, flache Moleküle ergeben gedecktere Farben. Zudem ist die Färbung wesentlich waschechter, da zu den salzartigen Bindungen der Säuregruppen Van-der-Waals-Kräfte durch die unpolaren Benzolringe kommen. Kationische Farbstoffe sind z. B. die Triphenylmethanfarbstoffe mit ihrer positiven elektrischen Ladung. Weil sie auf Wolle wenig lichtecht sind, werden sie zur Wollfärbung nicht mehr eingesetzt. Eine weitere Gruppe von Wollfarbstoffen sind die Komplexfarbstoffe (↗ Komplexe S. 390 ff.), die auch zu den anionischen, sauren Farbstoffen gezählt werden können. Ein dreifach geladenes Metall-Ion (z. B. Co^{3+}) wird oktaedrisch von zwei dreizähnigen Azofarbstoff-Ionen umhüllt (Abb. 36). Durch die Wahl unterschiedlicher Azokomponenten lassen sich auch Farbmischungen erzeugen, z. B. grüne Farbstoffe aus einer Blau- und einer Gelbkomponente.

Färben von Kunststofffasern. Bei der Färbung von Kunststofffasern werden als Textilfasern vor allem **Polyamide**, **Polyester** und **Polyacrylnitril** genutzt. Die Moleküle der Polyamide ähneln chemisch wegen ihrer Peptidbindungen und der endständigen Amino- und Carboxylgruppen den Proteinmolekülen der Wolle. Deshalb lassen sich Polyamid-Textilfasern ebenfalls mit sauren Wollfarbstoffen anfärben. Sie haben mit den Polyestern den hohen Anteil an unpolaren Molekülabschnitten gemeinsam. Für beide Fasertypen eignen sich zur Färbung daher auch wasserunlösliche **Dispersionsfarbstoffe**. Um eine Färbeflotte zu erzeugen, werden diese Farbstoffe fein zermahlen und dann mit speziellen Hilfsmitteln zu einer feinen, stabilen Suspension angerührt (dispergiert). Aus der Färbeflotte werden die Farbstoffpartikel durch den chemisch verwandten Feststoff der Fasern extrahiert. Es bildet sich sozusagen eine feste Lösung des Farbstoffs in der Faser. Polyacrylnitrilfasern enthalten durch den Herstellungsprozess saure Sulfonsäuregruppen, die sich mit basischen (kationischen) Farbstoffen sehr gut anfärben lassen.

Struktur und Eigenschaften der Farbstoffe

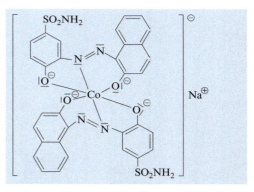

36 Strukturformel eines Metallkomplexfarbstoffs, der einen bordeauxroten Farbton erzeugt

Resümee

Bei allen Färbeverfahren müssen die Eigenschaften der gewählten Farbstoffe auf die zu färbenden Fasern abgestimmt sein. Durch verschiedene Bindungsarten werden die Farbstoffe auf den Fasern fixiert. Van-der-Waals-Kräfte und Wasserstoffbrückenbindungen wirken beim Färben von Baumwolle mit direkt ziehenden Farbstoffen. Durch Ionenbindung erfolgt das Färben von Wolle mit anionischen und kationischen Farbstoffen. Die Moleküle der Reaktivfarbstoffe bilden Elektronenpaarbindungen mit den Hydroxylgruppen der Cellulosemoleküle der Baumwollfasern aus.

Aufgaben

1. Farbstoffe, die rein grün erscheinen, sind selten. Welche besonderen Absorptionseigenschaften muss ein solcher Farbstoff haben?
2. Weshalb nimmt die Waschechtheit in der Folge Reaktivfarbstoffe – Entwicklungsfarbstoffe – direkt ziehende Farbstoffe ab?
3. Entwickeln Sie die vollständige Reaktionsgleichung für die Verküpung von Indigo in basischer Lösung mithilfe von Natriumdithionit. Begründen Sie, weshalb das Küpenfärben mit Indigo zum Entwicklungsfärben gezählt wird.

Struktur und Eigenschaften von Komplexverbindungen

B Struktur-Eigenschaften-Konzept

Phänomen der Komplexbildung. Beim Ausfällen von in Wasser schwerlöslichen Metallsalzen kann in manchen Fällen beobachtet werden, dass der Niederschlag bei Zugabe von weiterem Fällungsmittel wieder gelöst wird (Exp. 1 und 2). In der Lösung verlaufen die typischen Nachweisreaktionen für die Metall-Ionen allerdings negativ. Dies liegt daran, dass viele Metall-Ionen und auch manche Metallatome in der Lage sind, andere Ionen oder Moleküle anzulagern. Es bilden sich Teilchen mit einer besonderen Struktur, die **Komplexteilchen**, die häufig verkürzt auch als **Komplexe** (lat. complexus – Verknüpfung) bezeichnet werden. Verbindungen, an deren Aufbau Komplexteilchen beteiligt sind, werden **Komplexverbindungen** genannt. Komplexverbindungen werden nach dem schweizerischen Chemiker ALFRED WERNER (1866 bis 1919), dem maßgeblich ihre Erforschung zu verdanken ist, auch als **Koordinationsverbindungen** bezeichnet.

Ein Komplexteilchen bildet sich durch die Anlagerung von Anionen oder Molekülen, den **Liganden** (lat. ligare – binden), an ein Metall-Ion oder ein Metallatom, das **Zentralteilchen**. Als Zentralteilchen fungieren in den meisten Fällen Metall-Kationen von Nebengruppenelementen. Aber auch Metall-Kationen von Hauptgruppenelementen und Atome einiger Nebengruppenelemente treten als Zentralteilchen auf. Die Metall-Kationen sind dabei durch eine hohe elektrische Ladung und einen kleinen Ionenradius gekennzeichnet.

Experiment 1

Reaktion von Kupfer(II)-sulfatlösung mit Ammoniaklösung
Beim Versetzen einer Kupfer(II)-sulfatlösung (Abb. 1 a) mit Ammoniaklösung fällt zunächst erwartungsgemäß ein voluminöser Niederschlag von Kupfer(II)-hydroxid aus (Abb. 1 b).

$$Cu^{2+} + SO_4^{2-} + 2NH_4^+ + 2OH^- \rightarrow Cu(OH)_2 + 2NH_4^+ + SO_4^{2-}$$

Nach vollständiger Fällung des Kupfer(II)-hydroxids sollte bei weiterer Zugabe von Ammoniaklösung keine weitere Reaktion zu beobachten sein. Tatsächlich wird der Niederschlag wieder gelöst, und es bildet sich eine dunkelblaue Tetraamminkupfer(II)-sulfatlösung (Abb. 1 c), aus der sich violettblaue Kristalle gewinnen lassen.

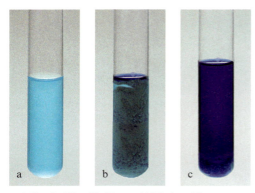

1 a) Kupfer(II)-sulfatlösung; b) Niederschlag von Kupfer(II)-hydroxid; c) Tetraamminkupfer(II)-sulfatlösung

Experiment 2

Reaktion von Aluminiumsulfatlösung mit Natronlauge
Eine verdünnte Aluminiumsulfatlösung wird mit Natronlauge versetzt. Es fällt zunächst ein weißer Niederschlag von Aluminiumhydroxid Al(OH)$_3$ aus, der bei weiterer Zugabe von Natronlauge wieder gelöst wird. Es hat sich eine farblose Lösung von Natriumtetrahydroxoaluminat Na[Al(OH)$_4$] gebildet.

Als Liganden treten in Komplexteilchen Anionen und Moleküle auf, die über mindestens ein freies Elektronenpaar verfügen. An ein Zentralteilchen sind meist mehrere Liganden gebunden.

Nach der elektrischen Ladung der Komplexteilchen werden **kationische Komplexe**, **anionische Komplexe** und **Neutralkomplexe** unterschieden. Die elektrische Ladung eines Komplexteilchens ergibt sich aus der Summe der elektrischen Ladungen der im Komplexteilchen gebundenen Ionen.

Formeln und Namen von Komplexverbindungen. In den Formeln von Komplexverbindungen werden die Formelteile, die das Komplexteilchen symbolisieren, in eckige Klammern geschrieben. Innerhalb der Formel für das Komplexteilchen setzt man die Formel(n) für die Liganden in runde Klammern, wenn es sich nicht um einfache Ionen handelt. Beispiele für Formeln von Komplexverbindungen sind $[Cu(NH_3)_4]SO_4$ für das Tetraamminkupfer(II)-sulfat oder $K_2[CoCl_4]$ für das Kaliumtetrachlorocobaltat(II).

Die Benennung der Komplexe und Komplexverbindungen folgt Regeln, die auch die elektrische Ladung des Komplexteilchens im Namen widerspiegeln (↗ Benennung von Komplexverbindungen [rechts], Abb. 2, Tab. 1). Bei Vorliegen eines Neutralkomplexes ist der Name dieses Komplexes auch gleichzeitig der Name der Komplexverbindung. Beim Aufbau der Komplexverbindung aus komplexen Ionen und weiteren Ionen wird bei der Bildung des Namens der Name des Kations immer dem Namen des Anions vorangestellt.

Struktur und Eigenschaften von Komplexverbindungen

Benennung von Komplexverbindungen

Bildung des Namens des Komplexteilchens (Komplexes)
1. Anzahl der Liganden (durch griechische Zahlwörter di, tri, tetra, penta, hexa)
2. Name des Liganden (↗ Tab. 1)
3. Nennung der Liganden in alphabetischer Reihenfolge, wenn mindestens zwei unterschiedliche Liganden an das Zentralteilchen gebunden sind
4. Name des Zentralteilchens (beim kationischen und beim Neutralkomplex: Name des Metalls; beim anionischen Komplex: Name des Metalls in der lateinischen Form mit der Endung **-at**)
5. Oxidationszahl des Zentralteilchens (als römische Ziffer bzw. die arabische „0")

Bildung des Namens der Komplexverbindung
– Bei Neutralkomplexen sind der Name des Komplexteilchens und der Name der Komplexverbindung identisch.
  $[CuCl_2(H_2O)_2]$: Diaquadichlorokupfer(II)
  $[Ni(CO)_4]$: Tetracarbonylnickel(0)
– Bei Komplexverbindungen mit ionischen Komplexen wird der Name des Kations vor den Namen des Anions gestellt.
  $[Ag(NH_3)_2]NO_3$: Diamminsilber(I)-nitrat
  $K_4[Fe(CN)_6]$: Kaliumhexacyanoferrat(II)

Komplexverbindung mit kationischem Komplex: $[Cu(NH_3)_4]SO_4$				
Kationischer Komplex				Anion
Anzahl der Liganden	Name des Liganden	Name des Zentralteilchens	Oxidationszahl des Zentralteilchens	Name des Anions
Tetra	ammin	kupfer	(II)	sulfat
Tetraamminkupfer(II)-sulfat				

2 Bildung des Namens einer Komplexverbindung mit kationischem Komplex

Räumliche Anordnung der Liganden in Komplexteilchen. Unsere heutigen Vorstellungen vom Aufbau der Komplexteilchen gehen auf eine 1893 von ALFRED WERNER entwickelte Theorie zurück. Nach dieser Theorie ordnen sich die Liganden um das Zentralteilchen an und bilden eine komplexe Baugruppe – das Komplexteilchen. Die Größenverhältnisse zwischen Zentralteilchen und Liganden, die Anziehungskräfte sowie die gegenseitige elektrostatische Abstoßung der Liganden führen zu regelmäßigen räumlichen Anordnungen, den **Koordinationspolyedern**.

Die chemische Bindung der Liganden an das Zentralteilchen erfolgt über die **Haftatome** der Liganden. Die Anzahl der Haftatome, durch die die Liganden gebunden sind, wird als **Koordinationszahl** des Zentralteilchens bezeichnet. Häufig treten die Koordinationszahlen 2, 4 und 6 auf.

Tab. 1 Namen einiger Liganden

Formel	Name	Formel	Name
F^-	fluoro	NO_3^-	nitrato
Cl^-	chloro	$S_2O_3^{2-}$	thiosulfato
Br^-	bromo	CN^-	cyano
I^-	iodo	H_2O	aqua
OH^-	hydroxo	NH_3	ammin
O^{2-}	oxo	CO	carbonyl
S^{2-}	thio	NO	nitrosyl

B

Struktur-
Eigenschaften-
Konzept

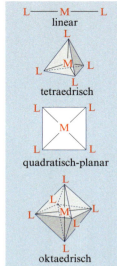

3 Räumliche Anordnung von Liganden um Zentralteilchen (Koordinationspolyeder)

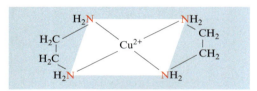

4 Kupferkomplex mit dem zweizähnigen Liganden Ethylendiamin

Bei der Koordinationszahl 6 zeigen die Liganden in die Eckpunkte eines Oktaeders. In Komplexen mit der Koordinationszahl 4 umgeben die Liganden das Zentralteilchen entweder tetraedrisch oder quadratisch-planar. Die Liganden und das Zentralteilchen bei Komplexen mit der Koordinationszahl 2 sind linear angeordnet (Abb. 3). Viele Liganden, z. B. die Hydroxid-Ionen, verfügen nur über ein Haftatom, mit dem die chemische Bindung an das Zentralteilchen erfolgen kann. Andere Liganden, z. B. die Nitrat-Ionen, besitzen zwar mehrere Atome, die als Haftatome fungieren können. Aus sterischen Gründen erfolgt die chemische Bindung aber nur jeweils mit einem Haftatom. Große Moleküle mit mehreren Haftatomen, z. B. die Ethylendiaminmoleküle, können auch mit mehreren Haftatomen an das Zentralteilchen gebunden sein (Abb. 4). Die Anzahl der Haftatome in Liganden wird als **Zähnigkeit** bezeichnet. Einzähnige Liganden wie Hydroxid-Ionen und Ammoniakmoleküle besetzen eine Koordinationsstelle am Zentralteilchen, zweizähnige Liganden wie Ethylendiaminmoleküle (Kurzzeichen „en") besetzen zwei Koordinationsstellen usw. (Abb. 4).

Resümee

Komplexteilchen (Komplexe) sind aus Zentralteilchen und den sie umgebenden Liganden aufgebaut. Die gegenseitige Abstoßung und der Raumbedarf der Liganden sowie die Wechselwirkungen mit dem Zentralteilchen führen zur symmetrischen Anordnung der Liganden um das Zentralteilchen (Koordinationspolyeder). Besonders günstige Anordnungen liegen im Oktaeder und Tetraeder vor.

Chemische Bindung in Komplexen. In einem Komplexteilchen ist die Anzahl der eingegangenen chemischen Bindungen größer, als sie dem Zentralteilchen aufgrund von Ladung oder Stellung im Periodensystem zukäme. Oft erreicht das Zentralteilchen die Elektronenkonfiguration des Edelgases der gleichen Periode (Edelgasregel).
In erster Näherung kann man die chemische Bindung zwischen Zentralteilchen und Liganden als elektrostatische Anziehung zwischen dem elektrisch positiv geladenen Zentralteilchen und elektrisch negativ geladenen Ionen (Ion-Ion-Wechselwirkung) oder dem Molekülteil von Dipolmolekülen mit der negativen Partialladung (Ion-Dipol-Wechselwirkung) betrachten. Diese Beschreibung wurde bisher auch auf die Hydratation als der einfachen Anlagerung der Dipolmoleküle des Wassers an elektrisch geladene Ionen angewendet. Wie die auffälligen Farbänderungen beim Lösen von wasserfreien Salzen (z. B. Kupfer(II)-sulfat) zeigen, sind zumindest einige hydratisierte Ionen auch als Komplexteilchen aufzufassen.
Die chemische Bindung der Liganden an das Zentralteilchen kann aber auch als Elektronenpaarbindung aufgefasst werden. Beide Elektronen des Bindungselektronenpaars werden vom Haftatom des Liganden bereitgestellt. Die Bindungselektronenpaare besetzen Elektronenlücken in der äußeren Elektronenschale des Zentralteilchens. Das Zentralteilchen erreicht dadurch meist eine Edelgaskonfiguration. Bei der Bildung eines Komplexteilchens fungieren die Liganden als **Elektronenpaardonatoren** und das Zentralteilchen als **Elektronenpaarakzeptor**.

Aufgaben

1. Geben Sie die Namen der folgenden Komplexverbindungen an: [Ag(NH$_3$)$_2$]Cl, Na$_2$[Zn(OH)$_4$], [CoCl$_2$(NH$_3$)$_4$]Cl.
2. Nennen Sie die Formeln der folgenden Komplexverbindungen: Hexaaquacobalt(II)-chlorid, Pentaamminchlorocobalt(III)-sulfat, Kaliumhexacyanoferrat(III).
3. Auch bei Komplexteilchen kann Isomerie auftreten. Die isomeren Komplexverbindungen unterscheiden sich in ihren Eigenschaften, z. B. in ihrer Farbe. Zeigen Sie an einem oktaedrischen Koordinationspolyeder der allgemeinen Struktur [AB$_2$C$_4$] (A ... Zentralteilchen, B und C ... Liganden), welche Arten der Isomerie vorkommen können.

E-2 | Lewis-Säuren und Lewis-Basen

Ligandenfeldtheorie. Mithilfe der **Ligandenfeldtheorie** lassen sich einige Eigenschaften von Komplexen wie die Farbigkeit oder die magnetischen Eigenschaften erklären. Die vereinfachte Ligandenfeldtheorie geht davon aus, dass die chemische Bindung zwischen Zentralteilchen und Liganden auf der elektrostatischen Anziehung der Teilchen beruht. Die Liganden erzeugen dann ein elektrisches Feld, das auf die Außenelektronen bzw. die energiereichsten besetzten Orbitale des Zentralteilchens wirkt. Wenn es sich bei dem Zentralteilchen um ein Atom oder Ion eines Nebengruppenelements handelt, wirkt das elektrische Feld auf d-Orbitale, die dadurch zunächst energetisch angehoben werden. Die Wirkung des elektrischen Feldes der Liganden ist aber nicht auf alle fünf d-Orbitale gleich. d-Orbitale, die in Richtung der Liganden liegen, werden stärker energetisch angehoben als d-Orbitale, die nicht direkt auf die Liganden zeigen. Dies führt zur energetischen Aufspaltung der d-Orbitale, wobei die Größe der Aufspaltung von der Art der Liganden abhängt.

Im Falle eines oktaedrischen Eisen(III)-komplexes besitzt das Zentralteilchen Fe^{3+} die Elektronenkonfiguration $1s^2\,2s^2\,2p^6\,3s^2\,3p^6\,3d^5$. Es muss lediglich die Wirkung des oktaedrischen Ligandenfeldes auf die 3d-Orbitale betrachtet werden. Zwei d-Orbitale liegen in Richtung der oktaedrisch angeordneten Liganden, drei d-Orbitale zeigen nicht direkt auf die Liganden (↗ S. 228). Die Abstoßung der Elektronen von Zentralteilchen und Liganden führt dazu, dass die d-Orbitale des Zentralteilchens aufspalten: Die zwei d-Orbitale in Richtung der Liganden werden durch das elektrische Feld der Liganden stärker energetisch angehoben als die drei anderen d-Orbitale (Abb. 5). Die Energiedifferenz zwischen den beiden Energieniveaus der d-Orbitale bezeichnet man als **Ligandenfeldaufspaltungsenergie** Δ. Die Größe der Ligandenfeldaufspaltungsenergie Δ ist von den Liganden des Komplexteilchens abhängig. Starke Liganden erzeugen ein starkes Ligandenfeld und damit eine große Aufspaltung der d-Orbitale. Schwache Liganden erzeugen dagegen nur ein schwaches Ligandenfeld. Die Aufspaltung der d-Orbitale und damit die Ligandenfeldaufspaltungsenergie Δ sind klein. Die Liganden können entsprechend ihrer Stärke geordnet werden (Abb. 6).

Die Ligandenfeldaufspaltungsenergie Δ liegt in den Komplexen vieler Nebengruppenelemente in der Größenordnung der Energie des sichtbaren Lichtes. Elektronenübergänge zwischen den energetisch aufgespalteten d-Orbitalen führen zur Absorption von Licht und damit zur Farbigkeit der Komplexe.

B-8
Struktur und Eigenschaften von Komplexverbindungen

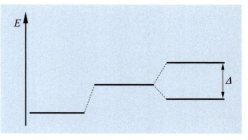

5 Energetische Aufspaltung der d-Orbitale im Ligandenfeld

A-3 | Beschreibung der Elektronenpaarbindung mit dem Orbitalmodell

Auch in tetraedrischen und in quadratisch planaren Komplexen bewirkt das elektrische Feld der Liganden eine energetische Aufspaltung der d-Orbitale.

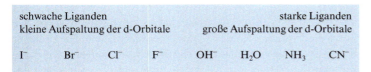

6 Reihenfolge von Liganden nach der Stärke des erzeugten Ligandenfeldes

B

Struktur-Eigenschaften-Konzept

Farbigkeit von Komplexen. Stoffe erscheinen farbig, wenn sie einen Teil des sichtbaren Lichtes absorbieren. Nur der von einem Stoff reflektierte Teil des sichtbaren Lichtes erzeugt die Farbigkeit des Stoffes.

Die Ligandenfeldaufspaltungsenergie Δ im Tetraaquakupfer(II)-Ion beträgt etwa $\Delta \approx 0{,}33 \cdot 10^{-18}$ J. Der Komplex absorbiert orangerotes Licht mit der Wellenlänge $\lambda \approx 600$ nm, wodurch der Komplex z. B. in einer Kupfer(II)-sulfatlösung blau erscheint (↗ Exp. 1, S. 390).

Durch Zugabe von Ammoniaklösung bilden sich Tetraamminkupfer(II)-Ionen. Ammoniakmoleküle sind stärkere Liganden als Wassermoleküle, weshalb die d-Orbitale des Kupfer-Zentralions im Tetraamminkupfer(II)-Ion stärker als im Tetraaquakupfer(II)-Ion energetisch aufspalten. Die Ligandenfeldaufspaltungsenergie Δ beträgt im Tetraamminkupfer(II)-Ion etwa $\Delta \approx 0{,}335 \cdot 10^{-18}$ J. Der Komplex absorbiert etwas energiereicheres gelbes Licht mit der Wellenlänge $\lambda \approx 590$ nm. Eine Lösung, die Tetraamminkupfer(II)-Ionen enthält, zeigt deshalb eine violette Färbung (↗ Exp. 1, S. 390). Eine noch stärkere Aufspaltung der d-Orbitale im Ligandenfeld führt zu rot, orange oder gelb gefärbten Komplexen.

Magnetische Eigenschaften von Komplexen. Die magnetischen Eigenschaften von Komplexen werden durch die Besetzung der durch das Ligandenfeld aufgespaltenen d-Orbitale mit Elektronen bestimmt.

Nach der Hund-Regel (↗ S. 229) werden zunächst alle Orbitale mit gleicher Energie mit einem Elektron besetzt. Erst wenn alle Orbitale mit einem Elektron mit gleichem (parallelem) Spin besetzt sind, erfolgt die Besetzung der Orbitale mit einem zweiten Elektron mit entgegengesetztem (antiparallelem) Spin. Dies liegt daran, dass bei der Besetzung eines Orbitals mit einem zweiten Elektron die Coulomb-Abstoßung der Elektronen überwunden werden muss. Dafür muss die Spinpaarungsenergie aufgewendet werden.

In einem oktaedrischen Komplex spalten die fünf d-Orbitale in drei energetisch abgesenkte und zwei energetisch angehobene Orbitale auf. Bei schwachen Liganden ist die Aufspaltung so gering, dass die Ligandenfeldaufspaltungsenergie kleiner als die Spinpaarungsenergie ist. Bei einem Komplex mit fünf d-Elektronen, z. B. dem Hexafluoroferrat(III)-Ion [FeF$_6$]$^{3-}$, werden alle fünf aufgespaltenen d-Orbitale mit jeweils einem Elektron besetzt. In einem oktaedrischen Komplex mit starken Liganden, z. B. dem Hexacyanoferrat(III)-Ion [Fe(CN)$_6$]$^{3-}$, spalten die d-Orbitale so stark auf, dass die Ligandenfeldaufspaltungsenergie größer als die Spinpaarungsenergie ist. Die fünf d-Elektronen besetzen die drei energetisch abgesenkten Orbitale (Abb. 7).

Das Hexafluoroferrat(III)-Ion [FeF$_6$]$^{3-}$ ist ein Komplex mit fünf ungepaarten Elektronen, während das Hexacyanoferrat(III)-Ion [Fe(CN)$_6$]$^{3-}$ nur über ein ungepaartes Elektron verfügt. Der Gesamtspin des Hexacyanoferrat(III)-Ions [Fe(CN)$_6$]$^{3-}$ ist mit +½ deutlich kleiner als der Gesamtspin des Hexafluoroferrat(III)-Ions [FeF$_6$]$^{3-}$ mit +2½. Eisen(III)-Ionen bilden in Abhängigkeit von der Stärke der Liganden Komplexe mit unterschiedlichem Gesamtspin: so genannte **Low-spin-Komplexe** und **High-spin-Komplexe**.

Low-spin- und High-spin-Komplexe unterscheiden sich wegen der unterschiedlichen Anzahl ungepaarter Elektronen in ihren magnetischen Eigenschaften, d. h. in ihrem Verhalten in einem Magnetfeld.

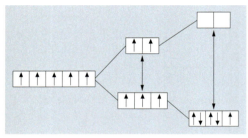

7 Mögliche Anordnung von fünf Elektronen (z. B. Fe^{3+}) im oktaedrischen Ligandenfeld

Aufgaben

1. Erläutern Sie die Begriffe Ligandenfeld und Ligandenfeldaufspaltungsenergie.
2. Eine wässrige Lösung, die Tetrachlorocuprat(II)-Ionen [CuCl$_4$]$^{2-}$ enthält, ist grün gefärbt. Erläutern Sie.
3. Die Energie, die aufgebracht werden muss, um ein d-Orbital mit einem zweiten Elektron zu besetzen (Spinpaarungsenergie), beträgt im Cobalt(III)-Ion Co^{3+} $E = 0{,}42 \cdot 10^{-18}$ J.
   Die Ligandenfeldaufspaltungsenergie Δ beträgt im Hexafluorocobaltat(III)-Ion $\Delta = 0{,}26 \cdot 10^{-18}$ J und im Hexaammincobalt(III)-Ion $\Delta = 0{,}46 \cdot 10^{-18}$ J.
   a) Geben Sie die Formeln der beiden komplexen Cobaltat-Ionen an.
   b) Zu welchem Typ gehören die Komplex-Ionen vermutlich? Durch welches Verfahren könnten Sie Ihre Vermutung überprüfen?
4. Bei welchen oktaedrischen Komplexen der Nebengruppenelemente der vierten Periode (Scandium bis Zink) können High-spin- und Low-spin-Komplexe unterschieden werden?

Jedes Elektron erzeugt als bewegte elektrische Ladung ein Magnetfeld. Elektronen verhalten sich also wie kleine Stabmagneten, wobei die Magnetfelder von Elektronen mit entgegengesetztem Spin entgegengesetzt gerichtet sind. In einem Ion oder Molekül ohne ungepaarte Elektronen kompensieren sich die Wirkungen aller von den Elektronen erzeugten Magnetfelder. Ein aus solchen Ionen oder Molekülen aufgebauter Stoff verhält sich **diamagnetisch**, d. h., er wird aus einem äußeren Magnetfeld hinausgedrängt.

Ungepaarte Elektronen in Ionen oder Molekülen bewirken dagegen ein magnetisches Moment dieser Teilchen, wobei sich die Stärke des magnetischen Moments mit der Anzahl der ungepaarten Elektronen vergrößert. Ein aus Ionen oder Molekülen mit ungepaarten Elektronen aufgebauter Stoff verhält sich **paramagnetisch**, d. h., er wird in ein Magnetfeld hineingezogen.

Die betrachteten Komplexe Hexafluoroferrat(III)-Ion $[FeF_6]^{3-}$ und Hexacyanoferrat(III)-Ion $[Fe(CN)_6]^{3-}$ sind beide paramagnetisch. Wegen der fünf ungepaarten Elektronen ist der High-spin-Komplex Hexafluoroferrat(III)-Ion $[FeF_6]^{3-}$ aber stärker paramagnetisch als der Low-spin-Komplex Hexacyanoferrat(III)-Ion $[Fe(CN)_6]^{3-}$ mit einem ungepaarten Elektron. Low-spin-Komplexe können jedoch auch diamagnetisch sein, wenn sie wie das Hexacyanoferrat(II)-Ion $[Fe(CN)_6]^{4-}$ über keine ungepaarten Elektronen verfügen.

Struktur und Eigenschaften von Komplexverbindungen

Exkurs 1
Ermittlung der magnetischen Eigenschaften von Stoffen

Die magnetischen Eigenschaften eines Stoffes lassen sich mithilfe einer empfindlichen Balkenwaage und eines Magneten ermitteln. Eine Probe des zu untersuchenden Stoffes wird in einem Glasröhrchen an einer Balkenwaage befestigt, die Balkenwaage wird austariert und die Probe zwischen die Pole eines starken Elektromagneten gebracht (Abb. 8).
Beim Einschalten des Elektromagneten drängt das inhomogene Magnetfeld einen diamagnetischen Stoff aus dem Magnetfeld heraus. Es scheint, dass sich die Masse der Stoffprobe verkleinert.
Ein paramagnetischer Stoff wird dagegen beim Einschalten des Elektromagneten in das inhomogene Magnetfeld hineingezogen. Die Masse der Stoffprobe nimmt scheinbar – entsprechend der Anzahl ungepaarter Elektronen des Zentralteilchens – zu.

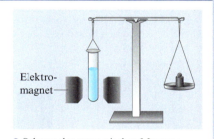

8 Schema der magnetischen Messung

Resümee

Die chemische Bindung in Komplexteilchen kann durch elektrostatische Anziehung erklärt werden. Die elektrischen Ladungen und die Größenverhältnisse zwischen dem Zentralteilchen und den Liganden bestimmen die Anzahl und die räumliche Anordnung der Liganden.
Die vereinfachte Ligandenfeldtheorie beschreibt die energetische Aufspaltung der d-Orbitale des Zentralteilchens durch das Ligandenfeld. Einige Eigenschaften von Komplexen wie die Farbigkeit oder die magnetischen Eigenschaften können mithilfe der Ligandenfeldtheorie verstanden werden.
Die Bindung in Komplexen kann auch als Elektronenpaarbindung aufgefasst werden. Die Elektronen des Bindungselektronenpaars werden vom Haftatom des Liganden bereitgestellt.

B
Struktur-
Eigenschaften-
Konzept

Experiment 3

Ligandenaustausch am Kupfer(II)-Ion
Beim Versetzen von gesättigter Kupfer(II)-sulfatlösung mit gesättigter Natriumchloridlösung färbt sich die Lösung grün. Es bildet sich ein anionischer Komplex, der Tetrachlorocuprat(II)-Komplex $[CuCl_4]^{2-}$ (Abb. 9). Beim Verdünnen der Lösung mit Wasser ändert sich die Farbe der Lösung von Grün nach Hellblau. Der Tetraaquakupfer(II)-Komplex $[Cu(H_2O)_4]^{2+}$ bildet sich zurück.
Bei Zugabe von Ammoniaklösung zu Kupfer(II)-sulfatlösung bildet sich der blauviolette Tetraamminkupfer(II)-Komplex $[Cu(NH_3)_4]^{2+}$ (Abb. 10). Beim Verdünnen der Lösung mit Wasser verändert sich die Farbe der Lösung nicht.

9 Lösung mit Tetrachlorocuprat(II)-Komplex $[CuCl_4]^{2-}$

10 Lösung mit Tetraamminkupfer(II)-Komplex $[Cu(NH_3)_4]^{2+}$

Aufgaben

1. Diskutieren Sie die Stabilität der Hexacyanokomplexe der Eisen(II)- und Eisen(III)-Ionen.
   $K_D\{[Fe(CN)_6]^{4-}\} = 1{,}0 \cdot 10^{-35}\ mol^6 \cdot l^{-6}$
   $K_D\{[Fe(CN)_6]^{3-}\} = 1{,}0 \cdot 10^{-42}\ mol^6 \cdot l^{-6}$
2. Weshalb reagiert ein im Wasser vorliegender Aquakomplex eines Metall-Ions, z. B. $[M(H_2O)_6]^{2+}$, mit EDTA (➚ S. 398)?

Ligandenaustausch. Bildung und Zerfall von Komplexen treten in vielen Fällen durch Farbänderungen deutlich in Erscheinung. Beim Lösen von wasserfreiem weißem Kupfersulfat in Wasser bildet sich eine hellblaue Lösung. Die hellblaue Färbung wird durch Tetraaquakupfer(II)-Ionen hervorgerufen.

$$Cu^{2+} + 4\,H_2O \rightarrow \underset{\text{hellblau}}{[Cu(H_2O)_4]^{2+}}$$

In wässrigen Lösungen liegen Metall-Kationen in der Regel als Aquakomplexe vor, wobei Wassermoleküle als Liganden an die Kationen gebunden sind. Zusätzlich sind diese Aquakomplexe wie alle Ionen in wässriger Lösung von einer weiteren, undefinierten Anzahl angelagerter Wassermoleküle umgeben (hydratisiert).
Die in den Tetraaquakupfer(II)-Komplexen gebundenen Wassermoleküle lassen sich durch andere Liganden austauschen (Exp. 3). Chlorid-Ionen bzw. Ammoniakmoleküle verdrängen die Wassermoleküle aus dem Tetraaquakupfer(II)-Komplex. Es findet jeweils ein **Ligandenaustausch** statt.

$$\underset{\substack{\text{Tetraaquakupfer(II)-Ion}\\\text{hellblau}}}{[Cu(H_2O)_4]^{2+}} + 4\,Cl^- \rightarrow \underset{\substack{\text{Tetrachlorocuprat(II)-Ion}\\\text{grün}}}{[CuCl_4]^{2-}} + 4\,H_2O$$

$$\underset{\substack{\text{Tetraaquakupfer(II)-Ion}\\\text{hellblau}}}{[Cu(H_2O)_4]^{2+}} + 4\,NH_3 \rightarrow \underset{\substack{\text{Tetraamminkupfer(II)-Ion}\\\text{blauviolett}}}{[Cu(NH_3)_4]^{2+}} + 4\,H_2O$$

Da die bei Ligandenaustauschreaktionen gebildeten Komplexe auch wieder zerfallen können (Exp. 3), stellen sich bei diesen chemischen Reaktionen chemische Gleichgewichte ein. Diese chemischen Gleichgewichte sind konzentrations-, temperatur- und druckabhängig, wobei die Druckabhängigkeit in wässrigen Lösungen vernachlässigt werden kann.

➚ D-4 | Das chemische Gleichgewicht

Stabilität von Komplexen. Bildung und Zerfall von Komplexen hängen von der Stabilität der Komplexe ab. Diese lässt sich quantitativ durch das Massenwirkungsgesetz ausdrücken. Die Gleichgewichtskonstante bei Komplexgleichgewichten wird als **Komplexzerfallskonstante K_D** (Dissoziationskonstante) bezeichnet. Für den Zerfall (Dissoziation) eines Komplexes aus Metall-Ion M und n Liganden L lautet die allgemeine Reaktionsgleichung:

$$[ML_n] \rightleftharpoons M + n\,L$$

Bei der Betrachtung von Ligandenaustauschreaktionen, die in wässriger Lösung stattfinden, werden zur Vereinfachung die als Liganden gebundenen Wassermoleküle weggelassen, weil die Konzentration des Wassers als konstant betrachtet werden kann.
Für das chemische Gleichgewicht des Zerfalls eines Komplexes kann das Massenwirkungsgesetz formuliert werden.

$$K_D = \frac{c(M) \cdot c^n(L)}{c([ML_n])}$$

➚ D-5 | Das Massenwirkungsgesetz

Die Komplexzerfallskonstanten K_D für die einzelnen Komplexe können Tabellenwerken entnommen werden. Für die Komplexe Tetrachlorocuprat(II)-Ion und Tetraamminkupfer(II)-Ion gelten:

$$[CuCl_4]^{2-} \rightleftharpoons Cu^{2+} + 4\,Cl^-$$

$$K_D\{[CuCl_4]^{2-}\} = \frac{c(Cu^{2+}) \cdot c^4(Cl^-)}{c([CuCl_4]^{2-})}$$

$$K_D\{[CuCl_4]^{2-}\} = 3 \cdot 10^{-2}\,mol^4 \cdot l^{-4}$$

$$[Cu(NH_3)_4]^{2+} \rightleftharpoons Cu^{2+} + 4\,NH_3$$

$$K_D\{[Cu(NH_3)_4]^{2+}\} = \frac{c(Cu^{2+}) \cdot c^4(NH_3)}{c([Cu(NH_3)_4]^{2+})}$$

$$K_D\{[Cu(NH_3)_4]^{2+}\} = 4{,}7 \cdot 10^{-15}\,mol^4 \cdot l^{-4}$$

Ein Komplexteilchen ist umso stabiler, je kleiner die Komplexzerfallskonstante K_D dieses Komplexteilchens ist. Ligandenaustauschreaktionen laufen nur unter Bildung eines stabileren Komplexes ab. Bei Komplexen mit ähnlichen Komplexzerfallskonstanten wie den Tetrachlorocuprat(II)-Ionen und den Tetraaquakupfer(II)-Ionen findet ein wechselseitiger Ligandenaustausch entsprechend den Konzentrationsverhältnissen statt (Exp. 3).

Eine allgemeingültige Theorie über den Zusammenhang von Komplexstabilität und Eigenschaften von Zentralteilchen und Liganden, die über empirische Regeln mit zahlreichen Ausnahmen hinausgeht, ist bisher nicht gefunden worden. Dennoch spielt die Komplexstabilität in vielen Bereichen der Chemie eine wichtige Rolle. Besonders in der chemischen Analytik werden solche Stabilitätsunterschiede für viele quantitative und qualitative Untersuchungen genutzt. Ein Beispiel ist die Bestimmung der Wasserhärte (↗ Komplexometrie S. 398), deren Kenntnis z. B. für die optimale Dosierung von Waschmitteln wichtig ist (↗ S. 371 f.).

Chelatkomplexe. Bei den bisher genannten Komplexen handelte es sich stets um Komplexe mit einzähnigen Liganden, bei denen die Liganden mit nur einem Haftatom an das Zentralteilchen gebunden sind. Vor allem größere organische Moleküle und Ionen besitzen jedoch häufig mehrere Haftatome und sind damit in der Lage, mehrere Koordinationsstellen am Zentralteilchen zu besetzen. Komplexe mit mehrzähnigen Liganden heißen **Chelatkomplexe** oder kurz **Chelate** (griech. chele – Krebsschere), weil die Liganden das Zentralteilchen zangenartig umgreifen, wobei Ringe ausgebildet werden (Abb. 12, S. 398). Chelatkomplexe sind bei gleichem Zentralteilchen und gleichem Haftatom im Allgemeinen stabiler als Komplexe mit einzähnigen Liganden (**Chelateffekt**).

Chelatkomplexe haben eine sehr große Bedeutung: Die Hämgruppe des in den roten Blutkörperchen gebundenen Hämoglobins, der grüne Blattfarbstoff Chlorophyll und Vitamin B_{12} sind Chelatkomplexe; in der analytischen Chemie spielen Chelatliganden als „Komplexone" eine wichtige Rolle. Komplexone werden aber auch in der Medizin eingesetzt, um bei Vergiftungen mit Metallsalzen diese möglichst vollständig zu binden. Die gut wasserlöslichen Metallchelate werden dann über den Urin aus dem Körper ausgeschieden.

B-8

Struktur und Eigenschaften von Komplexverbindungen

Exkurs 2
Stabilität von Chelatkomplexen (Chelateffekt)

Der Chelatkomplex Tri(ethylendiamin)-nickel(II)-Ion $[Ni(en)_3]^{2+}$ ist deutlich stabiler als der Komplex Hexaamminnickel(II)-Ion $[Ni(NH_3)_6]^{2+}$. In beiden Komplexen sind die elektrisch ungeladenen Liganden über insgesamt sechs Stickstoffatome an das Nickel(II)-Ion gebunden, sodass der Stabilitätsunterschied nicht mit den Bindungsverhältnissen erklärt werden kann. Die größere Stabilität der Chelatkomplexe ist durch den Entropieeffekt bei der Bildung der Chelate zu erklären.

$$[Ni(H_2O)_6]^{2+} + 6\,NH_3 \rightleftharpoons [Ni(NH_3)_6]^{2+} + 6\,H_2O$$
$$[Ni(H_2O)_6]^{2+} + 3\,en \rightleftharpoons [Ni(en)_3]_{2+} + 6\,H_2O$$

Während sich bei der Bildung von Hexaamminnickel(II)-Ionen die Anzahl der Ionen und Moleküle nicht verändert, vergrößert sich die Teilchenanzahl bei der Bildung eines Chelatkomplexes von 4 auf 7. Dieser Entropieeffekt tritt bei der Bildung von allen Chelatkomplexen auf; er ist ein wichtiger Grund für die hohe Stabilität dieser Komplexe und damit für den Chelateffekt.

Resümee

Die in Komplexteilchen gebundenen Liganden können durch andere Liganden ausgetauscht werden (Ligandenaustauschreaktion). Dabei stellt sich ein chemisches Gleichgewicht ein, dessen Gleichgewichtskonstante die Komplexzerfallskonstante K_D ist. Komplexe mit mehrzähnigen Liganden heißen Chelatkomplexe. Sie sind aufgrund der Entropiezunahme bei ihrer Bildung besonders stabil (Chelateffekt).

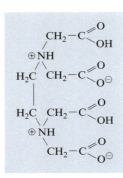

11 Strukturformel von Ethylendiamintetraessigsäure H₄edta bei pH = 7

Komplexometrie. Zur quantitativen Bestimmung von Metall-Ionen durch Titration (**Komplexometrie**) werden die zu bestimmenden Metall-Ionen mit Komplexbildnern in stabile Chelate überführt. Eine besondere Bedeutung im Bereich der chemischen Analytik hat der Komplexbildner Ethylendiamintetraessigsäure H_4edta (Abb. 11). Meist wird das Natriumsalz Na_2H_2edta · $2H_2O$ verwendet, das unter der Abkürzung EDTA (Ethylendiamintetraacetat) bekannt ist. Nach Abgabe der Protonen liegt in alkalischer Lösung der sechszähnige Ligand edta^{4-} vor. Mit Metall-Ionen bildet er Chelate in einem Stoffmengenverhältnis n(Metall-Ionen) : $n(H_2$edta$^{2-}) = 1 : 1$ (Abb. 12).

Den Äquivalenzpunkt erkennt man mithilfe von Metallindikatoren. Metallindikatoren sind Farbstoffe, die mit den zu bestimmenden Metall-Ionen Komplexe mit einer anderen Färbung bilden und deren Metallkomplex weniger stabil als der Komplex des Metall-Ions mit edta^{4-} ist. Ein häufig verwendeter Metallindikator ist Eriochromschwarz T, symbolisiert durch NaH_2In. Bei der komplexometrischen Titration von zweiwertigen Metall-Ionen, z. B. von Calcium-Ionen, liegt vor dem Äquivalenzpunkt der rot gefärbte Metallindikatorkomplex vor.

$$Ca^{2+} + HIn^{2-} \rightleftharpoons [Ca\,In]^- + H^+$$
$\quad\quad\quad$ blau $\quad\quad\quad$ rot

Der Metallindikator zeigt den Äquivalenzpunkt nach erfolgtem Ligandenaustausch am Metall-Ion durch Blaufärbung der Lösung an.

$$Ca^{2+} + H_2\text{edta}^{2-} \rightarrow [Ca\,\text{edta}]^{2-} + 2H^+$$

$$[Ca\,In]^- + H_2\text{edta}^{2-} \rightarrow [Ca\,\text{edta}]^{2-} + HIn^{2-} + H^+$$
rot $\quad\quad\quad\quad\quad\quad\quad\quad\quad\quad\quad$ blau

Durch Komplexometrie ist es möglich, z. B. die **Härte des Wassers** zu bestimmen. Die Wasserhärte wird meist in Grad deutscher Härte °d angegeben, wobei 1 °d einer Massenkonzentration $\beta(CaO) = 10\,mg \cdot l^{-1}$ bzw. einer Stoffmengenkonzentration $c(Ca^{2+}) = 0{,}178\,mmol \cdot l^{-1}$ entspricht.

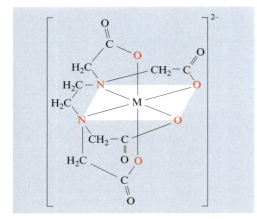

12 Strukturformel eines edta-Komplexes

Exkurs 3
Häm als biologisch wichtiger Chelatkomplex

Viele der metallischen Spurenelemente, die die Organismen unbedingt mit ihrer Nahrung aufnehmen müssen, um gesund zu bleiben, werden als Zentralteilchen in Chelatkomplexe eingebaut, die Bestandteil wichtiger Enzyme und Hormone sind.
Der rote Blutfarbstoff, das **Hämoglobin**, dient dem Sauerstofftransport im Körper. Das Protein Hämoglobin (Quartärstruktur: Abb. 13, S. 347) besteht aus vier Untereinheiten, die paarweise gleich sind und je eine Polypeptidkette sowie je eine als **Häm** bezeichnete Gruppe enthalten.
Die Hämgruppe ist ein Chelatkomplex und besteht aus einem Eisen(II)-Ion, das von einem vierzähnigen makrocyclischen Ligandensystem, dem **Porphyrin**, umgeben ist (Abb. 13). Die Hämgruppe mit ihren elf konjugierten Doppelbindungen bildet eine ebene Scheibe und verursacht die rote Farbe des Hämoglobins. Die vier Polypeptidketten werden als **Globine** bezeichnet. Jedes Globin ist über das Stickstoffatom eines Histidinrests komplex an das Eisen(II)-Ion der Hämgruppe gebunden. Die sechste Koordinationsstelle des oktaedrischen Komplexes wird von einem Wassermolekül besetzt, das in der Lunge von einem Sauerstoffmolekül verdrängt wird. Bei der Sauerstoffanlagerung erfolgt keine Oxidation des Eisen(II)-Ions.

 ↗ 13.7 | Hämoglobin – der Farbstoff im Blut

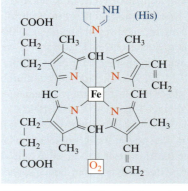

13 Hämgruppe des Hämoglobins nach Sauerstoffanlagerung

Struktur-Eigenschaften-Konzept im Überblick

Physikalische Eigenschaften der Stoffe
Schmelz- und Siedetemperaturen der Stoffe hängen von der Stärke der Wechselwirkungskräfte zwischen den die Stoffe aufbauenden Teilchen (Atome, Ionen, Moleküle) ab.

Wechselwirkungskräfte	Wirkung zwischen den Teilchen	Wirkung der Wechselwirkungskräfte
elektrostatische Wechselwirkungen	wirken zwischen Ionen in Ionenkristallen	sehr hohe Schmelz- und Siedetemperaturen der Salze
Wasserstoffbrücken-bindungen	wirken zwischen Molekülen, die Wasserstoffatome und stark elektronegative Atome mit freiem Elektronenpaar enthalten	höhere Schmelz- und Siedetemperaturen anorganischer und organischer Stoffe als bei Stoffen ohne Wasserstoffbrücken-bindungen zwischen den Molekülen
Van-der-Waals-Kräfte	wirken zwischen Molekülen und Atomen mit permanentem oder induziertem Dipol	niedrige Schmelz- und Siedetemperaturen anorganischer und organischer Stoffe

Chemische Eigenschaften organischer Kohlenstoffverbindungen
Die chemischen Eigenschaften organischer Stoffe werden durch ihre Strukturmerkmale und funktionellen Gruppen bedingt.

Stoffklasse	Strukturmerkmal	chemische Eigenschaften	bevorzugter Reaktionstyp
Alkane	Einfachbindungen zwischen den Kohlenstoffatomen	reaktionsträge	Substitution, Eliminierung
Alkene, Alkine	mindestens eine Mehrfach-bindung zwischen den Kohlenstoffatomen	hohe Elektronendichte an der π-Bindung, reagieren mit Elektrophilen	Addition
aromatische Kohlen-wasserstoffe	aromatisches π-Elektronensystem	hohe Elektronendichte am aromatischen π-Elektronen-system, hohe Stabilität des π-Elektronensystems, reagieren mit Elektrophilen	Substitution

Die chemischen Eigenschaften organischer Stoffe, die aus Molekülen mit funktionellen Gruppen (z. B. Hydroxylgruppe –OH, Carboxylgruppe –COOH, Aminogruppe –NH_2) aufgebaut sind, werden durch die chemischen Eigenschaften dieser Gruppen bestimmt.

Methoden der Strukturaufklärung

Methode	Erkenntnisse für die Strukturaufklärung
chromatografische Verfahren	Trennen von Stoffgemischen, Feststellen der Reinheit eines Stoffes, Identifizieren eines Stoffes mithilfe der Retentionszeit
qualitative und quantitative Elementaranalyse	Ermitteln der atomaren Zusammensetzung und der Verhältnisformel eines Stoffes
Verfahren zur Bestimmung der molaren Masse (durch Schmelztemperaturerniedrigung, Siedetemperaturerhöhung oder Dampfvolumenbestimmung)	Ermitteln der molaren Masse
Massenspektrometrie	Ermitteln der molaren Masse, Gewinnen von Erkenntnissen über die Molekülstruktur
IR-Spektroskopie	Gewinnen von Erkenntnissen über funktionelle Gruppen und über die Molekülstruktur
^{1}H-NMR-Spektroskopie	Gewinnen von Erkenntnissen über Anzahl, Lage und Bindungsart der Wasserstoffatome

B-8

Struktur-Eigenschaften-Konzept im Überblick

Reaktionsmechanismen in der organischen Chemie

Ein Reaktionsmechanismus beschreibt die Art und Weise der Veränderung der Teilchen der Ausgangsstoffe zu den Teilchen der Reaktionsprodukte im Verlauf einer chemischen Reaktion.

Ein Reaktionsmechanismus beschreibt den Ablauf der Reaktionstypen in der organischen Chemie (Addition, Substitution, Eliminierung) auf der Teilchenebene näher.

Mechanismus nach der Art der reagierenden Teilchen	Beispiel
radikalisch verlaufende Reaktion	radikalische Addition (A_R), radikalische Substitution (S_R)
ionisch verlaufende Reaktion – nucleophile Reaktion – elektrophile Reaktion	Eliminierung (E) nucleophile Substitution (S_N) elektrophile Addition (A_E), elektrophile Substitution (S_E)

Makromolekulare Stoffe

Die Moleküle makromolekularer Stoffe bestehen aus vielen (bis zu mehreren Tausend) gleichen (Stärke, Kunststoffe) oder unterschiedlichen (Polypeptide, Kunststoffe) Baueinheiten, den Monomeren. Die Anzahl der Monomere in den Molekülen eines makromolekularen Stoffes ist nicht gleich. Deshalb liegen die molaren Massen der makromolekularen Stoffe zwischen 10 000 und einigen Millionen $g \cdot mol^{-1}$.

Für makromolekulare Stoffe können keine genauen Schmelztemperaturen, sondern nur Schmelztemperaturbereiche ermittelt werden. Bei vielen makromolekularen Stoffen sind die zwischenmolekularen Kräfte so groß, dass sie die intramolekularen Bindungskräfte übersteigen und Schmelzen ohne Zersetzung nicht möglich ist. Kein makromolekularer Stoff lässt sich unzersetzt verdampfen.

Tenside

Tensidmoleküle besitzen eine bifunktionelle Struktur. Sie bestehen aus einer polaren hydrophilen (lipophoben) Kopfgruppe und einem unpolaren hydrophobem (lipophilen) Molekülteil. Durch diese Struktur wirken Tensidmoleküle als Vermittler zwischen den Molekülen hydrophiler und lipophiler Stoffe und ermöglichen die Bildung stabiler heterogener Gemische.
In Flüssigkeiten setzen Tenside die Grenzflächenspannung der Flüssigkeit herab.

Tensidmoleküle ordnen sich im Inneren einer polaren Flüssigkeit zu Micellen zusammen, indem sich die hydrophoben Molekülteile zusammenlagern und die hydrophilen Kopfgruppen nach außen in die Flüssigkeit ragen.
Entsprechend der elektrischen Ladung der hydrophilen Kopfgruppen werden Aniontenside, Kationtenside, Amphotenside und nichtionische Tenside unterschieden.

Farbstoffe

Charakteristisches Strukturmerkmal eines Farbstoffmoleküls ist ein π-Elektronensystem (mesomeres System konjugierter Doppelbindungen einschließlich aromatischer π-Elektronensysteme), das Chromophor. Das π-Elektronensystem der Farbstoffmoleküle absorbiert elektromagnetische Strahlung aus dem sichtbaren Bereich des Spektrums.

Funktionelle Gruppen, die durch Mesomerie mit dem π-Elektronensystem in Wechselwirkung treten können, senken die Anregungsenergie des Bindungssystems. Die Absorption elektromagnetischer Strahlung wird in den längerwelligen Bereich verschoben. Dies führt zu einer Farbvertiefung.

Komplexverbindungen

Komplexverbindungen enthalten Komplexteilchen (Komplexe), die aus Zentralteilchen (Metall-Ionen oder Metallatome) und Liganden (Anionen oder Dipolmoleküle mit freiem Elektronenpaar) bestehen. Die Liganden sind über eine der Koordinationszahl entsprechende Anzahl Haftatome mit dem Zentralteilchen verbunden. Die räumliche Anordnung der Liganden um das Zentralteilchen (z. B. linear,

tetraedrisch, oktaedrisch) hängt von den Anziehungskräften und den Größenverhältnissen zwischen Zentralteilchen und Liganden sowie der elektrostatischen Abstoßung zwischen den Liganden ab.
Mithilfe der einfachen Ligandenfeldtheorie lassen sich Eigenschaften der Komplexverbindungen wie Farbe, Stabilität sowie ihr magnetisches Verhalten erklären.

Energie-Konzept

Die Sonne ist ein riesiger Gas- bzw. Plasmaball mit einem Durchmesser von fast 1 400 000 km. Wegen der hohen Temperatur von knapp 6 000 K an der Oberfläche und etwa 15 Millionen K im Zentrum ist die Materie der Sonne zum größten Teil ionisiert und bildet ein Plasma. Im etwa 300 000 km großen Sonnenkern wird unter unvorstellbar hohem Druck und unter unvorstellbar hoher Temperatur durch die Verschmelzung von Wasserstoffatomkernen zu Heliumatomkernen Energie gewonnen. Diese Energie wird in höhere Sonnenschichten transportiert und heizt das Gas unter der Sonnenoberfläche auf.

Auf der Erde ist Leben ohne die Zufuhr von Energie aus dem Weltraum nicht möglich. Die Energiespenderin, die irdisches Leben erst möglich macht, ist die Sonne. Im Basiskonzept Energie werden die Naturgesetze näher betrachtet, die das Phänomen Energie kennzeichnen.

Das Phänomen Energie

Energie-Konzept

1 Verschiedene Energieträger

Energie – Energieträger – Energiearten. Jedes Fahrzeug braucht einen Treibstoff, um Fahren zu können: Autos benötigen Benzin, Schiffe Schweröl und ein startender Spaceshuttle Wasserstoff. Genauso wissen wir, dass wir zum Heizen immer einen bestimmten Brennstoff z. B. Holz, Erdgas oder Heizöl benötigen. Die regelmäßige Zufuhr von Nahrung ermöglicht es uns zu atmen, zu sprechen und uns fortzubewegen. Allen genannten Stoffen ist gemeinsam, dass mit ihnen **Energie** (griech. energeia – Tatkraft) zur Verfügung gestellt wird, ohne die ein Auto oder ein Schiff nicht bewegt werden kann und ohne die die Körperfunktionen des Menschen nicht aufrecht erhalten werden können. Holz, Erdgas, Heizöl, Wasserstoff und Nahrungsmittel sind Beispiele für **Energieträger**.

Aber auch durch die komprimierte Luft eines Kompressors kann Energie auf einen Presslufthammer übertragen werden, in der Turbine des Wärmekraftwerks wird Energie durch komprimierten Wasserdampf übertragen, das heiße Wasser im Heizkörper einer Zentralheizung überträgt Energie auf die Umgebungsluft. Strahlung, z. B. als Licht, überträgt Energie von der Strahlungsquelle zum Strahlungsempfänger. In diesen Beispielen wird durch Wasserdampf, Luft und Strahlung Energie mitgeführt.

Durch die Beispiele wird auch deutlich, dass die Energie in verschiedenen **Energiearten** in den Energieträgern gespeichert ist.

Info Energie
Die Energie ist eine physikalische Größe mit dem Symbol E. Die Einheit der Energie ist das Joule (Einheitenzeichen J).

Info Energiegewinnung aus Stoffen
Die Energie, die bei der chemischen Reaktion von Stoffen mit Sauerstoff (Verbrennung) erhalten werden kann, ist unterschiedlich groß. So liefern die Verbrennung von 1 kg Benzin etwa 43 000 kJ, von 1 kg frischem Holz etwa 8 000 kJ, von 1 kg Steinkohle etwa 30 000 kJ und von 1 kg Schokolade etwa 20 000 kJ Energie.
Energie kann aus ganz unterschiedlichen Quellen gewonnen werden.

Aufgaben

1. Informieren Sie sich über den Zusammenhang zwischen Energie und Leistung.
   Ein CD-Player benötigt eine elektrische Leistung $P = 250$ W. Berechnen Sie die Kosten für den Betrieb des CD-Players, wenn täglich 4 Stunden Musik gehört werden und 1 kWh Energie 18 Cent kostet?
2. Was sind Energieträger? Nennen Sie einige Beispiele.
3. Recherchieren Sie, wie viel Energie in den Nährstoffen Fette, Eiweiße und Kohlenhydrate gespeichert ist.

Tab. 1 Energiearten

Energieart	Beispiele
Lageenergie (potenzielle Energie)	Stausee, angehobener Körper, gespannte Feder
Bewegungsenergie (kinetische Energie)	rollende Kugel, rotierender Kreisel
thermische Energie	heiße Quellen
Strahlungsenergie	Sonne, Blitz, Glühlampe
chemische Energie	Erdöl, Wasserstoff, Holz, Stärke
elektrische Energie	Energie in einem Stromkreis
Kernenergie	Kernspaltung von Uranisotopen

Energieumwandlungen. Energie kann in ihrer gespeicherten Art nur in den seltensten Fällen unmittelbar genutzt werden. Die Lageenergie des Wassers im Stausee muss durch Turbinen in elektrische Energie überführt werden, bevor wir sie als elektrischen Strom nutzen können.

Um die chemische Energie des Wachses einer Kerze in Form von Licht oder Wärme nutzen zu können, muss das Wachs der Kerze verbrennen (Abb. 2). Erst durch das Verbrennen wandelt sich die chemische Energie des Kerzenwachses in Strahlungsenergie und thermische Energie um.

Auch ein Auto kann nicht unmittelbar durch das Benzin im Tank in Bewegung gesetzt werden: Das Benzin muss im Motor verbrannt und die chemische Energie über thermische in mechanische Energie umgewandelt werden. Die Kolben des Motors geben dann ihre Bewegungsenergie auf das Antriebssystem des Autos weiter.

Allen Beispielen ist gemeinsam, dass nutzbare Energiearten erst durch **Energieumwandlungen** entstehen (Abb. 4).

2 Nutzung der in einem Energieträger gespeicherten Energie

Das Phänomen Energie

Energieerhaltung – Energieverlust. So wie Masse in der Natur nicht verloren gehen kann, genauso wenig kann Energie „vernichtet" werden. Für Masse und Energie gilt uneingeschränkt das Naturgesetz, welches ihre Erhaltung fordert. Weshalb wird dann aber umgangssprachlich häufig von Energieverlusten gesprochen, wenn Energieumwandlungen wie das Verbrennen von Benzin für die Fortbewegung eines Autos oder das Erzeugen von elektrischem Strom aus fossilen Brennstoffen in Kraftwerken betrachtet werden?

Die Erklärung hierfür liegt in einer sprachlichen Ungenauigkeit. Im Alltag spricht man von Energieverlusten immer dann, wenn eingesetzte Energie nicht vollständig in die gewünschte Energieart umgewandelt wird. Dies tritt bei Energieumwandlungen praktisch immer auf, sodass derartige Energieverluste allgegenwärtig sind und beträchtlich sein können. So ist es unmöglich, thermische Energie vollständig und periodisch in Bewegungsenergie, z. B. in einer Dampfmaschine, umzuwandeln. Allen Energieumwandlungen ist gemeinsam, dass ein Teil der eingesetzten Energie nicht in die gewünschte Energieart umgewandelt sondern in Form von Wärme an die Umgebung abgegeben wird. Dies bezeichnet man als **Energieentwertung**.

3 Durch die in den Abgasen gespeicherte Energie treten in Kraftwerken Energieverluste auf.

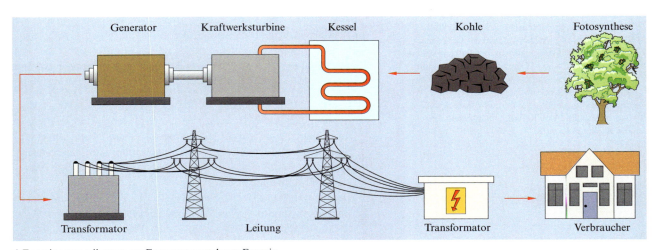

4 Energieumwandlungen zur Erzeugung nutzbarer Energie

403

Energie-Konzept

Wirkungsgrad. Energie kann immer nur unvollständig in eine andere genutzte Energieart umgewandelt werden. Gewünscht wird in der Regel der Prozess bzw. der Energieumwandler, bei dem die Energieumwandlung in die genutzte Energieart möglichst vollständig gelingt. Ein Maß für die Vollständigkeit der Energieumwandlung in die gewünschte Energieart stellt der **Wirkungsgrad η** dar. Der Wirkungsgrad gibt den Anteil an eingesetzter bzw. zugeführter Energie an, der von einem Energieumwandler bei einem Prozess in genutzte Energie umgewandelt wird.

$$\eta = \frac{\text{genutzte Energie}}{\text{zugeführte Energie}}$$

Ein Wirkungsgrad $\eta = 1 = 100\,\%$ sagt aus, dass die gesamte zugeführte Energie in genutzte Energie umgewandelt werden kann. Bei einem Wirkungsgrad $\eta = 0{,}1 = 10\,\%$ sind dies nur noch 10 % der zugeführten Energie, 90 % der zugeführten Energie werden in andere Energiearten als in die genutzte umgewandelt – sie gehen „verloren".

Aufgaben

1. Ordnen Sie die Begriffe Heizöl, Otto-Motor, Heizkessel, heiße Luft, Licht, Solarzelle, Windrad und Wald den Begriffen Energieträger und Energieumwandler zu.
2. Beschreiben Sie die Energieumwandlungen, die zur Bewegung eines Autos führen.
3. Beschreiben Sie die Energieumwandlungen, die zur Beleuchtung eines Autos führen.
4. Kernkraftwerke und Kraftwerke, die mit den Brennstoffen Kohle oder Erdgas betrieben werden, arbeiten mit einem vergleichbaren Wirkungsgrad. Weshalb wurden Kernkraftwerke zur Energieerzeugung gebaut, wo doch bekannt war, dass die Entsorgung der verbrauchten Kernbrennstäbe technische Probleme und Folgekosten nach sich ziehen würde?
5. Stellen Sie Richtlinien auf, nach denen man die Umweltverträglichkeit eines Transportmittels bewerten könnte. Welche Größen spielen dabei eine Rolle?
6. In einem Gasofen wird Erdgas zu Heizzwecken verbrannt. Die bei der Verbrennung von Erdgas frei werdende Energie beträgt $E = 250\,000\,\text{kJ}$, die als Wärme genutzte Energie $E = 180\,000\,\text{kJ}$. Berechnen Sie den Wirkungsgrad des Gasofens?
7. Der Motor eines Autos gibt an das Antriebssystem eine Leistung $P = 75\,\text{kW}$ ab. An den Rädern kann aber nur eine Leistung $P = 63\,\text{kW}$ genutzt werden. an, denn im Getriebe und in den Lagern geht durch Reibung Energie „verloren". Berechnen Sie den Anteil der durch Reibung nicht genutzten Energie (in Prozent)?

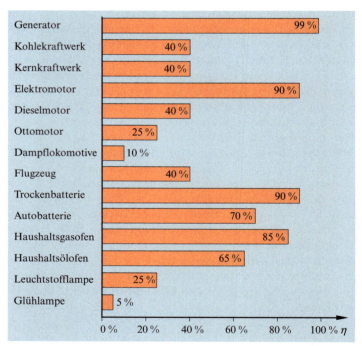

5 Wirkungsgrade von Energieumwandlern

Resümee

Energie tritt in verschiedenen Energiearten z. B. Lageenergie, Bewegungsenergie, thermische Energie, Strahlungsenergie, chemische Energie und elektrische Energie auf. Energie kann von einer Energieart in andere Energiearten umgewandelt werden. Bei allen Energieumwandlungen entstehen nicht nur die gewünschte Energieart sondern auch andere.
Der Wirkungsgrad η ist ein Maß für die Vollständigkeit einer Energieumwandlung. Der Wirkungsgrad η gibt an, welcher Anteil der eingesetzten bzw. zugeführten Energie in die genutzte Energieart umgewandelt wird.

Innere Energie von Stoffen. Chemikerinnen und Chemiker führen in Experimenten chemische Reaktionen durch. Chemische Reaktionen sind sowohl durch die Umwandlung von Stoffen als auch durch die Umwandlung von Energie gekennzeichnet. Gegenstand der **chemischen Thermodynamik** ist die Untersuchung der bei chemischen Reaktionen auftretenden Energieumwandlungen. Erkenntnisse der chemischen Thermodynamik ermöglichen Voraussagen, ob eine bestimmte chemische Reaktion ablaufen kann.

Um Energieumwandlungen bei chemischen Reaktionen verstehen zu können, müssen wir wissen, wie Energie in Stoffen gespeichert ist. Die in stofflichen Systemen durch innere Zusammenhänge vorhandene Energie wird als **innere Energie** U bezeichnet. Betrachten wir den Teilchenverband einer Stoffportion, so ist deren innere Energie die Summe aller möglichen Energiearten dieser Stoffportion. Die innere Energie U einer Stoffportion ist die Summe aus **Kernenergie** E_{kern}, **chemischer Energie** E_{chem} und **thermischer Energie** E_{therm} dieser Stoffportion.

$$U = E_{kern} + E_{chem} + E_{therm}$$

Bei Betrachtungen in der chemischen Thermodynamik spielt die Kernenergie keine Rolle, da bei chemischen Reaktionen keine Kernumwandlungen erfolgen. Betrachtungen der inneren Energie lassen sich deshalb auf Betrachtungen der chemischen Energie (bedingt durch die chemischen Bindungen zwischen den Teilchen) und der thermischen Energie (bedingt durch die Bewegung der Teilchen) beschränken.

Das Phänomen Energie

> **Resümee**
>
> Die innere Energie eines stofflichen Systems ist die durch innere Zusammenhänge vorhandene Energie. Sie ist die Summe aus Kernenergie E_{kern}, chemischer Energie E_{chem} und thermischer Energie E_{therm} dieses Systems.

Stoffliche Systeme und Umgebung. In der chemischen Thermodynamik werden meist stoffliche Systeme betrachtet. Ein stoffliches System ist der untersuchte reine Stoff oder das untersuchte Stoffgemisch. Stoffliche Systeme unterscheidet man in Abhängigkeit von den Beziehungen zur Umgebung in **abgeschlossene**, **geschlossene** und **offene Systeme**.

Zwischen einem abgeschlossenen System und der Umgebung finden weder Stoff- noch Energieübergang über die Systemgrenzen statt (Abb. 6 a).

Zwischen einem geschlossenen System und der Umgebung findet ein Energieübergang, aber kein Stoffübergang über die Systemgrenzen statt (Abb. 6 b). Ein geschlossenes stoffliches System nimmt also Energie z. B. in Form von mechanischer Arbeit, Wärme und/oder elektrischer Arbeit aus der Umgebung auf oder gibt Energie an die Umgebung ab.

Zwischen einem offenen System und der Umgebung laufen über die Systemgrenzen hinweg Stoff- und Energieübergänge ab (Abb. 6 c).

> **Exkurs 1**
> **Gasgesetze**
>
> Das Volumen eines Gases ist vom Druck und von der Temperatur abhängig. Aus den von Sir ROBERT BOYLE (1627 bis 1691), EDME MARIOTTE (um 1620 bis 1684) und JOSEPH LOUIS GAY-LUSSAC (1778 bis 1850) gefundenen Abhängigkeiten ergibt sich die **Allgemeine Gasgleichung**.
>
> $$\frac{p \cdot V}{T} = \text{konstant} \quad \text{oder} \quad \frac{p_1 \cdot V_1}{T_1} = \frac{p_2 \cdot V_2}{T_2}$$
>
> Ein weiteres wichtiges Gasgesetz ist die **Zustandsgleichung idealer Gase**.
>
> $$p \cdot V = n \cdot R \cdot T$$
>
> Beide Gasgesetze wurden für ideale Gase abgeleitet, gelten aber näherungsweise auch für reale Gase, insbesondere dann, wenn der Druck nicht zu hoch ist. Mit der **universellen Gaskonstante** $R = 8,31 \, J \cdot mol^{-1} \cdot K^{-1}$ beträgt das molare Volumen $V_{m,n}$ eines realen Gases im Normzustand ($p_n = 101,325 \, kPa$, $T_n = 273,15 \, K$) $V_{m,n} \approx 22,4 \, l \cdot mol^{-1}$.

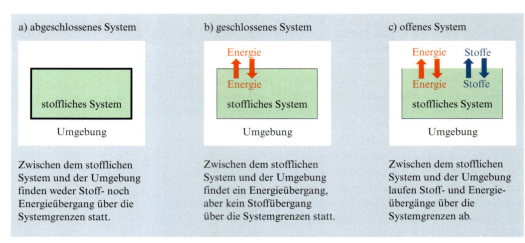

Energie-Konzept

6 Beziehungen zwischen stofflichen Systemen und der Umgebung

In der chemischen Thermodynamik betrachtet man meist geschlossene und abgeschlossene Systeme, weil eine quantitative Betrachtung dieser Systeme einfach ist und diese Systeme deshalb für Modelluntersuchungen gut geeignet sind.

Formen des Energieübergangs zwischen stofflichen Systemen und der Umgebung. Stoffliche Systeme besitzen einen Vorrat an innerer Energie. Die innere Energie eines stofflichen Systems kann sich durch Wechselwirkungen mit seiner Umgebung ändern. So nimmt die innere Energie eines offenen Systems schon alleine dadurch zu bzw. ab, dass das stoffliche System Stoffe aus der Umgebung aufnimmt bzw. an die Umgebung abgibt. Viele Vorgänge und Prozesse sind mit Energieumwandlungen verbunden. Infolge von Energieübergang und Energieumwandlungen kann sich die innere Energie von offenen und geschlossenen Systemen vergrößern bzw. verkleinern. In vielen Fällen geht Energie zwischen dem stofflichen System und der Umgebung in Form von **Wärme** Q und/oder in Form von mechanischer und/oder elektrischer **Arbeit** W über.

Exkurs 2
Wärme und thermische Energie

Häufig werden die Bezeichnungen thermische Energie und Wärme nicht eindeutig und exakt verwendet. Wichtig ist festzustellen, dass die Wärme immer nur eine Austauschform der Energie ist, nie die gespeicherte Art. Wir sprechen daher nicht von Wärme, wenn wir die Energie bezeichnen wollen, die z. B. in heißen Gasen oder Flüssigkeiten gespeichert ist, sondern von thermischer Energie.

Aufgaben

1. Geben Sie eine Definition für die innere Energie.
2. Wasser hat eine besonders hohe Verdampfungswärme, was auf die Existenz von stabilen Wasserstoffbrückenbindungen zurückgeführt werden kann. Das Verdampfen von Meerwasser in den Tropen verhindert, dass diese Gebiete immer heißer werden. Pro Jahr verdampft am Äquator eine etwa 2,3 m starke Wasserschicht, wozu eine Energie $E \approx 5{,}4 \cdot 10^{12}$ kJ erforderlich ist. Berechnen Sie, wie viele Menschen man mit dieser Energie ein Jahr lang ernähren könnte, wenn ein Mensch pro Tag Nahrung mit $E \approx 9000$ kJ aufnehmen muss.
3. Erläutern Sie den Begriff „Wärme" am Beispiel eines Festkörpers auf der Teilchenebene.

Resümee

In der chemischen Thermodynamik unterscheidet man in Abhängigkeit von den Beziehungen eines stofflichen Systems zur Umgebung abgeschlossene, geschlossene und offene Systeme. Kriterium zur Unterscheidung sind Stoff- und/oder Energieübergänge zwischen dem stofflichen System und der Umgebung. Zwischen einem stofflichen System und der Umgebung geht Energie häufig in Form von Wärme und Arbeit über.

Der 1. Hauptsatz der Thermodynamik

Der Satz von der Erhaltung der Energie. Mitte des 19. Jahrhunderts erkannten der deutsche Arzt Julius Robert von Mayer (1814 bis 1878) und unabhängig von ihm der britische Chemiker und Physiker James Prescott Joule (1818 bis 1889) und der deutsche Arzt Hermann Ludwig von Helmholtz (1821 bis 1894), dass Wärme und Arbeit äquivalent sind. Energie kann von einer Energieart in andere umgewandelt werden, die Summe aller Energiearten bleibt in einem abgeschlossenen System jedoch immer gleich.
Dies ist die Aussage des **1. Hauptsatzes der Thermodynamik**, der auch als Satz von der Erhaltung der Energie bezeichnet wird:

> Energie kann von einer Art in eine andere umgewandelt werden, sie kann aber weder erzeugt noch vernichtet werden.

Der 1. Hauptsatz der Thermodynamik beruht auf (experimentellen) Erfahrungen. Bisher ist keine Ausnahme bekannt, sodass der 1. Hauptsatz wie ein Gesetz betrachtet wird.
Aus dem 1. Hauptsatz der Thermodynamik folgt, dass die innere Energie eines stofflichen Systems in einem bestimmten Zustand auch einen bestimmten Wert hat. Dieser Wert ist unabhängig davon, auf welchem Weg das stoffliche System diesen Zustand erreicht hat. Die innere Energie eines stofflichen Systems ist damit durch den Zustand des Systems (z. B. Temperatur, Druck, Volumen und Zusammensetzung) eindeutig charakterisiert (↗ S. 409 ff.).

Änderungen der inneren Energie. Es ist nicht möglich, für ein stoffliches System einen Absolutbetrag für die innere Energie dieses Systems zu bestimmen, weil sich für die innere Energie kein Nullpunkt festlegen lässt. Änderungen der inneren Energie können jedoch bestimmt werden. Die Änderung der inneren Energie ΔU eines stofflichen Systems von einem Anfangszustand mit der inneren Energie U_1 zu einem Endzustand mit der inneren Energie U_2 ist gleich

$$\Delta U = U_2 - U_1.$$

Für ein geschlossenes System gilt, dass die Ursache für die Änderung der inneren Energie dieses Systems nur in einem Energieübergang über die Systemgrenzen liegen kann. In der Thermodynamik wird davon ausgegangen, dass die Energie in Form von Wärme Q und Arbeit W zwischen dem geschlossenen System und der Umgebung übergeht.

$$\Delta U = U_2 - U_1 = Q + W$$

Die Übertragung von Wärme auf ein stoffliches System und die Verrichtung von Arbeit an diesem System führen zu einer Vergrößerung der inneren Energie des stofflichen Systems. Andererseits verringert sich die innere Energie eines stofflichen Systems, wenn das System Wärme an die Umgebung abgibt oder wenn das System Arbeit verrichtet.

C-2
Der 1. Hauptsatz der Thermodynamik

Exkurs 3
Zustandsgrößen und Prozessgrößen

Eine **Zustandsgröße** beschreibt eine physikalische Größe eines stofflichen Systems, deren Wert unabhängig davon ist, auf welche Art und Weise – auf welchem Weg – dieser Zustand erreicht wurde. Eine Zustandsgröße hat in einem bestimmten Zustand des Systems (Temperatur T, Druck p, Volumen V und Zusammensetzung) immer einen bestimmten gleichen Wert. Innere Energie U und Enthalpie H sind Zustandsgrößen.

1 Beim Wandern zur Bank kann der Wanderer den kurzen, steilen – und beschwerlichen – Weg oder den – gemütlichen – Weg über die Serpentinen wählen. An der Bank angekommen, besitzt der Wanderer eine bestimmte potenzielle Energie, die vom gewählten Weg unabhängig ist.

Prozessgrößen dagegen beschreiben die stattfindenden Wechselwirkungen eines stofflichen Systems mit seiner Umgebung. Der Wert von Prozessgrößen ist von der Prozessführung und damit von der Art und Weise – vom Weg – der Zustandsänderung abhängig. Wärme Q und Arbeit W sind Prozessgrößen.

Volumenarbeit bei chemischen Reaktionen. Bei chemischen Reaktionen ist die Arbeit W häufig mechanische Arbeit. Nur in wenigen Fällen tritt auch elektrische Arbeit auf, wobei auf diese Fälle im Folgenden nicht näher eingegangen werden soll. Bei der mechanischen Arbeit handelt es sich bei chemischen Reaktionen im Allgemeinen um Volumenarbeit, für die bei **isobarer Prozessführung** (Druck p = konstant) gilt:

$$W = -p \cdot \Delta V.$$

Chemische Reaktionen laufen meist bei konstantem Druck – dem konstanten Außendruck – ab. Wenn sich das Volumen des stofflichen Systems bei der chemischen Reaktion vergrößert, verrichtet das System Volumenarbeit an der Umgebung. Das stoffliche System gibt also Energie in Form von Arbeit an die Umgebung ab und die innere Energie des stofflichen Systems verkleinert sich. Für die Änderung der inneren Energie gilt also bei isobarer Prozessführung (Index: p):

$$\Delta U = U_2 - U_1 = Q_p - p \cdot \Delta V.$$

C
Energie-Konzept

Aufgaben

1. Pflanzen nutzen nur einen ganz geringen Teil der Sonnenenergie – was passiert mit dem Rest?
2. Sie nutzen Energie, um ihr Haus zu heizen. Was passiert mit dieser Energie letztlich?
3. Wir sprechen von erneuerbaren Energien und solchen, die nicht erneuerbar sind. Beschreiben Sie, was unter diesen Energien verstanden wird. Geben Sie jeweils drei Beispiele für beide Arten an.
4. Beurteilen Sie unter energetischen Aspekten die Empfehlung, schneller zu essen, dann nehme man leichter ab.

Resümee

Energie kann nicht erzeugt oder vernichtet, sondern nur von einer Energieart in eine andere umgewandelt werden.
Es ist nicht möglich, für ein stoffliches System den Absolutbetrag der inneren Energie zu bestimmen, lediglich die Änderung der inneren Energie ΔU ist ermittelbar.
Die Änderung der inneren Energie ist bei einer chemischen Reaktion bei isobarer Prozessführung gleich der Summe der dem stofflichen System in Form von Wärme und Arbeit zugeführten bzw. entnommenen Energie.

$$\Delta U = U_2 - U_1 = Q_p - p \cdot \Delta V.$$

Exkurs 4
Energie und Ernährung

Der Energieerhaltungssatz kann auch auf alltägliche Gegebenheiten, z. B. die menschliche Ernährung, angewendet werden. Wenn Energie durch die Nahrung aufgenommen wird, kann mit ihr zweierlei geschehen. Sie kann entweder in Arbeit und Wärme umgesetzt werden, oder sie kann gespeichert werden. Nehmen wir mit der Nahrung mehr Energie auf als wir für die Arbeit unseres Körpers und den Erhalt der Körpertemperatur verbrauchen, wird diese Energie hauptsächlich als Fett gespeichert. Verbrauchen wir mehr Energie als wir mit der Nahrung zuführen, muss dieses Energiedefizit durch Abbau von Fett kompensiert werden. Es lassen sich Energiebilanzen aufstellen, bei denen man von folgenden Größen ausgeht:
Bei normaler körperlicher Aktivität benötigt ein junger Mensch pro Tag etwa 110 kJ für jedes Kilogramm Körpermasse; d. h. bei einer Körpermasse von 65 kg werden etwa 7 150 kJ benötigt. Wenn man nun annimmt, jemand wiege 60 kg, so folgt daraus, dass sie oder er nicht mehr als 6 600 kJ aufnehmen darf, soll das Gewicht gehalten werden. Um 1 kg Fett aufzubauen, benötigt ein Mensch etwa 30 000 kJ. Will man dagegen 1 kg Fett in einer Woche abbauen, dann muss man 30 000 : 7 ≈ 4 300 kJ pro Tag weniger zuführen.
Gleichzeitig gibt der Energieerhaltungssatz aber noch einen zweiten Hinweis, wie die Körpermasse reduziert werden kann. Dies gelingt durch erhöhten Energieverbrauch, z. B. durch Laufen, Schwimmen oder Radfahren. Um 2 000 kJ zu verbrennen, muss man etwa 7,5 km laufen oder eine Stunde schwimmen. Dies entspricht dem Abbau von lediglich etwa 70 g Fett.

 10.1 | Fett – Leidensdruck und Lebensgarant

Energetische Betrachtungen bei chemischen Reaktionen

Reaktionsenergie. Die Änderung der inneren Energie ΔU eines stofflichen Systems bei Stoffumwandlungsprozessen wird als **Reaktionsenergie** $\Delta_r U$ bezeichnet. Der Index „r" kennzeichnet die Änderung einer Zustandsgröße, hier die Änderung der inneren Energie, bei einer chemischen Reaktion. Auf die Änderung der inneren Energie kann z. B. durch das Feststellen einer Erwärmung der Umgebung im Verlauf der chemischen Reaktion geschlossen werden. Bei Ablauf einer chemischen Reaktion bei **isochorer Prozessführung** (Volumen V = konstant; Index: V) ist die Volumenarbeit gleich 0. Wenn auch andere Arten von Arbeit, z. B. elektrische Arbeit, nicht auftreten, gilt für die Reaktionsenergie

$\Delta_r U = Q_V$.

Bei konstantem Volumen ist die Reaktionsenergie gleich der **Reaktionswärme Q_V**.

Sind an chemischen Reaktionen Gase beteiligt, gelingt es z. B. in einem Autoklaven, das Volumen im Verlauf der chemischen Reaktion konstant zu halten. Sind an der chemischen Reaktion nur feste und flüssige Ausgangsstoffe und Reaktionsprodukte beteiligt, ist eine isochore Prozessführung nicht möglich. Ein solches stoffliches System ändert bei einer chemischen Reaktion praktisch immer das Volumen.

Enthalpie – Reaktionsenthalpie. Die Wärme Q_p, die von einem stofflichen System bei konstantem Druck aufgenommen oder abgegeben wird (Index: p), verändert eine Größe dieses Systems, die als **Enthalpie H** (griech. en – innen, griech. thalpein – erwärmen, Enthalpie – „innere Wärme"; Symbol H von engl. heat – Wärme) bezeichnet wird.

Die Enthalpie eines Stoffes oder eines stofflichen Systems ist die Summe aus der inneren Energie U und dem Produkt aus Druck p und Volumen V des Stoffes oder des Systems.

$H = U + p \cdot V$

Wie die innere Energie ist die Enthalpie nur vom Zustand des stofflichen Systems abhängig. Wie bei der inneren Energie handelt es sich auch bei der Enthalpie um eine Zustandsgröße.

Da es nicht möglich ist, für die innere Energie eines stofflichen Systems einen Absolutbetrag zu bestimmen, gilt dies auch für die Enthalpie. Wie bei der inneren Energie lassen sich nur Änderungen der Enthalpie ΔH angeben. Die Änderung der Enthalpie ΔH eines stofflichen Systems von einem Anfangszustand mit der Enthalpie H_1 zu einem Endzustand mit der Enthalpie H_2 ist gleich

$\Delta H = H_2 - H_1 = (U_2 + p \cdot V_2) - (U_1 + p \cdot V_1) = (U_2 - U_1) + p \cdot (V_2 - V_1)$

$\Delta H = \Delta U + p \cdot \Delta V$.

In dieser Gleichung gilt für die Änderung der inneren Energie

$\Delta U = Q_p - p \cdot \Delta V$.

Energetische Betrachtungen bei chemischen Reaktionen

1 Beim Flambieren von Speisen gibt das stoffliche System viel Wärme an die Umgebung ab.

409

Energie-Konzept

Damit ist die Enthalpieänderung eines stofflichen Systems bei einer chemischen Reaktion bei isobarer Prozessführung gleich der **Reaktionswärme** Q_p.

$$\Delta H = \Delta U + p \cdot \Delta V = Q_p - p \cdot \Delta V + p \cdot \Delta V$$

$$\Delta H = Q_p$$

Die meisten Phasenumwandlungen (z. B. Schmelzen, Verdampfen, Modifikationswechsel) und chemischen Reaktionen laufen in der Natur bei konstantem Druck ab. Deshalb entspricht die dabei ausgetauschte Wärme einer Enthalpieänderung des stofflichen Systems. Bei chemischen Reaktionen bezeichnet man diese als **Reaktionsenthalpie** $\Delta_r H$.

$$\Delta_r H = Q_p$$

Bei konstantem Druck ist die Reaktionswärme einer chemischen Reaktion gleich der Reaktionsenthalpie.
Da chemische Reaktionen in den meisten Fällen bei dem konstanten Druck der Umgebung ablaufen, erfolgen energetische Berechnungen zu chemischen Reaktionen meist mit der Reaktionsenthalpie und nicht mit der Reaktionsenergie.

Exotherme und endotherme Reaktionen. Die Enthalpie eines stofflichen Systems vergrößert sich, wenn ein Prozess **endotherm** abläuft, das stoffliche System also Energie in Form von Wärme aus der Umgebung aufnimmt. Die Enthalpie eines stofflichen Systems wird dagegen kleiner, wenn ein Prozess **exotherm** verläuft und das stoffliche System Energie in Form von Wärme an die Umgebung abgibt. Die Reaktionsenthalpie einer exothermen Reaktion ist deshalb kleiner als null, d. h. bei einer exothermen Reaktion ist die Enthalpie der Ausgangsstoffe größer als die Enthalpie der Reaktionsprodukte (Abb. 2).
Die Reaktionsenthalpie einer endothermen Reaktion ist dagegen größer als null, d. h. bei einer endothermen Reaktion ist die Enthalpie der Ausgangsstoffe kleiner als die Enthalpie der Reaktionsprodukte (Abb. 3).

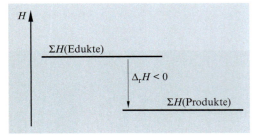

2 Änderung der Enthalpie des stofflichen Systems bei einer exothermen Reaktion

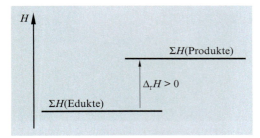

3 Änderung der Enthalpie des stofflichen Systems bei einer endothermen Reaktion

Exotherme Reaktion: $\Delta_r H < 0$ $\Sigma H(\text{Edukte}) > \Sigma H(\text{Produkte})$
Endotherme Reaktion: $\Delta_r H > 0$ $\Sigma H(\text{Edukte}) < \Sigma H(\text{Produkte})$

Aufgaben

1. Die molare Standardbildungsenthalpie für gasförmiges Ammoniak beträgt $\Delta_f H_m^0(NH_3) = -46 \text{ kJ} \cdot \text{mol}^{-1}$. Formulieren Sie die Reaktionsgleichung. Wird bei der Bildungsreaktion Wärme aufgenommen oder abgegeben?
2. Berechnen Sie die Verbrennungswärmen für die Reaktionen a) von Methan mit Sauerstoff und b) von Glucose mit Sauerstoff unter Zuhilfenahme der Tab. 2 (in Kap. 4) und unter der Annahme, dass die molare Standardbildungsenthalpie von Glucose $\Delta_f H_m^0(C_6H_{12}O_6) = -1\,274 \text{ kJ} \cdot \text{mol}^{-1}$ beträgt.
3. Berechnen Sie die Verbrennungsenthalpien pro Gramm für Wasserstoff, Methan und Glucose. Vergleichen und erläutern Sie die Ergebnisse.

Resümee

Die Änderung der inneren Energie eines stofflichen Systems bei einer chemischen Reaktion wird als Reaktionsenergie $\Delta_r U$ bezeichnet. Bei isochorer Prozessführung ist die Reaktionswärme Q_V gleich der Reaktionsenergie $\Delta_r U$.
Bei isobarer Prozessführung ist die Reaktionswärme Q_p gleich der Reaktionsenthalpie $\Delta_r H$.
Da chemische Reaktionen in den meisten Fällen bei dem konstanten Druck der Umgebung ablaufen, erfolgen energetische Berechnungen zu chemischen Reaktionen meist mit der Reaktionsenthalpie.
Exotherme Reaktion: $\Delta_r H < 0$
Endotherme Reaktion: $\Delta_r H > 0$

Die molare Reaktionsenthalpie. Die Reaktionswärme Q_p und damit die Reaktionsenthalpie einer chemischen Reaktion sind von der Masse, dem Volumen bzw. der Stoffmenge der reagierenden Ausgangsstoffe abhängig. So wird bei der vollständigen Verbrennung von 2 m³ Erdgas zu Kohlenstoffdioxid und Wasser mehr Wärme frei als bei der Verbrennung von 1 m³ Erdgas (Tabelle 2). Bei jeder Angabe einer Reaktionsenthalpie müsste also neben der chemischen Reaktion auch die Masse, das Volumen oder die Stoffmenge der Ausgangsstoffe oder Reaktionsprodukte angegeben werden.

Um solche unpraktischen Angaben zu vermeiden, wurde die **molare Reaktionsenthalpie** $\Delta_r H_m$ eingeführt. Zur molaren Reaktionsenthalpie muss unbedingt auch immer die Reaktionsgleichung angegeben bzw. die chemische Reaktion eindeutig beschrieben sein, für die die molare Reaktionsenthalpie gilt. Die molare Reaktionsenthalpie kennzeichnet die Reaktionsenthalpie einer chemischen Reaktion je Mol Formelumsatz.

Unter einer **Stoffmenge der Formelumsätze** n_F von 1 mol wird verstanden, dass Teilchen der Ausgangsstoffe genau $6 \cdot 10^{23}$-mal entsprechend der Reaktionsgleichung zu Teilchen der Reaktionsprodukte reagieren. Für die Verbrennung von Wasserstoff bedeutet eine Stoffmenge der Formelumsätze von 1 mol bei der Reaktionsgleichung $2H_2 + O_2 \rightarrow 2H_2O$, dass $6 \cdot 10^{23}$-mal zwei Wasserstoffmoleküle mit einem Sauerstoffmolekül zu zwei Wassermolekülen reagieren. Für jede Reaktionsgleichung beträgt die Stoffmenge der Formelumsätze n_F gleich 1 mol. Bei 1 mol Formelumsatz reagieren aber in Abhängigkeit von der formulierten Reaktionsgleichung ganz unterschiedliche Stoffmengen an Ausgangsstoffen miteinander.

$$\Delta_r H_m = \frac{\Delta_r H}{n_F} \qquad \text{(Einheit von } \Delta_r H_m: 1\,kJ \cdot mol^{-1})$$

$$2H_2 + O_2 \rightarrow 2H_2O \qquad \Delta_r H_m = -572\,kJ \cdot mol^{-1}$$

Molare Bildungsenthalpien. Für eine Tabellierung sind die molaren Reaktionsenthalpien ungeeignet, weil immer auch die zugehörige Reaktionsgleichung angegeben werden müsste. Wenn aber für bestimmte chemische Reaktionen Regeln für die Formulierung der Reaktionsgleichung aufgestellt werden, kann für die molaren Reaktionsenthalpien dieser chemischen Reaktionen auf die Angabe der Reaktionsgleichung verzichtet werden. Solche molaren Reaktionsenthalpien sind die **molaren Bildungsenthalpien** $\Delta_f H_m$ (Index f von engl. formation – Bildung). Sie gelten für die Bildungsreaktion der Stoffe. Für die Formulierung der Reaktionsgleichung für die Bildungsreaktion eines Stoffes gelten die folgenden Regeln:
- Auf der rechten Seite der Reaktionsgleichung steht nur der zu bildende Stoff mit der Stöchiometriezahl 1.
- Auf der linken Seite der Reaktionsgleichung stehen als Ausgangsstoffe nur die Elemente, aus denen der zu bildende Stoff besteht, in der unter den Reaktionsbedingungen stabilen Form.

Nach diesen Regeln können sich für die Ausgangsstoffe auch gebrochene Stöchiometriezahlen ergeben.

$$2C + 3H_2 + \tfrac{1}{2}O_2 \rightarrow CH_3-CH_2-OH$$
$$\text{Ethanol}$$

C-3

Energetische Betrachtungen bei chemischen Reaktionen

Tab. 2 Reaktionsenthalpien bei der vollständigen Verbrennung von Erdgas

Volumen Erdgas	Reaktionsenthalpie
1 m³	–43 000 kJ
2 m³	–86 000 kJ
3 m³	–129 000 kJ

Tab. 3 Reaktionsenthalpien bei der Verbrennung von Wasserstoff

Stoffmenge Wasserstoff	Reaktionsenthalpie
1 mol	–286 kJ
2 mol	–572 kJ
3 mol	–858 kJ

Aufgaben

1. Die molare Reaktionsenthalpie für die Verbrennung von Wasserstoff nach der Reaktionsgleichung $2H_2 + O_2 \rightarrow 2H_2O$ beträgt $\Delta_r H_m = -572\,kJ \cdot mol^{-1}$.
Geben Sie die molare Reaktionsenthalpie für die Verbrennung von Wasserstoff nach der Reaktionsgleichung $H_2 + \tfrac{1}{2}O_2 \rightarrow H_2O$ an.
2. Formulieren Sie die Reaktionsgleichungen für die Bildungsreaktion von Natriumchlorid, von Essigsäure und von Phenol.

Tab. 4 Heizwerte H_u von Gasen

Gas	$\dfrac{H_u}{MJ \cdot m^{-3}}$
Wassergas	10
Stadtgas	18
Erdgas, nass	19–54

Energie-Konzept

Tab. 5 Heizwerte H_u von flüssigen und festen Brennstoffen

Brennstoff	$\dfrac{H_u}{MJ \cdot kg^{-1}}$
Methanol	19,5
Ethanol	26,9
Dieselkraftstoff	41,7
Benzin	42,5
Heizöl	42,9
Holz, frisch	8
Holz, lufttrocken	15
Braunkohlenbriketts	20
Steinkohle	29

Aufgabe

1. Formulieren Sie die Reaktionsgleichungen für die Bildungsreaktion von Aluminiumoxid und die Reaktionsgleichung für die Verbrennungsreaktion von Aluminium.
   Geben Sie eine Gleichung für die mathematische Beziehung zwischen der molaren Bildungsenthalpie des Aluminiumoxids $\Delta_f H_m(Al_2O_3)$ und der molaren Verbrennungsenthalpie des Aluminiums $\Delta_V H_m(Al)$ an.

Viele Bildungsreaktionen – insbesondere die für organische Stoffe – entsprechen nicht chemischen Reaktionen, die auch durchgeführt werden können. Aufgrund der Regeln brauchen aber zu molaren Bildungsenthalpien keine Reaktionsgleichungen angegeben zu werden.

Molare Verbrennungsenthalpien. Für viele organische Stoffe werden auch **molare Verbrennungsenthalpien** $\Delta_V H_m$ tabelliert. Die molare Verbrennungsenthalpie ist die molare Reaktionsenthalpie der **Verbrennungsreaktion** eines Stoffes. Für die Formulierung der Reaktionsgleichung der Verbrennungsreaktion eines Stoffes gilt:
– Auf der linken Seite der Reaktionsgleichung stehen nur der zu verbrennende Stoff mit der Stöchiometriezahl 1 und Sauerstoff.
– Auf der rechten Seite der Reaktionsgleichung stehen die bei der Verbrennung des Stoffes mit einem Überschuss an Sauerstoff entstehenden Reaktionsprodukte.

Bei der Verbrennung von Kohlenwasserstoffen und ihren Sauerstoffderivaten stehen auf der rechten Seite der Reaktionsgleichung Kohlenstoffdioxid und Wasser. Auch in den Reaktionsgleichungen von Verbrennungsreaktionen können gebrochene Stöchiometriezahlen vorkommen.

Exkurs 5
Heizwert – Brennwert

Für technische Belange lassen sich molare Reaktionsenthalpien nur schlecht verwenden. Für Berechnungen im Zusammenhang mit Heizungsanlagen, Anlagen zur Erzeugung von elektrischem Strom oder Fahrzeugen sind auf die Masse oder das Volumen bezogene Größen deutlich besser geeignet als molare Größen. Für Brenn- und Treibstoffe werden deshalb in der Technik **Heizwerte** verwendet. Der Heizwert eines Brennstoffs bezeichnet die bei der Verbrennung dieses Brenn- oder Treibstoffs freiwerdende Wärme je Massen- bzw. Volumeneinheit. Heizwerte tragen immer ein positives Vorzeichen. Es werden zwei Heizwerte unterschieden – der **untere Heizwert** H_u und der **obere Heizwert** H_o. Der obere Heizwert wird auch als **Brennwert** bezeichnet. Bei der Verbrennung der üblichen Brenn- und Treibstoffe bilden sich im Wesentlichen Kohlenstoffdioxid und Wasser(-dampf).

Der untere Heizwert H_u kennzeichnet die bei der Verbrennung freiwerdende Wärme je Massenbzw. Volumeneinheit, wenn das Verbrennungsprodukt Wasser gasförmig – d. h. als Wasserdampf – anfällt.
In Heizkesseln mit der so genannten Brennwerttechnik werden die Verbrennungsgase so tief abgekühlt, dass der Wasserdampf im Heizkessel kondensiert. Die freiwerdende Kondensationswärme des Wassers wird ebenfalls für die Heizung genutzt. Der obere Heizwert H_o – der Brennwert – kennzeichnet die bei der Verbrennung freiwerdende Wärme je Massenbzw. Volumeneinheit, wenn das Verbrennungsprodukt Wasser im flüssigen Aggregatzustand anfällt.
Wegen der bei der Brennwerttechnik zusätzlich genutzten Kondensationswärme des Wassers ist der Brennwert eines Stoffes größer als der untere Heizwert dieses Stoffes $H_o > H_u$.

Molare Standardbildungsenthalpien. Die Enthalpie einer Stoffportion bzw. eines stofflichen Systems hängt von den äußeren Bedingungen Temperatur, Druck und Zusammensetzung ab. Auch Reaktions-, Bildungs- und Verbrennungsenthalpien hängen von diesen äußeren Bedingungen ab. Deshalb werden bei der Tabellierung von molaren Bildungsenthalpien oder molaren Verbrennungsenthalpien die Bedingungen immer mit angegeben. Üblich ist die Tabellierung **molarer Standardbildungsenthalpien** $\Delta_f H_m^0$ und **molarer Standardverbrennungsenthalpien** $\Delta_V H_m^0$, die für einen Druck $p = 101,3 \text{ kPa}$ und eine Temperatur $T = 298 \text{ K}$ (bzw. $\vartheta = 25\ °C$) gelten. Standardgrößen werden durch eine hochgestellte Null am Symbol gekennzeichnet. Standardgrößen beziehen sich auf die Stoffe im so genannten Standardzustand. Als Standardzustand ist der Zustand des reinen Stoffes beim Druck $p = 101,3 \text{ kPa}$ definiert.

Aufgrund der Regeln zum Aufstellen der Reaktionsgleichungen für Bildungsreaktionen ist die molare Standardbildungsenthalpie aller chemischen Elemente in ihrer stabilen Form gleich null. Instabile Formen und Modifikationen der chemischen Elemente haben eine von null verschiedene molare Standardbildungsenthalpie. Die molare Standardbildungsenthalpie hängt ebenfalls vom Aggregatzustand des Stoffes ab.

C-3

Energetische Betrachtungen bei chemischen Reaktionen

Resümee

In Tabellenwerken finden sich molare Standardbildungsenthalpien $\Delta_f H_m^0$ für die Stoffe im so genannten Standardzustand. Die Reaktionsgleichung zu einer molaren Standardbildungsenthalpie muss nach bestimmten Regeln formuliert werden.

Molare Standardbildungsenthalpien einiger chemischer Elemente in unterschiedlichen Formen, Modifikationen und Aggregatzuständen

$\Delta_f H_m^0(C, \text{Graphit}) = 0$
$\Delta_f H_m^0(C, \text{Diamant}) = +1{,}897 \text{ kJ} \cdot \text{mol}^{-1}$

$\Delta_f H_m^0(O_2) = 0$
$\Delta_f H_m^0(O) = +249 \text{ kJ} \cdot \text{mol}^{-1}$
$\Delta_f H_m^0(O_3) = +143 \text{ kJ} \cdot \text{mol}^{-1}$

$\Delta_f H_m^0(Na, s) = 0$
$\Delta_f H_m^0(Na, g) = +107 \text{ kJ} \cdot \text{mol}^{-1}$

Tab. 6 Molare Standardbildungsenthalpien $\Delta_f H_m^0$ einiger Stoffe bei $p = 101,3 \text{ kPa}$ und $T = 298 \text{ K}$

Formel	$\dfrac{\Delta_f H_m^0}{\text{kJ} \cdot \text{mol}^{-1}}$	Formel	$\dfrac{\Delta_f H_m^0}{\text{kJ} \cdot \text{mol}^{-1}}$	Formel	$\dfrac{\Delta_f H_m^0}{\text{kJ} \cdot \text{mol}^{-1}}$	Formel	$\dfrac{\Delta_f H_m^0}{\text{kJ} \cdot \text{mol}^{-1}}$	Formel	$\dfrac{\Delta_f H_m^0}{\text{kJ} \cdot \text{mol}^{-1}}$
$AgBr(s)$	−101	$CaCO_3(s)$	−1207	$HI(g)$	+26	$MnO_2(s)$	−520	$Na_2CO_3(s)$	−1131
$AgCl(s)$	−127	$CaCl_2(s)$	−796	$H_2O(l)$	−286	$NH_3(g)$	−46	$PbCl_2(s)$	−359
$AlCl_3(s)$	−706	$Cl(g)$	+121	$H_2O(g)$	−242	$NH_4Cl(s)$	−315	$PbO(s)$	−219
$Al_2O_3(s)$	−1676	$CuSO_4(s)$	−771	$I_2(g)$	+62	$NO(g)$	+90	$PbS(s)$	−99
$BaCl_2(s)$	−859	$CuSO_4 \cdot 5\,H_2O(s)$	−2280	$I(g)$	+107	$NO_2(g)$	+33	$PbSO_4(s)$	−923
$BaSO_4(s)$	−1473	$FeO(s)$	−272	$KBr(s)$	−394	$N_2O_4(g)$	+9	$SO_2(g)$	−297
$Br(g)$	+112	$FeS(s)$	−102	$KCl(s)$	−437	$Na(g)$	+107	$SO_3(g)$	−396
$Br_2(g)$	+31	$Fe_2O_3(s)$	−824	$KMnO_4(s)$	−813	$NaCl(s)$	−411	$SiO_2(s)$	−911
$CO(g)$	−111	$HBr(g)$	−36	$MgO(s)$	−601	$NaI(s)$	−288	$ZnO(s)$	−350
$CO_2(g)$	−394	$HCl(g)$	−92	$MnCl_2(s)$	−481	$NaOH(s)$	−426	$ZnSO_4(s)$	−983

413

Energie-Konzept

Ermitteln von Reaktionsenthalpien. Reaktionsenthalpien werden experimentell mithilfe von **Kalorimetern** bestimmt. Kalorimeter sind Reaktionsgefäße, die gegen Wärmeaustausch mit der Umgebung gut isoliert sind. Kalorimetrische Untersuchungen können z. B. in Dewar-Gefäßen durchgeführt werden, die aus doppelwandigem, zum Innenraum hin verspiegeltem Glas bestehen und deren Hohlraum evakuiert ist.

Die Reaktionswärme einer im Kalorimeter durchgeführten chemischen Reaktion wird auf einen geeigneten Stoff, z. B. Wasser, übertragen bzw. diesem entnommen. Die während der chemischen Reaktion abgegebene bzw. aufgenommene Wärme bewirkt eine Temperaturänderung ΔT des Stoffes im Kalorimeter. Für eine bestimmte Temperaturdifferenz ΔT hängt die Wärme Q aber auch von der Masse m des Stoffes im Kalorimeter ab. Mit der **spezifischen Wärmekapazität** c gilt

$$Q = c \cdot m \cdot \Delta T.$$

Diese Gleichung stellt die Grundlage für die Methode **Kalorimetrie** dar. Die spezifische Wärmekapazität ist eine stoffspezifische Größe. Sie hängt vom Stoff ab, dessen Temperatur sich durch die Wärmeübertragung ändert. So beträgt z. B. die spezifische Wärmekapazität des Wassers $c(H_2O) = 4190\ J \cdot kg^{-1} \cdot K^{-1} = 4{,}19\ J \cdot g^{-1} \cdot K^{-1}$.

Bei konstantem Druck ist die Wärme Q auf Änderungen der Enthalpie des reagierenden stofflichen Systems zurückzuführen. Für die Reaktionsenthalpie der untersuchten chemischen Reaktion und die vom Stoff im Kalorimeter aufgenommene bzw. abgegebene Wärme gilt

$$\Delta_r H = -Q = -c \cdot m \cdot \Delta T.$$

Mit der Stoffmenge der Formelumsätze n_F ergibt sich damit für die molare Reaktionsenthalpie $\Delta_r H_m$

$$\Delta_r H_m = -\frac{c \cdot m \cdot \Delta T}{n_F}.$$

Bei bekannten spezifischen Wärmekapazitäten und bekannten Massen der an der chemischen Reaktion beteiligten Stoffe lässt sich aus einer gemessenen Temperaturänderung ΔT die Wärme Q und damit auch die molare Reaktionsenthalpie $\Delta_r H_m$ berechnen. Ein einfaches Beispiel ist in Experiment 1 beschrieben.

Aufgaben

1. Begründen Sie, weshalb $\Delta_r H_m(H_2O) = \Delta_V H_m(H_2)$ gilt.
2. Die molare Standardbildungsenthalpie eines Stoffes im gasförmigen Aggregatzustand ist größer als die molare Standardbildungsenthalpie dieses Stoffes im flüssigen oder festen Aggregatzustand (Tab. 6, S. 413). Erläutern Sie.

Resümee

Reaktionsenthalpien von chemischen Reaktionen lassen sich mithilfe des Messverfahrens Kalorimetrie in einem Kalorimeter ermitteln. Grundlage der Kalorimetrie ist die Größengleichung

$$Q = c \cdot m \cdot \Delta T.$$

Bei der Verwendung von Wasser als Kalorimeterflüssigkeit und bei isobaren Reaktionsbedingungen ergibt sich für die molare Reaktionsenthalpie $\Delta_r H_m$

$$\Delta_r H_m = -\frac{c(H_2O) \cdot m(H_2O) \cdot \Delta T}{n_F}.$$

Experiment 1

Bestimmen der Reaktionsenthalpie der Neutralisation von Salzsäure mit Natronlauge

In einem Dewar-Gefäß befinden sich 100 ml Natronlauge ($m(NaOH) \approx 100\,g$) mit der Stoffmengenkonzentration $c(NaOH) = 1\,mol/l$. Die Temperatur der Lösung wird bestimmt. Mithilfe einer Pipette werden 100 ml Salzsäure ($m(HCl) \approx 100\,g$) mit der Stoffmengenkonzentration $c(HCl) = 1\,mol/l$ zugegeben. Nach dem sorgfältigen Mischen beider Lösungen wird die Temperatur erneut bestimmt. Die ermittelte Temperaturdifferenz beträgt 6,5 K.
Für verdünnte wässrige Lösungen gilt annähernd die spezifische Wärmekapazität des Wassers $c(H_2O) = 4{,}19\,J \cdot g^{-1} \cdot K^{-1}$. Da bei konstantem Druck gearbeitet wurde, lässt sich aus der Wärme Q die Reaktionsenthalpie $\Delta_r H$ berechnen.

$$\Delta_r H = -Q = -m(gesamt) \cdot c \cdot \Delta T$$
$$= -200\,g \cdot 4{,}19\,J \cdot g^{-1} \cdot K^{-1} \cdot 6{,}5\,K$$
$$\Delta_r H = -5{,}4\,kJ$$

Für die Berechnung der molaren Reaktionsenthalpie $\Delta_r H_m$ benötigt man noch die Stoffmenge der Formelumsätze n_F. Für die Neutralisation gilt

$$H^+(aq) + OH^-(aq) \rightarrow H_2O(l).$$

Die Stoffmenge der Formelumsätze n_F ist bei dieser chemischen Reaktion gleich der Stoffmenge der Wasserstoff-Ionen $n(H^+)$ und gleich der Stoffmenge der Wasserstoff-Ionen $n(OH^-)$.

$$n_F = n(H^+) = n(OH^-)$$

$$n(H^+) = c(HCl) \cdot V(HCl)$$

$$n(OH^-) = c(NaOH) \cdot V(NaOH)$$

$$n_F = c(HCl) \cdot V(HCl) = c(NaOH) \cdot V(NaOH) = 1\,mol \cdot l^{-1} \cdot 0{,}1\,l$$

$$n_F = 0{,}1\,mol$$

$$\Delta_r H_m = \frac{\Delta_r H}{n_F} = \frac{-5{,}4\,kJ}{0{,}1\,mol}$$

$$\Delta_r H_m = -54\,kJ \cdot mol^{-1}$$

Die ermittelte molare Reaktionsenthalpie entsprechend der formulierten Reaktionsgleichung beträgt $\Delta_r H_m = -54\,kJ \cdot mol^{-1}$ (tabellierter Wert: $\Delta_r H_m = -55\,kJ \cdot mol^{-1}$).
Führen Sie das Experiment mit einem selbst gebauten einfachen Kalorimeter (Abb. 4) durch.
Beurteilen Sie die Ergebnisse.
Schätzen Sie die Tauglichkeit des einfachen Kalorimeters für die Bestimmung von Reaktionsenthalpien ein.
Diskutieren Sie, wovon die Genauigkeit des Ergebnisses hauptsächlich abhängt.

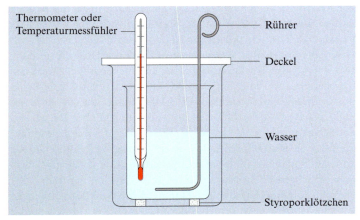

4 Einfaches Kalorimeter zur Bestimmung von Reaktionsenthalpien

Energetische Betrachtungen bei chemischen Reaktionen

Exkurs 6
Ermittlung der Temperaturdifferenz ΔT bei der Kalorimetrie

Um möglichst genaue Ergebnisse bei der Kalorimetrie zu erzielen, darf zwischen der Kalorimeterflüssigkeit und der Umgebung kein Wärmeübergang stattfinden. Praktisch lassen sich diese Wärmeübergänge nicht verhindern. Dies führt dazu, dass sich die Temperatur der Kalorimeterflüssigkeit sowohl vor als auch nach der Durchführung der chemischen Reaktion verändert (Abb. 5).
Die Ermittlung der Temperaturdifferenz ΔT erfolgt auf grafischem Wege. Die vor und nach der chemischen Reaktion liegenden Abschnitte der Temperatur-Zeit-Kurve werden als linear angenommen und verlängert. In das Diagramm wird dann eine senkrechte Linie so eingezeichnet, dass die Flächen A_1 und A_2 gleich groß sind. Die Temperaturdifferenz ΔT ergibt sich aus der Differenz der Temperaturen T_1 und T_2 und wird direkt dem Diagramm entnommen.

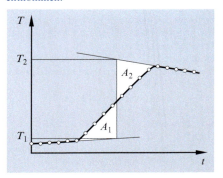

5 Temperatur-Zeit-Diagramm zur Ermittlung der Temperaturdifferenz ΔT

Energie-Konzept

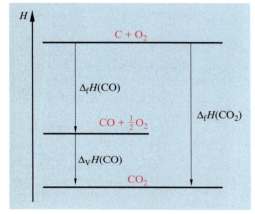

6 Energiediagramm zur Bildung von Kohlenstoffdioxid aus den Elementen

Aufgaben

1. Erläutern Sie, welcher Zusammenhang zwischen dem Satz von HESS und dem 1. Hauptsatz der Thermodynamik besteht.
2. Berechnen Sie die molare Reaktionsenthalpie für die Oxidation von Eisen(II)- zu Eisen(III)-oxid (↗ Tab. 6, S. 413).
3. Die molare Verbrennungsenthalpie des weißen Phosphors beträgt $\Delta_V H_m(P, \text{weiß}) = -752\ \text{kJ} \cdot \text{mol}^{-1}$, die des roten Phosphors $\Delta_V H_m(P, \text{rot}) = -735\ \text{kJ} \cdot \text{mol}^{-1}$. Zeichnen Sie für beide Reaktionen ein Energiediagramm und erläutern Sie die Unterschiede.

Der Satz von HESS (Gesetz der konstanten Wärmesummen). Mithilfe der Kalorimetrie lässt sich eine Vielzahl von molaren Reaktionsenthalpien bestimmen. Auch die molaren Bildungsenthalpien vieler Stoffe sind durch kalorimetrische Untersuchungen experimentell ermittelbar. Es gibt aber auch eine große Anzahl chemischer Reaktionen, die sich nicht in einem Kalorimeter durchführen lassen. Wie kann die Reaktionsenthalpie einer solchen chemischen Reaktion aber trotzdem ermittelt werden? Wie können Bildungsenthalpien von Stoffen, z. B. von Kohlenstoffmonooxid, bestimmt werden, deren Bildungsreaktion im Kalorimeter nicht durchführbar ist?

Im Kalorimeter reagieren Kohlenstoff und Sauerstoff nicht zu Kohlenstoffmonooxid. Vielmehr verbrennt der Kohlenstoff vollständig zu Kohlenstoffdioxid. Darüber hinaus kann auch Kohlenstoffmonooxid zu Kohlenstoffdioxid verbrannt werden. Die molare Standardbildungsenthalpie des Kohlenstoffdioxids $\Delta_f H_m^0(CO_2)$ und die molare Standardverbrennungsenthalpie des Kohlenstoffmonooxids $\Delta_V H_m^0(CO)$ lassen sich so experimentell ermitteln.

$$C + O_2 \rightarrow CO_2 \qquad \Delta_f H_m^0(CO_2) = -394\ \text{kJ} \cdot \text{mol}^{-1}$$
$$CO + \tfrac{1}{2} O_2 \rightarrow CO_2 \qquad \Delta_V H_m^0(CO) = -283\ \text{kJ} \cdot \text{mol}^{-1}$$

Die chemische Reaktion der vollständigen Verbrennung von Kohlenstoff zu Kohlenstoffdioxid kann in zwei Teilreaktionen mit Kohlenstoffmonooxid als Zwischenprodukt geteilt werden.

$$\begin{aligned}C + \tfrac{1}{2} O_2 &\rightarrow CO & \Delta_f H_m^0(CO)\\ CO + \tfrac{1}{2} O_2 &\rightarrow CO_2 & \Delta_V H_m^0(CO) &= -283\ \text{kJ} \cdot \text{mol}^{-1}\\ \hline C + O_2 &\rightarrow CO_2 & \Delta_f H_m^0(CO_2) &= -394\ \text{kJ} \cdot \text{mol}^{-1}\end{aligned}$$

Da eine Reaktionsenthalpie nur von Anfangs- und Endzustand abhängt, ist naheliegend, dass die Summe der Reaktionsenthalpien für die Bildung und die Verbrennung von Kohlenstoffmonooxid gleich der Bildungsenthalpie des Kohlenstoffdioxids ist.

$$\Delta_f H_m^0(CO) + \Delta_V H_m^0(CO) = \Delta_f H_m^0(CO_2)$$

Damit kann die molare Standardbildungsenthalpie des Kohlenstoffmonooxids berechnet werden.

$$\begin{aligned}\Delta_f H_m^0(CO) &= \Delta_f H_m^0(CO_2) - \Delta_V H_m^0(CO)\\ &= -394\ \text{kJ} \cdot \text{mol}^{-1} - (-283\ \text{kJ} \cdot \text{mol}^{-1})\\ \Delta_f H_m^0(CO) &= -111\ \text{kJ} \cdot \text{mol}^{-1}\end{aligned}$$

Der Zusammenhang, dass Reaktionsenthalpien addiert werden können, ist auf seine Gültigkeit hin ausreichend überprüft worden und wurde bereits 1840 vom schweizerisch-russischen Chemiker HERMANN HEINRICH (GERMAIN HENRI) HESS (1802 bis 1850) als **Gesetz der konstanten Wärmesummen (Satz von HESS)** formuliert. Danach ist die Reaktionsenthalpie einer chemischen Reaktion unabhängig vom Weg, auf dem die Reaktion verläuft. Die Reaktionsenthalpie einer chemischen Reaktion hängt nur von Anfangs- und Endzustand des stofflichen Systems ab, nicht aber von der Art der Überführung der Ausgangsstoffe in die Reaktionsprodukte. Somit ist die Reaktionsenthalpie einer chemischen Reaktion immer konstant und unabhängig davon, ob diese Reaktion in einem Schritt oder in mehreren Schritten abläuft.

Mit dem Satz von HESS sind Berechnungen von Reaktionsenthalpien leicht möglich, die sonst nicht oder nur sehr schwer durch direkte Messungen zugänglich sind.

Berechnen von molaren Standardreaktionsenthalpien. Beliebige molare Standardreaktionsenthalpien $\Delta_r H_m^0$ lassen sich unter Anwendung des Satzes von HESS mithilfe von tabellierten molaren Standardbildungsenthalpien $\Delta_f H_m^0$ leicht berechnen (↗ Beispielrechnung 1). Für eine beliebige chemische Reaktion gilt mit dem Satz von HESS allgemein, dass die molare Standardreaktionsenthalpie $\Delta_r H_m^0$ gleich der Summe der molaren Standardbildungsenthalpien der Produkte abzüglich der Summe der molaren Standardbildungsenthalpien der Edukte ist. Bei der Berechnung der Summen der molaren Standardbildungsenthalpien der Edukte und Produkte sind jeweils die Stöchiometriezahlen ν vor den Formeln der Stoffe in der Reaktionsgleichung zu berücksichtigen.

$$\Delta_r H_m^0 = \Sigma[\nu(\text{Produkte}) \cdot \Delta_f H_m^0(\text{Produkte})] \\ - \Sigma[\nu(\text{Edukte}) \cdot \Delta_f H_m^0(\text{Edukte})]$$

Reaktionsenthalpien können so auch für Reaktionen bestimmt werden, die experimentell nicht direkt oder nur schlecht zugänglich sind.

Beispielrechnung 1
Berechnen einer molaren Standardreaktionsenthalpie
Die molare Standardreaktionsenthalpie $\Delta_r H_m^0$ der Oxidation von Stickstoffmonooxid NO zu Stickstoffdioxid NO_2 ist zu berechnen.

Reaktionsgleichung:
$2 NO(g) + O_2(g) \rightarrow 2 NO_2(g)$

Gesucht:
$\Delta_r H_m^0$

Gegeben aus Tabelle (z. B. Tab. 6, S. 413):
$\Delta_f H_m^0(NO, g) = +90 \text{ kJ} \cdot \text{mol}^{-1}$
$\Delta_f H_m^0(O_2, g) = 0$
$\Delta_f H_m^0(NO_2, g) = +33 \text{ kJ} \cdot \text{mol}^{-1}$

Lösung:
$\Delta_r H_m^0 = \Sigma[\nu(\text{Produkte}) \cdot \Delta_f H_m^0(\text{Produkte})]$
$\qquad - \Sigma[\nu(\text{Edukte}) \cdot \Delta_f H_m^0(\text{Edukte})]$
$\quad = [\nu(NO_2) \cdot \Delta_f H_m^0(NO_2)]$
$\qquad - [\nu(NO) \cdot \Delta_f H_m^0(NO) + \nu(O_2) \cdot \Delta_f H_m^0(O_2)]$
$\quad = [2 \cdot 33 \text{ kJ} \cdot \text{mol}^{-1}] - [2 \cdot 90 \text{ kJ} \cdot \text{mol}^{-1} + 1 \cdot 0]$
$\Delta_r H_m^0 = 114 \text{ kJ} \cdot \text{mol}^{-1}$

Die molare Reaktionsenthalpie der Oxidation von Stickstoffmonooxid zu Stickstoffdioxid beträgt $114 \text{ kJ} \cdot \text{mol}^{-1}$.

C-3

Energetische Betrachtungen bei chemischen Reaktionen

Aufgaben

1. Begründen Sie, weshalb für die Bildung von Ammoniak aus den Elementen und den Zerfall von Ammoniak in die Elemente
   $\Delta_r H_m(\text{Bildung von } NH_3)$
   $= -\Delta_r H_m(\text{Zerfall von } NH_3)$ gilt.
2. Nennen Sie die energetischen Größen, die für das Lösen eines Salzes in Wasser von Bedeutung sind? Erläutern Sie, durch welche energetische Größe die (leichte) Löslichkeit und durch welche die Schwerlöslichkeit eines Salzes begünstigt wird.
3. Viele Mikroorganismen z. B. Hefe gewinnen ihre Energie durch die Vergärung von Glucose zu Ethanol, das sie als Abfallprodukt ausscheiden.

   $C_6H_{12}O_6(s) \rightarrow 2 C_2H_5OH(l) + 2 CO_2(g)$

   Berechnen Sie die molare Reaktionsenthalpie dieser Reaktion. Vergleichen Sie das Ergebnis mit der molaren Reaktionsenthalpie für die vollständige Verbrennung von Glucose mit Sauerstoff.

Resümee

Reaktionsenthalpien hängen nur von Anfangs- und Endzustand der chemischen Reaktion ab und sind vom Reaktionsweg unabhängig (Satz von HESS). Ergibt sich eine bestimmte Reaktion als Summe oder Differenz anderer Reaktionen, so ergibt sich die Reaktionsenthalpie als Summe oder Differenz der Reaktionsenthalpien dieser anderen Reaktionen. Allgemein kann man Reaktionsenthalpien als Differenz der an der Reaktion beteiligten molaren Standardbildungsenthalpien der Edukte und Produkte berechnen.

Energetische Betrachtungen zu chemischen Bindungen

Bei allen chemischen Reaktionen werden chemische Bindungen in den Teilchen der Ausgangsstoffe (Edukte) gelöst und neue chemische Bindungen in den Teilchen der Reaktionsprodukte gebildet. Chemische Bindungen werden durch anziehende und abstoßende Kräfte zwischen Atomen und Ionen bewirkt. Wenn also chemische Bindungen gelöst und wieder neu gebildet werden, dann gehen damit Energie- und Enthalpieänderungen einher, denn die Energien und Enthalpien verschiedener chemischer Bindungen sind unterschiedlich.

Energie-Konzept

Bindungsenthalpie der Elektronenpaarbindung. Ein einfaches Beispiel für ein Molekül mit einer (unpolaren) Elektronenpaarbindung (Atombindung) stellt das Wasserstoffmolekül dar. Wenn die Elektronenpaarbindung durch **homolytische Spaltung** gelöst werden soll, muss Enthalpie zugeführt werden, um die Anziehungskräfte zwischen den Elektronen des bindenden Elektronenpaares und den Atomkernen zu überwinden. Um die Elektronenpaarbindung vollständig zu lösen und isolierte (unendlich entfernte) Wasserstoffatome zu erzeugen, muss eine bestimmte Enthalpie zugeführt werden. Umgekehrt wird diese Enthalpie frei, wenn sich zwei Wasserstoffatome zu einem Wasserstoffmolekül verbinden. Die Reaktionsenthalpie, die bei der Ausbildung einer chemischen Bindung frei wird, nennt man **Bindungsenthalpie $\Delta_B H$**. Ebenfalls gebräuchlich ist die Bezeichnung Dissoziationsenthalpie $\Delta_D H$ für die zum Lösen einer chemischen Bindung nötige Enthalpie. Es gilt $\Delta_D H = -\Delta_B H$.

Bei der Ausbildung der Elektronenpaarbindung zwischen den beiden Wasserstoffatomen des Wasserstoffmoleküls nähern sich die Wasserstoffatome immer mehr an. Dabei wird Enthalpie frei, bis das gebildete Wasserstoffmolekül ein Enthalpieminimum erreicht. Soll der Abstand der Wasserstoffatomkerne weiter verringert werden, so muss wieder Enthalpie aufgewendet werden.

Experimentell (spektroskopisch) lässt sich die zur Spaltung der Bindung im Wasserstoffmolekül benötigte Enthalpie bestimmen: Um 1 mol Wasserstoffmoleküle in 2 mol Wasserstoffatome zu zerlegen, ist unter Standardbedingungen eine Enthalpie $\Delta H = 436 \text{ kJ}$ nötig. Die molare Standardbindungsenthalpie der Wasserstoff-Wasserstoff-Bindung beträgt demnach $\Delta_B H_m(\text{H–H}) = -436 \text{ kJ} \cdot \text{mol}^{-1}$.

↗ D-2 | Stoßtheorie und Übergangszustand

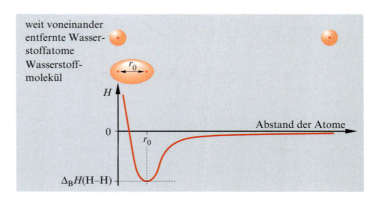

1 Eine chemische Bindung wird durch das Gleichgewicht von anziehenden und abstoßenden Kräften charakterisiert: Die Energie eines Wasserstoffmoleküls erreicht bei der normalen Bindungslänge r_0 ein Minimum. Bei Verkleinerung des Abstands der beiden Wasserstoffatomkerne nimmt die Abstoßung zwischen den Atomkernen zu, bei Vergrößerung des Abstands nehmen die Anziehungskräfte zu. In beiden Fällen steigt die Energie des Wasserstoffmoleküls.

Bindungslänge. Die Bindungsenthalpie und die **Bindungslänge** einer chemischen Bindung sind eng miteinander verknüpft. Die Bindungslänge bezeichnet den Abstand der Atomkerne der durch die chemische Bindung verbundenen Atome. Diese Bindungslänge resultiert aus dem Gleichgewicht der anziehenden Kräfte und abstoßenden Kräfte zwischen den Atomen, die in einem Molekül durch Elektronenpaarbindung gebunden sind.

Wie entsprechende Untersuchungen zeigten, ist die Bindungslänge zwischen zwei Atomen eines Elements und zwischen zwei Atomen unterschiedlicher Elemente in verschiedenen Verbindungen nahezu identisch.

Mittlere molare Bindungsenthalpie. Aus den nahezu identischen Bindungslängen wurde abgeleitet, dass auch die Bindungsenthalpien der Elektronenpaarbindung zwischen zwei Atomen immer etwa gleich sind. Aus experimentell ermittelten Reaktionsenthalpien wurden Bindungsenthalpien berechnet, die diese Vermutung bestätigten. Es konnten **mittlere molare Bindungsenthalpien** $\Delta_B H_m$ berechnet und tabelliert werden.

Energetische Betrachtungen zu chemischen Bindungen

Die molare Bindungsenthalpie der Sauerstoff-Wasserstoff-Bindung lässt sich z. B. aus thermodynamischen Daten des Wassers, des Sauerstoffs und des Wasserstoffs berechnen. Ausgehend von der Überlegung, dass bei der Reaktion von zwei Wasserstoffatomen und einem Sauerstoffatom in der Gasphase zu einem Wassermolekül in der Gasphase lediglich zwei Sauerstoff-Wasserstoff-Bindungen ausgebildet werden, ergibt sich:

$$2\,H(g) + O(g) \rightarrow H_2O(g) \qquad \Delta_r H_m(1) = 2 \cdot \Delta_B H_m(O\text{–}H)$$

Aus Tabellenbüchern können die molaren Bildungsenthalpien für die Bildung von Wasser, von Sauerstoff- und von Wasserstoffatomen entnommen werden.

$H_2(g) + 0{,}5\,O_2(g) \rightarrow H_2O(g)$ $\qquad \Delta_f H_m(H_2O, g) = -242\;kJ\cdot mol^{-1}$
$0{,}5\,H_2(g) \qquad\qquad \rightarrow H(g)$ $\qquad \Delta_f H_m(H, g) = +218\;kJ\cdot mol^{-1}$
$0{,}5\,O_2(g) \qquad\qquad \rightarrow O(g)$ $\qquad \Delta_f H_m(O, g) = +249\;kJ\cdot mol^{-1}$

Nach dem Satz von HESS gilt dann:

$\Delta_B H_m(O\text{–}H) = 0{,}5 \cdot \Delta_r H_m(1)$
$\qquad\qquad\qquad = 0{,}5 \cdot [\Delta_f H_m(H_2O, g) - 2 \cdot \Delta_f H_m(H, g) - \Delta_f H_m(O, g)]$
$\qquad\qquad\qquad = 0{,}5 \cdot (-242\;kJ\cdot mol^{-1} - 2\cdot 218\;kJ\cdot mol^{-1} - 249\;kJ\cdot mol^{-1})$
$\Delta_B H_m(O\text{–}H) = -463\;kJ\cdot mol^{-1}$

Die molare Bindungsenthalpie der Sauerstoff-Wasserstoff-Bindung beträgt $\Delta_B H_m(O\text{–}H) = -463\;kJ\cdot mol^{-1}$.

Analoge Berechnungen an anderen Verbindungen mit Sauerstoff-Wasserstoff-Bindungen im Molekül, z. B. Berechnungen am Methanol $CH_3\text{–}O\text{–}H$, ergeben ähnliche molare Bindungsenthalpien für diese Bindung, sodass dieser Wert als mittlere molare Bindungsenthalpie für die Sauerstoff-Wasserstoff-Bindung angegeben wird (Tabelle 7).

Der Tabelle lässt sich entnehmen, dass eine Doppelbindung zwischen zwei Atomen stärker als eine Einfachbindung und eine Dreifachbindung stärker als eine Doppelbindung ist.

Mithilfe der mittleren molaren Bindungsenthalpien gelingt es, Erkenntnisse über die Bindungsverhältnisse in Molekülen zu erlangen und Modellvorstellungen zu überprüfen (↗ Exkurs 7).

Aufgaben

1. Die molare Bildungsenthalpie eines Stoffes und die Summe aller molaren Bindungsenthalpien für ein Molekül dieses Stoffes sind in der Regel nicht gleich. Nennen Sie den Grund für diese Ungleichheit.
2. Berechnen Sie unter Nutzung der mittleren molaren Bindungsenthalpien (Tab. 7) die molare Bildungsenthalpie für Cyclopropan. Vergleichen Sie Ihr Ergebnis mit der tabellierten molare Bildungsenthalpie $\Delta_f H_m(Cyclopropan, g) = +53\;kJ\cdot mol^{-1}$. Erklären Sie den Unterschied.
Stellen Sie entsprechende Berechnungen und Vergleiche für die Stoffe Cyclobutan, Cyclopentan und Cyclohexan an.
$\Delta_f H_m(Cyclobutan, g) = +27\;kJ\cdot mol^{-1}$
$\Delta_f H_m(Cyclopentan, g) = -77\;kJ\cdot mol^{-1}$
$\Delta_f H_m(Cyclohexan, g) = -123\;kJ\cdot mol^{-1}$

Tab. 7 Mittlere molare Bindungsenthalpien der chemischen Bindung $\Delta_B H_m(X–Y)$ in $kJ \cdot mol^{-1}$ bei $T = 298\ K$

X–Y	C	N	O	F	Cl	Br	I
H–	–416	–391	–463	–563	–432	–366	–299
C–	–348	–292	–351	–441	–328	–276	–240
C=	–615	–615	–728				
C≡	–812	–891					
N–	–292	–161		–270	–200		
N=	–615	–418					
N≡	–891	–946					
O–	–351		–139	–185	–203		
O=	–728		–495				

C

Energie-Konzept

Exkurs 7
Abschätzung der Mesomerieenthalpie des Benzols

Mithilfe der mittleren molaren Bindungsenthalpien $\Delta_B H_m$ lassen sich molare Bildungsenthalpien $\Delta_f H_m$ für Molekülverbindungen berechnen. Die berechneten molaren Bildungsenthalpien stimmen in der großen Mehrzahl der Molekülverbindungen mit den experimentell ermittelten Größen gut überein, sodass die Tragfähigkeit der Überlegungen bestätigt werden konnte. Die ermittelten Abweichungen liegen in der Größenordnung von $\pm 10\ kJ \cdot mol^{-1}$.

Bei einigen Verbindungen, z. B. dem Benzol C_6H_6, treten aber größere Abweichungen auf: Die Berechnung der molaren Bildungsenthalpie des gasförmigen Benzols $\Delta_f H_m(C_6H_6, g)$ erfolgt auf der Grundlage der folgenden Reaktionsgleichungen.

$6\,C(s) + 3\,H_2(g) \rightarrow C_6H_6(g)$ $\Delta_f H_m(C_6H_6, g)$

$C(s)$	$\rightarrow C(g)$	$\Delta_f H_m(C, g) = +717\ kJ \cdot mol^{-1}$
$0,5\,H_2(g)$	$\rightarrow H(g)$	$\Delta_f H_m(H, g) = +218\ kJ \cdot mol^{-1}$
$6\,C(g) + 6\,H(g)$	$\rightarrow C_6H_6(g)$	$\Delta_r H_m(1)$

Nach dem Satz von HESS gilt für die molare Bildungsenthalpie des gasförmigen Benzols $\Delta_f H_m(C_6H_6, g)$

$\Delta_f H_m(C_6H_6, g) = 6 \cdot \Delta_f H_m(C, g) + 6 \cdot \Delta_f H_m(H, g) + \Delta_r H_m(1)$.

Die molare Reaktionsenthalpie $\Delta_r H_m(1)$ wird aus den mittleren molaren Bindungsenthalpien der im Benzolmolekül vorhandenen chemischen Bindungen berechnet. Ausgehend von den Kekulé-Strukturen sind dabei drei Kohlenstoff-Kohlenstoff-Einfachbindungen, drei Kohlenstoff-Kohlenstoff-Doppelbindungen und sechs Kohlenstoff-Wasserstoff-Einfachbindungen zu berücksichtigen.

$\Delta_r H_m(1) = 3 \cdot \Delta_B H_m(C–C) + 3 \cdot \Delta_B H_m(C=C) + 6 \cdot \Delta_B H_m(C–H)$
$\Delta_r H_m(1) = 3 \cdot (-348\ kJ \cdot mol^{-1}) + 3 \cdot (-615\ kJ \cdot mol^{-1})$
$\qquad\qquad + 6 \cdot (-416\ kJ \cdot mol^{-1})$
$\Delta_r H_m(1) = -5\,385\ kJ \cdot mol^{-1}$

Damit kann die molare Bildungsenthalpie des gasförmigen Benzols $\Delta_f H_m(C_6H_6, g)$ berechnet werden.

$\Delta_f H_m(C_6H_6, g) = 6 \cdot \Delta_f H_m(C, g) + 6 \cdot \Delta_f H_m(H, g) + \Delta_r H_m(1)$
$\Delta_f H_m(C_6H_6, g) = 6 \cdot 717\ kJ \cdot mol^{-1} + 6 \cdot 218\ kJ \cdot mol^{-1}$
$\qquad\qquad + (-5\,385\ kJ \cdot mol^{-1})$
$\Delta_f H_m(C_6H_6, g) = +225\ kJ \cdot mol^{-1}$

Die auf der Basis der Kekulé-Strukturen berechnete molare Bildungsenthalpie des gasförmigen Benzols $\Delta_f H_m(C_6H_6, g)$ beträgt $\Delta_f H_m(C_6H_6, g) = +225\ kJ \cdot mol^{-1} = \Delta_f H_m(C_6H_6, g, ber.)$.

Experimentell wird für die molare Bildungsenthalpie von gasförmigem Benzol jedoch $\Delta_f H_m(C_6H_6, g, exp.) = +83\ kJ \cdot mol^{-1}$ ermittelt.

Der Unterschied zwischen beiden Bildungsenthalpien ist nur durch die Annahme anderer Bindungsverhältnisse im Benzolmolekül als die durch die Kekulé-Strukturen wiedergegebenen zu erklären: Im Benzolmolekül liegen nicht etwa Doppel- und Einfachbindungen zwischen den Kohlenstoffatomen vor. Vielmehr liegen die sechs π-Elektronen der Kohlenstoffatome über alle sechs Kohlenstoffatome delokalisiert vor und bilden ein π-Elektronensextett. Diese Erscheinung wird als Mesomerie bezeichnet und führt zu einer Verringerung der Enthalpie des stofflichen Systems. Das aromatische π-Elektronensextett im Benzolmolekül führt gegenüber den Kekulé-Strukturen zu einer energetischen Stabilisierung des Benzolmoleküls, die als **Mesomerieenthalpie** $\Delta_M H$ bezeichnet wird. Im Benzolmolekül beträgt die **molare Mesomerieenthalpie** $\Delta_M H_m$:

$\Delta_f H_m(C_6H_6, g, exp.) = \Delta_f H_m(C_6H_6, g, ber.) + \Delta_M H_m$
$\Delta_M H_m = \Delta_f H_m(C_6H_6, g, exp.) - \Delta_f H_m(C_6H_6, g, ber.)$
$\Delta_M H_m = +83\ kJ \cdot mol^{-1} - 225\ kJ \cdot mol^{-1}$
$\Delta_M H_m = -142\ kJ \cdot mol^{-1}$

Mesomerieenthalpie des Benzolmoleküls. Durch vergleichende Überlegungen lassen sich aus Reaktionsenthalpien auch Aussagen über die Bindungsverhältnisse in Molekülen gewinnen.

Die Kekulé-Strukturen für das Benzolmolekül (Abb. 2) lassen vermuten, dass z. B. die Reaktionsenthalpie für die vollständige Hydrierung des Benzols zu Cyclohexan dreimal so groß wie die Reaktionsenthalpie für die Hydrierung von Cyclohexen sein müsste. Der systematische Name einer Verbindung mit Kekulé-Struktur würde 1,2,3-Cyclohexatrien lauten. Die molare Reaktionsenthalpie für die vollständige Hydrierung dieses (hypothetischen) 1,2,3-Cyclohexatriens müsste also $\Delta_r H_m(2) = 3 \cdot \Delta_r H_m(1) = -360 \text{ kJ} \cdot \text{mol}^{-1}$ betragen.

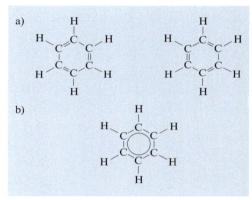

Die experimentell ermittelte molare Reaktionsenthalpie für die Hydrierung von Benzol zu Cyclohexan beträgt jedoch

$\Delta_f H_m(3) = -206 \text{ kJ} \cdot \text{mol}^{-1}$.

Dieses Ergebnis legt nahe, dass die Bindungsverhältnisse im Benzolmolekül nicht durch drei Doppelbindungen beschrieben werden können. Vielmehr ist das Benzolmolekül aufgrund der Mesomerie durch die Delokalisierung der sechs π-Elektronen der Kohlenstoffatome und die Bildung des π-Elektronensextetts gegenüber dem (hypothetischen) 1,2,3-Cyclohexatrienmolekül energetisch stabilisiert (↗ Exkurs 7). Die **molare Mesomerieenthalpie $\Delta_M H_m$** im Benzolmolekül beträgt:

$\Delta_M H_m = \Delta_r H_m(2) - \Delta_r H_m(3) = -360 \text{ kJ} \cdot \text{mol}^{-1} - (-206 \text{ kJ} \cdot \text{mol}^{-1})$
$\Delta_M H_m = -154 \text{ kJ} \cdot \text{mol}^{-1}$

Enthalpieänderungen bei der Bildung von Ionenbindungen. Für die Voraussage der Löslichkeit einer Ionenverbindung in einem Lösemittel wie Wasser sind Kenntnisse über die **Gitterenthalpie $\Delta_G H$** der Ionenverbindung erforderlich. Die Gitterenthalpie ist als die Reaktionsenthalpie der chemischen Reaktion mit den freien Ionen in der Gasphase als Ausgangsstoffe und der festen Ionenverbindung als Reaktionsprodukt definiert. In einer Ionenverbindung liegen die ungleichnamig elektrisch geladenen Kat- und Anionen, verbunden durch Ionenbindung, in einem Ionengitter vor. Um das Ionengitter zu zerstören und die Ionen in die Gasphase zu überführen, muss dem stofflichen System Enthalpie zugeführt werden. Die Gitterenthalpie eines Stoffes ist deshalb immer kleiner als null $\Delta_G H < 0$.

C-4

Energetische Betrachtungen zu chemischen Bindungen

2 Formeln für das Benzolmolekül: Kekulé-Strukturen (a) und Mesomerieformel (b)

↗ B-2 | Aromatische Kohlenstoffverbindungen

Aufgabe

1. Diskutieren Sie die unterschiedlichen molaren Mesomerieenthalpien des Benzols (Berechnung aus den Bindungsenthalpien, Exkurs 7, und Berechnung aus den Reaktionsenthalpien für die Hydrierung von Cyclohexen und Benzol).

↗ A-3 | Ionenbindung
↗ B-1 | Ionenverbindungen

3 Natriumchloridkristalle

C Energie-Konzept

Experimentell lässt sich die Gitterenthalpie eines Stoffes nur sehr schwer direkt bestimmen. Der deutsche Physiker MAX BORN (1882 bis 1970) und der deutsche Chemiker FRITZ HABER (1868 bis 1934) entwickelten für die Bildung einer Ionenverbindung aus den Elementen ein Schema von Teilreaktionen, deren Reaktionsenthalpien mit Ausnahme der Gitterenthalpie direkt ermittelt werden können. Dieses Schema wird nach seinen Entdeckern als **Born-Haber-Kreisprozess** bezeichnet.

Am Beispiel der Bildung von Kochsalz aus den Elementen soll die Gitterenthalpie von Natriumchlorid berechnet werden (Abb. 4). Von den Elementen – dem festen Natrium und dem gasförmigen Chlor – gelangt man auf zwei Wegen zum Natriumchlorid: Der erste Weg entspricht der Bildungsreaktion des Natriumchlorids mit der molaren Bildungsenthalpie.

$$\text{Na(s)} + \tfrac{1}{2}\,\text{Cl}_2\text{(g)} \rightarrow \text{NaCl(s)} \qquad \Delta_f H_m = -411\,\text{kJ}\cdot\text{mol}^{-1}$$

Auf dem zweiten Weg werden beide Elemente zunächst in Atome in der Gasphase überführt, dann werden die Ionen in der Gasphase gebildet, die dann zum Natriumchloridgitter reagieren.
Dabei sublimiert Natrium – molare Sublimationsenthalpie $\Delta_S H_m$.

$$\text{Na(s)} \rightarrow \text{Na(g)} \qquad \Delta_S H_m = +107\,\text{kJ}\cdot\text{mol}^{-1}$$

Chlormoleküle spalten unter Bildung von Chloratomen – molare Dissoziationsenthalpie $\Delta_D H_m$.

$$\tfrac{1}{2}\,\text{Cl}_2\text{(g)} \rightarrow \text{Cl(g)} \qquad \tfrac{1}{2}\Delta_D H_m = +121\,\text{kJ}\cdot\text{mol}^{-1}$$

Die Natriumatome werden ionisiert – molare Ionisierungsenthalpie $\Delta_I H_m$.

$$\text{Na(g)} \rightarrow \text{Na}^+\text{(g)} + e^- \qquad \Delta_I H_m = +504\,\text{kJ}\cdot\text{mol}^{-1}$$

Chloratome ionisieren – molare Elektronenaffinität $\Delta_E H_m$.

$$\text{Cl(g)} + e^- \rightarrow \text{Cl}^-\text{(g)} \qquad \Delta_E H_m = -350\,\text{kJ}\cdot\text{mol}^{-1}$$

Aus den Natrium- und Chlorid-Ionen in der Gasphase bildet sich das Natriumchloridgitter – molare Gitterenthalpie $\Delta_G H_m$.

$$\text{Na}^+\text{(g)} + \text{Cl}^-\text{(g)} \rightarrow \text{NaCl(s)} \qquad \Delta_G H_m$$

Die Berechnung der molaren Gitterenthalpie erfolgt unter Nutzung des Satzes von HESS.

$$\Delta_f H_m = \Delta_S H_m + \tfrac{1}{2}\Delta_D H_m + \Delta_I H_m + \Delta_E H_m + \Delta_G H_m$$
$$\Delta_G H_m = \Delta_f H_m - \Delta_S H_m - \tfrac{1}{2}\Delta_D H_m - \Delta_I H_m - \Delta_E H_m$$
$$\Delta_G H_m = (-411 - 107 - 121 - 504 + 350)\,\text{kJ}\cdot\text{mol}^{-1}$$
$$\Delta_G H_m = -793\,\text{kJ}\cdot\text{mol}^{-1}$$

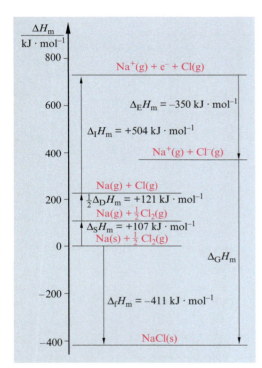

4 Enthalpiediagramm zum Born-Haber-Kreisprozess der Bildung von Natriumchlorid

Grundsätzlich kann mit dem Born-Haber-Kreisprozess jede einzelne Enthalpie berechnet werden, wenn alle anderen Größen bekannt sind. In der Regel sind aber alle Enthalpien mit Ausnahme der Gitterenthalpie experimentell bestimmbar, sodass der Born-Haber-Kreisprozess meist zur Berechnung der Gitterenthalpie verwendet wird.

 ↗ B-1 | Ionenverbindungen

---

Resümee

Die Bindungsenthalpie $\Delta_B H$ ist die Reaktionsenthalpie, die bei der Ausbildung einer chemischen Bindung zwischen zwei zuvor isolierten Atomen frei wird. Mithilfe mittlerer molarer Bindungsenthalpien können Erkenntnisse über die Bindungsverhältnisse in Molekülen erlangt und Modellvorstellungen überprüft werden.

422

Der 2. Hauptsatz der Thermodynamik

Gerichteter Verlauf von Vorgängen. Betrachten wir Prozesse, die in der uns umgebenden Welt ablaufen, so bemerken wir, dass diese Prozesse offensichtlich nur in eine Richtung ablaufen. Ein vom Baum gefallener reifer Apfel fault im Laufe der Zeit. Höchst unwahrscheinlich ist es hingegen, dass aus einem verfaulten Apfel wieder ein appetitlich frischer Apfel wird. Gleiches trifft auch auf das Lösen von Zuckerkristallen in Tee zu. Bei keinem der geschilderten Vorgänge wurden bisher Umkehrungen beobachtet. Beide Vorgänge laufen **spontan**, also ohne Einwirkung einer äußeren Kraft, nur in eine Richtung ab.

C-5

Der 2. Hauptsatz der Thermodynamik

2 Zucker löst sich in Tee.

1 Ein verfaulter Apfel wird nicht wieder ein appetitlich frischer Apfel.

Auch im Chemielabor lassen sich Beispiele für das beschriebene Phänomen finden: Wenn zwischen zwei mit verschiedenen Gasen gefüllte Standzylinder die Deckgläser entfernt werden, vermischen sich die beiden Gase spontan. Nach einer gewissen Zeit erreichen die Gase den Zustand vollständiger Durchmischung. Noch nie wurde beobachtet, dass sich die Gase von selbst entmischen und die Gase wieder im Ausgangszustand vorliegen (Abb. 3).

Ähnlich verhält es sich mit der Erscheinung, dass zwischen sich berührenden Gegenständen mit unterschiedlicher Temperatur ein Wärmeübergang bis zum Temperaturausgleich abläuft. Nie hat man dagegen beobachtet, dass sich die Temperatur des einen von zwei sich berührenden Gegenständen mit gleicher Temperatur spontan erhöht und die Temperatur des anderen sinkt.

Bei Betrachtung beider Vorgänge auf der Teilchenebene lässt sich auch verstehen, warum beide Vorgänge nur in eine Richtung ablaufen: In Gasen bewegen sich die Atome und Moleküle völlig unregelmäßig. Die Vermischung zweier Gase ergibt sich aus dieser unregelmäßigen Bewegung der Atome und Moleküle. Die Wahrscheinlichkeit, dass sich bei dieser Bewegung wieder der Anfangszustand der beiden getrennten Gase einstellt, ist gleich Null. Bei der Vermischung der beiden Gase trat im Übrigen keine Änderung der Enthalpie des stofflichen Systems auf, weil die Enthalpie der

3 Spontane Vermischung von Luft und Bromdampf

Energie-Konzept

4 Eine brennende Kerze erzeugt Licht und Wärme. Die Entropie der Umgebung erhöht sich.

Atome und Moleküle in einem realen Gas praktisch nicht von ihrem gegenseitigen Abstand abhängt. Für ideale Gase gilt letztere Aussage absolut.

Ähnlich verhält es sich beim Temperaturausgleich von zwei Gegenständen unterschiedlicher Anfangstemperatur. Im Körper mit der höheren Temperatur schwingen die Teilchen wegen ihrer höheren thermischen Energie stärker um ihre Gleichgewichtslage als die Teilchen in dem Körper, dessen Temperatur niedriger ist. Die Teilchen stoßen beim Schwingen um ihre Gleichgewichtslage zusammen. Dabei übertragen Teilchen mit höherer thermischer Energie einen Teil dieser Energie auf Teilchen mit niedrigerer thermischer Energie. Nach einer bestimmten Zeit ist die thermische Energie der Teilchen im zuvor wärmeren Körper soweit gesunken, dass sie der thermischen Energie der Teilchen im zuvor kälteren Körper entspricht. Es ist völlig unwahrscheinlich, dass die Teilchen des Körpers mit der höheren Temperatur aus dem Kontakt mit dem kälteren Körper ihre thermische Energie erhöhen und schneller und stärker schwingen als zuvor.

Allgemein sind spontan ablaufende Vorgänge dadurch gekennzeichnet, dass sie in eine Richtung ablaufen, in der es zu einer möglichst gleichmäßigen Verteilung von Teilchen und Energie kommt, d.h. ein Zustand möglichst großer Unordnung erreicht wird.

Irreversible und reversible Vorgänge. Diese Beispiele und die tägliche Erfahrung lassen die Vermutung nahe legen, dass es sich bei den beschriebenen Phänomenen um ein Naturgesetz handeln könnte. Die meisten spontanen Vorgänge laufen **irreversibel** (unumkehrbar) in die Richtung ab, in der ein Zustand einer möglichst gleichmäßigen Verteilung von Teilchen und Energie erreicht wird. Im Vergleich zu den geordneteren Ausgangszuständen sind die Endzustände mit geringerer Ordnung wahrscheinlicher.

In der chemischen Thermodynamik wird ein Vorgang dann als irreversibel bezeichnet, wenn er nicht vollständig rückgängig gemacht werden kann.

So lassen sich zwei vermischte Gase z. B. mithilfe einer Gaszentrifuge wieder trennen. Dabei wird an dem stofflichen System Arbeit verrichtet. Die Gastrennung verläuft aber auf einem anderen Weg als die Vermischung, sodass die Gastrennung im thermodynamischen Sinne nicht vollständig rückgängig gemacht wurde, obwohl der Ausgangszustand wieder vorliegt.

Reversible Vorgänge im thermodynamischen Sinn sind Vorgänge, die sich wieder vollständig rückgängig machen lassen, wobei die übertragene Wärme und die verrichtete Arbeit des vorwärts und des rückwärts gerichteten Prozesses lediglich entgegengesetzte Vorzeichen haben.

Vorgänge können nur unter idealisierten Bedingungen reversibel ablaufen. Alle realen Vorgänge sind deshalb irreversible Vorgänge. Nahezu reversibel laufen Aggregatzustandsänderungen ab. Bei der Schmelz- bzw. der Siedetemperatur kann die Aggregatzustandsänderung leicht (fast) vollständig in die entgegengesetzte Richtung ablaufen, indem Wärme z. B. zu- statt abgeführt wird.

Aufgaben

1. Wird eine Zuckerlösung längere Zeit offen stehen gelassen, so kristallisiert Zucker aus. Handelt es sich hierbei um eine spontane Umkehrung des Lösens von Zucker in Wasser? Erläutern Sie.
2. Erläutern Sie, wie sich die Entropie des stofflichen Systems ändert, wenn ein fester Stoff in einer Flüssigkeit gelöst wird. Vergleichen Sie diesen Vorgang mit dem Lösen eines Gases in einer Flüssigkeit. Das Gas soll mit der Flüssigkeit nicht reagieren.

Die Entropie – ein Maß für die Wahrscheinlichkeit eines Zustands von Systemen. Nach dem 1. Hauptsatz der Thermodynamik – dem Energieerhaltungssatz – sollte jeder reale Vorgang vollständig umkehrbar sein, wenn alle Energieübertragungen mit entgegengesetztem Vorzeichen ablaufen. Die Erfahrung zeigt jedoch, dass viele reale Prozesse spontan nur in eine Richtung verlaufen, wobei es zu einer möglichst gleichmäßigen Verteilung von Teilchen und Energie kommt, d.h. ein Zustand möglichst großer Unordnung erreicht wird.

1865 führten der deutsche Physiker RUDOLF JULIUS EMANUEL CLAUSIUS (1822 bis 1888) und der britische Physiker Sir WILLIAM THOMSON (1824 bis 1907, ab 1892 Lord KELVIN OF LARGS) eine neue thermodynamische Zustandsgröße, die **Entropie S** (griech. entrepein – umkehren), ein. Die Entropie kann man als Maß für die Wahrscheinlichkeit eines bestimmten Zustands eines Systems verstehen. Verteilen sich Energie und Materie, d.h. Teilchen, möglichst gleichmäßig – also ungeordnet, dann erhöht sich die Entropie dieses stofflichen Systems.

Mit der Entropie wurde eine physikalische Größe eingeführt, deren Änderung Aussagen über die Richtung von Zustandsänderungen bzw. die Wahrscheinlichkeit einer Zustandsänderung zulassen.

Änderung der Entropie bei reversiblen Prozessen. Für einen – unter idealisierten Bedingungen – reversibel geführten Prozess gilt in einem geschlossenen System, dass die Änderung der Entropie ΔS des stofflichen Systems gleich dem Quotienten aus der reversibel übertragenen Wärme Q_{rev} und der Temperatur T ist, bei der die Wärmeübertragung abläuft. Die Einheit der Entropie S ist $J \cdot K^{-1}$.

$$\Delta S = \frac{Q_{rev}}{T}$$

Die Entropie aller Stoffe am absoluten Nullpunkt ($T = 0$, $\vartheta = -273{,}15\,°C$) kann null gesetzt werden. Bei Erhöhung der Temperatur steigt die Entropie aller Stoffe. Deshalb sind Entropien von Stoffen immer größer als Null (↗ Tabelle 8).

Tab. 8 Molare Standardentropien S_m^0 einiger Stoffe bei $T = 298$ K und $p = 101{,}325$ kPa

Formel	$\frac{S_m^0}{J \cdot K^{-1} \cdot mol^{-1}}$	Formel	$\frac{S_m^0}{J \cdot K^{-1} \cdot mol^{-1}}$
$Br_2(g)$	245	$H_2O(l)$	70
$Br_2(l)$	152	$N_2(g)$	192
C(Graphit, s)	6	$NH_3(g)$	193
$CO(g)$	198	$NO(g)$	211
$CO_2(g)$	214	$NO_2(g)$	240
$Cl_2(g)$	223	$Na(g)$	154
$H_2(g)$	131	$Na(s)$	51
$HCl(g)$	187	$NaCl(s)$	72
$H_2O(g)$	189	$O_2(g)$	205

C-5

Der 2. Hauptsatz der Thermodynamik

5 Eine Wendel einer Glühlampe beginnt beim Fließen von elektrischem Strom zu glühen und strahlt Wärme in die Umgebung ab. Die Entropie der Umgebung erhöht sich.

Aufgaben

1. Wenn die Entropieerhaltung bzw. -zunahme eines der zentralen Naturgesetze darstellt, wie lässt es sich dann erklären, dass Lebewesen über einen hochgradig geordneten Organismus verfügen?
2. Ordnen Sie die folgenden Stoffe in Richtung zunehmender Entropie: $NO(g)$, $NO_2(g)$, $N_2O_4(g)$, $Na(s)$, $NaCl(s)$, $Br_2(l)$, $Br_2(g)$.

6 Beim Landen eines Flugzeugs „qualmen" die Reifen der Räder. Auch hier erhöht sich – wie bei allen Vorgängen, bei denen Reibung auftritt – die Entropie der Umgebung.

2. Hauptsatz der Thermodynamik. Spontane (reale) Prozesse verlaufen immer nur in eine Richtung. Die Erfahrung, dass kein Prozess, der mit einer Zunahme von Entropie verbunden ist, ohne äußere Einwirkung wieder vollständig rückgängig gemacht werden kann, führte zur Formulierung des 2. Hauptsatzes der Thermodynamik.

> Bei Prozessen, die in einem abgeschlossenen System ablaufen, vergrößert sich die Entropie des stofflichen Systems oder bleibt konstant.

Die Entropie eines geschlossenen oder offenen stofflichen Systems kann bei einem Prozess aber auch abnehmen, eine Entropieänderung also auch negativ sein. So sind z. B. die Entropieänderungen eines stofflichen Systems beim Kondensieren und beim Erstarren kleiner als Null. Wird aber die Umgebung, die die Kondensations- bzw. Erstarrungswärme aufnimmt, in die Betrachtung einbezogen, ergibt sich für das Gesamtsystem auch in diesen Fällen eine Entropiezunahme.

C

Energie-Konzept

> **Resümee**
>
> Spontane Vorgänge laufen irreversibel in die Richtung ab, in der ein Zustand einer gleichmäßigen Verteilung von Energie und Teilchen erreicht wird. Als ein Maß für die gleichmäßige Verteilung (Unordnung) von Energie und Teilchen wurde die thermodynamische Zustandsgröße Entropie eingeführt. Die Entropie eines stofflichen Systems vergrößert sich bei realen Prozessen in einem abgeschlossenen System oder bleibt konstant (2. Hauptsatz der Thermodynamik).

Exkurs 8
Entropieänderungen bei Aggregatzustandsänderungen

Aggregatzustandsänderungen sind Vorgänge, die nahezu reversibel ablaufen. Bei konstanter Temperatur wird die Wärme für die Aggregatzustandsänderung nahezu reversibel übertragen. Die Entropieänderung eines stofflichen Systems bei einer Aggregatzustandsänderung kann deshalb mit der Definitionsgleichung für die Entropieänderung berechnet werden.
Wasser (Eis) schmilzt bei $T = 273{,}15\,\text{K}$ ($\vartheta = 0\,°\text{C}$). Die molare Schmelzenthalpie des Wassers beträgt bei dieser Temperatur $\Delta_S H_m(\text{Wasser}) = 6\,000\,\text{J}\cdot\text{mol}^{-1}$. Die molare Entropieänderung beim Schmelzen von Wasser (Eis) berechnet sich nach

$$\Delta_S S_m(\text{Wasser}) = \frac{\Delta_S H_m(\text{Wasser})}{T} = \frac{6\,000\,\text{J}\cdot\text{mol}^{-1}}{273{,}15\,\text{K}}$$

$$= 22\,\text{J}\cdot\text{K}^{-1}\cdot\text{mol}^{-1}.$$

Die Entropieerhöhung beim Schmelzen eines Stoffes ergibt sich aus der gleichmäßigen und damit ungeordneten Verteilung der – zugeführten – Schmelzwärme auf alle Teilchen des Stoffes sowie aus der ungeordneten Bewegung der Wassermoleküle im flüssigen Wasser, die im Gitter des Eiskristalls nicht möglich ist.

Für das Verdampfen von Wasser bei der Siedetemperatur $T = 373{,}15\,\text{K}$ ($\vartheta = 100\,°\text{C}$) beträgt die molare Verdampfungsenthalpie $\Delta_V H_m(\text{Wasser}) = 45\,000\,\text{J}\cdot\text{mol}^{-1}$. Die molare Entropieänderung beim Verdampfen von Wasser berechnet sich nach

$$\Delta_V S_m(\text{Wasser}) = \frac{\Delta_V H_m(\text{Wasser})}{T}$$

$$\Delta_V S_m(\text{Wasser}) = \frac{45\,000\,\text{J}\cdot\text{mol}^{-1}}{373{,}15\,\text{K}}$$

$$\Delta_V S_m(\text{Wasser}) = 121\,\text{J}\cdot\text{K}^{-1}\cdot\text{mol}^{-1}$$

Auch beim Übergang vom flüssigen in den gasförmigen Aggregatzustand erhöht sich die Entropie des Wassers. Die Verdampfungswärme wurde auf alle Wassermoleküle verteilt und die Wassermoleküle können sich im Wasserdampf ungeordneter bewegen als im flüssigen Wasser.
Beide Rechnungen verdeutlichen, dass sich bei den Aggregatzustandsänderungen Schmelzen und Verdampfen die Entropie einer Stoffportion erhöht. Umgekehrt gilt, dass sich beim Erstarren und Kondensieren die Entropie des stofflichen Systems verringert.

Enthalpie, Entropie und chemische Reaktionen

Die Gibbssche Energie – freie Enthalpie. Der 2. Hauptsatz der Thermodynamik liefert die Erkenntnis, dass ein Prozess, also auch eine chemische Reaktion nur abläuft, wenn sich die Entropie erhöht. Da die stofflichen Systeme bei einer chemischen Reaktion meist nicht abgeschlossene, sondern geschlossene oder sogar offene Systeme sind, muss bei einer Betrachtung chemischer Reaktionen immer auch die Entropieänderung der Umgebung mit berücksichtigt werden. Bei einer chemischen Reaktion in einem geschlossenen System beruht die Entropieänderung der Umgebung auf der Energieübertragung zwischen dem stofflichen System und der Umgebung – meist in Form von Wärme. Das heißt, die Entropieänderung der Umgebung ist auf die Reaktionsenthalpie zurückzuführen.

Auf der Grundlage dieser Überlegungen definierte der amerikanische Physiker JOSIAH WILLARD GIBBS (1839 bis 1903) eine weitere Zustandsgröße – die **Gibbssche Energie G**, die auch als **freie Enthalpie** bezeichnet wird.

$$G = H - T \cdot S$$

Aus der Größengleichung ergibt sich, dass für die freie Enthalpie eines Stoffes oder eines stofflichen Systems wie für die Enthalpie kein Absolutwert angegeben werden kann. Lediglich Änderungen der freien Enthalpie bei einer Zustandsänderung durch eine chemische Reaktion oder einen Prozess lassen sich bestimmen. In der chemischen Thermodynamik ist die Änderung der freien Enthalpie die physikalische Größe, mit deren Hilfe der freiwillige Ablauf einer chemischen Reaktion oder eines Prozesses vorausgesagt werden kann.

Gibbs-Helmholtz-Gleichung. Für die Änderung der freien Enthalpie gilt bei isobarer Prozessführung (p = konstant)

$$\Delta G = \Delta H - \Delta(T \cdot S).$$

Erst bei isotherm-isobarer Prozessführung (T = konstant, p = konstant) ist die Änderung der freien Enthalpie nur von den Änderungen der Zustandsgrößen Enthalpie und Entropie abhängig.

$$\Delta G = \Delta H - T \cdot \Delta S$$

Diese Größengleichung geht auf Arbeiten von GIBBS und dem deutschen Physiker und Physiologen HERMANN LUDWIG FERDINAND VON HELMHOLTZ (1821 bis 1894) zurück, weshalb sie als **Gibbs-Helmholtz-Gleichung** bezeichnet wird.

Für chemische Reaktionen sind Gibbs-Helmholtz-Gleichungen in den Formen mit Reaktionsgrößen und mit molaren Standardgrößen wichtige Größengleichungen.

$$\Delta_r G = \Delta_r H - T \cdot \Delta_r S$$
$$\Delta_r G_m^0 = \Delta_r H_m^0 - T \cdot \Delta_r S_m^0$$

1 Kaliumpermanganatkristalle lösen sich spontan in Wasser. Das Lösen eines Feststoffs führt zu einer Zunahme der Entropie.

Experiment 1

Lösen von Ammoniumnitrat in Wasser
In ein Becherglas gibt man etwa 20 ml Wasser und bestimmt die Temperatur. Nach dem Lösen von 2 Spatelspitzen Ammoniumnitrat wird die Temperatur erneut bestimmt:
Die Temperatur der Ammoniumnitratlösung ist kleiner als die Temperatur des Wassers bei Reaktionsbeginn.

Experiment 2

Reaktion von Bariumhydroxid mit Ammoniumthiocyanat
16 g Bariumhydroxid-8-Wasser und 8 g Ammoniumthiocyanat (Ammoniumrhodanid) von Zimmertemperatur werden in einen Erlenmeyerkolben gegeben und kräftig geschüttelt. Der Erlenmeyerkolben ist auf eine mit Wasser angefeuchtete Unterlage zu stellen. Die Temperatur des Stoffgemischs im Erlenmeyerkolben wird bestimmt:
Die Temperatur sinkt unter 0 °C. An der Außenwand des Erlenmeyerkolbens bildet sich eine Eisschicht.

Energie-Konzept

Aufgaben

1. Stellen Sie Enthalpie- und Entropiebetrachtungen für das Verdampfen einer Flüssigkeit an.
2. Berechnen Sie die molare freie Standardreaktionsenthalpie $\Delta_r G_m^0$ für die folgenden chemischen Reaktionen. Entnehmen Sie die erforderlichen molaren Standardgrößen einem Tabellenwerk.

   a) $2\,NaCl(s) + Br_2(l) \rightarrow 2\,NaBr(s) + Cl_2(g)$

   b) $CuO(s) + Mg(s) \rightarrow MgO(s) + Cu(s)$

3. Entscheiden Sie, ob die folgenden chemischen Reaktionen bei 25 °C ablaufen können. Begründen Sie Ihre Entscheidungen.

   $H_2(g) + I_2(s) \rightarrow 2\,HI(g)$
   $H_2(g) + Cl_2(g) \rightarrow 2\,HCl(g)$

   Berechnen Sie die Temperatur, bei der die Bildung von Iodwasserstoff aus den Elementen freiwillig abläuft.

4. Entscheiden Sie, ob die Synthese von Methanol nach der Reaktionsgleichung

   $CO(g) + 2\,H_2(g) \rightarrow CH_3OH(g)$

   unter Standardbedingungen möglich ist.

5. Berechnen Sie die molare freie Standardreaktionsenthalpie für die Umwandlung von Diamant in Graphit. Erläutern Sie, warum sich Diamanten in Brillantringen nicht in Graphit umwandeln.

Der freiwillige Ablauf chemischer Reaktionen. Mithilfe der freien Reaktionsenthalpie $\Delta_r G$ kann vorausgesagt werden, ob eine chemische Reaktion freiwillig abläuft oder nicht.

Ist die freie Reaktionsenthalpie einer chemischen Reaktion negativ ($\Delta_r G < 0$), so kann die chemische Reaktion entsprechend der Reaktionsgleichung freiwillig (spontan) ablaufen. Eine solche Reaktion verläuft **exergonisch** (griech. ergon – Arbeit), d. h., sie kann unter Abgabe von Arbeit ablaufen.

Ist die freie Reaktionsenthalpie einer chemischen Reaktion dagegen positiv ($\Delta_r G > 0$), so läuft die chemische Reaktion entsprechend der Reaktionsgleichung freiwillig nicht ab. Nur durch Aufwand von Arbeit kann der Ablauf der chemischen Reaktion erzwungen werden. Eine solche Reaktion verläuft **endergonisch**.

Ist die freie Reaktionsenthalpie einer chemischen Reaktion gleich null ($\Delta_r G = 0$), so herrscht **chemisches Gleichgewicht**.

↗ D-6 | Freie Reaktionsenthalpie und chemisches Gleichgewicht

Entsprechend der Gibbs-Helmholtz-Gleichung werden alle chemischen Reaktionen, deren Reaktionsenthalpie negativ ($\Delta_r H < 0$) und deren Reaktionsentropie positiv ($\Delta_r S > 0$) sind, freiwillig ablaufen, weil in diesem Fall die freie Reaktionsenthalpie immer negativ ($\Delta_r G < 0$) ist.

Dies ist z. B. bei der Bildung von Kohlenstoffdioxid CO_2 aus den Elementen der Fall.

$C + O_2 \rightarrow CO_2$

$\Delta_r H_m^0 = \Delta_f H_m^0(CO_2) - (\Delta_f H_m^0(C) + \Delta_f H_m^0(O_2))$
$\Delta_r H_m^0 = -394\,kJ \cdot mol^{-1} - (0\,kJ \cdot mol^{-1} + 0\,kJ \cdot mol^{-1})$
$\Delta_r H_m^0 = -394\,kJ \cdot mol^{-1}$

$\Delta_r S_m^0 = S_m^0(CO_2) - (S_m^0(C) + S_m^0(O_2))$
$\Delta_r S_m^0 = [214 - (6 + 205)]\,J \cdot K^{-1} \cdot mol^{-1} = +3\,J \cdot K^{-1} \cdot mol^{-1}$

$\Delta_r G_m^0 = \Delta_r H_m^0 - T \cdot \Delta_r S_m^0$
$\Delta_r G_m^0 = -394\,kJ \cdot mol^{-1} - 298\,K \cdot (0{,}003\,kJ \cdot K^{-1} \cdot mol^{-1})$
$\Delta_r G_m^0 = -395\,kJ \cdot mol^{-1}$

Die molare freie Standardreaktionsenthalpie $\Delta_r G_m^0$ ist negativ, die Bildung von Kohlenstoffdioxid aus den Elementen läuft freiwillig ab. Auch eine Änderung der Temperatur verändert dieses Ergebnis nicht. Aus unserer alltäglichen Erfahrung ist aber bekannt, dass Kohle oder Papier sich nicht spontan entzündet, obwohl die energetische Betrachtung sehr eindeutig zu einer Klassifizierung dieser Reaktion als „spontan" führt. Dass die Bildung von Kohlenstoffdioxid aus den Elementen nicht abläuft, liegt daran, dass die Teilchen der Ausgangsstoffe unter Standardbedingungen nicht über eine ausreichende Aktivierungsenergie verfügen. Erst nach dem Erhitzen verfügen die Teilchen der Ausgangsstoffe über eine so hohe innere Energie, dass die chemische Reaktion ablaufen kann.

↗ D-2 | Stoßtheorie und Übergangszustand
↗ D-3 | Beeinflussung der Reaktionsgeschwindigkeit

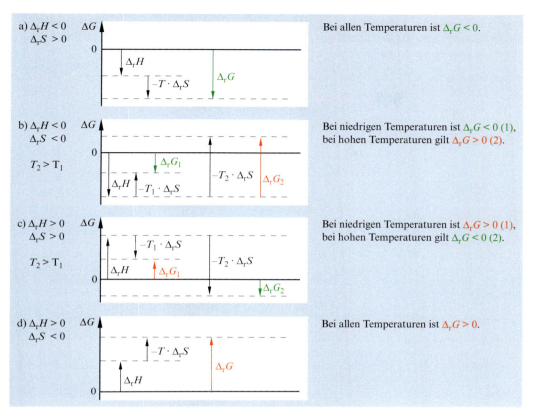

2 Die freie Reaktionsenthalpie in Abhängigkeit von Reaktionsenthalpie, Reaktionsentropie und Temperatur

Eine chemische Reaktion, deren freiwilliger Ablauf von der Temperatur abhängt, ist dagegen die Zerlegung von Wasser in die Elemente.

$2 H_2O(l) \rightarrow 2 H_2(g) + O_2(g)$

$\Delta_r H_m^0 = 2 \cdot \Delta_f H_m^0(H_2, g) + \Delta_f H_m^0(O_2, g) - 2 \cdot \Delta_f H_m^0(H_2O, l)$
$\Delta_r H_m^0 = 0 \text{ kJ} \cdot \text{mol}^{-1} + 0 \text{ kJ} \cdot \text{mol}^{-1} - 2 \cdot (-286 \text{ kJ} \cdot \text{mol}^{-1})$
$\Delta_r H_m^0 = +572 \text{ kJ} \cdot \text{mol}^{-1}$

$\Delta_r S_m^0 = 2 \cdot S_m^0(H_2, g) + S_m^0(O_2, g) - 2 \cdot S_m^0(H_2O, l)$
$\Delta_r S_m^0 = (2 \cdot 131 + 205 - 2 \cdot 70) \text{ J} \cdot \text{K}^{-1} \cdot \text{mol}^{-1} = +327 \text{ J} \cdot \text{K}^{-1} \cdot \text{mol}^{-1}$

$\Delta_r G_m^0 = \Delta_r H_m^0 - T \cdot \Delta_r S_m^0$
$\Delta_r G_m^0 = +572 \text{ kJ} \cdot \text{mol}^{-1} - 298 \text{ K} \cdot (0,327 \text{ kJ} \cdot \text{K}^{-1} \cdot \text{mol}^{-1})$
$\Delta_r G_m^0 = +475 \text{ kJ} \cdot \text{mol}^{-1}$

Die molare freie Standardreaktionsenthalpie der Zerlegung von Wasser in die Elemente ist positiv, d. h., diese chemische Reaktion ist unter Standardbedingungen endergonisch und läuft nicht freiwillig ab. Diese Reaktion kann aber durch Aufwand von Arbeit, z. B. durch elektrische Arbeit bei einer Elektrolyse, erzwungen werden.

Auch bei einer Erhöhung der Reaktionstemperatur ist eine Zerlegung von Wasser möglich: Die Erhöhung der Reaktionstemperatur führt zu einer Verkleinerung der molaren freien Standardreaktionsenthalpie, bis sie negativ ist, und die Zerlegung von Wasser freiwillig abläuft.

↗ E-4 | Elektrolyse – eine erzwungene Reaktion

C-6

Enthalpie, Entropie und chemische Reaktionen

Resümee

Der freiwillige Ablauf einer chemischen Reaktion lässt sich durch die Berechnung der freien Reaktionsenthalpie mit der Gibbs-Helmholtz-Gleichung bestimmen.

$\Delta_r G = \Delta_r H - T \cdot \Delta_r S$

Bei negativer freier Reaktionsenthalpie ($\Delta_r G < 0$) verläuft die chemische Reaktion freiwillig und exergonisch (unter Abgabe von Arbeit). Bei positiver freier Reaktionsenthalpie ($\Delta_r G > 0$) verläuft die chemische Reaktion nicht freiwillig, sie ist nur endergonisch (unter Aufwand von Arbeit) möglich. Ist die freie Reaktionsenthalpie gleich null ($\Delta_r G = 0$), liegt chemisches Gleichgewicht vor.

Energie-Konzept im Überblick

Stoffliche Systeme in der Thermodynamik

stoffliches System	Kennzeichen des stofflichen Systems
abgeschlossenes System	Zwischen einem abgeschlossenen System und der Umgebung finden weder Stoff- noch Energieübergang über die Systemgrenzen statt.
geschlossenes System	Zwischen einem geschlossenen System und der Umgebung findet ein Energieübergang, aber kein Stoffübergang über die Systemgrenzen statt.
offenes System	Zwischen einem offenen System und der Umgebung laufen Stoff- und Energieübergänge über die Systemgrenzen ab.

Energie – Wärme – Arbeit

Energie E tritt in verschiedenen Energiearten (z. B. Lageenergie, thermische Energie, chemische Energie, elektrische Energie) auf. Energie kann von einer Energieart in andere Energiearten umgewandelt werden. Bei allen Energieumwandlungen entstehen nicht nur die gewünschte Energieart sondern auch andere Energiearten. Dadurch entstehen bei allen Energieumwandlungen Energieverluste. Energiearten wie die innere Energie und die Enthalpie eines stofflichen Systems sind Zustandsgrößen dieses Systems. Bei Energieübergängen zwischen einem stofflichen System und der Umgebung wird in der chemischen Thermodynamik davon ausgegangen, dass die Energie in Form von Wärme Q und Arbeit W übertragen wird. Bei den physikalischen Größen Wärme und Arbeit handelt es sich um Prozessgrößen.

Wichtige Größen der chemischen Thermodynamik

physikalische Größe	Symbol	Kennzeichen
innere Energie	U	thermodynamische Zustandsgröße, die gleich der in einem stofflichen System durch innere Zusammenhänge vorhandenen Energie ist
Enthalpie	$H(=U+p\cdot V)$	thermodynamische Zustandsgröße, die gleich der Summe aus innerer Energie und dem Produkt aus Druck und Volumen ist
Entropie	S	thermodynamische Zustandsgröße, die als Maß für die gleichmäßige Verteilung (Unordnung) von Energie und Teilchen verstanden werden kann
Gibbssche Energie (freie Enthalpie)	$G(=H-T\cdot S)$	thermodynamische Zustandsgröße, die gleich der Differenz aus Enthalpie und dem Produkt aus Temperatur und Entropie ist

Die Hauptsätze der Thermodynamik

Die Hauptsätze der Thermodynamik beruhen auf experimentellen Erfahrungen. Sie sind deshalb Erfahrungssätze.

1. Hauptsatz der Thermodynamik:	Energie kann von einer Art in eine andere umgewandelt werden, sie kann aber weder erzeugt noch vernichtet werden.
2. Hauptsatz der Thermodynamik:	Bei Prozessen, die in einem abgeschlossenen System ablaufen, vergrößert sich die Entropie des stofflichen Systems oder bleibt konstant.

Wichtige Größengleichungen der chemischen Thermodynamik

Der Satz von HESS:

Die Reaktionsenthalpie einer chemischen Reaktion hängt nur vom Anfangs- und vom Endzustand des stofflichen Systems ab. Reaktionsenthalpien können addiert werden.

Für die Berechnung von Reaktionsenthalpien aus Bildungsenthalpien gilt:

$$\Delta_r H_m^0 = \Sigma[\nu(\text{Produkte}) \cdot \Delta_f H_m^0(\text{Produkte})] - \Sigma[\nu(\text{Edukte}) \cdot \Delta_f H_m^0(\text{Edukte})]$$

Analog gilt für die Berechnung von Reaktionsentropien aus den Entropien der Stoffe:

$$\Delta_r S_m^0 = \Sigma[\nu(\text{Produkte}) \cdot S_m^0(\text{Produkte})] - \Sigma[\nu(\text{Edukte}) \cdot S_m^0(\text{Edukte})]$$

Gibbs-Helmholtz-Gleichung:

$$\Delta_r G_m^0 = \Delta_r H_m^0 - T \cdot \Delta_r S_m^0$$

Kapitel D

Konzept der Kinetik und des chemischen Gleichgewichts

Chemische Reaktionen können innerhalb von Sekundenbruchteilen ablaufen, mitunter reagieren die Ausgangsstoffe jedoch auch nur sehr langsam, oft über mehrere Jahre hinweg. Doch was geschieht eigentlich genau auf der Ebene der Teilchen während einer chemischen Reaktion? Müssen sie zusammenstoßen, um zu reagieren?

Im Folgenden wird beschrieben, wie Reaktionsgeschwindigkeiten gemessen, berechnet und beeinflusst werden können. Was passiert, wenn Reaktionen über längere Zeit beobachtet werden und wann ist eine chemische Reaktion eigentlich beendet? Nach einiger Zeit wird sich ein konstantes Konzentrationsverhältnis zwischen Ausgangsstoffen und Reaktionsprodukten einstellen. Die folgenden Abschnitte zeigen, dass dieses chemische Gleichgewicht kein statischer, sondern ein dynamischer Zustand ist.

Die Geschwindigkeit einer chemischen Reaktion kann auch durch die Verwendung eines Katalysators beeinflusst werden. Katalysatoren werden bei fast allen Synthesen der chemischen Industrie verwendet und auch in unserem Körper arbeiten viele hoch spezialisierte Katalysatoren. Was ein Katalysator ist und warum man ihn bei chemischen Reaktionen verwendet, zeigt ebenfalls das folgende Kapitel.

Geschwindigkeit von Reaktionen – Bestimmung und Beschreibung

Konzept der Kinetik und des chemischen Gleichgewichts

Was ist eine Reaktionsgeschwindigkeit? Im Verlauf chemischer Reaktionen werden vorhandene Bindungen zwischen den Atomen der beteiligten Stoffe unter Energieumsatz aufgebrochen und neue Bindungen geknüpft. Doch wie schnell erfolgt dieser Umbau? Wie kann man die Geschwindigkeit der Reaktionen messen und möglicherweise beeinflussen? Diese und weitere Fragen sollen im Kapitel D beantwortet werden.

Das gesamte Fachgebiet wird als **Kinetik**, die Lehre von der Geschwindigkeit chemischer Reaktionen bezeichnet. Für den Chemiker ist es wichtig, wie die Geschwindigkeit von Reaktionen gemessen und beeinflusst werden kann, weil so bei der Herstellung von chemischen Produkten Energie und damit Kosten gespart werden können. Die Untersuchung der Geschwindigkeit von Reaktionen ist auch interessant, weil sich dadurch Erkenntnisse über die Mechanismen chemischer Reaktionen, also ihrer elementaren Schritte gewinnen lassen. Doch was ist eigentlich eine „Geschwindigkeit"?

In der Umgangssprache beschreibt „Geschwindigkeit" meist das Verhältnis aus einer Strecke und der benötigten Zeit, um sie zurückzulegen. So wird die momentane Geschwindigkeit auf dem Tachometer eines Autos in der Einheit $km \cdot h^{-1}$ angezeigt. Viel allgemeiner beschreibt **Geschwindigkeit** aber die Änderung einer bestimmten Größe in einem Zeitintervall. Welche Größe ändert sich bei der chemischen Reaktionsgeschwindigkeit mit der Zeit? Die Durchführung des Experiments 1 zeigt, dass im Verlauf der Reaktion die Konzentration der Ausgangsstoffe abnimmt und die der Reaktionsprodukte zunimmt (Abb. 2). Auf dem Gebiet der Kinetik beschreibt die Reaktionsgeschwindigkeit also die Änderung der Konzentrationen von Stoffen in Abhängigkeit von der Zeit.

Definiert wird die **Reaktionsgeschwindigkeit** v als Konzentrationsänderung Δc der Ausgangsstoffe (Edukte) oder der Reaktionsprodukte einer Reaktion pro Zeitintervall Δt:

$$v = \frac{\Delta c(\text{Produkte})}{\Delta t} = -\frac{\Delta c(\text{Edukte})}{\Delta t}.$$

Die Einheit der Reaktionsgeschwindigkeit ist $mol \cdot l^{-1} \cdot s^{-1}$. Die Geschwindigkeit v und das Zeitintervall $\Delta t = t_2 - t_1$ sind Größen mit positivem Vorzeichen. Für $\Delta c(\text{Produkte}) = c_2 - c_1$ ist das Vorzeichen positiv, die Änderung der Konzentration der Ausgangsstoffe $\Delta c(\text{Edukte}) = c_2 - c_1$ ist jedoch negativ, weil die Konzentration der Ausgangsstoffe im Reaktionsverlauf abnimmt.

Die Bestimmung der Reaktionsgeschwindigkeit. Zur Bestimmung der Reaktionsgeschwindigkeit wird die Abhängigkeit zwischen den Konzentrationen der Ausgangsstoffe bzw. denen der Reaktionsprodukte und der Reaktionszeit gemessen. Dabei muss die Messung der Konzentrationen sehr schnell im Vergleich zur Reaktionsgeschwin-

Experiment 1

Konzentrations-Zeit-Diagramm der Reaktion Magnesium mit Salzsäure

In einem wie in Abb. 1 gezeigten Aufbau werden 80 ml Salzsäure, $c(HCl) = 0{,}1\ mol \cdot l^{-1}$, in eine Saugflasche gegeben und der pH-Wert bestimmt. Anschließend werden 2 g Magnesiumgranulat zugegeben und die Saugflasche verschlossen. Die Zugabe des Magnesiums startet die folgende Reaktion:

$2\ H_3O^+(aq) + 2\ Cl^-(aq) + Mg \rightarrow H_2(g) + Mg^{2+}(aq) + 2\ Cl^-(aq) + 2\ H_2O(l)$

Da die Reaktionsgeschwindigkeit von der Temperatur abhängt, wird diese während der Messung durch ein Wasserbad nahezu konstant gehalten. Bei Zugabe des Magnesiums setzt man die Stoppuhr in Gang. Alle 15 s werden der pH-Wert und das Volumen des gebildeten Wasserstoffs (F+) notiert. Die Werte werden so lange notiert, bis pH = 7 erreicht ist. In Abb. 2 sind die Ergebnisse grafisch dargestellt.

Vor der grafischen Darstellung der Messergebnisse wurden die pH-Werte in die entsprechenden Wasserstoff-Ionenkonzentrationen umgerechnet. Das Wasserstoffvolumen kann mit der Näherung als ideales Gas $V(H_2) \sim c(H_2)$ direkt als Maß für die Wasserstoffkonzentration verwendet werden.

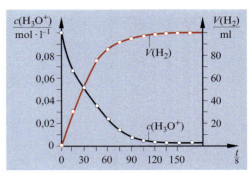

2 Konzentrations-Zeit-Diagramm der Reaktion Magnesium mit Salzsäure

D-1

Geschwindigkeit von Reaktionen – Bestimmung und Beschreibung

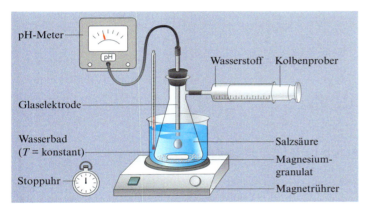

1 Experimentaufbau

digkeit geschehen. Reaktionsgeschwindigkeiten können sich erheblich unterscheiden. Die Zeitskala der chemischen Reaktionen umfasst etliche Größenordnungen. Man vergleiche als Beispiel die Geschwindigkeit des Verrostens von Eisenwerkstücken mit der Explosion bei einer Sprengung (Abb. 3). Einen Überblick über die Geschwindigkeit unterschiedlicher Reaktionen gibt Tab. 1. Um sie zu vergleichen, werden ihre Halbwertszeiten (↗ Halbwertszeit S. 442) angegeben. Die Halbwertszeit ist in der Kinetik eine gebräuchliche Größe zur Charakterisierung von Reaktionsgeschwindigkeiten. Sie gibt die Zeit an, nach der sich die Anfangskonzentration der Ausgangsstoffe gerade halbiert hat.

Da eine direkte Messung der Konzentration, z. B. durch eine Titration, im Vergleich zur Reaktionsgeschwindigkeit meist viel zu langsam ist, müssen andere Messmethoden verwendet werden. In Abhängigkeit von der zu erwartenden Reaktion können verschiedene Methoden eingesetzt werden: Liegt bei einer langsamen Reaktion mit einer Halbwertszeit von mehreren Sekunden ein Reaktionspartner gasförmig vor, so kann man die Konzentration indirekt durch die *Messung des Volumens* dieses Reaktionspartners bestimmen. Die Messung der *elektrischen Leitfähigkeit* der Lösung kommt immer dann als Methode infrage, wenn an der Reaktion Ionen beteiligt sind. Sind die Ausgangsstoffe oder Reaktionsprodukte optisch

3 Schnelle (links) und langsame (rechts) Reaktionen

433

Tab. 1 Halbwertszeiten einiger chemischer Reaktionen (Anfangskonzentrationen $c_0 = 0{,}1$ mol·l^{-1})

Reaktion	Reaktionstemperatur T in K	Halbwertszeit $t_{1/2}$
$H^+ + OH^- \rightarrow H_2O$	298	$6{,}7 \cdot 10^{-11}$ s
$[Fe(H_2O)_6]^{3+} + SCN^- \rightarrow [Fe(H_2O)_5SCN]^{2+} + H_2O$	298	0,2 s
$2 N_2O \rightarrow 2 N_2 + O_2$	1000	0,9 s
$2 NO_2 \rightarrow 2 NO + O_2$	573	18,5 s
$CH_3COOC_2H_5 + OH^- \rightarrow CH_3COO^- + C_2H_5OH$	293	9,2 min
$CH_3N_2CH_3 \rightarrow CH_3CH_3 + N_2$	600	32,1 min
$C_{12}H_{22}O_{11} + H_2O \rightarrow 2\, C_6H_{12}O_6$	290	3,7 h
$N_2O_5 \rightarrow NO_2 + NO_3$	298	6,4 h
$C_2H_5Br \rightarrow C_2H_4 + HBr$	650	9,6 h
$H_2 + I_2 \rightarrow 2\, HI$	500	269 d
	600	6,3 h
	700	2,6 min
	800	3,8 s

D Konzept der Kinetik und des chemischen Gleichgewichts

aktiv, kann auch die *Änderung des Drehwinkels linear polarisierten Lichtes* zur Bestimmung verwendet werden (↗ S. 271). Besonders gut sind auch *spektroskopische Methoden* geeignet, bei denen die Konzentration mithilfe des Lambert-Beer-Gesetzes bestimmt wird (Exkurs 1).

Für schnellere Reaktionen müssen andere Messtechniken verwendet werden, die ebenfalls meist auf spektroskopischen Methoden basieren (Exkurs 2).

Durchschnittliche und momentane Reaktionsgeschwindigkeit. Wie kann man nun aus einer wie in Experiment 1 beschriebenen Messung der Konzentrationen die Reaktionsgeschwindigkeit bestimmen? Die Geschwindigkeit einer Reaktion wird aus den Messdaten ermittelt, wie im Folgenden beschrieben wird. Abb. 4 zeigt das **Konzentrations-Zeit-Diagramm** für den Ausgangsstoff einer Reaktion, wie z. B. der Hydronium-Ionen im Experiment 1. Die Geschwindigkeit einer chemischen Reaktion ist jedoch praktisch nie konstant. Man unterscheidet die Größen durchschnittliche Reaktionsgeschwindigkeit $\bar{v}$ und momentane Reaktionsgeschwindigkeit v. Zur Bestimmung der **durchschnittlichen Reaktionsgeschwindigkeit** $\bar{v}$ wird die Konzentration eines Reaktionspartners zu einem Zeitpunkt t_1 und dann zu einem späteren Zeitpunkt t_2 ermittelt. Durch Division der zugehörigen Konzentrationsdifferenz Δc durch dieses Zeitintervall Δt erhält man die durchschnittliche Reaktionsgeschwindigkeit für dieses Zeitintervall (Abb. 4).

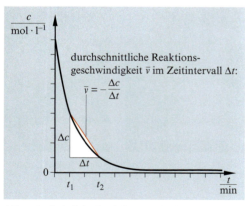

4 Durchschnittliche Reaktionsgeschwindigkeit

Die durchschnittliche Reaktionsgeschwindigkeit beschreibt damit einen Mittelwert für die Geschwindigkeit in einem Zeitintervall Δt.

$$\bar{v} = -\frac{\Delta c}{\Delta t}$$

Die durchschnittliche Reaktionsgeschwindigkeit ist für den Chemiker allerdings weniger interessant als die momentane Reaktionsgeschwindigkeit. Die **momentane Reaktionsgeschwindigkeit *v*** gibt die Geschwindigkeit zu *einem* bestimmten Zeitpunkt während einer Reaktion an. Man erhält die momentane Reaktionsgeschwindigkeit aus der durchschnittlichen Reaktionsgeschwindigkeit, wenn man das Zeitintervall Δt gegen null gehen lässt. Die momentane Reaktionsgeschwindigkeit beschreibt damit die Konzentrationsänderung in einem infinitesimalen (unendlich kleinen) Zeitabschnitt, also praktisch für einen Zeitpunkt. Zur Bestimmung wird daher der Differenzialquotient verwendet.

$$\bar{v} = -\frac{\Delta c}{\Delta t} \, (\Delta t \rightarrow 0)$$

$$v = -\frac{dc}{dt}$$

D-1
Geschwindigkeit von Reaktionen – Bestimmung und Beschreibung

Exkurs 1
Fotometrie – das Lambert-Beer-Gesetz

Das Lambert-Beer-Gesetz beschreibt den Zusammenhang zwischen der Schwächung der Lichtintensität I, wenn das Licht eine verdünnte Lösung durchquert, und der Konzentration dieser Lösung. Das Gesetz lautet:

$$E = \lg\frac{I_0}{I} = \varepsilon \cdot c \cdot d.$$

E Extinktion
I_0 Intensität des eingestrahlten Lichtes
I Intensität des Lichtes nach Durchstrahlen der Probe
ε Molarer Extinktionskoeffizient in $10^{-3} \, cm^2 \cdot mol^{-1}$
c Konzentration in $mol \cdot l^{-1}$
d Schichtdicke der Probe in cm

E beschreibt das logarithmierte Verhältnis der Lichtintensität vor (I_0) und nach (I) dem Durchgang durch die Lösung. E wird Extinktion oder optische Dichte genannt. Die Extinktion ist gleich dem Produkt aus dem molaren Extinktionskoeffizienten ε (einer vom gelösten Stoff abhängigen Konstante), der Konzentration c der Lösung und der Schichtdicke d der Probe. Die Stärke der Absorption durch die Lösung ist für verdünnte Lösungen proportional zur Konzentration. Sie wird meist mit einem Fotometer bestimmt (Abb. 5): Hier werden in den Strahlengang mit monochromatischem Licht zwei Küvetten gebracht. Die Vergleichsküvette zur Bestimmung von I_0 enthält nur das Lösemittel. Die Probenküvette enthält das Lösemittel und zusätzlich den zu untersuchenden Stoff. Beim Durchstrahlen wird das Licht hier stärker geschwächt und verlässt die Probenküvette mit der Intensität I. Die Lichtintensitäten I_0 und I werden z. B. mit Fotozellen gemessen.

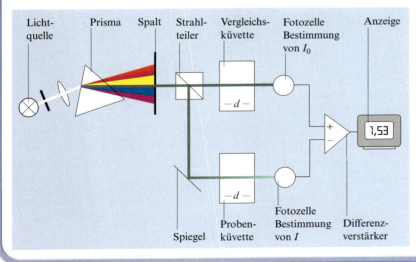

5 Schematischer Aufbau eines Fotometers

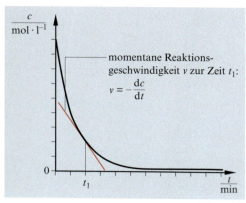

6 Momentane Reaktionsgeschwindigkeit

Konzept der Kinetik und des chemischen Gleichgewichts

Mathematisch formuliert ist die momentane Reaktionsgeschwindigkeit die erste Ableitung der Konzentrations-Zeit-Funktion. Grafisch erhält man die momentane Reaktionsgeschwindigkeit für einen Zeitpunkt t_1, indem man an diesem Punkt die Tangente an die Konzentrations-Zeit-Kurve legt. Die momentane Reaktionsgeschwindigkeit ist dann die Steigung dieser Tangente (Abb. 6). Zur grafischen Bestimmung der momentanen Reaktionsgeschwindigkeit wertet man ein Steigungsdreieck dieser Tangente aus.

Betrachtet man allgemein die Reaktion zwischen den Stoffen A und B zu den Stoffen C und D,

$A + B \rightarrow C + D$

kann man die Reaktionsgeschwindigkeit v zu einem bestimmten Moment mathematisch formulieren, wenn für die Stoffe A und B die Konzentrationen $c(A)$ und $c(B)$ sowie für die Stoffe C und D die Konzentrationen $c(C)$ und $c(D)$ angenommen werden:

$$v = \frac{dc(C)}{dt} = \frac{dc(D)}{dt} = -\frac{dc(A)}{dt} = -\frac{dc(B)}{dt}.$$

Da für jedes der Teilchen der Stoffe C und D, die gebildet werden, je ein Teilchen der Stoffe A und B reagieren, ist die Reaktionsgeschwindigkeit für diese negativ. Für jeden Reaktionspartner kann eine eigene Reaktionsgeschwindigkeit angegeben werden.

Für Reaktionen, bei denen die Stöchiometriezahlen ν der Reaktionspartner ungleich eins sind, gilt:

$\nu(A)\,A + \nu(B)\,B \rightarrow \nu(C)\,C + \nu(D)\,D$

$$v = -\frac{1}{\nu(A)} \cdot \frac{dc(A)}{dt} = -\frac{1}{\nu(B)} \cdot \frac{dc(B)}{dt}$$

$$v = \frac{1}{\nu(C)} \cdot \frac{dc(C)}{dt} = \frac{1}{\nu(D)} \cdot \frac{dc(D)}{dt}.$$

Aufgaben

1. Formulieren Sie für die Oxidation von Calcium mit Sauerstoff die Reaktionsgleichung. Geben Sie die momentane Reaktionsgeschwindigkeit für diese Reaktion bezogen auf das Reaktionsprodukt an.
2. Sie untersuchen eine Farbstofflösung mit einem Fotometer. Bei einer Wellenlänge von 651 nm ist der Extinktionskoeffizient $\varepsilon = 2{,}3 \cdot 10^5\,cm^2 \cdot mmol^{-1}$. Welche Extinktion E werden Sie mit einer Küvette mit einer Schichtdicke von 1 cm bei einer Farbstoffkonzentration von $1 \cdot 10^{-5}\,mol \cdot l^{-1}$ bestimmen?

↗ 11.4 | Analytik von Coffein

Resümee

Die Reaktionsgeschwindigkeit ist der Quotient der Änderung der Konzentration eines Reaktionspartners und dem betrachteten Zeitintervall. Sie wird durch unterschiedliche, meist physikalisch-chemische Methoden gemessen. Die Geschwindigkeit einer Reaktion ist nicht konstant. Man gibt die Geschwindigkeit für ein Zeitintervall (durchschnittliche Reaktionsgeschwindigkeit $\bar{v}$) oder zu einem bestimmten Zeitpunkt (momentane Reaktionsgeschwindigkeit v) an. Die momentane Geschwindigkeit einer chemischen Reaktion wird durch den Differenzialquotienten $v = \frac{dc}{dt}$ angegeben.

Exkurs 2
Untersuchung schneller Reaktionen

Bei der Untersuchung schneller Reaktionen wie der Bildung des Eisenthiocyanat-Komplexes

$$[Fe(H_2O)_6]^{3+} + SCN^- \rightarrow [Fe(H_2O)_5SCN]^{2+} + H_2O$$

ergeben sich zwei experimentelle Herausforderungen.
Erstens muss die Reaktion in einer im Vergleich zur Reaktionsgeschwindigkeit kurzen Zeit, zum Beispiel durch das Mischen der Ausgangsstoffe, definiert gestartet werden. Zweitens muss die Konzentration der untersuchten Komponente schnell bestimmt werden. Diese Bestimmung kann mit physikalischen, insbesondere spektroskopischen Methoden erfolgen. Das schnelle Mischen und damit der definierte Start der Reaktionen erfordern jedoch besondere Versuchsbedingungen.

Bei Reaktionen mit Halbwertszeiten im Millisekundenbereich kann zum Mischen die spezielle Mischkammer einer so genannten Stopped-Flow-Apparatur verwendet werden (Abb. 7). Die beiden Ausgangsstoffe werden durch Kolben in das Reaktionsrohr gepresst. Sobald der rechte Kolben den Anschlag berührt, ist der Mischvorgang abgeschlossen und die Mischung wird spektroskopisch analysiert. Durch eine Variation des Abstands der Analysenposition vom Punkt des Zusammentreffens der Lösungen kann die Mischung zu unterschiedlichen Reaktionszeiten analysiert werden.

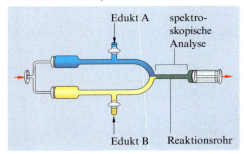

7 Aufbau einer Stopped-Flow-Apparatur

Beim Untersuchen von Reaktionen mit Halbwertszeiten unter einer Millisekunde ist bereits das Mischen der Ausgangsstoffe zu langsam. Eine geeignete Methode zur Untersuchung solcher Reaktionen ist die Blitzlichtphotolyse, bei der die Ausgangsstoffe direkt im Reaktionsraum hergestellt werden (Abb. 8). Bei der Blitzlichtphotolyse werden die Ausgangsstoffe im Reaktionsraum mit einem Lichtblitz durch Photolyse aus Vorläufermolekülen erzeugt. Die so gebildeten Ausgangsstoffe (meist Radikale) reagieren und die entstehenden Reaktionsprodukte werden nach einer einstellbaren Verzögerungszeit durch einen zweiten, schwächeren Lichtblitz spektroskopisch untersucht.

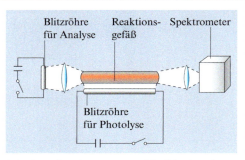

8 Aufbau einer Apparatur zur Blitzlichtphotolyse

Sollen noch schnellere Reaktionen untersucht werden oder möchte man bei langsameren Reaktionen die Veränderungen auf molekularer Ebene (↗ Stoßtheorie S. 444 f.) beobachten, müssen völlig andere Untersuchungsmethoden angewendet werden. Um während einer Reaktion z. B. die Abspaltung eines Molekülteils zu beobachten, muss die Beobachtungszeit deutlich kürzer als dieser Vorgang selbst sein. Da aber eine Molekülbindung schon nach einer Molekülschwingung brechen kann und die Dauer einer Molekülschwingung im Bereich von Picosekunden (10^{-12} s) liegt, sind „Messzeiten" unter 10^{-12} s erforderlich. Man bedient sich zur Untersuchung der Ultrakurzzeitspektroskopie, die man in gewisser Weise mit einer sehr schnellen Blitzlichtphotolyse vergleichen kann. Wie bei der Blitzlichtphotolyse werden Lichtblitze für das Starten der Reaktion und die anschließende Messung der Konzentrationen verwendet. Statt einer „langsamen" Blitzlampe nimmt man jedoch einen gepulsten, abstimmbaren Laser mit einer Pulslänge im Bereich von etwa 50 bis 100 Femtosekunden (10^{-15} s) (Abb. 9).

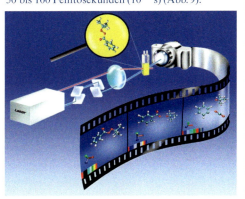

9 Prinzip eines Ultrakurzzeitspektroskopieexperiments mit einem Femtolasersystem. Die Verzögerung zwischen den beiden Laserpulsen entsteht durch die Wegdifferenz der Laserpulse. Jedes Bild auf dem Film der Kamera soll das Molekülspektrum nach einem Laserpuls symbolisieren.

D-1

Geschwindigkeit von Reaktionen – Bestimmung und Beschreibung

Geschwindigkeitsgesetz und Reaktionsordnung. Die Untersuchung vieler unterschiedlicher Reaktionen zeigt, dass die Reaktionsgeschwindigkeit zu einem ausgewählten Zeitpunkt nicht immer proportional zur Konzentration eines einzigen Stoffes ist. Es sind vielmehr auch andere Abhängigkeiten zu beobachten. In der chemischen Reaktionskinetik besteht ein wichtiges Ziel darin, zu untersuchen, welche Ausgangsstoffe einer Reaktion zur jeweilig beobachteten momentanen Reaktionsgeschwindigkeit beitragen. Betrachtet man eine einfache Reaktion, wie die Umwandlung eines Ausgangsstoffs A in ein Reaktionsprodukt B, die entsprechend der Reaktionsgleichung

$$A \rightarrow B$$

abläuft, so liegt es nahe, anzunehmen, dass die zu einem bestimmten Zeitpunkt gemessene Momentangeschwindigkeit ausschließlich von der zu diesem Zeitpunkt noch vorhandenen Konzentration des Ausgangsstoffs A abhängt. Man kann daher die folgende Gleichung für die momentane Reaktionsgeschwindigkeit annehmen:

$$v = -\frac{\mathrm{d}c(A)}{\mathrm{d}t} \; .$$

Mit der Einführung der **Geschwindigkeitskonstante k** als Proportionalitätsfaktor erhält man die Gleichung für die Reaktionsgeschwindigkeit, die als **Geschwindigkeitsgesetz** bezeichnet wird:

$$v = -\frac{\mathrm{d}c(A)}{\mathrm{d}t} = k \cdot c(A) . \tag{1}$$

Bei einer Reaktion mit mehreren Reaktionspartnern, die nach

$$A + B \rightarrow C + D$$

abläuft, lässt sich eine vergleichbare Annahme nicht machen, denn die Reaktionsgeschwindigkeit könnte entweder nur von der Konzentration $c(A)$, nur von der Konzentration $c(B)$ oder von beiden Konzentrationen abhängen. Mathematisch formuliert erhält man die folgende Gleichung für die momentane Reaktionsgeschwindigkeit:

$$v = -\frac{\mathrm{d}c}{\mathrm{d}t} = k \cdot c^a(A) \cdot c^b(B) .$$

Die Abhängigkeit der momentanen Reaktionsgeschwindigkeit von der Konzentration der einzelnen Ausgangsstoffe wird durch die Exponenten ihrer Konzentrationen (a, b usw.) ausgedrückt. Diese Abhängigkeit wird **Reaktionsordnung** genannt. Ist bei der Reaktion $A \rightarrow B$ der Exponent a gleich eins, so spricht man von einer Reaktion erster Ordnung. Die Reaktionsgeschwindigkeit ist in diesem Fall nur von der Konzentration eines Ausgangsstoffs abhängig.

Ist die Geschwindigkeit einer Reaktion zur a-ten Potenz der Konzentration eines Ausgangsstoffs A, zur b-ten Potenz der Konzentration von B, usw. proportional, so heißt sie von a-ter Ordnung in A, von b-ter Ordnung in B usw.

Die Gesamtordnung n der Reaktion ergibt sich aus der Summe der Einzelordnungen als

$$n = a + b + \dots$$

Beispiele für Reaktionsordnungen und Geschwindigkeitsgesetze zeigt Tab. 2.

D

Konzept der Kinetik und des chemischen Gleichgewichts

Tab. 2 Reaktionsordnung und Geschwindigkeitsgesetz

Reaktionsordnung	Reaktionsgleichung	Geschwindigkeitsgesetz	
Erste Ordnung	$A \rightarrow B + C$	$v = -\dfrac{dc(A)}{dt} = k_1 \cdot c(A)$	$[k_1] = s^{-1}$
	$N_2O \rightarrow N_2 + \dfrac{1}{2} O_2$	$v = -\dfrac{dc(N_2O)}{dt} = k_1 \cdot c(N_2O)$	
Zweite Ordnung	$A + B \rightarrow C + \ldots$	$v = -\dfrac{dc(A)}{dt} = k_2 \cdot c(A) \cdot c(B)$	$[k_2] = 1 \cdot mol^{-1} \cdot s^{-1}$
	$2\,NO_2 \rightarrow 2\,NO + O_2$	$v = -\dfrac{dc(NO_2)}{dt} = k_2 \cdot c^2(NO_2)$	

D-1

Geschwindigkeit von Reaktionen – Bestimmung und Beschreibung

Die Geschwindigkeitsgesetze stellen als Differenzialgleichungen mathematisch gesehen die erste Ableitung der Konzentrations-Zeit-Funktion $c = f(t)$ dar. Durch die umgekehrte Rechenoperation, die Integration, gelangt man vom Geschwindigkeitsgesetz zum Zeitgesetz einer Reaktion.

Geschwindigkeitsgesetze und damit die Reaktionsordnungen müssen immer experimentell bestimmt werden. Die ermittelten Messwerte können grafisch als Konzentrations-Zeit-Diagramm aufgetragen und zur Beurteilung der Reaktionsordnung herangezogen werden (Abb. 10).

Zeitgesetz einer Reaktion erster Ordnung. Eine Reaktion erster Ordnung, die nach

$A \rightarrow B + C + \ldots$

verläuft, ist der Zerfall von Dimethylether:

$CH_3OCH_3 \rightarrow CH_4 + H_2 + CO$

Als Reaktion erster Ordnung hängt die Reaktionsgeschwindigkeit nur von der Konzentration des Dimethylethers ab. Bezeichnen wir dieses Edukt als A, so gilt mit der Geschwindigkeitskonstante k_1 (der Index 1 kennzeichnet die erste Ordnung der Reaktion) wie oben gezeigt:

$v = -\dfrac{dc(A)}{dt} = k_1 \cdot c(A)$.

Eine Lösung dieser Gleichung ist das **Zeitgesetz einer Reaktion erster Ordnung:**

$\ln \dfrac{c(A)}{c_0(A)} = -k_1 \cdot t$. (2)

Mithilfe des Zeitgesetzes kann z. B. berechnet werden, wie viel Ausgangsstoff (in diesem Beispiel Dimethylether) zu einer bestimmten Zeit t noch vorliegt:

$c(A) = c_0(A) \cdot e^{-k_1 t}$.

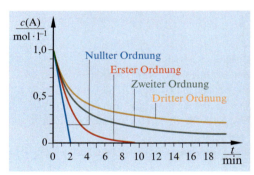

10 Konzentrations-Zeit-Diagramme von Reaktionen verschiedener Reaktionsordnungen

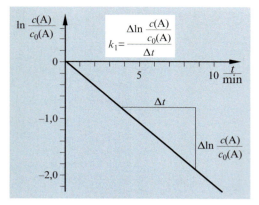

11 Grafische Darstellung des Zeitgesetzes erster Ordnung

Konzept der Kinetik und des chemischen Gleichgewichts

↗ D-1 | Animation: Reaktionsmechanismus Esterbildung/Esterspaltung

Um die Reaktionsordnung einer chemischen Reaktion zu ermitteln, kann man grafisch die Konzentration gegen die Zeit auftragen. Vermutet man eine Reaktion erster Ordnung, so trägt man $\ln \frac{c(A)}{c_0(A)}$ gegen t auf. Ist die Reaktion eine Reaktion erster Ordnung, so erhält man eine Gerade, die durch den Ursprung geht (Abb. 11). Die Steigung der Geraden ist die Geschwindigkeitskonstante der Reaktion. Erhält man im Rahmen der Messgenauigkeiten *keine* Gerade, so handelt es sich bei der untersuchten Reaktion *nicht* um eine Reaktion erster Ordnung.

Alternativ kann man zur Bestimmung der Reaktionsordnung auch mit dem Zeitgesetz (2) für verschiedene Zeiten die Gleichgewichtskonstante k_1 berechnen. Erhält man im Rahmen der Messgenauigkeiten konstante Werte, bestätigt sich die Annahme einer Reaktion erster Ordnung.

Zeitgesetz einer Reaktion zweiter Ordnung. Ein Zeitgesetz zweiter Ordnung liegt z. B. vor, wenn die Reaktionsgeschwindigkeit proportional zu der Konzentration von zwei Ausgangsstoffen ist. Dieser Fall kann bei einer Reaktion

A + B → Produkte

beobachtet werden. Reaktionen zweiter Ordnung sind häufig. Ein Beispiel ist die alkalische Esterspaltung von Essigsäuremethylester:

In diesem Fall kann die momentane Reaktionsgeschwindigkeit v wie folgt beschrieben werden, wenn man den Ester mit A und die Hydroxid-Ionen mit B bezeichnet:

$$v = -\frac{dc(A)}{dt} = k_2 \cdot c(A) \cdot c(B).$$

Wenn man vereinfachend annimmt, dass beide Ausgangsstoffe in der gleichen Konzentration vorliegen, also $c(A) = c(B)$, kann die Reaktionsgeschwindigkeit v wie folgt beschrieben werden:

$$v = -\frac{dc(A)}{dt} = k_2 \cdot c^2(A).$$

Eine Lösung dieser Gleichung ist das **Zeitgesetz einer Reaktion zweiter Ordnung**:

$$\frac{1}{c(A)} - \frac{1}{c_0(A)} = k_2 \cdot t. \qquad (3)$$

Um zu überprüfen, ob eine Reaktion einem Zeitgesetz zweiter Ordnung folgt, wird $\frac{1}{c(A)}$ gegen t aufgetragen. Erhält man eine Gerade, so liegt eine Reaktion zweiter Ordnung vor (Abb. 12). Aus der Steigung der resultierenden Geraden kann die Geschwindigkeitskonstante und aus dem Abschnitt der Ordinate der Kehrwert der Anfangskonzentration bestimmt werden. Auch hier kann man alternativ die Geschwindigkeitskonstanten k_2 für verschiedene Zeiten berechnen (Gleichung 3) und auf Konstanz prüfen (Beispielrechnung 1 und Aufgabe 1).

Beispielrechnung 1
Berechnung der Geschwindigkeitskonstante k_2 einer Reaktion zweiter Ordnung
Die alkalische Esterspaltung des Essigsäuremethylesters ist eine Reaktion zweiter Ordnung:
$CH_3COOCH_3 + OH^- \rightarrow CH_3COO^- + CH_3OH$
Die Anfangskonzentrationen c_0 der Ausgangsstoffe Essigsäuremethylester und Hydroxid-Ionen betragen jeweils 0,05 mol·l⁻¹. Nach 75 s Reaktionsdauer ist die Konzentration auf 0,04 mol·l⁻¹ abgesunken. Die Geschwindigkeitskonstante k_2 der Reaktion soll berechnet werden.

Gegeben:
$c_0(\text{Ester}) = c_0(OH^-) = 0{,}05 \text{ mol·l}^{-1}$
$c(\text{Ester}) = c(OH^-) = 0{,}04 \text{ mol·l}^{-1}$
$t = 75 \text{ s}$

Gesucht:
$$k_2 = \frac{1}{t} \cdot \left(\frac{1}{c(\text{Ester})} - \frac{1}{c_0(\text{Ester})} \right)$$
$$k_2 = \frac{1}{75 \text{ s}} \cdot \left(\frac{1}{0{,}04} - \frac{1}{0{,}05} \right) \text{l·mol}^{-1}$$
$$k_2 = 0{,}0671 \cdot \text{mol}^{-1} \cdot \text{s}^{-1}$$

Weitere Zeitgesetze von Reaktionen zweiter Ordnung, bei denen die Konzentrationen der Reaktionspartner nicht äquivalent eingehen, sind komplizierter zu berechnen. Ein besonderer Fall sind solche Reaktionen, bei denen die Konzentration eines Reaktionspartners deutlich größer ist als die des zweiten Reaktionspartners.

So wurde in Experiment 1 (↗ S. 433) Magnesium in einem etwa zehnfachen Überschuss verwendet, deshalb kann seine Konzentration während des Reaktionsverlaufs in guter Näherung als konstant betrachtet werden. In diesem Fall wird die Geschwindigkeit dieser Reaktion ausschließlich von der Konzentration an Hydronium-Ionen bestimmt und die Magnesiumkonzentration hat nur einen geringen Einfluss auf die momentane Reaktionsgeschwindigkeit. Daher können bei diesem Versuch die experimentellen Daten wie für eine Reaktion erster Ordnung ausgewertet werden.

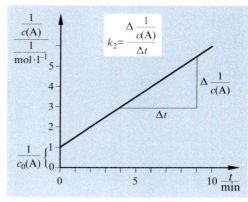

12 Grafische Darstellung des Zeitgesetzes zweiter Ordnung

Geschwindigkeitsgesetz:

$$-\frac{dc(H_3O^+)}{dt} = k_1 \cdot c(H_3O^+)$$

Zeitgesetz:

$$\ln \frac{c(H_3O^+)}{c_0(H_3O^+)} = -k_1 \cdot t$$

In diesem und in vergleichbaren Fällen spricht man von **Reaktionen pseudo-erster Ordnung**.

Geschwindigkeit von Reaktionen – Bestimmung und Beschreibung

Resümee

Die Ordnung einer Reaktion gibt an, in welcher Potenz die Reaktionsgeschwindigkeit von den Konzentrationen der Ausgangsstoffe abhängt. Für jede Reaktionsordnung können eigene Geschwindigkeitsgesetze und Zeitgesetze formuliert werden. Geschwindigkeitsgesetze chemischer Reaktionen müssen immer experimentell ermittelt werden, sie können nicht aus den jeweiligen Reaktionsgleichungen abgeleitet werden. Das Zeitgesetz einer Reaktion ermöglicht die Berechnung von Stoffkonzentrationen zu einem bestimmten Zeitpunkt der Reaktion.

Aufgabe

1. Es soll die Reaktionsordnung der Reaktion von Thiosulfat-Ionen mit Wasserstoffperoxid bei konstantem pH-Wert berechnet werden.

    $2\,S_2O_3^{2-} + H_2O_2 + 2\,H_3O^+ \rightarrow S_4O_6^{2-} + 4\,H_2O$

    Die Messwerte für die Konzentrationen von Wasserstoffperoxid und Thiosulfat-Ionen zeigt Tab. 3.
    Es wird vermutet, dass es sich um eine Reaktion zweiter Ordnung handelt. Berechnen Sie mit den experimentell ermittelten Messwertpaaren die Geschwindigkeitskonstanten und vergleichen Sie diese miteinander. Beim Zeitgesetz, bei dem die berechneten Geschwindigkeitskonstanten im Rahmen der experimentellen Genauigkeit identisch sind, handelt es sich um das Zeitgesetz mit der zutreffenden Reaktionsordnung.

Tab. 3 Messwerte der Reaktion von Thiosulfat-Ionen $S_2O_3^{2-}$ mit Wasserstoffperoxid H_2O_2

t in min	$c(S_2O_3^{2-})$ in 10^{-3} mol·l^{-1}	$c(H_2O_2)$ in 10^{-3} mol·l^{-1}
0	20,5	36,8
17	10,3	31,7
36	5,2	29,1
43	4,2	28,6
52	3,1	28,1

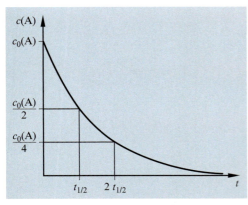

13 Die Halbwertszeit $t_{1/2}$ einer Reaktion erster Ordnung

Konzept der Kinetik und des chemischen Gleichgewichts

Halbwertszeit. Die Halbwertszeit ist eine sehr anschauliche Größe für die Geschwindigkeit einer Reaktion (Tab. 1, S. 434). Die **Halbwertszeit** beschreibt die Zeitspanne, in der die Konzentration eines an einer Reaktion beteiligten Stoffes (hier A) auf die Hälfte ihres Anfangswerts absinkt (Abb. 13):

$$c(A) = \frac{c_0(A)}{2}.$$

Die Halbwertszeit wird z. B. zur Charakterisierung der Lebensdauer von Radionukliden verwendet.
Die Halbwertszeit $t_{1/2}$ einer Reaktion erster Ordnung ist

$$(t_{1/2})_1 = \frac{\ln 2}{k_1},$$

die einer Reaktion zweiter Ordnung

$$(t_{1/2})_2 = \frac{1}{k_2} \cdot \frac{1}{c_0(A)}.$$

Aus der Halbwertszeit einer Reaktion kann auch die Reaktionsordnung bestimmt werden. Wenn die untersuchte Reaktion erster Ordnung ist, ist ihre Halbwertszeit von der Anfangskonzentration der Ausgangsstoffe unabhängig. Handelt es sich um eine Reaktion zweiter Ordnung, ist ihre Halbwertszeit umgekehrt proportional zur Anfangskonzentration der Ausgangsstoffe.

Aufgaben

1. Es sind auch Reaktionen nullter Ordnung bekannt. Wodurch werden sie charakterisiert und wie lauten die Geschwindigkeits- und Zeitgesetze?
2. Bei zwei unterschiedlichen chemischen Reaktionen 1 und 2 liegen nach zwei Stunden Reaktionszeit nur noch die Hälfte der Anfangskonzentrationen der Ausgangsstoffe vor. Im weiteren Verlauf halbiert sich bei Reaktion 1 innerhalb von drei Stunden die Konzentration der Ausgangsstoffe auf die Hälfte des Wertes, der nach einer Stunde gemessen wurde. Bei der Reaktion 2 ist nach vier Stunden die Hälfte der Konzentration erreicht, die nach einer Stunde bestimmt wurde.
Nach welcher Reaktionszeit liegt jeweils nur noch ein Achtel der Anfangskonzentration vor? Berechnen Sie die Reaktionsordnungen der Reaktionen 1 und 2.

Resümee

Die Halbwertszeit einer Reaktion ist die Zeit, nach der im Verlauf der Reaktion genau die Hälfte der ursprünglichen Stoffmenge umgesetzt wurde.

Elementarreaktionen und Molekularität. Viele Reaktionen finden in einer Reihe von Einzelschritten statt, die als **Elementarreaktionen** bezeichnet werden. An Elementarreaktionen sind in Abhängigkeit des Reaktionsmechanismus meist ein oder zwei Teilchen beteiligt. Die **Molekularität** einer Reaktion beschreibt die Anzahl der Teilchen, die am Übergangszustand einer Elementarreaktion beteiligt sind. Oft wird mit der Molekularität einer der Elementarreaktionen auch die Gesamtreaktion klassifiziert.

Eine Reaktion wie

A → Produkte

wird als **monomolekulare Reaktion** bezeichnet. Ein Beispiel für diesen Reaktionstyp sind radioaktive Zerfallsprozesse.

Die Reaktion

A + B → Produkte

wird als **bimolekulare Reaktion** bezeichnet. Dieser Reaktionstyp liegt z. B. bei der alkalischen Esterspaltung vor.
Reaktionen, die durch das Zusammentreffen von drei oder mehr Teilchen gekennzeichnet sind, sind selten.

Jede Elementarreaktion besitzt eine individuelle Reaktionsgeschwindigkeit. Dabei dominiert die langsamste Elementarreaktion als **geschwindigkeitsbestimmender Schritt** die Gesamtgeschwindigkeit der Reaktion.
Bei der Oxidation von Iodid-Ionen mit Peroxodisulfat-Ionen sind die Elementarreaktionen bekannt:

Gesamtreaktion:

$2\,I^- + S_2O_8^{2-} \rightarrow 2\,SO_4^{2-} + I_2$

Elementarreaktionen:

$I^- + S_2O_8^{2-} \longrightarrow IS_2O_8^{3-}$ $\quad v = k_2 \cdot c(I^-) \cdot c(S_2O_8^{2-})$

$IS_2O_8^{3-} \longrightarrow 2\,SO_4^{2-} + I^+$ $\quad v = k_1 \cdot c(IS_2O_8^{3-})$

$I^+ + I^- \longrightarrow I_2$ $\quad v = k_2 \cdot c(I^+) \cdot c(I^-)$

Der geschwindigkeitsbestimmende Schritt der Reaktion ist die Bildung von $IS_2O_8^{3-}$. Experimentell wurde ermittelt, dass diese Reaktion zweiter Ordnung ist. Daher kann die Gesamtreaktion als eine Reaktion zweiter Ordnung betrachtet werden:

$v = k_2 \cdot c(I^-) \cdot c(S_2O_8^{2-})$.

Die Molekularität und die Ordnung einer Reaktion können sich unterscheiden. Aus diesem Grund darf der Begriff Molekularität nicht mit dem Begriff der Ordnung verwechselt werden. Die Reaktionsordnung kann nur experimentell bestimmt und nicht aus der Reaktionsgleichung abgeleitet werden.

D-1
Geschwindigkeit von Reaktionen – Bestimmung und Beschreibung

Resümee

Chemische Reaktionen laufen oft in mehreren Einzelschritten, den Elementarreaktionen ab. Die langsamste Elementarreaktion bestimmt die Geschwindigkeit der Gesamtreaktion. Die Molekularität einer Reaktion beschreibt, wie viele Teilchen an dem zur Reaktion führenden Schritt beteiligt sind. Die Molekularität ist nicht identisch mit der Reaktionsordnung.

Aufgaben

1. In einem bildgebenden Verfahren der Medizin wird zur Untersuchung der Schilddrüse metastabiles Technetium verwendet. Das ^{95m}Tc-Isotop hat eine Halbwertszeit von sechs Stunden. Nach welcher Zeit sind 80 % des Technetiums, das einem Patienten zugeführt wurde, in seinem Körper zerfallen?
2. Substitutionsreaktionen an Akylhalogeniden können als monomolekulare nucleophile Substitution S_N1 oder bimolekulare nucleophile Substitution S_N2 beschrieben werden. Recherchieren Sie, welche Reaktionsbedingungen zu einem monomolekularen oder bimolekularen Reaktionsverlauf führen.
3. Finden Sie weitere Beispiele für mono- und bimolekulare Reaktionen und formulieren Sie die jeweiligen Reaktionsgleichungen.

Stoßtheorie und Übergangszustand

Bisher wurde die Geschwindigkeit einer Reaktion nur charakterisiert, aber nicht erklärt, warum manche Reaktionen schneller ablaufen als andere. Zur Erläuterung muss man verstehen, was in atomaren Dimensionen passiert, wenn Moleküle miteinander reagieren. Dieses Gebiet wird molekulare Reaktionsdynamik genannt.

Stoßtheorie. Eine Theorie zur Beschreibung der molekularen Reaktionsdynamik ist die Stoßtheorie. Die Grundannahme der Stoßtheorie ist einfach:
Damit eine Reaktion zwischen zwei Teilchen stattfindet, müssen diese zuerst zusammenstoßen. Doch nicht jeder Zusammenstoß zweier Teilchen der Ausgangsstoffe bewirkt eine chemische Reaktion: Für einen **wirksamen Zusammenstoß** müssen die Teilchen die für die Reaktion mindestens notwendige kinetische Energie mitbringen. Die für einen wirksamen Zusammenstoß erforderliche kinetische Energie wird als **Mindestenergie** E_{min} bezeichnet.
Die Mindestenergie ist erforderlich, damit während des Ablaufs der Reaktion die chemischen Bindungen der Teilchen umgebaut werden können.

 ↗ A-3 | Modelle der chemischen Bindung

Die Reaktionsgeschwindigkeit berechnet sich nach der Stoßtheorie als Produkt der Anzahl der Stöße zwischen den Teilchen und der Anzahl der Teilchen, die die Mindestenergie für einen erfolgreichen reaktiven Stoß aufbringen. Wie kann man berechnen, wie viele Teilchen zusammenstoßen und wie viele Teilchen die notwendige Energie für die Reaktion haben?
Die Anzahl der Stöße pro Zeiteinheit zwischen den Teilchen in einem bestimmten Volumen kann mithilfe der kinetischen Gastheorie berechnet werden. Sie hängt von der Anzahl der Teilchen und ihrer mittleren Geschwindigkeit ab.
Die Anzahl von Teilchen, die die notwendige Energie für die Reaktion haben, kann mithilfe eines Verteilungsgesetzes berechnet werden. Teilchen besitzen bei einer bestimmten Temperatur nicht alle die gleiche kinetische Energie. Vielmehr haben gleichartige Teilchen verschiedene Geschwindigkeiten und damit unterschiedliche kinetische Energien. Der österreichische Physiker LUDWIG BOLTZMANN berechnete diese Energieverteilung.

 ↗ D-2 | Mathematische Ableitung der Stoßtheorie | Kinetische Gastheorie

Abb. 2 zeigt für drei Temperaturen die Verteilung der Energie von Teilchen nach BOLTZMANN. Die Kurven geben den Anteil der Teilchen an, die bei einer gegebenen Temperatur eine bestimmte Energie haben. Das Maximum der Kurve beschreibt die wahrscheinlichste Energie eines Teilchens. Die Kurven steigen zunächst jeweils vom Nullpunkt steil an und fallen dann umso langsamer ab, je höher die Temperatur ist. Bei zunehmender Temperatur nimmt das Maximum der Verteilungskurve ab und verschiebt sich gleichzeitig zu größeren

---

D

Konzept der Kinetik und des chemischen Gleichgewichts

Exkurs 1
LUDWIG EDUARD BOLTZMANN

LUDWIG EDUARD BOLTZMANN (1844 bis 1906), ein österreichischer Physiker, wandte als Erster die Gesetze der Statistik auf die Moleküle eines Gases an (kinetische Gastheorie) und entdeckte u. a. die Beziehung zwischen Entropie und Wahrscheinlichkeit. Er begründete das allgemeine Gesetz zur Verteilung der Energie eines Systems (Maxwell-Boltzmann-Verteilungsgesetz).

1 LUDWIG EDUARD BOLTZMANN

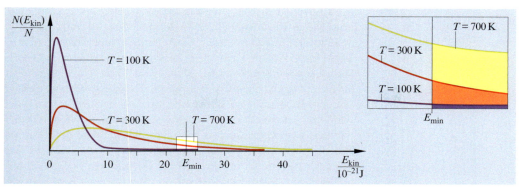

2 Anteil der Teilchen mit bestimmter kinetischer Energie bei verschiedenen Temperaturen (Energieverteilung nach BOLTZMANN). Nur ein kleiner Anteil der Teilchen hat die für eine Reaktion erforderliche Mindestenergie E_{min}. Dieser Anteil wächst exponentiell mit der Temperatur. Der Ausschnitt zeigt die Energieverteilungskurven vergrößert.

Energien hin. Für die Stoßtheorie interessiert es uns, wie viele Teilchen wenigstens die Mindestenergie für einen reaktiven Stoß mitbringen. Die Verteilungskurven zeigen, dass bei $T = 700\,K$ wesentlich mehr Teilchen die notwendige Mindestenergie E_{min} für einen reaktiven Stoß besitzen als bei $T = 100\,K$ (Abb. 2). Die Energieverteilung bei $T = 700\,K$ ist außerdem wesentlich breiter, sodass es insgesamt mehr Teilchen mit größeren Energien gibt.

Der Anteil der Teilchen $N_{E \geq E_{min}}$, die Energien gleich oder größer der Mindestenergie E_{min} besitzen, berechnet sich nach BOLTZMANN als

$$N_{E \geq E_{min}} = e^{-\frac{E_{min}}{k \cdot T}}.$$

E_{min} Mindestenergie
k Boltzmann-Konstante
T Temperatur

Die Geschwindigkeit v einer Reaktion ist nach der Stoßtheorie nun als das Produkt der Zahl der Stöße Z pro Zeiteinheit und dem Anteil der Teilchen mit Energien größer oder gleich der Mindestenergie zu berechnen:

$$v = Z \cdot e^{-\frac{E_{min}}{k \cdot T}}.$$

Berechnet man mithilfe der Stoßtheorie Reaktionsgeschwindigkeiten und vergleicht sie mit experimentell bestimmten Werten, so erhält man oft zu große Reaktionsgeschwindigkeiten. Der Grund ist, dass als Kriterium für einen reaktiven Stoß nur die Energie der Teilchen betrachtet wird, nicht aber die Art und Orientierung, mit der die Teilchen zusammenstoßen. Die Teilchen müssen jedoch für eine Reaktion auch eine günstige räumliche Lage zueinander haben (Abb. 3).

Resümee

Die Stoßtheorie beschreibt auf molekularer Ebene eine Reaktion als Stoß zwischen zwei Teilchen. Damit der Stoß erfolgreich zu Reaktionsprodukten führt, müssen die Teilchen eine Mindestenergie mitbringen. Mit steigender Temperatur nimmt der Anteil wirksamer Zusammenstöße zu.

D-2

Stoßtheorie und Übergangszustand

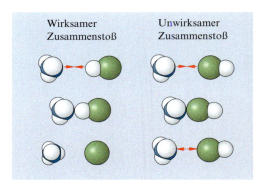

3 Räumliche Lage der Teilchen der Ausgangsstoffe bei einem wirksamen und einem unwirksamen Zusammenstoß am Beispiel der Reaktion $NH_3 + HCl \rightarrow NH_4Cl$

D-2 | Simulation: Chemisches Gleichgewicht auf Teilchenebene

Geschwindigkeit, Übergangszustand und Energiediagramm einer chemischen Reaktion. Um 1935 formulierten MICHAEL POLANYI (1891 bis 1976), HENRY EYRING (1901 bis 1981) und MEREDITH EVANS (1904 bis 1952) eine Theorie zur Reaktionsdynamik, die als **Theorie des aktivierten Komplexes** bezeichnet wird. Diese Theorie wird hier nicht im Detail behandelt, aber es sollen einige Ergebnisse gezeigt werden, die anschaulich illustrieren, wie man sich den Verlauf einer Reaktion auf molekularer Ebene vorstellen kann. Bei dieser Theorie wird ein **aktivierter Komplex** postuliert, der während der Reaktion aus den reagierenden Teilchen gebildet wird. Betrachtet man eine einfache Reaktion, zum Beispiel die Reaktion eines Wasserstoffmoleküls mit einem Fluorradikal, so kann man den Reaktionsverlauf wie folgt darstellen:

$$H–H + F· \rightarrow [F\cdots H\cdots H]^{\ddagger} \rightarrow F–H + H·$$

Der aktivierte Komplex $[F\cdots H\cdots H]^{\ddagger}$ ist der hypothetische Übergangszustand, dessen Energie einen Maximalwert gegenüber allen anderen Zuständen während des Reaktionsverlaufs hat (Kennzeichnung durch eckige Klammern und Doppelkreuz). Die Geschwindigkeit, mit der dieser Übergangszustand gebildet wird und anschließend in die Reaktionsprodukte zerfällt, bestimmt die Geschwindigkeit der Gesamtreaktion.

In Abb. 4 ist der energetische Verlauf der chemischen Reaktion zwischen einem Wasserstoffmolekül und einem Fluorradikal dargestellt. Im Anfangszustand bewegen sich die Teilchen in großem Abstand zueinander mit einer bestimmten potenziellen und kinetischen Energie. Wenn sich das Wasserstoffmolekül dem Fluorradikal nähert, beginnen sich ihre Orbitale zu überlappen. Die H–H-Bindung wird länger und ihre Bindungsenergie nimmt ab, gleichzeitig beginnt sich eine H–F-Bindung auszubilden. Schließlich wird ein Zustand erreicht, an dem der aktivierte Komplex das Maximum an potenzieller Energie erreicht hat. Dieser Zustand wird dann als **Übergangszustand** bezeichnet. In diesem Übergangszustand nähern sich

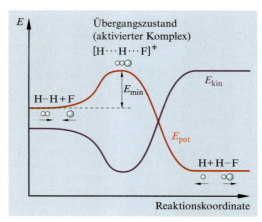 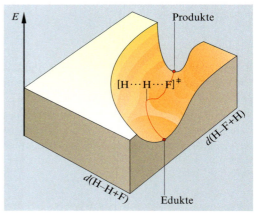

4 Energiediagramm des Verlaufs der chemischen Reaktion zwischen einem Wasserstoffmolekül und einem Fluorradikal. Dargestellt ist der aktivierte Komplex im Zustand der maximalen potenziellen und minimalen kinetischen Energie. Der aktivierte Komplex wird durch eckige Klammern und ein Doppelkreuz gekennzeichnet.

5 Schichtlinien-Diagramm des Verlaufs einer chemischen Reaktion. Die horizontalen Koordinatenachsen geben den Abstand der Teilchen der Edukte $d(H–H + F)$ bzw. den Abstand der Teilchen der Produkte $d(H–F + H)$ wieder.

ein Wasserstoffatom und ein Fluorradikal bis auf den Bindungsabstand. Anschließend vergrößert sich der Abstand der beiden Wasserstoffatome und die Bindung wird schwächer. Diese Vorgänge sind mit einer Umwandlung von potenzieller in kinetische Energie verbunden. Im Endzustand liegen dann ein Fluorwasserstoffmolekül und ein Wasserstoffradikal vor. Im Verlauf der Reaktion „wandern" also die Moleküle auf dem Weg der Reaktionskoordinate durch das „Gebirge" der potenziellen Energie (Abb. 4, 5). Im Übergangszustand liegt der aktivierte Komplex [F···H···H]‡ mit maximaler potenzieller und minimaler kinetischer Energie vor.

Damit die chemische Reaktion vollständig ablaufen kann, muss die Differenz der potenziellen Energie der Teilchen der Ausgangsstoffe und der potenziellen Energie des Übergangszustands aufgebracht werden. Anders ausgedrückt muss eine **Energiebarriere** überwunden werden, sie ist die für diesen Reaktionsschritt erforderliche Mindestenergie.

 ↗ C-4 | Bindungsenthalpie von Elektronenpaarbindungen

Viele chemische Reaktionen laufen scheinbar gar nicht ab. Genauer betrachtet ist die Reaktionsgeschwindigkeit solcher Reaktionen jedoch nur extrem langsam. Als Beispiel sei hier die für die chemische Industrie sehr wichtige Reaktion von Stickstoff und Wasserstoff zu Ammoniak erwähnt (↗ S. 400). Bei Raumtemperatur wäre diese Reaktion unmessbar langsam, die Geschwindigkeitskonstante dieser Reaktion ist sehr klein. Ursache für diese kinetische Hemmung der Reaktion ist eine sehr hohe Energiebarriere. Deshalb ist der Ablauf einer solchen Reaktion erst bei stark erhöhten Temperaturen zu beobachten, wenn mehr Teilchen die Mindestenergie besitzen (Abb. 2, S. 445).

Resümee

Bei einer chemischen Reaktion müssen die Teilchen der Ausgangsstoffe eine Energiebarriere, den Übergangszustand, überwinden, um die Reaktionsprodukte zu bilden. Dafür muss eine bestimmte Mindestenergie aufgebracht werden. Ist die Energiebarriere sehr hoch, so spricht man von kinetisch gehemmten Reaktionen. Sie verlaufen bei Raumtemperatur extrem langsam, weil die Energie nur weniger Teilchen gleich oder größer der Mindestenergie ist.

D-2

Stoßtheorie und Übergangszustand

Aufgaben

1. Berechnen Sie die Geschwindigkeit der Reaktion $H_2(g) + I_2(g) \rightarrow 2\,HI(g)$ mithilfe der Stoßtheorie. Verwenden Sie zur Berechnung der Geschwindigkeit der Reaktion die folgende Gleichung:

$$v = -\frac{dc(H_2)}{dt} = -\frac{dc(I_2)}{dt} = \frac{Z_{AB}}{N_A} \cdot e^{-\frac{E_A}{R \cdot T}}.$$

Die Stoßzahl Z_{AB} für eine Konzentration der Edukte von jeweils $c = 1\,mol \cdot l^{-1}$ und einer Reaktionstemperatur $T = 600\,K$ wird als $Z_{AB} = 3{,}48 \cdot 10^{35}\,l^{-1} \cdot s^{-1}$ berechnet. Die Mindestenergie der Reaktion beträgt $E_{min} = 171\,kJ \cdot mol^{-1}$. Setzen Sie die gegebenen Größen in die Gleichung ein. Vergleichen Sie die von Ihnen berechnete Geschwindigkeit mit der gemessenen Geschwindigkeit der Reaktion $v = 1{,}923 \cdot 10^{-4}\,mol \cdot l^{-1} \cdot s^{-1}$. Diskutieren Sie die Ursachen möglicher Abweichungen.

2. Überlegen Sie, welche Reaktionen bereits bei Raumtemperatur innerhalb kurzer Zeit verlaufen. Nennen Sie Beispiele, und erläutern Sie qualitativ, welche kinetischen Eigenschaften diese Reaktionen aufweisen.

3. In Abb. 4 wird das Energiediagramm der Bildungsreaktion von Fluorwasserstoff dargestellt. Es entspricht der zweidimensionalen Projektion des Reaktionsverlaufs, wie er in Abb. 5 in dreidimensionaler Projektion illustriert wird. Zeigen Sie in Abb. 5 die Reaktionskoordinate und erläutern Sie diesen Begriff.

Beeinflussung der Reaktionsgeschwindigkeit

Die Abhängigkeit der Reaktionsgeschwindigkeit von der Konzentration der Reaktionspartner wurde anhand der Geschwindigkeits- und Zeitgesetze ausführlich erläutert. Im Folgenden soll nun untersucht werden, ob auch andere Faktoren die Reaktionsgeschwindigkeit beeinflussen können.

Temperaturabhängigkeit der Reaktionsgeschwindigkeit. Führt man chemische Reaktionen bei unterschiedlichen Temperaturen durch, so kann eine deutliche Abhängigkeit der Reaktionsgeschwindigkeit von der Temperatur festgestellt werden. Für die meisten Reaktionen gilt, dass sich die Reaktionsgeschwindigkeit verdoppelt bis vervierfacht, wenn die Temperatur um 10 K erhöht wird. Diese von Jacobus Henricus van't Hoff (1852 bis 1911) gefundene Faustregel wird als Van't-Hoff-Regel oder auch **RGT-Regel** (**R**eaktionsgeschwindigkeit-**T**emperatur-Regel) bezeichnet. Die RGT-Regel kann z. B. mit der Durchführung des Experiments 1 untersucht werden.

Um 1899 untersuchte der schwedische Chemiker Svante Arrhenius empirisch die Temperaturabhängigkeit der Geschwindigkeiten von Reaktionen und fand heraus, dass die Geschwindigkeitskonstante k einer Reaktion wie folgt von der Temperatur abhängt:

$$k = A \cdot e^{-\frac{E_A}{R \cdot T}}.$$

k Reaktionsgeschwindigkeitskonstante
E_A molare Aktivierungsenergie
R Gaskonstante
T Temperatur
A Arrhenius-Konstante

Diese Gleichung wird heute **Arrhenius-Gleichung** genannt. Arrhenius deutete den Ausdruck E_A als eine reaktionsspezifische Energie. Sie wird als molare **Aktivierungsenergie E_A** bezeichnet. Die Proportionalitätskonstante A wird Arrhenius-Konstante oder präexponentieller Faktor genannt. Arrhenius stellte sich den Ablauf einer Reaktion so vor, dass zuerst „aktivierte" Moleküle gebildet werden müssen, bevor eine Reaktion stattfinden kann. Zur Aktivierung müssen die Moleküle die Aktivierungsenergie E_A aufnehmen. Dieser Zusammenhang wird in Abb. 1 schematisch dargestellt.

Experiment 1

Die Temperaturabhängigkeit der Reaktion von Natriumthiosulfat mit Salzsäure
Mit einem Wasserbad werden 50 ml Natriumthiosulfatlösung, $c(Na_2S_2O_3) = 0,05\ mol \cdot l^{-1}$, in einem Becherglas auf 60 °C temperiert. Anschließend werden 5 ml Salzsäure, $c(HCl) = 2\ mol \cdot l^{-1}$, zugegeben, eine Stoppuhr gestartet und der Inhalt durch Umschwenken gut vermischt. Das Becherglas wird auf ein Blatt weißes Papier mit rotem Kreuz gestellt. Die Zeit von der Zugabe der Salzsäure bis zu dem Moment, bei dem das Kreuz gerade nicht mehr sichtbar ist, wird bestimmt. Der Versuch wird anschließend fünfmal wiederholt, wobei die Temperatur der Natriumthiosulfatlösung jeweils um 10 °C reduziert wird.
Beispiele für die ermittelten Reaktionszeiten zeigt Tab. 1.

D

Konzept der Kinetik und des chemischen Gleichgewichts

Tab. 1 Reaktionszeiten der Reaktion von Natriumthiosulfat mit Salzsäure bei verschiedenen Temperaturen

Temperatur T in °C	Reaktionszeit t in s
10	98
20	50
30	24
40	14
50	8
60	4

Unklar blieb bei ARRHENIUS' Theorie, was ein „aktiviertes" Molekül ist. Inzwischen kann man die beiden Größen E_A und A mithilfe der Stoßtheorie besser verstehen. Die experimentell ermittelte Aktivierungsenergie E_A wird als die Mindestenergie gedeutet, die zwei zusammenstoßende Teilchen mindestens besitzen müssen, damit eine Reaktion stattfindet. Bezogen auf die Arrhenius-Gleichung stellt der Term $e^{-\frac{E_A}{R \cdot T}}$ den Anteil der Teilchen dar, die bei einem Zusammenstoß über genügend hohe kinetische Energie verfügen, um reagieren zu können. Die Arrhenius-Konstante A wird überwiegend durch Stoffeigenschaften wie die Größe der Moleküle beeinflusst.

 ↗ D-2 | Mathematische Ableitung der Stoßtheorie

Übertragen auf die Theorie des Übergangszustands kann man die Aktivierungsenergie als die Energiebarriere betrachten, die bei einer Elementarreaktion überwunden werden muss, um die Reaktionsprodukte zu bilden.

Mit der Arrhenius-Gleichung können gemessene Geschwindigkeitskonstanten chemischer Reaktionen auf beliebige andere Temperaturen umgerechnet werden. Auch können mit ihr die Aktivierungsenergien von chemischen Reaktionen berechnet werden, wenn man die Geschwindigkeitskonstanten bei verschiedenen Temperaturen bestimmt.

Die Arrhenius-Gleichung hat einen weiten Geltungsbereich. Es gibt aber auch zahlreiche Fälle, in denen eine völlig andere Temperaturabhängigkeit beobachtet wird. In Abb. 3 werden einige typische Beispiele gezeigt.

Weitere Faktoren mit Einfluss auf die Reaktionsgeschwindigkeit. Neben der Konzentration und der Temperatur beeinflussen noch weitere Faktoren die Reaktionsgeschwindigkeit. Im Gegensatz zu den beiden bereits beschriebenen Faktoren beeinflussen sie *indirekt* die Reaktionsgeschwindigkeit, indem sie den Reaktionsmechanismus oder die für die Reaktion verfügbare Stoffmenge verändern. Wie mithilfe der Stoßtheorie erläutert wurde, können nur die Teilchen reagieren, die zusammenstoßen (↗ Stoßtheorie S. 444 f.). Daher wird bei der Reaktion zwischen Stoffen in unterschiedlichen Phasen die Reaktionsgeschwindigkeit nicht durch die vorhandene Konzentration der Stoffe, sondern durch die für die Reaktion verfügbare Konzentration der Stoffe bestimmt. Bei Feststoffen wird die verfüg-

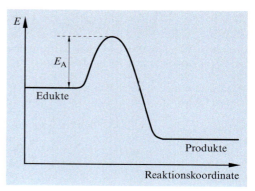

1 Energiediagramm einer Reaktion

Beeinflussung der Reaktionsgeschwindigkeit

Exkurs 1
SVANTE AUGUST ARRHENIUS

Der schwedischer Wissenschaftler SVANTE AUGUST ARRHENIUS (1859 bis 1927) hatte sehr vielseitige Interessen und studierte Chemie, Mathematik und Physik. Er beschäftigte sich im Laufe seines Lebens mit den chemischen Reaktionen in wässrigen Lösungen sowie mit Toxinen, Immunologie, Geologie und sogar mit Kosmologie. Er arbeitete mit namhaften Wissenschaftlern seiner Zeit wie WILHELM OSTWALD, FRIEDRICH WILHELM KOHLRAUSCH, LUDWIG BOLTZMANN und JACOBUS HENRICUS VAN'T HOFF zusammen und erhielt 1903 den Nobelpreis für seine Arbeiten zur elektrolytischen Dissoziation. Einen wichtigen Beitrag zur Reaktionskinetik leistete er mit der nach ihm benannten empirischen Ableitung der Temperaturabhängigkeit der Reaktionsgeschwindigkeiten.

2 SVANTE AUGUST ARRHENIUS

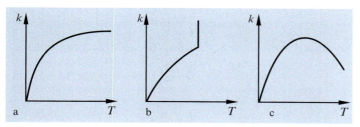

3 Unterschiedliche Typen der Temperaturabhängigkeit von Reaktionsgeschwindigkeitskonstanten
a) Abhängigkeit nach ARRHENIUS; b) Abhängigkeit bei Explosionen;
c) Abhängigkeit bei heterogenen katalytischen Reaktionen und Enzymreaktionen (↗ S. 476, 480)

Experiment 2

Untersuchung der Reaktionsgeschwindigkeit in Abhängigkeit vom Zerteilungsgrad und von der Temperatur

In zwei Bechergläsern werden jeweils 100 mg Magnesium als Pulver und als Band mit Salzsäure ($c = 1\,mol \cdot l^{-1}$) bei $\vartheta = 25\,°C$ zur Reaktion gebracht. Bei der Zugabe des Magnesiums in dem jeweiligen Zerteilungsgrad setzt man die Stoppuhr in Gang. Die Zeit vom Beginn der Reaktion bis zur vollständigen Umsetzung wird gemessen (Tab. 2).
Die Reaktion des Magnsiumbands mit Salzsäure ist bei $\vartheta = 50\,°C$ zu wiederholen.

Tab. 2 Einfluss des Zerteilungsgrads und der Temperatur auf die Reaktionsgeschwindigkeit in Exp. 2 ($c(HCl) = 1\,mol \cdot l^{-1}$, $m(Mg) = 100\,mg$)

Form des Magnesiums	Temperatur ϑ in °C	Reaktionszeit t in s
Pulver	25	14
Band	25	128
Band	50	83

D Konzept der Kinetik und des chemischen Gleichgewichts

bare Konzentration insbesondere durch den Zerteilungsgrad bestimmt. Bei höherem Zerteilungsgrad (z. B. einem Pulver) ist die Konzentration der für die Reaktion verfügbaren Stoffe größer und die Reaktionsgeschwindigkeit ist größer. Dieser Zusammenhang kann mit der Durchführung des Experiments 2 verdeutlicht werden. Als Faustregel gilt, dass eine Reaktion umso schneller abläuft, je feiner die Stoffe verteilt und je größer damit die Oberflächen der Stoffe sind. Sind die Stoffe sehr fein verteilt, können besonders große Reaktionsgeschwindigkeiten auftreten; das Reaktionsgemisch explodiert. Ein Beispiel für eine solche Explosion ist die Kohlenstaubexplosion. Der Begriff „Explosion" wird im Exkurs 2 genauer beschrieben. Die verfügbare Konzentration und damit die Reaktionsgeschwindigkeit werden auch durch Transportvorgänge wie die Diffusion beeinflusst. Daher muss, wie im ersten Abschnitt erläutert, bei der Untersuchung der Reaktionsgeschwindigkeit darauf geachtet werden, dass durch ein sorgfältiges Mischen nicht die Diffusion zum geschwindigkeitsbestimmenden Faktor wird.

Resümee

Die Geschwindigkeit einer Reaktion wird durch die Temperatur beeinflusst. Mit der Arrhenius-Gleichung kann der Zusammenhang zwischen Temperatur und Reaktionsgeschwindigkeit quantitativ beschrieben werden. Die Geschwindigkeitskonstante einer Reaktion ist exponentiell von dem negativen Kehrwert der Temperatur abhängig.
Die Geschwindigkeit einer Reaktion wird auch durch den Zerteilungsgrad der Reaktionspartner und Transportvorgänge wie Diffusion bestimmt.

Tab. 3 Experimentelle Daten für die Reaktionsgeschwindigkeitskonstante k des Zerfalls von Ethanal

Temperatur T in K	k in $1 \cdot mol^{-1} \cdot s^{-1}$
700	0,011
730	0,035
760	0,105
790	0,343
810	0,789
840	2,170
910	20,000
1000	145,000

Aufgabe

1. Die Geschwindigkeit des Zerfalls von Ethanal CH_3CHO wurde zwischen $T = 700\,K$ und $T = 1000\,K$ untersucht. Dabei wurden die in der Tab. 3 zusammengefassten Geschwindigkeitskonstanten für diese Reaktion zweiter Ordnung ermittelt. Bestimmen Sie die Aktivierungsenergie und die Arrhenius-Konstante aus den experimentellen Daten. Tragen Sie dazu $\ln k$ gegen $1/T$ auf. Die Steigung liefert Ihnen $-E_A/R$, der Achsenabschnitt $\ln A$.

**Exkurs 2
Explosionen**

Eine Explosion ist eine plötzliche Oxidations- oder Zerfallsreaktion mit rapidem Temperatur- und Druckanstieg. Man unterscheidet zwei Arten von Explosionen: thermische Explosionen und Kettenverzweigungsexplosionen.

Thermische Explosionen entstehen, wenn bei exothermen Reaktionen die Reaktionswärme nicht schnell genug abgeführt werden kann und so die Temperatur des Systems ansteigt. Damit nimmt wiederum die Reaktionsgeschwindigkeit zu und es wird noch mehr Wärme frei, bis es zur Explosion kommt. Beispiele für thermische Explosionen sind Kohlenstaub- oder Mehlstaubexplosionen. Durch den hohen Zerteilungsgrad und die feine Verteilung ergeben sich hohe Reaktionsgeschwindigkeiten, die zur thermischen Explosion führen (Abb. 4).

4 Kohlestaubexplosion

Kettenverzweigungsexplosionen entstehen bei radikalischen Reaktionen, wenn durch Kettenverzweigungsreaktionen mehr Radikale gebildet werden, als gleichzeitig durch Kettenabbruchreaktionen rekombinieren. Ein Beispiel für eine solche Explosion ist die Knallgasexplosion (Abb. 5).

5 Zünden von Knallgas in einem Luftballon

Die Knallgasreaktion ist eine komplexe radikalische Reaktion, die vereinfacht durch die folgenden Schritte beschrieben werden kann:

Kettenstart:
$H_2 + O_2 \rightarrow HO_2\bullet + H\bullet$

Kettenfortpflanzung:
$H_2 + HO_2\bullet \rightarrow HO\bullet + H_2O$
$H_2 + HO\bullet \rightarrow H\bullet + H_2O$
$O_2 + H\bullet \rightarrow HO\bullet + \bullet O\bullet$ (Verzweigung)
$\bullet O\bullet + H_2 \rightarrow HO\bullet + H\bullet$ (Verzweigung)

Die letzten beiden Reaktionen führen zur Kettenverzweigung. Werden die dabei zusätzlich entstehenden Radikale nicht durch Rekombination oder Stöße mit der Gefäßwand abgefangen, kommt es zur Explosion. Ob eine radikalische Reaktion explosiv abläuft, wird durch die Druck- und Temperaturverhältnisse bei der Reaktion bestimmt (Abb. 6).

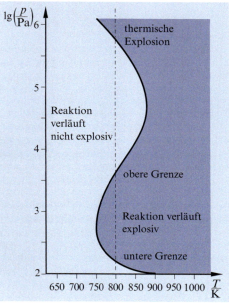

6 Druckabhängigkeit der Explosionsgrenzen bei einer Knallgasexplosion

Die Bereiche von Druck und Temperatur, bei denen es zur Explosion kommt, sind in der Abbildung dunkel unterlegt. Bei sehr kleinen Drücken und moderaten Temperaturen (in der Grafik bei $T = 800$ K) verläuft die Reaktion langsam und ohne Explosion, weil die Radikale eher durch die Gefäßwand abgefangen werden, als das sie auf Reaktionspartner treffen. Wird der Druck erhöht, verläuft die Reaktion explosiv. Wird der Druck weiter erhöht, verläuft die Reaktion wieder still, da die Radikale schnell rekombinieren (obere Grenze). Für die Rekombination sind Stöße zwischen zwei Radikalen und einem dritten Stoßpartner, der die Bindungsenergie aufnimmt, erforderlich. Solche „Dreier-Stöße" sind bei höheren Drücken wesentlich wahrscheinlicher. Ein Beispiel für eine Abbruchreaktion ist die Bildung von Wasserstoffperoxid, das bei der Knallgasreaktion auch als Reaktionsprodukt nachgewiesen werden konnte:
$HO\bullet + HO\bullet \rightarrow H_2O_2$
Wird der Druck noch weiter erhöht, kann erneut eine Explosion eintreten, da es nun zu einer thermischen Explosion kommt.

D-3

Beeinflussung der Reaktionsgeschwindigkeit

Das chemische Gleichgewicht – ein dynamisches System

D

Konzept der Kinetik und des chemischen Gleichgewichts

Werden die Reaktionsgeschwindigkeiten chemischer Reaktionen jeweils kurz nach dem Reaktionsbeginn untersucht, so kann eine Abnahme der Konzentrationen der Ausgangsstoffe und damit auch eine Abnahme der Reaktionsgeschwindigkeiten festgestellt werden. Wie verändern sich die Konzentrationen aber, wenn Reaktionen über längere Zeiträume beobachtet werden? Werden die Ausgangsstoffe vollständig umgesetzt, oder wodurch wird eine Reaktion beendet? Diese Fragen sollen im Folgenden am Beispiel der Zerfallsreaktion von Iodwasserstoff beantwortet werden.

Unvollständigkeit und Umkehrbarkeit chemischer Reaktionen. Iodwasserstoff ist ein farbloses Gas. Wird Iodwasserstoff erwärmt, so färbt sich die Probe langsam violett, da sich neben Wasserstoff auch Ioddämpfe bilden.

$$2\,HI(g) \rightarrow H_2(g) + I_2(g)$$

Untersucht man die Reaktion genauer, so zeigt sich jedoch, dass nicht der gesamte Iodwasserstoff zerfällt; die Zerfallsreaktion verläuft nicht vollständig.
Der gleiche Befund tritt auf, wenn man Iod und Wasserstoff bei hoher Temperatur mischt und dann gemeinsam langsam abkühlt.

$$H_2(g) + I_2(g) \rightarrow 2\,HI(g)$$

Das Gemisch entfärbt sich langsam, aber nicht vollständig. Auch die Bildungsreaktion des Iodwasserstoffs verläuft also nicht vollständig. Bei beiden Reaktionen findet **kein vollständiger Stoffumsatz** statt. Abb. 1 fasst die Beobachtungen beim Zerfall und bei der Bildung des Iodwasserstoffs zusammen. Es werden die Stoffmengen der einzelnen Komponenten für die Temperatur von $T = 763$ K angegeben. Bei dieser Temperatur sind unabhängig von der Richtung der Reaktion immer rund 23 % des Iodwasserstoffs zerfallen. Für andere Temperaturen werden andere Anteile bestimmt.

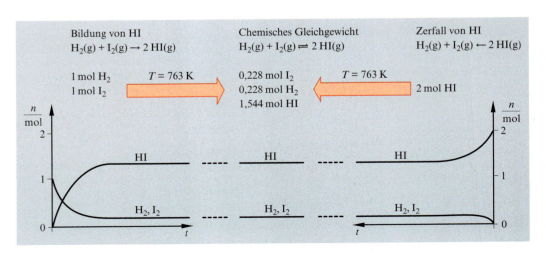

1 Gleichgewichtseinstellung des Reaktionssystems Iodwasserstoff, Wasserstoff und Iod

Das Beispiel der Bildungs- und Zerfallsreaktion von Iodwasserstoff illustriert drei wichtige Eigenschaften chemischer Reaktionen:
– Reaktionen verlaufen unvollständig.
– Reaktionen sind umkehrbar.
– Nach einer gewissen Reaktionszeit stellt sich ein konstantes Verhältnis der Konzentrationen der Ausgangsstoffe und der Reaktionsprodukte ein.

Iodwasserstoffbildung und -zerfall sind ein System **umkehrbarer Reaktionen**. Wie kann man erklären, dass chemische Reaktionen unvollständig verlaufen und sich ein konstantes Konzentrationsverhältnis einstellt?
Sobald sich aus den Ausgangsstoffen die ersten Reaktionsprodukte gebildet haben, setzt auch die Rückreaktion ein. Ausnahmen sind nur bei heterogenen Reaktionen zu beobachten, bei denen die Reaktionspartner verschiedenen Phasen angehören. Die beiden folgenden Reaktionsgleichungen illustrieren den Zusammenhang:

A + B → C + D   (Hinreaktion)

C + D → A + B   (Rückreaktion)

Zu Beginn der Reaktion ist die Geschwindigkeit der Hinreaktion groß, da die Konzentrationen der Ausgangsstoffe A und B hoch sind. Im Verlauf der Reaktion nimmt die Geschwindigkeit der Rückreaktion zu, weil nun die Konzentrationen der Reaktionsprodukte C und D größer werden. Bei der Rückreaktion werden wieder die Ausgangsstoffe A und B gebildet. Die Reaktion verläuft somit unvollständig. Chemische Reaktionen, die in beide Richtungen verlaufen können, werden als **reversible Reaktionen** bezeichnet.
Eine der ersten Reaktionen, für die dieser Verlauf aufgeklärt wurde, ist die Bildung und der Zerfall von Essigsäureethylester (Ethansäureethylester) $CH_3COOC_2H_5$. Unabhängig davon, welche der Reaktionspartner als Ausgangsstoffe eingesetzt werden, erhält man nach einer gewissen Reaktionszeit immer ein Gemisch von allen vier an der Reaktion beteiligten Stoffen.
Zur Kennzeichnung des gleichzeitigen Verlaufs von Hin- und Rückreaktion werden in den Reaktionsgleichungen Doppelreaktionspfeile verwendet:

$$CH_3COOH + C_2H_5OH \underset{\text{Esterspaltung}}{\overset{\text{Esterbildung}}{\rightleftharpoons}} CH_3COOC_2H_5 + H_2O$$
Essigsäure   Ethanol   Essigsäureethylester   Wasser

Sind die Reaktionsgeschwindigkeiten der Hin- und der Rückreaktion gleich groß, so spricht man davon, dass sich die Reaktion im Gleichgewicht befindet.

↗ 1.7 | Fruchtiges aus Alkoholen – Aromastoffe

D-4

Das chemische Gleichgewicht – ein dynamisches System

↗ D-4 | Simulation: Chemisches Gleichgewicht auf Teilchenebene

Resümee

Die Umkehrbarkeit chemischer Reaktionen stellt eine Eigenschaft der meisten chemischen Reaktionen dar. Sie ist eine Ursache für unvollständigen Stoffumsatz chemischer Reaktionen.

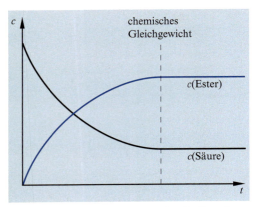

2 Konzentrations-Zeit-Diagramm für die Einstellung eines chemischen Gleichgewichts

Konzept der Kinetik und des chemischen Gleichgewichts

Chemisches Gleichgewicht – ein dynamischer Zustand. Als **chemisches Gleichgewicht** wird ein stabiler und zeitunabhängiger Zustand eines Reaktionssystems bezeichnet. Dieser Zustand bleibt in geschlossenen Systemen beliebig lange bestehen, wenn Bedingungen wie Temperatur und Druck des Reaktionssystems konstant gehalten werden.

Das Gleichgewicht einer chemischen Reaktion ist kein statischer Zustand. Die Konzentrationen der Reaktionsprodukte und der Ausgangsstoffe sind, wie an den Beispielen Iodwasserstoff und Essigsäureethylester beschrieben, nach einer gewissen Reaktionszeit konstant, aber die Reaktionen sind trotzdem nicht beendet: Es handelt sich um ein **dynamisches Gleichgewicht**, bei dem die Stoffmengenkonzentrationen konstant bleiben ($\Delta c = 0$), obwohl die Bildungs- und Zerfallsreaktionen permanent ablaufen (Abb. 2).

Konstante Konzentrationen der Reaktionsprodukte stellen sich ein, wenn die Reaktionsgeschwindigkeiten der Hin- und Rückreaktion gleich groß geworden sind. Wenn v_H die Geschwindigkeit der Hinreaktion ist, v_R die Geschwindigkeit der Rückreaktion und v_G die Gesamtreaktionsgeschwindigkeit des Reaktionssystems aus Hin- und Rückreaktion, kann dieser Zustand wie folgt beschrieben werden (Abb. 3):

$$v_G = v_H - v_R = 0.$$

Zusammenfassend kann ein chemisches Gleichgewicht durch die folgenden Merkmale charakterisiert werden:
- Ausgangsstoffe und Reaktionsprodukte liegen nebeneinander vor. Ihre Stoffmengenkonzentrationen c bleiben unverändert: $\Delta c = 0$.
- Hin- und Rückreaktion laufen gleichzeitig und mit gleicher Geschwindigkeit ab: $v_H = v_R \neq 0$.
- Die Gesamtreaktionsgeschwindigkeit der Reaktion ist null: $v_G = v_H - v_R = 0$.

 ⤴ D-4 | Animation: Einstellung des chemischen Gleichgewichts

Resümee

Das chemische Gleichgewicht ist ein stabiler und zeitunabhängiger Zustand eines stofflichen Systems. Es bleibt bei konstanten äußeren Bedingungen beliebig lange bestehen.
Im chemischen Gleichgewicht einer Reaktion sind die Geschwindigkeiten der Hin- und der Rückreaktion gleich groß. Die Stoffmengenkonzentrationen bleiben konstant, obwohl Hin- und Rückreaktion permanent ablaufen. Das chemische Gleichgewicht ist ein stabiles dynamisches Gleichgewicht.

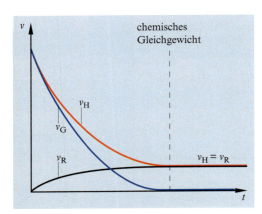

3 Reaktionsgeschwindigkeits-Zeit-Diagramm für die Einstellung eines chemischen Gleichgewichts
(v_H Reaktionsgeschwindigkeit der Hinreaktion,
v_R Reaktionsgeschwindigkeit der Rückreaktion,
v_G Gesamtreaktionsgeschwindigkeit)

Aufgaben

1. Geben Sie Beispiele für vollständig und unvollständig verlaufende Reaktionen.
   a) Unter welchen Voraussetzungen stellt sich ein chemisches Gleichgewicht ein?
   b) Nennen Sie die charakteristischen Merkmale des chemischen Gleichgewichts.
   c) Erläutern Sie den Unterschied zwischen dynamischem und statischem Gleichgewicht.
2. Erläutern Sie, ob sich in einem offenen stofflichen System ein chemisches Gleichgewicht einstellen kann. Geben Sie Beispiele für solche Systeme an.
3. Wasserstoff und Sauerstoff reagieren unter bestimmten Bedingungen explosionsartig miteinander (↗ S. 451). Diskutieren Sie, warum Wasserstoff und Sauerstoff bei Raumtemperatur gemischt werden können, ohne dass es zu einer Explosion kommt. Vergleichen Sie den Zustand der Mischung mit dem metastabilen Gleichgewicht einer Kugel (Abb. 4c).

D-4
Das chemische Gleichgewicht – ein dynamisches System

Exkurs 1
Stabiles und labiles Gleichgewicht

In Abb. 4 werden verschiedene Typen des Gleichgewichts an einem Beispiel aus der Mechanik gezeigt: der Bewegung einer Kugel.

In Abb. 4a befinden sich Kugeln in der energetisch tiefsten Lage. Von selbst können sie diese Lage nicht verlassen. Wird eine Kugel durch äußere Einwirkungen aus dieser Lage entfernt, wird sie nach Ende der äußeren Einwirkung von selbst wieder in die Position des stabilsten Gleichgewichts zurückkehren. Entsprechend wird ein System als im *stabilen Gleichgewicht* befindlich bezeichnet, wenn es nur durch eine Einwirkung von außen diesen Zustand verlassen kann und nach Ende der Einwirkung von selbst in diesen Zustand zurückkehrt. Abb. 4b zeigt die Kugel in einem *labilen Gleichgewicht*. Sobald die Kugel angestoßen wird, rollt sie in eine der Positionen, die in Abb. 4a gezeigt werden, und kann nicht mehr von selbst in ihre Anfangsposition zurückkehren. Ein System ist also in einem labilen Gleichgewicht, wenn es nach Aufhebung einer Hemmung spontan in den Zustand des stabilen Gleichgewichts übergeht.

In Abb. 4c ist der Spezialfall des *metastabilen Gleichgewichts* abgebildet. Nach einer geringen Einwirkung von außen geht das System wieder in den metastabilen Zustand über. Nach einer stärkeren Einwirkung lagert es sich jedoch in das stabile Gleichgewicht um.

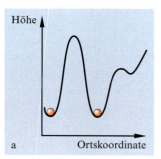 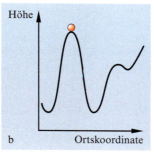 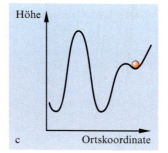

4 Gleichgewichtspositionen einer Kugel
  a) Stabiles Gleichgewicht; b) Labiles Gleichgewicht; c) Metastabiles Gleichgewicht

Das Massenwirkungsgesetz – Berechnungen zum chemischen Gleichgewicht

Bei einer chemischen Reaktion stellt sich nach einiger Zeit ein konstantes Konzentrationsverhältnis von Reaktionsprodukten und Ausgangsstoffen ein. Wie kann man diesen Zustand mathematisch beschreiben, um die Stoffmengenkonzentrationen im chemischen Gleichgewicht berechnen zu können?

Das Massenwirkungsgesetz. Zur Beschreibung eines chemischen Gleichgewichts wurde von den beiden Norwegern CATO MAXIMILIAN GULDBERG (1836 bis 1902) und PETER WAAGE (1833 bis 1900) 1867 durch kinetische Herleitung, die hier erläutert wird, das Massenwirkungsgesetz entwickelt. Der heute nicht mehr verwendete Begriff „Massenwirkung" leitet sich von der im 19. Jahrhundert gebräuchlichen Bezeichnung „aktive Masse" für die Konzentration eines Stoffes ab.

Das Massenwirkungsgesetz beschreibt das Verhältnis der Konzentrationen der Reaktionsprodukte und Ausgangsstoffe im Gleichgewicht. Es erlaubt die Berechnung der Konzentrationen dieser Stoffe nach Einstellung des Gleichgewichts.

Für die Bildung von Essigsäureethylester $CH_3COOC_2H_5$ aus Essigsäure CH_3COOH und Ethanol C_2H_5OH kann folgende Gleichgewichtsreaktion formuliert werden:

$$CH_3COOH + C_2H_5OH \underset{\text{Rückreaktion}}{\overset{\text{Hinreaktion}}{\rightleftharpoons}} CH_3COOC_2H_5 + H_2O$$

Die Reaktionsgeschwindigkeit v_H der Hinreaktion zweiter Ordnung ist

$$v_H = k_H \cdot c(CH_3COOH) \cdot c(C_2H_5OH) \,.$$

Die Geschwindigkeit v_R der Rückreaktion, also der Hydrolyse (Spaltung des Essigsäureethylesters durch Wasser), kann analog formuliert werden:

$$v_R = k_R \cdot c(CH_3COOC_2H_5) \cdot c(H_2O) \,.$$

Im chemischen Gleichgewicht sind bei konstanter Temperatur die Geschwindigkeiten beider Reaktionen gleich groß:

$$v_H = v_R$$

Zur Berechnung der Reaktionsgeschwindigkeiten im Gleichgewicht müssen die Gleichgewichtskonzentrationen verwendet werden:

$$k_H \cdot c(CH_3COOH) \cdot c(C_2H_5OH) = k_R \cdot c(CH_3COOC_2H_5) \cdot c(H_2O) \,.$$

Diesen Ausdruck kann man umformen und erhält für das Verhältnis der Geschwindigkeitskonstanten der Hin- und Rückreaktion eine Konstante, die **Gleichgewichtskonstante K_c**.

$$\frac{k_H}{k_R} = \frac{c(CH_3COOC_2H_5) \cdot c(H_2O)}{c(CH_3COOH) \cdot c(C_2H_5OH)} = K_c$$

Die Gleichgewichtskonstante K_c beschreibt den Quotienten aus dem Produkt der Konzentrationen der Reaktionsprodukte (in diesem Beispiel Essigsäureethylester und Wasser) und dem Produkt der Konzentrationen der Ausgangsstoffe (hier Ethanol und Essigsäure) im Gleichgewicht der ungestörten Hin- und Rückreaktionen. Der Index c kennzeichnet, dass zur Berechnung die Konzentrationen der Reaktionspartner verwendet werden. Das Konzentrationsverhältnis ist temperaturabhängig, weil die Reaktionsgeschwindigkeiten der Hin- und Rückreaktion von der Temperatur abhängen (↗ S. 448 f.).

Das **Massenwirkungsgesetz** wird wie folgt formuliert:
Für jedes chemische Gleichgewicht ist bei einer bestimmten Temperatur der Quotient des Produkts der Konzentrationen der Reaktionsprodukte und des Produkts der Konzentrationen der Ausgangsstoffe konstant.

Für die chemische Reaktion

$A + B \rightleftharpoons C + D$

lautet die **Gleichung für das Massenwirkungsgesetz**:

$$K_c = \frac{c(C) \cdot c(D)}{c(A) \cdot c(B)}$$

Wenn eine Reaktion im Gleichgewicht betrachtet wird, ist nicht mehr zu unterscheiden, welches die Reaktionsprodukte und welches die Ausgangsstoffe der Reaktion sind. Wie gezeigt, kann sich das Gleichgewicht sowohl von den „Ausgangsstoffen" als auch von den „Reaktionsprodukten" aus einstellen. Für beide Richtungen der Reaktion lassen sich Gleichgewichtskonstanten formulieren, die jedoch in der Regel unterschiedliche Werte haben. Es wurde daher als Konvention festgelegt, dass im Zähler des Massenwirkungsgesetzes immer die Stoffe auf der rechten Seite der Reaktionsgleichung erscheinen sollen. Aus diesem Grund ist die Angabe einer Gleichgewichtskonstante nur mit der gleichzeitigen Angabe der Reaktionsgleichung sinnvoll.

Bei der Berechnung des Massenwirkungsgesetzes werden nur die Reaktionspartner berücksichtigt, die in gleicher Phase vorliegen (homogene Reaktionssysteme). Wird beispielsweise bei einer Reaktion in Lösung ein Feststoff gebildet, der aus der Lösung ausfällt, so wird dessen Konzentration im Massenwirkungsgesetz nicht berücksichtigt, wie im folgenden Beispiel der Reaktion zwischen Silber- und Eisen-Ionen gezeigt wird.

$Ag^+(aq) + Fe^{2+}(aq) \rightleftharpoons Ag(s) + Fe^{3+}(aq)$

$$K_c = \frac{c(Fe^{3+})}{c(Ag^+) \cdot c(Fe^{2+})}$$

Das gebildete Silber fällt als Feststoff aus der Lösung aus. Seine Konzentration wird daher bei der Berechnung der Gleichgewichtskonstante nicht berücksichtigt.

Das Massenwirkungsgesetz – Berechnungen zum chemischen Gleichgewicht

Allgemeine Gleichung für das Massenwirkungsgesetz

Für chemische Reaktionen mit den stöchiometrischen Faktoren ν ungleich eins

$\nu(A) A + \nu(B) B \rightleftharpoons \nu(C) C + \nu(D) D$

lautet die Gleichung für das Massenwirkungsgesetz allgemein:

$$K_c = \frac{c^{\nu(C)}(C) \cdot c^{\nu(D)}(D)}{c^{\nu(A)}(A) \cdot c^{\nu(B)}(B)}$$

$[K_c] = 1 \, (mol \cdot l^{-1})^{\Delta\nu}$ mit
$\Delta\nu = \nu(C) + \nu(D) - [\nu(A) + \nu(B)]$

Zustandsgleichung idealer Gase

$p \cdot V = n \cdot R \cdot T$

- p Druck
- V Volumen
- n Stoffmenge
- R Gaskonstante
- T Temperatur

4.4 | Gasabsorptionsgleichgewicht

D

Konzept der Kinetik und des chemischen Gleichgewichts

Allgemeine Gleichung für die Gleichgewichtskonstante K_p

$\nu(A)\,A + \nu(B)\,B \rightleftharpoons \nu(C)\,C + \nu(D)\,D$

$$K_p = \frac{p^{\nu(C)}(C) \cdot p^{\nu(D)}(D)}{p^{\nu(A)}(A) \cdot p^{\nu(B)}(B)}$$

$[K_p] = 1\,\text{kPa}^{\Delta\nu}$

Ausbeute einer chemischen Reaktion

Für die Herstellung von Stoffen in der Industrie und im Labor ist die Ausbeute eine wichtige Kenngröße für die Effektivität der gewählten Methode. Die Ausbeute wird immer auf den Ausgangsstoff bezogen, der im Hinblick auf die stöchiometrischen Verhältnisse der Reaktionsgleichung im Unterschuss eingesetzt wurde.

Die **Ausbeute η** ist der Quotient aus der entstandenen Stoffmenge n eines Reaktionsprodukts und der für den vollständigen Umsatz berechneten Stoffmenge n':

$\eta = \dfrac{n}{n'}$.

Mit der Gleichung für η wird die maximal mögliche Ausbeute errechnet. Die tatsächliche Ausbeute liegt jedoch meist darunter, weil die Reaktion nicht bis zur Einstellung des chemischen Gleichgewichts läuft oder Nebenreaktionen auftreten.

Massenwirkungsgesetz bei Gasreaktionen. Statt der Konzentrationen können auch die Partialdrücke der Reaktionspartner zur Berechnung verwendet werden. Bei Gasen ist der Druck sehr viel leichter zu messen als die Konzentration. Man verwendet daher in diesem Fall die Partialdrücke zur Berechnung. Der Partialdruck entspricht dem Stoffmengenanteil eines Reaktionspartners bei konstantem Volumen. Am Beispiel der Reaktion zwischen Wasserstoff und Iod aus dem vorhergehenden Abschnitt soll das Massenwirkungsgesetz für eine Gasreaktion mit den Partialdrücken der Stoffe formuliert werden:

$H_2 + I_2 \rightleftharpoons 2\,HI$

Das Massenwirkungsgesetz für diese Reaktion lautet:

$$K_p = \frac{p^2(HI)}{p(H_2) \cdot p(I_2)}.$$

Da zur Berechnung die Partialdrücke der einzelnen Reaktionspartner verwendet wurden, trägt die Gleichgewichtskonstante hier den Index p. Der Partialdruck des Iodwasserstoffs erscheint im Massenwirkungsgesetz mit dem Exponenten 2, um den stöchiometrischen Faktor $\nu=2$ in der Reaktionsgleichung zu berücksichtigen. Die Gleichgewichtskonstanten K_c und K_p lassen sich näherungsweise mithilfe der Zustandsgleichung für ideale Gase ineinander umrechnen. Da die Stoffmengenkonzentration die Stoffmenge in einem Volumen beschreibt, kann man mithilfe der Zustandsgleichung idealer Gase die Stoffmengenkonzentration auch als Partialdruck ausdrücken:

$p = \dfrac{n \cdot R \cdot T}{V}$ mit $c = \dfrac{n}{V}$ erhält man $c = \dfrac{p}{R \cdot T}$.

Ersetzt man in der allgemeinen Gleichung für das Massenwirkungsgesetz die Konzentrationen durch diesen Ausdruck, so erhält man jeweils die Gleichung zur Umrechnung von K_c in K_p.

$K_p = K_c \cdot (R \cdot T)^{\Delta\nu}$.

Beispielrechnung 1
Berechnungen zum Massenwirkungsgesetz

Berechnungen zum Massenwirkungsgesetz können entsprechend dem folgenden Schema durchgeführt werden:

1. Aufstellung der Reaktionsgleichung
2. Angabe der Stoffmengenkonzentrationen c_0 der Reaktionsteilnehmer vor Reaktionsbeginn
3. Bestimmung der Stoffmengenkonzentrationen der Reaktionsteilnehmer im chemischen Gleichgewicht
4. Aufstellung der Gleichung des Massenwirkungsgesetzes
5. Einsetzen der Stoffmengenkonzentrationen in die Gleichung des Massenwirkungsgesetzes
6. Berechnung der unbekannten Größe

Als Beispiel sollen die einzelnen Schritte bei der Berechnung der Stoffmengenkonzentration eines Reaktionsprodukts nach Einstellung des chemischen Gleichgewichts erläutert werden. Wir betrachten wieder die Reaktion von Ethanol mit Essigsäure zu Essigsäureethylester. Welche Stoffmengenkonzentration des Esters liegt vor,

458

wenn die Reaktion mit den unten stehenden Stoffmengenkonzentrationen an Essigsäure, Ethanol und Wasser gestartet wurde? Die Gleichgewichtskonstante für die Reaktion bei $T = 298\,\text{K}$ ist $K_c = 4$.

1. Reaktionsgleichung
   $CH_3COOH + C_2H_5OH \rightleftharpoons CH_3COOC_2H_5 + H_2O$
2. Stoffmengenkonzentrationen bei Reaktionsstart
   $c_0(CH_3COOH) = 3\,\text{mol} \cdot \text{l}^{-1}$
   $c_0(C_2H_5OH) = 4\,\text{mol} \cdot \text{l}^{-1}$
   $c_0(CH_3COOC_2H_5) = 0\,\text{mol} \cdot \text{l}^{-1}$
   $c_0(H_2O) = 1{,}55\,\text{mol} \cdot \text{l}^{-1}$
3. Stoffmengenkonzentrationen im Gleichgewicht
   $c(CH_3COOH) = (3 - x)\,\text{mol} \cdot \text{l}^{-1}$
   $c(C_2H_5OH) = (4 - x)\,\text{mol} \cdot \text{l}^{-1}$
   $c(CH_3COOC_2H_5) = x\,\text{mol} \cdot \text{l}^{-1}$
   $c(H_2O) = (1{,}55 + x)\,\text{mol} \cdot \text{l}^{-1}$
4. Massenwirkungsgesetz
   $$K_c = \frac{c(CH_3COOC_2H_5) \cdot c(H_2O)}{c(CH_3COOH) \cdot c(C_2H_5OH)}$$
5. Einsetzen der Stoffmengenkonzentrationen aus Schritt 3
   $$4 = \frac{x \cdot (1{,}55 + x) \cdot (\text{mol} \cdot \text{l}^{-1})^2}{(3 - x) \cdot (4 - x) \cdot (\text{mol} \cdot \text{l}^{-1})^2}$$
6. Berechnung der Stoffmengenkonzentration des Esters (die Einheiten der Stoffmengenkonzentrationen können gekürzt werden)
   $x^2 + 1{,}55 \cdot x = 4x^2 - 28 \cdot x + 48$
   $0 = x^2 - 9{,}85 \cdot x + 16$

   $x_{1,2} = \frac{9{,}85}{2} \pm \sqrt{\frac{97}{4} - 16} = 4{,}925 \pm 2{,}872$

   $x_1 = 7{,}80$
   $x_2 = 2{,}05$

Es gibt zwei mathematische Lösungen: $x_1 = 7{,}80$ und $x_2 = 2{,}05$.
Da aber die Stoffmengenkonzentration der Reaktionsprodukte nicht größer sein kann als die der Ausgangsstoffe beim Start der Reaktion, ist chemisch nur Lösung x_2 sinnvoll:
Im chemischen Gleichgewicht ist die Stoffmengenkonzentration des Esters $c = 2{,}05\,\text{mol} \cdot \text{l}^{-1}$.

Resümee

Für ein homogenes Reaktionssystem, das sich im chemischen Gleichgewicht befindet, können mithilfe des Massenwirkungsgesetzes die Stoffmengen der Reaktionspartner der Reaktion im Gleichgewicht berechnet und dafür eine Gleichgewichtskonstante angegeben werden. Die Gleichgewichtskonstante beschreibt den Quotienten aus dem Produkt der Konzentrationen (oder Partialdrücke) der Reaktionsprodukte und dem Produkt der Konzentrationen (oder Partialdrücke) der Ausgangsstoffe unter Berücksichtigung der stöchiometrischen Faktoren. Die Gleichgewichtskonstante ist temperaturabhängig.

D-5

Das Massenwirkungsgesetz – Berechnungen zum chemischen Gleichgewicht

Aufgaben

1. Formulieren Sie für die Reaktion
   $3\,A + B \rightleftharpoons 2\,C$
   das Massenwirkungsgesetz. Geben Sie auch die Einheit der Gleichgewichtskonstante K_c an.
2. Die Gleichgewichtskonstante K_c charakterisiert das Konzentrationsverhältnis der reagierenden Stoffe bei einer bestimmten Temperatur. Sie ist damit ein Maß für die Lage des chemischen Gleichgewichts. Erläutern Sie diesen Zusammenhang mithilfe von verschiedenen Werten für K_c.
3. Zeigen Sie am Beispiel der Bildungsreaktion von Ammoniak, dass der Wert der Gleichgewichtskonstanten von der zugrunde liegenden Reaktionsgleichung abhängt.
4. Berechnen Sie mit den Werten aus der Beispielrechnung 1 die Ausbeute des Esters in Bezug auf die Essigsäure nach Einstellung des Gleichgewichts.
5. Der erste Schritt der Glykolyse ist die Phosphorylierung der Glucose:
   Glucose + ATP $\rightleftharpoons$ Glucose-6-Phosphat + ADP
   In Bakterienzellen wurden die folgenden Gleichgewichtskonzentrationen der Reaktionspartner gemessen:
   $c(\text{Glucose}) = 42{,}19\,\text{nmol} \cdot \text{l}^{-1}$,
   $c(\text{ATP}) = 7{,}90\,\text{mmol} \cdot \text{l}^{-1}$,
   $c(\text{Glucose-6-Phosphat}) = 250{,}00\,\mu\text{mol} \cdot \text{l}^{-1}$ und
   $c(\text{ADP}) = 1{,}04\,\text{mmol} \cdot \text{l}^{-1}$.
   Welchen Wert hat die Gleichgewichtskonstante K_c?
   Wie groß war die Glucosekonzentration, wenn Sie zu Beginn Ihres Experiments in der Zelle kein Glucose-6-Phosphat bestimmen konnten?

Konzept der Kinetik und des chemischen Gleichgewichts

C-6 | Gibbs-Helmholtz-Gleichung

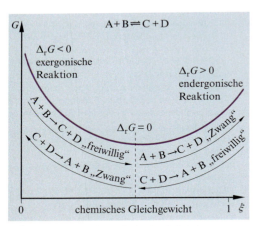

1 Änderung der molaren freien Enthalpie im Verlauf einer Gleichgewichtsreaktion. Die auf der Abzisse dargestellte Größe ξ ist die Umsatzvariable. Die Umsatzvariable ist der Quotient aus der Stoffmengenänderung Δn_i des Reaktionspartners i und seinem stöchiometrischen Koeffizienten ν_i und hat die Einheit mol. Mit der Umsatzvariablen kann der Fortschritt einer Reaktion unabhängig vom Umsatz eines Reaktionspartners beschrieben werden. Die Umsatzvariable kann die Werte $\xi = 0$ mol (es liegen nur Edukte vor) bis $\xi = 1$ mol (es liegen nur Produkte vor) annehmen.

Die Verschiebung des chemischen Gleichgewichts

In den vorhergehenden Abschnitten wurde beschrieben, dass chemische Reaktionen meist umkehrbar sind und so lange ablaufen, bis sie einen dynamischen Gleichgewichtszustand erreicht haben. Betrachtet man ein System, das sich noch nicht im chemischen Gleichgewicht befindet, stellt sich die Frage, in welche Richtung die Reaktion ablaufen wird und welche Stoffe des Systems die Ausgangsstoffe und welches die Reaktionsprodukte sind.

Freie Reaktionsenthalpie und chemisches Gleichgewicht. Es soll die Reaktion $A + B \rightleftharpoons C + D$ betrachtet werden. Wird diese Reaktion unter bestimmten äußeren Bedingungen von der linken zur rechten Seite der Reaktionsgleichung oder in der entgegengesetzten Richtung verlaufen? In Bezug auf die Gleichung oben wären das die Reaktionen

$$A + B \rightarrow C + D \quad \text{oder} \quad C + D \rightarrow A + B$$

Diese Frage kann man mithilfe der Thermodynamik beantworten und so die Richtung einer Reaktion definieren.

Allgemein läuft eine Reaktion in eine bestimmte Richtung, wenn für diese Richtung die **freie Reaktionsenthalpie** $\Delta_r G$ kleiner null ist. Um die Richtung einer Reaktion vorherzusagen, muss also die freie Reaktionsenthalpie als Differenz zwischen der freien Enthalpie G der Reaktionsprodukte und der Ausgangsstoffe bestimmt werden:

$$\Delta_r G = G(\text{Produkte}) - G(\text{Edukte}).$$

Reaktionen mit $\Delta_r G < 0$ werden **exergonisch** genannt, Reaktionen mit $\Delta_r G > 0$ bezeichnet man als **endergonisch**.

Die molare freie Reaktionsenthalpie $\Delta_r G_m$ einer Reaktion kann aus den chemischen Potenzialen μ der Reaktionspartner berechnet werden (Exkurs 1). Man erhält für die freie Reaktionsenthalpie der Reaktion im Gleichgewicht den folgenden Ausdruck, wobei c_i die Konzentration des Reaktionspartners i, R die Gaskonstante und T die Temperatur darstellt.

$$\Delta_r G_m = \mu^0(D) + \mu^0(C) - \mu^0(A) - \mu^0(B) + R \cdot T \cdot \ln\left\{\frac{c(D) \cdot c(C)}{c(A) \cdot c(B)}\right\} \quad (1)$$

Die Summe der chemischen Potenziale bei Standardbedingungen (μ^0) und der Korrekturterm, der Nicht-Standardbedingungen wie unterschiedliche Temperatur und Konzentrationen berücksichtigt, ergibt $\Delta_r G_m$. Ist die Differenz $\Delta_r G_m$ kleiner null (exergonisch), so wird die Reaktion spontan in der angegebenen Richtung ablaufen ($A + B \rightarrow C + D$). Ist $\Delta_r G_m$ größer null (endergonisch), so wird die Reaktion spontan in der umgekehrten Richtung verlaufen ($C + D \rightarrow A + B$). Während der Reaktion verändern sich die Konzentrationen der Reaktionspartner und damit der Wert des Korrekturterms so lange, bis $\Delta_r G_m$ null wird. Mit dem Wert der freien Enthalpie einer Reaktion haben wir damit ein weiteres Kriterium für den Gleichgewichtszustand kennen gelernt: Eine Reaktion läuft so lange freiwillig ab, bis $\Delta_r G_m$ null wird. Ist $\Delta_r G_m = 0$, so befindet sich die Reaktion im chemischen Gleichgewicht (Abb. 1).

Die Gleichung (1) zeigt auch, dass durch die Veränderung der Konzentrationen der Reaktionspartner oder die Änderung der Temperatur die Richtung einer Reaktion beeinflusst werden kann. Erhöht man die Konzentrationen der Ausgangsstoffe über die Gleichgewichtskonzentrationen hinaus, so wird die Reaktion in Richtung der Produkte ablaufen, bis sich der ursprüngliche Wert entsprechend der Gleichgewichtskonstante wieder eingestellt hat. Ist die Konzentration der Produkte größer als im Gleichgewicht, so läuft die Reaktion umgekehrt ab, bis wieder das Gleichgewicht erreicht wird.

Resümee

Die Richtung einer Reaktion wird durch die Größe der freien Reaktionsenthalpie $\Delta_r G$ bestimmt. Ist die freie Reaktionsenthalpie gleich null, befindet sich die Reaktion im chemischen Gleichgewicht.

D-6

Die Verschiebung des chemischen Gleichgewichts

Exkurs 1
Die thermodynamische Ableitung der Gleichgewichtskonstanten K

Bei der thermodynamischen Ableitung des Massenwirkungsgesetzes wird die Reaktion $A + B \rightleftharpoons C + D$ betrachtet. Die molare freie Reaktionsenthalpie $\Delta_r G_m^0$ der Reaktion kann aus der Summe der chemischen Potenziale der Reaktionspartner berechnet werden:

$$\Delta_r G_m^0 = \mu^0(D) + \mu^0(C) - \mu^0(A) - \mu^0(B) .$$

Diese Gleichung gilt nur, wenn die Reaktion bei Standardbedingungen abläuft (Stoffmengenkonzentration eines Stoffes $c(i) = 1 \, mol \cdot l^{-1}$, $T = 298 \, K$). Da oft andere Konzentrationen vorliegen, müssen die chemischen Potenziale der Reaktionspartner für die von den Standardbedingungen abweichenden Bedingungen berechnet werden. Dazu wird zum chemischen Potenzial des Stoffes i bei Standardbedingungen $\mu^0(i)$ ein Korrekturterm addiert, der die Abweichungen berücksichtigt:

$$\mu(i) = \mu^0(i) + R \cdot T \cdot \ln\{c(i)\} .$$

Sind die Stöchiometriezahlen der Reaktion ungleich eins, müssen diese zusätzlich in die Gleichung einbezogen werden. Der Korrekturterm $R \cdot T \cdot \ln\{c(i)\}$ wird sich nun während der Reaktion verändern, da die Konzentration des Stoffes im Verlauf der Reaktion zu- oder abnimmt. Damit ändert sich auch das chemische Potenzial des Stoffes im Verlauf der Reaktion. Dieses geschieht so lange, bis sich ein Gleichgewicht einstellt, das dadurch zu erkennen ist, dass die freie Reaktionsenthalpie $\Delta_r G_m$ der Reaktion null wird. Die freie Reaktionsenthalpie $\Delta_r G_m$ der Reaktion im Gleichgewicht berechnet sich als

$$\Delta_r G_m = \mu^0(D) + \mu^0(C) - \mu^0(A) - \mu^0(B) + R \cdot T \cdot \ln\left\{\frac{c(D) \cdot c(C)}{c(A) \cdot c(B)}\right\} .$$

Dieser Ausdruck wird vereinfacht, indem man die Summe der chemischen Potenziale bei Standardbedingungen als $\Delta_r G_m^0$ schreibt:

$$\Delta_r G_m = \Delta_r G_m^0 + R \cdot T \cdot \ln\left\{\frac{c(D) \cdot c(C)}{c(A) \cdot c(B)}\right\} .$$

Im chemischen Gleichgewicht ist $\Delta_r G_m = 0$. Damit kann man die Gleichung weiter umformen und erhält so die thermodynamische Herleitung des Massenwirkungsgesetzes:

$$-\frac{\Delta_r G_m^0}{R \cdot T} = \ln\left\{\frac{c(D) \cdot c(C)}{c(A) \cdot c(B)}\right\} .$$

Das Verhältnis der Konzentrationen im chemischen Gleichgewicht ist konstant. Die Konstante K_c ist die schon bekannte Gleichgewichtskonstante:

$$\frac{c(D) \cdot c(C)}{c(A) \cdot c(B)} = K_c .$$

$$\Delta_r G_m^0 = -R \cdot T \cdot \ln K_c$$

Bei einer genaueren Herleitung müssen statt der Konzentrationen die so genannten „Aktivitäten" der Stoffe verwendet werden. Die Aktivität wird auch als „wahre Konzentration" bezeichnet und berücksichtigt Abweichungen, die durch die Wechselwirkungen der Reaktionspartner innerhalb einer Lösung entstehen. Diese wirken so, als ob die Konzentration eines Stoffes in Lösung geringer sei, als es der gelösten Stoffmenge entspricht.

Aufgaben

1. Untersuchen Sie die Lage des Gleichgewichts für die Reaktion

   $$H_2(g) + F_2(g) \rightarrow 2\,HF(g)$$

   Die molare freie Reaktionsenthalpie der Fluorwasserstoffbildung beträgt bei Standardbedingungen:

   $$\Delta_r G_m^0 = -546{,}4\ kJ \cdot mol^{-1}.$$

   Berechnen Sie die Gleichgewichtskonstante K_c bei Standardbedingungen ($T = 298\ K$) und diskutieren Sie, ob es sich bei der Reaktion um eine Gleichgewichtsreaktion oder um eine der Reaktionen mit vollständigem Stoffumsatz handelt, also alle Ausgangsstoffe zu Reaktionsprodukten umgesetzt werden.

2. Bei mehreren großtechnischen Prozessen spielt das Boudouard-Gleichgewicht eine wichtige Rolle:

   $$C(s) + CO_2(g) \rightleftharpoons 2\,CO(g)$$

   Die Lage des Gleichgewichts ist von der Temperatur abhängig. Bei einem Gesamtdruck von $p = 1\,000\ hPa$ bestimmt man bei $\vartheta = 500\ °C$ einen Volumenanteil von $\varphi(CO) = 5{,}3\,\%$ und $\varphi(CO_2) = 94{,}7\,\%$. Bei $\vartheta = 800\ °C$ sind die Anteile $\varphi(CO) = 88{,}3\,\%$ und $\varphi(CO_2) = 11{,}7\,\%$.
   Berechnen Sie für die beiden Temperaturen die Gleichgewichtskonstante K_p. Rechnen Sie K_p in K_c um. In diesem Fall können Sie dazu mit der Näherung des idealen Gases die Gleichung

   $$K_c = \frac{K_p}{R \cdot T}\quad \text{verwenden.}$$

   Bestimmen Sie aus K_c die freie Reaktionsenthalpie.

3. Das Hämoglobin-Protein in den roten Blutkörperchen ist u. a. für den Sauerstofftransport in Säugetieren verantwortlich. Ist die Atemluft mit Kohlenstoffmonooxid verunreinigt, funktioniert dieser Transport nur noch eingeschränkt, denn Hämoglobin bindet ca. 200-mal besser an Kohlenstoffmonooxid als an Sauerstoff:

   $$O_2\text{–Hämoglobin} + CO \rightleftharpoons CO\text{–Hämoglobin} + O_2$$

   Bei einem Volumenanteil von 0,3 % Kohlenstoffmonooxid in der Atemluft sind 75 % der roten Blutkörperchen für den Sauerstofftransport blockiert. Dieser Anteil kann bereits tödlich sein.
   Welche Rettungsmaßnahmen können Sie sich bei einer Kohlenstoffmonooxid-Vergiftung vorstellen? Formulieren Sie das Massenwirkungsgesetz für die Reaktion und diskutieren Sie, wie Sie das Gleichgewicht verschieben könnten.

4. Der genaue Wert der freien Reaktionsenthalpie der ATP-Hydrolyse (Exkurs 2) ist nicht nur von der Temperatur innerhalb eines biologischen Systems abhängig, sondern auch von den Konzentrationen der Reaktionspartner. Innerhalb von Zellen können sich die Konzentrationen der Reaktionspartner bei der ATP-Hydrolyse erheblich unterscheiden. Tab. 1 stellt die Konzentrationen von ATP, ADP und Phosphat-Ionen (P_i^-) in unterschiedlichen Zellen dar.
   Berechnen Sie die tatsächliche freie Reaktionsenthalpie der ATP-Hydrolyse innerhalb dieser Zellen. Verwenden Sie den folgenden Ansatz:

   $$\Delta_r G_m = \Delta_r G_m + R \cdot T \cdot \ln\left\{\frac{c(ADP) \cdot c(P_i^-)}{c(ATP)}\right\}$$

   Diskutieren Sie, in welchen Zelltypen höhere Reaktionsenthalpien notwendig sind.

5. Die durch Stickstoffmonooxid katalysierte Oxidation von Schwefeldioxid ist eine Gleichgewichtsreaktion: $NO_2 + SO_2 \rightleftharpoons NO + SO_3$. Die molare freie Standardreaktionsenthalpie der Reaktion ist $\Delta_r G_m^0 = -35{,}63\ kJ \cdot mol^{-1}$.
   In einem Experiment starten Sie die Reaktion mit einer Mischung aus Stickstoffdioxid und Schwefeldioxid mit einem Partialdruck von jeweils $p = 3$ bar. Betrachten Sie die Gase als ideale Gase.
   Berechnen Sie die Gleichgewichtskonstanten K_c und K_p bei $T = 298\ K$.

Tab. 1 ADP-, ATP- und Phosphat-Ionenkonzentrationen in unterschiedlichen Zelltypen

Zelltyp	Stoffmengenkonzentrationen c in $10^{-3}\ mol \cdot l^{-1}$		
	ATP	ADP	P_i^-
Leberzelle (Ratte)	3,38	1,32	4,80
Muskelzelle (Ratte)	8,05	0,93	8,05
Erythrocyt (Mensch)	2,25	0,25	1,65
Bakterienzelle (*Escherichia coli*)	7,90	1,04	7,90

D

Konzept der Kinetik und des chemischen Gleichgewichts

Das Prinzip des kleinsten Zwanges. Bisher wurde in diesem Abschnitt gezeigt, dass sich bei chemischen Reaktionen meist ein Gleichgewicht zwischen den Konzentrationen der Ausgangsstoffe und Reaktionsprodukte bildet. Insbesondere bei der Herstellung von Produkten in der chemischen Industrie ist es aber wünschenswert, die Lage dieses chemischen Gleichgewichts zu verschieben, um damit die Ausbeute einer Reaktion zu erhöhen. Wie kann man die Lage des Gleichgewichts verschieben?

Mit dieser Frage beschäftigte sich bereits 1884 der französische Chemiker Henry Le Chatelier (1850 bis 1936). Er untersuchte qualitativ, wie die Lage des chemischen Gleichgewichts einer Reaktion beeinflusst wird, wenn sich die äußeren Bedingungen der Reaktion (Temperatur, Druck, Konzentration der Reaktionspartner) verändern. Das Ergebnis seiner Untersuchungen ist heute als **Prinzip des kleinsten Zwanges** (Prinzip von Le Chatelier) bekannt:

Wird auf ein System, das sich im chemischen Gleichgewicht befindet, ein Zwang ausgeübt, so weicht dieses System dem Zwang so aus, dass die Wirkung des Zwanges verringert wird.

D-6

Die Verschiebung des chemischen Gleichgewichts

Exkurs 2
Energieumwandlung in Zellen – die ATP-Hydrolyse

In den Zellen lebender Organismen erfolgen fortwährend Stoffwechselvorgänge, die durch den Aufbau neuer Stoffe oder Abbau nicht mehr benötigter Stoffe gekennzeichnet sind. Die für diese Stoffwechselvorgänge der Zelle benötigte Energie wird durch die Hydrolyse von Adenosintriphosphat (ATP) bereitgestellt. ATP (Abb. 2) spielt in Zellen eine wichtige Rolle bei der Speicherung von Energie. Bei der Hydrolyse wird in einer exergonischen Reaktion der endständige Phosphatrest als $H_2PO_4^-$ (vereinfacht als P_i^- bezeichnet) abgespalten:

$ATP(aq) + H_2O(l) \rightarrow ADP(aq) + P_i^-(aq) + H^+(aq)$
$\Delta_r G_m' = -30 \text{ kJ} \cdot \text{mol}^{-1}$

$\Delta_r G_m'$ ist die molare freie Reaktionsenthalpie im biologischen Standardzustand ($\vartheta = 37\,°C$, pH = 7).

Diese Hydrolyse ist ein wichtiges Beispiel für eine exergonische Reaktion im Organismus. Die bei der Reaktion frei werdende Energie wird in den Zellen zum „Antrieb" von endergonischen Reaktionen wie der Proteinbiosynthese verwendet.

Zur Synthese von ATP wird in Organismen z. B. Glucose $C_6H_{12}O_6$ gespalten. Läuft diese Reaktion in Abwesenheit von Sauerstoff (anaerob) ab, werden zwei Moleküle ATP gebildet und die Glucose wird zu Lactat $H_3C–CH(OH)–COO^-$, dem Salz der Milchsäure, oxidiert:

Glucose + 2 P_i^- + 2 ADP $\rightarrow$ 2 Lactat$^-$ + 2 ATP + 2 H_2O
$\Delta_r G_m' = -158 \text{ kJ} \cdot \text{mol}^{-1}$

Viel effizienter in Bezug auf die Bildung von ATP ist die Reaktion jedoch, wenn die Glucose innerhalb der Zellen in Anwesenheit von Sauerstoff durch die aeroben Prozesse der Atmungskette oxidiert wird.

$C_6H_{12}O_6 + 6\,O_2 \rightarrow 6\,CO_2 + 6\,H_2O$
$\Delta_r G_m' = -2880 \text{ kJ} \cdot \text{mol}^{-1}$

2 Adenosintriphosphat (ATP)

Beim Abbau der Glucose bis zum Kohlenstoffdioxid können in mehreren Stufen 38 Moleküle ATP gebildet werden.
Mit jedem ATP-Molekül kann dann eine endergonische Reaktion angetrieben werden, deren molare freie Reaktionsenthalpie größer als $-30 \text{ kJ} \cdot \text{mol}^{-1}$ ist.
Die Knüpfung einer Peptidbindung erfordert zum Beispiel $\Delta_r G_m' = 17 \text{ kJ} \cdot \text{mol}^{-1}$. Wird innerhalb einer Zelle ein Protein synthetisiert, so wird jedoch die Energie benötigt, die drei ATP-Moleküle bereitstellen können, weil die Peptidbindung in der Zelle über Zwischenstufen geknüpft wird.
Die Biosynthese eines kleinen, etwa 150 Peptidbindungen enthaltenden Peptids wie dem Myoglobin, das für den Sauerstofftransport innerhalb der Zelle zuständig ist, erfordert die Hydrolyse von 450 ATP-Molekülen. Zur Bildung dieses Moleküls ist also die Energie notwendig, die bei der Oxidation von 12 Molekülen Glucose gespeichert wird.

Experiment 1

Die Temperaturabhängigkeit des Gleichgewichts bei Bildung und Zerfall von Distickstofftetraoxid
Kupferspäne und konzentrierte Salpetersäure ($w = 65\%$, C) reagieren überwiegend unter Bildung von braunem Stickstoffdioxid (T+), das mit farblosem Distickstofftetraoxid (T+) im Gleichgewicht steht. Die gasförmigen Produkte werden aufgefangen und in zwei Ampullen eingeschmolzen. Eine Ampulle wird in einem Wasserbad auf $\vartheta = 80\,°C$ erwärmt. Die Farbveränderung im Vergleich zu der Ampulle bei Raumtemperatur wird beobachtet: Bei Temperaturerhöhung färbt sich das Gas tiefbraun (Abb. 3).

D-6 | Video: Stickstoffdioxid-Distickstofftetraoxid-Gleichgewicht

D
Konzept der Kinetik und des chemischen Gleichgewichts

9.3 | Ammoniaksynthese

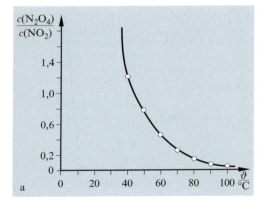

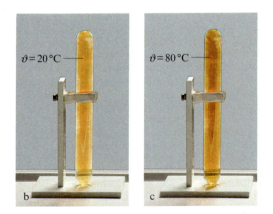

3 Temperaturabhängigkeit der Gleichgewichtskonzentrationen von Distickstofftetraoxid und Stickstoffdioxid bei $p = 1013$ hPa

Das Prinzip des kleinsten Zwanges erlaubt für viele Reaktionen die Vorhersage, welche Auswirkungen die Veränderung der äußeren Bedingungen auf die Lage des chemischen Gleichgewichts hat. Übt man in eine Richtung „Zwang" aus, ändert also eine Bedingung der Reaktion, so wird das Reaktionssystem „ausweichen" und die Lage des Gleichgewichts verändern. Möglichkeiten, die Lage des Gleichgewichts zu beeinflussen, sollen im Folgenden genauer betrachtet werden.

Die Temperaturabhängigkeit des chemischen Gleichgewichts. Die Lage des Gleichgewichts kann durch Veränderung der Temperatur verschoben werden. Im Gegensatz zu einer Änderung des Druckes oder der Konzentration wird durch Temperaturänderungen die Gleichgewichtskonstante verändert. Das ist verständlich, wenn man bedenkt, dass die Gleichgewichtskonstante der Quotient der Reaktionsgeschwindigkeiten der Hin- und Rückreaktionen ist. Wie in Abschnitt D-3 erläutert wurde, sind die Geschwindigkeit einer Reaktion und damit ihre Geschwindigkeitskonstante temperaturabhängig (↗ S. 448 f.).

Die Temperaturabhängigkeit des chemischen Gleichgewichts kann an den Reaktionen der Bildung und des Zerfalls von Distickstofftetraoxid beobachtet werden. Beide Gase sind gut zu unterscheiden, weil Stickstoffdioxid braun ist, während Distickstofftetraoxid farblos ist.

$$2\,NO_2(g) \rightleftharpoons N_2O_4(g) \qquad \Delta_r H_m = -59\,kJ \cdot mol^{-1}$$
braun   farblos

Bei Erhöhung der Temperatur verändert sich die Lage des chemischen Gleichgewichts in Richtung Stickstoffdioxid, bei Erniedrigung der Temperatur in Richtung Distickstofftetraoxid (Experiment 1, Abb. 3). Die Hinreaktion, die Bildung des Distickstofftetraoxids, ist eine exotherme Reaktion. Die Rückreaktion, der Zerfall des Distickstofftetraoxids, ist eine endotherme Reaktion. Wird die Temperatur bei konstantem Druck erhöht, so wird mehr Stickstoffdioxid gebildet, was durch eine Zunahme der braunen Färbung des Gemisches beobachtet werden kann. Umgekehrt führt eine Temperaturerniedrigung zur Zunahme der Bildung von Distickstofftetraoxid, das Gemisch entfärbt sich.

Resümee

Bei endothermen Reaktionen wird durch eine Temperaturerhöhung das Gleichgewicht auf die Seite der Reaktionsprodukte verschoben.
Bei exothermen Reaktionen wird durch eine Temperaturerhöhung das Gleichgewicht auf die Seite der Ausgangsstoffe verschoben.

Die Druckabhängigkeit des chemischen Gleichgewichts. Ein Beispiel für die Druckabhängigkeit des chemischen Gleichgewichts ist wiederum die Reaktion von Stickstoffdioxid zu Distickstofftetraoxid:

$$2\,NO_2(g) \rightleftharpoons N_2O_4(g)$$
braun   farblos

Wird in einem Kolben, der ein Gemisch beider Gase enthält, bei konstanter Temperatur der Druck erhöht, z. B. durch die Verkleinerung des Volumens, so wird die Farbe der Gasmischung blasser, weil das Gleichgewicht in Richtung des Distickstofftetraoxids verschoben wird (Abb. 4). Die Gleichgewichtskonstante bleibt jedoch unverändert. Sie hängt praktisch nicht vom Druck ab. Allgemein fördert eine Druckerhöhung die Richtung einer Gleichgewichtsreaktion, die unter Abnahme des Volumens verläuft. Zu erkennen ist dies am Vergleich der Stöchiometriezahlen der beteiligten Stoffe der Reaktion: Aus 2 mol Stickstoffdioxid werden bei der Reaktion in diesem Beispiel 1 mol Distickstofftetraoxid. In Abb. 5 werden die Prozesse bei der Verschiebung des Gleichgewichts durch Druckerhöhung verdeutlicht. Schematisch sind hier die Gleichgewichte der Reaktion $2A \rightleftharpoons B$ bei verschiedenen Drücken dargestellt. Wird der Druck erhöht, stellt sich ein neues Gleichgewicht ein.

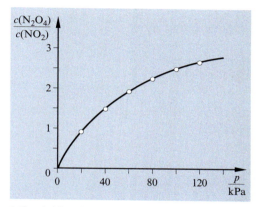

4 Druckabhängigkeit der Gleichgewichtskonzentrationen von Distickstofftetraoxid und Stickstoffdioxid

D-6
Die Verschiebung des chemischen Gleichgewichts

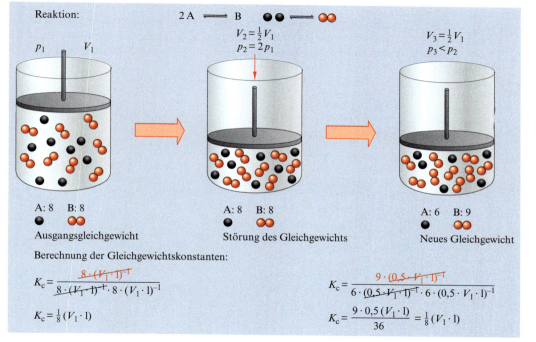

5 Einfluss des Druckes auf das chemische Gleichgewicht. Wird das Volumen halbiert ($V_2 = 0{,}5\,V_1$) und damit der Druck erhöht, stellt sich ein neues Gleichgewicht ein. Das Konzentrationsverhältnis der Stoffe und damit die Gleichgewichtskonstante bleiben unverändert, wie die Berechnungen der Gleichgewichtskonstanten zeigen.

Resümee

Gleichgewichtsreaktionen, in deren Verlauf eine Änderung des Gesamtvolumens eintritt, erfahren durch eine Druckänderung eine Veränderung der Gleichgewichtslage. In welcher Richtung das Gleichgewicht verschoben wird, lässt sich durch den Vergleich der Stöchiometriezahlen vorhersagen.
Ist die Summe der Stöchiometriezahlen der gasförmigen Reaktionsprodukte kleiner als die der Ausgangsstoffe, so wird durch eine Druckerhöhung das Gleichgewicht auf die Seite der Reaktionsprodukte verschoben. Ist die Summe der Stöchiometriezahlen der gasförmigen Reaktionsprodukte größer als die der Ausgangsstoffe, so wird durch eine Druckerhöhung das Gleichgewicht auf die Seite der Ausgangsstoffe verschoben.

Konzentrationsänderung – Einfluss auf Gleichgewicht und Ausbeute einer Reaktion. Ebenso wie durch Temperatur- und Druckänderungen kann die Gleichgewichtslage einer Reaktion auch durch die Änderung der Konzentrationen der Ausgangsstoffe oder Reaktionsprodukte beeinflusst werden: Die Verwendung eines Ausgangsstoffs im Überschuss oder der Entzug eines Reaktionsprodukts führt zu einer Verschiebung des Gleichgewichts in Richtung der Reaktionsprodukte (Abb. 6). Durch die Änderung der Konzentrationen der Ausgangsstoffe oder Reaktionsprodukte verändern sich die Gleichgewichtslage und damit die Ausbeuten nach erneuter Einstellung des Gleichgewichts, die Gleichgewichtskonstante der Reaktionen wird jedoch nicht verändert. In der Industrie werden die Reaktionsprodukte oft kontinuierlich abgetrennt, um die Rückreaktion einer Gleichgewichtsreaktion zu unterbinden. Damit werden ein vollständiger Ablauf der Reaktion und so eine maximale Ausbeute erzwungen.

Für die Steuerung eines industriellen Prozesses ergibt sich aus dem Prinzip des kleinsten Zwanges beispielsweise die Folgerung, dass bei der Herstellung von Reaktionsprodukten in einer exothermen Reaktion die Reaktionstemperatur nicht zu hoch steigen darf, da sonst die Ausbeute der Reaktionsprodukte durch die Verschiebung der

D
Konzept der Kinetik und des chemischen Gleichgewichts

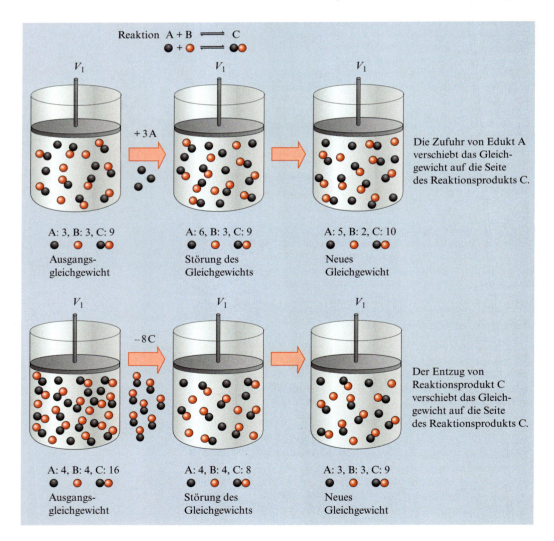

6 Die Beeinflussung der Gleichgewichtslage durch Konzentrationsänderungen

Gleichgewichtslage sinkt. Bei industriellen Prozessen ist neben der Ausbeute allerdings auch die Reaktionsgeschwindigkeit eine wichtige Größe für die Wirtschaftlichkeit eines Prozesses. Wie gezeigt, ist die Reaktionsgeschwindigkeit temperaturabhängig. Die Reaktionsführung bei industriellen Prozessen stellt daher oft einen Kompromiss zwischen den idealen Bedingungen für eine hohe Reaktionsgeschwindigkeit und für eine günstige Gleichgewichtslage dar (↗ Ammoniaksynthese S. 481 f.).

> **Resümee**
>
> Die Zufuhr von Ausgangsstoffen oder eine Entnahme von Reaktionsprodukten einer Reaktion verschiebt das Gleichgewicht auf die Seite der Reaktionsprodukte.

D-6

Die Verschiebung des chemischen Gleichgewichts

Wasser und Kohlenstoffdioxid – Beispiele für die Verschiebung des chemischen Gleichgewichts. Die Verschiebung des chemischen Gleichgewichts durch äußere Einflüsse kann im täglichen Leben z. B. beim Öffnen einer Flasche Mineralwasser beobachtet werden. Es bilden sich Gasblasen und das Gas entweicht aus der Flasche (Abb. 7). Die Ursache für die Bildung der Gasblasen liegt in der Störung des Gleichgewichts zwischen gelöstem und gasförmigem Kohlenstoffdioxid: Mineralwasser wird zusammen mit Kohlenstoffdioxid unter einem Druck von etwa 3 000 hPa abgefüllt. Nach dem Abfüllen bildet sich ein Gleichgewicht zwischen gasförmigem und gelöstem Kohlenstoffdioxid:

4.1 | Mineralwasser
4.4 | Gasabsorptionsgleichgewicht

$$CO_2(g) \rightleftharpoons CO_2(aq) \qquad (1)$$

Wird die Flasche geöffnet, so fällt der Druck in der Flasche schnell auf den Außendruck, etwa 1013 hPa, ab. Damit ist aber auch der Partialdruck (bzw. die Konzentration) des gasförmigen Kohlenstoffdioxids geringer.

Zur Neueinstellung des Gleichgewichts bei verringertem Druck wird nun nach Reaktion (1) gelöstes Kohlenstoffdioxid in gasförmiges Kohlenstoffdioxid umgewandelt, das durch die Bildung der Gasblasen zu beobachten ist. Dies erfolgt so lange, bis der Partialdruck entsprechend der Gleichgewichtskonstante wieder erreicht ist.

7 Kohlenstoffdioxid entweicht beim Öffnen aus einer Mineralwasserflasche.

Ein weiteres Beispiel für eine Verschiebung des chemischen Gleichgewichts ist die Bildung von **Kesselstein**. So werden die Kalkablagerungen genannt, die sich beim Erwärmen von Wasser in Teekesseln oder Warmwasserleitungen bilden können. Kesselstein ist unerwünscht, da er die Wärmeübertragung behindert und bei Rohren die Querschnitte verkleinern kann (Abb. 8).

Kesselstein besteht überwiegend aus Calciumcarbonat $CaCO_3$. Er bildet sich beim Erwärmen des Wassers durch zwei gekoppelte Gleichgewichtsreaktionen:

Im Wasser sind verschiedene Salze gelöst. Die Kationen dieser Salze sind meist Calcium-Ionen Ca^{2+}, gemeinsam mit den anderen Erdalkalimetall-Ionen (z. B. Magnesium-Ionen Mg^{2+}) verursachen sie die **Wasserhärte**. Als Anionen sind im Wasser Sulfat-Ionen SO_4^{2-}, Chlorid-Ionen Cl^- und insbesondere Hydrogencarbonat-Ionen HCO_3^- (Exkurs 3, S. 468) gelöst. Ist die Hydrogencarbonat-Ionenkonzentration groß und wird das Gleichgewicht zwischen den

8 Kesselstein in Warmwasserrohren

Anionen Hydrogencarbonat, Carbonat und dem gelösten Kohlenstoffdioxid durch Erwärmen des Wassers gestört, so bildet sich Kesselstein:

$$2\,HCO_3^-(aq) \rightleftharpoons CO_3^{2-}(aq) + H_2O(l) + CO_2(aq) \qquad (2)$$

Die Lage des Gleichgewichts zwischen gasförmigem und gelöstem Kohlenstoffdioxid entsprechend Reaktion (1) wird beim Erwärmen verschoben. Die Löslichkeit des Kohlenstoffdioxids nimmt ab und es entweicht gasförmig aus der Lösung (↗ Löslichkeitsgleichgewichte S. 472). Zur Wiedereinstellung des zweiten Gleichgewichts entsprechend der Reaktion (2) bilden sich aus den Hydrogencarbonat-Ionen Kohlenstoffdioxidmoleküle und damit auch weitere Carbonat-Ionen.

Weil aber das Kohlenstoffdioxid bei Erwärmung des Wassers durch die Verschiebung des Gleichgewichts (1) weiterhin stetig entweicht, kommt es zu keiner stabilen Einstellung des Gleichgewichts in der Reaktion (2), und es werden ständig Hydrogencarbonat-Ionen in die Reaktionsprodukte umgewandelt. Die im Wasser gelösten Calcium-Ionen reagieren mit den dabei auch gebildeten Carbonat-Ionen, es wird Calciumcarbonat gebildet. Nach einiger Zeit entsteht eine übersättigte Lösung aus der Calciumcarbonat ausfällt, sodass es zur Bildung des Kesselsteins kommt.

 ↗ 4.6 | Wie weiches Wasser hart wird  ↗ D-6 | Wasserhärte

---

D

Konzept der Kinetik und des chemischen Gleichgewichts

Exkurs 3
Die Kohlensäure – eine besondere Säure

Auf vielen Mineralwasserflaschen wird das Wasser als „kohlensäurehaltig" gekennzeichnet. Im Analysebericht auf dem Etikett wird jedoch nicht Kohlensäure, sondern die Konzentration des gelösten Hydrogencarbonats aufgeführt. Wie ist dies zu erklären? Das physikalisch gelöste (hydratisierte) Kohlenstoffdioxid kann mit Wasser weiter reagieren. Dabei treten nebeneinander folgende Gleichgewichtsreaktionen auf:

$$CO_2(aq) + H_2O(l) \rightleftharpoons H_2CO_3(aq) \qquad (1)$$
$$H_2CO_3(aq) + H_2O(l) \rightleftharpoons H_3O^+(aq) + HCO_3^-(aq) \qquad (2)$$
$$HCO_3^-(aq) + H_2O(l) \rightleftharpoons H_3O^+(aq) + CO_3^{2-}(aq) \qquad (3)$$

Neben Kohlensäure H_2CO_3 bilden sich auch Hydrogencarbonat HCO_3^- und Carbonat CO_3^{2-}. Das chemische Gleichgewicht von (1) liegt bei $\vartheta = 25\,°C$ stark auf der linken Seite: Etwa 99% liegen als gelöstes Kohlenstoffdioxid vor, die eigentliche Kohlensäure H_2CO_3 ist nur in Abwesenheit von Wasser isolierbar.

Durch Zusammenfassung der Gleichgewichtsreaktionen (1) und (2) erhält man eine Reaktionsgleichung, die den tatsächlichen Verhältnissen eher entspricht als (1) allein.

$$CO_2(aq) + 2\,H_2O(l) \rightleftharpoons H_3O^+(aq) + HCO_3^-(aq) \qquad (4)$$

Physikalisch gelöstes Kohlenstoffdioxid reagiert mit Wasser zu Hydrogencarbonat-Ionen und Hydronium-Ionen. Dieses chemische Gleichgewicht ist stark vom pH-Wert abhängig.
Bei pH = 7 sind folgende Stoffmengenanteile festzustellen: $x(CO_2, aq) = 24{,}99\%$, $x(HCO_3^-, aq) = 74{,}98\%$. In neutraler Lösung hat Hydrogencarbonat also den größten Anteil aller am Kohlenstoffdioxid-Gleichgewicht beteiligten Stoffe und wird deshalb zur Kennzeichnung des „Kohlensäuregehalts" auf dem Etikett von Mineralwasserflaschen aufgeführt.

Resümee

In natürlichen Systemen laufen oft mehrere Gleichgewichtsreaktionen gleichzeitig ab. Ihre Kopplung kann die Vorhersage der Auswirkung von Temperatur-, Druck- und Konzentrationsänderungen erschweren.

Aufgaben

1. Bei den folgenden Reaktionen sollen möglichst hohe Ausbeuten erzielt werden. Beschreiben Sie die Reaktionsbedingungen, die zur Verschiebung des Gleichgewichts auf die rechte Seite der Reaktionsgleichungen führen.

   $C(s) + CO_2(g) \rightleftharpoons 2\,CO(g)$
   $\Delta_r H_m = 172\,\text{kJ} \cdot \text{mol}^{-1}$

   $2\,SO_2(g) + O_2(g) \rightleftharpoons 2\,SO_3(g)$
   $\Delta_r H_m = -197\,\text{kJ} \cdot \text{mol}^{-1}$

   $CO_2(g) + H_2(g) \rightleftharpoons CO(g) + H_2O(g)$
   $\Delta_r H_m = 41\,\text{kJ} \cdot \text{mol}^{-1}$

   $CaCO_3(s) \rightleftharpoons CaO(s) + 2\,CO(g)$
   $\Delta_r H_m = 178\,\text{kJ} \cdot \text{mol}^{-1}$

2. Erklären Sie, welche Auswirkungen eine Erhöhung des Druckes auf die im chemischen Gleichgewicht befindliche Reaktion von Wasserstoff und Iod zu Iodwasserstoff haben würde.

3. Eisen(III)-Ionen reagieren mit Thiocyanat-Ionen in einer Gleichgewichtsreaktion zu Eisen(III)-thiocyanat:

   $Fe^{3+}(aq) + 3\,SCN^-(aq) \rightleftharpoons Fe(SCN)_3(aq)$

   Lösungen von Eisen(III)-Ionen sind gelb, die von Thiocyanat-Ionen farblos und die von Eisenthiocyanat rot.
   Erklären Sie, warum sich eine stark verdünnte wässrige und fast farblose Eisenthiocyanatlösung sowohl nach Zugabe von festem Kaliumthiocyanat als auch von festem Eisen(III)-chlorid rot färbt.

4. Eine der wichtigsten großtechnischen Reaktionen ist die Bildung von Ammoniak aus Stickstoff und Wasserstoff nach dem Haber-Bosch-Verfahren:

   $N_2(g) + 3\,H_2(g) \rightleftharpoons 2\,NH_3(g)$
   $\Delta_r H_m = -92\,\text{kJ} \cdot \text{mol}^{-1}$

   Diskutieren Sie, welche Reaktionsbedingungen entsprechend dem Prinzip des kleinsten Zwanges am günstigsten wären, um eine hohe Ausbeute an Ammoniak zu erhalten.
   Vergleichen Sie die von Ihnen gewählten Bedingungen mit den in der Industrie angewandten Bedingungen (siehe auch D-8). Begründen Sie gegebenenfalls Unterschiede.

5. Ein großtechnisches Verfahren ist die Bildung von Methanol aus Wasserstoff und Kohlenstoffmonooxid.

   $CO(g) + H_2(g) \rightleftharpoons CH_3OH(g)$

   $\Delta_r H_m = -120\,\text{kJ} \cdot \text{mol}^{-1}$

   Geben Sie günstige Reaktionsbedingungen an, um eine hohe Ausbeute an Methanol zu erreichen.
   Berechnen Sie die Gleichgewichtskonstante K_p für diese Reaktion. Vor dem Start der Reaktion wurden für die Ausgangsstoffe folgende Partialdrücke bestimmt: $p(CO) = 1\,\text{MPa}$, $p(H_2) = 2\,\text{MPa}$. Nach Abschluss der Reaktion war der Partialdruck des Kohlenstoffmonooxids auf $p(CO) = 0{,}2\,\text{MPa}$ abgesunken.

6. Erklären Sie die Beobachtung bei der Öffnung der Mineralwasserflasche mithilfe des Gasabsorptionsgleichgewicht (HENRY-Gesetz ↗ S. 67).

7. Beschreiben Sie mithilfe von zwei Reaktionsgleichungen, warum nach einiger Wartezeit bei wieder verschlossener Flasche nach dem Öffnen erneut Gasblasen beobachtet werden können.

8. Formulieren Sie die Reaktionsgleichungen zur Bildung von Kesselstein.

D-6

Die Verschiebung des chemischen Gleichgewichts

Gleichgewichtseinstellung bei natürlichen und technischen Prozessen

Gleichgewichtsreaktionen spielen eine entscheidende Rolle bei vielen Prozessen in Natur und Technik. Im Folgenden werden einige Beispiele genauer beschrieben.

Puffersysteme – Gleichgewichtsreaktionen stabilisieren den pH-Wert. Lösungen, die bei Zugabe sowohl von Säuren als auch von Basen einen nahezu konstanten pH-Wert behalten, werden als **Pufferlösungen** bezeichnet. Sie werden durch das Zusammenwirken einer schwachen Säure mit einem ihrer Salze (der korrespondierenden Base) gebildet.

↗ E-5 | Starke und schwache Säuren und Basen
↗ E-6 | Pufferlösungen

Ein Beispiel für ein Puffersystem ist der Phosphatpuffer, der innerhalb der Zellen von Wirbeltieren wirksam ist. Dieses Puffersystem enthält in wässriger Lösung jeweils die gleiche Stoffmenge an Dihydrogenphosphat- und Hydrogenphosphat-Ionen. Es bildet sich in der Lösung das folgende Gleichgewicht:

Die Gleichgewichtskonstante K_c dieses Systems ergibt sich durch das Massenwirkungsgesetz:

$$K_c = \frac{c(H_3O^+) \cdot c(HPO_4^{2-})}{c(H_2PO_4^-) \cdot c(H_2O)}.$$

Da sich die Stoffmengenkonzentration des Wassers aufgrund seines hohen Überschusses in der verdünnten Säurelösung im Verlauf der Gleichgewichtseinstellung praktisch kaum ändert, wird sie in die Gleichgewichtskonstante einbezogen:

$$K_c \cdot c(H_2O) = K_S.$$

Die Gleichgewichtskonstante wird hier, weil man die Reaktion auch als Dissoziation einer Säure betrachten kann, als **Säurekonstante K_S** bezeichnet. Für die Berechnung des Dihydrogenphosphat-Hydrogenphosphat-Gleichgewichts ergibt sich damit:

$$K_S = \frac{c(H_3O^+) \cdot c(HPO_4^{2-})}{c(H_2PO_4^-)}. \tag{1}$$

Die Säurekonstante hat für jede Säure einen charakteristischen Wert. Sie spielt bei der Betrachtung von Pufferlösungen eine wichtige Rolle. Wird z. B. zu einer Dihydrogenphosphat-Hydrogenphosphat-Pufferlösung Salzsäure gegeben, so vergrößert sich die Konzentration der Hydronium-Ionen. Die Vergrößerung der Konzentration der Produkte führt zu einer Verschiebung des Gleichgewichts auf die Seite der Ausgangsstoffe (↗ S. 466). Die zusätzlichen Hydronium-Ionen reagieren so lange mit den Hydrogenphosphat-Ionen zu Dihydrogenphosphat-Ionen, bis sich das Verhältnis der Konzen-

Blutpuffer

Blut (wässrige Phase)

$H_3O^+(aq) + HCO_3^-(aq) \underset{+H_2O}{\overset{-H_2O}{\rightleftharpoons}} H_2CO_3(aq) \underset{+H_2O}{\overset{-H_2O}{\rightleftharpoons}} CO_2(aq) \rightleftharpoons CO_2(g)$

Reaktion 1, Reaktion 2, Reaktion 3 — **Lunge** (Gasphase)

1 Das Kohlenstoffdioxid in der Atemluft der Lunge befindet sich über drei Gleichgewichtsreaktionen im Gleichgewicht mit dem Hydrogencarbonatpuffer des Blutes, das durch die Lungenkapillaren fließt.

trationen entsprechend dem Wert der Säurekonstante wieder eingestellt hat.

$HPO_4^{2-} + H_3O^+ \rightarrow H_2PO_4^- + H_2O$

Gibt man zu der Pufferlösung eine Base, fügt also Hydroxid-Ionen hinzu, kommt es zu folgender Abfangreaktion des Puffersystems:

$H_2PO_4^- + OH^- \rightarrow HPO_4^{2-} + H_2O$

Die Konzentration der Hydronium-Ionen und damit der pH-Wert der Lösung bleibt in beiden Fällen nahezu konstant. Die Änderung des pH-Wertes einer Pufferlösung nach Zugabe von Säure oder Base kann mit der **Henderson-Hasselbalch-Gleichung** berechnet werden.

↗ E-6 | Konzentrationsabhängigkeit des pH-Wertes von Pufferlösungen

Ein anderes in der Natur vorkommendes Puffersystem, das alle Menschen in sich tragen, ist das Puffersystem des Blutes, der Blutpuffer. Für die Funktion der biochemischen Prozesse im menschlichen Körper ist es sehr wichtig, dass der pH-Wert des Blutes immer konstant bei etwa pH = 7,4 bleibt. Ohne einen Puffer würden Stoffwechselprodukte den pH-Wert verändern. Der pH-Wert des Blutes wird im Wesentlichen durch einen Hydrogencarbonat-Puffer konstant gehalten. Dieses Puffersystem besteht aus mehreren Gleichgewichtsreaktionen (Abb. 1). Als Gesamtgleichung kann die Gleichgewichtsreaktion von Kohlenstoffdioxid mit Wasser formuliert werden:

$CO_2(aq) + 2 H_2O(l) \rightleftharpoons HCO_3^-(aq) + H_3O^+(aq)$

Sinkt der pH-Wert des Blutes durch einen Anstieg der Hydronium-Ionenkonzentration, so verschiebt sich das Gleichgewicht auf die Seite des Kohlenstoffdioxids. Es kommt zu einem Anstieg des Partialdrucks an gelöstem Kohlenstoffdioxid im Blut. Dieses wird an die Alveolen der Lunge abgegeben und durch Atmung ausgeschieden. Der Blutpuffer ist also insgesamt eine Gleichgewichtsreaktion zwischen den gelösten Hydronium-Ionen im Blut und dem gasförmigen Kohlenstoffdioxid der Atemluft. Durch eine Anpassung der Atemfrequenz können die Konzentration an gelöstem Kohlenstoffdioxid und damit auch der pH-Wert geregelt werden. Bei dem Blutpuffer handelt es sich also um ein offenes Puffersystem mit großer Kapazität.

Resümee

In Puffersystemen wird der pH-Wert einer Lösung stabilisiert, weil in das Puffersystem eingebrachte Hydronium-Ionen oder Hydroxid-Ionen durch Gleichgewichtsreaktionen abgefangen werden.

D-7 Gleichgewichtseinstellung bei natürlichen und technischen Prozessen

Aufgabe

1. Cola-Getränken wird oft Orthophosphorsäure (E 338) zugesetzt. Ein Glas (200 ml) eines solchen Getränks enthält $n = 0{,}2$ mmol H_3O^+-Ionen.
   a) Wie würde sich der pH-Wert des Blutes ändern, wenn das Cola-Getränk getrunken wird und kein Puffersystem im Blut vorhanden wäre? Rechnen Sie mit einem Blutvolumen von 5 l und einem natürlichen pH-Wert des Blutes von pH = 7.4.
   b) Berechnen Sie die Änderung des pH-Wertes nach Genuss des Cola-Getränks bei vorhandenem Hydrogencarbonatpuffer. Formulieren Sie dazu zuerst das Massenwirkungsgesetz und die Gleichung der Säurekonstanten. Der Wert der Säurekonstante ist $pK_S = 6.5$. Verwenden Sie zur Berechnung der pH-Wert-Änderungen die Henderson-Hasselbalch-Gleichung aus Kapitel E-6 und folgende Konzentrationen im Blut: $c(HCO_3^-) = 24$ mmol·l^{-1}, $c(CO_2) = 3$ mmol·l^{-1}.

↗ E-6 | Pufferkapazität
↗ 4.7 | Stabile Systeme – Puffersysteme

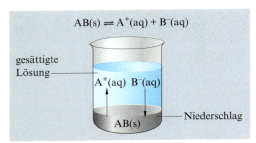

2 Schematische Darstellung des Löslichkeitsgleichgewichts. Es herrscht ein dynamisches Gleichgewicht zwischen dem festen Salz und den gelösten Ionen.

Konzept der Kinetik und des chemischen Gleichgewichts

Tab. 1 Löslichkeitsprodukt einiger Salze bei $T = 298$ K

Formel	Löslichkeitsprodukt K_L
AgCl	$1{,}6 \cdot 10^{-10}$ mol$^2 \cdot$ l^{-2}
Hg$_2$Cl$_2$	$2{,}0 \cdot 10^{-18}$ mol$^3 \cdot$ l^{-3}
PbCl$_2$	$2{,}0 \cdot 10^{-5}$ mol$^3 \cdot$ l^{-3}
HgS	$1{,}0 \cdot 10^{-52}$ mol$^2 \cdot$ l^{-2}
PbS	$3{,}4 \cdot 10^{-28}$ mol$^2 \cdot$ l^{-2}
Bi$_2$S$_3$	$1{,}6 \cdot 10^{-72}$ mol$^5 \cdot$ l^{-5}
CdS	$1{,}0 \cdot 10^{-29}$ mol$^2 \cdot$ l^{-2}
CuS	$8{,}0 \cdot 10^{-45}$ mol$^2 \cdot$ l^{-2}

Löslichkeitsgleichgewichte. Ein weiterer Spezialfall einer Gleichgewichtsreaktion mit technischer Anwendung ist das **Löslichkeitsgleichgewicht**. Es beschreibt die Gleichgewichtsreaktion zwischen einem festen Salz als Bodenkörper und seinen darüber stehenden gelösten Ionen in einer gesättigten Lösung. Bei dieser Gleichgewichtsreaktion gehen Ionen aus dem festen Salz am Boden eines Gefäßes in Lösung und gleichzeitig scheiden sich Ionen als festes Salz am Boden ab. Es handelt sich auch hier um ein dynamisches Gleichgewicht.

Man spricht bei dem Löslichkeitsgleichgewicht auch von einem **heterogenen Gleichgewicht**, weil die Ausgangsstoffe und Reaktionsprodukte der Gleichgewichtsreaktion in unterschiedlichen Phasen vorliegen. Als Beispiel für ein Löslichkeitsgleichgewicht soll das schwer lösliche Blei(II)-iodid betrachtet werden:

$$PbI_2(s) \rightleftharpoons Pb^{2+}(aq) + 2\,I^-(aq)$$

Im Massenwirkungsgesetz hat die Menge des festen Bodenkörpers, also in diesem Beispiel das unlösliche Blei(II)-iodid, keinen Einfluss auf die Stoffmengenkonzentration der gelösten Ionen. Der feste Bodenkörper wird deshalb in die Gleichgewichtskonstante einbezogen:

$$K_L = c(Pb^{2+}) \cdot c^2(I^-)\,.$$

Die Gleichgewichtskonstante K_L trägt den Index L, um zu kennzeichnen, dass es sich um ein Löslichkeitsgleichgewicht handelt. Man nennt sie auch das **Löslichkeitsprodukt K_L**, weil das Massenwirkungsgesetz hier nur aus dem Produkt der Stoffmengenkonzentrationen besteht. Wie bei allen Gleichgewichtsreaktionen ist das Löslichkeitsprodukt temperaturabhängig. Tabellierte Werte des Löslichkeitsprodukts beziehen sich deshalb auf die Standardtemperatur $T = 298$ K. Allgemein kann für das Löslichkeitsgleichgewicht eines Salzes $A_m B_n$

$$A_m B_n(s) \rightleftharpoons m\,A^{n+}(aq) + n\,B^{m-}(aq)$$

die Gleichung des Massenwirkungsgesetzes angegeben werden:

$$K_L(A_m B_n) = c^m(A^{n+}) \cdot c^n(B^{m-})\,.$$

Experiment 1

Fällung von Halogenid-Ionen durch Silbernitratlösung

Verdünnte Lösungen von Natriumchlorid, Kaliumbromid und Kaliumiodid ($w = 1\%$) werden mit wenigen Tropfen einer Silbernitratlösung ($w = 2\%$) versetzt. Die Halogenid-Ionen bilden mit den Silber-Ionen schwer lösliche Silberhalogenide.
Die Niederschläge weisen jeweils ein typisches Aussehen auf:

$Ag^+(aq) + Cl^-(aq) \rightarrow AgCl(s)$ weißer Niederschlag $K_L = 1{,}6 \cdot 10^{-10}$ mol$^2 \cdot$ l^{-2}
$Ag^+(aq) + Br^-(aq) \rightarrow AgBr(s)$ gelblicher Niederschlag $K_L = 6{,}3 \cdot 10^{-13}$ mol$^2 \cdot$ l^{-2}
$Ag^+(aq) + I^-(aq) \rightarrow AgI(s)$ gelber Niederschlag $K_L = 1{,}5 \cdot 10^{-16}$ mol$^2 \cdot$ l^{-2}

Silberiodid hat das kleinste Löslichkeitsprodukt der Silberhalogenide. Bei sorgfältiger Versuchsdurchführung kann beobachtet werden, dass es vor den anderen Silberhalogeniden bei Zugabe der Silbernitratlösung ausfällt.

3 a) Fällung von Silberchlorid; b) Fällung von Silberbromid; c) Fällung von Silberiodid

Die Einheit des Löslichkeitsprodukts richtet sich nach der stöchiometrischen Zusammensetzung des Salzes:

$[K_L(A_mB_n)] = \text{mol}^{m+n} \cdot l^{-(m+n)}$.

Für ein binäres Salz der Zusammensetzung AB ist die Einheit für $[K_L] = \text{mol}^2 \cdot l^{-2}$. Das Löslichkeitsprodukt des oben genannten Blei(II)-iodids hat die Einheit $[K_L] = \text{mol}^3 \cdot l^{-3}$. Weitere Löslichkeitsprodukte von Salzen werden in der Tab. 1 aufgeführt.

Wird zu einer gesättigten Lösung, also einer Lösung, in der die Stoffmengenkonzentrationen der Ionen genau dem Löslichkeitsprodukt entsprechen, ein gleichioniger Zusatz gegeben, so wird eine **übersättigte Lösung** gebildet. Aus dieser Lösung fällt so lange festes Salz als Niederschlag aus, bis das Löslichkeitsprodukt wieder erreicht ist. Solche Reaktionen werden auch als **Fällungsreaktionen** bezeichnet. Technische Anwendung finden Löslichkeitsgleichgewichte z. B. bei der Trennung und Analyse von Ionen in der qualitativen Analyse (Exkurs 1) oder bei der Herstellung von Referenzelektroden mit konstantem Potenzial.

Aufgaben

1. In eine Bariumchloridlösung mit einer Stoffmengenkonzentration von $c(\text{BaCl}_2) = 1 \cdot 10^{-3} \text{mol} \cdot l^{-1}$ wird Schwefelsäure gegeben. Bei welcher Stoffmengenkonzentration der Sulfat-Ionen beginnt die Fällung von Bariumsulfat?
Berechnen Sie auf der Grundlage des folgenden Löslichkeitsprodukts:
$K_L(\text{BaSO}_4) = c(\text{Ba}^{2+}) \cdot c(\text{SO}_4^{2-}) = 1 \cdot 10^{-10} \text{mol}^2 \cdot l^{-2}$.

2. Calciumhydroxid wird in Wasser gegeben und der pH-Wert der Suspension als pH = 12,8 bestimmt. Berechnen Sie die Stoffmengenkonzentration an Hydroxid-Ionen und das Löslichkeitsprodukt von Calciumhydroxid.

D-7

Gleichgewichtseinstellung bei natürlichen und technischen Prozessen

Resümee

Die Gleichgewichtsreaktion zwischen einem festen Salz und seinen gelösten Ionen wird durch das Löslichkeitsprodukt beschrieben. Es ist ein Maß für die Menge der Ionen, die sich bei Standardtemperatur lösen lassen. Ist die Stoffmengenkonzentration der Ionen genau gleich dem Löslichkeitsprodukt, spricht man von einer gesättigten Lösung.

Exkurs 1
Qualitative Analyse mithilfe des Löslichkeitsgleichgewichts

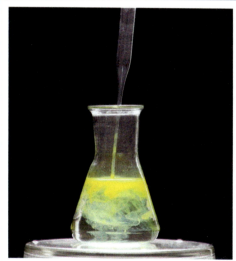

4 Fällung des schwer löslichen Cadmiumsulfids nach Einleitung von Schwefelwasserstoff in eine Cadmiumnitratlösung

Bei der Analyse von unbekannten Stoffgemischen besteht die Schwierigkeit darin, die Stoffe zuerst vollständig zu trennen, um sie anschließend einzeln nachweisen zu können, weil sich die meisten Nachweisreaktionen untereinander beeinflussen. Eine Methode zur Trennung eines Gemisches von unterschiedlichen Metallsalzen ist der *Trennungsgang*. Beim Trennungsgang werden durch Reagenzien wie Schwefelwasserstoff oder Salzsäure bestimmte Ionen in einen schwer löslichen Niederschlag überführt und durch Filtration aus der Lösung entfernt. Die überstehende Lösung wird dann auf die nächste Stoffgruppe hin untersucht.

Im klassischen Trennungsgang werden die Ionen zuerst mit unterschiedlichen Methoden in Lösung gebracht. Anschließend wird Salzsäure zugegeben. Salzsäure bildet z. B. mit Ag^+-, Hg_2^{2+}- und Pb^{2+}-Ionen schwer lösliche Salze. Daher fallen diese Ionen aus der Lösung aus und können nach Abfiltrieren des Niederschlags getrennt weiter analysiert werden (Salzsäure-Trennungsgang). PbCl_2 hat ein relativ großes Löslichkeitsprodukt (Tab. 1). Daher werden die Blei(II)-Ionen in diesem Schritt nicht vollständig aus der Lösung entfernt.

In die überstehende Lösung, die weitere nicht bekannte Ionen enthalten kann, wird Schwefelwasserstoff geleitet. Die Ionen Hg^{2+}, Pb^{2+}, Bi^{3+}, Cu^{2+} und Cd^{2+} bilden schwer lösliche Sulfide und fallen aus der Lösung aus (Schwefelwasserstoff-Trennungsgang). Wieder wird der Niederschlag aus schwer löslichen Salzen abgetrennt und analysiert. Weitere Schritte mit anderen Fällungsreagenzien folgen. In Tab. 1 werden die Löslichkeitsprodukte der für den Trennungsgang wichtigen Salze angegeben.

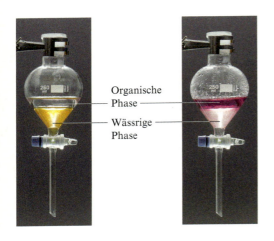

5 Verteilung von Iod in der organischen und wässrigen Phase in einem Scheidetrichter. Links: vor dem Schütteln, rechts: nach dem Schütteln

D
Konzept der Kinetik und des chemischen Gleichgewichts

 D-7 | Verteilung in der Chromatografie

6 Die Papierchromatografie ist ein Beispiel für die Verteilungschromatografie. Bei der Papierchromatografie besteht die stationäre Phase aus dem am Papier adsorbierten Wasser.

Aufgabe

1. Sie wollen 10 g eines Reaktionsprodukts P, das in 100 ml Wasser gelöst ist, mit Diethylether ausschütteln. Der Verteilungskoeffizient ist 10. Sie schütteln mit jeweils 100 ml Diethylether aus.
   a) Wie viel Reaktionsprodukt befindet sich nach einmaligem Ausschütteln in der organischen Phase?
   b) Wie viel Reaktionsprodukt verbleibt nach zweimaligem Ausschütteln in der wässrigen Phase?
   c) Wie viel Diethylether müssten Sie verwenden, um das gleiche Ergebnis mit einmaligem Ausschütteln zu erreichen?

Verteilung – Trennung durch Gleichgewichtsprozesse. Im Labor ist es oft notwendig, ein Reaktionsprodukt aus einer Lösung zu isolieren. Eine einfache Methode dafür ist das **Ausschütteln**. Dazu wird die Lösung mit einem zweiten Lösemittel, in dem das Produkt besonders gut löslich ist und das nicht mit dem ersten Lösemittel mischbar ist, in einem Scheidetrichter geschüttelt. Wird z. B. eine wässrige Iodlösung mit Hexan ausgeschüttelt, so geht der größte Teil des Iods in die organische Phase über (Abb. 5). Wasser und Hexan mischen sich dabei nicht und man kann anschließend die wässrige Phase aus dem Scheidetrichter ablassen. Schüttelt man dagegen eine Lösung von Iod in Hexan mit Wasser aus, so geht nur wenig Iod in die wässrige Phase über.

In beiden Fällen stellt sich ein Verteilungsgleichgewicht des Iods zwischen den beiden Phasen ein:

$$I_2(\text{Wasser}) \rightleftharpoons I_2(\text{Hexan})$$

Das Verhältnis der Stoffmengenkonzentrationen des Iods in beiden Phasen ist konstant. Allgemein wurde die Verteilung eines Stoffes B zwischen zwei Phasen I und II bereits 1891 von WALTHER NERNST (1864 bis 1941) als **Verteilungsgesetz** formuliert.

$$\frac{c(B)^I}{c(B)^{II}} = K \qquad \frac{c(I_2)^{\text{Hexan}}}{c(I_2)^{\text{Wasser}}} = K$$

Die Gleichgewichtskonstante K wird als **Verteilungskoeffizient** bezeichnet. Der Verteilungskoeffizient ist wie alle Gleichgewichtskonstanten temperaturabhängig.

Das Nernst-Verteilungsgesetz gilt nur, wenn sich die beiden Phasen nicht miteinander mischen und keine Assoziations- und Dissoziationsvorgänge berücksichtigt werden müssen. Ist der Verteilungskoeffizient kleiner als 100, so lässt sich mit einem einmaligen Ausschütteln keine befriedigende Trennung durchführen. Durch mehrmaliges Ausschütteln kann jedoch auch hier eine gute Trennung erreicht werden (Aufgabe 1).

Eine wichtige Trennmethode der modernen Chemie, die **Verteilungschromatografie**, beruht ebenfalls auf einem Verteilungsgleichgewicht. Die Chromatografie dient zur Trennung von Gemischen, z. B. von Farbstoffen. Bei dieser Methode ist das eine Lösemittel in den Poren eines festen Trägerstoffs gebunden (stationäre Phase). Das andere Lösemittel fließt als mobile Phase über die stationäre Phase. Trägt man die zu trennenden Stoffe auf die stationäre Phase auf, so verteilen sie sich anschließend in einem bestimmten Konzentrationsverhältnis auf die mobile und die stationäre Phase. Da die mobile Phase ununterbrochen zugeführt wird, wandern die Stoffe entsprechend ihrer Verteilungskoeffizienten unterschiedlich schnell über die stationäre Phase und können so getrennt werden.

Resümee

Bei der Verteilung eines löslichen Stoffes zwischen zwei nicht mischbaren Phasen stellt sich ein Gleichgewicht ein, das von den Löslichkeiten des Stoffes in beiden Phasen abhängig ist (Verteilungsgesetz nach NERNST). Eine Anwendung des Verteilungsgesetzes stellen chromatografische Verfahren dar.

Katalyse und katalytische Reaktionen in Natur und Technik

Eine chemische Reaktion, die unter Einwirkung eines Katalysators verläuft, wird **Katalyse** genannt. Der Katalysator ist vielen nur als ein Bestandteil der Abgasreinigung bei Kraftfahrzeugen bekannt. Bei fast allen Synthesen in der chemischen Industrie spielen jedoch Katalysatoren eine wichtige Rolle, und auch in unserem Körper arbeiten viele hoch spezialisierte Katalysatoren.

Was ist ein Katalysator? Warum verwendet man Katalysatoren bei chemischen Reaktionen?

Katalysatoren und ihre Wirkungsweise. Allgemein beschreibt der Begriff Katalysator einen Stoff, der die Geschwindigkeit einer chemischen Reaktion verändert. Den Begriff selbst führte 1835 der schwedische Chemiker JÖNS JACOB BERZELIUS (1779 bis 1848) ein. BERZELIUS glaubte zunächst, dass Katalysatoren durch ihre bloße Anwesenheit die Reaktionsgeschwindigkeit verändern können. Genauer wurde der Begriff **Katalysator** 1894 durch den deutschen Chemiker WILHELM OSTWALD (1853 bis 1932) definiert:

„Ein Katalysator ist ein Stoff, der die Geschwindigkeit einer chemischen Reaktion erhöht, ohne selbst dabei verbraucht zu werden und ohne die endgültige Lage des thermodynamischen Gleichgewichts dieser Reaktion zu verändern."

Wird durch einen Katalysator die Geschwindigkeit der Reaktion verringert, wird der Katalysator auch als Inhibitor bezeichnet. Hier sollen jedoch nur Katalysatoren behandelt werden, die die Reaktionsgeschwindigkeit erhöhen.

Auf welche Weise kann ein Katalysator die Geschwindigkeit einer chemischen Reaktion erhöhen? Es soll die Reaktion der Stoffe A und B zu dem Stoff C betrachtet werden (Abb. 1).

$A + B \rightleftharpoons C$

Das Energiediagramm einer chemischen Reaktion stellt dar, dass die Teilchen A und B im Verlauf der Reaktion einen aktivierten Komplex $[A \cdots B]^{\ddagger}$ bilden, dessen Energie einen Maximalwert gegenüber allen anderen Zuständen im Reaktionsverlauf erreicht (↗ Aktivierter Komplex S. 364). Zur Überwindung dieses Übergangszustands muss die Aktivierungsenergie der Reaktion aufgebracht werden.

$A + B \rightarrow [A \cdots B]^{\ddagger} \rightarrow C$

Durch den Zusatz des Katalysators verändert sich der Reaktionsverlauf. Es bildet sich zuerst ein Zwischenprodukt aus dem Stoff A und dem Katalysator (AK). Dieses reagiert dann weiter mit dem Stoff B zum Produkt C.

$A + B + K \rightarrow [A \cdots K]^{\ddagger} + B \rightarrow AK + B \rightarrow [A \cdots K \cdots B]^{\ddagger} \rightarrow C + K$

Die Aktivierungsenergie der unkatalysierten Reaktion ist wesentlich größer als die Aktivierungsenergien der Teilreaktionen der katalysierten Reaktion (ΔE_{A1} und ΔE_{A2}). Aufgrund der kleineren Aktivierungsenergien laufen katalysierte Reaktionen schneller ab als nicht

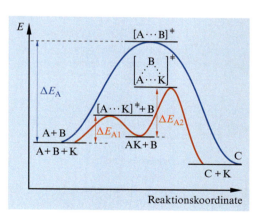

1 Diagramm der Aktivierungsenergie im Verlauf einer chemischen Reaktion $A + B \rightarrow C$ mit Katalysator (rot) und ohne Katalysator (blau)

katalysierte Reaktionen. Die freie Reaktionsenthalpie $\Delta_r G$ einer Reaktion wird durch den Katalysator jedoch nicht verändert. Daher verändert sich die Lage des Gleichgewichts einer chemischen Reaktion durch einen Katalysator nicht.

> **Resümee**
>
> Ein Katalysator ist ein Stoff, der die Geschwindigkeit einer chemischen Reaktion erhöht, ohne selbst dabei verbraucht zu werden. Eine katalysierte Reaktion nimmt durch die Bildung von Zwischenprodukten einen veränderten Verlauf. Die Aktivierungsenergie der Reaktion wird dadurch erniedrigt. Die freie Reaktionsenthalpie und damit die Gleichgewichtslage der Reaktion werden durch einen Katalysator nicht verändert.

Heterogene und homogene Katalyse. Katalysen werden in homogene und heterogene Katalysen unterschieden.

Bei der **homogenen Katalyse** liegen die Katalysatoren in der gleichen Phase wie die Ausgangsstoffe vor. Ein typisches Beispiel für die homogene Katalyse ist die **Säurekatalyse.** Bei der Säurekatalyse wirken Protonen als Katalysator. Die Protonierung von Ausgangsstoffen führt zur Bildung eines Zwischenprodukts und damit zu einem veränderten Reaktionsmechanismus mit geringerer Aktivierungsenergie. Abb. 2 erläutert die Säurekatalyse am Beispiel der Zersetzung von Methansäure zu Kohlenstoffmonooxid und Wasser.

Ein weiteres Beispiel für die homogene Katalyse ist ein älteres Verfahren zur Herstellung von Schwefelsäure, das Bleikammerverfahren. Bei diesem Verfahren ist die Oxidation des Schwefeldioxids SO_2 zu Schwefeltrioxid SO_3 der entscheidende Schritt. Dieser Schritt ist langsam, weil Stöße zwischen drei Molekülen notwendig sind, was recht unwahrscheinlich ist:

$2\,SO_2 + O_2 \rightarrow 2\,SO_3$

Durch homogene Katalyse mit Stickstoffmonooxid NO kann die Oxidation wesentlich beschleunigt werden:

$2\,NO \rightarrow N_2O_2$
$N_2O_2 + O_2 \rightarrow 2\,NO_2$
$2\,NO_2 + 2\,SO_2 \rightarrow 2\,SO_3 + 2\,NO$

Homogene Katalysatoren haben den Nachteil, dass sie nach der Reaktion wieder aus dem Reaktionsgemisch abgetrennt werden müssen, was oft Probleme bereitet.

Bei der **heterogenen Katalyse** hat der Katalysator einen anderen Aggregatzustand als die Ausgangsstoffe. Dies ist die häufigste Form der Katalyse bei großtechnischen Synthesen. Als Ausgangsstoffe werden meist Gase eingesetzt, und die heterogenen Katalysatoren sind Metalle oder Metalloxide, die auf festen Trägermaterialien mit großer Oberfläche aufgebracht sind. Sie werden als Trägerkatalysatoren bezeichnet (Abb. 3).

Konzept der Kinetik und des chemischen Gleichgewichts

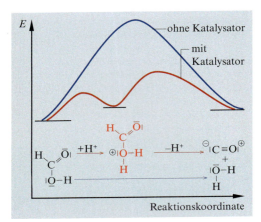

2 Diagramm des Reaktionsverlaufs bei der Zersetzung von Methansäure zu Kohlenstoffmonooxid und Wasser mit (rot) und ohne Säurekatalyse (blau). Die Reaktion verläuft mit Katalysator über ein Zwischenprodukt (rot), die unkatalysierte Reaktion dagegen ohne Zwischenprodukt.

3 Mit Silber belegter Aluminiumoxid-Katalysator (Trägerkatalysator, rasterelektronenmikroskopische Aufnahme)

Der Ort des reaktiven Geschehens der heterogenen Katalyse ist die Oberfläche des Katalysators. Eine heterogene katalytische Reaktion verläuft in den folgenden Schritten:
– Diffusion der Reaktionspartner zum Katalysator,
– Adsorption der Reaktionspartner an der Katalysatoroberfläche,
– Reaktion zwischen den Reaktionspartnern,
– Desorption der Reaktionsprodukte von der Katalysatoroberfläche,
– Diffusion der Reaktionsprodukte vom Katalysator weg.

Aufgrund der Adsorptions- und Desorptionsprozesse entstehen sehr komplizierte Reaktionsmechanismen, die selbst für großtechnisch angewandte Reaktionen noch nicht im Detail aufgeklärt sind. Mit der Beschreibung der Ammoniaksynthese wird ein Beispiel für einen solchen Mechanismus vorgestellt (Abb. 10, S. 483).

 ↗ D-8 | Funktionsweise der Brennstoffzelle
Katalytische Zersetzung von Wasserstoffperoxid

Aufgaben

1. Begründen Sie, warum die folgende Aussage nur unzureichend die Wirkungsweise eines Katalysators beschreibt: „Ein Katalysator steigert die Reaktionsgeschwindigkeit einer Reaktion, indem er die Aktivierungsenergie herabsetzt."
2. Erstellen Sie ein Energiediagramm für eine exotherme und eine endotherme Reaktion. Skizzieren Sie jeweils den Reaktionsverlauf mit und ohne Katalysator.

D-8

Katalyse und katalytische Reaktionen in Natur und Technik

Resümee

Katalysatoren, Ausgangsstoffe und Reaktionsprodukte können in unterschiedlichen Phasen vorliegen.
Liegen Katalysator und Ausgangsstoffe in der gleichen Phase vor, spricht man von homogener Katalyse.
Liegen Katalysator und Ausgangsstoffe in unterschiedlichen Phasen vor, spricht man von heterogener Katalyse.

Exkurs 1
Autokatalyse

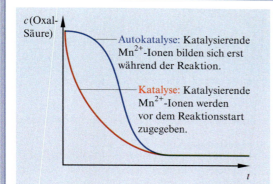

4 Konzentrations-Zeit-Diagramm der Oxidation von Oxalsäure mit Kaliumpermanganat

Ein besonderer Fall der homogenen Katalyse kann bei der Oxidation von Oxalsäure HOOC–COOH mit Kaliumpermanganat in saurer Lösung beobachtet werden.

$$5\,HOOC\text{–}COOH(aq) + 2\,MnO_4^-(aq) + 6\,H_3O^+(aq)$$
$$\rightarrow 10\,CO_2(g) + 2\,Mn^{2+}(aq) + 14\,H_2O(l)$$

Bei dieser Reaktion nimmt die Reaktionsgeschwindigkeit während der Reaktion zu. Diese Beobachtung ist erstaunlich, weil im Verlauf einer Reaktion die Konzentrationen der Ausgangsstoffe abnehmen und damit die Reaktionsgeschwindigkeit geringer werden sollte. Die Veränderung der Reaktionsgeschwindigkeit kann aber erklärt werden, wenn während der Reaktion ein Produkt entsteht, das als Katalysator wirkt. Bei der Oxidation von Oxalsäure wurden die gebildeten Mn^{2+}-Ionen als Katalysator identifiziert. Die katalytische Wirkung der Mn^{2+}-Ionen kann nachgewiesen werden, indem man sie in Spuren zu Beginn der Reaktion zugibt. In diesem Fall verläuft die Reaktion schneller und die Reaktionsgeschwindigkeit nimmt wie erwartet im Verlauf der Reaktion ab (Abb. 4).
Die Katalyse einer Reaktion durch ein Reaktionsprodukt bezeichnet man als *Autokatalyse*.

Exkurs 2
Autoabgaskatalysator

Kraftfahrzeuge mit Benzin- und Dieselmotor haben meist einen Katalysator in der Abgasanlage, um die Hauptschadstoffe im Abgas zu entfernen: Kohlenstoffmonooxid CO, unverbrannte Kohlenwasserstoffe, z. B. C_8H_{18}, und Stickstoffmonooxid NO. Der Autoabgaskatalysator ist aus einer wabenförmigen Keramik als Träger aufgebaut, auf den der Katalysator, etwa zwei Gramm einer Platin-Rhodium-Legierung, verteilt ist (Abb. 5). Dadurch ist die wirksame Oberfläche des Katalysators sehr groß und dem Abgasstrom wird nur ein geringer Widerstand entgegengesetzt.

Der Katalysator beschleunigt die Reaktionen der Schadstoffe mit Sauerstoff und untereinander zu weniger schädlichen Gasen entsprechend der folgenden Reaktionsgleichungen.

Oxidation von Kohlenstoffmonooxid und Kohlenwasserstoffen:
$$2\,CO(g) + O_2(g) \rightarrow 2\,CO_2(g)$$
$$2\,C_8H_{18}(g) + 25\,O_2(g) \rightarrow 16\,CO_2(g) + 18\,H_2O(g)$$

Reduktion von Stickstoffmonooxid:
$$2\,NO(g) + 2\,CO(g) \rightarrow N_2(g) + 2\,CO_2(g)$$

Diese Reaktionen können nur gleichzeitig ablaufen, wenn Kraftstoff und Verbrennungsluft in einem konstanten Verhältnis gemischt werden. Bei zu viel Kraftstoff erfolgt keine vollständige Oxidation und ist zu viel Sauerstoff vorhanden, so wird die Reduktion gestört. Um das richtige Verhältnis einzustellen, wird beim sogenannten *geregelten Katalysator* mit einem Sensor (Lambda-Sonde) der Sauerstoffanteil im Abgas gemessen und durch einen Regelkreis die Kraftstoffzufuhr entsprechend dosiert.

Die Funktion des Autoabgaskatalysators ist von der Temperatur der Abgase und des Katalysators abhängig. Nach einem Kaltstart finden die genannten Reaktionen nur sehr unvollständig statt. Auch bei sehr hohen Abgastemperaturen, z. B. bei schneller Autobahnfahrt, laufen die Reaktionen der Schadstoffe mit Sauerstoff und untereinander nur unvollständig ab.

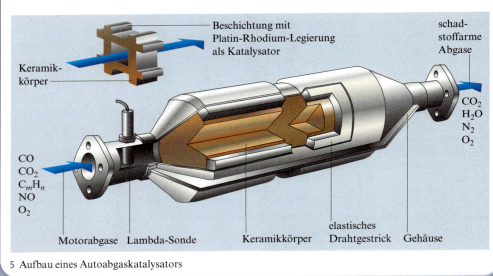

5 Aufbau eines Autoabgaskatalysators

 ↗ 3.4 | Autoabgase und Umwelt

Charakterisierung von Katalysatoren. Katalysatoren werden durch drei Eigenschaften beschrieben: die Selektivität, die Wechselfrequenz und die Lebensdauer.

Selektivität eines Katalysators bedeutet, dass der Katalysator nur eine von mehreren möglichen Reaktionen eines Ausgangsstoffs beschleunigt. Tab. 1 stellt am Beispiel der Hydrierung von Kohlenstoffmonooxid dar, wie aufgrund der Selektivität der verwendeten Katalysatoren unterschiedliche Reaktionsprodukte erzeugt werden können. Eine besonders hohe Selektivität haben Biokatalysatoren (Enzyme).

Tab. 1 Bildung verschiedener Reaktionsprodukte bei der Hydrierung von Kohlenstoffmonooxid durch die selektive Wirkung von Katalysatoren

Katalysator	Hauptprodukt
Co, ZnO	Methan
ZnO, Cu	Methanol
Fe	ungesättigte Kohlenwasserstoffe
Ni	gesättigte Kohlenwasserstoffe
ThO_2	verzweigte Kohlenwasserstoffe

D Konzept der Kinetik und des chemischen Gleichgewichts

Die **Wechselfrequenz** eines Katalysators beschreibt, wie schnell der Katalysator nach einer Reaktion wieder durch das Produkt freigegeben wird und so für die nächste katalytische Reaktion zur Verfügung steht. Besonders hohe Wechselfrequenzen haben wiederum Biokatalysatoren. An Biokatalysatoren können pro Minute mehrere Millionen Moleküle umgesetzt werden (Exp. 1).

Die **Lebensdauer** eines Katalysators wird durch die Anzahl der Reaktionen charakterisiert, die er katalysiert, bevor er unbrauchbar wird. Diese Größe ist für die chemische Industrie wichtig, denn insbesondere Edelmetallkatalysatoren stellen einen bedeutenden Kostenfaktor dar.

Katalysatoren können durch Katalysatorgifte oder durch mechanischen Verschleiß (Ablösung des Katalysators vom Trägermaterial) unbrauchbar werden. Katalysatorgifte sind Stoffe, die irreversibel an den Katalysator binden und ihn somit blockieren.

Biokatalysatoren. Besonders selektive Katalysatoren findet man in biologischen Systemen. Diese biologischen Katalysatoren werden als **Enzyme** bezeichnet. Enzyme sind Proteine mit Moleküldurchmessern von etwa 10 nm bis 100 nm. Aufgrund der Kinetik der durch sie katalysierten Reaktionen können sie als heterogene Katalysatoren angesehen werden (Exkurs 3).

Enzyme sind sehr spezifische Katalysatoren, die nur eine einzige Reaktion katalysieren (Wirkungsspezifität). Gleichzeitig können Enzyme nur mit einem bestimmten Ausgangsstoff, auch Substrat genannt, in Wechselwirkung treten (Substratspezifität). Diese Spezifität wird durch eine genau „passende" Bindungsstelle für das Substrat erreicht (Abb. 6). Diese ist meist eine Tasche an der Seitenfläche des Enzyms, an deren Rändern sich Aminosäure-Seitenketten befinden, die zur Bindung des Substrats benötigt werden. Nur dieses **aktive Zentrum** ist zur Bindung des Substrats und zur Umsetzung der katalytischen Reaktion befähigt.

Die Geschwindigkeit von enzymkatalysierten Reaktionen ist temperaturabhängig und nimmt mit steigender Temperatur zu. Bei zu hohen Temperaturen nimmt die Reaktionsgeschwindigkeit jedoch wieder ab, da das Enzym denaturiert: Das Enzym verliert bei hohen Temperaturen seine spezifische Tertiärstruktur und damit wird sein aktives Zentrum zerstört.

Resümee

Katalysatoren werden durch ihre Selektivität, die Anzahl der pro Minute katalysierten Reaktionen und ihre Lebensdauer charakterisiert.
Besonders selektiv sind Biokatalysatoren (Enzyme). Sie sind sowohl substrat- als auch wirkungsspezifisch und haben eine sehr hohe Wechselfrequenz.

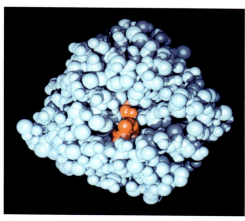

6 Molekülmodell der komplementären Formen des Substrats (rot) und seiner Bindungsstelle an einem Enzym (blau)

Katalyse und katalytische Reaktionen in Natur und Technik

Experiment 1

Wechselfrequenz von Katalysatoren
Die unterschiedlichen Wechselfrequenzen von Katalysatoren sollen am Beispiel der Spaltung von Wasserstoffperoxid untersucht werden.
In fünf Reagenzgläser werden je ca. 5 ml Wasserstoffperoxidlösung, $w(H_2O_2) = 10\%$, (Xi), gegeben. Dann werden jeweils kleine Mengen der folgenden Stoffe hinzugefügt: Mangandioxid, Platindraht, Katalase, geriebene rohe Kartoffel, gekochte Kartoffel.
Der entstehende Sauerstoff wird mit einem glimmenden Holzspan nachgewiesen.
Die Intensität der Gasentwicklung ist dabei in Abhängigkeit von dem verwendeten Katalysator unterschiedlich. Die Spaltung von Wasserstoffperoxid in Sauerstoff und Wasser

$H_2O_2(aq) \rightarrow \frac{1}{2} O_2(g) + H_2O(l)$

wird von einer Reihe anorganischer Verbindungen katalysiert, z. B. von Mangandioxid oder Platin. Ebenso wird diese Spaltung von dem Enzym Katalase beschleunigt, sodass mit diesem Versuch die verschiedenen Aktivitäten anorganischer Katalysatoren und Biokatalysatoren (Enzyme) gezeigt werden können.
Das Enzym Katalase kommt in Kartoffeln, aber auch in Blut, Bäckerhefe oder frischer Leber vor.
Im Versuch ist die Gasentwicklung bei der Zugabe von Katalase sehr viel stärker als bei allen anderen Katalysatoren. Das isolierte Enzym wirkt viel intensiver als in der Biomatrix Kartoffel. Der Versuch eignet sich jedoch nicht dazu, direkte Rückschlüsse auf die jeweilige Wechselfrequenz zuzulassen. Beim Erhitzen (Kochen) denaturiert die Katalase und wirkt je nach Dauer des Kochvorgangs schwächer oder gar nicht mehr.

Exkurs 3
Kinetik von Enzymreaktionen

Die Untersuchung der Kinetik einer typischen Enzymreaktion führt zu zwei Beobachtungen:
– Bei konstanter Anfangskonzentration des Ausgangsstoffs ist die Reaktionsgeschwindigkeit des Substrats proportional zur Konzentration des Enzyms E.
– Wird die Enzymkonzentration konstant gehalten, so ist die Reaktionsgeschwindigkeit bei kleiner Substratkonzentration proportional zur Substratkonzentration, bei hoher Substratkonzentration ist sie konstant.

Die Kinetik der Enzymreaktionen wird verständlich, wenn die einzelnen Schritte der Enzymreaktion betrachtet werden. Im ersten Schritt bildet sich aus Substrat (S) und Enzym (E) ein Zwischenprodukt (ES). Das Substrat wird an der Oberfläche des Enzyms adsorbiert. Dieser Schritt entspricht der Adsorption eines Gasmoleküls an der Katalysatoroberfläche bei der heterogenen Katalyse. In einem zweiten Schritt erfolgt die eigentliche Reaktion zum Produkt (P):

$$S + E \underset{k_{-1}}{\overset{k_1}{\rightleftharpoons}} ES \underset{k_{-2}}{\overset{k_2}{\rightleftharpoons}} P + E$$

Wenn man annimmt, dass die Geschwindigkeitskonstanten k_1, k_{-1} und k_2 ähnlich groß sind und die Konstante k_{-2} der Produktspaltung vernachlässigbar klein ist, so bildet sich im Verlauf der Reaktion eine quasi-stationäre Konzentration des Enzym-Substrat-Komplexes $c_{st}(ES)$. Diese Konzentration kann durch die folgende Gleichung beschrieben werden:

$$c_{st}(ES) = \frac{c_0(E) \cdot c(S)}{K_M + c(S)} \quad \text{mit} \quad K_M = \frac{k_{-1} + k_2}{k_1}.$$

Die hier neu eingeführte Konstante K_M heißt nach einem der Pioniere auf dem Gebiet der Enzymkinetik *Michaelis-Konstante*. $c_0(E)$ ist die Anfangskonzentration des Enzyms.
Die Bildungsgeschwindigkeit v des Produkts P ist damit:

$$v = \frac{dc(P)}{dt} = k_2 \cdot c_{st}(ES) = k_2 \cdot \frac{c_0(E) \cdot c(S)}{K_M + c(S)}.$$

Diese Gleichung wird *Michaelis-Menten-Gleichung* genannt.

Für die Geschwindigkeit v einer Enzymreaktion gilt damit, dass sie proportional zur Substratkonzentration $c(S)$ ist, wenn die Substratkonzentration wesentlich kleiner ist als die Michaelis-Konstante K_M. Ist dagegen die Substratkonzentration wesentlich größer als diese Konstante, so ist die Geschwindigkeit der Enzymreaktion unabhängig von der Substratkonzentration und konstant (v_{max}) (Abb. 7). Die Michaelis-Konstante ist charakteristisch für ein Enzym. Anschaulich kann man sich beide Grenzfälle so vorstellen, dass bei geringen Substratkonzentrationen jedes Substratmolekül sofort umgesetzt wird und daher die Geschwindigkeit nur von der Substratkonzentration abhängt. Liegen sehr viele Substratmoleküle vor, wird jedes verfügbare Enzym sofort von einem Substratmolekül besetzt. Die Geschwindigkeit ist dann nun nur noch von der Geschwindigkeit des Zerfalls des Substrat-Enzym-Komplexes abhängig. Die Geschwindigkeitskonstante dieser Reaktion entspricht der Wechselfrequenz. Die Reaktionsgeschwindigkeiten von heterogen katalysierten Reaktionen können analog berechnet werden, was die Einordnung der Enzyme als heterogene Katalysatoren rechtfertigt.

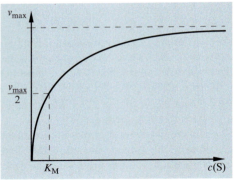

7 Geschwindigkeit v einer Enzymreaktion in Abhängigkeit von der Substratkonzentration $c(S)$. Die Substratkonzentration, bei der $\frac{1}{2}v_{max}$ erreicht wird, entspricht der Michaelis-Konstante K_M.

Aufgabe

1. Enzyme werden durch Schwermetall-Ionen wie Ag^+ oder Hg^{2+} irreversibel gehemmt, weil diese mit Thioalkohol-Gruppen –SH des Proteins reagieren: Enz-SH + Ag^+ → Enz-S-Ag + H^+
   Mit Silber-Ionen kann man die Menge der Thioalkohol-Gruppen durch Titration quantitativ bestimmen. 10 ml einer Lösung, die $1{,}0\,\text{mg}\cdot\text{ml}^{-1}$ reines Enzym enthalten, werden mit Silbernitratlösung titriert. Um das Enzym vollständig zu inaktivieren, werden $n(AgNO_3) = 0{,}342 \cdot 10^{-6}\,\text{mol}$ verbraucht. Bestimmen Sie die molare Masse M des Enzyms unter der Annahme, dass das Enzym nur eine titrierbare SH-Gruppe besitzt.

Technische Herstellung von Ammoniak. Ammoniak NH₃ ist einer der wichtigsten chemischen Grundstoffe. Zurzeit werden weltweit mehr als 100 Mio. t produziert. Rund 80% der Produktion werden zu Düngemitteln verarbeitet. Weitere Verwendung findet Ammoniak bei der Herstellung von chemischen Grundstoffen, z. B. Salpetersäure.

Die Ammoniaksynthese aus den Elementen Wasserstoff und Stickstoff scheiterte lange Zeit aufgrund der geringen Reaktionsgeschwindigkeit und der großen Schwierigkeiten bei der technischen Umsetzung der Synthese. Die Bildungsreaktion ist exotherm, die Reaktionsgeschwindigkeit jedoch sehr gering:

$$3\,H_2(g) + N_2(g) \rightleftharpoons 2\,NH_3(g) \qquad \Delta_r H = -92\ kJ \cdot mol^{-1}$$

↗ 9.3 | Ammoniak – der erste Schritt zum Düngemittel

Die Chemiker standen bei der Entwicklung einer großtechnischen Synthese vor einem Zielkonflikt: Nach dem Prinzip des kleinsten Zwanges wären die idealen Reaktionsbedingungen, um das chemische Gleichgewicht auf die Seite des Ammoniaks zu verschieben, eine niedrige Reaktionstemperatur und ein hoher Druck. Wird die Temperatur jedoch gesenkt, so wird die Reaktionsgeschwindigkeit geringer. Als Lösung des Problems verwendete 1909 FRITZ HABER (1868 bis 1934) einen Katalysator, um die Reaktionsgeschwindigkeit zu erhöhen. Gleichzeitig erhöhte er den Druck, um die Lage des chemischen Gleichgewichts der Reaktion auf die Seite des Ammoniaks zu verschieben. In Abb. 8a ist die historische Versuchsapparatur HABERs dargestellt. Die technischen Schwierigkeiten bei der Realisierung einer großtechnischen Synthese mit hohem Druck und dem hochentzündlichen und sehr leicht diffundierenden Wasserstoff löste 1913 der Ingenieur CARL BOSCH (1879 bis 1940). Er entwickelte einen Synthesereaktor, der den Katalysator enthält und den Reaktionsbedingungen von $\vartheta = 450\,°C$ und $p = 30\,MPa$ standhält (Abb. 8b). Moderne Reaktoren mit einer Tagesproduktion von 1500 t Ammoniak haben eine Höhe von 30 m bei einem Innendurchmesser von 2,4 m und einer Masse von 400 t (Abb. 8c).

D-8

Katalyse und katalytische Reaktionen in Natur und Technik

8 a) Versuchsapparatur von FRITZ HABER, mit der er 80 g Ammoniak pro Stunde synthetisieren konnte; b) Röhrenreaktor zur Ammoniaksynthese (ca. 1915) mit einer Syntheseleistung von ca. 3 t pro Stunde; c) Moderne Syntheseanlage mit einer Syntheseleistung von ca. 62 t pro Stunde

Die Ausgangsstoffe Wasserstoff und Stickstoff werden in einem vorgeschalteten Prozess z. B. aus Erdgas und Luft gewonnen (Steam-Reforming). Das Gasgemisch aus den Ausgangsstoffen wird Synthesegas genannt. Als Katalysator dient Eisen, dem zur Erhöhung seiner katalytischen Aktivität und seiner Lebensdauer Kaliumcarbonat, Aluminium-, Calcium- und Siliciumoxid beigefügt werden. Moderne Reaktoren enthalten bis zu 100 t Katalysator. Der Katalysator ist innerhalb des Reaktors in Rohren oder in mehreren Schichten angeordnet. Das kalte Synthesegas wird durch Kompressoren auf den Reaktionsdruck gebracht und dann so zum Katalysator geführt, dass es sich am Reaktor und dem aus dem Reaktor austretenden heißen Gasgemisch über einen Wärmetauscher erwärmt (↗ S. 137, Prozesse und Verfahren). Dadurch wird die Reaktionstemperatur stabilisiert, ohne zusätzlich Energie aufwenden zu müssen. Das Synthesegas kommt im Reaktor nur etwa 30 s mit dem Katalysator in Berührung. In dieser Zeit stellt sich das chemische Gleichgewicht der Reaktion nicht vollständig ein. Es ist aber wirtschaftlicher, die Gase im Kreislauf rasch über den Katalysator strömen zu lassen, den Ammoniak anschließend durch Verflüssigung abzutrennen und das verbleibende Synthesegas wieder in den Reaktor zu geben als die Gleichgewichtseinstellung abzuwarten.

↗ D-8 | Animation: Technische Ammoniaksynthese

Der Reaktionsmechanismus der katalysierten Ammoniaksynthese wird noch erforscht. In Abb. 9 wird der heute allgemein angenommene Mechanismus schematisch dargestellt. Lange war es umstritten, ob der Mechanismus über eine schrittweise Hydrierung des Stickstoffmoleküls, also über die adsorbierten Moleküle Diimin N_2H_2 und Hydrazin N_2H_4 verläuft, oder über den Zerfall des Stickstoffmoleküls in zwei Atome Stickstoff und die anschließende Hydrierung der Stickstoffatome. Man war zuerst der Meinung, dass der zweite Mechanismus aufgrund der hohen Bindungsenergie der $N{\equiv}N$-Bindung eher unwahrscheinlich sei; es hat sich jedoch gezeigt, dass er tatsächlich zutrifft. Es konnte experimentell eindeutig nachgewiesen werden, dass die Dissoziation des adsorbierten Stickstoffs der geschwindigkeitsbestimmende Schritt dieser Reaktion ist.

Technische Herstellung von Salpetersäure – Ostwald-Verfahren. Salpetersäure gehört zu den drei weltweit am häufigsten produzierten Säuren. Etwa 80 % der Produktion werden zur Herstellung von Düngemitteln wie Ammoniumnitrat verwendet. Weitere wichtige Anwendungen sind die Herstellung von Sprengstoffen, Farben und Kunststoffen.

Zur großtechnischen Synthese der Salpetersäure nach dem Ostwald-Verfahren wird Stickstoffdioxid in Wasser eingeleitet. Stickstoffdioxid erhält man durch Oxidation von Stickstoffmonooxid. Die großtechnische Herstellung des Stickstoffmonooxids bereitete früher erhebliche Probleme, weil die direkte Oxidation des Stickstoffs, die sogenannte Luftverbrennung, eine endotherme Reaktion ist. Sie ist mit sehr hohem Energieeinsatz verbunden und daher unwirtschaftlich.

$$N_2(g) + O_2(g) \rightleftharpoons 2\,NO(g) \qquad \Delta_r H_m = 181\,kJ \cdot mol^{-1} \qquad (1)$$

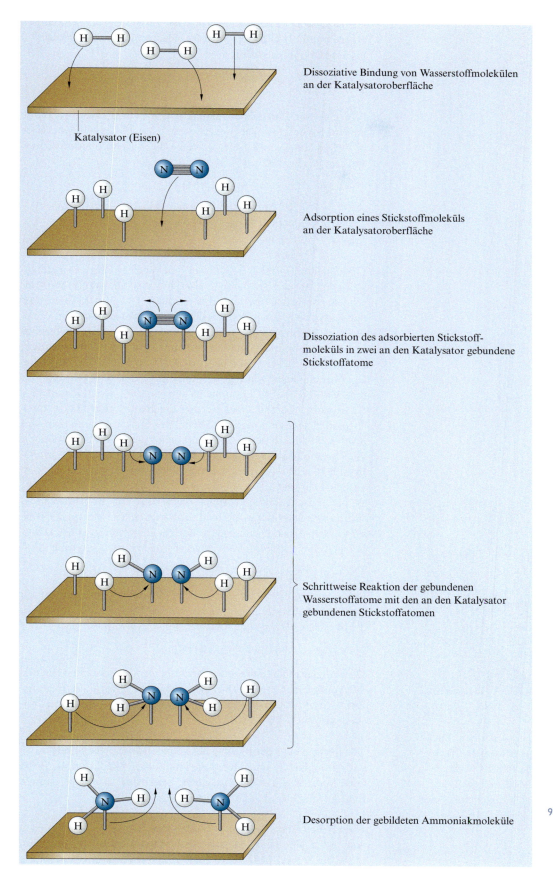

9 Schematische Darstellung des Mechanismus der katalytischen Ammoniaksynthese

Heute verwendet man Ammoniak als Ausgangsstoff für die Salpetersäureproduktion. Er wird in einer exothermen Reaktion zu Stickstoffmonooxid oxidiert:

$$4\,NH_3(g) + 5\,O_2(g) \rightarrow 4\,NO(g) + 6\,H_2O(g)$$
$$\Delta_r H_m = -908\,kJ \cdot mol^{-1} \tag{2}$$

Problematisch sind bei der technischen Umsetzung dieser Reaktion zwei unerwünschte Nebenreaktionen. Sie sind thermodynamisch begünstigt und würden die Ausbeute an Stickstoffmonooxid verringern:

$$4\,NH_3(g) + 4\,O_2(g) \rightarrow 2\,N_2O(g) + 6\,H_2O(g)$$
$$\Delta_r H_m = -1\,105\,kJ \cdot mol^{-1} \tag{3}$$

$$4\,NH_3(g) + 3\,O_2(g) \rightarrow 2\,N_2(g) + 6\,H_2O(g)$$
$$\Delta_r H_m = -1\,268\,kJ \cdot mol^{-1}$$

Der Chemiker WILHELM OSTWALD entwickelte daher ein katalytisches Verfahren, bei dem die Bildung des Stickstoffmonooxids schneller abläuft als die der Nebenprodukte. Um zu verhindern, dass der Katalysator auch den Zerfall des gebildeten Stickstoffmonooxids in die Elemente beschleunigt, müssen besondere Reaktionsbedingungen angewendet werden: Beim Ostwald-Verfahren wird ein Ammoniak-Luft-Gemisch bei etwa 900 °C mit hoher Geschwindigkeit über den Katalysator, ein Platinnetz, geleitet (↗ S. 138, Prozesse und Verfahren). Die Gase haben nur ca. 10^{-3} s Kontakt mit dem Katalysator. Anschließend werden die Reaktionsprodukte rasch abgekühlt. Dadurch wird der Zerfall des Stickstoffmonooxids vermieden, weil rasch der Temperaturbereich erreicht wird, in dem die Gleichgewichtseinstellung nach Reaktion (1) sehr langsam erfolgt. In Abb. 10 ist die Temperaturabhängigkeit der Stickstoffmonooxidausbeute dargestellt.

Während des Abkühlens oxidiert das Stickstoffmonooxid zu Stickstoffdioxid. Das Stickstoffdioxid wird in einem Rieselturm mit Wasser zu Salpetersäure umgesetzt. Bei der Reaktion wird Stickstoffdioxid weiter abgekühlt und dimerisiert zu Distickstofftetraoxid.

$$2\,NO_2(g) \rightleftharpoons N_2O_4(g)$$

Die Salpetersäure bildet sich dann in mehreren Teilreaktionen mit Wasser und überschüssigem Sauerstoff aus Distickstofftetraoxid. In der Summe läuft folgende Reaktion ab:

$$2\,N_2O_4(g) + 2\,H_2O(l) + O_2(g) \rightarrow 4\,HNO_3(l)$$

Die Teilreaktionen zur Bildung der Salpetersäure sind exotherm und mit Volumenabnahme verbunden. Nach dem Prinzip des kleinsten Zwanges wird daher mit Temperaturen von etwa $\vartheta = 30\,°C$ und Drücken von $p = 0,1\,MPa$ gearbeitet.

Das Restgas nach der Bildung der Salpetersäure enthält noch bis zu 0,05 % Stickoxide und Distickstoffmonooxid (Reaktion 3). Beide Gase verursachen Umweltschäden. Stickoxide führen zu saurem Regen, Distickstoffoxid fördert den Treibhauseffekt.

Technische Herstellung von Schwefelsäure. Schwefelsäure ist neben Ammoniak eine der wichtigsten chemischen Grundstoffe. Der größte Teil der Schwefelsäure wird zur Erzeugung von Düngemitteln wie

D

Konzept der Kinetik und des chemischen Gleichgewichts

↗ 3.4 | Autoabgase und Umwelt
↗ 4.2 | Kohlenstoffdioxid in der Atmosphäre – natürlich gut?

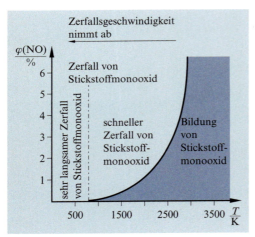

10 Temperaturabhängigkeit der Ausbeute an Stickstoffmonooxid bei der Synthese aus den Elementen. Bei Temperaturen $T < 700\,K$ zerfällt Stickstoffmonooxid praktisch nicht mehr, weil die Geschwindigkeit der Zerfallsreaktion bei diesen Temperaturen nur sehr gering ist.

Ammoniumsulfat verwendet. Schwefelsäure ist aber auch ein wichtiger chemischer Grundstoff der Industrie, z. B. zur Herstellung von Tensiden, Farbstoffen und Medikamenten. Die großtechnische Synthese beginnt mit elementarem Schwefel, der direkt abgebaut oder bei der Entschwefelung von Erdöl und Erdgas gewonnen wird. Er wird durch Verbrennung mit Luft zu Schwefeldioxid oxidiert.

$$S(s) + O_2(g) \rightarrow SO_2(g) \qquad \Delta_r H_m = -297 \text{ kJ} \cdot \text{mol}^{-1}$$

Es gelingt jedoch bei niedrigen Temperaturen nicht, Schwefeldioxid in einer weiteren Reaktion zu dem für die Schwefelsäuresynthese notwendige Schwefeltrioxid zu oxidieren, weil die exotherme Gleichgewichtsreaktion kinetisch gehemmt ist.

$$2 SO_2(g) + O_2(g) \rightleftharpoons 2 SO_3(g) \qquad \Delta_r H_m = -197 \text{ kJ} \cdot \text{mol}^{-1}$$

Um möglichst viel Schwefeltrioxid zu erhalten, wäre entsprechend dem Prinzip des kleinsten Zwanges eine Reaktionsführung günstig, bei der die Reaktionstemperatur niedrig gehalten wird. In Abb. 11 ist die Temperaturabhängigkeit des SO_2-SO_3-Gleichgewichts dargestellt. Für die großtechnische Produktion ist jedoch eine große Reaktionsgeschwindigkeit wichtig. Um die Reaktion zu beschleunigen, wird daher auch hier ein Katalysator eingesetzt. Man verwendet Vanadium(V)-oxid V_2O_5. Der Katalysator wirkt dabei als Sauerstoffüberträger:

$$SO_2(g) + V_2O_5(s) \rightleftharpoons SO_3(g) + V_2O_4(s)$$
$$2 V_2O_4(s) + O_2(g) \rightleftharpoons 2 V_2O_5(s)$$

In der großtechnischen Umsetzung der katalytischen Oxidation wird im **Kontaktverfahren** das Schwefeldioxid zusammen mit Luft bei $\vartheta = 450\,°C$ über den Katalysator geführt. Der Katalysator ist auf einem keramischen Träger („Kontakt") aufgebracht. Da bei einem Reaktionsschritt die Ausbeute an Schwefeltrioxid bezogen auf das eingesetzte Schwefeldioxid nur etwa 99 % beträgt, werden die Abgase über einen zweiten Katalysator geleitet und dort nochmals oxidiert (Doppelkontaktverfahren). So lässt sich die Ausbeute auf 99,7 % steigern, und die Umweltbelastung durch nicht umgesetztes Schwefeldioxid wird deutlich verringert. Nach der Oxidation wird das Gasgemisch in konzentrierte Schwefelsäure geleitet. Es bildet sich **Oleum**, das vor allem aus Dischwefelsäure $H_2S_2O_7$ besteht. Oleum wird im Anschluss mit Wasser umgesetzt und man erhält so Schwefelsäure mit einem Volumenanteil von 98 %.

$$H_2SO_4(l) + SO_3(g) \rightarrow H_2S_2O_7(l)$$
$$H_2S_2O_7(l) + H_2O(l) \rightarrow 2 H_2SO_4(l)$$

Ein direktes Einleiten des Schwefeltrioxids in Wasser würde nur zu verdünnter Schwefelsäure führen.

Katalyse und katalytische Reaktionen in Natur und Technik

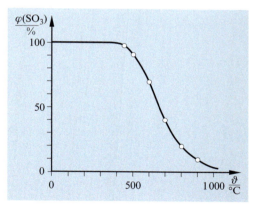

11 Temperaturabhängigkeit des SO_2-SO_3-Gleichgewichts

> **Resümee**
>
> Großtechnische Verfahren zur Herstellung von Grundchemikalien sind in der Regel Gleichgewichtsreaktionen, die mithilfe von Katalysatoren beschleunigt werden. Die Herausforderung besteht darin, die Reaktionsbedingungen so zu gestalten, dass bei möglichst geringem Energie- und Stoffeinsatz eine große Ausbeute an Produkten entsteht und die Umwelt geschont wird.

Konzept der Kinetik und des chemischen Gleichgewichts im Überblick

Reaktionsgeschwindigkeit

Die Geschwindigkeit v einer chemischen Reaktion ist der Quotient aus der Änderung der Konzentration eines Reaktionspartners und dem betrachteten Zeitintervall.

$$v = \frac{\Delta c(\text{Produkte})}{\Delta t} = -\frac{\Delta c(\text{Edukte})}{\Delta t}$$

Die Geschwindigkeit einer Reaktion ist nicht konstant. Die Reaktionsgeschwindigkeit kann für ein Zeitintervall als durchschnittliche Reaktionsgeschwindigkeit

$$\overline{v} = -\frac{\Delta c}{\Delta t}$$

oder zu einem bestimmten Zeitpunkt als momentane Reaktionsgeschwindigkeit

$$v = -\frac{\mathrm{d}c}{\mathrm{d}t}$$

angegeben werden.

Geschwindigkeitsgesetz, Reaktionsordnung und Zeitgesetz

Das Geschwindigkeitsgesetz einer Reaktion $v = k \cdot c^a(\text{A}) \cdot c^b(\text{B})$ beschreibt die Reaktionsgeschwindigkeit in Abhängigkeit von den Konzentrationen der Edukte. Die Proportionalitätskonstante k wird Geschwindigkeitskonstante genannt.
Die Ordnung einer Reaktion gibt an, in welcher Potenz die Reaktionsgeschwindigkeit von den Konzentrationen abhängt.
Das Zeitgesetz einer Reaktion ermöglicht die Berechnung von Stoffkonzentrationen zu einem bestimmten Zeitpunkt der Reaktion.

Elementarreaktion und Molekularität

Chemische Reaktionen laufen oft in mehreren Einzelschritten, den Elementarreaktionen ab. Die langsamste Elementarreaktion bestimmt die Geschwindigkeit der Gesamtreaktion.
Die Molekularität einer Reaktion beschreibt, wie viele Teilchen an dem zur Reaktion führenden Schritt beteiligt sind.

Temperaturabhängigkeit der Reaktionsgeschwindigkeit

Die Geschwindigkeit einer Reaktion ist temperaturabhängig. Bei vielen Reaktionen ist die Geschwindigkeitskonstante k exponentiell vom negativen Kehrwert der Temperatur abhängig (Arrhenius-Gleichung). Als Faustregel für die Temperaturabhängigkeit kann die RGT-Regel angewendet werden.

Stoßtheorie und Aktivierungsenergie

Chemische Reaktionen können auf molekularer Ebene als Stoß zwischen zwei Teilchen beschrieben werden. Damit der Stoß erfolgreich zur Reaktion führt, müssen die Teilchen eine Mindestenergie mitbringen. Mit steigender Temperatur nimmt der Anteil wirksamer Zusammenstöße zu. Die experimentell bestimmbare Aktivierungsenergie einer Elementarreaktion entspricht der Mindestenergie für erfolgreiche Zusammenstöße.

Chemisches Gleichgewicht

Im chemischen Gleichgewicht einer Reaktion sind die Geschwindigkeiten der Hin- und der Rückreaktion gleich groß: $v_G = v_H - v_R = 0$.
Im chemischen Gleichgewicht ist die freie Reaktionsenthalpie gleich null: $\Delta_r G = 0$.
Die Stoffmengenkonzentrationen bleiben konstant, obwohl Hin- und Rückreaktion permanent ablaufen: $\Delta c = 0$.
Das chemische Gleichgewicht ist ein stabiles dynamisches Gleichgewicht.

Massenwirkungsgesetz

Das Massenwirkungsgesetz erlaubt es, die Stoffmengen der Reaktionspartner einer Reaktion im Gleichgewicht zu berechnen und dafür eine Gleichgewichtskonstante anzugeben. Die Gleichgewichtskonstante K_c beschreibt den Quotienten aus dem Produkt der Konzentrationen der Reaktionsprodukte C und D und dem Produkt der Konzentrationen der Edukte A und B.

$$K_c = \frac{c(\text{C}) \cdot c(\text{D})}{c(\text{A}) \cdot c(\text{B})}$$

Die Gleichgewichtskonstante ist temperaturabhängig. Bei endothermen Reaktionen wird durch Temperaturerhöhung das Gleichgewicht auf die Seite der Reaktionsprodukte verschoben. Bei exothermen Reaktionen wird durch Temperaturerhöhung das Gleichgewicht auf die Seite der Edukte verschoben.

Katalysator

Ein Katalysator ist ein Stoff, der die Geschwindigkeit einer chemischen Reaktion erhöht, ohne selbst dabei verbraucht zu werden. Die Aktivierungsenergie einer katalysierten Reaktion ist im Vergleich zu der unkatalysierten Reaktion erniedrigt. Die freie Reaktionsenthalpie und damit die Lage des chemischen Gleichgewichts der Reaktion werden durch einen Katalysator nicht verändert.

Kapitel E

Donator-Akzeptor-Konzept

Wir sprechen von einer chemischen Reaktion, wenn aus Stoffen durch einen Prozess neue Stoffe gebildet werden. So vielfältig die Reaktionen in ihren Erscheinungen auf der stofflichen Ebene auch sind, die Prozesse selbst lassen sich mit dem Donator-Akzeptor-Konzept in der submikroskopischen Betrachtung auf ein einfaches Prinzip reduzieren, das durch den Austausch von Teilchen zwischen den an der Reaktion beteiligten verschiedenen Atomsorten gekennzeichnet ist.

Es gibt zwei Typen von Reaktionen, die wir bezüglich der ausgetauschten Teilchen betrachten: Redoxreaktionen (Elektronenübergänge) und Säure-Base-Reaktionen (Protonenübergänge). Viele Reaktionen lassen sich einem der beiden Typen zuordnen. Warum heißt das Prinzip nun Donator-Akzeptor-Konzept? *Donare* ist das lateinische Wort für „spenden" und *accipere* für „aufnehmen". Damit wird das Wesentliche des Konzepts beschrieben: geben und nehmen – ein grundlegendes Prinzip vieler chemischer Reaktionen.

Redoxreaktionen sind Elektronenübergänge

Oxidation und Reduktion – nicht nur Reaktionen mit Sauerstoff. Gegen Ende des 18. Jahrhunderts gelang es dem französischen Naturforscher ANTOINE LAURENT LAVOISIER, den Verbrennungsvorgang als eine Reaktion eines Stoffes mit Sauerstoff aufzuklären. Der Verbrennungsvorgang wurde Oxidation genannt. Bei der Oxidation von Stoffen entstehen deren Oxide, z. B.:

$Mg + \frac{1}{2}O_2 \rightarrow MgO$

Werden ganz allgemein Reaktionen zwischen Metallen und Nichtmetallen betrachtet, so fällt eine Gemeinsamkeit auf: Metalle (vor allem Alkalimetalle und Erdalkalimetalle) und Nichtmetalle (vor allem Halogene, Sauerstoff und Schwefel) reagieren zu Salzen bzw. salzartigen Verbindungen. Für Salze ist die Ionenbindung charakteristisch.

↗ A-3 | Ionenbindung

Ionen zeichnen sich durch positive oder negative elektrische Ladung aus. Sie können sich aus Atomen bilden, wenn Atome Elektronen abgeben oder aufnehmen.
Bei der Salzbildung aus Metallen und Nichtmetallen geben immer die Metallatome Elektronen ab; diesen Teilvorgang bezeichnet man als **Oxidation**. Die Elektronen werden von den Atomen der Nichtmetalle unmittelbar wieder aufgenommen; diesen Teilvorgang nennt man **Reduktion**. Die Salzbildung lässt sich also so deuten, dass zwischen den Atomen **Elektronenübergänge** stattfinden. Neben dieser Art von Salzbildung lassen sich auch viele andere Reaktionen als Elektronenübertragungen deuten. Sie werden alle als **Redoxreaktion** bezeichnet.

	Magnesium	+	**Schwefel**	→	**Magnesiumsulfid**
	Mg	+	S	→	MgS
Teilreaktionen: Elektronenabgabe/ Oxidation	Mg Elektronendonator	→	Mg^{2+}	+	2 e$^-$
Elektronenaufnahme/ Reduktion	S Elektronenakzeptor	+	2 e$^-$	→	S^{2-}

	Metall	+	**Nichtmetall**	→	**Salzartiger Stoff**
	xMe		yN	→	Me$_x$N$_y$
Teilreaktionen: Elektronenabgabe/ Oxidation	Me	→	Me^{n+}	+	n e$^-$
Elektronenaufnahme/ Reduktion	N	+	m e$^-$	→	N^{m-}

1 Elektronenübergänge bei der Bildung von Salzen und salzartigen Verbindungen

E
Donator-
Akzeptor-
Konzept

Exkurs 1
Die Begriffe Oxidation und Reduktion in der Geschichte

Die Definition der Begriffe Oxidation und Reduktion erfolgte nicht immer über die Aufnahme oder Abgabe von Elektronen. Bis zu Beginn des 20. Jahrhunderts wurden lediglich Oxidbildungen und Oxidzerlegungen als Oxidationen (frz. oxygène – Sauerstoff) bzw. Reduktionen (lat. reducere – zurückführen) bezeichnet. Die Begriffe wurden zur Zeit LAVOISIERS am Ende des 18. Jahrhunderts geprägt. Die Reaktion eines Stoffes mit Sauerstoff galt als Oxidation, z. B. die Reaktion von Quecksilber und Sauerstoff zu Quecksilberoxid. Die Zerlegung eines Oxids galt als Reduktion, z. B. wenn Quecksilberoxid bei hohen Temperaturen wieder in die Elemente zerfällt.

Nach Einführung der Elektronentheorie der chemischen Bindung 1916 von WALTHER KOSSEL (1888 bis 1956) und GILBERT NEWTON LEWIS (1875 bis 1946) wurde erkannt, dass Oxidations- und Reduktionsvorgänge auf Elektronenübergängen beruhen. Die Begriffe Oxidation und Reduktion wurden fortan für *alle* Elektronenübertragungen verwendet. Diese Definition schließt die Oxidbildung und -zerlegung mit ein und ist somit die weiter reichende Definition.

Diese Neudefinition bedeutet eine Verlagerung der Betrachtung von der **Stoffebene** zur **Teilchenebene**. Nach LAVOISIER ist die Oxidation von Magnesium die Reaktion eines silberglänzenden Metalls mit Luftsauerstoff zu einem weißen Pulver. Auf atomarer Ebene verbirgt sich hinter dieser stofflichen Veränderung jedoch eine Redoxreaktion, in der Elektronen von Magnesiumatomen auf Sauerstoffatome übergehen.

Die Begriffe Elektronendonator und Elektronenakzeptor finden dabei ihre Entsprechung in den Begriffen **Oxidationsmittel** und **Reduktionsmittel**. Ein Elektronenakzeptor wird auch als Oxidationsmittel bezeichnet: Durch die Elektronenaufnahme wird bei einer anderen Teilchensorte eine Abgabe (Oxidation) ermöglicht. Analog ist ein Elektronendonator auch ein Reduktionsmittel. Auch Stoffe werden hin und wieder als Oxidations- oder Reduktionsmittel bezeichnet, z. B. Kaliumpermanganat als Oxidationsmittel.

2 ANTOINE LAURENT LAVOISIER

E-1

Redoxreaktionen sind Elektronenübergänge

Die Elektronenübergänge zwischen den beteiligten Teilchen lassen sich immer in zwei **Teilreaktionen** formulieren: Elektronenabgabe und Elektronenaufnahme. Die Teilreaktion der Elektronenabgabe wird als Oxidation, die der Elektronenaufnahme als Reduktion bezeichnet (Abb. 1).

Elektronendonator und Elektronenakzeptor. Immer wenn eine Teilchensorte Elektronen abgibt, muss eine andere Teilchensorte zugegen sein, die diese Elektronen aufnimmt. Oxidation und Reduktion sind gekoppelte Reaktionen. Die Teilchensorte, die Elektronen für den Elektronenübergang zur Verfügung stellt, wird als **Elektronendonator** bezeichnet (lat. donare – spenden). Die Teilchensorte, die Elektronen aufnimmt, wirkt als **Elektronenakzeptor** (lat. accipere – aufnehmen).

Resümee

Redoxreaktionen sind Reaktionen, die durch Elektronenübergänge gekennzeichnet sind. Oxidation und Reduktion treten immer gekoppelt auf. Diese Definition ist unabhängig von der Beteiligung von Sauerstoff an den Reaktionen.

Aufgaben

1. Lithium reagiert mit Sauerstoff zu Lithiumoxid Li$_2$O. Formulieren Sie die Teilreaktionen und benennen Sie Elektronendonator und Elektronenakzeptor.
2. Formulieren Sie Reaktionsgleichungen und Teilreaktionen der Salzbildungsreaktionen zu Kaliumbromid KBr, Bariumchlorid BaCl$_2$ und Aluminiumoxid Al$_2$O$_3$ aus den Elementen. Bezeichnen Sie Elektronendonator und Elektronenakzeptor.
3. Bei einer Salzbildungsreaktion aus den Elementen treten in Edukten und Produkten häufig drei verschiedene chemische Bindungstypen auf. Nennen Sie diese anhand einer konkreten Beispielreaktion.
4. Die Reaktion zu Aluminiumoxid aus den Elementen wird von einem Schüler als Oxidation bezeichnet. Ein anderer wiederum bezeichnet sie als Redoxreaktion. Wem geben Sie Recht? Begründen Sie Ihre Antwort.

Exkurs 2
Warum bilden sich überhaupt Ionen?

Sind Metalle an Redoxreaktionen beteiligt, sind deren Atome meist „bestrebt", Elektronen abzugeben. Diese oft benutzte Ausdrucksweise suggeriert, dass Energie bei der Abgabe von Elektronen frei würde. Es ist aber genau umgekehrt: In allen Fällen muss die Ionisierungsenergie aufgebracht werden. Sie ist allerdings bei den Metallen geringer als bei den Nichtmetallen.

Die Freisetzung von Energie durch Bildung negativ geladener Ionen reicht nicht aus, um diesen Energieaufwand zu kompensieren. Ja, es muss z. B. zur Bildung zweifach negativ geladener Sauerstoff- oder Schwefel-Ionen sogar Energie aufgewandt werden. Rechnet man noch hinzu, dass zur Auflösung des Metallgitters (Sublimation) und z. B. zur Spaltung der Sauerstoffmoleküle noch weitere Energiebeträge aufzubringen sind, mag es verwundern, dass sich überhaupt Ionen bilden. Dabei haben wir aber noch nicht die **Gitterenthalpie** betrachtet. Sie wird frei, wenn sich unterschiedlich geladene Ionen zu einem Ionengitter zusammenfinden. Diese Energie ist bei der Salzbildung häufig so groß, dass sie die anderen Energiebeträge überkompensiert. So beträgt schließlich die Bildungsenthalpie des Magnesiumoxids $\Delta_f H_m = -601\,\text{kJ/mol}$. Eine kleine Rechnung überzeugt uns von der Richtigkeit dieser Überlegungen:

Sublimation des Magnesiums:
$\Delta_S H_m = 150\,\text{kJ/mol}$
Dissoziation der Sauerstoffmoleküle:
$\frac{1}{2}\Delta_D H_m = 247\,\text{kJ/mol}$
Ionisierung des Magnesiums:
$\Delta_I H_m = 2188\,\text{kJ/mol}$
Bildung der O^{2-}-Ionen:
$\Delta_E H_m = 704\,\text{kJ/mol}$
Bildung des Ionengitters:
$\Delta_G H_m = -3890\,\text{kJ/mol}$
Bildungsenthalpie des Magnesiumoxids:
$\Delta_f H° = \Delta_S H_m + \Delta_D H_m + \Delta_I H_m + \Delta_E H_m + \Delta_G H_m$
$= -601\,\text{kJ/mol}$

Grundvoraussetzung für die Bildung von Ionengittern ist also die Bildung von Ionen unter nicht zu hohem Energieaufwand. Metallatome geben daher gerade so viele Elektronen ab, bis sie eine abgeschlossene Elektronenschale erreichen, und Nichtmetallatome nehmen gerade so viele Elektronen auf, dass sie ebenfalls eine abgeschlossene Elektronenschale bilden können (Oktettregel).

E Donator-Akzeptor-Konzept

Tab. 1 Erste Ionisierungsenergien einiger Hauptgruppenelemente

Element	Ionisierungsenergie in kJ mol^{-1}
Lithium	520
Beryllium	899
Bor	801
Kohlenstoff	1090
Stickstoff	1399
Sauerstoff	1312
Fluor	1680
Neon	2080
Natrium	496
Magnesium	738
Aluminium	578
Silicium	782
Phosphor	1061
Schwefel	1004
Chlor	1250
Argon	1520

Tab. 2 Elektronenaffinitäten einiger Teilchen

Teilchen	Elektronenaffinität in kJ mol^{-1}	Teilchen	Elektronenaffinität in kJ mol^{-1}
O	−141	O$^-$	845
S	−200	S$^-$	322

Tab. 3 Standardbildungsenthalpien einiger Metalloxide

Oxid	Bildungsenthalpie in kJ mol^{-1}	Oxid	Bildungsenthalpie in kJ mol^{-1}
MgO	−601	BaO	−588
ZnO	−350	FeO	−272
HgO	−91	Fe$_2$O$_3$	−824
Al$_2$O$_3$	−1676		

A-2 | Periodizität der Ionisierungsenergien und Elektronenaffinitäten

C-4 | Enthalpieänderungen bei der Bildung von Ionenbindungen

Li	K	Ca	Na	Mg	Al	Zn	Fe	Ni	Sn	Pb	Cu	Ag	Hg	Au
Li^+	K^+	Ca^{2+}	Na^+	Mg^{2+}	Al^{3+}	Zn^{2+}	Fe^{2+}	Ni^{2+}	Sn^{2+}	Pb^{2+}	Cu^{2+}	Ag^+	Hg^{2+}	Au^{3+}

zunehmende Stärke als Elektronenakzeptor

3 Redoxreihe der Metalle. Jedes Metall-Ion vermag Elektronen der links von ihm stehenden Metallatome aufzunehmen.

Elektronenübergänge lassen sich vorhersagen. Das „Bestreben zur Elektronenabgabe" ist bei den einzelnen Metallen unterschiedlich ausgeprägt. Ordnet man die Metalle nach den Bildungsenthalpien ihrer Oxide in einer Reihe an (Tabelle 3), erhält man die **Redoxreihe** bezüglich der Reaktion mit Sauerstoff (Abb. 3). Metalle lassen sich auch experimentell-empirisch bezüglich ihrer Reaktion mit Sauerstoff in der Redoxreihe anordnen. Bei entsprechenden Reaktionen der Metalle mit Chlor, Brom oder Schwefel erhält man ähnliche Reihen, die aber in dem einen oder anderen Fall geringfügige Abweichungen gegenüber der Redoxreihe mit Sauerstoff aufweisen können.

Die unterschiedliche Reaktionsfähigkeit verschiedener Metalle zur Bildung von Metalloxiden lässt sich in einfachen Versuchen zeigen. Werden nacheinander kleine Portionen Aluminium-, Eisen- und Kupferpulver vergleichbarer Korngröße mit Luftsauerstoff in eine nicht leuchtende Brennerflamme geblasen, so sind Unterschiede in der Helligkeit der Flammenerscheinung zu beobachten (Experiment 1). Die Reaktion mit Eisenpulver verläuft heftiger als mit Kupferpulver. Aluminiumpulver reagiert am stärksten.

Dieses Ergebnis wird durch folgenden Vergleich bestätigt. Wird ein Gemisch aus Kupferoxid und Eisenpulver in einem Reagenzglas erhitzt, beginnt das Gemisch nach einiger Zeit zu glühen und glüht dann vollständig durch. Im Reaktionsprodukt sind Spuren rötlichen Kupfers zu erkennen (Experiment 2).
Das Kupferoxid reagiert also mit dem Eisen in einer exothermen Reaktion zu elementarem Kupfer und Eisenoxid. Die Eisenatome haben Elektronen an die Kupfer-Ionen abgegeben, diese also reduziert.

$CuO + Fe \rightarrow FeO + Cu$

Umgekehrt reagiert Eisenoxid nicht mit Kupfer.

Auf diese Weise lassen sich alle Metalle vergleichen. Die zugehörigen Experimente bestätigen die Redoxreihe. Anhand der Redoxreihe lässt sich somit immer vorhersagen, ob ein Metall mit einem Metalloxid zu reagieren vermag. Da z. B. Gold in der Redoxreihe ganz rechts steht, reagiert es mit keinem Oxid der anderen Metalle aus der abgebildeten Reihe.

Experiment 1

Verbrennen von Metallen an der Luft
Kleine Portionen Kupfer-, Eisen- und Aluminiumpulver (F) vergleichbarer Korngröße werden mit einem Glasrohr aufgenommen und mithilfe eines Blasebalgs in eine nicht leuchtende Brennerflamme geblasen. Die unterschiedliche Intensität der Flammenerscheinungen weist auf ein unterschiedliches Bestreben der Metallatome zur Elektronenabgabe hin.

E-1

Redoxreaktionen sind Elektronenübergänge

4 a) Kupfer; b) Eisen; c) Aluminium

Experiment 2

Reduktion von Kupferoxid
Zwei Spatel eines Gemisches aus Kupferoxid (Xn) und Eisenpulver werden in einem schwerschmelzbaren Reagenzglas erhitzt, bis das Gemisch zu glühen beginnt. Das Gemisch reagiert anschließend vollständig durch. Im Produkt sind rötliche Spuren metallischen Kupfers zu erkennen. Kupferoxid ist zu Kupfer reduziert worden.

Donator-Akzeptor-Konzept

5 Aluminothermisches Verfahren

Beispiel: Das aluminothermische Verfahren. Kann Aluminium mit Eisenoxid reagieren? Aufgrund der augenscheinlich heftigen Reaktion von Aluminium mit Sauerstoff und den Werten für die Bildungsenthalpien der Oxide (Tabelle 3) ist zu erwarten, dass ein Gemisch aus Aluminium und Eisenoxid zu Aluminiumoxid und Eisen reagiert. Diese Reaktion tritt tatsächlich ein und wird in der Technik im aluminothermischen Verfahren genutzt. Dabei verbindet das gebildete Eisen neuverlegte Eisenbahnschienen: Ein Gemisch aus Aluminiumgrieß und Eisenoxidpulver wird gezündet. Es reagiert zu Eisen und Aluminiumoxid.

Diese Reaktion ist so stark exotherm, dass das gewonnene Eisen als flüssiges Metall aus dem Reaktionsgefäß zwischen die Schienenendstücke in eine entsprechende Form fließt.

$$2\,Al + Fe_2O_3 \rightleftharpoons Al_2O_3 + 2\,Fe \qquad \Delta_R H_m = -852\,kJ \cdot mol^{-1}$$

Nach Erkalten wird die Form entfernt und die „Schweißnaht" geschliffen.

Experiment 3

Modell zum Hochofenprozess

Eine Tonröhre von ca. 8 cm Durchmesser wird auf einem feuerfesten Untersatz befestigt. Grillkohlen werden in kleine Stücke zerteilt und auf einem Drahtnetz mithilfe eines Bunsenbrenners vorgeglüht. Anschließend wird die Tonröhre zu zwei Dritteln mit glühenden Kohlestücken gefüllt. Der Luftstrom eines Heißluftföhns wird durch eine kleine Öffnung am unteren Ende der Tonröhre geleitet. Auf die glühende Kohle wird rotes Eisenoxidpulver geschichtet. Der Luftstrom wird verstärkt und weiter glühende Kohle in die Tonröhre gegeben.

Nach ca. 20 min wird das Experiment abgebrochen. Nach dem Abkühlen wird das Roheisen mit einem Magneten von der Kohle getrennt.

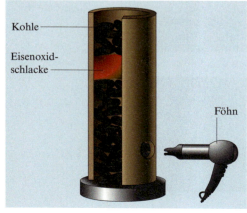

7 Vesuchsaufbau von Experiment 3

Exkurs 3
Edle und unedle Metalle

Nur wenige Metalle kommen in der Natur gediegen, also nicht als Verbindung, sondern als reines Metall vor. Zu ihnen zählen Gold oder Silber. Diese Metalle zeichnen sich durch ihre Beständigkeit gegenüber Oxidationsprozessen aus und wurden schon seit Jahrhunderten als Schmuck verarbeitet oder galten als wertbeständiges Zahlungsmittel. Sie werden als Edelmetalle bezeichnet und von den weniger beständigen unedlen Metallen abgegrenzt. Je weiter rechts ein Metall in der Redoxreihe steht, umso edler ist es.

Zu den Edelmetallen werden allerdings erst die Metalle ab Silber gezählt. Sie behalten ihren Glanz auch an feuchter Luft. Kupfer reagiert dagegen nach einiger Zeit bereits mit Sauerstoff, Wasser und Kohlenstoffdioxid zu Malachit (Kupferhydroxidcarbonat), das sich durch eine schöne grüne Farbe auszeichnet. Man deckt deshalb häufig die Dächer von Kirchen und großen Bauwerken mit Kupfer. Kupfer gilt als Halbedelmetall.

6 Wertvolles Edelmetall

Resümee

Das unterschiedliche Reaktionsverhalten verschiedener Metalle oder Metalloxide (bzw. Metallchloride, Metallsulfide usw.) ist auf die unterschiedlichen Bildungsenthalpien der Metalloxide zurückzuführen. Die Redoxreihe der Metalle ordnet die Metalle entsprechend dieser Bildungsenthalpien.

Zuweisung der Begriffe Elektronendonator und Elektronenakzeptor.
Ob ein Teilchen Elektronendonator oder -akzeptor ist, steht nicht immer grundsätzlich fest. Fe^{2+}-Ionen z. B. werden in wässriger Lösung bei Anwesenheit von Silber-Ionen zu Fe^{3+}-Ionen oxidiert, sie dienen also als Elektronendonatoren (Experiment 4). Im Hochofenprozess dagegen werden die Fe^{2+}-Ionen des Eisenoxids bei sehr hohen Temperaturen durch Kohlenstoffmonooxid zu Eisenatomen reduziert (Experiment 3). Dort übernehmen sie die Funktion der Elektronenakzeptoren. Einige Teilchensorten können somit je nach Versuchsbedingungen und Reaktionspartnern als Elektronendonator oder als -akzeptor wirken.

Beispiel: Technische Herstellung von Eisen im Hochofen. Eisen kommt in der Natur nicht elementar, sondern nur in Form von Verbindungen vor, aus denen es sich durch eine Redoxreaktion gewinnen lässt. Im Hochofen, einem bis zu 50 m hohen Schachtofen, werden die Ausgangsstoffe Eisenerz (z. B. Roteisenstein Fe_2O_3), Koks und Zuschlagstoffe zur Reaktion gebracht. Die Zuschlagstoffe wie Sand oder Kalk dienen der Abscheidung mineralischer Begleitstoffe. Der Hochofen wird abwechselnd mit Koks und dem Eisenerz-Zuschlag-Gemisch beschickt. Von unten wird Heißluft eingeblasen. Dabei reagiert heißer Sauerstoff mit dem Kohlenstoff des Koxes zu Kohlenstoffmonooxid, das die Eisenoxide zu Eisen reduziert.

> **Experiment 4**
>
> **Oxidation von Fe^{2+}-Ionen**
> In einem Reagenzglas werden 3 ml dest. Wasser mit 5 Tropfen Silbernitratlösung ($w = 5\%$, Xi) im Reagenzglas vorgelegt und mit 10 Tropfen (ca. 0,5 ml) einer Eisen(II)-sulfatlösung ($w = 2,5\%$) versetzt. Das Reagenzglas wird mit der Hand oder in einem lauwarmen Wasserbad ca. 3–5 min erwärmt.
> Nach kurzer Zeit ist eine Trübung der Lösung zu beobachten, am Boden des Reagenzglases setzt sich metallisches Silber ab.

 5.1 | Dem Rost auf der Spur

E-1

Redoxreaktionen sind Elektronenübergänge

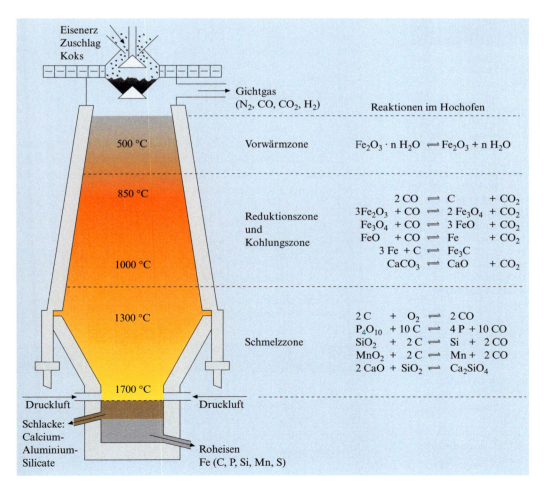

8 Reaktionen im Hochofen

Experiment 5

Verkupfern eines Eisennagels

Ein blanker Eisennagel wird in Kupfersulfatlösung gestellt und ein blanker Kupferdraht in eine Eisensulfatlösung. Nach einiger Zeit hat sich Kupfer auf dem Eisennagel abgelagert. Der Kupferdraht dagegen bleibt unverändert.

E Donator-Akzeptor-Konzept

9 Eisen in Kupfersulfatlösung

Aufgaben

1. Formulieren Sie die Reaktionsgleichungen für die in Experiment 5 beschriebene Reaktion zwischen Kupfersulfat und Eisen. Eisen reagiert dabei zu Fe^{2+}-Ionen.
2. Formulieren Sie die Reaktionsgleichungen zwischen einer Kupfersulfatlösung $CuSO_4$ und Zink sowie zwischen einer Eisensulfatlösung $FeSO_4$ und Zink. In beiden Reaktionen werden Zn^{2+}-Ionen gebildet.
3. Zinn steht in der Redoxreihe links von Blei. Ist ein Metall, das in der Lage ist, mit einer Bleisalzlösung unter Bildung elementaren Bleis zu reagieren, in der Redoxreihe rechts oder links von Zinn einzuordnen? Begründen Sie Ihre Antwort.
4. Wird Magnesiumpulver zu Bromwasser gegeben, so entfärbt sich die vorher braune Lösung. In der Lösung liegen anschließend Magnesium-Ionen vor. Formulieren Sie die Teilreaktionen.
5. Zinn(IV)-oxid wird mit kleinen Mengen der folgenden Stoffe vermischt und erhitzt:
   a) mit Kupfer,
   b) mit Magnesium.
   Bei welchem Gemisch erwarten Sie eine Reaktion? Begründen Sie und formulieren Sie die Teilreaktionen.
6. Im Fotolabor fällt reichlich Silbersalzlösung als Abfallprodukt an. Das Silber wird durch Eisenwolle zurückgewonnen.
   a) Beschreiben Sie diesen Vorgang.
   b) Begründen Sie, ob sich eine Lösung durch Eisenwolle auch von Blei-Ionen reinigen ließe.

Verhalten von Metallen in Metallsalzlösungen. Bei dem Verhalten von Metallen in Metallsalzlösungen sind Ähnlichkeiten zur Redoxreihe festzustellen. Wird ein Eisennagel in eine Kupfersalzlösung getaucht, ist nach kurzer Zeit ein rötlicher Überzug am Nagel zu beobachten (Abb. 9). Elementares Kupfer scheidet sich ab. Auf der atomaren Ebene bedeutet dies: Es finden Elektronenübergänge statt. Eisenatome geben Elektronen ab, die von Kupfer-Ionen aufgenommen werden. Wird umgekehrt ein Kupferdraht in eine Eisensalzlösung getaucht, findet keine Reaktion statt.
Eisen-Ionen nehmen also von Kupferatomen keine Elektronen auf. Wird aber z. B. ein Zinkblech in eine Eisensalzlösung getaucht, scheidet sich elementares Eisen ab. Von Zinkatomen nehmen Eisen-Ionen also Elektronen auf.
Da Kupfer-Ionen bereits Elektronen von Eisenatomen aufnehmen können, haben sie auch die Fähigkeit, Elektronen von Zinkatomen aufzunehmen. So lässt sich wieder eine Reihe der Metalle aufstellen, die Vorhersagen für mögliche Reaktionen erlaubt. Man spricht von der **Fällungs- oder Verdrängungsreihe** der Metalle.

Verdrängungsreihe der Nichtmetalle. Eine derartige Reihe lässt sich auch für Nichtmetalle und ihre Salze formulieren. Wird z. B. Chlor in eine Kaliumbromidlösung geleitet, ist eine Braunfärbung der vorher farblosen Lösung zu beobachten; Brom wird gebildet. Bromid-Ionen geben also Elektronen an Chlormoleküle ab; Chlorid-Ionen werden gebildet.

$$2 K^+ + 2 Br^- + Cl_2 \rightarrow 2 K^+ + 2 Cl^- + Br_2$$

Wird Brom einer Kaliumiodidlösung zugegeben, nimmt das Gemisch eine violette Farbe an. Iod wird gebildet. Wird umgekehrt Iod in eine Kaliumbromid- oder Kaliumchloridlösung gegeben, ist keine Reaktion zu beobachten. Es zeigt sich ebenfalls keine Reaktion, wenn Brom einer Kaliumchloridlösung zugegeben wird.
Für die Nichtmetalle ist somit eine der Redoxreihe der Metalle vergleichbare Reihe zu formulieren (Abb. 10). Die Anionen in dieser Reihe haben die Fähigkeit, Elektronen an die Atome der rechts von ihnen stehenden Stoffe abzugeben (Oxidation). Dabei werden die rechts stehenden Atome reduziert.

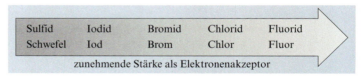

10 Verdrängungsreihe der Nichtmetalle. Jedes Atom vermag Elektronen von Ionen der links von ihm stehenden Nichtmetalle aufzunehmen.

Resümee

Unedle Metalle sind in der Lage, die Ionen edlerer Metalle aus deren Lösungen zu reduzieren, sodass diese unter Bildung des elementaren Metalls aus der Lösung verdrängt werden. Die Redoxreihe lässt Vorhersagen zu, welche Verdrängungsreaktionen möglich sind.

Oxidationszahlen. Oft gibt eine Reaktionsgleichung nicht ausreichend Auskunft darüber, ob bei einer Reaktion Elektronenübergänge stattgefunden haben oder welche Teilchensorte als Elektronendonator oder -akzeptor wirkt. Diese Schwierigkeiten treten besonders dann auf, wenn an der Reaktion Stoffe beteiligt sind, deren Teilchen nicht durch Ionenbindung, sondern durch Elektronenpaarbindung miteinander verbunden sind. Die Reduktion von Eisenoxid durch Kohlenstoffmonooxid im Hochofen ist ein Beispiel dafür. Im Kohlenstoffmonooxidmolekül liegt eine Elektronenpaarbindung vor. Die Teilreaktionen der Redoxreaktion lassen sich nicht wie bei den bisher behandelten Reaktionen zwischen Elementen oder Salzen formulieren. Hierfür ist die Betrachtung der Oxidationszahlen eine Hilfe.

Die Oxidationszahlen entsprechen bei **Ionen** der **Ladungszahl**. Bei **Molekülen** werden **hypothetische Ladungen** angenommen: Man stellt sich vor, die Elektronen einer polaren Atombindung würden vollständig vom elektronegativeren Atom aufgenommen, sodass gedanklich Ionen entstehen. Um die Oxidationszahlen grundsätzlich von elektrischen Ladungen der Ionen unterscheidbar zu machen, werden sie in römischen Ziffern über den Symbolen der Elemente angegeben.

Die Festlegung der Oxidationszahlen erfolgt nach bestimmten **Regeln**:
1. Atome in elementaren Stoffen haben immer die Oxidationszahl Null.
2. Die Oxidationszahl eines einfachen Ions entspricht immer seiner elektrischen Ladung (+I für Na^+, –II für O^{2-} usw.).
3. Die Summe aller Oxidationszahlen eines zusammengesetzten Teilchens (Ion, Molekül, Koordinationsverbindung) ist immer gleich der Ladung des ganzen Teilchens.
4. Fluoratome haben in allen zusammengesetzten Teilchen immer die Oxidationszahl –I.
5. Wasserstoffatome haben die Oxidationszahl +I, wenn sie mit Nichtmetallatomen verbunden sind und –I in Metallhydriden.
6. Sauerstoffatome haben in zusammengesetzten Teilchen meistens die Oxidationszahl –II. Ausnahmen sind Teilchen, in denen mehrere Sauerstoffatome miteinander verbunden sind (z. B. –I im Peroxid-Ion O_2^{2-}).
7. Bestehen in Teilchen Nichtmetall-Nichtmetallverbindungen, so wird der elektronegativeren Atomsorte eine negative Oxidationszahl zugesprochen. Sie entspricht der theoretischen Ionenladung der Atomsorte in dem Teilchen.
8. In organischen Verbindungen wird die C–C-Bindung so behandelt wie eine Bindung in Elementsubstanzen (Regel 1). Beiden C-Atomen wird je ein Elektron der Bindung zugeordnet, da sie die gleiche Elektronegativität besitzen.

↗ A-2 | Periodizität der Elektronegativitäten

Redoxreaktionen sind Elektronenübergänge

Strukturformel mit Zuordnung der Bindungselemente	Summenformel mit Oxidationszahlen
H–C(H)(H)–H	–IV +I C H₄
H–O–H	+I –II H₂ O
H–O–N(=O)–O	+I +V –II H N O₃
H–C(H)(H)–C(H)(H)–O–H	–III +I –I +I –II +I C H₃ C H₂ O H

11 Beispiele für die Ermittlung von Oxidationszahlen in Molekülen

| Eisenoxid | + | Kohlenstoffmonooxid | → | Eisen | + | Kohlenstoffdioxid |

$$\overset{+II\ -II}{Fe\ O} + \overset{+II\ -II}{C\ O} \rightarrow \overset{0}{Fe} + \overset{+IV\ -II}{C\ O_2}$$

Reduktion: Abnahme der Oxidationszahl

$$\overset{+II}{Fe}\ O + \overset{+II}{C}\ O \longrightarrow \overset{0}{Fe} + \overset{+IV}{C}\ O_2$$

Oxidation: Zunahme der Oxidationszahl

12 Erkennen der Teilreaktionen einer Redoxreaktion durch Verwendung von Oxidationszahlen

Nützlichkeit von Oxidationszahlen. Mithilfe der Oxidationszahlen können Reaktionsgleichungen für Redoxreaktionen, an denen Moleküle beteiligt sind, leichter formuliert werden (Abb. 12). Eine Erhöhung der Oxidationszahl bei der Reaktion bedeutet, dass einer Atomsorte nach der Reaktion weniger Elektronen zugeordnet werden. Sie gibt demnach Elektronen ab, wird also oxidiert. Umgekehrt bedeutet eine Verminderung der Oxidationszahl eine Reduktion.

In Stoff- oder Teilchenbezeichnungen kann die Oxidationszahl zur eindeutigen Kennzeichnung des Stoffes bzw. des Teilchens verwendet werden, z. B. Kupfer(I)-oxid für Cu_2O bzw. Kupfer(II)-oxid für CuO; Eisen(II)-Ionen für Fe^{2+} bzw. Eisen(III)-Ionen für Fe^{3+}.

Donator-Akzeptor-Konzept

Resümee

Als Oxidationszahl bezeichnet man die Ladung, die einem Atom in einer Verbindung zugeordnet ist, wenn man sich diese Verbindung aus einfachen Ionen aufgebaut denkt. Die Verwendung römischer Ziffern ermöglicht die Unterscheidung von den in einer Reaktionsgleichung verwendeten Zahlwerten (Indizes, Faktoren, elektrischen Ladungen). Die Einführung der Oxidationszahlen erleichtert das Erkennen von Redoxreaktionen: Oxidation liegt vor bei einer Erhöhung der Oxidationszahl, Reduktion bei einer Erniedrigung der Oxidationszahl.

Aufgaben

1. Ermitteln Sie für die folgenden Teilchen die Oxidationszahlen aller Atome: NH_3, CO_2, H_2S, Cl_2, CH_3OH, C_2H_5OH, CH_3CHO, H_2SO_4, CO_3^{2-}.
2. Welche Oxidationszahl hat das Phosphoratom in H_3PO_4?
3. Stellen Sie die Reaktionsgleichung für die Bildung von Schwefeldioxid aus den Elementen auf und geben Sie alle Oxidationszahlen an.
4. In Abb. 12 wird eine Redoxreaktion dargestellt. Welches Teilchen gibt dabei wie viele Elektronen ab? Welches nimmt wie viele Elektronen auf? Begründen Sie Ihre Antwort.
5. Das Permanganat-Ion MnO_4^- gilt als ein starkes Oxidationsmittel. Es wird dabei in sauren Lösungen zum Mn(IV)-Ion reduziert. Wie viele Elektronen werden dabei vom Permanganat-Ion aufgenommen?

Säure-Base-Reaktionen nach BRÖNSTED sind Protonenübergänge

Säuren und Basen. Die häufig verwendeten Begriffe saurer Regen, saurer Reiniger, Essig- oder Citronensäure sind Beispiele dafür, dass die Stoffklasse der Säuren in unserer Lebenswelt eine große Bedeutung besitzt. Im Lauf der Geschichte haben sich die Erkenntnisse – und damit auch die Begriffsinhalte – über die Natur der Säuren und sauren Lösungen sowie über deren „Gegenparts", den Basen und basischen Lösungen, weiterentwickelt.

Der häufig im Alltag verwendete Säure-Base-Begriff nach ROBERT BOYLE (1627 bis 1691) charakterisiert Stoffe aufgrund ihrer unterschiedlichen Verhaltensweisen in wässriger Lösung und teilt sie in die beiden Stoffklassen Säuren und Basen ein. So wichtig dieser Begriff für die Klassifizierung von Stoffen ist, er verrät noch nichts darüber, was das Charakteristische der beiden Stoffklassen ist. Hierzu sind die Säure-Base-Begriffe nach SVANTE ARRHENIUS (1859 bis 1927) und JOHANNES NICOLAUS BRÖNSTED (1879 bis 1947) geeignet. ARRHENIUS beschreibt Säuren als Stoffe, deren Teilchen in wässriger Lösung Wasserstoff-Ionen abgeben (Exkurs 2). BRÖNSTED berücksichtigt in seiner Definition zum einen die Erkenntnis, dass Wasserstoff-Ionen, die nichts anderes als Protonen sind, in wässriger Lösung nicht frei existieren können, und betrachtet zum anderen ausschließlich Vorgänge auf der Teilchenebene. Dieser Begriff hat sich in der Wissenschaft durchgesetzt und wird auch hier schwerpunktmäßig benutzt.

Der Säure-Base-Begriff nach BOYLE. Bei Versuchen mit Pflanzenfarbstoffen in wässriger Lösung erkannte BOYLE, dass bestimmte Stoffe eine Farbveränderung hervorrufen, wenn sie in eine Farbstofflösung gegeben werden – und zwar immer in einer charakteristischen Weise. So bildet beispielsweise der Farbstoff Lackmus in seiner wässrigen Lösung mit einigen Stoffen eine rote Lösung und mit anderen wiederum eine blaue (Abb. 4). BOYLE erkannte außerdem, dass eine vorher durch einen Stoff rot gefärbte Lösung durch Zugabe einer genügenden Menge anderer Stoffe ebenfalls in die blaue Farbe umzuwandeln ist. Diese Eigenschaften wurden genutzt, um Stoffe in Klassen einzuteilen (Tab. 1, 2).

Wasserlösliche Stoffe können in wässriger Lösung bestimmte Farbstoffe charakteristisch färben. Je nach Färbung werden Säuren von Basen unterschieden. Wasserlösliche Stoffe, die weder Säure noch Base sind, werden als neutral bezeichnet.
Die wässrige Lösung einer Säure ist eine saure Lösung, die wässrige Lösung einer Base ist eine basische Lösung (häufig auch als alkalische Lösung oder als Lauge bezeichnet).
Eine saure Lösung bildet z. B. mit dem Farbstoff Lackmus eine rote Lösung. Eine basische Lösung zeigt mit Lackmus eine blaue Farbe, die Lösung eines neutralen Stoffes eine Mischfarbe an. Farbstoffe, die je nach wässriger Lösung eine andere Färbung zeigen, werden als Indikatoren (lat. indicare – anzeigen) bezeichnet (Exkurs 1).

1 ROBERT BOYLE (1627 bis 1691)

E-2

Säure-Base-Reaktionen nach BRÖNSTED sind Protonenübergänge

2 Saure Lösungen im Alltag

3 Basische Lösungen im Alltag

497

4 Lackmus in saurer und basischer Lösung

Ist Salzsäure eine Säure? Als beliebtes Beispiel für eine Säure wird häufig die Salzsäure genannt. Hier ist aber Vorsicht geboten. Bei der Verwendung des Begriffs Salzsäure ist üblicherweise eine Lösung von Chlorwasserstoff in Wasser gemeint. Somit ist Salzsäure also eine *saure Lösung*. Die zugehörige *Säure* ist Chlorwasserstoff, ein farbloses Gas. Leider ist die irreführende Bezeichnung Salzsäure über die Jahrhunderte erhalten geblieben. Auch viele andere Säuren, wie z. B. Schwefelsäure und Salpetersäure, kommen meist nicht in reiner Form zur Anwendung, sondern als saure Lösungen (Lösungen der Säuren in Wasser). Wenn in diesem Kapitel von Säuren gesprochen wird, sind damit immer Reinstoffe mit der in der Definition angegebenen Eigenschaft gemeint.

> **Exkurs 1**
> **Die Erfindung des Indikatorpapiers**
>
> Sauer schmeckende Stoffe waren schon im Altertum bekannt. Der als Gärungsprodukt alkoholhaltiger Flüssigkeiten bekannte Essig und der Begriff „sauer" stehen in enger Beziehung. Das griechische Wort für Essig lautet *oksos* und für sauer *oksys*. Im Lateinischen hat sich davon für Essig *acetum* und für sauer *acidus* abgeleitet.
> Es ist nicht auszuschließen, dass auch andere Naturprodukte wie unreife Früchte oder saure Milch dazu geführt haben, Stoffe zu einer Gruppe zusammenzufassen, die sich aufgrund ihres gemeinsamen sauren Geschmacks identifizieren lassen. Später wurden auch die auflösende Kraft, z. B. beim Einwirken von Essigsäure auf Kalk, und die Fähigkeit zur Salzbildung mit anderen Stoffen herangezogen.
>
> Mit der Entdeckung der ersten Mineralsäuren in Lösungen höherer Konzentration wurde es nötig, eine andere Indikationsmethode als den Geschmack zu finden, um die eigene Gesundheit nicht zu gefährden. BOYLE erkannte die Eigenschaft von Pflanzenfarbstoffen, charakteristische Farben anzuzeigen. Für seine Experimente tränkte er Papier in Pflanzensaft und nutzte dieses Papier als Anzeiger für saure oder basische Lösungen. Diese Methode wird auch heute noch im Labor als qualitative Methode verwendet. Derart aufbereitetes Papier wird Indikatorpapier genannt. Neben den Indikatorpapieren werden in der Praxis auch weiterhin Farbstofflösungen genutzt, die je nach saurer, neutraler oder basischer Lösung eine charakteristische Farbe anzeigen.

Der Säure-Base-Begriff nach BOYLE erlaubt es, wasserlösliche Stoffe nach einer charakteristischen Eigenschaft in saure, basische oder neutrale Stoffe einzuteilen. Für ein vertieftes Verständnis der Vorgänge bei Reaktionen, an denen Säuren oder Basen beteiligt sind, reicht er jedoch nicht aus. In diesem Fall ist eine Betrachtung von Gemeinsamkeiten und Unterschieden der Teilchen von Säuren und Basen erforderlich (Säure-Base-Begriff nach BRÖNSTED).

> **Resümee**
>
> BOYLE entwickelte ein Verfahren, das Stoffe entsprechend ihrem charakteristischen Verhalten gegenüber wässriger Indikatorlösung in Säuren, Basen oder neutrale Stoffe einteilt. Die entsprechenden wässrigen Lösungen der Stoffe heißen saure, basische oder neutrale Lösungen.

Donator-Akzeptor-Konzept

Tab. 1 Beispiele für Säuren und saure Lösungen

Stoff	Formel
Chlorwasserstoff	HCl
Schwefelsäure	H_2SO_4
Salpetersäure	HNO_3
Phosphorsäure	H_3PO_4
Blausäure	HCN
Schwefelwasserstoff	H_2S
Essigsäure	CH_3COOH
Citronensäure	$C_3H_4OH(COOH)_3$
Salzsäure	HCl(aq)

Tab. 2 Beispiele für Basen und basische Lösungen

Stoff	Formel
Natriumhydroxid	NaOH
Kaliumhydroxid	KOH
Ammoniak	NH_3
Natriumacetat	CH_3COONa
Natronlauge	NaOH(aq)

Die elektrolytische Dissoziation. Wird eine Säure oder Base in Wasser gelöst, steigt die elektrische Leitfähigkeit. Dies ist auf die Bildung von Ionen zurückzuführen, was generell als elektrolytische Dissoziation (lat. dissociare – auseinandertreiben) bezeichnet wird. Stoffe, die in wässriger Lösung in Ionen zerfallen, heißen **Elektrolyte**. Es werden echte von potenziellen Elektrolyten unterschieden. Bei echten Elektrolyten sind die Ionen bereits im Festkörper in einem Ionengitter vorhanden, z. B. im Kochsalz: ein Gitter aus Na^+- und Cl^--Ionen. Bei den potenziellen Elektrolyten erfolgt die Bildung der Ionen durch eine chemische Reaktion zwischen Gelöstem und Lösemittel.

Dies soll am Beispiel des Chlorwasserstoffs verdeutlicht werden: Das Chlorwasserstoffmolekül besitzt eine Elektronenpaarbindung zwischen einem Wasserstoff- und einem Chloratom. Das Chloratom hat allerdings eine wesentlich höhere Elektronegativität als das Wasserstoffatom. Die Bindung ist damit polarisiert, die elektrische Ladung der Bindung ist im Mittel mehr in der Nähe des Chloratoms aufzufinden.

Beim Lösen von Chlorwasserstoff in Wasser wird das Wasserstoffatom nun stärker von einem freien Elektronenpaar am Sauerstoffatom eines Wassermoleküls angezogen. Es wird daher als Proton H^+ vom Chlorwasserstoffmolekül abgespalten und auf das Wassermolekül übertragen: Ein Chlorid-Ion Cl^- und ein Hydronium-Ion H_3O^+ entstehen.

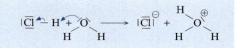

5 Elektrolytische Dissoziation von Chlorwasserstoff

A-3 | Polare Elektronenpaarbindung und Dipolmoleküle

E-2

Säure-Base-Reaktionen nach BRÖNSTED sind Protonenübergänge

Exkurs 2
Der Säure-Base-Begriff nach ARRHENIUS

ARRHENIUS nutzte die von ihm entwickelte Theorie der elektrolytischen Dissoziation für eine neue Definition von Säuren und Basen. Arrhenius-Säuren sind Stoffe, die in wässriger Lösung in Wasserstoff-Ionen und Säurerest-Ionen dissoziieren. Der Säurecharakter ist durch das Wasserstoff-Ion bedingt.
Arrhenius-Basen sind Stoffe, die in wässriger Lösung in Hydroxid-Ionen und Metall-Ionen dissoziieren. Der Basencharakter ist bedingt durch Hydroxid-Ionen.

Dieser Begriff verlegt zwar sehr schön die Definition auf die Ebene gemeinsamer Eigenschaften der Teilchen einer Säure bzw. einer Base. Allerdings hat er den Nachteil, dass er nicht umfassend genug ist. Nicht alle Stoffe, die nach BOYLE Säuren und Basen sind, werden von dem Arrhenius-Begriff erfasst.
Das gilt z. B. für Ammoniak, der nach BOYLE als Base beschrieben werden kann. Nach der Definition von ARRHENIUS sollten Teilchen des Ammoniaks daher in wässriger Lösung in Hydroxid-Ionen und Metall-Ionen dissoziieren. Ammoniakmoleküle bestehen jedoch aus Stickstoff- und Wasserstoffatomen, enthalten also weder Hydroxid- noch Metall-Ionen. Die Moleküle des Ammoniaks nehmen beim Löseprozess in Wasser Wasserstoff-Ionen auf. Diese entstammen Wassermolekülen, wobei sich zusätzlich Hydroxid-Ionen bilden. Bei dieser Reaktion tragen also Wassermoleküle zur Bildung von Hydroxid-Ionen bei und nicht die Teilchen des Ammoniaks.

Aufgaben

1. Beim Lösen von Schwefelwasserstoff in Wasser entstehen Sulfid-Ionen S^{2-}. Welche weiteren Ionen entstehen? Formulieren Sie die Reaktionsgleichung zu diesem Lösevorgang.
2. Eine Kaliumchloridschmelze leitet den elektrischen Strom, eine wasserfreie Citronensäureschmelze jedoch nicht. Erklären Sie diese Beobachtung.

Donator-Akzeptor-Konzept

6 JOHANNES NICOLAUS BRÖNSTED (1879 bis 1947)

Der Säure-Base-Begriff nach BRÖNSTED. Für alle Säuren und Basen nach BRÖNSTED ist charakteristisch, dass ihre Teilchen an **Protonenübergängen** beteiligt sind. Protonen sind positiv elektrisch geladene Wasserstoff-Ionen H^+. Der Brönsted-Begriff beschränkt sich nicht auf Systeme wässriger Lösungen, wenn auch zunächst beispielhaft das Verhalten der Teilchen einer Säure oder Base gegenüber Wassermolekülen betrachtet wird.

Alle Säuren nach BRÖNSTED haben die Eigenschaft, dass ihre Teilchen Protonen abgeben können.

Beim Lösen einer Säure in Wasser bilden die Säureteilchen mit Wassermolekülen **Säurerest-Ionen** und **Hydronium-Ionen H_3O^+**. Die Säureteilchen wirken Wassermolekülen gegenüber als **Protonendonatoren**. Da Wassermoleküle das Proton von den Säureteilchen aufnehmen, wirken sie gegenüber Säureteilchen als **Protonenakzeptoren**:

$$HCl + H_2O \rightleftharpoons H_3O^+ + Cl^-$$

Basen nach BRÖNSTED können Protonen von anderen Molekülen aufnehmen.

Alle Brönsted-Basen besitzen mindestens ein freies Elektronenpaar, das die Ausbildung einer (so genannten koordinativen) Elektronenpaarbindung mit dem aufgenommenen Proton ermöglicht. Beim Lösen einer Base in Wasser entstehen neben den protonierten Baseteilchen aus den Wassermolekülen **Hydroxid-Ionen OH^-**. Die Teilchen der Base wirken gegenüber Wassermolekülen als Protonenakzeptoren. Wassermoleküle wiederum wirken gegenüber Baseteilchen als Protonendonatoren.

$$NH_3 + H_2O \rightleftharpoons NH_4^+ + OH^-$$

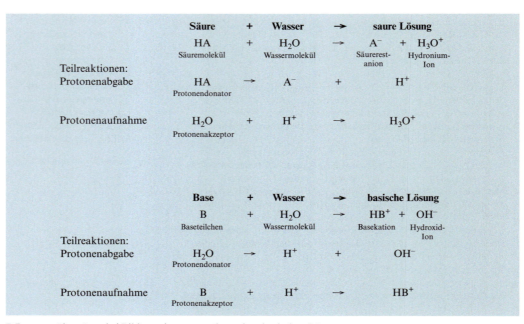

7 Protonenübergänge bei Bildung einer sauren bzw. einer basischen Lösung

Beim Lösen von Säuren oder Basen in Wasser finden zwischen den Teilchen der Säure oder der Base und den Wassermolekülen also Protonenübergänge statt. Reaktionen, die durch Protonenübergänge gekennzeichnet sind, werden auch als **Protolysen** bezeichnet. Säuren und Basen nach BRÖNSTED werden als Protolyte bezeichnet. Sowohl Moleküle als auch Ionen können Protolyte sein. Protolysen folgen der allgemeinen Reaktionsgleichung:

HA + B ⇌ A⁻ + HB⁺
Säure + Base ⇌ Base + Säure

Säure-Base-Reaktionen verlaufen meist nicht vollständig. Es stellt sich ein dynamisches Gleichgewicht ein, das als Säure-Base-Gleichgewicht (Protolysegleichgewicht) bezeichnet wird.

↗ D-4 | Das chemische Gleichgewicht – ein dynamisches System

Da bei den Protonenübergängen Wassermoleküle mit Säureteilchen immer zu Hydronium-Ionen reagieren, ist eine saure Lösung durch einen Überschuss an Hydronium-Ionen charakterisiert. Eine basische Lösung zeichnet sich entsprechend durch einen Überschuss an Hydroxid-Ionen aus (Abb. 7).

E-2

Säure-Base-Reaktionen nach BRÖNSTED sind Protonenübergänge

Korrespondierende Säure-Base-Paare. Allgemein werden chemische Reaktionen mit Protonenübergängen als Säure-Base-Reaktionen im Sinne von BRÖNSTED bezeichnet. Die Parallelen zu den Elektronenübergängen sind nicht zu übersehen. Protonen als einfach positiv elektrisch geladene Atomkerne sind aufgrund ihrer Ladung in wässriger Lösung nicht allein existent. Wann immer ein Teilchen ein Proton abgibt, muss ein anderes Teilchen zugegen sein, das das Proton aufnimmt. Es sind also immer zwei Teilreaktionen zu formulieren: Protonenabgabe und Protonenaufnahme. Protonendonatoren werden **Brönsted-Säuren** und Protonenakzeptoren **Brönsted-Basen** genannt. Eine Säure und eine Base, die in dieser Weise miteinander in funktionellem Zusammenhang stehen, sind ein korrespondierendes (konjugiertes) Säure-Base-Paar.

Am Beispiel der Reaktion zwischen Chlorwasserstoff und Wasser lässt sich dies verdeutlichen. Das Chlorwasserstoffmolekül ist die korrespondierende Säure des Chlorid-Ions, das Chlorid-Ion ist die korrespondierende Base des Chlorwasserstoffmoleküls. Das Wassermolekül ist die korrespondierende Base des Hydronium-Ions, umgekehrt ist das Hydronium-Ion die korrespondierende Säure des Wassermoleküls.

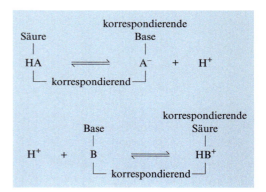

8 Korrespondierende Säure-Base-Paare

Aufgaben

1. Salpetersäuremoleküle wirken gegenüber Wassermolekülen als Brönsted-Säure.
   a) Formulieren Sie die Reaktionsgleichung und die Teilreaktionen der Protonenaufnahme und -abgabe.
   b) Kennzeichnen Sie in den Teilreaktionen die korrespondierenden Säure-Base-Paare.
2. Natriumhydroxid ist nach BOYLE wie Ammoniak eine Base.
   Formulieren Sie für beide Basen die Reaktionsgleichung des Lösevorgangs. Worin besteht dabei nach dem Säure-Base-Begriff von BRÖNSTED ein Unterschied?

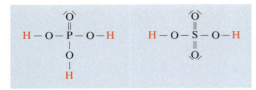

9 Die mehrprotonigen Phosphorsäure- und Schwefelsäuremoleküle besitzen mehr als ein acides Wasserstoffatom.

10 Essigsäuremoleküle besitzen nur *ein* *acides* Wasserstoffatom

E
Donator-Akzeptor-Konzept

11 Die den Flaschen entweichenden Chlorwasserstoff- und Ammoniakgase bilden einen weißen Rauch aus Ammoniumchlorid.

Mehrprotonige Brönsted-Säuren. Chlorwasserstoff ist ein Stoff, dessen Moleküle jeweils ein Proton abgeben können. Schwefelsäuremoleküle sind in der Lage, jeweils zwei Protonen abzugeben. Je nach Anzahl der Protonen, die ein Säuremolekül abgeben kann, werden einprotonige von zwei- oder dreiprotonigen bzw. **mehrprotonigen Brönsted-Säuren** unterschieden (Abb. 9).

Es sollte beachtet werden, dass nicht alle Wasserstoffatome eines Teilchens im Sinne einer Säurewirkung abgegeben werden können. Obwohl beispielsweise ein Essigsäuremolekül CH_3COOH insgesamt vier Wasserstoffatome besitzt, gibt es in wässriger Lösung immer nur das Wasserstoffatom als Proton ab, das in der Carboxylgruppe am Sauerstoffatom gebunden ist. Durch die hohe Elektronegativitätsdifferenz zwischen dem Sauerstoff- und dem Wasserstoffatom ist diese Elektronenpaarbindung polarisiert und kann leichter getrennt werden als eine C–H-Bindung. Ein solches Wasserstoffatom, das an einem Protonenübergang beteiligt ist, wird als **acider Wasserstoff** bezeichnet (Abb. 10).

↗ A-3 | Elektronenpaarbindung

An Protonenübergängen müssen nicht immer Wassermoleküle beteiligt sein; sie können auch direkt zwischen Teilchen von Säuren und Basen formuliert werden. Abb. 11 zeigt die Reaktion von Chlorwasserstoff- und Ammoniakgas zu Ammoniumchlorid.

$$NH_3 + HCl \rightleftharpoons NH_4^+ + Cl^- \rightleftharpoons NH_4Cl$$

Resümee

BRÖNSTED klassifiziert Säuren und Basen als Teilchen, die gegenüber anderen Teilchen als Protonendonator bzw. -akzeptor wirken können. Damit verlagert er die Definition von Säuren und Basen vollständig auf die Teilchenebene.
Teilchen, die als Protonendonator wirken, werden Brönsted-Säuren genannt. Durch Protonenabgabe entsteht aus einer Säure HA deren korrespondierende Base A^-. Teilchen, die als Protonenakzeptor wirken, werden Brönsted-Basen genannt. Durch Protonenaufnahme entsteht aus einer Base B deren korrespondierende Säure HB^+.
Voraussetzung für die Eigenschaft eines Teilchens, als Säure wirken zu können, ist der Besitz eines aciden Wasserstoffatoms. Voraussetzung für die Eigenschaft eines Teilchens, als Base wirken zu können, ist der Besitz eines freien Elektronenpaars.

Aufgaben

1. Der Ansatz von BOYLE klassifiziert den Stoff Chlorwasserstoff als Säure und den Stoff Natriumhydroxid als Base. Welche Klassifizierung der Stoffe ergibt sich nach BRÖNSTED?
2. Etwas Schwefelsäure H_2SO_4 wird einer Portion Wasser zugegeben. Formulieren Sie die Reaktionsgleichung und die Teilreaktionen.

Neutralisation. Eine neutrale Lösung zeigt weder die Eigenschaften einer sauren noch einer basischen Lösung. In ihr liegt also weder ein Überschuss an Hydronium- noch an Hydroxid-Ionen vor. Bei Zugabe einer basischen Lösung zu einer sauren Lösung finden zwischen Hydronium- und Hydroxid-Ionen Protonenübergänge statt. Es bilden sich Wassermoleküle. Ein solcher Vorgang heißt Neutralisation. Die Anionen der sauren und die Kationen der basischen Lösung sind an dieser Reaktion nicht beteiligt.

12 Neutralisation: Protonenübergang zwischen Hydronium- und Hydroxid-Ionen

Das Produkt einer Neutralisation ist eine Salzlösung (Exkurs 3). Neben dem Reaktionsprodukt Wasser sind in der Salzlösung negativ elektrisch geladene Säurerest-Ionen und positiv elektrisch geladene Metall-Ionen (Kationen der Base) gelöst. So reagieren z. B. eine Natriumhydroxid- und eine Salpetersäurelösung zu einer Natriumnitratlösung.

$Na^+ + OH^- + NO_3^- + H_3O^+ \rightleftharpoons Na^+ + NO_3^- + 2\ H_2O$

oder allgemein

$X^+ + OH^- + B^- + H_3O^+ \rightleftharpoons X^+ + B^- + 2\ H_2O$

E-2

Säure-Base-Reaktionen nach BRÖNSTED sind Protonenübergänge

Exkurs 3
Salzbildung durch Neutralisation

Bei der Neutralisation entstehen Salzlösungen. Bekanntes Beispiel für eine Neutralisationsreaktion ist die Reaktion von Natronlauge (Natriumhydroxidlösung) mit Salzsäure (Chlorwasserstofflösung), wobei als neutrale Lösung eine Natriumchloridlösung entsteht, besser bekannt als Kochsalzlösung. Das Salz Natriumchlorid ist namensgebend für alle Stoffe, die ionisch aufgebaut sind. So werden auch alle anderen Stoffe, die aus einer Neutralisation hervorgehen, als Salze bezeichnet. Natürlich liegt das jeweilige Salz bei einem Großteil der Neutralisationen noch in Wasser gelöst vor und muss beispielsweise durch Eindampfen gewonnen werden. Es gibt jedoch auch schwerlösliche Salze, die bei der Neutralisation zum größten Teil sofort aus der wässrigen Lösung ausfallen. Die Löslichkeit des entstehenden Salzes wird durch sein Löslichkeitsprodukt beschrieben. Ein Beispiel ist die Bildung von Bariumsulfat aus einer Bariumchlorid- und einer Schwefelsäurelösung.

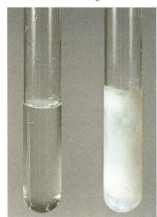

13 Beim Zutropfen von Bariumchloridlösung zu Schwefelsäure fällt Bariumsulfat als weißer Niederschlag aus.

Aufgaben

1. Jeweils eine Portion der folgenden Stoffe wird in Wasser gelöst und anschließend mit Chlorwasserstofflösung neutralisiert:
   a) Ammoniak,
   b) Kaliumhydroxid.
   Formulieren Sie die Teilreaktionen. Welche Stoffe erhalten Sie beim Eindampfen der Lösungen nach der Neutralisation?
2. Essigreiniger enthält als wirksamen Bestandteil Essigsäure CH_3COOH. Er wird u. a. zur Entfernung von Kalkresten $CaCO_3$ im Bad eingesetzt. Dabei bildet sich das wasserlösliche Calciumacetat $Ca(CH_3COO)_2$. Formulieren Sie die Reaktionsgleichung. Welche Teilchen wirken als Brönsted-Säure, welche als Brönsted-Base?
3. Formulieren Sie die Reaktionsgleichung und die Teilreaktionen für die Reaktion der Gase Chlorwasserstoff und Ammoniak zu Ammoniumchlorid (Abb. 11).
4. Nennen Sie eine Möglichkeit der Salzbildungsreaktion, bei der Elektronenübergänge stattfinden. Formulieren Sie außerdem eine Salzbildungsreaktion, bei der Protonenübergänge erfolgen.

Resümee

Bei einer Neutralisation reagieren Hydronium-Ionen einer sauren Lösung mit Hydroxid-Ionen einer basischen Lösung zu Wassermolekülen. Bei Neutralisationen entstehen Salzlösungen.

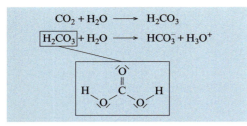

14 Bildung von Hydrogencarbonat-Ionen aus Kohlenstoffdioxid- und Wassermolekülen über das instabile Kohlensäuremolekül

Säure- und Baseanhydride. Die Definition einer Brönsted-Säure bezieht sich auf Teilchen, die mindestens ein acides Wasserstoffatom besitzen. Damit werden nicht alle Teilchen erfasst, deren Stoffe auch nach BOYLE eine Säure sind. So wird beispielsweise durch Einleiten von Kohlenstoffdioxid in Wasser eine saure Lösung – eine Kohlensäurelösung – gebildet. Nach BOYLE ist damit Kohlenstoffdioxid eine Säure. Die Moleküle des Kohlenstoffdioxids CO_2 selbst können jedoch nicht als Brönsted-Säuren wirken, da sie kein acides Wasserstoffatom besitzen. Die saure Wirkung beruht hier auf der Bildung eines instabilen Zwischenprodukts. Kohlenstoffdioxidmoleküle reagieren mit Wassermolekülen zu den eigentlichen Kohlensäuremolekülen H_2CO_3, die allerdings sehr unbeständig sind. Diese Moleküle geben unter Bildung eines Hydrogencarbonat-Ions HCO_3^- ein Proton an ein Wassermolekül ab (Abb. 14). Erst beim Einleiten von Kohlenstoffdioxid in Wasser werden also die Teilchen gebildet, die als Brönsted-Säure wirken können.

Wie Kohlenstoffdioxid reagieren die meisten **Oxide der Nichtmetalle** mit Wasser zu sauren Lösungen. Sie werden als **Säureanhydride** (griech. a – „Verneinung", hydor – Wasser) bezeichnet. Diese Bezeichnung ist auf das Zwischenprodukt – die eigentliche Brönsted-Säure – zurückzuführen, das sich beim Lösen des Oxids in Wasser bildet. Die Teilchen der Säureanhydride entstehen rein formal durch Entzug von Wassermolekülen aus dem Zwischenprodukt.

Donator-Akzeptor-Konzept

Exkurs 4
Lewis-Säuren und Lewis-Basen

In BRÖNSTEDS Säure-Base-Theorie müssen alle Säuren Wasserstoffverbindungen sein, während alle Basen ein freies Elektronenpaar besitzen müssen. Erklärungsmächtig ist dieses Konzept also nur für Stoffe bzw. Lösemittel, die über leicht ionisierbare Wasserstoffatome verfügen. Man spricht hier von protischen Lösemitteln. Es gibt jedoch Substanzen wie z. B. Aluminiumchlorid $AlCl_3$ oder Borfluorid BF_3, die in wässriger Lösung saure Eigenschaften zeigen. Um auch dies mit in eine Theorie der Säuren und Basen aufnehmen zu können, formulierte der amerikanische Physiker und Chemiker GILBERT NEWTON LEWIS im Jahre 1923 eine erweiterte Säure-Base-Theorie. Sie schließt auch **nichtprotische Lösemittel** wie z. B. Kohlenstoffdioxid oder Schwefeldioxid ein.

Nach LEWIS sind Säuren Moleküle oder Ionen, die eine Elektronenpaarlücke aufweisen und damit als **Elektronenpaar-Akzeptoren** wirken können.
Basen sind Moleküle oder Ionen, die ein freies Elektronenpaar aufweisen und damit als **Elektronenpaar-Donatoren** fungieren können. Basen nach LEWIS sind also auch Basen nach BRÖNSTED, denn an ein freies Elektronenpaar kann sich unter Ausbildung einer Elektronenpaarbindung auch ein Proton (Lewis-Säure) anlagern. Der Unterschied liegt also in der Definition der Säuren. Nach LEWIS sind die typischen Arrhenius- bzw. Brönsted-Säuren wie Salzsäure oder Schwefelsäure keine Säuren mehr, weil sie keine Elektronenpaarlücken aufweisen. Allein das H^+-Ion, das bei der Dissoziation entsteht, ist eine Säure, weil es als Elektronenpaar-Akzeptor wirken kann. Demgegenüber gehören zu den Lewis-Säuren alle Metall-Kationen, und auch die Bildung von Komplexen ist nunmehr als eine Säure-Base-Reaktion verstehbar.
Säure-Base-Reaktionen nach LEWIS sind daher als Elektronenpaartransfer-Reaktionen aufzufassen.

Lewis-Säure	Lewis-Base
$\mid\overline{Cl}-Al-\overline{Cl}\mid$ mit $\mid\underline{Cl}\mid$	$H-\overline{N}-H$ mit H

15 Zwei Beispielmoleküle

16 Beispiel für eine Säure-Base-Neutralisation nach LEWIS

Die wohl bekanntesten Säureanhydride sind Schwefel- und Stickstoffoxide, die bei Verbrennungsprozessen in der Industrie und in Kraftstoffmotoren entstehen können. Zusammen mit der Luftfeuchtigkeit reagieren diese Gase zu dem so genannten sauren Regen.

 ↗ 3.4 | Autoabgase und Umwelt

Neben den Säureanhydriden gibt es auch **Baseanhydride**. Viele **Oxide der Metalle** wie z. B. Calciumoxid CaO reagieren mit Wasser zu einer basischen Lösung. Sie unterscheiden sich von den Nichtmetalloxiden durch ihren überwiegend ionischen Aufbau. Beim Lösen in Wasser dissoziieren sie in ihre Ionen. Das Oxid-Ion O^{2-} ist so stark basisch, dass es mit Wassermolekülen im Protonenaustausch sofort Hydroxid-Ionen bildet (Abb. 17). Das isolierte Oxid-Ion ist bei Anwesenheit von Wassermolekülen also nicht existent.

In Analogie zu den Säureanhydriden werden Oxide, die mit Wasser eine basische Lösung bilden, Baseanhydride genannt. Es ist zu beachten, dass nicht alle Metalloxide Baseanhydride sind. So sind z. B. Magnesium- oder Kupferoxid wasserunlöslich.

Relativierung der Begriffe Protonendonator und Protonenakzeptor. Analog zu den Elektronenübergängen ist auch bei den Protonenübergängen zu beachten, dass eine Teilchensorte nicht unbedingt immer nur als Protonenakzeptor oder nur als Protonendonator wirkt. Das Verhalten der Wassermoleküle gegenüber Teilchen von Säuren oder Basen zeigt das bereits sehr deutlich. An Protonenübergängen beteiligte Teilchensorten wirken je nach Reaktionspartner als Protonenakzeptor oder als -donator.

Ampholyte. Das Verhalten eines Teilchens, sowohl als Brönsted-Säure als auch als Brönsted-Base zu reagieren, wird als ampholytes Verhalten bezeichnet (griech. amphi – beiderseits, lyein – lösen). Ampholyte sind also Teilchen, die je nach Reaktionspartner Protonen aufnehmen oder abgeben können. Beispiele sind Wassermoleküle oder Hydrogen-Anionen, wie z. B. Hydrogensulfat, das Säurerest-Ion der zweiprotonigen Schwefelsäuremoleküle. Ampholyte gehören wie Säuren und Basen zu den Protolyten.

$$Cl^- + H_3O^+ \underset{+ HCl}{\overset{- HCl}{\rightleftharpoons}} H_2O \underset{- NH_3}{\overset{+ NH_3}{\rightleftharpoons}} OH^- + NH_4^+$$

$$H_2O + H_2SO_4 \underset{+ H_3O^+}{\overset{- H_3O^+}{\rightleftharpoons}} HSO_4^- \underset{- OH^-}{\overset{+ OH^-}{\rightleftharpoons}} SO_4^{2-} + H_2O$$

Resümee

Säureanhydride sind Nichtmetalloxide, die mit Wasser zu einer sauren Lösung reagieren. Die Teilchen der Säureanhydride bilden mit Wassermolekülen ein neues Molekül, das als Brönsted-Säure wirkt. Baseanhydride sind Metalloxide, die mit Wasser zu einer basischen Lösung reagieren. Als Brönsted-Base wirkt das sehr unbeständige Oxid-Ion.
Ampholyte können je nach Reaktionspartner als Brönsted-Säure oder als Brönsted-Base reagieren.

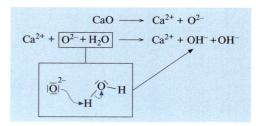

17 Protonenübergang zwischen Oxid-Ionen und Wassermolekülen am Beispiel der Calciumhydroxidbildung

Säure-Base-Reaktionen nach BRÖNSTED sind Protonenübergänge

Aufgaben

1. Hydrogencarbonat-Ionen HCO_3^- sind Ampholyte. Formulieren Sie Reaktionsgleichungen für ihre Wirkung als Brönsted-Säure und Brönsted-Base.
2. Welche der folgenden Teilchen sind Ampholyte? Geben Sie die entsprechenden Reaktionsgleichungen an: $H_2PO_4^-$, CO_3^{2-}, PO_4^{3-}, H_3O^+.
3. Magnesium reagiert mit Chlorwasserstofflösung unter Wasserstoffbildung. Formulieren Sie die Teilreaktionen. Handelt es sich bei dieser Reaktion um eine Redoxreaktion oder um eine Säure-Base-Reaktion? Begründen Sie.
4. Prüfen Sie durch Verwendung von Oxidationszahlen, ob die Bildung von Kohlensäure aus Kohlenstoffdioxid und Wasser eine Redoxreaktion ist.

Elektronenübergänge mathematisch erfasst

Redoxreaktionen sind gekennzeichnet durch Elektronenübergänge. Teilchen eines Stoffes wirken als Elektronendonator und stellen Teilchen eines anderen Stoffes Elektronen zur Verfügung, wodurch diese als Elektronenakzeptor wirken. In E-1 wurde am Beispiel der Reaktionen von Metallen und Nichtmetallen ausgeführt, dass Teilchen chemischer Elemente in unterschiedlichem Maße in der Lage sind, Elektronen abzugeben bzw. aufzunehmen. Das Bestreben, gegenüber einem Reaktionspartner als Elektronendonator oder als -akzeptor zu wirken, lässt sich quantitativ erfassen. Eine genauere Kenntnis darüber ist für viele technische Anwendungen bedeutsam, insbesondere in der Elektrochemie, in der die Wechselwirkungen zwischen stofflicher Veränderung und elektrischer Energie betrachtet werden.

↗ 6.2 | Batterie ist nicht gleich Batterie

Der Bezug zum Konzept des chemischen Gleichgewichts. Reaktionen mit Elektronenübergängen sind im Prinzip umkehrbare Vorgänge. Ein Teilchen, das aus einem anderen durch Elektronenabgabe oder -aufnahme hervorgeht, kann ebenso wieder Elektronen aufnehmen oder abgeben. Für diese beiden Teilchensorten, die durch Oxidation oder Reduktion ineinander übergehen, gibt es eine Bezeichnung. Sie werden in Anlehnung an korrespondierende Säure-Base-Paare **korrespondierende Redoxpaare** genannt (Abb. 1). Da an Elektronenübergängen immer mindestens zwei Teilchensorten beteiligt sind, gibt es bei einer Redoxreaktion auch immer mindestens zwei korrespondierende Redoxpaare (Abb. 2).

↗ D-4 | Das chemische Gleichgewicht – ein dynamisches System

Nutzung von Redoxreaktionen – die Elektrochemie. Im Abschnitt zur Vorhersagbarkeit von Redoxreaktionen wurden Systeme aus einem Metall und einer Salzlösung vorgestellt. Werden die Metalle in Salzlösungen eines edleren Metalls getaucht, finden Elektronenübergänge statt. Ionen des edleren Metalls werden reduziert, die Atome des unedleren Metalls oxidiert. Die Elektronenübergänge verlaufen *spontan*, das System nimmt mit Beginn der Reaktion einen energetisch günstigeren Zustand ein.

Dieser Prozess wird in Batterien genutzt. Indem Elektronenabgabe und -aufnahme räumlich getrennt werden, gelingt es, die chemische Energie des Redoxprozesses in elektrische Energie umzusetzen. Eine Versuchsanordnung, die Elektronenabgabe und -aufnahme räumlich voneinander trennt, heißt **galvanische Zelle**. Sie bietet einen Nachweis dafür, dass tatsächlich Elektronenübergänge stattfinden. Ferner liefert sie auch ein quantitatives Maß für die Elektronenübergänge und die nutzbar werdende elektrische Energie.

↗ 6.1 | Strom für unterwegs

Donator-Akzeptor-Konzept

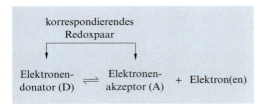

1 Schematische Darstellung eines korrespondierenden Redoxpaars

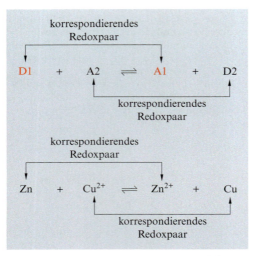

2 Schematische Darstellungen von Redoxreaktionen

Elektrodenpotenziale

Elektrochemische Doppelschicht. Um das Prinzip eines galvanischen Elements verstehen zu können, ist es hilfreich, die Vorgänge zwischen einem Metall und der umgebenden Elektrolytlösung zu analysieren. Ein Metall, das sich in einer Elektrolytlösung desselben Metalls befindet, hat die Tendenz, Metall-Ionen in die Lösung abzugeben. Diese Metall-Ionen werden durch die Wassermoleküle der Elektrolytlösung von einer Hydrathülle umgeben. Die Folge ist eine positive Aufladung der Lösung gegenüber dem Metall. Die dabei frei werdenden negativ elektrisch geladenen Elektronen bleiben im Metall zurück. Es entsteht eine elektrochemische Doppelschicht (Abb. 3). Die beschriebene Reaktion ist umkehrbar. Sie steht im Gleichgewicht mit der Reaktion, bei der die Metall-Ionen an dem Metall durch Aufnahme der Elektronen wieder zu Metallatomen werden. Eine solche Redoxreaktion kann allgemein für Metalle beschrieben werden als (Me steht für Metall):

$$Me(s) \underset{\text{Reduktion}}{\overset{\text{Oxidation}}{\rightleftharpoons}} Me^{z+}(aq) + z \cdot e^-$$

bzw. am Beispiel eines in eine Kupfersalzlösung tauchenden Kupferstabs

$$Cu(s) \underset{\text{Reduktion}}{\overset{\text{Oxidation}}{\rightleftharpoons}} Cu^{2+}(aq) + 2\,e^-$$

Diese Gleichgewichtsreaktion ist in ihrem Ausmaß abhängig von den Energien der einzelnen Teilprozesse. Dazu gehören u. a. die Gitterenergie, die Ionisierungsenergie und die Hydratationsenergie. Es stellt sich ein dynamisches Gleichgewicht ein, das durch ein bestimmtes, jedoch nicht absolut messbares **elektrochemisches Potenzial** beschrieben werden kann.

Allgemein wird ein System, das aus einem Elektronenleiter (Metall oder Graphit) besteht, der in eine Elektrolytlösung taucht, als **Halbzelle** bezeichnet. Der Elektronenleiter heißt auch **Elektrode**.

 ↗ 5.2 | Rosten – ein erstaunlicher Vorgang

 ↗ E-3 | Animation: Elektrochemische Doppelschicht

Elektronenübergänge mathematisch erfasst

> **Resümee**
>
> Ein elektrochemisches System, bestehend aus einer festen, Elektronen leitenden Phase (Elektrode) und einer Elektrolytlösungsphase, wird Halbzelle genannt. Chemische Reaktionen zwischen beiden Phasen führen zu einer elektrischen Potenzialdifferenz zwischen Metall und Elektrolytlösung, dem elektrochemischen Potenzial. An der Phasengrenze bildet sich eine elektrochemische Doppelschicht.

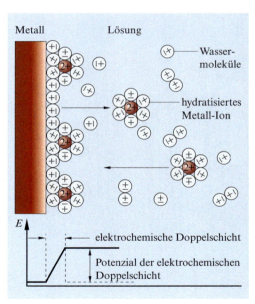

3 Ausbildung einer elektrochemischen Doppelschicht an der Phasengrenze von Metall und Elektrolytlösung

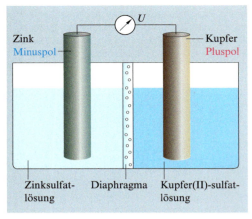

4 Schematische Darstellung einer galvanischen Zelle

Donator-Akzeptor-Konzept

5 Das historische Daniell-Element, eine galvanische Zelle

Kombination zweier Halbzellen – die galvanische Zelle. Jede Halbzelle zeichnet sich durch ein bestimmtes elektrochemisches Potenzial aus. Werden zwei Halbzellen miteinander leitend verbunden, kann die Halbzelle, bei der sich ein größeres Potenzial aufgebaut hat, das elektrische Feld an der Grenzschicht verringern, indem sie Elektronen an das andere System abgibt. Ein Elektronenfluss mit **charakteristischer Spannung** kommt zustande. Eine solche Kombination aus zwei Halbzellen heißt **galvanische Zelle** (galvanisches Element).

Die Potenzialdifferenz zwischen Elektrode und Elektrolytlösung, gemessen als relative Elektrodenspannung gegen eine festgelegte Bezugselektrode, heißt **Elektrodenpotenzial** E. Das Elektrodenpotenzial ist abhängig vom Aufbau beider Halbzellen, also auch von dem der Bezugshalbzelle.

Eine galvanische Zelle besteht aus zwei Halbzellen, die elektrisch leitend (z. B. über einen Metalldraht) miteinander verbunden sind. Die beiden Elektrolytlösungen müssen ebenfalls miteinander verbunden werden, sodass ein Ladungsausgleich stattfinden kann. Andernfalls würde durch einen Überschuss von positiv oder negativ geladenen Ionen in den Halbzellen die Reaktion schnell zum Erliegen kommen. Ein Ladungsaustausch kann z. B. durch ein **Diaphragma** erreicht werden. Dies ist eine poröse Trennwand zwischen beiden Systemen, die eine Wanderung der in der Lösung vorhandenen Ionen gewährleistet. Ein dem Draht zwischengeschalteter Verbraucher (Glühlampe, kleiner Elektromotor, Messgerät) weist den Elektronenfluss nach (Abb. 4).

Ein prominenter Vertreter der galvanischen Zelle und gleichzeitig eine der ersten technisch brauchbaren Spannungsquellen ist das **Daniell-Element**. Hier besteht eine Halbzelle aus einem Zinkblech, das in eine Zinksulfatlösung taucht. Die andere Halbzelle wird durch ein Kupferblech in einer Kupfersulfatlösung gebildet. Unter Beachtung der Reaktion von Zink mit Kupfersalzlösung (Abb. 2) lässt sich leicht nachvollziehen, dass Elektronen in der Zink-Halbzelle vom Zink abgegeben werden und in die zweite Halbzelle fließen, wo sie von den Kupfer-Ionen aufgenommen werden. Das Element Zink/Zinksulfat//Kupfersulfat/Kupfer wurde nach JOHN FREDERIC DANIELL (1790 bis 1845) benannt. Er entwickelte damit 1836 ein Element, das allen damals bekannten Versuchsanordnungen zur Erzeugung elektrischer Energie überlegen war (Abb. 5).

Elektrodenbezeichnung. An den Phasengrenzen (Metall/Elektrolytlösung) der Halbzellen einer galvanischen Zelle finden elektrochemische Reaktionen statt. In der Zink/Zinksulfat-Halbzelle des Daniell-Elements gehen Zinkatome unter Elektronenabgabe in Lösung (Oxidation). Damit verbunden ist ein Elektronenfluss zur Kupfer/Kupfersulfat-Halbzelle. Kupfer-Ionen aus der dort befindlichen Lösung scheiden sich unter Elektronenaufnahme als Metall ab (Reduktion).

Diejenige Elektrode, an der potenziell ein Elektronenüberschuss vorliegt, wird **Minuspol** genannt. Die andere Elektrode ist der **Pluspol** (↗ S. 525).

Im Daniell-Element finden an den Elektroden folgende Reaktionen statt:

Minuspol:	$Zn(s) \rightarrow Zn^{2+}(aq) + 2\,e^-$	Oxidation
Pluspol:	$Cu^{2+}(aq) + 2\,e^- \rightarrow Cu(s)$	Reduktion
Zellreaktion:	$Cu^{2+}(aq) + Zn(s) \rightarrow Zn^{2+}(aq) + Cu(s)$	Redoxreaktion

Für die eindeutige Beschreibung einer galvanischen Zelle gibt es ein festgelegtes Schema:
1. Die an der galvanischen Zelle beteiligten Stoffe (Elektroden und Elektrolytlösungen mit Konzentrationsangaben) werden in einer Reihe mit Formel notiert.
2. Zuerst wird der Minuspol, zuletzt der Pluspol angegeben.
3. Jede Phasengrenze wird durch einen Schrägstrich gekennzeichnet.
4. Ein Diaphragma wird durch einen doppelten Schrägstrich symbolisiert.

Beispiel:
$Zn/ZnSO_4\,(c = 1\,mol \cdot l^{-1})//CuSO_4\,(c = 1\,mol \cdot l^{-1})/Cu$

Resümee

Werden zwei Halbzellen elektrisch leitend verbunden und der Austausch von Ionen gewährleistet, ergibt sich eine galvanische Zelle, die als elektrochemische Spannungsquelle funktioniert. Unter Elektrodenpotenzial – das nur als Spannung gegen eine Bezugselektrode messbar ist – versteht man das elektrische Potenzial eines Metalls oder eines anderen Elektronen leitenden Festkörpers in einem Elektrolyten.

Das Standardpotenzial einer Halbzelle. Da sich ein *absolutes* Potenzial einer Halbzelle nicht bestimmen lässt, wird durch ein Bezugselement ein *relatives* Maß ermittelt. Zur Ermittlung und Festlegung von standardisierten Werten wurde als Bezugselektrode die **Standard-Wasserstoffelektrode** (Normal-Wasserstoffelektrode) gewählt. Sie besteht aus einem platinierten Platinblech (Platinblech, dessen Oberfläche durch feinstverteiltes Platin stark vergrößert wurde), das von Wasserstoff mit konstantem Druck ($p = 101{,}3\,kPa$) bei $\vartheta = 25\,°C$ umspült wird. Als Elektrolytlösung dient eine Chlorwasserstofflösung der Konzentration $c(HCl) = 1\,mol \cdot l^{-1}$ (Abb. 6).

Die Elektrode besteht aus Platin. Wieso kann dennoch von einer Wasserstoffelektrode gesprochen werden? Durch das feinstverteilte Platin wird der Wasserstoff an der Elektrodenoberfläche adsorbiert. Der Wasserstoff geht atomar lockere kovalente Pt-H-Bindungen ein. Somit überzieht eine dichte Schicht von Wasserstoffatomen die Elektrodenoberfläche.

Aufgabe

1. Folgende galvanische Elemente sind vorgegeben:
   a) $Zn/ZnSO_4//FeSO_4/Fe$
   b) $Zn/ZnSO_4//AgNO_3/Ag$
   c) $Ag/AgNO_3//CuSO_4/Cu$
   Sind die Notationen nach den Vorgaben für die schematische Darstellung eines galvanischen Elements korrekt? Ziehen Sie dazu die Redoxreihe (Kap. E-1) heran und formulieren Sie die Teilreaktionen. Welche Elektrode ist jeweils der Pluspol, welche der Minuspol?

E-3

Elektronenübergänge mathematisch erfasst

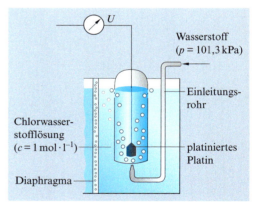

6 Modell einer Standard-Wasserstoffelektrode

Experiment 1

Ermitteln der Standardpotenziale von Halbzellen
Ein Zinkblech taucht in einem Becherglas in eine Zinksulfatlösung mit $c(Zn^{2+}) = 1 \text{ mol} \cdot l^{-1}$. In einem zweiten Becherglas taucht ein Platinblech in eine Salzsäurelösung mit $c(H_3O^+) = 1 \text{ mol} \cdot l^{-1}$. Beide Halbzellen werden über ein Voltmeter elektrisch leitend verbunden, ein mit Kaliumnitratlösung getränkter Filterpapierstreifen verbindet als Elektrolytbrücke beide Gefäße. Über ein gewinkeltes Glasrohr wird Wasserstoff (F+) an die Platinelektrode geleitet. Bei $\vartheta = 25\,°C$ kann am Voltmeter eine Spannung von $U = 0{,}76 \text{ V}$ abgelesen werden. Anstelle der Zn/Zn^{2+}-Halbzelle kann jede beliebige Halbzelle zur Ermittlung ihres Standardpotenzials angeschlossen werden.

Donator-Akzeptor-Konzept

Dem Elektrodenpotenzial der Standard-Wasserstoffelektrode liegt folgende Reaktion zugrunde:

$H_2(g) + 2\,H_2O(l) \rightleftharpoons 2\,H_3O^+(aq) + 2\,e^-$

Das Elektrodenpotenzial wird willkürlich mit $E^0(H_2/2\,H_3O^+) = 0 \text{ V}$ festgesetzt (bei $\vartheta = 25\,°C$). Die Spannung, die zwischen einer Halbzelle und der Standard-Wasserstoffelektrode unter Standardbedingungen gemessen wird, ist das Standard-Elektrodenpotenzial, kurz **Standardpotenzial** der betreffenden Halbzelle. Eine Auflistung verschiedener Halbzellen, geordnet nach ihren Standardpotenzialen, bildet die **elektrochemische Spannungsreihe** (Abb. 7).

Die Standardpotenziale der Metalle beziehen sich nur auf die Bildung von hydratisierten Metall-Ionen. Bilden sich aufgrund der Anwesenheit von z. B. Ammoniak oder Cyanid-Ionen andere Komplexe, sind auch andere Potenziale zu beobachten. So beträgt das Standardpotenzial von Kupfer in einer Kupfertetraaminsalzlösung $-0{,}12 \text{ V}$, bei $c([Cu(NH_3)_4]^{2+}) = 1 \text{ mol} \cdot l^{-1}$. Potenzialbestimmend ist hier folgende Reaktion:

$Cu + 4\,NH_3 \rightleftharpoons [Cu(NH_3)_4]^{2+} + 2\,e^-$

Die Potenziale Li/Li^+ bis Al/Al^{3+} sind nicht experimentell bestimmt, sondern berechnet worden. So ist z. B. an der Aluminiumelektrode in einer Aluminiumsulfatlösung mit $c(Al_2(SO_4)_3) = 1 \text{ mol} \cdot l^{-1}$ nur ein Potenzial von ca. $-0{,}5 \text{ V}$ zu messen. Ursache ist die passivierende Deckschicht aus Aluminiumoxid.

Resümee

Die Versuchsanordnung einer galvanischen Zelle ermöglicht eine Quantifizierung der Redoxreaktion. Das Bestreben von Atomen und Ionen, Elektronen abzugeben oder aufzunehmen, kann durch die elektrochemische Spannungsreihe mit Zahlenwerten, den Standardpotenzialen der jeweiligen Redoxpaare, belegt werden. In der elektrochemischen Spannungsreihe werden die Standardpotenziale der Redoxpaare von Metallen und Nichtmetallen aufgeführt.

Redoxpaar	Standardpotenzial E^0 in V
Li/Li^+	$-3{,}04$
K/K^+	$-2{,}92$
Ca/Ca^{2+}	$-2{,}87$
Na/Na^+	$-2{,}71$
Mg/Mg^{2+}	$-2{,}36$
Al/Al^{3+}	$-1{,}66$
Zn/Zn^{2+}	$-0{,}76$
S^{2-}/S	$-0{,}48$
Fe/Fe^{2+}	$-0{,}41$
Cd/Cd^{2+}	$-0{,}40$
Ni/Ni^{2+}	$-0{,}23$
Sn/Sn^{2+}	$-0{,}14$
Pb/Pb^{2+}	$-0{,}13$
Fe/Fe^{3+}	$-0{,}02$
$H_2/2\,H_3O^+$	**$0{,}00$**
Cu/Cu^{2+}	$+0{,}35$
$4\,OH^-/O_2$	$+0{,}40$
$2\,I^-/I_2$	$+0{,}54$
Ag/Ag^+	$+0{,}80$
Hg/Hg^{2+}	$+0{,}85$
$2\,Br^-/Br_2$	$+1{,}07$
Pt/Pt^{2+}	$+1{,}20$
$2\,Cl^-/Cl_2$	$+1{,}36$
Au/Au^{3+}	$+1{,}50$
$2\,F^-/F_2$	$+2{,}87$

zunehmende Stärke als Elektronenakzeptor ↓

7 Ausschnitt aus der elektrochemischen Spannungsreihe

Zellspannung

Die Zellspannung einer galvanischen Zelle. Die gemessene Spannung einer galvanischen Zelle entspricht der Potenzialdifferenz beider Halbzellen, die als **Zellspannung** ΔE des galvanischen Elements bezeichnet wird. Die Zellspannung wird auch elektromotorische Kraft EMK genannt. Unter Standardbedingungen (Umgebungstemperatur $\vartheta = 25\,°C$, Druck $p = 101{,}3 \text{ kPa}$, $c(\text{Elektrolytlösungen}) = 1 \text{ mol} \cdot l^{-1}$) wird die Standard-Zellspannung ΔE^0 gemessen.

Rechnerisch kann die Standard-Zellspannung einer galvanischen Zelle aus der Differenz der zugehörigen Standardpotenziale bestimmt werden.

$\Delta E^0 = E^0_{\text{Pluspol}} - E^0_{\text{Minuspol}}$

Die in der Spannungsreihe aufgeführten Standardpotenziale sind für die Elektronenabgabe, also den Oxidationsprozess, formuliert. Sie werden aus diesem Grund auch als Oxidationspotenziale bezeichnet. Das Vorzeichen der Potenziale bezieht sich somit auf diesen Prozess. Alle Halbzellen, die in der Spannungsreihe oberhalb der Standard-Wasserstoffelektrode als Bezugselektrode stehen, besitzen ein negatives Standardpotenzial. Sie zeigen demnach ein höheres Bestreben, Elektronen abzugeben, als die Bezugselektrode. In diesen Halbzellen findet gegenüber der Bezugselektrode eine Elektronenabgabe statt. Analog besitzen alle Halbzellen, die in der Spannungsreihe unterhalb der Standard-Wasserstoffelektrode stehen und ein positives Standardpotenzial aufweisen, ein geringeres Bestreben, Elektronen abzugeben. In diesen Halbzellen findet gegenüber der Bezugselektrode eine Elektronenaufnahme statt.

Die Eigenschaft einer Halbzelle, als Elektronendonator bzw. -akzeptor gegenüber einer beliebigen Bezugselektrode zu wirken, kann mithilfe der elektrochemischen Spannungsreihe auf alle Kombinationen von Halbzellen übertragen werden.

Elektroden für nichtmetallische Phasen. Besitzt eine Halbzelle der elektrochemischen Spannungsreihe wie z. B. 2 Cl⁻/Cl₂ keine metallische Phase, so wird wie bei der Standard-Wasserstoffelektrode ein Elektronenleiter zur Ableitung oder Zuleitung der Elektronen verwendet. Vorteilhaft sind Elektronenleiter, die chemisch inert (lat. iners – untätig) sind. Dazu zählen Platin- oder auch Graphitelektroden, die in diesem Fall von Chlor umspült werden. Da diese Elektronenleiter an den chemischen Prozessen nicht selbst beteiligt sind, werden sie auch als **Ableitelektroden** bezeichnet.

Vorhersagbarkeit der Reaktion. Mithilfe der tabellierten Standardpotenziale lässt sich der Ablauf von Elektronenübergängen in wässrigen Systemen vorhersagen. Je positiver das Standardpotenzial eines Redoxpaars ist, umso höher ist seine Tendenz zur Elektronenaufnahme. Sie wirken daher bei einer Reaktion mit einem Redoxpaar niedrigeren Potenzials als Elektronenakzeptoren. Das Redoxpaar mit dem niedrigeren Potenzial wirkt dementsprechend gegenüber dem System höheren Potenzials als Elektronendonator. Beispiel:

Reduktion:
$Pb^{2+} + 2\,e^- \rightarrow Pb$ $E^0(Pb/Pb^{2+}) = -0{,}13\ V$
Elektronenakzeptor

Oxidation:
$Zn \rightarrow Zn^{2+} + 2\,e^-$ $E^0(Zn/Zn^{2+}) = -0{,}76\ V$
Elektronendonator

Redoxreaktion:
$Pb^{2+} + Zn \rightarrow Pb + Zn^{2+}$
Elektronenübergang

E-3

Elektronenübergänge mathematisch erfasst

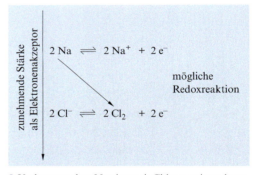

8 Vorhersage, dass Natrium mit Chlor reagieren kann

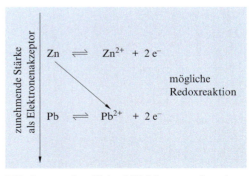

9 Vorhersage, dass Zink mit Blei-Ionen reagieren kann

Beispielrechnung 1

Berechnung der Zellspannung ΔE eines galvanischen Elements

Es wird das galvanische Element $Zn/ZnSO_4$ ($c = 1\ mol \cdot l^{-1}$)//$FeSO_4$ ($c = 1\ mol \cdot l^{-1}$)/Fe betrachtet. Gesucht wird die Zellspannung ΔE.

Aus der elektrochemischen Spannungsreihe ist zu entnehmen, dass die Halbzelle Fe/Fe^{2+} das höhere Standardpotenzial E^0 aufweist und somit den Pluspol bildet. Damit hat die galvanische Zelle in der obigen Beschreibung ihre Gültigkeit, da die Zinkelektrode den Minuspol bildet. Es wirken also Zinkatome als Elektronendonator und Eisen-Ionen als Elektronenakzeptor.

Minuspol:	$Zn(s) \rightarrow Zn^{2+}(aq) + 2\,e^-$	Oxidation
Pluspol:	$Fe^{2+}(aq) + 2\,e^- \rightarrow Fe(s)$	Reduktion

Zellreaktion: $Fe^{2+}(aq) + Zn(s) \rightarrow Zn^{2+}(aq) + Fe(s)$ Redoxreaktion

Gesucht: $\Delta E\,[Zn/ZnSO_4\,(c = 1\ mol \cdot l^{-1})//FeSO_4\,(c = 1\ mol \cdot l^{-1})/Fe]$

Gegeben: $E^0_{Minuspol}\,(Zn/Zn^{2+}) = -0{,}76\ V$
$E^0_{Pluspol}\,(Fe/Fe^{2+}) = -0{,}41\ V$

Lösung: $\Delta E = E^0_{Pluspol} - E^0_{Minuspol}$
$\Delta E = -0{,}41\ V - (-0{,}76\ V)$
$\Delta E = 0{,}35\ V$

Die Zellspannung des Systems beträgt $\Delta E = 0{,}35\ V$.

Batterien – mobile Spannungsquellen. Ausgehend vom Daniell-Element hat sich bis heute der Aufbau der Halbzellen moderner Batterien vielfach verändert. Für die verschiedenen Anforderungsbereiche sind seit dem 19. Jahrhundert mannigfache Kombinationen von Halbzellen in verschiedenen Bauweisen entwickelt worden (Abb. 10). Heute verbirgt sich hinter den handlichen und ortsunabhängig einsetzbaren Spannungsquellen entweder eine einzelne galvanische Zelle oder sogar ein ganzes System mehrerer hintereinandergeschalteter Zellen.

Leclanché-Element:

Minuspol:	$Zn(s) \longrightarrow Zn^{2+}(aq) + 2\,e^-$	$E° = -0{,}76\ V$
Pluspol:	$2\,MnO_2(s) + 2\,H_2O(l) + 2\,e^- \longrightarrow 2\,MnO(OH)(aq) + 2\,OH^-(aq)$	$E° = +0{,}75\ V$
Elektrolytlösung:	$Zn^{2+}(aq) + 2\,NH_4^+(aq) + 2\,Cl^-(aq) + 2\,OH^-(aq) \longrightarrow [Zn(NH_3)_2]Cl_2(s) + 2\,H_2O(s)$	
Gesamtreaktion:	$Zn(s) + 2\,MnO_2(s) + 2\,NH_4Cl(aq) \longrightarrow 2\,MnO(OH)(aq) + [Zn(NH_3)_2]Cl_2(s)$	$\Delta E° = +1{,}51\ V$

Zink-Silberoxid-Zelle:

Minuspol:	$Zn(s) \longrightarrow Zn^{2+}(aq) + 2\,e^-$	$E° = -0{,}76\ V$
Pluspol:	$Ag_2O(s) + H_2O(l) + 2\,e^- \longrightarrow 2\,Ag(s) + 2\,OH^-(aq)$	$E° = +0{,}80\ V$
Gesamtreaktion:	$Zn(s) + Ag_2O(s) + H_2O(l) \longrightarrow Zn^{2+}(aq) + Ag(s) + 2\,OH^-(aq)$	$\Delta E° = +1{,}56\ V$

Bleiakkumulator:

Minuspol:	$Pb(s) + SO_4^{2-}(aq) \underset{\text{Ladung}}{\overset{\text{Entladung}}{\rightleftharpoons}} PbSO_4(s) + 2\,e^-$	$E° = -0{,}36\ V$
Pluspol:	$PbO_2(s) + 4\,H_3O^+(aq) + SO_4^{2-}(aq) + 2\,e^- \underset{\text{Ladung}}{\overset{\text{Entladung}}{\rightleftharpoons}} PbSO_4(s) + 6\,H_2O(l)$	$E° = +1{,}69\ V$
Gesamtreaktion:	$Pb(s) + PbO_2(s) + 4\,H_3O^+(aq) + 2\,SO_4^{2-}(aq) \underset{\text{Ladung}}{\overset{\text{Entladung}}{\rightleftharpoons}} 2\,PbSO_4(s) + 6\,H_2O(l)$	$\Delta E° = +2{,}05\ V$

10 Elektrodenreaktionen in einigen Batterien und Akkumulatoren

Liefert eine galvanische Zelle nur so lange elektrische Energie, bis die für die Umwandlung chemischer Energie in elektrische Energie notwendigen Ausgangsstoffe umgesetzt sind, so bezeichnet man dies als **Primärzelle** (Primärelement). Einige galvanische Zellen können durch Zufuhr von elektrischer Energie wieder in den Ausgangszustand zurückversetzt werden und liefern dann erneut elektrische Energie. Diese galvanischen Zellen werden als **Sekundärzellen** oder auch **Akkumulatoren** („Akku") bezeichnet.

Als Meilenstein bei der Entwicklung der unterschiedlichen Primärzellen ist die **Leclanché-Zelle** zu nennen, die bereits 1867 von dem Franzosen GEORGES LECLANCHÉ (1839 bis 1882) entwickelt wurde und damals wegen ihrer höheren Leistungsfähigkeit das Daniell-Element ablöste. Als Minuspol dient ein Zinkbehälter, der mit einer feuchten Paste aus Ammoniumchlorid und Zinkchlorid als Elektrolyt gefüllt ist. Darin eingelagert ist ein Graphitstab, der mit Mangan(IV)-oxid (Braunstein) umhüllt ist und als Pluspol dient. Über viele Jahre wurde diese Kombination in den bekannten Taschenlampenbatterien realisiert.

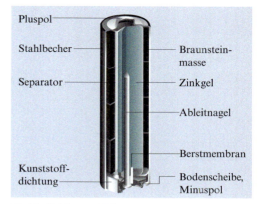

11 Alkali-Mangan-Zelle

In Konkurrenz zur Leclanché-Zelle ist eine leistungsstärkere Batterieart getreten: die **Alkali-Mangan-Zelle** (Alkaline-Zelle, Abb. 11), die als „Mikro"- oder „Mignon"-Batterie in Elektrogeräten mit hohem Energieverbrauch wie im Walkman® oder in Blitzlichtern eingesetzt wird. Auch dieser Batterietyp enthält als Elektrodenmaterial Zink/Mangan(IV)-oxid, als Elektrolyt wird jedoch Kalilauge verwendet. Bei Dauerbelastung wird so ein günstigeres Entladeverhalten erzielt.

E-3

Elektronenübergänge mathematisch erfasst

 6.2 | Zink-Kohle-Zelle    E-3 | Alkali-Mangan-Zelle

So genannte **Knopfzellen** kommen als besonders kleine Batteriearten z. B. in Uhren zur Anwendung (Abb. 12). Als wichtige Vertreter seien hier die Zink-Luft-Zelle, die Zink-Silberoxid-Zelle und die Lithium-Mangan-Zelle genannt.

 6.5 | Platz sparende Energiespeicher

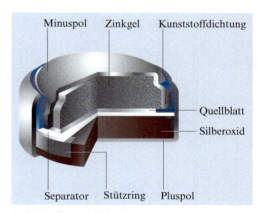

12 Zink-Silberoxid-Knopfzelle

Akkumulatoren. Sekundärzellen, wie z. B. der als Starterbatterie in jedem Kraftfahrzeug verwendete **Bleiakkumulator**, können über viele Zyklen hinweg während des Entladens Spannung liefern. Um die benötigte Spannung von 12 V zu erzielen, sind sechs galvanische Zellen hintereinandergeschaltet.

Im geladenen Zustand ist der Minuspol der einzelnen Zellen jeweils eine Bleiplatte und der Pluspol ein Gitter aus Blei, das von einer Blei(IV)-oxidschicht umgeben ist. Als Elektrolyt wird eine verdünnte Schwefelsäurelösung verwendet.
Der Entladevorgang ist eine spontane Redoxreaktion, bei der chemische in elektrische Energie umgewandelt wird ($U = 2$ V). An beiden Elektroden wird dabei Bleisulfat $PbSO_4$ gebildet.

Minuspol: $Pb(s) + SO_4^{2-}(aq) \rightarrow PbSO_4(s) + 2\,e^-$
Pluspol: $PbO_2(s) + 4\,H_3O^+(aq) + 2\,e^- \rightarrow PbSO_4(s) + 6\,H_2O(l)$

Beim anschließenden Ladevorgang wird durch Anlegen von elektrischer Spannung der Ablauf dieser Vorgänge unter Übertragung von

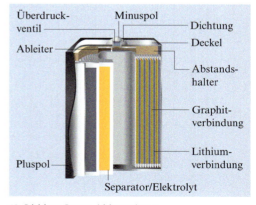

13 Lithium-Ionen-Akkumulator

513

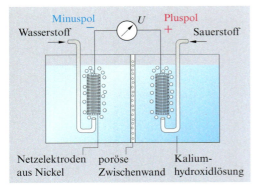

14 Schematische Darstellung einer alkalischen Brennstoffzelle

Energie in umgekehrter Richtung erzwungen (↗ S. 521); das gebildete Bleisulfat wird wieder zerlegt.

Minuspol: $PbSO_4(s) + 2e^- \rightarrow Pb(s) + SO_4^{2-}(aq)$
Pluspol: $PbSO_4(s) + 6 H_2O(l) \rightarrow PbO_2(s) + 4 H_3O^+(aq) + 2e^-$

In Elektrogeräten kommen Akkumulatoren wie der Nickel-Cadmium-Akku, der Nickel-Metallhydrid-Akku oder der Lithium-Ionen-Akku zur Anwendung (Abb. 13).

Brennstoffzellen. Eine mobile Energiequelle, von der man sich für die Zukunft viel verspricht, ist die **Brennstoffzelle**. Auch in ihr wird die bei einer direkten Redoxreaktion als Wärme frei werdende Energie in elektrische Energie umgewandelt. So werden z. B. Wasserstoff und Sauerstoff durch je eine poröse Elektrode in eine wässrige Elektrolytlösung geleitet. Dabei bildet sich das ökologisch unbedenkliche Produkt Wasser.

Elektrodenreaktionen in der alkalischen Brennstoffzelle (Wasserstoff-Sauerstoff-Zelle):

Minuspol: $2 H_2 + 4 OH^- \rightarrow 4 H_2O + 4 e^-$
Pluspol: $O_2 + 2 H_2O + 4 e^- \rightarrow 4 OH^-$
Gesamtreaktion: $2 H_2 + O_2 \rightarrow 2 H_2O$

Hinter den in ihren Bauweisen äußerlich sehr unterschiedlichen Batteriearten steht immer das Grundprinzip des Donator-Akzeptor-Konzepts: Elektronenübergänge in den verschiedenen Halbzellen erzeugen einen Elektronenfluss, der als elektrische Energie nutzbar wird.

Elektrochemische Korrosion – Bildung von Lokalelementen. Die Zerstörung von metallischen Werkstoffen durch elektrochemische Reaktionen wird als elektrochemische Korrosion bezeichnet. Ursache dieser Zerstörung ist die Bildung einer kurzgeschlossenen galvanischen Zelle an der Berührungsstelle zweier Metalle, die in der Spannungsreihe an verschiedenen Stellen stehen und somit als unterschiedlich edle Metalle bezeichnet werden können. Eine solche Zelle kann nur entstehen, wenn die Metalle an der Kontaktstelle in eine Elektrolytlösung tauchen. Die Elektrolytlösung bildet sich z. B. durch Luftfeuchtigkeit und durch das Lösen von anderen Luftbestandteilen wie z. B. Sauerstoff oder Kohlenstoffdioxid. Eine galvanische Zelle, die Korrosion verursacht, wird als **Lokalelement** bezeichnet.

In einem Lokalelement funktioniert das weniger edle Metall wiederum als Elektronendonator, es wird oxidiert. Das edlere Metall bleibt praktisch unverändert.

Donator-Akzeptor-Konzept

Aufgaben

1. Bestimmen Sie die Spannung der folgenden galvanischen Zellen:
   a) Zn/ZnSO₄//FeSO₄/Fe
   b) Zn/ZnSO₄//AgNO₃/Ag
   c) Cu/CuSO₄//AgNO₃/Ag
2. Vergleichen Sie die Oxidationsreihe der Metalle und Nichtmetalle mit der elektrochemischen Spannungsreihe.
3. Eine galvanische Zelle ist aus den folgenden Halbzellen aufgebaut: Ni/Ni²⁺ und Cu/Cu²⁺.
   a) Formulieren Sie die Zellreaktionen.
   b) Benennen Sie Pluspol und Minuspol der Zelle.
   c) Formulieren Sie das galvanische Element in der schematischen Darstellung. Bestimmen Sie die Zellspannung $\Delta E°$.
   d) Verfahren Sie entsprechend für die Halbzellen 2 Cl⁻/Cl₂ und 2 I⁻/I₂.
4. In einem galvanischen Element lässt sich die Zellreaktion Mg + Sn²⁺ → Mg²⁺ + Sn beschreiben.
   a) Formulieren Sie die Elektrodenreaktionen und benennen Sie Plus- und Minuspol.
   b) Ermitteln Sie die theoretische Zellspannung ΔE^0 aus den Tabellenwerten und vergleichen Sie diese Spannung mit dem experimentell erhaltenen Wert von ca. –1,3 V.
5. Formulieren Sie die Elektrodenreaktion der Alkali-Mangan-Zelle („Alkaline-Batterie").

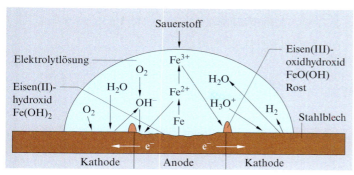

15 Korrosion am beschädigten Eisenwerkstück

Unedle Metalle korrodieren auch ohne Beteiligung eines weiteren Metalls, wenn sie der Feuchtigkeit und dem Luftsauerstoff ausgesetzt sind (Sauerstoffkorrosion).

Ist z. B. ein lackiertes Eisenstück an einer Stelle beschädigt, so dient dieser Bereich als Minuspol, an dem der Lochfraß stattfindet. Hier gehen Eisen(II)-Ionen in Lösung. Die abgegebenen Elektronen fließen durch das Eisen zum Pluspol (Abb. 15). Dort bilden sich aus Sauerstoff- und Wassermolekülen unter Elektronenaufnahme Hydroxid-Ionen.

Minuspol: $2\,Fe(s) \rightleftharpoons 2\,Fe^{2+}(aq) + 4\,e^-$
Pluspol: $O_2(g) + 2\,H_2O(l) + 4\,e^- \rightleftharpoons 4\,OH^-(aq)$
Gesamt-
reaktion: $2\,Fe(s) + 2\,H_2O(l) + O_2(g) \rightleftharpoons 2\,Fe^{2+}(aq) + 4\,OH^-(aq)$

Eisen(II)-Ionen reagieren mit Hydroxid-Ionen zu schwerlöslichem Eisen(II)-hydroxid, das in einer Folgereaktion mit weiterem Sauerstoff zu braunem Eisen(III)-oxidhydroxid reagiert, den wir als typischen „Rost" an Korrosionsstellen von Eisenwerkstücken kennen. Folgereaktionen:

$Fe^{2+}(aq) + 2\,OH^-(aq) \rightleftharpoons Fe(OH)_2(s)$
$4\,Fe(OH)_2(s) + O_2(g) \rightleftharpoons 4\,FeO(OH)(s) + 2\,H_2O(l)$

Bei Anwesenheit von starken Mineralsäuren werden bevorzugt Hydronium-Ionen am Pluspol reduziert (Säurekorrosion):

Minuspol: $Fe(s) \rightleftharpoons Fe^{2+}(aq) + 2\,e^-$
Pluspol: $2\,H_3O^+(aq) + 2\,e^- \rightleftharpoons H_2(g) + 2\,H_2O(l)$
Gesamtreaktion: $Fe(s) + 2\,H_3O^+(aq) \rightleftharpoons Fe^{2+}(aq) + H_2(g) + 2\,H_2O(l)$

Resümee

Galvanische Zellen sind in der Lebenswelt allgegenwärtig. Als Batterien nutzen wir ihre Eigenschaft, Energiespeicher zu sein. Bei metallischen Gebrauchsgegenständen sind sie in Form von Lokalelementen jedoch ungebetene Begleiterscheinungen, die zur elektrochemischen Korrosion führen.

E-3

Elektronenübergänge mathematisch erfasst

Aufgabe

1. Übertragen Sie die schematische Darstellung der Korrosion von Eisen auf die Lokalelemente
   a) Eisen/Zinn,
   b) Eisen/Zink und formulieren Sie die jeweiligen Elektrodenreaktionen.
   Hinweise: In a) funktioniert das Eisen als Minuspol, in b) als Pluspol. Zinn bzw. Zink sollen als Metallüberzug auf einem Eisenwerkstück dargestellt werden.

Elektronenübergänge außerhalb der Standardbedingungen

Die Quantifizierung der bisher betrachteten Elektronenübergänge erfolgte immer unter Standardbedingungen. So wurde Wert darauf gelegt, dass die Metalle in Salzlösungen der Konzentration $c = 1\,mol \cdot l^{-1}$ eintauchen. Wie aber verändert sich das elektrochemische Potenzial, wenn von den Standardbedingungen abgewichen wird? Diese Frage ist in verschiedenen Zusammenhängen von Bedeutung, z. B. im Bereich der Analytik. Mithilfe elektrochemischer Analyseverfahren können häufig schon sehr geringe Ionenkonzentrationen nachgewiesen werden, die weit außerhalb der Standardbedingungen liegen. Es muss also geklärt werden, welchen Einfluss diese Faktoren auf das Potenzial der betrachteten Halbzellen ausüben.

Die Nernst-Gleichung. Messungen und Berechnungen von Elektrodenpotenzialen wurden in den vorherigen Ausführungen unter Standardbedingungen (c[Elektrolytlösung] $= 1\,mol \cdot l^{-1}$, $T = 298\,K$, $p = 101{,}3\,kPa$) durchgeführt. Wie verändert sich das Elektrodenpotenzial einer Halbzelle, wenn andere Konzentrationen oder unterschiedliche Temperaturen vorliegen? Diese Frage kann z. B. anhand der folgenden Versuchsanordnung überprüft werden.

Werden zwei gleichartig aufgebaute Halbzellen elektrisch leitend miteinander verbunden, so ist keine Spannung messbar. Tauchen dagegen Elektroden des gleichen Metalls in Elektrolytlösungen unterschiedlicher Stoffmengenkonzentration (Abb. 2), so ist eine Spannung messbar. Diese kann aber nur entstehen, wenn beide Halbzellen unterschiedliche Potenziale bilden. Folglich muss die Konzentration tatsächlich einen Einfluss auf das Elektrodenpotenzial haben. In einer Reihenuntersuchung kann festgestellt werden, dass das Elektrodenpotenzial einer Halbzelle umso niedriger wird, je geringer die Konzentration der Elektrolytlösung ist (Experiment 1). Eine galvanische Zelle, die aus zwei gleichartigen Halbzellen besteht, die sich jedoch in den Konzentrationen ihrer Elektrolytlösungen unterscheiden, heißt **Konzentrationszelle** (Konzentrationselement).

Um das Zustandekommen der Spannung in einer Konzentrationszelle zu verstehen, muss man sich folgenden Zusammenhang klarmachen. Zunächst seien die Halbzellen isoliert betrachtet. An beiden Elektroden besitzen die Metallatome das Bestreben, durch Elektronenabgabe als Ionen in Lösung zu gehen. Umgekehrt besitzen die Metall-Ionen das Bestreben, sich durch Elektronenaufnahme an der Elektrode als Metall abzuscheiden.

$$Me(s) \rightleftharpoons Me^{z+}(aq) + z\,e^-$$

In unterschiedlich konzentrierten Salzlösungen stellen sich konzentrationsabhängige Gleichgewichte und elektrochemische Doppelschichten an den Elektroden ein. Bei geringerer Konzentration an Metall-Ionen liegt das Gleichgewicht weiter auf der rechten Seite und das Elektrodenpotenzial ist niedriger als bei einer höheren Konzentration in der Lösung.

1 Walther Nernst (1864 bis 1941)

E
Donator-Akzeptor-Konzept

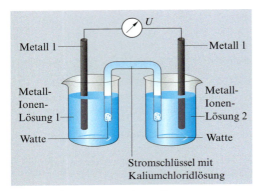

2 Aufbau einer Konzentrationszelle

Experiment 1

Konzentrationsabhängigkeit des Elektrodenpotenzials
Zwei Silber/Silbernitrat-Halbzellen A und X mit unterschiedlichen Silber(I)-Ionenkonzentrationen (C, N) in der Lösung werden über eine Kaliumchloridlösung mit $c(KCl) = 4\,mol \cdot l^{-1}$ als elektrolytischem Stromschlüssel miteinander verbunden. Die Silbernitratlösungen enthalten die Stoffmengenkonzentrationen:
$c_1(AgNO_3) = 1\,mol \cdot l^{-1}$
$c_2(AgNO_3) = 0{,}1\,mol \cdot l^{-1}$
$c_3(AgNO_3) = 0{,}01\,mol \cdot l^{-1}$
$c_4(AgNO_3) = 0{,}001\,mol \cdot l^{-1}$
Mithilfe eines Spannungsmessgeräts wird die elektrische Spannung der Konzentrationselemente ($c_A = c_1$, $c_X = c_1, c_2, c_3, c_4$) nacheinander bei $\vartheta = 25\,°C$ gemessen. Die Messwerte sind Tab. 1 zu entnehmen. Anschließend wird der Versuch analog mit Kupfer/Kupfersulfat-Halbzellen wiederholt (Tab. 2).

516

Tab. 1 Messwerte Ag/Ag⁺-Konzentrationszellen			
Konzentration c_A der Bezugs- halbzelle A	Konzentration c_X der Ag/Ag⁺-Halb- zelle X	Zellspan- nung ΔE
1 mol·l⁻¹	$c_1 = 1$ mol·l⁻¹	0 V
1 mol·l⁻¹	$c_2 = 0{,}1$ mol·l⁻¹	0,061 V
1 mol·l⁻¹	$c_3 = 0{,}01$ mol·l⁻¹	0,123 V
1 mol·l⁻¹	$c_4 = 0{,}001$ mol·l⁻¹	0,181 V

Tab. 2 Messwerte Cu/Cu²⁺-Konzentrationszellen			
Konzentration c_A der Bezugs- halbzelle A	Konzentration c_X der Cu/Cu²⁺-Halb- zelle X	Zellspan- nung ΔE
1 mol·l⁻¹	$c_1 = 1$ mol·l⁻¹	0 V
1 mol·l⁻¹	$c_2 = 0{,}1$ mol·l⁻¹	0,029 V
1 mol·l⁻¹	$c_3 = 0{,}01$ mol·l⁻¹	0,059 V
1 mol·l⁻¹	$c_4 = 0{,}001$ mol·l⁻¹	0,092 V

Da alle Prozesse in der Natur freiwillig in die Richtung des Zustands verlaufen, der für das betrachtete System und für die Umgebung der wahrscheinlichste ist, kommt es bei einer Kombination beider Halbzellen in einer Konzentrationszelle zu einem Ausgleich der Konzentrationen: An der Silberelektrode der verdünnteren Lösung in Experiment 1 gehen Silber-Ionen in Lösung. Die Elektronen wandern durch den Verbindungsdraht zu der Silberelektrode der konzentrierteren Lösung und entladen dort Silber-Ionen. Es ist also zu vermuten, dass man zwischen den Silberelektroden eine Spannung messen kann, die von der Differenz der Konzentrationen abhängig ist.

Die Beschreibung der Konzentrationsabhängigkeit elektrochemischer Potenziale gelang durch WALTHER NERNST (Abb. 1) mit der nach ihm benannten **Nernst-Gleichung** (Abb. 3). Sie ermöglicht die Berechnung von Elektrodenpotenzialen aus den Konzentrationen der beteiligten Stoffe. Auch die Temperaturabhängigkeit des Potenzials wird von ihr berücksichtigt. Das Elektrodenpotenzial einer Halbzelle der zugrunde liegenden Reaktion

Red $\rightleftharpoons$ Ox + z e⁻

wird auch als **Redoxpotenzial** des Redoxpaars (Red/Ox) bezeichnet. Die reduzierte Form einer Verbindung wird durch Elektronenabgabe (Oxidation) in die oxidierte Form überführt. Dabei müssen zur Berechnung des Halbzellenpotenzials alle Reaktionspartner mit ihren stöchiometrischen Koeffizienten berücksichtigt werden.
Beispiele:

Ag $\rightleftharpoons$ Ag⁺ + e⁻
Mn²⁺ + 12 H₂O $\rightleftharpoons$ MnO₄⁻ + 8 H₃O⁺ + 5 e⁻

Reine Stoffe zeigen keine Konzentrationsabhängigkeit und werden daher in der Nernst-Gleichung nicht berücksichtigt.
Im ersten Beispiel muss allein die Silber-Ionenkonzentration einbezogen werden.

$$E = E^0 + \frac{2{,}303 \cdot R \cdot T}{1 \cdot F} \cdot \lg\{c(\text{Ag}^+)\}$$

In der zweiten Reaktion beeinflussen jedoch auch die Hydronium-Ionen den Prozess und damit die Potenzialbildung. Ihre Konzentration ist daher zu berücksichtigen:

$$E = E^0 + \frac{2{,}303 \cdot R \cdot T}{5 \cdot F} \cdot \lg\left\{\frac{c(\text{MnO}_4^-) \cdot c^8(\text{H}_3\text{O}^+)}{c(\text{Mn}^{2+})}\right\}$$

E-4
Elektronen- übergänge außerhalb der Standard- bedingungen

$$E = E^0 + \frac{R \cdot T}{z \cdot F} \cdot \ln\left\{\frac{c(\text{Ox})}{c(\text{Red})}\right\}$$

Mit ln = 2,303 · lg und $T = 298$ K folgt daraus:

$$E = E^0 + \frac{0{,}059 \text{ V}}{z} \cdot \lg\left\{\frac{c(\text{Ox})}{c(\text{Red})}\right\}$$

E	Redoxpotenzial der Halbzelle
E^0	Standard-Elektrodenpotenzial
R	allgemeine Gaskonstante
T	Temperatur
z	Anzahl der übertragenen Elektronen
F	Faraday-Konstante
$c(\text{Ox})$ bzw. $c(\text{Red})$	Produkt der Konzentrationen aller auf der Seite der oxidierten bzw. reduzierten Form des Redoxpaars stehenden Teilchensorten, wobei ihre Konzentrationen mit ihren stöchiometrischen Koeffizienten potenziert werden (Exkurs 1).

3 Allgemeine und spezielle Nernst-Gleichung zur Bestimmung des Redoxpotenzials einer Halbzelle

Donator-Akzeptor-Konzept

Exkurs 1
Logarithmieren von Konzentrationen

In der Nernst-Gleichung sind im logarithmischen Term Konzentrationen einzusetzen. Es kann allerdings nur aus Zahlwerten und nicht aus der Einheit mol·l^{-1} der Logarithmus gebildet werden. Daher müssen alle Konzentrationen in der Nernst-Gleichung relativ zur Standardkonzentration $c_0 = 1$ mol·l^{-1} angegeben werden: $\{c\} = \frac{c}{c_0}$.

Zur Ableitung der Nernst-Gleichung wird im Folgenden ein experimentell-empirischer Weg aufgezeigt, der die Zusammenhänge der einzelnen Teile der Gleichung nachvollziehbar machen soll.

Einfluss der Konzentration auf das Redoxpotenzial. Experiment 1 zeigt eine Abhängigkeit der gemessenen Zellspannungen von der Konzentration der Elektrolytlösungen. Bei exakten Messungen lässt sich pro Zehnerpotenz, um die sich die Konzentrationen zweier Halbzellen voneinander unterscheiden, eine Zunahme der Zellspannung ΔE um einen immer gleichen Betrag erkennen. Im Durchschnitt beträgt dieser für Ag/Ag$^+$-Konzentrationszellen $\Delta E = 0{,}059$ V. Da die Konzentration der Silber-Ionen in der Bezugshalbzelle A $c_A = 1$ mol·l^{-1} beträgt, liegen für diese Halbzelle Standardbedingungen vor ($E_A = E^0$) und wir wissen, dass ihr Standardpotenzial $E^0 = +0{,}80$ V beträgt. Da sich die Zellspannung ΔE aus der Differenz der Redoxpotenziale ergibt, kann das Elektrodenpotenzial E_X der Halbzelle X berechnet werden. Durch Messungen kann man feststellen, dass die Halbzelle X in den gewählten Fällen immer der Minuspol ist. Es ergibt sich:

$\Delta E = E_{\text{Pluspol}} - E_{\text{Minuspol}}$
$E_{\text{Minuspol}} = E_{\text{Pluspol}} - \Delta E$

Für die Ag/Ag$^+$-Halbzelle gilt:
$E_X = E^0(\text{Ag/Ag}^+) - \Delta E$ \hfill (1)

Für die Halbzelle X erhalten wir damit die in Tab. 3 wiedergegebenen Redoxpotenziale. Wir sehen, dass jede Verringerung der Silber-Ionenkonzentration um eine Zehnerpotenz eine Verringerung des Redoxpotenzials um 0,059 V zur Folge hat. Da der Exponent der Zehnerpotenz genau der dekadische Logarithmus des betrachteten Zahlenwerts ist (lg 10^a = a), folgt insgesamt für die Änderung des Redoxpotenzials:

$-\Delta E = +0{,}059$ V · lg $\{c_X\}$

Mit (1) lässt sich nun das Redoxpotenzial für alle betrachteten Halbzellen X mit folgender Gleichung berechnen:

$E_X = E^0(\text{Ag/Ag}^+) + 0{,}059$ V · lg $\{c_X\}$

Allgemein wird für Redoxpaare Red/Ox das Redoxpotenzial $E(\text{Red/Ox})$ wie folgt beschrieben:

$E(\text{Red/Ox}) = E^0(\text{Red/Ox}) + 0{,}059$ V · lg $\left\{\dfrac{c(\text{Ox})}{c(\text{Red})}\right\}$ \hfill (2)

Tab. 3 Redoxpotenziale der Halbzelle X (Ag/Ag$^+$)

$\{c_X\}$	$E_X = E^0 - \Delta E$	Änderung des Elektrodenpotenzials von E_X im Vergleich zu E^0 ($-\Delta E$)	lg $\{c_X\}$
$\{c_1\} = 1 = 10^0$	0,800 V	0,000 V ≈ 0,059 V · (0)	0
$\{c_2\} = 0{,}1 = 10^{-1}$	0,739 V	−0,061 V ≈ 0,059 V · (−1)	−1
$\{c_3\} = 0{,}01 = 10^{-2}$	0,677 V	−0,123 V ≈ 0,059 V · (−2)	−2
$\{c_4\} = 0{,}001 = 10^{-3}$	0,619 V	−0,181 V ≈ 0,059 V · (−3)	−3

Zu beachten ist, dass der Faktor 0,059 V nur für eine Temperatur von $T = 298$ K gilt. Ferner hat man bei Laboruntersuchungen häufig das Problem, dass bei Potenzialmessungen in gering konzentrierten Halbzellen konkurrierende Reaktionen (z. B. der elektrochemische Sauerstoffumsatz an den Elektroden) zu Abweichungen vom theoretisch erwarteten Wert führen. Ursache ist hier die Ausbildung von Mischpotenzialen.

Einfluss der Ionenwertigkeit auf das Redoxpotenzial. Die oben stehende Gleichung (2) ist ein Spezialfall der Nernst-Gleichung. Sie wurde für die Ag/Ag^+-Halbzelle hergeleitet.
Die Potenzialdifferenzen der Cu/Cu^{2+}-Konzentrationszellen (Tab. 2) zeigen mit einem mittleren Wert von ca. 0,03 V einen anderen Proportionalitätsfaktor, der genau die Hälfte des Faktors der Ag/Ag^+-Konzentrationszellen beträgt. Hier muss der Tatsache Rechnung getragen werden, dass bei der Redoxreaktion pro Kupferteilchen zwei Elektronen abgegeben bzw. aufgenommen werden. Es liegt also nahe, den Proportionalitätsfaktor 0,059 V durch z für die Anzahl der pro Teilchen übertragenen Elektronen zu dividieren:

$$E(\text{Red}/\text{Ox}) = E^0(\text{Red}/\text{Ox}) + \frac{0{,}059\,\text{V}}{z} \cdot \lg\left\{\frac{c(\text{Ox})}{c(\text{Red})}\right\}$$

Die Nernst-Gleichung ermöglicht es, für ein beliebiges Redoxpaar bei bekanntem Standardpotenzial E^0 das Redoxpotenzial E für beliebige Konzentrationsverhältnisse $\frac{c(\text{Ox})}{c(\text{Red})}$ zu berechnen. Später wurde dieser Zusammenhang auch thermodynamisch über die Betrachtung der freien Reaktionsenthalpien abgeleitet, wodurch ihre Anwendbarkeit nochmals gesichert wurde.

Beispielrechnung 1
Berechnung des Potenzials einer Halbzelle
Eine Halbzelle sei wie folgt beschrieben:
$Cu/CuSO_4$ ($c = 0{,}01\,\text{mol} \cdot \text{l}^{-1}$). Für die Reaktion $Cu \rightleftharpoons Cu^{2+} + 2e^-$ kann bei $\vartheta = 25\,°C$ folgendes Redoxpotenzial der Halbzelle berechnet werden:

Gesucht: $E(Cu/Cu^{2+})$, $c = 0{,}01\,\text{mol} \cdot \text{l}^{-1}$
Gegeben: $E^0(Cu/Cu^{2+}) = 0{,}35\,\text{V}$
$c(Cu^{2+}) = 0{,}01\,\text{mol} \cdot \text{l}^{-1}$

$$E(\text{Red}/\text{Ox}) = E^0(\text{Red}/\text{Ox}) + \frac{0{,}059\,\text{V}}{z} \cdot \lg\left\{\frac{c(\text{Ox})}{c(\text{Red})}\right\}$$

Lösung: $E = E^0 + \frac{0{,}059\,\text{V}}{2} \cdot \lg\{c(Cu^{2+})\}$

$E = 0{,}35\,\text{V} + \frac{0{,}059\,\text{V}}{2} \cdot \lg 0{,}01$

$E = 0{,}291\,\text{V}$

Resümee

Mithilfe der Nernst-Gleichung lässt sich das Potenzial einer Halbzelle beliebiger Konzentration berechnen, sofern das Standardpotenzial der Halbzelle bekannt ist. Das so errechnete Potenzial E wird als Redoxpotenzial bezeichnet.

Elektronenübergänge außerhalb der Standardbedingungen

 E-4 | Ein anderer Weg zur Nernst-Gleichung

Aufgaben

1. Bestimmen Sie das Potenzial der Halbzellen:
   a) Pb/Pb^{2+} ($c = 0{,}001\,\text{mol} \cdot \text{l}^{-1}$)
   b) Ag/Ag^+ ($c = 0{,}05\,\text{mol} \cdot \text{l}^{-1}$)
2. Tragen Sie grafisch jeweils die gemessenen Zellspannungen ΔE aus Experiment 1 (Tab. 1)
   – gegen c_X und
   – gegen $\lg\{c_X\}$ auf.
   a) Beschreiben Sie die Graphen.
   b) In welcher Weise unterstützen die Messergebnisse aus Experiment 1 bzw. die Graphen die Nernst-Gleichung?

E

Donator-
Akzeptor-
Konzept

Aufgaben

1. Drei Zn/Zn^{2+}-Halbzellen der folgenden Konzentrationen werden jeweils miteinander zu einer galvanischen Zelle zusammengeschaltet (a und b, a und c sowie b und c):
   a) $c = 0,1 \text{ mol} \cdot l^{-1}$
   b) $c = 0,0005 \text{ mol} \cdot l^{-1}$
   c) $c = 0,002 \text{ mol} \cdot l^{-1}$
   Zwischen welchen beiden Halbzellen erwarten Sie die größte Potenzialdifferenz? Begründen Sie und berechnen Sie anschließend die Zellspannungen der drei galvanischen Elemente. Worauf können eventuelle Abweichungen von theoretischen Werten zurückzuführen sein?

2. Eine galvanische Zelle besteht aus den Halbzellen Fe/Fe^{2+} ($c = 0,2 \text{ mol} \cdot l^{-1}$) und Ag/Ag^+ ($c = 0,02 \text{ mol} \cdot l^{-1}$). In die Fe/Fe^{2+}-Halbzelle wird eine Portion Eisensulfatlösung mit $c(Fe^{2+}) = 1 \text{ mol} \cdot l^{-1}$ gegeben.
   Welche Auswirkung hat dies auf die Potenzialdifferenz?

3. Geben Sie die Oxidationszahlen aller beteiligten Atome folgender Reaktion an:
   $MnO_4^- + 8 H_3O^+ + 5 e^- \rightleftharpoons Mn^{2+} + 12 H_2O$

4. Es gelten die Voraussetzungen aus der Beispielrechnung 3:
   a) Bestimmen Sie das Redoxpotenzial für die pH-Werte 3 und 5.
   b) Ab welchem pH-Wert wirkt das Permanganat-Ion (MnO_4^-) gegenüber Chlorid-Ionen (Cl^-) in der Halbzelle Cl^- ($c = 1 \text{ mol} \cdot l^{-1}$)/$Cl_2$ oxidierend?

Berechnung der Zellspannung einer galvanischen Zelle. Die Standard-Zellspannung einer galvanischen Zelle lässt sich aus der Differenz der Standardpotenziale beteiligter Halbzellen berechnen. In gleicher Weise wird mit der Zellspannung einer galvanischen Zelle außerhalb der Standardbedingungen verfahren: Zunächst werden die Potenziale der einzelnen Halbzellen mithilfe der Nernst-Gleichung bestimmt und anschließend die Differenz gebildet.

$$\Delta E = E_{\text{Pluspol}} - E_{\text{Minuspol}}$$

Beispielrechnung 2
Berechnung der Zellspannung eines galvanischen Elements
Ein galvanisches Element sei wie folgt aufgebaut:
$Cu/CuSO_4$ ($c = 0,01 \text{ mol} \cdot l^{-1}$)//$CuSO_4$ ($c = 0,5 \text{ mol} \cdot l^{-1}$)/$Cu$
Die Potenzialdifferenz wird wie folgt bestimmt:

Gesucht: ΔE

Gegeben: $c_{\text{Pluspol}}(Cu^{2+}) = 0,5 \text{ mol} \cdot l^{-1}$
$c_{\text{Minuspol}}(Cu^{2+}) = 0,01 \text{ mol} \cdot l^{-1}$

Lösung: $E_{\text{Pluspol}} = E^0 + \dfrac{0,059 \text{ V}}{2} \cdot \lg 0,5$

$E_{\text{Minuspol}} = E^0 + \dfrac{0,059 \text{ V}}{2} \cdot \lg 0,01$

$\Delta E = E_{\text{Pluspol}} - E_{\text{Minuspol}}$

$\Delta E = 0,341 \text{ V} - 0,291 \text{ V} = 0,050 \text{ V}$

Temperaturabhängigkeit des Redoxpotenzials. Kombiniert man zwei identische Halbzellen, z. B. $Cu/CuSO_4$ ($c = 0,1 \text{ mol} \cdot l^{-1}$)//$CuSO_4$ ($c = 0,1 \text{ mol} \cdot l^{-1}$)/$Cu$, so misst man in Übereinstimmung mit dem bisher Gesagten keine Spannung. Erwärmt man aber eine Halbzelle, wird eine Zellspannung messbar. Sie beträgt im obigen Beispiel ca. $\Delta E = 0,005 \text{ V}$, wenn beide Halbzellen eine Temperaturdifferenz von 50 K aufweisen. Der Einfluss der Temperatur wird in der allgemeinen Nernst-Gleichung im Term $\dfrac{R \cdot T}{z \cdot F}$ berücksichtigt (Abb. 3).

pH-Abhängigkeit des Redoxpotenzials. Wenn an der chemischen Reaktion einer Halbzelle Protonen beteiligt sind, ist das Redoxpotenzial der Halbzelle abhängig vom pH-Wert.

Beispielrechnung 3
pH-Abhängigkeit des Redoxpotenzials
Eine Halbzelle einer Kaliumpermanganatlösung hat die Konzentration $c(MnO_4^-) = 0,2 \text{ mol} \cdot l^{-1}$ und $c(Mn^{2+}) = 0,002 \text{ mol} \cdot l^{-1}$. Welches Potenzial hat die Halbzelle bei folgenden Werten:
a) pH = 1
b) pH = 4
Es bildet sich ein Potenzial nach der Reaktionsgleichung:

$$MnO_4^- + 8 H_3O^+ + 5 e^- \rightleftharpoons Mn^{2+} + 12 H_2O$$

Weil bei dieser Reaktion acht Hydronium-Ionen pro Permanganat-Ion umgesetzt werden, ist das Potenzial der Halbzelle stark von der Konzentration der Hydronium-Ionen abhängig, denn sie geht in die Nernst-Gleichung mit der achten Potenz ein. Es ergeben sich für die unterschiedlichen pH-Werte der Lösung folgende Potenziale der Halbzelle:

Gesucht: $E(Mn^{2+}/MnO_4^-)$
Gegeben: $E^0(Mn^{2+}/MnO_4^-) = 1{,}51\ V$
$c(MnO_4^-) = 2 \cdot 10^{-1}\ mol \cdot l^{-1}$
$c(Mn^{2+}) = 2 \cdot 10^{-3}\ mol \cdot l^{-1}$

a) $pH = 1$
$c(H_3O^+) = 10^{-1}\ mol \cdot l^{-1}$
$c^8(H_3O^+) = 10^{-8}\ mol^8 \cdot l^{-8}$

b) $pH = 4$
$c(H_3O^+) = 10^{-4}\ mol \cdot l^{-1}$
$c^8(H_3O^+) = 10^{-32}\ mol^8 \cdot l^{-8}$

Lösung:
Für die Halbzelle gilt mit der Nernst-Gleichung:

$$E = E^0 + \frac{0{,}059\ V}{5} \cdot \lg\left\{\frac{c(MnO_4^-) \cdot c^8(H_3O^+)}{c(Mn^{2+})}\right\}$$

a) $E = 1{,}51\ V + \dfrac{0{,}059\ V}{5} \cdot \lg \dfrac{2 \cdot 10^{-1} \cdot 1 \cdot 10^{-8}}{2 \cdot 10^{-3}} = 1{,}44\ V$

b) $E = 1{,}51\ V + \dfrac{0{,}059\ V}{5} \cdot \lg \dfrac{2 \cdot 10^{-1} \cdot 1 \cdot 10^{-32}}{2 \cdot 10^{-3}} = 1{,}16\ V$

Elektronenübergänge außerhalb der Standardbedingungen

Resümee

Die Berechnung der Zellspannung einer galvanischen Zelle erfolgt auch außerhalb der Standardbedingungen aus der Differenz beider Halbzellenpotenziale. Die Halbzellenpotenziale werden über die Nernst-Gleichung bestimmt.

Elektrolyse – eine erzwungene Redoxreaktion. Werden zwei Elektroden in eine Elektrolytlösung getaucht und eine genügend hohe Gleichspannung angelegt, so sind an den Elektroden chemische Reaktionen zu beobachten. Wir betrachten dies an einem konkreten Beispiel: Zwei Graphitstäbe tauchen in eine Zinkiodidlösung, eine Gleichspannung von etwa 4 V wird angelegt. Schon nach kurzer Zeit wird der Minuspol von einer grauen Metallschicht überzogen. Um den Pluspol herum ist eine braune Färbung zu erkennen. Am Minuspol bildet sich Zink aus Zink-Ionen durch Elektronenaufnahme (Reduktion). Am Pluspol geben Iodid-Ionen Elektronen ab und es bildet sich Iod (Oxidation). Eine Redoxreaktion hat stattgefunden.

Der Vorgang einer durch Stromzufuhr erzwungenen Redoxreaktion wird als **Elektrolyse** bezeichnet. Die zugeführte elektrische Energie ist anschließend größtenteils in den gebildeten Elektrolyseprodukten als chemische Energie gespeichert. Die Elektrodenreaktionen finden nur so lange statt, wie durch die Gleichspannungsquelle elektrische Energie zugeführt wird.

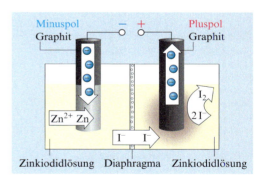

4 Elektrolyse einer Zinkiodidlösung

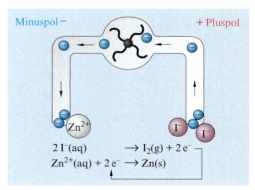

5 Modell einer Elektrolysezelle

Resümee

Bei einer Elektrolyse werden durch eine angelegte Spannung an den Elektroden Elektronenübergänge erzwungen. An der positiv geladenen Elektrode (Pluspol) finden Oxidationen statt und an der negativ geladenen Elektrode (Minuspol) Reduktionen.

Experiment 2

Quantitative Elektrolyse einer Elektrolytlösung
Ein Becherglas wird mit 70 ml Kupfersulfatlösung ($c = 1\,mol \cdot l^{-1}$) und 10 ml Schwefelsäure ($c = 1\,mol \cdot l^{-1}$, Xi) gefüllt. Zwei Kupferbleche werden an eine Spannungsquelle und ein Amperemeter geschlossen. Die Elektroden werden vor dem Versuch exakt gewogen, die Werte notiert. Die Elektrolyse wird anschließend durch Anlegen einer Spannung gestartet. Die Spannung wird so eingestellt, dass eine Stromstärke von $I \approx 0{,}5\,A$ fließt. Der Wert der Stromstärke ist zu notieren. Nach $t = 600\,s$ wird die Elektrolyse beendet, die Elektroden mit dest. Wasser abgespült, getrocknet und gewogen.
Ergebnis: Die Masse des als Pluspol geschalteten Kupferblechs nimmt um 0,092 g ab. Dies entspricht etwa der Massenzunahme des als Minuspol geschalteten Kupferblechs, das um 0,089 g zugenommen hat.

Donator-Akzeptor-Konzept

A-1 | Die elektrische Elementarladung

Experiment 3

Quantitative Elektrolyse verschiedener Elektrolytlösungen
Es wird eine Elektrolyseapparatur mit zwei hintereinandergeschalteten Zellen, einer Stromquelle und einem Amperemeter aufgebaut. Eine Elektrolysezelle bildet ein Becherglas gefüllt mit 100 ml Silbernitratlösung ($c = 1\,mol \cdot l^{-1}$, C, N) und zwei Silberblechen als Elektroden. Die zweite besteht aus einem Becherglas gefüllt mit 100 ml Kupfersulfatlösung ($c = 1\,mol \cdot l^{-1}$) und 10 ml Schwefelsäure ($c = 1\,mol \cdot l^{-1}$, Xi) sowie zwei Kupferblechen als Elektroden. Die Elektroden werden vor dem Eintauchen in die Lösung exakt gewogen, die Werte notiert. Anschließend wird die Spannung so geregelt, dass eine Stromstärke von $I \approx 0{,}1\,A$ fließt. Die Elektrolyse wird nach ca. 15 min beendet. Die Elektroden werden mit dest. Wasser abgespült, getrocknet und gewogen.
Ergebnis: Die abgeschiedene Stoffmenge an Silber ist mit $n = 0{,}91\,mmol$ etwa doppelt so groß wie die abgeschiedene Stoffmenge an Kupfer ($n = 0{,}44\,mmol$). Für die Abscheidung von einem Silber-Ion aus der Lösung wird ein Elektron benötigt, für ein Kupfer-Ion zwei Elektronen.

Gesetzmäßigkeiten bei der Elektrolyse – die Gesetze von Faraday. Bei Elektrolysen besteht ein Zusammenhang zwischen der durch den Stromkreis geflossenen Ladungsmenge und den dadurch gebildeten Stoffmengen. Dieser Zusammenhang wurde bereits im Jahre 1834 durch den berühmten englischen Chemiker MICHAEL FARADAY (1791 bis 1867) experimentell ermittelt. FARADAY hat auch die uns heute geläufigen Begriffe wie Elektrolyse, Elektrode, Ionen, Anionen und Kationen geprägt. Er glaubte allerdings, dass die Ionen erst durch die Energie des elektrischen Stromes aus den Molekülen des Elektrolyten gebildet würden, um sich dann an den Elektroden abzuscheiden. Erst durch Arbeiten von ARRHENIUS im Jahre 1884 wurde klar, dass in Elektrolytlösungen die Ionen bereits vor der Elektrolyse existieren müssen.

Das **1. Faraday-Gesetz** lautet:
Bei einer Elektrolyse sind die elektrolytisch gebildeten Stoffmengen der durch den Stromkreis geflossenen Ladung Q proportional.

$n \sim Q = I \cdot t$
- n Stoffmenge
- I Stromstärke
- t Zeit

Das **2. Faraday-Gesetz** lautet:
Die beim Elektrolyseprozess gebildete Stoffmenge ist umgekehrt proportional zur elektrischen Ladung der Ionen, die am Elektrolyseprozess beteiligt sind.

$n \sim \dfrac{I \cdot t}{z}$
- z Ladung des Ions

Die Experimente 2 und 3 verdeutlichen diese beiden Gesetze.

Die Faraday-Konstante als Proportionalitäts-Faktor. Die elektrische Ladung Q, die benötigt wird, um 1 mol eines einfach geladenen Ions oder $1/z$ mol eines z-fach geladenen Ions abzuscheiden, beträgt stets $96\,485\,C \cdot mol^{-1}$ ($1\,C = 1\,A \cdot s$; Name der Einheit C: Coulomb). Diese **Faraday-Konstante** ist unabhängig vom Stoff und berechnet sich aus dem Produkt der Avogadro-Konstante N_A und der Elementarladung e der Ladung eines Elektrons.

$F = N_A \cdot e = 6{,}0221 \cdot 10^{23}\,mol^{-1} \cdot 1{,}6022 \cdot 10^{-19}\,C$
$F = 96\,485\,C \cdot mol^{-1}$

Die elektrische Ladung von 96 485 C entspricht also der Ladung von 1 mol Elektronen.

Berechnungen nach den Faraday-Gesetzen. Aus den beiden Faraday-Gesetzen folgt unter Berücksichtigung der Faraday-Konstante als Proportionalitätsfaktor:

$n \cdot F = \dfrac{I \cdot t}{z}$

Mit $n = \dfrac{m}{M}$ wird die Gleichung auch wie folgt geschrieben:

$\dfrac{m}{M} = \dfrac{I \cdot t}{z \cdot F}$
- m Masse
- M molare Masse

Beispielrechnung 4
Berechnung der theoretisch abgeschiedenen Masse in Experiment 2

Gesucht: $m(Cu)$, die Masse des am Minuspol abgeschiedenen Kupfers

Gegeben: $I = 0{,}5\,\text{A}$
$t = 600\,\text{s}$
$z = 2$
$M(Cu) = 63{,}55\,\text{g}\cdot\text{mol}^{-1}$

Lösung: $m = \dfrac{M \cdot I \cdot t}{z \cdot F}$

$m = \dfrac{63{,}55\,\text{g}\cdot\text{mol}^{-1} \cdot 0{,}5\,\text{A} \cdot 600\,\text{s}}{2 \cdot 96485\,\text{A}\cdot\text{s}\cdot\text{mol}^{-1}}$

$m = 0{,}0988\,\text{g}$

Zersetzungsspannung. Experimentell kann nachgewiesen werden, dass in einer Elektrolyse erst bei einer bestimmten Spannung Reaktionen zu beobachten sind (Experiment 4). Aus energetischen Gründen sollte diese Spannung, die man Zersetzungsspannung nennt, der Zellspannung der zugehörigen galvanischen Zelle entsprechen, wenn man die aus der Nernst-Gleichung konzentrationsabhängigen Potenziale berücksichtigt. Die für die Elektrolyse unter Standardbedingungen erforderliche Mindestspannung, die der Zellspannung der zugehörigen galvanischen Zelle – ebenfalls unter Standardbedingungen – entspricht, heißt **theoretische Zersetzungsspannung**.
Die tatsächliche Zersetzungsspannung ist aufgrund kinetischer Hemmung gegenüber der theoretischen um einen Betrag erhöht, der als **Überspannung** bezeichnet wird. In jeder Zelle ist außerdem ein Spannungsabfall aufgrund des ohmschen Widerstands messbar.

↗ 6.4 | Durchstarten dank Bleiakku

Insgesamt ergibt sich damit die Zersetzungsspannung als Summe aus theoretischer Zersetzungsspannung, Überspannung und dem ohmschen Widerstand:

$U_{\text{Elektrolyse}} = E_{\text{Pluspol}} - E_{\text{Minuspol}} + \text{Überspannung} + R \cdot I$

Elektrolyse in Mehrstoffsystemen. Bereits eine Elektrolytlösung kann als ein Mehrstoffsystem aufgefasst werden, da neben dem Elektrolyten selbst noch Wassermoleküle und zu einem gewissen Anteil auch die durch Autoprotolyse entstehenden Hydronium- und Hydroxid-Ionen vorliegen. Welche Ionen- oder Molekülsorte wird zuerst reduziert oder oxidiert? Dem Verständnis der Spannungsreihe nach zu urteilen, sollte es immer diejenige Kombination von Redoxpaaren sein, die die geringste Zersetzungsspannung besitzt. Dies soll an dem konkreten Beispiel der Elektrolyse einer Zinkchloridlösung ($c = 1\,\text{mol}\cdot\text{l}^{-1}$, Experiment 4) untersucht werden. Hier wären folgende Reaktionen denkbar:

Minuspol: $Zn^{2+} + 2\,e^- \rightarrow Zn$
$2\,H_3O^+ + 2\,e^- \rightarrow H_2 + 2\,H_2O$

Pluspol: $2\,Cl^- \rightarrow Cl_2 + 2\,e^-$
$4\,OH^- \rightarrow O_2 + 2\,H_2O + 4\,e^-$

Aufgaben

1. Welche Ladungsmenge ist nötig, um aus einer Chlorwasserstofflösung $m = 1{,}008\,\text{g}$ (entspricht $V = 12$ Liter) Wasserstoff abzuscheiden?
2. Eine Nickel(II)-Ionenlösung wird bei
a) $I = 1{,}5\,\text{A}$
b) $I = 2{,}75\,\text{A}$
während einer Zeit $t = 24\,\text{min}$ bzw. $t = 150\,\text{min}$ elektrolysiert. Bestimmen Sie die Masse des jeweils abgeschiedenen Metalls. Berechnen Sie die abgeschiedene Masse für die Elektrolyse einer Silber-Ionenlösung bei gleichen Stromstärken und gleicher Zeit.
3. Ein Schmuckstück soll durch Elektrolyse mit einem Nickelüberzug veredelt werden. Dabei wird es in einer Nickel(II)-Ionenlösung in 10 min mit einer Masse Nickel von $m = 1{,}5\,\text{g}$ überzogen. Bestimmen Sie die dazu erforderliche Stromstärke.

E-4

Elektronenübergänge außerhalb der Standardbedingungen

Experiment 4

Elektrolyse einer Zinkchloridlösung
In ein mit Zinkchloridlösung ($c = 1\,\text{mol}\cdot\text{l}^{-1}$, C, N) gefülltes Becherglas werden zwei Graphitelektroden getaucht, an die eine regelbare Gleichspannungsquelle und ein Amperemeter geschaltet sind. Die Spannung wird langsam erhöht (Abzug!) und in 0,1-V-Schritten die Stromstärke in Abhängigkeit der Spannung notiert.
Ergebnis: Bis etwa $U = 2{,}2\,\text{V}$ ist nur eine geringfügige Stromstärke feststellbar. Bei weiterer Erhöhung der Spannung steigt die Stromstärke dagegen schnell an (Abb. 6). Der Minuspol überzieht sich metallisch grau, Zink wird abgeschieden. Am Pluspol ist die Entwicklung eines Gases zu beobachten, das nach längerer Zeit der Elektrolyse (bei ca. $U = 2{,}5\,\text{V}$) als Chlor (T, N) nachgewiesen werden kann.

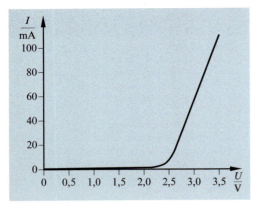

6 Ermittlung der Zersetzungsspannung einer Zinkchloridlösung

E
Donator-Akzeptor-Konzept

Experiment 5

Bestimmung der Zersetzungsspannung von Chlorwasserstoff
In ein mit Chlorwasserstofflösung ($c = 1\ mol \cdot l^{-1}$) gefülltes Becherglas wird eine als Pluspol geschaltete Kohleelektrode getaucht. Als Minuspol wird nacheinander eingesetzt:
a) eine Platinelektrode
b) eine Graphitelektrode
c) eine Zinkelektrode
An die Elektroden werden eine regelbare Gleichspannungsquelle und ein Amperemeter geschaltet. Die Spannung wird langsam bis zu einer Stromstärke von $I = 100\ mA$ erhöht. In 0,1-V-Schritten wird dabei die Stromstärke in Abhängigkeit von der Spannung notiert.
Ergebnis: Zunächst ist immer nur eine geringe Stromstärke feststellbar. Eine schnelle Zunahme der Stromstärke erfolgt (a) bei ca. $U = 1,4\ V$, (b) bei $U = 2,1\ V$ und (c) bei $U = 2,3\ V$.

Die Redoxpotenziale für die Bildung von Wasserstoff und Sauerstoff lassen sich mit der Nernst-Gleichung bestimmen:

$$E(H_2/H_3O^+) = 0\ V + \frac{0,059\ V}{2} \cdot \lg\{c^2(H_3O^+)\} = -0,413\ V$$

$$E(OH^-/O_2) = 0,40\ V + \frac{0,059\ V}{4} \cdot \lg\left\{\frac{c(O_2) \cdot c^2(H_2O)}{c^4(OH^-)}\right\}$$

$$= 0,40\ V + \frac{0,059\ V}{4} \cdot \lg \frac{1}{\{c^4(OH^-)\}} = +0,813\ V$$

$\Delta E = +0,813\ V - (-0,413\ V) = 1,23\ V$

$E(Cl^-/Cl_2) = 1,36\ V$
$E(Zn/Zn^{2+}) = -0,76\ V$
$\Delta E = 1,36\ V - (-0,76\ V) = 2,12\ V$

Entsprechend den Redoxpotenzialen und den vorherigen Überlegungen sollte bei einer Zersetzungsspannung von $U = 1,23\ V$ die Bildung von Wasserstoff und Sauerstoff erfolgen.
Das Experiment 4 weist jedoch erst bei einer Spannung von etwas mehr als $2,12\ V$ – was der Zersetzungsspannung von Zinkchlorid entspricht – die Bildung von Chlor und Zink nach.
Um dieses Phänomen hinreichend erklären zu können, sind weitere Versuche zur Bestimmung der Zersetzungsspannung notwendig (Experiment 5):
Bei der Elektrolyse von Chlorwasserstoff wird Chlor am Pluspol und Wasserstoff am Minuspol gebildet. Den Redoxpotenzialen nach wäre eine Zersetzungsspannung von $U = 1,36\ V$ zu erwarten. Der Versuch zeigt, dass dies nur für die Elektrolyse mit einem Platindraht als Minuspol gilt. Mit Graphit als Minuspol beträgt die Zersetzungsspannung $U = 2,1\ V$ und mit Zink als Minuspol $U = 2,3\ V$. Bei bestimmtem Elektrodenmaterial ist für die Bildung von Wasserstoff eine erhöhte Spannung anzulegen: die Überspannung. Bei Platin ist die Überspannung sehr gering im Vergleich zu über $0,7\ V$ bei Graphit und über $0,9\ V$ bei Zink.

Es gibt noch keine umfassend zufriedenstellende Erklärung für das Phänomen der Überspannung. Am wahrscheinlichsten sind jedoch Oberflächenphänomene an der Elektrode: Zu Beginn der Elektrolyse nehmen Protonen am Minuspol Elektronen auf und bilden Wasserstoff. Dieser verbleibt zunächst an der Oberfläche. Daher ist jetzt zusätzliche Energie notwendig, um Elektronen an andere Ionen abgeben zu können (Durchtrittsüberspannung). Graphitelektroden haben eine wesentlich porösere und damit größere Oberfläche als Platinelektroden. Damit kann die Abhängigkeit der Überspannung vom Elektrodenmaterial zusammenhängen. Bei der Entladung von Wasserstoff-Ionen an Platinelektroden kommt hinzu, dass Wasserstoff an der Metalloberfläche zunächst atomar und damit dem Metall ähnlicher als Wasserstoffmoleküle gebunden wird. Daher ist dort die Überspannung so außerordentlich gering.

Bei Metall-Ionen sind die Überspannungen allgemein gering, weil hier keine Sperrschicht aus schlecht leitenden Molekülen entsteht.
Am größten ist die Überspannung bei den Gasen Sauerstoff und Wasserstoff (Tab. 4). Da die Überspannungen von Wasserstoff und Sauerstoff im Vergleich zu Zink und Chlor viel größer sind, wird

bei der Elektrolyse einer Zinkchloridlösung nicht – wie aus den Werten der Redoxpotenziale anzunehmen – Wasserstoff und Sauerstoff gebildet, sondern Zink und Chlor.

Tab. 4 Überspannungen einiger Elektrolyseprodukte

Elektrolyseprodukt	Elektrodenmaterial	Überspannung U in V (bei Stromdichte $1 \cdot 10^{-3}$ A·cm^{-2})
Wasserstoff	Platin (blank)	−0,10
	Eisen	−0,39
	Graphit	−0,60
	Zink	−0,88
	Quecksilber	−0,94
Sauerstoff	Platin (blank)	+0,72
	Graphit	+0,53
Chlor	Platin (blank)	+0,01
	Graphit	+0,05

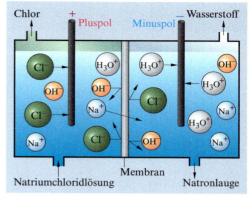

7 Schema des Membranverfahrens

Elektronenübergänge außerhalb der Standardbedingungen

Exkurs 2
Die Chlor-Alkali-Elektrolyse

Die Chlor-Alkali-Elektrolyse ist ein Beispiel für eine wichtige großindustrielle Anwendung, die das Phänomen der Überspannung für ihre Zwecke nutzt. Sie dient in erster Linie der Herstellung von Chlor und Natriumhydroxidlösung (Natronlauge). Als ein nicht unbedeutendes Nebenprodukt fällt zusätzlich Wasserstoff an. Als Elektrolyt wird eine wässrige Lösung von Natriumchlorid (Kochsalz) genutzt. Bei einer Elektrolyse von Natriumchloridlösung sind die folgenden Elektrodenreaktionen denkbar:

Minuspol:
$2 H_2O + 2 e^- \rightarrow H_2 + 2 OH^-$ $E = -0,41$ V (pH = 7)
$Na^+ + e^- \rightarrow Na$ $E^0 = -2,71$ V

Pluspol:
$2 Cl^- \rightarrow Cl_2 + 2 e^-$ $E^0 = +1,36$ V
$4 OH^- \rightarrow O_2 + 2 H_2O + 4 e^-$ $E = +0,81$ V (pH = 7)

Bei einer Elektrolyse sollten aufgrund der Redoxpotenziale Wasserstoff und Sauerstoff entstehen. Bei geeigneter Wahl des Materials für den Pluspol (in der Technik wird Titan verwendet) entsteht dort jedoch Chlorgas. Der Grund ist die geringere Überspannung bei der Chlorabscheidung im Vergleich zur Sauerstoffabscheidung.
Gesamtreaktionsgleichung der Chlor-Alkali-Elektrolyse:
$2 Na^+ + 2 Cl^- + 2 H_2O \rightarrow 2 Na^+ + 2 OH^- + H_2 + Cl_2$

Es ist jedoch noch ein weiteres Problem zu lösen: Durch die Bildung von Hydroxid-Ionen am Minuspol entsteht dort ein Überschuss an elektrisch negativer Ladung. Am Pluspol werden durch die Bildung von Chlor aus Chlorid-Ionen elektrisch negative Ladungsträger der Lösung entzogen und es bleibt ein Überschuss elektrisch positiver Ladungsträger im Bereich des Pluspols zurück. Die Ladungsbilanz kann durch zwei Möglichkeiten ausgeglichen werden:
– durch Wanderung von Hydroxid- und Chlorid-Ionen zum Pluspol,
– durch Wanderung von Natrium-Ionen zum Minuspol.
Werden beide Elektroden räumlich voneinander nicht getrennt, treten beide Möglichkeiten ein. Das hat u. a. unerwünschte Nebenreaktionen wie die Bildung von Hypochlorit-Ionen ClO$^-$ aus Hydroxid-Ionen und Chlor zur Folge, was in weiteren Reaktionen zur Sauerstoffbildung und somit zur Verunreinigung des Chlors führt.

$2 OH^- + Cl_2 \rightarrow Cl^- + ClO^- + H_2O$

Werden die beiden Elektroden jedoch durch ein Diaphragma voneinander getrennt, lässt sich dies vermeiden. Das **Membranverfahren** setzt als modernstes technisches Verfahren als Diaphragma eine Membran ein, die nur die Wanderung der Natrium-Ionen aus dem Bereich des Pluspols zum Minuspol zulässt. Chlorid- und Hydroxid-Ionen können die Membran nahezu nicht durchdringen. Mit zunehmender Elektrolysedauer liegt somit eine fast reine Natronlauge im Bereich des Minuspols vor. In einem Flussprozess kann nun in den Elektrodenraum des Pluspols ständig Kochsalzlösung zugeführt und gleichzeitig die Natronlauge aus dem anderen Raum entfernt werden (Abb. 7). Neben dem Membranverfahren werden außerdem das Diaphragmaverfahren und das Amalgamverfahren angewendet.

Aufgaben

1. Berechnen Sie die theoretische Zersetzungsspannung einer Chlorwasserstofflösung mit der Konzentration $c = 1\,\text{mol} \cdot l^{-1}$ aus den beiden Elektrodenpotenzialen.
2. Bei der Elektrolyse einer Zinkchloridlösung ($c = 1\,\text{mol} \cdot l^{-1}$) werden Graphitelektroden verwendet.
   a) Bestimmen Sie unter Berücksichtigung der Überspannungen (Tab. 4) die Spannungen, die zur Bildung der jeweiligen Stoffe Zink, Chlor und Wasserstoff nötig sind. Die Überspannung von Zink ist vernachlässigbar klein.
   b) Welche Elektrodenvorgänge finden statt?
   c) Wie hoch ist die tatsächliche Zersetzungsspannung?

Donator-Akzeptor-Konzept

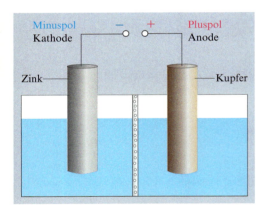

8 Benennungen in einer Elektrolysezelle

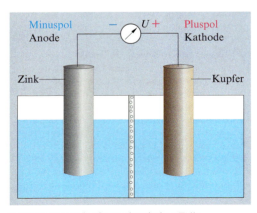

9 Benennungen in einer galvanischen Zelle

Exkurs 3
Bezeichnung der Elektroden

Elektrolysezellen und galvanische Zellen unterscheiden sich darin, dass die zu beobachtenden Redoxreaktionen bei einer Elektrolysezelle erzwungen werden, während sie an einer galvanischen Zelle freiwillig ablaufen. Die Reaktionen laufen immer an den Elektroden ab. Bislang haben wir die beiden Elektroden nur als Plus- und Minuspol bezeichnet. Daneben existieren jedoch auch die Bezeichnungen Anode und Kathode. Diese Bezeichnungen werden entsprechend den Reaktionen definiert, die an den Grenzschichten zwischen Elektrode und Elektrolyt stattfinden:
– **Anoden** sind die Elektroden, an denen Oxidationen stattfinden.
– **Kathoden** sind die Elektroden, an denen Reduktionen stattfinden.

Ein Verwenden beider Begriffspaare nebeneinander ist nicht unproblematisch: Je nachdem, ob man eine Elektrolysezelle oder ein galvanisches Element betrachtet, wird der Minuspol einmal zur Kathode und einmal zur Anode!

In einer *Elektrolysezelle* werden die Elektroden durch Anlegen einer Spannung als Plus- und Minuspol geschaltet. Der Elektronenüberschuss am Minuspol erzwingt eine Elektronenaufnahme durch Ionen aus der Lösung. Es finden also Reduktionen statt, der Minuspol fungiert als Kathode. Am Pluspol werden entsprechend Elektronen „abgezogen". Es finden Oxidationen statt, der Pluspol ist eine Anode.

Elektrolysezelle:
Minuspol = Kathode
Pluspol = Anode

Bei *galvanischen Zellen* werden die Elektroden, an denen Elektronen an den Leiterdraht abgegeben werden, als **Minuspole** bezeichnet. Dieser Elektronenüberschuss an der Elektrode ist Folge einer Elektronenabgabe der Atome des Elektrodenmetalls, also Ergebnis einer Oxidation. Der Minuspol eines galvanischen Elements ist damit eine Anode. Elektroden, die vom Leiterdraht Elektronen aufnehmen, stellen die **Pluspole** dar. Die Elektronen werden hier von Ionen der Elektrolytlösung aufgenommen. Es finden Reduktionen statt. Der Pluspol eines galvanischen Elements ist demnach eine Kathode.

Galvanisches Element:
Minuspol = Anode
Pluspol = Kathode

Diese Zusammenhänge sind in Abb. 8 und 9 veranschaulicht. Während der Zinkstab immer der Minuspol und der Kupferstab immer der Pluspol ist, wechseln die Bezeichnungen Anode und Kathode je nachdem, ob die freiwillig ablaufenden Reaktionen stattfinden oder durch Anlegen einer Gleichspannung Reaktionen erzwungen werden.

Um Missverständnisse zu vermeiden, werden in diesem Lehrwerk nur die Bezeichnungen Minuspol und Pluspol verwendet.

Resümee

Das Phänomen der Überspannung erschwert die Vorhersage der Reaktion bei einer Elektrolyse von Mehrstoffsystemen. Die Überspannung muss bei dem Vergleich der Redoxpotenziale der einzelnen Teilchensorten berücksichtigt werden.

Protonenübergänge – pH-Werte mathematisch erfasst

Starke und schwache Säuren und Basen

Bezug zum Konzept des chemischen Gleichgewichts. Der Theorie des chemischen Gleichgewichts nach verlaufen Reaktionen in geschlossenen Systemen nicht vollständig. Dies gilt auch für Säure-Base-Reaktionen. Ein Essigsäuremolekül kann als Brönsted-Säure wirken und ein Proton an ein Wassermolekül abgeben. Das Acetat-Ion kann nun wiederum als Brönsted-Base wirken und ein Proton von einem Hydronium-Ion aufnehmen. Ein dynamisches Gleichgewicht stellt sich ein, in dem Essigsäuremoleküle *und* Acetat-Ionen vorhanden sind.

↗ D-4 | Das chemische Gleichgewicht – ein dynamisches System

Stärke von Säuren und Basen. Gegenüber Wassermolekülen wirken die Teilchen verschiedener Säuren in unterschiedlichem Ausmaß als Protonendonatoren. Es gibt Säuren, bei denen im dynamischen Gleichgewicht nur eine sehr geringe Konzentration dissoziierter Säureteilchen vorliegt (Experiment 1). Daher werden starke von schwachen Säuren unterschieden. **Starke Säuren** sind in wässriger Lösung nahezu vollständig protolysiert. Ihre Teilchen haben praktisch alle für Protonenübergänge verfügbaren Protonen abgegeben. Teilchen **schwacher Säuren** sind in wesentlich geringerem Umfang protolysiert. Für Basen gilt dies analog.
Die Stärke einer Säure oder Base wird im Wesentlichen durch den Aufbau ihrer Teilchen bestimmt.

↗ B-2 | Säurewirkung der Hydroxylgruppe – induktiver Effekt

Das Beispiel der Essigsäure zeigt, dass es zu jeder Brönsted-Säure eine Brönsted-Base gibt, die ein Proton weniger besitzt:

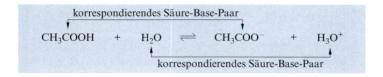

Da die Teilchen starker Säuren leicht Protonen abgeben, ist die korrespondierende Base notwendigerweise eine schwache Base mit geringer Tendenz, Protonen aufzunehmen. Entsprechend sind die korrespondierenden Säuren starker Basen schwache Säuren.

Protolyse von Salzen. Beim Lösen verschiedener Salze in Wasser ist eine interessante Beobachtung zu machen. Während Natrium- oder Kaliumchlorid mit Wasser zu einer neutralen Lösung reagieren, bildet z. B. Ammoniumchlorid eine saure und Natriumacetat eine basische Lösung. Dies lässt sich durch Protolysevorgänge erklären.

Protonenübergänge – pH-Werte mathematisch erfasst

Experiment 1

Vergleich von Salzsäure und Essigsäure
Zu je 10 ml Salzsäure und Essigsäure der jeweils gleichen Konzentration ($c = 1\,mol \cdot l^{-1}$) wird die gleiche Menge Zinkpulver (F) gegeben und die Gasentwicklung (F+) gemessen (Abb. 1).

1 Unterschiedlich starke Säuren

$NH_4^+ + H_2O \rightleftharpoons NH_3 + H_3O^+$

$CH_3COO^- + H_2O \rightleftharpoons CH_3COOH + OH^-$

2 Die vorherrschenden Protolysereaktionen beim Lösen von Ammoniumchlorid bzw. Natriumacetat in Wasser

Betrachten wir zunächst die Ammoniumchloridlösung. An der Protolyse ist neben Wassermolekülen das Ammonium-Ion beteiligt (Abb. 2). Als korrespondierende Säure einer schwachen Base kann es als Protonendonator wirken und bildet mit Wassermolekülen Hydronium-Ionen und Ammoniakmoleküle. Das Chlorid-Ion ist als korrespondierende Base einer sehr starken Brönsted-Säure (dem Chlorwasserstoffmolekül) eine zu schwache Base, um Protonen aufzunehmen. Insgesamt liegt also ein Überschuss an Hydronium-Ionen vor, die Ammoniumchloridlösung ist eine saure Lösung.

Analog verhält es sich mit dem Acetat-Ion in einer Natriumacetatlösung. Als korrespondierende Base einer schwachen Säure bildet es in einer Gleichgewichtsreaktion Hydroxid-Ionen und Essigsäuremoleküle. Das Natrium-Ion dagegen nimmt an einer Protolyse nicht teil. Beim Lösen von Natriumacetat in Wasser bildet sich ein Überschuss an Hydroxid-Ionen, die Natriumacetatlösung ist eine basische Lösung.

Eine Reaktion von Salzen mit Wasser, die zu einer sauren oder basischen Lösung führt, wird auch als **Hydrolyse** bezeichnet (Exkurs 1). Hydrolysen sind jedoch nach BRÖNSTED normale Säure-Base-Reaktionen.

E

Donator-Akzeptor-Konzept

Exkurs 1
Hydrolyse, die Umkehrung einer Neutralisation

Früher bestand die Vorstellung, dass Salze, die mit Wasser keine neutrale Lösung bilden, beim Lösevorgang teilweise wieder zu den entsprechenden Säuren und Basen zurückreagieren und dann z. B. eine starke Base für die beobachtete basische Reaktion verantwortlich sei. Diese Reaktionen wurden somit als Umkehrung der Neutralisation aufgefasst, wobei das Wasser, das bei der Neutralisation gebildet wird, nun im Gegenzug zersetzt wird (Abb. 3). Daher kommt die Bezeichnung „Hydrolyse" („Auflösung des Wassers", von griech. hydor – Wasser, lyein – lösen).

Nach der Säure-Base-Theorie von BRÖNSTED und THOMAS MARTIN LOWRY (1874 bis 1936) werden aber auch die Vorgänge, die beim Lösen von Salzen zur Bildung basischer oder saurer Lösungen führen, einfach als Protolysen beschrieben.

$$\text{Säure + Base} \xrightleftharpoons[\text{Hydrolyse}]{\text{Neutralisation}} \text{Salz + Wasser}$$

3 Zusammenhang zwischen Hydrolyse und Neutralisation

Aufgaben

1. Formulieren Sie die Reaktionsgleichung für das Lösen von folgenden Stoffen in Wasser und benennen Sie die korrespondierenden Säure-Base-Paare:
   a) Salpetersäure
   b) Blausäure
   c) Kaliumhydroxid
2. Beim Lösen von Natriumhydrogensulfat in Wasser erhalten Sie eine saure Lösung. Eine Natriumchloridlösung reagiert neutral, eine Natriumhydrogencarbonatlösung wiederum basisch. Erklären Sie dieses Phänomen.

Resümee

Salze, die aus Rest-Ionen starker Säuren und schwacher Basen aufgebaut sind, reagieren mit Wasser zu einer sauren Lösung (z. B. Ammoniumchlorid NH_4Cl).

Salze, die aus Rest-Ionen starker Basen und schwacher Säuren aufgebaut sind, reagieren mit Wasser zu einer basischen Lösung (z. B. Natriumacetat $NaCH_3COO$).

Säurekonstante und Basekonstante

In diesem Abschnitt wird das unterschiedliche Verhalten starker und schwacher Säuren oder Basen quantitativ beschrieben. Dies wird dadurch ermöglicht, dass wässrige Lösungen von Säuren oder Basen als Systeme im dynamischen Gleichgewicht betrachtet werden können. Damit lässt sich die Protolyse durch das Massenwirkungsgesetz beschreiben (Abb. 4, 5). Die Gleichung kann in verdünnten wässrigen Lösungen vereinfacht werden. Dort wird die Konzentration des Wassers als nahezu konstant angenommen, da die Stoffmenge zur Bildung der Hydronium-Ionen verglichen mit der Stoffmenge der vorliegenden Wassermoleküle sehr klein ist. Die Konzentration des Wassers wird daher in die Gleichgewichtskonstante mit einbezogen. Die so erhaltenen Konstanten werden als **Säurekonstante K_S** bzw. **Basekonstante K_B** bezeichnet. Sie sind ein Maß für die Stärke einer Säure bzw. Base. Die Einheit für die Konstanten ist $mol \cdot l^{-1}$.

Je stärker eine Säure protolysiert, desto größer ist der Zähler im Term des Massenwirkungsgesetzes und umso größer ist daher auch der Wert der Säurekonstanten. Das Gleiche gilt für Basen.

Große K_S- bzw. K_B-Werte, z. B. $10^7 \, mol \cdot l^{-1}$, stehen für sehr starke Säuren bzw. Basen, kleine Werte, z. B. $10^{-16} \, mol \cdot l^{-1}$, bezeichnen sehr schwache Säuren bzw. Basen.

Säurekonstanten mehrwertiger Säuren. Schwefelsäure ist eine zweiprotonige Säure. Die Teilchen können zwei Protonen abgeben:

$$H_2SO_4 + H_2O \rightleftharpoons HSO_4^- + H_3O^+$$
$$HSO_4^- + H_2O \rightleftharpoons SO_4^{2-} + H_3O^+$$

Das Ion nach der ersten Protonenabgabe eines Schwefelsäuremoleküls heißt Hydrogensulfat-Ion und ist einfach negativ geladen. Diese negative Ladung wirkt der Abgabe eines weiteren positiv geladenen Protons entgegen, sodass die Säurestärke einer Hydrogensulfatlösung geringer ist als die einer Schwefelsäurelösung. Hydrogensulfat gehört dennoch mit einem K_S-Wert von $1{,}2 \cdot 10^{-2} \, mol \cdot l^{-1}$ zu den starken Säuren.

pK_S- und pK_B-Werte. Da die Werte der Konstanten schwacher Säuren relativ klein sind, z. B. $K_S(\text{Essigsäure}) = 1{,}8 \cdot 10^{-5} \, mol \cdot l^{-1}$, werden für eine bessere Übersichtlichkeit die negativen dekadischen Logarithmen dieser Werte verwendet.

Der negative dekadische Logarithmus der Säurekonstante K_S wird **Säureexponent pK_S**, kurz pK_S-Wert, genannt. Analog wird der **Baseexponent pK_B** gebildet, der verkürzt als pK_B-Wert bezeichnet wird.

Bei den Werten ist zu beachten, dass sie im Gegensatz zu den Säure- und Basekonstanten dimensionslos sind, denn bei der Umrechnung von den Konstanten zu den Säure- bzw. Baseexponenten wird durch die Einheit $mol \cdot l^{-1}$ geteilt (Abb. 6).

Von den pK_S- bzw. pK_B-Werten zu den entsprechenden Konstanten zu kommen ist leicht. Der negative Wert bildet den Exponenten zur Basis 10 (Beispielrechnung 1b).

Im Vergleich zu den Konstanten ist zu beachten, dass ein hoher Wert des Säureexponenten eine schwache Säure kennzeichnet. Je stärker die Säure, umso niedriger der Wert des Säureexponenten. Säuren und Basen werden je nach pK_S- bzw. pK_B-Wert als sehr starke, starke

$$K_1 = \frac{c(H_3O^+) \cdot c(A^-)}{c(HA) \cdot c(H_2O)}$$

$$K_S = K_1 \cdot c(H_2O) = \frac{c(H_3O^+) \cdot c(A^-)}{c(HA)}$$

4 Herleitung der Säurekonstanten K_S

$$K_2 = \frac{c(BH^+) \cdot c(OH^-)}{c(B) \cdot c(H_2O)}$$

$$K_B = K_2 \cdot c(H_2O) = \frac{c(BH^+) \cdot c(OH^-)}{c(B)}$$

5 Herleitung der Basekonstanten K_B

E-5

Protonenübergänge – pH-Werte mathematisch erfasst

$$pK_S = -lg \frac{K_S}{mol \cdot l^{-1}} \qquad pK_B = -lg \frac{K_B}{mol \cdot l^{-1}}$$

6 Berechnung der pK_S- bzw. pK_B-Werte aus den entsprechenden Konstanten

Bezeichnung	pK-Wert
sehr stark	$pK \leq -1{,}74$
stark	$-1{,}74 \leq pK \leq 4{,}5$
schwach	$4{,}5 \leq pK \leq 9{,}5$

7 Einteilung der Säuren und Basen nach ihren pK_S-Werten bzw. pK_B-Werten

E

Donator-
Akzeptor-
Konzept

und schwache Säuren bzw. Basen bezeichnet (Abb. 7). Sehr starke Säuren liegen in wässriger Lösung praktisch vollständig protolysiert vor. Schwache Säuren dagegen geben in Wasser nur in sehr geringem Ausmaß Protonen ab. Abb. 8 führt die pK_S- und pK_B-Werte der wichtigsten Säuren und Basen auf.

Beispielrechnung 1
Umrechnung zwischen Säurekonstante und Säureexponent

a) Gesucht: $pK_S(CH_3COOH)$
   Gegeben: $K_S(CH_3COOH) = 1{,}8 \cdot 10^{-5}\,mol \cdot l^{-1}$

   Lösung: $pK_S = -lg\,\dfrac{K_S}{mol \cdot l^{-1}}$

   $pK_S(CH_3COOH) = -lg\,(1{,}8 \cdot 10^{-5}) = 4{,}75$

Der Säureexponent von Essigsäure hat einen Wert von 4,75.

b) Gesucht: $K_S(H_3PO_4)$
   Gegeben: $pK_S(H_3PO_4) = 2{,}16$

   Lösung: $K_S = 10^{-2{,}16}\,mol \cdot l^{-1} = 6{,}92 \cdot 10^{-3}\,mol \cdot l^{-1}$

Exkurs 2
Nivellierender Effekt des Wassers

Die pK_S-Werte der Hydronium-Ionen und des Wassers begrenzen den Bereich für pK_S- und pK_B-Werte der Säuren und Basen in wässrigen Lösungen. Die Teilchen stärkerer Säuren protolysieren in Wasser vollständig. Ihre Lösungen enthalten neben Wassermolekülen nur Hydronium-Ionen H_3O^+ und das Säurerest-Ion als korrespondierende Base. Daher ist das Hydronium-Ion die stärkste Säure in wässrigen Lösungen. Ihr pK_S-Wert wird mit −1,74 angegeben. Analog ist das Hydroxid-Ion die stärkste Base, die in wässrigen Lösungen auftreten kann. Die Teilchen stärkerer Brönsted-Basen werden protoniert, sie enthalten neben der Brönsted-Base OH^- die Teilchen der korrespondierenden, extrem schwachen Brönsted-Säuren.
Dies hat zur Folge, dass z. B. alle Säuren mit pK_S-Werten kleiner oder gleich −1,74 in verdünnten

wässrigen Lösungen gleich stark sind, d. h., ihre Lösungen gleicher Konzentration haben stets den jeweiligen gleichen pH-Wert. Dieser „ausgleichende" Effekt des Wassers heißt **nivellierender Effekt**.

Bestimmungen der pK_S-Werte sehr starker Säuren sind in wässriger Lösung also nicht möglich. Wie erhält man dann aber die pK_S-Werte dieser Säuren? Soll die relative Stärke sehr starker Säuren bestimmt werden, so ist ein anderes Lösemittel zur Messung zu nutzen. Für sehr starke Säuren muss dies eine schwächere Base als Wasser sein, z. B. Essigsäure. Für starke Basen würde sich dementsprechend als Lösemittel eine schwächere Säure als Wasser, z. B. Ammoniak, anbieten. Auf diese Art sind näherungsweise die pK_S- und pK_B-Werte der sehr starken Säuren und Basen von Abb. 8 ermittelt worden.

Resümee

Die Säure- bzw. Basekonstanten (K_S bzw. K_B) sind ein Maß für die Stärke einer Säure bzw. Base. Je größer der Wert einer Säure-/Basekonstanten, umso stärker die Säure/Base. Die umgänglicheren Säure- bzw. Baseexponenten (pK_S bzw. pK_B) gehen aus einer Umrechnung der Säure-/Basekonstanten hervor. Für sie gilt umgekehrt: Je kleiner der Säure-/Baseexponent, umso stärker die Säure/Base.

Säure-stärke	pK_S	Säure	Korrespon-dierende Base	pK_B	Base-stärke
zunehmend ↑	−11	HI	I$^-$	25	
	−10	HClO$_4$	ClO$_4^-$	24	
	−9	HBr	Br$^-$	23	
	−7	HCl	Cl$^-$	21	
	−3	H$_2$SO$_4$	HSO$_4^-$	17	
	−1,74	H$_3$O$^+$	H$_2$O	15,74	
	−1,32	HNO$_3$	NO$_3^-$	15,32	
	1,81	H$_2$SO$_3$	HSO$_3^-$	12,19	
	1,92	HSO$_4^-$	SO$_4^{2-}$	12,08	
	2,12	H$_3$PO$_4$	H$_2$PO$_4^-$	11,88	
	2,22	[Fe(H$_2$O)$_6$]$^{3+}$	[Fe(OH)(H$_2$O)$_5$]$^{2+}$	11,78	
	3,14	HF	F$^-$	10,86	
	3,35	HNO$_2$	NO$_2^-$	10,65	
	3,75	HCOOH	HCOO$^-$	10,25	
	4,75	CH$_3$COOH	CH$_3$COO$^-$	9,25	zunehmend ↓
	4,85	[Al(H$_2$O)$_6$]$^{3+}$	[Al(OH)(H$_2$O)$_5$]$^{2+}$	9,15	
	6,52	H$_2$CO$_3$	HCO$_3^-$	7,48	
	6,92	H$_2$S	HS$^-$	7,08	
	7,04	HSO$_3^-$	SO$_3^{2-}$	6,96	
	7,20	H$_2$PO$_4^-$	HPO$_4^{2-}$	6,80	
	9,25	NH$_4^+$	NH$_3$	4,75	
	9,40	HCN	CN$^-$	4,60	
	9,60	[Zn(H$_2$O)$_6$]$^{2+}$	[Zn(OH)(H$_2$O)$_5$]$^+$	4,40	
	10,40	HCO$_3^-$	CO$_3^{2-}$	3,60	
	12,36	HPO$_4^{2-}$	PO$_4^{3-}$	1,64	
	13,00	HS$^-$	S^{2-}	1,00	
	15,74	H$_2$O	OH$^-$	−1,74	
	23	NH$_3$	NH$_2^-$	−9	
	24	OH$^-$	O^{2-}	−10	

8 Stärke von Säuren und ihren korrespondierenden Basen (22 °C)

Aufgabe

1. Phenol C$_6$H$_5$OH (pK_S = 10) und Ethanol C$_2$H$_5$OH (pK_S = 17) haben unterschiedliche Säurestärken. Erklären Sie diesen Sachverhalt. Formulieren Sie dazu die Reaktionsgleichung der Protolyse von Phenol. Begründen Sie mithilfe der Grenzformeln des mesomeren Systems im Phenolat-Ion (↗ S. 287).

Protonenüber-gänge – pH-Werte mathematisch erfasst

Vorhersagbarkeit von Säure-Base-Reaktionen. Wird zu einer wässrigen Lösung von Natriumhydrogencarbonat eine Portion Essigsäurelösung gegeben, ist eine rege Gasentwicklung zu beobachten (Abb. 9). Das Gas ist als Kohlenstoffdioxid zu identifizieren. Wie lässt sich dieses Phänomen erklären?

Hier hilft ein Blick auf die pK_S-Werte weiter. Kohlensäuremoleküle – die korrespondierenden Säureteilchen der Hydrogencarbonat-Ionen – sind schwache Brönsted-Säuren: pK_S(H$_2$CO$_3$) = 6,52. Essigsäure gilt auch als schwache Säure, ist aber mit einem pK_S-Wert von 4,75 stärker als Kohlensäure. Essigsäuremoleküle vermögen somit ein Proton an Hydrogencarbonat-Ionen abzugeben.

$$CH_3COOH + HCO_3^- \rightarrow CH_3COO^- + H_2CO_3$$

Die entstehenden Kohlensäuremoleküle sind instabil und zerfallen leicht in Kohlenstoffdioxid- und Wassermoleküle. Damit wird aber die Gleichgewichtskonzentration an Kohlenstoffdioxid in Wasser überschritten. Es entweicht dem System.

Allgemein lässt sich sagen, dass die korrespondierende Base der schwächeren Säure von der stärkeren Säure protolysiert wird. Entsprechende Reaktionen werden im Labor genutzt, um Säuren aus

9 Nach Zugabe einer Portion Essigsäure entweicht Kohlenstoffdioxid einer hydrogencarbonathaltigen Lösung.

Aufgaben

1. Formulieren Sie die Reaktionsgleichung zur Darstellung von Phosphorsäure aus Schwefelsäure und Calciumphosphat und erklären Sie die Reaktion unter Zuhilfenahme der Säurekonstanten.
2. Magnesium reagiert mit verdünnten Säurelösungen unter Wasserstoffbildung. Die Reaktion fällt mit verdünnter Chlorwasserstofflösung heftiger aus als mit einer Essigsäurelösung vergleichbarer Konzentration.
Formulieren Sie die Reaktionsgleichungen zu beiden Reaktionen. Erklären Sie den unterschiedlichen Reaktionsverlauf.

Salzen zu gewinnen. So vermag beispielsweise die Schwefelsäure aus Nitraten die Salpetersäure „auszutreiben". Beim Erhitzen eines Gemischs von Natriumnitrat $NaNO_3$ und konzentrierter Schwefelsäure ist es möglich, Salpetersäure abzudestillieren.

$$H_2SO_4 + NO_3^- \rightarrow HSO_4^- + HNO_3$$

Dieses Verfahren wurde bis Anfang des 19. Jahrhunderts genutzt, um Salpetersäure auch im großen Maßstab zu gewinnen.

Resümee

Ein Vergleich der Säure- oder Basekonstanten erlaubt eine Vorhersage über den Verlauf einer Säure-Base-Reaktion. Beispielsweise wirken Brönsted-Säuren gegenüber den korrespondierenden Basen von vergleichsweise schwächeren Säuren immer als Protonendonator.

E

Donator-Akzeptor-Konzept

Der pH-Wert

Mit der Säure- und Basekonstanten bzw. den entsprechenden Exponenten gibt es eine Möglichkeit, die Stärke von Säuren und Basen mit Zahlwerten zu fassen und damit verschiedene Säuren bzw. Basen miteinander zu vergleichen. Doch wie verhält sich nun eine vorliegende Säure beliebiger Konzentration? Der K_S-Wert reicht noch nicht aus, diese Lösung zu charakterisieren.

Schwache Säuren sind durch eine unvollständige Protolyse in wässriger Lösung gekennzeichnet. Somit liegen in einer wässrigen Lösung einer schwachen Säure weniger Hydronium-Ionen vor als in einer stärkeren Säure gleicher Konzentration. Vergleichbares gilt für Basen und die Hydroxid-Ionen. Es erweist sich als günstig, die aktuelle Konzentration der Hydronium-Ionen oder Hydroxid-Ionen in einer sauren oder basischen Lösung zu betrachten, um sie zu charakterisieren.

Dies soll in den nächsten Abschnitten geschehen. Dabei ist es wichtig, zunächst das Lösemittel Wasser näher zu betrachten, da auch Wassermoleküle selbst als Brönsted-Säure oder -Base wirken können.

Tab. 1 Beispiele für Autoprotolysen

Flüssigkeit	Reaktionsgleichgewicht
Ethanol	$2 C_2H_5OH \rightleftharpoons C_2H_5OH_2^+ + C_2H_5O^-$
Ammoniak	$2 NH_3 \rightleftharpoons NH_4^+ + NH_2^-$
Schwefelsäure	$2 H_2SO_4 \rightleftharpoons H_3SO_4^+ + HSO_4^-$
Salpetersäure	$2 HNO_3 \rightleftharpoons H_2NO_3^+ + NO_3^-$

Das Ionenprodukt des Wassers. Die geringe Leitfähigkeit selbst demineralisierten Wassers lässt auf die Anwesenheit von Ionen im Wasser schließen (Experiment 2). Wassermoleküle haben ein zwar geringes, aber dennoch vorhandenes Bestreben, Protonen an andere Wassermoleküle abzugeben.

Dieser Protonenübergang zwischen zwei Teilchen derselben Sorte wird als **Autoprotolyse** bezeichnet. Dabei reagieren zwei Wassermoleküle zu jeweils einem Hydronium- und einem Hydroxid-Ion.

$$H_2O(l) + H_2O(l) \rightleftharpoons H_3O^+(aq) + OH^-(aq)$$

Neben Wassermolekülen sind auch andere Teilchen zur Autoprotolyse fähig, z. B. Ammoniak NH_3 oder Schwefelsäure H_2SO_4.
Das Autoprotolysegleichgewicht des Wassers liegt weit auf der Seite der Wassermoleküle. Auch für diese Säure-Base-Reaktion lässt sich im Gleichgewicht das Massenwirkungsgesetz formulieren.

Experiment 2

Elektrische Leitfähigkeit von Wasser
Je 30 ml destilliertes Wasser, Ethanol (F) und Aceton (F, Xi) werden in sorgfältig gereinigte Bechergläser eingebracht und das elektrische Leitvermögen mit einer Leitfähigkeitsmesszelle gemessen.
Ergebnis: Im Gegensatz zu Ethanol und Aceton, die keine elektrische Leitfähigkeit aufweisen, ist beim destillierten Wasser eine geringe elektrische Leitfähigkeit zu messen. Im Wasser liegen infolge von Autoprotolyse Hydronium- und Hydroxid-Ionen vor.

$$K_c = \frac{c(H_3O^+) \cdot c(OH^-)}{c^2(H_2O)}$$

In reinem Wasser kann die Konzentration undissoziierten Wassers als konstant angenommen werden. Sie beträgt 55,55 mol·l⁻¹:

$$c(H_2O) = \frac{1\,000\,g \cdot l^{-1}}{18\,g \cdot mol^{-1}} = 55{,}55\,mol \cdot l^{-1}$$

Wird dieser Wert mit in die Konstante K_c einbezogen, so ergibt sich K_W, das **Ionenprodukt des Wassers**. Es hat Gültigkeit in verdünnten wässrigen Lösungen.

$$K_W = K_c \cdot c^2(H_2O) = c(H_3O^+) \cdot c(OH^-)$$

Bei einer Temperatur von $\vartheta = 25\,°C$ beträgt das Ionenprodukt des Wassers $K_W = 10^{-14}\,mol^2 \cdot l^{-2}$. Diese Konstante ist wie alle Gleichgewichtskonstanten temperaturabhängig (Abb. 10).

In reinem Wasser liegen nur die aus der Autoprotolyse hervorgehenden Hydronium- und Hydroxid-Ionen im gleichen Anzahlverhältnis vor. Damit sind auch ihre Konzentrationen gleich. Sie ergeben sich bei $\vartheta = 25\,°C$ aus dem Ionenprodukt des Wassers zu jeweils $10^{-7}\,mol \cdot l^{-1}$.

Im Folgenden wird deutlich, dass diese Erkenntnis besonders bedeutsam für die Bestimmung der Konzentration einer sauren oder basischen Lösung ist. Außerdem liefert sie neben der Verwendung von Indikatoren eine weitere Entscheidungshilfe dafür, ob eine wässrige Lösung sauer, basisch oder neutral ist.

Das Lösen einer Säure in Wasser trägt zur Erhöhung der Konzentration an Hydronium-Ionen bei. Damit würde das Produkt der Konzentrationen an Hydroxid- und Hydronium-Ionen das Ionenprodukt überschreiten. Zum Ausgleich reagieren Hydronium- und Hydroxid-Ionen zu Wassermolekülen, bis das Produkt wiederhergestellt ist. Insgesamt wird die Konzentration der Hydronium-Ionen größer als $10^{-7}\,mol \cdot l^{-1}$ und die der Hydroxid-Ionen kleiner als $10^{-7}\,mol \cdot l^{-1}$ (bei $\vartheta = 25\,°C$). Beim Lösen einer Base in Wasser verhält es sich genau umgekehrt.

Saure Lösung: $c(H_3O^+) > 10^{-7}\,mol \cdot l^{-1} > c(OH^-)$
Neutrale Lösung: $c(H_3O^+) = 10^{-7}\,mol \cdot l^{-1} = c(OH^-)$
Basische Lösung: $c(H_3O^+) < 10^{-7}\,mol \cdot l^{-1} < c(OH^-)$

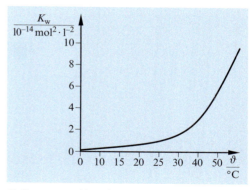

10 Temperaturabhängigkeit des Ionenprodukts von Wasser

Resümee

Selbst in destilliertem Wasser liegen zu einem geringen Anteil Hydronium- und Hydroxid-Ionen vor. Diese entstehen aus Wassermolekülen durch Autoprotolyse. Ihre Konzentration wird durch das Ionenprodukt des Wassers bestimmt. Bei destilliertem Wasser ist die Konzentration beider Ionensorten gleich groß. Je nach Anwesenheit einer Brönsted-Säure oder -Base wird die Konzentration der Hydronium-Ionen erhöht oder vermindert. In verdünnten Lösungen behält das Ionenprodukt jedoch immer noch seine Gültigkeit, sodass im Gleichzug die Konzentration der Hydroxid-Ionen bei Säurezugabe vermindert bzw. bei Basenzugabe erhöht wird.

E-5

Protonenübergänge – pH-Werte mathematisch erfasst

Exkurs 3
Der Zusammenhang zwischen K_S- und K_B-Wert

Da auch in verdünnten sauren oder basischen Lösungen das Ionenprodukt von Wasser seine Gültigkeit besitzt, besteht ein Zusammenhang zwischen der Säure- und der Basekonstanten eines korrespondierenden Säure-Base-Paares. Ist HA eine beliebige Säure und A⁻ die korrespondierende Base, so gilt:

$$K_S = \frac{c(A^-) \cdot c(H_3O^+)}{c(HA)}$$

$$c(H_3O^+) = K_S \cdot \frac{c(HA)}{c(A^-)} \quad (1)$$

$$K_B = \frac{c(HA) \cdot c(OH^-)}{c(A^-)}$$

$$c(OH^-) = K_B \cdot \frac{c(A^-)}{c(HA)} \quad (2)$$

Einsetzen von (1) und (2) in
$$K_W = c(H_3O^+) \cdot c(OH^-)$$
ergibt:
$$K_W = K_S \cdot \frac{c(HA)}{c(A^-)} \cdot K_B \cdot \frac{c(A^-)}{c(HA)} = K_S \cdot K_B$$

Damit gilt für die Säure- und Baseexponenten:
$$pK_S + pK_B = pK_W$$

pH- und pOH-Werte. Wässrige Lösungen lassen sich in Abhängigkeit von ihrer Hydronium- und Hydroxid-Ionenkonzentration als saure oder basische Lösungen charakterisieren. Diese Konzentrationen sind in der Regel recht gering und werden mit negativen Zehnerpotenzen beschrieben. Um mit leichter handhabbaren Werten arbeiten zu können, wurden mit dem pH-Wert und dem pOH-Wert logarithmische Größen eingeführt.

Der pH-Wert ist der negative Logarithmus zur Basis 10 (der negative dekadische Logarithmus) des Wertes der Hydronium-Ionenkonzentration. Der pOH-Wert ist vergleichbar für die Konzentration der Hydroxid-Ionen definiert (Abb. 11).

Zu beachten ist, dass diese Größen dimensionslos sind: Nicht die Konzentrationen werden logarithmiert, sondern nur die Werte der Konzentrationen, also der Betrag.

$$\text{pH} = -\lg \frac{c(H_3O^+)}{\text{mol} \cdot l^{-1}} \qquad \text{pOH} = -\lg \frac{c(OH^-)}{\text{mol} \cdot l^{-1}}$$

11 Definition des pH- und des pOH-Wertes

E Donator-Akzeptor-Konzept

Da bei $\vartheta = 25\,°C$ die Konzentration der Hydronium-Ionen in reinem Wasser $10^{-7}\,\text{mol} \cdot l^{-1}$ beträgt, hat reines destilliertes Wasser einen pH-Wert von 7. Dies gilt auch für eine neutrale Lösung. Der pH-Wert einer sauren Lösung ist kleiner als 7 und der einer basischen Lösung größer als 7.

Saure Lösung: pH < 7 bzw. pOH > 7
Neutrale Lösung: pH = 7 bzw. pOH = 7
Basische Lösung: pH > 7 bzw. pOH < 7

Beispielrechnung 2
Berechnung des pH-Wertes
Durch die Zugabe einer Säureportion zu einer Portion Wasser wird die Konzentration der Hydronium-Ionen verzehnfacht. Wie ändert sich der pH-Wert der Lösung?

Gesucht: pH(Säurelösung)
Gegeben: pH(dest. Wasser) = 7
$c(H_3O^+)_{\text{dest.Wasser}} = 10^{-7}\,\text{mol} \cdot l^{-1}$

Lösung: $c(H_3O^+) = 10 \cdot 10^{-7}\,\text{mol} \cdot l^{-1}$
$= 10^{-6}\,\text{mol} \cdot l^{-1}$
pH = $-\lg 10^{-6}$
= 6

Der pH-Wert der Säurelösung ändert sich von 7 auf 6.

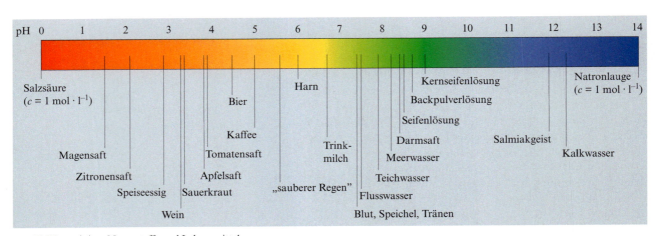

12 pH-Werte einiger Naturstoffe und Lebensmittel

534

Für den pOH-Wert gilt Vergleichbares. Eine neutrale Lösung hat den pOH-Wert 7. Eine basische Lösung ist durch einen pOH-Wert kleiner als 7 und eine saure Lösung durch den pOH-Wert größer als 7 gekennzeichnet. Aus dem Ionenprodukt des Wassers ergibt sich für verdünnte wässrige Lösungen:

$$pH + pOH = 14 \quad (\text{bei } \vartheta = 25\,°C)$$

Der pOH-Wert einer Lösung lässt sich bei Kenntnis des pH-Wertes der Lösung also immer berechnen (und umgekehrt). Es genügt somit, sich auf einen dieser Werte zu konzentrieren. Dies ist traditionsgemäß der pH-Wert.

Abschließend sei noch einmal darauf hingewiesen, dass diese quantitativen Betrachtungen nur annähernd bei verdünnten Lösungen und nur bei Standardbedingungen Gültigkeit haben, da von dem Ionenprodukt des Wassers bei $\vartheta = 25\,°C$ ausgegangen wird. Bei $\vartheta = 20\,°C$ beträgt das Ionenprodukt des Wassers beispielsweise $0,68 \cdot 10^{-14}\,mol^2 \cdot l^{-2}$. Eine neutrale Lösung ist bei dieser Temperatur durch einen pH-Wert von 7,17 gekennzeichnet.

Resümee

Saure und basische Lösungen lassen sich über den pH-Wert charakterisieren, der durch eine Umrechnung aus dem Wert der Hydronium-Ionenkonzentration hervorgeht. Je größer der pH-Wert, umso geringer die Konzentration an Hydronium-Ionen in der Lösung. Ein pH-Wert kleiner 7 kennzeichnet eine saure Lösung, ein pH-Wert größer 7 eine basische Lösung. Beim pH-Wert gleich 7 ist die Lösung neutral.

pH-Wert-Berechnung bei bekannter Konzentration einer gelösten Säure oder Base. Ist die Konzentration eines gelösten Stoffes bekannt, lässt sich mithilfe der Säure- oder Basekonstante der pH-Wert der wässrigen Lösung berechnen. Hierfür können die Gleichungen von Abb. 13 als gute Annäherung genutzt werden. Für ihre Herleitungen werden je nach Säure- oder Basestärke vereinfachte Annahmen gemacht:

Sehr starke Säuren und Basen: Von sehr starken Säuren wird angenommen, dass sie in wässriger Lösung nahezu vollständig dissoziieren. Damit wird die Konzentration undissoziierter Säureteilchen vernachlässigbar klein und die Konzentration der Hydronium-Ionen nahezu gleich der Konzentration der gelösten Säure.

Starke Säuren und Basen: In Lösungen von Säuren und Basen mit pK-Werten größer als eins ist der unvollständigen Protolyse Rechnung zu tragen. Neben den Protolyseprodukten liegen also noch undissoziierte Teilchen des eingesetzten Protolyten vor. Die Konzentration z. B. der Hydronium-Ionen ist somit geringer als die Anfangskonzentration $c_0(HA)$ der eingesetzten Säure.

Die Protolysekonstante K_S erfasst das Maß der Protolyse einer Säure quantitativ. Für eine pH-Wert-Berechnung ist diese zusätzlich zur Anfangskonzentration der eingesetzten Säure erforderlich. Wird eine einwertige Säure HA in Wasser gelöst, so entstehen durch Protolyse genauso viele Hydronium-Ionen wie Säurerest-Anionen A^-.

Aufgaben

1. In wässrigen Lösungen liegen folgende Konzentrationen vor:
   a) $c(H_3O^+) = 0,01\,mol \cdot l^{-1}$
   b) $c(H_3O^+) = 0,002\,mol \cdot l^{-1}$
   c) $c(H_3O^+) = 0,3\,mol \cdot l^{-1}$
   d) $c(OH^-) = 0,0001\,mol \cdot l^{-1}$
   e) $c(OH^-) = 0,6\,mol \cdot l^{-1}$
   Bestimmen Sie den pH-Wert der Lösungen.

2. Es werden 0,4 mol Chlorwasserstoff in 300 ml Wasser gelöst. Bestimmen Sie den pH-Wert der Lösung.

E-5

Protonenübergänge – pH-Werte mathematisch erfasst

Es gilt also:

$$c(H_3O^+) = c(A^-) \tag{1}$$

Einsetzen in die Definitionsgleichung der Säurekonstanten ergibt:

$$K_S = \frac{c^2(H_3O^+)}{c(HA)}$$

$$c^2(H_3O^+) = K_S \cdot c(HA) \tag{2}$$

Bei Lösungen starker Säuren größerer Konzentration kann die geringe Ionenkonzentration der Autoprotolyse des Wassers vernachlässigt werden. Die aktuelle Konzentration der nicht protolysierten Säureteilchen ergibt sich aus der Differenz der Gesamtkonzentration und der Konzentration der protolysierten Teilchen A^-. Mit (1) folgt die Gleichung (3):

$$c(HA) = c_0(HA) - c(A^-)$$
$$c(HA) = c_0(HA) - c(H_3O^+) \tag{3}$$

Einsetzen in (2) und weitere äquivalente Umformungen ergeben die quadratische Gleichung (4).

$$c^2(H_3O^+) = K_S \cdot [c_0(HA) - c(H_3O^+)]$$
$$c^2(H_3O^+) = K_S \cdot c_0(HA) - K_S \cdot c(H_3O^+)$$
$$c^2(H_3O^+) + K_S \cdot c(H_3O^+) - K_S \cdot c_0(HA) = 0 \tag{4}$$

Für Gleichung (4) gibt es zwei Lösungen, wobei nur die Lösung mit einem positiven Wert physikalisch sinnvoll ist:

$$c(H_3O^+) = -\frac{K_S}{2} + \sqrt{\frac{K_S^2}{4} + K_S \cdot c_0(HA)} \tag{5}$$

Schwache Säuren und Basen: Bei schwachen Protolyten ist die Konzentration der nicht protolysierten Teilchen im Gleichgewicht wesentlich größer als die der protolysierten Teilchen.

$$c(HA) \gg c(H_3O^+) = c(A^-)$$

Ist die Lösung nicht zu stark verdünnt, kann vereinfachend die aktuelle Konzentration der nicht protolysierten Teilchen gleich der Anfangskonzentration gesetzt werden:

$$c(HA) = c_0(HA)$$

$$K_S = \frac{c^2(H_3O^+)}{c_0(HA)}$$

$$c^2(H_3O^+) = K_S \cdot c_0(HA)$$

$$c(H_3O^+) = \sqrt{K_S \cdot c_0(HA)}$$

$$pH = \frac{1}{2} pK_S - \frac{1}{2} \lg \{c_0(HA)\}$$

pH-Wert mehrwertiger Säuren und Basen. Die bisher gemachten Betrachtungen gelten alle für einwertige Säuren und Basen. Die Protolyse mehrwertiger Säuren und Basen erfolgt schrittweise. Das Massenwirkungsgesetz lässt sich auf jede dieser Protolyseschritte anwenden, sodass es für jeden Schritt eine Säure- bzw. Basekonstante gibt. Das Säurerest-Ion ($H_{n-1}A^-$) einer mehrwertigen Säure nach

---

E

Donator-
Akzeptor-
Konzept

---

pH-Wert einer sehr starken Säure:

$$pH = -\lg \frac{c(HA)}{mol \cdot l^{-1}}$$

pH-Wert einer starken Säure:

$$c(H_3O^+) = -\frac{K_S}{2} + \sqrt{\frac{K_S^2}{4} + K_S \cdot c_0(HA)}$$

$$pH = -\lg \frac{c(H_3O^+)}{mol \cdot l^{-1}}$$

pH-Wert einer schwachen Säure:

$$c(H_3O^+) = \sqrt{K_S \cdot c_0(HA)}$$

$$pH = \frac{1}{2} pK_S - \frac{1}{2} \lg \{c_0(HA)\}$$

13 Zur Berechnung des pH-Wertes einer sauren Lösung

der ersten Protolyse ist immer eine schwächere Säure als die undissoziierte Säure (H_nA), die Konstanten werden also immer kleiner (die pK-Werte immer größer).

Beispiele

Phosphorsäure:

$$H_3PO_4 + H_2O \rightleftharpoons H_2PO_4^- + H_3O^+ \qquad pK_{S_1} = 2,12$$
$$H_2PO_4^- + H_2O \rightleftharpoons HPO_4^{2-} + H_3O^+ \qquad pK_{S_2} = 7,21$$
$$HPO_4^{2-} + H_2O \rightleftharpoons PO_4^{3-} + H_3O^+ \qquad pK_{S_3} = 12,67$$

Schwefelsäure:

$$H_2SO_4 + H_2O \rightleftharpoons HSO_4^- + H_3O^+ \qquad pK_{S_1} \approx -2$$
$$HSO_4^- + H_2O \rightleftharpoons SO_4^{2-} + H_3O^+ \qquad pK_{S_2} = 1,92$$

Das Hydrogensulfat-Ion ist immer noch eine recht starke Säure. Es ist also davon auszugehen, dass in einer verdünnten Schwefelsäurelösung die Säureteilchen nahezu vollständig protolysiert vorliegen. Hier gilt also $c(H_3O^+) = 2 \cdot c_0(H_2SO_4)$.

Bei der Phosphorsäure ist diese Vereinfachung nicht zulässig, da schon das Dihydrogenphosphat nur eine schwache Säure ist.

Beispielrechnung 3
pH-Wert-Berechnungen

1. Es werden 0,01 mol Chlorwasserstoff in Wasser gelöst, das Endvolumen der Lösung beträgt 1 Liter. Chlorwasserstoff ist eine sehr starke Säure. Wie groß ist der pH-Wert der Lösung?

   Gegeben: $c(HCl) = 0,01 \, mol \cdot l^{-1}$

   Lösung: $pH = -lg \dfrac{c(HCl)}{mol \cdot l^{-1}} = -lg \, 10^{-2} = 2$

2. Eine Stoffmenge von 0,03 mol Natriumhydrogensulfat $NaHSO_4$ wird in Wasser gelöst. Das Endvolumen der Lösung beträgt 200 ml. Das Salz dissoziiert in Natrium-Ionen, die nicht an der Protolyse teilnehmen, und in eine starke Brönsted-Säure, das Hydrogensulfat-Ion HSO_4^-. Wie groß ist der pH-Wert der Lösung?

   Gegeben: $n(NaHSO_4) = 0,03 \, mol$
   $V(\text{Lösung}) = 0,2 \, l$
   $K_S = 1,2 \cdot 10^{-2} \, mol \cdot l^{-1}$
   $c = n \cdot V^{-1}$

   $$c(H_3O^+) = -\frac{K_S}{2} + \sqrt{\frac{K_S^2}{4} + K_S \cdot c_0(HA)}$$

   Lösung: $c(NaHSO_4) = 0,03 \, mol \cdot (0,2 \, l)^{-1} = 0,15 \, mol \cdot l^{-1}$

   $c(H_3O^+) = -0,006 \, mol \cdot l^{-1}$

   $$+ \sqrt{\frac{(0,012 \, mol \cdot l^{-1})^2}{4} + 0,012 \, mol \cdot l^{-1} \cdot 0,15 \, mol \cdot l^{-1}}$$

   $c(H_3O^+) = 0,037 \, mol \cdot l^{-1}$

   $$pH = -lg \frac{c(H_3O^+)}{mol \cdot l^{-1}} = 1,44$$

E-5

Protonenübergänge – pH-Werte mathematisch erfasst

3. In Wasser werden 0,3 mol Ammoniak gelöst. Das Endvolumen der Ammoniaklösung beträgt 250 ml. Ammoniak ist eine schwache Base. Wie groß ist der pH-Wert der Lösung?

Gegeben: $pH = 14 - pOH$
$n(NH_3) = 0,3\,mol$
$V(\text{Lösung}) = 0,25\,l$
$K_B(NH_3) = 1,8 \cdot 10^{-5}\,mol \cdot l^{-1}$
$c = n \cdot V^{-1}$
$$c(H_3O^+) = \sqrt{K_B \cdot c_0(A^-)}$$

Lösung: $c(NH_3) = 0,3\,mol \cdot (0,25\,l)^{-1} = 1,2\,mol \cdot l^{-1}$

$c(OH^-) = \sqrt{1,8 \cdot 10^{-5}\,mol \cdot l^{-1} \cdot 1,2\,mol \cdot l^{-1}}$

$c(OH^-) = 4,6 \cdot 10^{-3}\,mol \cdot l^{-1}$

$pOH = -lg\,\dfrac{c(OH^-)}{mol \cdot l^{-1}} = 2,33$ bzw. $pH = 11,67$

E

Donator-
Akzeptor-
Konzept

Berechnung der Säure- oder Basekonzentration bei bekanntem pH-Wert. Da es bereits hinreichend gute Messmethoden für den pH-Wert gibt, ist es umgekehrt auch möglich, bei bekanntem pH-Wert eines gelösten Stoffes auf seine Konzentration zu schließen. Auch hierfür eignen sich die Gleichungen von Abb. 13. Sie müssen nur entsprechend äquivalent umgeformt werden.

Beispielrechnung 4
Umrechnung des pH-Wertes in die Konzentration der Säure
Der pH-Wert einer Essigsäurelösung CH_3COOH beträgt 2,88. Essigsäure ist eine schwache Säure. Berechnen Sie die Konzentration der Essigsäurelösung.

Gegeben: $pH = 2,88$
$K_S(CH_3COOH) = 1,8 \cdot 10^{-5}\,mol \cdot l^{-1}$
$c^2(H_3O^+) = c(CH_3COOH) \cdot K_S$
$c(CH_3COOH) = c^2(H_3O^+) \cdot K_S^{-1}$

Lösung: $c(H_3O^+) = 10^{-2,88}\,mol \cdot l^{-1} = 1,32 \cdot 10^{-3}\,mol \cdot l^{-1}$
$c(CH_3COOH) = (1,32 \cdot 10^{-3}\,mol \cdot l^{-1})^2 \cdot (1,8 \cdot 10^{-5}\,mol \cdot l^{-1})^{-1}$
$c(CH_3COOH) = 0,097\,mol \cdot l^{-1} \approx 0,1\,mol \cdot l^{-1}$

Aufgaben

1. Der pH-Wert des Magensafts soll 2 betragen. Bestimmen Sie die Konzentration der Ausgangssäure unter der Annahme, dass es sich um die Lösung einer sehr starken Säure handelt.
2. Welchen pH-Wert hat eine Lösung von 0,20 mol Natriumacetat in 0,25 l Wasser (Endvolumen)?
3. Wie viel mol Ammoniumchlorid müssen in 100 ml Wasser gelöst werden, um eine Lösung mit dem pH-Wert 5 zu erhalten?

Resümee

Der pH-Wert einer wässrigen Lösung eines Stoffes lässt sich bei Kenntnis der Konzentration des gelösten Stoffes und seiner Säurekonstanten berechnen. Umgekehrt kann aus dem pH-Wert einer wässrigen Lösung auch die Konzentration des gelösten Stoffes bestimmt werden. Je nach Stärke der eingesetzten Säure oder Base ist durch die Gleichungen von Abb. 13 eine gute Näherung für die Berechnung gegeben.

Indikatoren sind korrespondierende Säure-Base-Systeme. Säure-Base-Indikatoren sind organische Farbstoffe mit schwach saurem oder basischem Charakter. Die Teilchen der Indikatoren besitzen somit eine protonierte und eine deprotonierte Form. Liegt die protonierte Form vor (überwiegend im sauren Medium), so absorbieren die Moleküle Licht einer anderen Wellenlänge, als wenn die deprotonierte Form vorliegen würde (überwiegend im basischen Medium). Dies äußert sich durch verschiedene Farben der Indikatorlösung im sauren und im basischen Bereich. Diese Farberscheinungen werden als **Grenzfarben** des Indikators bezeichnet (Abb. 15).

Zwischen der protonierten und deprotonierten Form herrscht ein dynamisches Gleichgewicht. Es kann davon ausgegangen werden, dass in stark sauren Lösungen nahezu ausschließlich die protonierte und in stark basischen Lösungen nahezu ausschließlich die deprotonierte Form vorliegen. Bei einem bestimmten pH-Wert liegen allerdings beide Formen zu gleichen Anteilen vor. Die Lösung weist dann eine **Mischfarbe** aus den Grenzfarben auf.

Dieser pH-Wert wird als **Umschlagspunkt** bezeichnet. Der Punkt ist optisch schwer zu erkennen, da die Mischfarbe über einen größeren pH-Bereich um den Umschlagspunkt erhalten bleibt, denn es liegen auch dort weiterhin beide Formen – wenn auch zu ungleichen Anteilen – vor. Der visuell erkennbare Farbumschlag des Indikators wird als **Umschlagsbereich** bezeichnet. Da die Indikatoren schwache Säuren oder Basen sind, liegt der Umschlagsbereich nicht unbedingt in der Nähe des pH-Wertes 7 (Tab. 2).

Damit ist nun auch die Wirkung des Universalindikators zu verstehen. Er ist ein Gemisch aus verschiedenen Indikatoren mit unterschiedlichen Umschlagsbereichen. So kommen die Farbnuancen bei verschiedenen pH-Werten als Mischfarbe der jeweiligen Farben aller Indikatoren zustande.

Im Labor finden auch Indikatorstäbchen Verwendung. Auf den Kunststoffstreifen sind Papierplättchen aufgesetzt, die mit unterschiedlichen Indikatoren getränkt sind. Hier zeigt eine Kombination von verschiedenen Farben relativ genau den pH-Wert der getesteten Lösung an.

14 Malachitgrün in saurer, neutraler und basischer Lösung

↗ B-7 | Mesomerie bei Polyenen und Cyaninen

E-5

Protonenübergänge – pH-Werte mathematisch erfasst

15 Prinzip der Wirkung eines Säure-Base-Indikators

16 Methylorange in deprotonierter (oben) und protonierter (unten) Form. In neutraler oder alkalischer Lösung liegt die deprotonierte Form vor. Die Lösung ist gelborange. In saurer Lösung wird das Molekül protoniert und es liegt ein mesomeres System vor. Die Lösung ist nun rot.

Tab. 2 Säure-Base-Indikatoren, Grenzfarben und Umschlagsbereiche

Indikator	Grenzfarbe sauer	Grenzfarbe basisch	Umschlagsbereich pH
Thymolblau 1. Stufe	rot	gelb	1,2– 2,8
Methylorange	rot	gelborange	3,0– 4,4
Bromcresolgrün	gelb	blau	3,8– 5,4
Methylrot	rosa	gelb	4,4– 6,2
Lackmus	rot	blau	5,0– 8,0
Bromthymolblau	gelb	blau	6,0– 7,6
Neutralrot	rot	gelb	6,8– 8,0
Phenolphthalein	farblos	rot	8,3–10,0
Thymolphthalein	farblos	blau	9,3–10,5
Epsilonblau	orange	violett	12,0–13,0

Donator-Akzeptor-Konzept

Resümee

Indikatoren sind Säuren oder Basen. Ihre Moleküle absorbieren in der protonierten Form Licht einer anderen Wellenlänge als in der deprotonierten Form. Jeder Indikator hat einen charakteristischen Umschlagsbereich, in dem die Indikatorlösung die Farbe ändert.

Titration

Die Titration ist eine Labormethode zur Bestimmung der Konzentration eines Stoffes in einer Lösung. Dabei wird der Lösung unbekannter Konzentration immer portionsweise eine Lösung bekannter Konzentration zugegeben, bis eine dadurch hervorgerufene Reaktion einen erwünschten Endpunkt erreicht. Aus dem Volumen der zugegebenen Lösung lässt sich dann auf die Konzentration der unbekannten Lösung schließen. Nach der Art der chemischen Reaktion, die bei der Titration abläuft, können vier Gruppen unterschieden werden: die *Säure-Base-Titration*, die *Redoxtitration*, die *Fällungstitration* und die *Komplexbildungstitration* (Tab. 3).

Titrationen lassen sich auch nach der Endpunkterkennung unterscheiden. Eine Reihe von Titrationen zeichnet sich dadurch aus, dass ihr Endpunkt mit dem Auge zu erkennen ist, wie z. B. durch eine Farbänderung der Lösung (*visuelle Indikation*). Bei anderen Titrationen sind Messinstrumente, z. B. Elektroden zur Messung der elektrischen Leitfähigkeit, erforderlich (*instrumentelle Indikation*).

Das Prinzip der Titration soll am Beispiel der Säure-Base-Titration erläutert werden. Dabei wird einmal eine klassische Titration mit visueller Indikation (mittels Säure-Base-Indikator) und eine Titration mit instrumenteller Indikation (Leitfähigkeitstitration) vorgestellt.

17 Typische Apparatur einer Titration

Tab. 3 Titrationen, eingeteilt nach chemischer Reaktion

Bezeichnung	Art der Reaktion	Beispiel
Säure-Base-Titration	Protonenübergänge	Bestimmung der Konzentration von Chlorwasserstoff mit Natriumhydroxidlösung
Redoxtitration	Elektronenübergänge	Bestimmung der Konzentration von Eisen(II)-Ionen mit Kaliumpermanganatlösung $KMnO_4$
Fällungstitration	Ionen bilden mit Ionen anderer Sorte eine schwerlösliche Verbindung, die als Niederschlag ausfällt	Bestimmung der Konzentration von Chlorid-Ionen mit Silbernitratlösung $AgNO_3$
Komplexbildungstitration	Ionen bilden mit Molekülen oder Ionen anderer Sorte lösliche Komplexe	Bestimmung der Konzentration von Magnesium- oder Calcium-Ionen mit EDTA-Lösung (EDTA: Ethylendiamintetraessigsäure)

Säure-Base-Titration. Die Säure-Base-Titration ist ein Verfahren zur Bestimmung des Säure- oder Basegehalts in einer sauren oder basischen Lösung. Hierbei wird die Kenntnis genutzt, dass Hydronium- und Hydroxid-Ionen gleicher Stoffmenge sich neutralisieren, wie es sich aus der Reaktionsgleichung für die Neutralisation ergibt:

$$H_3O^+ + OH^- \rightleftharpoons H_2O + H_2O$$

Bei der Durchführung der Titration wird z. B. eine basische Lösung bekannter Konzentration (*Maßlösung*) zu einer bestimmten Portion einer sauren Lösung unbekannter Konzentration (*Probelösung*) bis zur Neutralisation zugegeben. Aus dem Volumen der verbrauchten Maßlösung, ihrer Konzentration und dem Volumen der Probelösung können die Stoffmenge, die Masse und die Konzentration des in der Probelösung gelösten Stoffes errechnet werden.

Protonenübergänge – pH-Werte mathematisch erfasst

Endpunkt einer Säure-Base-Titration ist der *Äquivalenzpunkt* (stöchiometrischer Punkt). Der Äquivalenzpunkt ist erreicht, wenn zu einer sauren Lösung gerade so viel basische Lösung hinzugegeben wurde, wie zur vollständigen Umsetzung der vorgelegten Säure erforderlich ist, wenn also äquivalente Mengen an Säuren und Basen in der Lösung vorliegen.
Wichtig ist: Der pH-Wert des Systems am Äquivalenzpunkt stimmt nicht in jedem Fall mit dem Neutralpunkt (pH = 7) überein. Bei der Titration einer starken Säure mit einer starken Base ist der pH-Wert des Systems im Äquivalenzpunkt gleich 7. Dies gilt jedoch nicht im Fall der Titration einer schwachen Säure mit einer starken Base oder bei der Titration einer schwachen Base mit einer starken Säure. Beispielsweise entsteht bei der Neutralisation einer Essigsäurelösung mit einer Natriumhydroxidlösung eine Natriumacetatlösung, die infolge von Hydrolyse eine basische Lösung ist (➚ S. 527).

Abb. 18 stellt grafisch die Änderung des pH-Wertes in Abhängigkeit vom Volumen der zugegebenen Maßlösung (Natriumhydroxidlösung) bei Salzsäure und Essigsäure verschiedener Konzentration dar. Es ist zu erkennen, dass der Äquivalenzpunkt (der Wendepunkt bei äquivalenter Zugabe der Maßlösung) bei der Essigsäure im alkalischen Bereich liegt (pH = 8,85), während er bei der Salzsäure in den neutralen Bereich (pH = 7) fällt.

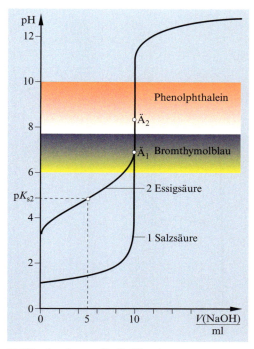

18 Titrationskurven für die Titration von Salzsäure (1) und Essigsäure (2) mit Natronlauge

Auffällig ist bei beiden Kurvenverläufen, dass sich der pH-Wert gerade in der Nähe des Äquivalenzpunkts bei gleichmäßiger Zugabe der Maßlösung sehr stark ändert. Das liegt daran, dass der pH-Wert durch die mathematische Umrechnung des Logarithmus aus der Ionenkonzentration gebildet wird. Es bedarf z. B. für die Änderung des pH-Wertes von 5 auf 6 der Verringerung der Hydronium-Ionen-konzentration von $0,00001\,mol \cdot l^{-1}$ auf $0,000001\,mol \cdot l^{-1}$. Dies geschieht durch Neutralisation von nur $0,000009\,mol \cdot l^{-1}$ Hydronium-Ionen, während für die Änderung des pH-Wertes von 1 auf 2 (entsprechend der Änderung der Hydronium-Ionenkonzentration von $0,1\,mol \cdot l^{-1}$ auf $0,01\,mol \cdot l^{-1}$) $0,09\,mol \cdot l^{-1}$ Hydronium-Ionen „neutralisiert" werden müssen.

Um die Konzentration der Hydronium-Ionen im neutralen Bereich um mehrere Potenzen zu verringern, wird also nicht viel basische Lösung benötigt. Um dies zu verstehen, bietet es sich an, eine solche Titration an einem Beispiel theoretisch durchzurechnen (Beispielrechnung 5). Zur Visualisierung der errechneten Werte empfiehlt es sich, den pH-Wert der Vorlage gegen den Verbrauch der Maßlösung grafisch darzustellen (Abb. 19).

Bei dem Kurvenverlauf zur Titration der Essigsäure fällt ein Wendepunkt bei pH = 4,75 auf (Abb. 18). Dies ist genau der pK_S-Wert der Essigsäure. Aus einer experimentell bestimmten Titrationskurve nicht allzu starker Säuren lässt sich also der pK_S-Wert der titrierten Säure ermitteln. Betrachtet man das Volumen an zugegebener Maßlösung, so tritt der Wendepunkt genau dann auf, wenn halb so viel Essigsäuremoleküle mit Hydroxid-Ionen reagiert haben. Dieser Sachverhalt hat eine besondere Bedeutung und wird im Abschnitt E-6 noch einmal aufgegriffen.

Visuelle Indikation. Das Erreichen bzw. Überschreiten des Äquivalenzpunkts kann durch Indikatoren angezeigt werden (visuelle Indikation). Dabei ist es wichtig zu wissen, in welchem pH-Bereich der Äquivalenzpunkt des Systems liegt. Der pH-Wert des Äquivalenzpunkts sollte möglichst im Bereich des Farbumschlags des gewählten Indikators liegen. Bei der Titration einer schwachen Säure mit einer starken Base sollte ein Indikator gewählt werden, dessen Umschlagsbereich möglichst im leicht basischen Medium liegt.

Beispielrechnung 5
Titration einer Chlorwasserstofflösung
Zu 50 ml einer Lösung von Chlorwasserstoff mit der Konzentration $c(HCl) = 0,01\,mol \cdot l^{-1}$ (Probelösung) wird portionsweise Natriumhydroxidlösung der Konzentration $c(NaOH) = 0,1\,mol \cdot l^{-1}$ (Maßlösung) zugegeben. Tab. 4 und Abb. 19 geben wieder, wie sich die Konzentration der Hydronium-Ionen und damit der pH-Wert der Lösung nach jedem Reagenzzusatz ändert. Erst nahe dem Äquivalenzpunkt, bei etwa 5 ml Zugabe der Natriumhydroxidlösung, ändert sich der pH-Wert der Lösung merklich.

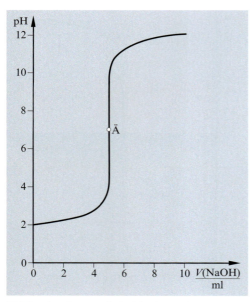

19 Titrationskurve zu Beispielrechnung 5

Tab. 4 Daten zu Beispielrechnung 5

Zugabe Natriumhydroxidlösung in ml	Überschuss Hydronium-Ionen in mmol	Überschuss Hydroxid-Ionen in mmol	Volumen der Lösung in ml	Konzentration Hydronium-Ionen in mol·l^{-1}	pH-Wert
0	0	0,5	50	$1,00 \cdot 10^{-2}$	2
1	0,1	0,4	51	$7,84 \cdot 10^{-3}$	2,11
2	0,2	0,3	52	$5,77 \cdot 10^{-3}$	2,24
3	0,3	0,2	53	$3,77 \cdot 10^{-3}$	2,42
4	0,4	0,1	54	$1,85 \cdot 10^{-3}$	2,73
4,9	0,49	0,01	54,9	$1,82 \cdot 10^{-4}$	3,74
4,99	0,499	0,001	54,99	$1,82 \cdot 10^{-5}$	4,74
4,999	0,4999	0,0001	54,999	$1,82 \cdot 10^{-6}$	5,74
5	0,5	0	0	55	$1,00 \cdot 10^{-7}$	7,00
5,001	0,5001		0,0001	55,001	$5,50 \cdot 10^{-9}$	8,26
5,01	0,501		0,001	55,01	$5,50 \cdot 10^{-10}$	9,26
5,1	0,51		0,01	55,1	$5,51 \cdot 10^{-11}$	10,26
6	0,6		0,1	56	$5,60 \cdot 10^{-12}$	11,25
7	0,7		0,2	57	$2,85 \cdot 10^{-12}$	11,55
8	0,8		0,3	58	$1,93 \cdot 10^{-12}$	11,71
9	0,9		0,4	59	$1,48 \cdot 10^{-12}$	11,83
10	1		0,5	60	$1,20 \cdot 10^{-12}$	11,92

Instrumentelle Indikation – Leitfähigkeitstitration. Die Leitfähigkeitstitration nutzt die Eigenschaft der Ionen, in wässriger Lösung den elektrischen Strom leiten zu können. Leitfähigkeitsprüfer sind zwei gleiche inerte Elektroden, an denen eine Wechselspannung angeschlossen ist. Der Leitfähigkeitsprüfer wird in die Probelösung getaucht. Während der Titration wird die Leitfähigkeit gemessen und gegen den Verbrauch an Maßlösung aufgetragen. Grundlage der Leitfähigkeitstitration ist die Tatsache, dass verschiedene Ionensorten einen unterschiedlichen Beitrag zur Leitfähigkeit des Systems liefern. Während der Titration ändern sich die Konzentrationsverhätnisse der einzelnen Ionensorten und damit auch die Leitfähigkeit. Dies wird am Beispiel der Titration einer Chlorwasserstofflösung mit Natriumhydroxidlösung betrachtet. Bei der Titration läuft folgende bekannte Neutralisationsreaktion ab:

$H_3O^+ + Cl^- + Na^+ + OH^- \rightleftharpoons Na^+ + Cl^- + 2\,H_2O$

Vor Zugabe der Natriumhydroxidlösung liegen nur Hydronium-Ionen und Chlorid-Ionen in der Lösung vor. Bei Zugabe der Natriumhydroxidlösung bilden nun nach und nach Hydronium-Ionen mit Hydroxid-Ionen durch Protolyse Wassermoleküle. Die Anzahl an Ionen im System bleibt dabei gleich. Jedes Hydronium-Ion, das ein Proton an ein Hydroxid-Ion abgibt, wird durch ein Natrium-Ion „ersetzt". Allerdings sind Hydronium-Ionen in wässriger Lösung etwa siebenmal beweglicher als Natrium-Ionen, sodass

↗ B-8 | Komplexometrie

E-5

Protonenübergänge – pH-Werte mathematisch erfasst

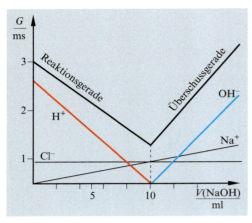

20 Kurvenverlauf einer Leitfähigkeitstitration bei einer Titration von Chlorwasserstofflösung mit Natriumhydroxidlösung

E Donator-Akzeptor-Konzept

↗ B-2 | Eigenschaften der Aminosäuren

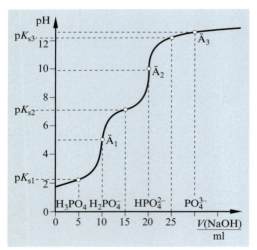

21 Titrationskurve für die Titration von Phosphorsäure mit Natronlauge

bei stetiger Zugabe von Natriumhydroxidlösung die Leitfähigkeit abnimmt.
Bei Überschreiten des Äquivalenzpunkts findet nun keine Neutralisation mehr statt und die Gesamtanzahl an Ionen nimmt mit weiterer Zugabe von Natriumhydroxidlösung zu; die Leitfähigkeit des Systems steigt. Der Äquivalenzpunkt dieser Titration wird also durch den Wert der geringsten Leitfähigkeit bestimmt (Abb. 20).
Die Leitfähigkeitstitration weist Vorteile auf, wenn die Probelösung bereits farbig ist und dadurch eine visuelle Indikation erschwert ist.

Titration mehrwertiger Säuren. Bei der Titration einer mehrwertigen Säure ist für die Endpunktbestimmung zu beachten, dass die Säuremoleküle schrittweise protolysieren. Bei der Titration z. B. einer Phosphorsäurelösung hat die Titrationskurve einen stufenweisen Verlauf (Abb. 21).
Bei dieser Titration entstehen nacheinander Dihydrogenphosphat-, Hydrogenphosphat- und Phosphat-Ionen. Zu Beginn der Titration liegen überwiegend Phosphorsäuremoleküle und Dihydrogenphosphat-Ionen vor. Bei Zugabe von Hydroxid-Ionen werden sukzessive die Phosphorsäuremoleküle deprotolysiert. Der Äquivalenzpunkt $Ä_1$ kennzeichnet das System, an dem beinahe ausschließlich Dihydrogenphosphat-Ionen vorliegen. Am Äquivalenzpunkt $Ä_2$ liegen zum größten Teil Hydrogenphosphat-Ionen vor. Der Äquivalenzpunkt $Ä_3$ weist keinen markanten Sprung auf. Der pH-Wert liegt schon fast im pH-Bereich der Maßlösung.

Wie bei der Essigsäure lassen sich auch hier Wendepunkte im Bereich der pK_S-Werte der einzelnen Protolyseschritte erkennen. Eine so klare stufenweise Titrationskurve erhält man nur, wenn die pK_S-Werte der einzelnen Protolyseschritte weit genug auseinanderliegen. Bei der Titration einer Schwefelsäurelösung mit Natronlauge weist die Titrationskurve nur *einen* pH-Sprung auf.

Resümee

Die Titration ist eine Methode der quantitativen Analyse. Eine Maßlösung mit bekannter Konzentration wird zu einer Probelösung mit unbekannter Konzentration gegeben, bis die Konzentrationen ausgeglichen sind. Über stöchiometrische Umrechnungen können dann Stoffmenge oder Konzentration des gesuchten Stoffes berechnet werden.

Aufgaben

1. Für die Neutralisation von 20 ml einer Natriumhydroxidlösung werden 22 ml einer Chlorwasserstofflösung ($c = 0,1 \text{ mol} \cdot \text{l}^{-1}$) benötigt.
   a) Bestimmen Sie die Konzentration der Natriumhydroxidlösung.
   b) Nennen Sie einen Indikator, der sich für diese Titration eignet.
   c) Welche Menge einer Schwefelsäurelösung ($c = 0,1 \text{ mol} \cdot \text{l}^{-1}$) wäre für die Neutralisation erforderlich? Begründen Sie Ihre Antwort.
2. Für die Neutralisation von 50 ml einer Essigsäurelösung werden 13,4 ml einer Natriumhydroxidlösung ($c = 0,2 \text{ mol} \cdot \text{l}^{-1}$) verbraucht.
   a) Bestimmen Sie die Konzentration der Essigsäurelösung.
   b) Ist der pH-Wert am Umschlagspunkt größer, kleiner oder gleich 7? Begründen Sie Ihre Antwort.

Puffersysteme weisen den pH-Wert in seine Schranken

Wird nur eine geringe Menge Chlorwasserstofflösung zu destilliertem Wasser gegeben, so ruft dies eine große Änderung des pH-Wertes hervor (Beispielrechnung 1). Umso erstaunlicher ist es, dass das Blut des menschlichen Körpers einen recht konstanten pH-Wert von 7,4 aufweist, obwohl durch chemische Reaktionen des Stoffwechsels Säuren und Basen an das Blut abgegeben werden. Ein konstanter pH-Wert in Systemen des menschlichen Körpers ist von enormer Bedeutung für die Stoffwechselvorgänge, da beispielsweise nur in diesem Bereich Enzyme wie Trypsin ihre volle Wirkung erreichen (Abb. 1). Trypsin zeigt bei pH = 6,4 ein Maximum der katalytischen Aktivität. Bei einer pH-Wert-Verschiebung um 1 beträgt die Aktivität nur noch zwei Drittel des Optimums.

Für den konstanten pH-Wert im Blut sorgt ein System aus mehreren Stoffen, das als **Puffer** bezeichnet wird. In der Chemie werden häufig konstante pH-Werte benötigt, z. B. in der Industrie (Galvanisieren, Fotografie) oder in der analytischen Chemie (komplexometrische Titration). Auch hier werden Puffer verwendet (Exkurs 2). In diesem Abschnitt wird die Wirkungsweise eines Puffers beschrieben.

Beispielrechnung 1
Ungepufferte Systeme
Es werden 0,001 mol Chlorwasserstoff in 1 l destilliertem Wasser gelöst. Wie verändert sich der pH-Wert?

Gesucht: pH(Chlorwasserstofflösung)

Gegeben: $c(H_3O^+) = 0{,}001 \text{ mol} \cdot l^{-1}$

$$pH = -\lg \frac{c(H_3O^+)}{\text{mol} \cdot l^{-1}}$$

Lösung: $pH = -\lg 0{,}001 = -\lg 10^{-3} = 3$

Der pH-Wert ändert sich von 7 auf 3.

Pufferlösungen. Ein Puffer ist eine Lösung, die trotz Zugabe einer starken Säure oder Base (bzw. deren wässriger Lösung) den pH-Wert in gewissen Grenzen stabilisiert.
Eine Pufferlösung besteht meist aus der wässrigen Lösung einer schwachen bis mittelstarken Säure oder Base und einem Salz mit ihrem korrespondierenden Rest-Ion in etwa gleicher Konzentration.

Ein Beispiel für eine Pufferlösung ist eine Lösung, die Essigsäure und Natriumacetat in gleicher Konzentration enthält.
Wird diesem System eine Säure hinzugefügt, reagieren die Hydronium-Ionen mit Acetat-Ionen, bis sich das gestörte Gleichgewicht neu eingestellt hat. Die Hydronium-Ionen werden also weitgehend gebunden, der pH-Wert sinkt nur wenig.

$$H_3O^+ + CH_3COO^- \rightleftharpoons H_2O + CH_3COOH$$

12.2 | Die Mundhöhle, ein Chemielabor en miniature

E-6

Puffersysteme weisen den pH-Wert in seine Schranken

D-7 | Puffersysteme – Gleichgewichtsreaktionen stabilisieren den pH-Wert

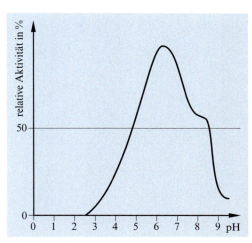

1 Wirksamkeit des Enzyms Trypsin in Abhängigkeit vom pH-Wert

Exkurs 1
Wie eine Eisenbahnfahrt zur Namensgebung inspirierte

Ende des 19. Jahrhunderts verreiste man am liebsten mit der Eisenbahn. So fuhr auch der Brauereibesitzer FERNBACH mit dem Zug zu einem Chemiekongress. Wie manche erfolgreiche Naturwissenschaftler seiner Zeit betrieb er die Wissenschaft nur im „Nebenberuf". Er hatte festgestellt, dass manche Lösungen trotz Zugabe von Säure und Base ihren „Säuregrad" – der pH-Wert war noch nicht gefunden – nicht ändern. Über diese Erscheinung wollte er auf dem Kongress einen Vortrag halten, er suchte aber noch nach einem treffenden Namen für diese Lösungen.

Da fielen ihm die Puffer der Eisenbahnwagen auf, die trotz gelegentlicher Stöße den Abstand der Wagen nahezu konstant halten, und er übertrug dieses mechanische Analogon auf die Chemie der von ihm untersuchten Lösungen.
FERNBACHS Namensgebung muss die Chemikerinnen und Chemiker überzeugt haben, denn die Bezeichnung Puffer wurde in wörtlicher Übersetzung ihrer chemischen wie eisenbahntechnischen Bedeutung in die englische, französische und fast alle anderen Sprachen übernommen und ist bis heute unverändert geblieben.

Donator-Akzeptor-Konzept

Die durch eine zugefügte Base vermehrt vorhandenen Hydroxid-Ionen reagieren mit Essigsäuremolekülen. Die ursprüngliche Hydronium-Ionenkonzentration und damit der pH-Wert verändern sich nur unwesentlich.

$$OH^- + CH_3COOH \rightleftharpoons H_2O + CH_3COO^-$$

Ein Essigsäure-Acetat-Puffer besitzt anfangs einen pH-Wert von 4,75. Trotz Zugabe von Natriumhydroxid- oder Chlorwasserstofflösung ändert sich der pH-Wert – ganz im Gegensatz zu einer ungepufferten Lösung – nur unwesentlich. Ein vergleichbarer Verlauf ist auch der Titrationskurve einer Essigsäurelösung zu entnehmen (↗ S. 541). Beim ersten Wendepunkt der Kurve (bei Zugabe von 5 ml Natronlauge) liegen Essigsäure und Natriumacetat im Verhältnis 1:1 vor. Der Kurvenverlauf links von diesem Wendepunkt entspräche einer Zugabe von Hydronium-Ionen, der Kurvenverlauf rechts davon einer Zugabe von Hydroxid-Ionen. Der pH-Wert ändert sich zu beiden Seiten über einen größeren Bereich nur wenig.

Auch der Verlauf der Kurve zur Titration von Phosphorsäure (↗ S. 544) weist um die pK_S-Werte Pufferbereiche auf. Beim ersten pK_S-Wert liegt das Puffersystem $H_3PO_4/H_2PO_4^-$ im Konzentrationsverhältnis 1:1 vor, beim zweiten pK_S-Wert das Puffersystem $H_2PO_4^-/HPO_4^{2-}$.

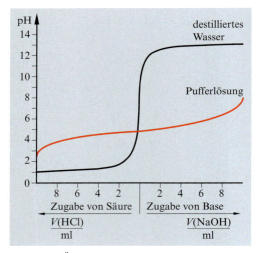

2 pH-Wert-Änderung bei Zugabe von Säure oder Base zu einer gepufferten und einer ungepufferten Lösung

↗ D-5 | Das Massenwirkungsgesetz

Konzentrationsabhängigkeit des pH-Wertes von Pufferlösungen. Der pH-Wert einer Pufferlösung lässt sich über das Massenwirkungsgesetz berechnen. Dabei wird das einfache System der Protolyse einer Brönsted-Säure betrachtet.

$$HA + H_2O \rightleftharpoons H_3O^+ + A^-$$

$$K_S = \frac{c(H_3O^+) \cdot c(A^-)}{c(HA)}$$

$$c(H_3O^+) = K_S \cdot \frac{c(HA)}{c(A^-)}$$

Exkurs 2
Puffer in der Fotografie

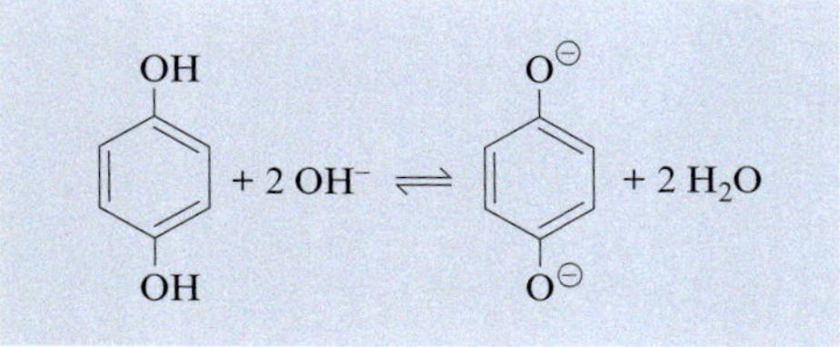

3 Protolyse des Hydrochinons

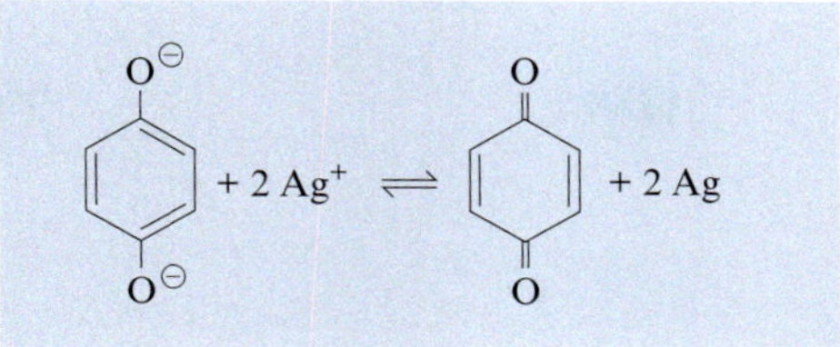

4 Reduktion von Silber-Ionen

Die Herstellung eines Fotos aus einem Negativfilm besteht aus mehreren Arbeitsschritten, bei denen verschiedene chemische Vorgänge, auch Redoxreaktionen, ablaufen (Belichtung des Fotopapiers, Entwicklung, Fixierung). Beispielsweise werden bei der Schwarz-Weiß-Fotografie Silber-Ionen reduziert und Teilchen der Entwicklersubstanzen oxidiert. Als Entwicklersubstanz wird z. B. Hydrochinon verwendet. Hydrochinonmoleküle können Protonen abgeben, sodass Hydrochinon-Anionen entstehen. Diese reduzieren dann die Silber-Ionen.

Insgesamt werden dabei ständig Hydroxid-Ionen verbraucht, was ein Sinken des pH-Wertes zur Folge hätte. Dies wäre aber ungünstig, weil dann immer weniger Hydrochinon-Anionen zur Verfügung ständen. Daher wird dem System eine Substanz (z. B. Natriumcarbonat Na_2CO_3) zugesetzt, die zum einen eine Base ist und zum anderen eine Pufferwirkung hat:
Die aus der Protolyse des Hydrochinons hervorgehenden Wassermoleküle reagieren mit den Carbonat-Ionen.

$$CO_3^{2-} + H_2O \rightleftharpoons OH^- + HCO_3^-$$

E-6

Puffersysteme weisen den pH-Wert in seine Schranken

Durch Bildung des negativen dekadischen Logarithmus erhalten wir die **Henderson-Hasselbalch-Gleichung**.

$$pH = pK_S + \lg \frac{c(A^-)}{c(HA)}$$

Diese Gleichung ist grundlegend für die Berechnung des pH-Wertes einer Pufferlösung. Aus ihr ist leicht zu ersehen, dass der pH-Wert einer Pufferlösung gleich dem pK_S-Wert der eingesetzten Säure ist, wenn die Konzentrationen der Säure und der korrespondierenden Base gleich sind.

Soll also eine Pufferlösung bestimmten pH-Wertes hergestellt werden, ist eine schwache Säure oder Base zu wählen, deren pK_S-Wert in der Nähe des gewünschten pH-Wertes liegt. Durch die Wahl des Verhältnisses von $c(HA)$ und $c(A^-)$ kann der genaue pH-Wert festgelegt werden.

Beispielrechnung 2
Wirkung eines Puffersystems

Eine Pufferlösung von 100 ml enthält Essigsäure der Konzentration $c(CH_3COOH) = 1\,mol \cdot l^{-1}$ und Natriumacetat der Konzentration $c(CH_3COONa) = 1\,mol \cdot l^{-1}$. Der pK_S-Wert von Essigsäure beträgt 4,75.

E

Donator-
Akzeptor-
Konzept

Aufgaben

1. Im Blut ist ein Puffersystem aus Kohlensäure und Hydrogencarbonat für den konstanten pH-Wert von 7,4 verantwortlich. Formulieren Sie die Reaktionsgleichungen für die Zugabe einer sauren und einer basischen Lösung zu diesem System.

2. 500 ml einer Pufferlösung enthalten 1 mol Essigsäure sowie 1 mol Natriumacetat. Bestimmen Sie den pH-Wert des Puffers.
Berechnen Sie die Veränderung des pH-Wertes bei Zugabe von 100 ml einer 1-molaren Chlorwasserstofflösung.
Welchen pH-Wert hätte die Lösung, würde anstatt des Puffers nur destilliertes Wasser vorliegen?

a) Wie groß ist der pH-Wert der Pufferlösung?

Gegeben:
$c(CH_3COOH) = 1 \, mol \cdot l^{-1}$
$c(CH_3COO^-) = 1 \, mol \cdot l^{-1}$
$pK_S(CH_3COOH) = 4,75$

$$pH = pK_S + lg \, \frac{c(CH_3COO^-)}{c(CH_3COOH)}$$

Lösung:
$pH = 4,75 + lg \, 1 = 4,75 = pK_S$

b) Berechnen Sie die pH-Wert-Änderung für den Fall, dass der Pufferlösung 10 ml Chlorwasserstofflösung mit der Konzentration $c = 0,1 \, mol \cdot l^{-1}$ zugegeben werden.

Lösung:
Vor der Säurezugabe beträgt die Stoffmenge der Acetat-Ionen:
$n(CH_3COO^-) = c \cdot V = 0,1 \, mol$.
Die Stoffmenge der zugegebenen Säure ist: $n(HCl) = 0,001 \, mol$.
Nach der Säurezugabe beträgt die Stoffmenge der Acetat-Ionen also $n(CH_3COO^-) = 0,099 \, mol$ und die Stoffmenge der Essigsäuremoleküle $n(CH_3COOH) = 0,101 \, mol$.
Das Volumen der Lösung liegt nach der Zugabe bei $V = 110 \, ml$. Daraus ergeben sich die folgenden Konzentrationen:

$$c(CH_3COO^-) = \frac{0,099 \, mol}{110 \, ml} = 0,9 \, mol \cdot l^{-1}$$

$$c(CH_3COOH) = \frac{0,101 \, mol}{110 \, ml} = 0,918 \, mol \cdot l^{-1}$$

Einsetzen in die Henderson-Hasselbalch-Gleichung ergibt:

$$pH = 4,75 + lg \, \frac{0,9 \, mol \cdot l^{-1}}{0,918 \, mol \cdot l^{-1}} = 4,74$$

c) Wie stark würde sich der pH-Wert ändern, wenn Sie 10 ml der obigen Chlorwasserstofflösung zu 100 ml destilliertem Wasser geben würden?

Lösung:
$c(H_3O^+) = c(\text{Chlorwasserstofflösung}) = 0,001 \, mol \cdot (0,11 \, l)^{-1}$
$\quad = 0,0091 \, mol \cdot l^{-1}$
$pH = -lg \, \{c(H_3O^+)\}$
$pH = -lg \, 0,0091$
$pH = 2,04$

Der pH-Wert würde sich in dieser ungepufferten Lösung also viel stärker ändern.

Pufferkapazität. Ein Puffersystem kann nicht beliebig viel Hydronium- oder Hydroxid-Ionen abpuffern. Abb. 2 zeigt ein Beispiel, bei dem nach Zugabe von etwa 8 ml Natronlauge die Änderung des pH-Wertes stark zunimmt. An dieser Stelle sind praktisch keine Essigsäuremoleküle mehr vorhanden, sondern fast nur noch Acetat-Ionen. Die Pufferkapazität, also die Menge an Säure oder Base, die ein Puffer verkraftet, ohne dass der Pufferbereich überschritten wird, ist ein wichtiges Charakteristikum eines Puffers.

Aus Pufferungskurven wie in Abb. 2 können auch die pH-abhängigen Existenzbereiche der Partner korrespondierender Säure-Base-Paare abgelesen werden. So liegt bei pH < 3 das Paar Essigsäure/Acetat-Ion fast ausschließlich in Form von Essigsäure vor, Acetat-Ionen sind nahezu nicht vorhanden. Bei pH > 7 sind umgekehrt praktisch nur Acetat-Ionen und kaum Essigsäuremoleküle vorhanden. Zwischen pH = 3 und pH = 7 liegen beide Teilchenarten bzw. eine puffernde Lösung vor.

Exkurs 3
Instrumentelle pH-Wert-Messung mit Glaselektroden

Mithilfe von Glaselektroden lassen sich pH-Werte in wässrigen Lösungen unkompliziert und recht genau bestimmen. Die Glaselektrode ist gleichzeitig ein schönes Beispiel für das Ineinandergreifen von Erkenntnissen aus verschiedenen Bereichen des Donator-Akzeptor-Konzepts.

Das Prinzip dieser instrumentellen pH-Wert-Messung beruht darauf, dass sich an einer Glasmembran, die die Probelösung von einer Lösung mit konstanter Hydroniumion-Ionen-Konzentration (konstantem pH-Wert) trennt, ein Redoxpotenzial ausbildet. Dieses Potenzial wird mit einer Elektrode gemessen und zu einer Vergleichselektrode in Bezug gesetzt. Aus der Potenzialdifferenz kann auf den pH-Wert in der Probelösung geschlossen werden.

Aufbau einer Glaselektrode: Glaselektroden sind so genannte Einstabmessketten: Beide Halbzellen – mit der Mess- und mit der Vergleichselektrode – sind in einem Bauteil vereint (Abb. 5). Im Innern befindet sich die Halbzelle mit der Messelektrode, das untere Ende dieser Halbzelle bildet die Glasmembran. Die Halbzelle wird von einem Glasmantel umschlossen, in dem sich die Vergleichselektrode befindet. Beide Elektroden sind in der Regel Silber-Silberchlorid-Elektroden (mit Silberchlorid überzogene Silberdrähte). Als Elektrolyt dienen Kaliumchloridlösungen. Für einen konstanten pH-Wert an der Messelektrode ist die Lösung gepuffert. Dazu dient z. B. ein Phosphatpuffer, der einen pH-Wert von 7 gewährleistet. Ein Diaphragma, ein in die Glaswand eingeschmolzener poröser Keramikstift, stellt eine ionisch leitende Verbindung zur Probelösung her und schließt somit den Stromkreis.

Prinzip der Messung: Glaselektroden werden so eingestellt, dass die Potenzialdifferenz bei pH = 7 zwischen Messelektrode und Vergleichselektrode $\Delta E = 0$ V beträgt. Ist der pH-Wert der Probelösung kleiner oder größer als 7, bildet sich an der Glasmembran ein neues Redoxpotenzial aus, was sich auf die Potenzialdifferenz zwischen beiden Elektroden auswirkt. Häufig ist das pH-Meter schon so eingestellt, dass es diese Differenz in den pH-Wert der Probelösung umrechnet und diesen anzeigt.

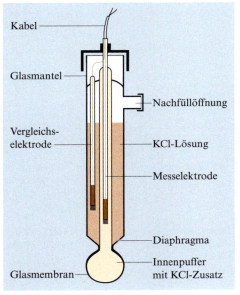

5 Schema einer Glaselektrode

E-6

Puffersysteme weisen den pH-Wert in seine Schranken

Resümee

Durch die Kombination einer schwachen bis mittelstarken Säure oder Base und einem Salz mit ihrem korrespondierenden Rest-Ion in etwa gleicher Konzentration in wässriger Lösung erhält man eine Pufferlösung, die trotz Zugabe von Säure oder Base den pH-Wert in gewissen Bereichen nahezu konstant hält. Mit der Puffergleichung nach Henderson-Hasselbalch lässt sich das Konzentrationsverhältnis der Bestandteile einer Pufferlösung für einen bestimmten pH-Wert berechnen.

Donator-Akzeptor-Konzept im Überblick

Vergleich der beiden Teilkonzepte

	Elektronenübergänge	**Protonenübergänge**
Reaktionen	Redoxreaktion	Säure-Base-Reaktion nach BRÖNSTED (Protolyse)
Teilreaktionen	– Elektronenabgabe (Oxidation) – Elektronenaufnahme (Reduktion)	– Protonenabgabe – Protonenaufnahme
Donator	Reduktionsmittel	Brönsted-Säure
Akzeptor	Oxidationsmittel	Brönsted-Base
korrespondierendes … (konjugiertes …)	Redoxpaar: $Red \rightleftharpoons Ox + z\,e^-$	Säure-Base-Paar: $HA \rightleftharpoons A^- + H^+$
Relativierung	Teilchen können je nach Versuchsbedingungen und je nach Reaktionspartnern mal als Donator und mal als Akzeptor wirken.	
Einbezug des Gleichgewichtskonzepts	Elektronenübergänge verlaufen nicht vollständig. Es stellt sich zwischen den korrespondierenden Redoxpaaren ein chemisches Gleichgewicht ein.	Gegenüber Wassermolekülen wirken die Teilchen einer Säure oder Base in unterschiedlichem Ausmaß als Protonendonatoren oder -akzeptoren. Je nach Ausmaß des Protonenübergangs werden starke von schwachen Säuren bzw. Basen unterschieden.
Quantifizierung	Redoxpotenziale (Standardpotenziale)	Säure- bzw. Basekonstante
Vorhersage einer Reaktion	Der Ablauf eines beliebigen Elektronenübergangs ist durch die Differenz der Potenziale bestimmt.	Der Vergleich der Säure- oder Basekonstanten erlaubt eine Vorhersage des Protonenübergangs.
Quantifizierung von Systemen außerhalb der Standardbedingungen	Redoxpotenziale, Nernst-Gleichung: $E = E^0 + \dfrac{0{,}059\,\text{V}}{z} \cdot \lg \dfrac{c(Ox)}{c(Red)}$	pH-Werte, Pufferformel nach HENDERSON-HASSELBALCH: $pH = pK_S + \lg \dfrac{c(A^-)}{c(HA)}$

Donator-Akzeptor-Konzept

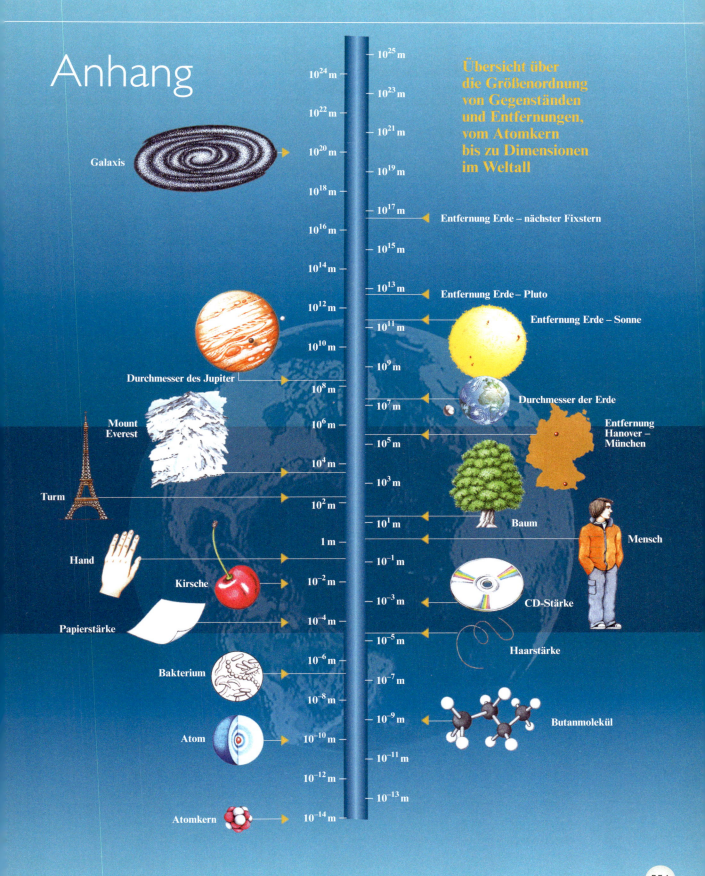

Gefahrensymbole, Gefahrenhinweise

Gefahrensymbole, Kennbuchstaben und Gefahrenbezeichnungen (Auswahl)

Die Gefahrenbezeichnungen werden durch die R-Sätze für die einzelnen Stoffe präzisiert (↗ unten).

Giftige Stoffe (sehr giftige Stoffe T+) verursachen durch Einatmen, Verschlucken oder Aufnahme durch die Haut meist erhebliche Gesundheitsschäden oder gar den Tod.
T *Was tun?* Nicht direkt berühren! Unwohlsein sofort dem Lehrer melden!

Gesundheitsschädliche Stoffe können durch Einatmen, Verschlucken oder Aufnahme durch die Haut gesundheitsschädigend wirken.
Xn *Was tun?* Nicht direkt berühren! Unwohlsein sofort dem Lehrer melden!

Ätzende Stoffe zerstören das Hautgewebe oder die Oberfläche von Gegenständen.
C *Was tun?* Berührung mit der Haut, Augen und Kleidung vermeiden! Dämpfe nicht einatmen!

Reizende Stoffe haben Reizwirkung auf Haut, Augen und Atmungsorgane.
Xi *Was tun?* Berührung mit Haut, Augen und Atmungsorganen vermeiden! Nicht einatmen!

Leicht entzündliche Stoffe (hochentzündliche Stoffe F+) entzünden sich von selbst an heißen Gegenständen. Zu ihnen gehören selbstentzündliche Stoffe, leicht entzündliche gasförmige Stoffe, brennbare Flüssigkeiten und Stoffe, die mit Feuchtigkeit brennbare Gase bilden.
F *Was tun?* Vorsicht beim Umgang mit offenen Flammen und Wärmequellen! Keine Berührung mit brandfördernden Stoffen!

Brandfördernde Stoffe können brennbare Stoffe entzünden oder ausgebrochene Brände fördern.
O *Was tun?* Kontakt mit brennbaren Stoffen vermeiden!

Explosionsgefährliche Stoffe können unter bestimmten Bedingungen explodieren.
E *Was tun?* Schlag, Stoß, Reibung, Funkenbildung und Hitzeeinwirkung vermeiden!

Umweltgefährliche Stoffe sind sehr giftig, giftig oder schädlich für Wasserorganismen und können in Gewässern längerfristig schädliche Wirkungen haben. In der nichtaquatischen Umwelt sind sie giftig für Pflanzen, Tiere, Bodenorganismen und Bienen, können auf die Umwelt längerfristig schädliche Wirkungen haben und für die Ozonschicht gefährlich sein.
N *Was tun?* Freisetzung der Stoffe in die Umwelt vermeiden, Stoffe der Problemabfallentsorgung zuführen!

Gefahrenhinweise (R-Sätze)

R 1	In trockenem Zustand explosionsgefährlich
R 2	Durch Schlag, Reibung, Feuer oder andere Zündquellen explosionsgefährlich
R 3	Durch Schlag, Reibung, Feuer oder andere Zündquellen besonders explosionsgefährlich
R 4	Bildet hochempfindliche explosionsgefährliche Metallverbindungen
R 5	Beim Erwärmen explosionsfähig
R 6	Mit und ohne Luft explosionsfähig
R 7	Kann Brand verursachen
R 8	Feuergefahr bei Berührung mit brennbaren Stoffen
R 9	Explosionsgefahr bei Mischung mit brennbaren Stoffen
R 10	Entzündlich
R 11	Leicht entzündlich
R 12	Hochentzündlich
R 14	Reagiert heftig mit Wasser
R 15	Reagiert mit Wasser unter Bildung hochentzündlicher Gase
R 16	Explosionsgefährlich in Mischung mit brandfördernden Stoffen
R 17	Selbstentzündlich an der Luft
R 18	Bei Gebrauch Bildung explosionsfähiger / leicht entzündlicher Dampf-Luft-Gemische möglich
R 19	Kann explosionsfähige Peroxide bilden
R 20	Gesundheitsschädlich beim Einatmen
R 21	Gesundheitsschädlich bei Berührung mit der Haut
R 22	Gesundheitsschädlich beim Verschlucken
R 23	Giftig beim Einatmen
R 24	Giftig bei Berührung mit der Haut
R 25	Giftig beim Verschlucken
R 26	Sehr giftig beim Einatmen
R 27	Sehr giftig bei Berührung mit der Haut
R 28	Sehr giftig beim Verschlucken
R 29	Entwickelt bei Berührung mit Wasser giftige Gase
R 30	Kann bei Gebrauch leicht entzündlich werden
R 31	Entwickelt bei Berührung mit Säure giftige Gase
R 32	Entwickelt bei Berührung mit Säure sehr giftige Gase
R 33	Gefahr kumulativer Wirkungen
R 34	Verursacht Verätzungen
R 35	Verursacht schwere Verätzungen
R 36	Reizt die Augen
R 37	Reizt die Atmungsorgane
R 38	Reizt die Haut
R 39	Ernste Gefahr irreversiblen Schadens
R 40	Verdacht auf krebserzeugende Wirkung
R 41	Gefahr ernster Augenschäden
R 42	Sensibilisierung durch Einatmen möglich
R 43	Sensibilisierung durch Hautkontakt möglich
R 44	Explosionsgefahr bei Erhitzen unter Einschluss
R 45	Kann Krebs erzeugen
R 46	Kann vererbbare Schäden verursachen
R 48	Gefahr ernster Gesundheitsschäden bei längerer Exposition
R 49	Kann Krebs erzeugen beim Einatmen
R 50	Sehr giftig für Wasserorganismen
R 51	Giftig für Wasserorganismen
R 52	Schädlich für Wasserorganismen
R 53	Kann in Gewässern längerfristig schädliche Wirkungen haben
R 54	Giftig für Pflanzen
R 55	Giftig für Tiere
R 56	Giftig für Bodenorganismen
R 57	Giftig für Bienen
R 58	Kann längerfristig schädliche Wirkungen auf die Umwelt haben
R 59	Gefährlich für die Ozonschicht
R 60	Kann die Fortpflanzungsfähigkeit beeinträchtigen
R 61	Kann das Kind im Mutterleib schädigen
R 62	Kann möglicherweise die Fortpflanzungsfähigkeit beeinträchtigen
R 63	Kann das Kind im Mutterleib möglicherweise schädigen
R 64	Kann Säuglinge über die Muttermilch schädigen
R 65	Gesundheitsschädlich: kann beim Verschlucken Lungenschäden verursachen
R 66	Wiederholter Kontakt kann zu spröder und rissiger Haut führen
R 67	Dämpfe können Schläfrigkeit und Benommenheit verursachen
R 68	Irreversibler Schaden möglich

Kombination der R-Sätze (Auswahl)

R 14/15	Reagiert heftig mit Wasser unter Bildung hochentzündlicher Gase
R 20/22	Gesundheitsschädlich beim Einatmen und Verschlucken
R 20/21/22	Gesundheitsschädlich beim Einatmen, Verschlucken und bei Berührung mit der Haut
R 21/22	Gesundheitsschädlich bei Berührung mit der Haut und beim Verschlucken
R 23/25	Giftig beim Einatmen und beim Verschlucken
R 23/24/25	Giftig beim Einatmen, Verschlucken und bei Berührung mit der Haut
R 24/25	Giftig bei Berührung mit der Haut und beim Verschlucken
R 36/37	Reizt die Augen und die Atmungsorgane
R 36/38	Reizt die Augen und die Haut
R 36/37/38	Reizt die Augen, Atmungsorgane und die Haut
R 50/53	Sehr giftig für Wasserorganismen, kann in Gewässern längerfristig schädliche Wirkungen haben
R 51/53	Giftig für Wasserorganismen, kann in Gewässern längerfristig schädliche Wirkungen haben
R 52/53	Schädlich für Wasserorganismen, kann in Gewässern längerfristig schädliche Wirkungen haben

Sicherheitsratschläge (S-Sätze)

S 1   Unter Verschluss aufbewahren
S 2   Darf nicht in die Hände von Kindern gelangen
S 3   Kühl aufbewahren
S 4   Von Wohnplätzen fern halten
S 5   Unter ... aufbewahren (geeignete Flüssigkeit vom Hersteller anzugeben)
S 6   Unter ... aufbewahren (inertes Gas vom Hersteller anzugeben)
S 7   Behälter dicht geschlossen halten
S 8   Behälter trocken halten
S 9   Behälter an einem gut gelüfteten Ort aufbewahren
S 12 Behälter nicht gasdicht verschließen
S 13 Von Nahrungsmitteln, Getränken und Futtermitteln fern halten
S 14 Von ... fern halten (inkompatible Substanzen sind vom Hersteller anzugeben)
S 15 Vor Hitze schützen
S 16 Von Zündquellen fern halten – Nicht rauchen
S 17 Von brennbaren Stoffen fern halten
S 18 Behälter mit Vorsicht öffnen und handhaben
S 20 Bei der Arbeit nicht essen und trinken
S 21 Bei der Arbeit nicht rauchen
S 22 Staub nicht einatmen
S 23 Gas/Rauch/Dampf/Aerosol nicht einatmen (geeignete Bezeichnung[en] vom Hersteller anzugeben)
S 24 Berührung mit der Haut vermeiden
S 25 Berührung mit den Augen vermeiden
S 26 Bei Berührung mit den Augen sofort gründlich mit Wasser abspülen und Arzt konsultieren
S 27 Beschmutzte, getränkte Kleidung sofort ausziehen
S 28 Bei Berührung mit der Haut sofort abwaschen mit viel ... (vom Hersteller anzugeben)
S 29 Nicht in die Kanalisation gelangen lassen
S 30 Niemals Wasser hinzugießen
S 33 Maßnahmen gegen elektrostatische Aufladungen treffen
S 35 Abfälle und Behälter müssen in gesicherter Weise beseitigt werden
S 36 Bei der Arbeit geeignete Schutzkleidung tragen
S 37 Geeignete Schutzhandschuhe tragen
S 38 Bei unzureichender Belüftung Atemschutzgerät anlegen
S 39 Schutzbrille/Gesichtsschutz tragen
S 40 Fußboden und verunreinigte Gegenstände mit ... reinigen (Material vom Hersteller anzugeben)
S 41 Explosions- und Brandgase nicht einatmen
S 42 Bei Räuchern/Versprühen geeignetes Atemschutzgerät anlegen (geeignete Bezeichnung[en] vom Hersteller anzugeben)
S 43 Zum Löschen ... (vom Hersteller anzugeben) verwenden (wenn Wasser die Gefahr erhöht, anfügen: „Kein Wasser verwenden")
S 45 Bei Unfall oder Unwohlsein sofort Arzt hinzuziehen (wenn möglich, dieses Etikett vorzeigen)
S 46 Bei Verschlucken sofort ärztlichen Rat einholen und Verpackung oder Etikett vorzeigen
S 47 Nicht bei Temperatur über ... °C aufbewahren (vom Hersteller anzugeben)
S 48 Feucht halten mit ... (geeignetes Mittel vom Hersteller anzugeben)
S 49 Nur im Originalbehälter aufbewahren

S 50 Nicht mischen mit ... (vom Hersteller anzugeben)
S 51 Nur in gut gelüfteten Bereichen verwenden
S 52 Nicht großflächig für Wohn- und Aufenthaltsräume verwenden
S 53 Exposition vermeiden – vor Gebrauch besondere Anweisungen einholen
S 56 Dieses Produkt und seinen Behälter der Problemabfallentsorgung zuführen
S 57 Zur Vermeidung einer Kontamination der Umwelt geeigneten Behälter verwenden
S 59 Information zur Wiederverwendung/Wiederverwertung beim Hersteller/Lieferanten erfragen
S 60 Dieses Produkt und sein Behälter sind als gefährlicher Abfall zu entsorgen
S 61 Freisetzung in die Umwelt vermeiden. Besondere Anweisungen einholen/Sicherheitsdatenblatt zurate ziehen
S 62 Bei Verschlucken kein Erbrechen herbeiführen. Sofort ärztlichen Rat einholen und Verpackung oder dieses Etikett vorzeigen
S 63 Bei Unfall durch Einatmen: Verunfallten an die frische Luft bringen und ruhig stellen
S 64 Bei Verschlucken Mund mit Wasser ausspülen (nur wenn Verunfallter bei Bewusstsein ist)

Kombination der S-Sätze (Auswahl)

S 1/2   Unter Verschluss und für Kinder unzugänglich aufbewahren
S 3/7   Behälter dicht geschlossen halten und an einem kühlen Ort aufbewahren
S 3/9   Behälter an einem kühlen, gut gelüfteten Ort aufbewahren
S 3/9/14 An einem kühlen, gut gelüfteten Ort, entfernt von ... aufbewahren (die Stoffe, mit denen Kontakt vermieden werden muss, sind vom Hersteller anzugeben)
S 3/9/14/49 Nur im Originalbehälter an einem kühlen, gut gelüfteten Ort, entfernt von ... aufbewahren (die Stoffe, mit denen Kontakt vermieden werden muss, sind vom Hersteller anzugeben)
S 3/9/49 Nur im Originalbehälter an einem kühlen, gut gelüfteten Ort aufbewahren
S 3/14   An einem kühlen, von ... entfernten Ort aufbewahren (die Stoffe, mit denen Kontakt vermieden werden muss, sind vom Hersteller anzugeben)
S 7/8   Behälter trocken und dicht geschlossen halten
S 7/9   Behälter dicht geschlossen an einem gut gelüfteten Ort aufbewahren
S 7/47   Behälter dicht geschlossen und nicht bei Temperatur über ... °C aufbewahren (vom Hersteller anzugeben)
S 20/21 Bei der Arbeit nicht essen, trinken oder rauchen
S 24/25 Berührung mit den Augen und der Haut vermeiden
S 29/56 Nicht in die Kanalisation gelangen lassen; dieses Produkt und seinen Behälter der Problemabfallentsorgung zuführen
S 36/37 Bei der Arbeit geeignete Schutzhandschuhe und Schutzkleidung tragen
S 36/37/39 Bei der Arbeit geeignete Schutzhandschuhe, Schutzkleidung und Schutzbrille/Gesichtsschutz tragen
S 36/39 Bei der Arbeit geeignete Schutzkleidung und Schutzbrille/Gesichtsschutz tragen
S 37/39 Bei der Arbeit geeignete Schutzhandschuhe und Schutzbrille/Gesichtsschutz tragen

Hinweise zur Arbeit mit Gefahrstoffen

Beim Arbeiten mit Chemikalien sind die geltenden Rechtsvorschriften (Chemikaliengesetz, Gefahrstoffverordnung, Technische Regeln für den Umgang mit Gefahrstoffen, Arbeits- und Unfallschutzvorschriften) einzuhalten. Dies gilt in gleichem Maße für die Entsorgung der beim Arbeiten anfallenden Gefahrstoffabfälle; das grundlegende Gesetz hierfür ist das Kreislaufwirtschafts- und Abfallgesetz.

Alle in diesem Buch bei Experimenten angeführten Gefahrstoffe werden in einer Liste auf den Seiten 555 ff. mit den jeweils zutreffenden R-, S- und E-Sätzen aufgeführt. Die Übersicht zur Entsorgung von Gefahrstoffabfällen auf der folgenden Seite stellt den prinzipiellen Ablauf der Behandlung und des Sammelns bis zur Entsorgung sowie der Übergabe der Gefahrstoffabfälle zur Sondermüllentsorgung dar. Die Behandlung und das Sammeln der Abfälle setzt solide Kenntnisse der Lehrerinnen und Lehrer voraus. Daher kann die Übersicht nur eine Orientierungshilfe sein.

Entsorgung von Gefahrstoffabfällen

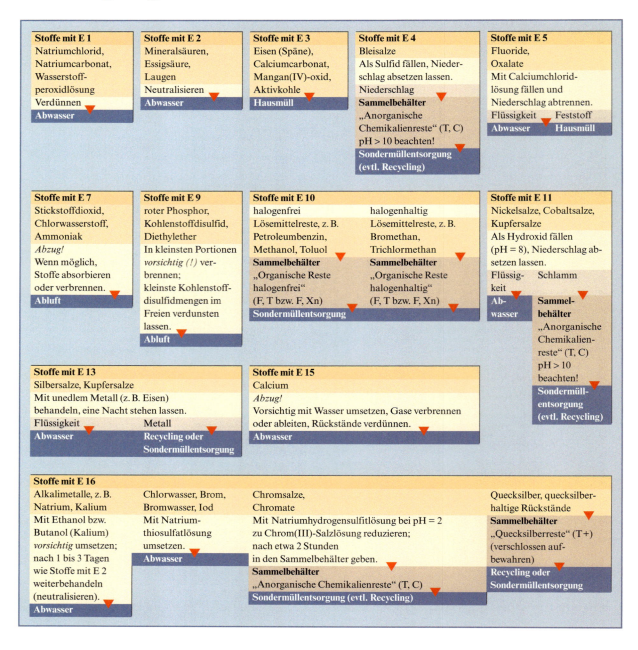

Entsorgungsratschläge (E-Sätze)

- E 1 Verdünnen, in den Ausguss geben (WGK 0 bzw. 1)
- E 2 Neutralisieren, in den Ausguss geben
- E 3 In den Hausmüll geben, gegebenenfalls im Polyethylenbeutel (Stäube)
- E 4 Als Sulfid fällen
- E 5 Mit Calcium-Ionen fällen, dann E 1 oder E 3
- E 6 Nicht in den Hausmüll geben
- E 7 Im Abzug entsorgen
- E 8 Der Sondermüllbeseitigung zuführen (Adresse zu erfragen bei der Kreis- oder Stadtverwaltung), Abfallschlüssel beachten
- E 9 Unter größter Vorsicht in kleinsten Portionen reagieren lassen (z. B. offen im Freien verbrennen)
- E 10 In gekennzeichneten Behältern sammeln:
  1. „Organische Abfälle – halogenhaltig"
  2. „Organische Abfälle – halogenfrei"
  dann E 8
- E 11 Als Hydroxid fällen (pH = 8), den Niederschlag zu E 8
- E 12 Nicht in die Kanalisation gelangen lassen (S-Satz S 29)
- E 13 Aus der Lösung mit unedlem Metall (z. B. Eisen) als Metall abscheiden (E 14, E 3)
- E 14 Recycling-geeignet (Redestillation oder einem Recyclingunternehmen zuführen)
- E 15 Mit Wasser vorsichtig umsetzen, frei werdende Gase absorbieren oder ins Freie ableiten
- E 16 Entsprechend den speziellen Ratschlägen für die Beseitigungsgruppen beseitigen

Liste von Gefahrstoffen

Stoff	Kenn-buchstabe	R-Sätze	S-Sätze	E-Sätze
Aceton (Propanon)	F, Xi	11-36-66-67	(2)-9-16-26	1-10-14
Acetylsalicylsäure	Xn	22		1-10-12
Adipinsäure	Xi	36	(2)	1
Aluminiumchlorid-6-Wasser	C	34	(1/2)-7/8-28-45	2
Aluminiumpulver, phlegmatisiert	F	10-15	(2)-7/8-43	3
Ameisensäure (Methansäure) $w \geq 90\%$	C	35	(1/2)-23-26-45	1-10
Ameisensäure $2\% \leq w < 10\%$	Xi	36/38	(2)-23-26	1
Amidosulfonsäure	Xi	36/38-52/53	(2)-26-28-61	2
Ammoniak, wasserfrei	T, N	10-23-34-50	(1/2)-9-16-26-36/37/39-45-61	2-7
Ammoniaklösung $10\% \leq w < 25\%$	C	34	(1/2)-26-36/37/39-45-61	2
Ammoniaklösung $5\% \leq w < 10\%$	Xi	36/37/38	(1/2)-26-36/37/39-45-61	2
Ammoniumchlorid	Xn	22-36	(2)-22	1
Ammoniumperoxodisulfat	O, Xn	8-22-42/43	17-22-24-37-43	2
Ammoniumsulfid	C	10-31-34	26-36/37/39-45	2
Ammoniumthiocyanat (-rhodanid)	Xn	20/21/22-32	(2)-13	1
Anilin (Aminobenzol)	T, N	20/21/22-40-48/23/24/25-50	(1/2)-28-36/37-45-61	10
Antimon(III)-chlorid	C, N	34-51/53	(1/2)-26-45-61	3-14
Asbest	T	45-48/23	53-45	3
Bariumcarbonat	Xn	22	(2)-24-25	1-3
Bariumchlorid-2-Wasser	T	20-25	(1/2)-45	1-3
Bariumchloridlösung $3\% \leq w < 25\%$	Xn	22	(1/2)-45	1
Bariumhydroxid-8-Wasser	C	20/22-34	26-36/37/39-45	1-3
Benzin (Petroleumbenzin)	F, Xn, N	11-38-48/20-51/53-62-65-67	9-16-23-24-33-36/37-61-62	10-12
Benzol	F, T	45-11-48/23/24/25	53-45	10-12
Bernsteinsäure	Xi	36	26	1-10
Blei (bioverfügbar)	T	61-20/22-33-62	53-35-45	8
Blei(II)-chlorid	T, N	61-20/22-33-50/53-62	53-45-60-61	4-8-14
Blei(II)-nitrat	O, T, N	61-8-20/22-33-50/53-62	53-17-45-60-61	4-8-14
Blei(II)-nitratlösung $0,5\% \leq w < 5\%$	T	61-33	53-45	4-8-14
Bleiacetat	T, N	61-33-48/22-50/53-62	53-45-60-61	8-14
Brenzcatechin (1,2-Dihydroxybenzol)	Xn	21/22-36/38	(2)-22-26-37	10
Brom	T+, C, N	26-35-50	(1/2)-7/9-26-45-61	16
Bromwasser, gesättigt $w \approx 3,4\%$	T, Xi	23-24	7/9-26	16

Stoff	Kenn-buchstabe	R-Sätze	S-Sätze	E-Sätze
Bromwasserstoff	C	35-37	(1/2)-7/9-26-45	2
Butan	F	12	(2)-9-16	7
1,4-Butandiol	Xn	22		10
Butanol	Xn	10-22-37/38-41-67	(2)-7/9-13-26-37/39-46	10
Butanon	F, Xi	11-36-66-67	(2)-9-16	10-12
Buttersäure (Butansäure)	C	34	(1/2)-26-36-45	10
Calcium	F	15	(2)-8-24/25-43	15
Calciumcarbid	F	15	(2)-8-43	15-16
Calciumchlorid	Xi	36	(2)-22-24	1
Calciumchlorid-6-Wasser	Xi	36	(2)-22-24	1
Calciumhydroxid	Xi	41	22-24-26-39	2
Calciumoxid	C	34	26-36	2
Chlor	T, N	23-36/37/38-50	(1/2)-9-45-61	16
Chloressigsäure	T, N	25-34-50	(1/2)-23-37-45-61	10-12
Chlorethan (Ethylchlorid)	F+, Xn	12-40-52/53	(2)-9-16-33-36/37-61	7-12
Chlorethen (Vinylchlorid)	F+, T	45-12	53-45	7-12
Chlormethan (Methylchlorid)	F+, Xn	12-40-48/20	(2)-9-16-33	7-12
Chloroform (Trichlormethan)	Xn	22-38-40-48/20/22	(2)-36/37	10-12
Chlorwasser, gesättigt $w \approx 0,7\%$	Xn	20	9-45	16
Chlorwasserstoff, wasserfrei	T, C	23-35	(1/2)-9-26-36/37/39-45	2
Cobalt(II)-chlorid	T, N	49-22-42/43-50/53	(2)-22-53-45-60-61	11-12
Cobaltsalzlösungen $0,1\% \leq w < 25\%$	T	49-42/43	(2)-22-53-45-60-61	11-12
Cyclohexan	F, Xn, N	11-38-50/53-65-67	(2)-9-16-33-60-61-62	10-12
Cyclohexen	F, Xn	11-21/22-65	9-16-33-36/37-62	10-16
Diacetyldioxim (Dimethylglyoxim)	Xn	20/21/22	36/37	10
1,6-Diaminohexan	C	21/22-34-37	(1/2)-22-26-36/37/39-45	10
Dibenzoylperoxid	E, Xi	2-36-43	(2)-3/7-14-36/37/39	16-1-6
Dibrommethan	Xn	20-52/53	(2)-24-61	10-12
Dichlormethan	Xn	40	(2)-23-24/25-36/37	10-12
Dieselöl	T	45	53-45	10-12
Diethylether (Ether)	F+, Xn	12-19-22-66-67	(2)-9-16-29-33	9-10-12
N,N-Dimethylanilin	T, N	23/24/25-40-51/53	(1/2)-28-36/37-45-61	10-12
Diphenylamin	T, N	23/24/25-33-50/53	(1/2)-28-36/37-45-60-61	10-12
Distickstofftetraoxid/Stickstoffdioxid	T+	26-34	(1/2)-9-26-28-36/37/39-45	7
Eisen(II)-sulfatlösung $w \geq 25\%$	Xn	22	24/25	1
Eisen(III)-chlorid-6-Wasser	Xn	22-38-41	26-39	2
Eisen(III)-nitrat-9-Wasser	O, Xi	8-36/38	26	1
Erdöl	T	45	53-45	10-12

Stoff	Kenn-buchstabe	R-Sätze	S-Sätze	E-Sätze
Essigsäure (Ethansäure) $w \geq 90\%$	C	10-35	(1/2)-23-26-45	2-10
Essigsäure (Ethansäure) $25\% \leq w < 90\%$	C	34	(1/2)-23-26-45	2-10
Essigsäure (Ethansäure) $10\% \leq w < 25\%$	Xi	36/38	23-26	2-10
Essigsäureanhydrid	C	10-20/22-34	(1/2)-26-36/37/39-45	2-10
Essigsäureethylester (Ethylacetat)	F, Xi	11-36-66-67	(2)-16-26-33	10-12
Ethanal (Acetaldehyd)	F+, Xn	12-36/37-40	(2)-16-33-36/37	9-10-12-16
Ethandiol (Glykol)	Xn	22	(2)	1-10
Ethanol (Ethylalkohol)	F	11	(2)-7-16	1-10
Ethen (Ethylen)	F+	12	(2)-9-16-33	7
Ethin (Acetylen)	F+	5-6-12	(2)-9-16-33	7
Ethylendiamintetraessigsäure (EDTA)	Xi	36-52/53	61	2
Fehling-Lösung II (Kaliumnatriumtartratlösung, alkalisch)	C	35	(2)-26-27-37/39	2
Heptan	F, Xn, N	11-38-50/53-65-67	(2)-9-16-29-33-60-61-62	10-12
1-Heptanol	Xn	21/22-36	36/37	10
Hexan	F, Xn, N	11-38-48/20-51/53-62-65-67	(2)-9-16-29-33-36/37-61-62	10-12
Hydrochinon (1,4-Dihydroxybenzol)	Xn, N	22-40-41-43-50-68	(2)-26-36/37/39-61	10
Iod	Xn, N	20/21-50	(2)-23-25-61	1-16
Isopentanol	Xn	10-20-37-66	(2)-46	10
Kalium	F, C	14/15-34	(1/2)-5-8-45	6-12-16
Kaliumchlorat	O, Xn	9-20/22	(2)-13-16-27	1-6
Kaliumchromat	T, N	49-46-36/37/38-43-50/53	53-45-60-61	12-16
Kaliumdisulfit	Xi	31-36/37	26	1
Kaliumhydrogensulfat	C	34-37	(1/2)-26-36/37/39-45	2
Kaliumhydroxid (Ätzkali)	C	22-35	(1/2)-26-36/37/39-45	2
Kaliumhydroxidlösung $w \geq 5\%$	C	35	(1/2)-26-36/37/39-45	2
Kaliumhydroxidlösung $2\% \leq w < 5\%$	C	34	(1/2)-26-36/37/39-45	2
Kaliumhydroxidlösung $0,5\% \leq w < 2\%$	Xi	36/38	26	2
Kaliumnitrat	O	8	16-41	1
Kaliumnitrit	O, T, N	8-25-50	(1/2)-45-61	1-16
Kaliumperchlorat	O, Xn	9-22	(2)-13-22-27	1
Kaliumpermanganat	O, Xn, N	8-22-50/53	(2)-60-61	1-6
Kaliumsulfid	C, N	31-34-50	(1/2)-26-45-61	1
Kaliumthiocyanat (-rhodanid)	Xn	20/21/22-32	2-13	1
Kohlenstoffdisulfid (Schwefelkohlenstoff)	F, T	11-36/38-48/23-62-63	(1/2)-16-33-36/37-45	9-10-12

Stoff	Kenn-buchstabe	R-Sätze	S-Sätze	E-Sätze
Kohlenstoffmonooxid	F+, T	61-21-23-48/23	53-45	7
Kristallviolett	Xn, N	22-40-41-50/53	22-26-36/37/39-61	1-10
Kupfer(II)-chlorid-2-Wasser	Xn, N	22-36/38-50/53	22-26-61	11
Kupfer(II)-oxid	Xn	22	22	8-16
Kupfer(II)-sulfat-5-Wasser	Xn, N	22-36/38-50/53	(2)-22-60-61	11
Kupfer(II)-sulfatlösung $w \geq 25\%$	Xn	22-36/38	(2)-22	11
Lithiumchlorid	Xn	22-36/38	24	1
Magnesiumpulver, -späne (phlegmatisiert)	F	11-15	(2)-7/8-43	3
Maleinsäure	Xn	22-36/37/38	(2)-26-28-37	10
Mangan(II)-chlorid-4-Wasser	Xn	22-36/37/38-40-52	26-36/37/39	11
Mangandioxid (Braunstein)	Xn	20/22	(2)-25	3
Methacrylsäuremethylester	F, Xi	11-37/38-43	(2)-24-37-46	10-12
Methanal(Formaldehyd)-lösung $w \geq 25\%$	T	23/24/25-34-40-43	(1/2)-26-36/37/39-45-51	10-12-16
Methanal(Formaldehyd)-lösung $5\% \leq w < 25\%$	Xn	20/21/22-36/37/38-40-43	(1/2)-26-36/37/39-51	1-10
Methanal(Formaldehyd)-lösung $1\% \leq w < 5\%$	Xn	40-43	23-35	1
Methanol (Methylalkohol)	F, T	11-23/24/25-39/23/24/25	(1/2)-7-16-36/37-45	1-10
Methylenblau	Xn	22		1-10
Methylorange	T	25	37-45	10
4-Methyl-2-pentanol	Xi	10-37	(2)-24/25	10
2-Methyl-2-propanol (tert-Butanol)	F, Xn	11-20	(2)-9-16	10
2-Methylpropen	F+	12	(2)-9-16-33	7
Natrium	F, C	14/15-34	(1/2)-5-8-43-45	6-12-16
Natriumcarbonat-10-Wasser	Xi	36	(2)-22-26	1
Natriumdisulfit	Xn	22-31-41	(2)-26-39-46	1
Natriumdithionit	Xn	7-22-31	(2)-7/8-26-28-43	1
Natriumdodecylsulfat	F, Xn	11-21/22-36/37/38	26-36/37	10
Natriumfluorid	T	25-32-36/38	(1/2)-22-36-45	5
Natriumfluoridlösung $3\% \leq w < 20\%$	Xn	22-32	22-36-45	5
Natriumhydroxid (Ätznatron)	C	35	(1/2)-26-37/39-45	2
Natriumhydroxidlösung $w \geq 5\%$	C	35	(1/2)-26-37/39-45	2
Natriumhydroxidlösung $2\% \leq w < 5\%$	C	34	(1/2)-26-37/39-45	1
Natriumhydroxidlösung $0,5\% \leq w < 2\%$	Xi	36/38	28	1
Natriumnitrit	O, T, N	8-25-50	(1/2)-45-61	1-16
Natriumperchlorat	O, Xn	9-22	(2)-13-22-27	1

Stoff	Kenn-buchstabe	R-Sätze	S-Sätze	E-Sätze
Natriumsulfidlösung $5\% \leq w < 10\%$	Xi	31-36/37/38	(1/2)-26-45	1
Nickel(II)-sulfat	Xn, N	22-40-42/43-50/53	(2)-22-36/37-60-61	11-12
Nickel(II)-sulfatlösung $1\% \leq w < 10\%$	Xn	42/43	(2)-36/37-61	11-12
Nicotin	T+, N	25-27-51/53	(1/2)-36/37-45-61	10-16
Ninhydrin	Xn	22-36/37/38	26-36	10-12
2-Nitrobenzaldehyd			24/25	10-12
Octan	F, Xn, N	11-38-50/53-65-67	(2)-9-16-29-33-60-61-62	10-12
Ottokraftstoff, bleifrei	F+, T, N			
Oxalsäure-2-Wasser	Xn	21/22	(2)-24/25	5
Oxalsäurelösung $w \geq 5\%$	Xn	21/22	(2)-24/25	5
Ozon	O, T+			7
1-Pentanol	Xn	10-20	(2)-24/25	10-14
Perchlorsäure $w \geq 50\%$	O, C	5-8-35	(1/2)-23-36-45	2
Perchlorsäure $10\% \leq w < 50\%$	C	34	23-28-36	2
Phenol	T	24/25-34	(1/2)-28-45	10-12
Phenollösung $5\% \leq w < 10\%$	Xn	21/22-36/38	(2)-28-45	10-12
Phosphor(V)-oxid	C	35	(1/2)-22-26-45	2
Phosphor, rot	F, N	11-16-50	(2)-7-43-61	6-9
Phosphorsäure $w \geq 25\%$	C	34	(1/2)-26-45	2
Phosphorsäure $10\% \leq w < 25\%$	Xi	36/38	25	1
Phthalsäure	Xi	36/37/38	22-24/25	10
Phthalsäureanhydrid	Xn	22-37/38-41-42/43	(2)-23-24/25-26-37/39-46	10
Propan	F+	12	(2)-9-16	7
Propanal	F, Xi	11-36/37/38	(2)-9-16-29	10
Propanol	F, Xi	11-41-67	(2)-7-16-24-26-39	10
Pyrrol	T	10-20-25-41	(2)-26-37/39-45	10
Quecksilber	T, N	23-33-50/53	(1/2)-7-45-60-61	6-12-14-16
Quecksilber(I)-chlorid (Kalomel)	Xn, N	22-36/37/38-50/53	(2)-13-24/25-46-60-61	6-12-16
Resorcin (1,3-Dihydroxybenzol)	Xn, N	22-36/38-50	(2)-26-61	10
Salicylsäure	Xn	22-37/38-41	26-39	2-10
Salpetersäure $w \geq 70\%$	O, C	8-35	(1/2)-23-26-36-45	2
Salpetersäure $20\% \leq w < 70\%$	C	35	(1/2)-23-26-36-27	2
Salpetersäure $5\% \leq w < 20\%$	C	34	(1/2)-23-26-36-27	2

Stoff	Kenn-buchstabe	R-Sätze	S-Sätze	E-Sätze
Salzsäure $w \geq 25\%$	C	34-37	(1/2)-26-45	2
Salzsäure $10\% \leq w < 25\%$	Xi	36/37/38	(2)-28	2
Sauerstoff	O	8	17	
Schwefeldioxid	T	23-34	(1/2)-9-26-36/37/39-45	7
Schwefelsäure $w \geq 15\%$	C	35	(1/2)-26-30-45	2
Schwefelsäure $5\% \leq w < 15\%$	Xi	36/38	(2)-26	2
Schwefelwasserstoff	F+, T+, N	12-26-50	(1/2)-9-16-28-36/37-45-61	2-7
Schwefelwasserstofflösung $1\% \leq w < 5\%$	Xn	20	(1/2)-9-16-28-36/37-45-61	2
Schweflige Säure $0,5\% \leq w < 5\%$	Xi	36/37/38	24-26	2
Silbernitrat	C, N	34-50/53	(1/2)-26-45-60-61	12-13-14
Silbernitratlösung $5\% \leq w < 10\%$	Xi	36/38	(1/2)-26-45	12-13-14
Stickstoffmonooxid	T+	26-37	(7/9)-26-36-45	7
Styrol	Xn	10-20-36/38	(2)-23	10-12
Sulfanilsäure	Xi	36/38-43	(2)-24-37	10-16
Tollens Reagens	C	34-36/37/38	(2)-26	
Toluol	F, Xn	11-20	(2)-16-25-29-33	10-12
Wasserstoff	F+	12	(2)-9-16-33	7
Wasserstoffperoxidlösung $w \geq 60\%$	O, C	8-34	(1/2)-3-28-36/39-45	1-16
Wasserstoffperoxidlösung $5\% \leq w < 20\%$	Xi	36/38	(1/2)-28-36/39-45	1
Zinkchlorid	C, N	34-50/53	(1/2)-7/8-28-45-60-61	1-11
Zinksulfat	Xi, N	36/38-50/53	(2)-22-25-60-61	1-11

Register

f. nach der Seitenzahl
bedeutet „und folgende Seite“,
ff. „und folgende Seiten“.

A

α-Aminosäure 303–307, 345
–, Bau 303
–, Eigenschaften 304 f.
α-Strahlung 220, 234
Abfall 116 f.
Abgangsgruppe 332
Abgasnorm 50
Abhängigkeit 168 f.
Ableitelektrode 511
Absorptionsspektrum 318
Acetal 328
Acetatoren 23
Aceton 289
Acetylsalicylsäure 164, 166 f.,
   292
Addition 324
–, elektrophile 326
–, nucleophile 328
–, radikalische 328
Adenin 351
Adenosintriphosphat (ATP)
   462 f.
Adhäsivtechnik 190, 192 f.
Adipinsäure 356
Adsorption 308
Aerosol 50, 64
Aggregatzustand 218
–, Änderungen 426
Akkumulator 88 f., 513
Aktionspotenzial 159, 183
aktivierter Komplex 446
Aktivierungsenergie 51, 448 f.,
   475, 486
Aktivmasse 85, 92
Alanin 303
Albumine 349
Alchimisten 213
Aldehyde 17, 285, 288
Alkali-Mangan-Zelle 513
Alkane 44, 47 f., 273 ff.
–, chemische Eigenschaften
   274
–, Dehydrierung 341
–, Nomenklatur 273
Alkene 44, 276 ff., 286
Alkine 276
Alkoholate 286
Alkohole 11–25, 284–287, 333
–, Abbau 16
–, Abhängigkeit 17
–, Arzneimittel 18
–, Atemalkoholwert 16
–, Blutalkoholgehalt 16 f.
–, Brennen 14
–, Dehydratisierung 341
–, Eigenschaften 284

–, Kosmetika 18
–, mehrwertige 284, 286
–, Reiniger 31
Alkylbenzolsulfonate 368
Alkylbetaine 370
Alkylpolyglucoside 33, 369
Aluminium 491 f.
Aluminiumchlorid 504
Aluminiumherstellung 125
Aluminiumoxid 492
aluminothermisches Verfahren
   492
Amalgam 188 f.
Amidbindung 356
Amine 297
Aminoplaste 356
Aminosäure 152 f., 156 f.
Aminosäuresequenz 346
Ammoniak 268, 481
Ammoniaksynthese 481
Ampholyte 305, 505
Amphotenside 370
Amylasen 37
Amylopektin 343 f.
Amylose 343
Aniontenside 368
Anode 526
Anodenofen 128
anomeres Kohlenstoffatom
   300
Anthracen 282
Antibiotikum 178
Antiklopfmittel 48
Apatit 186
Äquivalenzpunkt 541
Arbeit 406, 430
ARISTOTELES 212 f.
Aromastoffe 24 ff.
aromatische Kohlenstoff-
   verbindungen 26, 279 ff.
ARRHENIUS 62, 449, 497, 499
Arrhenius-Gleichung 448 ff.
Arzneimittel 109
Aspartam 307
Aspirin® 165 ff.
Astaxanthin 207
asymmetrisches
   Kohlenstoffatom 298
Atmosphäre 62, 65
atmosphärisches Fenster 64
Atmungskette 463
atomare Masseneinheit 215
Atombindung 238
Atome 211
Atommodell 212–229
–, Kern-Hülle-Modell 221,
   254
– nach Bohr-Sommerfeld
   224, 254
–, nach Dalton 216, 218, 254
–, Orbitalmodell 226 f., 254
Atomorbital 227 f., 254

Atomspektrum 222 f., 254
Atomvorstellungen,
   historische 212
Aufbereitungsanlage 118
Ausbeute einer Reaktion 458
Autoabgaskatalysator 51,
   478
Autokatalyse 477
Autopolymerisation 190
Autoprotolyse 532
Auxochrome 382
AVOGADRO 315
Avogadro-Konstante 215
Azidose 73
Azofarbstoffe 209, 385
Azokupplung 385

B

β-Strahlung 234
BAEYER 201
Bakelit 356
Bakterien 178, 180, 186
Bariumsulfat 503
Base 497
–, starke 527, 531
Baseexponent 529
Basekonstante 529
Basenanhydrid 505
bathochrome Verschiebung
   381
Batterie 83–93, 512
–, Recycling 88
Bauxit 125
Beilsteinprobe 311
BENZ 44
Benzin 19, 43–50, 54
Benzochinone 287
Benzoesäure 292
Benzol 279, 283
–, Bindungsverhältnisse 280
–, Bromierung 336
–, Eigenschaften 282
–, Mesomerieenthalpie 420 f.
–, Nitrierung 337
–, Struktur 279
Benzopyren 282
BERZELIUS 475
Beugeschwingung 318
Bierbrauen 14
Bildungsenthalpie 411
bimolekulare Reaktion 442
Bindungsenthalpie 418
Bindungslänge 419
Bioalkohol 52
Biodiesel 52
Biokatalysator 478 f.
Biolumineszenz 199
Biomasse 54
Biosphäre 65
Biuret-Reaktion 349
Bleaching 192
Blei 90, 130

Bleiakkumulator 90, 512 f.
Bleichmittel 31, 36 f., 39, 192,
   372
Blitzlichtphotolyse 437
Blockheizkraftwerk 96
Blondieren 205
Blutalkoholgehalt 17
Blutpuffer 471
Blutzuckerspiegel 160 f.
BOHR 222
BOLTZMANN 444
Borfluorid 504
Born-Haber-Kreisprozess 422
BOSCH 481
BOYLE 497
Brandhemmer 119
Branntwein 15
Brennstoffe 46, 56
–, fossile 46, 50
Brennstoffzelle 94–97, 514
Brennwert 56, 412
Brenzcatechin 287
Bromonium-Ion 326
BRÖNSTED 500
Brönsted-Base 501
Brönsted-Säure 501
–, mehrprotonige 502
Bronze 259

C

C_{60}-Fulleren 265
Calcifikation 72
Calciumcarbonat 67, 467
Calciumhydrogencarbonat 70
Calciumhydroxid 505
Canthaxanthin 207
Carbamidperoxid 192
Carbokation 332, 341
Carbonate 67, 468
Carbonatpuffer 73
Carbonsäure 23, 164,
   290–294
Carbonsäureester 293 f.
Carboxylgruppe 152
CAROTHERS 104
Carotin 206, 380
Carotinoid 148, 206, 380
Cellulasen 37
Cellulose 105, 344 f.
–, Färbung 387
Celluloseacetat 352
Celluloseester 345
Cellulosenitrat 352
Chelate 397
chemische Bindung 237, 251,
   254
chemische Verschiebung 321
chemisches Gleichgewicht
   428, 452–469, 486
–, Druckabhängigkeit 464
–, freie Reaktionsenthalpie
   460

561

–, Konzentrationsabhängigkeit 466 f.
–, Temperaturabhängigkeit 464
–, Verschiebung 460, 467
chemisches Potenzial 461
Chemolumineszenz 198 f.
Chitin 345
Chlor-Alkali-Elektrolyse 188, 525
Chlorfluorkohlenwasserstoffe (CFKW) 64, 278
Chlorophyll 51, 196 f., 206
Chlorreiniger 30
Chlorwasserstoff 268
Cholesterin 149
Chromatografie 47, 308–310
Chromophor 207, 380
Chromosom 176
cis-trans-Isomerie 276, 306
Cobaltchloridpapier 311
Coenzym Q 10 41
Coffein 168 f.
Coloration 204
Computer 115, 122
Copolymere 110, 352
Cracken 48 f., 341
Cremes 40 f.
CRICK 173, 350
Curcuma 386
Cyanidin 207
Cyanine 381 f.
Cycloalkane 44, 274
Cyclodextrin 107
Cyclohexan 274
Cystein 153
Cytosin 351

D
Daniell-Element 508
DAVY 219
Deformationsschwingung 318
Dehydratisierung 286
Demineralisierung 186
DEMOKRIT 212
Denaturierung 348 f.
Dentin 184
Derivate 274
Desoxyribonucleinsäure (DNA) 172–177, 350 f.
Destillation 15
–, fraktionierende 46
Dextrine 344
Diabetes mellitus 160 f., 174 f.
diamagnetische Stoffe 395
Diamant 256, 264
Diaphragma 508
Diazonium-Ion 385
Diazotierung 385
Diethylether 22
Diisocyanate 357
Dimethylether, IR-Spektrum 319

Diolen® 355
Dioxin 123, 128
Dipol-Dipol-Kräfte 253 f.
Dipole 257, 268
–, induzierte 253, 257
–, permanente 268
–, temporäre 253, 257
Dipolmoleküle 239
Disaccharide, Bau u. Eigenschaften 302
Dispersionskräfte 253 f.
Dissoziation, elektrolytische 499
Distickstofftetraoxid 464
Disulfidbindung 347 f.
DNA 172–177, 350 f.
–, Chips 177
–, Rekombinationstechnik 174
Donator-Akzeptor-Konzept 550
Dopingnachweis 155
Doppelhelix 351
Doppelstrahlspektrometer 318
Drehrohrpyrolyse 125
Droge 168 f.
Duktilität 258
Dünnschichtchromatografie 310
Duroplaste 100 f., 120, 359 ff.

E
ebullioskopische Konstante 314 f.
Edelgase 256 f.
Edelgasregel 392
Edelmetalle 129, 492
EDTA 398
EINSTEIN 54
Eisen 76 ff., 491 ff.
Eisenerz 124
Eisenhydroxid 76
Eisenoxid 492
Eisenoxidhydroxid 76
Eisenschrott 124
Eiskernbohrung 64
Eiskristalle 270
Eiweißstoffe 303
Elastan 105
Elastin 348
Elastomere 100 f., 120, 359, 361
elektrische Spannung 85, 87
Elektrochemie 506
elektrochemische Doppelschicht 78 f., 507
elektrochemische Korrosion 514
elektrochemische Spannungsreihe 82, 510
elektrochemisches Potenzial 507
Elektrode 507, 526
Elektrodenpotenzial 508

Elektrolyse 80, 97, 521
–, Chlor-Akali-Elektrolyse 525
– in Mehrstoffsystemen 523
Elektrolyte 80, 86, 499
elektrolytische Dissoziation 499
elektromotorische Kraft 510
Elektron 219
Elektronegativität 232 f., 239
Elektronenaffinität 232
Elektronenakzeptor 489
Elektronendonator 489
Elektronengasmodell 249, 258
Elektronenkonfiguration 229
Elektronenpaar-Abstoßungs-Modell 245
Elektronenpaarakzeptor 504
–, chemische Bindung bei Komplexen 392
Elektronenpaarbindung 237–244, 254, 262, 347, 418
–, polare 239
Elektronenpaardonator 504
–, chemische Bindung bei Komplexen 392
Elektronenspin 224
Elektronenübergang 488, 550
Elektrophile 324
elektrophile Substitution (S_E) 336 f.
elektrophile Zweitsubstitution an Aromaten 338 ff.
Elektrophorese 306
Element, chemisches 230
Elementaranalyse, qualitative 311 f.
–, quantitative 312 f.
Elementarladung 219 f.
Elementarreaktionen 442 f., 449, 486
–, geschwindigkeitsbestimmender Schritt 443
Elementarteilchen 219
Eliminierung (E) 341
Eluat 310
Emulgator 39, 366
Emulsion, Öl-in-Wasser 364
–, Wasser-in-Öl 39, 366
Enantiomere 298
endergonisch 428
endergonische Reaktion 460
endotherme Reaktion 410, 464
Energie 85, 162, 197, 236, 402, 430
–, Arten 402
–, chemische 54, 402, 405
–, elektrische 88, 91, 402
–, gibbssche 427, 430
–, innere 57, 405, 430
–, kinetische 54, 402, 444
–, potenzielle 402
–, thermische 402, 405 f.
–, Umwandlung 54 f., 85, 403

–, Verlust 403
–, Verteilungskurve 445
Energiebändermodell 249
Energiebarriere 447, 449
Energiediagramm 446, 449
Energiedichte 88
Energieentwertung 55, 403
Energieerhaltung 403
Energieinhalt 56 f., 91, 121
Energieniveau 378
Energiestufenmodell 378 f.
Energieträger 47, 52 f., 402
Enthalpie 56 f., 409, 427, 430
Enthärter 36, 371
Entladestrom 90
Entropie 425–430
Entwicklungsfarbstoffe 388
E-Nummern 208
Enzyme 30, 36, 41, 154, 348, 373, 478 f.
–, Kinetik 480
Epoxidharz 127
Erdfarben 202
Erdgas 46, 53, 58
Erdöl 46 f., 49, 54, 100
Erweichungstemperatur 359
Essigherstellung 23
Essigreiniger 30
Essigsäure 23, 25, 456, 502, 531
–, Reiniger 31
Essigsäureethylester 25, 453, 456
Ester 24, 293
– anorganischer Säuren 294
Esterbildung 334 f., 453
Esterspaltung 295 f., 453
Ethanal, IR-Spektrum 319
Ethandiol 286, 355
Ethanol 12–20, 25, 52, 284, 315, 317, 531
–, Bestimmung des Dampfvolumens 315
–, IR-Spektrum 319
–, Massenspektrum 317
–, NMR-Spektrum 322
Ether 286 f.
Ethylendiamintetraessigsäure (EDTA) 398
Eucerit 39
exergonisch 428
exergonische Reaktion 460
exotherme Reaktion 410, 464
Explosion, thermische 451
Explosionsgrenzen 45
Extinktion 435

F
Fällungsreaktion 473
Fällungsreihe 494
Fällungstitration 541
Faltblattstruktur 346
FARADAY 219, 522
Faraday-Gesetz 80 f., 522
Faraday-Konstante 522

Farbaddition 197
Farbe 200–210
–, Wahrnehmung 376 f.
Färbetechnik 210, 387 ff.
Farbmittel 202 f., 387
Farbpigmente 202
–, anorganische 202
Farbstoffe 196, 202, 210
–, Klassen 383–386
–, natürliche 386
–, synthetische 210
Farbsubtraktion 197
Farbtemperatur 200
FCKW
  s. Chlorfluorkohlen-
  wasserstoffe 278
Fehling-Lösung 288 f.
Fettalkoholpolyglykolether
  368
Fettalkoholsulfate 368
Fettalkoholsulfonate 368
Fette 57, 148 f., 293, 295
Fetthärtung 295
Fettsäure 32, 148, 290 f.
–, essenzielle 149, 295
Fibrinogen 348
Fibroin 348
Fischer-Projektion 298
Flammpunkt 53
Flammschutzmittel 119, 124,
  127 f., 130
Flammtemperatur 53
Flavonoid 206
FLEMING 178
Flüchtigkeit 53
Fluorescein 379
Fluoreszenz 198 f., 373, 379
Fluorid 187
Fluorwasserstoff 268
fotochemische Reaktion 379
Fotolumineszenz 198
Fotometer 435
Fotopolymerisation 190
Fotorezeptor 377
Fotovoltaik 97
freie Reaktionsenthalpie
  428 f., 460 f., 476
Fructose, Bau u. Eigenschaften
  301
Fullerene 265
funktionelle Gruppen 283 ff.
Furan 123, 282

G
γ-Strahlung 234
GALVANI 158
galvanische Zelle 79, 506, 508
Galvanisieren 80 f.
Gärung 12
–, alkoholische 13 ff., 52
Gasabsorptionsgleichgewicht
  67
Gaschromatografie 47, 308 ff.
Gaschromatogramm 308 f.
Gasentladungsröhre 218 f.

Gasgesetz 405
Gasöl 46 f.
Gastheorie, kinetische 444
Gefriertemperatur-
  erniedrigung 314 f.
Gelatine 156 f.
Gelelektrophorese 175
genetischer Fingerabdruck
  175
Genom 172 f.
Gerüststoffe 373
Geschwindigkeit 432
Geschwindigkeitsgesetz 438 f.,
  441, 486
Geschwindigkeitskonstante
  438, 440, 480
Gesetz der konstanten
  Massenverhältnisse 214
Gesetz der multiplen
  Proportionen 214
Gesetz von der Erhaltung der
  Masse 214
Gibbs-Helmholtz-Gleichung
  427 ff.
gibbssche Energie 427, 430
Gitterenergie 490
Gitterenthalpie 260 f., 421
Glas 362 f.
Glaselektrode 549
Glasfaser 127 f.
Glas-Ionomer-Zement 190 f.
Glasübergangstemperatur
  359
Gleichgewicht, chemisches
  428, 452–469, 486
–, dynamisches 454
Gleichgewichtskonstante
  456 ff.
Gleichgewichtspotenzial 159
Globine 398
Globuline 349
Glucagon 160 f.
Glucose 12, 150 f., 160
–, Bau u. Eigenschaften 300
–, quantitative
  Elementaranalyse 312
Glutaminsäure 152, 303
Glutin 156
Glycerin 20 f., 286
Glycerintrinitrat 21
glycosidische Bindung 302
Glykogen 150 f., 160, 344
Glykol 286, 355
Glykoproteine 180, 182
Gold 492
Gore-Tex R 106
Graphit 256, 264
Grenzfarbe 539
Grenzflächenspannung 364
Grenzformeln, mesomere 280,
  325, 381
GROVE 94
Guanin 351
GULDBERG 456
Gummi 361

H
Haar 204 f., 348
HABER 481
Haftatome 391
Haftvermittler 190
Halbacetal 328
Halbedelmetalle 492
Halbwertszeit 235, 434, 442
Halbzelle 79, 507
Halogenalkane 278
Halogene 262 f.
–, Molekülbau 262
–, Nachweis 311
–, Schmelztemperatur 263
–, Siedetemperatur 263
Hämoglobin 209, 347, 398
Hauptgruppenelemente 231
Hauptsätze der Thermo-
  dynamik 407, 426, 430
Haut 28, 42
–, Creme 38
–, Pflege 28, 38
–, Säureschutzmantel 38
Haworth-Projektion 300
HEISENBERG 227
Heizwert 56, 121, 412
Helixstruktur 346
Henderson-Hasselbalch-
  Gleichung 547, 550
HESS 416
–, Satz von 416, 430
Hexamethylendiamin 355 f.
High-spin-Komplexe 394
Histidin 303
Hochofenprozess 77, 121, 124,
  492 f.
HOFFMANN, F. 166
HOMO 378
homologe Reihe 274
Homopolymere 352
Hormon 161, 167
Hückel-Regel 280 f.
Human Genome Project 173
Hund-Regel 229
Hybridisierung 242 ff.
Hybridorbital 242 ff.
Hydratation 261, 271
Hydratationsenthalpie 261
Hydrierung 330
Hydrochinone 287
Hydrogencarbonat 67, 467 f.
Hydrogencarbonatpuffer 471
Hydrolyse 365
–, alkalische 365
hypsochrome Verschiebung
  381

I
I-Effekt 291
– bei elektrophiler
  Zweitsubstitution 338 ff.
–, Stärke 325
Implantate 193
Indanthrenfarbstoffe 387
Indigo 201, 386

Indikation, instrumentelle
  540, 543
–, visuelle 540, 542
Indikator 497 f., 539
–, Grenzfarbe 539
–, Mischfarbe 539
–, Umschlagbereich 539
–, Umschlagpunkt 539
induktiver Effekt s. I-Effekt
  291
Infrarotspektroskopie 318 f.
Infrarotspektrum
  s. IR-Spektrum 318 f.
INGENHOUSZ 22
Inhibitoren 354
Initiatoren 352
Insulin 160 f., 174 f., 346
Iod 452
Iodzahl 296
Ionen 490
Ionenaustauscher 35
Ionenbindung 237, 248, 254,
  421
Ionengitter 248, 260
Ionenkristall 248
Ionenprodukt des Wassers
  532 f.
Ionenverbindung 260 f.
–, Eigenschaften 261
Ionisierungsenergie 232 f., 490
IR-Spektroskopie 318 f.
IR-Spektrum 63, 165, 319, 323
–, Absorptionsbanden 319
–, Dimethylether 319
–, Ethanal 319
–, Ethanol 319
IR-Strahlung 63, 374
isoelektrischer Punkt 305 f.
Isomere 275 f.
Isooctan
  (2,2,4-Trimethylpentan) 48
Isopren 361
Isotope 221

K
Kaffee 168 ff.
Kalilauge 32
Kaliumpermanganat 477, 489,
  496
Kaliumtetrachlorocobaltat(II)
  391
Kalk 70, 498
Kalkseifen 367
Kalorimeter 414
Kanalstrahlung 219
Karies 180, 186
–, Prophylaxe 185, 187, 194
Kästchenschema 229
Katalysator 51, 336, 475, 486
–, geregelter 478
–, Lebensdauer 479
–, Selektivität 478
–, Wechselfrequenz 479
Katalyse 475
–, aktives Zentrum 479

563

–, heterogene 476 f.
–, homogene 476
–, Mechanismus 483
Kathode 526
Kathodenstrahlung 219
kationische Komplexe 391
Kationentenside 369
Kautschuk 361
Keramik 191
Keratin 345, 348
Kernenergie 54, 402, 405
Kernfusion 54, 236, 254
Kernspaltung 235, 254
Kernspintomografie 322
Kernumwandlung 235
Kesselstein 71 f., 467
Keto-Enol-Tautomerie 301
Ketone 17, 285, 289
Kettenreaktion 329, 331, 353
Kinetik 431–443
– von Enzymreaktionen 480
Klebstoffe 113
Klima 58, 62, 64
Klonierung 174
Klopffestigkeit 48
Knallgasreaktion 451
Knopfzelle 92, 513
Kohlenhydrate 57, 150 f., 298 ff.
Kohlensäure 468, 504
Kohlenstoff 263 f.
–, Modifikationen 263 f.
–, Molekülbau 263
–, Nachweis 311
Kohlenstoffdioxid 50, 59–74, 467 f., 531
–, Klimadiskussion 60
–, Löslichkeit 61, 67, 468
–, Partialdruck im Meereswasser 67
–, Volumenanteil der Atmosphäre 64
–, Vorkommen 60
Kohlenstoffkreislauf 65
Kohlenstoffmonooxid 50 f.
Kohlenwasserstoffe 44, 48, 50 f., 273 ff.
Kollagen 40, 156 f., 184, 345, 348
Kollagenfibrille 156 f.
Komplementärfarbe 376, 380
Komplexbildner 189
Komplexbildungstitration 541
Komplexe 189, 390 ff.
–, anionische 391
–, chemische Bindung 392
–, Farbigkeit 394
–, kationische 391
–, Stabilität 396
Komplexfarbstoffe 389
Komplexometrie 398
Komplexteilchen 390 f.
Komplexverbindungen 390–400
–, Benennung 391

Komplexzerfallskonstante 396
Komposite 190
Kondensation 286, 342
Konfiguration 275
Konformationsisomerie 275
Konformere 275
Kongorot 387
Konstitutionsisomerie 275
Kontaktverfahren 485
Konverter 128
Konzentrationselement 516
Konzentrations-Zeit-Diagramm 433, 439, 454
Konzentrationszelle 516
Koordinationspolyeder 391 f.
Koordinationsverbindungen 390 ff.
Koordinationszahl 248, 391
Kopfgruppe 32
Korallen 72
Körperfarbe 378
Korrosion 76 ff.
–, elektrochemische 514
–, Sauerstoff 79, 515
–, Säure 79, 515
–, Schutz 80 f.
Kraftstoff 19, 44, 48 f.
Kraft-Wärme-Kopplung 96
Krapprot 386
Kreide 59
Kristallviolett 384
kryoskopische Konstante 314 f.
Kunstharz 109
Kunststoffe 99–121
–, Abfall 120
– in der Medizin 108
–, Recycling 121
–, Sorten 117
–, Verarbeitung 101, 360
–, Wiederverwendung 120
Kunststofffasern 104–107, 389
Küpenfärbung 201, 387
Kupfer 126 f., 491 f.
–, pyrometallurgische Gewinnung 127
Kupferoxid 491
Kupplungsreaktion 385

L
Lackmus 498
Ladung, elektrische 91
Ladungsmenge 91
Lambdasonde 51, 478
Lambert-Beer-Gesetz 435
Lanolin 39
LAVOISIER 214, 489
LE CHATELIER 463
Lebensmittelfarbstoffe 208 f.
LECLANCHÉ 513
Leclanché-Element 86, 512
Legierung 188, 259
Leitfähigkeit, elektrische 110 f.
Leitfähigkeitstitration 543
Leuchtdiode 111

LEUKIPP 212
Lewis-Base 504
Lewis-Formeln 238
Lewis-Säure 504
Licht 374 ff.
–, Wahrnehmung 376
Lichtabsorption 196 f., 207
LIEBIG 157
Liganden 390 ff.
Ligandenaustausch 396
Ligandenfeldtheorie 393
Linde-Verfahren 126
Linienspektrum 222
Lipide 148, 295
Lipoprotein 149
Lithiumbatterie 93
Lithium-Ionen-Akkumulator 89
Lokalelement 80 f., 514
LOMONOSSOW 214
Löslichkeitsgleichgewicht 472
Löslichkeitsprodukt 472
–, Calciumcarbonat 72
Lösungsenthalpie 271
Low-spin-Komplexe 394
Luftschadstoffe 50
Lumineszenz 199
LUMO 378
Luteolin 386
Luthein 207

M
makromolekulare Stoffe 342
Makromoleküle 102, 154, 262 ff., 329, 342
Malachitgrün 383, 539
Maleinsäure 357
Malerei 200
Maltose 302
Markownikow-Regel 328
Massenanteil 215
Massendefekt 54, 236
Massenkonzentration 215
Massenspektrometrie 316 f.
Massenspektrum 317, 323
Massenwirkungsgesetz 456 f., 459, 486
– bei Gasreaktionen 458
–, Berechnung zum 458
Medizin 163 ff.
M-Effekt 325
– bei elektrophiler Zweitsubstitution 338 ff.
Mehrwegpfandsystem 116
Melanin 205
Melanozyten 205
Membranpotenzial 158 f.
Membranverfahren 525
MENDELEJEW 230
mesomerer Effekt s. M-Effekt 325
Mesomerie 280
– beim Carboxylat-Ion 292
Mesomerieenthalpie 420

Metallbindung 237, 249, 254, 258
Metalle 231, 258 f., 491
–, edle 492
–, elektrische Leitfähigkeit 258 f.
–, unedle 492
–, Verformbarkeit 258 f.
–, Wärmeleitfähigkeit 258 f.
Metallgitter 249, 258
Metallkristall 258 f.
Methanol 19 f., 52, 95
Methionin 303
Methylorange 386, 539
Methyltertiärbutylether (MTBE) 48
MEYER, J. L. 230
Micelle 32, 365
Michaelis-Menten-Gleichung 480
MIESCHER 172
Mikrofibrille 345, 348
Milchsäure 23
Millikan-Versuch 220
Mindestenergie 444 f., 447, 486
Mineralfarben 202
Mineralwasser 60, 467
Minuspol 508, 526
mobile Phase 308 f.
Modelle 64
– in Naturwissenschaften 214
Modifikationen 262
molare Masse 215, 315
–, Bestimmung 314 f.
Molekularität 442, 486
Molekülorbital 240
Molekülsubstanzen, anorganische 262 f.
Monomere 100, 102, 110, 190, 329, 342
monomolekulare Reaktion 442
Monosaccharide 150, 298 ff.
Motor 45, 48, 50, 54 f.
Myoglobin 209

N
Nahinfrarotspektroskopie 118 f.
Nährstoffe 56 f.
Nanomaterialien 265
Nanotechnologie 203
Naphthalin 282
Naphthol-AS-Farbstoffe 388
Naphtholorange 385
Natriumaluminiumsilicat 35
Natriumglutamat 152 f.
Natriumhydroxid 525
Natriumperborat 372
Naturfarbstoffe 386
Naturfasern 104
Naturpigmente 203
Nebengruppenelemente 231
NERNST 87, 516

Nernst-Gleichung 87, 516 f., 550
Nernst-Verteilungsgesetz 474
Nervenzelle 158 f., 183
Netzhaut 196
Netzwirkung 365
Neutralisation 503
Neutralkomplexe 391
Neutronen 221
Nichtmetalle 231, 494
Nickel-Cadmium-Akkumulator 88
Nickel-Metallhydrid-Akkumulator 88
Niotenside 368
Nitrat 181
Nitratkreislauf 181
Nitrit 181
Nitritbildung, endogene 181
Nitrobenzol 297
Nitroglycerin 21, 297
Nitronium-Ion 337
Nitrosamine 297
Nitroverbindungen 297
NMR-Spektroskopie 320 ff.
NMR-Spektrum 321 ff.
–, Essigsäure 321
–, Ethanol 322
Nomenklatur organischer Verbindungen 275
Nucleinsäure 172
Nucleophile 324
nucleophile Substitution 332 ff.
–, bimolekulare (S_N2) 333
–, monomolekulare (S_N1) 332 f.
Nucleotide 172, 177, 351
Nukleonen 221
Nuklid 221
Nylon® 104 f., 356

O

Oberflächenspannung 34, 364
Octanzahl 48
Ökobilanz 58, 123
Oktettregel 238, 262
Öle 40
–, fette 32, 38, 148, 295
Oleum 485
Oligopeptide 346
Oligosaccharide 150
Ölsäure 290
Opferanode 81
optische Aktivität 299
optische Aufheller 37, 373
Orbitalmodell 226
Orthokieselsäure 362
OSTWALD 475, 484
Ostwald-Verfahren 482
OTTO, N. 44 f.
Ottomotor 45, 48, 50, 54 f.
Oxalsäure 477
Oxidation 78 f., 488
–, partielle 285

Oxidationsmittel 489, 550
–, Reiniger 31
Oxidationszahl 233, 495 f.
Oxonium-Ion 341
Ozon 51, 262

P

π-Bindung 243
π-Komplex 326
Palmöl 33
Papierchromatografie 310, 474
paramagnetische Stoffe 395
Passivierung 82
Pauli-Prinzip 229
PEM-Zelle 94 f.
Penicillin 178
Pentan 277
Peptidbindung 306, 345
Peptide, Bau u. Eigenschaften 306
Periodensystem der Elemente (PSE) 230 ff.
Perlon® 356
Peroxid 329
Petroleum 46 f.
Pflanzenfarbstoffe, sekundäre 206 f.
Phenanthren 282
Phenole 26, 164, 166, 286, 531
–, Derivate 26, 287
Phenolphthalein 384
Phenoplaste 356
Phosphate 35
Phosphatpuffer 73, 470
Phospholipid 148
Phosphor 263
–, Eigenschaften 266
–, Modifikationen 266
–, Molekülbau 263
Phosphoreszenz 198, 379
Phosphorsäure 502
Photonen 375
pH-Wert 73, 470 f., 532, 534
–, Berechnung 534 ff.
Pigmente 202 f., 205
pK_B-Wert 529
pK_S-Wert 529
Planck-Konstante 375
Plaque 180
Pluspol 508, 526
pOH-Wert 534
Polyacrylnitril 353
Polyacrylsäure 110, 373
Polyaddition 353, 357, 361
Polyaddukte 357, 359
Polyamide 104, 107, 356
Polyenal 377
Polyene 381
Polyester 355 ff.
Polyesterharz 357
Polyethen 120 f., 353, 359
Polyethylenterephthalat (PET) 119 f., 355

Polykondensate 359
Polykondensation 353, 355 ff., 359, 361
Polymerase-Kettenreaktion 176
Polymere 100, 102, 108 ff., 191, 329, 342–363
–, halbsynthetische 352
–, natürliche 342
–, vollsynthetische 352 ff.
Polymer-Elektrolyt-Membran 94
Polymerisate 359
Polymerisation 190, 329, 353, 361
–, ionische 354 f.
–, radikalische 352 ff.
Polymethacrylsäureethylester 353
Polymethylenmethacrylat 103, 120
Polypeptide 161, 345 f.
Polypropen 120 f., 353
Polysaccharide 150, 342 ff.
Polystyrol 120 f., 353
Polyurethane 102, 357 f.
Polyvinylchlorid (PVC) 121, 126, 330, 353, 360
Porphyrin 398
Potenzial, elektrochemisches 507
–, Standardpotenzial 509 f.
PRIESTLEY 23
Primärelement 513
Primärstruktur 157, 346
Primärzelle 86, 513
Prinzip des kleinsten Zwanges 463 f., 466
Prion 154
prosthetische Gruppen 348
Proteasen 37
Proteide 348
Proteine 40, 154 f., 303, 306
–, Bau 345 f.
–, Eigenschaften 348 f.
Protofilament 348
Protolyse 501
– von Salzen 527
Protonen 219
Protonenakzeptor 500
Protonendonator 500
Protonenübergang 500, 550
Prozessgröße 407
Pufferkapazität 182, 548
Pufferlösung 73, 470, 545 f.
Puffersysteme 73, 182, 470 f.
Purin 282
Purpur 386
Purpurschnecke 200
Pyridin 282
Pyrimidin 282
Pyrolyse 120
Pyrotechnik 198
Pyrrol 282

Q

Quanten 375 ff.
Quantenzahl 222, 224
Quartärstruktur 347
Quarz 362 f.
Quecksilber 188 f.

R

Racemat 299
Radikale 324 f., 328
Radikalfänger 41, 207
Radioaktivität 234 ff., 254
Radionuklide 235
Raffinationselektrolyse 129
Raffinerie 46
Rapsölmethylester 52
Rastertunnelelektronen-mikroskopie 251
Reagenzien, elektrophile 325
–, nucleophile 325
Reaktion 332 ff., 460 f.
–, chemische 437
–, fotochemische 379
–, S_N1-Reaktion 332
–, S_N2-Reaktion 333 f.
Reaktionsenergie 409
Reaktionsenthalpie 409, 411, 428 ff.
–, freie 428 ff., 460 f., 476
Reaktionsgeschwindigkeit 432, 434 ff.
–, durchschnittliche 434 f.
–, momentane 435 f.
–, Temperaturabhängigkeit 448
Reaktionskoordinate 447
Reaktionsmechanismus 324, 400
Reaktionsordnung 438 ff., 443, 486
–, 1. Ordnung 439
–, 2. Ordnung 440
–, pseudo-erster Ordnung 441
Reaktionssysteme, homogene 457, 459
Reaktionstyp 324
Reaktionswärme 409 f.
Reaktivfarbstoffe 388
Rearomatisierung 337
Recycling 88, 117 ff., 125, 128
Redoxpaar, korrespondierendes 506
Redoxpotenzial 517
–, Ionenwertigkeit 519
–, Konzentration 518
–, pH-Abhängigkeit 520
–, Temperaturabhängigkeit 520
Redoxreaktion 85, 198, 488
Redoxreihe 491
Redoxtitration 541
Reduktion 78 f., 488
Reduktionsmittel 489, 550
Reformieren 48
Reiniger 28, 30 f.

565

Rektifikation 46 f.
Remineralisierung 182, 187
Replikation 351
Reproduktion 351
Resorcin 287
Retentionsfaktor (R_f-Wert) 310
Retentionszeit 309
Retinal 196, 207, 377
RGT-Regel 448
Rhodopsin 377
Ribonucleinsäure (RNA) 351
Rohöl 46 f.
Röntgenstrahlung 234
Rost 76 ff., 515
Ruhepotenzial 158 f.
Rundzelle 85
RUTHERFORD 220

S
σ-Bindung 240
σ-Komplexe 326
Saccharose 302
Salicylsäure 164 ff.
Salpetersäure 482, 484
Salpetersäuresynthese 482
salzartige Stoffe 260
Salze 260
–, Bildung 503
–, Protolyse 527
Salzsäure 498
Sasil® 371
Satz von HESS 416, 430
Sauerstoff, Modifikationen 262 f.
–, Molekülbau 262
–, Nachweis 311
–, Schmelztemperatur 263
–, Siedetemperatur 263
Säulenchromatografie 310
Säure 497
–, starke 527, 531
–, Titration 544
Säureanhydrid 504
Säure-Base-Begriff 497, 500
Säure-Base-Paar, konjugiertes 501
–, korrespondierendes 501
Säure-Base-Titration 541
Säureexponent 529
Säurekatalyse 334, 476
Säurekonstante 470, 529
Säurekorrosion 515
saurer Regen 50
Schadstoffe, Grenzwerte (Pkw) 50
Schichtsilicat 372
Schmelzspinnen 105
Schmutz 27 f., 366
–, Tragevermögen 33, 367
Schwefel 263
–, Modifikationen 267
–, Nachweis 312
Schwefeldioxid 50
Schwefelsäure 484 f., 502

Schwefelsäuresynthese 484 f.
Schwefelwasserstoff 181
Schwermetall 123
Schweröl 47 f.
Seifen 32 ff., 36, 365
–, Nachteile 367
Sekundärstruktur 346
Sekundärzelle 88, 513
Sekundenkleber 354
Selektivität 478 f.
Sequenzanalyse 173
Siedetemperaturerhöhung 314 f.
Silicate 362
Silicium 127
Siliciumdioxid 362 f.
Silicone 112 f., 363
Skelettformel 273
Smog 50 f.
Soda 35
Solartechnik 97
Sondermüll 123
Sonnenschutzmittel 42
Sorbitol 20
Sortieranlage 118
Spaltung, homolytische 328
Speichel 182
Spektralfarbe 197
Spektrum, elektromagnetisches 374
Spiritus 19
Stahl 77, 259
Standardbedingungen von Reaktionen 461
Standardbildungsenthalpie 413
Standardpotenzial 82, 509 f.
Standard-Wasserstoffelektrode 82, 509
Standard-Zellspannung 510
Stärke 343 f.
stationäre Phase 308 ff.
STAUDINGER 342
Stearinsäure 290
Stellmittel 373
Stereoisomerie 275 f.
Stickstoff 263
–, flüssiger 126
–, Molekülbau 262
–, Nachweis 312
–, Schmelztemperatur 263
–, Siedetemperatur 263
Stickstoffdioxid 464
Stickstoffoxide 50 f.
Stoffmenge 214 f.
Stoffmengenanteil 215
Stoffmengenkonzentration 215
Stoffmischungen 215
Stoffwechsel 180 f., 186
Stopped-Flow-Apparatur 437
Stoßionisation 316
Stoßtheorie 444 f., 486
Strahlungsenergie 54, 402

STRAUSS 201
Streckschwingung 318
Stromstärke 86
Strukturaufklärung 308, 399
Strukturformel 273
Submersverfahren 22 f.
Substitution 324
–, elektrophile 336 ff.
–, nucleophile 332 ff.
–, radikalische 331
Summenformel 273
Superabsorber 110
System 54 f.
–, stoffliches 405, 430

T
TAED 372
T-Chromophor 383
Teflon® 106
Tenside 30, 32, 34, 36 f., 364 ff., 400
–, amphotere 370
–, anionische 368
–, biologisch abbaubare 37
–, Eigenschaften 32 f., 365
–, Gruppen 32, 368
–, kationische 369
–, nichtionische 368
–, Schaumwirkung 366
–, Waschmittel 33, 35
–, Waschwirkung 366
–, zwitterionische 370
Terephthalsäure 292, 355
Tertiärstruktur 346 f.
Tetraacetylethylendiamin (TAED) 372
Tetramethylsilan (TMS) 321
Textilfasern 101, 104 ff., 210
Thermodynamik, chemische 405
–, 1. Hauptsatz 407, 430
–, 2. Hauptsatz 426, 430
Thermoplaste 100 f., 120 f., 358 f., 361
–, Verarbeitung 360
Thiacyanine 378
Thiophen 282
THOMSON 218
Thymin 351
Titan 193
Titration 540 f., 543
–, mehrwertiger Säuren 544
Tollens-Reagenz 288
Toluol 281
Trägerkatalysator 476
Traubenzucker 12
Treibhauseffekt 50
–, natürlicher 63
Treibhausgase 50, 63
Treibstoffe 48, 53
–, Alkohol 19
–, alternative 52
Trennungsgang 473

Trevira® 355
Triacylglycerine 148, 295
2,2,4-Trimethylpentan (Isooctan) 48
Tripelhelix 157
Triphenylmethanfarbstoffe 383
Trockenspinnen 105
Trypsin 545
TYNDALL 62
Tyndall-Effekt 342

U
Übergangsmetalle 231
Übergangszustand 333, 446, 475
Überspannung 90, 523 ff.
Ubichinone 41
Ultrakurzzeitspektroskopie 437
Umkehrbarkeit von Reaktionen 452
Umsatzvariable 460
Umschlagbereich 539
Umschlagpunkt 539
Unschärferelation 227
Unvollständigkeit von Reaktionen 452
Urethane 358
UV-Strahlung 42, 374

V
Vakuumdestillation 47 f.
Valenzelektronen 231, 237
Valenzschwingung 318
Van-der-Waals-Kräfte 113, 253 f., 257, 264, 266, 269, 277, 347, 399
Van't-Hoff-Regel 448
Verbrennungsenthalpie 56 f., 412
Verbundfasern 103
Verbundwerkstoff 190
Verdrängungsreihe 494
Vergrauungsinhibitor 373
Verhältnisformel 312
Verpackung 116
Verschiebung, bathochrome 381
–, hypsochrome 381
Verseifung 295
Verseifungszahl 296
Verstrecken 356
Verteilung 308
Verteilungsgleichgewicht 309, 474
Viskose 105
Viskosität 52
Vollwaschmittel 33
–, Rahmenrezeptur 371
VOLTA 86, 158
Volumenanteil 215
Volumenarbeit 408
Volumenkonzentration 215
Vulkanisation 361

W

WAAGE 456
Wachse 293
Wärme 406, 430
Wärmekapazität 414
waschaktive Substanzen 30, 32, 37
Waschmittel 28, 32, 36 f.
–, Verbrauch 37
–, Verwendungszweck 36
–, Zusatzstoffe 371
Wasser 34, 268 f., 532
–, Dichte 34, 269
–, Eigenschaften 269 f.
–, Enthärtung 35
–, Ionenprodukt 532 f.
–, nivellierender Effekt 530
–, Oberflächenspannung 34, 270
–, spezifische Wärmekapazität 269
–, Verbrauch 38
–, Verwendung 34

Wasserdampf 50
Wasserhärte 70, 398, 467
Wasserstoff 53, 58, 94 f., 97, 262
–, acider 502
–, Erzeugung 97
–, Molekülbau 262
–, Nachweis 311
–, Schmelztemperatur 263
–, Siedetemperatur 263
Wasserstoffbrückenbindung 252, 254, 268 ff., 347
Wasserstoffperoxid 192
Wasserstoffverbindung 268
–, anorganische 268
–, Schmelztemperatur 268
–, Siedetemperatur 269
WATSON 173, 350
Wechselfrequenz 480
Wein 12
Wellen, elektromagnetische 374
Wellenfunktion 226 f.

Wellenlänge 118
Wellenzahl 318
Welle-Teilchen-Dualismus 375
Widmark-Formel 16
Wirkungsgrad 55, 88 f., 94 f., 404

X

Xanthophylle 206 f.
Xanthoprotein-Reaktion 349
Xylol 281

Z

Zahn 184 ff.
–, Pflege 185
Zähnigkeit 392
Zahnschmelz 184
Zahnzement 184
Zeaxanthin 207
Zeitgesetz 439 f., 486
–, Reaktion 1. Ordnung 439
–, Reaktion 2. Ordnung 440
Zelle, galvanische 506, 508

Zellspannung 510, 512, 520
Zementherstellung 121
Zentralteilchen 390 ff.
Zeolithe 35, 363, 371
Zersetzungsspannung 523 f.
Zink-Kohle-Zelle 86 f.
Zink-Luft-Zelle 92
Zink-Silberoxid-Zelle 512
Zucker 33
–, Austauschstoffe 20, 307
Zustandsgleichung idealer Gase 405
Zustandsgröße 407
Zweitsubstitution 338 ff.
zwischenmolekulare Wechselwirkung 252 ff., 399
Zwitterionen 152, 305

Bildnachweis

Titel: BASF AG

Affymetrix Inc.: 177.2 | Agentur Focus: 80.2, /eye of science: 180.1, /Meckes/Ottawa: 104.1+3, /Perviainen: 255, /Rigaud: 15.1, /SPL: 114.1, 498.4, 527.1, 531.9 | Airbus: 103.1 | akg-images: 6.1, 22.2, 76.2, 148.1, 164.2, 168.1, 178.1, 185.1, 200.3+4, 201.1, 203.2, /Dodenhoff: 43 | Alfred-Wegener-Institut für Polar- und Meeresforschung, Bremerhaven: 68.1 | Ansmann, Assamstadt: 88.2 | Arco Digital Images/imagebroker: 144.1, /Wegner: 11 | argum/Stockmeier: 193.1 | argus/Frischmuth: 73.1 | Aventis Pharma Deutschland GmbH: 160.1, 265.20 | BASF AG, Ludwigshafen: Titel, 137.3, 138.2, 388.33, 481.8b+c | Bayer AG, Leverkusen: 200.1 | Bayer AG/Müller: 359.37+38 | Benckiser GmbH/NYC/GGM: 35.2 | Berlin Heart AG: 108.1 | Beyersdorf AG, IKW: 38.1 | Bildarchiv Berliner Unterwelten e.V.: 379.11 | Bildarchiv Preußischer Kulturbesitz: 28.1, 203.1 | BilderBox/Wodicka: 425.5, 546 | blickwinkel/Lamm: 206.4 | Bode Chemie Hamburg: 31.1 | BP Oil Deutschland GmbH: 53.1 | Brink, A.: 175.2 | Campari Group, Mailand: 208.4 | Caro/Hoffmann: 467.8 | Cellmark Diagnostics, Abington, GB: 175.1 | Chicogo: 40.2 | COMPO GmbH, Münster: 134.3 | Corbis/Bisson: 122.1, /Collins: 487, /DiMaggio/Kalish: 84.2, /Horner: 169.1, /Morgan: 83, /O'Rear: 195, /Palmer: 6.4, 115, /Rowell: 66.4, /Su: 386.26+27, /Teel: 431, /Turnley: 74.1+2, /Wood: 122.2 | DaimlerChrysler: 44.1–3, 94.1, 102.2 | Der Grüne Punkt – Duales System Deutschland GmbH: 100.1+2, 101.1+2, 116.1+2, 117.1, 118.1+2, 119.2+3, 120.2, 121.1+2, 124.2, 125.2 | Deutsche Bahn AG: 112.1, 492.5 | Deutscher Brauerbund, Bonn: 14.3 | Deutsches Kupferinstitut Berlin: 76.1 | Deutsches Museum, München: 158.1, 481.8a | Deutsches Tapeten-Institut GmbH, Frankfurt/M.: 203.3 | DHB Berufsverband der Haushaltsführenden „Moderne Hausfrau"/Cognis: 36.1 | Di Fuccia und Meierotte: 124.1, 125.1, 127.1+2 | Diederich, ETH Zürich: 265.19 | Direktfoto/Voigt: 451.4 | Döring, Volker, Hohen Neuendorf: Titel re. unten, 7.1, 9.2, 18.1, 19.1, 21.2, 30.2, 31.2, 32.2+3, 34.2, 35.3, 39.1+2, 41.1, 42.2, 78.1, 81.2, 87.1, 120.1, 139.2, 152.2, 156.1, 197.1, 237.1–3, 256.2, 288.27+28, 311.10, 312.11+12, 342.2, 343.3, 349.14+15, 358.35, 364.1+2, 383.16, 384.20, 386.24, 387.30, 390.1, 396.9+10, 403.2, 423.2, 427.1, 451.5, 464.3, 467.7, 472.3, 473.4, 474.5+6, 491.4, 497.2+3, 502.11, 539.14, 540.17 | Eden Project, Cornwall: 62.1 | Esso, Paris: 47.1–4 | f1 online/Allover/Rüther: 210.1, /Bartel: 265.21, /Widmann: 70.2 | Filser, Wolfgang: 17.1 | Flughafen München: 20.1 | Food Promotion, München: 19.2, 409.1 | Fotoatelier Mock, Mühlhausen: 267.24–26 | Frauenhofer ISE, Freiburg: 95.1 | GEN-AU: 177.3 | Getty Images/Stone: 131, 142.1, 143.1, /The Image Bank: 147.1, 179 | Graphitwerk Kropfmühl, Hauzenbach: 264.17 | GRS Batterien: 88.1 | Gust, Dietmar: 172.1 | Haddock, Steven, www.lifesci.ucsb.edu/~biolum: 199.1–2 | Heinzel, K., Berlin: 50.1, 114.2, 146.1+2 | Hengstenberg GmbH, Esslingen: 23.1 | Henkel KgaA, Düsseldorf: 27, 29.1+2, 32.1, 34.4, 35.1, 37.1+2, 365.7 | Hochbahn/HEW: 95.2 | Hoechst AG, Frankfurt/M.: 54.1d | Hoya Lens, Hamburg: 108.2 | Hron, Berlin: 30.1, 41.2 | IBM Almaden Research Center: 8.1, 211 | IDM, Informationszentrum Deutsches Mineralwasser: 60.1, 61.1 | Institut für Physikalische Chemie der Universität Göttingen: 437.9 | Keystone Pressedienst GmbH Hamburg: 29.3, 34.1 | Knopfe, M., Freiberg: 256.1 re, 260.9, 422.3 | Krüger, K., Parey: 71.2 | Laubag, Senftenberg: 56.2 | Lehrstuhl für Technische Chemie, Ruhr-Universität Bochum: 476.3 | Londa, Leipzig: 205.1 | Mahlzahn, H., Berlin: 256.1 li | Mauritius: 96.2, 196.1, /Freytag: 198.1, /Mattes: 50.2, /Mehlig: 59, /Nakamura: 71.1 | Medtronic, Düsseldorf: 93.2 | Miele Photos: 30.3 | Mikhailov, A., Turku: 52.1 | Monsanto Agrar Deutschland GmbH, Düsseldorf: 380.12 | mpio: 111.1 | NASA: 49.4, 62.2+3, 66.3, 68.2, /Ames Research Center/Center for Nanotechnology: 265.18, /ESA: 66.1 | Neubacher-Riens, Thomas: 433.3 re. | Norddeutsche Affinerie: 128.1+2, 129.1 | Novozymes: 479.6 | Okapia: 54.1b, 71.3, /Gohier: 209.1, /Kage: 161.1, /NAS/Bahrt: 196.3, /Nuridsany & Perennou: 34.3, /OSF/Bernard: 145.2, /Rich: 402.1a, /Rotman: 69.2, /Science Source/Lunagrafix: 322.29 | OMICRON Vakuumphysik GmbH, Taunusstein: 251.30 | Opel AG, Rüsselheim: 58.2, 92.2 | Panasonic: 92.4 | Philips GmbH Bildröhrenfabrik, Aachen: 197.2 | picture-alliance/dpa: 19.3, 25.2+3, 51.1, 64.2, 141.1, 153.1, 155.1, 157.1, 162.1+2, 170.2, 198.2, /Okapia/Grzimek: 164.1, /Okapia/Krutz: 207.1, /Okapia/Reinhard: 166.2, /ZB: 21.1, 113.1, 154.1 | pictureNEWS/Vedder: 190.1 | plainpicture/Grimm: 423.1 | proDente, Köln: 182, 191.1+2, 192.2 | Project Photos: 5.1, 6.3, 7.2, 12.1, 13.2, 14.2, 16.1, 23.2, 24.1, 33.1, 42.1, 61.2, 99.109.1, 110.1, 126.1, 133.1, 140.1, 149.1, 150.1, 151.3, 165.1, 166.1, 169.2, 170.1, 177.4, 188.1, 189.2, 206.2+3, 208.1–3, 259.8 li., 402.1c, 492.6 | Sandberg, E., Frankfurt: 188.2 | Schmidt-Westhausen, A., Humboldt-Uni, Charite; Abt. Chirurgie und Röntgenologie: 193.2 | Schuster, R., Greifswald: 135.1 | Senkel, G., Rießen: 424.3 | Siemens AG: 97.1 | Silvestris, Kastl: 77.1+2 | Simeon, R., Baden-Baden: 70.1 | SOHO (NASA/ESA): 9.1, 401 | Sony Deutschland GmbH: 6.2, 89.1 | Superbild: 54.2, 163 | Sympatex Technologies GmbH, Wuppertal: 106.1+2 | teamwork/Duwentaester: 433.3 li. | Tex A Med GmbH: 107.1 | Theuerkauf, H., Gotha: 134.1+2, 402.1b | Thomas, Rainer: 63.1 | Ufop, Bonn: 52.2 | ullstein bild: 46.1, 58.1, 73.2, 104.2, 112.2, 173.1, 342.1 | ullstein-AP: 98.1+2 | Umweltforschungszentrum Leipzig-Halle (UFZ), Helmholtz-Gemeinschaft: 26.1–3 | Universität Potsdam: 206.1 | Vattenfall Europe AG: 403.3 | Visum/Vossberg: 82.1 | Volkswagen AG, Wolfsburg: 55.1, 80.1 | Wacker Chemie AG: 10.1 | Wahlstab, Berlin: 258.4 | Weber, Süßen: 13.1 | Weisflog, Rainer: 425.6 | Werner, M.-G., Pulsnitz: 374 oben | Wetekam, W.: 174.1 | Witt, Eg, Rinteln: 75 | Wrigley´s GmbH: 194.1 | zefa visual media: 60.2 | Zentrum für Zahnmedizin, Charite Berlin: 180.2 | ZSW, Stuttgart: 95.3, 96.1

Die nicht aufgeführten Bilder entstammen dem Archiv des Verlags.

Textquellenverzeichnis

S. 62: Arrhenius, Svante: On the Influence of Carbonic Acid in the Air upon the Temperature of the Ground. The London, Edinburgh, and Dublin Philosophical Magazine and Journal of Science, 5th series, April 1896, 237.

S. 66: Andel, Tjeerd van: Zitiert in: Lausch, Erwin: Der Planet der Meere. Forscher entschlüsseln die Geheimnisse der Tiefsee. GEO 11 (1983), 67.

S. 68: Maury, Matthew Fontaine: Der Golfstrom. Zitiert in: Home-Douglas, P.: Wunder der Wissenschaft. Das Meer. Amsterdam: Time-Life 1992.

S. 96: Verne, Jules: Die geheimnisvolle Insel. Titel der Originalausgabe: L'lle mystérieuse. Paris: Pierre-Jules Hetzel 1874/1875.

S. 160: „Damals war ich 30 Jahre alt…". Aus: Erfahrungswelt Diabetes. Online im Internet: http://www.diabetes-lernwelt.de/menschen-typ1-1.htm [10.07.2006].

S. 176: Mullis, Kary B.: Eine Nachtfahrt und die Polymerase-Kettenreaktion. Spektrum der Wissenschaft 6 (1990), 60–67.

S. 204: Goethe, Johann Wolfgang von: Faust I.

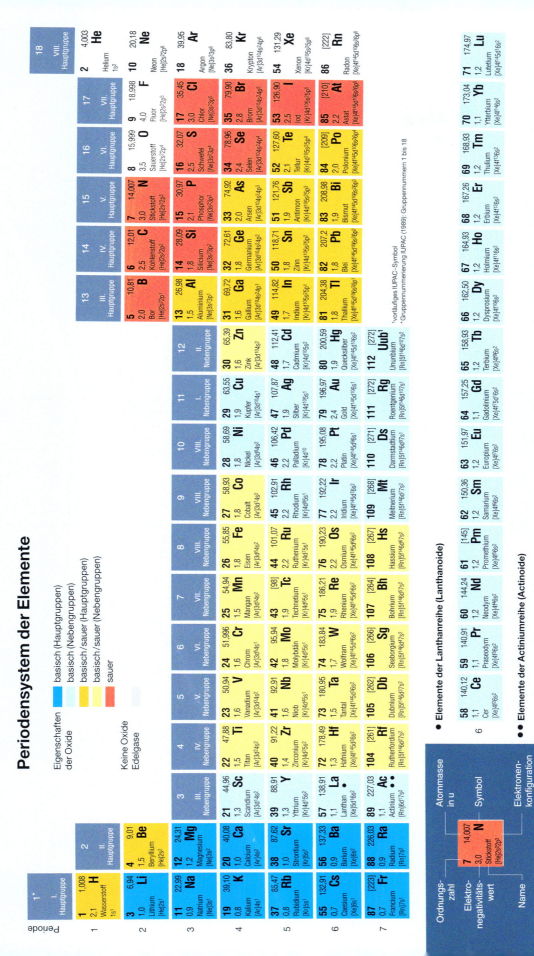

CD-ROM zum Schülerbuch

Die CD-ROM ist die multimediale Erweiterung des Buches.
Zu jedem Kapitel des Buches befindet sich auf der CD-ROM ein entsprechend zugeschnittenes Angebot an Medien: Anleitungen für Experimente, Informationstexte, 3-D-Molekülmodelle, Multimedia-Elemente, Verweise in das Internet-Angebot, die Gefahrstoffliste, das Periodensystem der Elemente (PSE) oder das Lexikon.

Navigation
spiegelt die Struktur des Buches wider:
– 13 Kontexte
– 5 Basiskonzepte

Medienlisten
Zu jedem Unterkapitel gibt es eine oder mehrere Medienlisten, eingeleitet durch einen kurzen Text sowie ein nummeriertes Untermenü. Hier finden Sie thematisch passende textbasierte oder dynamische Medien sowie Verweise in das PSE, das Lexikon oder das Internet-Angebot.

Dynamische Medien wie
– Animationen
– Simulationen
– Videos
– 3-D-Molekülmodelle
verdeutlichen komplexe chemische Vorgänge oder Prozesse.

Internet-Angebot
Von den Medienlisten gelangen Sie über die Internet-Schaltfläche zum Internet-Angebot des Buches. Hier finden Sie nach der Buchstruktur gegliederte Linklisten, die zu interessanten Seiten im Internet führen.

Textbasierte Medien wie
– Anleitungen für Experimente
– Informationstexte
erweitern die Inhalte des Buches und helfen weitergehende Fragen zu beantworten. Die Texte können am Bildschirm gelesen oder ausgedruckt werden.

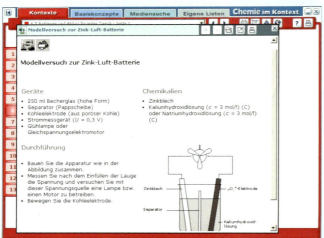

Werkzeuge
Selbstständiges und von der Buchstruktur unabhängiges Recherchieren wird ermöglicht durch:
– das Lexikon
– das interaktive PSE
– die Gefahrstoffliste
Mithilfe der *Mediensuche* können Sie verschiedene Medien zu einem fachlichen Begriff suchen.
Über *Eigene Liste* können Sie eigene Medienlisten gestalten. Sie können dabei Material von der CD-ROM und eigene Dateien ordnen und speichern.